Second Edition

THE BIG RED BOOK OF SPANISH VERBS

Ronni L. Gordon, Ph.D.

David M. Stillman, Ph.D.

D1264787

OCT - - 2008

New York Chicago San Francisco Lisbon London Madrid Mexico City
Milan New Delhi San Juan Seoul Singapore Sydney Toronto

1 2 3 4 5 6 7 8 9 0   QPD/QPD   0 9 8 (0-07-159153-2)
1 2 3 4 5 6 7 8 9 0   QPD/QPD   0 9 8 (0-07-159156-7)

ISBN   978-0-07-159155-3
MHID   0-07-159155-9 (book and CD set)

ISBN   978-0-07-159156-0
MHID   0-07-159156-7 (book for set)

ISBN   978-0-07-159153-9
MHID   0-07-159153-2 (book alone)

Interior design by Village Bookworks, Inc.

CD-ROM for Windows

To install: Insert the CD-ROM into your CD-ROM drive. The CD-ROM will start automatically.
If it does not, double-click on MY COMPUTER; find and open your CD-ROM disk drive,
then double-click on the install.exe icon. The CD-ROM includes audio instructions to guide
you in using this program effectively.

CD-ROM for Mac

To install: Insert the CD-ROM into your CD-ROM drive. A window will open with the contents
of the CD. Drag the program icon to your Applications folder. For easy access, create an alias
of the program on your desktop or your dock.

Minimum System Requirements:

Computer: Windows 2000, XP, Vista / Mac OS X 10.3.x, 10.4.x, 10.5.x
Pentium II, AMD K6-2, or better / Power PC (G3 recommended) or better; any Intel processor
256 MB RAM
14" color monitor
8× or better CD-ROM
Sound card
Installation: Necessary free hard-drive space: 300 MB
Settings: 800 × 600 screen resolution
256 (8-bit) colors (minimum)
Thousands (24- or 32-bit) of colors (preferred)

MP3 Downloads:

MP3 files in "Top 50 Verb Mini-Dialogues" can be downloaded from the CD-ROM. Select
Download All, save and then expand the compressed zip folder "All_Spanish_Verb_MP3s."
To load onto your iPod, drag and drop the expanded folder into your LIBRARY in iTunes.
Once synced with your iPod, locate the files in Music/Artists under "Spanish Verbs: Big Red."

Call 800-722-4726 if the CD-ROM is missing from this book.
For technical support go to http://www.mhprofessional.com/support/technical/contact.php

Para Mimi, Alex, Kathleen y Juliana,
los soles de nuestro universo

Contents

Preface

It was the Verb that mixed the hands, it was the Verb that lacked stability,
it was the Verb that had no permanent opinion about anything, it was the Verb
that was always dodging the issue and putting out the light and making all the
trouble . . . I must catch a Verb and tame it.

MARK TWAIN

The Big Red Book of Spanish Verbs, Second Edition sets a new standard for verb reference books with important enhancements that guide the learner toward mastery of the Spanish verb system.

We have expanded the *Spanish Tense Profiles,* ever a favorite with users of *The Big Red Book of Spanish Verbs,* to give the learner even more guidance than in the first edition on verb formation and how to use the tenses of the Spanish verb correctly. To illustrate, we have added many new and interesting examples of tense usage.

The Big Red Book of Spanish Verbs, Second Edition, like the first edition, is designed to provide beginning through advanced learners of Spanish with a powerful reference and practice tool. It can be used successfully by independent learners, in conjunction with any self-teaching program, as well as in a traditional classroom setting. Teachers who use our book report significant progress in their students' performance. In writing this second edition, we have taken into account and deeply appreciate the valuable feedback we have received from learners and teachers.

The Big Red Book of Spanish Verbs, Second Edition retains all the features that have made it so popular with users: 555 fully conjugated verbs and more than 2,300 verbs cross-referenced in the index, the Top 50 Verbs selected for their high frequency, and productive examples that make use of all tenses in the *Usage* sections. We have added hundreds of new examples in many fields to the *Usage* sections based on the contemporary language written and spoken by educated Spanish speakers in Spanish-speaking countries so that learners using *The Big Red Book of Spanish Verbs, Second Edition* are exposed to rich and expressive current, everyday Spanish. Thus, learners are provided with even more examples of idiomatic Spanish that they can incorporate into their own repertoire.

Easy-to-read verb charts are essential for a verb reference book. We have retained the highly accessible and manageable organization of verb tenses and paradigms you liked so much in the first edition and modified the appearance of the tables for even greater clarity and ease of use. The very useful English-Spanish Verb Index, Irregular Verb Form Index, and Spanish Verb Index remain important features of the second edition.

If you have the version with the CD-ROM, you will see that we have added to the CD-ROM hundreds of oral exercises that will take you from conjugation to conversation. These include conversational exchanges selected from the *Usage* sections of the Top 50 Verbs and are read by native speakers of Spanish, with pauses to allow you to repeat. These *Mini-Diálogos—¡Vamos a conversar!* appear on screen with their English translations as they are read. They are indicated by this icon ❸ in the book. Also new is the Audio Practice section *¿Comprende Ud.?,* which includes 100 oral multiple choice questions that are read by native speakers of Spanish. Immediate feedback is provided by means of a "correct/incorrect" screen that gives you the option of hearing the question again, seeing the question written out, or proceeding to the next question.

We have included another important and highly effective new feature, *Listening for Key Contrasts—Los sonidos del español.* These listening drills target some of the key sound contrasts in the Spanish verb system. By learning to listen for subtle differences in spoken Spanish, learners improve their comprehension so that they can understand everyday speech.

The Big Red Book of Spanish Verbs, Second Edition provides you with the information you need to conjugate and use any Spanish verb you may encounter. Mastering the Spanish verb system is the key first step to communicating with confidence. To that end, we recommend using our acclaimed texts, *The Ultimate Spanish Review and Practice with CD-ROM* and *The Ultimate Spanish Verb Review and Practice,* as companion texts for grammar review and the development of proficiency in Spanish.

Ronni L. Gordon, Ph.D.
David M. Stillman, Ph.D.

ABOUT THE AUTHORS

Ronni L. Gordon, Ph.D., is a prominent author of foreign language textbooks, reference books, and materials for multimedia. She is Vice President of Mediatheque Publishers Services, a leader in the development of foreign language instructional materials for trade, college, and high school. She is an education consultant specializing in foreign languages, literature, history, curriculum development, and teacher training. She holds a Ph.D. in Spanish language and Spanish and Latin American history and literature from Rutgers University and has taught Spanish language and Latin American literature and history and coordinated Spanish language programs at Harvard University and Boston University. She has read in foreign languages for the National Endowment for the Humanities, presented at the U.S. Department of Education, and consulted on states' K–12 academic standards for world languages. She founded the Committee for Quality Education, an organization devoted to the improvement of academic standards in the public schools in Brookline, MA. She is an associate scholar of a Philadelphia-based think tank.

David M. Stillman, Ph.D., is a well-known writer of foreign language textbooks, multimedia courses, and reference books. He is President of Mediatheque Publishers Services, a leader in the development of instructional materials in Spanish, French, Italian, German, and ESL. He holds a Ph.D. in Spanish linguistics from the University of Illinois. He has taught at Boston University, Cornell, and Harvard. He has been appointed to national committees devoted to the improvement of teacher training and the academic level of future teachers in foreign languages. He is an Assistant Professor at The College of New Jersey, where he teaches languages and linguistics and coordinates an innovative program of student-led conversation practice.

Spanish Tense Profiles

THE BASICS OF CONJUGATION

Conjugation is a list of the forms of the verb in a conventional order. The forms of the verb in a particular tense vary to show person and number. The three persons are: the speaker, or first person (I), the person spoken to, or second person (you), and the person or thing referred to, or third person (he, she, it). There are two numbers in English and Spanish, singular and plural. The verb forms are designated by person and number, as summarized in the chart below:

	SINGULAR	PLURAL
FIRST PERSON	I	we
SECOND PERSON	you	you
THIRD PERSON	he, she, it	they

Thus, in the English conjugation of the verb *to be*

	SINGULAR	PLURAL
FIRST PERSON	I am	we are
SECOND PERSON	you are	you are
THIRD PERSON	he, she, it is	they are

We say that *am* is first-person singular, while *is* is third-person singular. The form *are* is used for the second-person singular and plural as well as for the first- and third-persons plural. The above order of forms is called a conjugation paradigm and is conventional in both English and Spanish for the presentation of verb forms. This is the pattern that will be used to present the forms of Spanish verbs in this book.

The Persons of the Verb in Spanish

The subject pronouns in Spanish do not correspond exactly to the English system.

	SINGULAR	PLURAL
FIRST PERSON	yo	nosotros, nosotras
SECOND PERSON	tú	vosotros, vosotras
THIRD PERSON	él, ella, usted	ellos, ellas, ustedes

Note the following:

1 · **Usted** and **ustedes** are often abbreviated in writing as **Ud.** and **Uds.**, respectively. The abbreviations **Vd.** and **Vds.** are also used.

2 · The Spanish of Spain has four forms for *you*. They vary for formality and number. **Tú** is informal singular, **vosotros(-as)** is informal plural. **Ud.** (singular) and **Uds.** (plural) are markers of formality, politeness, and seniority.

3 · In Spanish America, **vosotros(-as)** is not used. **Uds.** is used as the plural of both **tú** and **Ud.**

4 · **Ud.** and **Uds.** are used with third-person, not second-person verbs, in spite of the fact that they mean *you*.

5 · The plural pronouns in Spanish distinguish gender: **nosotros** vs. **nosotras**; **vosotros** vs. **vosotras**; **ellos** vs. **ellas**. The feminine form is used for groups consisting solely of females. The masculine form is used for groups of males or groups of males and females.

6 · Subject pronouns are often omitted in Spanish since the verb endings make the subject clear. Subject pronouns are used for emphasis or contrast. Compare:

Él estudia marketing.	*He is studying marketing.*
Él estudia marketing pero **ella** estudia contabilidad.	*He is studying marketing, but **she** is studying accounting.*

Verb Classes

Spanish verbs differ from English verbs in that they have endings that show both who is performing the action (the subject of the sentence) and when the action occurs (the tense—present, past, future, etc.).

All Spanish verbs fall into three major classes, called conjugations. Each conjugation has its own set of endings, although there is quite a bit of overlap among the three. The conjugation to which a verb belongs is shown by the *infinitive*, the form ending in **-r** that is not marked for person or tense. The key element is the vowel that comes before the **-r** of the infinitive. The verbs **hablar** *to speak*, **vender** *to sell*, and **vivir** *to live* represent the three conjugations. Notice the names used for the conjugations:

hablar	first-conjugation verb OR **-ar** verb
vender	second-conjugation verb OR **-er** verb
vivir	third-conjugation verb OR **-ir** verb

THE SIMPLE TENSES

There are seven simple (single-word) tenses in Spanish.

Verbs with Spelling Changes

Verbs with spelling changes in Spanish are verbs that are regular in speech but have different spellings in some forms. These changes in the written language are not really irregularities but follow the rules of the Spanish spelling system.

Spelling changes are easier to understand if you first examine how Spanish writes certain sounds. The following sounds are written differently before the letters **e** and **i** than before other letters.

- The sound /k/ is written as **c** before **a, o, u** but as **qu** before **e** and **i**:

  ca, que, qui, co, cu

- The sound /g/ is written as **g** before **a, o, u** but as **gu** before **e** and **i**:

  ga, gue, gui, go, gu

- The sound /s/ (/th/ in Spain) is written as **z** before **a, o, u** but as **c** before **e** and **i**:

  za, ce, ci, zo, zu

Thus, -**ar** verbs whose stem ends in **c**, **g**, or **z** will show a change in spelling before those endings that begin with **e**; in other words, the **yo** form of the preterit, the present subjunctive, and the command forms taken from the present subjunctive.

VERB	PRETERIT (yo FORM)	PRESENT SUBJUNCTIVE
buscar	bus**qué**	bus**que**, bus**ques**, bus**que**, bus**quemos**, bus**quéis**, bus**quen**
pagar	pa**gué**	pa**gue**, pa**gues**, pa**gue**, pa**guemos**, pa**guéis**, pa**guen**
comenzar	comen**cé**	comien**ce**, comien**ces**, comien**ce**, comen**cemos**, comen**céis**, comien**cen**

-**Er** and -**ir** verbs whose stem ends in **c** or **gu** will show a change in spelling before those endings that begin with **a** or **o**; in other words, the **yo** form of the present, the present subjunctive, and the command forms taken from the present subjunctive.

VERB	PRESENT (yo FORM)	PRESENT SUBJUNCTIVE
vencer	ven**zo**	ven**za**, ven**zas**, ven**za**, ven**zamos**, ven**záis**, ven**zan**
zurcir	zur**zo**	zur**za**, zur**zas**, zur**za**, zur**zamos**, zur**záis**, zur**zan**
seguir	si**go**	si**ga**, si**gas**, si**ga**, si**gamos**, si**gáis**, si**gan**

Note that most verbs ending in -**cer** and -**cir** preceded by a vowel have **zc** in the **yo** form of the present and in the present subjunctive. (See Irregular Verbs, page 6.)

The sound of the letter **j** in Spanish is usually represented by **j** before **a**, **o**, and **u**, but by **g** before **e** and **i**. Thus, verbs ending in -**ger** and -**gir** change **g** > **j** in the **yo** form of the present and in the present subjunctive.

VERB	PRESENT (yo FORM)	PRESENT SUBJUNCTIVE
coger	cojo	coja, cojas, coja, cojamos, cojáis, cojan
surgir	surjo	surja, surjas, surja, surjamos, surjáis, surjan

Note, however, that verbs ending in -**jar**, such as **trabajar**, are spelled with **j** in all forms, including those where the ending begins with **e**: traba**j**o, trabaja, trabaj**e**.

The Present Tense

We can analyze the present tense forms of Spanish verbs as consisting of a stem and an ending. The ending shows the person who performs the act and the tense. The stem is formed by dropping the infinitive ending: -**ar**, -**er**, -**ir**.

INFINITIVE		STEM
hab**lar**	>	habl-
ven**der**	>	vend-
vi**vir**	>	viv-

Examine the conjugations of the three model verbs in the present tense: The stressed vowels are underlined in the conjugations. You will see that this shift in stress is one of the key features of the Spanish verb system.

hablar *to speak*

habl + o	> hablo (hablo)	habl + amos	> hablamos (hablamos)
habl + as	> hablas (hablas)	habl + áis	> habláis (habláis)
habl + a	> habla (habla)	habl + an	> hablan (hablan)

vender *to sell*

vend + o	> vendo (vendo)	vend + emos	> vendemos (vendemos)
vend + es	> vendes (vendes)	vend + éis	> vendéis (vendéis)
vend + e	> vende (vende)	vend + en	> venden (venden)

vivir *to live*

viv + o	> vivo (vivo)	viv + imos	> vivimos (vivimos)
viv + es	> vives (vives)	viv + ís	> vivís (vivís)
viv + e	> vive (vive)	viv + en	> viven (viven)

Notice the following peculiarities about the conjugation:

1 · The first-person (**yo** form) singular of all three conjugations ends in -**o**.

2 · -**Ir** verbs have the same endings as -**er** verbs except in the first- and second-persons plural (**vivimos, vivís**).

3 · In all three conjugations there is an important shift in stress. The three forms of the singular and the third-person plural are stressed on the vowel of the stem. The first- and second-persons plural are stressed on the class vowel. Examine the conjugation of **vender** again.

Stem-Changing Verbs

Certain -**ar** and -**er** verbs have changes in the stem vowel in those forms where the stem vowel is stressed. The vowel changes are **e** > **ie** and **o** > **ue**.

Study the following conjugations:

pensar *to think*		**mostrar** *to show*	
pienso	pensamos	muestro	mostramos
piensas	pensáis	muestras	mostráis
piensa	piensan	muestra	muestran

querer *to want*		**volver** *to return*	
quiero	queremos	vuelvo	volvemos
quieres	queréis	vuelves	volvéis
quiere	quieren	vuelve	vuelven

Some stem-changing **-ir** verbs have a change of **e > i**.

pedir *to ask for*	
pido	pedimos
pides	pedís
pide	piden

Stem changes cannot be predicted from the infinitive. **Comer** does not have a change of **o > ue**, but **volver** does. Stem changes are usually indicated in one of the following ways in verb lists and dictionaries:

> **pensar (e > ie)**
> **volver (ue)**

Stem changes occur in the present tense and in forms derived from the present: the present subjunctive and the command forms.

Verbs Ending in *-iar* and *-uar*

Verbs ending in **-iar** and **-uar** pattern like stem-changing verbs. Some verbs ending in **-iar** and almost all verbs ending in **-uar** stress the vowel before the **a** of the infinitive in the singular and the third-person plural in the present indicative and the present subjunctive. An accent mark is written over the **i** and **u** in those forms. See the conjugation tables for these verbs: **actuar, continuar, criar, efectuar, enviar, esquiar, fiarse, guiar, resfriarse, vaciar, variar.**

Irregular Verbs

Many verbs do not follow the conjugation patterns above. These are called *irregular verbs*.

Verbs with Irregular Stems in *-g-*

Many irregular verbs are irregular only in the first-person singular (**yo**) form of the present tense. The other five forms of such verbs are regular. A common irregularity is the appearance of a **g** before the **-o** ending of the first-person singular and in the present subjunctive. We call these verbs *g verbs*. See the conjugation tables for these verbs: **caer, decir, hacer, oír, poner, salir, tener, traer, valer, venir.**

Verbs Ending in *-cer*

Verbs that end in a vowel + **-cer** have **zc** in the **yo** form of the present tense and in all forms of the present subjunctive. The rest of the conjugation is regular. See the conjugation tables for these verbs: **agradecer, aparecer, crecer, conocer, desaparecer, enloquecerse, establecer, favorecer, merecer, obedecer, palidecer, parecer, pertenecer, reconocer.**

Verbs that end in **-cer** preceded by a consonant do *not* have **zc** in the **yo** form. However, the final **c** of the stem changes to **z** in this form. See the conjugation tables for these verbs: **convencer, ejercer, torcer, vencer.**

The verbs **mecer** *to rock* (a child), *to swing* (in a swing) (see conjugation table) and **cocer** (**o > ue**) *to cook* have **z**, not **zc**, in the first-person singular of the present tense and in the present subjunctive.

cocer to cook	
cuezo	co**c**emos
cueces	co**c**éis
cuece	**cue**cen

Verbs Ending in -ucir

Verbs ending in **-ucir** have **zco** in the **yo** form of the present tense and **zc** in the present subjunctive. Verbs ending in **-ducir** have **-duj-** in the preterit. See the conjugation tables for these verbs: **conducir, introducir, lucir, producir, traducir.**

Verbs Ending in -uir

Verbs ending in **-uir** (but not **-guir**) insert a **y** between the stem and those present tense endings that are unstressed (the singular endings and the third-person plural). The **y** also appears in all forms of the present subjunctive. The **y** is clearly sounded where it appears. See the conjugation tables for these verbs: **atribuir, concluir, construir, contribuir, destruir, huir, incluir, influir, sustituir.**

Uses of the Present Tense

1 · The present tense is used to express ongoing or habitual actions in the present.

El señor Domínguez **trabaja** hoy en la otra oficina.	*Mr. Dominguez **is working** in the other office today.*
Todos los días **regreso** a casa a las seis y cuarto.	*I **return** home every day at six fifteen.*
Siguen cursos de antropología e historia en la universidad.	*They're **taking** anthropology and history courses at the university.*

The English auxiliary verb *do/does* is not translated before Spanish verb forms in questions and in negative sentences.

—¿**Comprendes** la lección?	*Do you **understand** the lesson?*
—No, **no comprendo** porque no estudio.	*No, **I don't understand** because I don't study.*

2 · The present tense can express future time when another element of the sentence makes it clear that the future is being referred to.

—¿**Vuelves** mañana?	***Will you return** tomorrow?*
—No, **me quedo** hasta la semana que viene.	*No, **I'll stay** until next week.*

3 · The present tense is used to indicate actions that began in the past but that continue into the present. English uses *have been doing something* to express this.

—¿Cuánto (tiempo) hace que **viven** aquí?	*How long **have you been living** here?*
—Hace un año que **vivimos** aquí.	*We've **been living** here for a year now.*
—¿Desde cuándo **busca** Marta empleo?	*Since when **has** Marta **been looking for** a job?*
—**Busca** empleo desde enero.	*She's **been looking for** work since January.*

Note the use of **hace** + time expression to label how long the action has been going on and the use of **desde** + a moment in time to label the time when the action began.

4 · The present tense can be used to refer to the past for dramatic effect. This is called the historical present.

A fines del siglo XV los españoles **emprenden** la conquista de América.

*At the end of the 15th century the Spanish **undertook** the conquest of America.*

El príncipe Juan Carlos de Borbón **sube** al trono en 1975.

*Prince Juan Carlos de Borbón **ascended** the throne in 1975.*

Al año siguiente **se firma** otro tratado de paz.

*The following year another peace treaty **was signed**.*

The Imperfect Tense

The imperfect tense is one of the most regular tenses in Spanish. It is formed by adding the endings of the imperfect to the stem. The endings are based on the syllables **-aba** for **-ar** verbs and **-ía** for **-er** and **-ir** verbs.

-ar verbs

habl + aba	> hablaba	habl + ábamos	> hablábamos
habl + abas	> hablabas	habl + abais	> hablabais
habl + aba	> hablaba	habl + aban	> hablaban

-er verbs

vend + ía	> vendía	vend + íamos	> vendíamos
vend + ías	> vendías	vend + íais	> vendíais
vend + ía	> vendía	vend + ían	> vendían

-ir verbs

viv + ía	> vivía	viv + íamos	> vivíamos
viv + ías	> vivías	viv + íais	> vivíais
viv + ía	> vivía	viv + ían	> vivían

Note that **-er** and **-ir** verbs have the same endings in the imperfect.

Only three verbs have irregular imperfects: **ser**, **ir**, and **ver**.

ser *to be*

era	éramos
eras	erais
era	eran

ir *to go*

iba	íbamos
ibas	ibais
iba	iban

ver *to see*

veía	veíamos
veías	veíais
veía	veían

Uses of the Imperfect Tense

The imperfect tense expresses one of the two aspects of past time in Spanish (the other is expressed by the preterit). The imperfect is used to indicate actions that the speaker sees as continuing in the past, without reference to their beginning or end. The imperfect is therefore used to refer to:

1 · actions that are seen as forming a background to other actions, such as time or weather; only the imperfect is used to tell what time it was in the past

> **Eran las diez** cuando llegaron los amigos.   *It was ten o'clock when our friends arrived.*
> Cuando yo salí, **hacía frío** y **llovía**.   *When I left, it was cold and was raining.*

2 · actions that were habitual in the past with no reference to their beginning or end (English *used to*)

Cuando **vivíamos** en Puerto Rico, **íbamos** mucho a la playa.	When **we lived** in Puerto Rico **we used to go** to the beach a lot.
Siempre **cenábamos** en aquel restaurante porque **se comía** muy bien.	We always **used to have dinner** at that restaurant because **the food was** good.

3 · descriptions of states or conditions that existed in the past (as opposed to events)

La casa **era** nueva y **tenía** habitaciones grandes y cómodas.	The house **was** new and **had** big, comfortable rooms.
El sol **se ponía** y **se encendían** los faroles. La gente ya **se paseaba** en las calles.	The sun **was setting** and the street lights **were being turned on**. People **were** already **strolling** in the streets.

4 · actions that were repeated in the past with no reference to their beginning or end

Cuando yo **era** estudiante, **iba** a la biblioteca todos los días.	When I **was** a student, I **went** to the library every day.
Los fines de semana mis amigos y yo **nos veíamos** en el café.	On the weekends my friends and I **would see each other** at the café.

The imperfect tense is used in indirect discourse, that is, to report what someone said. It follows the preterit form of verbs such as **decir** and **escribir**.

Me **dijo** que **iba** al cine.	She **told** me **she was going** to the movies.
Les **escribimos** que **pensábamos** verlos en Londres.	We **wrote** them that we **intended** to see them in London.

The Preterit Tense

The preterit tense has the most irregularities in Spanish. It is formed by adding a special set of endings to the verb. **-Er** and **-ir** verbs have the same endings in the preterit.

-ar verbs

habl + é	>	hablé	habl + amos	>	hablamos
habl + aste	>	hablaste	habl + asteis	>	hablasteis
habl + ó	>	habló	habl + aron	>	hablaron

-er verbs

vend + í	>	vendí	vend + imos	>	vendimos
vend + iste	>	vendiste	vend + isteis	>	vendisteis
vend + ió	>	vendió	vend + ieron	>	vendieron

-ir verbs

viv + í	>	viví	viv + imos	>	vivimos
viv + iste	>	viviste	viv + isteis	>	vivisteis
viv + ió	>	vivió	viv + ieron	>	vivieron

If the stem of an **-er** or **-ir** verb ends in a vowel, an accent mark is added to the class vowel **-i-** of the second-person singular and plural and of the first-person plural. The **i** of the third-person endings **-ió** and **-ieron** changes to **y**.

caer to fall		**leer** to read		**oír** to hear	
caí	caímos	leí	leímos	oí	oímos
caíste	caísteis	leíste	leísteis	oíste	oísteis
cayó	cayeron	leyó	leyeron	oyó	oyeron

Many common verbs have an irregular stem in the preterit. These are conjugated like **-er** and **-ir** verbs, except for the first- and third-persons singular, which are the only preterit forms that have *unstressed* endings. These irregular preterits occur in the most common verbs in the language.

Irregular stem with the vowel -u-

andar to walk		**caber** to fit		**conducir** to drive	
anduve	anduvimos	cupe	cupimos	conduje	condujimos
anduviste	anduvisteis	cupiste	cupisteis	condujiste	condujisteis
anduvo	anduvieron	cupo	cupieron	condujo	condujeron

estar to be		**poder** to be able		**poner** to put	
estuve	estuvimos	pude	pudimos	puse	pusimos
estuviste	estuvisteis	pudiste	pudisteis	pusiste	pusisteis
estuvo	estuvieron	pudo	pudieron	puso	pusieron

saber to know		**tener** to have	
supe	supimos	tuve	tuvimos
supiste	supisteis	tuviste	tuvisteis
supo	supieron	tuvo	tuvieron

Irregular stem with the vowel -i-

decir *to say*		**hacer** *to do, make*		**venir** *to come*	
dije	dijimos	hice	hicimos	vine	vinimos
dijiste	dijisteis	hiciste	hicisteis	viniste	vinisteis
dijo	dijeron	hizo	hicieron	vino	vinieron

querer *to want*	
quise	quisimos
quisiste	quisisteis
quiso	quisieron

Irregular stem with the vowel -a-

traer *to bring*	
traje	trajimos
trajiste	trajisteis
trajo	trajeron

Some observations on these irregular preterits:

1 · Note the spelling change of **c > z** in **hizo** (from **hacer**).

2 · Note that in irregular preterit stems ending in **j**, the third-person plural ending is **-eron**, not **-ieron: condujeron, dijeron, trajeron.**

3 · Compounds of the irregular verbs show the same irregular stem in the preterit: **componer > compuse, distraer > distraje, prevenir > previne, rehacer > rehice, sostener > sostuve,** etc.

4 · The verbs **ir** and **ser** have the same forms in the preterit. This conjugation is completely irregular.

ir/ser	
fui	fuimos
fuiste	fuisteis
fue	fueron

5 · Dar is conjugated with the endings of regular **-er** and **-ir** verbs in the preterit. Both **dar** and **ver** do not use accent marks in the first- and third-person singular because those forms have only one syllable.

dar *to give*		**ver** *to see*	
di	dimos	vi	vimos
diste	disteis	viste	visteis
dio	dieron	vio	vieron

6 · The preterit of **hay** is **hubo** *there was, there were.*

Uses of the Preterit Tense

1 · The preterit is used to tell what happened in the past. When a speaker selects the preterit, he sees the action of the verb as completed in the past. Note how the preterit is used to narrate a series of events in the past.

Me levanté a las ocho.	*I got up at eight o'clock.*
Me lavé.	*I washed up.*

Sonó el teléfono.	*The phone **rang**.*
Contesté.	*I **answered**.*
Hablé con Raquel.	*I **spoke** with Raquel.*
Me cité con ella para las diez.	*I **made an appointment** with her for ten.*
Salí de casa y **subí** al autobús.	*I **left** the house and **got** on the bus.*
Encontré un asiento libre y **me senté**.	*I **found** an empty seat and **sat down**.*
Fui al centro donde Raquel y yo **tomamos** un café.	*I **went** downtown where Raquel and I **had** coffee.*
Después, **me fui** a uno de los almacenes.	*Then I **went** to one of the department stores.*
Me compré unas camisas.	*I **bought** (**myself**) some shirts.*
Volví a casa a las cinco.	*I **returned** home at five o'clock.*
Hice la cena y **comí**.	*I **made** dinner and **ate**.*
Vi las noticias en la tele y **me acosté** a las once.	*I **watched** the news on TV and **went to bed** at eleven o'clock.*

2 · The distinction between the imperfect and the preterit is not mandatory in English, and the same English form can be used to translate both of the Spanish tenses in some cases.

Durante las vacaciones, **yo dormía** muy bien.	*During vacation I **slept** very well.*
Anoche **dormí** bien.	*Last night I **slept** well.*
Cuando yo era joven, **estudiaba** mucho.	*When I was young I **studied** a lot.*
El año pasado **estudié** mucho.	*Last year I **studied** a lot.*
En verano los chicos siempre **se divertían mucho**.	*In the summer the children always **had a very good time**.*
El verano pasado los chicos **se divirtieron mucho**.	*Last summer the children **had a very good time**.*

3 · The preterit and the imperfect are often played off against each other in a single sentence or in a series of sentences in Spanish. The imperfect indicates the background against which the events narrated in the preterit take place.

Mientras **yo leía** el periódico, **sonó** el teléfono.	*While I **was reading** the newspaper, the phone **rang**. (The reading is the background against which the ringing of the phone occurred.)*

Notice that the preterit and imperfect can be shifted to create a difference in meaning.

Mientras **yo leía** el periódico, **sonaba** el teléfono.	*While I **was reading** the newspaper, the phone **was ringing**. (Neither the reading nor the ringing of the telephone are seen as events. Both express ongoing actions in the past.)*
Yo leí el periódico y **sonó** el teléfono.	*I **read** the newspaper and the phone **rang**. (The use of the preterit for both verbs conveys the idea that the speaker sees both the reading and the ringing of the telephone as events.)*
Yo leí el periódico mientras **sonaba** el teléfono.	*I **read** the newspaper while the phone **was ringing**. (In this version of the sentence, the ringing of the telephone is the background for the event: the reading of the newspaper.)*

The Future Tense

The future tense in Spanish is formed not from the stem, but from the infinitive. A special set of endings is added to the infinitive. These endings are the same for *all* verbs.

hablar + **é** > **hablaré**
vender + **é** > **venderé**
vivir + **é** > **viviré**

hablar		vender		vivir	
hablar**é**	hablar**emos**	vender**é**	vender**emos**	vivir**é**	vivir**emos**
hablar**ás**	hablar**éis**	vender**ás**	vender**éis**	vivir**ás**	vivir**éis**
hablar**á**	hablar**án**	vender**á**	vender**án**	vivir**á**	vivir**án**

Many common verbs use modified forms of the infinitive in forming the future. The endings are the same.

- reduced infinitives

  decir > **diré**
  hacer > **haré**

- the vowel **-e-** or **-i-** before the **-r** of the infinitive is replaced by **-d-**

  poner > **pondré**
  salir > **saldré**
  tener > **tendré**
  valer > **valdré**
  venir > **vendré**

- the vowel **-e-** before the **-r** of the infinitive drops

  caber > **cabré**
  haber > **habré**
  poder > **podré**
  querer > **querré**
  saber > **sabré**

Note:

1 · **-Ir** verbs that have an accent mark in the infinitive, such as **oír** and **reír**, lose that accent mark in the future: **oiré**, **reiré**.

2 · Compound verbs of the irregular verbs share the same irregularities: **componer** (**compondré**), **detener** (**detendré**), **convenir** (**convendré**), etc.

3 · The future of **hay** is **habrá** *there will be*.

Uses of the Future Tense

The future tense is one of the ways Spanish refers to future time.

Juan se graduará el año que viene.   *Juan will graduate next year.*

In speech, the future is often replaced by either the **ir a** + infinitive construction

Juan se va a graduar el año que viene.

or by the simple present, which can be used when another element of the sentence makes it clear that the future, not the present, is meant.

Juan se gradúa el año que viene.

One of the most common uses of the future tense is to speculate or conjecture about the present. This is called the future of probability. For instance, speakers use the future tense to wonder about things going on at the present time.

¿Qué hora **será**?	*What time **can it be**?*
¿Quién **será**? *(upon hearing a knock at the door)*	*I **wonder** who **it is** / who **it can be**.*
¿Cuántos años **tendrá** la niña?	*I **wonder** how old the child **is**.*
¿Con quiénes **saldrán**?	*Whom **can they be going out** with?*

The future can also be used to mention things that are probably happening in present time.

Los turistas **querrán** ver la catedral.	*The tourists **probably want** to see the cathedral.*
Sarita **sabrá** dónde viven.	*I **guess** Sarita **knows** where they live.*
Estarán satisfechos con el resultado.	*They're **probably** happy with the result.*
¿No ha llegado el avión? **Habrá** una demora.	*The plane hasn't arrived yet? **There must be** a delay.*

The future is also common after **no saber si** *not to know whether* when the main verb is in the present tense.

No sé **si podré** ir.	*I don't know **whether I'll be able** to go.*

The future is common to report speech (*indirect discourse*) after verbs of communication, such as **decir** or **escribir**, when the main verb of the sentence is in the present tense.

Dice que no lo **hará**.	*He says that **he won't do** it.*
Escribe que **vendrá**.	*She writes that **she will come**.*

The future tense is used in the main clause of a conditional sentence when the **si**-clause (*if*-clause), which is the subordinate or dependent clause, has the verb in the present tense.

Si Uds. **salen**, yo **saldré** también. (OR Yo **saldré** si Uds. **salen**.)	*If you **leave**, I **will leave** too.*

The Conditional Tense

The conditional tense (English *would*) is formed by adding the endings of the imperfect tense of -**er** and -**ir** verbs to the infinitive.

hablar + ía > hablaría

hablaría	hablaríamos
hablarías	hablaríais
hablaría	hablarían

vender + ía > vendería

vendería	venderíamos
venderías	venderíais
vendería	venderían

vivir + ía > viviría

viviría	viviríamos
vivirías	viviríais
viviría	vivirían

Verbs that have modified infinitives in the future use that same modified form in the conditional.

- reduced infinitives

  decir   > **diría**
  hacer   > **haría**

- the vowel -**e**- or -**i**- before the -**r** of the infinitive is replaced by -**d**-

  poner   > **pondría**
  salir   > **saldría**
  tener   > **tendría**
  valer   > **valdría**
  venir   > **vendría**

- the vowel -**e**- before the -**r** of the infinitive drops

  caber   > **cabría**
  haber   > **habría**
  poder   > **podría**
  querer   > **querría**
  saber   > **sabría**

Note:

1 · -**Ir** verbs that have an accent mark in the infinitive, such as **oír** and **reír**, lose that accent mark in the conditional: **oiría, reiría**.

2 · Compound verbs of the irregular verbs share the same irregularities: **componer (compondría), detener (detendría), convenir (convendría)**, etc.

3 · The conditional of **hay** is **habría** *there would be*.

Uses of the Conditional Tense

The conditional tense tells what would happen.

En ese caso, yo te **prestaría** el dinero.   *In that case I **would lend** you the money.*

The conditional is used to express probability or conjecture in the past. This is called the conditional of probability. Verbs such as **ser**, **estar**, **tener**, **haber** are very commonly used in this way.

—¿Qué hora **sería**?	*I wonder what time it was.*
—**Serían** las siete.	*It was probably seven o'clock.*
Estarían encantados con un regalo así.	*I'll bet they were thrilled with a gift like that.*
Tendrían prisa.	*Maybe they were in a hurry.*
No **habría** nada que hacer.	*There was probably nothing to do.*
¿Cuántos años **tendría**?	*How old do you think she was?*

The conditional is also common after **no saber si** *not to know whether* when the main verb is in one of the past tenses.

No sabía **si vendrías**.	*I didn't know whether you would come.*

The conditional is common to report speech (*indirect discourse*) after verbs of communication, such as **decir** or **escribir,** when the main verb of the sentence is in one of the past tenses.

Dijo que no lo **haría**.	*He said that he wouldn't do it.*
Escribió que **vendría**.	*She wrote that she would come.*

Note that not every occurrence of *would* in English indicates a conditional in Spanish. English often uses the verb *would* to indicate habitual, repeated actions in the past. That use of *would* requires an imperfect, not a conditional, in Spanish.

Cuando yo era joven, **iba** todos los días a la playa.	*When I was young, I would go to the beach every day.*
Servía torta cuando invitaba.	*She would serve cake when she had company.*

The conditional tense is used in the main clause of a conditional sentence when the **si**-clause (*if*-clause), which is the subordinate or dependent clause, has the verb in the imperfect subjunctive. (These are called contrary-to-fact clauses.)

Si **Uds. salieran, yo saldría** también. (OR **Yo saldría** si **Uds. salieran.**)	*If you were to leave, I would leave too.*

The conditional of some verbs is used to express polite requests, suggestions, or refusals. The English conditional is often used in the same way.

¿Nos **podría** Ud. llevar al aeropuerto?	*Could you take us to the airport?*
¿Les **gustaría** tomar un trago?	*Would you like to have a drink?*

The Present Subjunctive

The present subjunctive is formed from the first-person singular of the present tense. The ending -**o** is dropped and the subjunctive endings are added. -**Ar** verbs use the endings of -**er** and -**ir** verbs, while -**er** and -**ir** verbs use the endings of -**ar** verbs in the present subjunctive. The **yo** form and the third-person singular of the subjunctive are the same for all verbs.

hablar		vender	
que hable	que hablemos	que venda	que vendamos
que hables	que habléis	que vendas	que vendáis
que hable	que hablen	que venda	que vendan

vivir	
que viva	que vivamos
que vivas	que viváis
que viva	que vivan

Irregular Present Tense Forms

If there is an irregularity in the first-person singular of the present tense, that irregularity will appear in all persons of the present subjunctive. There are several types of irregular **yo** forms.

- -**g**- verbs (the stem is extended by -**g**- in the **yo** form). Since these are all -**er** and -**ir** verbs, the endings of -**ar** verbs are used in the present subjunctive.

decir > digo		hacer > hago	
que diga	que digamos	que haga	que hagamos
que digas	que digáis	que hagas	que hagáis
que diga	que digan	que haga	que hagan

oír > oigo		poner > pongo	
que oiga	que oigamos	que ponga	que pongamos
que oigas	que oigáis	que pongas	que pongáis
que oiga	que oigan	que ponga	que pongan

salir > salgo		tener > tengo	
que salga	que salgamos	que tenga	que tengamos
que salgas	que salgáis	que tengas	que tengáis
que salga	que salgan	que tenga	que tengan

traer > traigo		venir > vengo	
que traiga	que traigamos	que venga	que vengamos
que traigas	que traigáis	que vengas	que vengáis
que traiga	que traigan	que venga	que vengan

- -**zc**- verbs (the stem ends in -**zc**- in the **yo** form). **Conocer** and most verbs with infinitives ending in -**ecer** are -**zc**- verbs.

conocer > conozco		ofrecer > ofrezco	
que conozca	que conozcamos	que ofrezca	que ofrezcamos
que conozcas	que conozcáis	que ofrezcas	que ofrezcáis
que conozca	que conozcan	que ofrezca	que ofrezcan

- verbs with extended stems (the **yo** form has a longer stem than the other forms).

  ver > veo

que vea	que veamos
que veas	que veáis
que vea	que vean

- verbs stressed on the endings. The verbs **dar** and **estar** are stressed on the final syllable in the present subjunctive and have accent marks on some of the forms.

dar		estar	
que **dé**	que **demos**	que **esté**	que **estemos**
que **des**	que **deis**	que **estés**	que **estéis**
que **dé**	que **den**	que **esté**	que **estén**

- verbs with irregular **yo** forms.

  caber > quepo

que **quepa**	que **quepamos**
que **quepas**	que **quepáis**
que **quepa**	que **quepan**

- verbs that have unpredictable stems in the present subjunctive.

haber		ir	
que **haya**	que **hayamos**	que **vaya**	que **vayamos**
que **hayas**	que **hayáis**	que **vayas**	que **vayáis**
que **haya**	que **hayan**	que **vaya**	que **vayan**

saber		ser	
que **sepa**	que **sepamos**	que **sea**	que **seamos**
que **sepas**	que **sepáis**	que **seas**	que **seáis**
que **sepa**	que **sepan**	que **sea**	que **sean**

- stem-changing verbs. **-Ar** and **-er** verbs with vowel changes of the stem, **e > ie** or **o > ue**, in the present indicative have the same stem change in the corresponding forms of the present subjunctive.

  que **pienses**
  que **vuelvan**

  -Ir verbs that have the change **e > ie** or **e > i** in the present indicative also have these changes in the present subjunctive. They also have **i** in the stem of the **nosotros** and **vosotros** forms in the present subjunctive. **Dormir** and **morir** have the **o > ue** change and **u** in the stem of the **nosotros** and **vosotros** forms.

que **te diviertas**	que **sirvan**	que **duerma**
que **nos divirtamos**	que **sirvamos**	que **durmamos**

- spelling changes in the present subjunctive. **-Ar** verbs whose stems end in **c**, **g**, or **z** change these letters in the present subjunctive. **-Ar** verbs whose stems end in **j** do not change **j** to **g** before **e**.

  c > qu
  Busca empleo. / Dudamos que **busque** empleo.

  g > gu
  Llegan mañana. / Es probable que **lleguen** mañana.

z > c

Empiezan el proyecto. / Insisto en que **empiecen** el proyecto.

-**Er** and -**ir** verbs whose stems end in **g**, **gu**, or **c** change these letters.

g > j

Recogemos los papeles. / Nos piden que **recojamos** los papeles.

gu > g

Consigue los billetes. / Es importante que **consiga** los billetes.

c > z

Vence a sus enemigos. / Ojalá que **venza** a sus enemigos.

Uses of the Subjunctive

The subjunctive in Spanish is not a tense, but a mood. The subjunctive has four tenses: the present, the imperfect, the present perfect, and the past perfect. The subjunctive is used largely in subordinate clauses (dependent clauses that are part of a larger sentence) introduced by the conjunction **que**. Most cases of the subjunctive are predictable.

Turning a sentence into a subordinate clause allows the sentence to function as a noun or an adjective or an adverb within a larger sentence.

Compare the following two sentences:

Digo **la verdad**.   *I tell **the truth**.*
Digo **que Juan llegará pronto**.   *I say **that Juan will arrive soon**.*

Both **la verdad** and **que Juan llegará pronto** function as direct objects of the verb **digo**. Thus, the subordinate clause **que Juan llegará pronto** functions as a noun, and is therefore called a noun clause.

Now compare the following two sentences.

Tenemos una programadora **francesa**.   *We have a **French** programmer.*
Tenemos una programadora **que habla   *We have a programmer **who speaks
  francés**.   French**.*

Both **francesa** and **que habla francés** modify the noun **programadora**. The subordinate clause **que habla francés** functions like an adjective and is therefore called an adjective clause.

Adverb clauses are introduced by conjunctions other than **que**. Compare the following two sentences.

Claudia viene **a las dos**.   *Claudia is coming **at two**.*
Claudia viene **cuando puede**.   *Claudia comes **when she can**.*

Both **a las dos** and the clause **cuando puede** modify the verb in the same way: they tell when the action takes place. **Cuando puede** is therefore called an adverb clause.

The question then arises in which subordinate clauses you use the subjunctive instead of the indicative. The subjunctive is used when the subordinate clause is dependent on a verb that means or implies imposition of will, emotion, doubt, or non-existence.

The subjunctive is used in noun clauses that are dependent on verbs such as **querer (que)**, **insistir en (que)**, **aconsejarle a uno (que)**, **recomendarle a uno (que)**, **mandarle a uno (que)**, etc.

No **quiero** *que te vayas*.   *I don't want you to go away.*
Te **pido** *que te vayas*.   *I'm asking you to leave.*

El profesor **insiste en** *que hagamos* el trabajo.	*The teacher **insists that we do** the work.*
Me aconsejan *que me quede* aquí.	*They **advise me to stay** here.*
Recomiendo *que tomes* el tren.	*I **recommend that you take** the train.*
Les **mandan** a los soldados *que vuelvan*.	*They **order** the soldiers **to return**.*

Some other common phrases of influence or imposition of will: **impedir que, obligar que, permitir que, prohibir que, sugerir que**, etc.

Note that after verbs of communication (*say, tell, write*) the indicative and subjunctive contrast with each other.

Me **dice** *que sale*.	*He tells me **that he's going out**.*
Me **dice** *que salga*.	*He tells me **to go out**.*

The following expressions of emotion, fear, hope, anger, surprise, and annoyance are followed by the subjunctive:

alegrarse (de) que	*to be glad/happy that*
estar contento/triste que	*to be happy/sad that*
estar furioso/molesto que	*to be furious/annoyed that*
(no) me gusta que	*I (don't) like the fact that*
me molesta que / me fastidia que	*it bothers me that / it annoys me that*
sorprenderse que / me sorprende que	*to be surprised that / it surprises me that*
me irrita que	*it irritates me that*
tener miedo (de) que / temer que	*to be afraid that*
esperar que	*to hope that*

After **esperar**, the indicative and the subjunctive are used, but with a difference in the meaning of **esperar**:

Esperaban **que viniéramos**.	*They hoped **we would come**.*
Esperaban **que vendríamos**.	*They expected **us to come**.*

The subjunctive is used after expressions of doubt. These may entail noun clauses after verbs like **dudar** and adjective clauses where the antecedent is negated or indefinite.

Noun clauses

Dudo **que Uds. sepan** la respuesta.	*I doubt **you know** the answer.*
Negamos **que él tenga** la culpa.	*We deny **that he is** at fault.*

Noun clauses after the negative of *creer, pensar, parecer*

No creo **que me puedas** ayudar.	*I don't think **you can help me**.*
No me parece **que él te conozca**.	*I don't think **he knows you**.*

Note that when **dudar** and **negar** are negative, no doubt is implied, and the indicative is used in the dependent noun clause:

No dudo **que Uds. saben** la respuesta.	*I don't doubt **you know** the answer.*
No negamos **que él tiene** la culpa.	*We don't deny **that he is** at fault.*

The affirmative of **creer, pensar, parecer** is followed by the indicative:

Creo **que me puedes ayudar**.	*I think **you can help me**.*
Me parece **que él te conoce**.	*I think **he knows you**.*

Adjective clauses after negative or indefinite antecedents also take the subjunctive:

Busco un amigo **que me ayude**.	*I'm looking for a friend **who will help me**.*
No hay programa de tele **que me interese**.	*There's no TV show **that interests me**.*

Note that when these antecedents are not negative or when they are definite, the indicative, not the subjunctive, is used in the adjective clause:

Tengo un amigo **que me ayuda**.	*I have a friend **who will help me**.*
Hay un programa de tele **que me interesa**.	*There's a TV show **that interests me**.*

Impersonal expressions that express imposition of will, emotion, doubt, or non-existence are followed by the subjunctive.

Es necesario/preciso que	*It's necessary that*
Es importante/esencial que	*It's important/essential that*
Es obligatorio/imprescindible que	*It's obligatory/indispensable that*
Es bueno/malo/mejor/peor que	*It's good/bad/better/worse that*
Es posible/imposible que	*It's possible/impossible that*
Es probable que	*It's probable that*
Es poco probable/improbable que	*It's not likely that / It's improbable that*
Es dudoso que	*It's doubtful that*
No es verdad/cierto que	*It's not true that*

Note that **no es dudoso** and **es verdad/cierto** do not express doubt or negation and therefore are followed by the indicative.

The Imperfect Subjunctive

This tense is derived from the third-person plural of the preterit. To form the imperfect subjunctive, you drop the **-ron** of the preterit and add one of the two imperfect subjunctive markers **-ra-** or **-se-** and the person endings.

Note that in the imperfect subjunctive, both **-er** and **-ir** verbs use **ie** as the class vowel.

hablar > hablaron > habla-

que habl**ara**	OR que habl**ase**	que habl**áramos**	OR	que habl**ásemos**
que habl**aras**	OR que habl**ases**	que habl**arais**	OR	que habl**aseis**
que habl**ara**	OR que habl**ase**	que habl**aran**	OR	que habl**asen**

vender > vendieron > vendie-

que vend**iera**	OR que vend**iese**	que vend**iéramos**	OR	que vend**iésemos**
que vend**ieras**	OR que vend**ieses**	que vend**ierais**	OR	que vend**ieseis**
que vend**iera**	OR que vend**iese**	que vend**ieran**	OR	que vend**iesen**

vivir > vivieron > vivie-

que viv**iera**	OR que viv**iese**	que viv**iéramos**	OR	que viv**iésemos**
que viv**ieras**	OR que viv**ieses**	que viv**ierais**	OR	que viv**ieseis**
que viv**iera**	OR que viv**iese**	que viv**ieran**	OR	que viv**iesen**

The forms with the imperfect subjunctive marker **-ra-** are more common in speech than those using **-se-**, especially in Spanish America.

Note that any irregularity in the third-person plural of the preterit occurs in all forms of the imperfect subjunctive:

hacer > hicieron

que **hic**iera	que **hic**iéramos
que **hic**ieras	que **hic**ierais
que **hic**iera	que **hic**ieran

ir/ser > fueron

que **fue**ra	que **fué**ramos
que **fue**ras	que **fue**rais
que **fue**ra	que **fue**ran

decir > dijeron

que **dij**era	que **dij**éramos
que **dij**eras	que **dij**erais
que **dij**era	que **dij**eran

saber > supieron

que **sup**iera	que **sup**iéramos
que **sup**ieras	que **sup**ierais
que **sup**iera	que **sup**ieran

dar > dieron

que **di**era	que **di**éramos
que **di**eras	que **di**erais
que **di**era	que **di**eran

tener > tuvieron

que **tuv**iera	que **tuv**iéramos
que **tuv**ieras	que **tuv**ierais
que **tuv**iera	que **tuv**ieran

Uses of the Imperfect Subjunctive

The imperfect subjunctive replaces the present subjunctive when the verb of the main clause is in a past tense: preterit, imperfect, or past perfect. Note that after the present perfect, the present subjunctive is usually used.

Quiero que me **ayudes.**	*I want you to help me.*
Quería que me **ayudaras.**	*I wanted you to help me.*
¿Por qué no le **dices** que **se calle?**	*Why **don't you tell** him **to be quiet?***
¿Por qué no le **dijiste** que **se callara?**	*Why **didn't you tell** him **to be quiet?***

Nos **ha pedido** que **entremos**.	*He has asked us to come in.*
Nos **había pedido** que **entráramos**.	*He had asked us to come in.*
Se **alegran** de que **vengamos**.	*They're glad we're coming.*
Se **alegraban** de que **viniéramos**.	*They were glad we were coming.*
Es bueno que **salgan** juntos.	*It's good that they are going out together.*
Fue bueno que **salieran** juntos.	*It was good that they went out together.*
Es preciso que nos lo **digas**.	*It is necessary for you to tell it to us.*
Fue preciso que nos lo **dijeras**.	*It was necessary for you to tell it to us.*
No creo que lo **sepan**.	*I don't think they know it.*
No creía que lo **supieran**.	*I didn't think they knew it.*

The imperfect subjunctive is used to express hypotheses or conditions. Typically in these sentences, the imperfect subjunctive appears in the **si**-clause and the conditional in the main clause. These are known as contrary-to-fact clauses.

Si **vinieran**, **podríamos** hablar con ellos.	*If they came, we would be able to speak with them.*
Si **pusieras** más atención, **aprenderías**.	*If you paid more attention, you would learn.*
Si **tuviera** coche, no **tendría** que ir en autobús.	*If I had a car, I wouldn't have to go by bus.*

The imperfect subjunctive is used to express wishes after **ojalá**. It implies a wish for something that most likely will not happen. The present subjunctive is used to wish for something that may happen. Compare:

Ojalá que **puedas** venir.	*I hope you can come.*
Ojalá que Juan **sepa** el número.	*I hope Juan knows the phone number.*
Ojalá que no le **digan**.	*I hope they won't tell him.*
Ojalá que **tuvieran** tiempo.	*I wish they had time.*
Ojalá que no **estuvieras** acatarrado.	*I wish you didn't have a cold.*
Ojalá que mi hijo **estudiara** medicina.	*I wish my son would study medicine.*

THE COMPOUND TENSES

Compound tenses in Spanish are formed with the auxiliary verb **haber**, which shows tense, person, and mood (indicative or subjunctive), plus the past participle. The past participle is also called the **-do** form, since most Spanish past participles end in **-do**. The ending is -**ado** for -**ar** verbs and -**ido** for -**er** and -**ir** verbs.

hablar	**habl + a + do**	>	**hablado**
vender	**vend + i + do**	>	**vendido**
vivir	**viv + i + do**	>	**vivido**

If the stem of an -**er** or -**ir** verb ends in a vowel, an accent mark is added to the class vowel -**i**- of the past participle.

VERB	PAST PARTICIPLE
caer	**caído**
creer	**creído**
leer	**leído**
oír	**oído**
poseer	**poseído**
reír	**reído**
sonreír	**sonreído**
traer	**traído**

Some verbs have irregular past participles. These past participles end in -**to** or -**cho**:

VERB	PAST PARTICIPLE
abrir	**abierto**
cubrir	**cubierto**
decir	**dicho**
descubrir	**descubierto**
devolver	**devuelto**
escribir	**escrito**
hacer	**hecho**
morir	**muerto**
poner	**puesto**
resolver	**resuelto**
romper	**roto**
ver	**visto**
volver	**vuelto**

In the compound tenses when **haber** is the auxiliary verb, the past participle never changes to show gender and number. It always ends in -**o**.

The past participle of **ser** is **sido** and of **ir**, **ido**.

There are seven compound tenses in addition to the progressive tenses, which are formed with **estar** as their auxiliary.

The Present Perfect Tense

This tense consists of the present tense of the auxiliary verb **haber** and the past participle (*I have spoken, sold, lived*).

hablar	vender	vivir
he hablado	**he** vendido	**he** vivido
has hablado	**has** vendido	**has** vivido
ha hablado	**ha** vendido	**ha** vivido
hemos hablado	**hemos** vendido	**hemos** vivido
habéis hablado	**habéis** vendido	**habéis** vivido
han hablado	**han** vendido	**han** vivido

Use of the Present Perfect Tense

The present perfect tense expresses a past event or action that the speaker sees as related to or having consequences for the present.

Mira. **He terminado** el informe.   *Look. **I've finished** the report.*

Note that Spanish prefers the present tense for actions beginning in the past and continuing into the present, especially in sentences where you specify how long the action has been going on.

—¿Cuánto tiempo hace que **vives** aquí?   *How long **have you been living** here?*

—Hace dos años que **tenemos** este apartamento.   ***We've had** this apartment for two years.*

The Pluperfect (or Past Perfect) Tense

This tense consists of the imperfect tense of the auxiliary verb **haber** and the past participle (*I had spoken, sold, lived*).

hablar	vender	vivir
había hablado	**había** vendido	**había** vivido
habías hablado	**habías** vendido	**habías** vivido
había hablado	**había** vendido	**había** vivido
habíamos hablado	**habíamos** vendido	**habíamos** vivido
habíais hablado	**habíais** vendido	**habíais** vivido
habían hablado	**habían** vendido	**habían** vivido

Use of the Pluperfect (or Past Perfect) Tense

The past perfect tense is used to specify an action or event as happening further back in the past than another action or event, which usually appears in the preterit.

Ellos ya **habían salido** cuando tú **llamaste**.   ***They had** already **gone out** when **you called**.* (Their going out took place further back in the past than your calling.)

Juan todavía **no había llegado** cuando yo **empecé** a comer.   *Juan still **hadn't arrived** when I **began to eat**.* (Juan's arrival was expected further back in the past than my beginning to eat.)

The Preterit Perfect Tense

This tense consists of the preterit tense of the auxiliary verb **haber** and the past participle (*I had spoken, sold, lived*).

hablar	vender	vivir
hube hablado	**hube** vendido	**hube** vivido
hubiste hablado	**hubiste** vendido	**hubiste** vivido
hubo hablado	**hubo** vendido	**hubo** vivido
hubimos hablado	**hubimos** vendido	**hubimos** vivido
hubisteis hablado	**hubisteis** vendido	**hubisteis** vivido
hubieron hablado	**hubieron** vendido	**hubieron** vivido

Use of the Preterit Perfect Tense

The preterit perfect tense is rarely used in speech. It is a feature of formal, literary Spanish, where it may be used after the conjunctions **apenas, después de que, así que, cuando, enseguida que, en cuanto, tan pronto como, una vez que.**

Tomé las medidas necesarias tan pronto como me **hubieron explicado** el asunto.	*I took the necessary measures as soon as* ***they had explained*** *the matter to me.*
Apenas **hubo terminado**, salió.	***He had*** *just* ***finished*** *when he left.*

In everyday language, the preterit perfect is replaced by the preterit:

Apenas **terminó**, salió.	***He had*** *just* ***finished*** *when he left.*

The Future Perfect Tense

This tense consists of the future of the auxiliary verb **haber** and the past participle (*I will have spoken, sold, lived*).

hablar	vender	vivir
habré hablado	**habré** vendido	**habré** vivido
habrás hablado	**habrás** vendido	**habrás** vivido
habrá hablado	**habrá** vendido	**habrá** vivido
habremos hablado	**habremos** vendido	**habremos** vivido
habréis hablado	**habréis** vendido	**habréis** vivido
habrán hablado	**habrán** vendido	**habrán** vivido

Uses of the Future Perfect Tense

The future perfect tense is used to label a future action as completed before another future action takes place. The second future action is often in the subjunctive.

Habremos terminado de comer antes de que él llegue.	***We will have finished*** *eating before he arrives.*

The most common use of the future perfect is to express a conjecture or guess about what happened in the past.

—¡Qué sorpresa! Nuestros primos ya están aquí.	*What a surprise! Our cousins are already here.*
—**Habrán tomado** el tren de las diez.	***They probably took*** *the ten o'clock train.*
—El jefe no está.	*The boss isn't in.*
—**Habrá salido.**	***He must have gone out.***
Los **habrás visto.**	*You probably saw them.*

The Conditional Perfect Tense

This tense consists of the conditional of the auxiliary verb **haber** and the past participle (*I would have spoken, sold, lived*).

hablar	vender	vivir
habría hablado	**habría** vendido	**habría** vivido
habrías hablado	**habrías** vendido	**habrías** vivido
habría hablado	**habría** vendido	**habría** vivido
habríamos hablado	**habríamos** vendido	**habríamos** vivido
habríais hablado	**habríais** vendido	**habríais** vivido
habrían hablado	**habrían** vendido	**habrían** vivido

Uses of the Conditional Perfect Tense

The conditional perfect is most commonly used in conditional sentences that present hypotheses contrary to facts in the past.

Fact

Juan no vino. Por eso no lo vimos. *Juan didn't come. That's why we didn't see him.*

Contrary-to-fact conditional sentence

Si Juan **hubiera venido**, nosotros lo **habríamos visto**. *If Juan **had come**, we **would have seen** him.*

The conditional perfect is also used to express probability in the past.

Se habrían conocido en el cibercafé. ***They had probably met** at the Internet café.*

The Present Perfect Subjunctive

This tense consists of the present subjunctive of the auxiliary verb **haber** and the past participle.

hablar	vender	vivir
que **haya** hablado	que **haya** vendido	que **haya** vivido
que **hayas** hablado	que **hayas** vendido	que **hayas** vivido
que **haya** hablado	que **haya** vendido	que **haya** vivido
que **hayamos** hablado	que **hayamos** vendido	que **hayamos** vivido
que **hayáis** hablado	que **hayáis** vendido	que **hayáis** vivido
que **hayan** hablado	que **hayan** vendido	que **hayan** vivido

Uses of the Present Perfect Subjunctive

The present perfect subjunctive is used in clauses that require the subjunctive to indicate that the action of the subordinate clause happens prior to the action of the main clause. Examine the following contrasting sentences.

Siento mucho que lo **hagas**. *I'm very **sorry** that **you're doing** that.*
Siento mucho que lo **hayàs hecho**. *I'm very **sorry** that **you did** that.*

No creo que **salgan**. *I **don't think** they're going out / that **they will go out**.*

No creo que **hayan salido**. *I **don't think they went out**.*

Notice that the present subjunctive can designate either present or future time, and indicates an action either simultaneous with or subsequent to the action of the main clause.

The Past Perfect (or Pluperfect) Subjunctive

This tense consists of the imperfect subjunctive of the auxiliary verb **haber** and the past participle. Either the **-ra** or **-se** form of the auxiliary may be used.

hablar	vender	vivir
que **hubiera** hablado	que **hubiera** vendido	que **hubiera** vivido
que **hubieras** hablado	que **hubieras** vendido	que **hubieras** vivido
que **hubiera** hablado	que **hubiera** vendido	que **hubiera** vivido
que **hubiéramos** hablado	que **hubiéramos** vendido	que **hubiéramos** vivido
que **hubierais** hablado	que **hubierais** vendido	que **hubierais** vivido
que **hubieran** hablado	que **hubieran** vendido	que **hubieran** vivido

OR

hablar	vender	vivir
que **hubiese** hablado	que **hubiese** vendido	que **hubiese** vivido
que **hubieses** hablado	que **hubieses** vendido	que **hubieses** vivido
que **hubiese** hablado	que **hubiese** vendido	que **hubiese** vivido
que **hubiésemos** hablado	que **hubiésemos** vendido	que **hubiésemos** vivido
que **hubieseis** hablado	que **hubieseis** vendido	que **hubieseis** vivido
que **hubiesen** hablado	que **hubiesen** vendido	que **hubiesen** vivido

Use of the Past Perfect (or Pluperfect) Subjunctive

This tense has several uses. It parallels the use of the present perfect subjunctive in that it indicates an action prior to the action of the main verb when that verb is in the preterit, imperfect, or pluperfect. Examine the following contrasting sentences.

Tenía miedo de que **no se fueran**.	*I was afraid **they weren't leaving**.*
Tenía miedo de que **no se hubieran ido**.	*I was afraid **they hadn't left**.*
Me alegré de que **se graduara**.	*I was glad **he was graduating**.*
Me alegré de que **se hubiera graduado**.	*I was glad **he had graduated**.*

The pluperfect subjunctive is used in the **si**-clause of conditional sentences expressing conditions contrary to past facts.

Fact

Yo perdí mis boletos. Por eso no pude ver el partido.	*I lost my tickets. That's why I couldn't see the match.*

Conditional sentence

Si **yo no hubiera perdido** mis boletos, habría podido ver el partido.	*If **I hadn't lost** my tickets, I would have been able to see the match.*

The pluperfect subjunctive may replace the conditional perfect in the above conditional sentence:

Si yo no hubiera perdido mis boletos,
   hubiera podido ver el partido.

The pluperfect subjunctive is used after **ojalá** to express an impossible wish, one which the speaker knows cannot come true. Note that these wishes are contrary to past facts.

Ojalá que **te hubiéramos avisado**.	*I wish **we had notified you**.* (FACT: No te avisamos.)
Ojalá que **se hubieran dado cuenta**.	*I wish **they had realized**.* (FACT: No se dieron cuenta.)

The Progressive Tenses

In Spanish, the progressive tenses are formed from the present, preterit, imperfect, future, conditional, or subjunctive forms of the verb **estar** + the **-ndo** form or gerund. The gerund, also known as the present participle, corresponds to English *-ing*. For **-ar** verbs, the ending of the gerund is **-ando**, and for **-er** and **-ir** verbs, the ending is **-iendo**.

viajar	viaj**ando**
aprender	aprend**iendo**
abrir	abr**iendo**

-Er and **-ir** verbs whose stem ends in a vowel use **-yendo**, not **-iendo**, to form the gerund.

leer	le**yendo**
oír	o**yendo**

-Ir verbs that have a change in the vowel of the stem in the third-person singular of the preterit, have the same change in the gerund.

INFINITIVE	PRETERIT	GERUND
decir	dijo	**diciendo**
dormir	durmió	**durmiendo**

Note that **ir** and **poder** have irregular gerunds.

ir	**yendo**
poder	**pudiendo**

In this book, the progressive tenses appear in the following form for each verb.

Present	estoy, estás, está, estamos, estáis, están	
Preterit	estuve, estuviste, estuvo, estuvimos, estuvisteis, estuvieron	
Imperfect	estaba, estabas, estaba, estábamos, estabais, estaban	viajando
Future	estaré, estarás, estará, estaremos, estaréis, estarán	
Conditional	estaría, estarías, estaría, estaríamos, estaríais, estarían	
Subjunctive	que + *corresponding subjunctive tense of* estar (*see verb 252*)	

Estoy viajando.	*I'm traveling.*
Estuviste viajando.	*You were traveling.*
Estaba viajando.	*He was traveling.*
Estaremos viajando.	*We'll be traveling.*
Estarían viajando.	*They'd be traveling.*
Dudo que esté viajando.	*I doubt she's traveling.*

Uses of the Progressive Tenses

The progressive tenses differ from the simple tenses in that they suggest that the action is or was in progress. They may also be used to indicate that the action is temporary.

Oigo música.	*I listen to music.* (habitual action)
Estoy oyendo música.	*I'm listening to music.* (temporary action or an action just begun)

The present progressive in Spanish, unlike English, can never be used to refer to the future. Spanish uses the simple present tense, the future tense, or the **ir a** + infinitive construction to express future time.

Nos **visitan** el viernes.	
Nos **visitarán** el viernes.	*They're visiting / They will visit us on Friday.*
Nos **van a visitar** el viernes.	

The preterit progressive is used to show an action that was in progress in the past but is now completed. Usually completion of the action is also indicated.

Estuvimos leyendo hasta que llegaron.	*We were reading until they arrived.*

THE INFINITIVE

The Spanish infinitive ends in **-ar, -er,** or **-ir** and has several key functions.

1 · It is the form that appears in word lists and dictionaries.

2 · It serves as the complement of a verb in verb + infinitive constructions.

querer + infinitive	*to want to do something*
poder + infinitive	*to be able to do something*

3 · It serves as the complement of a preposition or connector in verb + preposition/ connector + infinitive constructions.

acabar de + infinitive	*to have just done something*
tener que + infinitive	*to have to do something*

4 · The infinitive serves as the "verbal noun"—it can be used as the subject or object of another verb. The English equivalent of this form is the *-ing* form. Note that in this function the Spanish infinitive may be preceded by the definite article **el.**

(El) Nadar es un buen ejercicio.   *Swimming is a good exercise.*

The infinitive can be used for impersonal instructions.

Arrastrar y soltar.	*Drag and drop.*
Copiar, cortar y pegar.	*Copy, cut, and paste.*
No molestar.	*Do not disturb.*
Tomar la autopista I-95 sur hasta la salida 24.	*Take I-95 south to exit 24.*
Doblar a la derecha en el tercer semáforo.	*Turn right at the third traffic light.*
Tomar una pastilla dos veces al día.	*Take one pill twice a day.*

Verb + Infinitive Constructions

Some Spanish verbs can be followed directly by an infinitive to form a verb + infinitive construction. In the following list of verbs commonly used with an infinitive, **hacer algo** represents any infinitive.

conseguir (e > i) hacer algo	*to succeed in doing something, manage to do something*
deber hacer algo	*ought to do something, should do something*
decidir hacer algo	*to decide to do something*
dejar hacer algo	*to let do / allow to do something*
desear hacer algo	*to want to do something*
escoger (escojo) hacer algo	*to choose to do something*
esperar hacer algo	*to hope to do something*
hacer hacer algo	*to make do something; to have something done*
lograr hacer algo	*to succeed in doing something, manage to do something*
necesitar hacer algo	*to need to do something*
olvidar hacer algo	*to forget to do something*
pedir (e > i) hacer algo	*to ask to do something*
pensar (e > ie) hacer algo	*to intend to / plan to do something*
poder (o > ue) hacer algo	*to be able to do something, can do something*
preferir (e > ie) hacer algo	*to prefer to do something*
querer (e > ie) hacer algo	*to want to do something*
recordar (o > ue) hacer algo	*to remember to do something*
saber hacer algo	*to know how to do something*
sentir (e > ie) hacer algo	*to be sorry for / regret doing something*
temer hacer algo	*to be afraid to do something*

—Necesito redactar el informe hoy. | *I have to edit the report today.*
—No olvide hacer una copia de seguridad. | *Don't forget to back it up.*

—¿A quién piensas llevar a la fiesta? | *Whom do you intend to take to the party?*
—Decidí no invitar a nadie. | *I decided not to invite anyone.*

—¿Adónde quieren ir de vacaciones? | *Where do you want to go on vacation?*
—Yo espero ir al campo pero mi esposa prefiere ir al mar. | *I hope to go to the country, but my wife prefers to go to the shore.*

—¿Pudiste aprovechar las ofertas temporales? | *Were you able to take advantage of the seasonal sales?*
—Ah, sí. Logré encontrar unos zapatos de buena calidad bien rebajados. | *Oh, yes. I managed to find good shoes at reduced prices.*

—¿No hay nadie en la oficina que sepa programar? | *Isn't there anyone in the office who knows how to program?*
—Debe haber algún programador en el sitio. | *There must be a programmer on the premises.*

Verb + Preposition/Connector + Infinitive Constructions

Some Spanish verbs require a preposition or connector to link them to a following infinitive. The most common prepositions are **a** and **de**. In the following lists, **hacer algo** represents any infinitive.

Verbs connected by *a* to a following infinitive

acostumbrarse a hacer algo	*to be accustomed to doing something*
aprender a hacer algo	*to learn to do something*
atreverse a hacer algo	*to dare to do something*
ayudar a uno a hacer algo	*to help someone do something*
comenzar (e > ie) a hacer algo	*to begin to do something*
dedicarse a hacer algo	*to devote oneself to doing something*
echar(se) a hacer algo	*to begin to do something*
empezar (e > ie) a hacer algo	*to begin to do something*
enseñar a hacer algo	*to teach/show how to do something*
ir a hacer algo	*to be going to do something*
llegar a hacer algo	*to succeed in doing something, manage to do something*
negarse (e > ie) a hacer algo	*to refuse to do something*
ponerse a hacer algo	*to begin to do something*
volver (o > ue) a hacer algo	*to do something again*

—Voy a ir al supermercado ahora. | *I'm going to go to the supermarket now.*
—Comencemos a hacer la cena cuando vuelvas. | *Let's start to make dinner when ~~you~~ get back.*

—¿Sara te ayudó a colgar los cuadros? | *Did Sara help you hang the paintings?*
—No, se negó a ayudarme. | *No, she refused to help me.*

—¿Cómo aprendiste a crear el sitio web? | *How did you learn to create the website?*
—Juan me enseñó a hacerlo. | *Juan showed me how to do it.*

Verbs of motion connected by *a* to a following infinitive

bajar a hacer algo	*to go downstairs to do something*
pasar a hacer algo	*to stop by to do something*
salir a hacer algo	*to go out(side) to do something*
subir a hacer algo	*to go upstairs to do something*
venir a hacer algo	*to come to do something*

—Salimos a cenar a las ocho. | *We're going out to have dinner at eight o'clock.*
—Pasen a recogernos a las siete y media. | *Come by to get us at 7:30.*

Verbs connected by *de* to a following infinitive

acabar de hacer algo	*to have just done something*
acordarse (o > ue) de hacer algo	*to remember to do something*
alegrarse de hacer algo	*to be glad to do something*
arrepentirse (e > ie) de hacer algo	*to regret doing something*
cansarse de hacer algo	*to get tired of doing something*
dejar de hacer algo	*to stop doing something*
encargarse de hacer algo	*to take charge of doing something*
olvidarse de hacer algo	*to forget to do something*
terminar de hacer algo	*to finish doing something*
tratar de hacer algo	*to try to do something*

—Yo me encargo de dirigir este proyecto.　*I've taken charge of running this project.*
—¿Cuándo dejó de trabajar en el anterior?　*When did you stop working on the previous one?*

Verbs connected by *en* to a following infinitive

consistir en hacer algo	*to consist of doing something*
dudar en hacer algo	*to hesitate / be hesitant to do something*
esforzarse (o > ue) en hacer algo	*to strive to do something*
empeñarse en hacer algo	*to insist on / be determined to do something*
insistir en hacer algo	*to insist on doing something*
interesarse en/por hacer algo	*to be interested in doing something*
quedar en hacer algo	*to agree to do something*
tardar en hacer algo	*to take time / delay / take long in doing something*

—Se empeñan en seguir adelante.　*They're determined to get ahead.*
—Y no dudan en hacer todo lo posible　*And they don't hesitate to do everything*
　por triunfar.　*possible to succeed.*

Verbs connected by *con* to a following infinitive

amenazar con hacer algo	*to threaten to do something*
contar (o > ue) con hacer algo	*to count on / rely on doing something*
soñar (o > ue) con hacer algo	*to dream of/about doing something*

Los jugadores sueñan con ganar el　*The players are dreaming about winning*
　campeonato.　*the championship.*
Cuentan con tener acceso al correo　*They count on having e-mail access when*
　electrónico cuando viajan.　*they travel.*

Verbs connected by *por* to a following infinitive

esforzarse (o > ue) por/en hacer algo	*to strive / work hard to do something*
empezar (e > ie) por hacer algo	*to begin by doing something*
interesarse por/en hacer algo	*to be interested in doing something*
optar por hacer algo	*to opt/choose to do something*

—Se esfuerzan por hacer crecer su　*They're working hard to grow their*
　negocio.　*business.*
—Empezaron por invertir una fuerte　*They began by investing a large amount*
　cantidad de dinero propio.　*of their own money.*

There are two verbs that use **que** as the connector to a following infinitive.

tener que hacer algo	*to have to do something*
hay que hacer algo	*one must do something*

Hay que is not conjugated. It expresses a general obligation, not a personal one. Sometimes the English passive voice best translates **hay que hacer algo**.

—¿Ud. tiene que asistir a la reunión esta　*Do you have to go to the meeting this*
　tarde?　*afternoon?*
—Por supuesto, tengo que presidirla.　*Of course, I have to chair it.*

—Hay que cuidarse bien.

We have to take good care of ourselves. / People have to take good care of themselves.

—Por eso hay que comer sano.

That's why we have to eat well (a healthy diet).

PRINCIPAL PARTS OF THE VERB

The first-person singular present, the third-person plural preterit, the past participle, and the present participle comprise the *principal parts* of the verb. For almost all Spanish verbs, knowledge of these four forms allows you to construct all the forms of the verb. In this book, the principal parts of the verb appear below the infinitive. For example:

poner
pongo · pusieron · puesto · poniendo

1. The First-Person Singular (*yo* Form) of the Present Tense

Many Spanish verbs in the present tense have an irregular **yo** form, but the remaining forms are regular. The conjugation of **poner** in the present is typical of these verbs:

poner

	SINGULAR	PLURAL
FIRST PERSON	**pongo**	ponemos
SECOND PERSON	pones	ponéis
THIRD PERSON	pone	ponen

The present subjunctive, the formal commands, and the negative informal commands derive from the irregular **yo** form.

2. Irregular Preterit

Many common Spanish verbs have an irregular stem in the preterit tense. These verbs have a special set of endings in the preterit in which the first- and third-person singular forms are **not** stressed, and therefore have no accent marks as regular preterit forms do.

poner

	SINGULAR	PLURAL
FIRST PERSON	**puse**	**pusimos**
SECOND PERSON	**pusiste**	**pusisteis**
THIRD PERSON	**puso**	**pusieron**

For **poner** the irregular stem **pus-** appears in all forms of the preterit and the **yo** and **él/ella** forms (**puse, puso**) have no accent marks. (Compare the **yo** and **él/ella** forms of the preterit of the regular -**er** verb **vender: vendí, vendió**.)

The imperfect subjunctive is derived from the **ellos/ellas** form of the preterit.

3. The Past Participle (-*do*/-*to*/-*cho* Form)

Many common verbs have an irregular past participle. These forms have to be memorized. The past participle appears in all the compound tenses and in all the tenses of the passive voice. The past participle of **poner** is **puesto**. (See page 25.)

4. The Present Participle (-*ndo* Form)

Most verbs in Spanish have a regular present participle. The present participle is an important form because it appears in all the progressive tenses. The present participle of **poner** is regular: **poniendo**. (See page 30.)

Use of the Principal Parts of the Verb

If you know the principal parts of the verb, you can predict the forms of almost all Spanish verbs. Let's take the example of the principal parts of the regular verb **tomar** *to take*:

tomar
tomo · tomaron · tomado · tomando

From the infinitive (**tomar**) you form the following tenses:

1 · the future: **tomaré, tomarás, tomará, tomaremos, tomaréis, tomarán**
2 · the conditional: **tomaría, tomarías, tomaría, tomaríamos, tomaríais, tomarían**

From the first-person singular of the present tense (**tomo**), you derive the following:

1 · the rest of the present tense: **tomas, toma, tomamos, tomáis, toman**
2 · the imperfect: **tomaba, tomabas, tomaba, tomábamos, tomabais, tomaban**
3 · the present subjunctive: **tome, tomes, tome, tomemos, toméis, tomen**

Formal commands and negative informal commands are derived from the subjunctive.

From the third-person plural of the preterit (**tomaron**) you derive the following forms:

1 · the rest of the preterit: **tomé, tomaste, tomó, tomamos, tomasteis**
2 · the imperfect subjunctive: **tomara, tomaras, tomara, tomáramos, tomarais, toma-ran** or **tomase, tomases, tomase, tomásemos, tomaseis, tomasen**

The past participle is used to form the following compound tenses:

PRESENT PERFECT	**he tomado**
PLUPERFECT (PAST PERFECT)	**había tomado**
PRETERIT PERFECT	**hube tomado**
FUTURE PERFECT	**habré tomado**
CONDITIONAL PERFECT	**habría tomado**
PRESENT PERFECT SUBJUNCTIVE	que **haya tomado**
PAST PERFECT SUBJUNCTIVE (PLUPERFECT)	que **hubiera/hubiese tomado**

The past participle is also used with **ser** to form the passive: **es tomado**, etc.

The present participle is used to form the progressive tenses:

PRESENT PROGRESSIVE	**estoy tomando**
IMPERFECT PROGRESSIVE	**estaba tomando**
PRETERIT PROGRESSIVE	**estuve tomando**
FUTURE PROGRESSIVE	**estaré tomando**
CONDITIONAL PROGRESSIVE	**estaría tomando**
PRESENT PERFECT PROGRESSIVE	**he estado tomando**
PAST PERFECT PROGRESSIVE	**había estado tomando**
PRESENT SUBJUNCTIVE PROGRESSIVE	que **esté tomando**
IMPERFECT SUBJUNCTIVE PROGRESSIVE	que **estuviera tomando**
PRESENT PERFECT SUBJUNCTIVE PROGRESSIVE	que **haya estado tomando**
PAST PERFECT SUBJUNCTIVE PROGRESSIVE	que **hubiera estado tomando**

THE IMPERATIVE (COMMANDS)

The imperative or command forms in Spanish are used to tell someone to do something or not to do something. Most imperative forms require a change in the vowel of the verb ending.

Ud. and Uds. (Formal Commands)

The command forms for **Ud.** and **Uds.** are derived from the subjunctive. Negative commands are formed by placing **no** before the verb. The addition of the subject pronouns **Ud.** and **Uds.** after the command form of the verb adds a note of politeness, equivalent to English *please*.

STATEMENT FORM	COMMAND FORM
entrar	
(Ud.) entra	entre (Ud.) *come in*
(Uds.) entran	entren (Uds.) *come in*
correr	
(Ud.) no corre	no corra (Ud.) *don't run*
(Uds.) no corren	no corran (Uds.) *don't run*
escribir	
(Ud.) escribe	escriba (Ud.) *write*
(Uds.) escriben	escriban (Uds.) *write*
entender	
(Ud.) entiende	entienda (Ud.) *understand*
(Uds.) entienden	entiendan (Uds.) *understand*
volver	
(Ud.) vuelve	vuelva (Ud.) *come back*
(Uds.) vuelven	vuelvan (Uds.) *come back*
mentir	
(Ud.) no miente	no mienta (Ud.) *don't lie*
(Uds.) no mienten	no mientan (Uds.) *don't lie*

Nosotros

The command forms for **nosotros** are also taken from the subjunctive.

STATEMENT FORM	COMMAND FORM
cant**amos**	cant**emos** *let's sing*
com**emos**	com**amos** *let's eat*
le**emos**	le**amos** *let's read*
sub**imos**	sub**amos** *let's go up*

Verbs ending in **-car**, **-gar**, **-zar**, **-ger**, **-gir**, **-cer**, and **-cir** have the same spelling changes in the **Ud.**, **Uds.**, and **nosotros** command forms that they have in the present subjunctive.

INFINITIVE	**Ud.** COMMAND	**Uds.** COMMAND	**nosotros** COMMAND
practicar	practi**que**	practi**quen**	practi**quemos**
llegar	lle**gue**	lle**guen**	lle**guemos**
analizar	anali**ce**	anali**cen**	anali**cemos**
escoger	esco**ja**	esco**jan**	esco**jamos**
dirigir	diri**ja**	diri**jan**	diri**jamos**
torcer	tuer**za**	tuer**zan**	tor**zamos**
zurcir	zur**za**	zur**zan**	zur**zamos**

Any irregularity in the present subjunctive form appears in the command forms.

INFINITIVE	Ud. COMMAND	Uds. COMMAND	nosotros COMMAND
salir	**salga**	**salgan**	**salgamos**
producir	**produzca**	**produzcan**	**produzcamos**
ver	**vea**	**vean**	**veamos**
ser	**sea**	**sean**	**seamos**
ir	**vaya**	**vayan**	**vayamos**
saber	**sepa**	**sepan**	**sepamos**

Remember that stem-changing -**ir** verbs have a vowel change in the **nosotros** forms of the subjunctive as well.

INFINITIVE	COMMAND FORM
convertir	convirtamos
servir	sirvamos
dormir	durmamos

The **Ud.** command form of **dar** and the **Ud.** and **Uds.** command forms of **estar** have accent marks.

INFINITIVE	Ud. COMMAND	Uds. COMMAND
dar	**dé**	**den**
estar	**esté**	**estén**

In everyday speech, **vamos a** + infinitive replaces the **nosotros** command.

nosotros COMMAND (FORMAL)	nosotros COMMAND (EVERYDAY SPEECH)
Mandemos un e-mail.	**Vamos a mandar** un e-mail. *Let's send an e-mail.*
Hagamos planes.	**Vamos a hacer** planes. *Let's make plans.*
Juguemos al tenis.	**Vamos a jugar** al tenis. *Let's play tennis.*

Spanish sentences that use the **vamos a** + infinitive construction instead of the **nosotros** command can have two meanings.

| **Vamos a hacer planes**. | *Let's make plans.* OR *We're going to make plans.* |

To express a negative **nosotros** command, the formal **no** + the **nosotros** command form must be used since the **no vamos a** + infinitive construction can only mean *we are not going to do something.*

Vamos is used for *let's go*, but you must use **no vayamos** to express *let's not go.*

The final -**s** of affirmative **nosotros** commands for reflexive verbs drops when the pronoun -**nos** is added.

Arreglémonos.	*Let's get ready.*
Reunámonos.	*Let's get together.*
Tranquilicémonos.	*Let's calm down.*

Tú and vosotros (Informal Commands)

For most verbs, the affirmative **tú** command is formed by dropping the **-s** ending of the present tense.

STATEMENT FORM	COMMAND FORM
trabaja**s**	trabaja *work*
piensa**s**	piensa *think*
aprende**s**	aprende *learn*
resuelve**s**	resuelve *solve*
discute**s**	discute *discuss*
consigue**s**	consigue *get*
duerme**s**	duerme *sleep*

Eight verbs have irregular one-syllable affirmative **tú** command forms.

INFINITIVE	tú COMMAND
decir	**di** *say*
hacer	**haz** *do*
ir	**ve** *go*
poner	**pon** *put*
salir	**sal** *leave*
ser	**sé** *be*
tener	**ten** *have, hold*
venir	**ven** *come*

Note that the affirmative **tú** command forms for the verbs **ir** and **ver** are identical: **ve**. Context clarifies which verb is intended.

Compounds of the above eight verbs have the same irregularity in their affirmative **tú** command forms. Accent marks are used on compound command forms ending in **-n**.

INFINITIVE	tú COMMAND
rehacer	**rehaz** *redo*
proponer	**propón** *propose*
mantener	**mantén** *maintain*

Negative **tú** commands are taken from the subjunctive.

no compre**s**	*don't buy*
no empiece**s**	*don't begin*
no beba**s**	*don't drink*
no vuelva**s**	*don't return*
no imprima**s**	*don't print*
no sirva**s**	*don't serve*
no sal**gas**	*don't go out*
no de**s**	*don't give*
no **vayas**	*don't go*

No compres esa computadora.	*Don't buy that computer.*
Compra ésta.	*Buy this one.*
No sirvas pescado. **Sirve** pollo.	*Don't serve fish. Serve chicken.*
No salgas todavía. **Sal** más tarde.	*Don't leave yet. Leave later.*

For all verbs, the affirmative **vosotros** command is formed by replacing the **-r** ending of the infinitive with **-d**. All **vosotros** commands are regular. Negative **vosotros** commands are taken from the subjunctive.

INFINITIVE	**vosotros** COMMAND	NEGATIVE **vosotros** COMMAND
habla**r**	habla**d** *speak*	no habl**éis** *don't speak*
comenza**r**	comenza**d** *begin*	no comenc**éis** *don't begin*
come**r**	come**d** *eat*	no com**áis** *don't eat*
volve**r**	volve**d** *return*	no volv**áis** *don't return*
abri**r**	abri**d** *open*	no abr**áis** *don't open*
i**r**	i**d** *go*	no vay**áis** *don't go*
pedi**r**	pedi**d** *ask for*	no pid**áis** *don't ask for*
dormi**r**	dormi**d** *sleep*	no durm**áis** *don't sleep*

Object Pronouns with Command Forms

In negative commands, object pronouns (direct, indirect, and reflexive) are placed in their usual position before the verb.

No **lo** firme.	*Don't sign it.*
No **lo** hagas.	*Don't do it.*
No **te los** pongas.	*Don't put them on.*
No **se la** entreguen.	*Don't hand it in to them.*
No **nos** paseemos.	*Let's not go for a walk.*
No **se las** traigáis.	*Don't bring them to him.*

In affirmative commands, object pronouns follow the verb and are attached to it. When attached in writing, an accent mark is placed over the stressed syllable, except when a single object pronoun is added to a one-syllable command form: **dime** *tell me*, **dímelo** *tell me it*. However, **dé**, **esté**, and **está** may keep their accent marks when a single object pronoun is added: **deme** OR **déme**.

Fírme**lo**.	*Sign it.*
Haz**lo**.	*Do it.*
Pónte**los**.	*Put them on.*
Entréguen**sela**.	*Hand it in to them.*
Paseémo**nos**.	*Let's go for a walk.*
Traéd**selas**.	*Bring them to him.*

Indirect Commands

Indirect commands in Spanish, equivalent to English *Let* or *Have him/her/it/them do something*, consist of **que** + present subjunctive. Object and reflexive pronouns are placed before the verb.

Que regrese.	*Have him come back.*
Que duerma.	*Let her sleep.*
Que no nos esperen.	*Don't have them wait for us.*
Que se vayan.	*Have them go away.*
Que se lo explique.	*Let him explain it to you.*
Que los deje en paz.	*Have her leave them alone.*

Indirect commands formed with the **se le** construction for unplanned or unexpected occurrences are usually equivalent to regular commands in English.

Que no se te quede el BlackBerry en la oficina.	*Don't leave your BlackBerry at the office.*
Que no se le olviden los billetes.	*Don't forget the tickets.*
Que no se les caigan las copas.	*Don't drop the wineglasses.*

REFLEXIVE VERBS

Spanish has a large class of verbs known as reflexive verbs. These verbs always appear with a reflexive pronoun referring back to the subject. Reflexive verbs occur in all tenses. Study the present tense of **levantarse**.

levantarse *to get up*

Me levanto a las ocho.	**Nos** levantamos a las ocho.
Te levantas a las ocho.	**Os** levantáis a las ocho.
Se levanta a las ocho.	**Se** levantan a las ocho.

In the progressive tenses, reflexive verbs can be formed in either of two ways. Reflexive pronouns can precede the auxiliary verb or they can be attached to the end of the present participle. When the reflexive pronoun is attached to the present participle, an accent mark is added.

Me estoy vistiendo. / Estoy vistiéndome.	*I am getting dressed.*
Te estuviste quejando. / Estuviste quejándote.	*You were complaining.*
Se estaba negando. / Estaba negándose.	*She was refusing.*
Nos estaremos levantando. / Estaremos levantándonos.	*We will be getting up.*
Os estaríais preocupando. / Estaríais preocupándoos.	*You would be worrying.*
Para que se estén fijando... / Para que estén fijándose...	*So that they will be noticing . . .*

Uses of Reflexive Verbs

Reflexive verb forms in English are followed by a pronoun that ends in *-self* or *-selves* (*I cut myself. / They hurt themselves.*). This is a relatively small class of verbs in English. Most reflexive verbs in Spanish correspond to English intransitive verbs, that is, verbs that have no direct object, or English verb constructions with *get* or *be*.

Se despertó a las siete.	*She woke up at seven o'clock.*
Te enojaste.	*You got angry.*
Van a lavarse. ⎫ Se van a lavar. ⎭	*They're going to wash up.*

In the case of some reflexive verbs, the reflexive pronoun is an indirect object rather than a direct object. These verbs can have a direct object as well as the reflexive pronoun. **Ponerse** *to put on an article of clothing* and **quitarse** *to take off an article of clothing* are two such examples.

Me puse la camisa.	***I put** my shirt **on***. (shirt = direct object)
Nos quitamos la chaqueta.	***We took** our jackets **off***. (jackets = direct object)
Se lava la cara.	***She's washing** her face.* (face = direct object)

Note that Spanish uses the reflexive pronoun where English uses a possessive adjective for articles of clothing and parts of the body.

Se ponen el sombrero.	*They put on **their** hats.*
Se ponen los zapatos.	*They put on **their** shoes.*
Nos lavamos la cara.	*We washed **our** faces.*
Nos lavamos las manos.	*We washed **our** hands.*

Some common reflexive verbs used this way:

lastimarse + *part of the body*	*to hurt*
lavarse + *part of the body*	*to wash*
ponerse + *article of clothing*	*to put on*
quebrarse (e > ie) + *part of the body*	*to break*
quemarse + *part of the body*	*to burn*
quitarse + *article of clothing*	*to take off*
romperse + *part of the body; article of clothing*	*to break; to tear*

Reflexive verbs, when used in the plural, may convey a *reciprocal meaning* equivalent to English "each other."

Gabriel y Sofía **se quieren**.	*Gabriel and Sofía love each other.*
Isabel y yo **nos vemos** los viernes.	*Isabel and I see each other on Fridays.*
¿Dónde **se conocieron** Uds.?	*Where did you meet each other?*
Rafael y yo **nos tuteamos**.	*Rafael and I address each other as tú (informally).*
Se escribían correos electrónicos.	*They wrote e-mails to each other.*
David y yo **nos ayudamos**.	*David and I help each other.*

REVERSE CONSTRUCTION VERBS

Reverse construction verbs in Spanish typically occur with an indirect object pronoun. In the English translations of sentences with these verbs, the Spanish subject corresponds to the English direct object, and the English subject corresponds to the Spanish indirect object. These verbs are used mostly in third-person singular and third-person plural forms. **Gustar** *to like* (verb 289) is one of the most common of these verbs.

Me	gusta	la música.	I	like	music.
INDIRECT OBJECT		SUBJECT	SUBJECT		DIRECT OBJECT
Me	gustan	los conciertos.	I	like	concerts.
INDIRECT OBJECT		SUBJECT	SUBJECT		DIRECT OBJECT

I is the subject of the English sentences, **la música** and **los conciertos** are the subjects of the Spanish sentences. *Music* and *concerts* are the direct objects of the English sentences, **me** is the indirect object of the verb **gustar** in the Spanish sentences.

When the grammatical subject of a reverse construction verb is an infinitive, the verb is always in the third-person singular.

Les urge llegar a un acuerdo.   *It's urgent that they come to an agreement.*
Nos hará falta analizar los datos.   *We'll need to analyze the data.*

Reverse construction verbs and verb phrases

agradarle a uno	*to like something, find something pleasing*
caerle bien/mal a uno	*to like/dislike (usually a person)*
convenirle a uno	*to suit someone, be good for someone*
desagradarle a uno	*to dislike something, find something unpleasant*
disgustarle a uno	*to dislike something, find something unpleasant*
encantarle a uno	*to love something*
entusiasmarle a uno	*to be excited about something*
faltarle a uno	*to be missing something, not have something; to be short of something (money, time)*
fascinarle a uno	*to be fascinated by something, like something*
hacerle falta a uno	*to need something*
importarle a uno	*to care about something; to mind; to matter*
interesarle a uno	*to be interested in something*
quedarle a uno	*to have something left*
sobrarle a uno	*to have more than enough of something*
tocarle a uno	*to be someone's turn*
urgirle a uno	*to be urgent for someone to do something*

—¿Les gustó la película?   *Did you like the film?*
—Sí, nos encantó.   *Yes, we loved it.*

—Me entusiasma el proyecto. ¿Y a ti?   *I'm excited about the project. How about you?*
—A mí no me interesa para nada.   *I'm not interested in it at all.*

—Paloma nos cae muy bien.   *We like Paloma very much.*
—Claro. Le sobra gracia.   *Of course. She's very charming. (She has charm to spare.)*

—¿Os falta dinero?   *Are you short money?*
—Al contrario, nos sobra.   *On the contrary, we have more than enough.*

—Su actitud les va a disgustar.   *They're not going to like her attitude.*
—No les va a importar en lo más mínimo.   *They're not going to care at all.*

THE PASSIVE VOICE

The passive voice in Spanish is formed as in English. It consists of **ser** + the past participle. The past participle agrees in gender and number with the subject of the sentence. The passive may be used in any tense.

Aquel señor **es** muy **respetado**.	*That man **is very respected**.*
Las computadoras **fueron vendidas** a mitad de precio.	*The computers **were sold** at half price.*

Passives commonly include a phrase beginning with **por** to tell who (or what) is performing the action.

La ciudad **fue quemada por los enemigos**.	*The city **was burned down by the enemies**.*
Muchas escuelas **serán construidas por el gobierno**.	*Many schools **will be built by the government**.*

Even the progressive tenses may be used in the passive, but this is rare except in documents translated from English.

El proyecto de ley **estaba siendo considerado** por el Senado.	*The bill **was being considered** by the Senate.*
El asunto **está siendo investigado** por la policía.	*The matter **is being investigated** by the police.*

Uses of the Passive Voice

The passive voice is used largely in written Spanish, not spoken Spanish. In active sentences (e.g., *The dog bites the man.*), the focus is on the performer of the action (the subject). In the passive, the focus is shifted from the performer of the action to the object, which becomes the grammatical subject of the sentence (e.g., *The man is bitten by the dog.*).

The most common Spanish equivalent of the English passive is a construction consisting of **se** + the third-person singular or plural of the verb. In this construction, the performer of the action is not mentioned. A phrase with **por** cannot be added to the **se** construction.

Se respeta mucho a aquel señor.	*That man **is very respected**.*
Se vendió la casa.	*The house **was sold**.*
¿Cuándo **se encontrará** una solución?	*When **will** a solution **be found**?*
Se construirán muchas casas.	*Many houses **will be built**.*

When the performer of the action has to be mentioned, the active voice is used in spoken Spanish.

Los enemigos **quemaron** la ciudad.	*The enemies **burned down** the city.*
El gobierno **construirá** muchas escuelas.	*The government **will build** many schools.*
El Senado **está considerando** el proyecto de ley.	*The Senate **is considering** the bill.*

SE LE CONSTRUCTION FOR UNPLANNED OR UNEXPECTED OCCURRENCES

The indirect object pronoun can be added to a **se** construction with certain verbs to express unplanned or unexpected occurrences. The **se le** construction focuses on the object affected rather than on the person involved.

acabársele a uno	*to run out of something*
averiársele a uno	*to get damaged, break down, fail*
caérsele a uno	*to drop*
descomponérsele a uno	*to have something break down*
ocurrírsele a uno	*to dawn on, get the idea of*
olvidársele a uno	*to forget*
perdérsele a uno	*to lose*
quebrársele a uno	*to break*
quedársele a uno	*to leave something behind*
rompérsele a uno	*to break*

—¿Al lanzador se le quebró un dedo?	*Did the pitcher break a finger?*
—Por desgracia, se le quebraron dos.	*Unfortunately, he broke two.*
En plena canción, se le quebró la voz.	*In the middle of the song, her voice cracked.*
Se les descompuso el coche en un camino rural.	*Their car broke down on a back road.*
—¿Se te perdió tu celular?	*Did you lose your cell phone?*
—No, se me había olvidado en casa.	*No, I had forgotten it at home.*

Many other verbs can be used in this construction:

Se nos fue el avión.	*The plane left. (We missed the plane.)*
Se les murió el gato.	*Their cat died.*
Se le llenaron los ojos de lágrimas.	*Her eyes filled with tears.*
Ven cuando se te antoje.	*Come when you feel like it.*
Se le escapó su perro.	*Her dog got away.*
Al gobernador se le agotó su capital político.	*The governor used up his political capital.*

555

FULLY CONJUGATED VERBS

TOP 50 VERBS

The following fifty verbs have been selected for their high frequency and their use in many common idiomatic expressions. A full page of example sentences and phrases provides guidance on correct usage and immediately precedes or follows the conjugation table.

acabar *to finish, end* 4
alcanzar *to reach, catch up, succeed, manage* 37
andar *to walk* 46
buscar *to look for, search* 96
caer *to fall* 98
comer *to eat* 129
conocer *to know, be acquainted/familiar with* 141
dar *to give* 168
deber *to owe, must, have to, ought* 169
decir *to say, tell* 171
dejar *to leave, let, permit* 174
dormir *to sleep* 204
echar *to throw, throw out, give off* 208
esperar *to wait, wait for, hope, expect* 249
estar *to be* 252
faltar *to miss, be absent, fail, be missing/lacking, be needed, not be enough* 263
hablar *to speak, talk* 291
hacer *to do, make* 292
ir *to go* 312
jugar *to play* 314
llegar *to arrive* 326
llevar *to carry, take, lead, have, wear* 328
meter *to put, put in* 350
mirar *to look at* 351
oír *to hear, listen to* 377
pasar *to pass, happen, spend time* 389
pensar *to think* 395
perder *to lose, waste, miss* 396
poder *to be able, can* 407
poner *to put, place, set* 408
quedarse *to stay, remain* 428
querer *to want, wish, love* 431
romper *to break, tear* 467
saber *to know, know how, taste* 468
sacar *to take out, remove, get* 469
salir *to go out, leave* 471
seguir *to follow, continue, pursue* 476
sentirse *to feel* 478
ser *to be* 481
servir *to serve* 482
tener *to have, hold, take* 513
tocar *to touch, play* (musical instrument)*, knock, be up to, be one's turn* 516
tomar *to take, have to eat or drink* 517
trabajar *to work* 520
traer *to bring* 522
tratar *to deal with, treat, try, be about* 526
valer *to be worth, cost* 534
venir *to come, arrive* 540
ver *to see, watch, look at* 541
volver *to go/come back, return, turn* 549

-ar verb; spelling change: z > c/e

abrazo · abrazaron · abrazado · abrazando

Present		Preterit	
abrazo	abrazamos	abracé	abrazamos
abrazas	abrazáis	abrazaste	abrazasteis
abraza	abrazan	abrazó	abrazaron

Imperfect		Present Perfect	
abrazaba	abrazábamos	he abrazado	hemos abrazado
abrazabas	abrazabais	has abrazado	habéis abrazado
abrazaba	abrazaban	ha abrazado	han abrazado

Future		Conditional	
abrazaré	abrazaremos	abrazaría	abrazaríamos
abrazarás	abrazaréis	abrazarías	abrazaríais
abrazará	abrazarán	abrazaría	abrazarían

Pluperfect		Preterit Perfect	
había abrazado	habíamos abrazado	hube abrazado	hubimos abrazado
habías abrazado	habíais abrazado	hubiste abrazado	hubisteis abrazado
había abrazado	habían abrazado	hubo abrazado	hubieron abrazado

Future Perfect		Conditional Perfect	
habré abrazado	habremos abrazado	habría abrazado	habríamos abrazado
habrás abrazado	habréis abrazado	habrías abrazado	habríais abrazado
habrá abrazado	habrán abrazado	habría abrazado	habrían abrazado

Present Subjunctive		Present Perfect Subjunctive	
abrace	abracemos	haya abrazado	hayamos abrazado
abraces	abracéis	hayas abrazado	hayáis abrazado
abrace	abracen	haya abrazado	hayan abrazado

Imperfect Subjunctive (-ra)		*or*	Imperfect Subjunctive (-se)	
abrazara	abrazáramos		abrazase	abrazásemos
abrazaras	abrazarais		abrazases	abrazaseis
abrazara	abrazaran		abrazase	abrazasen

Past Perfect Subjunctive (-ra)		*or*	Past Perfect Subjunctive (-se)	
hubiera abrazado	hubiéramos abrazado		hubiese abrazado	hubiésemos abrazado
hubieras abrazado	hubierais abrazado		hubieses abrazado	hubieseis abrazado
hubiera abrazado	hubieran abrazado		hubiese abrazado	hubiesen abrazado

Progressive Tenses

Present	estoy, estás, está, estamos, estáis, están	
Preterit	estuve, estuviste, estuvo, estuvimos, estuvisteis, estuvieron	
Imperfect	estaba, estabas, estaba, estábamos, estabais, estaban	abrazando
Future	estaré, estarás, estará, estaremos, estaréis, estarán	
Conditional	estaría, estarías, estaría, estaríamos, estaríais, estarían	
Subjunctive	que + *corresponding subjunctive tense of* estar (*see verb 252*)	

Commands

	(nosotros) abracemos / no abracemos
(tú) abraza / no abraces	(vosotros) abrazad / no abracéis
(Ud.) abrace / no abrace	(Uds.) abracen / no abracen

USAGE

—Abraza a tu tía, hija.	*Give your aunt a hug.*
—Ya le di un abrazo, mamá.	*I already hugged her, Mom.*
El documento abraza varios temas.	*The document covers several topics.*
No abrazó ninguna causa.	*He didn't adopt/embrace any cause.*
Un abrazo de Laura	*Best regards, / Love, Laura (letter)*
Coloque la repisa en las abrazaderas.	*Put the shelf on the brackets.*

abrir *to open*

-ir verb; irregular past participle

Present		Preterit	
abro	abrimos	abrí	abrimos
abres	abrís	abriste	abristeis
abre	abren	abrió	abrieron

Imperfect		Present Perfect	
abría	abríamos	he abierto	hemos abierto
abrías	abríais	has abierto	habéis abierto
abría	abrían	ha abierto	han abierto

Future		Conditional	
abriré	abriremos	abriría	abriríamos
abrirás	abriréis	abrirías	abriríais
abrirá	abrirán	abriría	abrirían

Pluperfect		Preterit Perfect	
había abierto	habíamos abierto	hube abierto	hubimos abierto
habías abierto	habíais abierto	hubiste abierto	hubisteis abierto
había abierto	habían abierto	hubo abierto	hubieron abierto

Future Perfect		Conditional Perfect	
habré abierto	habremos abierto	habría abierto	habríamos abierto
habrás abierto	habréis abierto	habrías abierto	habríais abierto
habrá abierto	habrán abierto	habría abierto	habrían abierto

Present Subjunctive		Present Perfect Subjunctive	
abra	abramos	haya abierto	hayamos abierto
abras	abráis	hayas abierto	hayáis abierto
abra	abran	haya abierto	hayan abierto

Imperfect Subjunctive (-ra)		*or*	Imperfect Subjunctive (-se)	
abriera	abriéramos		abriese	abriésemos
abrieras	abrierais		abrieses	abrieseis
abriera	abrieran		abriese	abriesen

Past Perfect Subjunctive (-ra)		*or*	Past Perfect Subjunctive (-se)	
hubiera abierto	hubiéramos abierto		hubiese abierto	hubiésemos abierto
hubieras abierto	hubierais abierto		hubieses abierto	hubieseis abierto
hubiera abierto	hubieran abierto		hubiese abierto	hubiesen abierto

Progressive Tenses

Present	estoy, estás, está, estamos, estáis, están	
Preterit	estuve, estuviste, estuvo, estuvimos, estuvisteis, estuvieron	
Imperfect	estaba, estabas, estaba, estábamos, estabais, estaban	abriendo
Future	estaré, estarás, estará, estaremos, estaréis, estarán	
Conditional	estaría, estarías, estaría, estaríamos, estaríais, estarían	
Subjunctive	que + *corresponding subjunctive tense of* estar (*see verb 252*)	

Commands

	(nosotros) abramos / no abramos
(tú) abre / no abras	(vosotros) abrid / no abráis
(Ud.) abra / no abra	(Uds.) abran / no abran

USAGE

El museo abre a las diez, ¿verdad?	*The museum opens at 10:00, doesn't it?*
Acabo de abrir una cuenta de crédito.	*I've just opened a charge account.*
No quiso abrirse con nadie.	*He refused to confide in anyone.*
La lata está abierta. Usé el abrelatas.	*The can is open. I used the can opener.*
El abrecartas está en el escritorio.	*The letter opener is on the desk.*
Las aceitunas abren el apetito.	*Olives whet your appetite.*
Se le abrió la herida.	*His wound opened up.*

regular -ir reflexive verb

aburro · aburrieron · aburrido · aburriéndose

Present

me aburro	nos aburrimos
te aburres	os aburrís
se aburre	se aburren

Preterit

me aburrí	nos aburrimos
te aburriste	os aburristeis
se aburrió	se aburrieron

Imperfect

me aburría	nos aburríamos
te aburrías	os aburríais
se aburría	se aburrían

Present Perfect

me he aburrido	nos hemos aburrido
te has aburrido	os habéis aburrido
se ha aburrido	se han aburrido

Future

me aburriré	nos aburriremos
te aburrirás	os aburriréis
se aburrirá	se aburrirán

Conditional

me aburriría	nos aburriríamos
te aburrirías	os aburriríais
se aburriría	se aburrirían

Pluperfect

me había aburrido	nos habíamos aburrido
te habías aburrido	os habíais aburrido
se había aburrido	se habían aburrido

Preterit Perfect

me hube aburrido	nos hubimos aburrido
te hubiste aburrido	os hubisteis aburrido
se hubo aburrido	se hubieron aburrido

Future Perfect

me habré aburrido	nos habremos aburrido
te habrás aburrido	os habréis aburrido
se habrá aburrido	se habrán aburrido

Conditional Perfect

me habría aburrido	nos habríamos aburrido
te habrías aburrido	os habríais aburrido
se habría aburrido	se habrían aburrido

Present Subjunctive

me aburra	nos aburramos
te aburras	os aburráis
se aburra	se aburran

Present Perfect Subjunctive

me haya aburrido	nos hayamos aburrido
te hayas aburrido	os hayáis aburrido
se haya aburrido	se hayan aburrido

Imperfect Subjunctive (-ra)   or   Imperfect Subjunctive (-se)

me aburriera	nos aburriéramos	me aburriese	nos aburriésemos
te aburrieras	os aburrierais	te aburrieses	os aburrieseis
se aburriera	se aburrieran	se aburriese	se aburriesen

Past Perfect Subjunctive (-ra)   or   Past Perfect Subjunctive (-se)

me hubiera aburrido	nos hubiéramos aburrido	me hubiese aburrido	nos hubiésemos aburrido
te hubieras aburrido	os hubierais aburrido	te hubieses aburrido	os hubieseis aburrido
se hubiera aburrido	se hubieran aburrido	se hubiese aburrido	se hubiesen aburrido

Progressive Tenses

Present	estoy, estás, está, estamos, estáis, están	
Preterit	estuve, estuviste, estuvo, estuvimos, estuvisteis, estuvieron	
Imperfect	estaba, estabas, estaba, estábamos, estabais, estaban	aburriendo (see page 41)
Future	estaré, estarás, estará, estaremos, estaréis, estarán	
Conditional	estaría, estarías, estaría, estaríamos, estaríais, estarían	
Subjunctive	que + corresponding subjunctive tense of estar (see verb 252)	

Commands

	(nosotros) aburrámonos / no nos aburramos
(tú) abúrrete / no te aburras	(vosotros) aburridos / no os aburráis
(Ud.) abúrrase / no se aburra	(Uds.) abúrranse / no se aburran

USAGE

Se aburre como una ostra.	She's bored stiff (lit., bored as an oyster).
Nos aburrió su conversación pesada.	His tedious conversation bored us.
Es una persona muy aburrida.	She's a very boring person.
Dudo que estén aburridos.	I doubt they're bored.
¡Qué aburrimiento!	What a bore!
Tenían una cara de aburrimiento.	They had a bored look.

acabar *to finish, end*

acabo · acabaron · acabado · acabando   regular -ar verb

Acabemos esta discusión de una vez.	Let's end this argument once and for all.
Acaben la comida y vamos al cine.	Finish up your meal and we'll go to the movies.
La función acaba a las diez.	The performance is over at ten o'clock.
Acabó el cuadro.	He put the finishing touches to the painting.
Su plan de acción acabó mal.	His plan of action didn't work out.

acabar de + infinitive *to have/had just done something*

Ya han llegado. Acabo de verlos.	They've arrived. I've just seen them.
Acabábamos de tomar asiento cuando el conferenciante comenzó a hablar.	We had just taken our seats when the lecturer began to talk.

acabar por + infinitive; acabar + -ndo *finally, in the end*

❸ —¿El asesor acabó por firmar el contrato?	Did the consultant end up signing the contract?
—Sí, acabó firmándolo.	Yes, he finally signed it.

acabar con *to finish with/off, put an end to, break with*

❸ —Estos pagos mensuales acabarán conmigo.	These monthly payments will finish me off.
—¿No has acabado con los pagos todavía?	You're not done with the payments yet?
❸ —¿Es verdad que Pilar acabó con su novio?	Is it true that Pilar broke up with her boyfriend?
—Lo dudo. Acabo de hablar con ella y no me dijo nada.	I doubt it. I've just talked with her and she didn't say anything.
¡Acaba con tus ideas estrafalarias!	Get rid of your outlandish/bizarre notions!

acabar en *to end in*

❸ —Sus conversaciones siempre acaban en disputas.	Their conversations always end in arguments.
—Es cierto, pero acaban haciendo las paces.	It's true, but finally they make up.

acabársele a alguien (unplanned or unexpected occurrences) *to run out of*

—¿Se te acabó el pan?	Did you run out of bread?
—Algo peor. ¡Se me acabaron las galletas!	Something worse. I ran out of cookies!
¿Se les ha acabado el dinero?	Have they run out of money?
Se nos acabó la paciencia.	Our patience has come to an end. / We've run out of patience.

OTHER USES AND RELATED WORDS

El trabajo está acabado. ¡Y yo estoy acabado!	The work is finished. And I'm worn out!
Es una escultura acabada.	It's a perfect piece of sculpture.
Prefiero el acabado brillante para las fotos.	I prefer the glossy finish for the photos.

regular -ar verb

acabo · acabaron · acabado · acabando

Present		Preterit	
acabo	acabamos	acabé	acabamos
acabas	acabáis	acabaste	acabasteis
acaba	acaban	acabó	acabaron

Imperfect		Present Perfect	
acababa	acabábamos	he acabado	hemos acabado
acababas	acababais	has acabado	habéis acabado
acababa	acababan	ha acabado	han acabado

Future		Conditional	
acabaré	acabaremos	acabaría	acabaríamos
acabarás	acabaréis	acabarías	acabaríais
acabará	acabarán	acabaría	acabarían

Pluperfect		Preterit Perfect	
había acabado	habíamos acabado	hube acabado	hubimos acabado
habías acabado	habíais acabado	hubiste acabado	hubisteis acabado
había acabado	habían acabado	hubo acabado	hubieron acabado

Future Perfect		Conditional Perfect	
habré acabado	habremos acabado	habría acabado	habríamos acabado
habrás acabado	habréis acabado	habrías acabado	habríais acabado
habrá acabado	habrán acabado	habría acabado	habrían acabado

Present Subjunctive		Present Perfect Subjunctive	
acabe	acabemos	haya acabado	hayamos acabado
acabes	acabéis	hayas acabado	hayáis acabado
acabe	acaben	haya acabado	hayan acabado

Imperfect Subjunctive (-ra)		or	Imperfect Subjunctive (-se)	
acabara	acabáramos		acabase	acabásemos
acabaras	acabarais		acabases	acabaseis
acabara	acabaran		acabase	acabasen

Past Perfect Subjunctive (-ra)		or	Past Perfect Subjunctive (-se)	
hubiera acabado	hubiéramos acabado		hubiese acabado	hubiésemos acabado
hubieras acabado	hubierais acabado		hubieses acabado	hubieseis acabado
hubiera acabado	hubieran acabado		hubiese acabado	hubiesen acabado

Progressive Tenses

Present	estoy, estás, está, estamos, estáis, están	
Preterit	estuve, estuviste, estuvo, estuvimos, estuvisteis, estuvieron	
Imperfect	estaba, estabas, estaba, estábamos, estabais, estaban	acabando
Future	estaré, estarás, estará, estaremos, estaréis, estarán	
Conditional	estaría, estarías, estaría, estaríamos, estaríais, estarían	
Subjunctive	que + corresponding subjunctive tense of estar (see verb 252)	

Commands

	(nosotros) acabemos / no acabemos
(tú) acaba / no acabes	(vosotros) acabad / no acabéis
(Ud.) acabe / no acabe	(Uds.) acaben / no acaben

USAGE

Cuando acabes el libro, préstamelo.	When you finish the book, lend it to me.
¿Cuándo se acabará el proyecto?	When will the project be completed?
Acaban de llamarnos por teléfono.	They've just called us.
¿Acabaron por arreglar los asuntos?	Did you finally straighten out your affairs?
Siempre acaba hablando estupideces.	She always ends up saying stupid things.
Se nos acabó el papel glaseado.	We ran out of glossy paper.
¡Acabad el trabajo de una vez!	Finish the work once and for all!

aceptar *to accept*

acepto · aceptaron · aceptado · aceptando

regular -ar verb

Present	
acepto	aceptamos
aceptas	aceptáis
acepta	aceptan

Preterit	
acepté	aceptamos
aceptaste	aceptasteis
aceptó	aceptaron

Imperfect	
aceptaba	aceptábamos
aceptabas	aceptabais
aceptaba	aceptaban

Present Perfect	
he aceptado	hemos aceptado
has aceptado	habéis aceptado
ha aceptado	han aceptado

Future	
aceptaré	aceptaremos
aceptarás	aceptaréis
aceptará	aceptarán

Conditional	
aceptaría	aceptaríamos
aceptarías	aceptaríais
aceptaría	aceptarían

Pluperfect	
había aceptado	habíamos aceptado
habías aceptado	habíais aceptado
había aceptado	habían aceptado

Preterit Perfect	
hube aceptado	hubimos aceptado
hubiste aceptado	hubisteis aceptado
hubo aceptado	hubieron aceptado

Future Perfect	
habré aceptado	habremos aceptado
habrás aceptado	habréis aceptado
habrá aceptado	habrán aceptado

Conditional Perfect	
habría aceptado	habríamos aceptado
habrías aceptado	habríais aceptado
habría aceptado	habrían aceptado

Present Subjunctive	
acepte	aceptemos
aceptes	aceptéis
acepte	acepten

Present Perfect Subjunctive	
haya aceptado	hayamos aceptado
hayas aceptado	hayáis aceptado
haya aceptado	hayan aceptado

Imperfect Subjunctive (-ra)		or	Imperfect Subjunctive (-se)	
aceptara	aceptáramos		aceptase	aceptásemos
aceptaras	aceptarais		aceptases	aceptaseis
aceptara	aceptaran		aceptase	aceptasen

Past Perfect Subjunctive (-ra)		or	Past Perfect Subjunctive (-se)	
hubiera aceptado	hubiéramos aceptado		hubiese aceptado	hubiésemos aceptado
hubieras aceptado	hubierais aceptado		hubieses aceptado	hubieseis aceptado
hubiera aceptado	hubieran aceptado		hubiese aceptado	hubiesen aceptado

Progressive Tenses

Present	estoy, estás, está, estamos, estáis, están	
Preterit	estuve, estuviste, estuvo, estuvimos, estuvisteis, estuvieron	
Imperfect	estaba, estabas, estaba, estábamos, estabais, estaban	aceptando
Future	estaré, estarás, estará, estaremos, estaréis, estarán	
Conditional	estaría, estarías, estaría, estaríamos, estaríais, estarían	
Subjunctive	que + *corresponding subjunctive tense of* estar (*see verb 252*)	

Commands

	(nosotros) aceptemos / no aceptemos
(tú) acepta / no aceptes	(vosotros) aceptad / no aceptéis
(Ud.) acepte / no acepte	(Uds.) acepten / no acepten

USAGE

Aceptó la invitación al congreso.	*He accepted the invitation to the conference.*
Aceptaron trabajar en el extranjero.	*They agreed to work abroad.*
Se aceptará tu propuesta.	*Your proposal will be accepted.*
¿La idea tuvo aceptación?	*Was the idea well received?*
Hicisteis una oferta aceptable.	*You made an acceptable offer.*
—¿Uds. aceptan o rechazan la oferta?	*Do you accept or refuse the offer?*
—Oferta aceptada.	*Offer accepted.*

-ar reflexive verb;
spelling change: *c > qu/e*

acerco · acercaron · acercado · acercándose

Present		Preterit	
me acerco	nos acercamos	me acerqué	nos acercamos
te acercas	os acercáis	te acercaste	os acercasteis
se acerca	se acercan	se acercó	se acercaron

Imperfect		Present Perfect	
me acercaba	nos acercábamos	me he acercado	nos hemos acercado
te acercabas	os acercabais	te has acercado	os habéis acercado
se acercaba	se acercaban	se ha acercado	se han acercado

Future		Conditional	
me acercaré	nos acercaremos	me acercaría	nos acercaríamos
te acercarás	os acercaréis	te acercarías	os acercaríais
se acercará	se acercarán	se acercaría	se acercarían

Pluperfect		Preterit Perfect	
me había acercado	nos habíamos acercado	me hube acercado	nos hubimos acercado
te habías acercado	os habíais acercado	te hubiste acercado	os hubisteis acercado
se había acercado	se habían acercado	se hubo acercado	se hubieron acercado

Future Perfect		Conditional Perfect	
me habré acercado	nos habremos acercado	me habría acercado	nos habríamos acercado
te habrás acercado	os habréis acercado	te habrías acercado	os habríais acercado
se habrá acercado	se habrán acercado	se habría acercado	se habrían acercado

Present Subjunctive		Present Perfect Subjunctive	
me acerque	nos acerquemos	me haya acercado	nos hayamos acercado
te acerques	os acerquéis	te hayas acercado	os hayáis acercado
se acerque	se acerquen	se haya acercado	se hayan acercado

Imperfect Subjunctive (-ra)		*or*	Imperfect Subjunctive (-se)	
me acercara	nos acercáramos		me acercase	nos acercásemos
te acercaras	os acercarais		te acercases	os acercaseis
se acercara	se acercaran		se acercase	se acercasen

Past Perfect Subjunctive (-ra)		*or*	Past Perfect Subjunctive (-se)	
me hubiera acercado	nos hubiéramos acercado		me hubiese acercado	nos hubiésemos acercado
te hubieras acercado	os hubierais acercado		te hubieses acercado	os hubieseis acercado
se hubiera acercado	se hubieran acercado		se hubiese acercado	se hubiesen acercado

Progressive Tenses

Present	estoy, estás, está, estamos, estáis, están	
Preterit	estuve, estuviste, estuvo, estuvimos, estuvisteis, estuvieron	
Imperfect	estaba, estabas, estaba, estábamos, estabais, estaban	acercando (*see page 41*)
Future	estaré, estarás, estará, estaremos, estaréis, estarán	
Conditional	estaría, estarías, estaría, estaríamos, estaríais, estarían	
Subjunctive	que + *corresponding subjunctive tense of* estar (*see verb 252*)	

Commands

	(nosotros) acerquémonos / no nos acerquemos
(tú) acércate / no te acerques	(vosotros) acercaos / no os acerquéis
(Ud.) acérquese / no se acerque	(Uds.) acérquense / no se acerquen

USAGE

Se acercó a nosotros.	*He approached / came over to us.*
Acércate a la pantalla.	*Go closer to the screen.*
Acerque la impresora.	*Bring the printer nearer.*
Viven cerca del centro.	*They live near the downtown area.*
Invite sólo a sus parientes cercanos.	*Invite only your close relatives.*
Hizo construir la casa en las cercanías.	*He had the house built in the suburbs.*

acertar *to get right*

acierto · acertaron · acertado · acertando

stem-changing *-ar* verb: *e > ie*

Present		Preterit	
acierto	acertamos	acerté	acertamos
aciertas	acertáis	acertaste	acertasteis
acierta	aciertan	acertó	acertaron

Imperfect		Present Perfect	
acertaba	acertábamos	he acertado	hemos acertado
acertabas	acertabais	has acertado	habéis acertado
acertaba	acertaban	ha acertado	han acertado

Future		Conditional	
acertaré	acertaremos	acertaría	acertaríamos
acertarás	acertaréis	acertarías	acertaríais
acertará	acertarán	acertaría	acertarían

Pluperfect		Preterit Perfect	
había acertado	habíamos acertado	hube acertado	hubimos acertado
habías acertado	habíais acertado	hubiste acertado	hubisteis acertado
había acertado	habían acertado	hubo acertado	hubieron acertado

Future Perfect		Conditional Perfect	
habré acertado	habremos acertado	habría acertado	habríamos acertado
habrás acertado	habréis acertado	habrías acertado	habríais acertado
habrá acertado	habrán acertado	habría acertado	habrían acertado

Present Subjunctive		Present Perfect Subjunctive	
acierte	acertemos	haya acertado	hayamos acertado
aciertes	acertéis	hayas acertado	hayáis acertado
acierte	acierten	haya acertado	hayan acertado

Imperfect Subjunctive (-ra)		*or*	Imperfect Subjunctive (-se)	
acertara	acertáramos		acertase	acertásemos
acertaras	acertarais		acertases	acertaseis
acertara	acertaran		acertase	acertasen

Past Perfect Subjunctive (-ra)		*or*	Past Perfect Subjunctive (-se)	
hubiera acertado	hubiéramos acertado		hubiese acertado	hubiésemos acertado
hubieras acertado	hubierais acertado		hubieses acertado	hubieseis acertado
hubiera acertado	hubieran acertado		hubiese acertado	hubiesen acertado

Progressive Tenses

Present	estoy, estás, está, estamos, estáis, están
Preterit	estuve, estuviste, estuvo, estuvimos, estuvisteis, estuvieron
Imperfect	estaba, estabas, estaba, estábamos, estabais, estaban
Future	estaré, estarás, estará, estaremos, estaréis, estarán
Conditional	estaría, estarías, estaría, estaríamos, estaríais, estarían
Subjunctive	que + *corresponding subjunctive tense of* estar (*see verb 252*)

} acertando

Commands

	(nosotros) acertemos / no acertemos
(tú) acierta / no aciertes	(vosotros) acertad / no acertéis
(Ud.) acierte / no acierte	(Uds.) acierten / no acierten

USAGE

Acertaste.	*You're right.*
Dudo que lo hayan acertado.	*I doubt they are/guessed right.*
Acertaste con la marca que yo buscaba.	*You found the brand I was looking for.*
Han tomado una decisión acertada.	*They've made a fitting decision.*
Acertó en decírselo.	*He did the right thing in telling them.*
Es cierto.	*It's certain/sure.*
No puedo adivinar el acertijo que me puso.	*I can't figure out the riddle she asked me.*

regular -ar verb

Present		Preterit	
aclaro	aclaramos	aclaré	aclaramos
aclaras	aclaráis	aclaraste	aclarasteis
aclara	aclaran	aclaró	aclararon

Imperfect		Present Perfect	
aclaraba	aclarábamos	he aclarado	hemos aclarado
aclarabas	aclarabais	has aclarado	habéis aclarado
aclaraba	aclaraban	ha aclarado	han aclarado

Future		Conditional	
aclararé	aclararemos	aclararía	aclararíamos
aclararás	aclararéis	aclararías	aclararíais
aclarará	aclararán	aclararía	aclararían

Pluperfect		Preterit Perfect	
había aclarado	habíamos aclarado	hube aclarado	hubimos aclarado
habías aclarado	habíais aclarado	hubiste aclarado	hubisteis aclarado
había aclarado	habían aclarado	hubo aclarado	hubieron aclarado

Future Perfect		Conditional Perfect	
habré aclarado	habremos aclarado	habría aclarado	habríamos aclarado
habrás aclarado	habréis aclarado	habrías aclarado	habríais aclarado
habrá aclarado	habrán aclarado	habría aclarado	habrían aclarado

Present Subjunctive		Present Perfect Subjunctive	
aclare	aclaremos	haya aclarado	hayamos aclarado
aclares	aclaréis	hayas aclarado	hayáis aclarado
aclare	aclaren	haya aclarado	hayan aclarado

Imperfect Subjunctive (-ra)		or	Imperfect Subjunctive (-se)	
aclarara	aclaráramos		aclarase	aclarásemos
aclararas	aclararais		aclarases	aclaraseis
aclarara	aclararan		aclarase	aclarasen

Past Perfect Subjunctive (-ra)		or	Past Perfect Subjunctive (-se)	
hubiera aclarado	hubiéramos aclarado		hubiese aclarado	hubiésemos aclarado
hubieras aclarado	hubierais aclarado		hubieses aclarado	hubieseis aclarado
hubiera aclarado	hubieran aclarado		hubiese aclarado	hubiesen aclarado

Progressive Tenses

Present	estoy, estás, está, estamos, estáis, están	
Preterit	estuve, estuviste, estuvo, estuvimos, estuvisteis, estuvieron	
Imperfect	estaba, estabas, estaba, estábamos, estabais, estaban	
Future	estaré, estarás, estará, estaremos, estaréis, estarán	aclarando
Conditional	estaría, estarías, estaría, estaríamos, estaríais, estarían	
Subjunctive	que + corresponding subjunctive tense of estar (see verb 252)	

Commands

	(nosotros) aclaremos / no aclaremos
(tú) aclara / no aclares	(vosotros) aclarad / no aclaréis
(Ud.) aclare / no aclare	(Uds.) aclaren / no aclaren

USAGE

Logró aclarar el asunto.	He succeeded in clarifying the matter.
Trate de poner las dudas en claro.	Try to clear up the questions.
Pídale una aclaración.	Ask her for an explanation.
¿Está claro?	Is it clear?
No habláis claro.	You're not speaking clearly.
Hoy está claro.	It's clear today.
¿Se usa la clara del huevo en la receta?	Do you use egg whites in the recipe?

acompañar · to accompany, go with

acompaño · acompañaron · acompañado · acompañando

regular -ar verb

Present

acompaño	acompañamos
acompañas	acompañáis
acompaña	acompañan

Preterit

acompañé	acompañamos
acompañaste	acompañasteis
acompañó	acompañaron

Imperfect

acompañaba	acompañábamos
acompañabas	acompañabais
acompañaba	acompañaban

Present Perfect

he acompañado	hemos acompañado
has acompañado	habéis acompañado
ha acompañado	han acompañado

Future

acompañaré	acompañaremos
acompañarás	acompañaréis
acompañará	acompañarán

Conditional

acompañaría	acompañaríamos
acompañarías	acompañaríais
acompañaría	acompañarían

Pluperfect

había acompañado	habíamos acompañado
habías acompañado	habíais acompañado
había acompañado	habían acompañado

Preterit Perfect

hube acompañado	hubimos acompañado
hubiste acompañado	hubisteis acompañado
hubo acompañado	hubieron acompañado

Future Perfect

habré acompañado	habremos acompañado
habrás acompañado	habréis acompañado
habrá acompañado	habrán acompañado

Conditional Perfect

habría acompañado	habríamos acompañado
habrías acompañado	habríais acompañado
habría acompañado	habrían acompañado

Present Subjunctive

acompañe	acompañemos
acompañes	acompañéis
acompañe	acompañen

Present Perfect Subjunctive

haya acompañado	hayamos acompañado
hayas acompañado	hayáis acompañado
haya acompañado	hayan acompañado

Imperfect Subjunctive (-ra)　　or　　Imperfect Subjunctive (-se)

acompañara	acompañáramos	acompañase	acompañásemos
acompañaras	acompañarais	acompañases	acompañaseis
acompañara	acompañaran	acompañase	acompañasen

Past Perfect Subjunctive (-ra)　　or　　Past Perfect Subjunctive (-se)

hubiera acompañado	hubiéramos acompañado	hubiese acompañado	hubiésemos acompañado
hubieras acompañado	hubierais acompañado	hubieses acompañado	hubieseis acompañado
hubiera acompañado	hubieran acompañado	hubiese acompañado	hubiesen acompañado

Progressive Tenses

Present	estoy, estás, está, estamos, estáis, están
Preterit	estuve, estuviste, estuvo, estuvimos, estuvisteis, estuvieron
Imperfect	estaba, estabas, estaba, estábamos, estabais, estaban
Future	estaré, estarás, estará, estaremos, estaréis, estarán
Conditional	estaría, estarías, estaría, estaríamos, estaríais, estarían
Subjunctive	que + *corresponding subjunctive tense of* estar (*see verb 252*)

} acompañando

Commands

	(nosotros) acompañemos / no acompañemos
(tú) acompaña / no acompañes	(vosotros) acompañad / no acompañéis
(Ud.) acompañe / no acompañe	(Uds.) acompañen / no acompañen

USAGE

Acompáñanos al centro comercial.	*Come to the mall with us.*
Mi compañero me acompaña con el piano.	*My friend accompanies me on piano.*
La albahaca acompaña bien el tomate.	*Basil goes well with tomato.*
Es mejor estar solo que mal acompañado.	*It's better to be alone than in bad company.*
Te acompañamos en el sentimiento.	*We give you our sympathies.*

regular -ar verb   aconsejo · aconsejaron · aconsejado · aconsejando

Present		Preterit	
aconsejo	aconsejamos	aconsejé	aconsejamos
aconsejas	aconsejáis	aconsejaste	aconsejasteis
aconseja	aconsejan	aconsejó	aconsejaron

Imperfect		Present Perfect	
aconsejaba	aconsejábamos	he aconsejado	hemos aconsejado
aconsejabas	aconsejabais	has aconsejado	habéis aconsejado
aconsejaba	aconsejaban	ha aconsejado	han aconsejado

Future		Conditional	
aconsejaré	aconsejaremos	aconsejaría	aconsejaríamos
aconsejarás	aconsejaréis	aconsejarías	aconsejaríais
aconsejará	aconsejarán	aconsejaría	aconsejarían

Pluperfect		Preterit Perfect	
había aconsejado	habíamos aconsejado	hube aconsejado	hubimos aconsejado
habías aconsejado	habíais aconsejado	hubiste aconsejado	hubisteis aconsejado
había aconsejado	habían aconsejado	hubo aconsejado	hubieron aconsejado

Future Perfect		Conditional Perfect	
habré aconsejado	habremos aconsejado	habría aconsejado	habríamos aconsejado
habrás aconsejado	habréis aconsejado	habrías aconsejado	habríais aconsejado
habrá aconsejado	habrán aconsejado	habría aconsejado	habrían aconsejado

Present Subjunctive		Present Perfect Subjunctive	
aconseje	aconsejemos	haya aconsejado	hayamos aconsejado
aconsejes	aconsejéis	hayas aconsejado	hayáis aconsejado
aconseje	aconsejen	haya aconsejado	hayan aconsejado

Imperfect Subjunctive (-ra)		*or*	Imperfect Subjunctive (-se)	
aconsejara	aconsejáramos		aconsejase	aconsejásemos
aconsejaras	aconsejarais		aconsejases	aconsejaseis
aconsejara	aconsejaran		aconsejase	aconsejasen

Past Perfect Subjunctive (-ra)		*or*	Past Perfect Subjunctive (-se)	
hubiera aconsejado	hubiéramos aconsejado		hubiese aconsejado	hubiésemos aconsejado
hubieras aconsejado	hubierais aconsejado		hubieses aconsejado	hubieseis aconsejado
hubiera aconsejado	hubieran aconsejado		hubiese aconsejado	hubiesen aconsejado

Progressive Tenses

Present	estoy, estás, está, estamos, estáis, están	
Preterit	estuve, estuviste, estuvo, estuvimos, estuvisteis, estuvieron	
Imperfect	estaba, estabas, estaba, estábamos, estabais, estaban	
Future	estaré, estarás, estará, estaremos, estaréis, estarán	aconsejando
Conditional	estaría, estarías, estaría, estaríamos, estaríais, estarían	
Subjunctive	que + *corresponding subjunctive tense of* estar (*see verb 252*)	

Commands

	(nosotros) aconsejemos / no aconsejemos
(tú) aconseja / no aconsejes	(vosotros) aconsejad / no aconsejéis
(Ud.) aconseje / no aconseje	(Uds.) aconsejen / no aconsejen

(USAGE)

Te aconsejo que tomes el auto-expreso.	*I advise you to take the auto train.*
Le han aconsejado estudiar marketing.	*They've advised her to study marketing.*
Sigan los consejos del director.	*Follow the director's advice.*
Me dieron un buen consejo.	*They gave me a good piece of advice / tip.*
Aconséjese con su consejero.	*Consult your advisor/counselor.*
Creo que estuvo bien/mal aconsejado.	*I think he was well-/ill-advised.*

11 (acordarse) to remember, agree

acuerdo · acordaron · acordado · acordándose   stem-changing -ar reflexive verb: o > ue

Present		Preterit	
me acuerdo	nos acordamos	me acordé	nos acordamos
te acuerdas	os acordáis	te acordaste	os acordasteis
se acuerda	se acuerdan	se acordó	se acordaron

Imperfect		Present Perfect	
me acordaba	nos acordábamos	me he acordado	nos hemos acordado
te acordabas	os acordabais	te has acordado	os habéis acordado
se acordaba	se acordaban	se ha acordado	se han acordado

Future		Conditional	
me acordaré	nos acordaremos	me acordaría	nos acordaríamos
te acordarás	os acordaréis	te acordarías	os acordaríais
se acordará	se acordarán	se acordaría	se acordarían

Pluperfect		Preterit Perfect	
me había acordado	nos habíamos acordado	me hube acordado	nos hubimos acordado
te habías acordado	os habíais acordado	te hubiste acordado	os hubisteis acordado
se había acordado	se habían acordado	se hubo acordado	se hubieron acordado

Future Perfect		Conditional Perfect	
me habré acordado	nos habremos acordado	me habría acordado	nos habríamos acordado
te habrás acordado	os habréis acordado	te habrías acordado	os habríais acordado
se habrá acordado	se habrán acordado	se habría acordado	se habrían acordado

Present Subjunctive		Present Perfect Subjunctive	
me acuerde	nos acordemos	me haya acordado	nos hayamos acordado
te acuerdes	os acordéis	te hayas acordado	os hayáis acordado
se acuerde	se acuerden	se haya acordado	se hayan acordado

Imperfect Subjunctive (-ra)		or	Imperfect Subjunctive (-se)	
me acordara	nos acordáramos		me acordase	nos acordásemos
te acordaras	os acordarais		te acordases	os acordaseis
se acordara	se acordaran		se acordase	se acordasen

Past Perfect Subjunctive (-ra)		or	Past Perfect Subjunctive (-se)	
me hubiera acordado	nos hubiéramos acordado		me hubiese acordado	nos hubiésemos acordado
te hubieras acordado	os hubierais acordado		te hubieses acordado	os hubieseis acordado
se hubiera acordado	se hubieran acordado		se hubiese acordado	se hubiesen acordado

Progressive Tenses

Present	estoy, estás, está, estamos, estáis, están	
Preterit	estuve, estuviste, estuvo, estuvimos, estuvisteis, estuvieron	
Imperfect	estaba, estabas, estaba, estábamos, estabais, estaban	acordando (see page 41)
Future	estaré, estarás, estará, estaremos, estaréis, estarán	
Conditional	estaría, estarías, estaría, estaríamos, estaríais, estarían	
Subjunctive	que + corresponding subjunctive tense of estar (see verb 252)	

Commands

	(nosotros) acordémonos / no nos acordemos
(tú) acuérdate / no te acuerdes	(vosotros) acordaos / no os acordéis
(Ud.) acuérdese / no se acuerde	(Uds.) acuérdense / no se acuerden

(USAGE)

—Te acuerdas de ellos, ¿verdad?   *You remember them, don't you?*
—No, no me acuerdo ni de él ni de ella.   *No, I don't remember either him or her.*

Acuérdate de comprarle un regalo.   *Remember to buy her a gift.*
Nos acordamos de la cita.   *We remembered that we have an appointment.*
Por fin se pusieron de acuerdo.   *They finally came to an agreement.*
Estamos de acuerdo contigo.   *We agree with you.*

stem-changing -*ar* reflexive verb: o > ue

acuesto · acostaron · acostado · acostándose

Present	
me acuesto	nos acostamos
te acuestas	os acostáis
se acuesta	se acuestan

Preterit	
me acosté	nos acostamos
te acostaste	os acostasteis
se acostó	se acostaron

Imperfect	
me acostaba	nos acostábamos
te acostabas	os acostabais
se acostaba	se acostaban

Present Perfect	
me he acostado	nos hemos acostado
te has acostado	os habéis acostado
se ha acostado	se han acostado

Future	
me acostaré	nos acostaremos
te acostarás	os acostaréis
se acostará	se acostarán

Conditional	
me acostaría	nos acostaríamos
te acostarías	os acostaríais
se acostaría	se acostarían

Pluperfect	
me había acostado	nos habíamos acostado
te habías acostado	os habíais acostado
se había acostado	se habían acostado

Preterit Perfect	
me hube acostado	nos hubimos acostado
te hubiste acostado	os hubisteis acostado
se hubo acostado	se hubieron acostado

Future Perfect	
me habré acostado	nos habremos acostado
te habrás acostado	os habréis acostado
se habrá acostado	se habrán acostado

Conditional Perfect	
me habría acostado	nos habríamos acostado
te habrías acostado	os habríais acostado
se habría acostado	se habrían acostado

Present Subjunctive	
me acueste	nos acostemos
te acuestes	os acostéis
se acueste	se acuesten

Present Perfect Subjunctive	
me haya acostado	nos hayamos acostado
te hayas acostado	os hayáis acostado
se haya acostado	se hayan acostado

Imperfect Subjunctive (-ra)		or	Imperfect Subjunctive (-se)	
me acostara	nos acostáramos		me acostase	nos acostásemos
te acostaras	os acostarais		te acostases	os acostaseis
se acostara	se acostaran		se acostase	se acostasen

Past Perfect Subjunctive (-ra)		or	Past Perfect Subjunctive (-se)	
me hubiera acostado	nos hubiéramos acostado		me hubiese acostado	nos hubiésemos acostado
te hubieras acostado	os hubierais acostado		te hubieses acostado	os hubieseis acostado
se hubiera acostado	se hubieran acostado		se hubiese acostado	se hubiesen acostado

Progressive Tenses

Present	estoy, estás, está, estamos, estáis, están	
Preterit	estuve, estuviste, estuvo, estuvimos, estuvisteis, estuvieron	
Imperfect	estaba, estabas, estaba, estábamos, estabais, estaban	acostando (*see page 41*)
Future	estaré, estarás, estará, estaremos, estaréis, estarán	
Conditional	estaría, estarías, estaría, estaríamos, estaríais, estarían	
Subjunctive	que + *corresponding subjunctive tense of* estar (*see verb 252*)	

Commands

	(nosotros) acostémonos / no nos acostemos
(tú) acuéstate / no te acuestes	(vosotros) acostaos / no os acostéis
(Ud.) acuéstese / no se acueste	(Uds.) acuéstense / no se acuesten

(**USAGE**)

Acuéstate.	*Go to bed.*
Es la hora de acostarse.	*It's time to go to bed.*
—Acuesta a los niños.	*Put the kids to bed.*
—Ya están acostados.	*They've already gone to bed.*
Se acostaron en el dormitorio de Juan.	*They slept in Juan's room.*
El agricultor se acuesta con las gallinas.	*The farmer goes to bed very early* (lit., *with the chickens*).

13 acostumbrarse · to become accustomed, get used to

acostumbro · acostumbraron · acostumbrado · acostumbrándose

regular -ar
reflexive verb

Present

me acostumbro	nos acostumbramos
te acostumbras	os acostumbráis
se acostumbra	se acostumbran

Preterit

me acostumbré	nos acostumbramos
te acostumbraste	os acostumbrasteis
se acostumbró	se acostumbraron

Imperfect

me acostumbraba	nos acostumbrábamos
te acostumbrabas	os acostumbrabais
se acostumbraba	se acostumbraban

Present Perfect

me he acostumbrado	nos hemos acostumbrado
te has acostumbrado	os habéis acostumbrado
se ha acostumbrado	se han acostumbrado

Future

me acostumbraré	nos acostumbraremos
te acostumbrarás	os acostumbraréis
se acostumbrará	se acostumbrarán

Conditional

me acostumbraría	nos acostumbraríamos
te acostumbrarías	os acostumbraríais
se acostumbraría	se acostumbrarían

Pluperfect

me había acostumbrado	nos habíamos acostumbrado
te habías acostumbrado	os habíais acostumbrado
se había acostumbrado	se habían acostumbrado

Preterit Perfect

me hube acostumbrado	nos hubimos acostumbrado
te hubiste acostumbrado	os hubisteis acostumbrado
se hubo acostumbrado	se hubieron acostumbrado

Future Perfect

me habré acostumbrado	nos habremos acostumbrado
te habrás acostumbrado	os habréis acostumbrado
se habrá acostumbrado	se habrán acostumbrado

Conditional Perfect

me habría acostumbrado	nos habríamos acostumbrado
te habrías acostumbrado	os habríais acostumbrado
se habría acostumbrado	se habrían acostumbrado

Present Subjunctive

me acostumbre	nos acostumbremos
te acostumbres	os acostumbréis
se acostumbre	se acostumbren

Present Perfect Subjunctive

me haya acostumbrado	nos hayamos acostumbrado
te hayas acostumbrado	os hayáis acostumbrado
se haya acostumbrado	se hayan acostumbrado

Imperfect Subjunctive (-ra)   or   Imperfect Subjunctive (-se)

me acostumbrara	nos acostumbráramos	me acostumbrase	nos acostumbrásemos
te acostumbraras	os acostumbrarais	te acostumbrases	os acostumbraseis
se acostumbrara	se acostumbraran	se acostumbrase	se acostumbrasen

Past Perfect Subjunctive (-ra)   or   Past Perfect Subjunctive (-se)

me hubiera acostumbrado	nos hubiéramos acostumbrado	me hubiese acostumbrado	nos hubiésemos acostumbrado
te hubieras acostumbrado	os hubierais acostumbrado	te hubieses acostumbrado	os hubieseis acostumbrado
se hubiera acostumbrado	se hubieran acostumbrado	se hubiese acostumbrado	se hubiesen acostumbrado

Progressive Tenses

Present	estoy, estás, está, estamos, estáis, están
Preterit	estuve, estuviste, estuvo, estuvimos, estuvisteis, estuvieron
Imperfect	estaba, estabas, estaba, estábamos, estabais, estaban
Future	estaré, estarás, estará, estaremos, estaréis, estarán
Conditional	estaría, estarías, estaría, estaríamos, estaríais, estarían
Subjunctive	que + corresponding subjunctive tense of estar (see verb 252)

acostumbrando (see page 41)

Commands

	(nosotros) acostumbrémonos / no nos acostumbremos
(tú) acostúmbrate / no te acostumbres	(vosotros) acostumbraos / no os acostumbréis
(Ud.) acostúmbrese / no se acostumbre	(Uds.) acostúmbrense / no se acostumbren

USAGE

No se acostumbraban al clima.
They weren't getting used to the climate.

—Espero que se acostumbren a vivir allí.
I hope they'll get used to living there.

—Me parece que están acostumbrados ya.
I think they're already used to it.

Tenía la costumbre de acostarse tarde.
He was in the habit of going to bed late.

Almorzó a las dos como de costumbre.
She had lunch at 2:00 as usual.

-ar verb; spelling change: *u > ú* when stressed   actúo · actuaron · actuado · actuando

Present		Preterit	
actúo	actuamos	actué	actuamos
actúas	actuáis	actuaste	actuasteis
actúa	actúan	actuó	actuaron

Imperfect		Present Perfect	
actuaba	actuábamos	he actuado	hemos actuado
actuabas	actuabais	has actuado	habéis actuado
actuaba	actuaban	ha actuado	han actuado

Future		Conditional	
actuaré	actuaremos	actuaría	actuaríamos
actuarás	actuaréis	actuarías	actuaríais
actuará	actuarán	actuaría	actuarían

Pluperfect		Preterit Perfect	
había actuado	habíamos actuado	hube actuado	hubimos actuado
habías actuado	habíais actuado	hubiste actuado	hubisteis actuado
había actuado	habían actuado	hubo actuado	hubieron actuado

Future Perfect		Conditional Perfect	
habré actuado	habremos actuado	habría actuado	habríamos actuado
habrás actuado	habréis actuado	habrías actuado	habríais actuado
habrá actuado	habrán actuado	habría actuado	habrían actuado

Present Subjunctive		Present Perfect Subjunctive	
actúe	actuemos	haya actuado	hayamos actuado
actúes	actuéis	hayas actuado	hayáis actuado
actúe	actúen	haya actuado	hayan actuado

Imperfect Subjunctive (-ra)		or	Imperfect Subjunctive (-se)	
actuara	actuáramos		actuase	actuásemos
actuaras	actuarais		actuases	actuaseis
actuara	actuaran		actuase	actuasen

Past Perfect Subjunctive (-ra)		or	Past Perfect Subjunctive (-se)	
hubiera actuado	hubiéramos actuado		hubiese actuado	hubiésemos actuado
hubieras actuado	hubierais actuado		hubieses actuado	hubieseis actuado
hubiera actuado	hubieran actuado		hubiese actuado	hubiesen actuado

Progressive Tenses

Present	estoy, estás, está, estamos, estáis, están	
Preterit	estuve, estuviste, estuvo, estuvimos, estuvisteis, estuvieron	
Imperfect	estaba, estabas, estaba, estábamos, estabais, estaban	
Future	estaré, estarás, estará, estaremos, estaréis, estarán	actuando
Conditional	estaría, estarías, estaría, estaríamos, estaríais, estarían	
Subjunctive	que + *corresponding subjunctive tense of* estar (*see verb 252*)	

Commands

	(nosotros) actuemos / no actuemos
(tú) actúa / no actúes	(vosotros) actuad / no actuéis
(Ud.) actúe / no actúe	(Uds.) actúen / no actúen

USAGE

Actúa de presidente de la junta.	He's acting (as) president of the board.
Ese actor inglés actuó muy bien.	That English actor acted very well.
Los músicos actuaron estupendamente.	The musicians performed marvelously.
Estáis actuando mal con ellos.	You're behaving badly with them.
El café actúa como estimulante.	Coffee acts as a stimulant.
Los contaminantes actuaban sobre la madera.	The pollutants acted upon the wood.

acudir *to come, go*

acudo · acudieron · acudido · acudiendo   *regular -ir verb*

	Present		Preterit
acudo	acudimos	acudí	acudimos
acudes	acudís	acudiste	acudisteis
acude	acuden	acudió	acudieron

	Imperfect		Present Perfect
acudía	acudíamos	he acudido	hemos acudido
acudías	acudíais	has acudido	habéis acudido
acudía	acudían	ha acudido	han acudido

	Future		Conditional
acudiré	acudiremos	acudiría	acudiríamos
acudirás	acudiréis	acudirías	acudiríais
acudirá	acudirán	acudiría	acudirían

	Pluperfect		Preterit Perfect
había acudido	habíamos acudido	hube acudido	hubimos acudido
habías acudido	habíais acudido	hubiste acudido	hubisteis acudido
había acudido	habían acudido	hubo acudido	hubieron acudido

	Future Perfect		Conditional Perfect
habré acudido	habremos acudido	habría acudido	habríamos acudido
habrás acudido	habréis acudido	habrías acudido	habríais acudido
habrá acudido	habrán acudido	habría acudido	habrían acudido

	Present Subjunctive		Present Perfect Subjunctive
acuda	acudamos	haya acudido	hayamos acudido
acudas	acudáis	hayas acudido	hayáis acudido
acuda	acudan	haya acudido	hayan acudido

	Imperfect Subjunctive (-ra)	*or*	Imperfect Subjunctive (-se)
acudiera	acudiéramos	acudiese	acudiésemos
acudieras	acudierais	acudieses	acudieseis
acudiera	acudieran	acudiese	acudiesen

	Past Perfect Subjunctive (-ra)	*or*	Past Perfect Subjunctive (-se)
hubiera acudido	hubiéramos acudido	hubiese acudido	hubiésemos acudido
hubieras acudido	hubierais acudido	hubieses acudido	hubieseis acudido
hubiera acudido	hubieran acudido	hubiese acudido	hubiesen acudido

Progressive Tenses

Present	estoy, estás, está, estamos, estáis, están
Preterit	estuve, estuviste, estuvo, estuvimos, estuvisteis, estuvieron
Imperfect	estaba, estabas, estaba, estábamos, estabais, estaban
Future	estaré, estarás, estará, estaremos, estaréis, estarán
Conditional	estaría, estarías, estaría, estaríamos, estaríais, estarían
Subjunctive	que + *corresponding subjunctive tense of* estar (*see verb 252*)

acudiendo

Commands

	(nosotros) acudamos / no acudamos
(tú) acude / no acudas	(vosotros) acudid / no acudáis
(Ud.) acuda / no acuda	(Uds.) acudan / no acudan

USAGE

Las familias suelen acudir a la función de la tarde.
Families usually attend the matinee.

Acudieron muchos en ayuda de las víctimas.
Many people came to the aid of the victims.

—¿Acudiste a la cita?
Did you keep the appointment?

—Claro. Llegué a la hora fija pero no acudieron los demás.
Of course. I arrived at the set time but the others didn't show up.

Los empleados no acudieron a trabajar ese día.
The employees didn't show up / report for work that day.

regular *-ar* reflexive verb

adelanto · adelantaron · adelantado · adelantándose

Present		*Preterit*	
me adelanto	nos adelantamos	me adelanté	nos adelantamos
te adelantas	os adelantáis	te adelantaste	os adelantasteis
se adelanta	se adelantan	se adelantó	se adelantaron

Imperfect		*Present Perfect*	
me adelantaba	nos adelantábamos	me he adelantado	nos hemos adelantado
te adelantabas	os adelantabais	te has adelantado	os habéis adelantado
se adelantaba	se adelantaban	se ha adelantado	se han adelantado

Future		*Conditional*	
me adelantaré	nos adelantaremos	me adelantaría	nos adelantaríamos
te adelantarás	os adelantaréis	te adelantarías	os adelantaríais
se adelantará	se adelantarán	se adelantaría	se adelantarían

Pluperfect		*Preterit Perfect*	
me había adelantado	nos habíamos adelantado	me hube adelantado	nos hubimos adelantado
te habías adelantado	os habíais adelantado	te hubiste adelantado	os hubisteis adelantado
se había adelantado	se habían adelantado	se hubo adelantado	se hubieron adelantado

Future Perfect		*Conditional Perfect*	
me habré adelantado	nos habremos adelantado	me habría adelantado	nos habríamos adelantado
te habrás adelantado	os habréis adelantado	te habrías adelantado	os habríais adelantado
se habrá adelantado	se habrán adelantado	se habría adelantado	se habrían adelantado

Present Subjunctive		*Present Perfect Subjunctive*	
me adelante	nos adelantemos	me haya adelantado	nos hayamos adelantado
te adelantes	os adelantéis	te hayas adelantado	os hayáis adelantado
se adelante	se adelanten	se haya adelantado	se hayan adelantado

Imperfect Subjunctive (-ra)		*or*	*Imperfect Subjunctive (-se)*	
me adelantara	nos adelantáramos		me adelantase	nos adelantásemos
te adelantaras	os adelantarais		te adelantases	os adelantaseis
se adelantara	se adelantaran		se adelantase	se adelantasen

Past Perfect Subjunctive (-ra)		*or*	*Past Perfect Subjunctive (-se)*	
me hubiera adelantado	nos hubiéramos adelantado		me hubiese adelantado	nos hubiésemos adelantado
te hubieras adelantado	os hubierais adelantado		te hubieses adelantado	os hubieseis adelantado
se hubiera adelantado	se hubieran adelantado		se hubiese adelantado	se hubiesen adelantado

Progressive Tenses

Present	estoy, estás, está, estamos, estáis, están	
Preterit	estuve, estuviste, estuvo, estuvimos, estuvisteis, estuvieron	
Imperfect	estaba, estabas, estaba, estábamos, estabais, estaban	adelantando (*see page 41*)
Future	estaré, estarás, estará, estaremos, estaréis, estarán	
Conditional	estaría, estarías, estaría, estaríamos, estaríais, estarían	
Subjunctive	que + *corresponding subjunctive tense of* estar (*see verb 252*)	

Commands

	(nosotros) adelantémonos / no nos adelantemos
(tú) adelántate / no te adelantes	(vosotros) adelantaos / no os adelantéis
(Ud.) adelántese / no se adelante	(Uds.) adelántense / no se adelanten

USAGE

Los soldados se adelantaron hasta el frente.	*The soldiers advanced to the front.*
Adelantémonos para buscar un café.	*Let's go ahead to look for a café.*
Adelantó en sus investigaciones.	*He made progress in his research.*
Hubo muchos adelantos tecnológicos durante el siglo veinte.	*There were many technological advances during the 20th century.*
Tienes el reloj adelantado.	*Your watch is fast.*
¡Adelante!	*Come in! / Carry on!*

(**adelgazar**) *to get thin, lose weight*

adelgazo · adelgazaron · adelgazado · adelgazando -ar verb; spelling change: z > c/e

Present		Preterit	
adelgazo	adelgazamos	adelgacé	adelgazamos
adelgazas	adelgazáis	adelgazaste	adelgazasteis
adelgaza	adelgazan	adelgazó	adelgazaron

Imperfect		Present Perfect	
adelgazaba	adelgazábamos	he adelgazado	hemos adelgazado
adelgazabas	adelgazabais	has adelgazado	habéis adelgazado
adelgazaba	adelgazaban	ha adelgazado	han adelgazado

Future		Conditional	
adelgazaré	adelgazaremos	adelgazaría	adelgazaríamos
adelgazarás	adelgazaréis	adelgazarías	adelgazaríais
adelgazará	adelgazarán	adelgazaría	adelgazarían

Pluperfect		Preterit Perfect	
había adelgazado	habíamos adelgazado	hube adelgazado	hubimos adelgazado
habías adelgazado	habíais adelgazado	hubiste adelgazado	hubisteis adelgazado
había adelgazado	habían adelgazado	hubo adelgazado	hubieron adelgazado

Future Perfect		Conditional Perfect	
habré adelgazado	habremos adelgazado	habría adelgazado	habríamos adelgazado
habrás adelgazado	habréis adelgazado	habrías adelgazado	habríais adelgazado
habrá adelgazado	habrán adelgazado	habría adelgazado	habrían adelgazado

Present Subjunctive		Present Perfect Subjunctive	
adelgace	adelgacemos	haya adelgazado	hayamos adelgazado
adelgaces	adelgacéis	hayas adelgazado	hayáis adelgazado
adelgace	adelgacen	haya adelgazado	hayan adelgazado

Imperfect Subjunctive (-ra)		or	Imperfect Subjunctive (-se)	
adelgazara	adelgazáramos		adelgazase	adelgazásemos
adelgazaras	adelgazarais		adelgazases	adelgazaseis
adelgazara	adelgazaran		adelgazase	adelgazasen

Past Perfect Subjunctive (-ra)		or	Past Perfect Subjunctive (-se)	
hubiera adelgazado	hubiéramos adelgazado		hubiese adelgazado	hubiésemos adelgazado
hubieras adelgazado	hubierais adelgazado		hubieses adelgazado	hubieseis adelgazado
hubiera adelgazado	hubieran adelgazado		hubiese adelgazado	hubiesen adelgazado

Progressive Tenses

Present	estoy, estás, está, estamos, estáis, están	
Preterit	estuve, estuviste, estuvo, estuvimos, estuvisteis, estuvieron	
Imperfect	estaba, estabas, estaba, estábamos, estabais, estaban	adelgazando
Future	estaré, estarás, estará, estaremos, estaréis, estarán	
Conditional	estaría, estarías, estaría, estaríamos, estaríais, estarían	
Subjunctive	que + *corresponding subjunctive tense of* estar (*see verb 252*)	

Commands

	(nosotros) adelgacemos / no adelgacemos
(tú) adelgaza / no adelgaces	(vosotros) adelgazad / no adelgacéis
(Ud.) adelgace / no adelgace	(Uds.) adelgacen / no adelgacen

(**USAGE**)

—He tratado de adelgazar.	*I've tried to lose weight.*
—Se nota que te has puesto más delgado.	*I can see that you've gotten thinner.*
—Están más delgados.	*They look thinner.*
—Siguieron un régimen de adelgazamiento.	*They went on a diet.*
Adelgacé cinco libras.	*I lost five pounds.*
Este traje te adelgaza.	*This suit makes you look thinner.*

regular -*ar* verb adivino · adivinaron · adivinado · adivinando

Present		Preterit	
adivino	adivinamos	adiviné	adivinamos
adivinas	adivináis	adivinaste	adivinasteis
adivina	adivinan	adivinó	adivinaron

Imperfect		Present Perfect	
adivinaba	adivinábamos	he adivinado	hemos adivinado
adivinabas	adivinabais	has adivinado	habéis adivinado
adivinaba	adivinaban	ha adivinado	han adivinado

Future		Conditional	
adivinaré	adivinaremos	adivinaría	adivinaríamos
adivinarás	adivinaréis	adivinarías	adivinaríais
adivinará	adivinarán	adivinaría	adivinarían

Pluperfect		Preterit Perfect	
había adivinado	habíamos adivinado	hube adivinado	hubimos adivinado
habías adivinado	habíais adivinado	hubiste adivinado	hubisteis adivinado
había adivinado	habían adivinado	hubo adivinado	hubieron adivinado

Future Perfect		Conditional Perfect	
habré adivinado	habremos adivinado	habría adivinado	habríamos adivinado
habrás adivinado	habréis adivinado	habrías adivinado	habríais adivinado
habrá adivinado	habrán adivinado	habría adivinado	habrían adivinado

Present Subjunctive		Present Perfect Subjunctive	
adivine	adivinemos	haya adivinado	hayamos adivinado
adivines	adivinéis	hayas adivinado	hayáis adivinado
adivine	adivinen	haya adivinado	hayan adivinado

Imperfect Subjunctive (-ra)		or	Imperfect Subjunctive (-se)	
adivinara	adivináramos		adivinase	adivinásemos
adivinaras	adivinarais		adivinases	adivinaseis
adivinara	adivinaran		adivinase	adivinasen

Past Perfect Subjunctive (-ra)		or	Past Perfect Subjunctive (-se)	
hubiera adivinado	hubiéramos adivinado		hubiese adivinado	hubiésemos adivinado
hubieras adivinado	hubierais adivinado		hubieses adivinado	hubieseis adivinado
hubiera adivinado	hubieran adivinado		hubiese adivinado	hubiesen adivinado

Progressive Tenses

Present	estoy, estás, está, estamos, estáis, están	
Preterit	estuve, estuviste, estuvo, estuvimos, estuvisteis, estuvieron	
Imperfect	estaba, estabas, estaba, estábamos, estabais, estaban	adivinando
Future	estaré, estarás, estará, estaremos, estaréis, estarán	
Conditional	estaría, estarías, estaría, estaríamos, estaríais, estarían	
Subjunctive	que + *corresponding subjunctive tense of* estar (*see verb 252*)	

Commands

	(nosotros) adivinemos / no adivinemos
(tú) adivina / no adivines	(vosotros) adivinad / no adivinéis
(Ud.) adivine / no adivine	(Uds.) adivinen / no adivinen

USAGE

¡Adivina quién está!	*Guess who's here!*
Puedo adivinar tu pensamiento.	*I can read your mind.*
A ver si adivina el acertijo.	*Let's see if he figures out the riddle.*
¡A que no lo adivina!	*I bet you can't guess!*
Le gustan las adivinanzas.	*She likes puzzles/riddles.*

admirar *to admire*

admiro · admiraron · admirado · admirando

regular -ar verb

Present		Preterit	
admiro	admiramos	admiré	admiramos
admiras	admiráis	admiraste	admirasteis
admira	admiran	admiró	admiraron

Imperfect		Present Perfect	
admiraba	admirábamos	he admirado	hemos admirado
admirabas	admirabais	has admirado	habéis admirado
admiraba	admiraban	ha admirado	han admirado

Future		Conditional	
admiraré	admiraremos	admiraría	admiraríamos
admirarás	admiraréis	admirarías	admiraríais
admirará	admirarán	admiraría	admirarían

Pluperfect		Preterit Perfect	
había admirado	habíamos admirado	hube admirado	hubimos admirado
habías admirado	habíais admirado	hubiste admirado	hubisteis admirado
había admirado	habían admirado	hubo admirado	hubieron admirado

Future Perfect		Conditional Perfect	
habré admirado	habremos admirado	habría admirado	habríamos admirado
habrás admirado	habréis admirado	habrías admirado	habríais admirado
habrá admirado	habrán admirado	habría admirado	habrían admirado

Present Subjunctive		Present Perfect Subjunctive	
admire	admiremos	haya admirado	hayamos admirado
admires	admiréis	hayas admirado	hayáis admirado
admire	admiren	haya admirado	hayan admirado

Imperfect Subjunctive (-ra)		or	Imperfect Subjunctive (-se)	
admirara	admiráramos		admirase	admirásemos
admiraras	admirarais		admirases	admiraseis
admirara	admiraran		admirase	admirasen

Past Perfect Subjunctive (-ra)		or	Past Perfect Subjunctive (-se)	
hubiera admirado	hubiéramos admirado		hubiese admirado	hubiésemos admirado
hubieras admirado	hubierais admirado		hubieses admirado	hubieseis admirado
hubiera admirado	hubieran admirado		hubiese admirado	hubiesen admirado

Progressive Tenses

Present	estoy, estás, está, estamos, estáis, están	
Preterit	estuve, estuviste, estuvo, estuvimos, estuvisteis, estuvieron	
Imperfect	estaba, estabas, estaba, estábamos, estabais, estaban	admirando
Future	estaré, estarás, estará, estaremos, estaréis, estarán	
Conditional	estaría, estarías, estaría, estaríamos, estaríais, estarían	
Subjunctive	que + *corresponding subjunctive tense of* estar (*see verb 252*)	

Commands

	(nosotros) admiremos / no admiremos
(tú) admira / no admires	(vosotros) admirad / no admiréis
(Ud.) admire / no admire	(Uds.) admiren / no admiren

USAGE

Admiramos su honradez.	*We admire his honesty.*
Tienen gran admiración por sus padres.	*They admire their parents a lot.*
Su rectitud causa admiración.	*His uprightness inspires admiration.*
Es una persona admirable.	*She's an admirable person.*
Tiene muchos admiradores.	*He has many admirers.*
Me admiro de sus muchos logros.	*I have great admiration for her many accomplishments.*

regular -ir verb

admito · admitieron · admitido · admitiendo

Present		Preterit	
admito	admitimos	admití	admitimos
admites	admitís	admitiste	admitisteis
admite	admiten	admitió	admitieron

Imperfect		Present Perfect	
admitía	admitíamos	he admitido	hemos admitido
admitías	admitíais	has admitido	habéis admitido
admitía	admitían	ha admitido	han admitido

Future		Conditional	
admitiré	admitiremos	admitiría	admitiríamos
admitirás	admitiréis	admitirías	admitiríais
admitirá	admitirán	admitiría	admitirían

Pluperfect		Preterit Perfect	
había admitido	habíamos admitido	hube admitido	hubimos admitido
habías admitido	habíais admitido	hubiste admitido	hubisteis admitido
había admitido	habían admitido	hubo admitido	hubieron admitido

Future Perfect		Conditional Perfect	
habré admitido	habremos admitido	habría admitido	habríamos admitido
habrás admitido	habréis admitido	habrías admitido	habríais admitido
habrá admitido	habrán admitido	habría admitido	habrían admitido

Present Subjunctive		Present Perfect Subjunctive	
admita	admitamos	haya admitido	hayamos admitido
admitas	admitáis	hayas admitido	hayáis admitido
admita	admitan	haya admitido	hayan admitido

Imperfect Subjunctive (-ra)		*or*	Imperfect Subjunctive (-se)	
admitiera	admitiéramos		admitiese	admitiésemos
admitieras	admitierais		admitieses	admitieseis
admitiera	admitieran		admitiese	admitiesen

Past Perfect Subjunctive (-ra)		*or*	Past Perfect Subjunctive (-se)	
hubiera admitido	hubiéramos admitido		hubiese admitido	hubiésemos admitido
hubieras admitido	hubierais admitido		hubieses admitido	hubieseis admitido
hubiera admitido	hubieran admitido		hubiese admitido	hubiesen admitido

Progressive Tenses

Present	estoy, estás, está, estamos, estáis, están	
Preterit	estuve, estuviste, estuvo, estuvimos, estuvisteis, estuvieron	
Imperfect	estaba, estabas, estaba, estábamos, estabais, estaban	admitiendo
Future	estaré, estarás, estará, estaremos, estaréis, estarán	
Conditional	estaría, estarías, estaría, estaríamos, estaríais, estarían	
Subjunctive	que + *corresponding subjunctive tense of* estar (*see verb 252*)	

Commands

	(nosotros) admitamos / no admitamos
(tú) admite / no admitas	(vosotros) admitid / no admitáis
(Ud.) admita / no admita	(Uds.) admitan / no admitan

USAGE

Admitían solamente a los miembros del club.	*They only admitted club members.*
Admite que mintió.	*He admits that he lied.*
No se admiten animales.	*No animals allowed.*
Se admiten cheques personales en esta tienda.	*They accept personal checks at this store.*
La sala de conciertos admite 300 personas.	*The concert hall holds 300 people.*
El examen de admisión fue el lunes.	*The entrance examination was on Monday.*

adoptar *to adopt*

adopto · adoptaron · adoptado · adoptando   regular *-ar* verb

	Present		Preterit
adopto	adoptamos	adopté	adoptamos
adoptas	adoptáis	adoptaste	adoptasteis
adopta	adoptan	adoptó	adoptaron

	Imperfect		Present Perfect
adoptaba	adoptábamos	he adoptado	hemos adoptado
adoptabas	adoptabais	has adoptado	habéis adoptado
adoptaba	adoptaban	ha adoptado	han adoptado

	Future		Conditional
adoptaré	adoptaremos	adoptaría	adoptaríamos
adoptarás	adoptaréis	adoptarías	adoptaríais
adoptará	adoptarán	adoptaría	adoptarían

	Pluperfect		Preterit Perfect
había adoptado	habíamos adoptado	hube adoptado	hubimos adoptado
habías adoptado	habíais adoptado	hubiste adoptado	hubisteis adoptado
había adoptado	habían adoptado	hubo adoptado	hubieron adoptado

	Future Perfect		Conditional Perfect
habré adoptado	habremos adoptado	habría adoptado	habríamos adoptado
habrás adoptado	habréis adoptado	habrías adoptado	habríais adoptado
habrá adoptado	habrán adoptado	habría adoptado	habrían adoptado

	Present Subjunctive		Present Perfect Subjunctive
adopte	adoptemos	haya adoptado	hayamos adoptado
adoptes	adoptéis	hayas adoptado	hayáis adoptado
adopte	adopten	haya adoptado	hayan adoptado

	Imperfect Subjunctive (-ra)	or		Imperfect Subjunctive (-se)
adoptara	adoptáramos		adoptase	adoptásemos
adoptaras	adoptarais		adoptases	adoptaseis
adoptara	adoptaran		adoptase	adoptasen

	Past Perfect Subjunctive (-ra)	or		Past Perfect Subjunctive (-se)
hubiera adoptado	hubiéramos adoptado		hubiese adoptado	hubiésemos adoptado
hubieras adoptado	hubierais adoptado		hubieses adoptado	hubieseis adoptado
hubiera adoptado	hubieran adoptado		hubiese adoptado	hubiesen adoptado

Progressive Tenses

Present	estoy, estás, está, estamos, estáis, están
Preterit	estuve, estuviste, estuvo, estuvimos, estuvisteis, estuvieron
Imperfect	estaba, estabas, estaba, estábamos, estabais, estaban
Future	estaré, estarás, estará, estaremos, estaréis, estarán
Conditional	estaría, estarías, estaría, estaríamos, estaríais, estarían
Subjunctive	que + *corresponding subjunctive tense of* estar (*see verb 252*)

} adoptando

Commands

	(nosotros) adoptemos / no adoptemos
(tú) adopta / no adoptes	(vosotros) adoptad / no adoptéis
(Ud.) adopte / no adopte	(Uds.) adopten / no adopten

USAGE

—Adoptaron a sus hijos, ¿verdad? — *They adopted their children, didn't they?*
—Sólo el mayor es hijo adoptivo. — *Only the elder one is an adopted child.*

Inglaterra es su país de adopción. — *England is his adopted country.*
Adoptó las costumbres inglesas. — *He adopted English customs.*
Adoptasteis una actitud muy desagradable. — *You adopted a very unpleasant attitude.*
Adoptamos la resolución por unanimidad. — *We adopted the resolution unanimously.*

regular -ar verb

adoro · adoraron · adorado · adorando

Present		Preterit	
adoro	adoramos	adoré	adoramos
adoras	adoráis	adoraste	adorasteis
adora	adoran	adoró	adoraron

Imperfect		Present Perfect	
adoraba	adorábamos	he adorado	hemos adorado
adorabas	adorabais	has adorado	habéis adorado
adoraba	adoraban	ha adorado	han adorado

Future		Conditional	
adoraré	adoraremos	adoraría	adoraríamos
adorarás	adoraréis	adorarías	adoraríais
adorará	adorarán	adoraría	adorarían

Pluperfect		Preterit Perfect	
había adorado	habíamos adorado	hube adorado	hubimos adorado
habías adorado	habíais adorado	hubiste adorado	hubisteis adorado
había adorado	habían adorado	hubo adorado	hubieron adorado

Future Perfect		Conditional Perfect	
habré adorado	habremos adorado	habría adorado	habríamos adorado
habrás adorado	habréis adorado	habrías adorado	habríais adorado
habrá adorado	habrán adorado	habría adorado	habrían adorado

Present Subjunctive		Present Perfect Subjunctive	
adore	adoremos	haya adorado	hayamos adorado
adores	adoréis	hayas adorado	hayáis adorado
adore	adoren	haya adorado	hayan adorado

Imperfect Subjunctive (-ra)		or	Imperfect Subjunctive (-se)	
adorara	adoráramos		adorase	adorásemos
adoraras	adorarais		adorases	adoraseis
adorara	adoraran		adorase	adorasen

Past Perfect Subjunctive (-ra)		or	Past Perfect Subjunctive (-se)	
hubiera adorado	hubiéramos adorado		hubiese adorado	hubiésemos adorado
hubieras adorado	hubierais adorado		hubieses adorado	hubieseis adorado
hubiera adorado	hubieran adorado		hubiese adorado	hubiesen adorado

Progressive Tenses

Present	estoy, estás, está, estamos, estáis, están	
Preterit	estuve, estuviste, estuvo, estuvimos, estuvisteis, estuvieron	
Imperfect	estaba, estabas, estaba, estábamos, estabais, estaban	adorando
Future	estaré, estarás, estará, estaremos, estaréis, estarán	
Conditional	estaría, estarías, estaría, estaríamos, estaríais, estarían	
Subjunctive	que + corresponding subjunctive tense of estar (see verb 252)	

Commands

	(nosotros) adoremos / no adoremos
(tú) adora / no adores	(vosotros) adorad / no adoréis
(Ud.) adore / no adore	(Uds.) adoren / no adoren

USAGE

Adoramos a nuestros padres.	*We adore our parents.*
¡Qué niños más adorables!	*What adorable kids!*
La Epifanía se conoce como la Adoración de los Reyes.	*Epiphany is known as the Adoration of the Magi (Three Kings).*
Los miembros del club de admiradores adoran al cantante.	*The members of the fan club idolize the singer.*
Los adoradores adoran a Dios.	*The worshippers pray to God.*

adquiero · adquirieron · adquirido · adquiriendo   *stem-changing -ir verb: i > ie*

Present		Preterit	
adquiero	adquirimos	adquirí	adquirimos
adquieres	adquirís	adquiriste	adquiristeis
adquiere	adquieren	adquirió	adquirieron

Imperfect		Present Perfect	
adquiría	adquiríamos	he adquirido	hemos adquirido
adquirías	adquiríais	has adquirido	habéis adquirido
adquiría	adquirían	ha adquirido	han adquirido

Future		Conditional	
adquiriré	adquiriremos	adquiriría	adquiriríamos
adquirirás	adquiriréis	adquirirías	adquiriríais
adquirirá	adquirirán	adquiriría	adquirirían

Pluperfect		Preterit Perfect	
había adquirido	habíamos adquirido	hube adquirido	hubimos adquirido
habías adquirido	habíais adquirido	hubiste adquirido	hubisteis adquirido
había adquirido	habían adquirido	hubo adquirido	hubieron adquirido

Future Perfect		Conditional Perfect	
habré adquirido	habremos adquirido	habría adquirido	habríamos adquirido
habrás adquirido	habréis adquirido	habrías adquirido	habríais adquirido
habrá adquirido	habrán adquirido	habría adquirido	habrían adquirido

Present Subjunctive		Present Perfect Subjunctive	
adquiera	adquiramos	haya adquirido	hayamos adquirido
adquieras	adquiráis	hayas adquirido	hayáis adquirido
adquiera	adquieran	haya adquirido	hayan adquirido

Imperfect Subjunctive (-ra)		or	Imperfect Subjunctive (-se)	
adquiriera	adquiriéramos		adquiriese	adquiriésemos
adquirieras	adquirierais		adquirieses	adquirieseis
adquiriera	adquirieran		adquiriese	adquiriesen

Past Perfect Subjunctive (-ra)		or	Past Perfect Subjunctive (-se)	
hubiera adquirido	hubiéramos adquirido		hubiese adquirido	hubiésemos adquirido
hubieras adquirido	hubierais adquirido		hubieses adquirido	hubieseis adquirido
hubiera adquirido	hubieran adquirido		hubiese adquirido	hubiesen adquirido

Progressive Tenses

Present	estoy, estás, está, estamos, estáis, están	
Preterit	estuve, estuviste, estuvo, estuvimos, estuvisteis, estuvieron	
Imperfect	estaba, estabas, estaba, estábamos, estabais, estaban	adquiriendo
Future	estaré, estarás, estará, estaremos, estaréis, estarán	
Conditional	estaría, estarías, estaría, estaríamos, estaríais, estarían	
Subjunctive	que + *corresponding subjunctive tense of* estar (*see verb 252*)	

Commands

	(nosotros) adquiramos / no adquiramos
(tú) adquiere / no adquieras	(vosotros) adquirid / no adquiráis
(Ud.) adquiera / no adquiera	(Uds.) adquieran / no adquieran

(**USAGE**)

Los chicos van adquiriendo malos hábitos.	*The children are acquiring bad habits.*
Acaba de adquirir un nuevo teléfono celular.	*He has just purchased a new cell phone.*
Esta agencia ha adquirido más importancia.	*This agency has become more important.*
Se especializa en la adquisición de datos.	*He specializes in data acquisition.*
El sueldo alto da más poder adquisitivo.	*A high salary provides more purchasing power.*
Son gustos adquiridos con el tiempo.	*They are acquired tastes.*

stem-changing -*ir* verb: i > ie   advierto · advirtieron · advertido · advirtiendo

Present		Preterit	
advierto	advertimos	advertí	advertimos
adviertes	advertís	advertiste	advertisteis
advierte	advierten	advirtió	advirtieron

Imperfect		Present Perfect	
advertía	advertíamos	he advertido	hemos advertido
advertías	advertíais	has advertido	habéis advertido
advertía	advertían	ha advertido	han advertido

Future		Conditional	
advertiré	advertiremos	advertiría	advertiríamos
advertirás	advertiréis	advertirías	advertiríais
advertirá	advertirán	advertiría	advertirían

Pluperfect		Preterit Perfect	
había advertido	habíamos advertido	hube advertido	hubimos advertido
habías advertido	habíais advertido	hubiste advertido	hubisteis advertido
había advertido	habían advertido	hubo advertido	hubieron advertido

Future Perfect		Conditional Perfect	
habré advertido	habremos advertido	habría advertido	habríamos advertido
habrás advertido	habréis advertido	habrías advertido	habríais advertido
habrá advertido	habrán advertido	habría advertido	habrían advertido

Present Subjunctive		Present Perfect Subjunctive	
advierta	advirtamos	haya advertido	hayamos advertido
adviertas	advirtáis	hayas advertido	hayáis advertido
advierta	adviertan	haya advertido	hayan advertido

Imperfect Subjunctive (-ra)		*or*	Imperfect Subjunctive (-se)	
advirtiera	advirtiéramos		advirtiese	advirtiésemos
advirtieras	advirtierais		advirtieses	advirtieseis
advirtiera	advirtieran		advirtiese	advirtiesen

Past Perfect Subjunctive (-ra)		*or*	Past Perfect Subjunctive (-se)	
hubiera advertido	hubiéramos advertido		hubiese advertido	hubiésemos advertido
hubieras advertido	hubierais advertido		hubieses advertido	hubieseis advertido
hubiera advertido	hubieran advertido		hubiese advertido	hubiesen advertido

Progressive Tenses

Present	estoy, estás, está, estamos, estáis, están	
Preterit	estuve, estuviste, estuvo, estuvimos, estuvisteis, estuvieron	
Imperfect	estaba, estabas, estaba, estábamos, estabais, estaban	advirtiendo
Future	estaré, estarás, estará, estaremos, estaréis, estarán	
Conditional	estaría, estarías, estaría, estaríamos, estaríais, estarían	
Subjunctive	que + *corresponding subjunctive tense of* estar (*see verb 252*)	

Commands

	(nosotros) advirtamos / no advirtamos
(tú) advierte / no adviertas	(vosotros) advertid / no advirtáis
(Ud.) advierta / no advierta	(Uds.) adviertan / no adviertan

USAGE

Te advierto que es peligroso.	*I'm warning you it's dangerous.*
Me advirtió que hablara con el gerente.	*He advised me to speak with the manager.*
Les advertimos que no nos importa.	*We told them it doesn't matter to us.*
Dales una advertencia.	*Give them a warning / piece of advice.*
Lea lo que dice la advertencia.	*Read what the warning/note says.*
¡Queden advertidos que no soporto más!	*Be warned that I won't take any more!*

afeitarse *to shave*

afeito · afeitaron · afeitado · afeitándose   regular -*ar* reflexive verb

Present		Preterit	
me afeito	nos afeitamos	me afeité	nos afeitamos
te afeitas	os afeitáis	te afeitaste	os afeitasteis
se afeita	se afeitan	se afeitó	se afeitaron

Imperfect		Present Perfect	
me afeitaba	nos afeitábamos	me he afeitado	nos hemos afeitado
te afeitabas	os afeitabais	te has afeitado	os habéis afeitado
se afeitaba	se afeitaban	se ha afeitado	se han afeitado

Future		Conditional	
me afeitaré	nos afeitaremos	me afeitaría	nos afeitaríamos
te afeitarás	os afeitaréis	te afeitarías	os afeitaríais
se afeitará	se afeitarán	se afeitaría	se afeitarían

Pluperfect		Preterit Perfect	
me había afeitado	nos habíamos afeitado	me hube afeitado	nos hubimos afeitado
te habías afeitado	os habíais afeitado	te hubiste afeitado	os hubisteis afeitado
se había afeitado	se habían afeitado	se hubo afeitado	se hubieron afeitado

Future Perfect		Conditional Perfect	
me habré afeitado	nos habremos afeitado	me habría afeitado	nos habríamos afeitado
te habrás afeitado	os habréis afeitado	te habrías afeitado	os habríais afeitado
se habrá afeitado	se habrán afeitado	se habría afeitado	se habrían afeitado

Present Subjunctive		Present Perfect Subjunctive	
me afeite	nos afeitemos	me haya afeitado	nos hayamos afeitado
te afeites	os afeitéis	te hayas afeitado	os hayáis afeitado
se afeite	se afeiten	se haya afeitado	se hayan afeitado

Imperfect Subjunctive (-ra)		or	Imperfect Subjunctive (-se)	
me afeitara	nos afeitáramos		me afeitase	nos afeitásemos
te afeitaras	os afeitarais		te afeitases	os afeitaseis
se afeitara	se afeitaran		se afeitase	se afeitasen

Past Perfect Subjunctive (-ra)		or	Past Perfect Subjunctive (-se)	
me hubiera afeitado	nos hubiéramos afeitado		me hubiese afeitado	nos hubiésemos afeitado
te hubieras afeitado	os hubierais afeitado		te hubieses afeitado	os hubieseis afeitado
se hubiera afeitado	se hubieran afeitado		se hubiese afeitado	se hubiesen afeitado

Progressive Tenses

Present	estoy, estás, está, estamos, estáis, están
Preterit	estuve, estuviste, estuvo, estuvimos, estuvisteis, estuvieron
Imperfect	estaba, estabas, estaba, estábamos, estabais, estaban
Future	estaré, estarás, estará, estaremos, estaréis, estarán
Conditional	estaría, estarías, estaría, estaríamos, estaríais, estarían
Subjunctive	que + *corresponding subjunctive tense of* estar (*see verb 252*)

        afeitando (*see page 41*)

Commands

	(nosotros) afeitémonos / no nos afeitemos
(tú) aféitate / no te afeites	(vosotros) afeitaos / no os afeitéis
(Ud.) aféitese / no se afeite	(Uds.) aféitense / no se afeiten

USAGE

—¿No te afeitas hoy?   *Aren't you shaving today?*
—Dejo que el barbero me afeite.   *I'll have the barber give me a shave.*
—Que te dé una afeitada y un corte de pelo.   *Have him give you a shave and a haircut.*

Usa una máquina de afeitar eléctrica.   *He uses an electric shaver.*
Pon crema de afeitar y afeites en la lista   *Put shaving cream and cosmetics on the*
   de compras.   *shopping list.*

-ir verb; spelling change: g > j/o, a

aflijo · afligieron · afligido · afligiendo

Present		Preterit	
aflijo	afligimos	afligí	afligimos
afliges	afligís	afligiste	afligisteis
aflige	afligen	afligió	afligieron

Imperfect		Present Perfect	
afligía	afligíamos	he afligido	hemos afligido
afligías	afligíais	has afligido	habéis afligido
afligía	afligían	ha afligido	han afligido

Future		Conditional	
afligiré	afligiremos	afligiría	afligiríamos
afligirás	afligiréis	afligirías	afligiríais
afligirá	afligirán	afligiría	afligirían

Pluperfect		Preterit Perfect	
había afligido	habíamos afligido	hube afligido	hubimos afligido
habías afligido	habíais afligido	hubiste afligido	hubisteis afligido
había afligido	habían afligido	hubo afligido	hubieron afligido

Future Perfect		Conditional Perfect	
habré afligido	habremos afligido	habría afligido	habríamos afligido
habrás afligido	habréis afligido	habrías afligido	habríais afligido
habrá afligido	habrán afligido	habría afligido	habrían afligido

Present Subjunctive		Present Perfect Subjunctive	
aflija	aflijamos	haya afligido	hayamos afligido
aflijas	aflijáis	hayas afligido	hayáis afligido
aflija	aflijan	haya afligido	hayan afligido

Imperfect Subjunctive (-ra)		*or*	Imperfect Subjunctive (-se)	
afligiera	afligiéramos		afligiese	afligiésemos
afligieras	afligierais		afligieses	afligieseis
afligiera	afligieran		afligiese	afligiesen

Past Perfect Subjunctive (-ra)		*or*	Past Perfect Subjunctive (-se)	
hubiera afligido	hubiéramos afligido		hubiese afligido	hubiésemos afligido
hubieras afligido	hubierais afligido		hubieses afligido	hubieseis afligido
hubiera afligido	hubieran afligido		hubiese afligido	hubiesen afligido

Progressive Tenses

Present	estoy, estás, está, estamos, estáis, están	
Preterit	estuve, estuviste, estuvo, estuvimos, estuvisteis, estuvieron	
Imperfect	estaba, estabas, estaba, estábamos, estabais, estaban	afligiendo
Future	estaré, estarás, estará, estaremos, estaréis, estarán	
Conditional	estaría, estarías, estaría, estaríamos, estaríais, estarían	
Subjunctive	que + *corresponding subjunctive tense of* estar (*see verb 252*)	

Commands

	(nosotros) aflijamos / no aflijamos
(tú) aflige / no aflijas	(vosotros) afligid / no aflijáis
(Ud.) aflija / no aflija	(Uds.) aflijan / no aflijan

USAGE

La pena les aflige.	*They're afflicted by sorrow.*
No te aflijas.	*Don't be distressed/upset.*
Se aflige del accidente.	*He's grieving over the accident.*
Están afligidos por su muerte.	*They're bereaved by his death.*
Estaba afligida de artritis.	*She was suffering from arthritis.*

agarrar *to grasp, grab*

agarro · agarraron · agarrado · agarrando

regular -ar verb

Present		Preterit	
agarro	agarramos	agarré	agarramos
agarras	agarráis	agarraste	agarrasteis
agarra	agarran	agarró	agarraron

Imperfect		Present Perfect	
agarraba	agarrábamos	he agarrado	hemos agarrado
agarrabas	agarrabais	has agarrado	habéis agarrado
agarraba	agarraban	ha agarrado	han agarrado

Future		Conditional	
agarraré	agarraremos	agarraría	agarraríamos
agarrarás	agarraréis	agarrarías	agarraríais
agarrará	agarrarán	agarraría	agarrarían

Pluperfect		Preterit Perfect	
había agarrado	habíamos agarrado	hube agarrado	hubimos agarrado
habías agarrado	habíais agarrado	hubiste agarrado	hubisteis agarrado
había agarrado	habían agarrado	hubo agarrado	hubieron agarrado

Future Perfect		Conditional Perfect	
habré agarrado	habremos agarrado	habría agarrado	habríamos agarrado
habrás agarrado	habréis agarrado	habrías agarrado	habríais agarrado
habrá agarrado	habrán agarrado	habría agarrado	habrían agarrado

Present Subjunctive		Present Perfect Subjunctive	
agarre	agarremos	haya agarrado	hayamos agarrado
agarres	agarréis	hayas agarrado	hayáis agarrado
agarre	agarren	haya agarrado	hayan agarrado

Imperfect Subjunctive (-ra)		or	Imperfect Subjunctive (-se)	
agarrara	agarráramos		agarrase	agarrásemos
agarraras	agarrarais		agarrases	agarraseis
agarrara	agarraran		agarrase	agarrasen

Past Perfect Subjunctive (-ra)		or	Past Perfect Subjunctive (-se)	
hubiera agarrado	hubiéramos agarrado		hubiese agarrado	hubiésemos agarrado
hubieras agarrado	hubierais agarrado		hubieses agarrado	hubieseis agarrado
hubiera agarrado	hubieran agarrado		hubiese agarrado	hubiesen agarrado

Progressive Tenses

Present	estoy, estás, está, estamos, estáis, están	
Preterit	estuve, estuviste, estuvo, estuvimos, estuvisteis, estuvieron	
Imperfect	estaba, estabas, estaba, estábamos, estabais, estaban	agarrando
Future	estaré, estarás, estará, estaremos, estaréis, estarán	
Conditional	estaría, estarías, estaría, estaríamos, estaríais, estarían	
Subjunctive	que + *corresponding subjunctive tense of* estar (*see verb 252*)	

Commands

	(nosotros) agarremos / no agarremos
(tú) agarra / no agarres	(vosotros) agarrad / no agarréis
(Ud.) agarre / no agarre	(Uds.) agarren / no agarren

USAGE

Agarra la sartén.	*Grasp the frying pan.*
Agárrelo antes que salga.	*Catch him before he leaves.*
No han agarrado lo que dijiste.	*They haven't grasped what you said.*
Agárrate bien para no caerte.	*Hold on tightly so that you don't fall.*
Caminan agarrados del brazo.	*They're walking arm in arm.*
Cuelga la cortina en los agarraderos.	*Hang the curtain on the hooks.*
Tiene éxito por sus agarraderos.	*He's successful because of his connections.*

regular -ar verb

agito · agitaron · agitado · agitando

Present		Preterit	
agito	agitamos	agité	agitamos
agitas	agitáis	agitaste	agitasteis
agita	agitan	agitó	agitaron

Imperfect		Present Perfect	
agitaba	agitábamos	he agitado	hemos agitado
agitabas	agitabais	has agitado	habéis agitado
agitaba	agitaban	ha agitado	han agitado

Future		Conditional	
agitaré	agitaremos	agitaría	agitaríamos
agitarás	agitaréis	agitarías	agitaríais
agitará	agitarán	agitaría	agitarían

Pluperfect		Preterit Perfect	
había agitado	habíamos agitado	hube agitado	hubimos agitado
habías agitado	habíais agitado	hubiste agitado	hubisteis agitado
había agitado	habían agitado	hubo agitado	hubieron agitado

Future Perfect		Conditional Perfect	
habré agitado	habremos agitado	habría agitado	habríamos agitado
habrás agitado	habréis agitado	habrías agitado	habríais agitado
habrá agitado	habrán agitado	habría agitado	habrían agitado

Present Subjunctive		Present Perfect Subjunctive	
agite	agitemos	haya agitado	hayamos agitado
agites	agitéis	hayas agitado	hayáis agitado
agite	agiten	haya agitado	hayan agitado

Imperfect Subjunctive (-ra)		or	Imperfect Subjunctive (-se)	
agitara	agitáramos		agitase	agitásemos
agitaras	agitarais		agitases	agitaseis
agitara	agitaran		agitase	agitasen

Past Perfect Subjunctive (-ra)		or	Past Perfect Subjunctive (-se)	
hubiera agitado	hubiéramos agitado		hubiese agitado	hubiésemos agitado
hubieras agitado	hubierais agitado		hubieses agitado	hubieseis agitado
hubiera agitado	hubieran agitado		hubiese agitado	hubiesen agitado

Progressive Tenses

Present	estoy, estás, está, estamos, estáis, están	
Preterit	estuve, estuviste, estuvo, estuvimos, estuvisteis, estuvieron	
Imperfect	estaba, estabas, estaba, estábamos, estabais, estaban	agitando
Future	estaré, estarás, estará, estaremos, estaréis, estarán	
Conditional	estaría, estarías, estaría, estaríamos, estaríais, estarían	
Subjunctive	que + corresponding subjunctive tense of estar (see verb 252)	

Commands

	(nosotros) agitemos / no agitemos
(tú) agita / no agites	(vosotros) agitad / no agitéis
(Ud.) agite / no agite	(Uds.) agiten / no agiten

Agita el aliño antes de servirlo.	Shake the dressing before you pour it.
Luego agita la sopa.	Then stir the soup.
El viento hacía agitar la bandera.	The wind made the flag wave.
¡Dejen de agitarse, niños!	Children, stop fidgeting!
—No te agites.	Don't worry / get upset.
—Pues no estoy agitada.	I'm not worried/upset.
Hubo mucha agitación en el centro.	There was a lot of bustle downtown.

agotar to exhaust, use up

agoto · agotaron · agotado · agotando

regular -ar verb

Present		Preterit	
agoto	agotamos	agoté	agotamos
agotas	agotáis	agotaste	agotasteis
agota	agotan	agotó	agotaron

Imperfect		Present Perfect	
agotaba	agotábamos	he agotado	hemos agotado
agotabas	agotabais	has agotado	habéis agotado
agotaba	agotaban	ha agotado	han agotado

Future		Conditional	
agotaré	agotaremos	agotaría	agotaríamos
agotarás	agotaréis	agotarías	agotaríais
agotará	agotarán	agotaría	agotarían

Pluperfect		Preterit Perfect	
había agotado	habíamos agotado	hube agotado	hubimos agotado
habías agotado	habíais agotado	hubiste agotado	hubisteis agotado
había agotado	habían agotado	hubo agotado	hubieron agotado

Future Perfect		Conditional Perfect	
habré agotado	habremos agotado	habría agotado	habríamos agotado
habrás agotado	habréis agotado	habrías agotado	habríais agotado
habrá agotado	habrán agotado	habría agotado	habrían agotado

Present Subjunctive		Present Perfect Subjunctive	
agote	agotemos	haya agotado	hayamos agotado
agotes	agotéis	hayas agotado	hayáis agotado
agote	agoten	haya agotado	hayan agotado

Imperfect Subjunctive (-ra)		or	Imperfect Subjunctive (-se)	
agotara	agotáramos		agotase	agotásemos
agotaras	agotarais		agotases	agotaseis
agotara	agotaran		agotase	agotasen

Past Perfect Subjunctive (-ra)		or	Past Perfect Subjunctive (-se)	
hubiera agotado	hubiéramos agotado		hubiese agotado	hubiésemos agotado
hubieras agotado	hubierais agotado		hubieses agotado	hubieseis agotado
hubiera agotado	hubieran agotado		hubiese agotado	hubiesen agotado

Progressive Tenses

Present	estoy, estás, está, estamos, estáis, están	
Preterit	estuve, estuviste, estuvo, estuvimos, estuvisteis, estuvieron	
Imperfect	estaba, estabas, estaba, estábamos, estabais, estaban	agotando
Future	estaré, estarás, estará, estaremos, estaréis, estarán	
Conditional	estaría, estarías, estaría, estaríamos, estaríais, estarían	
Subjunctive	que + corresponding subjunctive tense of estar (see verb 252)	

Commands

	(nosotros) agotemos / no agotemos
(tú) agota / no agotes	(vosotros) agotad / no agotéis
(Ud.) agote / no agote	(Uds.) agoten / no agoten

USAGE

Agotó todos sus ahorros.	*He used up all his savings.*
Ya agotamos este tema.	*We've already exhausted this topic.*
Vas a agotarte si sigues así.	*You'll wear yourself out if you go on like this.*
Son ejercicios agotadores.	*They're exhausting exercises.*
—Busco la tercera edición.	*I'm looking for the third edition.*
—Se agotó hace un año.	*It went out of print a year ago.*
Sufre del agotamiento físico.	*He's suffering from physical exhaustion.*

regular -ar verb;
reverse construction verb

agrado · agradaron · agradado · agradando

Present
agrado	agradamos
agradas	agradáis
agrada	agradan

Preterit
agradé	agradamos
agradaste	agradasteis
agradó	agradaron

Imperfect
agradaba	agradábamos
agradabas	agradabais
agradaba	agradaban

Present Perfect
he agradado	hemos agradado
has agradado	habéis agradado
ha agradado	han agradado

Future
agradaré	agradaremos
agradarás	agradaréis
agradará	agradarán

Conditional
agradaría	agradaríamos
agradarías	agradaríais
agradaría	agradarían

Pluperfect
había agradado	habíamos agradado
habías agradado	habíais agradado
había agradado	habían agradado

Preterit Perfect
hube agradado	hubimos agradado
hubiste agradado	hubisteis agradado
hubo agradado	hubieron agradado

Future Perfect
habré agradado	habremos agradado
habrás agradado	habréis agradado
habrá agradado	habrán agradado

Conditional Perfect
habría agradado	habríamos agradado
habrías agradado	habríais agradado
habría agradado	habrían agradado

Present Subjunctive
agrade	agrademos
agrades	agradéis
agrade	agraden

Present Perfect Subjunctive
haya agradado	hayamos agradado
hayas agradado	hayáis agradado
haya agradado	hayan agradado

Imperfect Subjunctive (-ra)
agradara	agradáramos
agradaras	agradarais
agradara	agradaran

or

Imperfect Subjunctive (-se)
agradase	agradásemos
agradases	agradaseis
agradase	agradasen

Past Perfect Subjunctive (-ra)
hubiera agradado	hubiéramos agradado
hubieras agradado	hubierais agradado
hubiera agradado	hubieran agradado

or

Past Perfect Subjunctive (-se)
hubiese agradado	hubiésemos agradado
hubieses agradado	hubieseis agradado
hubiese agradado	hubiesen agradado

Progressive Tenses
Present	estoy, estás, está, estamos, estáis, están
Preterit	estuve, estuviste, estuvo, estuvimos, estuvisteis, estuvieron
Imperfect	estaba, estabas, estaba, estábamos, estabais, estaban
Future	estaré, estarás, estará, estaremos, estaréis, estarán
Conditional	estaría, estarías, estaría, estaríamos, estaríais, estarían
Subjunctive	que + *corresponding subjunctive tense of* estar (*see verb 252*)

} agradando

Commands

	(nosotros) agrademos / no agrademos
(tú) agrada / no agrades	(vosotros) agradad / no agradéis
(Ud.) agrade / no agrade	(Uds.) agraden / no agraden

USAGE

La actuación agradó al público.	*The performance pleased the audience.*
—Me agrada su manera de ser.	*I like his manner.*
—¡Pues a mí, no!	*Well, I don't!*
—Es una chica muy agradable, ¿no?	*She's a very nice girl, isn't she?*
—Al contrario. Yo la encuentro muy desagradable.	*On the contrary. I find her very unpleasant.*
Se hablaron agradablemente.	*They talked to each other pleasantly.*

agradecer *to thank, be grateful*

agradezco · agradecieron · agradecido · agradeciendo

-er verb; spelling change: c > zc/o, a

Present		Preterit	
agradezco	agradecemos	agradecí	agradecimos
agradeces	agradecéis	agradeciste	agradecisteis
agradece	agradecen	agradeció	agradecieron

Imperfect		Present Perfect	
agradecía	agradecíamos	he agradecido	hemos agradecido
agradecías	agradecíais	has agradecido	habéis agradecido
agradecía	agradecían	ha agradecido	han agradecido

Future		Conditional	
agradeceré	agradeceremos	agradecería	agradeceríamos
agradecerás	agradeceréis	agradecerías	agradeceríais
agradecerá	agradecerán	agradecería	agradecerían

Pluperfect		Preterit Perfect	
había agradecido	habíamos agradecido	hube agradecido	hubimos agradecido
habías agradecido	habíais agradecido	hubiste agradecido	hubisteis agradecido
había agradecido	habían agradecido	hubo agradecido	hubieron agradecido

Future Perfect		Conditional Perfect	
habré agradecido	habremos agradecido	habría agradecido	habríamos agradecido
habrás agradecido	habréis agradecido	habrías agradecido	habríais agradecido
habrá agradecido	habrán agradecido	habría agradecido	habrían agradecido

Present Subjunctive		Present Perfect Subjunctive	
agradezca	agradezcamos	haya agradecido	hayamos agradecido
agradezcas	agradezcáis	hayas agradecido	hayáis agradecido
agradezca	agradezcan	haya agradecido	hayan agradecido

Imperfect Subjunctive (-ra)		*or*	Imperfect Subjunctive (-se)	
agradeciera	agradeciéramos		agradeciese	agradeciésemos
agradecieras	agradecierais		agradecieses	agradecieseis
agradeciera	agradecieran		agradeciese	agradeciesen

Past Perfect Subjunctive (-ra)		*or*	Past Perfect Subjunctive (-se)	
hubiera agradecido	hubiéramos agradecido		hubiese agradecido	hubiésemos agradecido
hubieras agradecido	hubierais agradecido		hubieses agradecido	hubieseis agradecido
hubiera agradecido	hubieran agradecido		hubiese agradecido	hubiesen agradecido

Progressive Tenses

Present	estoy, estás, está, estamos, estáis, están	
Preterit	estuve, estuviste, estuvo, estuvimos, estuvisteis, estuvieron	
Imperfect	estaba, estabas, estaba, estábamos, estabais, estaban	agradeciendo
Future	estaré, estarás, estará, estaremos, estaréis, estarán	
Conditional	estaría, estarías, estaría, estaríamos, estaríais, estarían	
Subjunctive	que + *corresponding subjunctive tense of* estar (*see verb 252*)	

Commands

	(nosotros) agradezcamos / no agradezcamos
(tú) agradece / no agradezcas	(vosotros) agradeced / no agradezcáis
(Ud.) agradezca / no agradezca	(Uds.) agradezcan / no agradezcan

USAGE

Se lo agradezco mucho.	*Thank you very much.*
Le agradecemos su atención.	*We thank you for your attention/consideration.*
Muy agradecido.	*I'm very grateful. / Thank you.*
¿Cómo le expreso mi agradecimiento?	*How can I express my gratitude/appreciation?*
Siempre se agradece la cortesía.	*Politeness is always appreciated.*
Estoy muy agradecida por el favor que me hiciste.	*I'm very grateful for the favor you did for me.*

regular *-ar* verb

agrando · agrandaron · agrandado · agrandando

Present		Preterit	
agrando	agrandamos	agrandé	agrandamos
agrandas	agrandáis	agrandaste	agrandasteis
agranda	agrandan	agrandó	agrandaron

Imperfect		Present Perfect	
agrandaba	agrandábamos	he agrandado	hemos agrandado
agrandabas	agrandabais	has agrandado	habéis agrandado
agrandaba	agrandaban	ha agrandado	han agrandado

Future		Conditional	
agrandaré	agrandaremos	agrandaría	agrandaríamos
agrandarás	agrandaréis	agrandarías	agrandaríais
agrandará	agrandarán	agrandaría	agrandarían

Pluperfect		Preterit Perfect	
había agrandado	habíamos agrandado	hube agrandado	hubimos agrandado
habías agrandado	habíais agrandado	hubiste agrandado	hubisteis agrandado
había agrandado	habían agrandado	hubo agrandado	hubieron agrandado

Future Perfect		Conditional Perfect	
habré agrandado	habremos agrandado	habría agrandado	habríamos agrandado
habrás agrandado	habréis agrandado	habrías agrandado	habríais agrandado
habrá agrandado	habrán agrandado	habría agrandado	habrían agrandado

---

Present Subjunctive		Present Perfect Subjunctive	
agrande	agrandemos	haya agrandado	hayamos agrandado
agrandes	agrandéis	hayas agrandado	hayáis agrandado
agrande	agranden	haya agrandado	hayan agrandado

Imperfect Subjunctive (-ra)		*or*	Imperfect Subjunctive (-se)	
agrandara	agrandáramos		agrandase	agrandásemos
agrandaras	agrandarais		agrandases	agrandaseis
agrandara	agrandaran		agrandase	agrandasen

Past Perfect Subjunctive (-ra)		*or*	Past Perfect Subjunctive (-se)	
hubiera agrandado	hubiéramos agrandado		hubiese agrandado	hubiésemos agrandado
hubieras agrandado	hubierais agrandado		hubieses agrandado	hubieseis agrandado
hubiera agrandado	hubieran agrandado		hubiese agrandado	hubiesen agrandado

---

Progressive Tenses

Present	estoy, estás, está, estamos, estáis, están	
Preterit	estuve, estuviste, estuvo, estuvimos, estuvisteis, estuvieron	
Imperfect	estaba, estabas, estaba, estábamos, estabais, estaban	agrandando
Future	estaré, estarás, estará, estaremos, estaréis, estarán	
Conditional	estaría, estarías, estaría, estaríamos, estaríais, estarían	
Subjunctive	que + *corresponding subjunctive tense of* estar (*see verb 252*)	

Commands

	(nosotros) agrandemos / no agrandemos
(tú) agranda / no agrandes	(vosotros) agrandad / no agrandéis
(Ud.) agrande / no agrande	(Uds.) agranden / no agranden

USAGE

Quiero hacer agrandar esta foto.	*I want to have this photo enlarged.*
Se está agrandando la casa central.	*They're making the main branch larger.*
—No agrandes los problemas entre Uds.	*Don't make the problems worse between you.*
—Nuestras diferencias se agrandan diariamente.	*Our differences increase daily.*
El pantalón te queda grande.	*The pants are too big on you.*
Lo pasaron en grande.	*They had a marvelous time.*

agregar · *to add, amass, appoint*

agrego · agregaron · agregado · agregando   -ar verb; spelling change: *g > gu/e*

Present		Preterit	
agrego	agregamos	agregué	agregamos
agregas	agregáis	agregaste	agregasteis
agrega	agregan	agregó	agregaron

Imperfect		Present Perfect	
agregaba	agregábamos	he agregado	hemos agregado
agregabas	agregabais	has agregado	habéis agregado
agregaba	agregaban	ha agregado	han agregado

Future		Conditional	
agregaré	agregaremos	agregaría	agregaríamos
agregarás	agregaréis	agregarías	agregaríais
agregará	agregarán	agregaría	agregarían

Pluperfect		Preterit Perfect	
había agregado	habíamos agregado	hube agregado	hubimos agregado
habías agregado	habíais agregado	hubiste agregado	hubisteis agregado
había agregado	habían agregado	hubo agregado	hubieron agregado

Future Perfect		Conditional Perfect	
habré agregado	habremos agregado	habría agregado	habríamos agregado
habrás agregado	habréis agregado	habrías agregado	habríais agregado
habrá agregado	habrán agregado	habría agregado	habrían agregado

Present Subjunctive		Present Perfect Subjunctive	
agregue	agreguemos	haya agregado	hayamos agregado
agregues	agreguéis	hayas agregado	hayáis agregado
agregue	agreguen	haya agregado	hayan agregado

Imperfect Subjunctive (-ra)		*or*	Imperfect Subjunctive (-se)	
agregara	agregáramos		agregase	agregásemos
agregaras	agregarais		agregases	agregaseis
agregara	agregaran		agregase	agregasen

Past Perfect Subjunctive (-ra)		*or*	Past Perfect Subjunctive (-se)	
hubiera agregado	hubiéramos agregado		hubiese agregado	hubiésemos agregado
hubieras agregado	hubierais agregado		hubieses agregado	hubieseis agregado
hubiera agregado	hubieran agregado		hubiese agregado	hubiesen agregado

Progressive Tenses

Present	estoy, estás, está, estamos, estáis, están	
Preterit	estuve, estuviste, estuvo, estuvimos, estuvisteis, estuvieron	
Imperfect	estaba, estabas, estaba, estábamos, estabais, estaban	agregando
Future	estaré, estarás, estará, estaremos, estaréis, estarán	
Conditional	estaría, estarías, estaría, estaríamos, estaríais, estarían	
Subjunctive	que + *corresponding subjunctive tense of* estar (*see verb 252*)	

Commands

	(nosotros) agreguemos / no agreguemos
(tú) agrega / no agregues	(vosotros) agregad / no agreguéis
(Ud.) agregue / no agregue	(Uds.) agreguen / no agreguen

USAGE

Agregue una explicación.　Add an explanation.

—¿Se agregó al comité?　Did you join the committee?

—Fui agregado hace un mes.　I was appointed a month ago.

Tratemos de agregar más dinero.　Let's try to amass more money.

—¿Conoces al agregado cultural?　Do you know the cultural attaché?

—Es profesor agregado.　He's an associate professor.

regular -ar verb

Present		Preterit	
aguanto	aguantamos	aguanté	aguantamos
aguantas	aguantáis	aguantaste	aguantasteis
aguanta	aguantan	aguantó	aguantaron

Imperfect		Present Perfect	
aguantaba	aguantábamos	he aguantado	hemos aguantado
aguantabas	aguantabais	has aguantado	habéis aguantado
aguantaba	aguantaban	ha aguantado	han aguantado

Future		Conditional	
aguantaré	aguantaremos	aguantaría	aguantaríamos
aguantarás	aguantaréis	aguantarías	aguantaríais
aguantará	aguantarán	aguantaría	aguantarían

Pluperfect		Preterit Perfect	
había aguantado	habíamos aguantado	hube aguantado	hubimos aguantado
habías aguantado	habíais aguantado	hubiste aguantado	hubisteis aguantado
había aguantado	habían aguantado	hubo aguantado	hubieron aguantado

Future Perfect		Conditional Perfect	
habré aguantado	habremos aguantado	habría aguantado	habríamos aguantado
habrás aguantado	habréis aguantado	habrías aguantado	habríais aguantado
habrá aguantado	habrán aguantado	habría aguantado	habrían aguantado

Present Subjunctive		Present Perfect Subjunctive	
aguante	aguantemos	haya aguantado	hayamos aguantado
aguantes	aguantéis	hayas aguantado	hayáis aguantado
aguante	aguanten	haya aguantado	hayan aguantado

Imperfect Subjunctive (-ra)		or	Imperfect Subjunctive (-se)	
aguantara	aguantáramos		aguantase	aguantásemos
aguantaras	aguantarais		aguantases	aguantaseis
aguantara	aguantaran		aguantase	aguantasen

Past Perfect Subjunctive (-ra)		or	Past Perfect Subjunctive (-se)	
hubiera aguantado	hubiéramos aguantado		hubiese aguantado	hubiésemos aguantado
hubieras aguantado	hubierais aguantado		hubieses aguantado	hubieseis aguantado
hubiera aguantado	hubieran aguantado		hubiese aguantado	hubiesen aguantado

Progressive Tenses

Present	estoy, estás, está, estamos, estáis, están	
Preterit	estuve, estuviste, estuvo, estuvimos, estuvisteis, estuvieron	
Imperfect	estaba, estabas, estaba, estábamos, estabais, estaban	
Future	estaré, estarás, estará, estaremos, estaréis, estarán	aguantando
Conditional	estaría, estarías, estaría, estaríamos, estaríais, estarían	
Subjunctive	que + corresponding subjunctive tense of estar (see verb 252)	

Commands

	(nosotros) aguantemos / no aguantemos
(tú) aguanta / no aguantes	(vosotros) aguantad / no aguantéis
(Ud.) aguante / no aguante	(Uds.) aguanten / no aguanten

(USAGE)

¡No aguanto a esos chicos!	I can't stand those kids!
No aguantamos su descaro.	We'll not tolerate their insolence.
Aguántame el cartel más arriba.	Hold the poster up higher for me.
¡No aguanto más!	I've had enough!
No pudisteis aguantar la risa.	You couldn't hold back your laughter.
¡Pues, aguántate!	You'll just have to put up with it!

ahogarse • *to drown, suffocate*

ahogo · ahogaron · ahogado · ahogándose   *-ar reflexive verb; spelling change: g > gu/e*

Present

me ahogo	nos ahogamos
te ahogas	os ahogáis
se ahoga	se ahogan

Preterit

me ahogué	nos ahogamos
te ahogaste	os ahogasteis
se ahogó	se ahogaron

Imperfect

me ahogaba	nos ahogábamos
te ahogabas	os ahogabais
se ahogaba	se ahogaban

Present Perfect

me he ahogado	nos hemos ahogado
te has ahogado	os habéis ahogado
se ha ahogado	se han ahogado

Future

me ahogaré	nos ahogaremos
te ahogarás	os ahogaréis
se ahogará	se ahogarán

Conditional

me ahogaría	nos ahogaríamos
te ahogarías	os ahogaríais
se ahogaría	se ahogarían

Pluperfect

me había ahogado	nos habíamos ahogado
te habías ahogado	os habíais ahogado
se había ahogado	se habían ahogado

Preterit Perfect

me hube ahogado	nos hubimos ahogado
te hubiste ahogado	os hubisteis ahogado
se hubo ahogado	se hubieron ahogado

Future Perfect

me habré ahogado	nos habremos ahogado
te habrás ahogado	os habréis ahogado
se habrá ahogado	se habrán ahogado

Conditional Perfect

me habría ahogado	nos habríamos ahogado
te habrías ahogado	os habríais ahogado
se habría ahogado	se habrían ahogado

Present Subjunctive

me ahogue	nos ahoguemos
te ahogues	os ahoguéis
se ahogue	se ahoguen

Present Perfect Subjunctive

me haya ahogado	nos hayamos ahogado
te hayas ahogado	os hayáis ahogado
se haya ahogado	se hayan ahogado

Imperfect Subjunctive (-ra)   *or*   Imperfect Subjunctive (-se)

me ahogara	nos ahogáramos	me ahogase	nos ahogásemos
te ahogaras	os ahogarais	te ahogases	os ahogaseis
se ahogara	se ahogaran	se ahogase	se ahogasen

Past Perfect Subjunctive (-ra)   *or*   Past Perfect Subjunctive (-se)

me hubiera ahogado	nos hubiéramos ahogado	me hubiese ahogado	nos hubiésemos ahogado
te hubieras ahogado	os hubierais ahogado	te hubieses ahogado	os hubieseis ahogado
se hubiera ahogado	se hubieran ahogado	se hubiese ahogado	se hubiesen ahogado

Progressive Tenses

Present	estoy, estás, está, estamos, estáis, están	
Preterit	estuve, estuviste, estuvo, estuvimos, estuvisteis, estuvieron	
Imperfect	estaba, estabas, estaba, estábamos, estabais, estaban	ahogando (*see page 41*)
Future	estaré, estarás, estará, estaremos, estaréis, estarán	
Conditional	estaría, estarías, estaría, estaríamos, estaríais, estarían	
Subjunctive	que + *corresponding subjunctive tense of* estar (*see verb 252*)	

Commands

	(nosotros) ahoguémonos / no nos ahoguemos
(tú) ahógate / no te ahogues	(vosotros) ahogaos / no os ahoguéis
(Ud.) ahóguese / no se ahogue	(Uds.) ahóguense / no se ahoguen

USAGE

El monóxido de carbono los ahogó.	*Carbon monoxide suffocated them.*
Se ahogó en el mar.	*He drowned at sea.*
Me ahogo de calor.	*I'm suffocating from the heat.*
Trata de ahogar el llanto.	*Try to hold back your tears.*
Estás ahogándote en un vaso de agua.	*You're making a mountain out of a molehill.*
Desahógate conmigo.	*Confide in me. / Unburden yourself to me. /*
	Tell me what's bothering you.

regular -ar verb

ahorro · ahorraron · ahorrado · ahorrando

Present		Preterit	
ahorro	ahorramos	ahorré	ahorramos
ahorras	ahorráis	ahorraste	ahorrasteis
ahorra	ahorran	ahorró	ahorraron

Imperfect		Present Perfect	
ahorraba	ahorrábamos	he ahorrado	hemos ahorrado
ahorrabas	ahorrabais	has ahorrado	habéis ahorrado
ahorraba	ahorraban	ha ahorrado	han ahorrado

Future		Conditional	
ahorraré	ahorraremos	ahorraría	ahorraríamos
ahorrarás	ahorraréis	ahorrarías	ahorraríais
ahorrará	ahorrarán	ahorraría	ahorrarían

Pluperfect		Preterit Perfect	
había ahorrado	habíamos ahorrado	hube ahorrado	hubimos ahorrado
habías ahorrado	habíais ahorrado	hubiste ahorrado	hubisteis ahorrado
había ahorrado	habían ahorrado	hubo ahorrado	hubieron ahorrado

Future Perfect		Conditional Perfect	
habré ahorrado	habremos ahorrado	habría ahorrado	habríamos ahorrado
habrás ahorrado	habréis ahorrado	habrías ahorrado	habríais ahorrado
habrá ahorrado	habrán ahorrado	habría ahorrado	habrían ahorrado

Present Subjunctive		Present Perfect Subjunctive	
ahorre	ahorremos	haya ahorrado	hayamos ahorrado
ahorres	ahorréis	hayas ahorrado	hayáis ahorrado
ahorre	ahorren	haya ahorrado	hayan ahorrado

Imperfect Subjunctive (-ra)		or	Imperfect Subjunctive (-se)	
ahorrara	ahorráramos		ahorrase	ahorrásemos
ahorraras	ahorrarais		ahorrases	ahorraseis
ahorrara	ahorraran		ahorrase	ahorrasen

Past Perfect Subjunctive (-ra)		or	Past Perfect Subjunctive (-se)	
hubiera ahorrado	hubiéramos ahorrado		hubiese ahorrado	hubiésemos ahorrado
hubieras ahorrado	hubierais ahorrado		hubieses ahorrado	hubieseis ahorrado
hubiera ahorrado	hubieran ahorrado		hubiese ahorrado	hubiesen ahorrado

Progressive Tenses

Present	estoy, estás, está, estamos, estáis, están	
Preterit	estuve, estuviste, estuvo, estuvimos, estuvisteis, estuvieron	
Imperfect	estaba, estabas, estaba, estábamos, estabais, estaban	ahorrando
Future	estaré, estarás, estará, estaremos, estaréis, estarán	
Conditional	estaría, estarías, estaría, estaríamos, estaríais, estarían	
Subjunctive	que + corresponding subjunctive tense of estar (see verb 252)	

Commands

	(nosotros) ahorremos / no ahorremos
(tú) ahorra / no ahorres	(vosotros) ahorrad / no ahorréis
(Ud.) ahorre / no ahorre	(Uds.) ahorren / no ahorren

USAGE

—¿Tienes cuenta de ahorros?	Do you have a savings account?
—Sí, pero no ahorro mucho dinero.	Yes, but I don't save a lot of money.
Ahorran para hacer un viaje.	They're saving up to take a trip.
Nos ahorramos tiempo y trabajo.	We saved ourselves time and work.
Hablando claro te ahorras líos.	If you speak clearly you'll avoid / save yourself problems.
Actualmente los ahorradores son pocos.	Nowadays few people save money.

(alcanzar) to reach, catch up, succeed, manage

alcanzo · alcanzaron · alcanzado · alcanzando   -ar verb; spelling change: z > c/e

---

No alcanzo la repisa más alta.	I can't reach the top shelf.
Siempre esperaba que alcanzaran sus metas.	She always hoped they would attain their goals.
Siempre alcanzaba lo que quería.	She always got what she wanted.
Líderes de mercado como Procter & Gamble deben encontrar nuevas maneras de alcanzar segmentos crecientes de la población.	Market leaders like Procter & Gamble have to find new ways to reach growing segments of the population.
Cisco y Apple alcanzaron un acuerdo en torno a la marca registrada iPhone.	Cisco and Apple reached an agreement about the registered trademark iPhone.

to catch, catch up with/to

Apúrate para que alcancemos el tren.	Hurry up, so we can catch the train.
No alcanzó a los demás ciclistas.	He couldn't catch up to the other cyclists.

to understand, grasp

No alcanzó lo que le explicábamos.	She couldn't grasp what we explained to her.

to amount to, reach the sum of

Las ventas alcanzaron millones de dólares.	Sales amounted to millions of dollars.

to be enough, sufficient

Dudo que la torta alcance para todos los invitados.	I doubt there will be enough cake for all the guests.
No les alcanzaba el dinero para la semana.	They didn't have enough money for the week.

to pass

Alcánzame la fruta, por favor.	Please pass me the fruit.

alcanzar a + infinitive to succeed, manage to do something

Finalmente alcancé a convencerles.	I finally managed to convince them.
No alcanzamos a entender el problema.	We just can't understand the problem.

OTHER USES AND RELATED WORDS

el alcance scope

Habéis desarrollado un plan de mucho alcance.	You've developed a plan with great scope.

al alcance / fuera del alcance within reach / out of reach

La computadora pone el mundo entero al alcance de todos.	The computer puts the entire world within everybody's reach.
Deja la comida fuera del alcance del perro.	Leave the food out of the dog's reach.
—Niños, quédense al alcance de la vista.	—Kids, stay where I can see you.
—Llámanos, mamá. Vamos a estar al alcance del oído.	—Call us, Mom. We'll be where we can hear you.

-*ar* verb; spelling change: z > c/e

alcanzo · alcanzaron · alcanzado · alcanzando

Present		Preterit	
alcanzo	alcanzamos	alcancé	alcanzamos
alcanzas	alcanzáis	alcanzaste	alcanzasteis
alcanza	alcanzan	alcanzó	alcanzaron

Imperfect		Present Perfect	
alcanzaba	alcanzábamos	he alcanzado	hemos alcanzado
alcanzabas	alcanzabais	has alcanzado	habéis alcanzado
alcanzaba	alcanzaban	ha alcanzado	han alcanzado

Future		Conditional	
alcanzaré	alcanzaremos	alcanzaría	alcanzaríamos
alcanzarás	alcanzaréis	alcanzarías	alcanzaríais
alcanzará	alcanzarán	alcanzaría	alcanzarían

Pluperfect		Preterit Perfect	
había alcanzado	habíamos alcanzado	hube alcanzado	hubimos alcanzado
habías alcanzado	habíais alcanzado	hubiste alcanzado	hubisteis alcanzado
había alcanzado	habían alcanzado	hubo alcanzado	hubieron alcanzado

Future Perfect		Conditional Perfect	
habré alcanzado	habremos alcanzado	habría alcanzado	habríamos alcanzado
habrás alcanzado	habréis alcanzado	habrías alcanzado	habríais alcanzado
habrá alcanzado	habrán alcanzado	habría alcanzado	habrían alcanzado

Present Subjunctive		Present Perfect Subjunctive	
alcance	alcancemos	haya alcanzado	hayamos alcanzado
alcances	alcancéis	hayas alcanzado	hayáis alcanzado
alcance	alcancen	haya alcanzado	hayan alcanzado

Imperfect Subjunctive (-ra)		*or*	Imperfect Subjunctive (-se)	
alcanzara	alcanzáramos		alcanzase	alcanzásemos
alcanzaras	alcanzarais		alcanzases	alcanzaseis
alcanzara	alcanzaran		alcanzase	alcanzasen

Past Perfect Subjunctive (-ra)		*or*	Past Perfect Subjunctive (-se)	
hubiera alcanzado	hubiéramos alcanzado		hubiese alcanzado	hubiésemos alcanzado
hubieras alcanzado	hubierais alcanzado		hubieses alcanzado	hubieseis alcanzado
hubiera alcanzado	hubieran alcanzado		hubiese alcanzado	hubiesen alcanzado

Progressive Tenses

Present	estoy, estás, está, estamos, estáis, están	
Preterit	estuve, estuviste, estuvo, estuvimos, estuvisteis, estuvieron	
Imperfect	estaba, estabas, estaba, estábamos, estabais, estaban	alcanzando
Future	estaré, estarás, estará, estaremos, estaréis, estarán	
Conditional	estaría, estarías, estaría, estaríamos, estaríais, estarían	
Subjunctive	que + *corresponding subjunctive tense of* estar (*see verb 252*)	

Commands

(tú) alcanza / no alcances	(nosotros) alcancemos / no alcancemos
	(vosotros) alcanzad / no alcancéis
(Ud.) alcance / no alcance	(Uds.) alcancen / no alcancen

USAGE

No alcanzo las peras del peral con la mano.	*I can't reach the pears in the pear tree.*
No pudo alcanzar a los otros nadadores.	*He didn't manage to catch up with the other swimmers.*
¿Pudiste alcanzar tu objetivo?	*Were you able to reach your goal?*
Alcanza miles de dólares.	*It amounts to thousands of dollars.*
Ojalá que alcancen sus objetivos.	*I hope you'll attain your goals.*

alegrarse *to be happy*

alegro · alegraron · alegrado · alegrándose

regular *-ar* reflexive verb

Present		**Preterit**	
me alegro	nos alegramos	me alegré	nos alegramos
te alegras	os alegráis	te alegraste	os alegrasteis
se alegra	se alegran	se alegró	se alegraron
Imperfect		**Present Perfect**	
me alegraba	nos alegrábamos	me he alegrado	nos hemos alegrado
te alegrabas	os alegrabais	te has alegrado	os habéis alegrado
se alegraba	se alegraban	se ha alegrado	se han alegrado
Future		**Conditional**	
me alegraré	nos alegraremos	me alegraría	nos alegraríamos
te alegrarás	os alegraréis	te alegrarías	os alegraríais
se alegrará	se alegrarán	se alegraría	se alegrarían
Pluperfect		**Preterit Perfect**	
me había alegrado	nos habíamos alegrado	me hube alegrado	nos hubimos alegrado
te habías alegrado	os habíais alegrado	te hubiste alegrado	os hubisteis alegrado
se había alegrado	se habían alegrado	se hubo alegrado	se hubieron alegrado
Future Perfect		**Conditional Perfect**	
me habré alegrado	nos habremos alegrado	me habría alegrado	nos habríamos alegrado
te habrás alegrado	os habréis alegrado	te habrías alegrado	os habríais alegrado
se habrá alegrado	se habrán alegrado	se habría alegrado	se habrían alegrado

Present Subjunctive		**Present Perfect Subjunctive**	
me alegre	nos alegremos	me haya alegrado	nos hayamos alegrado
te alegres	os alegréis	te hayas alegrado	os hayáis alegrado
se alegre	se alegren	se haya alegrado	se hayan alegrado
Imperfect Subjunctive (-ra)		*or* **Imperfect Subjunctive (-se)**	
me alegrara	nos alegráramos	me alegrase	nos alegrásemos
te alegraras	os alegrarais	te alegrases	os alegraseis
se alegrara	se alegraran	se alegrase	se alegrasen
Past Perfect Subjunctive (-ra)		*or* **Past Perfect Subjunctive (-se)**	
me hubiera alegrado	nos hubiéramos alegrado	me hubiese alegrado	nos hubiésemos alegrado
te hubieras alegrado	os hubierais alegrado	te hubieses alegrado	os hubieseis alegrado
se hubiera alegrado	se hubieran alegrado	se hubiese alegrado	se hubiesen alegrado

Progressive Tenses

Present	estoy, estás, está, estamos, estáis, están
Preterit	estuve, estuviste, estuvo, estuvimos, estuvisteis, estuvieron
Imperfect	estaba, estabas, estaba, estábamos, estabais, estaban
Future	estaré, estarás, estará, estaremos, estaréis, estarán
Conditional	estaría, estarías, estaría, estaríamos, estaríais, estarían
Subjunctive	que + *corresponding subjunctive tense of* estar (*see verb 252*)

alegrando (*see page 41*)

Commands

	(nosotros) alegrémonos / no nos alegremos
(tú) alégrate / no te alegres	(vosotros) alegraos / no os alegréis
(Ud.) alégrese / no se alegre	(Uds.) alégrense / no se alegren

USAGE

—Me alegro de verlos.	*I'm happy to see you.*
—Nos alegramos de que hayas venido.	*We're glad you've come.*
Se alegraban mucho de la noticia.	*They were very happy about the news.*
Alégrate. Ponte una cara alegre.	*Cheer up. Put on a happy face.*
La música alegrará la fiesta.	*Music will liven up the party.*
¡Qué alegría!	*That's great!*
Prefiero los colores alegres.	*I prefer bright colors.*

regular *-ar* verb   almaceno · almacenaron · almacenado · almacenando

Present		Preterit	
almaceno	almacenamos	almacené	almacenamos
almacenas	almacenáis	almacenaste	almacenasteis
almacena	almacenan	almacenó	almacenaron

Imperfect		Present Perfect	
almacenaba	almacenábamos	he almacenado	hemos almacenado
almacenabas	almacenabais	has almacenado	habéis almacenado
almacenaba	almacenaban	ha almacenado	han almacenado

Future		Conditional	
almacenaré	almacenaremos	almacenaría	almacenaríamos
almacenarás	almacenaréis	almacenarías	almacenaríais
almacenará	almacenarán	almacenaría	almacenarían

Pluperfect		Preterit Perfect	
había almacenado	habíamos almacenado	hube almacenado	hubimos almacenado
habías almacenado	habíais almacenado	hubiste almacenado	hubisteis almacenado
había almacenado	habían almacenado	hubo almacenado	hubieron almacenado

Future Perfect		Conditional Perfect	
habré almacenado	habremos almacenado	habría almacenado	habríamos almacenado
habrás almacenado	habréis almacenado	habrías almacenado	habríais almacenado
habrá almacenado	habrán almacenado	habría almacenado	habrían almacenado

Present Subjunctive		Present Perfect Subjunctive	
almacene	almacenemos	haya almacenado	hayamos almacenado
almacenes	almacenéis	hayas almacenado	hayáis almacenado
almacene	almacenen	haya almacenado	hayan almacenado

Imperfect Subjunctive (-ra)		*or*	Imperfect Subjunctive (-se)	
almacenara	almacenáramos		almacenase	almacenásemos
almacenaras	almacenarais		almacenases	almacenaseis
almacenara	almacenaran		almacenase	almacenasen

Past Perfect Subjunctive (-ra)		*or*	Past Perfect Subjunctive (-se)	
hubiera almacenado	hubiéramos almacenado		hubiese almacenado	hubiésemos almacenado
hubieras almacenado	hubierais almacenado		hubieses almacenado	hubieseis almacenado
hubiera almacenado	hubieran almacenado		hubiese almacenado	hubiesen almacenado

Progressive Tenses

Present	estoy, estás, está, estamos, estáis, están	
Preterit	estuve, estuviste, estuvo, estuvimos, estuvisteis, estuvieron	
Imperfect	estaba, estabas, estaba, estábamos, estabais, estaban	almacenando
Future	estaré, estarás, estará, estaremos, estaréis, estarán	
Conditional	estaría, estarías, estaría, estaríamos, estaríais, estarían	
Subjunctive	que + *corresponding subjunctive tense of* estar (*see verb 252*)	

Commands

	(nosotros) almacenemos / no almacenemos
(tú) almacena / no almacenes	(vosotros) almacenad / no almacenéis
(Ud.) almacene / no almacene	(Uds.) almacenen / no almacenen

USAGE

Se introducen, se elaboran, se guardan y se
  almacenan datos.
Nos interesa mucho el almacenamiento de datos.
Se almacenan las existencias.
Los grandes almacenes tienen muchas sucursales.
El almacén queda en la esquina.

Information/Data is entered,
  edited, saved, and stored.
We're very interested in information storage.
Stock/Inventory is stored in the warehouse.
The big department stores have many branches.
The department store / grocery (Amer.) is at
  the corner.

almorzar *to have lunch*

almuerzo · almorzaron · almorzado · almorzando

stem-changing *-ar* verb: *o > ue;*
spelling change: *z > c/e*

Present

almuerzo	almorzamos
almuerzas	almorzáis
almuerza	almuerzan

Imperfect

almorzaba	almorzábamos
almorzabas	almorzabais
almorzaba	almorzaban

Future

almorzaré	almorzaremos
almorzarás	almorzaréis
almorzará	almorzarán

Pluperfect

había almorzado	habíamos almorzado
habías almorzado	habíais almorzado
había almorzado	habían almorzado

Future Perfect

habré almorzado	habremos almorzado
habrás almorzado	habréis almorzado
habrá almorzado	habrán almorzado

Preterit

almorcé	almorzamos
almorzaste	almorzasteis
almorzó	almorzaron

Present Perfect

he almorzado	hemos almorzado
has almorzado	habéis almorzado
ha almorzado	han almorzado

Conditional

almorzaría	almorzaríamos
almorzarías	almorzaríais
almorzaría	almorzarían

Preterit Perfect

hube almorzado	hubimos almorzado
hubiste almorzado	hubisteis almorzado
hubo almorzado	hubieron almorzado

Conditional Perfect

habría almorzado	habríamos almorzado
habrías almorzado	habríais almorzado
habría almorzado	habrían almorzado

Present Subjunctive

almuerce	almorcemos
almuerces	almorcéis
almuerce	almuercen

Present Perfect Subjunctive

haya almorzado	hayamos almorzado
hayas almorzado	hayáis almorzado
haya almorzado	hayan almorzado

Imperfect Subjunctive (-ra)   *or*   Imperfect Subjunctive (-se)

almorzara	almorzáramos	almorzase	almorzásemos
almorzaras	almorzarais	almorzases	almorzaseis
almorzara	almorzaran	almorzase	almorzasen

Past Perfect Subjunctive (-ra)   *or*   Past Perfect Subjunctive (-se)

hubiera almorzado	hubiéramos almorzado	hubiese almorzado	hubiésemos almorzado
hubieras almorzado	hubierais almorzado	hubieses almorzado	hubieseis almorzado
hubiera almorzado	hubieran almorzado	hubiese almorzado	hubiesen almorzado

Progressive Tenses

Present	estoy, estás, está, estamos, estáis, están
Preterit	estuve, estuviste, estuvo, estuvimos, estuvisteis, estuvieron
Imperfect	estaba, estabas, estaba, estábamos, estabais, estaban
Future	estaré, estarás, estará, estaremos, estaréis, estarán
Conditional	estaría, estarías, estaría, estaríamos, estaríais, estarían
Subjunctive	que + *corresponding subjunctive tense of* estar (*see verb 252*)

> almorzando

Commands

	(nosotros) almorcemos / no almorcemos
(tú) almuerza / no almuerces	(vosotros) almorzad / no almorcéis
(Ud.) almuerce / no almuerce	(Uds.) almuercen / no almuercen

USAGE

—¿A qué hora sueles almorzar? — *At what time do you usually have lunch?*
—Tomo el almuerzo entre la una y las dos. — *I have lunch between 1:00 and 2:00.*

—¿Qué tomaste en el almuerzo? — *What did you have for lunch?*
—No almorcé porque había desayunado fuerte. — *I didn't have lunch because I had eaten a big breakfast.*

Si almuerzo fuerte tomo la cena ligera. — *If I eat a lot at lunch, I have a light dinner.*

regular *-ar* verb

alquilo · alquilaron · alquilado · alquilando

Present		Preterit	
alquilo	alquilamos	alquilé	alquilamos
alquilas	alquiláis	alquilaste	alquilasteis
alquila	alquilan	alquiló	alquilaron

Imperfect		Present Perfect	
alquilaba	alquilábamos	he alquilado	hemos alquilado
alquilabas	alquilabais	has alquilado	habéis alquilado
alquilaba	alquilaban	ha alquilado	han alquilado

Future		Conditional	
alquilaré	alquilaremos	alquilaría	alquilaríamos
alquilarás	alquilaréis	alquilarías	alquilaríais
alquilará	alquilarán	alquilaría	alquilarían

Pluperfect		Preterit Perfect	
había alquilado	habíamos alquilado	hube alquilado	hubimos alquilado
habías alquilado	habíais alquilado	hubiste alquilado	hubisteis alquilado
había alquilado	habían alquilado	hubo alquilado	hubieron alquilado

Future Perfect		Conditional Perfect	
habré alquilado	habremos alquilado	habría alquilado	habríamos alquilado
habrás alquilado	habréis alquilado	habrías alquilado	habríais alquilado
habrá alquilado	habrán alquilado	habría alquilado	habrían alquilado

Present Subjunctive		Present Perfect Subjunctive	
alquile	alquilemos	haya alquilado	hayamos alquilado
alquiles	alquiléis	hayas alquilado	hayáis alquilado
alquile	alquilen	haya alquilado	hayan alquilado

Imperfect Subjunctive (-ra)		*or*	Imperfect Subjunctive (-se)	
alquilara	alquiláramos		alquilase	alquilásemos
alquilaras	alquilarais		alquilases	alquilaseis
alquilara	alquilaran		alquilase	alquilasen

Past Perfect Subjunctive (-ra)		*or*	Past Perfect Subjunctive (-se)	
hubiera alquilado	hubiéramos alquilado		hubiese alquilado	hubiésemos alquilado
hubieras alquilado	hubierais alquilado		hubieses alquilado	hubieseis alquilado
hubiera alquilado	hubieran alquilado		hubiese alquilado	hubiesen alquilado

Progressive Tenses

Present	estoy, estás, está, estamos, estáis, están	
Preterit	estuve, estuviste, estuvo, estuvimos, estuvisteis, estuvieron	
Imperfect	estaba, estabas, estaba, estábamos, estabais, estaban	alquilando
Future	estaré, estarás, estará, estaremos, estaréis, estarán	
Conditional	estaría, estarías, estaría, estaríamos, estaríais, estarían	
Subjunctive	que + *corresponding subjunctive tense of* estar (*see verb 252*)	

Commands

	(nosotros) alquilemos / no alquilemos
(tú) alquila / no alquiles	(vosotros) alquilad / no alquiléis
(Ud.) alquile / no alquile	(Uds.) alquilen / no alquilen

USAGE

—Me encanta este apartamento. Alquilémoslo. / *I love this apartment. Let's rent it.*
—Está bien, el alquiler es módico. / *Okay, the rent is reasonable.*
Se alquila el coche por dos o tres años. / *You can lease the car for two or three years.*
Los inquilinos desalquilaron el piso. / *The tenants vacated the apartment. (Spain)*
Se alquila casa. / *House for rent.*
El condominio tiene alquiler con opción
a compra. / *The condominium rental has an option to buy.*

alumbrar · *to light, illuminate, enlighten*

alumbro · alumbraron · alumbrado · alumbrando   regular -ar verb

Present		Preterit	
alumbro	alumbramos	alumbré	alumbramos
alumbras	alumbráis	alumbraste	alumbrasteis
alumbra	alumbran	alumbró	alumbraron

Imperfect		Present Perfect	
alumbraba	alumbrábamos	he alumbrado	hemos alumbrado
alumbrabas	alumbrabais	has alumbrado	habéis alumbrado
alumbraba	alumbraban	ha alumbrado	han alumbrado

Future		Conditional	
alumbraré	alumbraremos	alumbraría	alumbraríamos
alumbrarás	alumbraréis	alumbrarías	alumbraríais
alumbrará	alumbrarán	alumbraría	alumbrarían

Pluperfect		Preterit Perfect	
había alumbrado	habíamos alumbrado	hube alumbrado	hubimos alumbrado
habías alumbrado	habíais alumbrado	hubiste alumbrado	hubisteis alumbrado
había alumbrado	habían alumbrado	hubo alumbrado	hubieron alumbrado

Future Perfect		Conditional Perfect	
habré alumbrado	habremos alumbrado	habría alumbrado	habríamos alumbrado
habrás alumbrado	habréis alumbrado	habrías alumbrado	habríais alumbrado
habrá alumbrado	habrán alumbrado	habría alumbrado	habrían alumbrado

Present Subjunctive		Present Perfect Subjunctive	
alumbre	alumbremos	haya alumbrado	hayamos alumbrado
alumbres	alumbréis	hayas alumbrado	hayáis alumbrado
alumbre	alumbren	haya alumbrado	hayan alumbrado

Imperfect Subjunctive (-ra)		or	Imperfect Subjunctive (-se)	
alumbrara	alumbráramos		alumbrase	alumbrásemos
alumbraras	alumbrarais		alumbrases	alumbraseis
alumbrara	alumbraran		alumbrase	alumbrasen

Past Perfect Subjunctive (-ra)		or	Past Perfect Subjunctive (-se)	
hubiera alumbrado	hubiéramos alumbrado		hubiese alumbrado	hubiésemos alumbrado
hubieras alumbrado	hubierais alumbrado		hubieses alumbrado	hubieseis alumbrado
hubiera alumbrado	hubieran alumbrado		hubiese alumbrado	hubiesen alumbrado

Progressive Tenses

Present	estoy, estás, está, estamos, estáis, están	
Preterit	estuve, estuviste, estuvo, estuvimos, estuvisteis, estuvieron	
Imperfect	estaba, estabas, estaba, estábamos, estabais, estaban	alumbrando
Future	estaré, estarás, estará, estaremos, estaréis, estarán	
Conditional	estaría, estarías, estaría, estaríamos, estaríais, estarían	
Subjunctive	que + *corresponding subjunctive tense of* estar *(see verb 252)*	

Commands

	(nosotros) alumbremos / no alumbremos
(tú) alumbra / no alumbres	(vosotros) alumbrad / no alumbréis
(Ud.) alumbre / no alumbre	(Uds.) alumbren / no alumbren

USAGE

La lámpara no alumbra toda la sala.	*The lamp doesn't light the whole room.*
El pueblo estaba alumbrado durante la feria.	*The town was illuminated during the fair.*
Su explicación alumbró el tema.	*His explanation shed light on the topic.*
Fue deslumbrante.	*It was enlightening.*
Os recomiendo este deslumbrante espectáculo.	*I recommend this dazzling show to you.*
¿No te gusta la lumbre del fuego?	*Don't you like the firelight?*
¡Qué lumbrera!	*What a luminary / brilliant person!*

-ar verb; spelling change: z > c/e   alzo · alzaron · alzado · alzando

	Present		Preterit
alzo	alzamos	alcé	alzamos
alzas	alzáis	alzaste	alzasteis
alza	alzan	alzó	alzaron

	Imperfect		Present Perfect
alzaba	alzábamos	he alzado	hemos alzado
alzabas	alzabais	has alzado	habéis alzado
alzaba	alzaban	ha alzado	han alzado

	Future		Conditional
alzaré	alzaremos	alzaría	alzaríamos
alzarás	alzaréis	alzarías	alzaríais
alzará	alzarán	alzaría	alzarían

	Pluperfect		Preterit Perfect
había alzado	habíamos alzado	hube alzado	hubimos alzado
habías alzado	habíais alzado	hubiste alzado	hubisteis alzado
había alzado	habían alzado	hubo alzado	hubieron alzado

	Future Perfect		Conditional Perfect
habré alzado	habremos alzado	habría alzado	habríamos alzado
habrás alzado	habréis alzado	habrías alzado	habríais alzado
habrá alzado	habrán alzado	habría alzado	habrían alzado

	Present Subjunctive		Present Perfect Subjunctive
alce	alcemos	haya alzado	hayamos alzado
alces	alcéis	hayas alzado	hayáis alzado
alce	alcen	haya alzado	hayan alzado

	Imperfect Subjunctive (-ra)	*or*	Imperfect Subjunctive (-se)
alzara	alzáramos	alzase	alzásemos
alzaras	alzarais	alzases	alzaseis
alzara	alzaran	alzase	alzasen

	Past Perfect Subjunctive (-ra)	*or*	Past Perfect Subjunctive (-se)
hubiera alzado	hubiéramos alzado	hubiese alzado	hubiésemos alzado
hubieras alzado	hubierais alzado	hubieses alzado	hubieseis alzado
hubiera alzado	hubieran alzado	hubiese alzado	hubiesen alzado

Progressive Tenses

Present	estoy, estás, está, estamos, estáis, están
Preterit	estuve, estuviste, estuvo, estuvimos, estuvisteis, estuvieron
Imperfect	estaba, estabas, estaba, estábamos, estabais, estaban
Future	estaré, estarás, estará, estaremos, estaréis, estarán
Conditional	estaría, estarías, estaría, estaríamos, estaríais, estarían
Subjunctive	que + *corresponding subjunctive tense of* estar (*see verb 252*)

} alzando

Commands

	(nosotros) alcemos / no alcemos
(tú) alza / no alces	(vosotros) alzad / no alcéis
(Ud.) alce / no alce	(Uds.) alcen / no alcen

USAGE

Alza la voz para que te oigamos.	*Speak louder so we can hear you.*
Alcen la mano si quieren hablar.	*Raise your hands if you want to speak.*
Hubo un alza de precios.	*There was a rise in prices.*
Estas modas están en alza.	*These fashions are rising in popularity.*

amar to love

amo · amaron · amado · amando   regular -ar verb

Present		Preterit	
amo	amamos	amé	amamos
amas	amáis	amaste	amasteis
ama	aman	amó	amaron

Imperfect		Present Perfect	
amaba	amábamos	he amado	hemos amado
amabas	amabais	has amado	habéis amado
amaba	amaban	ha amado	han amado

Future		Conditional	
amaré	amaremos	amaría	amaríamos
amarás	amaréis	amarías	amaríais
amará	amarán	amaría	amarían

Pluperfect		Preterit Perfect	
había amado	habíamos amado	hube amado	hubimos amado
habías amado	habíais amado	hubiste amado	hubisteis amado
había amado	habían amado	hubo amado	hubieron amado

Future Perfect		Conditional Perfect	
habré amado	habremos amado	habría amado	habríamos amado
habrás amado	habréis amado	habrías amado	habríais amado
habrá amado	habrán amado	habría amado	habrían amado

Present Subjunctive		Present Perfect Subjunctive	
ame	amemos	haya amado	hayamos amado
ames	améis	hayas amado	hayáis amado
ame	amen	haya amado	hayan amado

Imperfect Subjunctive (-ra)		or	Imperfect Subjunctive (-se)	
amara	amáramos		amase	amásemos
amaras	amarais		amases	amaseis
amara	amaran		amase	amasen

Past Perfect Subjunctive (-ra)		or	Past Perfect Subjunctive (-se)	
hubiera amado	hubiéramos amado		hubiese amado	hubiésemos amado
hubieras amado	hubierais amado		hubieses amado	hubieseis amado
hubiera amado	hubieran amado		hubiese amado	hubiesen amado

Progressive Tenses

Present	estoy, estás, está, estamos, estáis, están	
Preterit	estuve, estuviste, estuvo, estuvimos, estuvisteis, estuvieron	
Imperfect	estaba, estabas, estaba, estábamos, estabais, estaban	amando
Future	estaré, estarás, estará, estaremos, estaréis, estarán	
Conditional	estaría, estarías, estaría, estaríamos, estaríais, estarían	
Subjunctive	que + *corresponding subjunctive tense of* estar (*see verb 252*)	

Commands

	(nosotros) amemos / no amemos
(tú) ama / no ames	(vosotros) amad / no améis
(Ud.) ame / no ame	(Uds.) amen / no amen

USAGE

—Se enamoraron hace cincuenta años. *They fell in love 50 years ago.*
—Y todavía se aman con locura. *And they're still madly in love with each other.*
Siguen enviándose cartas amatorias. *They still send each other love letters.*
¡Cuánto amamos (a) nuestra patria! *We love our country so much!*
Tiene un gran amor a la música. *She has a great love of music.*
Es amante de la historia. *He's fond of history.*

-ar verb; spelling change: z > c/e

amenazo · amenazaron · amenazado · amenazando

Present			Preterit	
amenazo	amenazamos		amenacé	amenazamos
amenazas	amenazáis		amenazaste	amenazasteis
amenaza	amenazan		amenazó	amenazaron

Imperfect			Present Perfect	
amenazaba	amenazábamos		he amenazado	hemos amenazado
amenazabas	amenazabais		has amenazado	habéis amenazado
amenazaba	amenazaban		ha amenazado	han amenazado

Future			Conditional	
amenazaré	amenazaremos		amenazaría	amenazaríamos
amenazarás	amenazaréis		amenazarías	amenazaríais
amenazará	amenazarán		amenazaría	amenazarían

Pluperfect			Preterit Perfect	
había amenazado	habíamos amenazado		hube amenazado	hubimos amenazado
habías amenazado	habíais amenazado		hubiste amenazado	hubisteis amenazado
había amenazado	habían amenazado		hubo amenazado	hubieron amenazado

Future Perfect			Conditional Perfect	
habré amenazado	habremos amenazado		habría amenazado	habríamos amenazado
habrás amenazado	habréis amenazado		habrías amenazado	habríais amenazado
habrá amenazado	habrán amenazado		habría amenazado	habrían amenazado

Present Subjunctive			Present Perfect Subjunctive	
amenace	amenacemos		haya amenazado	hayamos amenazado
amenaces	amenacéis		hayas amenazado	hayáis amenazado
amenace	amenacen		haya amenazado	hayan amenazado

Imperfect Subjunctive (-ra)		or	Imperfect Subjunctive (-se)	
amenazara	amenazáramos		amenazase	amenazásemos
amenazaras	amenazarais		amenazases	amenazaseis
amenazara	amenazaran		amenazase	amenazasen

Past Perfect Subjunctive (-ra)		or	Past Perfect Subjunctive (-se)	
hubiera amenazado	hubiéramos amenazado		hubiese amenazado	hubiésemos amenazado
hubieras amenazado	hubierais amenazado		hubieses amenazado	hubieseis amenazado
hubiera amenazado	hubieran amenazado		hubiese amenazado	hubiesen amenazado

Progressive Tenses

Present	estoy, estás, está, estamos, estáis, están
Preterit	estuve, estuviste, estuvo, estuvimos, estuvisteis, estuvieron
Imperfect	estaba, estabas, estaba, estábamos, estabais, estaban
Future	estaré, estarás, estará, estaremos, estaréis, estarán
Conditional	estaría, estarías, estaría, estaríamos, estaríais, estarían
Subjunctive	que + *corresponding subjunctive tense of* estar (*see verb 252*)

amenazando

Commands

	(nosotros) amenacemos / no amenacemos
(tú) amenaza / no amenaces	(vosotros) amenazad / no amenacéis
(Ud.) amenace / no amenace	(Uds.) amenacen / no amenacen

USAGE

Los amenazó con matarlos.	*He threatened to kill them.*
Habló con un tono amenazador.	*She spoke with a menacing tone.*
Viven amenazados por los sismos.	*They live threatened by earthquakes.*
Amenaza lluvia.	*Rain is imminent. / It threatens to rain.*
Sus amenazas no nos asustan porque son amenazas vanas.	*Their threats don't scare us because they're idle threats.*

---

❸ —¡Ya han andado cuatro millas!	They've already walked four miles!
—Es que andan muy de prisa.	It's that they walk very quickly.
❸ —¿Qué tal las ganancias este año?	How are earnings this year?
—La empresa anda muy bien.	The firm is doing very well.
❸ —¿Dónde están los documentos?	Where are the documents?
—Andarán por aquí.	They're probably around here somewhere.
❸ —Mi reloj no anda bien.	My watch isn't working well.
—¿Anda atrasado o adelantado?	Is it fast or slow?
❸ —¿Vamos en coche o a pie?	Shall we go by car or walk?
—Yo prefiero ir andando.	I prefer to walk.
Me alegro de que anden bien de salud.	I'm glad they're in good health.

andar con + noun to be + adjective

Anda con cuidado.	Be careful.
No andes con miedo.	Don't be afraid.

¡Anda! Come on! (to encourage someone), Go on! (wariness)

¡Anda! ¡Marquen un gol!	Come on! Score a goal!
¡Anda! Dime la verdad.	Go on! Tell me the truth.

OTHER USES AND RELATED WORDS

❸ —¿El bebé aprende a andar?	Is the baby learning how to walk?
—Por ahora anda a gatas.	For now he's crawling.
—Se quebró la pierna y no podía andar.	She broke her leg and couldn't walk.
—Pero ahora tiene el andar ligero y seguro.	But now she has a brisk and steady walk/gait.
❸ —Nos encantan las caminatas.	We love long walks.
—Uds. siempre eran muy andariegos.	You were always very fond of walking.
Anda por las nubes.	She has her head in the clouds. / She's daydreaming.
Don Quijote es un caballero andante.	Don Quijote is a knight-errant.
Deja de andar con rodeos.	Stop beating around the bush.
¡Andáis en boca de todos!	You're the talk of the town!
Dime con quién andas y te diré quién eres.	A man is known by the company he keeps.
Quien mal anda, mal acaba.	He who falls into bad ways will come to a bad end.
Andar a buen ritmo mejora la tensión arterial.	Walking at a good pace improves blood pressure.
No compré ropa muy especial, solamente ropa para andar por casa.	I didn't buy very special clothing, just clothing to wear around the house.
Caminante, no hay camino, se hace camino al andar. (*Antonio Machado*)	Traveler, there is no road. You make your road as you walk along.
Esa familia nunca anduvo bien de dinero.	That family never had enough money.

-ar verb, irregular in preterit

ando · anduvieron · andado · andando

Present		Preterit	
ando	andamos	anduve	anduvimos
andas	andáis	anduviste	anduvisteis
anda	andan	anduvo	anduvieron

Imperfect		Present Perfect	
andaba	andábamos	he andado	hemos andado
andabas	andabais	has andado	habéis andado
andaba	andaban	ha andado	han andado

Future		Conditional	
andaré	andaremos	andaría	andaríamos
andarás	andaréis	andarías	andaríais
andará	andarán	andaría	andarían

Pluperfect		Preterit Perfect	
había andado	habíamos andado	hube andado	hubimos andado
habías andado	habíais andado	hubiste andado	hubisteis andado
había andado	habían andado	hubo andado	hubieron andado

Future Perfect		Conditional Perfect	
habré andado	habremos andado	habría andado	habríamos andado
habrás andado	habréis andado	habrías andado	habríais andado
habrá andado	habrán andado	habría andado	habrían andado

Present Subjunctive		Present Perfect Subjunctive	
ande	andemos	haya andado	hayamos andado
andes	andéis	hayas andado	hayáis andado
ande	anden	haya andado	hayan andado

Imperfect Subjunctive (-ra)		or	Imperfect Subjunctive (-se)	
anduviera	anduviéramos		anduviese	anduviésemos
anduvieras	anduvierais		anduvieses	anduvieseis
anduviera	anduvieran		anduviese	anduviesen

Past Perfect Subjunctive (-ra)		or	Past Perfect Subjunctive (-se)	
hubiera andado	hubiéramos andado		hubiese andado	hubiésemos andado
hubieras andado	hubierais andado		hubieses andado	hubieseis andado
hubiera andado	hubieran andado		hubiese andado	hubiesen andado

Progressive Tenses

Present	estoy, estás, está, estamos, estáis, están	
Preterit	estuve, estuviste, estuvo, estuvimos, estuvisteis, estuvieron	
Imperfect	estaba, estabas, estaba, estábamos, estabais, estaban	andando
Future	estaré, estarás, estará, estaremos, estaréis, estarán	
Conditional	estaría, estarías, estaría, estaríamos, estaríais, estarían	
Subjunctive	que + *corresponding subjunctive tense of* estar (*see verb 252*)	

Commands

	(nosotros) andemos / no andemos
(tú) anda / no andes	(vosotros) andad / no andéis
(Ud.) ande / no ande	(Uds.) anden / no anden

USAGE

Anduvieron rápidamente / de puntillas.	*They walked quickly / on tiptoe.*
Los negocios andan bien/mal.	*The business is doing well/badly.*
Los chicos andan por aquí / por allí.	*The kids are around here/there.*
Andaba bien/mal de salud.	*She was in good/bad health.*
Han andado muy ocupados.	*They've been very busy.*
Anduvo quince millas.	*She walked/covered/traveled fifteen miles.*

anunciar *to announce, tell, advertise*

anuncio · anunciaron · anunciado · anunciando   regular *-ar* verb

Present		Preterit	
anuncio	anunciamos	anuncié	anunciamos
anuncias	anunciáis	anunciaste	anunciasteis
anuncia	anuncian	anunció	anunciaron

Imperfect		Present Perfect	
anunciaba	anunciábamos	he anunciado	hemos anunciado
anunciabas	anunciabais	has anunciado	habéis anunciado
anunciaba	anunciaban	ha anunciado	han anunciado

Future		Conditional	
anunciaré	anunciaremos	anunciaría	anunciaríamos
anunciarás	anunciaréis	anunciarías	anunciaríais
anunciará	anunciarán	anunciaría	anunciarían

Pluperfect		Preterit Perfect	
había anunciado	habíamos anunciado	hube anunciado	hubimos anunciado
habías anunciado	habíais anunciado	hubiste anunciado	hubisteis anunciado
había anunciado	habían anunciado	hubo anunciado	hubieron anunciado

Future Perfect		Conditional Perfect	
habré anunciado	habremos anunciado	habría anunciado	habríamos anunciado
habrás anunciado	habréis anunciado	habrías anunciado	habríais anunciado
habrá anunciado	habrán anunciado	habría anunciado	habrían anunciado

Present Subjunctive		Present Perfect Subjunctive	
anuncie	anunciemos	haya anunciado	hayamos anunciado
anuncies	anunciéis	hayas anunciado	hayáis anunciado
anuncie	anuncien	haya anunciado	hayan anunciado

Imperfect Subjunctive (-ra)		*or*	Imperfect Subjunctive (-se)	
anunciara	anunciáramos		anunciase	anunciásemos
anunciaras	anunciarais		anunciases	anunciaseis
anunciara	anunciaran		anunciase	anunciasen

Past Perfect Subjunctive (-ra)		*or*	Past Perfect Subjunctive (-se)	
hubiera anunciado	hubiéramos anunciado		hubiese anunciado	hubiésemos anunciado
hubieras anunciado	hubierais anunciado		hubieses anunciado	hubieseis anunciado
hubiera anunciado	hubieran anunciado		hubiese anunciado	hubiesen anunciado

Progressive Tenses

Present	estoy, estás, está, estamos, estáis, están	
Preterit	estuve, estuviste, estuvo, estuvimos, estuvisteis, estuvieron	
Imperfect	estaba, estabas, estaba, estábamos, estabais, estaban	
Future	estaré, estarás, estará, estaremos, estaréis, estarán	anunciando
Conditional	estaría, estarías, estaría, estaríamos, estaríais, estarían	
Subjunctive	que + *corresponding subjunctive tense of* estar (*see verb 252*)	

Commands

	(nosotros) anunciemos / no anunciemos
(tú) anuncia / no anuncies	(vosotros) anunciad / no anunciéis
(Ud.) anuncie / no anuncie	(Uds.) anuncien / no anuncien

USAGE

Nos anunció que iba a renunciar a su puesto.	*He told us that he was going to resign.*
Se anuncia todas las semanas.	*They take out an ad every week.*
El presidente fue anunciado.	*The president was announced.*
Pusieron un anuncio en el periódico.	*They ran an ad in the newspaper.*
Hay muchos anuncios clasificados hoy.	*There are many classified ads today.*
Su respuesta no nos anuncia nada bueno.	*His reply doesn't bode well for us.*

regular -ir verb

añado · añadieron · añadido · añadiendo

Present		Preterit	
añado	añadimos	añadí	añadimos
añades	añadís	añadiste	añadisteis
añade	añaden	añadió	añadieron

Imperfect		Present Perfect	
añadía	añadíamos	he añadido	hemos añadido
añadías	añadíais	has añadido	habéis añadido
añadía	añadían	ha añadido	han añadido

Future		Conditional	
añadiré	añadiremos	añadiría	añadiríamos
añadirás	añadiréis	añadirías	añadiríais
añadirá	añadirán	añadiría	añadirían

Pluperfect		Preterit Perfect	
había añadido	habíamos añadido	hube añadido	hubimos añadido
habías añadido	habíais añadido	hubiste añadido	hubisteis añadido
había añadido	habían añadido	hubo añadido	hubieron añadido

Future Perfect		Conditional Perfect	
habré añadido	habremos añadido	habría añadido	habríamos añadido
habrás añadido	habréis añadido	habrías añadido	habríais añadido
habrá añadido	habrán añadido	habría añadido	habrían añadido

Present Subjunctive		Present Perfect Subjunctive	
añada	añadamos	haya añadido	hayamos añadido
añadas	añadáis	hayas añadido	hayáis añadido
añada	añadan	haya añadido	hayan añadido

Imperfect Subjunctive (-ra)		or	Imperfect Subjunctive (-se)	
añadiera	añadiéramos		añadiese	añadiésemos
añadieras	añadierais		añadieses	añadieseis
añadiera	añadieran		añadiese	añadiesen

Past Perfect Subjunctive (-ra)		or	Past Perfect Subjunctive (-se)	
hubiera añadido	hubiéramos añadido		hubiese añadido	hubiésemos añadido
hubieras añadido	hubierais añadido		hubieses añadido	hubieseis añadido
hubiera añadido	hubieran añadido		hubiese añadido	hubiesen añadido

Progressive Tenses

Present	estoy, estás, está, estamos, estáis, están	
Preterit	estuve, estuviste, estuvo, estuvimos, estuvisteis, estuvieron	
Imperfect	estaba, estabas, estaba, estábamos, estabais, estaban	añadiendo
Future	estaré, estarás, estará, estaremos, estaréis, estarán	
Conditional	estaría, estarías, estaría, estaríamos, estaríais, estarían	
Subjunctive	que + *corresponding subjunctive tense of* estar (*see verb 252*)	

Commands

	(nosotros) añadamos / no añadamos
(tú) añade / no añadas	(vosotros) añadid / no añadáis
(Ud.) añada / no añada	(Uds.) añadan / no añadan

(**USAGE**)

Añada más sal al guisado.	*Add more salt to the stew.*
Los claveles rojos añaden color a la mesa.	*The red carnations add color to the table.*
No hay lugar para lo añadido.	*There's no room for what was added.*
No nos gustan los añadidos.	*We don't like the additions.*
Por añadidura...	*Besides . . . / In addition . . .*

apagar

to put out, extinguish, turn/shut off, muffle

apago · apagaron · apagado · apagando

-ar verb; spelling change: g > gu/e

Present		Preterit	
apago	apagamos	apagué	apagamos
apagas	apagáis	apagaste	apagasteis
apaga	apagan	apagó	apagaron

Imperfect		Present Perfect	
apagaba	apagábamos	he apagado	hemos apagado
apagabas	apagabais	has apagado	habéis apagado
apagaba	apagaban	ha apagado	han apagado

Future		Conditional	
apagaré	apagaremos	apagaría	apagaríamos
apagarás	apagaréis	apagarías	apagaríais
apagará	apagarán	apagaría	apagarían

Pluperfect		Preterit Perfect	
había apagado	habíamos apagado	hube apagado	hubimos apagado
habías apagado	habíais apagado	hubiste apagado	hubisteis apagado
había apagado	habían apagado	hubo apagado	hubieron apagado

Future Perfect		Conditional Perfect	
habré apagado	habremos apagado	habría apagado	habríamos apagado
habrás apagado	habréis apagado	habrías apagado	habríais apagado
habrá apagado	habrán apagado	habría apagado	habrían apagado

Present Subjunctive		Present Perfect Subjunctive	
apague	apaguemos	haya apagado	hayamos apagado
apagues	apaguéis	hayas apagado	hayáis apagado
apague	apaguen	haya apagado	hayan apagado

Imperfect Subjunctive (-ra)		*or*	Imperfect Subjunctive (-se)	
apagara	apagáramos		apagase	apagásemos
apagaras	apagarais		apagases	apagaseis
apagara	apagaran		apagase	apagasen

Past Perfect Subjunctive (-ra)		*or*	Past Perfect Subjunctive (-se)	
hubiera apagado	hubiéramos apagado		hubiese apagado	hubiésemos apagado
hubieras apagado	hubierais apagado		hubieses apagado	hubieseis apagado
hubiera apagado	hubieran apagado		hubiese apagado	hubiesen apagado

Progressive Tenses

Present	estoy, estás, está, estamos, estáis, están	
Preterit	estuve, estuviste, estuvo, estuvimos, estuvisteis, estuvieron	
Imperfect	estaba, estabas, estaba, estábamos, estabais, estaban	apagando
Future	estaré, estarás, estará, estaremos, estaréis, estarán	
Conditional	estaría, estarías, estaría, estaríamos, estaríais, estarían	
Subjunctive	que + *corresponding subjunctive tense of* estar (*see verb 252*)	

Commands

	(nosotros) apaguemos / no apaguemos
(tú) apaga / no apagues	(vosotros) apagad / no apaguéis
(Ud.) apague / no apague	(Uds.) apaguen / no apaguen

USAGE

Los bomberos apagaron el incendio.	*The firefighters put out the fire.*
Se apagó el fuego del campamento.	*The campfire went out.*
Apaga la tele y las luces cuando salgas.	*Shut off the TV and the lights when you go out.*
La alfombra y las cortinas apagan el sonido.	*The rug and curtains muffle the sound.*
Hubo apagón durante la ola de calor.	*There was a power outage during the heat wave.*
Es una persona apagada con voz apagada.	*She's a dull person with a weak voice.*

-er verb; spelling change: c > zc/o, a

aparezco · aparecieron · aparecido · apareciendo

Present		Preterit	
aparezco	aparecemos	aparecí	aparecimos
apareces	aparecéis	apareciste	aparecisteis
aparece	aparecen	apareció	aparecieron

Imperfect		Present Perfect	
aparecía	aparecíamos	he aparecido	hemos aparecido
aparecías	aparecíais	has aparecido	habéis aparecido
aparecía	aparecían	ha aparecido	han aparecido

Future		Conditional	
apareceré	apareceremos	aparecería	apareceríamos
aparecerás	apareceréis	aparecerías	apareceríais
aparecerá	aparecerán	aparecería	aparecerían

Pluperfect		Preterit Perfect	
había aparecido	habíamos aparecido	hube aparecido	hubimos aparecido
habías aparecido	habíais aparecido	hubiste aparecido	hubisteis aparecido
había aparecido	habían aparecido	hubo aparecido	hubieron aparecido

Future Perfect		Conditional Perfect	
habré aparecido	habremos aparecido	habría aparecido	habríamos aparecido
habrás aparecido	habréis aparecido	habrías aparecido	habríais aparecido
habrá aparecido	habrán aparecido	habría aparecido	habrían aparecido

Present Subjunctive		Present Perfect Subjunctive	
aparezca	aparezcamos	haya aparecido	hayamos aparecido
aparezcas	aparezcáis	hayas aparecido	hayáis aparecido
aparezca	aparezcan	haya aparecido	hayan aparecido

Imperfect Subjunctive (-ra)		or	Imperfect Subjunctive (-se)	
apareciera	apareciéramos		apareciese	apareciésemos
aparecieras	aparecierais		aparecieses	aparecieseis
apareciera	aparecieran		apareciese	apareciesen

Past Perfect Subjunctive (-ra)		or	Past Perfect Subjunctive (-se)	
hubiera aparecido	hubiéramos aparecido		hubiese aparecido	hubiésemos aparecido
hubieras aparecido	hubierais aparecido		hubieses aparecido	hubieseis aparecido
hubiera aparecido	hubieran aparecido		hubiese aparecido	hubiesen aparecido

Progressive Tenses

Present	estoy, estás, está, estamos, estáis, están	
Preterit	estuve, estuviste, estuvo, estuvimos, estuvisteis, estuvieron	
Imperfect	estaba, estabas, estaba, estábamos, estabais, estaban	apareciendo
Future	estaré, estarás, estará, estaremos, estaréis, estarán	
Conditional	estaría, estarías, estaría, estaríamos, estaríais, estarían	
Subjunctive	que + corresponding subjunctive tense of estar (see verb 252)	

Commands

	(nosotros) aparezcamos / no aparezcamos
(tú) aparece / no aparezcas	(vosotros) apareced / no aparezcáis
(Ud.) aparezca / no aparezca	(Uds.) aparezcan / no aparezcan

USAGE

Sólo apareció en escena el actor principal.	Only the lead actor appeared on stage.
Apareció la segunda edición del libro.	The second edition of the book came out.
Dudo que aparezcan hoy.	I doubt they'll show up today.
No suele aparecer antes de las once.	She doesn't usually turn up before 11:00.
Los papeles perdidos aparecieron en una carpeta.	The missing papers showed up in a folder/file.

apartar *to remove, set aside, stray*

aparto · apartaron · apartado · apartando   regular -ar verb

Present

aparto	apartamos
apartas	apartáis
aparta	apartan

Preterit

aparté	apartamos
apartaste	apartasteis
apartó	apartaron

Imperfect

apartaba	apartábamos
apartabas	apartabais
apartaba	apartaban

Present Perfect

he apartado	hemos apartado
has apartado	habéis apartado
ha apartado	han apartado

Future

apartaré	apartaremos
apartarás	apartaréis
apartará	apartarán

Conditional

apartaría	apartaríamos
apartarías	apartaríais
apartaría	apartarían

Pluperfect

había apartado	habíamos apartado
habías apartado	habíais apartado
había apartado	habían apartado

Preterit Perfect

hube apartado	hubimos apartado
hubiste apartado	hubisteis apartado
hubo apartado	hubieron apartado

Future Perfect

habré apartado	habremos apartado
habrás apartado	habréis apartado
habrá apartado	habrán apartado

Conditional Perfect

habría apartado	habríamos apartado
habrías apartado	habríais apartado
habría apartado	habrían apartado

Present Subjunctive

aparte	apartemos
apartes	apartéis
aparte	aparten

Present Perfect Subjunctive

haya apartado	hayamos apartado
hayas apartado	hayáis apartado
haya apartado	hayan apartado

Imperfect Subjunctive (-ra)   or   Imperfect Subjunctive (-se)

apartara	apartáramos		apartase	apartásemos
apartaras	apartarais		apartases	apartaseis
apartara	apartaran		apartase	apartasen

Past Perfect Subjunctive (-ra)   or   Past Perfect Subjunctive (-se)

hubiera apartado	hubiéramos apartado		hubiese apartado	hubiésemos apartado
hubieras apartado	hubierais apartado		hubieses apartado	hubieseis apartado
hubiera apartado	hubieran apartado		hubiese apartado	hubiesen apartado

Progressive Tenses

Present	estoy, estás, está, estamos, estáis, están	
Preterit	estuve, estuviste, estuvo, estuvimos, estuvisteis, estuvieron	
Imperfect	estaba, estabas, estaba, estábamos, estabais, estaban	apartando
Future	estaré, estarás, estará, estaremos, estaréis, estarán	
Conditional	estaría, estarías, estaría, estaríamos, estaríais, estarían	
Subjunctive	que + *corresponding subjunctive tense of* estar (*see verb 252*)	

Commands

	(nosotros) apartemos / no apartemos
(tú) aparta / no apartes	(vosotros) apartad / no apartéis
(Ud.) aparte / no aparte	(Uds.) aparten / no aparten

USAGE

Aparte el escritorio de la fotocopiadora.	*Move the desk away from the copy machine.*
Se aparta cien dólares mensuales.	*One hundred dollars are set aside each month.*
No apartes la mirada de los niños.	*Don't take your eyes off the children.*
Viven en un pueblo muy apartado.	*They live in a very remote town.*
Haga párrafo aparte.	*Begin a new paragraph.*
El apartamento da al parque.	*The apartment faces the park.*
Se apartó del tema/camino.	*She strayed from the subject/path.*

regular -ir verb

aplaudo · aplaudieron · aplaudido · aplaudiendo

Present		Preterit	
aplaudo	aplaudimos	aplaudí	aplaudimos
aplaudes	aplaudís	aplaudiste	aplaudisteis
aplaude	aplauden	aplaudió	aplaudieron

Imperfect		Present Perfect	
aplaudía	aplaudíamos	he aplaudido	hemos aplaudido
aplaudías	aplaudíais	has aplaudido	habéis aplaudido
aplaudía	aplaudían	ha aplaudido	han aplaudido

Future		Conditional	
aplaudiré	aplaudiremos	aplaudiría	aplaudiríamos
aplaudirás	aplaudiréis	aplaudirías	aplaudiríais
aplaudirá	aplaudirán	aplaudiría	aplaudirían

Pluperfect		Preterit Perfect	
había aplaudido	habíamos aplaudido	hube aplaudido	hubimos aplaudido
habías aplaudido	habíais aplaudido	hubiste aplaudido	hubisteis aplaudido
había aplaudido	habían aplaudido	hubo aplaudido	hubieron aplaudido

Future Perfect		Conditional Perfect	
habré aplaudido	habremos aplaudido	habría aplaudido	habríamos aplaudido
habrás aplaudido	habréis aplaudido	habrías aplaudido	habríais aplaudido
habrá aplaudido	habrán aplaudido	habría aplaudido	habrían aplaudido

Present Subjunctive		Present Perfect Subjunctive	
aplauda	aplaudamos	haya aplaudido	hayamos aplaudido
aplaudas	aplaudáis	hayas aplaudido	hayáis aplaudido
aplauda	aplaudan	haya aplaudido	hayan aplaudido

Imperfect Subjunctive (-ra)		or	Imperfect Subjunctive (-se)	
aplaudiera	aplaudiéramos		aplaudiese	aplaudiésemos
aplaudieras	aplaudierais		aplaudieses	aplaudieseis
aplaudiera	aplaudieran		aplaudiese	aplaudiesen

Past Perfect Subjunctive (-ra)		or	Past Perfect Subjunctive (-se)	
hubiera aplaudido	hubiéramos aplaudido		hubiese aplaudido	hubiésemos aplaudido
hubieras aplaudido	hubierais aplaudido		hubieses aplaudido	hubieseis aplaudido
hubiera aplaudido	hubieran aplaudido		hubiese aplaudido	hubiesen aplaudido

Progressive Tenses

Present	estoy, estás, está, estamos, estáis, están	
Preterit	estuve, estuviste, estuvo, estuvimos, estuvisteis, estuvieron	
Imperfect	estaba, estabas, estaba, estábamos, estabais, estaban	aplaudiendo
Future	estaré, estarás, estará, estaremos, estaréis, estarán	
Conditional	estaría, estarías, estaría, estaríamos, estaríais, estarían	
Subjunctive	que + *corresponding subjunctive tense of* estar (*see verb 252*)	

Commands

	(nosotros) aplaudamos / no aplaudamos
(tú) aplaude / no aplaudas	(vosotros) aplaudid / no aplaudáis
(Ud.) aplauda / no aplauda	(Uds.) aplaudan / no aplaudan

USAGE

Aplaudieron con gran entusiasmo.	*They applauded enthusiastically.*
Aplaudimos su resolución en tratar este asunto.	*We applaud his resolve in dealing with this matter.*
La flautista recibió una salva de aplausos del público.	*The flutist received thunderous applause from the audience.*
Aplaudieron mucho a los cantantes.	*They applauded the singers a lot.*

aplazar *to postpone, defer*

aplazo · aplazaron · aplazado · aplazando

-ar verb; spelling change: z > c/e

Present		Preterit	
aplazo	aplazamos	aplacé	aplazamos
aplazas	aplazáis	aplazaste	aplazasteis
aplaza	aplazan	aplazó	aplazaron

Imperfect		Present Perfect	
aplazaba	aplazábamos	he aplazado	hemos aplazado
aplazabas	aplazabais	has aplazado	habéis aplazado
aplazaba	aplazaban	ha aplazado	han aplazado

Future		Conditional	
aplazaré	aplazaremos	aplazaría	aplazaríamos
aplazarás	aplazaréis	aplazarías	aplazaríais
aplazará	aplazarán	aplazaría	aplazarían

Pluperfect		Preterit Perfect	
había aplazado	habíamos aplazado	hube aplazado	hubimos aplazado
habías aplazado	habíais aplazado	hubiste aplazado	hubisteis aplazado
había aplazado	habían aplazado	hubo aplazado	hubieron aplazado

Future Perfect		Conditional Perfect	
habré aplazado	habremos aplazado	habría aplazado	habríamos aplazado
habrás aplazado	habréis aplazado	habrías aplazado	habríais aplazado
habrá aplazado	habrán aplazado	habría aplazado	habrían aplazado

Present Subjunctive		Present Perfect Subjunctive	
aplace	aplacemos	haya aplazado	hayamos aplazado
aplaces	aplacéis	hayas aplazado	hayáis aplazado
aplace	aplacen	haya aplazado	hayan aplazado

Imperfect Subjunctive (-ra)		or	Imperfect Subjunctive (-se)	
aplazara	aplazáramos		aplazase	aplazásemos
aplazaras	aplazarais		aplazases	aplazaseis
aplazara	aplazaran		aplazase	aplazasen

Past Perfect Subjunctive (-ra)		or	Past Perfect Subjunctive (-se)	
hubiera aplazado	hubiéramos aplazado		hubiese aplazado	hubiésemos aplazado
hubieras aplazado	hubierais aplazado		hubieses aplazado	hubieseis aplazado
hubiera aplazado	hubieran aplazado		hubiese aplazado	hubiesen aplazado

Progressive Tenses

Present	estoy, estás, está, estamos, estáis, están	
Preterit	estuve, estuviste, estuvo, estuvimos, estuvisteis, estuvieron	
Imperfect	estaba, estabas, estaba, estábamos, estabais, estaban	aplazando
Future	estaré, estarás, estará, estaremos, estaréis, estarán	
Conditional	estaría, estarías, estaría, estaríamos, estaríais, estarían	
Subjunctive	que + *corresponding subjunctive tense of* estar (*see verb 252*)	

Commands

	(nosotros) aplacemos / no aplacemos
(tú) aplaza / no aplaces	(vosotros) aplazad / no aplacéis
(Ud.) aplace / no aplace	(Uds.) aplacen / no aplacen

(USAGE)

La reunión será aplazada para el dos de marzo.	*The meeting will be postponed until March 2.*
Es preciso que haya aplazamiento.	*It's necessary that there be a postponement.*
Se aplaza el pago.	*The payment is being deferred.*
Un aplazamiento incurre intereses.	*A deferment incurs interest.*
Aplacemos la excursión hasta que se despeje.	*Let's postpone the outing until it clears up.*

-ar verb; spelling change: *c > qu/e*

aplico · aplicaron · aplicado · aplicando

Present
aplico	aplicamos
aplicas	aplicáis
aplica	aplican

Preterit
apliqué	aplicamos
aplicaste	aplicasteis
aplicó	aplicaron

Imperfect
aplicaba	aplicábamos
aplicabas	aplicabais
aplicaba	aplicaban

Present Perfect
he aplicado	hemos aplicado
has aplicado	habéis aplicado
ha aplicado	han aplicado

Future
aplicaré	aplicaremos
aplicarás	aplicaréis
aplicará	aplicarán

Conditional
aplicaría	aplicaríamos
aplicarías	aplicaríais
aplicaría	aplicarían

Pluperfect
había aplicado	habíamos aplicado
habías aplicado	habíais aplicado
había aplicado	habían aplicado

Preterit Perfect
hube aplicado	hubimos aplicado
hubiste aplicado	hubisteis aplicado
hubo aplicado	hubieron aplicado

Future Perfect
habré aplicado	habremos aplicado
habrás aplicado	habréis aplicado
habrá aplicado	habrán aplicado

Conditional Perfect
habría aplicado	habríamos aplicado
habrías aplicado	habríais aplicado
habría aplicado	habrían aplicado

Present Subjunctive
aplique	apliquemos
apliques	apliquéis
aplique	apliquen

Present Perfect Subjunctive
haya aplicado	hayamos aplicado
hayas aplicado	hayáis aplicado
haya aplicado	hayan aplicado

Imperfect Subjunctive (-ra)
aplicara	aplicáramos
aplicaras	aplicarais
aplicara	aplicaran

or ## Imperfect Subjunctive (-se)
aplicase	aplicásemos
aplicases	aplicaseis
aplicase	aplicasen

Past Perfect Subjunctive (-ra)
hubiera aplicado	hubiéramos aplicado
hubieras aplicado	hubierais aplicado
hubiera aplicado	hubieran aplicado

or ## Past Perfect Subjunctive (-se)
hubiese aplicado	hubiésemos aplicado
hubieses aplicado	hubieseis aplicado
hubiese aplicado	hubiesen aplicado

Progressive Tenses
Present	estoy, estás, está, estamos, estáis, están
Preterit	estuve, estuviste, estuvo, estuvimos, estuvisteis, estuvieron
Imperfect	estaba, estabas, estaba, estábamos, estabais, estaban
Future	estaré, estarás, estará, estaremos, estaréis, estarán
Conditional	estaría, estarías, estaría, estaríamos, estaríais, estarían
Subjunctive	que + *corresponding subjunctive tense of* estar (*see verb 252*)

aplicando

Commands
	(nosotros) apliquemos / no apliquemos
(tú) aplica / no apliques	(vosotros) aplicad / no apliquéis
(Ud.) aplique / no aplique	(Uds.) apliquen / no apliquen

Hay que esperar para aplicar el barniz.	*We have to wait to apply the varnish.*
Este paquete de programas tiene aplicación multimedia.	*This software package has a multimedia application.*
Las leyes se aplican a todos los ciudadanos.	*The laws apply to all the citizens.*
Se aplica mucho en el estudio. Es muy aplicada.	*She works very hard at / devotes herself to her studies. She's very studious.*
Todos los internos son aplicados.	*All of the interns are diligent/industrious.*

aportar *to contribute, bring forth, provide*

aporto · aportaron · aportado · aportando

regular -ar verb

Present		Preterit	
aporto	aportamos	aporté	aportamos
aportas	aportáis	aportaste	aportasteis
aporta	aportan	aportó	aportaron

Imperfect		Present Perfect	
aportaba	aportábamos	he aportado	hemos aportado
aportabas	aportabais	has aportado	habéis aportado
aportaba	aportaban	ha aportado	han aportado

Future		Conditional	
aportaré	aportaremos	aportaría	aportaríamos
aportarás	aportaréis	aportarías	aportaríais
aportará	aportarán	aportaría	aportarían

Pluperfect		Preterit Perfect	
había aportado	habíamos aportado	hube aportado	hubimos aportado
habías aportado	habíais aportado	hubiste aportado	hubisteis aportado
había aportado	habían aportado	hubo aportado	hubieron aportado

Future Perfect		Conditional Perfect	
habré aportado	habremos aportado	habría aportado	habríamos aportado
habrás aportado	habréis aportado	habrías aportado	habríais aportado
habrá aportado	habrán aportado	habría aportado	habrían aportado

Present Subjunctive		Present Perfect Subjunctive	
aporte	aportemos	haya aportado	hayamos aportado
aportes	aportéis	hayas aportado	hayáis aportado
aporte	aporten	haya aportado	hayan aportado

Imperfect Subjunctive (-ra)		or	Imperfect Subjunctive (-se)	
aportara	aportáramos		aportase	aportásemos
aportaras	aportarais		aportases	aportaseis
aportara	aportaran		aportase	aportasen

Past Perfect Subjunctive (-ra)		or	Past Perfect Subjunctive (-se)	
hubiera aportado	hubiéramos aportado		hubiese aportado	hubiésemos aportado
hubieras aportado	hubierais aportado		hubieses aportado	hubieseis aportado
hubiera aportado	hubieran aportado		hubiese aportado	hubiesen aportado

Progressive Tenses

Present	estoy, estás, está, estamos, estáis, están
Preterit	estuve, estuviste, estuvo, estuvimos, estuvisteis, estuvieron
Imperfect	estaba, estabas, estaba, estábamos, estabais, estaban
Future	estaré, estarás, estará, estaremos, estaréis, estarán
Conditional	estaría, estarías, estaría, estaríamos, estaríais, estarían
Subjunctive	que + *corresponding subjunctive tense of* estar (*see verb 252*)

> aportando

Commands

	(nosotros) aportemos / no aportemos
(tú) aporta / no aportes	(vosotros) aportad / no aportéis
(Ud.) aporte / no aporte	(Uds.) aporten / no aporten

USAGE

Ud. ha aportado mucho a esta discusión. *You've contributed a lot to this discussion.*
El abogado aportó unas pruebas convincentes. *The lawyer brought forth some convincing evidence.*
Su aportación de fondos es muy valiosa. *Their contribution of funds is very valuable.*
Su aporte en el procesamiento de datos fue revolucionario. *His contribution in data processing was revolutionary.*

regular -ar verb

apoyo · apoyaron · apoyado · apoyando

Present		Preterit	
apoyo	apoyamos	apoyé	apoyamos
apoyas	apoyáis	apoyaste	apoyasteis
apoya	apoyan	apoyó	apoyaron

Imperfect		Present Perfect	
apoyaba	apoyábamos	he apoyado	hemos apoyado
apoyabas	apoyabais	has apoyado	habéis apoyado
apoyaba	apoyaban	ha apoyado	han apoyado

Future		Conditional	
apoyaré	apoyaremos	apoyaría	apoyaríamos
apoyarás	apoyaréis	apoyarías	apoyaríais
apoyará	apoyarán	apoyaría	apoyarían

Pluperfect		Preterit Perfect	
había apoyado	habíamos apoyado	hube apoyado	hubimos apoyado
habías apoyado	habíais apoyado	hubiste apoyado	hubisteis apoyado
había apoyado	habían apoyado	hubo apoyado	hubieron apoyado

Future Perfect		Conditional Perfect	
habré apoyado	habremos apoyado	habría apoyado	habríamos apoyado
habrás apoyado	habréis apoyado	habrías apoyado	habríais apoyado
habrá apoyado	habrán apoyado	habría apoyado	habrían apoyado

Present Subjunctive		Present Perfect Subjunctive	
apoye	apoyemos	haya apoyado	hayamos apoyado
apoyes	apoyéis	hayas apoyado	hayáis apoyado
apoye	apoyen	haya apoyado	hayan apoyado

Imperfect Subjunctive (-ra)		or	Imperfect Subjunctive (-se)	
apoyara	apoyáramos		apoyase	apoyásemos
apoyaras	apoyarais		apoyases	apoyaseis
apoyara	apoyaran		apoyase	apoyasen

Past Perfect Subjunctive (-ra)		or	Past Perfect Subjunctive (-se)	
hubiera apoyado	hubiéramos apoyado		hubiese apoyado	hubiésemos apoyado
hubieras apoyado	hubierais apoyado		hubieses apoyado	hubieseis apoyado
hubiera apoyado	hubieran apoyado		hubiese apoyado	hubiesen apoyado

Progressive Tenses

Present	estoy, estás, está, estamos, estáis, están	
Preterit	estuve, estuviste, estuvo, estuvimos, estuvisteis, estuvieron	
Imperfect	estaba, estabas, estaba, estábamos, estabais, estaban	apoyando
Future	estaré, estarás, estará, estaremos, estaréis, estarán	
Conditional	estaría, estarías, estaría, estaríamos, estaríais, estarían	
Subjunctive	que + *corresponding subjunctive tense of* estar (*see verb 252*)	

Commands

	(nosotros) apoyemos / no apoyemos
(tú) apoya / no apoyes	(vosotros) apoyad / no apoyéis
(Ud.) apoye / no apoye	(Uds.) apoyen / no apoyen

USAGE

Apoyamos al candidato titular.	*We're supporting the incumbent candidate.*
No apoyó su teoría en suficientes datos estadísticos.	*She didn't base her theory on enough statistical data.*
No te apoyes en la mesa. Es inestable.	*Don't lean on the table. It's shaky.*
Triunfó en la vida por el apoyo de su familia.	*He succeeded in life because of his family's support.*
Yo apoyo la moción.	*I second the motion.*

aprecio · apreciaron · apreciado · apreciando   regular -ar verb

Present		Preterit	
aprecio	apreciamos	aprecié	apreciamos
aprecias	apreciáis	apreciaste	apreciasteis
aprecia	aprecian	apreció	apreciaron

Imperfect		Present Perfect	
apreciaba	apreciábamos	he apreciado	hemos apreciado
apreciabas	apreciabais	has apreciado	habéis apreciado
apreciaba	apreciaban	ha apreciado	han apreciado

Future		Conditional	
apreciaré	apreciaremos	apreciaría	apreciaríamos
apreciarás	apreciaréis	apreciarías	apreciaríais
apreciará	apreciarán	apreciaría	apreciarían

Pluperfect		Preterit Perfect	
había apreciado	habíamos apreciado	hube apreciado	hubimos apreciado
habías apreciado	habíais apreciado	hubiste apreciado	hubisteis apreciado
había apreciado	habían apreciado	hubo apreciado	hubieron apreciado

Future Perfect		Conditional Perfect	
habré apreciado	habremos apreciado	habría apreciado	habríamos apreciado
habrás apreciado	habréis apreciado	habrías apreciado	habríais apreciado
habrá apreciado	habrán apreciado	habría apreciado	habrían apreciado

Present Subjunctive		Present Perfect Subjunctive	
aprecie	apreciemos	haya apreciado	hayamos apreciado
aprecies	apreciéis	hayas apreciado	hayáis apreciado
aprecie	aprecien	haya apreciado	hayan apreciado

Imperfect Subjunctive (-ra)		or	Imperfect Subjunctive (-se)	
apreciara	apreciáramos		apreciase	apreciásemos
apreciaras	apreciarais		apreciases	apreciaseis
apreciara	apreciaran		apreciase	apreciasen

Past Perfect Subjunctive (-ra)		or	Past Perfect Subjunctive (-se)	
hubiera apreciado	hubiéramos apreciado		hubiese apreciado	hubiésemos apreciado
hubieras apreciado	hubierais apreciado		hubieses apreciado	hubieseis apreciado
hubiera apreciado	hubieran apreciado		hubiese apreciado	hubiesen apreciado

Progressive Tenses

Present	estoy, estás, está, estamos, estáis, están	
Preterit	estuve, estuviste, estuvo, estuvimos, estuvisteis, estuvieron	
Imperfect	estaba, estabas, estaba, estábamos, estabais, estaban	
Future	estaré, estarás, estará, estaremos, estaréis, estarán	apreciando
Conditional	estaría, estarías, estaría, estaríamos, estaríais, estarían	
Subjunctive	que + *corresponding subjunctive tense of* estar (*see verb 252*)	

Commands

	(nosotros) apreciemos / no apreciemos
(tú) aprecia / no aprecies	(vosotros) apreciad / no apreciéis
(Ud.) aprecie / no aprecie	(Uds.) aprecien / no aprecien

USAGE

Aprecian la literatura inglesa.
They appreciate English literature.

—Aprecian mucho al profesor Rubio.
They hold Professor Rubio in great esteem.

—Nosotros también le tenemos aprecio.
We also have great regard for him.

Hay una diferencia apreciable entre las dos marcas.
There's an appreciable / a considerable difference between the two brands.

Se aprecia la diferencia entre las sumas.
You can note the difference in the totals.

regular *-er* verb

aprendo · aprendieron · aprendido · aprendiendo

Present		Preterit	
aprendo	aprendemos	aprendí	aprendimos
aprendes	aprendéis	aprendiste	aprendisteis
aprende	aprenden	aprendió	aprendieron

Imperfect		Present Perfect	
aprendía	aprendíamos	he aprendido	hemos aprendido
aprendías	aprendíais	has aprendido	habéis aprendido
aprendía	aprendían	ha aprendido	han aprendido

Future		Conditional	
aprenderé	aprenderemos	aprendería	aprenderíamos
aprenderás	aprenderéis	aprenderías	aprenderíais
aprenderá	aprenderán	aprendería	aprenderían

Pluperfect		Preterit Perfect	
había aprendido	habíamos aprendido	hube aprendido	hubimos aprendido
habías aprendido	habíais aprendido	hubiste aprendido	hubisteis aprendido
había aprendido	habían aprendido	hubo aprendido	hubieron aprendido

Future Perfect		Conditional Perfect	
habré aprendido	habremos aprendido	habría aprendido	habríamos aprendido
habrás aprendido	habréis aprendido	habrías aprendido	habríais aprendido
habrá aprendido	habrán aprendido	habría aprendido	habrían aprendido

Present Subjunctive		Present Perfect Subjunctive	
aprenda	aprendamos	haya aprendido	hayamos aprendido
aprendas	aprendáis	hayas aprendido	hayáis aprendido
aprenda	aprendan	haya aprendido	hayan aprendido

Imperfect Subjunctive (-ra)		or	Imperfect Subjunctive (-se)	
aprendiera	aprendiéramos		aprendiese	aprendiésemos
aprendieras	aprendierais		aprendieses	aprendieseis
aprendiera	aprendieran		aprendiese	aprendiesen

Past Perfect Subjunctive (-ra)		or	Past Perfect Subjunctive (-se)	
hubiera aprendido	hubiéramos aprendido		hubiese aprendido	hubiésemos aprendido
hubieras aprendido	hubierais aprendido		hubieses aprendido	hubieseis aprendido
hubiera aprendido	hubieran aprendido		hubiese aprendido	hubiesen aprendido

Progressive Tenses

Present	estoy, estás, está, estamos, estáis, están	
Preterit	estuve, estuviste, estuvo, estuvimos, estuvisteis, estuvieron	
Imperfect	estaba, estabas, estaba, estábamos, estabais, estaban	aprendiendo
Future	estaré, estarás, estará, estaremos, estaréis, estarán	
Conditional	estaría, estarías, estaría, estaríamos, estaríais, estarían	
Subjunctive	que + *corresponding subjunctive tense of* estar (*see verb 252*)	

Commands

	(nosotros) aprendamos / no aprendamos
(tú) aprende / no aprendas	(vosotros) aprended / no aprendáis
(Ud.) aprenda / no aprenda	(Uds.) aprendan / no aprendan

USAGE

Aprendí mucho sobre la arquitectura de red. — *I learned a lot about network architecture.*
Aprendió a reparar su ordenador. (*Spain*) — *He learned how to repair his computer.*
¿Habéis aprendido todas las fechas de memoria? — *You've memorized all the dates?*
Hace un aprendizaje mientras aprende el oficio. — *He's doing an apprenticeship while he's learning the trade.*

Espero que aprendan de experiencia. — *I hope you'll learn from your mistakes.*
Cada día se aprende algo. — *It's never too late to learn.*

59　apresurarse　to hurry up, rush

apresuro · apresuraron · apresurado · apresurándose　　　　regular -ar reflexive verb

Present		Preterit	
me apresuro	nos apresuramos	me apresuré	nos apresuramos
te apresuras	os apresuráis	te apresuraste	os apresurasteis
se apresura	se apresuran	se apresuró	se apresuraron

Imperfect		Present Perfect	
me apresuraba	nos apresurábamos	me he apresurado	nos hemos apresurado
te apresurabas	os apresurabais	te has apresurado	os habéis apresurado
se apresuraba	se apresuraban	se ha apresurado	se han apresurado

Future		Conditional	
me apresuraré	nos apresuraremos	me apresuraría	nos apresuraríamos
te apresurarás	os apresuraréis	te apresurarías	os apresuraríais
se apresurará	se apresurarán	se apresuraría	se apresurarían

Pluperfect		Preterit Perfect	
me había apresurado	nos habíamos apresurado	me hube apresurado	nos hubimos apresurado
te habías apresurado	os habíais apresurado	te hubiste apresurado	os hubisteis apresurado
se había apresurado	se habían apresurado	se hubo apresurado	se hubieron apresurado

Future Perfect		Conditional Perfect	
me habré apresurado	nos habremos apresurado	me habría apresurado	nos habríamos apresurado
te habrás apresurado	os habréis apresurado	te habrías apresurado	os habríais apresurado
se habrá apresurado	se habrán apresurado	se habría apresurado	se habrían apresurado

Present Subjunctive		Present Perfect Subjunctive	
me apresure	nos apresuremos	me haya apresurado	nos hayamos apresurado
te apresures	os apresuréis	te hayas apresurado	os hayáis apresurado
se apresure	se apresuren	se haya apresurado	se hayan apresurado

Imperfect Subjunctive (-ra)		or	Imperfect Subjunctive (-se)	
me apresurara	nos apresuráramos		me apresurase	nos apresurásemos
te apresuraras	os apresurarais		te apresurases	os apresuraseis
se apresurara	se apresuraran		se apresurase	se apresurasen

Past Perfect Subjunctive (-ra)		or	Past Perfect Subjunctive (-se)	
me hubiera apresurado	nos hubiéramos apresurado		me hubiese apresurado	nos hubiésemos apresurado
te hubieras apresurado	os hubierais apresurado		te hubieses apresurado	os hubieseis apresurado
se hubiera apresurado	se hubieran apresurado		se hubiese apresurado	se hubiesen apresurado

Progressive Tenses

Present	estoy, estás, está, estamos, estáis, están	
Preterit	estuve, estuviste, estuvo, estuvimos, estuvisteis, estuvieron	
Imperfect	estaba, estabas, estaba, estábamos, estabais, estaban	apresurando (see page 41)
Future	estaré, estarás, estará, estaremos, estaréis, estarán	
Conditional	estaría, estarías, estaría, estaríamos, estaríais, estarían	
Subjunctive	que + corresponding subjunctive tense of estar (see verb 252)	

Commands

	(nosotros) apresurémonos / no nos apresuremos
(tú) apresúrate / no te apresures	(vosotros) apresuraos / no os apresuréis
(Ud.) apresúrese / no se apresure	(Uds.) apresúrense / no se apresuren

USAGE

Apresúrate. Se nos hace tarde.	*Hurry up. It's getting late.*
Me apresuré a entregar el informe.	*I hurried to hand in my report.*
Se apresuró en traer los chismes.	*She wasted no time in spreading the gossip.*
—Estoy apresurado por terminar la base de datos.	*I'm in a hurry to finish the database.*
—Si se apresura va a cometer errores.	*If you rush, you'll make mistakes.*
Hicimos una visita apresurada.	*We paid a hasty visit.*
Todos están apresurados hoy.	*Everyone's in a hurry today.*

stem-changing -ar verb: o > ue   apruebo · aprobaron · aprobado · aprobando

Present
apruebo	aprobamos
apruebas	aprobáis
aprueba	aprueban

Preterit
aprobé	aprobamos
aprobaste	aprobasteis
aprobó	aprobaron

Imperfect
aprobaba	aprobábamos
aprobabas	aprobabais
aprobaba	aprobaban

Present Perfect
he aprobado	hemos aprobado
has aprobado	habéis aprobado
ha aprobado	han aprobado

Future
aprobaré	aprobaremos
aprobarás	aprobaréis
aprobará	aprobarán

Conditional
aprobaría	aprobaríamos
aprobarías	aprobaríais
aprobaría	aprobarían

Pluperfect
había aprobado	habíamos aprobado
habías aprobado	habíais aprobado
había aprobado	habían aprobado

Preterit Perfect
hube aprobado	hubimos aprobado
hubiste aprobado	hubisteis aprobado
hubo aprobado	hubieron aprobado

Future Perfect
habré aprobado	habremos aprobado
habrás aprobado	habréis aprobado
habrá aprobado	habrán aprobado

Conditional Perfect
habría aprobado	habríamos aprobado
habrías aprobado	habríais aprobado
habría aprobado	habrían aprobado

Present Subjunctive
apruebe	aprobemos
apruebes	aprobéis
apruebe	aprueben

Present Perfect Subjunctive
haya aprobado	hayamos aprobado
hayas aprobado	hayáis aprobado
haya aprobado	hayan aprobado

Imperfect Subjunctive (-ra)   or   Imperfect Subjunctive (-se)
aprobara	aprobáramos	aprobase	aprobásemos
aprobaras	aprobarais	aprobases	aprobaseis
aprobara	aprobaran	aprobase	aprobasen

Past Perfect Subjunctive (-ra)   or   Past Perfect Subjunctive (-se)
hubiera aprobado	hubiéramos aprobado	hubiese aprobado	hubiésemos aprobado
hubieras aprobado	hubierais aprobado	hubieses aprobado	hubieseis aprobado
hubiera aprobado	hubieran aprobado	hubiese aprobado	hubiesen aprobado

Progressive Tenses
Present	estoy, estás, está, estamos, estáis, están
Preterit	estuve, estuviste, estuvo, estuvimos, estuvisteis, estuvieron
Imperfect	estaba, estabas, estaba, estábamos, estabais, estaban
Future	estaré, estarás, estará, estaremos, estaréis, estarán
Conditional	estaría, estarías, estaría, estaríamos, estaríais, estarían
Subjunctive	que + *corresponding subjunctive tense of* estar (*see verb 252*)

aprobando

Commands
	(nosotros) aprobemos / no aprobemos
(tú) aprueba / no apruebes	(vosotros) aprobad / no aprobéis
(Ud.) apruebe / no apruebe	(Uds.) aprueben / no aprueben

(**USAGE**)

El departamento de consumo aprobó los nuevos productos.	*The department of consumer affairs approved the new products.*
No aprueban sus procedimientos en la investigación de mercados.	*They don't approve of his market research procedures.*
Se aprobó la ley de impuestos.	*The tax law was passed.*
Salió aprobado en todos los exámenes.	*He passed all his exams.*

aprovechar *to take advantage of, make the most of*

aprovecho · aprovecharon · aprovechado · aprovechando

regular -ar verb

Present		Preterit	
aprovecho	aprovechamos	aproveché	aprovechamos
aprovechas	aprovecháis	aprovechaste	aprovechasteis
aprovecha	aprovechan	aprovechó	aprovecharon

Imperfect		Present Perfect	
aprovechaba	aprovechábamos	he aprovechado	hemos aprovechado
aprovechabas	aprovechabais	has aprovechado	habéis aprovechado
aprovechaba	aprovechaban	ha aprovechado	han aprovechado

Future		Conditional	
aprovecharé	aprovecharemos	aprovecharía	aprovecharíamos
aprovecharás	aprovecharéis	aprovecharías	aprovecharíais
aprovechará	aprovecharán	aprovecharía	aprovecharían

Pluperfect		Preterit Perfect	
había aprovechado	habíamos aprovechado	hube aprovechado	hubimos aprovechado
habías aprovechado	habíais aprovechado	hubiste aprovechado	hubisteis aprovechado
había aprovechado	habían aprovechado	hubo aprovechado	hubieron aprovechado

Future Perfect		Conditional Perfect	
habré aprovechado	habremos aprovechado	habría aprovechado	habríamos aprovechado
habrás aprovechado	habréis aprovechado	habrías aprovechado	habríais aprovechado
habrá aprovechado	habrán aprovechado	habría aprovechado	habrían aprovechado

---

Present Subjunctive		Present Perfect Subjunctive	
aproveche	aprovechemos	haya aprovechado	hayamos aprovechado
aproveches	aprovechéis	hayas aprovechado	hayáis aprovechado
aproveche	aprovechen	haya aprovechado	hayan aprovechado

Imperfect Subjunctive (-ra)		or	Imperfect Subjunctive (-se)	
aprovechara	aprovecháramos		aprovechase	aprovechásemos
aprovecharas	aprovecharais		aprovechases	aprovechaseis
aprovechara	aprovecharan		aprovechase	aprovechasen

Past Perfect Subjunctive (-ra)		or	Past Perfect Subjunctive (-se)	
hubiera aprovechado	hubiéramos aprovechado		hubiese aprovechado	hubiésemos aprovechado
hubieras aprovechado	hubierais aprovechado		hubieses aprovechado	hubieseis aprovechado
hubiera aprovechado	hubieran aprovechado		hubiese aprovechado	hubiesen aprovechado

---

Progressive Tenses

Present	estoy, estás, está, estamos, estáis, están	
Preterit	estuve, estuviste, estuvo, estuvimos, estuvisteis, estuvieron	
Imperfect	estaba, estabas, estaba, estábamos, estabais, estaban	aprovechando
Future	estaré, estarás, estará, estaremos, estaréis, estarán	
Conditional	estaría, estarías, estaría, estaríamos, estaríais, estarían	
Subjunctive	que + *corresponding subjunctive tense of* estar (*see verb 252*)	

Commands

	(nosotros) aprovechemos / no aprovechemos
(tú) aprovecha / no aproveches	(vosotros) aprovechad / no aprovechéis
(Ud.) aproveche / no aproveche	(Uds.) aprovechen / no aprovechen

USAGE

Aprovechemos/Aprovechémonos de los días de sol para ir al campo.	*Let's take advantage of these sunny days to go to the country.*
Aprovechó la ocasión de darles las gracias.	*She took the opportunity to thank them.*
Sacaron el máximo aprovechamiento del espacio.	*They took full advantage of the space.*
¡Que aproveche! / Buen provecho.	*Bon appétit. / Enjoy your meal.*
Es dinero bien/mal aprovechado.	*It's money well/badly spent.*
Es una persona aprovechada.	*He's a thrifty/industrious/opportunistic person.*

regular *-ar* reflexive verb

apuro · apuraron · apurado · apurándose

Present
me apuro	nos apuramos
te apuras	os apuráis
se apura	se apuran

Preterit
me apuré	nos apuramos
te apuraste	os apurasteis
se apuró	se apuraron

Imperfect
me apuraba	nos apurábamos
te apurabas	os apurabais
se apuraba	se apuraban

Present Perfect
me he apurado	nos hemos apurado
te has apurado	os habéis apurado
se ha apurado	se han apurado

Future
me apuraré	nos apuraremos
te apurarás	os apuraréis
se apurará	se apurarán

Conditional
me apuraría	nos apuraríamos
te apurarías	os apuraríais
se apuraría	se apurarían

Pluperfect
me había apurado	nos habíamos apurado
te habías apurado	os habíais apurado
se había apurado	se habían apurado

Preterit Perfect
me hube apurado	nos hubimos apurado
te hubiste apurado	os hubisteis apurado
se hubo apurado	se hubieron apurado

Future Perfect
me habré apurado	nos habremos apurado
te habrás apurado	os habréis apurado
se habrá apurado	se habrán apurado

Conditional Perfect
me habría apurado	nos habríamos apurado
te habrías apurado	os habríais apurado
se habría apurado	se habrían apurado

Present Subjunctive
me apure	nos apuremos
te apures	os apuréis
se apure	se apuren

Present Perfect Subjunctive
me haya apurado	nos hayamos apurado
te hayas apurado	os hayáis apurado
se haya apurado	se hayan apurado

Imperfect Subjunctive (-ra)   or
me apurara	nos apuráramos
te apuraras	os apurarais
se apurara	se apuraran

Imperfect Subjunctive (-se)
me apurase	nos apurásemos
te apurases	os apuraseis
se apurase	se apurasen

Past Perfect Subjunctive (-ra)   or
me hubiera apurado	nos hubiéramos apurado
te hubieras apurado	os hubierais apurado
se hubiera apurado	se hubieran apurado

Past Perfect Subjunctive (-se)
me hubiese apurado	nos hubiésemos apurado
te hubieses apurado	os hubieseis apurado
se hubiese apurado	se hubiesen apurado

Progressive Tenses
Present	estoy, estás, está, estamos, estáis, están
Preterit	estuve, estuviste, estuvo, estuvimos, estuvisteis, estuvieron
Imperfect	estaba, estabas, estaba, estábamos, estabais, estaban
Future	estaré, estarás, estará, estaremos, estaréis, estarán
Conditional	estaría, estarías, estaría, estaríamos, estaríais, estarían
Subjunctive	que + *corresponding subjunctive tense of* estar (*see verb 252*)

} apurando (*see page 41*)

Commands
	(nosotros) apurémonos / no nos apuremos
(tú) apúrate / no te apures	(vosotros) apuraos / no os apuréis
(Ud.) apúrese / no se apure	(Uds.) apúrense / no se apuren

USAGE

No te apures. No es para tanto. — *Don't worry. It's not worth it.*
No veo la manera de salir del apuro. — *I don't see how I can get out of this trouble.*
¡Apúrense, chicos! — *Hurry up, guys!*
El pobre sigue pasando muchos apuros. — *The poor guy still has a lot of difficulties/troubles.*

arrancar *to pull up/out, uproot, get, start, set out*

arranco · arrancaron · arrancado · arrancando

-ar verb; spelling change: c > qu/e

	Present		Preterit
arranco	arrancamos	arranqué	arrancamos
arrancas	arrancáis	arrancaste	arrancasteis
arranca	arrancan	arrancó	arrancaron

	Imperfect		Present Perfect
arrancaba	arrancábamos	he arrancado	hemos arrancado
arrancabas	arrancabais	has arrancado	habéis arrancado
arrancaba	arrancaban	ha arrancado	han arrancado

	Future		Conditional
arrancaré	arrancaremos	arrancaría	arrancaríamos
arrancarás	arrancaréis	arrancarías	arrancaríais
arrancará	arrancarán	arrancaría	arrancarían

	Pluperfect		Preterit Perfect
había arrancado	habíamos arrancado	hube arrancado	hubimos arrancado
habías arrancado	habíais arrancado	hubiste arrancado	hubisteis arrancado
había arrancado	habían arrancado	hubo arrancado	hubieron arrancado

	Future Perfect		Conditional Perfect
habré arrancado	habremos arrancado	habría arrancado	habríamos arrancado
habrás arrancado	habréis arrancado	habrías arrancado	habríais arrancado
habrá arrancado	habrán arrancado	habría arrancado	habrían arrancado

	Present Subjunctive		Present Perfect Subjunctive
arranque	arranquemos	haya arrancado	hayamos arrancado
arranques	arranquéis	hayas arrancado	hayáis arrancado
arranque	arranquen	haya arrancado	hayan arrancado

Imperfect Subjunctive (-ra)		*or*	Imperfect Subjunctive (-se)	
arrancara	arrancáramos		arrancase	arrancásemos
arrancaras	arrancarais		arrancases	arrancaseis
arrancara	arrancaran		arrancase	arrancasen

Past Perfect Subjunctive (-ra)		*or*	Past Perfect Subjunctive (-se)	
hubiera arrancado	hubiéramos arrancado		hubiese arrancado	hubiésemos arrancado
hubieras arrancado	hubierais arrancado		hubieses arrancado	hubieseis arrancado
hubiera arrancado	hubieran arrancado		hubiese arrancado	hubiesen arrancado

Progressive Tenses

Present	estoy, estás, está, estamos, estáis, están	
Preterit	estuve, estuviste, estuvo, estuvimos, estuvisteis, estuvieron	
Imperfect	estaba, estabas, estaba, estábamos, estabais, estaban	arrancando
Future	estaré, estarás, estará, estaremos, estaréis, estarán	
Conditional	estaría, estarías, estaría, estaríamos, estaríais, estarían	
Subjunctive	que + *corresponding subjunctive tense of* estar (*see verb 252*)	

Commands

	(nosotros) arranquemos / no arranquemos
(tú) arranca / no arranques	(vosotros) arrancad / no arranquéis
(Ud.) arranque / no arranque	(Uds.) arranquen / no arranquen

USAGE

Hay que arrancar las plantas muertas.	We have to pull up the dead plants.
Por fin pudieron arrancarle los detalles de la intriga.	They were finally able to get the details about the plot out of him.
Le arrancaron el contrato a última hora.	They snatched the contract from him at the last minute.
El coche/tren arrancó.	The car/train started to go.
Sus arranques de ira son feos.	Her outbursts / fits of anger are terrible.

regular -ar verb

arreglo · arreglaron · arreglado · arreglando

Present		Preterit	
arreglo	arreglamos	arreglé	arreglamos
arreglas	arregláis	arreglaste	arreglasteis
arregla	arreglan	arregló	arreglaron

Imperfect		Present Perfect	
arreglaba	arreglábamos	he arreglado	hemos arreglado
arreglabas	arreglabais	has arreglado	habéis arreglado
arreglaba	arreglaban	ha arreglado	han arreglado

Future		Conditional	
arreglaré	arreglaremos	arreglaría	arreglaríamos
arreglarás	arreglaréis	arreglarías	arreglaríais
arreglará	arreglarán	arreglaría	arreglarían

Pluperfect		Preterit Perfect	
había arreglado	habíamos arreglado	hube arreglado	hubimos arreglado
habías arreglado	habíais arreglado	hubiste arreglado	hubisteis arreglado
había arreglado	habían arreglado	hubo arreglado	hubieron arreglado

Future Perfect		Conditional Perfect	
habré arreglado	habremos arreglado	habría arreglado	habríamos arreglado
habrás arreglado	habréis arreglado	habrías arreglado	habríais arreglado
habrá arreglado	habrán arreglado	habría arreglado	habrían arreglado

Present Subjunctive		Present Perfect Subjunctive	
arregle	arreglemos	haya arreglado	hayamos arreglado
arregles	arregléis	hayas arreglado	hayáis arreglado
arregle	arreglen	haya arreglado	hayan arreglado

Imperfect Subjunctive (-ra)		or	Imperfect Subjunctive (-se)	
arreglara	arregláramos		arreglase	arreglásemos
arreglaras	arreglarais		arreglases	arreglaseis
arreglara	arreglaran		arreglase	arreglasen

Past Perfect Subjunctive (-ra)		or	Past Perfect Subjunctive (-se)	
hubiera arreglado	hubiéramos arreglado		hubiese arreglado	hubiésemos arreglado
hubieras arreglado	hubierais arreglado		hubieses arreglado	hubieseis arreglado
hubiera arreglado	hubieran arreglado		hubiese arreglado	hubiesen arreglado

Progressive Tenses

Present	estoy, estás, está, estamos, estáis, están	
Preterit	estuve, estuviste, estuvo, estuvimos, estuvisteis, estuvieron	
Imperfect	estaba, estabas, estaba, estábamos, estabais, estaban	
Future	estaré, estarás, estará, estaremos, estaréis, estarán	arreglando
Conditional	estaría, estarías, estaría, estaríamos, estaríais, estarían	
Subjunctive	que + *corresponding subjunctive tense of* estar (*see verb 252*)	

Commands

	(nosotros) arreglemos / no arreglemos
(tú) arregla / no arregles	(vosotros) arreglad / no arregléis
(Ud.) arregle / no arregle	(Uds.) arreglen / no arreglen

$\boxed{\text{USAGE}}$

Arregla las rosas en este florero.	*Arrange the roses in this vase.*
—Arreglemos el asunto cuanto antes.	*Let's settle the matter as soon as possible.*
—Dudo que tenga arreglo.	*I doubt there's a solution.*
Arreglaré los ficheros.	*I'll put the files in order.*
Arréglate mientras yo me arreglo el pelo.	*Get ready while I fix my hair.*
¡Que se las arreglen!	*Let them manage as best they can!*
Llevan una vida arreglada.	*They lead an orderly life.*

arrojar · to throw, throw out, emit

arrojo · arrojaron · arrojado · arrojando

regular -ar verb

Present		Preterit	
arrojo	arrojamos	arrojé	arrojamos
arrojas	arrojáis	arrojaste	arrojasteis
arroja	arrojan	arrojó	arrojaron

Imperfect		Present Perfect	
arrojaba	arrojábamos	he arrojado	hemos arrojado
arrojabas	arrojabais	has arrojado	habéis arrojado
arrojaba	arrojaban	ha arrojado	han arrojado

Future		Conditional	
arrojaré	arrojaremos	arrojaría	arrojaríamos
arrojarás	arrojaréis	arrojarías	arrojaríais
arrojará	arrojarán	arrojaría	arrojarían

Pluperfect		Preterit Perfect	
había arrojado	habíamos arrojado	hube arrojado	hubimos arrojado
habías arrojado	habíais arrojado	hubiste arrojado	hubisteis arrojado
había arrojado	habían arrojado	hubo arrojado	hubieron arrojado

Future Perfect		Conditional Perfect	
habré arrojado	habremos arrojado	habría arrojado	habríamos arrojado
habrás arrojado	habréis arrojado	habrías arrojado	habríais arrojado
habrá arrojado	habrán arrojado	habría arrojado	habrían arrojado

Present Subjunctive		Present Perfect Subjunctive	
arroje	arrojemos	haya arrojado	hayamos arrojado
arrojes	arrojéis	hayas arrojado	hayáis arrojado
arroje	arrojen	haya arrojado	hayan arrojado

Imperfect Subjunctive (-ra)		or	Imperfect Subjunctive (-se)	
arrojara	arrojáramos		arrojase	arrojásemos
arrojaras	arrojarais		arrojases	arrojaseis
arrojara	arrojaran		arrojase	arrojasen

Past Perfect Subjunctive (-ra)		or	Past Perfect Subjunctive (-se)	
hubiera arrojado	hubiéramos arrojado		hubiese arrojado	hubiésemos arrojado
hubieras arrojado	hubierais arrojado		hubieses arrojado	hubieseis arrojado
hubiera arrojado	hubieran arrojado		hubiese arrojado	hubiesen arrojado

Progressive Tenses

Present	estoy, estás, está, estamos, estáis, están	
Preterit	estuve, estuviste, estuvo, estuvimos, estuvisteis, estuvieron	
Imperfect	estaba, estabas, estaba, estábamos, estabais, estaban	arrojando
Future	estaré, estarás, estará, estaremos, estaréis, estarán	
Conditional	estaría, estarías, estaría, estaríamos, estaríais, estarían	
Subjunctive	que + corresponding subjunctive tense of estar (see verb 252)	

Commands

	(nosotros) arrojemos / no arrojemos
(tú) arroja / no arrojes	(vosotros) arrojad / no arrojéis
(Ud.) arroje / no arroje	(Uds.) arrojen / no arrojen

USAGE

Arrójame la pelota.	Throw me the ball.
Chicos, ¡dejen de arrojar piedras!	Kids, stop throwing rocks!
Se cree que el teléfono celular arroja rayos dañinos.	Cell phones are thought to give off harmful rays.
Se arrojó peligrosamente al agua.	He flung himself recklessly into the water.
Siempre sabía que era un tipo arrojado.	I always knew he was a courageous guy.

stem-changing -er verb: e > ie   asciendo · ascendieron · ascendido · ascendiendo

Present		Preterit	
asciendo	ascendemos	ascendí	ascendimos
asciendes	ascendéis	ascendiste	ascendisteis
asciende	ascienden	ascendió	ascendieron

Imperfect		Present Perfect	
ascendía	ascendíamos	he ascendido	hemos ascendido
ascendías	ascendíais	has ascendido	habéis ascendido
ascendía	ascendían	ha ascendido	han ascendido

Future		Conditional	
ascenderé	ascenderemos	ascendería	ascenderíamos
ascenderás	ascenderéis	ascenderías	ascenderíais
ascenderá	ascenderán	ascendería	ascenderían

Pluperfect		Preterit Perfect	
había ascendido	habíamos ascendido	hube ascendido	hubimos ascendido
habías ascendido	habíais ascendido	hubiste ascendido	hubisteis ascendido
había ascendido	habían ascendido	hubo ascendido	hubieron ascendido

Future Perfect		Conditional Perfect	
habré ascendido	habremos ascendido	habría ascendido	habríamos ascendido
habrás ascendido	habréis ascendido	habrías ascendido	habríais ascendido
habrá ascendido	habrán ascendido	habría ascendido	habrían ascendido

Present Subjunctive		Present Perfect Subjunctive	
ascienda	ascendamos	haya ascendido	hayamos ascendido
asciendas	ascendáis	hayas ascendido	hayáis ascendido
ascienda	asciendan	haya ascendido	hayan ascendido

Imperfect Subjunctive (-ra)		or	Imperfect Subjunctive (-se)	
ascendiera	ascendiéramos		ascendiese	ascendiésemos
ascendieras	ascendierais		ascendieses	ascendieseis
ascendiera	ascendieran		ascendiese	ascendiese

Past Perfect Subjunctive (-ra)		or	Past Perfect Subjunctive (-se)	
hubiera ascendido	hubiéramos ascendido		hubiese ascendido	hubiésemos ascendido
hubieras ascendido	hubierais ascendido		hubieses ascendido	hubieseis ascendido
hubiera ascendido	hubieran ascendido		hubiese ascendido	hubiesen ascendido

Progressive Tenses

Present	estoy, estás, está, estamos, estáis, están	
Preterit	estuve, estuviste, estuvo, estuvimos, estuvisteis, estuvieron	
Imperfect	estaba, estabas, estaba, estábamos, estabais, estaban	
Future	estaré, estarás, estará, estaremos, estaréis, estarán	ascendiendo
Conditional	estaría, estarías, estaría, estaríamos, estaríais, estarían	
Subjunctive	que + *corresponding subjunctive tense of* estar (*see verb 252*)	

Commands

	(nosotros) ascendamos / no ascendamos
(tú) asciende / no asciendas	(vosotros) ascended / no ascendáis
(Ud.) ascienda / no ascienda	(Uds.) asciendan / no asciendan

(**USAGE**)

La temperatura ascendió ayer.	*The temperature rose yesterday.*
El príncipe ascendió al trono.	*The prince ascended to the throne.*
—Será ascendido a director de ventas.	*He'll be promoted to sales manager.*
—¿No sabes? Ya le dieron el ascenso.	*Didn't you hear? They already gave him the promotion.*
Son de ascendencia italiana.	*They're of Italian descent.*
Sus ascendientes son ingleses.	*Her ancestors are English.*
Subamos en ascensor.	*Let's take the elevator up.*

asegurar *to assure, make sure*

aseguro · aseguraron · asegurado · asegurando

regular -ar verb

Present		Preterit	
aseguro	aseguramos	aseguré	aseguramos
aseguras	aseguráis	aseguraste	asegurasteis
asegura	aseguran	aseguró	aseguraron

Imperfect		Present Perfect	
aseguraba	asegurábamos	he asegurado	hemos asegurado
asegurabas	asegurabais	has asegurado	habéis asegurado
aseguraba	aseguraban	ha asegurado	han asegurado

Future		Conditional	
aseguraré	aseguraremos	aseguraría	aseguraríamos
asegurarás	aseguraréis	asegurarías	aseguraríais
asegurará	asegurarán	aseguraría	asegurarían

Pluperfect		Preterit Perfect	
había asegurado	habíamos asegurado	hube asegurado	hubimos asegurado
habías asegurado	habíais asegurado	hubiste asegurado	hubisteis asegurado
había asegurado	habían asegurado	hubo asegurado	hubieron asegurado

Future Perfect		Conditional Perfect	
habré asegurado	habremos asegurado	habría asegurado	habríamos asegurado
habrás asegurado	habréis asegurado	habrías asegurado	habríais asegurado
habrá asegurado	habrán asegurado	habría asegurado	habrían asegurado

Present Subjunctive		Present Perfect Subjunctive	
asegure	aseguremos	haya asegurado	hayamos asegurado
asegures	aseguréis	hayas asegurado	hayáis asegurado
asegure	aseguren	haya asegurado	hayan asegurado

Imperfect Subjunctive (-ra)		*or*	Imperfect Subjunctive (-se)	
asegurara	aseguráramos		asegurase	asegurásemos
aseguraras	asegurarais		asegurases	aseguraseis
asegurara	aseguraran		asegurase	asegurasen

Past Perfect Subjunctive (-ra)		*or*	Past Perfect Subjunctive (-se)	
hubiera asegurado	hubiéramos asegurado		hubiese asegurado	hubiésemos asegurado
hubieras asegurado	hubierais asegurado		hubieses asegurado	hubieseis asegurado
hubiera asegurado	hubieran asegurado		hubiese asegurado	hubiesen asegurado

Progressive Tenses

Present	estoy, estás, está, estamos, estáis, están	
Preterit	estuve, estuviste, estuvo, estuvimos, estuvisteis, estuvieron	
Imperfect	estaba, estabas, estaba, estábamos, estabais, estaban	asegurando
Future	estaré, estarás, estará, estaremos, estaréis, estarán	
Conditional	estaría, estarías, estaría, estaríamos, estaríais, estarían	
Subjunctive	que + *corresponding subjunctive tense of* estar (*see verb 252*)	

Commands

	(nosotros) aseguremos / no aseguremos
(tú) asegura / no asegures	(vosotros) asegurad / no aseguréis
(Ud.) asegure / no asegure	(Uds.) aseguren / no aseguren

USAGE

Te aseguro que son responsables. — *I assure you they're reliable.*
Deben asegurarse con esta compañía. — *You should take out an insurance policy with this company.*

Estoy seguro de eso. — *I'm sure/certain about that.*
La póliza de seguro es muy amplia. — *The insurance policy is very comprehensive.*
Todos nuestros bienes están asegurados. — *All of our possessions are insured.*

regular -ir verb

Present		Preterit	
asisto	asistimos	asistí	asistimos
asistes	asistís	asististe	asististeis
asiste	asisten	asistió	asistieron

Imperfect		Present Perfect	
asistía	asistíamos	he asistido	hemos asistido
asistías	asistíais	has asistido	habéis asistido
asistía	asistían	ha asistido	han asistido

Future		Conditional	
asistiré	asistiremos	asistiría	asistiríamos
asistirás	asistiréis	asistirías	asistiríais
asistirá	asistirán	asistiría	asistirían

Pluperfect		Preterit Perfect	
había asistido	habíamos asistido	hube asistido	hubimos asistido
habías asistido	habíais asistido	hubiste asistido	hubisteis asistido
había asistido	habían asistido	hubo asistido	hubieron asistido

Future Perfect		Conditional Perfect	
habré asistido	habremos asistido	habría asistido	habríamos asistido
habrás asistido	habréis asistido	habrías asistido	habríais asistido
habrá asistido	habrán asistido	habría asistido	habrían asistido

Present Subjunctive		Present Perfect Subjunctive	
asista	asistamos	haya asistido	hayamos asistido
asistas	asistáis	hayas asistido	hayáis asistido
asista	asistan	haya asistido	hayan asistido

Imperfect Subjunctive (-ra)		*or*	Imperfect Subjunctive (-se)	
asistiera	asistiéramos		asistiese	asistiésemos
asistieras	asistierais		asistieses	asistieseis
asistiera	asistieran		asistiese	asistiesen

Past Perfect Subjunctive (-ra)		*or*	Past Perfect Subjunctive (-se)	
hubiera asistido	hubiéramos asistido		hubiese asistido	hubiésemos asistido
hubieras asistido	hubierais asistido		hubieses asistido	hubieseis asistido
hubiera asistido	hubieran asistido		hubiese asistido	hubiesen asistido

Progressive Tenses

Present	estoy, estás, está, estamos, estáis, están	
Preterit	estuve, estuviste, estuvo, estuvimos, estuvisteis, estuvieron	
Imperfect	estaba, estabas, estaba, estábamos, estabais, estaban	asistiendo
Future	estaré, estarás, estará, estaremos, estaréis, estarán	
Conditional	estaría, estarías, estaría, estaríamos, estaríais, estarían	
Subjunctive	que + *corresponding subjunctive tense of* estar (*see verb 252*)	

Commands

	(nosotros) asistamos / no asistamos
(tú) asiste / no asistas	(vosotros) asistid / no asistáis
(Ud.) asista / no asista	(Uds.) asistan / no asistan

(**USAGE**)

Asistamos a la conferencia.
La asistencia fue numerosa / poco numerosa.
El aprender asistido por computadora es cada
 día más importante.
Hay un buen equipo de asistencia técnica.
Había muchos asistentes.

Let's attend the lecture.
Attendance was very good/poor.
Computer-assisted learning is more important
 every day.
There's a good technical assistance team.
There were many people present/attending.

asusto · asustaron · asustado · asustando   regular -ar verb

Present		Preterit	
asusto	asustamos	asusté	asustamos
asustas	asustáis	asustaste	asustasteis
asusta	asustan	asustó	asustaron

Imperfect		Present Perfect	
asustaba	asustábamos	he asustado	hemos asustado
asustabas	asustabais	has asustado	habéis asustado
asustaba	asustaban	ha asustado	han asustado

Future		Conditional	
asustaré	asustaremos	asustaría	asustaríamos
asustarás	asustaréis	asustarías	asustaríais
asustará	asustarán	asustaría	asustarían

Pluperfect		Preterit Perfect	
había asustado	habíamos asustado	hube asustado	hubimos asustado
habías asustado	habíais asustado	hubiste asustado	hubisteis asustado
había asustado	habían asustado	hubo asustado	hubieron asustado

Future Perfect		Conditional Perfect	
habré asustado	habremos asustado	habría asustado	habríamos asustado
habrás asustado	habréis asustado	habrías asustado	habríais asustado
habrá asustado	habrán asustado	habría asustado	habrían asustado

Present Subjunctive		Present Perfect Subjunctive	
asuste	asustemos	haya asustado	hayamos asustado
asustes	asustéis	hayas asustado	hayáis asustado
asuste	asusten	haya asustado	hayan asustado

Imperfect Subjunctive (-ra)		or	Imperfect Subjunctive (-se)	
asustara	asustáramos		asustase	asustásemos
asustaras	asustarais		asustases	asustaseis
asustara	asustaran		asustase	asustasen

Past Perfect Subjunctive (-ra)		or	Past Perfect Subjunctive (-se)	
hubiera asustado	hubiéramos asustado		hubiese asustado	hubiésemos asustado
hubieras asustado	hubierais asustado		hubieses asustado	hubieseis asustado
hubiera asustado	hubieran asustado		hubiese asustado	hubiesen asustado

Progressive Tenses

Present	estoy, estás, está, estamos, estáis, están	
Preterit	estuve, estuviste, estuvo, estuvimos, estuvisteis, estuvieron	
Imperfect	estaba, estabas, estaba, estábamos, estabais, estaban	asustando
Future	estaré, estarás, estará, estaremos, estaréis, estarán	
Conditional	estaría, estarías, estaría, estaríamos, estaríais, estarían	
Subjunctive	que + corresponding subjunctive tense of estar (see verb 252)	

Commands

	(nosotros) asustemos / no asustemos
(tú) asusta / no asustes	(vosotros) asustad / no asustéis
(Ud.) asuste / no asuste	(Uds.) asusten / no asusten

USAGE

Los ruidos fuertes asustaban a los niños.	Loud noises frightened the children.
¡Nos asustaron las palabrotas!	We were horrified by the bad words!
No te asustes.	Don't be frightened.
¡Qué susto nos dio!	What a fright it gave us!
Se llevó un susto.	She had a scare.
Es que es muy asustadiza.	The fact is that she's easily frightened.
Se murió del susto.	He died of the shock.

-ar verb; spelling change: c > qu/e

ataco · atacaron · atacado · atacando

Present		Preterit	
ataco	atacamos	ataqué	atacamos
atacas	atacáis	atacaste	atacasteis
ataca	atacan	atacó	atacaron

Imperfect		Present Perfect	
atacaba	atacábamos	he atacado	hemos atacado
atacabas	atacabais	has atacado	habéis atacado
atacaba	atacaban	ha atacado	han atacado

Future		Conditional	
atacaré	atacaremos	atacaría	atacaríamos
atacarás	atacaréis	atacarías	atacaríais
atacará	atacarán	atacaría	atacarían

Pluperfect		Preterit Perfect	
había atacado	habíamos atacado	hube atacado	hubimos atacado
habías atacado	habíais atacado	hubiste atacado	hubisteis atacado
había atacado	habían atacado	hubo atacado	hubieron atacado

Future Perfect		Conditional Perfect	
habré atacado	habremos atacado	habría atacado	habríamos atacado
habrás atacado	habréis atacado	habrías atacado	habríais atacado
habrá atacado	habrán atacado	habría atacado	habrían atacado

Present Subjunctive		Present Perfect Subjunctive	
ataque	ataquemos	haya atacado	hayamos atacado
ataques	ataquéis	hayas atacado	hayáis atacado
ataque	ataquen	haya atacado	hayan atacado

Imperfect Subjunctive (-ra)		or	Imperfect Subjunctive (-se)	
atacara	atacáramos		atacase	atacásemos
atacaras	atacarais		atacases	atacaseis
atacara	atacaran		atacase	atacasen

Past Perfect Subjunctive (-ra)		or	Past Perfect Subjunctive (-se)	
hubiera atacado	hubiéramos atacado		hubiese atacado	hubiésemos atacado
hubieras atacado	hubierais atacado		hubieses atacado	hubieseis atacado
hubiera atacado	hubieran atacado		hubiese atacado	hubiesen atacado

Progressive Tenses

Present	estoy, estás, está, estamos, estáis, están	
Preterit	estuve, estuviste, estuvo, estuvimos, estuvisteis, estuvieron	
Imperfect	estaba, estabas, estaba, estábamos, estabais, estaban	
Future	estaré, estarás, estará, estaremos, estaréis, estarán	atacando
Conditional	estaría, estarías, estaría, estaríamos, estaríais, estarían	
Subjunctive	que + *corresponding subjunctive tense of* estar (*see verb 252*)	

Commands

	(nosotros) ataquemos / no ataquemos
(tú) ataca / no ataques	(vosotros) atacad / no ataquéis
(Ud.) ataque / no ataque	(Uds.) ataquen / no ataquen

USAGE

Los soldados atacaron al ejército enemigo.	*The soldiers attacked the enemy's army.*
Hubo un ataque aéreo.	*There was an air raid.*
Es necesario que ataquemos el problema ahora.	*It's necessary that we attack the problem now.*
Le dio un ataque de risa/tos/nervios.	*She had a fit of laughter/coughing/nerves.*
Usó movimientos de ataque para ganar.	*He used aggressive moves to win.*

atender *to attend to, take care of, receive*

atiendo · atendieron · atendido · atendiendo   *stem-changing -er verb: e > ie*

Present		Preterit	
atiendo	atendemos	atendí	atendimos
atiendes	atendéis	atendiste	atendisteis
atiende	atienden	atendió	atendieron

Imperfect		Present Perfect	
atendía	atendíamos	he atendido	hemos atendido
atendías	atendíais	has atendido	habéis atendido
atendía	atendían	ha atendido	han atendido

Future		Conditional	
atenderé	atenderemos	atendería	atenderíamos
atenderás	atenderéis	atenderías	atenderíais
atenderá	atenderán	atendería	atenderían

Pluperfect		Preterit Perfect	
había atendido	habíamos atendido	hube atendido	hubimos atendido
habías atendido	habíais atendido	hubiste atendido	hubisteis atendido
había atendido	habían atendido	hubo atendido	hubieron atendido

Future Perfect		Conditional Perfect	
habré atendido	habremos atendido	habría atendido	habríamos atendido
habrás atendido	habréis atendido	habrías atendido	habríais atendido
habrá atendido	habrán atendido	habría atendido	habrían atendido

Present Subjunctive		Present Perfect Subjunctive	
atienda	atendamos	haya atendido	hayamos atendido
atiendas	atendáis	hayas atendido	hayáis atendido
atienda	atiendan	haya atendido	hayan atendido

Imperfect Subjunctive (-ra)		or	Imperfect Subjunctive (-se)	
atendiera	atendiéramos		atendiese	atendiésemos
atendieras	atendierais		atendieses	atendieseis
atendiera	atendieran		atendiese	atendiesen

Past Perfect Subjunctive (-ra)		or	Past Perfect Subjunctive (-se)	
hubiera atendido	hubiéramos atendido		hubiese atendido	hubiésemos atendido
hubieras atendido	hubierais atendido		hubieses atendido	hubieseis atendido
hubiera atendido	hubieran atendido		hubiese atendido	hubiesen atendido

Progressive Tenses

Present	estoy, estás, está, estamos, estáis, están	
Preterit	estuve, estuviste, estuvo, estuvimos, estuvisteis, estuvieron	
Imperfect	estaba, estabas, estaba, estábamos, estabais, estaban	atendiendo
Future	estaré, estarás, estará, estaremos, estaréis, estarán	
Conditional	estaría, estarías, estaría, estaríamos, estaríais, estarían	
Subjunctive	que + *corresponding subjunctive tense of* estar (*see verb 252*)	

Commands

	(nosotros) atendamos / no atendamos
(tú) atiende / no atiendas	(vosotros) atended / no atendáis
(Ud.) atienda / no atienda	(Uds.) atiendan / no atiendan

USAGE

Yo atiendo el teléfono.	*I'll answer the telephone.*
Atiéndelos en la antesala.	*See/Receive them in the anteroom.*
—¿Le atienden?	*Are you being served? (in a store)*
—Sí, la dependiente está atendiéndome.	*Yes, the saleswoman is taking care of me.*
Los pacientes fueron atendidos por el médico de guardia.	*The patients were attended to / taken care of by the doctor on call.*
Lo hace todo con mucha atención.	*She does everything with great care/attention.*

irregular verb (like **traer**)   atraigo · atrajeron · atraído · atrayendo

Present		Preterit	
atraigo	atraemos	atraje	atrajimos
atraes	atraéis	atrajiste	atrajisteis
atrae	atraen	atrajo	atrajeron

Imperfect		Present Perfect	
atraía	atraíamos	he atraído	hemos atraído
atraías	atraíais	has atraído	habéis atraído
atraía	atraían	ha atraído	han atraído

Future		Conditional	
atraeré	atraeremos	atraería	atraeríamos
atraerás	atraeréis	atraerías	atraeríais
atraerá	atraerán	atraería	atraerían

Pluperfect		Preterit Perfect	
había atraído	habíamos atraído	hube atraído	hubimos atraído
habías atraído	habíais atraído	hubiste atraído	hubisteis atraído
había atraído	habían atraído	hubo atraído	hubieron atraído

Future Perfect		Conditional Perfect	
habré atraído	habremos atraído	habría atraído	habríamos atraído
habrás atraído	habréis atraído	habrías atraído	habríais atraído
habrá atraído	habrán atraído	habría atraído	habrían atraído

Present Subjunctive		Present Perfect Subjunctive	
atraiga	atraigamos	haya atraído	hayamos atraído
atraigas	atraigáis	hayas atraído	hayáis atraído
atraiga	atraigan	haya atraído	hayan atraído

Imperfect Subjunctive (-ra)		or	Imperfect Subjunctive (-se)	
atrajera	atrajéramos		atrajese	atrajésemos
atrajeras	atrajerais		atrajeses	atrajeseis
atrajera	atrajeran		atrajese	atrajesen

Past Perfect Subjunctive (-ra)		or	Past Perfect Subjunctive (-se)	
hubiera atraído	hubiéramos atraído		hubiese atraído	hubiésemos atraído
hubieras atraído	hubierais atraído		hubieses atraído	hubieseis atraído
hubiera atraído	hubieran atraído		hubiese atraído	hubiesen atraído

Progressive Tenses

Present	estoy, estás, está, estamos, estáis, están	
Preterit	estuve, estuviste, estuvo, estuvimos, estuvisteis, estuvieron	
Imperfect	estaba, estabas, estaba, estábamos, estabais, estaban	atrayendo
Future	estaré, estarás, estará, estaremos, estaréis, estarán	
Conditional	estaría, estarías, estaría, estaríamos, estaríais, estarían	
Subjunctive	que + *corresponding subjunctive tense of* estar (*see verb 252*)	

Commands

	(nosotros) atraigamos / no atraigamos
(tú) atrae / no atraigas	(vosotros) atraed / no atraigáis
(Ud.) atraiga / no atraiga	(Uds.) atraigan / no atraigan

—¿Qué les atrae más del museo? — *What attracts you / do you like most in the museum?*

—Nos atrae más la pintura neoclásica. — *We like neoclassical painting most.*

Los precios módicos atraen a la gente. — *People are lured by the moderate prices.*

Rechazaré la oferta por atractiva que sea. — *I'll reject the offer, as attractive as it may be.*

Hay muchas atracciones en la ciudad. — *There's a lot of entertainment in the city.*

atravesar · to cross, go across, pass through

atravieso · atravesaron · atravesado · atravesando

stem-changing -ar verb: e > ie

Present		Preterit	
atravieso	atravesamos	atravesé	atravesamos
atraviesas	atravesáis	atravesaste	atravesasteis
atraviesa	atraviesan	atravesó	atravesaron

Imperfect		Present Perfect	
atravesaba	atravesábamos	he atravesado	hemos atravesado
atravesabas	atravesabais	has atravesado	habéis atravesado
atravesaba	atravesaban	ha atravesado	han atravesado

Future		Conditional	
atravesaré	atravesaremos	atravesaría	atravesaríamos
atravesarás	atravesaréis	atravesarías	atravesaríais
atravesará	atravesarán	atravesaría	atravesarían

Pluperfect		Preterit Perfect	
había atravesado	habíamos atravesado	hube atravesado	hubimos atravesado
habías atravesado	habíais atravesado	hubiste atravesado	hubisteis atravesado
había atravesado	habían atravesado	hubo atravesado	hubieron atravesado

Future Perfect		Conditional Perfect	
habré atravesado	habremos atravesado	habría atravesado	habríamos atravesado
habrás atravesado	habréis atravesado	habrías atravesado	habríais atravesado
habrá atravesado	habrán atravesado	habría atravesado	habrían atravesado

Present Subjunctive		Present Perfect Subjunctive	
atraviese	atravesemos	haya atravesado	hayamos atravesado
atravieses	atraveséis	hayas atravesado	hayáis atravesado
atraviese	atraviesen	haya atravesado	hayan atravesado

Imperfect Subjunctive (-ra)		or	Imperfect Subjunctive (-se)	
atravesara	atravesáramos		atravesase	atravesásemos
atravesaras	atravesarais		atravesases	atravesaseis
atravesara	atravesaran		atravesase	atravesasen

Past Perfect Subjunctive (-ra)		or	Past Perfect Subjunctive (-se)	
hubiera atravesado	hubiéramos atravesado		hubiese atravesado	hubiésemos atravesado
hubieras atravesado	hubierais atravesado		hubieses atravesado	hubieseis atravesado
hubiera atravesado	hubieran atravesado		hubiese atravesado	hubiesen atravesado

Progressive Tenses

Present	estoy, estás, está, estamos, estáis, están
Preterit	estuve, estuviste, estuvo, estuvimos, estuvisteis, estuvieron
Imperfect	estaba, estabas, estaba, estábamos, estabais, estaban
Future	estaré, estarás, estará, estaremos, estaréis, estarán
Conditional	estaría, estarías, estaría, estaríamos, estaríais, estarían
Subjunctive	que + corresponding subjunctive tense of estar (see verb 252)

atravesando

Commands

	(nosotros) atravesemos / no atravesemos
(tú) atraviesa / no atravieses	(vosotros) atravesad / no atraveséis
(Ud.) atraviese / no atraviese	(Uds.) atraviesen / no atraviesen

USAGE

Atravesemos la calle en la esquina.
Tres puentes atraviesan el río.
La cordillera de los Andes atraviesa Sudamérica.
Lo supe a través del periódico.
Los soldados norteamericanos hicieron la travesía del océano Atlántico en 1944.

Let's cross the street at the corner.
Three bridges span the river.
The Andes go through South America.
I found out about it through the newspaper.
American soldiers crossed the Atlantic Ocean in 1944.

regular *-er* reflexive verb

atrevo · atrevieron · atrevido · atreviéndose

Present		*Preterit*	
me atrevo	nos atrevemos	me atreví	nos atrevimos
te atreves	os atrevéis	te atreviste	os atrevisteis
se atreve	se atreven	se atrevió	se atrevieron

Imperfect		*Present Perfect*	
me atrevía	nos atrevíamos	me he atrevido	nos hemos atrevido
te atrevías	os atrevíais	te has atrevido	os habéis atrevido
se atrevía	se atrevían	se ha atrevido	se han atrevido

Future		*Conditional*	
me atreveré	nos atreveremos	me atrevería	nos atreveríamos
te atreverás	os atreveréis	te atreverías	os atreveríais
se atreverá	se atreverán	se atrevería	se atreverían

Pluperfect		*Preterit Perfect*	
me había atrevido	nos habíamos atrevido	me hube atrevido	nos hubimos atrevido
te habías atrevido	os habíais atrevido	te hubiste atrevido	os hubisteis atrevido
se había atrevido	se habían atrevido	se hubo atrevido	se hubieron atrevido

Future Perfect		*Conditional Perfect*	
me habré atrevido	nos habremos atrevido	me habría atrevido	nos habríamos atrevido
te habrás atrevido	os habréis atrevido	te habrías atrevido	os habríais atrevido
se habrá atrevido	se habrán atrevido	se habría atrevido	se habrían atrevido

Present Subjunctive		*Present Perfect Subjunctive*	
me atreva	nos atrevamos	me haya atrevido	nos hayamos atrevido
te atrevas	os atreváis	te hayas atrevido	os hayáis atrevido
se atreva	se atrevan	se haya atrevido	se hayan atrevido

Imperfect Subjunctive (-ra)		*or*	*Imperfect Subjunctive (-se)*	
me atreviera	nos atreviéramos		me atreviese	nos atreviésemos
te atrevieras	os atrevierais		te atrevieses	os atrevieseis
se atreviera	se atrevieran		se atreviese	se atreviesen

Past Perfect Subjunctive (-ra)		*or*	*Past Perfect Subjunctive (-se)*	
me hubiera atrevido	nos hubiéramos atrevido		me hubiese atrevido	nos hubiésemos atrevido
te hubieras atrevido	os hubierais atrevido		te hubieses atrevido	os hubieseis atrevido
se hubiera atrevido	se hubieran atrevido		se hubiese atrevido	se hubiesen atrevido

Progressive Tenses

Present	estoy, estás, está, estamos, estáis, están	
Preterit	estuve, estuviste, estuvo, estuvimos, estuvisteis, estuvieron	
Imperfect	estaba, estabas, estaba, estábamos, estabais, estaban	atreviendo (*see page 41*)
Future	estaré, estarás, estará, estaremos, estaréis, estarán	
Conditional	estaría, estarías, estaría, estaríamos, estaríais, estarían	
Subjunctive	que + *corresponding subjunctive tense of* estar (*see verb 252*)	

Commands

	(nosotros) atrevámonos / no nos atrevamos
(tú) atrévete / no te atrevas	(vosotros) atreveos / no os atreváis
(Ud.) atrévase / no se atreva	(Uds.) atrévanse / no se atrevan

(**USAGE**)

¿Cómo te atreves a hablarles así?	*How do you dare talk to them like that?*
Se atrevió con su jefe.	*She was disrespectful with her boss.*
¡Qué bombones más ricos! ¿Te atreves con uno más?	*What delicious candies! Could you manage (to eat) one more?*
Son unos atrevidos.	*They're daring/insolent people.*
Tuvo el atrevimiento de colgar.	*She had the audacity to hang up on me.*

atribuir *to attribute, credit*

-ir verb; spelling change:
adds y before o, a, e

atribuyo · atribuyeron · atribuido · atribuyendo

Present		Preterit	
atribuyo	atribuimos	atribuí	atribuimos
atribuyes	atribuís	atribuiste	atribuisteis
atribuye	atribuyen	atribuyó	atribuyeron

Imperfect		Present Perfect	
atribuía	atribuíamos	he atribuido	hemos atribuido
atribuías	atribuíais	has atribuido	habéis atribuido
atribuía	atribuían	ha atribuido	han atribuido

Future		Conditional	
atribuiré	atribuiremos	atribuiría	atribuiríamos
atribuirás	atribuiréis	atribuirías	atribuiríais
atribuirá	atribuirán	atribuiría	atribuirían

Pluperfect		Preterit Perfect	
había atribuido	habíamos atribuido	hube atribuido	hubimos atribuido
habías atribuido	habíais atribuido	hubiste atribuido	hubisteis atribuido
había atribuido	habían atribuido	hubo atribuido	hubieron atribuido

Future Perfect		Conditional Perfect	
habré atribuido	habremos atribuido	habría atribuido	habríamos atribuido
habrás atribuido	habréis atribuido	habrías atribuido	habríais atribuido
habrá atribuido	habrán atribuido	habría atribuido	habrían atribuido

Present Subjunctive		Present Perfect Subjunctive	
atribuya	atribuyamos	haya atribuido	hayamos atribuido
atribuyas	atribuyáis	hayas atribuido	hayáis atribuido
atribuya	atribuyan	haya atribuido	hayan atribuido

Imperfect Subjunctive (-ra)		or	Imperfect Subjunctive (-se)	
atribuyera	atribuyéramos		atribuyese	atribuyésemos
atribuyeras	atribuyerais		atribuyeses	atribuyeseis
atribuyera	atribuyeran		atribuyese	atribuyesen

Past Perfect Subjunctive (-ra)		or	Past Perfect Subjunctive (-se)	
hubiera atribuido	hubiéramos atribuido		hubiese atribuido	hubiésemos atribuido
hubieras atribuido	hubierais atribuido		hubieses atribuido	hubieseis atribuido
hubiera atribuido	hubieran atribuido		hubiese atribuido	hubiesen atribuido

Progressive Tenses

Present	estoy, estás, está, estamos, estáis, están	
Preterit	estuve, estuviste, estuvo, estuvimos, estuvisteis, estuvieron	
Imperfect	estaba, estabas, estaba, estábamos, estabais, estaban	atribuyendo
Future	estaré, estarás, estará, estaremos, estaréis, estarán	
Conditional	estaría, estarías, estaría, estaríamos, estaríais, estarían	
Subjunctive	que + *corresponding subjunctive tense of* estar (*see verb 252*)	

Commands

	(nosotros) atribuyamos / no atribuyamos
(tú) atribuye / no atribuyas	(vosotros) atribuid / no atribuyáis
(Ud.) atribuya / no atribuya	(Uds.) atribuyan / no atribuyan

USAGE

—Varios musicólogos le atribuyen la sonata a Bach.   *Several musicologists attribute the sonata to Bach.*
—Otros no apoyan esta atribución.   *Others don't support this attribution.*
Se atribuyó las ganancias de la firma.   *He took credit for the firm's profits.*
Te atribuimos las hermosas palabras.   *We attribute the beautiful words to you.*
Es una persona de grandes atributos.   *He's a person of great attributes.*

regular -*ar* verb

aumento · aumentaron · aumentado · aumentando

Present		Preterit	
aumento	aumentamos	aumenté	aumentamos
aumentas	aumentáis	aumentaste	aumentasteis
aumenta	aumentan	aumentó	aumentaron

Imperfect		Present Perfect	
aumentaba	aumentábamos	he aumentado	hemos aumentado
aumentabas	aumentabais	has aumentado	habéis aumentado
aumentaba	aumentaban	ha aumentado	han aumentado

Future		Conditional	
aumentaré	aumentaremos	aumentaría	aumentaríamos
aumentarás	aumentaréis	aumentarías	aumentaríais
aumentará	aumentarán	aumentaría	aumentarían

Pluperfect		Preterit Perfect	
había aumentado	habíamos aumentado	hube aumentado	hubimos aumentado
habías aumentado	habíais aumentado	hubiste aumentado	hubisteis aumentado
había aumentado	habían aumentado	hubo aumentado	hubieron aumentado

Future Perfect		Conditional Perfect	
habré aumentado	habremos aumentado	habría aumentado	habríamos aumentado
habrás aumentado	habréis aumentado	habrías aumentado	habríais aumentado
habrá aumentado	habrán aumentado	habría aumentado	habrían aumentado

Present Subjunctive		Present Perfect Subjunctive	
aumente	aumentemos	haya aumentado	hayamos aumentado
aumentes	aumentéis	hayas aumentado	hayáis aumentado
aumente	aumenten	haya aumentado	hayan aumentado

Imperfect Subjunctive (-ra)		*or*	Imperfect Subjunctive (-se)	
aumentara	aumentáramos		aumentase	aumentásemos
aumentaras	aumentarais		aumentases	aumentaseis
aumentara	aumentaran		aumentase	aumentasen

Past Perfect Subjunctive (-ra)		*or*	Past Perfect Subjunctive (-se)	
hubiera aumentado	hubiéramos aumentado		hubiese aumentado	hubiésemos aumentado
hubieras aumentado	hubierais aumentado		hubieses aumentado	hubieseis aumentado
hubiera aumentado	hubieran aumentado		hubiese aumentado	hubiesen aumentado

Progressive Tenses

Present	estoy, estás, está, estamos, estáis, están	
Preterit	estuve, estuviste, estuvo, estuvimos, estuvisteis, estuvieron	
Imperfect	estaba, estabas, estaba, estábamos, estabais, estaban	aumentando
Future	estaré, estarás, estará, estaremos, estaréis, estarán	
Conditional	estaría, estarías, estaría, estaríamos, estaríais, estarían	
Subjunctive	que + *corresponding subjunctive tense of* estar (*see verb 252*)	

Commands

	(nosotros) aumentemos / no aumentemos
(tú) aumenta / no aumentes	(vosotros) aumentad / no aumentéis
(Ud.) aumente / no aumente	(Uds.) aumenten / no aumenten

(USAGE)

Aumenta la velocidad poco a poco.	*Increase the speed little by little.*
Las ventas han aumentado.	*Sales have risen.*
Aumentó de peso.	*She put on weight.*
Los ruidos aumentaban.	*The noises were increasing.*
Ha habido un pequeño aumento de precios.	*There has been a small price increase.*
Espera que le den un aumento de sueldo.	*She hopes she'll get a raise.*

avanzar *to advance, move forward*

avanzo · avanzaron · avanzado · avanzando   *-ar verb; spelling change: z > c/e*

Present		Preterit	
avanzo	avanzamos	avancé	avanzamos
avanzas	avanzáis	avanzaste	avanzasteis
avanza	avanzan	avanzó	avanzaron

Imperfect		Present Perfect	
avanzaba	avanzábamos	he avanzado	hemos avanzado
avanzabas	avanzabais	has avanzado	habéis avanzado
avanzaba	avanzaban	ha avanzado	han avanzado

Future		Conditional	
avanzaré	avanzaremos	avanzaría	avanzaríamos
avanzarás	avanzaréis	avanzarías	avanzaríais
avanzará	avanzarán	avanzaría	avanzarían

Pluperfect		Preterit Perfect	
había avanzado	habíamos avanzado	hube avanzado	hubimos avanzado
habías avanzado	habíais avanzado	hubiste avanzado	hubisteis avanzado
había avanzado	habían avanzado	hubo avanzado	hubieron avanzado

Future Perfect		Conditional Perfect	
habré avanzado	habremos avanzado	habría avanzado	habríamos avanzado
habrás avanzado	habréis avanzado	habrías avanzado	habríais avanzado
habrá avanzado	habrán avanzado	habría avanzado	habrían avanzado

Present Subjunctive		Present Perfect Subjunctive	
avance	avancemos	haya avanzado	hayamos avanzado
avances	avancéis	hayas avanzado	hayáis avanzado
avance	avancen	haya avanzado	hayan avanzado

Imperfect Subjunctive (-ra)		*or*	Imperfect Subjunctive (-se)	
avanzara	avanzáramos		avanzase	avanzásemos
avanzaras	avanzarais		avanzases	avanzaseis
avanzara	avanzaran		avanzase	avanzasen

Past Perfect Subjunctive (-ra)		*or*	Past Perfect Subjunctive (-se)	
hubiera avanzado	hubiéramos avanzado		hubiese avanzado	hubiésemos avanzado
hubieras avanzado	hubierais avanzado		hubieses avanzado	hubieseis avanzado
hubiera avanzado	hubieran avanzado		hubiese avanzado	hubiesen avanzado

Progressive Tenses

Present	estoy, estás, está, estamos, estáis, están	
Preterit	estuve, estuviste, estuvo, estuvimos, estuvisteis, estuvieron	
Imperfect	estaba, estabas, estaba, estábamos, estabais, estaban	
Future	estaré, estarás, estará, estaremos, estaréis, estarán	avanzando
Conditional	estaría, estarías, estaría, estaríamos, estaríais, estarían	
Subjunctive	que + *corresponding subjunctive tense of* estar (*see verb 252*)	

Commands

	(nosotros) avancemos / no avancemos
(tú) avanza / no avances	(vosotros) avanzad / no avancéis
(Ud.) avance / no avance	(Uds.) avancen / no avancen

USAGE

Los soldados avanzaron al frente.	*The soldiers advanced to the front.*
Se avanza muy lentamente en esta cola.	*You move forward very slowly in this line.*
Te toca a ti avanzar una pieza.	*It's your turn to move. (board game)*
Se han hecho muchas investigaciones avanzadas.	*A lot of advanced research has been done.*
La directora financiera es de edad avanzada.	*The financial director is elderly.*
Se puede aprovechar todos estos avances tecnológicos.	*We can take advantage of all these technological advances.*

to be ashamed **avergonzarse**

stem-changing -ar reflexive verb:
o > üe; spelling change: z > c/e

avergüenzo · avergonzaron · avergonzado · avergonzándose

Present

me avergüenzo	nos avergonzamos
te avergüenzas	os avergonzáis
se avergüenza	se avergüenzan

Preterit

me avergoncé	nos avergonzamos
te avergonzaste	os avergonzasteis
se avergonzó	se avergonzaron

Imperfect

me avergonzaba	nos avergonzábamos
te avergonzabas	os avergonzabais
se avergonzaba	se avergonzaban

Present Perfect

me he avergonzado	nos hemos avergonzado
te has avergonzado	os habéis avergonzado
se ha avergonzado	se han avergonzado

Future

me avergonzaré	nos avergonzaremos
te avergonzarás	os avergonzaréis
se avergonzará	se avergonzarán

Conditional

me avergonzaría	nos avergonzaríamos
te avergonzarías	os avergonzaríais
se avergonzaría	se avergonzarían

Pluperfect

me había avergonzado	nos habíamos avergonzado
te habías avergonzado	os habíais avergonzado
se había avergonzado	se habían avergonzado

Preterit Perfect

me hube avergonzado	nos hubimos avergonzado
te hubiste avergonzado	os hubisteis avergonzado
se hubo avergonzado	se hubieron avergonzado

Future Perfect

me habré avergonzado	nos habremos avergonzado
te habrás avergonzado	os habréis avergonzado
se habrá avergonzado	se habrán avergonzado

Conditional Perfect

me habría avergonzado	nos habríamos avergonzado
te habrías avergonzado	os habríais avergonzado
se habría avergonzado	se habrían avergonzado

Present Subjunctive

me avergüence	nos avergoncemos
te avergüences	os avergoncéis
se avergüence	se avergüencen

Present Perfect Subjunctive

me haya avergonzado	nos hayamos avergonzado
te hayas avergonzado	os hayáis avergonzado
se haya avergonzado	se hayan avergonzado

Imperfect Subjunctive (-ra)   or   Imperfect Subjunctive (-se)

me avergonzara	nos avergonzáramos	me avergonzase	nos avergonzásemos
te avergonzaras	os avergonzarais	te avergonzases	os avergonzaseis
se avergonzara	se avergonzaran	se avergonzase	se avergonzasen

Past Perfect Subjunctive (-ra)   or   Past Perfect Subjunctive (-se)

me hubiera avergonzado	nos hubiéramos avergonzado	me hubiese avergonzado	nos hubiésemos avergonzado
te hubieras avergonzado	os hubierais avergonzado	te hubieses avergonzado	os hubieseis avergonzado
se hubiera avergonzado	se hubieran avergonzado	se hubiese avergonzado	se hubiesen avergonzado

Progressive Tenses

Present	estoy, estás, está, estamos, estáis, están	
Preterit	estuve, estuviste, estuvo, estuvimos, estuvisteis, estuvieron	
Imperfect	estaba, estabas, estaba, estábamos, estabais, estaban	avergonzando (*see page 41*)
Future	estaré, estarás, estará, estaremos, estaréis, estarán	
Conditional	estaría, estarías, estaría, estaríamos, estaríais, estarían	
Subjunctive	que + *corresponding subjunctive tense of* estar (*see verb 252*)	

Commands

	(nosotros) avergoncémonos / no nos avergoncemos
(tú) avergüénzate / no te avergüences	(vosotros) avergonzaos / no os avergoncéis
(Ud.) avergüéncese / no se avergüence	(Uds.) avergüéncense / no se avergüencen

USAGE

—Me avergüenzo de lo que dije.
—No tienes porqué avergonzarte.

—Están avergonzados por su comportamiento.
—¿Que tienen vergüenza? Y con razón.

¡Es un sinvergüenza!
¡Qué vergüenza!

I'm ashamed of what I said.
You have no reason to be ashamed.

They're ashamed of their behavior.
So they're ashamed? And rightly so.

He's a scoundrel! / He's shameless!
What a disgrace!

averiguar) *to find out, check, verify*

averiguo · averiguaron · averiguado · averiguando

-ar verb; spelling change: u > ü/e

Present	
averiguo	averiguamos
averiguas	averiguáis
averigua	averiguan

Preterit	
averigüé	averiguamos
averiguaste	averiguasteis
averiguó	averiguaron

Imperfect	
averiguaba	averiguábamos
averiguabas	averiguabais
averiguaba	averiguaban

Present Perfect	
he averiguado	hemos averiguado
has averiguado	habéis averiguado
ha averiguado	han averiguado

Future	
averiguaré	averiguaremos
averiguarás	averiguaréis
averiguará	averiguarán

Conditional	
averiguaría	averiguaríamos
averiguarías	averiguaríais
averiguaría	averiguarían

Pluperfect	
había averiguado	habíamos averiguado
habías averiguado	habíais averiguado
había averiguado	habían averiguado

Preterit Perfect	
hube averiguado	hubimos averiguado
hubiste averiguado	hubisteis averiguado
hubo averiguado	hubieron averiguado

Future Perfect	
habré averiguado	habremos averiguado
habrás averiguado	habréis averiguado
habrá averiguado	habrán averiguado

Conditional Perfect	
habría averiguado	habríamos averiguado
habrías averiguado	habríais averiguado
habría averiguado	habrían averiguado

Present Subjunctive	
averigüe	averigüemos
averigües	averigüéis
averigüe	averigüen

Present Perfect Subjunctive	
haya averiguado	hayamos averiguado
hayas averiguado	hayáis averiguado
haya averiguado	hayan averiguado

Imperfect Subjunctive (-ra)		*or*	Imperfect Subjunctive (-se)	
averiguara	averiguáramos		averiguase	averiguásemos
averiguaras	averiguarais		averiguases	averiguaseis
averiguara	averiguaran		averiguase	averiguasen

Past Perfect Subjunctive (-ra)		*or*	Past Perfect Subjunctive (-se)	
hubiera averiguado	hubiéramos averiguado		hubiese averiguado	hubiésemos averiguado
hubieras averiguado	hubierais averiguado		hubieses averiguado	hubieseis averiguado
hubiera averiguado	hubieran averiguado		hubiese averiguado	hubiesen averiguado

Progressive Tenses

Present	estoy, estás, está, estamos, estáis, están
Preterit	estuve, estuviste, estuvo, estuvimos, estuvisteis, estuvieron
Imperfect	estaba, estabas, estaba, estábamos, estabais, estaban
Future	estaré, estarás, estará, estaremos, estaréis, estarán
Conditional	estaría, estarías, estaría, estaríamos, estaríais, estarían
Subjunctive	que + *corresponding subjunctive tense of* estar (*see verb 252*)

averiguando

Commands

	(nosotros) averigüemos / no averigüemos
(tú) averigua / no averigües	(vosotros) averiguad / no averigüéis
(Ud.) averigüe / no averigüe	(Uds.) averigüen / no averigüen

(USAGE)

Averigüe lo que pasó.	*Find out what happened.*
Hay que averiguar los datos estadísticos.	*We must check the statistical data.*
Hicieron averiguaciones sobre los crímenes.	*They investigated / inquired into the crimes.*
Para averiguar más acerca del programa de certificación, visite nuestro sitio web.	*To find out more about the certification program, visit our website.*
Llame a la oficina de información para averiguar el estado de su solicitud.	*Call the information office to check on the status of your application.*

regular -ar verb

aviso · avisaron · avisado · avisando

	Present		Preterit
aviso	avisamos	avisé	avisamos
avisas	avisáis	avisaste	avisasteis
avisa	avisan	avisó	avisaron

	Imperfect		Present Perfect
avisaba	avisábamos	he avisado	hemos avisado
avisabas	avisabais	has avisado	habéis avisado
avisaba	avisaban	ha avisado	han avisado

	Future		Conditional
avisaré	avisaremos	avisaría	avisaríamos
avisarás	avisaréis	avisarías	avisaríais
avisará	avisarán	avisaría	avisarían

	Pluperfect		Preterit Perfect
había avisado	habíamos avisado	hube avisado	hubimos avisado
habías avisado	habíais avisado	hubiste avisado	hubisteis avisado
había avisado	habían avisado	hubo avisado	hubieron avisado

	Future Perfect		Conditional Perfect
habré avisado	habremos avisado	habría avisado	habríamos avisado
habrás avisado	habréis avisado	habrías avisado	habríais avisado
habrá avisado	habrán avisado	habría avisado	habrían avisado

	Present Subjunctive		Present Perfect Subjunctive
avise	avisemos	haya avisado	hayamos avisado
avises	aviséis	hayas avisado	hayáis avisado
avise	avisen	haya avisado	hayan avisado

	Imperfect Subjunctive (-ra)	or	Imperfect Subjunctive (-se)
avisara	avisáramos	avisase	avisásemos
avisaras	avisarais	avisases	avisaseis
avisara	avisaran	avisase	avisasen

	Past Perfect Subjunctive (-ra)	or	Past Perfect Subjunctive (-se)
hubiera avisado	hubiéramos avisado	hubiese avisado	hubiésemos avisado
hubieras avisado	hubierais avisado	hubieses avisado	hubieseis avisado
hubiera avisado	hubieran avisado	hubiese avisado	hubiesen avisado

Progressive Tenses

Present	estoy, estás, está, estamos, estáis, están	
Preterit	estuve, estuviste, estuvo, estuvimos, estuvisteis, estuvieron	
Imperfect	estaba, estabas, estaba, estábamos, estabais, estaban	avisando
Future	estaré, estarás, estará, estaremos, estaréis, estarán	
Conditional	estaría, estarías, estaría, estaríamos, estaríais, estarían	
Subjunctive	que + *corresponding subjunctive tense of* estar (*see verb 252*)	

Commands

	(nosotros) avisemos / no avisemos
(tú) avisa / no avises	(vosotros) avisad / no aviséis
(Ud.) avise / no avise	(Uds.) avisen / no avisen

USAGE

Te aviso que no compres nada allí.	*I'm warning you not to buy anything there.*
Se fueron sin avisarnos.	*They left without telling us.*
Avísale que le entregarán el paquete mañana.	*Notify him that they'll deliver the package to him tomorrow.*
No me han avisado de sus planes.	*They haven't told me of their plans.*
Le dieron un aviso por sus notas.	*They gave her a warning about her grades.*
Oíste el aviso, ¿no?	*You heard the announcement, didn't you?*

(ayudar) *to help*

ayudo · ayudaron · ayudado · ayudando

regular -ar verb

Present		Preterit	
ayudo	ayudamos	ayudé	ayudamos
ayudas	ayudáis	ayudaste	ayudasteis
ayuda	ayudan	ayudó	ayudaron

Imperfect		Present Perfect	
ayudaba	ayudábamos	he ayudado	hemos ayudado
ayudabas	ayudabais	has ayudado	habéis ayudado
ayudaba	ayudaban	ha ayudado	han ayudado

Future		Conditional	
ayudaré	ayudaremos	ayudaría	ayudaríamos
ayudarás	ayudaréis	ayudarías	ayudaríais
ayudará	ayudarán	ayudaría	ayudarían

Pluperfect		Preterit Perfect	
había ayudado	habíamos ayudado	hube ayudado	hubimos ayudado
habías ayudado	habíais ayudado	hubiste ayudado	hubisteis ayudado
había ayudado	habían ayudado	hubo ayudado	hubieron ayudado

Future Perfect		Conditional Perfect	
habré ayudado	habremos ayudado	habría ayudado	habríamos ayudado
habrás ayudado	habréis ayudado	habrías ayudado	habríais ayudado
habrá ayudado	habrán ayudado	habría ayudado	habrían ayudado

Present Subjunctive		Present Perfect Subjunctive	
ayude	ayudemos	haya ayudado	hayamos ayudado
ayudes	ayudéis	hayas ayudado	hayáis ayudado
ayude	ayuden	haya ayudado	hayan ayudado

Imperfect Subjunctive (-ra)		or	Imperfect Subjunctive (-se)	
ayudara	ayudáramos		ayudase	ayudásemos
ayudaras	ayudarais		ayudases	ayudaseis
ayudara	ayudaran		ayudase	ayudasen

Past Perfect Subjunctive (-ra)		or	Past Perfect Subjunctive (-se)	
hubiera ayudado	hubiéramos ayudado		hubiese ayudado	hubiésemos ayudado
hubieras ayudado	hubierais ayudado		hubieses ayudado	hubieseis ayudado
hubiera ayudado	hubieran ayudado		hubiese ayudado	hubiesen ayudado

Progressive Tenses

Present	estoy, estás, está, estamos, estáis, están	
Preterit	estuve, estuviste, estuvo, estuvimos, estuvisteis, estuvieron	
Imperfect	estaba, estabas, estaba, estábamos, estabais, estaban	
Future	estaré, estarás, estará, estaremos, estaréis, estarán	ayudando
Conditional	estaría, estarías, estaría, estaríamos, estaríais, estarían	
Subjunctive	que + *corresponding subjunctive tense of* estar *(see verb 252)*	

Commands

	(nosotros) ayudemos / no ayudemos
(tú) ayuda / no ayudes	(vosotros) ayudad / no ayudéis
(Ud.) ayude / no ayude	(Uds.) ayuden / no ayuden

(USAGE)

Ayúdelos con el programa de gráficas.	*Help them with the graphics program.*
¿Me ayudas a hacer una copia de seguridad?	*Will you help me make a backup copy?*
Ayúdate y Dios te ayudará.	*God helps those who help themselves.*
Necesita ayuda financiera para asistir a la universidad.	*She needs financial aid in order to attend the university.*
El ayudante de laboratorio terminó el experimento.	*The laboratory assistant finished the experiment.*

regular *-ar* verb

bailo · bailaron · bailado · bailando

	Present		Preterit
bailo	bailamos	bailé	bailamos
bailas	bailáis	bailaste	bailasteis
baila	bailan	bailó	bailaron

	Imperfect		Present Perfect
bailaba	bailábamos	he bailado	hemos bailado
bailabas	bailabais	has bailado	habéis bailado
bailaba	bailaban	ha bailado	han bailado

	Future		Conditional
bailaré	bailaremos	bailaría	bailaríamos
bailarás	bailaréis	bailarías	bailaríais
bailará	bailarán	bailaría	bailarían

	Pluperfect		Preterit Perfect
había bailado	habíamos bailado	hube bailado	hubimos bailado
habías bailado	habíais bailado	hubiste bailado	hubisteis bailado
había bailado	habían bailado	hubo bailado	hubieron bailado

	Future Perfect		Conditional Perfect
habré bailado	habremos bailado	habría bailado	habríamos bailado
habrás bailado	habréis bailado	habrías bailado	habríais bailado
habrá bailado	habrán bailado	habría bailado	habrían bailado

	Present Subjunctive		Present Perfect Subjunctive
baile	bailemos	haya bailado	hayamos bailado
bailes	bailéis	hayas bailado	hayáis bailado
baile	bailen	haya bailado	hayan bailado

Imperfect Subjunctive (-ra)		*or*	Imperfect Subjunctive (-se)	
bailara	bailáramos		bailase	bailásemos
bailaras	bailarais		bailases	bailaseis
bailara	bailaran		bailase	bailasen

Past Perfect Subjunctive (-ra)		*or*	Past Perfect Subjunctive (-se)	
hubiera bailado	hubiéramos bailado		hubiese bailado	hubiésemos bailado
hubieras bailado	hubierais bailado		hubieses bailado	hubieseis bailado
hubiera bailado	hubieran bailado		hubiese bailado	hubiesen bailado

Progressive Tenses

Present	estoy, estás, está, estamos, estáis, están	
Preterit	estuve, estuviste, estuvo, estuvimos, estuvisteis, estuvieron	
Imperfect	estaba, estabas, estaba, estábamos, estabais, estaban	
Future	estaré, estarás, estará, estaremos, estaréis, estarán	bailando
Conditional	estaría, estarías, estaría, estaríamos, estaríais, estarían	
Subjunctive	que + *corresponding subjunctive tense of* estar (*see verb 252*)	

Commands

	(nosotros) bailemos / no bailemos
(tú) baila / no bailes	(vosotros) bailad / no bailéis
(Ud.) baile / no baile	(Uds.) bailen / no bailen

USAGE

—Bailemos la rumba. — *Let's dance the rumba.*
—No sé bailarla. Sólo bailo el vals. — *I don't know how to do it. I only dance the waltz.*

Haz bailar el trompo. — *Spin the top.*
Los bailarines interpretaron unos bailes folklóricos. — *The dancers performed some folk dances.*

Me invitaron al baile de gala. — *They invited me to the gala ball.*
Pon música bailable. — *Put on dance music.*
Bailan al son que tocan. — *They follow the pack.*

bajar *to go/bring down, descend, lower*

bajo · bajaron · bajado · bajando   regular *-ar* verb

Present		Preterit	
bajo	bajamos	bajé	bajamos
bajas	bajáis	bajaste	bajasteis
baja	bajan	bajó	bajaron

Imperfect		Present Perfect	
bajaba	bajábamos	he bajado	hemos bajado
bajabas	bajabais	has bajado	habéis bajado
bajaba	bajaban	ha bajado	han bajado

Future		Conditional	
bajaré	bajaremos	bajaría	bajaríamos
bajarás	bajaréis	bajarías	bajaríais
bajará	bajarán	bajaría	bajarían

Pluperfect		Preterit Perfect	
había bajado	habíamos bajado	hube bajado	hubimos bajado
habías bajado	habíais bajado	hubiste bajado	hubisteis bajado
había bajado	habían bajado	hubo bajado	hubieron bajado

Future Perfect		Conditional Perfect	
habré bajado	habremos bajado	habría bajado	habríamos bajado
habrás bajado	habréis bajado	habrías bajado	habríais bajado
habrá bajado	habrán bajado	habría bajado	habrían bajado

Present Subjunctive		Present Perfect Subjunctive	
baje	bajemos	haya bajado	hayamos bajado
bajes	bajéis	hayas bajado	hayáis bajado
baje	bajen	haya bajado	hayan bajado

Imperfect Subjunctive (-ra)		*or*	Imperfect Subjunctive (-se)	
bajara	bajáramos		bajase	bajásemos
bajaras	bajarais		bajases	bajaseis
bajara	bajaran		bajase	bajasen

Past Perfect Subjunctive (-ra)		*or*	Past Perfect Subjunctive (-se)	
hubiera bajado	hubiéramos bajado		hubiese bajado	hubiésemos bajado
hubieras bajado	hubierais bajado		hubieses bajado	hubieseis bajado
hubiera bajado	hubieran bajado		hubiese bajado	hubiesen bajado

Progressive Tenses

Present	estoy, estás, está, estamos, estáis, están	
Preterit	estuve, estuviste, estuvo, estuvimos, estuvisteis, estuvieron	
Imperfect	estaba, estabas, estaba, estábamos, estabais, estaban	
Future	estaré, estarás, estará, estaremos, estaréis, estarán	bajando
Conditional	estaría, estarías, estaría, estaríamos, estaríais, estarían	
Subjunctive	que + *corresponding subjunctive tense of* estar (*see verb 252*)	

Commands

	(nosotros) bajemos / no bajemos
(tú) baja / no bajes	(vosotros) bajad / no bajéis
(Ud.) baje / no baje	(Uds.) bajen / no bajen

USAGE

Se baja en escalera mecánica.	*You can go down by escalator.*
Bajemos del autobús en la esquina.	*Let's get off the bus at the corner.*
Bájame el maletín, por favor.	*Please get the little suitcase down for me.*
Se ha notado una bajada de los precios últimamente.	*We've seen a drop in prices recently.*
La biblioteca es baja.	*The bookcase is low.*
Habla más bajo.	*Speak more softly.*

regular *-ar* reflexive verb

baño · bañaron · bañado · bañándose

Present		Preterit	
me baño	nos bañamos	me bañé	nos bañamos
te bañas	os bañáis	te bañaste	os bañasteis
se baña	se bañan	se bañó	se bañaron

Imperfect		Present Perfect	
me bañaba	nos bañábamos	me he bañado	nos hemos bañado
te bañabas	os bañabais	te has bañado	os habéis bañado
se bañaba	se bañaban	se ha bañado	se han bañado

Future		Conditional	
me bañaré	nos bañaremos	me bañaría	nos bañaríamos
te bañarás	os bañaréis	te bañarías	os bañaríais
se bañará	se bañarán	se bañaría	se bañarían

Pluperfect		Preterit Perfect	
me había bañado	nos habíamos bañado	me hube bañado	nos hubimos bañado
te habías bañado	os habíais bañado	te hubiste bañado	os hubisteis bañado
se había bañado	se habían bañado	se hubo bañado	se hubieron bañado

Future Perfect		Conditional Perfect	
me habré bañado	nos habremos bañado	me habría bañado	nos habríamos bañado
te habrás bañado	os habréis bañado	te habrías bañado	os habríais bañado
se habrá bañado	se habrán bañado	se habría bañado	se habrían bañado

Present Subjunctive		Present Perfect Subjunctive	
me bañe	nos bañemos	me haya bañado	nos hayamos bañado
te bañes	os bañéis	te hayas bañado	os hayáis bañado
se bañe	se bañen	se haya bañado	se hayan bañado

Imperfect Subjunctive (-ra)		*or*	Imperfect Subjunctive (-se)	
me bañara	nos bañáramos		me bañase	nos bañásemos
te bañaras	os bañarais		te bañases	os bañaseis
se bañara	se bañaran		se bañase	se bañasen

Past Perfect Subjunctive (-ra)		*or*	Past Perfect Subjunctive (-se)	
me hubiera bañado	nos hubiéramos bañado		me hubiese bañado	nos hubiésemos bañado
te hubieras bañado	os hubierais bañado		te hubieses bañado	os hubieseis bañado
se hubiera bañado	se hubieran bañado		se hubiese bañado	se hubiesen bañado

Progressive Tenses

Present	estoy, estás, está, estamos, estáis, están	
Preterit	estuve, estuviste, estuvo, estuvimos, estuvisteis, estuvieron	
Imperfect	estaba, estabas, estaba, estábamos, estabais, estaban	bañando (*see page 41*)
Future	estaré, estarás, estará, estaremos, estaréis, estarán	
Conditional	estaría, estarías, estaría, estaríamos, estaríais, estarían	
Subjunctive	que + *corresponding subjunctive tense of* estar (*see verb 252*)	

Commands

	(nosotros) bañémonos / no nos bañemos
(tú) báñate / no te bañes	(vosotros) bañaos / no os bañéis
(Ud.) báñese / no se bañe	(Uds.) báñense / no se bañen

(**USAGE**)

Me baño después de bañar a los niños.	*I'll take a bath after I bathe the kids.*
Pasamos las vacaciones bañándonos en el Mediterráneo.	*We spent our vacation swimming in the Mediterranean.*
Se dieron un baño.	*They took a bath.*
La casa tiene tres baños con bañera.	*The house has three bathrooms with bathtubs.*
Esta torta bañada en chocolate me hace agua la boca.	*This cake bathed/coated in chocolate makes my mouth water.*

barrer *to sweep*

barro · barrieron · barrido · barriendo

regular -er verb

Present		Preterit	
barro	barremos	barrí	barrimos
barres	barréis	barriste	barristeis
barre	barren	barrió	barrieron

Imperfect		Present Perfect	
barría	barríamos	he barrido	hemos barrido
barrías	barríais	has barrido	habéis barrido
barría	barrían	ha barrido	han barrido

Future		Conditional	
barreré	barreremos	barrería	barreríamos
barrerás	barreréis	barrerías	barreríais
barrerá	barrerán	barrería	barrerían

Pluperfect		Preterit Perfect	
había barrido	habíamos barrido	hube barrido	hubimos barrido
habías barrido	habíais barrido	hubiste barrido	hubisteis barrido
había barrido	habían barrido	hubo barrido	hubieron barrido

Future Perfect		Conditional Perfect	
habré barrido	habremos barrido	habría barrido	habríamos barrido
habrás barrido	habréis barrido	habrías barrido	habríais barrido
habrá barrido	habrán barrido	habría barrido	habrían barrido

Present Subjunctive		Present Perfect Subjunctive	
barra	barramos	haya barrido	hayamos barrido
barras	barráis	hayas barrido	hayáis barrido
barra	barran	haya barrido	hayan barrido

Imperfect Subjunctive (-ra)		or	Imperfect Subjunctive (-se)	
barriera	barriéramos		barriese	barriésemos
barrieras	barrierais		barrieses	barrieseis
barriera	barrieran		barriese	barriesen

Past Perfect Subjunctive (-ra)		or	Past Perfect Subjunctive (-se)	
hubiera barrido	hubiéramos barrido		hubiese barrido	hubiésemos barrido
hubieras barrido	hubierais barrido		hubieses barrido	hubieseis barrido
hubiera barrido	hubieran barrido		hubiese barrido	hubiesen barrido

Progressive Tenses

Present	estoy, estás, está, estamos, estáis, están	
Preterit	estuve, estuviste, estuvo, estuvimos, estuvisteis, estuvieron	
Imperfect	estaba, estabas, estaba, estábamos, estabais, estaban	barriendo
Future	estaré, estarás, estará, estaremos, estaréis, estarán	
Conditional	estaría, estarías, estaría, estaríamos, estaríais, estarían	
Subjunctive	que + *corresponding subjunctive tense of* estar (*see verb 252*)	

Commands

	(nosotros) barramos / no barramos
(tú) barre / no barras	(vosotros) barred / no barráis
(Ud.) barra / no barra	(Uds.) barran / no barran

USAGE

Barre el piso ahora.
Usad la escoba y la barredera de alfombra también.
Su vestido barre el suelo.
El huracán barrió con todo el pueblo.
Este software antivirus detecta un sinnúmero de
  virus de todo tipo y barre con todo.

Sweep the floor now.
Use the broom and the carpet sweeper too.
Her dress is sweeping the floor.
The hurricane swept the whole town away.
This antivirus software detects countless viruses
  of all kinds and wipes out everything.

regular *-ar* verb

baso · basaron · basado · basando

Present		Preterit	
baso	basamos	basé	basamos
basas	basáis	basaste	basasteis
basa	basan	basó	basaron

Imperfect		Present Perfect	
basaba	basábamos	he basado	hemos basado
basabas	basabais	has basado	habéis basado
basaba	basaban	ha basado	han basado

Future		Conditional	
basaré	basaremos	basaría	basaríamos
basarás	basaréis	basarías	basaríais
basará	basarán	basaría	basarían

Pluperfect		Preterit Perfect	
había basado	habíamos basado	hube basado	hubimos basado
habías basado	habíais basado	hubiste basado	hubisteis basado
había basado	habían basado	hubo basado	hubieron basado

Future Perfect		Conditional Perfect	
habré basado	habremos basado	habría basado	habríamos basado
habrás basado	habréis basado	habrías basado	habríais basado
habrá basado	habrán basado	habría basado	habrían basado

Present Subjunctive		Present Perfect Subjunctive	
base	basemos	haya basado	hayamos basado
bases	baséis	hayas basado	hayáis basado
base	basen	haya basado	hayan basado

Imperfect Subjunctive (-ra)		or	Imperfect Subjunctive (-se)	
basara	basáramos		basase	basásemos
basaras	basarais		basases	basaseis
basara	basaran		basase	basasen

Past Perfect Subjunctive (-ra)		or	Past Perfect Subjunctive (-se)	
hubiera basado	hubiéramos basado		hubiese basado	hubiésemos basado
hubieras basado	hubierais basado		hubieses basado	hubieseis basado
hubiera basado	hubieran basado		hubiese basado	hubiesen basado

Progressive Tenses

Present	estoy, estás, está, estamos, estáis, están	
Preterit	estuve, estuviste, estuvo, estuvimos, estuvisteis, estuvieron	
Imperfect	estaba, estabas, estaba, estábamos, estabais, estaban	basando
Future	estaré, estarás, estará, estaremos, estaréis, estarán	
Conditional	estaría, estarías, estaría, estaríamos, estaríais, estarían	
Subjunctive	que + *corresponding subjunctive tense of* estar (*see verb 252*)	

Commands

	(nosotros) basemos / no basemos
(tú) basa / no bases	(vosotros) basad / no baséis
(Ud.) base / no base	(Uds.) basen / no basen

USAGE

—¿En qué se basa esto? *What is this based on?*
—Basaron su opinión en puros rumores. *They based their opinion on nothing but rumors.*

No sé en qué basó su razonamiento. *I don't know on what she based her reasoning.*
Ganamos a base de los esfuerzos de todos. *We won thanks to everyone's efforts.*
La salsa está hecha a base de tomate. *The sauce is made with a tomato base.*
Hay que sentar las bases primero. *The foundations must be laid first.*
¿Está conforme con las ideas básicas? *Are you satisfied with the basic ideas?*

bautizar *to baptize, christen, name*

bautizo · bautizaron · bautizado · bautizando   -*ar* verb; spelling change: z > c/e

Present		Preterit	
bautizo	bautizamos	bauticé	bautizamos
bautizas	bautizáis	bautizaste	bautizasteis
bautiza	bautizan	bautizó	bautizaron

Imperfect		Present Perfect	
bautizaba	bautizábamos	he bautizado	hemos bautizado
bautizabas	bautizabais	has bautizado	habéis bautizado
bautizaba	bautizaban	ha bautizado	han bautizado

Future		Conditional	
bautizaré	bautizaremos	bautizaría	bautizaríamos
bautizarás	bautizaréis	bautizarías	bautizaríais
bautizará	bautizarán	bautizaría	bautizarían

Pluperfect		Preterit Perfect	
había bautizado	habíamos bautizado	hube bautizado	hubimos bautizado
habías bautizado	habíais bautizado	hubiste bautizado	hubisteis bautizado
había bautizado	habían bautizado	hubo bautizado	hubieron bautizado

Future Perfect		Conditional Perfect	
habré bautizado	habremos bautizado	habría bautizado	habríamos bautizado
habrás bautizado	habréis bautizado	habrías bautizado	habríais bautizado
habrá bautizado	habrán bautizado	habría bautizado	habrían bautizado

Present Subjunctive		Present Perfect Subjunctive	
bautice	bauticemos	haya bautizado	hayamos bautizado
bautices	bauticéis	hayas bautizado	hayáis bautizado
bautice	bauticen	haya bautizado	hayan bautizado

Imperfect Subjunctive (-ra)		or	Imperfect Subjunctive (-se)	
bautizara	bautizáramos		bautizase	bautizásemos
bautizaras	bautizarais		bautizases	bautizaseis
bautizara	bautizaran		bautizase	bautizasen

Past Perfect Subjunctive (-ra)		or	Past Perfect Subjunctive (-se)	
hubiera bautizado	hubiéramos bautizado		hubiese bautizado	hubiésemos bautizado
hubieras bautizado	hubierais bautizado		hubieses bautizado	hubieseis bautizado
hubiera bautizado	hubieran bautizado		hubiese bautizado	hubiesen bautizado

Progressive Tenses

Present	estoy, estás, está, estamos, estáis, están	
Preterit	estuve, estuviste, estuvo, estuvimos, estuvisteis, estuvieron	
Imperfect	estaba, estabas, estaba, estábamos, estabais, estaban	bautizando
Future	estaré, estarás, estará, estaremos, estaréis, estarán	
Conditional	estaría, estarías, estaría, estaríamos, estaríais, estarían	
Subjunctive	que + *corresponding subjunctive tense of* estar (*see verb 252*)	

Commands

	(nosotros) bauticemos / no bauticemos
(tú) bautiza / no bautices	(vosotros) bautizad / no bauticéis
(Ud.) bautice / no bautice	(Uds.) bauticen / no bauticen

USAGE

—Bautizarán a la niña el domingo.
—¿A qué hora será el bautizo?
El soldado experimentó su bautismo de fuego.
Cristóbal Colón bautizó las carabelas Niña,
  Pinta y Santa María.
Los bautistas son una secta protestante.
El bautismo es un sacramento.

The little girl will be baptized on Sunday.
At what time will the christening take place?
The soldier underwent his baptism by fire.
Christopher Columbus named his ships Niña,
  Pinta, and Santa María.
Baptists are a Protestant sect.
Baptism is a sacrament.

regular *-er* verb

bebo · bebieron · bebido · bebiendo

Present		Preterit	
bebo	bebemos	bebí	bebimos
bebes	bebéis	bebiste	bebisteis
bebe	beben	bebió	bebieron

Imperfect		Present Perfect	
bebía	bebíamos	he bebido	hemos bebido
bebías	bebíais	has bebido	habéis bebido
bebía	bebían	ha bebido	han bebido

Future		Conditional	
beberé	beberemos	bebería	beberíamos
beberás	beberéis	beberías	beberíais
beberá	beberán	bebería	beberían

Pluperfect		Preterit Perfect	
había bebido	habíamos bebido	hube bebido	hubimos bebido
habías bebido	habíais bebido	hubiste bebido	hubisteis bebido
había bebido	habían bebido	hubo bebido	hubieron bebido

Future Perfect		Conditional Perfect	
habré bebido	habremos bebido	habría bebido	habríamos bebido
habrás bebido	habréis bebido	habrías bebido	habríais bebido
habrá bebido	habrán bebido	habría bebido	habrían bebido

Present Subjunctive		Present Perfect Subjunctive	
beba	bebamos	haya bebido	hayamos bebido
bebas	bebáis	hayas bebido	hayáis bebido
beba	beban	haya bebido	hayan bebido

Imperfect Subjunctive (-ra)		*or*	Imperfect Subjunctive (-se)	
bebiera	bebiéramos		bebiese	bebiésemos
bebieras	bebierais		bebieses	bebieseis
bebiera	bebieran		bebiese	bebiesen

Past Perfect Subjunctive (-ra)		*or*	Past Perfect Subjunctive (-se)	
hubiera bebido	hubiéramos bebido		hubiese bebido	hubiésemos bebido
hubieras bebido	hubierais bebido		hubieses bebido	hubieseis bebido
hubiera bebido	hubieran bebido		hubiese bebido	hubiesen bebido

Progressive Tenses

Present	estoy, estás, está, estamos, estáis, están	
Preterit	estuve, estuviste, estuvo, estuvimos, estuvisteis, estuvieron	
Imperfect	estaba, estabas, estaba, estábamos, estabais, estaban	bebiendo
Future	estaré, estarás, estará, estaremos, estaréis, estarán	
Conditional	estaría, estarías, estaría, estaríamos, estaríais, estarían	
Subjunctive	que + *corresponding subjunctive tense of* estar (*see verb 252*)	

Commands

	(nosotros) bebamos / no bebamos
(tú) bebe / no bebas	(vosotros) bebed / no bebáis
(Ud.) beba / no beba	(Uds.) beban / no beban

USAGE

Bebí agua.	*I drank water.*
Dale de beber al perro.	*Give the dog water.*
Bebe el jugo a sorbos, no a tragos.	*Sip the juice, don't gulp it.*
Bebamos a su salud.	*Let's drink to him / to his health.*
Se sirve una bebida con la comida.	*Beverages are served with the meal.*
El bebé bebe del biberón todavía.	*The baby still drinks from a bottle.*

bendecir to bless

bendigo · bendijeron · bendecido (also **bendito**, used as adjective) · **bendiciendo**

irregular
verb

Present		Preterit	
bendigo	bendecimos	bendije	bendijimos
bendices	bendecís	bendijiste	bendijisteis
bendice	bendicen	bendijo	bendijeron

Imperfect		Present Perfect	
bendecía	bendecíamos	he bendecido	hemos bendecido
bendecías	bendecíais	has bendecido	habéis bendecido
bendecía	bendecían	ha bendecido	han bendecido

Future		Conditional	
bendeciré	bendeciremos	bendeciría	bendeciríamos
bendecirás	bendeciréis	bendecirías	bendeciríais
bendecirá	bendecirán	bendeciría	bendecirían

Pluperfect		Preterit Perfect	
había bendecido	habíamos bendecido	hube bendecido	hubimos bendecido
habías bendecido	habíais bendecido	hubiste bendecido	hubisteis bendecido
había bendecido	habían bendecido	hubo bendecido	hubieron bendecido

Future Perfect		Conditional Perfect	
habré bendecido	habremos bendecido	habría bendecido	habríamos bendecido
habrás bendecido	habréis bendecido	habrías bendecido	habríais bendecido
habrá bendecido	habrán bendecido	habría bendecido	habrían bendecido

Present Subjunctive		Present Perfect Subjunctive	
bendiga	bendigamos	haya bendecido	hayamos bendecido
bendigas	bendigáis	hayas bendecido	hayáis bendecido
bendiga	bendigan	haya bendecido	hayan bendecido

Imperfect Subjunctive (-ra)		or	Imperfect Subjunctive (-se)	
bendijera	bendijéramos		bendijese	bendijésemos
bendijeras	bendijerais		bendijeses	bendijeseis
bendijera	bendijeran		bendijese	bendijesen

Past Perfect Subjunctive (-ra)		or	Past Perfect Subjunctive (-se)	
hubiera bendecido	hubiéramos bendecido		hubiese bendecido	hubiésemos bendecido
hubieras bendecido	hubierais bendecido		hubieses bendecido	hubieseis bendecido
hubiera bendecido	hubieran bendecido		hubiese bendecido	hubiesen bendecido

Progressive Tenses

Present	estoy, estás, está, estamos, estáis, están	
Preterit	estuve, estuviste, estuvo, estuvimos, estuvisteis, estuvieron	
Imperfect	estaba, estabas, estaba, estábamos, estabais, estaban	bendiciendo
Future	estaré, estarás, estará, estaremos, estaréis, estarán	
Conditional	estaría, estarías, estaría, estaríamos, estaríais, estarían	
Subjunctive	que + *corresponding subjunctive tense of* estar (*see verb 252*)	

Commands

	(nosotros) bendigamos / no bendigamos
(tú) bendice / no bendigas	(vosotros) bendecid / no bendigáis
(Ud.) bendiga / no bendiga	(Uds.) bendigan / no bendigan

USAGE

¡Que Dios los bendiga, hijos!	*May God bless you, my children.*
El pueblo fue bendecido por el Papa.	*The people were blessed by the Pope.*
Se oyó la bendición del Papa.	*They heard the Pope's benediction/blessing.*
Hay que dar la bendición de la mesa.	*We must say grace.*
Hay agua bendita en la pila.	*There's holy water in the font.*
¡Qué bendito es!	*What a saint / good person he is!*

regular -*ar* verb

beso · besaron · besado · besando

		Present	
beso	besamos		
besas	besáis		
besa	besan		

		Preterit	
besé	besamos		
besaste	besasteis		
besó	besaron		

	Imperfect		
besaba	besábamos		
besabas	besabais		
besaba	besaban		

	Present Perfect		
he besado	hemos besado		
has besado	habéis besado		
ha besado	han besado		

	Future		
besaré	besaremos		
besarás	besaréis		
besará	besarán		

	Conditional		
besaría	besaríamos		
besarías	besaríais		
besaría	besarían		

	Pluperfect		
había besado	habíamos besado		
habías besado	habíais besado		
había besado	habían besado		

	Preterit Perfect		
hube besado	hubimos besado		
hubiste besado	hubisteis besado		
hubo besado	hubieron besado		

	Future Perfect		
habré besado	habremos besado		
habrás besado	habréis besado		
habrá besado	habrán besado		

	Conditional Perfect		
habría besado	habríamos besado		
habrías besado	habríais besado		
habría besado	habrían besado		

	Present Subjunctive		
bese	besemos		
beses	beséis		
bese	besen		

	Present Perfect Subjunctive		
haya besado	hayamos besado		
hayas besado	hayáis besado		
haya besado	hayan besado		

	Imperfect Subjunctive (-ra)	or	Imperfect Subjunctive (-se)	
besara	besáramos		besase	besásemos
besaras	besarais		besases	besaseis
besara	besaran		besase	besasen

	Past Perfect Subjunctive (-ra)	or	Past Perfect Subjunctive (-se)	
hubiera besado	hubiéramos besado		hubiese besado	hubiésemos besado
hubieras besado	hubierais besado		hubieses besado	hubieseis besado
hubiera besado	hubieran besado		hubiese besado	hubiesen besado

Progressive Tenses

Present	estoy, estás, está, estamos, estáis, están
Preterit	estuve, estuviste, estuvo, estuvimos, estuvisteis, estuvieron
Imperfect	estaba, estabas, estaba, estábamos, estabais, estaban
Future	estaré, estarás, estará, estaremos, estaréis, estarán
Conditional	estaría, estarías, estaría, estaríamos, estaríais, estarían
Subjunctive	que + *corresponding subjunctive tense of* estar (*see verb 252*)

} besando

Commands

	(nosotros) besemos / no besemos
(tú) besa / no beses	(vosotros) besad / no beséis
(Ud.) bese / no bese	(Uds.) besen / no besen

Le besó en la cabeza.	*He kissed her on the head.*
Se besaban y se abrazaban.	*They were kissing and hugging each other.*
Se están besuqueando.	*They're smooching.*
¿Conoces la canción "Bésame mucho"?	*Do you know the song "Bésame mucho"?*
Os mando un beso y un abrazo.	*I send you hugs and kisses.*
Se despide tirando besos.	*She says good-bye blowing kisses.*

borrar to erase

borro · borraron · borrado · borrando

regular -ar verb

Present

borro	borramos
borras	borráis
borra	borran

Preterit

borré	borramos
borraste	borrasteis
borró	borraron

Imperfect

borraba	borrábamos
borrabas	borrabais
borraba	borraban

Present Perfect

he borrado	hemos borrado
has borrado	habéis borrado
ha borrado	han borrado

Future

borraré	borraremos
borrarás	borraréis
borrará	borrarán

Conditional

borraría	borraríamos
borrarías	borraríais
borraría	borrarían

Pluperfect

había borrado	habíamos borrado
habías borrado	habíais borrado
había borrado	habían borrado

Preterit Perfect

hube borrado	hubimos borrado
hubiste borrado	hubisteis borrado
hubo borrado	hubieron borrado

Future Perfect

habré borrado	habremos borrado
habrás borrado	habréis borrado
habrá borrado	habrán borrado

Conditional Perfect

habría borrado	habríamos borrado
habrías borrado	habríais borrado
habría borrado	habrían borrado

Present Subjunctive

borre	borremos
borres	borréis
borre	borren

Present Perfect Subjunctive

haya borrado	hayamos borrado
hayas borrado	hayáis borrado
haya borrado	hayan borrado

Imperfect Subjunctive (-ra)

borrara	borráramos
borraras	borrarais
borrara	borraran

or

Imperfect Subjunctive (-se)

borrase	borrásemos
borrases	borraseis
borrase	borrasen

Past Perfect Subjunctive (-ra)

hubiera borrado	hubiéramos borrado
hubieras borrado	hubierais borrado
hubiera borrado	hubieran borrado

or

Past Perfect Subjunctive (-se)

hubiese borrado	hubiésemos borrado
hubieses borrado	hubieseis borrado
hubiese borrado	hubiesen borrado

Progressive Tenses

Present	estoy, estás, está, estamos, estáis, están	
Preterit	estuve, estuviste, estuvo, estuvimos, estuvisteis, estuvieron	
Imperfect	estaba, estabas, estaba, estábamos, estabais, estaban	borrando
Future	estaré, estarás, estará, estaremos, estaréis, estarán	
Conditional	estaría, estarías, estaría, estaríamos, estaríais, estarían	
Subjunctive	que + *corresponding subjunctive tense of* estar (*see verb 252*)	

Commands

	(nosotros) borremos / no borremos
(tú) borra / no borres	(vosotros) borrad / no borréis
(Ud.) borre / no borre	(Uds.) borren / no borren

USAGE

Borró los errores.	*He erased the mistakes.*
No borres tu trabajo.	*Don't erase your work.*
Borren la pizarra con el borrador.	*Clean the chalkboard with the eraser.*
He borrado los nombres de la lista.	*I've crossed the names off the list.*
Entréguenme su borrador para el jueves.	*Hand in your first draft to me by Thursday.*
Se borró su tristeza con el tiempo.	*His sadness was wiped away with time.*

-ar verb; spelling change: z > c/e   bostezo · bostezaron · bostezado · bostezando

Present		Preterit	
bostezo	bostezamos	bostecé	bostezamos
bostezas	bostezáis	bostezaste	bostezasteis
bosteza	bostezan	bostezó	bostezaron

Imperfect		Present Perfect	
bostezaba	bostezábamos	he bostezado	hemos bostezado
bostezabas	bostezabais	has bostezado	habéis bostezado
bostezaba	bostezaban	ha bostezado	han bostezado

Future		Conditional	
bostezaré	bostezaremos	bostezaría	bostezaríamos
bostezarás	bostezaréis	bostezarías	bostezaríais
bostezará	bostezarán	bostezaría	bostezarían

Pluperfect		Preterit Perfect	
había bostezado	habíamos bostezado	hube bostezado	hubimos bostezado
habías bostezado	habíais bostezado	hubiste bostezado	hubisteis bostezado
había bostezado	habían bostezado	hubo bostezado	hubieron bostezado

Future Perfect		Conditional Perfect	
habré bostezado	habremos bostezado	habría bostezado	habríamos bostezado
habrás bostezado	habréis bostezado	habrías bostezado	habríais bostezado
habrá bostezado	habrán bostezado	habría bostezado	habrían bostezado

Present Subjunctive		Present Perfect Subjunctive	
bostece	bostecemos	haya bostezado	hayamos bostezado
bosteces	bostecéis	hayas bostezado	hayáis bostezado
bostece	bostecen	haya bostezado	hayan bostezado

Imperfect Subjunctive (-ra)		or	Imperfect Subjunctive (-se)	
bostezara	bostezáramos		bostezase	bostezásemos
bostezaras	bostezarais		bostezases	bostezaseis
bostezara	bostezaran		bostezase	bostezasen

Past Perfect Subjunctive (-ra)		or	Past Perfect Subjunctive (-se)	
hubiera bostezado	hubiéramos bostezado		hubiese bostezado	hubiésemos bostezado
hubieras bostezado	hubierais bostezado		hubieses bostezado	hubieseis bostezado
hubiera bostezado	hubieran bostezado		hubiese bostezado	hubiesen bostezado

Progressive Tenses

Present	estoy, estás, está, estamos, estáis, están	
Preterit	estuve, estuviste, estuvo, estuvimos, estuvisteis, estuvieron	
Imperfect	estaba, estabas, estaba, estábamos, estabais, estaban	
Future	estaré, estarás, estará, estaremos, estaréis, estarán	bostezando
Conditional	estaría, estarías, estaría, estaríamos, estaríais, estarían	
Subjunctive	que + corresponding subjunctive tense of estar (see verb 252)	

Commands

	(nosotros) bostecemos / no bostecemos
(tú) bosteza / no bosteces	(vosotros) bostezad / no bostecéis
(Ud.) bostece / no bostece	(Uds.) bostecen / no bostecen

—¡Cuánto bostezas! ¿Tienes sueño? *You're yawning so much! Are you sleepy?*
—Bostezo por la falta de aire. *I'm yawning because of the lack of air.*
Tápense la boca cuando bostezan. *Cover your mouths when you yawn.*
¡Tantos bostezos! Te dolerán las *So much yawning! Your jaws must hurt.*
   mandíbulas.

botar *to throw out*

boto · botaron · botado · botando

regular -ar verb

Present		Preterit	
boto	botamos	boté	botamos
botas	botáis	botaste	botasteis
bota	botan	botó	botaron

Imperfect		Present Perfect	
botaba	botábamos	he botado	hemos botado
botabas	botabais	has botado	habéis botado
botaba	botaban	ha botado	han botado

Future		Conditional	
botaré	botaremos	botaría	botaríamos
botarás	botaréis	botarías	botaríais
botará	botarán	botaría	botarían

Pluperfect		Preterit Perfect	
había botado	habíamos botado	hube botado	hubimos botado
habías botado	habíais botado	hubiste botado	hubisteis botado
había botado	habían botado	hubo botado	hubieron botado

Future Perfect		Conditional Perfect	
habré botado	habremos botado	habría botado	habríamos botado
habrás botado	habréis botado	habrías botado	habríais botado
habrá botado	habrán botado	habría botado	habrían botado

Present Subjunctive		Present Perfect Subjunctive	
bote	botemos	haya botado	hayamos botado
botes	botéis	hayas botado	hayáis botado
bote	boten	haya botado	hayan botado

Imperfect Subjunctive (-ra)		or	Imperfect Subjunctive (-se)	
botara	botáramos		botase	botásemos
botaras	botarais		botases	botaseis
botara	botaran		botase	botasen

Past Perfect Subjunctive (-ra)		or	Past Perfect Subjunctive (-se)	
hubiera botado	hubiéramos botado		hubiese botado	hubiésemos botado
hubieras botado	hubierais botado		hubieses botado	hubieseis botado
hubiera botado	hubieran botado		hubiese botado	hubiesen botado

Progressive Tenses

Present	estoy, estás, está, estamos, estáis, están	
Preterit	estuve, estuviste, estuvo, estuvimos, estuvisteis, estuvieron	
Imperfect	estaba, estabas, estaba, estábamos, estabais, estaban	botando
Future	estaré, estarás, estará, estaremos, estaréis, estarán	
Conditional	estaría, estarías, estaría, estaríamos, estaríais, estarían	
Subjunctive	que + *corresponding subjunctive tense of* estar (*see verb 252*)	

Commands

	(nosotros) botemos / no botemos
(tú) bota / no botes	(vosotros) botad / no botéis
(Ud.) bote / no bote	(Uds.) boten / no boten

USAGE

Lo botaron del club.	*They threw him out of the club.*
Bota todos esos papeles.	*Throw all those papers away.*
Se botó la pelota.	*The ball rebounded.*
Es dinero botado.	*It's money thrown away / squandered.*

-ar verb; spelling change: c > qu/e

brinco · brincaron · brincado · brincando

Present		Preterit	
brinco	brincamos	brinqué	brincamos
brincas	brincáis	brincaste	brincasteis
brinca	brincan	brincó	brincaron

Imperfect		Present Perfect	
brincaba	brincábamos	he brincado	hemos brincado
brincabas	brincabais	has brincado	habéis brincado
brincaba	brincaban	ha brincado	han brincado

Future		Conditional	
brincaré	brincaremos	brincaría	brincaríamos
brincarás	brincaréis	brincarías	brincaríais
brincará	brincarán	brincaría	brincarían

Pluperfect		Preterit Perfect	
había brincado	habíamos brincado	hube brincado	hubimos brincado
habías brincado	habíais brincado	hubiste brincado	hubisteis brincado
había brincado	habían brincado	hubo brincado	hubieron brincado

Future Perfect		Conditional Perfect	
habré brincado	habremos brincado	habría brincado	habríamos brincado
habrás brincado	habréis brincado	habrías brincado	habríais brincado
habrá brincado	habrán brincado	habría brincado	habrían brincado

Present Subjunctive		Present Perfect Subjunctive	
brinque	brinquemos	haya brincado	hayamos brincado
brinques	brinquéis	hayas brincado	hayáis brincado
brinque	brinquen	haya brincado	hayan brincado

Imperfect Subjunctive (-ra)		or	Imperfect Subjunctive (-se)	
brincara	brincáramos		brincase	brincásemos
brincaras	brincarais		brincases	brincaseis
brincara	brincaran		brincase	brincasen

Past Perfect Subjunctive (-ra)		or	Past Perfect Subjunctive (-se)	
hubiera brincado	hubiéramos brincado		hubiese brincado	hubiésemos brincado
hubieras brincado	hubierais brincado		hubieses brincado	hubieseis brincado
hubiera brincado	hubieran brincado		hubiese brincado	hubiesen brincado

Progressive Tenses

Present	estoy, estás, está, estamos, estáis, están	
Preterit	estuve, estuviste, estuvo, estuvimos, estuvisteis, estuvieron	
Imperfect	estaba, estabas, estaba, estábamos, estabais, estaban	brincando
Future	estaré, estarás, estará, estaremos, estaréis, estarán	
Conditional	estaría, estarías, estaría, estaríamos, estaríais, estarían	
Subjunctive	que + corresponding subjunctive tense of estar (see verb 252)	

Commands

	(nosotros) brinquemos / no brinquemos
(tú) brinca / no brinques	(vosotros) brincad / no brinquéis
(Ud.) brinque / no brinque	(Uds.) brinquen / no brinquen

USAGE

Brincó de alegría al oír la noticia.	She jumped for joy when she heard the news.
¡Niños, no brinquen en el sofá!	Children, don't jump around on the couch!
Dio un brinco cuando se enteró.	He jumped up when he found out.
Los conejos están brincando.	The rabbits are hopping around.
Los corderos brincaban en el prado.	The lambs were gamboling in the meadow.
Terminaron el trabajo en un brinco.	They finished the work in no time at all.

burlarse *to make fun of, mock*

burlo · burlaron · burlado · burlándose

regular -ar reflexive verb

Present		Preterit	
me burlo	nos burlamos	me burlé	nos burlamos
te burlas	os burláis	te burlaste	os burlasteis
se burla	se burlan	se burló	se burlaron

Imperfect		Present Perfect	
me burlaba	nos burlábamos	me he burlado	nos hemos burlado
te burlabas	os burlabais	te has burlado	os habéis burlado
se burlaba	se burlaban	se ha burlado	se han burlado

Future		Conditional	
me burlaré	nos burlaremos	me burlaría	nos burlaríamos
te burlarás	os burlaréis	te burlarías	os burlaríais
se burlará	se burlarán	se burlaría	se burlarían

Pluperfect		Preterit Perfect	
me había burlado	nos habíamos burlado	me hube burlado	nos hubimos burlado
te habías burlado	os habíais burlado	te hubiste burlado	os hubisteis burlado
se había burlado	se habían burlado	se hubo burlado	se hubieron burlado

Future Perfect		Conditional Perfect	
me habré burlado	nos habremos burlado	me habría burlado	nos habríamos burlado
te habrás burlado	os habréis burlado	te habrías burlado	os habríais burlado
se habrá burlado	se habrán burlado	se habría burlado	se habrían burlado

Present Subjunctive		Present Perfect Subjunctive	
me burle	nos burlemos	me haya burlado	nos hayamos burlado
te burles	os burléis	te hayas burlado	os hayáis burlado
se burle	se burlen	se haya burlado	se hayan burlado

Imperfect Subjunctive (-ra)		*or*	Imperfect Subjunctive (-se)	
me burlara	nos burláramos		me burlase	nos burlásemos
te burlaras	os burlarais		te burlases	os burlaseis
se burlara	se burlaran		se burlase	se burlasen

Past Perfect Subjunctive (-ra)		*or*	Past Perfect Subjunctive (-se)	
me hubiera burlado	nos hubiéramos burlado		me hubiese burlado	nos hubiésemos burlado
te hubieras burlado	os hubierais burlado		te hubieses burlado	os hubieseis burlado
se hubiera burlado	se hubieran burlado		se hubiese burlado	se hubiesen burlado

Progressive Tenses

Present	estoy, estás, está, estamos, estáis, están	
Preterit	estuve, estuviste, estuvo, estuvimos, estuvisteis, estuvieron	
Imperfect	estaba, estabas, estaba, estábamos, estabais, estaban	burlando (*see page 41*)
Future	estaré, estarás, estará, estaremos, estaréis, estarán	
Conditional	estaría, estarías, estaría, estaríamos, estaríais, estarían	
Subjunctive	que + *corresponding subjunctive tense of* estar (*see verb 252*)	

Commands

	(nosotros) burlémonos / no nos burlemos
(tú) búrlate / no te burles	(vosotros) burlaos / no os burléis
(Ud.) búrlese / no se burle	(Uds.) búrlense / no se burlen

USAGE

No te burles de ellos.	*Don't make fun of them.*
No se burlen de ella.	*Don't mock/ridicule her.*
Le hicieron burla a Pedro.	*They made fun of Pedro.*
No soportamos su actitud burlona.	*We can't stand her mocking attitude.*
Hay abogados que burlan las leyes.	*There are lawyers who flout / scoff at the law.*
Don Juan Tenorio es *el Burlador de Sevilla.*	*Don Juan Tenorio is* the Seducer of Seville.

-ar verb; spelling change: *c > qu/e*

busco · buscaron · buscado · buscando

Present		Preterit	
busco	buscamos	busqué	buscamos
buscas	buscáis	buscaste	buscasteis
busca	buscan	buscó	buscaron

Imperfect		Present Perfect	
buscaba	buscábamos	he buscado	hemos buscado
buscabas	buscabais	has buscado	habéis buscado
buscaba	buscaban	ha buscado	han buscado

Future		Conditional	
buscaré	buscaremos	buscaría	buscaríamos
buscarás	buscaréis	buscarías	buscaríais
buscará	buscarán	buscaría	buscarían

Pluperfect		Preterit Perfect	
había buscado	habíamos buscado	hube buscado	hubimos buscado
habías buscado	habíais buscado	hubiste buscado	hubisteis buscado
había buscado	habían buscado	hubo buscado	hubieron buscado

Future Perfect		Conditional Perfect	
habré buscado	habremos buscado	habría buscado	habríamos buscado
habrás buscado	habréis buscado	habrías buscado	habríais buscado
habrá buscado	habrán buscado	habría buscado	habrían buscado

Present Subjunctive		Present Perfect Subjunctive	
busque	busquemos	haya buscado	hayamos buscado
busques	busquéis	hayas buscado	hayáis buscado
busque	busquen	haya buscado	hayan buscado

Imperfect Subjunctive (-ra)		*or*	Imperfect Subjunctive (-se)	
buscara	buscáramos		buscase	buscásemos
buscaras	buscarais		buscases	buscaseis
buscara	buscaran		buscase	buscasen

Past Perfect Subjunctive (-ra)		*or*	Past Perfect Subjunctive (-se)	
hubiera buscado	hubiéramos buscado		hubiese buscado	hubiésemos buscado
hubieras buscado	hubierais buscado		hubieses buscado	hubieseis buscado
hubiera buscado	hubieran buscado		hubiese buscado	hubiesen buscado

Progressive Tenses

Present	estoy, estás, está, estamos, estáis, están	
Preterit	estuve, estuviste, estuvo, estuvimos, estuvisteis, estuvieron	
Imperfect	estaba, estabas, estaba, estábamos, estabais, estaban	buscando
Future	estaré, estarás, estará, estaremos, estaréis, estarán	
Conditional	estaría, estarías, estaría, estaríamos, estaríais, estarían	
Subjunctive	que + *corresponding subjunctive tense of* estar (*see verb 252*)	

Commands

	(nosotros) busquemos / no busquemos
(tú) busca / no busques	(vosotros) buscad / no busquéis
(Ud.) busque / no busque	(Uds.) busquen / no busquen

USAGE

Está buscando su pasaporte.	*He's searching for his passport.*
Busquen al gato en el patio.	*Look for the cat on the patio.*
Buscan trabajo.	*They're looking for work.*
Buscamos un gerente que tenga don de gentes.	*We're seeking a manager who is personable / has a way with people.*
Buscaba un novio que tuviera un buen sentido del humor.	*She was looking for a boyfriend who had a good sense of humor.*

(buscar) *to look for, search*

busco · buscaron · buscado · buscando

-ar verb; spelling change: c > qu/e

¿Sigues buscando empleo?	*Are you still looking for a job?*
Buscan casa/apartamento.	*They're house-hunting/apartment-hunting.*
Se busca programador/arquitecto.	*We're looking for a programmer/architect.*
Busqué la palabra en el diccionario.	*I looked up the word in the dictionary.*
Ve a buscar el periódico.	*Go and get/bring the newspaper.*
Búscame unos entremeses, por favor.	*Please get me some hors d'oeuvres.*

—Buscamos una solución a este problema. *We're looking for a solution to this problem.*
—Les recomiendo que busquen consejos. *I recommend that you seek advice.*

No busques problemas. *Don't look for / ask for problems.*
Si usas las herramientas del idioma de Google, *If you use Google's language tools, you can search*
    puedes buscar sólo páginas en español.   *just Spanish pages.*
Hay muchos sitios en línea para buscar pareja. *There are many online sites where you can look for*
                                                a date/mate.

Luis va de borrachera todas las noches. *Luis goes on a binge every night. I'm afraid he's*
    Temo que se busque la ruina.   *on the road to ruin.*

OTHER USES AND RELATED WORDS

Te buscaremos a las siete. *We'll pick you up at seven o'clock.*
No se expresa bien. Busca sus palabras. *He doesn't express himself well. He fumbles for his*
                                        words.

—No encuentro la llave en mi bolsa. *I can't find the key in my bag.*
—Sácalo todo para no tener que buscarla *Take everything out so that you don't have to fumble*
    a tientas.   *for it.*

Se busca la vida mientras toma clases. *She's trying to earn a living while she studies.*
Iba en busca de un buen carro de segunda mano. *He was going in search of a good used car.*
Quien busca halla. *Seek and ye shall find.*
¡No le busques tres pies al gato! *Don't split hairs / complicate matters!*
Buscar el anillo es buscar una aguja en un pajar. *Looking for the ring is like looking for a needle*
                                                  in a haystack.

Se hace una búsqueda de ejecutivos. *They're doing an executive search.*
Es un buscapleitos. *He's a troublemaker.*
Es una buscavidas. *She's a go-getter/busybody.*
El buscón es el título de una novela picaresca *The Pickpocket / Petty Thief is the title of a Spanish*
    española.   *picaresque novel.*
El novelista tiene un estilo rebuscado. *The novelist's style is recherché/pedantic/affected.*

—¿Conoces un poderoso buscador de imágenes? *Are you familiar with a powerful search engine*
                                            for images?

—No. ¿Por qué no haces una búsqueda avanzada *No. Why don't you do an advanced search on Google?*
en Google?

irregular verb

Present	
quepo	cabemos
cabes	cabéis
cabe	caben

Preterit	
cupe	cupimos
cupiste	cupisteis
cupo	cupieron

Imperfect	
cabía	cabíamos
cabías	cabíais
cabía	cabían

Present Perfect	
he cabido	hemos cabido
has cabido	habéis cabido
ha cabido	han cabido

Future	
cabré	cabremos
cabrás	cabréis
cabrá	cabrán

Conditional	
cabría	cabríamos
cabrías	cabríais
cabría	cabrían

Pluperfect	
había cabido	habíamos cabido
habías cabido	habíais cabido
había cabido	habían cabido

Preterit Perfect	
hube cabido	hubimos cabido
hubiste cabido	hubisteis cabido
hubo cabido	hubieron cabido

Future Perfect	
habré cabido	habremos cabido
habrás cabido	habréis cabido
habrá cabido	habrán cabido

Conditional Perfect	
habría cabido	habríamos cabido
habrías cabido	habríais cabido
habría cabido	habrían cabido

Present Subjunctive	
quepa	quepamos
quepas	quepáis
quepa	quepan

Present Perfect Subjunctive	
haya cabido	hayamos cabido
hayas cabido	hayáis cabido
haya cabido	hayan cabido

Imperfect Subjunctive (-ra)	
cupiera	cupiéramos
cupieras	cupierais
cupiera	cupieran

or

Imperfect Subjunctive (-se)	
cupiese	cupiésemos
cupieses	cupieseis
cupiese	cupiesen

Past Perfect Subjunctive (-ra)	
hubiera cabido	hubiéramos cabido
hubieras cabido	hubierais cabido
hubiera cabido	hubieran cabido

or

Past Perfect Subjunctive (-se)	
hubiese cabido	hubiésemos cabido
hubieses cabido	hubieseis cabido
hubiese cabido	hubiesen cabido

Progressive Tenses

Present	estoy, estás, está, estamos, estáis, están
Preterit	estuve, estuviste, estuvo, estuvimos, estuvisteis, estuvieron
Imperfect	estaba, estabas, estaba, estábamos, estabais, estaban
Future	estaré, estarás, estará, estaremos, estaréis, estarán
Conditional	estaría, estarías, estaría, estaríamos, estaríais, estarían
Subjunctive	que + *corresponding subjunctive tense of* estar (*see verb 252*)

> cabiendo

Commands

	(nosotros) quepamos / no quepamos
(tú) cabe / no quepas	(vosotros) cabed / no quepáis
(Ud.) quepa / no quepa	(Uds.) quepan / no quepan

(**USAGE**)

No cabe ni una cosa más en la caja.
Caben 300 personas en la sala de conciertos.
Dudo que el piano de media cola quepa por
   la puerta.
No cabe duda.
¡Qué presumido es! No cabe en sí.
Todo cabe en lo humano.

Not one more thing will fit in the box.
The concert hall holds 300 people.
I doubt the baby grand piano will fit through
   the door.
There's no doubt.
How conceited he is! He's full of himself.
Everything is possible.

caer *to fall*

caigo · cayeron · caído · cayendo

irregular verb

Cayeron en la trampa.	*They fell into the trap.*
Caíste en un error.	*You made a mistake.*
Su cumpleaños cae en viernes.	*Her birthday falls on a Friday.*
Unos invitados cayeron enfermos.	*Some guests fell ill.*
Cayó por la casa sin llamar.	*He dropped by the house without calling.*
Al caer la noche volvimos a la ciudad.	*At nightfall we returned to the city.*
Le cayó el premio.	*He won the prize.*

 —Ese tipo me cae gordo. — *I can't stand that guy.*
—A mí también me cae mal. — *I can't stand him either.*

Nos cayó encima la administración de la compañía. — *The management of the company fell on our shoulders.*

Muchos soldados cayeron en esa batalla. — *Many soldiers fell/died in that battle.*

Cae de su peso de que la economía del país anda mal. — *It's obvious that the country's economy is in trouble.*

Esto lo vamos a averiguar caiga quien caiga. — *We're going to get to the bottom of this, whatever it takes.*

caerse *to fall, fall down*

Nos caímos de risa.	*We fell down with / were overcome by laughter.*
Se caía de sueño.	*He was dropping off / falling asleep on his feet.*
A veces sueño que me caigo y me despierto asustadísimo.	*Sometimes I dream I am falling and I wake up really scared.*
Se nos cayó el sistema.	*Our system is down.*

 —Claudia se cayó del caballo. — *Claudia fell off the horse.*
—Espero que no se haya caído de espaldas. — *I hope she didn't fall on her back.*

caérsele a alguien (unplanned or unexpected occurrence) *to drop*

El monedero se le habrá caído.	*She must have dropped her change purse.*
Al niño se le cayó otro diente.	*The little boy lost another tooth.*

 —¡Ay, no! ¡Se me cayó la torta! — *Oh, no! I dropped the cake!*
—¡Y a mí se me cayeron las copas de vino! — *And I dropped the wine glasses!*

Que no se te caiga la bandeja.	*Don't drop the tray.*
Que no se le caigan los platos.	*Don't drop the plates.*
Las ideas democráticas hicieron caer el comunismo.	*Democratic ideas brought about the fall of communism.*
Para estos chicos, los consejos caen en saco roto.	*For these kids, advice goes in one ear and out the other.*
Derrochó su fortuna. Ahora no tiene dónde caerse muerto.	*He squandered his fortune. Now he hasn't a penny to his name.*
Cayó en la cuenta de su maleficencia.	*She became aware of her wrongdoing.*
Hay monumentos a los caídos en las guerras.	*There are monuments/memorials to the war dead.*
Están decaídos por las últimas noticias.	*They're discouraged by the latest news.*

irregular verb

caigo · cayeron · caído · cayendo

	Present		Preterit
caigo	caemos	caí	caímos
caes	caéis	caíste	caísteis
cae	caen	cayó	cayeron

	Imperfect		Present Perfect
caía	caíamos	he caído	hemos caído
caías	caíais	has caído	habéis caído
caía	caían	ha caído	han caído

	Future		Conditional
caeré	caeremos	caería	caeríamos
caerás	caeréis	caerías	caeríais
caerá	caerán	caería	caerían

	Pluperfect		Preterit Perfect
había caído	habíamos caído	hube caído	hubimos caído
habías caído	habíais caído	hubiste caído	hubisteis caído
había caído	habían caído	hubo caído	hubieron caído

	Future Perfect		Conditional Perfect
habré caído	habremos caído	habría caído	habríamos caído
habrás caído	habréis caído	habrías caído	habríais caído
habrá caído	habrán caído	habría caído	habrían caído

	Present Subjunctive		Present Perfect Subjunctive
caiga	caigamos	haya caído	hayamos caído
caigas	caigáis	hayas caído	hayáis caído
caiga	caigan	haya caído	hayan caído

Imperfect Subjunctive (-ra)		or	Imperfect Subjunctive (-se)	
cayera	cayéramos		cayese	cayésemos
cayeras	cayerais		cayeses	cayeseis
cayera	cayeran		cayese	cayesen

Past Perfect Subjunctive (-ra)		or	Past Perfect Subjunctive (-se)	
hubiera caído	hubiéramos caído		hubiese caído	hubiésemos caído
hubieras caído	hubierais caído		hubieses caído	hubieseis caído
hubiera caído	hubieran caído		hubiese caído	hubiesen caído

Progressive Tenses

Present	estoy, estás, está, estamos, estáis, están	
Preterit	estuve, estuviste, estuvo, estuvimos, estuvisteis, estuvieron	
Imperfect	estaba, estabas, estaba, estábamos, estabais, estaban	
Future	estaré, estarás, estará, estaremos, estaréis, estarán	cayendo
Conditional	estaría, estarías, estaría, estaríamos, estaríais, estarían	
Subjunctive	que + *corresponding subjunctive tense of* estar (*see verb 252*)	

Commands

	(nosotros) caigamos / no caigamos
(tú) cae / no caigas	(vosotros) caed / no caigáis
(Ud.) caiga / no caiga	(Uds.) caigan / no caigan

 USAGE

Las manzanas caían de los árboles.	*The apples fell from the trees.*
La nieve está cayendo.	*The snow is falling.*
Cayó el sol.	*The sun set.*
Esa computadora cayó en desuso.	*That computer became obsolete.*
Se cayó de la bicicleta.	*She fell off her bicycle.*
Se me cayó el florero.	*I dropped the vase.*
Se le cae el pelo.	*His hair is falling out.*

calcular *to calculate, work out, think*

calculo · calcularon · calculado · calculando

regular *-ar* verb

Present		Preterit	
calculo	calculamos	calculé	calculamos
calculas	calculáis	calculaste	calculasteis
calcula	calculan	calculó	calcularon

Imperfect		Present Perfect	
calculaba	calculábamos	he calculado	hemos calculado
calculabas	calculabais	has calculado	habéis calculado
calculaba	calculaban	ha calculado	han calculado

Future		Conditional	
calcularé	calcularemos	calcularía	calcularíamos
calcularás	calcularéis	calcularías	calcularíais
calculará	calcularán	calcularía	calcularían

Pluperfect		Preterit Perfect	
había calculado	habíamos calculado	hube calculado	hubimos calculado
habías calculado	habíais calculado	hubiste calculado	hubisteis calculado
había calculado	habían calculado	hubo calculado	hubieron calculado

Future Perfect		Conditional Perfect	
habré calculado	habremos calculado	habría calculado	habríamos calculado
habrás calculado	habréis calculado	habrías calculado	habríais calculado
habrá calculado	habrán calculado	habría calculado	habrían calculado

Present Subjunctive		Present Perfect Subjunctive	
calcule	calculemos	haya calculado	hayamos calculado
calcules	calculéis	hayas calculado	hayáis calculado
calcule	calculen	haya calculado	hayan calculado

Imperfect Subjunctive (-ra)		*or*	Imperfect Subjunctive (-se)	
calculara	calculáramos		calculase	calculásemos
calcularas	calcularais		calculases	calculaseis
calculara	calcularan		calculase	calculasen

Past Perfect Subjunctive (-ra)		*or*	Past Perfect Subjunctive (-se)	
hubiera calculado	hubiéramos calculado		hubiese calculado	hubiésemos calculado
hubieras calculado	hubierais calculado		hubieses calculado	hubieseis calculado
hubiera calculado	hubieran calculado		hubiese calculado	hubiesen calculado

Progressive Tenses

Present	estoy, estás, está, estamos, estáis, están	
Preterit	estuve, estuviste, estuvo, estuvimos, estuvisteis, estuvieron	
Imperfect	estaba, estabas, estaba, estábamos, estabais, estaban	calculando
Future	estaré, estarás, estará, estaremos, estaréis, estarán	
Conditional	estaría, estarías, estaría, estaríamos, estaríais, estarían	
Subjunctive	que + *corresponding subjunctive tense of* estar (*see verb 252*)	

Commands

	(nosotros) calculemos / no calculemos
(tú) calcula / no calcules	(vosotros) calculad / no calculéis
(Ud.) calcule / no calcule	(Uds.) calculen / no calculen

USAGE

Calculemos los gastos mensuales.	*Let's calculate / work out the monthly costs.*
—Calculo que son seis horas de viaje.	*I think the trip will take six hours.*
—Según tus cálculos estará para las ocho.	*By your reckoning, he'll be here by 8:00.*
Le calculo 25 años.	*I think he's 25 years old.*
Se hizo un cálculo erróneo.	*A mathematical error was made.*
Use la calculadora de bolsillo.	*Use the pocket calculator.*
Se especializan en cálculo.	*They're majoring in calculus.*

stem-changing -ar verb: e > ie

caliento · calentaron · calentado · calentando

Present

caliento	calentamos		
calientas	calentáis		
calienta	calientan		

Preterit

calenté	calentamos
calentaste	calentasteis
calentó	calentaron

Imperfect

calentaba	calentábamos
calentabas	calentabais
calentaba	calentaban

Present Perfect

he calentado	hemos calentado
has calentado	habéis calentado
ha calentado	han calentado

Future

calentaré	calentaremos
calentarás	calentaréis
calentará	calentarán

Conditional

calentaría	calentaríamos
calentarías	calentaríais
calentaría	calentarían

Pluperfect

había calentado	habíamos calentado
habías calentado	habíais calentado
había calentado	habían calentado

Preterit Perfect

hube calentado	hubimos calentado
hubiste calentado	hubisteis calentado
hubo calentado	hubieron calentado

Future Perfect

habré calentado	habremos calentado
habrás calentado	habréis calentado
habrá calentado	habrán calentado

Conditional Perfect

habría calentado	habríamos calentado
habrías calentado	habríais calentado
habría calentado	habrían calentado

Present Subjunctive

caliente	calentemos
calientes	calentéis
caliente	calienten

Present Perfect Subjunctive

haya calentado	hayamos calentado
hayas calentado	hayáis calentado
haya calentado	hayan calentado

Imperfect Subjunctive (-ra)

calentara	calentáramos
calentaras	calentarais
calentara	calentaran

or

Imperfect Subjunctive (-se)

calentase	calentásemos
calentases	calentaseis
calentase	calentasen

Past Perfect Subjunctive (-ra)

hubiera calentado	hubiéramos calentado
hubieras calentado	hubierais calentado
hubiera calentado	hubieran calentado

or

Past Perfect Subjunctive (-se)

hubiese calentado	hubiésemos calentado
hubieses calentado	hubieseis calentado
hubiese calentado	hubiesen calentado

Progressive Tenses

Present	estoy, estás, está, estamos, estáis, están
Preterit	estuve, estuviste, estuvo, estuvimos, estuvisteis, estuvieron
Imperfect	estaba, estabas, estaba, estábamos, estabais, estaban
Future	estaré, estarás, estará, estaremos, estaréis, estarán
Conditional	estaría, estarías, estaría, estaríamos, estaríais, estarían
Subjunctive	que + corresponding subjunctive tense of estar (see verb 252)

} calentando

Commands

	(nosotros) calentemos / no calentemos
(tú) calienta / no calientes	(vosotros) calentad / no calentéis
(Ud.) caliente / no caliente	(Uds.) calienten / no calienten

USAGE

La sopa no está caliente. Yo te la caliento.	*The soup isn't hot. I'll warm it up for you.*
El lanzador se está calentando.	*The pitcher is warming up.*
Tómate un chocolate para calentarte.	*Have a cup of cocoa to warm yourself up.*
El debate se iba calentando.	*The debate/discussion was heating up.*
Escuchar estas estupideces me calienta la sangre.	*Listening to these stupid things irritates me.*

callarse to be/keep quiet

callo · callaron · callado · callándose

regular -ar reflexive verb

Present		Preterit	
me callo	nos callamos	me callé	nos callamos
te callas	os calláis	te callaste	os callasteis
se calla	se callan	se calló	se callaron

Imperfect		Present Perfect	
me callaba	nos callábamos	me he callado	nos hemos callado
te callabas	os callabais	te has callado	os habéis callado
se callaba	se callaban	se ha callado	se han callado

Future		Conditional	
me callaré	nos callaremos	me callaría	nos callaríamos
te callarás	os callaréis	te callarías	os callaríais
se callará	se callarán	se callaría	se callarían

Pluperfect		Preterit Perfect	
me había callado	nos habíamos callado	me hube callado	nos hubimos callado
te habías callado	os habíais callado	te hubiste callado	os hubisteis callado
se había callado	se habían callado	se hubo callado	se hubieron callado

Future Perfect		Conditional Perfect	
me habré callado	nos habremos callado	me habría callado	nos habríamos callado
te habrás callado	os habréis callado	te habrías callado	os habríais callado
se habrá callado	se habrán callado	se habría callado	se habrían callado

Present Subjunctive		Present Perfect Subjunctive	
me calle	nos callemos	me haya callado	nos hayamos callado
te calles	os calléis	te hayas callado	os hayáis callado
se calle	se callen	se haya callado	se hayan callado

Imperfect Subjunctive (-ra)		or	Imperfect Subjunctive (-se)	
me callara	nos calláramos		me callase	nos callásemos
te callaras	os callarais		te callases	os callaseis
se callara	se callaran		se callase	se callasen

Past Perfect Subjunctive (-ra)		or	Past Perfect Subjunctive (-se)	
me hubiera callado	nos hubiéramos callado		me hubiese callado	nos hubiésemos callado
te hubieras callado	os hubierais callado		te hubieses callado	os hubieseis callado
se hubiera callado	se hubieran callado		se hubiese callado	se hubiesen callado

Progressive Tenses

Present	estoy, estás, está, estamos, estáis, están	
Preterit	estuve, estuviste, estuvo, estuvimos, estuvisteis, estuvieron	
Imperfect	estaba, estabas, estaba, estábamos, estabais, estaban	callando (see page 41)
Future	estaré, estarás, estará, estaremos, estaréis, estarán	
Conditional	estaría, estarías, estaría, estaríamos, estaríais, estarían	
Subjunctive	que + corresponding subjunctive tense of estar (see verb 252)	

Commands

	(nosotros) callémonos / no nos callemos
(tú) cállate / no te calles	(vosotros) callaos / no os calléis
(Ud.) cállese / no se calle	(Uds.) cállense / no se callen

USAGE

¡Cállate! / ¡Cállate la boca!
Al entrar nosotros en el cuarto, se callaron.
Haga callar a los niños.
En este caso es mejor callarse.
Es una persona muy callada.
Quien calla otorga.
Se hizo entender calladamente.

Be quiet! / Shut up!
When we entered the room they became silent.
Make the children be quiet.
In this case it's best to say nothing.
She's a very quiet/reserved person.
He who keeps silent gives consent.
She made herself understood without saying a word.

regular *-ar* reflexive verb

calmo · calmaron · calmado · calmándose

Present

me calmo	nos calmamos
te calmas	os calmáis
se calma	se calman

Preterit

me calmé	nos calmamos
te calmaste	os calmasteis
se calmó	se calmaron

Imperfect

me calmaba	nos calmábamos
te calmabas	os calmabais
se calmaba	se calmaban

Present Perfect

me he calmado	nos hemos calmado
te has calmado	os habéis calmado
se ha calmado	se han calmado

Future

me calmaré	nos calmaremos
te calmarás	os calmaréis
se calmará	se calmarán

Conditional

me calmaría	nos calmaríamos
te calmarías	os calmaríais
se calmaría	se calmarían

Pluperfect

me había calmado	nos habíamos calmado
te habías calmado	os habíais calmado
se había calmado	se habían calmado

Preterit Perfect

me hube calmado	nos hubimos calmado
te hubiste calmado	os hubisteis calmado
se hubo calmado	se hubieron calmado

Future Perfect

me habré calmado	nos habremos calmado
te habrás calmado	os habréis calmado
se habrá calmado	se habrán calmado

Conditional Perfect

me habría calmado	nos habríamos calmado
te habrías calmado	os habríais calmado
se habría calmado	se habrían calmado

Present Subjunctive

me calme	nos calmemos
te calmes	os calméis
se calme	se calmen

Present Perfect Subjunctive

me haya calmado	nos hayamos calmado
te hayas calmado	os hayáis calmado
se haya calmado	se hayan calmado

Imperfect Subjunctive (-ra)

me calmara	nos calmáramos
te calmaras	os calmarais
se calmara	se calmaran

or

Imperfect Subjunctive (-se)

me calmase	nos calmásemos
te calmases	os calmaseis
se calmase	se calmasen

Past Perfect Subjunctive (-ra)

me hubiera calmado	nos hubiéramos calmado
te hubieras calmado	os hubierais calmado
se hubiera calmado	se hubieran calmado

or

Past Perfect Subjunctive (-se)

me hubiese calmado	nos hubiésemos calmado
te hubieses calmado	os hubieseis calmado
se hubiese calmado	se hubiesen calmado

Progressive Tenses

Present	estoy, estás, está, estamos, estáis, están	
Preterit	estuve, estuviste, estuvo, estuvimos, estuvisteis, estuvieron	
Imperfect	estaba, estabas, estaba, estábamos, estabais, estaban	calmando (*see page 41*)
Future	estaré, estarás, estará, estaremos, estaréis, estarán	
Conditional	estaría, estarías, estaría, estaríamos, estaríais, estarían	
Subjunctive	que + *corresponding subjunctive tense of* estar (*see verb 252*)	

Commands

	(nosotros) calmémonos / no nos calmemos
(tú) cálmate / no te calmes	(vosotros) calmaos / no os calméis
(Ud.) cálmese / no se calme	(Uds.) cálmense / no se calmen

USAGE

Los calmaba después del accidente.	*I was calming them down after the accident.*
Les dije que se calmaran.	*I told them to calm down.*
Cálmate.	*Calm down.*
El viento está calmándose.	*The wind is dying down.*
La aspirina calma el dolor de muelas.	*Aspirin soothes a toothache.*
Todo se debe hacer con calma.	*Everything should be done calmly.*
El médico no receta calmantes.	*The doctor doesn't prescribe tranquillizers.*

cambiar *to change, exchange*

cambio · cambiaron · cambiado · cambiando   regular -*ar* verb

Present		Preterit	
cambio	cambiamos	cambié	cambiamos
cambias	cambiáis	cambiaste	cambiasteis
cambia	cambian	cambió	cambiaron

Imperfect		Present Perfect	
cambiaba	cambiábamos	he cambiado	hemos cambiado
cambiabas	cambiabais	has cambiado	habéis cambiado
cambiaba	cambiaban	ha cambiado	han cambiado

Future		Conditional	
cambiaré	cambiaremos	cambiaría	cambiaríamos
cambiarás	cambiaréis	cambiarías	cambiaríais
cambiará	cambiarán	cambiaría	cambiarían

Pluperfect		Preterit Perfect	
había cambiado	habíamos cambiado	hube cambiado	hubimos cambiado
habías cambiado	habíais cambiado	hubiste cambiado	hubisteis cambiado
había cambiado	habían cambiado	hubo cambiado	hubieron cambiado

Future Perfect		Conditional Perfect	
habré cambiado	habremos cambiado	habría cambiado	habríamos cambiado
habrás cambiado	habréis cambiado	habrías cambiado	habríais cambiado
habrá cambiado	habrán cambiado	habría cambiado	habrían cambiado

Present Subjunctive		Present Perfect Subjunctive	
cambie	cambiemos	haya cambiado	hayamos cambiado
cambies	cambiéis	hayas cambiado	hayáis cambiado
cambie	cambien	haya cambiado	hayan cambiado

Imperfect Subjunctive (-ra)		or	Imperfect Subjunctive (-se)	
cambiara	cambiáramos		cambiase	cambiásemos
cambiaras	cambiarais		cambiases	cambiaseis
cambiara	cambiaran		cambiase	cambiasen

Past Perfect Subjunctive (-ra)		or	Past Perfect Subjunctive (-se)	
hubiera cambiado	hubiéramos cambiado		hubiese cambiado	hubiésemos cambiado
hubieras cambiado	hubierais cambiado		hubieses cambiado	hubieseis cambiado
hubiera cambiado	hubieran cambiado		hubiese cambiado	hubiesen cambiado

Progressive Tenses

Present	estoy, estás, está, estamos, estáis, están	
Preterit	estuve, estuviste, estuvo, estuvimos, estuvisteis, estuvieron	
Imperfect	estaba, estabas, estaba, estábamos, estabais, estaban	
Future	estaré, estarás, estará, estaremos, estaréis, estarán	cambiando
Conditional	estaría, estarías, estaría, estaríamos, estaríais, estarían	
Subjunctive	que + *corresponding subjunctive tense of* estar (*see verb 252*)	

Commands

	(nosotros) cambiemos / no cambiemos
(tú) cambia / no cambies	(vosotros) cambiad / no cambiéis
(Ud.) cambie / no cambie	(Uds.) cambien / no cambien

USAGE

Cambiaron de opinión/idea.	*They changed their minds.*
Cambió su política a lo largo de los años.	*His policy/politics changed through the years.*
Cambiemos los pesos por euros.	*Let's exchange the pesos for euros.*
Cambié mi furgoneta por un coche deportivo.	*I traded my station wagon for a sports car.*
¿Por qué cambiaste la mesa a otro lugar?	*Why did you move the table to another place?*
Se cambió de zapatos y de ropa.	*He changed his shoes and clothing.*
Ha habido un cambio de papeles.	*There's been a role reversal.*

regular *-ar* verb

camino · caminaron · caminado · caminando

Present		Preterit	
camino	caminamos	caminé	caminamos
caminas	camináis	caminaste	caminasteis
camina	caminan	caminó	caminaron

Imperfect		Present Perfect	
caminaba	caminábamos	he caminado	hemos caminado
caminabas	caminabais	has caminado	habéis caminado
caminaba	caminaban	ha caminado	han caminado

Future		Conditional	
caminaré	caminaremos	caminaría	caminaríamos
caminarás	caminaréis	caminarías	caminaríais
caminará	caminarán	caminaría	caminarían

Pluperfect		Preterit Perfect	
había caminado	habíamos caminado	hube caminado	hubimos caminado
habías caminado	habíais caminado	hubiste caminado	hubisteis caminado
había caminado	habían caminado	hubo caminado	hubieron caminado

Future Perfect		Conditional Perfect	
habré caminado	habremos caminado	habría caminado	habríamos caminado
habrás caminado	habréis caminado	habrías caminado	habríais caminado
habrá caminado	habrán caminado	habría caminado	habrían caminado

Present Subjunctive		Present Perfect Subjunctive	
camine	caminemos	haya caminado	hayamos caminado
camines	caminéis	hayas caminado	hayáis caminado
camine	caminen	haya caminado	hayan caminado

Imperfect Subjunctive (-ra)		*or*	Imperfect Subjunctive (-se)	
caminara	camináramos		caminase	caminásemos
caminaras	caminarais		caminases	caminaseis
caminara	caminaran		caminase	caminasen

Past Perfect Subjunctive (-ra)		*or*	Past Perfect Subjunctive (-se)	
hubiera caminado	hubiéramos caminado		hubiese caminado	hubiésemos caminado
hubieras caminado	hubierais caminado		hubieses caminado	hubieseis caminado
hubiera caminado	hubieran caminado		hubiese caminado	hubiesen caminado

Progressive Tenses

Present	estoy, estás, está, estamos, estáis, están	
Preterit	estuve, estuviste, estuvo, estuvimos, estuvisteis, estuvieron	
Imperfect	estaba, estabas, estaba, estábamos, estabais, estaban	caminando
Future	estaré, estarás, estará, estaremos, estaréis, estarán	
Conditional	estaría, estarías, estaría, estaríamos, estaríais, estarían	
Subjunctive	que + *corresponding subjunctive tense of* estar (*see verb 252*)	

Commands

	(nosotros) caminemos / no caminemos
(tú) camina / no camines	(vosotros) caminad / no caminéis
(Ud.) camine / no camine	(Uds.) caminen / no caminen

USAGE

Caminen más rápido.	*Walk more quickly.*
Han caminado muchas millas.	*They've traveled/covered many miles.*
Sigan este camino.	*Follow this road/path.*
A camino largo paso corto.	*Slow and steady wins the race.*
Llevan/Van por buen camino.	*They're on the right track. / They're going the right way.*
Nos dimos una buena caminata.	*We took a nice long walk.*
Estaban bien encaminados.	*They were well on their way. / They were on the right track.*

cancelar) to cancel, remove, settle

cancelo · cancelaron · cancelado · cancelando

regular -ar verb

Present		Preterit	
cancelo	cancelamos	cancelé	cancelamos
cancelas	canceláis	cancelaste	cancelasteis
cancela	cancelan	canceló	cancelaron

Imperfect		Present Perfect	
cancelaba	cancelábamos	he cancelado	hemos cancelado
cancelabas	cancelabais	has cancelado	habéis cancelado
cancelaba	cancelaban	ha cancelado	han cancelado

Future		Conditional	
cancelaré	cancelaremos	cancelaría	cancelaríamos
cancelarás	cancelaréis	cancelarías	cancelaríais
cancelará	cancelarán	cancelaría	cancelarían

Pluperfect		Preterit Perfect	
había cancelado	habíamos cancelado	hube cancelado	hubimos cancelado
habías cancelado	habíais cancelado	hubiste cancelado	hubisteis cancelado
había cancelado	habían cancelado	hubo cancelado	hubieron cancelado

Future Perfect		Conditional Perfect	
habré cancelado	habremos cancelado	habría cancelado	habríamos cancelado
habrás cancelado	habréis cancelado	habrías cancelado	habríais cancelado
habrá cancelado	habrán cancelado	habría cancelado	habrían cancelado

Present Subjunctive		Present Perfect Subjunctive	
cancele	cancelemos	haya cancelado	hayamos cancelado
canceles	canceléis	hayas cancelado	hayáis cancelado
cancele	cancelen	haya cancelado	hayan cancelado

Imperfect Subjunctive (-ra)		or	Imperfect Subjunctive (-se)	
cancelara	canceláramos		cancelase	cancelásemos
cancelaras	cancelarais		cancelases	cancelaseis
cancelara	cancelaran		cancelase	cancelasen

Past Perfect Subjunctive (-ra)		or	Past Perfect Subjunctive (-se)	
hubiera cancelado	hubiéramos cancelado		hubiese cancelado	hubiésemos cancelado
hubieras cancelado	hubierais cancelado		hubieses cancelado	hubieseis cancelado
hubiera cancelado	hubieran cancelado		hubiese cancelado	hubiesen cancelado

Progressive Tenses

Present	estoy, estás, está, estamos, estáis, están	
Preterit	estuve, estuviste, estuvo, estuvimos, estuvisteis, estuvieron	
Imperfect	estaba, estabas, estaba, estábamos, estabais, estaban	
Future	estaré, estarás, estará, estaremos, estaréis, estarán	cancelando
Conditional	estaría, estarías, estaría, estaríamos, estaríais, estarían	
Subjunctive	que + corresponding subjunctive tense of estar (see verb 252)	

Commands

	(nosotros) cancelemos / no cancelemos
(tú) cancela / no canceles	(vosotros) cancelad / no canceléis
(Ud.) cancele / no cancele	(Uds.) cancelen / no cancelen

(**USAGE**)

Cancele el contrato de alquiler.	*Cancel the lease.*
Se canceló la deuda.	*They canceled/settled the debt.*
Se cancelará la cuenta de ahorros.	*The savings account will be closed.*
Se canceló la reservación de la lista.	*The reservation was removed from the list.*
A veces hay que pagar una tasa de cancelación.	*Sometimes you have to pay a cancellation fee.*

regular -ar reflexive verb

canso · cansaron · cansado · cansándose

Present		Preterit	
me canso	nos cansamos	me cansé	nos cansamos
te cansas	os cansáis	te cansaste	os cansasteis
se cansa	se cansan	se cansó	se cansaron

Imperfect		Present Perfect	
me cansaba	nos cansábamos	me he cansado	nos hemos cansado
te cansabas	os cansabais	te has cansado	os habéis cansado
se cansaba	se cansaban	se ha cansado	se han cansado

Future		Conditional	
me cansaré	nos cansaremos	me cansaría	nos cansaríamos
te cansarás	os cansaréis	te cansarías	os cansaríais
se cansará	se cansarán	se cansaría	se cansarían

Pluperfect		Preterit Perfect	
me había cansado	nos habíamos cansado	me hube cansado	nos hubimos cansado
te habías cansado	os habíais cansado	te hubiste cansado	os hubisteis cansado
se había cansado	se habían cansado	se hubo cansado	se hubieron cansado

Future Perfect		Conditional Perfect	
me habré cansado	nos habremos cansado	me habría cansado	nos habríamos cansado
te habrás cansado	os habréis cansado	te habrías cansado	os habríais cansado
se habrá cansado	se habrán cansado	se habría cansado	se habrían cansado

Present Subjunctive		Present Perfect Subjunctive	
me canse	nos cansemos	me haya cansado	nos hayamos cansado
te canses	os canséis	te hayas cansado	os hayáis cansado
se canse	se cansen	se haya cansado	se hayan cansado

Imperfect Subjunctive (-ra)		*or*	Imperfect Subjunctive (-se)	
me cansara	nos cansáramos		me cansase	nos cansásemos
te cansaras	os cansarais		te cansases	os cansaseis
se cansara	se cansaran		se cansase	se cansasen

Past Perfect Subjunctive (-ra)		*or*	Past Perfect Subjunctive (-se)	
me hubiera cansado	nos hubiéramos cansado		me hubiese cansado	nos hubiésemos cansado
te hubieras cansado	os hubierais cansado		te hubieses cansado	os hubieseis cansado
se hubiera cansado	se hubieran cansado		se hubiese cansado	se hubiesen cansado

Progressive Tenses

Present	estoy, estás, está, estamos, estáis, están	
Preterit	estuve, estuviste, estuvo, estuvimos, estuvisteis, estuvieron	
Imperfect	estaba, estabas, estaba, estábamos, estabais, estaban	
Future	estaré, estarás, estará, estaremos, estaréis, estarán	cansando (*see page 41*)
Conditional	estaría, estarías, estaría, estaríamos, estaríais, estarían	
Subjunctive	que + *corresponding subjunctive tense of* estar (*see verb 252*)	

Commands

	(nosotros) cansémonos / no nos cansemos
(tú) cánsate / no te canses	(vosotros) cansaos / no os canséis
(Ud.) cánsese / no se canse	(Uds.) cánsense / no se cansen

Están cansándose.

—Me cansa este trabajo rutinario.
—Yo también me canso de seguir la rutina.
Leer en la pantalla le cansa los ojos.
—Está cansada por el ajetreo.
—Necesita un buen descanso.

They're getting tired.
This routine work bores me.
I'm also getting tired of following this routine.
Reading on the screen strains her eyes.
She's tired because of all the rushing about.
She needs a good rest.

cantar *to sing*

canto · cantaron · cantado · cantando

regular -ar verb

Present		Preterit	
canto	cantamos	canté	cantamos
cantas	cantáis	cantaste	cantasteis
canta	cantan	cantó	cantaron

Imperfect		Present Perfect	
cantaba	cantábamos	he cantado	hemos cantado
cantabas	cantabais	has cantado	habéis cantado
cantaba	cantaban	ha cantado	han cantado

Future		Conditional	
cantaré	cantaremos	cantaría	cantaríamos
cantarás	cantaréis	cantarías	cantaríais
cantará	cantarán	cantaría	cantarían

Pluperfect		Preterit Perfect	
había cantado	habíamos cantado	hube cantado	hubimos cantado
habías cantado	habíais cantado	hubiste cantado	hubisteis cantado
había cantado	habían cantado	hubo cantado	hubieron cantado

Future Perfect		Conditional Perfect	
habré cantado	habremos cantado	habría cantado	habríamos cantado
habrás cantado	habréis cantado	habrías cantado	habríais cantado
habrá cantado	habrán cantado	habría cantado	habrían cantado

Present Subjunctive		Present Perfect Subjunctive	
cante	cantemos	haya cantado	hayamos cantado
cantes	cantéis	hayas cantado	hayáis cantado
cante	canten	haya cantado	hayan cantado

Imperfect Subjunctive (-ra)		*or*	Imperfect Subjunctive (-se)	
cantara	cantáramos		cantase	cantásemos
cantaras	cantarais		cantases	cantaseis
cantara	cantaran		cantase	cantasen

Past Perfect Subjunctive (-ra)		*or*	Past Perfect Subjunctive (-se)	
hubiera cantado	hubiéramos cantado		hubiese cantado	hubiésemos cantado
hubieras cantado	hubierais cantado		hubieses cantado	hubieseis cantado
hubiera cantado	hubieran cantado		hubiese cantado	hubiesen cantado

---

Progressive Tenses

Present	estoy, estás, está, estamos, estáis, están	
Preterit	estuve, estuviste, estuvo, estuvimos, estuvisteis, estuvieron	
Imperfect	estaba, estabas, estaba, estábamos, estabais, estaban	cantando
Future	estaré, estarás, estará, estaremos, estaréis, estarán	
Conditional	estaría, estarías, estaría, estaríamos, estaríais, estarían	
Subjunctive	que + *corresponding subjunctive tense of* estar (*see verb 252*)	

Commands

	(nosotros) cantemos / no cantemos
(tú) canta / no cantes	(vosotros) cantad / no cantéis
(Ud.) cante / no cante	(Uds.) canten / no canten

USAGE

Los cantantes cantaron una linda canción.
El coro cantará el *Réquiem de Brahms*.
Después de un largo interrogatorio de la policía,
  el criminal empezó a cantar.
La pieza es cantable.
El Cantar del Mío Cid es la gran poesía épica
  castellana.

The singers sang a lovely song.
The chorus will sing Brahms' Requiem.
After a long police interrogation, the criminal
  began to sing/squeal.
The piece is cantabile / can be easily sung.
The Poem of the Cid is the great Spanish
  epic poem.

-ar verb;
spelling change: z > c/e

caracterizo · caracterizaron · caracterizado · caracterizando

Present		Preterit	
caracterizo	caracterizamos	caractericé	caracterizamos
caracterizas	caracterizáis	caracterizaste	caracterizasteis
caracteriza	caracterizan	caracterizó	caracterizaron

Imperfect		Present Perfect	
caracterizaba	caracterizábamos	he caracterizado	hemos caracterizado
caracterizabas	caracterizabais	has caracterizado	habéis caracterizado
caracterizaba	caracterizaban	ha caracterizado	han caracterizado

Future		Conditional	
caracterizaré	caracterizaremos	caracterizaría	caracterizaríamos
caracterizarás	caracterizaréis	caracterizarías	caracterizaríais
caracterizará	caracterizarán	caracterizaría	caracterizarían

Pluperfect		Preterit Perfect	
había caracterizado	habíamos caracterizado	hube caracterizado	hubimos caracterizado
habías caracterizado	habíais caracterizado	hubiste caracterizado	hubisteis caracterizado
había caracterizado	habían caracterizado	hubo caracterizado	hubieron caracterizado

Future Perfect		Conditional Perfect	
habré caracterizado	habremos caracterizado	habría caracterizado	habríamos caracterizado
habrás caracterizado	habréis caracterizado	habrías caracterizado	habríais caracterizado
habrá caracterizado	habrán caracterizado	habría caracterizado	habrían caracterizado

Present Subjunctive		Present Perfect Subjunctive	
caracterice	caractericemos	haya caracterizado	hayamos caracterizado
caracterices	caractericéis	hayas caracterizado	hayáis caracterizado
caracterice	caractericen	haya caracterizado	hayan caracterizado

Imperfect Subjunctive (-ra)		or	Imperfect Subjunctive (-se)	
caracterizara	caracterizáramos		caracterizase	caracterizásemos
caracterizaras	caracterizarais		caracterizases	caracterizaseis
caracterizara	caracterizaran		caracterizase	caracterizasen

Past Perfect Subjunctive (-ra)		or	Past Perfect Subjunctive (-se)	
hubiera caracterizado	hubiéramos caracterizado		hubiese caracterizado	hubiésemos caracterizado
hubieras caracterizado	hubierais caracterizado		hubieses caracterizado	hubieseis caracterizado
hubiera caracterizado	hubieran caracterizado		hubiese caracterizado	hubiesen caracterizado

Progressive Tenses

Present	estoy, estás, está, estamos, estáis, están	
Preterit	estuve, estuviste, estuvo, estuvimos, estuvisteis, estuvieron	
Imperfect	estaba, estabas, estaba, estábamos, estabais, estaban	caracterizando
Future	estaré, estarás, estará, estaremos, estaréis, estarán	
Conditional	estaría, estarías, estaría, estaríamos, estaríais, estarían	
Subjunctive	que + corresponding subjunctive tense of estar (see verb 252)	

Commands

	(nosotros) caractericemos / no caractericemos
(tú) caracteriza / no caracterices	(vosotros) caracterizad / no caractericéis
(Ud.) caracterice / no caracterice	(Uds.) caractericen / no caractericen

USAGE

¿Los personajes? El novelista no los caracteriza bien.
Últimamente su conducta no es nada característica.
Es una persona de mucho/poco carácter.
Tiene buen/mal carácter.
¿Cuáles son las características de su estilo?

The characters? The novelist doesn't portray/capture them well.
His behavior of late is out of character.

He's a person with a strong/weak character.
She's good-natured/bad-tempered.
What are the characteristics of his style?

carecer *to lack*

carezco · carecieron · carecido · careciendo   -er verb; spelling change: c > zc/o, a

	Present		Preterit
carezco	carecemos	carecí	carecimos
careces	carecéis	careciste	carecisteis
carece	carecen	careció	carecieron

	Imperfect		Present Perfect
carecía	carecíamos	he carecido	hemos carecido
carecías	carecíais	has carecido	habéis carecido
carecía	carecían	ha carecido	han carecido

	Future		Conditional
careceré	careceremos	carecería	careceríamos
carecerás	careceréis	carecerías	careceríais
carecerá	carecerán	carecería	carecerían

	Pluperfect		Preterit Perfect
había carecido	habíamos carecido	hube carecido	hubimos carecido
habías carecido	habíais carecido	hubiste carecido	hubisteis carecido
había carecido	habían carecido	hubo carecido	hubieron carecido

	Future Perfect		Conditional Perfect
habré carecido	habremos carecido	habría carecido	habríamos carecido
habrás carecido	habréis carecido	habrías carecido	habríais carecido
habrá carecido	habrán carecido	habría carecido	habrían carecido

	Present Subjunctive		Present Perfect Subjunctive
carezca	carezcamos	haya carecido	hayamos carecido
carezcas	carezcáis	hayas carecido	hayáis carecido
carezca	carezcan	haya carecido	hayan carecido

Imperfect Subjunctive (-ra)		or	Imperfect Subjunctive (-se)	
careciera	careciéramos		careciese	careciésemos
carecieras	carecierais		carecieses	carecieseis
careciera	carecieran		careciese	careciesen

Past Perfect Subjunctive (-ra)		or	Past Perfect Subjunctive (-se)	
hubiera carecido	hubiéramos carecido		hubiese carecido	hubiésemos carecido
hubieras carecido	hubierais carecido		hubieses carecido	hubieseis carecido
hubiera carecido	hubieran carecido		hubiese carecido	hubiesen carecido

Progressive Tenses

Present	estoy, estás, está, estamos, estáis, están	
Preterit	estuve, estuviste, estuvo, estuvimos, estuvisteis, estuvieron	
Imperfect	estaba, estabas, estaba, estábamos, estabais, estaban	careciendo
Future	estaré, estarás, estará, estaremos, estaréis, estarán	
Conditional	estaría, estarías, estaría, estaríamos, estaríais, estarían	
Subjunctive	que + *corresponding subjunctive tense of* estar (*see verb 252*)	

Commands

	(nosotros) carezcamos / no carezcamos
(tú) carece / no carezcas	(vosotros) careced / no carezcáis
(Ud.) carezca / no carezca	(Uds.) carezcan / no carezcan

USAGE

La empresa carece de capital humano.	The firm lacks human capital.
Su acusación carece de fundamento.	Their accusation is groundless / not based in fact.
Vuestros comentarios carecen de sentido.	Your remarks lack meaning / make no sense.
Hay una carencia de agua en la región.	There's a lack of water / water shortage in the region.
No pudieron terminar el proyecto por la carencia de fondos.	They couldn't finish the project because of the lack of funds.

-ar verb; spelling change: g > gu/e

cargo · cargaron · cargado · cargando

Present		Preterit	
cargo	cargamos	cargué	cargamos
cargas	cargáis	cargaste	cargasteis
carga	cargan	cargó	cargaron

Imperfect		Present Perfect	
cargaba	cargábamos	he cargado	hemos cargado
cargabas	cargabais	has cargado	habéis cargado
cargaba	cargaban	ha cargado	han cargado

Future		Conditional	
cargaré	cargaremos	cargaría	cargaríamos
cargarás	cargaréis	cargarías	cargaríais
cargará	cargarán	cargaría	cargarían

Pluperfect		Preterit Perfect	
había cargado	habíamos cargado	hube cargado	hubimos cargado
habías cargado	habíais cargado	hubiste cargado	hubisteis cargado
había cargado	habían cargado	hubo cargado	hubieron cargado

Future Perfect		Conditional Perfect	
habré cargado	habremos cargado	habría cargado	habríamos cargado
habrás cargado	habréis cargado	habrías cargado	habríais cargado
habrá cargado	habrán cargado	habría cargado	habrían cargado

Present Subjunctive		Present Perfect Subjunctive	
cargue	carguemos	haya cargado	hayamos cargado
cargues	carguéis	hayas cargado	hayáis cargado
cargue	carguen	haya cargado	hayan cargado

Imperfect Subjunctive (-ra)		or	Imperfect Subjunctive (-se)	
cargara	cargáramos		cargase	cargásemos
cargaras	cargarais		cargases	cargaseis
cargara	cargaran		cargase	cargasen

Past Perfect Subjunctive (-ra)		or	Past Perfect Subjunctive (-se)	
hubiera cargado	hubiéramos cargado		hubiese cargado	hubiésemos cargado
hubieras cargado	hubierais cargado		hubieses cargado	hubieseis cargado
hubiera cargado	hubieran cargado		hubiese cargado	hubiesen cargado

Progressive Tenses

Present	estoy, estás, está, estamos, estáis, están	
Preterit	estuve, estuviste, estuvo, estuvimos, estuvisteis, estuvieron	
Imperfect	estaba, estabas, estaba, estábamos, estabais, estaban	cargando
Future	estaré, estarás, estará, estaremos, estaréis, estarán	
Conditional	estaría, estarías, estaría, estaríamos, estaríais, estarían	
Subjunctive	que + *corresponding subjunctive tense of* estar (*see verb 252*)	

Commands

	(nosotros) carguemos / no carguemos
(tú) carga / no cargues	(vosotros) cargad / no carguéis
(Ud.) cargue / no cargue	(Uds.) carguen / no carguen

USAGE

Carga la cámara. Aquí tienes la tarjeta de memoria.	Load the camera. Here's the memory card.
Se han cargado de trabajo.	They've burdened themselves with work.
Es urgente que se cargue la batería.	It's urgent for the battery to be charged.
Se encuentra cargada de problemas.	She's burdened with problems.
El aire está muy cargado.	The air is very heavy.
¿Sabes hacer la telecarga?	Do you know how to upload/download?
Las cargas del puesto son muchas.	The responsibilities of the position are many.

casarse *to get married*

caso · casaron · casado · casándose   *regular -ar reflexive verb*

Present		Preterit	
me caso	nos casamos	me casé	nos casamos
te casas	os casáis	te casaste	os casasteis
se casa	se casan	se casó	se casaron

Imperfect		Present Perfect	
me casaba	nos casábamos	me he casado	nos hemos casado
te casabas	os casabais	te has casado	os habéis casado
se casaba	se casaban	se ha casado	se han casado

Future		Conditional	
me casaré	nos casaremos	me casaría	nos casaríamos
te casarás	os casaréis	te casarías	os casaríais
se casará	se casarán	se casaría	se casarían

Pluperfect		Preterit Perfect	
me había casado	nos habíamos casado	me hube casado	nos hubimos casado
te habías casado	os habíais casado	te hubiste casado	os hubisteis casado
se había casado	se habían casado	se hubo casado	se hubieron casado

Future Perfect		Conditional Perfect	
me habré casado	nos habremos casado	me habría casado	nos habríamos casado
te habrás casado	os habréis casado	te habrías casado	os habríais casado
se habrá casado	se habrán casado	se habría casado	se habrían casado

Present Subjunctive		Present Perfect Subjunctive	
me case	nos casemos	me haya casado	nos hayamos casado
te cases	os caséis	te hayas casado	os hayáis casado
se case	se casen	se haya casado	se hayan casado

Imperfect Subjunctive (-ra)		*or*	Imperfect Subjunctive (-se)	
me casara	nos casáramos		me casase	nos casásemos
te casaras	os casarais		te casases	os casaseis
se casara	se casaran		se casase	se casasen

Past Perfect Subjunctive (-ra)		*or*	Past Perfect Subjunctive (-se)	
me hubiera casado	nos hubiéramos casado		me hubiese casado	nos hubiésemos casado
te hubieras casado	os hubierais casado		te hubieses casado	os hubieseis casado
se hubiera casado	se hubieran casado		se hubiese casado	se hubiesen casado

Progressive Tenses

Present	estoy, estás, está, estamos, estáis, están	
Preterit	estuve, estuviste, estuvo, estuvimos, estuvisteis, estuvieron	
Imperfect	estaba, estabas, estaba, estábamos, estabais, estaban	casando (*see page 41*)
Future	estaré, estarás, estará, estaremos, estaréis, estarán	
Conditional	estaría, estarías, estaría, estaríamos, estaríais, estarían	
Subjunctive	que + *corresponding subjunctive tense of* estar (*see verb 252*)	

Commands

	(nosotros) casémonos / no nos casemos
(tú) cásate / no te cases	(vosotros) casaos / no os caséis
(Ud.) cásese / no se case	(Uds.) cásense / no se casen

USAGE

Mi amigo se casó con una mujer inglesa.	*My friend married an English woman.*
—¿Los recién casados se casaron por interés?	*Did the newlyweds marry for money?*
—¡Qué va! Se casaron por amor.	*What nonsense! They married for love.*
Se casó en segundas nupcias.	*He married again.*
—Acaban de casar a su hijo menor.	*They've just married off their younger son.*
—Y sus hijas son casadas.	*And their daughters are married.*
Antes que te cases mira lo que haces.	*Look before you leap.*

-ar verb; spelling change: *g > gu/e*

castigo · castigaron · castigado · castigando

Present		Preterit	
castigo	castigamos	castigué	castigamos
castigas	castigáis	castigaste	castigasteis
castiga	castigan	castigó	castigaron

Imperfect		Present Perfect	
castigaba	castigábamos	he castigado	hemos castigado
castigabas	castigabais	has castigado	habéis castigado
castigaba	castigaban	ha castigado	han castigado

Future		Conditional	
castigaré	castigaremos	castigaría	castigaríamos
castigarás	castigaréis	castigarías	castigaríais
castigará	castigarán	castigaría	castigarían

Pluperfect		Preterit Perfect	
había castigado	habíamos castigado	hube castigado	hubimos castigado
habías castigado	habíais castigado	hubiste castigado	hubisteis castigado
había castigado	habían castigado	hubo castigado	hubieron castigado

Future Perfect		Conditional Perfect	
habré castigado	habremos castigado	habría castigado	habríamos castigado
habrás castigado	habréis castigado	habrías castigado	habríais castigado
habrá castigado	habrán castigado	habría castigado	habrían castigado

Present Subjunctive		Present Perfect Subjunctive	
castigue	castiguemos	haya castigado	hayamos castigado
castigues	castiguéis	hayas castigado	hayáis castigado
castigue	castiguen	haya castigado	hayan castigado

Imperfect Subjunctive (-ra)		*or*	Imperfect Subjunctive (-se)	
castigara	castigáramos		castigase	castigásemos
castigaras	castigarais		castigases	castigaseis
castigara	castigaran		castigase	castigasen

Past Perfect Subjunctive (-ra)		*or*	Past Perfect Subjunctive (-se)	
hubiera castigado	hubiéramos castigado		hubiese castigado	hubiésemos castigado
hubieras castigado	hubierais castigado		hubieses castigado	hubieseis castigado
hubiera castigado	hubieran castigado		hubiese castigado	hubiesen castigado

Progressive Tenses

Present	estoy, estás, está, estamos, estáis, están	
Preterit	estuve, estuviste, estuvo, estuvimos, estuvisteis, estuvieron	
Imperfect	estaba, estabas, estaba, estábamos, estabais, estaban	castigando
Future	estaré, estarás, estará, estaremos, estaréis, estarán	
Conditional	estaría, estarías, estaría, estaríamos, estaríais, estarían	
Subjunctive	que + *corresponding subjunctive tense of* estar (*see verb 252*)	

Commands

	(nosotros) castiguemos / no castiguemos
(tú) castiga / no castigues	(vosotros) castigad / no castiguéis
(Ud.) castigue / no castigue	(Uds.) castiguen / no castiguen

(USAGE)

—¿Cuál fue su castigo por el homicidio? *What was his punishment for the murder?*
—Lo castigaron con la pena de muerte. *They punished him with the death penalty.*
La enfermedad los ha castigado. *They have been afflicted by illness.*
El huracán castigaba los países *The hurricane caused damage in the Caribbean*
    caribeños.   *countries.*
El futbolista fue castigado. *The soccer player was given a penalty.*

causar *to cause*

causo · causaron · causado · causando

regular *-ar* verb

Present		Preterit	
causo	causamos	causé	causamos
causas	causáis	causaste	causasteis
causa	causan	causó	causaron

Imperfect		Present Perfect	
causaba	causábamos	he causado	hemos causado
causabas	causabais	has causado	habéis causado
causaba	causaban	ha causado	han causado

Future		Conditional	
causaré	causaremos	causaría	causaríamos
causarás	causaréis	causarías	causaríais
causará	causarán	causaría	causarían

Pluperfect		Preterit Perfect	
había causado	habíamos causado	hube causado	hubimos causado
habías causado	habíais causado	hubiste causado	hubisteis causado
había causado	habían causado	hubo causado	hubieron causado

Future Perfect		Conditional Perfect	
habré causado	habremos causado	habría causado	habríamos causado
habrás causado	habréis causado	habrías causado	habríais causado
habrá causado	habrán causado	habría causado	habrían causado

Present Subjunctive		Present Perfect Subjunctive	
cause	causemos	haya causado	hayamos causado
causes	causéis	hayas causado	hayáis causado
cause	causen	haya causado	hayan causado

Imperfect Subjunctive (-ra)		*or*	Imperfect Subjunctive (-se)	
causara	causáramos		causase	causásemos
causaras	causarais		causases	causaseis
causara	causaran		causase	causasen

Past Perfect Subjunctive (-ra)		*or*	Past Perfect Subjunctive (-se)	
hubiera causado	hubiéramos causado		hubiese causado	hubiésemos causado
hubieras causado	hubierais causado		hubieses causado	hubieseis causado
hubiera causado	hubieran causado		hubiese causado	hubiesen causado

Progressive Tenses

Present	estoy, estás, está, estamos, estáis, están	
Preterit	estuve, estuviste, estuvo, estuvimos, estuvisteis, estuvieron	
Imperfect	estaba, estabas, estaba, estábamos, estabais, estaban	causando
Future	estaré, estarás, estará, estaremos, estaréis, estarán	
Conditional	estaría, estarías, estaría, estaríamos, estaríais, estarían	
Subjunctive	que + *corresponding subjunctive tense of* estar (*see verb 252*)	

Commands

	(nosotros) causemos / no causemos
(tú) causa / no causes	(vosotros) causad / no causéis
(Ud.) cause / no cause	(Uds.) causen / no causen

USAGE

El descuido causó el accidente.	*Carelessness caused the accident.*
Su conducta causaba risa.	*His behavior made people laugh.*
Su ropa siempre causa una gran impresión.	*Her clothing always makes a big impression.*
Sus palabras causaron hostilidad.	*Their words provoked hostility.*
Es importante luchar por la causa de la democracia.	*It's important to fight for the cause of democracy.*
Descubramos la causa.	*Let's find out the cause.*
No hay efecto sin causa.	*There's no effect without a cause.*

regular *-er* verb

cedo · cedieron · cedido · cediendo

Present		Preterit	
cedo	cedemos	cedí	cedimos
cedes	cedéis	cediste	cedisteis
cede	ceden	cedió	cedieron

Imperfect		Present Perfect	
cedía	cedíamos	he cedido	hemos cedido
cedías	cedíais	has cedido	habéis cedido
cedía	cedían	ha cedido	han cedido

Future		Conditional	
cederé	cederemos	cedería	cederíamos
cederás	cederéis	cederías	cederíais
cederá	cederán	cedería	cederían

Pluperfect		Preterit Perfect	
había cedido	habíamos cedido	hube cedido	hubimos cedido
habías cedido	habíais cedido	hubiste cedido	hubisteis cedido
había cedido	habían cedido	hubo cedido	hubieron cedido

Future Perfect		Conditional Perfect	
habré cedido	habremos cedido	habría cedido	habríamos cedido
habrás cedido	habréis cedido	habrías cedido	habríais cedido
habrá cedido	habrán cedido	habría cedido	habrían cedido

Present Subjunctive		Present Perfect Subjunctive	
ceda	cedamos	haya cedido	hayamos cedido
cedas	cedáis	hayas cedido	hayáis cedido
ceda	cedan	haya cedido	hayan cedido

Imperfect Subjunctive (-ra)		or	Imperfect Subjunctive (-se)	
cediera	cediéramos		cediese	cediésemos
cedieras	cedierais		cedieses	cedieseis
cediera	cedieran		cediese	cediesen

Past Perfect Subjunctive (-ra)		or	Past Perfect Subjunctive (-se)	
hubiera cedido	hubiéramos cedido		hubiese cedido	hubiésemos cedido
hubieras cedido	hubierais cedido		hubieses cedido	hubieseis cedido
hubiera cedido	hubieran cedido		hubiese cedido	hubiesen cedido

Progressive Tenses

Present	estoy, estás, está, estamos, estáis, están
Preterit	estuve, estuviste, estuvo, estuvimos, estuvisteis, estuvieron
Imperfect	estaba, estabas, estaba, estábamos, estabais, estaban
Future	estaré, estarás, estará, estaremos, estaréis, estarán
Conditional	estaría, estarías, estaría, estaríamos, estaríais, estarían
Subjunctive	que + *corresponding subjunctive tense of* estar (*see verb 252*)

cediendo

Commands

	(nosotros) cedamos / no cedamos
(tú) cede / no cedas	(vosotros) ceded / no cedáis
(Ud.) ceda / no ceda	(Uds.) cedan / no cedan

USAGE

Los Estados Unidos cedió el canal de Panamá a Panamá. — *The United States handed the Panama Canal over to Panama.*
Cedan el paso a la policía. — *Make way for the police.*
Cedieron terreno. — *They gave in / yielded ground.*
El viento / La tempestad cedía. — *The wind/storm was letting up.*
El edificio desvencijado cedió. — *The ramshackle/dilapidated building gave way.*
Cedí el asiento a una anciana. — *I gave up my seat to an old woman.*

celebrar to celebrate, praise

celebro · celebraron · celebrado · celebrando   regular -ar verb

	Present		Preterit
celebro	celebramos	celebré	celebramos
celebras	celebráis	celebraste	celebrasteis
celebra	celebran	celebró	celebraron

	Imperfect		Present Perfect
celebraba	celebrábamos	he celebrado	hemos celebrado
celebrabas	celebrabais	has celebrado	habéis celebrado
celebraba	celebraban	ha celebrado	han celebrado

	Future		Conditional
celebraré	celebraremos	celebraría	celebraríamos
celebrarás	celebraréis	celebrarías	celebraríais
celebrará	celebrarán	celebraría	celebrarían

	Pluperfect		Preterit Perfect
había celebrado	habíamos celebrado	hube celebrado	hubimos celebrado
habías celebrado	habíais celebrado	hubiste celebrado	hubisteis celebrado
había celebrado	habían celebrado	hubo celebrado	hubieron celebrado

	Future Perfect		Conditional Perfect
habré celebrado	habremos celebrado	habría celebrado	habríamos celebrado
habrás celebrado	habréis celebrado	habrías celebrado	habríais celebrado
habrá celebrado	habrán celebrado	habría celebrado	habrían celebrado

	Present Subjunctive		Present Perfect Subjunctive
celebre	celebremos	haya celebrado	hayamos celebrado
celebres	celebréis	hayas celebrado	hayáis celebrado
celebre	celebren	haya celebrado	hayan celebrado

Imperfect Subjunctive (-ra)		or	Imperfect Subjunctive (-se)	
celebrara	celebráramos		celebrase	celebrásemos
celebraras	celebrarais		celebrases	celebraseis
celebrara	celebraran		celebrase	celebrasen

Past Perfect Subjunctive (-ra)		or	Past Perfect Subjunctive (-se)	
hubiera celebrado	hubiéramos celebrado		hubiese celebrado	hubiésemos celebrado
hubieras celebrado	hubierais celebrado		hubieses celebrado	hubieseis celebrado
hubiera celebrado	hubieran celebrado		hubiese celebrado	hubiesen celebrado

Progressive Tenses

Present	estoy, estás, está, estamos, estáis, están	
Preterit	estuve, estuviste, estuvo, estuvimos, estuvisteis, estuvieron	
Imperfect	estaba, estabas, estaba, estábamos, estabais, estaban	celebrando
Future	estaré, estarás, estará, estaremos, estaréis, estarán	
Conditional	estaría, estarías, estaría, estaríamos, estaríais, estarían	
Subjunctive	que + corresponding subjunctive tense of estar (see verb 252)	

Commands

	(nosotros) celebremos / no celebremos
(tú) celebra / no celebres	(vosotros) celebrad / no celebréis
(Ud.) celebre / no celebre	(Uds.) celebren / no celebren

USAGE

Celebró su cumpleaños el sábado.	She celebrated her birthday on Saturday.
Se han celebrado sus muchos logros.	They've praised his many achievements.
El rabino/pastor celebró la ceremonia.	The rabbi/minister performed the ceremony.
El cura celebró misa.	The priest said/celebrated mass.
¿Dónde se celebrará la reunión?	Where will the meeting be held?
Mi cumpleaños se celebra el tres de mayo.	My birthday falls on May 3.
Es un célebre jugador de béisbol.	He's a famous baseball player.

regular *-ar* verb · **ceno · cenaron · cenado · cenando**

Present		Preterit	
ceno	cenamos	cené	cenamos
cenas	cenáis	cenaste	cenasteis
cena	cenan	cenó	cenaron

Imperfect		Present Perfect	
cenaba	cenábamos	he cenado	hemos cenado
cenabas	cenabais	has cenado	habéis cenado
cenaba	cenaban	ha cenado	han cenado

Future		Conditional	
cenaré	cenaremos	cenaría	cenaríamos
cenarás	cenaréis	cenarías	cenaríais
cenará	cenarán	cenaría	cenarían

Pluperfect		Preterit Perfect	
había cenado	habíamos cenado	hube cenado	hubimos cenado
habías cenado	habíais cenado	hubiste cenado	hubisteis cenado
había cenado	habían cenado	hubo cenado	hubieron cenado

Future Perfect		Conditional Perfect	
habré cenado	habremos cenado	habría cenado	habríamos cenado
habrás cenado	habréis cenado	habrías cenado	habríais cenado
habrá cenado	habrán cenado	habría cenado	habrían cenado

Present Subjunctive		Present Perfect Subjunctive	
cene	cenemos	haya cenado	hayamos cenado
cenes	cenéis	hayas cenado	hayáis cenado
cene	cenen	haya cenado	hayan cenado

Imperfect Subjunctive (-ra)		*or*	Imperfect Subjunctive (-se)	
cenara	cenáramos		cenase	cenásemos
cenaras	cenarais		cenases	cenaseis
cenara	cenaran		cenase	cenasen

Past Perfect Subjunctive (-ra)		*or*	Past Perfect Subjunctive (-se)	
hubiera cenado	hubiéramos cenado		hubiese cenado	hubiésemos cenado
hubieras cenado	hubierais cenado		hubieses cenado	hubieseis cenado
hubiera cenado	hubieran cenado		hubiese cenado	hubiesen cenado

Progressive Tenses

Present	estoy, estás, está, estamos, estáis, están	
Preterit	estuve, estuviste, estuvo, estuvimos, estuvisteis, estuvieron	
Imperfect	estaba, estabas, estaba, estábamos, estabais, estaban	cenando
Future	estaré, estarás, estará, estaremos, estaréis, estarán	
Conditional	estaría, estarías, estaría, estaríamos, estaríais, estarían	
Subjunctive	que + *corresponding subjunctive tense of* estar (*see verb 252*)	

Commands

	(nosotros) cenemos / no cenemos
(tú) cena / no cenes	(vosotros) cenad / no cenéis
(Ud.) cene / no cene	(Uds.) cenen / no cenen

(USAGE)

—¿A qué hora cenamos?	*At what time shall we have dinner?*
—Tomemos la cena a las siete.	*Let's have dinner at 7:00.*
Cenemos fuera / en un restaurante.	*Let's have dinner out / in a restaurant.*
Cenamos un biftec.	*We had steak for dinner.*
Se quedó sin cenar.	*She went without dinner.*
Me invitaron a una cena con baile.	*They invited me to a dinner dance.*
Es la hora de cenar.	*It's dinnertime.*

cepillarse *to brush*

cepillo · cepillaron · cepillado · cepillándose

regular -ar reflexive verb

Present		**Preterit**	
me cepillo	nos cepillamos	me cepillé	nos cepillamos
te cepillas	os cepilláis	te cepillaste	os cepillasteis
se cepilla	se cepillan	se cepilló	se cepillaron
Imperfect		**Present Perfect**	
me cepillaba	nos cepillábamos	me he cepillado	nos hemos cepillado
te cepillabas	os cepillabais	te has cepillado	os habéis cepillado
se cepillaba	se cepillaban	se ha cepillado	se han cepillado
Future		**Conditional**	
me cepillaré	nos cepillaremos	me cepillaría	nos cepillaríamos
te cepillarás	os cepillaréis	te cepillarías	os cepillaríais
se cepillará	se cepillarán	se cepillaría	se cepillarían
Pluperfect		**Preterit Perfect**	
me había cepillado	nos habíamos cepillado	me hube cepillado	nos hubimos cepillado
te habías cepillado	os habíais cepillado	te hubiste cepillado	os hubisteis cepillado
se había cepillado	se habían cepillado	se hubo cepillado	se hubieron cepillado
Future Perfect		**Conditional Perfect**	
me habré cepillado	nos habremos cepillado	me habría cepillado	nos habríamos cepillado
te habrás cepillado	os habréis cepillado	te habrías cepillado	os habríais cepillado
se habrá cepillado	se habrán cepillado	se habría cepillado	se habrían cepillado
Present Subjunctive		**Present Perfect Subjunctive**	
me cepille	nos cepillemos	me haya cepillado	nos hayamos cepillado
te cepilles	os cepilléis	te hayas cepillado	os hayáis cepillado
se cepille	se cepillen	se haya cepillado	se hayan cepillado
Imperfect Subjunctive (-ra)		*or* **Imperfect Subjunctive (-se)**	
me cepillara	nos cepilláramos	me cepillase	nos cepillásemos
te cepillaras	os cepillarais	te cepillases	os cepillaseis
se cepillara	se cepillaran	se cepillase	se cepillasen
Past Perfect Subjunctive (-ra)		*or* **Past Perfect Subjunctive (-se)**	
me hubiera cepillado	nos hubiéramos cepillado	me hubiese cepillado	nos hubiésemos cepillado
te hubieras cepillado	os hubierais cepillado	te hubieses cepillado	os hubieseis cepillado
se hubiera cepillado	se hubieran cepillado	se hubiese cepillado	se hubiesen cepillado

Progressive Tenses

Present	estoy, estás, está, estamos, estáis, están	
Preterit	estuve, estuviste, estuvo, estuvimos, estuvisteis, estuvieron	
Imperfect	estaba, estabas, estaba, estábamos, estabais, estaban	cepillando (*see page 41*)
Future	estaré, estarás, estará, estaremos, estaréis, estarán	
Conditional	estaría, estarías, estaría, estaríamos, estaríais, estarían	
Subjunctive	que + *corresponding subjunctive tense of* estar (*see verb 252*)	

Commands

	(nosotros) cepillémonos / no nos cepillemos
(tú) cepíllate / no te cepilles	(vosotros) cepillaos / no os cepilléis
(Ud.) cepíllese / no se cepille	(Uds.) cepíllense / no se cepillen

USAGE

Se cepilló los dientes. — *She brushed her teeth.*
Cepíllate el pelo. — *Brush your hair.*
Aquí tienes el cepillo de dientes — *Here are your toothbrush and hairbrush.*
y el cepillo para el pelo.
Dale un buen cepillado al abrigo. — *Give your coat a good brushing.*

stem-changing -ar verb: e > ie

cierro · cerraron · cerrado · cerrando

Present
cierro	cerramos
cierras	cerráis
cierra	cierran

Preterit
cerré	cerramos
cerraste	cerrasteis
cerró	cerraron

Imperfect
cerraba	cerrábamos
cerrabas	cerrabais
cerraba	cerraban

Present Perfect
he cerrado	hemos cerrado
has cerrado	habéis cerrado
ha cerrado	han cerrado

Future
cerraré	cerraremos
cerrarás	cerraréis
cerrará	cerrarán

Conditional
cerraría	cerraríamos
cerrarías	cerraríais
cerraría	cerrarían

Pluperfect
había cerrado	habíamos cerrado
habías cerrado	habíais cerrado
había cerrado	habían cerrado

Preterit Perfect
hube cerrado	hubimos cerrado
hubiste cerrado	hubisteis cerrado
hubo cerrado	hubieron cerrado

Future Perfect
habré cerrado	habremos cerrado
habrás cerrado	habréis cerrado
habrá cerrado	habrán cerrado

Conditional Perfect
habría cerrado	habríamos cerrado
habrías cerrado	habríais cerrado
habría cerrado	habrían cerrado

Present Subjunctive
cierre	cerremos
cierres	cerréis
cierre	cierren

Present Perfect Subjunctive
haya cerrado	hayamos cerrado
hayas cerrado	hayáis cerrado
haya cerrado	hayan cerrado

Imperfect Subjunctive (-ra)
cerrara	cerráramos
cerraras	cerrarais
cerrara	cerraran

or

Imperfect Subjunctive (-se)
cerrase	cerrásemos
cerrases	cerraseis
cerrase	cerrasen

Past Perfect Subjunctive (-ra)
hubiera cerrado	hubiéramos cerrado
hubieras cerrado	hubierais cerrado
hubiera cerrado	hubieran cerrado

or

Past Perfect Subjunctive (-se)
hubiese cerrado	hubiésemos cerrado
hubieses cerrado	hubieseis cerrado
hubiese cerrado	hubiesen cerrado

Progressive Tenses
Present	estoy, estás, está, estamos, estáis, están	
Preterit	estuve, estuviste, estuvo, estuvimos, estuvisteis, estuvieron	
Imperfect	estaba, estabas, estaba, estábamos, estabais, estaban	cerrando
Future	estaré, estarás, estará, estaremos, estaréis, estarán	
Conditional	estaría, estarías, estaría, estaríamos, estaríais, estarían	
Subjunctive	que + *corresponding subjunctive tense of* estar (*see verb 252*)	

Commands
	(nosotros) cerremos / no cerremos
(tú) cierra / no cierres	(vosotros) cerrad / no cerréis
(Ud.) cierre / no cierre	(Uds.) cierren / no cierren

USAGE

—¿Cerraste la puerta? — *Did you shut the door?*
—La cerré con llave. — *I locked it.*
Se cierra la tienda a las siete. — *The store closes at 7:00.*
Sus palabras tendrán un sentido cerrado. — *His words probably have a hidden meaning.*
Es una persona cerrada. — *He's an uncommunicative person.*
Pon una cerradura de combinación en el casillero. — *Put a combination lock on the locker.*
El cierre es de metal. — *The zipper is (made of) metal.*

charlar *to chat, chatter*

charlo · charlaron · charlado · charlando

regular *-ar* verb

Present		Preterit	
charlo	charlamos	charlé	charlamos
charlas	charláis	charlaste	charlasteis
charla	charlan	charló	charlaron

Imperfect		Present Perfect	
charlaba	charlábamos	he charlado	hemos charlado
charlabas	charlabais	has charlado	habéis charlado
charlaba	charlaban	ha charlado	han charlado

Future		Conditional	
charlaré	charlaremos	charlaría	charlaríamos
charlarás	charlaréis	charlarías	charlaríais
charlará	charlarán	charlaría	charlarían

Pluperfect		Preterit Perfect	
había charlado	habíamos charlado	hube charlado	hubimos charlado
habías charlado	habíais charlado	hubiste charlado	hubisteis charlado
había charlado	habían charlado	hubo charlado	hubieron charlado

Future Perfect		Conditional Perfect	
habré charlado	habremos charlado	habría charlado	habríamos charlado
habrás charlado	habréis charlado	habrías charlado	habríais charlado
habrá charlado	habrán charlado	habría charlado	habrían charlado

Present Subjunctive		Present Perfect Subjunctive	
charle	charlemos	haya charlado	hayamos charlado
charles	charléis	hayas charlado	hayáis charlado
charle	charlen	haya charlado	hayan charlado

Imperfect Subjunctive (-ra)		*or*	Imperfect Subjunctive (-se)	
charlara	charláramos		charlase	charlásemos
charlaras	charlarais		charlases	charlaseis
charlara	charlaran		charlase	charlasen

Past Perfect Subjunctive (-ra)		*or*	Past Perfect Subjunctive (-se)	
hubiera charlado	hubiéramos charlado		hubiese charlado	hubiésemos charlado
hubieras charlado	hubierais charlado		hubieses charlado	hubieseis charlado
hubiera charlado	hubieran charlado		hubiese charlado	hubiesen charlado

Progressive Tenses

Present	estoy, estás, está, estamos, estáis, están	
Preterit	estuve, estuviste, estuvo, estuvimos, estuvisteis, estuvieron	
Imperfect	estaba, estabas, estaba, estábamos, estabais, estaban	charlando
Future	estaré, estarás, estará, estaremos, estaréis, estarán	
Conditional	estaría, estarías, estaría, estaríamos, estaríais, estarían	
Subjunctive	que + *corresponding subjunctive tense of* estar (*see verb 252*)	

Commands

	(nosotros) charlemos / no charlemos
(tú) charla / no charles	(vosotros) charlad / no charléis
(Ud.) charle / no charle	(Uds.) charlen / no charlen

USAGE

Tomemos un café mientras charlamos.	*Let's have a cup of coffee while we chat.*
—¡Cuánto charlan esos dos!	*Those two talk so much!*
—No cabe duda de que charlan hasta por los codos.	*There's no doubt they're real chatterboxes.*
Habrá una charla en la sala de conferencias.	*There will be a talk in the lecture hall.*
Es charladora/charlatana.	*She's a chatterbox/gossip.*

regular *-ar* verb

cito · citaron · citado · citando

	Present		Preterit
cito	citamos	cité	citamos
citas	citáis	citaste	citasteis
cita	citan	citó	citaron

	Imperfect		Present Perfect
citaba	citábamos	he citado	hemos citado
citabas	citabais	has citado	habéis citado
citaba	citaban	ha citado	han citado

	Future		Conditional
citaré	citaremos	citaría	citaríamos
citarás	citaréis	citarías	citaríais
citará	citarán	citaría	citarían

	Pluperfect		Preterit Perfect
había citado	habíamos citado	hube citado	hubimos citado
habías citado	habíais citado	hubiste citado	hubisteis citado
había citado	habían citado	hubo citado	hubieron citado

	Future Perfect		Conditional Perfect
habré citado	habremos citado	habría citado	habríamos citado
habrás citado	habréis citado	habrías citado	habríais citado
habrá citado	habrán citado	habría citado	habrían citado

	Present Subjunctive		Present Perfect Subjunctive
cite	citemos	haya citado	hayamos citado
cites	citéis	hayas citado	hayáis citado
cite	citen	haya citado	hayan citado

Imperfect Subjunctive (-ra)		or	Imperfect Subjunctive (-se)	
citara	citáramos		citase	citásemos
citaras	citarais		citases	citaseis
citara	citaran		citase	citasen

Past Perfect Subjunctive (-ra)		or	Past Perfect Subjunctive (-se)	
hubiera citado	hubiéramos citado		hubiese citado	hubiésemos citado
hubieras citado	hubierais citado		hubieses citado	hubieseis citado
hubiera citado	hubieran citado		hubiese citado	hubiesen citado

Progressive Tenses

Present	estoy, estás, está, estamos, estáis, están	
Preterit	estuve, estuviste, estuvo, estuvimos, estuvisteis, estuvieron	
Imperfect	estaba, estabas, estaba, estábamos, estabais, estaban	citando
Future	estaré, estarás, estará, estaremos, estaréis, estarán	
Conditional	estaría, estarías, estaría, estaríamos, estaríais, estarían	
Subjunctive	que + *corresponding subjunctive tense of* estar (*see verb 252*)	

Commands

	(nosotros) citemos / no citemos
(tú) cita / no cites	(vosotros) citad / no citéis
(Ud.) cite / no cite	(Uds.) citen / no citen

USAGE

Los citamos en el restaurante.	We arranged to meet them at the restaurant.
Nos citamos para la una.	We arranged to meet at 1:00.
Se citaban todas las fuentes.	All the sources were cited.
—Piensan citar a varios testigos.	They intend to subpoena several witnesses.
—¿Ya tienen citatorio?	Did they already receive their summons?
Tiene cita con el dentista a la una.	He has an appointment with the dentist at 1:00.
¿De qué autor es esta cita?	Who's the author of this quotation?

clasificar to classify, sort

clasifico · clasificaron · clasificado · clasificando -ar verb; spelling change: c > qu/e

Present

clasifico	clasificamos
clasificas	clasificáis
clasifica	clasifican

Preterit

clasifiqué	clasificamos
clasificaste	clasificasteis
clasificó	clasificaron

Imperfect

clasificaba	clasificábamos
clasificabas	clasificabais
clasificaba	clasificaban

Present Perfect

he clasificado	hemos clasificado
has clasificado	habéis clasificado
ha clasificado	han clasificado

Future

clasificaré	clasificaremos
clasificarás	clasificaréis
clasificará	clasificarán

Conditional

clasificaría	clasificaríamos
clasificarías	clasificaríais
clasificaría	clasificarían

Pluperfect

había clasificado	habíamos clasificado
habías clasificado	habíais clasificado
había clasificado	habían clasificado

Preterit Perfect

hube clasificado	hubimos clasificado
hubiste clasificado	hubisteis clasificado
hubo clasificado	hubieron clasificado

Future Perfect

habré clasificado	habremos clasificado
habrás clasificado	habréis clasificado
habrá clasificado	habrán clasificado

Conditional Perfect

habría clasificado	habríamos clasificado
habrías clasificado	habríais clasificado
habría clasificado	habrían clasificado

Present Subjunctive

clasifique	clasifiquemos
clasifiques	clasifiquéis
clasifique	clasifiquen

Present Perfect Subjunctive

haya clasificado	hayamos clasificado
hayas clasificado	hayáis clasificado
haya clasificado	hayan clasificado

Imperfect Subjunctive (-ra)

clasificara	clasificáramos
clasificaras	clasificarais
clasificara	clasificaran

or

Imperfect Subjunctive (-se)

clasificase	clasificásemos
clasificases	clasificaseis
clasificase	clasificasen

Past Perfect Subjunctive (-ra)

hubiera clasificado	hubiéramos clasificado
hubieras clasificado	hubierais clasificado
hubiera clasificado	hubieran clasificado

or

Past Perfect Subjunctive (-se)

hubiese clasificado	hubiésemos clasificado
hubieses clasificado	hubieseis clasificado
hubiese clasificado	hubiesen clasificado

Progressive Tenses

Present	estoy, estás, está, estamos, estáis, están
Preterit	estuve, estuviste, estuvo, estuvimos, estuvisteis, estuvieron
Imperfect	estaba, estabas, estaba, estábamos, estabais, estaban
Future	estaré, estarás, estará, estaremos, estaréis, estarán
Conditional	estaría, estarías, estaría, estaríamos, estaríais, estarían
Subjunctive	que + corresponding subjunctive tense of estar (see verb 252)

} clasificando

Commands

	(nosotros) clasifiquemos / no clasifiquemos
(tú) clasifica / no clasifiques	(vosotros) clasificad / no clasifiquéis
(Ud.) clasifique / no clasifique	(Uds.) clasifiquen / no clasifiquen

USAGE

—Clasifique estos papeles según la categoría.
—Hago una clasificación alfabética.

Los equipos se clasificaron para el campeonato.
Se necesita otro clasificador en la oficina.
La clasificación de artículos lleva mucho tiempo.

Classify/Sort these papers by category.
I'll do it by alphabetical order.

The teams qualified for the championship.
We need another filing cabinet in the office.
Merchandise sorting takes a long time.

regular -ar verb

Present

cobro	cobramos
cobras	cobráis
cobra	cobran

Preterit

cobré	cobramos
cobraste	cobrasteis
cobró	cobraron

Imperfect

cobraba	cobrábamos
cobrabas	cobrabais
cobraba	cobraban

Present Perfect

he cobrado	hemos cobrado
has cobrado	habéis cobrado
ha cobrado	han cobrado

Future

cobraré	cobraremos
cobrarás	cobraréis
cobrará	cobrarán

Conditional

cobraría	cobraríamos
cobrarías	cobraríais
cobraría	cobrarían

Pluperfect

había cobrado	habíamos cobrado
habías cobrado	habíais cobrado
había cobrado	habían cobrado

Preterit Perfect

hube cobrado	hubimos cobrado
hubiste cobrado	hubisteis cobrado
hubo cobrado	hubieron cobrado

Future Perfect

habré cobrado	habremos cobrado
habrás cobrado	habréis cobrado
habrá cobrado	habrán cobrado

Conditional Perfect

habría cobrado	habríamos cobrado
habrías cobrado	habríais cobrado
habría cobrado	habrían cobrado

Present Subjunctive

cobre	cobremos
cobres	cobréis
cobre	cobren

Present Perfect Subjunctive

haya cobrado	hayamos cobrado
hayas cobrado	hayáis cobrado
haya cobrado	hayan cobrado

Imperfect Subjunctive (-ra)   or   Imperfect Subjunctive (-se)

cobrara	cobráramos	cobrase	cobrásemos
cobraras	cobrarais	cobrases	cobraseis
cobrara	cobraran	cobrase	cobrasen

Past Perfect Subjunctive (-ra)   or   Past Perfect Subjunctive (-se)

hubiera cobrado	hubiéramos cobrado	hubiese cobrado	hubiésemos cobrado
hubieras cobrado	hubierais cobrado	hubieses cobrado	hubieseis cobrado
hubiera cobrado	hubieran cobrado	hubiese cobrado	hubiesen cobrado

Progressive Tenses

Present	estoy, estás, está, estamos, estáis, están
Preterit	estuve, estuviste, estuvo, estuvimos, estuvisteis, estuvieron
Imperfect	estaba, estabas, estaba, estábamos, estabais, estaban
Future	estaré, estarás, estará, estaremos, estaréis, estarán
Conditional	estaría, estarías, estaría, estaríamos, estaríais, estarían
Subjunctive	que + *corresponding subjunctive tense of* estar (*see verb 252*)

⎱ cobrando

Commands

	(nosotros) cobremos / no cobremos
(tú) cobra / no cobres	(vosotros) cobrad / no cobréis
(Ud.) cobre / no cobre	(Uds.) cobren / no cobren

USAGE

Cobre el cheque.	*Cash the check.*
¿Cuánto te cobraron en el hotel?	*How much did they charge you at the hotel?*
Cobro el primero del mes.	*I get paid the first of the month.*
Cobra ánimo.	*Take heart. / Get up your courage.*
Su idea cobraba importancia.	*His idea was gaining in importance.*
Él cobraba reconocimiento.	*He was getting acknowledgment/recognition.*
Esperamos que recobre la confianza.	*We hope she'll get her confidence back.*

cocinar to cook

cocino · cocinaron · cocinado · cocinando   regular -ar verb

Present			Preterit	
cocino	cocinamos		cociné	cocinamos
cocinas	cocináis		cocinaste	cocinasteis
cocina	cocinan		cocinó	cocinaron

Imperfect			Present Perfect	
cocinaba	cocinábamos		he cocinado	hemos cocinado
cocinabas	cocinabais		has cocinado	habéis cocinado
cocinaba	cocinaban		ha cocinado	han cocinado

Future			Conditional	
cocinaré	cocinaremos		cocinaría	cocinaríamos
cocinarás	cocinaréis		cocinarías	cocinaríais
cocinará	cocinarán		cocinaría	cocinarían

Pluperfect			Preterit Perfect	
había cocinado	habíamos cocinado		hube cocinado	hubimos cocinado
habías cocinado	habíais cocinado		hubiste cocinado	hubisteis cocinado
había cocinado	habían cocinado		hubo cocinado	hubieron cocinado

Future Perfect			Conditional Perfect	
habré cocinado	habremos cocinado		habría cocinado	habríamos cocinado
habrás cocinado	habréis cocinado		habrías cocinado	habríais cocinado
habrá cocinado	habrán cocinado		habría cocinado	habrían cocinado

Present Subjunctive			Present Perfect Subjunctive	
cocine	cocinemos		haya cocinado	hayamos cocinado
cocines	cocinéis		hayas cocinado	hayáis cocinado
cocine	cocinen		haya cocinado	hayan cocinado

Imperfect Subjunctive (-ra)		or	Imperfect Subjunctive (-se)	
cocinara	cocináramos		cocinase	cocinásemos
cocinaras	cocinarais		cocinases	cocinaseis
cocinara	cocinaran		cocinase	cocinasen

Past Perfect Subjunctive (-ra)		or	Past Perfect Subjunctive (-se)	
hubiera cocinado	hubiéramos cocinado		hubiese cocinado	hubiésemos cocinado
hubieras cocinado	hubierais cocinado		hubieses cocinado	hubieseis cocinado
hubiera cocinado	hubieran cocinado		hubiese cocinado	hubiesen cocinado

Progressive Tenses

Present	estoy, estás, está, estamos, estáis, están	
Preterit	estuve, estuviste, estuvo, estuvimos, estuvisteis, estuvieron	
Imperfect	estaba, estabas, estaba, estábamos, estabais, estaban	cocinando
Future	estaré, estarás, estará, estaremos, estaréis, estarán	
Conditional	estaría, estarías, estaría, estaríamos, estaríais, estarían	
Subjunctive	que + *corresponding subjunctive tense of* estar (*see verb 252*)	

Commands

	(nosotros) cocinemos / no cocinemos
(tú) cocina / no cocines	(vosotros) cocinad / no cocinéis
(Ud.) cocine / no cocine	(Uds.) cocinen / no cocinen

USAGE

No cocinemos hoy.   *Let's not cook today.*

—¿Te gusta cocinar?   *Do you like to cook?*
—Sí, hago la cocina todos los días.   *Yes, I do the cooking every day.*

—¿Te interesa la cocina italiana?   *Are you interested in Italian cuisine?*
—Sí, tengo un maravilloso libro   *Yes, I have a wonderful cookbook*
de cocina italiana.   *of Italian cooking.*

El cocinero está en la cocina.   *The cook/chef is in the kitchen.*

-er verb; spelling change: g > j/o, a   **cojo · cogieron · cogido · cogiendo**

Present		Preterit	
cojo	cogemos	cogí	cogimos
coges	cogéis	cogiste	cogisteis
coge	cogen	cogió	cogieron

Imperfect		Present Perfect	
cogía	cogíamos	he cogido	hemos cogido
cogías	cogíais	has cogido	habéis cogido
cogía	cogían	ha cogido	han cogido

Future		Conditional	
cogeré	cogeremos	cogería	cogeríamos
cogerás	cogeréis	cogerías	cogeríais
cogerá	cogerán	cogería	cogerían

Pluperfect		Preterit Perfect	
había cogido	habíamos cogido	hube cogido	hubimos cogido
habías cogido	habíais cogido	hubiste cogido	hubisteis cogido
había cogido	habían cogido	hubo cogido	hubieron cogido

Future Perfect		Conditional Perfect	
habré cogido	habremos cogido	habría cogido	habríamos cogido
habrás cogido	habréis cogido	habrías cogido	habríais cogido
habrá cogido	habrán cogido	habría cogido	habrían cogido

Present Subjunctive		Present Perfect Subjunctive	
coja	cojamos	haya cogido	hayamos cogido
cojas	cojáis	hayas cogido	hayáis cogido
coja	cojan	haya cogido	hayan cogido

Imperfect Subjunctive (-ra)		or	Imperfect Subjunctive (-se)	
cogiera	cogiéramos		cogiese	cogiésemos
cogieras	cogierais		cogieses	cogieseis
cogiera	cogieran		cogiese	cogiesen

Past Perfect Subjunctive (-ra)		or	Past Perfect Subjunctive (-se)	
hubiera cogido	hubiéramos cogido		hubiese cogido	hubiésemos cogido
hubieras cogido	hubierais cogido		hubieses cogido	hubieseis cogido
hubiera cogido	hubieran cogido		hubiese cogido	hubiesen cogido

Progressive Tenses

Present	estoy, estás, está, estamos, estáis, están	
Preterit	estuve, estuviste, estuvo, estuvimos, estuvisteis, estuvieron	
Imperfect	estaba, estabas, estaba, estábamos, estabais, estaban	cogiendo
Future	estaré, estarás, estará, estaremos, estaréis, estarán	
Conditional	estaría, estarías, estaría, estaríamos, estaríais, estarían	
Subjunctive	que + *corresponding subjunctive tense of* estar (*see verb 252*)	

Commands

	(nosotros) cojamos / no cojamos
(tú) coge / no cojas	(vosotros) coged / no cojáis
(Ud.) coja / no coja	(Uds.) cojan / no cojan

USAGE

Cojamos el tren.	*Let's get/take the train.*
No cogí lo que dijiste.	*I didn't catch/hear/understand what you said.*
Cogían cariño a los gemelos.	*They took a liking to the twins.*
Cogió el acento español.	*She picked up a Spanish accent.*

NOTE: The verb *coger* is taboo in many Hispanic countries, including parts of Mexico and Argentina. It is usually replaced with *tomar* or *agarrar*. Compounds of *coger* are also not used: *acoger, encoger, escoger, recoger*.

125 colaborar — to collaborate, contribute

colaboro · colaboraron · colaborado · colaborando

regular -ar verb

Present

colaboro	colaboramos
colaboras	colaboráis
colabora	colaboran

Preterit

colaboré	colaboramos
colaboraste	colaborasteis
colaboró	colaboraron

Imperfect

colaboraba	colaborábamos
colaborabas	colaborabais
colaboraba	colaboraban

Present Perfect

he colaborado	hemos colaborado
has colaborado	habéis colaborado
ha colaborado	han colaborado

Future

colaboraré	colaboraremos
colaborarás	colaboraréis
colaborará	colaborarán

Conditional

colaboraría	colaboraríamos
colaborarías	colaboraríais
colaboraría	colaborarían

Pluperfect

había colaborado	habíamos colaborado
habías colaborado	habíais colaborado
había colaborado	habían colaborado

Preterit Perfect

hube colaborado	hubimos colaborado
hubiste colaborado	hubisteis colaborado
hubo colaborado	hubieron colaborado

Future Perfect

habré colaborado	habremos colaborado
habrás colaborado	habréis colaborado
habrá colaborado	habrán colaborado

Conditional Perfect

habría colaborado	habríamos colaborado
habrías colaborado	habríais colaborado
habría colaborado	habrían colaborado

Present Subjunctive

colabore	colaboremos
colabores	colaboréis
colabore	colaboren

Present Perfect Subjunctive

haya colaborado	hayamos colaborado
hayas colaborado	hayáis colaborado
haya colaborado	hayan colaborado

Imperfect Subjunctive (-ra)   or   Imperfect Subjunctive (-se)

colaborara	colaboráramos	colaborase	colaborásemos
colaboraras	colaborarais	colaborases	colaboraseis
colaborara	colaboraran	colaborase	colaborasen

Past Perfect Subjunctive (-ra)   or   Past Perfect Subjunctive (-se)

hubiera colaborado	hubiéramos colaborado	hubiese colaborado	hubiésemos colaborado
hubieras colaborado	hubierais colaborado	hubieses colaborado	hubieseis colaborado
hubiera colaborado	hubieran colaborado	hubiese colaborado	hubiesen colaborado

Progressive Tenses

Present	estoy, estás, está, estamos, estáis, están
Preterit	estuve, estuviste, estuvo, estuvimos, estuvisteis, estuvieron
Imperfect	estaba, estabas, estaba, estábamos, estabais, estaban
Future	estaré, estarás, estará, estaremos, estaréis, estarán
Conditional	estaría, estarías, estaría, estaríamos, estaríais, estarían
Subjunctive	que + *corresponding subjunctive tense of* estar (*see verb 252*)

colaborando

Commands

	(nosotros) colaboremos / no colaboremos
(tú) colabora / no colabores	(vosotros) colaborad / no colaboréis
(Ud.) colabore / no colabore	(Uds.) colaboren / no colaboren

USAGE

Es bueno que todos colaboren en el proyecto.
Se necesita la colaboración de otros periodistas.
Hace un año que colabora en la revista.
El libro de texto fue escrito por dos colaboradores.

It's good that everyone is collaborating/cooperating on the project.
We need other journalists to contribute.

She has been working on the magazine for a year.
The textbook was written by two coauthors.

stem-changing -ar verb: o > ue;
spelling change: g > gu/e

cuelgo · colgaron · colgado · colgando

Present		Preterit	
cuelgo	colgamos	colgué	colgamos
cuelgas	colgáis	colgaste	colgasteis
cuelga	cuelgan	colgó	colgaron

Imperfect		Present Perfect	
colgaba	colgábamos	he colgado	hemos colgado
colgabas	colgabais	has colgado	habéis colgado
colgaba	colgaban	ha colgado	han colgado

Future		Conditional	
colgaré	colgaremos	colgaría	colgaríamos
colgarás	colgaréis	colgarías	colgaríais
colgará	colgarán	colgaría	colgarían

Pluperfect		Preterit Perfect	
había colgado	habíamos colgado	hube colgado	hubimos colgado
habías colgado	habíais colgado	hubiste colgado	hubisteis colgado
había colgado	habían colgado	hubo colgado	hubieron colgado

Future Perfect		Conditional Perfect	
habré colgado	habremos colgado	habría colgado	habríamos colgado
habrás colgado	habréis colgado	habrías colgado	habríais colgado
habrá colgado	habrán colgado	habría colgado	habrían colgado

Present Subjunctive		Present Perfect Subjunctive	
cuelgue	colguemos	haya colgado	hayamos colgado
cuelgues	colguéis	hayas colgado	hayáis colgado
cuelgue	cuelguen	haya colgado	hayan colgado

Imperfect Subjunctive (-ra)		or	Imperfect Subjunctive (-se)	
colgara	colgáramos		colgase	colgásemos
colgaras	colgarais		colgases	colgaseis
colgara	colgaran		colgase	colgasen

Past Perfect Subjunctive (-ra)		or	Past Perfect Subjunctive (-se)	
hubiera colgado	hubiéramos colgado		hubiese colgado	hubiésemos colgado
hubieras colgado	hubierais colgado		hubieses colgado	hubieseis colgado
hubiera colgado	hubieran colgado		hubiese colgado	hubiesen colgado

Progressive Tenses

Present	estoy, estás, está, estamos, estáis, están	
Preterit	estuve, estuviste, estuvo, estuvimos, estuvisteis, estuvieron	
Imperfect	estaba, estabas, estaba, estábamos, estabais, estaban	colgando
Future	estaré, estarás, estará, estaremos, estaréis, estarán	
Conditional	estaría, estarías, estaría, estaríamos, estaríais, estarían	
Subjunctive	que + corresponding subjunctive tense of estar (see verb 252)	

Commands

	(nosotros) colguemos / no colguemos
(tú) cuelga / no cuelgues	(vosotros) colgad / no colguéis
(Ud.) cuelgue / no cuelgue	(Uds.) cuelguen / no cuelguen

USAGE

Cuelga el cuadro en esta pared.	*Hang the picture on this wall.*
Niños, cuelguen su ropa en las perchas.	*Children, hang your clothing on the hangers.*
Por favor, no cuelgue.	*Please don't hang up (the telephone).*
Dejaron el teléfono descolgado.	*They left the telephone off the hook.*
Se cruza el río en un puente colgante.	*You cross the river on a suspension bridge.*

colocar *to put, place*

coloco · colocaron · colocado · colocando   *-ar verb; spelling change: c > qu/e*

Present			Preterit	
coloco	colocamos		coloqué	colocamos
colocas	colocáis		colocaste	colocasteis
coloca	colocan		colocó	colocaron

Imperfect			Present Perfect	
colocaba	colocábamos		he colocado	hemos colocado
colocabas	colocabais		has colocado	habéis colocado
colocaba	colocaban		ha colocado	han colocado

Future			Conditional	
colocaré	colocaremos		colocaría	colocaríamos
colocarás	colocaréis		colocarías	colocaríais
colocará	colocarán		colocaría	colocarían

Pluperfect			Preterit Perfect	
había colocado	habíamos colocado		hube colocado	hubimos colocado
habías colocado	habíais colocado		hubiste colocado	hubisteis colocado
había colocado	habían colocado		hubo colocado	hubieron colocado

Future Perfect			Conditional Perfect	
habré colocado	habremos colocado		habría colocado	habríamos colocado
habrás colocado	habréis colocado		habrías colocado	habríais colocado
habrá colocado	habrán colocado		habría colocado	habrían colocado

Present Subjunctive			Present Perfect Subjunctive	
coloque	coloquemos		haya colocado	hayamos colocado
coloques	coloquéis		hayas colocado	hayáis colocado
coloque	coloquen		haya colocado	hayan colocado

Imperfect Subjunctive (-ra)		or	Imperfect Subjunctive (-se)	
colocara	colocáramos		colocase	colocásemos
colocaras	colocarais		colocases	colocaseis
colocara	colocaran		colocase	colocasen

Past Perfect Subjunctive (-ra)		or	Past Perfect Subjunctive (-se)	
hubiera colocado	hubiéramos colocado		hubiese colocado	hubiésemos colocado
hubieras colocado	hubierais colocado		hubieses colocado	hubieseis colocado
hubiera colocado	hubieran colocado		hubiese colocado	hubiesen colocado

Progressive Tenses

Present	estoy, estás, está, estamos, estáis, están
Preterit	estuve, estuviste, estuvo, estuvimos, estuvisteis, estuvieron
Imperfect	estaba, estabas, estaba, estábamos, estabais, estaban
Future	estaré, estarás, estará, estaremos, estaréis, estarán
Conditional	estaría, estarías, estaría, estaríamos, estaríais, estarían
Subjunctive	que + *corresponding subjunctive tense of* estar (*see verb 252*)

colocando

Commands

	(nosotros) coloquemos / no coloquemos
(tú) coloca / no coloques	(vosotros) colocad / no coloquéis
(Ud.) coloque / no coloque	(Uds.) coloquen / no coloquen

USAGE

Coloque el correo en mi escritorio.	*Put the mail on my desk.*
Coloquemos más dinero en la bolsa.	*Let's put/invest more money in the stock market.*
—Me dijo que se colocó el mes pasado.	*He told me he found a position last month.*
—Está bien colocado.	*It's a good position. / He has a good job.*
—¿Acudió a una agencia de colocaciones?	*Did he go to an employment agency?*
—No, encontró la colocación en el periódico.	*No, he found the position in the newspaper.*

stem-changing -ar verb: e > ie;
spelling change: z > c/e

comienzo · comenzaron · comenzado · comenzando

Present		Preterit	
comienzo	comenzamos	comencé	comenzamos
comienzas	comenzáis	comenzaste	comenzasteis
comienza	comienzan	comenzó	comenzaron

Imperfect		Present Perfect	
comenzaba	comenzábamos	he comenzado	hemos comenzado
comenzabas	comenzabais	has comenzado	habéis comenzado
comenzaba	comenzaban	ha comenzado	han comenzado

Future		Conditional	
comenzaré	comenzaremos	comenzaría	comenzaríamos
comenzarás	comenzaréis	comenzarías	comenzaríais
comenzará	comenzarán	comenzaría	comenzarían

Pluperfect		Preterit Perfect	
había comenzado	habíamos comenzado	hube comenzado	hubimos comenzado
habías comenzado	habíais comenzado	hubiste comenzado	hubisteis comenzado
había comenzado	habían comenzado	hubo comenzado	hubieron comenzado

Future Perfect		Conditional Perfect	
habré comenzado	habremos comenzado	habría comenzado	habríamos comenzado
habrás comenzado	habréis comenzado	habrías comenzado	habríais comenzado
habrá comenzado	habrán comenzado	habría comenzado	habrían comenzado

Present Subjunctive		Present Perfect Subjunctive	
comience	comencemos	haya comenzado	hayamos comenzado
comiences	comencéis	hayas comenzado	hayáis comenzado
comience	comiencen	haya comenzado	hayan comenzado

Imperfect Subjunctive (-ra)		or	Imperfect Subjunctive (-se)	
comenzara	comenzáramos		comenzase	comenzásemos
comenzaras	comenzarais		comenzases	comenzaseis
comenzara	comenzaran		comenzase	comenzasen

Past Perfect Subjunctive (-ra)		or	Past Perfect Subjunctive (-se)	
hubiera comenzado	hubiéramos comenzado		hubiese comenzado	hubiésemos comenzado
hubieras comenzado	hubierais comenzado		hubieses comenzado	hubieseis comenzado
hubiera comenzado	hubieran comenzado		hubiese comenzado	hubiesen comenzado

Progressive Tenses

Present	estoy, estás, está, estamos, estáis, están	
Preterit	estuve, estuviste, estuvo, estuvimos, estuvisteis, estuvieron	
Imperfect	estaba, estabas, estaba, estábamos, estabais, estaban	comenzando
Future	estaré, estarás, estará, estaremos, estaréis, estarán	
Conditional	estaría, estarías, estaría, estaríamos, estaríais, estarían	
Subjunctive	que + corresponding subjunctive tense of estar (see verb 252)	

Commands

	(nosotros) comencemos / no comencemos
(tú) comienza / no comiences	(vosotros) comenzad / no comencéis
(Ud.) comience / no comience	(Uds.) comiencen / no comiencen

USAGE

Comenzaron la reunión a las tres.	They began the meeting at 3:00.
El director comenzó por presentarse.	The director began by introducing himself.
Comiencen a comer.	Start eating.
Comienza a nevar/llover.	It's beginning to snow/rain.
Dieron comienzo a la comida con un brindis.	They started the dinner with a toast.
El plan de desarrollo está en sus comienzos.	The development plan is in its early stages.

comer to eat

como · comieron · comido · comiendo

¿Cómo se come? y ¿Qué se come?

☯ —Pablo, tú comes por cuatro.
—Sabes que soy muy comilón.

Pablo, you're eating like a horse.
You know I'm a glutton / big eater.

☯ —Me dieron de comer carne, pollo y pescado.
—Comiste como un rey entonces.

They gave me a meal of meat, chicken, and fish.
Then you ate like a king.

☯ —Comes con muchas ganas.
—En realidad, como con los ojos.

You eat heartily.
Actually, my eyes are bigger than my stomach.

—Da de comer al perro.
—Nuestro perro come como un pajarito.

Feed the dog.
Our dog eats like a bird.

☯ —Yo comí sin ganas.
—Y yo me lo comí todo.

I picked at my food.
And I ate up everything.

☯ —¿Les gusta probar los platos nuevos?
—Nos encanta. Comemos de todo.

Do you like to taste new dishes?
We love to. We eat everything.

El consumo de la comida rápida no supone ningún inconveniente para la salud siempre que no se convierta en un hábito ni sustituya a alimentos básicos.

Eating fast food doesn't present a problem for your health provided that it doesn't become a habit or substitute for basic foods.

La comida basura/chatarra contiene altos niveles de grasas, sal o azúcares y numerosos aditivos alimentarios, y al mismo tiempo, con carencia de proteínas, vitaminas y fibra.

Junk food contains high levels of fats, salt or sugars and many food additives, and at the same time is lacking in proteins, vitamins, and fiber.

comer = carcomer to eat away

El agua salada del mar come/carcome la madera.
Le come/carcome la envidia/ira.

The salt water of the sea eats away the wood.
She's eaten up with envy/anger.

comerse

Cuando era niña se comía las uñas.
Se come el collar con los ojos.
Se comieron unos párrafos en la redacción.
La gente de la región se come las eses en el habla.
Los enemigos se comían los unos a los otros.
¿Los arqueólogos? El desierto se los habrá comido.

As a child she bit her nails.
She looks greedily at the necklace.
A few paragraphs were skipped while editing.
The people of the region drop the "s" in their speech.
The enemies quarreled / tore each other apart.
The archaeologists? The desert has probably swallowed them up.

OTHER USES AND RELATED WORDS

Comen en el mismo plato.
La dama roja comió todas las negras.
Comió un peón.
Hay una tienda de comestibles en la esquina.
Pasen al comedor.
Hay tres comedores universitarios.

They're very close friends.
The red checker took all the black ones.
He captured/took a pawn.
There's a grocery store at the corner.
Go into the dining room.
There are three university dining halls.

regular -er verb

	Present		Preterit
como	comemos	comí	comimos
comes	coméis	comiste	comisteis
come	comen	comió	comieron

	Imperfect		Present Perfect
comía	comíamos	he comido	hemos comido
comías	comíais	has comido	habéis comido
comía	comían	ha comido	han comido

	Future		Conditional
comeré	comeremos	comería	comeríamos
comerás	comeréis	comerías	comeríais
comerá	comerán	comería	comerían

	Pluperfect		Preterit Perfect
había comido	habíamos comido	hube comido	hubimos comido
habías comido	habíais comido	hubiste comido	hubisteis comido
había comido	habían comido	hubo comido	hubieron comido

	Future Perfect		Conditional Perfect
habré comido	habremos comido	habría comido	habríamos comido
habrás comido	habréis comido	habrías comido	habríais comido
habrá comido	habrán comido	habría comido	habrían comido

	Present Subjunctive		Present Perfect Subjunctive
coma	comamos	haya comido	hayamos comido
comas	comáis	hayas comido	hayáis comido
coma	coman	haya comido	hayan comido

	Imperfect Subjunctive (-ra)	or	Imperfect Subjunctive (-se)
comiera	comiéramos	comiese	comiésemos
comieras	comierais	comieses	comieseis
comiera	comieran	comiese	comiesen

	Past Perfect Subjunctive (-ra)	or	Past Perfect Subjunctive (-se)
hubiera comido	hubiéramos comido	hubiese comido	hubiésemos comido
hubieras comido	hubierais comido	hubieses comido	hubieseis comido
hubiera comido	hubieran comido	hubiese comido	hubiesen comido

Progressive Tenses

Present	estoy, estás, está, estamos, estáis, están	
Preterit	estuve, estuviste, estuvo, estuvimos, estuvisteis, estuvieron	
Imperfect	estaba, estabas, estaba, estábamos, estabais, estaban	comiendo
Future	estaré, estarás, estará, estaremos, estaréis, estarán	
Conditional	estaría, estarías, estaría, estaríamos, estaríais, estarían	
Subjunctive	que + *corresponding subjunctive tense of* estar (*see verb 252*)	

Commands

	(nosotros) comamos / no comamos
(tú) come / no comas	(vosotros) comed / no comáis
(Ud.) coma / no coma	(Uds.) coman / no coman

¿Comemos algo ahora?	*Shall we eat something now?*
Se come bien en esta ciudad.	*You can eat well in this city.*
Comimos pollo/carne.	*We ate chicken/meat.*
Donde comen dos comen tres.	*There's always room for one more.*
No hacen tres comidas al día sino seis.	*They don't have three meals a day, but rather six.*

compartir *to share, divide*

comparto · compartieron · compartido · compartiendo   *regular -ir verb*

Present		*Preterit*	
comparto	compartimos	compartí	compartimos
compartes	compartís	compartiste	compartisteis
comparte	comparten	compartió	compartieron

Imperfect		*Present Perfect*	
compartía	compartíamos	he compartido	hemos compartido
compartías	compartíais	has compartido	habéis compartido
compartía	compartían	ha compartido	han compartido

Future		*Conditional*	
compartiré	compartiremos	compartiría	compartiríamos
compartirás	compartiréis	compartirías	compartiríais
compartirá	compartirán	compartiría	compartirían

Pluperfect		*Preterit Perfect*	
había compartido	habíamos compartido	hube compartido	hubimos compartido
habías compartido	habíais compartido	hubiste compartido	hubisteis compartido
había compartido	habían compartido	hubo compartido	hubieron compartido

Future Perfect		*Conditional Perfect*	
habré compartido	habremos compartido	habría compartido	habríamos compartido
habrás compartido	habréis compartido	habrías compartido	habríais compartido
habrá compartido	habrán compartido	habría compartido	habrían compartido

Present Subjunctive		*Present Perfect Subjunctive*	
comparta	compartamos	haya compartido	hayamos compartido
compartas	compartáis	hayas compartido	hayáis compartido
comparta	compartan	haya compartido	hayan compartido

Imperfect Subjunctive (-ra)		or	*Imperfect Subjunctive (-se)*	
compartiera	compartiéramos		compartiese	compartiésemos
compartieras	compartierais		compartieses	compartieseis
compartiera	compartieran		compartiese	compartiesen

Past Perfect Subjunctive (-ra)		or	*Past Perfect Subjunctive (-se)*	
hubiera compartido	hubiéramos compartido		hubiese compartido	hubiésemos compartido
hubieras compartido	hubierais compartido		hubieses compartido	hubieseis compartido
hubiera compartido	hubieran compartido		hubiese compartido	hubiesen compartido

Progressive Tenses

Present	estoy, estás, está, estamos, estáis, están	
Preterit	estuve, estuviste, estuvo, estuvimos, estuvisteis, estuvieron	
Imperfect	estaba, estabas, estaba, estábamos, estabais, estaban	compartiendo
Future	estaré, estarás, estará, estaremos, estaréis, estarán	
Conditional	estaría, estarías, estaría, estaríamos, estaríais, estarían	
Subjunctive	que + *corresponding subjunctive tense of* estar (*see verb 252*)	

Commands

	(nosotros) compartamos / no compartamos
(tú) comparte / no compartas	(vosotros) compartid / no compartáis
(Ud.) comparta / no comparta	(Uds.) compartan / no compartan

USAGE

Las cuatro estudiantes comparten un apartamento.	*The four students share an apartment.*
El director general y la directora adjunta comparten el poder.	*The general director and the assistant director share power.*
Los padres compartieron su dinero entre sus hijos.	*The parents divided up their money among their children.*
Yo no comparto tu opinión.	*I don't share your opinion.*

stem-changing -ir verb: *e > i*   compito · compitieron · competido · compitiendo

Present
compito	competimos
compites	competís
compite	compiten

Preterit
competí	competimos
competiste	competisteis
compitió	compitieron

Imperfect
competía	competíamos
competías	competíais
competía	competían

Present Perfect
he competido	hemos competido
has competido	habéis competido
ha competido	han competido

Future
competiré	competiremos
competirás	competiréis
competirá	competirán

Conditional
competiría	competiríamos
competirías	competiríais
competiría	competirían

Pluperfect
había competido	habíamos competido
habías competido	habíais competido
había competido	habían competido

Preterit Perfect
hube competido	hubimos competido
hubiste competido	hubisteis competido
hubo competido	hubieron competido

Future Perfect
habré competido	habremos competido
habrás competido	habréis competido
habrá competido	habrán competido

Conditional Perfect
habría competido	habríamos competido
habrías competido	habríais competido
habría competido	habrían competido

Present Subjunctive
compita	compitamos
compitas	compitáis
compita	compitan

Present Perfect Subjunctive
haya competido	hayamos competido
hayas competido	hayáis competido
haya competido	hayan competido

Imperfect Subjunctive (-ra)
compitiera	compitiéramos
compitieras	compitierais
compitiera	compitieran

or

Imperfect Subjunctive (-se)
compitiese	compitiésemos
compitieses	compitieseis
compitiese	compitiesen

Past Perfect Subjunctive (-ra)
hubiera competido	hubiéramos competido
hubieras competido	hubierais competido
hubiera competido	hubieran competido

or

Past Perfect Subjunctive (-se)
hubiese competido	hubiésemos competido
hubieses competido	hubieseis competido
hubiese competido	hubiesen competido

Progressive Tenses
Present	estoy, estás, está, estamos, estáis, están
Preterit	estuve, estuviste, estuvo, estuvimos, estuvisteis, estuvieron
Imperfect	estaba, estabas, estaba, estábamos, estabais, estaban
Future	estaré, estarás, estará, estaremos, estaréis, estarán
Conditional	estaría, estarías, estaría, estaríamos, estaríais, estarían
Subjunctive	que + *corresponding subjunctive tense of* estar (*see verb 252*)

compitiendo

Commands
(tú) compite / no compitas	(nosotros) compitamos / no compitamos
(Ud.) compita / no compita	(vosotros) competid / no compitáis
	(Uds.) compitan / no compitan

Los boxeadores compiten para el título.	The boxers are vying for the title.
Las tiendas pequeñas no competían con la cadena de grandes almacenes.	The small stores didn't compete with the chain of department stores.
La competitividad es conveniente.	Competitiveness is desirable.
Había un buen espíritu competidor.	There was a good competitive spirit.
Hay una dura competencia en el comercio.	There's stiff competition in the business world.
Los productos son competitivos.	The products are competitive.

comprar to buy

compro · compraron · comprado · comprando | regular -ar verb

Present		Preterit	
compro	compramos	compré	compramos
compras	compráis	compraste	comprasteis
compra	compran	compró	compraron

Imperfect		Present Perfect	
compraba	comprábamos	he comprado	hemos comprado
comprabas	comprabais	has comprado	habéis comprado
compraba	compraban	ha comprado	han comprado

Future		Conditional	
compraré	compraremos	compraría	compraríamos
comprarás	compraréis	comprarías	compraríais
comprará	comprarán	compraría	comprarían

Pluperfect		Preterit Perfect	
había comprado	habíamos comprado	hube comprado	hubimos comprado
habías comprado	habíais comprado	hubiste comprado	hubisteis comprado
había comprado	habían comprado	hubo comprado	hubieron comprado

Future Perfect		Conditional Perfect	
habré comprado	habremos comprado	habría comprado	habríamos comprado
habrás comprado	habréis comprado	habrías comprado	habríais comprado
habrá comprado	habrán comprado	habría comprado	habrían comprado

Present Subjunctive		Present Perfect Subjunctive	
compre	compremos	haya comprado	hayamos comprado
compres	compréis	hayas comprado	hayáis comprado
compre	compren	haya comprado	hayan comprado

Imperfect Subjunctive (-ra)		or	Imperfect Subjunctive (-se)	
comprara	compráramos		comprase	comprásemos
compraras	comprarais		comprases	compraseis
comprara	compraran		comprase	comprasen

Past Perfect Subjunctive (-ra)		or	Past Perfect Subjunctive (-se)	
hubiera comprado	hubiéramos comprado		hubiese comprado	hubiésemos comprado
hubieras comprado	hubierais comprado		hubieses comprado	hubieseis comprado
hubiera comprado	hubieran comprado		hubiese comprado	hubiesen comprado

Progressive Tenses

Present	estoy, estás, está, estamos, estáis, están	
Preterit	estuve, estuviste, estuvo, estuvimos, estuvisteis, estuvieron	
Imperfect	estaba, estabas, estaba, estábamos, estabais, estaban	comprando
Future	estaré, estarás, estará, estaremos, estaréis, estarán	
Conditional	estaría, estarías, estaría, estaríamos, estaríais, estarían	
Subjunctive	que + *corresponding subjunctive tense of* estar (*see verb 252*)	

Commands

	(nosotros) compremos / no compremos
(tú) compra / no compres	(vosotros) comprad / no compréis
(Ud.) compre / no compre	(Uds.) compren / no compren

USAGE

Compraron un condominio.
Se compra al contado.

—Van de compras, ¿no?
—Sí, vamos de compras al centro comercial.
Los compradores han acudido a la tienda por departamentos por las grandes rebajas.

They bought a condominium.
You can buy with cash.

You're going shopping, aren't you?
Yes, we're going shopping at the mall.
The shoppers have come to the department store on account of the big reductions.

regular -er verb

comprendo · comprendieron · comprendido · comprendiendo

Present

comprendo	comprendemos
comprendes	comprendéis
comprende	comprenden

Preterit

comprendí	comprendimos
comprendiste	comprendisteis
comprendió	comprendieron

Imperfect

comprendía	comprendíamos
comprendías	comprendíais
comprendía	comprendían

Present Perfect

he comprendido	hemos comprendido
has comprendido	habéis comprendido
ha comprendido	han comprendido

Future

comprenderé	comprenderemos
comprenderás	comprenderéis
comprenderá	comprenderán

Conditional

comprendería	comprenderíamos
comprenderías	comprenderíais
comprendería	comprenderían

Pluperfect

había comprendido	habíamos comprendido
habías comprendido	habíais comprendido
había comprendido	habían comprendido

Preterit Perfect

hube comprendido	hubimos comprendido
hubiste comprendido	hubisteis comprendido
hubo comprendido	hubieron comprendido

Future Perfect

habré comprendido	habremos comprendido
habrás comprendido	habréis comprendido
habrá comprendido	habrán comprendido

Conditional Perfect

habría comprendido	habríamos comprendido
habrías comprendido	habríais comprendido
habría comprendido	habrían comprendido

Present Subjunctive

comprenda	comprendamos
comprendas	comprendáis
comprenda	comprendan

Present Perfect Subjunctive

haya comprendido	hayamos comprendido
hayas comprendido	hayáis comprendido
haya comprendido	hayan comprendido

Imperfect Subjunctive (-ra)   or   Imperfect Subjunctive (-se)

comprendiera	comprendiéramos	comprendiese	comprendiésemos
comprendieras	comprendierais	comprendieses	comprendieseis
comprendiera	comprendieran	comprendiese	comprendiesen

Past Perfect Subjunctive (-ra)   or   Past Perfect Subjunctive (-se)

hubiera comprendido	hubiéramos comprendido	hubiese comprendido	hubiésemos comprendido
hubieras comprendido	hubierais comprendido	hubieses comprendido	hubieseis comprendido
hubiera comprendido	hubieran comprendido	hubiese comprendido	hubiesen comprendido

Progressive Tenses

Present	estoy, estás, está, estamos, estáis, están	
Preterit	estuve, estuviste, estuvo, estuvimos, estuvisteis, estuvieron	
Imperfect	estaba, estabas, estaba, estábamos, estabais, estaban	comprendiendo
Future	estaré, estarás, estará, estaremos, estaréis, estarán	
Conditional	estaría, estarías, estaría, estaríamos, estaríais, estarían	
Subjunctive	que + *corresponding subjunctive tense of* estar (*see verb 252*)	

Commands

	(nosotros) comprendamos / no comprendamos
(tú) comprende / no comprendas	(vosotros) comprended / no comprendáis
(Ud.) comprenda / no comprenda	(Uds.) comprendan / no comprendan

USAGE

No comprendí lo que dijeron.	*I didn't understand what they said.*
Creo que Uds. han comprendido mal.	*I think you've misunderstood.*
¿Comprendéis japonés?	*Do you understand Japanese?*
Se hace comprender en francés.	*She's making herself understood in French.*
Aquí tiene Ud. la cuenta todo comprendido.	*Here's the bill, everything included.*
Ya comprendo.	*I see. / I get it.*
No se comprenden bien.	*They don't understand each other.*

comprobar to check, prove

comprueba · comprobaron · comprobado · comprobando   stem-changing -ar verb: o > ue

Present		Preterit	
compruebo	comprobamos	comprobé	comprobamos
compruebas	comprobáis	comprobaste	comprobasteis
comprueba	comprueban	comprobó	comprobaron

Imperfect		Present Perfect	
comprobaba	comprobábamos	he comprobado	hemos comprobado
comprobabas	comprobabais	has comprobado	habéis comprobado
comprobaba	comprobaban	ha comprobado	han comprobado

Future		Conditional	
comprobaré	comprobaremos	comprobaría	comprobaríamos
comprobarás	comprobaréis	comprobarías	comprobaríais
comprobará	comprobarán	comprobaría	comprobarían

Pluperfect		Preterit Perfect	
había comprobado	habíamos comprobado	hube comprobado	hubimos comprobado
habías comprobado	habíais comprobado	hubiste comprobado	hubisteis comprobado
había comprobado	habían comprobado	hubo comprobado	hubieron comprobado

Future Perfect		Conditional Perfect	
habré comprobado	habremos comprobado	habría comprobado	habríamos comprobado
habrás comprobado	habréis comprobado	habrías comprobado	habríais comprobado
habrá comprobado	habrán comprobado	habría comprobado	habrían comprobado

Present Subjunctive		Present Perfect Subjunctive	
compruebe	comprobemos	haya comprobado	hayamos comprobado
compruebes	comprobéis	hayas comprobado	hayáis comprobado
compruebe	comprueben	haya comprobado	hayan comprobado

Imperfect Subjunctive (-ra)		or	Imperfect Subjunctive (-se)	
comprobara	comprobáramos		comprobase	comprobásemos
comprobaras	comprobarais		comprobases	comprobaseis
comprobara	comprobaran		comprobase	comprobasen

Past Perfect Subjunctive (-ra)		or	Past Perfect Subjunctive (-se)	
hubiera comprobado	hubiéramos comprobado		hubiese comprobado	hubiésemos comprobado
hubieras comprobado	hubierais comprobado		hubieses comprobado	hubieseis comprobado
hubiera comprobado	hubieran comprobado		hubiese comprobado	hubiesen comprobado

Progressive Tenses

Present	estoy, estás, está, estamos, estáis, están
Preterit	estuve, estuviste, estuvo, estuvimos, estuvisteis, estuvieron
Imperfect	estaba, estabas, estaba, estábamos, estabais, estaban
Future	estaré, estarás, estará, estaremos, estaréis, estarán
Conditional	estaría, estarías, estaría, estaríamos, estaríais, estarían
Subjunctive	que + corresponding subjunctive tense of estar (see verb 252)

⎫ comprobando

Commands

	(nosotros) comprobemos / no comprobemos
(tú) comprueba / no compruebes	(vosotros) comprobad / no comprobéis
(Ud.) compruebe / no compruebe	(Uds.) comprueben / no comprueben

USAGE

Compruebe el valor de las perlas.	*Check the value of the pearls.*
Ud. mismo comprobó que el paquete fue entregado.	*You yourself checked that the package was delivered.*
Los datos son fáciles de comprobar.	*The facts are easy to prove.*
No hay devolución de dinero sin el comprobante de compra.	*There's no refund without the receipt / proof of purchase.*
No es fácil de comprobar.	*It is not easy to verify/prove.*

stem-changing -ir verb: e > i   concibo · concibieron · concebido · concibiendo

Present		Preterit	
concibo	concebimos	concebí	concebimos
concibes	concebís	concebiste	concebisteis
concibe	conciben	concibió	concibieron

Imperfect		Present Perfect	
concebía	concebíamos	he concebido	hemos concebido
concebías	concebíais	has concebido	habéis concebido
concebía	concebían	ha concebido	han concebido

Future		Conditional	
concebiré	concebiremos	concebiría	concebiríamos
concebirás	concebiréis	concebirías	concebiríais
concebirá	concebirán	concebiría	concebirían

Pluperfect		Preterit Perfect	
había concebido	habíamos concebido	hube concebido	hubimos concebido
habías concebido	habíais concebido	hubiste concebido	hubisteis concebido
había concebido	habían concebido	hubo concebido	hubieron concebido

Future Perfect		Conditional Perfect	
habré concebido	habremos concebido	habría concebido	habríamos concebido
habrás concebido	habréis concebido	habrías concebido	habríais concebido
habrá concebido	habrán concebido	habría concebido	habrían concebido

Present Subjunctive		Present Perfect Subjunctive	
conciba	concibamos	haya concebido	hayamos concebido
concibas	concibáis	hayas concebido	hayáis concebido
conciba	conciban	haya concebido	hayan concebido

Imperfect Subjunctive (-ra)		or	Imperfect Subjunctive (-se)	
concibiera	concibiéramos		concibiese	concibiésemos
concibieras	concibierais		concibieses	concibieseis
concibiera	concibieran		concibiese	concibiesen

Past Perfect Subjunctive (-ra)		or	Past Perfect Subjunctive (-se)	
hubiera concebido	hubiéramos concebido		hubiese concebido	hubiésemos concebido
hubieras concebido	hubierais concebido		hubieses concebido	hubieseis concebido
hubiera concebido	hubieran concebido		hubiese concebido	hubiesen concebido

Progressive Tenses

Present	estoy, estás, está, estamos, estáis, están	
Preterit	estuve, estuviste, estuvo, estuvimos, estuvisteis, estuvieron	
Imperfect	estaba, estabas, estaba, estábamos, estabais, estaban	concibiendo
Future	estaré, estarás, estará, estaremos, estaréis, estarán	
Conditional	estaría, estarías, estaría, estaríamos, estaríais, estarían	
Subjunctive	que + *corresponding subjunctive tense of* estar (*see verb 252*)	

Commands

	(nosotros) concibamos / no concibamos
(tú) concibe / no concibas	(vosotros) concebid / no concibáis
(Ud.) conciba / no conciba	(Uds.) conciban / no conciban

Concibió unas ideas geniales.	*He conceived some brilliant ideas.*
No pueden concebir tal cosa.	*They can't imagine such a thing.*
La mujer finalmente concibió después de varios años.	*The woman finally conceived after several years.*
Quiero que me expliques tu concepto.	*I want you to explain your idea/opinion/reason to me.*
Su concepción del mundo es rara.	*Her conception of the world is strange.*

concluir *to conclude, finish, close*

concluyo · concluyeron · concluido · concluyendo

-ir verb; spelling change:
adds y before o, a, e

Present		Preterit	
concluyo	concluimos	concluí	concluimos
concluyes	concluís	concluiste	concluisteis
concluye	concluyen	concluyó	concluyeron

Imperfect		Present Perfect	
concluía	concluíamos	he concluido	hemos concluido
concluías	concluíais	has concluido	habéis concluido
concluía	concluían	ha concluido	han concluido

Future		Conditional	
concluiré	concluiremos	concluiría	concluiríamos
concluirás	concluiréis	concluirías	concluiríais
concluirá	concluirán	concluiría	concluirían

Pluperfect		Preterit Perfect	
había concluido	habíamos concluido	hube concluido	hubimos concluido
habías concluido	habíais concluido	hubiste concluido	hubisteis concluido
había concluido	habían concluido	hubo concluido	hubieron concluido

Future Perfect		Conditional Perfect	
habré concluido	habremos concluido	habría concluido	habríamos concluido
habrás concluido	habréis concluido	habrías concluido	habríais concluido
habrá concluido	habrán concluido	habría concluido	habrían concluido

Present Subjunctive		Present Perfect Subjunctive	
concluya	concluyamos	haya concluido	hayamos concluido
concluyas	concluyáis	hayas concluido	hayáis concluido
concluya	concluyan	haya concluido	hayan concluido

Imperfect Subjunctive (-ra)		or	Imperfect Subjunctive (-se)	
concluyera	concluyéramos		concluyese	concluyésemos
concluyeras	concluyerais		concluyeses	concluyeseis
concluyera	concluyeran		concluyese	concluyesen

Past Perfect Subjunctive (-ra)		or	Past Perfect Subjunctive (-se)	
hubiera concluido	hubiéramos concluido		hubiese concluido	hubiésemos concluido
hubieras concluido	hubierais concluido		hubieses concluido	hubieseis concluido
hubiera concluido	hubieran concluido		hubiese concluido	hubiesen concluido

Progressive Tenses

Present	estoy, estás, está, estamos, estáis, están
Preterit	estuve, estuviste, estuvo, estuvimos, estuvisteis, estuvieron
Imperfect	estaba, estabas, estaba, estábamos, estabais, estaban
Future	estaré, estarás, estará, estaremos, estaréis, estarán
Conditional	estaría, estarías, estaría, estaríamos, estaríais, estarían
Subjunctive	que + *corresponding subjunctive tense of* estar (*see verb 252*)

} concluyendo

Commands

	(nosotros) concluyamos / no concluyamos
(tú) concluye / no concluyas	(vosotros) concluid / no concluyáis
(Ud.) concluya / no concluya	(Uds.) concluyan / no concluyan

USAGE

¿Por qué no concluyes la tarea ya?

Tengo que concluir que Uds. no quieren ayudar.

Concluyamos el negocio lo antes posible.

En conclusión...

No existe ninguna prueba concluyente.

Why don't you finish your assignment already?

I have to conclude that you don't want to help.

Let's close the deal as soon as possible.

In conclusion . . .

There's no conclusive evidence.

irregular verb;
spelling change: c > zc/o, a

conduzco · condujeron · conducido · conduciendo

Present		Preterit	
conduzco	conducimos	conduje	condujimos
conduces	conducís	condujiste	condujisteis
conduce	conducen	condujo	condujeron

Imperfect		Present Perfect	
conducía	conducíamos	he conducido	hemos conducido
conducías	conducíais	has conducido	habéis conducido
conducía	conducían	ha conducido	han conducido

Future		Conditional	
conduciré	conduciremos	conduciría	conduciríamos
conducirás	conduciréis	conducirías	conduciríais
conducirá	conducirán	conduciría	conducirían

Pluperfect		Preterit Perfect	
había conducido	habíamos conducido	hube conducido	hubimos conducido
habías conducido	habíais conducido	hubiste conducido	hubisteis conducido
había conducido	habían conducido	hubo conducido	hubieron conducido

Future Perfect		Conditional Perfect	
habré conducido	habremos conducido	habría conducido	habríamos conducido
habrás conducido	habréis conducido	habrías conducido	habríais conducido
habrá conducido	habrán conducido	habría conducido	habrían conducido

Present Subjunctive		Present Perfect Subjunctive	
conduzca	conduzcamos	haya conducido	hayamos conducido
conduzcas	conduzcáis	hayas conducido	hayáis conducido
conduzca	conduzcan	haya conducido	hayan conducido

Imperfect Subjunctive (-ra)		or	Imperfect Subjunctive (-se)	
condujera	condujéramos		condujese	condujésemos
condujeras	condujerais		condujeses	condujeseis
condujera	condujeran		condujese	condujesen

Past Perfect Subjunctive (-ra)		or	Past Perfect Subjunctive (-se)	
hubiera conducido	hubiéramos conducido		hubiese conducido	hubiésemos conducido
hubieras conducido	hubierais conducido		hubieses conducido	hubieseis conducido
hubiera conducido	hubieran conducido		hubiese conducido	hubiesen conducido

Progressive Tenses

Present	estoy, estás, está, estamos, estáis, están	
Preterit	estuve, estuviste, estuvo, estuvimos, estuvisteis, estuvieron	
Imperfect	estaba, estabas, estaba, estábamos, estabais, estaban	
Future	estaré, estarás, estará, estaremos, estaréis, estarán	conduciendo
Conditional	estaría, estarías, estaría, estaríamos, estaríais, estarían	
Subjunctive	que + *corresponding subjunctive tense of* estar (*see verb 252*)	

Commands

	(nosotros) conduzcamos / no conduzcamos
(tú) conduce / no conduzcas	(vosotros) conducid / no conduzcáis
(Ud.) conduzca / no conduzca	(Uds.) conduzcan / no conduzcan

⟨ USAGE ⟩

¿Conduzco yo?	*Shall I drive?*
Condujo a gran velocidad.	*He drove very fast.*
Conducen la empresa con éxito.	*They manage the firm successfully.*
¿Quién conduce la encuesta?	*Who is conducting the survey?*
Se le perdió su carnet de conducir.	*She lost her driver's license.*
Este ingeniero electrotécnico investiga la conductividad.	*This electrical engineer is researching conductivity.*

confesar *to confess, admit*

confieso · confesaron · confesado · confesando   stem-changing -ar verb: e > ie

Present		Preterit	
confieso	confesamos	confesé	confesamos
confiesas	confesáis	confesaste	confesasteis
confiesa	confiesan	confesó	confesaron

Imperfect		Present Perfect	
confesaba	confesábamos	he confesado	hemos confesado
confesabas	confesabais	has confesado	habéis confesado
confesaba	confesaban	ha confesado	han confesado

Future		Conditional	
confesaré	confesaremos	confesaría	confesaríamos
confesarás	confesaréis	confesarías	confesaríais
confesará	confesarán	confesaría	confesarían

Pluperfect		Preterit Perfect	
había confesado	habíamos confesado	hube confesado	hubimos confesado
habías confesado	habíais confesado	hubiste confesado	hubisteis confesado
había confesado	habían confesado	hubo confesado	hubieron confesado

Future Perfect		Conditional Perfect	
habré confesado	habremos confesado	habría confesado	habríamos confesado
habrás confesado	habréis confesado	habrías confesado	habríais confesado
habrá confesado	habrán confesado	habría confesado	habrían confesado

Present Subjunctive		Present Perfect Subjunctive	
confiese	confesemos	haya confesado	hayamos confesado
confieses	confeséis	hayas confesado	hayáis confesado
confiese	confiesen	haya confesado	hayan confesado

Imperfect Subjunctive (-ra)		or	Imperfect Subjunctive (-se)	
confesara	confesáramos		confesase	confesásemos
confesaras	confesarais		confesases	confesaseis
confesara	confesaran		confesase	confesasen

Past Perfect Subjunctive (-ra)		or	Past Perfect Subjunctive (-se)	
hubiera confesado	hubiéramos confesado		hubiese confesado	hubiésemos confesado
hubieras confesado	hubierais confesado		hubieses confesado	hubieseis confesado
hubiera confesado	hubieran confesado		hubiese confesado	hubiesen confesado

Progressive Tenses

Present	estoy, estás, está, estamos, estáis, están	
Preterit	estuve, estuviste, estuvo, estuvimos, estuvisteis, estuvieron	
Imperfect	estaba, estabas, estaba, estábamos, estabais, estaban	confesando
Future	estaré, estarás, estará, estaremos, estaréis, estarán	
Conditional	estaría, estarías, estaría, estaríamos, estaríais, estarían	
Subjunctive	que + *corresponding subjunctive tense of* estar (*see verb 252*)	

Commands

	(nosotros) confesemos / no confesemos
(tú) confiesa / no confieses	(vosotros) confesad / no confeséis
(Ud.) confiese / no confiese	(Uds.) confiesen / no confiesen

USAGE

Confesó su implicación en la conspiración contra el gobierno. — *He confessed/admitted his involvement in the conspiracy against the government.*
Se confesó culpable. — *He admitted his guilt.*
Se confesaron de plano. — *They owned up to / admitted everything.*
Se confesó con el cura. — *She confessed to the priest.*
La confesión forma parte de su credo religioso. — *Confession is a part of their religious conviction.*

-*ar* verb; spelling change: *i > í* when stressed | confío · confiaron · confiado · confiando

Present

confío	confiamos
confías	confiáis
confía	confían

Preterit

confié	confiamos
confiaste	confiasteis
confió	confiaron

Imperfect

confiaba	confiábamos
confiabas	confiabais
confiaba	confiaban

Present Perfect

he confiado	hemos confiado
has confiado	habéis confiado
ha confiado	han confiado

Future

confiaré	confiaremos
confiarás	confiaréis
confiará	confiarán

Conditional

confiaría	confiaríamos
confiarías	confiaríais
confiaría	confiarían

Pluperfect

había confiado	habíamos confiado
habías confiado	habíais confiado
había confiado	habían confiado

Preterit Perfect

hube confiado	hubimos confiado
hubiste confiado	hubisteis confiado
hubo confiado	hubieron confiado

Future Perfect

habré confiado	habremos confiado
habrás confiado	habréis confiado
habrá confiado	habrán confiado

Conditional Perfect

habría confiado	habríamos confiado
habrías confiado	habríais confiado
habría confiado	habrían confiado

Present Subjunctive

confíe	confiemos
confíes	confiéis
confíe	confíen

Present Perfect Subjunctive

haya confiado	hayamos confiado
hayas confiado	hayáis confiado
haya confiado	hayan confiado

Imperfect Subjunctive (-ra)   *or*   Imperfect Subjunctive (-se)

confiara	confiáramos	confiase	confiásemos
confiaras	confiarais	confiases	confiaseis
confiara	confiaran	confiase	confiasen

Past Perfect Subjunctive (-ra)   *or*   Past Perfect Subjunctive (-se)

hubiera confiado	hubiéramos confiado	hubiese confiado	hubiésemos confiado
hubieras confiado	hubierais confiado	hubieses confiado	hubieseis confiado
hubiera confiado	hubieran confiado	hubiese confiado	hubiesen confiado

Progressive Tenses

Present	estoy, estás, está, estamos, estáis, están
Preterit	estuve, estuviste, estuvo, estuvimos, estuvisteis, estuvieron
Imperfect	estaba, estabas, estaba, estábamos, estabais, estaban
Future	estaré, estarás, estará, estaremos, estaréis, estarán
Conditional	estaría, estarías, estaría, estaríamos, estaríais, estarían
Subjunctive	que + *corresponding subjunctive tense of* estar (*see verb 252*)

> confiando

Commands

	(nosotros) confiemos / no confiemos
(tú) confía / no confíes	(vosotros) confiad / no confiéis
(Ud.) confíe / no confíe	(Uds.) confíen / no confíen

Confío en su juicio.	*I trust his judgment.*
Confié todas las fechas a la memoria.	*I committed all the dates to memory.*
Confiamos en su competencia.	*We're counting on his expertise/ability.*
Se confía en su familia.	*She trusts in / relies on her family.*
Le confió sus problemas a su amiga.	*She confided her problems to her friend.*
Están confiados en el futuro.	*They're confident about the future.*
Somos amigos de gran confianza.	*We're very close friends.*

conmover *to move, touch*

conmuevo · conmovieron · conmovido · conmoviendo   stem-changing -er verb: o > ue

Present		Preterit	
conmuevo	conmovemos	conmoví	conmovimos
conmueves	conmovéis	conmoviste	conmovisteis
conmueve	conmueven	conmovió	conmovieron

Imperfect		Present Perfect	
conmovía	conmovíamos	he conmovido	hemos conmovido
conmovías	conmovíais	has conmovido	habéis conmovido
conmovía	conmovían	ha conmovido	han conmovido

Future		Conditional	
conmoveré	conmoveremos	conmovería	conmoveríamos
conmoverás	conmoveréis	conmoverías	conmoveríais
conmoverá	conmoverán	conmovería	conmoverían

Pluperfect		Preterit Perfect	
había conmovido	habíamos conmovido	hube conmovido	hubimos conmovido
habías conmovido	habíais conmovido	hubiste conmovido	hubisteis conmovido
había conmovido	habían conmovido	hubo conmovido	hubieron conmovido

Future Perfect		Conditional Perfect	
habré conmovido	habremos conmovido	habría conmovido	habríamos conmovido
habrás conmovido	habréis conmovido	habrías conmovido	habríais conmovido
habrá conmovido	habrán conmovido	habría conmovido	habrían conmovido

Present Subjunctive		Present Perfect Subjunctive	
conmueva	conmovamos	haya conmovido	hayamos conmovido
conmuevas	conmováis	hayas conmovido	hayáis conmovido
conmueva	conmuevan	haya conmovido	hayan conmovido

Imperfect Subjunctive (-ra)		*or*	Imperfect Subjunctive (-se)	
conmoviera	conmoviéramos		conmoviese	conmoviésemos
conmovieras	conmovierais		conmovieses	conmovieseis
conmoviera	conmovieran		conmoviese	conmoviesen

Past Perfect Subjunctive (-ra)		*or*	Past Perfect Subjunctive (-se)	
hubiera conmovido	hubiéramos conmovido		hubiese conmovido	hubiésemos conmovido
hubieras conmovido	hubierais conmovido		hubieses conmovido	hubieseis conmovido
hubiera conmovido	hubieran conmovido		hubiese conmovido	hubiesen conmovido

Progressive Tenses

Present	estoy, estás, está, estamos, estáis, están	
Preterit	estuve, estuviste, estuvo, estuvimos, estuvisteis, estuvieron	
Imperfect	estaba, estabas, estaba, estábamos, estabais, estaban	conmoviendo
Future	estaré, estarás, estará, estaremos, estaréis, estarán	
Conditional	estaría, estarías, estaría, estaríamos, estaríais, estarían	
Subjunctive	que + *corresponding subjunctive tense of* estar (*see verb 252*)	

Commands

	(nosotros) conmovamos / no conmovamos
(tú) conmueve / no conmuevas	(vosotros) conmoved / no conmováis
(Ud.) conmueva / no conmueva	(Uds.) conmuevan / no conmuevan

USAGE

Me conmovió su gentileza.	*I was moved by her kindness.*
Su apuro nos conmueve mucho.	*We are deeply moved by their difficult situation.*
No se conmovió en lo más mínimo por la tragedia.	*He wasn't touched in the least by the tragedy.*
Es una historia muy conmovedora.	*It's a very poignant story.*

-er verb; spelling change: z > zc/o, a   conozco · conocieron · conocido · conociendo

Present		Preterit	
conozco	conocemos	conocí	conocimos
conoces	conocéis	conociste	conocisteis
conoce	conocen	conoció	conocieron

Imperfect		Present Perfect	
conocía	conocíamos	he conocido	hemos conocido
conocías	conocíais	has conocido	habéis conocido
conocía	conocían	ha conocido	han conocido

Future		Conditional	
conoceré	conoceremos	conocería	conoceríamos
conocerás	conoceréis	conocerías	conoceríais
conocerá	conocerán	conocería	conocerían

Pluperfect		Preterit Perfect	
había conocido	habíamos conocido	hube conocido	hubimos conocido
habías conocido	habíais conocido	hubiste conocido	hubisteis conocido
había conocido	habían conocido	hubo conocido	hubieron conocido

Future Perfect		Conditional Perfect	
habré conocido	habremos conocido	habría conocido	habríamos conocido
habrás conocido	habréis conocido	habrías conocido	habríais conocido
habrá conocido	habrán conocido	habría conocido	habrían conocido

Present Subjunctive		Present Perfect Subjunctive	
conozca	conozcamos	haya conocido	hayamos conocido
conozcas	conozcáis	hayas conocido	hayáis conocido
conozca	conozcan	haya conocido	hayan conocido

Imperfect Subjunctive (-ra)		or	Imperfect Subjunctive (-se)	
conociera	conociéramos		conociese	conociésemos
conocieras	conocierais		conocieses	conocieseis
conociera	conocieran		conociese	conociesen

Past Perfect Subjunctive (-ra)		or	Past Perfect Subjunctive (-se)	
hubiera conocido	hubiéramos conocido		hubiese conocido	hubiésemos conocido
hubieras conocido	hubierais conocido		hubieses conocido	hubieseis conocido
hubiera conocido	hubieran conocido		hubiese conocido	hubiesen conocido

Progressive Tenses

Present	estoy, estás, está, estamos, estáis, están	
Preterit	estuve, estuviste, estuvo, estuvimos, estuvisteis, estuvieron	
Imperfect	estaba, estabas, estaba, estábamos, estabais, estaban	conociendo
Future	estaré, estarás, estará, estaremos, estaréis, estarán	
Conditional	estaría, estarías, estaría, estaríamos, estaríais, estarían	
Subjunctive	que + *corresponding subjunctive tense of* estar (*see verb 252*)	

Commands

	(nosotros) conozcamos / no conozcamos
(tú) conoce / no conozcas	(vosotros) conoced / no conozcáis
(Ud.) conozca / no conozca	(Uds.) conozcan / no conozcan

⟨ **USAGE** ⟩

✪ —¿Conoces al nuevo programador?	*Do you know the new programmer?*
—Yo sé quién es pero no lo conocí.	*I know who he is but I haven't met him.*
—Ya conocen Madrid, ¿verdad?	*You've been in Madrid, haven't you?*
—Sí, y conocemos otras ciudades españolas.	*Yes, and we're familiar with other Spanish cities.*
—Conoces al capataz de vista, ¿no?	*You know the foreman by sight, don't you?*
—No lo conozco ni por asomo.	*I don't know him from Adam.*

⊘ —¿Has hablado con el concejal? | *Have you spoken with the councilman?*
—No. Lo conozco solamente de vista. | *No. I only know him by sight.*

⊘ —¿Van conociendo los Estados Unidos? | *Are you getting to know the United States?*
—Ya hemos visitado los lugares más conocidos. | *We've already visited the most well-known places.*

⊘ —¿Hace mucho que se conocen? | *Have they known each other for a long time?*
—No tanto. Se conocieron el año pasado. | *Not very long. They met last year.*

⊘ —Uds. se conocen, ¿verdad? | *You know each other, don't you?*
—Sí, nos conocimos en Londres. | *Yes, we met in London.*

⊘ —Me parece que conoces muy bien la ciudad. | *I think you're very familiar with the city.*
—La conozco como la palma de la mano. | *I know it like the back of my hand.*

⊘ —Esos hombres de negocios conocen el japonés. | *Those businessmen know Japanese.*
—Lo conocerán a fondo porque trabajaban en Tokio. | *They probably have a thorough knowledge of it because they worked in Tokyo.*
—Tienen conocimientos sólidos de inglés. | *They have a good working knowledge of English.*
—Y conocen el ruso y el chino también. | *And they know Russian and Chinese, too.*
—Es un compositor de música neorromántica muy conocido. | *He's a very well known composer of neoromantic music.*
—¿De veras? Yo no conozco ninguna de sus piezas. | *Really? I'm not familiar with any of his pieces.*
—Reconoces el título, ¿verdad? | *You recognize the title, don't you?*
—Me suena conocido. | *It sounds familiar to me.*
—Conociste a Pablo en París, ¿no? | *You met Pablo in Paris, didn't you?*
—Sí, cuando él se daba a conocer en el mundo del arte. | *Yes, when he was making himself known in the art world.*

OTHER USES AND RELATED WORDS

Conócete a ti mismo. | *Know yourself.*
—El arquitecto es su amigo, ¿no? | *The architect is your friend, isn't he?*
—Es más bien un conocido nuestro. | *He's more precisely / rather an acquaintance of ours.*

⊘ —Me parece que Jaime es conocedor de vinos. | *I think Jaime is an expert on / a connoisseur of wines.*
—Es cierto. Tiene enormes conocimientos vinícolas. | *It's true. He has a vast knowledge of wines.*
Tiene enormes conocimientos científicos. | *He has vast scientific knowledge.*
Yo no tenía conocimiento de eso. | *I had no knowledge of that.*
Habla con conocimiento de causa. | *She knows very well what she's talking about.*
Tomó la decisión con conocimiento de causa. | *He made the decision with full knowledge of the facts.*
—Perdió el conocimiento cuando su cabeza dio contra el suelo. | *He lost consciousness when his head hit the floor.*
—Menos mal recobró el conocimiento casi en seguida. | *Fortunately, he regained consciousness almost immediately.*

stem-changing -ir verb: *e > i*;
spelling change: *gu > g/o, a*

consigo · consiguieron · conseguido · consiguiendo

Present		Preterit	
consigo	conseguimos	conseguí	conseguimos
consigues	conseguís	conseguiste	conseguisteis
consigue	consiguen	consiguió	consiguieron

Imperfect		Present Perfect	
conseguía	conseguíamos	he conseguido	hemos conseguido
conseguías	conseguíais	has conseguido	habéis conseguido
conseguía	conseguían	ha conseguido	han conseguido

Future		Conditional	
conseguiré	conseguiremos	conseguiría	conseguiríamos
conseguirás	conseguiréis	conseguirías	conseguiríais
conseguirá	conseguirán	conseguiría	conseguirían

Pluperfect		Preterit Perfect	
había conseguido	habíamos conseguido	hube conseguido	hubimos conseguido
habías conseguido	habíais conseguido	hubiste conseguido	hubisteis conseguido
había conseguido	habían conseguido	hubo conseguido	hubieron conseguido

Future Perfect		Conditional Perfect	
habré conseguido	habremos conseguido	habría conseguido	habríamos conseguido
habrás conseguido	habréis conseguido	habrías conseguido	habríais conseguido
habrá conseguido	habrán conseguido	habría conseguido	habrían conseguido

Present Subjunctive		Present Perfect Subjunctive	
consiga	consigamos	haya conseguido	hayamos conseguido
consigas	consigáis	hayas conseguido	hayáis conseguido
consiga	consigan	haya conseguido	hayan conseguido

Imperfect Subjunctive (-ra)		*or*	Imperfect Subjunctive (-se)	
consiguiera	consiguiéramos		consiguiese	consiguiésemos
consiguieras	consiguierais		consiguieses	consiguieseis
consiguiera	consiguieran		consiguiese	consiguiesen

Past Perfect Subjunctive (-ra)		*or*	Past Perfect Subjunctive (-se)	
hubiera conseguido	hubiéramos conseguido		hubiese conseguido	hubiésemos conseguido
hubieras conseguido	hubierais conseguido		hubieses conseguido	hubieseis conseguido
hubiera conseguido	hubieran conseguido		hubiese conseguido	hubiesen conseguido

Progressive Tenses

Present	estoy, estás, está, estamos, estáis, están	
Preterit	estuve, estuviste, estuvo, estuvimos, estuvisteis, estuvieron	
Imperfect	estaba, estabas, estaba, estábamos, estabais, estaban	
Future	estaré, estarás, estará, estaremos, estaréis, estarán	consiguiendo
Conditional	estaría, estarías, estaría, estaríamos, estaríais, estarían	
Subjunctive	que + *corresponding subjunctive tense of* estar (*see verb 252*)	

Commands

	(nosotros) consigamos / no consigamos
(tú) consigue / no consigas	(vosotros) conseguid / no consigáis
(Ud.) consiga / no consiga	(Uds.) consigan / no consigan

USAGE

Nos consiguieron las entradas.	*They got the theater tickets for us.*
—¿Conseguiste un aumento de sueldo?	*Did you get a raise?*
—¡Qué va! Ni conseguí hablar con el jefe.	*Are you kidding! I didn't even manage to speak with my boss.*
Consiguió doctorarse / el doctorado.	*He got his doctorate.*
¿Buena nota en física? La doy por conseguida.	*A good grade in physics? I take it for granted.*

consentir *to consent, allow, spoil*

consiento · consintieron · consentido · consintiendo

stem-changing -ir verb:
e > ie (present), *e > i* (preterit)

Present		Preterit	
consiento	consentimos	consentí	consentimos
consientes	consentís	consentiste	consentisteis
consiente	consienten	consintió	consintieron

Imperfect		Present Perfect	
consentía	consentíamos	he consentido	hemos consentido
consentías	consentíais	has consentido	habéis consentido
consentía	consentían	ha consentido	han consentido

Future		Conditional	
consentiré	consentiremos	consentiría	consentiríamos
consentirás	consentiréis	consentirías	consentiríais
consentirá	consentirán	consentiría	consentirían

Pluperfect		Preterit Perfect	
había consentido	habíamos consentido	hube consentido	hubimos consentido
habías consentido	habíais consentido	hubiste consentido	hubisteis consentido
había consentido	habían consentido	hubo consentido	hubieron consentido

Future Perfect		Conditional Perfect	
habré consentido	habremos consentido	habría consentido	habríamos consentido
habrás consentido	habréis consentido	habrías consentido	habríais consentido
habrá consentido	habrán consentido	habría consentido	habrían consentido

Present Subjunctive		Present Perfect Subjunctive	
consienta	consintamos	haya consentido	hayamos consentido
consientas	consintáis	hayas consentido	hayáis consentido
consienta	consientan	haya consentido	hayan consentido

Imperfect Subjunctive (-ra)		or	Imperfect Subjunctive (-se)	
consintiera	consintiéramos		consintiese	consintiésemos
consintieras	consintierais		consintieses	consintieseis
consintiera	consintieran		consintiese	consintiesen

Past Perfect Subjunctive (-ra)		or	Past Perfect Subjunctive (-se)	
hubiera consentido	hubiéramos consentido		hubiese consentido	hubiésemos consentido
hubieras consentido	hubierais consentido		hubieses consentido	hubieseis consentido
hubiera consentido	hubieran consentido		hubiese consentido	hubiesen consentido

Progressive Tenses

Present	estoy, estás, está, estamos, estáis, están
Preterit	estuve, estuviste, estuvo, estuvimos, estuvisteis, estuvieron
Imperfect	estaba, estabas, estaba, estábamos, estabais, estaban
Future	estaré, estarás, estará, estaremos, estaréis, estarán
Conditional	estaría, estarías, estaría, estaríamos, estaríais, estarían
Subjunctive	que + *corresponding subjunctive tense of* estar (*see verb 252*)

consintiendo

Commands

	(nosotros) consintamos / no consintamos
(tú) consiente / no consientas	(vosotros) consentid / no consintáis
(Ud.) consienta / no consienta	(Uds.) consientan / no consientan

USAGE

Consiento en apoyar su causa.	*I consent to support their cause.*
No consentimos que trates el asunto así.	*We can't allow you to deal with the matter like this.*
—¡Qué mocoso! Sus padres lo consienten.	*What a brat! His parents spoil him.*
—Su hermana también es una niña muy consentida.	*His sister is also a very spoiled child.*
Otorgó su consentimiento.	*He gave his consent.*

-ir verb; spelling change:
adds y before o, a, e

construyo · construyeron · construido · construyendo

Present		Preterit	
construyo	construimos	construí	construimos
construyes	construís	construiste	construisteis
construye	construyen	construyó	construyeron

Imperfect		Present Perfect	
construía	construíamos	he construido	hemos construido
construías	construíais	has construido	habéis construido
construía	construían	ha construido	han construido

Future		Conditional	
construiré	construiremos	construiría	construiríamos
construirás	construiréis	construirías	construiríais
construirá	construirán	construiría	construirían

Pluperfect		Preterit Perfect	
había construido	habíamos construido	hube construido	hubimos construido
habías construido	habíais construido	hubiste construido	hubisteis construido
había construido	habían construido	hubo construido	hubieron construido

Future Perfect		Conditional Perfect	
habré construido	habremos construido	habría construido	habríamos construido
habrás construido	habréis construido	habrías construido	habríais construido
habrá construido	habrán construido	habría construido	habrían construido

Present Subjunctive		Present Perfect Subjunctive	
construya	construyamos	haya construido	hayamos construido
construyas	construyáis	hayas construido	hayáis construido
construya	construyan	haya construido	hayan construido

Imperfect Subjunctive (-ra)		*or*	Imperfect Subjunctive (-se)	
construyera	construyéramos		construyese	construyésemos
construyeras	construyerais		construyeses	construyeseis
construyera	construyeran		construyese	construyesen

Past Perfect Subjunctive (-ra)		*or*	Past Perfect Subjunctive (-se)	
hubiera construido	hubiéramos construido		hubiese construido	hubiésemos construido
hubieras construido	hubierais construido		hubieses construido	hubieseis construido
hubiera construido	hubieran construido		hubiese construido	hubiesen construido

Progressive Tenses

Present	estoy, estás, está, estamos, estáis, están	
Preterit	estuve, estuviste, estuvo, estuvimos, estuvisteis, estuvieron	
Imperfect	estaba, estabas, estaba, estábamos, estabais, estaban	construyendo
Future	estaré, estarás, estará, estaremos, estaréis, estarán	
Conditional	estaría, estarías, estaría, estaríamos, estaríais, estarían	
Subjunctive	que + *corresponding subjunctive tense of* estar (*see verb 252*)	

Commands

	(nosotros) construyamos / no construyamos
(tú) construye / no construyas	(vosotros) construid / no construyáis
(Ud.) construya / no construya	(Uds.) construyan / no construyan

Se está construyendo un centro comercial en la carretera.	*They're building a mall on the highway.*
Se construían edificios en el centro.	*They were constructing buildings downtown.*
Hicimos construir una casa de campo.	*We had a country house built.*
Trabajo para una empresa constructora.	*I work for a construction company.*
Se dedica a la construcción de casas.	*His line of work is / He earns a living building houses.*
El hotel está en vías de construcción.	*The hotel is under construction.*

contar *to count, tell*

cuento · contaron · contado · contando   stem-changing *-ar* verb: *o > ue*

Present		Preterit	
cuento	contamos	conté	contamos
cuentas	contáis	contaste	contasteis
cuenta	cuentan	contó	contaron

Imperfect		Present Perfect	
contaba	contábamos	he contado	hemos contado
contabas	contabais	has contado	habéis contado
contaba	contaban	ha contado	han contado

Future		Conditional	
contaré	contaremos	contaría	contaríamos
contarás	contaréis	contarías	contaríais
contará	contarán	contaría	contarían

Pluperfect		Preterit Perfect	
había contado	habíamos contado	hube contado	hubimos contado
habías contado	habíais contado	hubiste contado	hubisteis contado
había contado	habían contado	hubo contado	hubieron contado

Future Perfect		Conditional Perfect	
habré contado	habremos contado	habría contado	habríamos contado
habrás contado	habréis contado	habrías contado	habríais contado
habrá contado	habrán contado	habría contado	habrían contado

Present Subjunctive		Present Perfect Subjunctive	
cuente	contemos	haya contado	hayamos contado
cuentes	contéis	hayas contado	hayáis contado
cuente	cuenten	haya contado	hayan contado

Imperfect Subjunctive (-ra)		or	Imperfect Subjunctive (-se)	
contara	contáramos		contase	contásemos
contaras	contarais		contases	contaseis
contara	contaran		contase	contasen

Past Perfect Subjunctive (-ra)		or	Past Perfect Subjunctive (-se)	
hubiera contado	hubiéramos contado		hubiese contado	hubiésemos contado
hubieras contado	hubierais contado		hubieses contado	hubieseis contado
hubiera contado	hubieran contado		hubiese contado	hubiesen contado

Progressive Tenses

Present	estoy, estás, está, estamos, estáis, están	
Preterit	estuve, estuviste, estuvo, estuvimos, estuvisteis, estuvieron	
Imperfect	estaba, estabas, estaba, estábamos, estabais, estaban	contando
Future	estaré, estarás, estará, estaremos, estaréis, estarán	
Conditional	estaría, estarías, estaría, estaríamos, estaríais, estarían	
Subjunctive	que + *corresponding subjunctive tense of* estar (*see verb 252*)	

Commands

	(nosotros) contemos / no contemos
(tú) cuenta / no cuentes	(vosotros) contad / no contéis
(Ud.) cuente / no cuente	(Uds.) cuenten / no cuenten

USAGE

El niño cuenta hasta veinte.	*The child counts up to 20.*
Cuéntanos lo que pasó.	*Tell us what happened.*
Cuenten con nosotros.	*Count on us.*
Mozo, la cuenta, por favor.	*Waiter, the check, please.*
Abrieron una cuenta corriente / de ahorros.	*They opened a checking/savings account.*
—Tenga en cuenta lo grave de la situación.	*Bear in mind / Consider the seriousness of the situation.*
—No me di cuenta hasta ahora.	*I didn't realize until now.*

irregular verb (like **tener**) contengo · contuvieron · contenido · conteniendo

Present		Preterit	
contengo	contenemos	contuve	contuvimos
contienes	contenéis	contuviste	contuvisteis
contiene	contienen	contuvo	contuvieron

Imperfect		Present Perfect	
contenía	conteníamos	he contenido	hemos contenido
contenías	conteníais	has contenido	habéis contenido
contenía	contenían	ha contenido	han contenido

Future		Conditional	
contendré	contendremos	contendría	contendríamos
contendrás	contendréis	contendrías	contendríais
contendrá	contendrán	contendría	contendrían

Pluperfect		Preterit Perfect	
había contenido	habíamos contenido	hube contenido	hubimos contenido
habías contenido	habíais contenido	hubiste contenido	hubisteis contenido
había contenido	habían contenido	hubo contenido	hubieron contenido

Future Perfect		Conditional Perfect	
habré contenido	habremos contenido	habría contenido	habríamos contenido
habrás contenido	habréis contenido	habrías contenido	habríais contenido
habrá contenido	habrán contenido	habría contenido	habrían contenido

Present Subjunctive		Present Perfect Subjunctive	
contenga	contengamos	haya contenido	hayamos contenido
contengas	contengáis	hayas contenido	hayáis contenido
contenga	contengan	haya contenido	hayan contenido

Imperfect Subjunctive (-ra)		or	Imperfect Subjunctive (-se)	
contuviera	contuviéramos		contuviese	contuviésemos
contuvieras	contuvierais		contuvieses	contuvieseis
contuviera	contuvieran		contuviese	contuviesen

Past Perfect Subjunctive (-ra)		or	Past Perfect Subjunctive (-se)	
hubiera contenido	hubiéramos contenido		hubiese contenido	hubiésemos contenido
hubieras contenido	hubierais contenido		hubieses contenido	hubieseis contenido
hubiera contenido	hubieran contenido		hubiese contenido	hubiesen contenido

Progressive Tenses

Present	estoy, estás, está, estamos, estáis, están	
Preterit	estuve, estuviste, estuvo, estuvimos, estuvisteis, estuvieron	
Imperfect	estaba, estabas, estaba, estábamos, estabais, estaban	conteniendo
Future	estaré, estarás, estará, estaremos, estaréis, estarán	
Conditional	estaría, estarías, estaría, estaríamos, estaríais, estarían	
Subjunctive	que + *corresponding subjunctive tense of* estar (*see verb 252*)	

Commands

	(nosotros) contengamos / no contengamos
(tú) contén / no contengas	(vosotros) contened / no contengáis
(Ud.) contenga / no contenga	(Uds.) contengan / no contengan

USAGE

¿Qué contiene aquella bolsa?	*What does that bag contain?*
No pudo contener la risa / las lágrimas.	*She couldn't restrain / hold back her laughter/tears.*
¡Qué hemorragia nasal tuvo! Nos fue difícil contener la sangre.	*What a nosebleed he had! We had a hard time stopping the blood.*
El contenido del informe nos interesa.	*We're interested in the contents of the report.*
El gobierno sigue una política de contención.	*The government follows a policy of containment.*

contestar *to answer, reply*

contesto · contestaron · contestado · contestando   regular -ar verb

Present		Preterit	
contesto	contestamos	contesté	contestamos
contestas	contestáis	contestaste	contestasteis
contesta	contestan	contestó	contestaron

Imperfect		Present Perfect	
contestaba	contestábamos	he contestado	hemos contestado
contestabas	contestabais	has contestado	habéis contestado
contestaba	contestaban	ha contestado	han contestado

Future		Conditional	
contestaré	contestaremos	contestaría	contestaríamos
contestarás	contestaréis	contestarías	contestaríais
contestará	contestarán	contestaría	contestarían

Pluperfect		Preterit Perfect	
había contestado	habíamos contestado	hube contestado	hubimos contestado
habías contestado	habíais contestado	hubiste contestado	hubisteis contestado
había contestado	habían contestado	hubo contestado	hubieron contestado

Future Perfect		Conditional Perfect	
habré contestado	habremos contestado	habría contestado	habríamos contestado
habrás contestado	habréis contestado	habrías contestado	habríais contestado
habrá contestado	habrán contestado	habría contestado	habrían contestado

Present Subjunctive		Present Perfect Subjunctive	
conteste	contestemos	haya contestado	hayamos contestado
contestes	contestéis	hayas contestado	hayáis contestado
conteste	contesten	haya contestado	hayan contestado

Imperfect Subjunctive (-ra)		or	Imperfect Subjunctive (-se)	
contestara	contestáramos		contestase	contestásemos
contestaras	contestarais		contestases	contestaseis
contestara	contestaran		contestase	contestasen

Past Perfect Subjunctive (-ra)		or	Past Perfect Subjunctive (-se)	
hubiera contestado	hubiéramos contestado		hubiese contestado	hubiésemos contestado
hubieras contestado	hubierais contestado		hubieses contestado	hubieseis contestado
hubiera contestado	hubieran contestado		hubiese contestado	hubiesen contestado

Progressive Tenses

Present	estoy, estás, está, estamos, estáis, están	
Preterit	estuve, estuviste, estuvo, estuvimos, estuvisteis, estuvieron	
Imperfect	estaba, estabas, estaba, estábamos, estabais, estaban	contestando
Future	estaré, estarás, estará, estaremos, estaréis, estarán	
Conditional	estaría, estarías, estaría, estaríamos, estaríais, estarían	
Subjunctive	que + *corresponding subjunctive tense of* estar (*see verb 252*)	

Commands

	(nosotros) contestemos / no contestemos
(tú) contesta / no contestes	(vosotros) contestad / no contestéis
(Ud.) conteste / no conteste	(Uds.) contesten / no contesten

USAGE

Contesta el mensaje electrónico.	*He's answering the e-mail message.*
Contesta la pregunta.	*Answer the question.*
¿Has contestado el teléfono?	*Have you answered the telephone?*
¡No nos contestes así!	*Don't talk back to us like that!*
¿Qué te contestaron?	*What did they reply to you?*
Dejaron las cartas sin contestación.	*They left the letters unanswered.*
Casi todos tienen un contestador automático.	*Almost everybody has an answering machine.*

-*ar* verb; spelling change:
u > ú when stressed

continúo · continuaron · continuado · continuando

Present		Preterit	
continúo	continuamos	continué	continuamos
continúas	continuáis	continuaste	continuasteis
continúa	continúan	continuó	continuaron

Imperfect		Present Perfect	
continuaba	continuábamos	he continuado	hemos continuado
continuabas	continuabais	has continuado	habéis continuado
continuaba	continuaban	ha continuado	han continuado

Future		Conditional	
continuaré	continuaremos	continuaría	continuaríamos
continuarás	continuaréis	continuarías	continuaríais
continuará	continuarán	continuaría	continuarían

Pluperfect		Preterit Perfect	
había continuado	habíamos continuado	hube continuado	hubimos continuado
habías continuado	habíais continuado	hubiste continuado	hubisteis continuado
había continuado	habían continuado	hubo continuado	hubieron continuado

Future Perfect		Conditional Perfect	
habré continuado	habremos continuado	habría continuado	habríamos continuado
habrás continuado	habréis continuado	habrías continuado	habríais continuado
habrá continuado	habrán continuado	habría continuado	habrían continuado

Present Subjunctive		Present Perfect Subjunctive	
continúe	continuemos	haya continuado	hayamos continuado
continúes	continuéis	hayas continuado	hayáis continuado
continúe	continúen	haya continuado	hayan continuado

Imperfect Subjunctive (-ra)		*or*	Imperfect Subjunctive (-se)	
continuara	continuáramos		continuase	continuásemos
continuaras	continuarais		continuases	continuaseis
continuara	continuaran		continuase	continuasen

Past Perfect Subjunctive (-ra)		*or*	Past Perfect Subjunctive (-se)	
hubiera continuado	hubiéramos continuado		hubiese continuado	hubiésemos continuado
hubieras continuado	hubierais continuado		hubieses continuado	hubieseis continuado
hubiera continuado	hubieran continuado		hubiese continuado	hubiesen continuado

Progressive Tenses

Present	estoy, estás, está, estamos, estáis, están	
Preterit	estuve, estuviste, estuvo, estuvimos, estuvisteis, estuvieron	
Imperfect	estaba, estabas, estaba, estábamos, estabais, estaban	continuando
Future	estaré, estarás, estará, estaremos, estaréis, estarán	
Conditional	estaría, estarías, estaría, estaríamos, estaríais, estarían	
Subjunctive	que + *corresponding subjunctive tense of* estar *(see verb 252)*	

Commands

	(nosotros) continuemos / no continuemos
(tú) continúa / no continúes	(vosotros) continuad / no continuéis
(Ud.) continúe / no continúe	(Uds.) continúen / no continúen

USAGE

Continúan discutiendo.	*They keep on arguing.*
Continúo con mis investigaciones.	*I'm going on with my research.*
Las reglas continúan en vigor.	*The rules are still in force.*
Las notas se encuentran a continuación.	*The notes can be found below.*
Se oye un torrente de palabras continuo.	*You can hear a continuous stream of words.*
Se busca continuidad en la dirección de la compañía.	*We're looking for continuity in the leadership of the company.*

149 (**contribuir**) to contribute

-ir verb; spelling change:
adds y before o, a, e

contribuyo · contribuyeron · contribuido · contribuyendo

Present		Preterit	
contribuyo	contribuimos	contribuí	contribuimos
contribuyes	contribuís	contribuiste	contribuisteis
contribuye	contribuyen	contribuyó	contribuyeron

Imperfect		Present Perfect	
contribuía	contribuíamos	he contribuido	hemos contribuido
contribuías	contribuíais	has contribuido	habéis contribuido
contribuía	contribuían	ha contribuido	han contribuido

Future		Conditional	
contribuiré	contribuiremos	contribuiría	contribuiríamos
contribuirás	contribuiréis	contribuirías	contribuiríais
contribuirá	contribuirán	contribuiría	contribuirían

Pluperfect		Preterit Perfect	
había contribuido	habíamos contribuido	hube contribuido	hubimos contribuido
habías contribuido	habíais contribuido	hubiste contribuido	hubisteis contribuido
había contribuido	habían contribuido	hubo contribuido	hubieron contribuido

Future Perfect		Conditional Perfect	
habré contribuido	habremos contribuido	habría contribuido	habríamos contribuido
habrás contribuido	habréis contribuido	habrías contribuido	habríais contribuido
habrá contribuido	habrán contribuido	habría contribuido	habrían contribuido

Present Subjunctive		Present Perfect Subjunctive	
contribuya	contribuyamos	haya contribuido	hayamos contribuido
contribuyas	contribuyáis	hayas contribuido	hayáis contribuido
contribuya	contribuyan	haya contribuido	hayan contribuido

Imperfect Subjunctive (-ra)		or	Imperfect Subjunctive (-se)	
contribuyera	contribuyéramos		contribuyese	contribuyésemos
contribuyeras	contribuyerais		contribuyeses	contribuyeseis
contribuyera	contribuyeran		contribuyese	contribuyesen

Past Perfect Subjunctive (-ra)		or	Past Perfect Subjunctive (-se)	
hubiera contribuido	hubiéramos contribuido		hubiese contribuido	hubiésemos contribuido
hubieras contribuido	hubierais contribuido		hubieses contribuido	hubieseis contribuido
hubiera contribuido	hubieran contribuido		hubiese contribuido	hubiesen contribuido

Progressive Tenses

Present	estoy, estás, está, estamos, estáis, están	
Preterit	estuve, estuviste, estuvo, estuvimos, estuvisteis, estuvieron	
Imperfect	estaba, estabas, estaba, estábamos, estabais, estaban	contribuyendo
Future	estaré, estarás, estará, estaremos, estaréis, estarán	
Conditional	estaría, estarías, estaría, estaríamos, estaríais, estarían	
Subjunctive	que + *corresponding subjunctive tense of* estar (*see verb 252*)	

Commands

	(nosotros) contribuyamos / no contribuyamos
(tú) contribuye / no contribuyas	(vosotros) contribuid / no contribuyáis
(Ud.) contribuya / no contribuya	(Uds.) contribuyan / no contribuyan

(USAGE)

—Contribuyeron mucho dinero a la caridad.
—Entonces, no es necesario que contribuyan más.

Ojalá nosotros los contribuyentes pagáramos menos impuestos.

Las contribuciones fueron recaudadas por el recaudador.

They contributed a lot of money to charity.
Then it's not necessary for them to contribute more.

We taxpayers wish we would pay less tax.

Taxes were collected by the tax collector.

regular *-ar* verb   controlo · controlaron · controlado · controlando

Present		Preterit	
controlo	controlamos	controlé	controlamos
controlas	controláis	controlaste	controlasteis
controla	controlan	controló	controlaron

Imperfect		Present Perfect	
controlaba	controlábamos	he controlado	hemos controlado
controlabas	controlabais	has controlado	habéis controlado
controlaba	controlaban	ha controlado	han controlado

Future		Conditional	
controlaré	controlaremos	controlaría	controlaríamos
controlarás	controlaréis	controlarías	controlaríais
controlará	controlarán	controlaría	controlarían

Pluperfect		Preterit Perfect	
había controlado	habíamos controlado	hube controlado	hubimos controlado
habías controlado	habíais controlado	hubiste controlado	hubisteis controlado
había controlado	habían controlado	hubo controlado	hubieron controlado

Future Perfect		Conditional Perfect	
habré controlado	habremos controlado	habría controlado	habríamos controlado
habrás controlado	habréis controlado	habrías controlado	habríais controlado
habrá controlado	habrán controlado	habría controlado	habrían controlado

Present Subjunctive		Present Perfect Subjunctive	
controle	controlemos	haya controlado	hayamos controlado
controles	controléis	hayas controlado	hayáis controlado
controle	controlen	haya controlado	hayan controlado

Imperfect Subjunctive (-ra)		*or*	Imperfect Subjunctive (-se)	
controlara	controláramos		controlase	controlásemos
controlaras	controlarais		controlases	controlaseis
controlara	controlaran		controlase	controlasen

Past Perfect Subjunctive (-ra)		*or*	Past Perfect Subjunctive (-se)	
hubiera controlado	hubiéramos controlado		hubiese controlado	hubiésemos controlado
hubieras controlado	hubierais controlado		hubieses controlado	hubieseis controlado
hubiera controlado	hubieran controlado		hubiese controlado	hubiesen controlado

Progressive Tenses

Present	estoy, estás, está, estamos, estáis, están	
Preterit	estuve, estuviste, estuvo, estuvimos, estuvisteis, estuvieron	
Imperfect	estaba, estabas, estaba, estábamos, estabais, estaban	controlando
Future	estaré, estarás, estará, estaremos, estaréis, estarán	
Conditional	estaría, estarías, estaría, estaríamos, estaríais, estarían	
Subjunctive	que + *corresponding subjunctive tense of* estar (*see verb 252*)	

Commands

	(nosotros) controlemos / no controlemos
(tú) controla / no controles	(vosotros) controlad / no controléis
(Ud.) controle / no controle	(Uds.) controlen / no controlen

¡Controla tu mal humor!	*Control your bad temper!*
Estos ejecutivos controlan el ramo.	*These executives dominate the industry.*
Es importante que haya un estricto control de seguridad en los aeropuertos.	*It's important that there's tight security at the airports.*
Renovaron la torre de control.	*They renovated the control tower.*
¡Qué caos! Todo está fuera de control.	*What chaos! Everything's out of control.*

convencer *to convince*

convenzo · convencieron · convencido · convenciendo

Present		Preterit	
convenzo	convencemos	convencí	convencimos
convences	convencéis	convenciste	convencisteis
convence	convencen	convenció	convencieron

Imperfect		Present Perfect	
convencía	convencíamos	he convencido	hemos convencido
convencías	convencíais	has convencido	habéis convencido
convencía	convencían	ha convencido	han convencido

Future		Conditional	
convenceré	convenceremos	convencería	convenceríamos
convencerás	convenceréis	convencerías	convenceríais
convencerá	convencerán	convencería	convencerían

Pluperfect		Preterit Perfect	
había convencido	habíamos convencido	hube convencido	hubimos convencido
habías convencido	habíais convencido	hubiste convencido	hubisteis convencido
había convencido	habían convencido	hubo convencido	hubieron convencido

Future Perfect		Conditional Perfect	
habré convencido	habremos convencido	habría convencido	habríamos convencido
habrás convencido	habréis convencido	habrías convencido	habríais convencido
habrá convencido	habrán convencido	habría convencido	habrían convencido

Present Subjunctive		Present Perfect Subjunctive	
convenza	convenzamos	haya convencido	hayamos convencido
convenzas	convenzáis	hayas convencido	hayáis convencido
convenza	convenzan	haya convencido	hayan convencido

Imperfect Subjunctive (-ra)		or	Imperfect Subjunctive (-se)	
convenciera	convenciéramos		convenciese	convenciésemos
convencieras	convencierais		convencieses	convencieseis
convenciera	convencieran		convenciese	convenciesen

Past Perfect Subjunctive (-ra)		or	Past Perfect Subjunctive (-se)	
hubiera convencido	hubiéramos convencido		hubiese convencido	hubiésemos convencido
hubieras convencido	hubierais convencido		hubieses convencido	hubieseis convencido
hubiera convencido	hubieran convencido		hubiese convencido	hubiesen convencido

Progressive Tenses

Present	estoy, estás, está, estamos, estáis, están	
Preterit	estuve, estuviste, estuvo, estuvimos, estuvisteis, estuvieron	
Imperfect	estaba, estabas, estaba, estábamos, estabais, estaban	convenciendo
Future	estaré, estarás, estará, estaremos, estaréis, estarán	
Conditional	estaría, estarías, estaría, estaríamos, estaríais, estarían	
Subjunctive	que + *corresponding subjunctive tense of* estar (*see verb 252*)	

Commands

	(nosotros) convenzamos / no convenzamos
(tú) convence / no convenzas	(vosotros) convenced / no convenzáis
(Ud.) convenza / no convenza	(Uds.) convenzan / no convenzan

USAGE

Trata de convencerles para que nos acompañen.	*Try to convince them to go with us.*
¿Los convenciste?	*Did you convince them?*
Es importante que la convenzáis.	*It's important you convince her.*
Ese abogado no me convence.	*I don't like that lawyer.*
Son testimonios convincentes.	*This is conclusive evidence.*
Tenemos el convencimiento de que nuestro candidato ganará las elecciones.	*We're convinced that our candidate will win the election.*

irregular verb (like **venir**) convengo · convinieron · convenido · conviniendo

	Present		Preterit
convengo	convenimos	convine	convinimos
convienes	convenís	conviniste	convinisteis
conviene	convienen	convino	convinieron

	Imperfect		Present Perfect
convenía	conveníamos	he convenido	hemos convenido
convenías	conveníais	has convenido	habéis convenido
convenía	convenían	ha convenido	han convenido

	Future		Conditional
convendré	convendremos	convendría	convendríamos
convendrás	convendréis	convendrías	convendríais
convendrá	convendrán	convendría	convendrían

	Pluperfect		Preterit Perfect
había convenido	habíamos convenido	hube convenido	hubimos convenido
habías convenido	habíais convenido	hubiste convenido	hubisteis convenido
había convenido	habían convenido	hubo convenido	hubieron convenido

	Future Perfect		Conditional Perfect
habré convenido	habremos convenido	habría convenido	habríamos convenido
habrás convenido	habréis convenido	habrías convenido	habríais convenido
habrá convenido	habrán convenido	habría convenido	habrían convenido

	Present Subjunctive		Present Perfect Subjunctive
convenga	convengamos	haya convenido	hayamos convenido
convengas	convengáis	hayas convenido	hayáis convenido
convenga	convengan	haya convenido	hayan convenido

	Imperfect Subjunctive (-ra)	*or*	Imperfect Subjunctive (-se)
conviniera	conviniéramos	conviniese	conviniésemos
convinieras	convinierais	convinieses	convinieseis
conviniera	convinieran	conviniese	conviniesen

	Past Perfect Subjunctive (-ra)	*or*	Past Perfect Subjunctive (-se)
hubiera convenido	hubiéramos convenido	hubiese convenido	hubiésemos convenido
hubieras convenido	hubierais convenido	hubieses convenido	hubieseis convenido
hubiera convenido	hubieran convenido	hubiese convenido	hubiesen convenido

Progressive Tenses

Present	estoy, estás, está, estamos, estáis, están	
Preterit	estuve, estuviste, estuvo, estuvimos, estuvisteis, estuvieron	
Imperfect	estaba, estabas, estaba, estábamos, estabais, estaban	conviniendo
Future	estaré, estarás, estará, estaremos, estaréis, estarán	
Conditional	estaría, estarías, estaría, estaríamos, estaríais, estarían	
Subjunctive	que + *corresponding subjunctive tense of* estar (*see verb 252*)	

Commands

	(nosotros) convengamos / no convengamos
(tú) convén / no convengas	(vosotros) convenid / no convengáis
(Ud.) convenga / no convenga	(Uds.) convengan / no convengan

USAGE

Todos convinieron en el asunto.	*Everyone agreed about the matter.*
Haz el trabajo cuando te convenga.	*Do the work when it's convenient for you.*
Nos conviene asistir a la reunión.	*It's advisable for us to attend the meeting.*
Te conviene tomar las vacaciones este mes.	*It's better for you to take your vacation this month.*
Los representantes firmaron el convenio.	*The representatives signed the agreement.*

convertir *to convert, transform*

convierto · convirtieron · convertido · convirtiendo

stem-changing -ir verb:
e > ie (present), *e > i* (preterit)

Present		Preterit	
convierto	convertimos	convertí	convertimos
conviertes	convertís	convertiste	convertisteis
convierte	convierten	convirtió	convirtieron

Imperfect		Present Perfect	
convertía	convertíamos	he convertido	hemos convertido
convertías	convertíais	has convertido	habéis convertido
convertía	convertían	ha convertido	han convertido

Future		Conditional	
convertiré	convertiremos	convertiría	convertiríamos
convertirás	convertiréis	convertirías	convertiríais
convertirá	convertirán	convertiría	convertirían

Pluperfect		Preterit Perfect	
había convertido	habíamos convertido	hube convertido	hubimos convertido
habías convertido	habíais convertido	hubiste convertido	hubisteis convertido
había convertido	habían convertido	hubo convertido	hubieron convertido

Future Perfect		Conditional Perfect	
habré convertido	habremos convertido	habría convertido	habríamos convertido
habrás convertido	habréis convertido	habrías convertido	habríais convertido
habrá convertido	habrán convertido	habría convertido	habrían convertido

Present Subjunctive		Present Perfect Subjunctive	
convierta	convirtamos	haya convertido	hayamos convertido
conviertas	convirtáis	hayas convertido	hayáis convertido
convierta	conviertan	haya convertido	hayan convertido

Imperfect Subjunctive (-ra)		or	Imperfect Subjunctive (-se)	
convirtiera	convirtiéramos		convirtiese	convirtiésemos
convirtieras	convirtierais		convirtieses	convirtieseis
convirtiera	convirtieran		convirtiese	convirtiesen

Past Perfect Subjunctive (-ra)		or	Past Perfect Subjunctive (-se)	
hubiera convertido	hubiéramos convertido		hubiese convertido	hubiésemos convertido
hubieras convertido	hubierais convertido		hubieses convertido	hubieseis convertido
hubiera convertido	hubieran convertido		hubiese convertido	hubiesen convertido

Progressive Tenses

Present	estoy, estás, está, estamos, estáis, están	
Preterit	estuve, estuviste, estuvo, estuvimos, estuvisteis, estuvieron	
Imperfect	estaba, estabas, estaba, estábamos, estabais, estaban	convirtiendo
Future	estaré, estarás, estará, estaremos, estaréis, estarán	
Conditional	estaría, estarías, estaría, estaríamos, estaríais, estarían	
Subjunctive	que + *corresponding subjunctive tense of* estar (*see verb 252*)	

Commands

	(nosotros) convirtamos / no convirtamos
(tú) convierte / no conviertas	(vosotros) convertid / no convirtáis
(Ud.) convierta / no convierta	(Uds.) conviertan / no conviertan

USAGE

Convirtieron sus dólares en euros.	*They converted their dollars into euros.*
El alquimista intentaba convertir los metales en oro.	*The alchemist tried to transform metals into gold.*
El pueblo se convirtió en una gran ciudad.	*The town became a great city.*
Son conversos al catolicismo.	*They're converts to Catholicism.*
Nos compramos un coche convertible.	*We bought a convertible.*

-ar verb; spelling change: c > qu/e · convoco · convocaron · convocado · convocando

Present		Preterit	
convoco	convocamos	convoqué	convocamos
convocas	convocáis	convocaste	convocasteis
convoca	convocan	convocó	convocaron

Imperfect		Present Perfect	
convocaba	convocábamos	he convocado	hemos convocado
convocabas	convocabais	has convocado	habéis convocado
convocaba	convocaban	ha convocado	han convocado

Future		Conditional	
convocaré	convocaremos	convocaría	convocaríamos
convocarás	convocaréis	convocarías	convocaríais
convocará	convocarán	convocaría	convocarían

Pluperfect		Preterit Perfect	
había convocado	habíamos convocado	hube convocado	hubimos convocado
habías convocado	habíais convocado	hubiste convocado	hubisteis convocado
había convocado	habían convocado	hubo convocado	hubieron convocado

Future Perfect		Conditional Perfect	
habré convocado	habremos convocado	habría convocado	habríamos convocado
habrás convocado	habréis convocado	habrías convocado	habríais convocado
habrá convocado	habrán convocado	habría convocado	habrían convocado

Present Subjunctive		Present Perfect Subjunctive	
convoque	convoquemos	haya convocado	hayamos convocado
convoques	convoquéis	hayas convocado	hayáis convocado
convoque	convoquen	haya convocado	hayan convocado

Imperfect Subjunctive (-ra)		or	Imperfect Subjunctive (-se)	
convocara	convocáramos		convocase	convocásemos
convocaras	convocarais		convocases	convocaseis
convocara	convocaran		convocase	convocasen

Past Perfect Subjunctive (-ra)		or	Past Perfect Subjunctive (-se)	
hubiera convocado	hubiéramos convocado		hubiese convocado	hubiésemos convocado
hubieras convocado	hubierais convocado		hubieses convocado	hubieseis convocado
hubiera convocado	hubieran convocado		hubiese convocado	hubiesen convocado

Progressive Tenses

Present	estoy, estás, está, estamos, estáis, están	
Preterit	estuve, estuviste, estuvo, estuvimos, estuvisteis, estuvieron	
Imperfect	estaba, estabas, estaba, estábamos, estabais, estaban	convocando
Future	estaré, estarás, estará, estaremos, estaréis, estarán	
Conditional	estaría, estarías, estaría, estaríamos, estaríais, estarían	
Subjunctive	que + corresponding subjunctive tense of estar (see verb 252)	

Commands

	(nosotros) convoquemos / no convoquemos
(tú) convoca / no convoques	(vosotros) convocad / no convoquéis
(Ud.) convoque / no convoque	(Uds.) convoquen / no convoquen

USAGE

Convoquen la reunión.	Convene the meeting.
El congreso fue convocado.	The conference was convened.
El sindicato convocará una huelga.	The union will call a strike.
Los estudiantes se preparan para la convocatoria.	The students are preparing for the examination period.
Hubo una convocatoria de los miembros de la junta.	There was a convocation / calling together of the board members.

corregir to correct, scold

corrijo · corrigieron · corregido · corrigiendo

stem-changing -ir verb: e > i;
spelling change: g > j/o, a

Present

corrijo	corregimos
corriges	corregís
corrige	corrigen

Preterit

corregí	corregimos
corregiste	corregisteis
corrigió	corrigieron

Imperfect

corregía	corregíamos
corregías	corregíais
corregía	corregían

Present Perfect

he corregido	hemos corregido
has corregido	habéis corregido
ha corregido	han corregido

Future

corregiré	corregiremos
corregirás	corregiréis
corregirá	corregirán

Conditional

corregiría	corregiríamos
corregirías	corregiríais
corregiría	corregirían

Pluperfect

había corregido	habíamos corregido
habías corregido	habíais corregido
había corregido	habían corregido

Preterit Perfect

hube corregido	hubimos corregido
hubiste corregido	hubisteis corregido
hubo corregido	hubieron corregido

Future Perfect

habré corregido	habremos corregido
habrás corregido	habréis corregido
habrá corregido	habrán corregido

Conditional Perfect

habría corregido	habríamos corregido
habrías corregido	habríais corregido
habría corregido	habrían corregido

Present Subjunctive

corrija	corrijamos
corrijas	corrijáis
corrija	corrijan

Present Perfect Subjunctive

haya corregido	hayamos corregido
hayas corregido	hayáis corregido
haya corregido	hayan corregido

Imperfect Subjunctive (-ra)

corrigiera	corrigiéramos
corrigieras	corrigierais
corrigiera	corrigieran

or

Imperfect Subjunctive (-se)

corrigiese	corrigiésemos
corrigieses	corrigieseis
corrigiese	corrigiesen

Past Perfect Subjunctive (-ra)

hubiera corregido	hubiéramos corregido
hubieras corregido	hubierais corregido
hubiera corregido	hubieran corregido

or

Past Perfect Subjunctive (-se)

hubiese corregido	hubiésemos corregido
hubieses corregido	hubieseis corregido
hubiese corregido	hubiesen corregido

Progressive Tenses

Present	estoy, estás, está, estamos, estáis, están
Preterit	estuve, estuviste, estuvo, estuvimos, estuvisteis, estuvieron
Imperfect	estaba, estabas, estaba, estábamos, estabais, estaban
Future	estaré, estarás, estará, estaremos, estaréis, estarán
Conditional	estaría, estarías, estaría, estaríamos, estaríais, estarían
Subjunctive	que + *corresponding subjunctive tense of* estar (*see verb 252*)

corrigiendo

Commands

	(nosotros) corrijamos / no corrijamos
(tú) corrige / no corrijas	(vosotros) corregid / no corrijáis
(Ud.) corrija / no corrija	(Uds.) corrijan / no corrijan

USAGE

Corrija las faltas en el examen.	*Correct the errors on the exam.*
¿Corregiste a tu hijo por lo que hizo?	*Did you scold your son for what he did?*
Se corrigió de unas malas costumbres.	*She broke herself of some bad habits.*
Hice una corrección de las hojas de prueba.	*I proofread the galley proofs.*
¿La contestación es correcta o falsa?	*Is the answer right or wrong?*
Es un joven muy correcto.	*He's a very polite/well-mannered young man.*

regular *-er* verb · corro · corrieron · corrido · corriendo

Present	
corro	corremos
corres	corréis
corre	corren

Preterit	
corrí	corrimos
corriste	corristeis
corrió	corrieron

Imperfect	
corría	corríamos
corrías	corríais
corría	corrían

Present Perfect	
he corrido	hemos corrido
has corrido	habéis corrido
ha corrido	han corrido

Future	
correré	correremos
correrás	correréis
correrá	correrán

Conditional	
correría	correríamos
correrías	correríais
correría	correrían

Pluperfect	
había corrido	habíamos corrido
habías corrido	habíais corrido
había corrido	habían corrido

Preterit Perfect	
hube corrido	hubimos corrido
hubiste corrido	hubisteis corrido
hubo corrido	hubieron corrido

Future Perfect	
habré corrido	habremos corrido
habrás corrido	habréis corrido
habrá corrido	habrán corrido

Conditional Perfect	
habría corrido	habríamos corrido
habrías corrido	habríais corrido
habría corrido	habrían corrido

Present Subjunctive	
corra	corramos
corras	corráis
corra	corran

Present Perfect Subjunctive	
haya corrido	hayamos corrido
hayas corrido	hayáis corrido
haya corrido	hayan corrido

Imperfect Subjunctive (-ra)		*or*	Imperfect Subjunctive (-se)	
corriera	corriéramos		corriese	corriésemos
corrieras	corrierais		corrieses	corrieseis
corriera	corrieran		corriese	corriesen

Past Perfect Subjunctive (-ra)		*or*	Past Perfect Subjunctive (-se)	
hubiera corrido	hubiéramos corrido		hubiese corrido	hubiésemos corrido
hubieras corrido	hubierais corrido		hubieses corrido	hubieseis corrido
hubiera corrido	hubieran corrido		hubiese corrido	hubiesen corrido

Progressive Tenses

Present	estoy, estás, está, estamos, estáis, están
Preterit	estuve, estuviste, estuvo, estuvimos, estuvisteis, estuvieron
Imperfect	estaba, estabas, estaba, estábamos, estabais, estaban
Future	estaré, estarás, estará, estaremos, estaréis, estarán
Conditional	estaría, estarías, estaría, estaríamos, estaríais, estarían
Subjunctive	que + *corresponding subjunctive tense of* estar (*see verb 252*)

corriendo

Commands

	(nosotros) corramos / no corramos
(tú) corre / no corras	(vosotros) corred / no corráis
(Ud.) corra / no corra	(Uds.) corran / no corran

USAGE

Corrió la milla / en la carrera.	He ran the mile / in the race.
¡Cómo corre el tiempo!	How time flies!
Corre tu silla.	Move your chair.
Córrete un poco.	Move over a little.
Hemos corrido mundo.	We've traveled a lot / seen the world.
Corrían el peligro de perder el avión.	They were running the risk of missing the plane.
Te mantengo al corriente.	I'll keep you posted / up to date.

cortar to cut, cut out/off/up/through

corto · cortaron · cortado · cortando

Present		Preterit	
corto	cortamos	corté	cortamos
cortas	cortáis	cortaste	cortasteis
corta	cortan	cortó	cortaron

Imperfect		Present Perfect	
cortaba	cortábamos	he cortado	hemos cortado
cortabas	cortabais	has cortado	habéis cortado
cortaba	cortaban	ha cortado	han cortado

Future		Conditional	
cortaré	cortaremos	cortaría	cortaríamos
cortarás	cortaréis	cortarías	cortaríais
cortará	cortarán	cortaría	cortarían

Pluperfect		Preterit Perfect	
había cortado	habíamos cortado	hube cortado	hubimos cortado
habías cortado	habíais cortado	hubiste cortado	hubisteis cortado
había cortado	habían cortado	hubo cortado	hubieron cortado

Future Perfect		Conditional Perfect	
habré cortado	habremos cortado	habría cortado	habríamos cortado
habrás cortado	habréis cortado	habrías cortado	habríais cortado
habrá cortado	habrán cortado	habría cortado	habrían cortado

Present Subjunctive		Present Perfect Subjunctive	
corte	cortemos	haya cortado	hayamos cortado
cortes	cortéis	hayas cortado	hayáis cortado
corte	corten	haya cortado	hayan cortado

Imperfect Subjunctive (-ra)		or	Imperfect Subjunctive (-se)	
cortara	cortáramos		cortase	cortásemos
cortaras	cortarais		cortases	cortaseis
cortara	cortaran		cortase	cortasen

Past Perfect Subjunctive (-ra)		or	Past Perfect Subjunctive (-se)	
hubiera cortado	hubiéramos cortado		hubiese cortado	hubiésemos cortado
hubieras cortado	hubierais cortado		hubieses cortado	hubieseis cortado
hubiera cortado	hubieran cortado		hubiese cortado	hubiesen cortado

Progressive Tenses

Present	estoy, estás, está, estamos, estáis, están	
Preterit	estuve, estuviste, estuvo, estuvimos, estuvisteis, estuvieron	
Imperfect	estaba, estabas, estaba, estábamos, estabais, estaban	cortando
Future	estaré, estarás, estará, estaremos, estaréis, estarán	
Conditional	estaría, estarías, estaría, estaríamos, estaríais, estarían	
Subjunctive	que + *corresponding subjunctive tense of* estar (*see verb 252*)	

Commands

	(nosotros) cortemos / no cortemos
(tú) corta / no cortes	(vosotros) cortad / no cortéis
(Ud.) corte / no corte	(Uds.) corten / no corten

USAGE

Corta las legumbres. *Cut the vegetables.*
Este cuchillo no corta bien. *This knife doesn't cut well.*
¿Le cortaste el pelo a tu hija? *Did you cut your daughter's hair?*

—Me corté el pelo ayer. *I had my hair cut yesterday.*
—Me gusta el corte. *I like your (hair)cut.*

No te cortes con las tijeras. *Don't cut yourself with the scissors.*
Hablábamos cuando se cortó la línea. *We were talking when we were cut off.* (telephone)

stem-changing -ar verb: o > ue; verb used
in third-person singular and plural only

cuesta · costaron · costado · costando

Present		Preterit	
cuesta	cuestan	costó	costaron
Imperfect		**Present Perfect**	
costaba	costaban	ha costado	han costado
Future		**Conditional**	
costará	costarán	costaría	costarían
Pluperfect		**Preterit Perfect**	
había costado	habían costado	hubo costado	hubieron costado
Future Perfect		**Conditional Perfect**	
habrá costado	habrán costado	habría costado	habrían costado

Present Subjunctive		Present Perfect Subjunctive	
cueste	cuesten	haya costado	hayan costado
Imperfect Subjunctive (-ra)		*or* **Imperfect Subjunctive (-se)**	
costara	costaran	costase	costasen
Past Perfect Subjunctive (-ra)		*or* **Past Perfect Subjunctive (-se)**	
hubiera costado	hubieran costado	hubiese costado	hubiesen costado

Progressive Tenses

Present	está, están	
Preterit	estuvo, estuvieron	
Imperfect	estaba, estaban	
Future	estará, estarán	costando
Conditional	estaría, estarían	
Subjunctive	que + *corresponding subjunctive tense of* estar (*see verb 252*)	

NOTE: Verb not used in commands

USAGE

—¿Cuánto cuesta? — *How much does it cost? / How much is it?*
—No creo que cueste mucho. — *I don't think it costs a lot.*

—¿Cuánto cuestan? — *How much do they cost? / How much are they?*
—Cuestan un ojo de la cara. — *They cost an arm and a leg.*

Cómprenlo cueste lo que cueste. — *Buy it at any cost / whatever the cost.*
Cuesta creer lo que pasó. — *It's difficult to believe what happened.*
Me cuesta entender su motivo. — *I find it hard / It's hard for me to understand his motive.*

—La impresora les habrá costado una fortuna. — *The printer must have cost them a lot.*
—Dudo que haya sido muy costosa. — *I doubt that it was very expensive.*

Me costó mucho trabajo convencerles. — *It took a lot for me to convince them.*
¿Qué tal el costo de la vida en la capital? — *How's the cost of living in the capital city?*
Ninguna empresa está dispuesta a costear el proyecto. — *No firm is willing to finance the project.*

La falta de transparencia en el proceso electoral les costará cara a los partidos. — *The parties will pay dearly for the lack of transparency in the electoral process.*
Tratan de tapar el escándalo a toda costa. — *They are trying to cover up the scandal at all costs.*
Lo barato cuesta caro. — *Cheap is dear in the long run. / Buy cheap, pay dear.*
Las promesas cuestan poco. — *Promises cost nothing.*
Los costes totales son la suma de los costes fijos y los costes variables. — *Total costs are the sum of fixed costs and variable costs.*

El proyecto nos costó ocho horas. — *The project took us eight hours.*
Su descuido le costó la vida. — *His carelessness cost him his life.*
Este collar cuesta muy caro. — *This necklace is very expensive.*

crear *to create, make, invent*

creo · crearon · creado · creando   regular *-ar* verb

Present		Preterit	
creo	creamos	creé	creamos
creas	creáis	creaste	creasteis
crea	crean	creó	crearon

Imperfect		Present Perfect	
creaba	creábamos	he creado	hemos creado
creabas	creabais	has creado	habéis creado
creaba	creaban	ha creado	han creado

Future		Conditional	
crearé	crearemos	crearía	crearíamos
crearás	crearéis	crearías	crearíais
creará	crearán	crearía	crearían

Pluperfect		Preterit Perfect	
había creado	habíamos creado	hube creado	hubimos creado
habías creado	habíais creado	hubiste creado	hubisteis creado
había creado	habían creado	hubo creado	hubieron creado

Future Perfect		Conditional Perfect	
habré creado	habremos creado	habría creado	habríamos creado
habrás creado	habréis creado	habrías creado	habríais creado
habrá creado	habrán creado	habría creado	habrían creado

Present Subjunctive		Present Perfect Subjunctive	
cree	creemos	haya creado	hayamos creado
crees	creéis	hayas creado	hayáis creado
cree	creen	haya creado	hayan creado

Imperfect Subjunctive (-ra)		*or*	Imperfect Subjunctive (-se)	
creara	creáramos		crease	creásemos
crearas	crearais		creases	creaseis
creara	crearan		crease	creasen

Past Perfect Subjunctive (-ra)		*or*	Past Perfect Subjunctive (-se)	
hubiera creado	hubiéramos creado		hubiese creado	hubiésemos creado
hubieras creado	hubierais creado		hubieses creado	hubieseis creado
hubiera creado	hubieran creado		hubiese creado	hubiesen creado

Progressive Tenses

Present	estoy, estás, está, estamos, estáis, están	
Preterit	estuve, estuviste, estuvo, estuvimos, estuvisteis, estuvieron	
Imperfect	estaba, estabas, estaba, estábamos, estabais, estaban	creando
Future	estaré, estarás, estará, estaremos, estaréis, estarán	
Conditional	estaría, estarías, estaría, estaríamos, estaríais, estarían	
Subjunctive	que + *corresponding subjunctive tense of* estar (*see verb 252*)	

Commands

	(nosotros) creemos / no creemos
(tú) crea / no crees	(vosotros) cread / no creéis
(Ud.) cree / no cree	(Uds.) creen / no creen

USAGE

Crea un fichero.	*Create a file.*
Ha creado magníficas obras de arte.	*He has created magnificent works of art.*
No te crees problemas.	*Don't make problems for yourself.*
Se conoce por sus ideas creadoras.	*She's known for her creative ideas.*
Le interesa la creación de ficheros.	*He's interested in file creation.*

-er verb; spelling change: z > zc/o, a

crezco · crecieron · crecido · creciendo

Present			Preterit	
crezco	crecemos		crecí	crecimos
creces	crecéis		creciste	crecisteis
crece	crecen		creció	crecieron

Imperfect			Present Perfect	
crecía	crecíamos		he crecido	hemos crecido
crecías	crecíais		has crecido	habéis crecido
crecía	crecían		ha crecido	han crecido

Future			Conditional	
creceré	creceremos		crecería	creceríamos
crecerás	creceréis		crecerías	creceríais
crecerá	crecerán		crecería	crecerían

Pluperfect			Preterit Perfect	
había crecido	habíamos crecido		hube crecido	hubimos crecido
habías crecido	habíais crecido		hubiste crecido	hubisteis crecido
había crecido	habían crecido		hubo crecido	hubieron crecido

Future Perfect			Conditional Perfect	
habré crecido	habremos crecido		habría crecido	habríamos crecido
habrás crecido	habréis crecido		habrías crecido	habríais crecido
habrá crecido	habrán crecido		habría crecido	habrían crecido

Present Subjunctive			Present Perfect Subjunctive	
crezca	crezcamos		haya crecido	hayamos crecido
crezcas	crezcáis		hayas crecido	hayáis crecido
crezca	crezcan		haya crecido	hayan crecido

Imperfect Subjunctive (-ra)		or	Imperfect Subjunctive (-se)	
creciera	creciéramos		creciese	creciésemos
crecieras	crecierais		crecieses	crecieseis
creciera	crecieran		creciese	creciesen

Past Perfect Subjunctive (-ra)		or	Past Perfect Subjunctive (-se)	
hubiera crecido	hubiéramos crecido		hubiese crecido	hubiésemos crecido
hubieras crecido	hubierais crecido		hubieses crecido	hubieseis crecido
hubiera crecido	hubieran crecido		hubiese crecido	hubiesen crecido

Progressive Tenses

Present	estoy, estás, está, estamos, estáis, están	
Preterit	estuve, estuviste, estuvo, estuvimos, estuvisteis, estuvieron	
Imperfect	estaba, estabas, estaba, estábamos, estabais, estaban	
Future	estaré, estarás, estará, estaremos, estaréis, estarán	creciendo
Conditional	estaría, estarías, estaría, estaríamos, estaríais, estarían	
Subjunctive	que + *corresponding subjunctive tense of* estar (*see verb 252*)	

Commands

	(nosotros) crezcamos / no crezcamos
(tú) crece / no crezcas	(vosotros) creced / no crezcáis
(Ud.) crezca / no crezca	(Uds.) crezcan / no crezcan

(USAGE)

¡Cuánto han crecido sus hijos!	*How much your children have grown!*
Su angustia crecía todos los días.	*Their anguish/distress increased every day.*
¿Por qué no dejas crecer tu pelo?	*Why don't you let your hair grow?*
Gozamos de un impresionante crecimiento económico.	*We enjoy impressive economic growth.*
Hay una creciente demanda de teléfonos celulares.	*There's a growing demand for cell phones.*

creer *to believe, think*

creo · creyeron · creído · creyendo

-er verb with stem ending in a vowel: third-person singular *-ió > -yó* and third-person plural *-ieron > -yeron* in the preterit

Present		Preterit	
creo	creemos	creí	creímos
crees	creéis	creíste	creísteis
cree	creen	creyó	creyeron

Imperfect		Present Perfect	
creía	creíamos	he creído	hemos creído
creías	creíais	has creído	habéis creído
creía	creían	ha creído	han creído

Future		Conditional	
creeré	creeremos	creería	creeríamos
creerás	creeréis	creerías	creeríais
creerá	creerán	creería	creerían

Pluperfect		Preterit Perfect	
había creído	habíamos creído	hube creído	hubimos creído
habías creído	habíais creído	hubiste creído	hubisteis creído
había creído	habían creído	hubo creído	hubieron creído

Future Perfect		Conditional Perfect	
habré creído	habremos creído	habría creído	habríamos creído
habrás creído	habréis creído	habrías creído	habríais creído
habrá creído	habrán creído	habría creído	habrían creído

Present Subjunctive		Present Perfect Subjunctive	
crea	creamos	haya creído	hayamos creído
creas	creáis	hayas creído	hayáis creído
crea	crean	haya creído	hayan creído

Imperfect Subjunctive (-ra)		*or*	Imperfect Subjunctive (-se)	
creyera	creyéramos		creyese	creyésemos
creyeras	creyerais		creyeses	creyeseis
creyera	creyeran		creyese	creyesen

Past Perfect Subjunctive (-ra)		*or*	Past Perfect Subjunctive (-se)	
hubiera creído	hubiéramos creído		hubiese creído	hubiésemos creído
hubieras creído	hubierais creído		hubieses creído	hubieseis creído
hubiera creído	hubieran creído		hubiese creído	hubiesen creído

Progressive Tenses

Present	estoy, estás, está, estamos, estáis, están	
Preterit	estuve, estuviste, estuvo, estuvimos, estuvisteis, estuvieron	
Imperfect	estaba, estabas, estaba, estábamos, estabais, estaban	creyendo
Future	estaré, estarás, estará, estaremos, estaréis, estarán	
Conditional	estaría, estarías, estaría, estaríamos, estaríais, estarían	
Subjunctive	que + *corresponding subjunctive tense of* estar (*see verb 252*)	

Commands

	(nosotros) creamos / no creamos
(tú) cree / no creas	(vosotros) creed / no creáis
(Ud.) crea / no crea	(Uds.) crean / no crean

USAGE

—¿Crees que el almacén está abierto? — *Do you think the department store is open?*
—Creo que sí. / Creo que no. — *I think so. / I don't think so.*

No creo que tenga razón. — *I don't think he's right.*
Creen en Dios. — *They believe in God.*
Ya lo creo. — *Of course. / I should say so.*
No me lo creo. — *I can't believe it.*
Ver es creer. — *Seeing is believing.*

-ar verb; spelling change: i > í when stressed · · · crío · criaron · criado · criando

Present		Preterit	
crío	criamos	crié	criamos
crías	criáis	criaste	criasteis
cría	crían	crió	criaron

Imperfect		Present Perfect	
criaba	criábamos	he criado	hemos criado
criabas	criabais	has criado	habéis criado
criaba	criaban	ha criado	han criado

Future		Conditional	
criaré	criaremos	criaría	criaríamos
criarás	criaréis	criarías	criaríais
criará	criarán	criaría	criarían

Pluperfect		Preterit Perfect	
había criado	habíamos criado	hube criado	hubimos criado
habías criado	habíais criado	hubiste criado	hubisteis criado
había criado	habían criado	hubo criado	hubieron criado

Future Perfect		Conditional Perfect	
habré criado	habremos criado	habría criado	habríamos criado
habrás criado	habréis criado	habrías criado	habríais criado
habrá criado	habrán criado	habría criado	habrían criado

Present Subjunctive		Present Perfect Subjunctive	
críe	criemos	haya criado	hayamos criado
críes	criéis	hayas criado	hayáis criado
críe	críen	haya criado	hayan criado

Imperfect Subjunctive (-ra)		or	Imperfect Subjunctive (-se)	
criara	criáramos		criase	criásemos
criaras	criarais		criases	criaseis
criara	criaran		criase	criasen

Past Perfect Subjunctive (-ra)		or	Past Perfect Subjunctive (-se)	
hubiera criado	hubiéramos criado		hubiese criado	hubiésemos criado
hubieras criado	hubierais criado		hubieses criado	hubieseis criado
hubiera criado	hubieran criado		hubiese criado	hubiesen criado

Progressive Tenses

Present	estoy, estás, está, estamos, estáis, están	
Preterit	estuve, estuviste, estuvo, estuvimos, estuvisteis, estuvieron	
Imperfect	estaba, estabas, estaba, estábamos, estabais, estaban	criando
Future	estaré, estarás, estará, estaremos, estaréis, estarán	
Conditional	estaría, estarías, estaría, estaríamos, estaríais, estarían	
Subjunctive	que + *corresponding subjunctive tense of* estar (*see verb 252*)	

Commands

	(nosotros) criemos / no criemos
(tú) cría / no críes	(vosotros) criad / no criéis
(Ud.) críe / no críe	(Uds.) críen / no críen

Se cría ganado en la hacienda.	*They raise cattle on the ranch.*
Estos niños se crían con mucho cariño.	*These children are brought up with a lot of love.*
Se crían ostras / gusanos de seda.	*Oysters/Silkworms are cultivated.*
Dios los cría y ellos se juntan.	*Birds of a feather flock together.*
Cría cuervos y te sacarán los ojos.	*The dog bites the hand that feeds it.*
Son niños muy bien criados.	*They're very well brought up kids.*
¡Qué adorable criatura!	*What an adorable baby/child!*

cruzar *to cross*

cruzo · cruzaron · cruzado · cruzando   -ar verb; spelling change: z > c/e

Present		Preterit	
cruzo	cruzamos	crucé	cruzamos
cruzas	cruzáis	cruzaste	cruzasteis
cruza	cruzan	cruzó	cruzaron

Imperfect		Present Perfect	
cruzaba	cruzábamos	he cruzado	hemos cruzado
cruzabas	cruzabais	has cruzado	habéis cruzado
cruzaba	cruzaban	ha cruzado	han cruzado

Future		Conditional	
cruzaré	cruzaremos	cruzaría	cruzaríamos
cruzarás	cruzaréis	cruzarías	cruzaríais
cruzará	cruzarán	cruzaría	cruzarían

Pluperfect		Preterit Perfect	
había cruzado	habíamos cruzado	hube cruzado	hubimos cruzado
habías cruzado	habíais cruzado	hubiste cruzado	hubisteis cruzado
había cruzado	habían cruzado	hubo cruzado	hubieron cruzado

Future Perfect		Conditional Perfect	
habré cruzado	habremos cruzado	habría cruzado	habríamos cruzado
habrás cruzado	habréis cruzado	habrías cruzado	habríais cruzado
habrá cruzado	habrán cruzado	habría cruzado	habrían cruzado

Present Subjunctive		Present Perfect Subjunctive	
cruce	crucemos	haya cruzado	hayamos cruzado
cruces	crucéis	hayas cruzado	hayáis cruzado
cruce	crucen	haya cruzado	hayan cruzado

Imperfect Subjunctive (-ra)		or	Imperfect Subjunctive (-se)	
cruzara	cruzáramos		cruzase	cruzásemos
cruzaras	cruzarais		cruzases	cruzaseis
cruzara	cruzaran		cruzase	cruzasen

Past Perfect Subjunctive (-ra)		or	Past Perfect Subjunctive (-se)	
hubiera cruzado	hubiéramos cruzado		hubiese cruzado	hubiésemos cruzado
hubieras cruzado	hubierais cruzado		hubieses cruzado	hubieseis cruzado
hubiera cruzado	hubieran cruzado		hubiese cruzado	hubiesen cruzado

Progressive Tenses

Present	estoy, estás, está, estamos, estáis, están	
Preterit	estuve, estuviste, estuvo, estuvimos, estuvisteis, estuvieron	
Imperfect	estaba, estabas, estaba, estábamos, estabais, estaban	cruzando
Future	estaré, estarás, estará, estaremos, estaréis, estarán	
Conditional	estaría, estarías, estaría, estaríamos, estaríais, estarían	
Subjunctive	que + *corresponding subjunctive tense of* estar (*see verb 252*)	

Commands

	(nosotros) crucemos / no crucemos
(tú) cruza / no cruces	(vosotros) cruzad / no crucéis
(Ud.) cruce / no cruce	(Uds.) crucen / no crucen

USAGE

Crucen la calle con cuidado.	*Cross the street carefully.*
El puente George Washington cruza el río Hudson.	*The George Washington Bridge crosses the Hudson River.*
Se cruzaron de palabras.	*They quarreled.*
No nos quedamos con los brazos cruzados.	*We'll not just stand around doing nothing.*
Hay una campaña para ayudar a la Cruz Roja.	*There's a campaign to help the Red Cross.*
Hizo investigaciones sobre las Cruzadas.	*He did research on the Crusades.*

-ir verb; irregular past participle

cubro · cubrieron · cubierto · cubriendo

Present		Preterit	
cubro	cubrimos	cubrí	cubrimos
cubres	cubrís	cubriste	cubristeis
cubre	cubren	cubrió	cubrieron

Imperfect		Present Perfect	
cubría	cubríamos	he cubierto	hemos cubierto
cubrías	cubríais	has cubierto	habéis cubierto
cubría	cubrían	ha cubierto	han cubierto

Future		Conditional	
cubriré	cubriremos	cubriría	cubriríamos
cubrirás	cubriréis	cubrirías	cubriríais
cubrirá	cubrirán	cubriría	cubrirían

Pluperfect		Preterit Perfect	
había cubierto	habíamos cubierto	hube cubierto	hubimos cubierto
habías cubierto	habíais cubierto	hubiste cubierto	hubisteis cubierto
había cubierto	habían cubierto	hubo cubierto	hubieron cubierto

Future Perfect		Conditional Perfect	
habré cubierto	habremos cubierto	habría cubierto	habríamos cubierto
habrás cubierto	habréis cubierto	habrías cubierto	habríais cubierto
habrá cubierto	habrán cubierto	habría cubierto	habrían cubierto

Present Subjunctive		Present Perfect Subjunctive	
cubra	cubramos	haya cubierto	hayamos cubierto
cubras	cubráis	hayas cubierto	hayáis cubierto
cubra	cubran	haya cubierto	hayan cubierto

Imperfect Subjunctive (-ra)		or	Imperfect Subjunctive (-se)	
cubriera	cubriéramos		cubriese	cubriésemos
cubrieras	cubrierais		cubrieses	cubrieseis
cubriera	cubrieran		cubriese	cubriesen

Past Perfect Subjunctive (-ra)		or	Past Perfect Subjunctive (-se)	
hubiera cubierto	hubiéramos cubierto		hubiese cubierto	hubiésemos cubierto
hubieras cubierto	hubierais cubierto		hubieses cubierto	hubieseis cubierto
hubiera cubierto	hubieran cubierto		hubiese cubierto	hubiesen cubierto

Progressive Tenses

Present	estoy, estás, está, estamos, estáis, están	
Preterit	estuve, estuviste, estuvo, estuvimos, estuvisteis, estuvieron	
Imperfect	estaba, estabas, estaba, estábamos, estabais, estaban	cubriendo
Future	estaré, estarás, estará, estaremos, estaréis, estarán	
Conditional	estaría, estarías, estaría, estaríamos, estaríais, estarían	
Subjunctive	que + *corresponding subjunctive tense of* estar (*see verb 252*)	

Commands

	(nosotros) cubramos / no cubramos
(tú) cubre / no cubras	(vosotros) cubrid / no cubráis
(Ud.) cubra / no cubra	(Uds.) cubran / no cubran

USAGE

Cubrió la mesa con un mantel. — *She covered the table with a tablecloth.*
Cubre la cama con el cubrecama. — *Cover the bed with the bedspread.*
Hemos cubierto los gastos. — *We've covered/met expenses.*
Cúbrete la cabeza. — *Put on your hat.*
El cielo está cubierto. — *The sky is overcast.*
Mozo, falta un cubierto. — *Waiter, a place setting is missing.*

165 (cuidar) to look after, care for

cuido · cuidaron · cuidado · cuidando

regular -ar verb

Present		Preterit	
cuido	cuidamos	cuidé	cuidamos
cuidas	cuidáis	cuidaste	cuidasteis
cuida	cuidan	cuidó	cuidaron

Imperfect		Present Perfect	
cuidaba	cuidábamos	he cuidado	hemos cuidado
cuidabas	cuidabais	has cuidado	habéis cuidado
cuidaba	cuidaban	ha cuidado	han cuidado

Future		Conditional	
cuidaré	cuidaremos	cuidaría	cuidaríamos
cuidarás	cuidaréis	cuidarías	cuidaríais
cuidará	cuidarán	cuidaría	cuidarían

Pluperfect		Preterit Perfect	
había cuidado	habíamos cuidado	hube cuidado	hubimos cuidado
habías cuidado	habíais cuidado	hubiste cuidado	hubisteis cuidado
había cuidado	habían cuidado	hubo cuidado	hubieron cuidado

Future Perfect		Conditional Perfect	
habré cuidado	habremos cuidado	habría cuidado	habríamos cuidado
habrás cuidado	habréis cuidado	habrías cuidado	habríais cuidado
habrá cuidado	habrán cuidado	habría cuidado	habrían cuidado

Present Subjunctive		Present Perfect Subjunctive	
cuide	cuidemos	haya cuidado	hayamos cuidado
cuides	cuidéis	hayas cuidado	hayáis cuidado
cuide	cuiden	haya cuidado	hayan cuidado

Imperfect Subjunctive (-ra)		or	Imperfect Subjunctive (-se)	
cuidara	cuidáramos		cuidase	cuidásemos
cuidaras	cuidarais		cuidases	cuidaseis
cuidara	cuidaran		cuidase	cuidasen

Past Perfect Subjunctive (-ra)		or	Past Perfect Subjunctive (-se)	
hubiera cuidado	hubiéramos cuidado		hubiese cuidado	hubiésemos cuidado
hubieras cuidado	hubierais cuidado		hubieses cuidado	hubieseis cuidado
hubiera cuidado	hubieran cuidado		hubiese cuidado	hubiesen cuidado

Progressive Tenses

Present	estoy, estás, está, estamos, estáis, están	
Preterit	estuve, estuviste, estuvo, estuvimos, estuvisteis, estuvieron	
Imperfect	estaba, estabas, estaba, estábamos, estabais, estaban	cuidando
Future	estaré, estarás, estará, estaremos, estaréis, estarán	
Conditional	estaría, estarías, estaría, estaríamos, estaríais, estarían	
Subjunctive	que + *corresponding subjunctive tense of* estar (*see verb 252*)	

Commands

	(nosotros) cuidemos / no cuidemos
(tú) cuida / no cuides	(vosotros) cuidad / no cuidéis
(Ud.) cuide / no cuide	(Uds.) cuiden / no cuiden

(USAGE)

Cuida bien a los niños.	*Take good care of the children.*
Es importante que cuidéis los detalles.	*It's important that you pay attention to the details.*
Cuídate mucho.	*Take good care of yourself.*
No se cuidan de los demás.	*They don't worry about other people.*
¡Tengan cuidado! / ¡Cuidado!	*Be careful!*
Lo hace todo con cuidado / cuidadosamente.	*She does everything carefully.*

regular *-ar* verb

cultivo · cultivaron · cultivado · cultivando

Present		Preterit	
cultivo	cultivamos	cultivé	cultivamos
cultivas	cultiváis	cultivaste	cultivasteis
cultiva	cultivan	cultivó	cultivaron

Imperfect		Present Perfect	
cultivaba	cultivábamos	he cultivado	hemos cultivado
cultivabas	cultivabais	has cultivado	habéis cultivado
cultivaba	cultivaban	ha cultivado	han cultivado

Future		Conditional	
cultivaré	cultivaremos	cultivaría	cultivaríamos
cultivarás	cultivaréis	cultivarías	cultivaríais
cultivará	cultivarán	cultivaría	cultivarían

Pluperfect		Preterit Perfect	
había cultivado	habíamos cultivado	hube cultivado	hubimos cultivado
habías cultivado	habíais cultivado	hubiste cultivado	hubisteis cultivado
había cultivado	habían cultivado	hubo cultivado	hubieron cultivado

Future Perfect		Conditional Perfect	
habré cultivado	habremos cultivado	habría cultivado	habríamos cultivado
habrás cultivado	habréis cultivado	habrías cultivado	habríais cultivado
habrá cultivado	habrán cultivado	habría cultivado	habrían cultivado

Present Subjunctive		Present Perfect Subjunctive	
cultive	cultivemos	haya cultivado	hayamos cultivado
cultives	cultivéis	hayas cultivado	hayáis cultivado
cultive	cultiven	haya cultivado	hayan cultivado

Imperfect Subjunctive (-ra)		or	Imperfect Subjunctive (-se)	
cultivara	cultiváramos		cultivase	cultivásemos
cultivaras	cultivarais		cultivases	cultivaseis
cultivara	cultivaran		cultivase	cultivasen

Past Perfect Subjunctive (-ra)		or	Past Perfect Subjunctive (-se)	
hubiera cultivado	hubiéramos cultivado		hubiese cultivado	hubiésemos cultivado
hubieras cultivado	hubierais cultivado		hubieses cultivado	hubieseis cultivado
hubiera cultivado	hubieran cultivado		hubiese cultivado	hubiesen cultivado

Progressive Tenses

Present	estoy, estás, está, estamos, estáis, están	
Preterit	estuve, estuviste, estuvo, estuvimos, estuvisteis, estuvieron	
Imperfect	estaba, estabas, estaba, estábamos, estabais, estaban	cultivando
Future	estaré, estarás, estará, estaremos, estaréis, estarán	
Conditional	estaría, estarías, estaría, estaríamos, estaríais, estarían	
Subjunctive	que + *corresponding subjunctive tense of* estar *(see verb 252)*	

Commands

	(nosotros) cultivemos / no cultivemos
(tú) cultiva / no cultives	(vosotros) cultivad / no cultivéis
(Ud.) cultive / no cultive	(Uds.) cultiven / no cultiven

USAGE

Espero que cultiven flores.	*I hope they'll grow flowers.*
Se cultiva toda clase de hortalizas en la huerta.	*All kinds of vegetables grow in the garden.*
¿Cultivas la amistad con ellos?	*Are you cultivating a friendship with them?*
El cultivo de la vid es importante en España.	*Wine growing is important in Spain.*
Es una mujer muy culta.	*She's a very cultured/educated woman.*
Piensa especializarse en las culturas precolombinas.	*He intends to specialize/major in pre-Columbian cultures.*

cumplir *to fulfill, carry out, keep one's word, be __ years old (birthday)*

cumplo · cumplieron · cumplido · cumpliendo   *regular -ir verb*

Present		Preterit	
cumplo	cumplimos	cumplí	cumplimos
cumples	cumplís	cumpliste	cumplisteis
cumple	cumplen	cumplió	cumplieron

Imperfect		Present Perfect	
cumplía	cumplíamos	he cumplido	hemos cumplido
cumplías	cumplíais	has cumplido	habéis cumplido
cumplía	cumplían	ha cumplido	han cumplido

Future		Conditional	
cumpliré	cumpliremos	cumpliría	cumpliríamos
cumplirás	cumpliréis	cumplirías	cumpliríais
cumplirá	cumplirán	cumpliría	cumplirían

Pluperfect		Preterit Perfect	
había cumplido	habíamos cumplido	hube cumplido	hubimos cumplido
habías cumplido	habíais cumplido	hubiste cumplido	hubisteis cumplido
había cumplido	habían cumplido	hubo cumplido	hubieron cumplido

Future Perfect		Conditional Perfect	
habré cumplido	habremos cumplido	habría cumplido	habríamos cumplido
habrás cumplido	habréis cumplido	habrías cumplido	habríais cumplido
habrá cumplido	habrán cumplido	habría cumplido	habrían cumplido

Present Subjunctive		Present Perfect Subjunctive	
cumpla	cumplamos	haya cumplido	hayamos cumplido
cumplas	cumpláis	hayas cumplido	hayáis cumplido
cumpla	cumplan	haya cumplido	hayan cumplido

Imperfect Subjunctive (-ra)		*or*	Imperfect Subjunctive (-se)	
cumpliera	cumpliéramos		cumpliese	cumpliésemos
cumplieras	cumplierais		cumplieses	cumplieseis
cumpliera	cumplieran		cumpliese	cumpliesen

Past Perfect Subjunctive (-ra)		*or*	Past Perfect Subjunctive (-se)	
hubiera cumplido	hubiéramos cumplido		hubiese cumplido	hubiésemos cumplido
hubieras cumplido	hubierais cumplido		hubieses cumplido	hubieseis cumplido
hubiera cumplido	hubieran cumplido		hubiese cumplido	hubiesen cumplido

Progressive Tenses

Present	estoy, estás, está, estamos, estáis, están	
Preterit	estuve, estuviste, estuvo, estuvimos, estuvisteis, estuvieron	
Imperfect	estaba, estabas, estaba, estábamos, estabais, estaban	cumpliendo
Future	estaré, estarás, estará, estaremos, estaréis, estarán	
Conditional	estaría, estarías, estaría, estaríamos, estaríais, estarían	
Subjunctive	que + *corresponding subjunctive tense of* estar (*see verb 252*)	

Commands

	(nosotros) cumplamos / no cumplamos
(tú) cumple / no cumplas	(vosotros) cumplid / no cumpláis
(Ud.) cumpla / no cumpla	(Uds.) cumplan / no cumplan

USAGE

Siempre cumple sus promesas.	*He always keeps his promises.*
Cumplió sus compromisos con todos.	*She fulfilled her commitments to everyone.*
Cumplo 27 años el sábado.	*I'll be/turn 27 on Saturday.*
¡Feliz cumpleaños!	*Happy birthday!*
¡Qué chicos más cumplidores!	*What trustworthy/reliable kids!*
Son jóvenes muy cumplidos.	*They're very polite young people.*

irregular verb   doy · dieron · dado · dando

	Present		Preterit
doy	damos	di	dimos
das	dais	diste	disteis
da	dan	dio	dieron

	Imperfect		Present Perfect
daba	dábamos	he dado	hemos dado
dabas	dabais	has dado	habéis dado
daba	daban	ha dado	han dado

	Future		Conditional
daré	daremos	daría	daríamos
darás	daréis	darías	daríais
dará	darán	daría	darían

	Pluperfect		Preterit Perfect
había dado	habíamos dado	hube dado	hubimos dado
habías dado	habíais dado	hubiste dado	hubisteis dado
había dado	habían dado	hubo dado .	hubieron dado

	Future Perfect		Conditional Perfect
habré dado	habremos dado	habría dado	habríamos dado
habrás dado	habréis dado	habrías dado	habríais dado
habrá dado	habrán dado	habría dado	habrían dado

	Present Subjunctive		Present Perfect Subjunctive
dé	demos	haya dado	hayamos dado
des	deis	hayas dado	hayáis dado
dé	den	haya dado	hayan dado

	Imperfect Subjunctive (-ra)	or	Imperfect Subjunctive (-se)	
diera	diéramos		diese	diésemos
dieras	dierais		dieses	dieseis
diera	dieran		diese	diesen

	Past Perfect Subjunctive (-ra)	or	Past Perfect Subjunctive (-se)	
hubiera dado	hubiéramos dado		hubiese dado	hubiésemos dado
hubieras dado	hubierais dado		hubieses dado	hubieseis dado
hubiera dado	hubieran dado		hubiese dado	hubiesen dado

Progressive Tenses

Present	estoy, estás, está, estamos, estáis, están
Preterit	estuve, estuviste, estuvo, estuvimos, estuvisteis, estuvieron
Imperfect	estaba, estabas, estaba, estábamos, estabais, estaban
Future	estaré, estarás, estará, estaremos, estaréis, estarán
Conditional	estaría, estarías, estaría, estaríamos, estaríais, estarían
Subjunctive	que + _corresponding subjunctive tense of_ estar (_see verb 252_)

} dando

Commands

	(nosotros) demos / no demos
(tú) da / no des	(vosotros) dad / no deis
(Ud.) dé / no dé	(Uds.) den / no den

USAGE

Siempre da consejos.	_She always gives advice._
Nos dieron las gracias.	_They thanked us._
Les dio miedo/celos.	_It frightened them / made them jealous._
Dales recuerdos de mi parte.	_Give them my regards._
Demos un paseo / una vuelta.	_Let's take a walk._
¡Dale a la pelota!	_Hit the ball!_

Nos daba pena verlos así.	We were sorry to see them like that.
Ya han dado el visto bueno al esquema.	They've already approved the plan/outline.
❸ —¿Por qué te dio Sofía las gracias?	Why did Sofía thank you?
—Es que yo le había dado un regalo de cumpleaños.	Because I had given her a birthday present.
Ve a darles la bienvenida.	Go ahead and welcome them.
Da gusto pasar unos días aquí.	It's nice to spend a few days here.
Dan un concierto hoy a las tres.	They're giving a concert at 3:00 today.
❸ —Hoy están dando una película policíaca y otra de aventuras. ¿Cuál prefieres ver?	Today they're showing a detective film and an adventure film. Which one do you prefer to see?
—De verdad, a mí me da igual.	Really, it's all the same to me.
—¿Qué más da?	What difference does it make?
—Da lo mismo/igual.	It doesn't matter. / It's all the same.
Ese árbol da manzanas.	That tree gives/produces apples.
Nos estás dando mucho trabajo.	You're giving us a lot of work.
❸ —Sara me dio un consejo.	Sara gave me a piece of advice.
—Lo que te dijo, ¿te dio que pensar?	What she said to you, did it make you think?
Su esposa dio a luz anoche.	His wife gave birth last night.
El hotel da al mar / a las montañas.	The hotel faces the sea/mountains.
¿Dónde diste con ellas?	Where did you run/bump into them?
❸ —Di con Elena y Antonio en una tienda de videos.	I ran into Elena and Antonio in a video store.
—Espero que les hayas dado recuerdos de mi parte.	I hope you gave them my regards.
El reloj dio las nueve.	The clock struck nine.
Da de comer / de beber al perro.	Feed / Give water (a drink) to the dog.
A mí me da igual.	It's all the same to me.
Le dio un catarro.	She caught a cold.
Le dio un ataque de risa/tos.	He had a fit of laughter / coughing fit.
El sol/viento me daba en la cara.	The sun/wind was shining/blowing in my face.
❸ —¡Qué niña! ¡Qué rabietas! Ahora está dando gritos.	What a little girl! What tantrums! Now she's shouting.
—Es verdad. Da mucha guerra.	It's true. She's a nuisance.
—¿Qué tal tu puntería?	How is your aim?
—Suelo dar en el blanco.	I usually hit the target.
—¿Anda bien el proyecto?	Is the project going well?
—Muy bien. Lo dan por hecho.	Very well. They consider it finished.
—¿Puedes prestarme tu cámara digital?	Can you lend me your digital camera?
—Te la doy prestada cuando quieras.	I'll lend it to you whenever you want.
—Los encuentro muy desanimados.	They seem very dejected.
—Yo sé. Me da no sé qué verlos así.	I know. It upsets me to see them like this.
—¿Cómo reaccionó cuando le reclamaste?	How did he react when you complained to him?
—Se dio por ofendido.	He took offense.
—Lamentamos que el negocio no dé para más.	We're sorry we can't get any more out of the business.
—¿No pueden dar provisionalmente con una solución legal?	Can't you find a legal solution temporarily?

darse

Nos dimos la mano / los buenos días.	We shook hands / said hello.
¡Date prisa!	Hurry up!
Se dio cuenta de que había un problema.	She realized there was a problem.
Se dio por vencido.	He gave in/up.
Es dado a trasnochar.	He's given to / fond of staying up late.
Dada la hora, hay que suspender la sesión.	Given the time, we should adjourn the meeting.

regular *-er* verb   **debo · debieron · debido · debiendo**

Present		Preterit	
debo	debemos	debí	debimos
debes	debéis	debiste	debisteis
debe	deben	debió	debieron

Imperfect		Present Perfect	
debía	debíamos	he debido	hemos debido
debías	debíais	has debido	habéis debido
debía	debían	ha debido	han debido

Future		Conditional	
deberé	deberemos	debería	deberíamos
deberás	deberéis	deberías	deberíais
deberá	deberán	debería	deberían

Pluperfect		Preterit Perfect	
había debido	habíamos debido	hube debido	hubimos debido
habías debido	habíais debido	hubiste debido	hubisteis debido
había debido	habían debido	hubo debido	hubieron debido

Future Perfect		Conditional Perfect	
habré debido	habremos debido	habría debido	habríamos debido
habrás debido	habréis debido	habrías debido	habríais debido
habrá debido	habrán debido	habría debido	habrían debido

Present Subjunctive		Present Perfect Subjunctive	
deba	debamos	haya debido	hayamos debido
debas	debáis	hayas debido	hayáis debido
deba	deban	haya debido	hayan debido

Imperfect Subjunctive (-ra)		*or*	Imperfect Subjunctive (-se)	
debiera	debiéramos		debiese	debiésemos
debieras	debierais		debieses	debieseis
debiera	debieran		debiese	debiesen

Past Perfect Subjunctive (-ra)		*or*	Past Perfect Subjunctive (-se)	
hubiera debido	hubiéramos debido		hubiese debido	hubiésemos debido
hubieras debido	hubierais debido		hubieses debido	hubieseis debido
hubiera debido	hubieran debido		hubiese debido	hubiesen debido

Progressive Tenses

Present	estoy, estás, está, estamos, estáis, están	
Preterit	estuve, estuviste, estuvo, estuvimos, estuvisteis, estuvieron	
Imperfect	estaba, estabas, estaba, estábamos, estabais, estaban	debiendo
Future	estaré, estarás, estará, estaremos, estaréis, estarán	
Conditional	estaría, estarías, estaría, estaríamos, estaríais, estarían	
Subjunctive	que + *corresponding subjunctive tense of* estar (*see verb 252*)	

Commands

	(nosotros) debamos / no debamos
(tú) debe / no debas	(vosotros) debed / no debáis
(Ud.) deba / no deba	(Uds.) deban / no deban

(**USAGE**)

Me debes cincuenta dólares.	*You owe me fifty dollars.*
Debían haber llegado para las dos.	*They should have arrived by 2:00.*
Debo comprar un nuevo BlackBerry.	*I must buy a new BlackBerry.*
¿A qué se debe todo esto?	*What's the reason for all of this?*
Debe de haber dejado un recado.	*She must have left a message.*
¿Cuál es la suma debida?	*What's the sum due/owed?*
Terminó de pagar su deuda.	*He finished paying off his debt.*

top 50 verb

(**deber**) *to owe, must, have to, ought*

—Oye Pedro, me debes ochenta dólares.	*Hey, Pedro, you owe me eighty dollars.*
—Por desgracia debo dinero a medio mundo.	*Unfortunately, I owe everybody money.*
¿No le debes una carta?	*Don't you owe her a letter?*
Nos debéis una explicación.	*You owe us an explanation.*
Se hizo lo que se debía.	*People did what had to be done.*

deber + **infinitive** *should*

Debe recogerlos.	*He should pick them up.*
Debías haber llamado ayer.	*You should have called yesterday.*
Deberías acompañarlos.	*You should / ought to go with them.*
Deberíamos haber cogido el tren de las siete.	*We should have caught the 7 o'clock train.*
Antes de comprar una casa tenemos que decidir cuánto dinero debemos solicitar en préstamo.	*Before buying a house, we have to decide how much money we should borrow.*
¿Qué se debe hacer para combatir las epidemias?	*What should be done to fight epidemics?*
Un hombre como él nunca debió ser médico.	*A man like him should never have been a doctor.*

deber *de* + **infinitive** *must (probability)*

Mi paraguas debe de estar en la oficina.	*My umbrella is probably / must be in the office.*
Debe de ser muy inteligente.	*He must be very intelligent.*
—Marisol debe de haber apagado su celular.	*Marisol must have shut off her cell phone.*
—Pues debe haber otro modo de contactarla.	*Well, there must be another way to contact her.*

OTHER USES AND RELATED WORDS

—¿A qué se debe el enredo?	*What's the reason for the mess/confusion?*
—Creo que es debido a su incapacidad.	*I think it's due to their incompetence.*
Todo se resuelve a su debido tiempo.	*Everything is resolved in due time / in due course.*
No pudimos jugar al tenis debido a la niebla.	*We couldn't play tennis due to / because of the fog.*
Saluda a tus invitados como es debido.	*Greet your guests properly / as is proper.*
Tú has trabajado más de lo debido.	*You've worked more than you should.*
Lo han hecho todo debidamente.	*They've done everything properly.*
Cumplieron con su deber.	*They did their duty.*
Nuestro deber es servir a la patria.	*Our duty is to serve our country.*
Hijos, hagan sus deberes antes de cenar.	*Children, do your homework before dinner.*
Al graduarse empezará a pagar sus deudas.	*When she graduates, she'll begin to pay off her debts.*
Está en deuda con su benefactor.	*He's indebted to his benefactor.*
Lo prometido es deuda.	*A promise is a promise. (lit., What's promised is a debt.)*
Hay que calcular el debe y el haber.	*We must calculate the debits and credits.*

regular -ir verb

decido · decidieron · decidido · decidiendo

Present		Preterit	
decido	decidimos	decidí	decidimos
decides	decidís	decidiste	decidisteis
decide	deciden	decidió	decidieron

Imperfect		Present Perfect	
decidía	decidíamos	he decidido	hemos decidido
decidías	decidíais	has decidido	habéis decidido
decidía	decidían	ha decidido	han decidido

Future		Conditional	
decidiré	decidiremos	decidiría	decidiríamos
decidirás	decidiréis	decidirías	decidiríais
decidirá	decidirán	decidiría	decidirían

Pluperfect		Preterit Perfect	
había decidido	habíamos decidido	hube decidido	hubimos decidido
habías decidido	habíais decidido	hubiste decidido	hubisteis decidido
había decidido	habían decidido	hubo decidido	hubieron decidido

Future Perfect		Conditional Perfect	
habré decidido	habremos decidido	habría decidido	habríamos decidido
habrás decidido	habréis decidido	habrías decidido	habríais decidido
habrá decidido	habrán decidido	habría decidido	habrían decidido

Present Subjunctive		Present Perfect Subjunctive	
decida	decidamos	haya decidido	hayamos decidido
decidas	decidáis	hayas decidido	hayáis decidido
decida	decidan	haya decidido	hayan decidido

Imperfect Subjunctive (-ra)		or	Imperfect Subjunctive (-se)	
decidiera	decidiéramos		decidiese	decidiésemos
decidieras	decidierais		decidieses	decidieseis
decidiera	decidieran		decidiese	decidiesen

Past Perfect Subjunctive (-ra)		or	Past Perfect Subjunctive (-se)	
hubiera decidido	hubiéramos decidido		hubiese decidido	hubiésemos decidido
hubieras decidido	hubierais decidido		hubieses decidido	hubieseis decidido
hubiera decidido	hubieran decidido		hubiese decidido	hubiesen decidido

Progressive Tenses

Present	estoy, estás, está, estamos, estáis, están	
Preterit	estuve, estuviste, estuvo, estuvimos, estuvisteis, estuvieron	
Imperfect	estaba, estabas, estaba, estábamos, estabais, estaban	decidiendo
Future	estaré, estarás, estará, estaremos, estaréis, estarán	
Conditional	estaría, estarías, estaría, estaríamos, estaríais, estarían	
Subjunctive	que + corresponding subjunctive tense of estar (see verb 252)	

Commands

	(nosotros) decidamos / no decidamos
(tú) decide / no decidas	(vosotros) decidid / no decidáis
(Ud.) decida / no decida	(Uds.) decidan / no decidan

USAGE

Decidí quedarme con la empresa.	*I decided to stay with the company.*
Se decidió a renunciar a su puesto.	*He made up his mind to resign his position.*
Nos decidimos por el otro plan.	*We decided on / chose the other plan.*
Están decididos a compensar sus errores.	*They're determined to make amends for their mistakes.*
Me alegro de que hayan tomado una decisión.	*I'm glad they made a decision.*
Fue un momento decisivo para todos nosotros.	*It was a decisive moment for all of us.*
Se puso a trabajar decididamente.	*She began to work resolutely.*

decir to say, tell

digo · dijeron · dicho · diciendo

Te lo dije bien claro. — *I told you so.*

Di que sí/no. — *Say yes/no.*

Les dije que no volvieran tarde. — *I told them not to come back late.*

❸ —Le dije a Julia que no se lo dijera a nadie. — *I told Julia not to tell anyone about it.*

—Es discreta. Estoy segura que no dirá ni pío. — *She's discreet. I'm sure she won't say a word.*

¿Qué dices de esta canción? — *What do you think of this song?*

Le dicen Daniel. — *They call him Daniel.*

¡Yo voy a decirles sus cuatro verdades! — *I'm going to give them a piece of my mind!*

¡Diga! / ¡Dígame! — *Hello. (telephone, Spain)*

Digan lo que digan. — *Whatever they say.*

❸ —Pablo dice que no tenía nada que ver con el proyecto. — *Pablo says he had nothing to do with the project.*

—Por más que diga, yo no lo creo. — *In spite of all that he says, I don't believe it.*

Es un decir. — *It's a saying.*

¿Qué quiere decir todo eso? — *What does all that mean?*

Es decir... — *That's to say . . .*

Lo dije sin querer. — *I didn't mean to say it.*

Lo que tú digas. — *Whatever you say. / It's up to you.*

A mí no me importa el qué dirán. — *I don't care what others say/think.*

❸ —No me gusta que digan cosas feas de Uds. — *I don't like that they're saying terrible things about you.*

—Realmente no nos importa el qué dirán. — *We really don't care what others say.*

tú dirás

❸ —¿Me sirven más vino, por favor? — *Would you please serve me more wine?*

—Claro. Tú dirás. — *Of course. Say when.*

—¿Para cuándo quieres los billetes? — *When do you want the tickets for?*

—Tú dirás. — *It's up to you.*

dicho

Dicho de otro modo... — *In other words . . .*

Lo dicho, dicho está. — *What was said still stands.*

Este problema es difícil, o mejor dicho, imposible. — *This problem is difficult, or rather, impossible.*

Del dicho al hecho hay mucho (un gran) trecho. — *There's many a slip twixt the cup and the lip.*

Dicho y hecho. — *No sooner said than done.*

OTHER USES AND RELATED WORDS

No dije esta boca es mía. — *I didn't open my mouth. / I didn't say a word.*

Se dice que... — *It's said / They say that . . .*

Lo dijo para sí. — *She said it to herself.*

¡Dígamelo a mí! — *You're telling me!*

	Present		Preterit	
digo	decimos	dije	dijimos
dices	decís	dijiste	dijisteis
dice	dicen	dijo	dijeron

	Imperfect		Present Perfect	
decía	decíamos	he dicho	hemos dicho
decías	decíais	has dicho	habéis dicho
decía	decían	ha dicho	han dicho

	Future		Conditional	
diré	diremos	diría	diríamos
dirás	diréis	dirías	diríais
dirá	dirán	diría	dirían

	Pluperfect		Preterit Perfect	
había dicho	habíamos dicho	hube dicho	hubimos dicho
habías dicho	habíais dicho	hubiste dicho	hubisteis dicho
había dicho	habían dicho	hubo dicho	hubieron dicho

	Future Perfect		Conditional Perfect	
habré dicho	habremos dicho	habría dicho	habríamos dicho
habrás dicho	habréis dicho	habrías dicho	habríais dicho
habrá dicho	habrán dicho	habría dicho	habrían dicho

	Present Subjunctive		Present Perfect Subjunctive	
diga	digamos	haya dicho	hayamos dicho
digas	digáis	hayas dicho	hayáis dicho
diga	digan	haya dicho	hayan dicho

	Imperfect Subjunctive (-ra)		or	Imperfect Subjunctive (-se)	
dijera	dijéramos		dijese	dijésemos
dijeras	dijerais		dijeses	dijeseis
dijera	dijeran		dijese	dijesen

	Past Perfect Subjunctive (-ra)		or	Past Perfect Subjunctive (-se)	
hubiera dicho	hubiéramos dicho		hubiese dicho	hubiésemos dicho
hubieras dicho	hubierais dicho		hubieses dicho	hubieseis dicho
hubiera dicho	hubieran dicho		hubiese dicho	hubiesen dicho

Progressive Tenses

Present	estoy, estás, está, estamos, estáis, están	
Preterit	estuve, estuviste, estuvo, estuvimos, estuvisteis, estuvieron	
Imperfect	estaba, estabas, estaba, estábamos, estabais, estaban	diciendo
Future	estaré, estarás, estará, estaremos, estaréis, estarán	
Conditional	estaría, estarías, estaría, estaríamos, estaríais, estarían	
Subjunctive	que + *corresponding subjunctive tense of* estar (*see verb 252*)	

Commands

	(nosotros) digamos / no digamos
(tú) di / no digas	(vosotros) decid / no digáis
(Ud.) diga / no diga	(Uds.) digan / no digan

Dijo la verdad / una mentira.	*She told the truth / a lie.*
Dicen que va a nevar.	*They say it's going to snow.*
Di adiós a todos.	*Say good-bye to everyone.*
¿Cómo se dice esto en inglés?	*How do you say this in English?*
Dime con quién andas y te diré quién eres.	*A man is known by the company he keeps.*
¡No me digas!	*You don't say! / Go on!*

dedicar *to dedicate, devote*

dedico · dedicaron · dedicado · dedicando

-ar verb; spelling change: c > qu/e

Present		Preterit	
dedico	dedicamos	dediqué	dedicamos
dedicas	dedicáis	dedicaste	dedicasteis
dedica	dedican	dedicó	dedicaron

Imperfect		Present Perfect	
dedicaba	dedicábamos	he dedicado	hemos dedicado
dedicabas	dedicabais	has dedicado	habéis dedicado
dedicaba	dedicaban	ha dedicado	han dedicado

Future		Conditional	
dedicaré	dedicaremos	dedicaría	dedicaríamos
dedicarás	dedicaréis	dedicarías	dedicaríais
dedicará	dedicarán	dedicaría	dedicarían

Pluperfect		Preterit Perfect	
había dedicado	habíamos dedicado	hube dedicado	hubimos dedicado
habías dedicado	habíais dedicado	hubiste dedicado	hubisteis dedicado
había dedicado	habían dedicado	hubo dedicado	hubieron dedicado

Future Perfect		Conditional Perfect	
habré dedicado	habremos dedicado	habría dedicado	habríamos dedicado
habrás dedicado	habréis dedicado	habrías dedicado	habríais dedicado
habrá dedicado	habrán dedicado	habría dedicado	habrían dedicado

Present Subjunctive		Present Perfect Subjunctive	
dedique	dediquemos	haya dedicado	hayamos dedicado
dediques	dediquéis	hayas dedicado	hayáis dedicado
dedique	dediquen	haya dedicado	hayan dedicado

Imperfect Subjunctive (-ra)		or	Imperfect Subjunctive (-se)	
dedicara	dedicáramos		dedicase	dedicásemos
dedicaras	dedicarais		dedicases	dedicaseis
dedicara	dedicaran		dedicase	dedicasen

Past Perfect Subjunctive (-ra)		or	Past Perfect Subjunctive (-se)	
hubiera dedicado	hubiéramos dedicado		hubiese dedicado	hubiésemos dedicado
hubieras dedicado	hubierais dedicado		hubieses dedicado	hubieseis dedicado
hubiera dedicado	hubieran dedicado		hubiese dedicado	hubiesen dedicado

Progressive Tenses

Present	estoy, estás, está, estamos, estáis, están	
Preterit	estuve, estuviste, estuvo, estuvimos, estuvisteis, estuvieron	
Imperfect	estaba, estabas, estaba, estábamos, estabais, estaban	dedicando
Future	estaré, estarás, estará, estaremos, estaréis, estarán	
Conditional	estaría, estarías, estaría, estaríamos, estaríais, estarían	
Subjunctive	que + *corresponding subjunctive tense of* estar (*see verb 252*)	

Commands

	(nosotros) dediquemos / no dediquemos
(tú) dedica / no dediques	(vosotros) dedicad / no dediquéis
(Ud.) dedique / no dedique	(Uds.) dediquen / no dediquen

USAGE

Dedica más tiempo a tus estudios.	*Devote more time to your studies.*
Dediqué mi libro a mis padres.	*I dedicated my book to my parents.*
Se dedican a sus hijos.	*They devote themselves to their children.*
Se dedicará a pintar.	*She'll spend her time painting.*
¿A qué se dedica Ud.?	*What do you do for a living?*
Preferimos ver un programa dedicado a la historia.	*We prefer to watch a program about history.*
Escribiste una linda dedicatoria.	*You wrote a lovely dedication/inscription.*

stem-changing -er verb: e > ie   defiendo · defendieron · defendido · defendiendo

Present		Preterit	
defiendo	defendemos	defendí	defendimos
defiendes	defendéis	defendiste	defendisteis
defiende	defienden	defendió	defendieron

Imperfect		Present Perfect	
defendía	defendíamos	he defendido	hemos defendido
defendías	defendíais	has defendido	habéis defendido
defendía	defendían	ha defendido	han defendido

Future		Conditional	
defenderé	defenderemos	defendería	defenderíamos
defenderás	defenderéis	defenderías	defenderíais
defenderá	defenderán	defendería	defenderían

Pluperfect		Preterit Perfect	
había defendido	habíamos defendido	hube defendido	hubimos defendido
habías defendido	habíais defendido	hubiste defendido	hubisteis defendido
había defendido	habían defendido	hubo defendido	hubieron defendido

Future Perfect		Conditional Perfect	
habré defendido	habremos defendido	habría defendido	habríamos defendido
habrás defendido	habréis defendido	habrías defendido	habríais defendido
habrá defendido	habrán defendido	habría defendido	habrían defendido

Present Subjunctive		Present Perfect Subjunctive	
defienda	defendamos	haya defendido	hayamos defendido
defiendas	defendáis	hayas defendido	hayáis defendido
defienda	defiendan	haya defendido	hayan defendido

Imperfect Subjunctive (-ra)		or	Imperfect Subjunctive (-se)	
defendiera	defendiéramos		defendiese	defendiésemos
defendieras	defendierais		defendieses	defendieseis
defendiera	defendieran		defendiese	defendiesen

Past Perfect Subjunctive (-ra)		or	Past Perfect Subjunctive (-se)	
hubiera defendido	hubiéramos defendido		hubiese defendido	hubiésemos defendido
hubieras defendido	hubierais defendido		hubieses defendido	hubieseis defendido
hubiera defendido	hubieran defendido		hubiese defendido	hubiesen defendido

Progressive Tenses

Present	estoy, estás, está, estamos, estáis, están
Preterit	estuve, estuviste, estuvo, estuvimos, estuvisteis, estuvieron
Imperfect	estaba, estabas, estaba, estábamos, estabais, estaban
Future	estaré, estarás, estará, estaremos, estaréis, estarán
Conditional	estaría, estarías, estaría, estaríamos, estaríais, estarían
Subjunctive	que + corresponding subjunctive tense of estar (see verb 252)

defendiendo

Commands

	(nosotros) defendamos / no defendamos
(tú) defiende / no defiendas	(vosotros) defended / no defendáis
(Ud.) defienda / no defienda	(Uds.) defiendan / no defiendan

Los soldados defendían la frontera. — *The soldiers defended the border.*
Defendió a su patria contra sus enemigos. — *He defended his country against its enemies.*
¿Te defiendes en japonés? — *Do you get along in Japanese?*
Salieron en defensa de su colega. — *They came out in defense of their colleague.*
Le toca al abogado defensor interrogar a los testigos. — *It's the defense attorney's turn to cross-examine the witnesses.*

dejar *to leave, let, permit*

dejo · dejaron · dejado · dejando   regular *-ar* verb

Le dejé un recado.	*I left him a message.*
—Yo quisiera dejarle un recado al señor Paz.	*I would like to leave a message for Mr. Paz.*
—Le paso a su correo auditivo para que le deje un recado.	*I'll give you his voice mail so that you can leave him a message.*
Dejemos esta conversación.	*Let's drop this conversation.*
Deja tu libro y duérmete.	*Put down your book and go to sleep.*
Deje que se abra la tienda.	*Wait for the store to open.*
¡Déjalo!	*Stop it! / Forget it!*
—¿Dónde quieres que yo deje estas cosas?	*Where do you want me to leave these things?*
—Déjalas aparte por ahora.	*Put them aside for now.*
—Su idea deja mucho que desear.	*Her idea leaves a lot to be desired.*
—A mí me deja fresco también.	*It leaves me cold, too.*
Dejen el paso libre a la policía.	*Get out of the way of the police.*
Te dejamos el postre por hacer.	*We left you the dessert to make.*
No dejen de venir el sábado.	*Don't fail to come on Saturday.*
Dejó a su novia plantada.	*He stood his girlfriend up / walked out on his girlfriend.*
¿Lo dejé claro?	*Did I make it clear?*
Al dejar la empresa, Aznar montó su propia empresa de consultoría.	*When Aznar left the company, he started his own consulting firm.*
Muchas veces los niños pobres son obligados a dejar escuela por empleo.	*Poor children are often forced to leave school to go to work.*
El sismo dejó a medio millón de personas sin electricidad ni agua potable.	*The earthquake left half a million people without electricity or drinking water.*
El fallo del juez dejó libre al acusado.	*The judge's decision let the accused go free.*
Dejemos de lado la soberbia.	*Let's put pride aside.*
El gerente no dejó que contrataran a los trabajadores independientes para su departamento.	*The manager didn't let them hire freelancers for his department.*
El niño puede dejar los pañales cuando está maduro para hacerlo, biológica, psicológica y afectivamente.	*The child can give up diapers when he is biologically, psychologically, and emotionally mature enough to do it.*
El accidente de autobús dejó varios lesionados.	*The bus accident left several people hurt.*

dejar + infinitive

Déjalos dormir.	*Let them sleep.*
No me dejaron ayudar.	*They didn't let me help.*
Es malo que se deje convencer tan fácilmente.	*It's bad that she's so easily convinced.*

OTHER USES AND RELATED WORDS

¡No te dejes llevar por la imaginación!	*Don't let your imagination run away with you! / Don't get carried away by your imagination!*
Habla inglés con un dejo de español.	*She speaks English with a slight Spanish accent.*
Es un lugar dejado de la mano de Dios.	*It's a God-forsaken place.*
No dejes para mañana lo que puedes hacer hoy.	*Don't leave for tomorrow what you can do today.*
No han dejado piedra por mover.	*They've left no stone unturned.*
¡Déjate de bromas!	*Stop joking around!*

top 50 verb

regular -ar verb

Present		Preterit	
dejo	dejamos	dejé	dejamos
dejas	dejáis	dejaste	dejasteis
deja	dejan	dejó	dejaron

Imperfect		Present Perfect	
dejaba	dejábamos	he dejado	hemos dejado
dejabas	dejabais	has dejado	habéis dejado
dejaba	dejaban	ha dejado	han dejado

Future		Conditional	
dejaré	dejaremos	dejaría	dejaríamos
dejarás	dejaréis	dejarías	dejaríais
dejará	dejarán	dejaría	dejarían

Pluperfect		Preterit Perfect	
había dejado	habíamos dejado	hube dejado	hubimos dejado
habías dejado	habíais dejado	hubiste dejado	hubisteis dejado
había dejado	habían dejado	hubo dejado	hubieron dejado

Future Perfect		Conditional Perfect	
habré dejado	habremos dejado	habría dejado	habríamos dejado
habrás dejado	habréis dejado	habrías dejado	habríais dejado
habrá dejado	habrán dejado	habría dejado	habrían dejado

Present Subjunctive		Present Perfect Subjunctive	
deje	dejemos	haya dejado	hayamos dejado
dejes	dejéis	hayas dejado	hayáis dejado
deje	dejen	haya dejado	hayan dejado

Imperfect Subjunctive (-ra)		or	Imperfect Subjunctive (-se)	
dejara	dejáramos		dejase	dejásemos
dejaras	dejarais		dejases	dejaseis
dejara	dejaran		dejase	dejasen

Past Perfect Subjunctive (-ra)		or	Past Perfect Subjunctive (-se)	
hubiera dejado	hubiéramos dejado		hubiese dejado	hubiésemos dejado
hubieras dejado	hubierais dejado		hubieses dejado	hubieseis dejado
hubiera dejado	hubieran dejado		hubiese dejado	hubiesen dejado

Progressive Tenses

Present	estoy, estás, está, estamos, estáis, están	
Preterit	estuve, estuviste, estuvo, estuvimos, estuvisteis, estuvieron	
Imperfect	estaba, estabas, estaba, estábamos, estabais, estaban	dejando
Future	estaré, estarás, estará, estaremos, estaréis, estarán	
Conditional	estaría, estarías, estaría, estaríamos, estaríais, estarían	
Subjunctive	que + *corresponding subjunctive tense of* estar (*see verb 252*)	

Commands

	(nosotros) dejemos / no dejemos
(tú) deja / no dejes	(vosotros) dejad / no dejéis
(Ud.) deje / no deje	(Uds.) dejen / no dejen

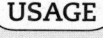 USAGE

Dejé los papeles en la oficina. — *I left the papers at the office.*
Déjame en paz. — *Leave me alone.*
Dejamos de jugar tenis. — *We stopped playing tennis.*
—Déjelos leer el informe. — *Let them read the report.*
—No dejo que nadie lo lea todavía. — *I'm not letting anyone read it yet.*
Dejó caer los disquetes. — *She dropped the diskettes.*
¡Déjate de rodeos! — *Stop beating around the bush!*

demostrar *to show, demonstrate, prove*

demuestro · demostraron · demostrado · demostrando   stem-changing -ar verb: o > ue

Present		Preterit	
demuestro	demostramos	demostré	demostramos
demuestras	demostráis	demostraste	demostrasteis
demuestra	demuestran	demostró	demostraron

Imperfect		Present Perfect	
demostraba	demostrábamos	he demostrado	hemos demostrado
demostrabas	demostrabais	has demostrado	habéis demostrado
demostraba	demostraban	ha demostrado	han demostrado

Future		Conditional	
demostraré	demostraremos	demostraría	demostraríamos
demostrarás	demostraréis	demostrarías	demostraríais
demostrará	demostrarán	demostraría	demostrarían

Pluperfect		Preterit Perfect	
había demostrado	habíamos demostrado	hube demostrado	hubimos demostrado
habías demostrado	habíais demostrado	hubiste demostrado	hubisteis demostrado
había demostrado	habían demostrado	hubo demostrado	hubieron demostrado

Future Perfect		Conditional Perfect	
habré demostrado	habremos demostrado	habría demostrado	habríamos demostrado
habrás demostrado	habréis demostrado	habrías demostrado	habríais demostrado
habrá demostrado	habrán demostrado	habría demostrado	habrían demostrado

Present Subjunctive		Present Perfect Subjunctive	
demuestre	demostremos	haya demostrado	hayamos demostrado
demuestres	demostréis	hayas demostrado	hayáis demostrado
demuestre	demuestren	haya demostrado	hayan demostrado

Imperfect Subjunctive (-ra)		or	Imperfect Subjunctive (-se)	
demostrara	demostráramos		demostrase	demostrásemos
demostraras	demostrarais		demostrases	demostraseis
demostrara	demostraran		demostrase	demostrasen

Past Perfect Subjunctive (-ra)		or	Past Perfect Subjunctive (-se)	
hubiera demostrado	hubiéramos demostrado		hubiese demostrado	hubiésemos demostrado
hubieras demostrado	hubierais demostrado		hubieses demostrado	hubieseis demostrado
hubiera demostrado	hubieran demostrado		hubiese demostrado	hubiesen demostrado

Progressive Tenses

Present	estoy, estás, está, estamos, estáis, están	
Preterit	estuve, estuviste, estuvo, estuvimos, estuvisteis, estuvieron	
Imperfect	estaba, estabas, estaba, estábamos, estabais, estaban	demostrando
Future	estaré, estarás, estará, estaremos, estaréis, estarán	
Conditional	estaría, estarías, estaría, estaríamos, estaríais, estarían	
Subjunctive	que + *corresponding subjunctive tense of* estar (*see verb 252*)	

Commands

	(nosotros) demostremos / no demostremos
(tú) demuestra / no demuestres	(vosotros) demostrad / no demostréis
(Ud.) demuestre / no demuestre	(Uds.) demuestren / no demuestren

USAGE

Demuestran mucho interés en el producto.	*They show a lot of interest in the product.*
¿Cómo demostraron su proposición?	*How did they prove their proposition?*
Demuéstranos cómo funciona.	*Show us how it works.*
Han demostrado su ignorancia en el campo.	*They've demonstrated their ignorance in the field.*
Fue una demostración de su lealtad.	*It was a show/demonstration of his loyalty.*

regular -er verb

dependo · dependieron · dependido · dependiendo

Present		Preterit	
dependo	dependemos	dependí	dependimos
dependes	dependéis	dependiste	dependisteis
depende	dependen	dependió	dependieron

Imperfect		Present Perfect	
dependía	dependíamos	he dependido	hemos dependido
dependías	dependíais	has dependido	habéis dependido
dependía	dependían	ha dependido	han dependido

Future		Conditional	
dependeré	dependeremos	dependería	dependeríamos
dependerás	dependeréis	dependerías	dependeríais
dependerá	dependerán	dependería	dependerían

Pluperfect		Preterit Perfect	
había dependido	habíamos dependido	hube dependido	hubimos dependido
habías dependido	habíais dependido	hubiste dependido	hubisteis dependido
había dependido	habían dependido	hubo dependido	hubieron dependido

Future Perfect		Conditional Perfect	
habré dependido	habremos dependido	habría dependido	habríamos dependido
habrás dependido	habréis dependido	habrías dependido	habríais dependido
habrá dependido	habrán dependido	habría depend ido	habrían dependido

Present Subjunctive		Present Perfect Subjunctive	
dependa	dependamos	haya dependido	hayamos dependido
dependas	dependáis	hayas dependido	hayáis dependido
dependa	dependan	haya dependido	hayan dependido

Imperfect Subjunctive (-ra)		or	Imperfect Subjunctive (-se)	
dependiera	dependiéramos		dependiese	dependiésemos
dependieras	dependierais		dependieses	dependieseis
dependiera	dependieran		dependiese	dependiesen

Past Perfect Subjunctive (-ra)		or	Past Perfect Subjunctive (-se)	
hubiera dependido	hubiéramos dependido		hubiese dependido	hubiésemos dependido
hubieras dependido	hubierais dependido		hubieses dependido	hubieseis dependido
hubiera dependido	hubieran dependido		hubiese dependido	hubiesen dependido

Progressive Tenses

Present	estoy, estás, está, estamos, estáis, están	
Preterit	estuve, estuviste, estuvo, estuvimos, estuvisteis, estuvieron	
Imperfect	estaba, estabas, estaba, estábamos, estabais, estaban	dependiendo
Future	estaré, estarás, estará, estaremos, estaréis, estarán	
Conditional	estaría, estarías, estaría, estaríamos, estaríais, estarían	
Subjunctive	que + corresponding subjunctive tense of estar (see verb 252)	

Commands

	(nosotros) dependamos / no dependamos
(tú) depende / no dependas	(vosotros) depended / no dependáis
(Ud.) dependa / no dependa	(Uds.) dependan / no dependan

Depende de ellos.	It depends on them. / It's up to them.
Los niños dependen de sus padres.	Children are dependent on their parents.
Lo que pasa depende de lo que nos dicen.	What happens depends on what they tell us.
El futuro de la empresa depende de nosotros.	The future of the company depends on us.
Llama al dependiente.	Call over the salesman/clerk.
Dependiente/Independiente de lo que dijeron...	Dependent on / Independent of what they said . . .

derribar *to knock down/over, overthrow, demolish*

derribo · derribaron · derribado · derribando   regular -*ar* verb

Present

derribo	derribamos
derribas	derribáis
derriba	derriban

Preterit

derribé	derribamos
derribaste	derribasteis
derribó	derribaron

Imperfect

derribaba	derribábamos
derribabas	derribabais
derribaba	derribaban

Present Perfect

he derribado	hemos derribado
has derribado	habéis derribado
ha derribado	han derribado

Future

derribaré	derribaremos
derribarás	derribaréis
derribará	derribarán

Conditional

derribaría	derribaríamos
derribarías	derribaríais
derribaría	derribarían

Pluperfect

había derribado	habíamos derribado
habías derribado	habíais derribado
había derribado	habían derribado

Preterit Perfect

hube derribado	hubimos derribado
hubiste derribado	hubisteis derribado
hubo derribado	hubieron derribado

Future Perfect

habré derribado	habremos derribado
habrás derribado	habréis derribado
habrá derribado	habrán derribado

Conditional Perfect

habría derribado	habríamos derribado
habrías derribado	habríais derribado
habría derribado	habrían derribado

Present Subjunctive

derribe	derribemos
derribes	derribéis
derribe	derriben

Present Perfect Subjunctive

haya derribado	hayamos derribado
hayas derribado	hayáis derribado
haya derribado	hayan derribado

Imperfect Subjunctive (-ra)   *or*   Imperfect Subjunctive (-se)

derribara	derribáramos		derribase	derribásemos
derribaras	derribarais		derribases	derribaseis
derribara	derribaran		derribase	derribasen

Past Perfect Subjunctive (-ra)   *or*   Past Perfect Subjunctive (-se)

hubiera derribado	hubiéramos derribado		hubiese derribado	hubiésemos derribado
hubieras derribado	hubierais derribado		hubieses derribado	hubieseis derribado
hubiera derribado	hubieran derribado		hubiese derribado	hubiesen derribado

Progressive Tenses

Present	estoy, estás, está, estamos, estáis, están	
Preterit	estuve, estuviste, estuvo, estuvimos, estuvisteis, estuvieron	
Imperfect	estaba, estabas, estaba, estábamos, estabais, estaban	derribando
Future	estaré, estarás, estará, estaremos, estaréis, estarán	
Conditional	estaría, estarías, estaría, estaríamos, estaríais, estarían	
Subjunctive	que + *corresponding subjunctive tense of* estar (*see verb 252*)	

Commands

	(nosotros) derribemos / no derribemos
(tú) derriba / no derribes	(vosotros) derribad / no derribéis
(Ud.) derribe / no derribe	(Uds.) derriben / no derriben

USAGE

El futbolista derribó al portero.	The soccer player knocked the goalie down.
Derribaron al dictador.	They overthrew/toppled the dictator.
El policía derribó al ladrón.	The policeman brought the thief down.
—El edificio fue derribado.	The building was demolished.
—Sólo quedan los derribos de la explosión.	Only rubble remains from the explosion.

-er verb; spelling change:
c > zc/o, a

desaparezco · desaparecieron · desaparecido · desapareciendo

Present	
desaparezco	desaparecemos
desapareces	desaparecéis
desaparece	desaparecen

Preterit	
desaparecí	desaparecimos
desapareciste	desaparecisteis
desapareció	desaparecieron

Imperfect	
desaparecía	desaparecíamos
desaparecías	desaparecíais
desaparecía	desaparecían

Present Perfect	
he desaparecido	hemos desaparecido
has desaparecido	habéis desaparecido
ha desaparecido	han desaparecido

Future	
desapareceré	desapareceremos
desaparecerás	desapareceréis
desaparecerá	desaparecerán

Conditional	
desaparecería	desapareceríamos
desaparecerías	desapareceríais
desaparecería	desaparecerían

Pluperfect	
había desaparecido	habíamos desaparecido
habías desaparecido	habíais desaparecido
había desaparecido	habían desaparecido

Preterit Perfect	
hube desaparecido	hubimos desaparecido
hubiste desaparecido	hubisteis desaparecido
hubo desaparecido	hubieron desaparecido

Future Perfect	
habré desaparecido	habremos desaparecido
habrás desaparecido	habréis desaparecido
habrá desaparecido	habrán desaparecido

Conditional Perfect	
habría desaparecido	habríamos desaparecido
habrías desaparecido	habríais desaparecido
habría desaparecido	habrían desaparecido

Present Subjunctive	
desaparezca	desaparezcamos
desaparezcas	desaparezcáis
desaparezca	desaparezcan

Present Perfect Subjunctive	
haya desaparecido	hayamos desaparecido
hayas desaparecido	hayáis desaparecido
haya desaparecido	hayan desaparecido

Imperfect Subjunctive (-ra)		or	Imperfect Subjunctive (-se)	
desapareciera	desapareciéramos		desapareciese	desapareciésemos
desaparecieras	desaparecierais		desaparecieses	desaparecieseis
desapareciera	desaparecieran		desapareciese	desapareciesen

Past Perfect Subjunctive (-ra)		or	Past Perfect Subjunctive (-se)	
hubiera desaparecido	hubiéramos desaparecido		hubiese desaparecido	hubiésemos desaparecido
hubieras desaparecido	hubierais desaparecido		hubieses desaparecido	hubieseis desaparecido
hubiera desaparecido	hubieran desaparecido		hubiese desaparecido	hubiesen desaparecido

Progressive Tenses

Present	estoy, estás, está, estamos, estáis, están
Preterit	estuve, estuviste, estuvo, estuvimos, estuvisteis, estuvieron
Imperfect	estaba, estabas, estaba, estábamos, estabais, estaban
Future	estaré, estarás, estará, estaremos, estaréis, estarán
Conditional	estaría, estarías, estaría, estaríamos, estaríais, estarían
Subjunctive	que + corresponding subjunctive tense of estar (see verb 252)

} desapareciendo

Commands

(tú) desaparece / no desaparezcas	(nosotros) desaparezcamos / no desaparezcamos
(Ud.) desaparezca / no desaparezca	(vosotros) desapareced / no desaparezcáis
	(Uds.) desaparezcan / no desaparezcan

USAGE

Desaparecieron sin dejar rastro.	*They disappeared without leaving a trace.*
El aroma ha desaparecido.	*The aroma is gone / has worn off.*
Desapareció del mapa.	*He disappeared from the face of the earth.*
Hizo desaparecer los bombones.	*She hid / made off with the candy.*
Hubo miles de desaparecidos después de la guerra.	*There were thousands of missing people after the war.*

desarrollar *to develop, explain*

desarrollo · desarrollaron · desarrollado · desarrollando   regular -*ar* verb

Present		Preterit	
desarrollo	desarrollamos	desarrollé	desarrollamos
desarrollas	desarrolláis	desarrollaste	desarrollasteis
desarrolla	desarrollan	desarrolló	desarrollaron

Imperfect		Present Perfect	
desarrollaba	desarrollábamos	he desarrollado	hemos desarrollado
desarrollabas	desarrollabais	has desarrollado	habéis desarrollado
desarrollaba	desarrollaban	ha desarrollado	han desarrollado

Future		Conditional	
desarrollaré	desarrollaremos	desarrollaría	desarrollaríamos
desarrollarás	desarrollaréis	desarrollarías	desarrollaríais
desarrollará	desarrollarán	desarrollaría	desarrollarían

Pluperfect		Preterit Perfect	
había desarrollado	habíamos desarrollado	hube desarrollado	hubimos desarrollado
habías desarrollado	habíais desarrollado	hubiste desarrollado	hubisteis desarrollado
había desarrollado	habían desarrollado	hubo desarrollado	hubieron desarrollado

Future Perfect		Conditional Perfect	
habré desarrollado	habremos desarrollado	habría desarrollado	habríamos desarrollado
habrás desarrollado	habréis desarrollado	habrías desarrollado	habríais desarrollado
habrá desarrollado	habrán desarrollado	habría desarrollado	habrían desarrollado

Present Subjunctive		Present Perfect Subjunctive	
desarrolle	desarrollemos	haya desarrollado	hayamos desarrollado
desarrolles	desarrolléis	hayas desarrollado	hayáis desarrollado
desarrolle	desarrollen	haya desarrollado	hayan desarrollado

Imperfect Subjunctive (-ra)		*or*	Imperfect Subjunctive (-se)	
desarrollara	desarrolláramos		desarrollase	desarrollásemos
desarrollaras	desarrollarais		desarrollases	desarrollaseis
desarrollara	desarrollaran		desarrollase	desarrollasen

Past Perfect Subjunctive (-ra)		*or*	Past Perfect Subjunctive (-se)	
hubiera desarrollado	hubiéramos desarrollado		hubiese desarrollado	hubiésemos desarrollado
hubieras desarrollado	hubierais desarrollado		hubieses desarrollado	hubieseis desarrollado
hubiera desarrollado	hubieran desarrollado		hubiese desarrollado	hubiesen desarrollado

Progressive Tenses

Present	estoy, estás, está, estamos, estáis, están	
Preterit	estuve, estuviste, estuvo, estuvimos, estuvisteis, estuvieron	
Imperfect	estaba, estabas, estaba, estábamos, estabais, estaban	desarrollando
Future	estaré, estarás, estará, estaremos, estaréis, estarán	
Conditional	estaría, estarías, estaría, estaríamos, estaríais, estarían	
Subjunctive	que + *corresponding subjunctive tense of* estar (*see verb 252*)	

Commands

	(nosotros) desarrollemos / no desarrollemos
(tú) desarrolla / no desarrolles	(vosotros) desarrollad / no desarrolléis
(Ud.) desarrolle / no desarrolle	(Uds.) desarrollen / no desarrollen

USAGE

Han desarrollado la idea.	*They have developed/explained the idea.*
El profesor desarrolló su teoría.	*The teacher explained his theory.*
Los polígonos industriales se están desarrollando en las afueras.	*Industrial parks are being developed in the suburbs.*
La tecnología está en pleno desarrollo.	*Technology is developing rapidly.*
El desarrollo de los acontecimientos es muy curioso.	*The course/unfolding of events is very strange.*

regular -ar verb

desayuno · desayunaron · desayunado · desayunando

Present			Preterit	
desayuno	desayunamos		desayuné	desayunamos
desayunas	desayunáis		desayunaste	desayunasteis
desayuna	desayunan		desayunó	desayunaron

Imperfect			Present Perfect	
desayunaba	desayunábamos		he desayunado	hemos desayunado
desayunabas	desayunabais		has desayunado	habéis desayunado
desayunaba	desayunaban		ha desayunado	han desayunado

Future			Conditional	
desayunaré	desayunaremos		desayunaría	desayunaríamos
desayunarás	desayunaréis		desayunarías	desayunaríais
desayunará	desayunarán		desayunaría	desayunarían

Pluperfect			Preterit Perfect	
había desayunado	habíamos desayunado		hube desayunado	hubimos desayunado
habías desayunado	habíais desayunado		hubiste desayunado	hubisteis desayunado
había desayunado	habían desayunado		hubo desayunado	hubieron desayunado

Future Perfect			Conditional Perfect	
habré desayunado	habremos desayunado		habría desayunado	habríamos desayunado
habrás desayunado	habréis desayunado		habrías desayunado	habríais desayunado
habrá desayunado	habrán desayunado		habría desayunado	habrían desayunado

Present Subjunctive			Present Perfect Subjunctive	
desayune	desayunemos		haya desayunado	hayamos desayunado
desayunes	desayunéis		hayas desayunado	hayáis desayunado
desayune	desayunen		haya desayunado	hayan desayunado

Imperfect Subjunctive (-ra)		or	Imperfect Subjunctive (-se)	
desayunara	desayunáramos		desayunase	desayunásemos
desayunaras	desayunarais		desayunases	desayunaseis
desayunara	desayunaran		desayunase	desayunasen

Past Perfect Subjunctive (-ra)		or	Past Perfect Subjunctive (-se)	
hubiera desayunado	hubiéramos desayunado		hubiese desayunado	hubiésemos desayunado
hubieras desayunado	hubierais desayunado		hubieses desayunado	hubieseis desayunado
hubiera desayunado	hubieran desayunado		hubiese desayunado	hubiesen desayunado

Progressive Tenses

Present	estoy, estás, está, estamos, estáis, están	
Preterit	estuve, estuviste, estuvo, estuvimos, estuvisteis, estuvieron	
Imperfect	estaba, estabas, estaba, estábamos, estabais, estaban	desayunando
Future	estaré, estarás, estará, estaremos, estaréis, estarán	
Conditional	estaría, estarías, estaría, estaríamos, estaríais, estarían	
Subjunctive	que + corresponding subjunctive tense of estar (see verb 252)	

Commands

	(nosotros) desayunemos / no desayunemos
(tú) desayuna / no desayunes	(vosotros) desayunad / no desayunéis
(Ud.) desayune / no desayune	(Uds.) desayunen / no desayunen

USAGE

—¿Desayunas conmigo?   *Will you have breakfast with me?*
—Desayuné hace poco.   *I had breakfast a little while ago.*

—Tomaron el desayuno, ¿verdad?   *You had breakfast, didn't you?*
—Sí. Comimos panqueques.   *Yes, we ate pancakes.*

Ni desayuno ni almuerzo, sino una   *Neither breakfast nor lunch, but rather*
  mezcla de los dos, se llama brunch.   *a mixture of the two, it's called brunch.*
Los fines de semana nos desayunamos fuerte. *On weekends we have a big breakfast.*

descansar to rest, lie down

descanso · descansaron · descansado · descansando regular -ar verb

Present		Preterit	
descanso	descansamos	descansé	descansamos
descansas	descansáis	descansaste	descansasteis
descansa	descansan	descansó	descansaron

Imperfect		Present Perfect	
descansaba	descansábamos	he descansado	hemos descansado
descansabas	descansabais	has descansado	habéis descansado
descansaba	descansaban	ha descansado	han descansado

Future		Conditional	
descansaré	descansaremos	descansaría	descansaríamos
descansarás	descansaréis	descansarías	descansaríais
descansará	descansarán	descansaría	descansarían

Pluperfect		Preterit Perfect	
había descansado	habíamos descansado	hube descansado	hubimos descansado
habías descansado	habíais descansado	hubiste descansado	hubisteis descansado
había descansado	habían descansado	hubo descansado	hubieron descansado

Future Perfect		Conditional Perfect	
habré descansado	habremos descansado	habría descansado	habríamos descansado
habrás descansado	habréis descansado	habrías descansado	habríais descansado
habrá descansado	habrán descansado	habría descansado	habrían descansado

Present Subjunctive		Present Perfect Subjunctive	
descanse	descansemos	haya descansado	hayamos descansado
descanses	descanséis	hayas descansado	hayáis descansado
descanse	descansen	haya descansado	hayan descansado

Imperfect Subjunctive (-ra)		or	Imperfect Subjunctive (-se)	
descansara	descansáramos		descansase	descansásemos
descansaras	descansarais		descansases	descansaseis
descansara	descansaran		descansase	descansasen

Past Perfect Subjunctive (-ra)		or	Past Perfect Subjunctive (-se)	
hubiera descansado	hubiéramos descansado		hubiese descansado	hubiésemos descansado
hubieras descansado	hubierais descansado		hubieses descansado	hubieseis descansado
hubiera descansado	hubieran descansado		hubiese descansado	hubiesen descansado

Progressive Tenses

Present	estoy, estás, está, estamos, estáis, están	
Preterit	estuve, estuviste, estuvo, estuvimos, estuvisteis, estuvieron	
Imperfect	estaba, estabas, estaba, estábamos, estabais, estaban	descansando
Future	estaré, estarás, estará, estaremos, estaréis, estarán	
Conditional	estaría, estarías, estaría, estaríamos, estaríais, estarían	
Subjunctive	que + corresponding subjunctive tense of estar (see verb 252)	

Commands

	(nosotros) descansemos / no descansemos
(tú) descansa / no descanses	(vosotros) descansad / no descanséis
(Ud.) descanse / no descanse	(Uds.) descansen / no descansen

USAGE

No descansaron en todo el día.	*They didn't rest all day.*
Descansen antes de volver a trabajar.	*Rest before you go back to work.*
Deja el libro y descansa la vista.	*Put the book down and rest your eyes.*
Que en paz descanse.	*May he rest in peace.*
¡Que descanses!	*Sleep well!*
Nos hace falta un descanso.	*We need a break.*
Tiene una vida descansada / un trabajo descansado.	*She has an easy life / an easy job.*

stem-changing -er verb: e > ie | **desciendo · descendieron · descendido · descendiendo**

Present

desciendo	descendimos		
desciendes	descendéis		
desciende	descienden		

Preterit

descendí	descendimos
descendiste	descendisteis
descendió	descendieron

Imperfect

descendía	descendíamos
descendías	descendíais
descendía	descendían

Present Perfect

he descendido	hemos descendido
has descendido	habéis descendido
ha descendido	han descendido

Future

descenderé	descenderemos
descenderás	descenderéis
descenderá	descenderán

Conditional

descendería	descenderíamos
descenderías	descenderíais
descendería	descenderían

Pluperfect

había descendido	habíamos descendido
habías descendido	habíais descendido
había descendido	habían descendido

Preterit Perfect

hube descendido	hubimos descendido
hubiste descendido	hubisteis descendido
hubo descendido	hubieron descendido

Future Perfect

habré descendido	habremos descendido
habrás descendido	habréis descendido
habrá descendido	habrán descendido

Conditional Perfect

habría descendido	habríamos descendido
habrías descendido	habríais descendido
habría descendido	habrían descendido

Present Subjunctive

descienda	descendamos
desciendas	descendáis
descienda	desciendan

Present Perfect Subjunctive

haya descendido	hayamos descendido
hayas descendido	hayáis descendido
haya descendido	hayan descendido

Imperfect Subjunctive (-ra)   or   Imperfect Subjunctive (-se)

descendiera	descendiéramos	descendiese	descendiésemos
descendieras	descendierais	descendieses	descendieseis
descendiera	descendieran	descendiese	descendiesen

Past Perfect Subjunctive (-ra)   or   Past Perfect Subjunctive (-se)

hubiera descendido	hubiéramos descendido	hubiese descendido	hubiésemos descendido
hubieras descendido	hubierais descendido	hubieses descendido	hubieseis descendido
hubiera descendido	hubieran descendido	hubiese descendido	hubiesen descendido

Progressive Tenses

Present	estoy, estás, está, estamos, estáis, están	
Preterit	estuve, estuviste, estuvo, estuvimos, estuvisteis, estuvieron	
Imperfect	estaba, estabas, estaba, estábamos, estabais, estaban	descendiendo
Future	estaré, estarás, estará, estaremos, estaréis, estarán	
Conditional	estaría, estarías, estaría, estaríamos, estaríais, estarían	
Subjunctive	que + *corresponding subjunctive tense of* estar (*see verb 252*)	

Commands

	(nosotros) descendamos / no descendamos
(tú) desciende / no desciendas	(vosotros) descended / no descendáis
(Ud.) descienda / no descienda	(Uds.) desciendan / no desciendan

USAGE

—Los obreros han descendido del techo.
The workers have come down from the roof.

—Ahora, descenderán al sótano.
Now they'll go down to the basement.

El índice de precios al consumo descendió el mes pasado.
The consumer price index declined last month.

Descienden de la nobleza inglesa.
They're descended from English nobility.

Ha habido un descenso en la producción.
There's been a drop in production.

describir *to describe, trace*

describo · describieron · descrito · describiendo

-ir verb; irregular past participle

Present		Preterit	
describo	describimos	describí	describimos
describes	describís	describiste	describisteis
describe	describen	describió	describieron

Imperfect		Present Perfect	
describía	describíamos	he descrito	hemos descrito
describías	describíais	has descrito	habéis descrito
describía	describían	ha descrito	han descrito

Future		Conditional	
describiré	describiremos	describiría	describiríamos
describirás	describiréis	describirías	describiríais
describirá	describirán	describiría	describirían

Pluperfect		Preterit Perfect	
había descrito	habíamos descrito	hube descrito	hubimos descrito
habías descrito	habíais descrito	hubiste descrito	hubisteis descrito
había descrito	habían descrito	hubo descrito	hubieron descrito

Future Perfect		Conditional Perfect	
habré descrito	habremos descrito	habría descrito	habríamos descrito
habrás descrito	habréis descrito	habrías descrito	habríais descrito
habrá descrito	habrán descrito	habría descrito	habrían descrito

Present Subjunctive		Present Perfect Subjunctive	
describa	describamos	haya descrito	hayamos descrito
describas	describáis	hayas descrito	hayáis descrito
describa	describan	haya descrito	hayan descrito

Imperfect Subjunctive (-ra)		*or*	Imperfect Subjunctive (-se)	
describiera	describiéramos		describiese	describiésemos
describieras	describierais		describieses	describieseis
describiera	describieran		describiese	describiesen

Past Perfect Subjunctive (-ra)		*or*	Past Perfect Subjunctive (-se)	
hubiera descrito	hubiéramos descrito		hubiese descrito	hubiésemos descrito
hubieras descrito	hubierais descrito		hubieses descrito	hubieseis descrito
hubiera descrito	hubieran descrito		hubiese descrito	hubiesen descrito

Progressive Tenses

Present	estoy, estás, está, estamos, estáis, están	
Preterit	estuve, estuviste, estuvo, estuvimos, estuvisteis, estuvieron	
Imperfect	estaba, estabas, estaba, estábamos, estabais, estaban	describiendo
Future	estaré, estarás, estará, estaremos, estaréis, estarán	
Conditional	estaría, estarías, estaría, estaríamos, estaríais, estarían	
Subjunctive	que + *corresponding subjunctive tense of* estar (*see verb 252*)	

Commands

	(nosotros) describamos / no describamos
(tú) describe / no describas	(vosotros) describid / no describáis
(Ud.) describa / no describa	(Uds.) describan / no describan

USAGE

Describa lo que vio.
Han descrito el suceso detalladamente.
Describe el contorno del país.
La nave espacial describió una órbita.
La novela destaca por su descripción.

Describe what you saw.
They've described the event in great detail.
Trace the outline/contour of the country.
The spaceship traced an orbit.
The novel stands out because of its description.

-ir verb; irregular past participle   descubro · descubrieron · descubierto · descubriendo

Present		Preterit	
descubro	descubrimos	descubrí	descubrimos
descubres	descubrís	descubriste	descubristeis
descubre	descubren	descubrió	descubrieron

Imperfect		Present Perfect	
descubría	descubríamos	he descubierto	hemos descubierto
descubrías	descubríais	has descubierto	habéis descubierto
descubría	descubrían	ha descubierto	han descubierto

Future		Conditional	
descubriré	descubriremos	descubriría	descubriríamos
descubrirás	descubriréis	descubrirías	descubriríais
descubrirá	descubrirán	descubriría	descubrirían

Pluperfect		Preterit Perfect	
había descubierto	habíamos descubierto	hube descubierto	hubimos descubierto
habías descubierto	habíais descubierto	hubiste descubierto	hubisteis descubierto
había descubierto	habían descubierto	hubo descubierto	hubieron descubierto

Future Perfect		Conditional Perfect	
habré descubierto	habremos descubierto	habría descubierto	habríamos descubierto
habrás descubierto	habréis descubierto	habrías descubierto	habríais descubierto
habrá descubierto	habrán descubierto	habría descubierto	habrían descubierto

Present Subjunctive		Present Perfect Subjunctive	
descubra	descubramos	haya descubierto	hayamos descubierto
descubras	descubráis	hayas descubierto	hayáis descubierto
descubra	descubran	haya descubierto	hayan descubierto

Imperfect Subjunctive (-ra)		*or*	Imperfect Subjunctive (-se)	
descubriera	descubriéramos		descubriese	descubriésemos
descubrieras	descubrierais		descubrieses	descubrieseis
descubriera	descubrieran		descubriese	descubriesen

Past Perfect Subjunctive (-ra)		*or*	Past Perfect Subjunctive (-se)	
hubiera descubierto	hubiéramos descubierto		hubiese descubierto	hubiésemos descubierto
hubieras descubierto	hubierais descubierto		hubieses descubierto	hubieseis descubierto
hubiera descubierto	hubieran descubierto		hubiese descubierto	hubiesen descubierto

Progressive Tenses

Present	estoy, estás, está, estamos, estáis, están	
Preterit	estuve, estuviste, estuvo, estuvimos, estuvisteis, estuvieron	
Imperfect	estaba, estabas, estaba, estábamos, estabais, estaban	descubriendo
Future	estaré, estarás, estará, estaremos, estaréis, estarán	
Conditional	estaría, estarías, estaría, estaríamos, estaríais, estarían	
Subjunctive	que + *corresponding subjunctive tense of* estar (*see verb 252*)	

Commands

	(nosotros) descubramos / no descubramos
(tú) descubre / no descubras	(vosotros) descubrid / no descubráis
(Ud.) descubra / no descubra	(Uds.) descubran / no descubran

USAGE

Fleming descubrió la penicilina en 1928.	*Fleming discovered penicillin in 1928.*
Descubrieron el tesoro de la Sierra Madre.	*They found the treasure of the Sierra Madre.*
Han descubierto el cuadro.	*They've unveiled the painting.*
Se descubrió la verdad.	*The truth came out.*
Estudiamos la Edad de los Descubrimientos.	*We studied the Age of Discovery.*
Colón, Balboa, Copérnico y Newton eran grandes descubridores.	*Columbus, Balboa, Copernicus, and Newton were great discoverers.*

desear *to want, wish, desire*

deseo · desearon · deseado · deseando

regular -ar verb

Present		Preterit	
deseo	deseamos	deseé	deseamos
deseas	deseáis	deseaste	deseasteis
desea	desean	deseó	desearon

Imperfect		Present Perfect	
deseaba	deseábamos	he deseado	hemos deseado
deseabas	deseabais	has deseado	habéis deseado
deseaba	deseaban	ha deseado	han deseado

Future		Conditional	
desearé	desearemos	desearía	desearíamos
desearás	desearéis	desearías	desearíais
deseará	desearán	desearía	desearían

Pluperfect		Preterit Perfect	
había deseado	habíamos deseado	hube deseado	hubimos deseado
habías deseado	habíais deseado	hubiste deseado	hubisteis deseado
había deseado	habían deseado	hubo deseado	hubieron deseado

Future Perfect		Conditional Perfect	
habré deseado	habremos deseado	habría deseado	habríamos deseado
habrás deseado	habréis deseado	habrías deseado	habríais deseado
habrá deseado	habrán deseado	habría deseado	habrían deseado

Present Subjunctive		Present Perfect Subjunctive	
desee	deseemos	haya deseado	hayamos deseado
desees	deseéis	hayas deseado	hayáis deseado
desee	deseen	haya deseado	hayan deseado

Imperfect Subjunctive (-ra)		or	Imperfect Subjunctive (-se)	
deseara	deseáramos		desease	deseásemos
desearas	desearais		deseases	deseaseis
deseara	desearan		desease	deseasen

Past Perfect Subjunctive (-ra)		or	Past Perfect Subjunctive (-se)	
hubiera deseado	hubiéramos deseado		hubiese deseado	hubiésemos deseado
hubieras deseado	hubierais deseado		hubieses deseado	hubieseis deseado
hubiera deseado	hubieran deseado		hubiese deseado	hubiesen deseado

Progressive Tenses

Present	estoy, estás, está, estamos, estáis, están	
Preterit	estuve, estuviste, estuvo, estuvimos, estuvisteis, estuvieron	
Imperfect	estaba, estabas, estaba, estábamos, estabais, estaban	deseando
Future	estaré, estarás, estará, estaremos, estaréis, estarán	
Conditional	estaría, estarías, estaría, estaríamos, estaríais, estarían	
Subjunctive	que + *corresponding subjunctive tense of* estar (*see verb 252*)	

Commands

	(nosotros) deseemos / no deseemos
(tú) desea / no desees	(vosotros) desead / no deseéis
(Ud.) desee / no desee	(Uds.) deseen / no deseen

USAGE

—¿Qué desean para la cena?	*What do you want for dinner?*
—No deseamos nada en particular.	*We don't want anything special.*
—¿Qué desea Ud.?	*What can I do for you? / How might I help you? (store)*
—Desearía ver las blusas de seda.	*I'd like to see the silk blouses.*
¿Deseáis quedaros?	*Do you want to stay?*
Le deseo mucha felicidad.	*I wish you a lot of happiness.*
Es nuestro mayor deseo.	*It's our greatest wish.*

regular -ar verb

desempeño · desempeñaron · desempeñado · desempeñando

Present		Preterit	
desempeño	desempeñamos	desempeñé	desempeñamos
desempeñas	desempeñáis	desempeñaste	desempeñasteis
desempeña	desempeñan	desempeñó	desempeñaron

Imperfect		Present Perfect	
desempeñaba	desempeñábamos	he desempeñado	hemos desempeñado
desempeñabas	desempeñabais	has desempeñado	habéis desempeñado
desempeñaba	desempeñaban	ha desempeñado	han desempeñado

Future		Conditional	
desempeñaré	desempeñaremos	desempeñaría	desempeñaríamos
desempeñarás	desempeñaréis	desempeñarías	desempeñaríais
desempeñará	desempeñarán	desempeñaría	desempeñarían

Pluperfect		Preterit Perfect	
había desempeñado	habíamos desempeñado	hube desempeñado	hubimos desempeñado
habías desempeñado	habíais desempeñado	hubiste desempeñado	hubisteis desempeñado
había desempeñado	habían desempeñado	hubo desempeñado	hubieron desempeñado

Future Perfect		Conditional Perfect	
habré desempeñado	habremos desempeñado	habría desempeñado	habríamos desempeñado
habrás desempeñado	habréis desempeñado	habrías desempeñado	habríais desempeñado
habrá desempeñado	habrán desempeñado	habría desempeñado	habrían desempeñado

Present Subjunctive		Present Perfect Subjunctive	
desempeñe	desempeñemos	haya desempeñado	hayamos desempeñado
desempeñes	desempeñéis	hayas desempeñado	hayáis desempeñado
desempeñe	desempeñen	haya desempeñado	hayan desempeñado

Imperfect Subjunctive (-ra)		or	Imperfect Subjunctive (-se)	
desempeñara	desempeñáramos		desempeñase	desempeñásemos
desempeñaras	desempeñarais		desempeñases	desempeñaseis
desempeñara	desempeñaran		desempeñase	desempeñasen

Past Perfect Subjunctive (-ra)		or	Past Perfect Subjunctive (-se)	
hubiera desempeñado	hubiéramos desempeñado		hubiese desempeñado	hubiésemos desempeñado
hubieras desempeñado	hubierais desempeñado		hubieses desempeñado	hubieseis desempeñado
hubiera desempeñado	hubieran desempeñado		hubiese desempeñado	hubiesen desempeñado

Progressive Tenses

Present	estoy, estás, está, estamos, estáis, están	
Preterit	estuve, estuviste, estuvo, estuvimos, estuvisteis, estuvieron	
Imperfect	estaba, estabas, estaba, estábamos, estabais, estaban	desempeñando
Future	estaré, estarás, estará, estaremos, estaréis, estarán	
Conditional	estaría, estarías, estaría, estaríamos, estaríais, estarían	
Subjunctive	que + *corresponding subjunctive tense of* estar (*see verb 252*)	

Commands

	(nosotros) desempeñemos / no desempeñemos
(tú) desempeña / no desempeñes	(vosotros) desempeñad / no desempeñéis
(Ud.) desempeñe / no desempeñe	(Uds.) desempeñen / no desempeñen

USAGE

Desempeña toda clase de tareas.	*He carries out / performs all kinds of duties.*
Desempeñó su collar de la casa de empeños.	*She redeemed her necklace from the pawn shop.*
Desempeñó un papel muy importante.	*She played a very important part.*
Laurence Olivier es célebre por su desempeño del papel de Hamlet.	*Laurence Olivier is famous for his performance in the role of Hamlet.*

despedir *to give off, send/throw out, fire, say good-bye*

despido · despidieron · despedido · despidiendo

stem-changing -ir verb (like **pedir**):
e > *i* (present), *e* > *i* (preterit)

Present		Preterit	
despido	despedimos	despedí	despedimos
despides	despedís	despediste	despedisteis
despide	despiden	despidió	despidieron

Imperfect		Present Perfect	
despedía	despedíamos	he despedido	hemos despedido
despedías	despedíais	has despedido	habéis despedido
despedía	despedían	ha despedido	han despedido

Future		Conditional	
despediré	despediremos	despediría	despediríamos
despedirás	despediréis	despedirías	despediríais
despedirá	despedirán	despediría	despedirían

Pluperfect		Preterit Perfect	
había despedido	habíamos despedido	hube despedido	hubimos despedido
habías despedido	habíais despedido	hubiste despedido	hubisteis despedido
había despedido	habían despedido	hubo despedido	hubieron despedido

Future Perfect		Conditional Perfect	
habré despedido	habremos despedido	habría despedido	habríamos despedido
habrás despedido	habréis despedido	habrías despedido	habríais despedido
habrá despedido	habrán despedido	habría despedido	habrían despedido

Present Subjunctive		Present Perfect Subjunctive	
despida	despidamos	haya despedido	hayamos despedido
despidas	despidáis	hayas despedido	hayáis despedido
despida	despidan	haya despedido	hayan despedido

Imperfect Subjunctive (-ra)		or	Imperfect Subjunctive (-se)	
despidiera	despidiéramos		despidiese	despidiésemos
despidieras	despidierais		despidieses	despidieseis
despidiera	despidieran		despidiese	despidiesen

Past Perfect Subjunctive (-ra)		or	Past Perfect Subjunctive (-se)	
hubiera despedido	hubiéramos despedido		hubiese despedido	hubiésemos despedido
hubieras despedido	hubierais despedido		hubieses despedido	hubieseis despedido
hubiera despedido	hubieran despedido		hubiese despedido	hubiesen despedido

Progressive Tenses

Present	estoy, estás, está, estamos, estáis, están	
Preterit	estuve, estuviste, estuvo, estuvimos, estuvisteis, estuvieron	
Imperfect	estaba, estabas, estaba, estábamos, estabais, estaban	despidiendo
Future	estaré, estarás, estará, estaremos, estaréis, estarán	
Conditional	estaría, estarías, estaría, estaríamos, estaríais, estarían	
Subjunctive	que + *corresponding subjunctive tense of* estar (*see verb 252*)	

Commands

	(nosotros) despidamos / no despidamos
(tú) despide / no despidas	(vosotros) despedid / no despidáis
(Ud.) despida / no despida	(Uds.) despidan / no despidan

USAGE

El microondas despide rayos.	*The microwave oven emits / gives off rays.*
El jefe despidió a dos empleados.	*The boss fired two employees.*
El inquilino fue despedido.	*The tenant was evicted.*
Se despidieron de nosotros.	*They said good-bye to us.*
Le hicieron una cena de despedida / despedida de soltero.	*They made him a farewell dinner / bachelor party.*
Se termina la carta con la despedida.	*The letter ends with the closing.*

to take off (airplane), *detach, unstick* despegar

-ar verb; spelling change: g > gu/e

despego · despegaron · despegado · despegando

Present		Preterit	
despego	despegamos	despegué	despegamos
despegas	despegáis	despegaste	despegasteis
despega	despegan	despegó	despegaron

Imperfect		Present Perfect	
despegaba	despegábamos	he despegado	hemos despegado
despegabas	despegabais	has despegado	habéis despegado
despegaba	despegaban	ha despegado	han despegado

Future		Conditional	
despegaré	despegaremos	despegaría	despegaríamos
despegarás	despegaréis	despegarías	despegaríais
despegará	despegarán	despegaría	despegarían

Pluperfect		Preterit Perfect	
había despegado	habíamos despegado	hube despegado	hubimos despegado
habías despegado	habíais despegado	hubiste despegado	hubisteis despegado
había despegado	habían despegado	hubo despegado	hubieron despegado

Future Perfect		Conditional Perfect	
habré despegado	habremos despegado	habría despegado	habríamos despegado
habrás despegado	habréis despegado	habrías despegado	habríais despegado
habrá despegado	habrán despegado	habría despegado	habrían despegado

Present Subjunctive		Present Perfect Subjunctive	
despegue	despeguemos	haya despegado	hayamos despegado
despegues	despeguéis	hayas despegado	hayáis despegado
despegue	despeguen	haya despegado	hayan despegado

Imperfect Subjunctive (-ra)		*or*	Imperfect Subjunctive (-se)	
despegara	despegáramos		despegase	despegásemos
despegaras	despegarais		despegases	despegaseis
despegara	despegaran		despegase	despegasen

Past Perfect Subjunctive (-ra)		*or*	Past Perfect Subjunctive (-se)	
hubiera despegado	hubiéramos despegado		hubiese despegado	hubiésemos despegado
hubieras despegado	hubierais despegado		hubieses despegado	hubieseis despegado
hubiera despegado	hubieran despegado		hubiese despegado	hubiesen despegado

Progressive Tenses

Present	estoy, estás, está, estamos, estáis, están	
Preterit	estuve, estuviste, estuvo, estuvimos, estuvisteis, estuvieron	
Imperfect	estaba, estabas, estaba, estábamos, estabais, estaban	despegando
Future	estaré, estarás, estará, estaremos, estaréis, estarán	
Conditional	estaría, estarías, estaría, estaríamos, estaríais, estarían	
Subjunctive	que + *corresponding subjunctive tense of* estar (*see verb 252*)	

Commands

	(nosotros) despeguemos / no despeguemos
(tú) despega / no despegues	(vosotros) despegad / no despeguéis
(Ud.) despegue / no despegue	(Uds.) despeguen / no despeguen

USAGE

—¿Despega el avión pronto? — *Will the airplane take off soon?*
—Dudo que despegue antes de las nueve. — *I doubt it will take off before 9:00.*

Despega el sobre y saca el papel. — *Unstick the envelope and take the paper out.*
Ha despegado el cupón. — *She has detached the coupon.*
No despegó los labios en toda la noche. — *She didn't say a word the whole evening.*
¿A qué hora es el despegue? — *At what time is takeoff?*

despertarse to wake up

despierto · despertaron · despertado · despertándose

stem-changing *-ar* reflexive verb:
e > ie

Present

me despierto	nos despertamos
te despiertas	os despertáis
se despierta	se despiertan

Preterit

me desperté	nos despertamos
te despertaste	os despertasteis
se despertó	se despertaron

Imperfect

me despertaba	nos despertábamos
te despertabas	os despertabais
se despertaba	se despertaban

Present Perfect

me he despertado	nos hemos despertado
te has despertado	os habéis despertado
se ha despertado	se han despertado

Future

me despertaré	nos despertaremos
te despertarás	os despertaréis
se despertará	se despertarán

Conditional

me despertaría	nos despertaríamos
te despertarías	os despertaríais
se despertaría	se despertarían

Pluperfect

me había despertado	nos habíamos despertado
te habías despertado	os habíais despertado
se había despertado	se habían despertado

Preterit Perfect

me hube despertado	nos hubimos despertado
te hubiste despertado	os hubisteis despertado
se hubo despertado	se hubieron despertado

Future Perfect

me habré despertado	nos habremos despertado
te habrás despertado	os habréis despertado
se habrá despertado	se habrán despertado

Conditional Perfect

me habría despertado	nos habríamos despertado
te habrías despertado	os habríais despertado
se habría despertado	se habrían despertado

Present Subjunctive

me despierte	nos despertemos
te despiertes	os despertéis
se despierte	se despierten

Present Perfect Subjunctive

me haya despertado	nos hayamos despertado
te hayas despertado	os hayáis despertado
se haya despertado	se hayan despertado

Imperfect Subjunctive (-ra)

me despertara	nos despertáramos
te despertaras	os despertarais
se despertara	se despertaran

or ### Imperfect Subjunctive (-se)

me despertase	nos despertásemos
te despertases	os despertaseis
se despertase	se despertasen

Past Perfect Subjunctive (-ra)

me hubiera despertado	nos hubiéramos despertado
te hubieras despertado	os hubierais despertado
se hubiera despertado	se hubieran despertado

or ### Past Perfect Subjunctive (-se)

me hubiese despertado	nos hubiésemos despertado
te hubieses despertado	os hubieseis despertado
se hubiese despertado	se hubiesen despertado

Progressive Tenses

Present	estoy, estás, está, estamos, estáis, están
Preterit	estuve, estuviste, estuvo, estuvimos, estuvisteis, estuvieron
Imperfect	estaba, estabas, estaba, estábamos, estabais, estaban
Future	estaré, estarás, estará, estaremos, estaréis, estarán
Conditional	estaría, estarías, estaría, estaríamos, estaríais, estarían
Subjunctive	que + *corresponding subjunctive tense of* estar (*see verb 252*)

} despertando (*see page 41*)

Commands

	(nosotros) despertémonos / no nos despertemos
(tú) despiértate / no te despiertes	(vosotros) despertaos / no os despertéis
(Ud.) despiértese / no se despierte	(Uds.) despiértense / no se despierten

USAGE

Cuando yo me despierte a las siete, te despertaré.	*When I wake up at 7:00, I'll wake you up.*
—¡Despiértate! ¿No oíste el despertador?	*Wake up! Didn't you hear the alarm clock?*
—Ya estaba despierto cuando sonó.	*I was already awake when it rang.*
El tema no ha despertado ningún interés.	*The subject hasn't aroused any interest.*
Los magníficos aromas de la cocina despiertan el apetito.	*Wonderful cooking smells give you an appetite.*
Es un niño muy despierto.	*He's a very bright/lively little boy.*

-*ir* verb; spelling change:
adds *y* before *o, a, e*

destruyo · destruyeron · destruido · destruyendo

Present	
destruyo	destruimos
destruyes	destruís
destruye	destruyen

Preterit	
destruí	destruimos
destruiste	destruisteis
destruyó	destruyeron

Imperfect	
destruía	destruíamos
destruías	destruíais
destruía	destruían

Present Perfect	
he destruido	hemos destruido
has destruido	habéis destruido
ha destruido	han destruido

Future	
destruiré	destruiremos
destruirás	destruiréis
destruirá	destruirán

Conditional	
destruiría	destruiríamos
destruirías	destruiríais
destruiría	destruirían

Pluperfect	
había destruido	habíamos destruido
habías destruido	habíais destruido
había destruido	habían destruido

Preterit Perfect	
hube destruido	hubimos destruido
hubiste destruido	hubisteis destruido
hubo destruido	hubieron destruido

Future Perfect	
habré destruido	habremos destruido
habrás destruido	habréis destruido
habrá destruido	habrán destruido

Conditional Perfect	
habría destruido	habríamos destruido
habrías destruido	habríais destruido
habría destruido	habrían destruido

Present Subjunctive	
destruya	destruyamos
destruyas	destruyáis
destruya	destruyan

Present Perfect Subjunctive	
haya destruido	hayamos destruido
hayas destruido	hayáis destruido
haya destruido	hayan destruido

Imperfect Subjunctive (-ra)		or	Imperfect Subjunctive (-se)	
destruyera	destruyéramos		destruyese	destruyésemos
destruyeras	destruyerais		destruyeses	destruyeseis
destruyera	destruyeran		destruyese	destruyesen

Past Perfect Subjunctive (-ra)		or	Past Perfect Subjunctive (-se)	
hubiera destruido	hubiéramos destruido		hubiese destruido	hubiésemos destruido
hubieras destruido	hubierais destruido		hubieses destruido	hubieseis destruido
hubiera destruido	hubieran destruido		hubiese destruido	hubiesen destruido

Progressive Tenses

Present	estoy, estás, está, estamos, estáis, están	
Preterit	estuve, estuviste, estuvo, estuvimos, estuvisteis, estuvieron	
Imperfect	estaba, estabas, estaba, estábamos, estabais, estaban	destruyendo
Future	estaré, estarás, estará, estaremos, estaréis, estarán	
Conditional	estaría, estarías, estaría, estaríamos, estaríais, estarían	
Subjunctive	que + *corresponding subjunctive tense of* estar (*see verb 252*)	

Commands

	(nosotros) destruyamos / no destruyamos
(tú) destruye / no destruyas	(vosotros) destruid / no destruyáis
(Ud.) destruya / no destruya	(Uds.) destruyan / no destruyan

USAGE

¿Quiénes destruyeron la casa?	*Who destroyed/demolished the house?*
Muchos edificios fueron destruidos por el huracán.	*Many buildings were demolished by the hurricane.*
Se destruyó su razonamiento.	*Her reasoning was refuted.*
No será difícil destruir su hipótesis.	*It won't be difficult to refute their hypothesis.*
No destruyas su plan.	*Don't wreck their plan.*
Hubo destrucción por todo el Caribe.	*There was destruction throughout the Caribbean.*
Son fuerzas muy destructoras.	*They're very destructive forces.*

detener *to stop, detain*

detengo · detuvieron · detenido · deteniendo

irregular verb (like **tener**)

Present		Preterit	
detengo	detenemos	detuve	detuvimos
detienes	detenéis	detuviste	detuvisteis
detiene	detienen	detuvo	detuvieron

Imperfect		Present Perfect	
detenía	deteníamos	he detenido	hemos detenido
detenías	deteníais	has detenido	habéis detenido
detenía	detenían	ha detenido	han detenido

Future		Conditional	
detendré	detendremos	detendría	detendríamos
detendrás	detendréis	detendrías	detendríais
detendrá	detendrán	detendría	detendrían

Pluperfect		Preterit Perfect	
había detenido	habíamos detenido	hube detenido	hubimos detenido
habías detenido	habíais detenido	hubiste detenido	hubisteis detenido
había detenido	habían detenido	hubo detenido	hubieron detenido

Future Perfect		Conditional Perfect	
habré detenido	habremos detenido	habría detenido	habríamos detenido
habrás detenido	habréis detenido	habrías detenido	habríais detenido
habrá detenido	habrán detenido	habría detenido	habrían detenido

Present Subjunctive		Present Perfect Subjunctive	
detenga	detengamos	haya detenido	hayamos detenido
detengas	detengáis	hayas detenido	hayáis detenido
detenga	detengan	haya detenido	hayan detenido

Imperfect Subjunctive (-ra)		or	Imperfect Subjunctive (-se)	
detuviera	detuviéramos		detuviese	detuviésemos
detuvieras	detuvierais		detuvieses	detuvieseis
detuviera	detuvieran		detuviese	detuviesen

Past Perfect Subjunctive (-ra)		or	Past Perfect Subjunctive (-se)	
hubiera detenido	hubiéramos detenido		hubiese detenido	hubiésemos detenido
hubieras detenido	hubierais detenido		hubieses detenido	hubieseis detenido
hubiera detenido	hubieran detenido		hubiese detenido	hubiesen detenido

Progressive Tenses

Present	estoy, estás, está, estamos, estáis, están	
Preterit	estuve, estuviste, estuvo, estuvimos, estuvisteis, estuvieron	
Imperfect	estaba, estabas, estaba, estábamos, estabais, estaban	deteniendo
Future	estaré, estarás, estará, estaremos, estaréis, estarán	
Conditional	estaría, estarías, estaría, estaríamos, estaríais, estarían	
Subjunctive	que + *corresponding subjunctive tense of* estar (*see verb 252*)	

Commands

	(nosotros) detengamos / no detengamos
(tú) detén / no detengas	(vosotros) detened / no detengáis
(Ud.) detenga / no detenga	(Uds.) detengan / no detengan

USAGE

Detuvo la bicicleta repentinamente.	*He stopped the bicycle suddenly.*
Siento detenerlos por tanto tiempo.	*I'm sorry to keep you so long.*
El policía detuvo al ratero.	*The policeman arrested the pickpocket.*
Se detuvieron para conocer la zona histórica.	*They stopped to get to know the historic area.*
Hicieron unas investigaciones muy detenidas.	*They did very careful/detailed research.*
Haz la encuesta con detenimiento / detención.	*Do the survey carefully/thoroughly.*

stem-changing -er verb:
o > ue (like **volver**)

devuelvo · devolvieron · devuelto · devolviendo

Present		Preterit	
devuelvo	devolvemos	devolví	devolvimos
devuelves	devolvéis	devolviste	devolvisteis
devuelve	devuelven	devolvió	devolvieron

Imperfect		Present Perfect	
devolvía	devolvíamos	he devuelto	hemos devuelto
devolvías	devolvíais	has devuelto	habéis devuelto
devolvía	devolvían	ha devuelto	han devuelto

Future		Conditional	
devolveré	devolveremos	devolvería	devolveríamos
devolverás	devolveréis	devolverías	devolveríais
devolverá	devolverán	devolvería	devolverían

Pluperfect		Preterit Perfect	
había devuelto	habíamos devuelto	hube devuelto	hubimos devuelto
habías devuelto	habíais devuelto	hubiste devuelto	hubisteis devuelto
había devuelto	habían devuelto	hubo devuelto	hubieron devuelto

Future Perfect		Conditional Perfect	
habré devuelto	habremos devuelto	habría devuelto	habríamos devuelto
habrás devuelto	habréis devuelto	habrías devuelto	habríais devuelto
habrá devuelto	habrán devuelto	habría devuelto	habrían devuelto

Present Subjunctive		Present Perfect Subjunctive	
devuelva	devolvamos	haya devuelto	hayamos devuelto
devuelvas	devolváis	hayas devuelto	hayáis devuelto
devuelva	devuelvan	haya devuelto	hayan devuelto

Imperfect Subjunctive (-ra)		or	Imperfect Subjunctive (-se)	
devolviera	devolviéramos		devolviese	devolviésemos
devolvieras	devolvierais		devolvieses	devolvieseis
devolviera	devolvieran		devolviese	devolviesen

Past Perfect Subjunctive (-ra)		or	Past Perfect Subjunctive (-se)	
hubiera devuelto	hubiéramos devuelto		hubiese devuelto	hubiésemos devuelto
hubieras devuelto	hubierais devuelto		hubieses devuelto	hubieseis devuelto
hubiera devuelto	hubieran devuelto		hubiese devuelto	hubiesen devuelto

Progressive Tenses

Present	estoy, estás, está, estamos, estáis, están	
Preterit	estuve, estuviste, estuvo, estuvimos, estuvisteis, estuvieron	
Imperfect	estaba, estabas, estaba, estábamos, estabais, estaban	devolviendo
Future	estaré, estarás, estará, estaremos, estaréis, estarán	
Conditional	estaría, estarías, estaría, estaríamos, estaríais, estarían	
Subjunctive	que + corresponding subjunctive tense of estar (see verb 252)	

Commands

	(nosotros) devolvamos / no devolvamos
(tú) devuelve / no devuelvas	(vosotros) devolved / no devolváis
(Ud.) devuelva / no devuelva	(Uds.) devuelvan / no devuelvan

USAGE

¿Le devolviste el dinero?	*Did you return the money to him?*
Devuelve los libros a la biblioteca.	*Return the books to the library.*
Me han devuelto el favor.	*They've returned the favor to me / paid me back.*
Devuelva lo que pidió prestado.	*Return what you borrowed.*
No se permite la devolución de artículos sin el recibo.	*You can't return items without the receipt.*

dibujar *to draw, design, sketch*

dibujo · dibujaron · dibujado · dibujando

regular -ar verb

Present

dibujo	dibujamos
dibujas	dibujáis
dibuja	dibujan

Preterit

dibujé	dibujamos
dibujaste	dibujasteis
dibujó	dibujaron

Imperfect

dibujaba	dibujábamos
dibujabas	dibujabais
dibujaba	dibujaban

Present Perfect

he dibujado	hemos dibujado
has dibujado	habéis dibujado
ha dibujado	han dibujado

Future

dibujaré	dibujaremos
dibujarás	dibujaréis
dibujará	dibujarán

Conditional

dibujaría	dibujaríamos
dibujarías	dibujaríais
dibujaría	dibujarían

Pluperfect

había dibujado	habíamos dibujado
habías dibujado	habíais dibujado
había dibujado	habían dibujado

Preterit Perfect

hube dibujado	hubimos dibujado
hubiste dibujado	hubisteis dibujado
hubo dibujado	hubieron dibujado

Future Perfect

habré dibujado	habremos dibujado
habrás dibujado	habréis dibujado
habrá dibujado	habrán dibujado

Conditional Perfect

habría dibujado	habríamos dibujado
habrías dibujado	habríais dibujado
habría dibujado	habrían dibujado

Present Subjunctive

dibuje	dibujemos
dibujes	dibujéis
dibuje	dibujen

Present Perfect Subjunctive

haya dibujado	hayamos dibujado
hayas dibujado	hayáis dibujado
haya dibujado	hayan dibujado

Imperfect Subjunctive (-ra)   or   Imperfect Subjunctive (-se)

dibujara	dibujáramos	dibujase	dibujásemos
dibujaras	dibujarais	dibujases	dibujaseis
dibujara	dibujaran	dibujase	dibujasen

Past Perfect Subjunctive (-ra)   or   Past Perfect Subjunctive (-se)

hubiera dibujado	hubiéramos dibujado	hubiese dibujado	hubiésemos dibujado
hubieras dibujado	hubierais dibujado	hubieses dibujado	hubieseis dibujado
hubiera dibujado	hubieran dibujado	hubiese dibujado	hubiesen dibujado

Progressive Tenses

Present	estoy, estás, está, estamos, estáis, están
Preterit	estuve, estuviste, estuvo, estuvimos, estuvisteis, estuvieron
Imperfect	estaba, estabas, estaba, estábamos, estabais, estaban
Future	estaré, estarás, estará, estaremos, estaréis, estarán
Conditional	estaría, estarías, estaría, estaríamos, estaríais, estarían
Subjunctive	que + *corresponding subjunctive tense of* estar (*see verb 252*)

} dibujando

Commands

	(nosotros) dibujemos / no dibujemos
(tú) dibuja / no dibujes	(vosotros) dibujad / no dibujéis
(Ud.) dibuje / no dibuje	(Uds.) dibujen / no dibujen

USAGE

Dibujo con pluma.	*I draw with ink.*
El escritor dibuja los personajes muy bien.	*The writer sketches the characters very well.*
Me encantan los dibujos al carbón.	*I love charcoal drawings.*
Hay una exposición de dibujos en la galería 39.	*There's an exhibit of drawings in Gallery 39.*
Se especializa en dibujo asistido por computadora.	*Her specialty is computer-assisted drafting.*
Los dibujos animados son muy graciosos.	*The cartoons are witty.*
Es un dibujante de primera.	*He's a first-rate drawer/cartoonist.*

-ir verb; spelling change: g > j/o, a

dirijo · dirigieron · dirigido · dirigiendo

Present		Preterit	
dirijo	dirigimos	dirigí	dirigimos
diriges	dirigís	dirigiste	dirigisteis
dirige	dirigen	dirigió	dirigieron

Imperfect		Present Perfect	
dirigía	dirigíamos	he dirigido	hemos dirigido
dirigías	dirigíais	has dirigido	habéis dirigido
dirigía	dirigían	ha dirigido	han dirigido

Future		Conditional	
dirigiré	dirigiremos	dirigiría	dirigiríamos
dirigirás	dirigiréis	dirigirías	dirigiríais
dirigirá	dirigirán	dirigiría	dirigirían

Pluperfect		Preterit Perfect	
había dirigido	habíamos dirigido	hube dirigido	hubimos dirigido
habías dirigido	habíais dirigido	hubiste dirigido	hubisteis dirigido
había dirigido	habían dirigido	hubo dirigido	hubieron dirigido

Future Perfect		Conditional Perfect	
habré dirigido	habremos dirigido	habría dirigido	habríamos dirigido
habrás dirigido	habréis dirigido	habrías dirigido	habríais dirigido
habrá dirigido	habrán dirigido	habría dirigido	habrían dirigido

Present Subjunctive		Present Perfect Subjunctive	
dirija	dirijamos	haya dirigido	hayamos dirigido
dirijas	dirijáis	hayas dirigido	hayáis dirigido
dirija	dirijan	haya dirigido	hayan dirigido

Imperfect Subjunctive (-ra)		or	Imperfect Subjunctive (-se)	
dirigiera	dirigiéramos		dirigiese	dirigiésemos
dirigieras	dirigierais		dirigieses	dirigieseis
dirigiera	dirigieran		dirigiese	dirigiesen

Past Perfect Subjunctive (-ra)		or	Past Perfect Subjunctive (-se)	
hubiera dirigido	hubiéramos dirigido		hubiese dirigido	hubiésemos dirigido
hubieras dirigido	hubierais dirigido		hubieses dirigido	hubieseis dirigido
hubiera dirigido	hubieran dirigido		hubiese dirigido	hubiesen dirigido

Progressive Tenses

Present	estoy, estás, está, estamos, estáis, están	
Preterit	estuve, estuviste, estuvo, estuvimos, estuvisteis, estuvieron	
Imperfect	estaba, estabas, estaba, estábamos, estabais, estaban	
Future	estaré, estarás, estará, estaremos, estaréis, estarán	dirigiendo
Conditional	estaría, estarías, estaría, estaríamos, estaríais, estarían	
Subjunctive	que + corresponding subjunctive tense of estar (see verb 252)	

Commands

	(nosotros) dirijamos / no dirijamos
(tú) dirige / no dirijas	(vosotros) dirigid / no dirijáis
(Ud.) dirija / no dirija	(Uds.) dirijan / no dirijan

USAGE

Nos dirigió al hotel.	She directed us to the hotel.
Dirigió la cámara hacia la cumbre.	He directed/aimed the camera at the mountaintop.
¿Quiénes dirigen la empresa?	Who is managing/running the business?
No le dirijas la palabra.	Don't address him.
Se dirigieron a casa.	They headed home / made their way home.
Ese director dirigirá la orquesta en enero.	That conductor will lead the orchestra in January.
Es un excelente director de cine.	He's an excellent film director.

disculparse to apologize, excuse, forgive

disculpo · disculparon · disculpado · disculpándose   regular -ar reflexive verb

Present		Preterit	
me disculpo	nos disculpamos	me disculpé	nos disculpamos
te disculpas	os disculpáis	te disculpaste	os disculpasteis
se disculpa	se disculpan	se disculpó	se disculparon

Imperfect		Present Perfect	
me disculpaba	nos disculpábamos	me he disculpado	nos hemos disculpado
te disculpabas	os disculpabais	te has disculpado	os habéis disculpado
se disculpaba	se disculpaban	se ha disculpado	se han disculpado

Future		Conditional	
me disculparé	nos disculparemos	me disculparía	nos disculparíamos
te disculparás	os disculparéis	te disculparías	os disculparíais
se disculpará	se disculparán	se disculparía	se disculparían

Pluperfect		Preterit Perfect	
me había disculpado	nos habíamos disculpado	me hube disculpado	nos hubimos disculpado
te habías disculpado	os habíais disculpado	te hubiste disculpado	os hubisteis disculpado
se había disculpado	se habían disculpado	se hubo disculpado	se hubieron disculpado

Future Perfect		Conditional Perfect	
me habré disculpado	nos habremos disculpado	me habría disculpado	nos habríamos disculpado
te habrás disculpado	os habréis disculpado	te habrías disculpado	os habríais disculpado
se habrá disculpado	se habrán disculpado	se habría disculpado	se habrían disculpado

Present Subjunctive		Present Perfect Subjunctive	
me disculpe	nos disculpemos	me haya disculpado	nos hayamos disculpado
te disculpes	os disculpéis	te hayas disculpado	os hayáis disculpado
se disculpe	se disculpen	se haya disculpado	se hayan disculpado

Imperfect Subjunctive (-ra)		or	Imperfect Subjunctive (-se)	
me disculpara	nos disculpáramos		me disculpase	nos disculpásemos
te disculparas	os disculparais		te disculpases	os disculpaseis
se disculpara	se disculparan		se disculpase	se disculpasen

Past Perfect Subjunctive (-ra)		or	Past Perfect Subjunctive (-se)	
me hubiera disculpado	nos hubiéramos disculpado		me hubiese disculpado	nos hubiésemos disculpado
te hubieras disculpado	os hubierais disculpado		te hubieses disculpado	os hubieseis disculpado
se hubiera disculpado	se hubieran disculpado		se hubiese disculpado	se hubiesen disculpado

Progressive Tenses

Present	estoy, estás, está, estamos, estáis, están	
Preterit	estuve, estuviste, estuvo, estuvimos, estuvisteis, estuvieron	
Imperfect	estaba, estabas, estaba, estábamos, estabais, estaban	
Future	estaré, estarás, estará, estaremos, estaréis, estarán	disculpando (see page 41)
Conditional	estaría, estarías, estaría, estaríamos, estaríais, estarían	
Subjunctive	que + corresponding subjunctive tense of estar (see verb 252)	

Commands

	(nosotros) disculpémonos / no nos disculpemos
(tú) discúlpate / no te disculpes	(vosotros) disculpaos / no os disculpéis
(Ud.) discúlpese / no se disculpe	(Uds.) discúlpense / no se disculpen

USAGE

Discúlpenme por hacerlos esperar.	I apologize for making you wait.
Se disculpó con ellos por el fracaso.	He apologized to them for the failure.
Su enfermedad le disculpa su distracción.	Her illness excuses her absentmindedness.
—¿Quién tiene la culpa de lo ocurrido?	Who's to blame for what happened?
—Creo que la culpa es del abogado.	I think the lawyer is to blame.
No des disculpas.	Don't make excuses.

regular -ir verb

discuto · discutieron · discutido · discutiendo

Present
discuto	discutimos
discutes	discutís
discute	discuten

Preterit
discutí	discutimos
discutiste	discutisteis
discutió	discutieron

Imperfect
discutía	discutíamos
discutías	discutíais
discutía	discutían

Present Perfect
he discutido	hemos discutido
has discutido	habéis discutido
ha discutido	han discutido

Future
discutiré	discutiremos
discutirás	discutiréis
discutirá	discutirán

Conditional
discutiría	discutiríamos
discutirías	discutiríais
discutiría	discutirían

Pluperfect
había discutido	habíamos discutido
habías discutido	habíais discutido
había discutido	habían discutido

Preterit Perfect
hube discutido	hubimos discutido
hubiste discutido	hubisteis discutido
hubo discutido	hubieron discutido

Future Perfect
habré discutido	habremos discutido
habrás discutido	habréis discutido
habrá discutido	habrán discutido

Conditional Perfect
habría discutido	habríamos discutido
habrías discutido	habríais discutido
habría discutido	habrían discutido

Present Subjunctive
discuta	discutamos
discutas	discutáis
discuta	discutan

Present Perfect Subjunctive
haya discutido	hayamos discutido
hayas discutido	hayáis discutido
haya discutido	hayan discutido

Imperfect Subjunctive (-ra) or Imperfect Subjunctive (-se)
discutiera	discutiéramos	discutiese	discutiésemos
discutieras	discutierais	discutieses	discutieseis
discutiera	discutieran	discutiese	discutiesen

Past Perfect Subjunctive (-ra) or Past Perfect Subjunctive (-se)
hubiera discutido	hubiéramos discutido	hubiese discutido	hubiésemos discutido
hubieras discutido	hubierais discutido	hubieses discutido	hubieseis discutido
hubiera discutido	hubieran discutido	hubiese discutido	hubiesen discutido

Progressive Tenses
Present	estoy, estás, está, estamos, estáis, están
Preterit	estuve, estuviste, estuvo, estuvimos, estuvisteis, estuvieron
Imperfect	estaba, estabas, estaba, estábamos, estabais, estaban
Future	estaré, estarás, estará, estaremos, estaréis, estarán
Conditional	estaría, estarías, estaría, estaríamos, estaríais, estarían
Subjunctive	que + corresponding subjunctive tense of estar (see verb 252)

} discutiendo

Commands
	(nosotros) discutamos / no discutamos
(tú) discute / no discutas	(vosotros) discutid / no discutáis
(Ud.) discuta / no discuta	(Uds.) discutan / no discutan

USAGE

Discutamos la idea detenidamente.	Let's discuss the idea thoroughly.
¿Discutís sobre política?	Are you discussing/debating politics?
Seguían discutiendo por una estupidez.	They went on arguing about some stupid thing.
¡Niños, no discutan!	Children, don't argue!
Es una película muy discutida.	It's a very controversial / much-discussed film.
No entres en discusiones con él.	Don't get into an argument / a dispute with him.
El asunto está en discusión.	The matter is under discussion/debate.

disfrutar to enjoy, have a good time

disfruto · disfrutaron · disfrutado · disfrutando   regular -ar verb

Present		Preterit	
disfruto	disfrutamos	disfruté	disfrutamos
disfrutas	disfrutáis	disfrutaste	disfrutasteis
disfruta	disfrutan	disfrutó	disfrutaron

Imperfect		Present Perfect	
disfrutaba	disfrutábamos	he disfrutado	hemos disfrutado
disfrutabas	disfrutabais	has disfrutado	habéis disfrutado
disfrutaba	disfrutaban	ha disfrutado	han disfrutado

Future		Conditional	
disfrutaré	disfrutaremos	disfrutaría	disfrutaríamos
disfrutarás	disfrutaréis	disfrutarías	disfrutaríais
disfrutará	disfrutarán	disfrutaría	disfrutarían

Pluperfect		Preterit Perfect	
había disfrutado	habíamos disfrutado	hube disfrutado	hubimos disfrutado
habías disfrutado	habíais disfrutado	hubiste disfrutado	hubisteis disfrutado
había disfrutado	habían disfrutado	hubo disfrutado	hubieron disfrutado

Future Perfect		Conditional Perfect	
habré disfrutado	habremos disfrutado	habría disfrutado	habríamos disfrutado
habrás disfrutado	habréis disfrutado	habrías disfrutado	habríais disfrutado
habrá disfrutado	habrán disfrutado	habría disfrutado	habrían disfrutado

Present Subjunctive		Present Perfect Subjunctive	
disfrute	disfrutemos	haya disfrutado	hayamos disfrutado
disfrutes	disfrutéis	hayas disfrutado	hayáis disfrutado
disfrute	disfruten	haya disfrutado	hayan disfrutado

Imperfect Subjunctive (-ra)		or	Imperfect Subjunctive (-se)	
disfrutara	disfrutáramos		disfrutase	disfrutásemos
disfrutaras	disfrutarais		disfrutases	disfrutaseis
disfrutara	disfrutaran		disfrutase	disfrutasen

Past Perfect Subjunctive (-ra)		or	Past Perfect Subjunctive (-se)	
hubiera disfrutado	hubiéramos disfrutado		hubiese disfrutado	hubiésemos disfrutado
hubieras disfrutado	hubierais disfrutado		hubieses disfrutado	hubieseis disfrutado
hubiera disfrutado	hubieran disfrutado		hubiese disfrutado	hubiesen disfrutado

Progressive Tenses

Present	estoy, estás, está, estamos, estáis, están	
Preterit	estuve, estuviste, estuvo, estuvimos, estuvisteis, estuvieron	
Imperfect	estaba, estabas, estaba, estábamos, estabais, estaban	disfrutando
Future	estaré, estarás, estará, estaremos, estaréis, estarán	
Conditional	estaría, estarías, estaría, estaríamos, estaríais, estarían	
Subjunctive	que + *corresponding subjunctive tense of* estar (*see verb 252*)	

Commands

	(nosotros) disfrutemos / no disfrutemos
(tú) disfruta / no disfrutes	(vosotros) disfrutad / no disfrutéis
(Ud.) disfrute / no disfrute	(Uds.) disfruten / no disfruten

USAGE

¡Que disfruten viajando!	*Have a great time traveling!*
Disfrutan de un bienestar.	*They have a sense of well-being.*
Disfrutamos de la vida.	*We enjoy life / take pleasure in living.*
Disfruta con las sinfonías de Beethoven.	*She enjoys listening to Beethoven's symphonies.*
Nos disfrutamos en la fiesta.	*We enjoyed ourselves / had a great time at the party.*

-ir verb; spelling change: *gu > g/o, a*   distingo · distinguieron · distinguido · distinguiendo

Present			Preterit	
distingo	distinguimos		distinguí	distinguimos
distingues	distinguís		distinguiste	distinguisteis
distingue	distinguen		distinguió	distinguieron

Imperfect			Present Perfect	
distinguía	distinguíamos		he distinguido	hemos distinguido
distinguías	distinguíais		has distinguido	habéis distinguido
distinguía	distinguían		ha distinguido	han distinguido

Future			Conditional	
distinguiré	distinguiremos		distinguiría	distinguiríamos
distinguirás	distinguiréis		distinguirías	distinguiríais
distinguirá	distinguirán		distinguiría	distinguirían

Pluperfect			Preterit Perfect	
había distinguido	habíamos distinguido		hube distinguido	hubimos distinguido
habías distinguido	habíais distinguido		hubiste distinguido	hubisteis distinguido
había distinguido	habían distinguido		hubo distinguido	hubieron distinguido

Future Perfect			Conditional Perfect	
habré distinguido	habremos distinguido		habría distinguido	habríamos distinguido
habrás distinguido	habréis distinguido		habrías distinguido	habríais distinguido
habrá distinguido	habrán distinguido		habría distinguido	habrían distinguido

Present Subjunctive			Present Perfect Subjunctive	
distinga	distingamos		haya distinguido	hayamos distinguido
distingas	distingáis		hayas distinguido	hayáis distinguido
distinga	distingan		haya distinguido	hayan distinguido

Imperfect Subjunctive (-ra)		or	Imperfect Subjunctive (-se)	
distinguiera	distinguiéramos		distinguiese	distinguiésemos
distinguieras	distinguierais		distinguieses	distinguieseis
distinguiera	distinguieran		distinguiese	distinguiesen

Past Perfect Subjunctive (-ra)		or	Past Perfect Subjunctive (-se)	
hubiera distinguido	hubiéramos distinguido		hubiese distinguido	hubiésemos distinguido
hubieras distinguido	hubierais distinguido		hubieses distinguido	hubieseis distinguido
hubiera distinguido	hubieran distinguido		hubiese distinguido	hubiesen distinguido

Progressive Tenses

Present	estoy, estás, está, estamos, estáis, están	
Preterit	estuve, estuviste, estuvo, estuvimos, estuvisteis, estuvieron	
Imperfect	estaba, estabas, estaba, estábamos, estabais, estaban	distinguiendo
Future	estaré, estarás, estará, estaremos, estaréis, estarán	
Conditional	estaría, estarías, estaría, estaríamos, estaríais, estarían	
Subjunctive	que + *corresponding subjunctive tense of* estar (*see verb 252*)	

Commands

	(nosotros) distingamos / no distingamos
(tú) distingue / no distingas	(vosotros) distinguid / no distingáis
(Ud.) distinga / no distinga	(Uds.) distingan / no distingan

USAGE

No se distingue nada por la niebla.	*You can't see anything because of the fog.*
Se distinguen por su porte.	*They're noticeable for their bearing.*
No distinguió entre las dos marcas.	*She didn't distinguish between the two brands.*
No han hecho una distinción entre los dos grupos.	*They haven't made a distinction between the two groups.*
Es una profesora muy distinguida.	*She's a very distinguished professor.*

divertirse *to have a good time*

divierto · divirtieron · divertido · divirtiéndose

stem-changing -ir reflexive verb:
e > ie (present), *e > i* (preterit)

Present		Preterit	
me divierto	nos divertimos	me divertí	nos divertimos
te diviertes	os divertís	te divertiste	os divertisteis
se divierte	se divierten	se divirtió	se divirtieron

Imperfect		Present Perfect	
me divertía	nos divertíamos	me he divertido	nos hemos divertido
te divertías	os divertíais	te has divertido	os habéis divertido
se divertía	se divertían	se ha divertido	se han divertido

Future		Conditional	
me divertiré	nos divertiremos	me divertiría	nos divertiríamos
te divertirás	os divertiréis	te divertirías	os divertiríais
se divertirá	se divertirán	se divertiría	se divertirían

Pluperfect		Preterit Perfect	
me había divertido	nos habíamos divertido	me hube divertido	nos hubimos divertido
te habías divertido	os habíais divertido	te hubiste divertido	os hubisteis divertido
se había divertido	se habían divertido	se hubo divertido	se hubieron divertido

Future Perfect		Conditional Perfect	
me habré divertido	nos habremos divertido	me habría divertido	nos habríamos divertido
te habrás divertido	os habréis divertido	te habrías divertido	os habríais divertido
se habrá divertido	se habrán divertido	se habría divertido	se habrían divertido

Present Subjunctive		Present Perfect Subjunctive	
me divierta	nos divirtamos	me haya divertido	nos hayamos divertido
te diviertas	os divirtáis	te hayas divertido	os hayáis divertido
se divierta	se diviertan	se haya divertido	se hayan divertido

Imperfect Subjunctive (-ra)		*or*	Imperfect Subjunctive (-se)	
me divirtiera	nos divirtiéramos		me divirtiese	nos divirtiésemos
te divirtieras	os divirtierais		te divirtieses	os divirtieseis
se divirtiera	se divirtieran		se divirtiese	se divirtiesen

Past Perfect Subjunctive (-ra)		*or*	Past Perfect Subjunctive (-se)	
me hubiera divertido	nos hubiéramos divertido		me hubiese divertido	nos hubiésemos divertido
te hubieras divertido	os hubierais divertido		te hubieses divertido	os hubieseis divertido
se hubiera divertido	se hubieran divertido		se hubiese divertido	se hubiesen divertido

Progressive Tenses

Present	estoy, estás, está, estamos, estáis, están	
Preterit	estuve, estuviste, estuvo, estuvimos, estuvisteis, estuvieron	
Imperfect	estaba, estabas, estaba, estábamos, estabais, estaban	divirtiendo (*see page 41*)
Future	estaré, estarás, estará, estaremos, estaréis, estarán	
Conditional	estaría, estarías, estaría, estaríamos, estaríais, estarían	
Subjunctive	que + *corresponding subjunctive tense of* estar (*see verb 252*)	

Commands

	(nosotros) divirtámonos / no nos divirtamos
(tú) diviértete / no te diviertas	(vosotros) divertíos / no os divirtáis
(Ud.) diviértase / no se divierta	(Uds.) diviértanse / no se diviertan

(USAGE)

Me divertí muchísimo.	*I had a great time.*
Se divierte tocando el piano.	*She amuses herself playing the piano.*
—La película no me divirtió para nada.	*The film didn't amuse me at all.*
—Yo al contrario la encontré muy divertida.	*I, on the other hand, found it very entertaining.*
La cocina es su diversión favorita.	*Cooking is her favorite pastime.*

regular -ir verb　　　　　　　　　　　　**divido · dividieron · dividido · dividiendo**

Present

divido	dividimos
divides	dividís
divide	dividen

Preterit

dividí	dividimos
dividiste	dividisteis
dividió	dividieron

Imperfect

dividía	dividíamos
dividías	dividíais
dividía	dividían

Present Perfect

he dividido	hemos dividido
has dividido	habéis dividido
ha dividido	han dividido

Future

dividiré	dividiremos
dividirás	dividiréis
dividirá	dividirán

Conditional

dividiría	dividiríamos
dividirías	dividiríais
dividiría	dividirían

Pluperfect

había dividido	habíamos dividido
habías dividido	habíais dividido
había dividido	habían dividido

Preterit Perfect

hube dividido	hubimos dividido
hubiste dividido	hubisteis dividido
hubo dividido	hubieron dividido

Future Perfect

habré dividido	habremos dividido
habrás dividido	habréis dividido
habrá dividido	habrán dividido

Conditional Perfect

habría dividido	habríamos dividido
habrías dividido	habríais dividido
habría dividido	habrían dividido

Present Subjunctive

divida	dividamos
dividas	dividáis
divida	dividan

Present Perfect Subjunctive

haya dividido	hayamos dividido
hayas dividido	hayáis dividido
haya dividido	hayan dividido

Imperfect Subjunctive (-ra)

dividiera	dividiéramos
dividieras	dividierais
dividiera	dividieran

or

Imperfect Subjunctive (-se)

dividiese	dividiésemos
dividieses	dividieseis
dividiese	dividiesen

Past Perfect Subjunctive (-ra)

hubiera dividido	hubiéramos dividido
hubieras dividido	hubierais dividido
hubiera dividido	hubieran dividido

or

Past Perfect Subjunctive (-se)

hubiese dividido	hubiésemos dividido
hubieses dividido	hubieseis dividido
hubiese dividido	hubiesen dividido

Progressive Tenses

Present	estoy, estás, está, estamos, estáis, están	
Preterit	estuve, estuviste, estuvo, estuvimos, estuvisteis, estuvieron	
Imperfect	estaba, estabas, estaba, estábamos, estabais, estaban	dividiendo
Future	estaré, estarás, estará, estaremos, estaréis, estarán	
Conditional	estaría, estarías, estaría, estaríamos, estaríais, estarían	
Subjunctive	que + *corresponding subjunctive tense of* estar (*see verb 252*)	

Commands

	(nosotros) dividamos / no dividamos
(tú) divide / no dividas	(vosotros) dividid / no dividáis
(Ud.) divida / no divida	(Uds.) dividan / no dividan

Divide la pizza en ocho pedazos/rebanadas.	*Divide the pizza into eight pieces/ slices.*
Divide y vencerás.	*Divide and conquer.*
Una cerca divide los terrenos.	*A fence separates the plots of land.*
36 dividido por 4 son 9.	*36 divided by 4 is 9.*
Los alumnos practican problemas de división.	*The students are practicing division problems.*

divorciarse *to get/be divorced*

divorcio · divorciaron · divorciado · divorciándose   *regular -ar reflexive verb*

Present		Preterit	
me divorcio	nos divorciamos	me divorcié	nos divorciamos
te divorcias	os divorciáis	te divorciaste	os divorciasteis
se divorcia	se divorcian	se divorció	se divorciaron

Imperfect		Present Perfect	
me divorciaba	nos divorciábamos	me he divorciado	nos hemos divorciado
te divorciabas	os divorciabais	te has divorciado	os habéis divorciado
se divorciaba	se divorciaban	se ha divorciado	se han divorciado

Future		Conditional	
me divorciaré	nos divorciaremos	me divorciaría	nos divorciaríamos
te divorciarás	os divorciaréis	te divorciarías	os divorciaríais
se divorciará	se divorciarán	se divorciaría	se divorciarían

Pluperfect		Preterit Perfect	
me había divorciado	nos habíamos divorciado	me hube divorciado	nos hubimos divorciado
te habías divorciado	os habíais divorciado	te hubiste divorciado	os hubisteis divorciado
se había divorciado	se habían divorciado	se hubo divorciado	se hubieron divorciado

Future Perfect		Conditional Perfect	
me habré divorciado	nos habremos divorciado	me habría divorciado	nos habríamos divorciado
te habrás divorciado	os habréis divorciado	te habrías divorciado	os habríais divorciado
se habrá divorciado	se habrán divorciado	se habría divorciado	se habrían divorciado

Present Subjunctive		Present Perfect Subjunctive	
me divorcie	nos divorciemos	me haya divorciado	nos hayamos divorciado
te divorcies	os divorciéis	te hayas divorciado	os hayáis divorciado
se divorcie	se divorcien	se haya divorciado	se hayan divorciado

Imperfect Subjunctive (-ra)		or	Imperfect Subjunctive (-se)	
me divorciara	nos divorciáramos		me divorciase	nos divorciásemos
te divorciaras	os divorciarais		te divorciases	os divorciaseis
se divorciara	se divorciaran		se divorciase	se divorciasen

Past Perfect Subjunctive (-ra)		or	Past Perfect Subjunctive (-se)	
me hubiera divorciado	nos hubiéramos divorciado		me hubiese divorciado	nos hubiésemos divorciado
te hubieras divorciado	os hubierais divorciado		te hubieses divorciado	os hubieseis divorciado
se hubiera divorciado	se hubieran divorciado		se hubiese divorciado	se hubiesen divorciado

Progressive Tenses

Present	estoy, estás, está, estamos, estáis, están	
Preterit	estuve, estuviste, estuvo, estuvimos, estuvisteis, estuvieron	
Imperfect	estaba, estabas, estaba, estábamos, estabais, estaban	divorciando (*see page 41*)
Future	estaré, estarás, estará, estaremos, estaréis, estarán	
Conditional	estaría, estarías, estaría, estaríamos, estaríais, estarían	
Subjunctive	que + *corresponding subjunctive tense of* estar (*see verb 252*)	

Commands

	(nosotros) divorciémonos / no nos divorciemos
(tú) divórciate / no te divorcies	(vosotros) divorciaos / no os divorciéis
(Ud.) divórciese / no se divorcie	(Uds.) divórciense / no se divorcien

USAGE

Se divorciaron el año pasado.	*They got divorced a year ago.*
No se divorció de su marido.	*She didn't get a divorce from her husband.*
Sus hijos no quieren que sus padres se divorcien.	*The children don't want their parents to get a divorce.*
No se permite el divorcio según su religión.	*Divorce is not allowed according to their religion.*
Tiene ideas divorciadas de la realidad.	*She has ideas that are separated/divorced from reality.*

regular *-ar* verb

doblo · doblaron · doblado · doblando

Present		Preterit	
doblo	doblamos	doblé	doblamos
doblas	dobláis	doblaste	doblasteis
dobla	doblan	dobló	doblaron

Imperfect		Present Perfect	
doblaba	doblábamos	he doblado	hemos doblado
doblabas	doblabais	has doblado	habéis doblado
doblaba	doblaban	ha doblado	han doblado

Future		Conditional	
doblaré	doblaremos	doblaría	doblaríamos
doblarás	doblaréis	doblarías	doblaríais
doblará	doblarán	doblaría	doblarían

Pluperfect		Preterit Perfect	
había doblado	habíamos doblado	hube doblado	hubimos doblado
habías doblado	habíais doblado	hubiste doblado	hubisteis doblado
había doblado	habían doblado	hubo doblado	hubieron doblado

Future Perfect		Conditional Perfect	
habré doblado	habremos doblado	habría doblado	habríamos doblado
habrás doblado	habréis doblado	habrías doblado	habríais doblado
habrá doblado	habrán doblado	habría doblado	habrían doblado

Present Subjunctive		Present Perfect Subjunctive	
doble	doblemos	haya doblado	hayamos doblado
dobles	dobléis	hayas doblado	hayáis doblado
doble	doblen	haya doblado	hayan doblado

Imperfect Subjunctive (-ra)		or	Imperfect Subjunctive (-se)	
doblara	dobláramos		doblase	doblásemos
doblaras	doblarais		doblases	doblaseis
doblara	doblaran		doblase	doblasen

Past Perfect Subjunctive (-ra)		or	Past Perfect Subjunctive (-se)	
hubiera doblado	hubiéramos doblado		hubiese doblado	hubiésemos doblado
hubieras doblado	hubierais doblado		hubieses doblado	hubieseis doblado
hubiera doblado	hubieran doblado		hubiese doblado	hubiesen doblado

Progressive Tenses

Present	estoy, estás, está, estamos, estáis, están	
Preterit	estuve, estuviste, estuvo, estuvimos, estuvisteis, estuvieron	
Imperfect	estaba, estabas, estaba, estábamos, estabais, estaban	doblando
Future	estaré, estarás, estará, estaremos, estaréis, estarán	
Conditional	estaría, estarías, estaría, estaríamos, estaríais, estarían	
Subjunctive	que + *corresponding subjunctive tense of* estar (*see verb 252*)	

Commands

	(nosotros) doblemos / no doblemos
(tú) dobla / no dobles	(vosotros) doblad / no dobléis
(Ud.) doble / no doble	(Uds.) doblen / no doblen

USAGE

Doble el papel en cuatro.	*Fold the paper in fourths.*
Se ha doblado el precio.	*The price has doubled.*
Dobla a la derecha al llegar a la esquina.	*Turn right when you get to the corner.*
—No me gustan las películas dobladas.	*I don't like dubbed films.*
—Yo prefiero los títulos al doblaje.	*I prefer subtitles to dubbing.*
El sastre cose el dobladillo.	*The tailor is sewing the hem/cuff.*

doler to hurt, distress

duele · dolieron · dolido · doliendo

stem-changing -er verb: o > ue;
used in third-person singular and plural only

Present		Preterit	
duele	duelen	dolió	dolieron
Imperfect		*Present Perfect*	
dolía	dolían	ha dolido	han dolido
Future		*Conditional*	
dolerá	dolerán	dolería	dolerían
Pluperfect		*Preterit Perfect*	
había dolido	habían dolido	hubo dolido	hubieron dolido
Future Perfect		*Conditional Perfect*	
habrá dolido	habrán dolido	habría dolido	habrían dolido

Present Subjunctive		Present Perfect Subjunctive	
duela	duelan	haya dolido	hayan dolido

Imperfect Subjunctive (-ra)		*or*	*Imperfect Subjunctive (-se)*	
doliera	dolieran		doliese	doliesen

Past Perfect Subjunctive (-ra)		*or*	*Past Perfect Subjunctive (-se)*	
hubiera dolido	hubieran dolido		hubiese dolido	hubiesen dolido

Progressive Tenses

Present	está, están	
Preterit	estuvo, estuvieron	
Imperfect	estaba, estaban	
Future	estará, estarán	} doliendo
Conditional	estaría, estarían	
Subjunctive	que + *corresponding subjunctive tense of* estar (*see verb 252*)	

NOTE: Verb not used in commands

USAGE

—¿Qué te duele? · *What's hurting you?*
—Tengo dolor de cabeza/estómago. · *I have a headache/stomachache.*
¿Le duele algo? · *Is something hurting her?*
Le duele la espalda. · *She has a backache.*
Le duele el codo. · *His elbow hurts.*
Me duelen los pies. · *My feet hurt.*
—¿Te sigue doliendo la muela? · *Is your tooth still aching?*
—Sí, es un dolor sordo. · *Yes, it's a dull ache.*
Después de caerse le dolían las rodillas. · *After he fell his knees hurt.*
Nos duele su actitud hostil. · *We're distressed by their hostile attitude.*
Os dolía su comportamiento. · *You were distressed by their behavior.*
¿No le duele tener que hablarles así? · *Aren't you sorry to have to speak to them like that?*
Están dolidos. · *They're hurt/distressed.*
El tenista tiene las manos adoloridas. · *The tennis player has sore hands.*
La gente está dolorida por el accidente. · *The people are pained/grief-stricken because of the accident.*

Para nosotros, fue una decisión muy dolorosa. · *For us it was a very painful decision.*

stem-changing -ir verb:
o > ue (present); *o > u* (preterit)

duermo · durmieron · dormido · durmiendo

Present		*Preterit*	
duermo	dormimos	dormí	dormimos
duermes	dormís	dormiste	dormisteis
duerme	duermen	durmió	durmieron

Imperfect		*Present Perfect*	
dormía	dormíamos	he dormido	hemos dormido
dormías	dormíais	has dormido	habéis dormido
dormía	dormían	ha dormido	han dormido

Future		*Conditional*	
dormiré	dormiremos	dormiría	dormiríamos
dormirás	dormiréis	dormirías	dormiríais
dormirá	dormirán	dormiría	dormirían

Pluperfect		*Preterit Perfect*	
había dormido	habíamos dormido	hube dormido	hubimos dormido
habías dormido	habíais dormido	hubiste dormido	hubisteis dormido
había dormido	habían dormido	hubo dormido	hubieron dormido

Future Perfect		*Conditional Perfect*	
habré dormido	habremos dormido	habría dormido	habríamos dormido
habrás dormido	habréis dormido	habrías dormido	habríais dormido
habrá dormido	habrán dormido	habría dormido	habrían dormido

Present Subjunctive		*Present Perfect Subjunctive*	
duerma	durmamos	haya dormido	hayamos dormido
duermas	durmáis	hayas dormido	hayáis dormido
duerma	duerman	haya dormido	hayan dormido

Imperfect Subjunctive (-ra)		or	*Imperfect Subjunctive (-se)*	
durmiera	durmiéramos		durmiese	durmiésemos
durmieras	durmierais		durmieses	durmieseis
durmiera	durmieran		durmiese	durmiesen

Past Perfect Subjunctive (-ra)		or	*Past Perfect Subjunctive (-se)*	
hubiera dormido	hubiéramos dormido		hubiese dormido	hubiésemos dormido
hubieras dormido	hubierais dormido		hubieses dormido	hubieseis dormido
hubiera dormido	hubieran dormido		hubiese dormido	hubiesen dormido

Progressive Tenses

Present	estoy, estás, está, estamos, estáis, están	
Preterit	estuve, estuviste, estuvo, estuvimos, estuvisteis, estuvieron	
Imperfect	estaba, estabas, estaba, estábamos, estabais, estaban	durmiendo
Future	estaré, estarás, estará, estaremos, estaréis, estarán	
Conditional	estaría, estarías, estaría, estaríamos, estaríais, estarían	
Subjunctive	que + *corresponding subjunctive tense of* estar (*see verb 252*)	

Commands

	(nosotros) durmamos / no durmamos
(tú) duerme / no duermas	(vosotros) dormid / no durmáis
(Ud.) duerma / no duerma	(Uds.) duerman / no duerman

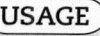

Durmió muy bien.	*She slept very well.*
Duermen siete horas todas las noches.	*They sleep seven hours every night.*
¿Dormisteis la siesta?	*Did you take a nap?*
Nos dormimos a las once.	*We fell asleep at 11:00.*
La casa tiene cinco dormitorios.	*The house has five bedrooms.*
Están dormidos.	*They're sleeping.*

dormir *to sleep*

duermo · durmieron · dormido · durmiendo

stem-changing -ir verb:
o > ue (present); o > u (preterit)

Durmió como un lirón.	*He slept like a log (lit., dormouse).*
❸ —Tengo sueño. Me voy a dormir.	*I'm sleepy. I'm going to go to sleep.*
—Yo no tengo sueño. Si me acuesto ahora no podré dormirme.	*I'm not sleepy. If I go to bed now, I won't be able to fall asleep.*
❸ —Ella duerme profundamente.	*She sleeps soundly/deeply.*
—Pero él es de mal dormir.	*But he sleeps badly. / He's a light sleeper.*
La mala ventilación de la sala nos dormía.	*The stuffiness of the room was putting us to sleep.*
Pasan los días durmiendo.	*They sleep away the days.*
Nos pasamos toda la obra de teatro durmiendo.	*We slept through the entire play.*
❸ —Me alegro de que vayamos a dormir al aire libre.	*I'm happy we're going to sleep outdoors.*
—Yo no voy porque no tengo saco de dormir.	*I'm not going because I don't have a sleeping bag.*
❸ —¡Qué dormilón! ¡Levántate ya!	*What a sleepyhead! Get up already!*
—No todavía. Estoy medio dormido.	*Not yet. I'm half asleep.*
Se quedó dormido leyendo.	*He fell asleep reading.*
❸ —El niño está dormido. No debemos hacer ruido.	*The child is sleeping. We mustn't make noise.*
—No te preocupes. Duerme como un tronco.	*Don't worry. He sleeps like a log.*
Madrid es una ciudad que nunca duerme.	*Madrid is a city that never sleeps.*

dormirse *to go to sleep, fall asleep, go numb*

Duérmete, niño.	*Go to sleep, little one.*
¿A qué hora te dormiste?	*At what time did you fall asleep?*
Se duerme sobre los laureles.	*She's resting on her laurels.*
La pierna se me ha dormido.	*My leg has gone to sleep.*
Camarón que se duerme, se lo lleva la corriente.	*The shrimp that falls asleep is swept away by the current. (= You snooze, you lose.)*

OTHER USES AND RELATED WORDS

Mi cuento de hadas preferido es la Bella Durmiente del bosque.	*My favorite fairy tale is Sleeping Beauty.*
Están durmiendo la mona porque tomaron mucho anoche.	*They're sleeping it off because they had a lot to drink last night.*
El secretario dormitaba durante la reunión aburrida.	*The secretary was dozing off during the boring meeting.*
Sus abuelos ya duermen el último sueño.	*Their grandparents are dead.*
El que mucho duerme, poco aprende.	*He who sleeps a lot learns very little.*
Según hagas tu cama, así dormirás.	*As you make your bed, so shall you lie in it.*

regular -ar reflexive verb

ducho · ducharon · duchado · duchándose

Present

me ducho	nos duchamos
te duchas	os ducháis
se ducha	se duchan

Preterit

me duché	nos duchamos
te duchaste	os duchasteis
se duchó	se ducharon

Imperfect

me duchaba	nos duchábamos
te duchabas	os duchabais
se duchaba	se duchaban

Present Perfect

me he duchado	nos hemos duchado
te has duchado	os habéis duchado
se ha duchado	se han duchado

Future

me ducharé	nos ducharemos
te ducharás	os ducharéis
se duchará	se ducharán

Conditional

me ducharía	nos ducharíamos
te ducharías	os ducharíais
se ducharía	se ducharían

Pluperfect

me había duchado	nos habíamos duchado
te habías duchado	os habíais duchado
se había duchado	se habían duchado

Preterit Perfect

me hube duchado	nos hubimos duchado
te hubiste duchado	os hubisteis duchado
se hubo duchado	se hubieron duchado

Future Perfect

me habré duchado	nos habremos duchado
te habrás duchado	os habréis duchado
se habrá duchado	se habrán duchado

Conditional Perfect

me habría duchado	nos habríamos duchado
te habrías duchado	os habríais duchado
se habría duchado	se habrían duchado

Present Subjunctive

me duche	nos duchemos
te duches	os duchéis
se duche	se duchen

Present Perfect Subjunctive

me haya duchado	nos hayamos duchado
te hayas duchado	os hayáis duchado
se haya duchado	se hayan duchado

Imperfect Subjunctive (-ra)

me duchara	nos ducháramos
te ducharas	os ducharais
se duchara	se ducharan

or

Imperfect Subjunctive (-se)

me duchase	nos duchásemos
te duchases	os duchaseis
se duchase	se duchasen

Past Perfect Subjunctive (-ra)

me hubiera duchado	nos hubiéramos duchado
te hubieras duchado	os hubierais duchado
se hubiera duchado	se hubieran duchado

or

Past Perfect Subjunctive (-se)

me hubiese duchado	nos hubiésemos duchado
te hubieses duchado	os hubieseis duchado
se hubiese duchado	se hubiesen duchado

Progressive Tenses

Present	estoy, estás, está, estamos, estáis, están	
Preterit	estuve, estuviste, estuvo, estuvimos, estuvisteis, estuvieron	
Imperfect	estaba, estabas, estaba, estábamos, estabais, estaban	duchando (*see page 41*)
Future	estaré, estarás, estará, estaremos, estaréis, estarán	
Conditional	estaría, estarías, estaría, estaríamos, estaríais, estarían	
Subjunctive	que + *corresponding subjunctive tense of* estar (*see verb 252*)	

Commands

	(nosotros) duchémonos / no nos duchemos
(tú) dúchate / no te duches	(vosotros) duchaos / no os duchéis
(Ud.) dúchese / no se duche	(Uds.) dúchense / no se duchen

USAGE

—¿Te duchas ahora?	*Are you going to take a shower now?*
—No. Me doy una ducha más tarde.	*No, I'll shower later.*
¿Te duchaste o te bañaste?	*Did you take a shower or a bath?*
Los jugadores se ducharon después del partido.	*The players showered after the game.*

dudar *to doubt*

dudo · dudaron · dudado · dudando   regular -*ar* verb

Present		Preterit	
dudo	dudamos	dudé	dudamos
dudas	dudáis	dudaste	dudasteis
duda	dudan	dudó	dudaron

Imperfect		Present Perfect	
dudaba	dudábamos	he dudado	hemos dudado
dudabas	dudabais	has dudado	habéis dudado
dudaba	dudaban	ha dudado	han dudado

Future		Conditional	
dudaré	dudaremos	dudaría	dudaríamos
dudarás	dudaréis	dudarías	dudaríais
dudará	dudarán	dudaría	dudarían

Pluperfect		Preterit Perfect	
había dudado	habíamos dudado	hube dudado	hubimos dudado
habías dudado	habíais dudado	hubiste dudado	hubisteis dudado
había dudado	habían dudado	hubo dudado	hubieron dudado

Future Perfect		Conditional Perfect	
habré dudado	habremos dudado	habría dudado	habríamos dudado
habrás dudado	habréis dudado	habrías dudado	habríais dudado
habrá dudado	habrán dudado	habría dudado	habrían dudado

Present Subjunctive		Present Perfect Subjunctive	
dude	dudemos	haya dudado	hayamos dudado
dudes	dudéis	hayas dudado	hayáis dudado
dude	duden	haya dudado	hayan dudado

Imperfect Subjunctive (-ra)		or	Imperfect Subjunctive (-se)	
dudara	dudáramos		dudase	dudásemos
dudaras	dudarais		dudases	dudaseis
dudara	dudaran		dudase	dudasen

Past Perfect Subjunctive (-ra)		or	Past Perfect Subjunctive (-se)	
hubiera dudado	hubiéramos dudado		hubiese dudado	hubiésemos dudado
hubieras dudado	hubierais dudado		hubieses dudado	hubieseis dudado
hubiera dudado	hubieran dudado		hubiese dudado	hubiesen dudado

Progressive Tenses

Present	estoy, estás, está, estamos, estáis, están	
Preterit	estuve, estuviste, estuvo, estuvimos, estuvisteis, estuvieron	
Imperfect	estaba, estabas, estaba, estábamos, estabais, estaban	dudando
Future	estaré, estarás, estará, estaremos, estaréis, estarán	
Conditional	estaría, estarías, estaría, estaríamos, estaríais, estarían	
Subjunctive	que + *corresponding subjunctive tense of* estar (*see verb 252*)	

Commands

	(nosotros) dudemos / no dudemos
(tú) duda / no dudes	(vosotros) dudad / no dudéis
(Ud.) dude / no dude	(Uds.) duden / no duden

USAGE

Dudamos que lleguen hoy.	*We doubt that they'll arrive today.*
No dudo que nos invita.	*I don't doubt she'll invite us.*
No dudes en llamarme.	*Don't hesitate to call me.*
Ponen en duda lo que dijiste.	*They doubt/question what you said.*
No cabe duda. / Sin lugar a dudas.	*There's no doubt.*
El asunto queda dudoso.	*The matter is uncertain.*
Nos lo contaron dudosamente.	*They told us about it hesitantly.*

regular *-ar* verb

duro · duraron · durado · durando

	Present		Preterit
duro	duramos	duré	duramos
duras	duráis	duraste	durasteis
dura	duran	duró	duraron

	Imperfect		Present Perfect
duraba	durábamos	he durado	hemos durado
durabas	durabais	has durado	habéis durado
duraba	duraban	ha durado	han durado

	Future		Conditional
duraré	duraremos	duraría	duraríamos
durarás	duraréis	durarías	duraríais
durará	durarán	duraría	durarían

	Pluperfect		Preterit Perfect
había durado	habíamos durado	hube durado	hubimos durado
habías durado	habíais durado	hubiste durado	hubisteis durado
había durado	habían durado	hubo durado	hubieron durado

	Future Perfect		Conditional Perfect
habré durado	habremos durado	habría durado	habríamos durado
habrás durado	habréis durado	habrías durado	habríais durado
habrá durado	habrán durado	habría durado	habrían durado

	Present Subjunctive		Present Perfect Subjunctive
dure	duremos	haya durado	hayamos durado
dures	duréis	hayas durado	hayáis durado
dure	duren	haya durado	hayan durado

	Imperfect Subjunctive (-ra)	or		Imperfect Subjunctive (-se)
durara	duráramos		durase	durásemos
duraras	durarais		durases	duraseis
durara	duraran		durase	durasen

	Past Perfect Subjunctive (-ra)	or		Past Perfect Subjunctive (-se)
hubiera durado	hubiéramos durado		hubiese durado	hubiésemos durado
hubieras durado	hubierais durado		hubieses durado	hubieseis durado
hubiera durado	hubieran durado		hubiese durado	hubiesen durado

Progressive Tenses

Present	estoy, estás, está, estamos, estáis, están	
Preterit	estuve, estuviste, estuvo, estuvimos, estuvisteis, estuvieron	
Imperfect	estaba, estabas, estaba, estábamos, estabais, estaban	durando
Future	estaré, estarás, estará, estaremos, estaréis, estarán	
Conditional	estaría, estarías, estaría, estaríamos, estaríais, estarían	
Subjunctive	que + *corresponding subjunctive tense of* estar (*see verb 252*)	

Commands

	(nosotros) duremos / no duremos
(tú) dura / no dures	(vosotros) durad / no duréis
(Ud.) dure / no dure	(Uds.) duren / no duren

USAGE

Este reloj te durará muchos años.	*This watch will last you for many years.*
La Primera Guerra Mundial duró cuatro años.	*World War I went on for four years.*
Su soledad duró por muchos años.	*Her loneliness continued for many years.*
Nos reunimos durante las vacaciones.	*We'll get together during our vacation.*
La duración del contrato es de tres años.	*The duration of the contract is three years.*

208 (echar) to throw, throw out, give off

echo · echaron · echado · echando

regular -ar verb

Echen jugo en los vasos.	Pour juice into the glasses.
Echa una mirada a los niños hasta que yo vuelva.	Keep an eye on the kids until I come back.
◐ —Carolina fue una gran persona. La vamos a echar de menos.	Carolina was a great person. We're going to miss her.
—Sí, ella siempre echaba una mano a sus vecinos.	Yes, she always lent her neighbors a helping hand.
¿Echáis de menos a vuestros amigos?	Do you miss your friends?
Voy a echar estas cartas al buzón.	I'm going to mail these letters.
Echemos más sal/cilantro al guisado.	Let's add more salt/coriander to the stew.
La familia ha echado raíces en su nuevo pueblo.	The family has put down roots in their new town.

echar a + infinitive

Echó a reír/gritar/correr.	She started to laugh/shout/run.

echarse

Se echó a perder una gran oportunidad.	A great opportunity was lost/wasted.
Se echaron atrás para evitar una confrontación.	They backed down to avoid a confrontation.
Échate en el sofá.	Lie down / Stretch out on the sofa.
Se las echa de don Juan.	He boasts about being / fancies himself a don Juan.
La nata batida se echó a perder.	The whipped cream spoiled / went bad.

OTHER USES AND RELATED WORDS

Nos echó en cara lo que habíamos hecho.	He threw it up to us what we had done.
◐ —Hay discordia porque sigues echando leña al fuego.	There's discord because you keep adding fuel to the fire.
—Oye, no me eches la culpa a mí.	Hey, don't put the blame on me.
Está echando mano al helado.	She's reaching for the ice cream.
Es como echar agua en el mar.	It's like carrying coals to Newcastle.
◐ —Aquel jugador estaba tan furioso que echaba humo por los ojos y le dijo algo malo al árbitro.	That player was so furious that his eyes flashed with rage and he said something bad to the umpire.
—Por eso lo echaron del partido.	That's why they threw him out of the game.
La chimenea está echando humo.	The fireplace is smoking.
Se nos echan encima las vacaciones.	Vacation time is almost upon us.
Echamos una hora en ir al trabajo.	It takes us an hour to get to work.
El ataque terrorista echó por tierra las afirmaciones del Kremlin de que la situación está bajo control.	The terrorist attack challenged the statements by the Kremlin that the situation is under control.
Les animamos a Uds. a echar un vistazo al catálogo en línea.	We encourage you to take a look at the online catalog.
La puerta del garaje estaba sin echar la llave.	The garage door was unlocked.
Algunos comerciantes optaron por echar el cerrojo a sus negocios después del sismo.	Some merchants chose to shut down their businesses after the earthquake.

regular -*ar* verb

Present		Preterit	
echo	echamos	eché	echamos
echas	echáis	echaste	echasteis
echa	echan	echó	echaron

Imperfect		Present Perfect	
echaba	echábamos	he echado	hemos echado
echabas	echabais	has echado	habéis echado
echaba	echaban	ha echado	han echado

Future		Conditional	
echaré	echaremos	echaría	echaríamos
echarás	echaréis	echarías	echaríais
echará	echarán	echaría	echarían

Pluperfect		Preterit Perfect	
había echado	habíamos echado	hube echado	hubimos echado
habías echado	habíais echado	hubiste echado	hubisteis echado
había echado	habían echado	hubo echado	hubieron echado

Future Perfect		Conditional Perfect	
habré echado	habremos echado	habría echado	habríamos echado
habrás echado	habréis echado	habrías echado	habríais echado
habrá echado	habrán echado	habría echado	habrían echado

Present Subjunctive		Present Perfect Subjunctive	
eche	echemos	haya echado	hayamos echado
eches	echéis	hayas echado	hayáis echado
eche	echen	haya echado	hayan echado

Imperfect Subjunctive (-ra)		or	Imperfect Subjunctive (-se)	
echara	echáramos		echase	echásemos
echaras	echarais		echases	echaseis
echara	echaran		echase	echasen

Past Perfect Subjunctive (-ra)		or	Past Perfect Subjunctive (-se)	
hubiera echado	hubiéramos echado		hubiese echado	hubiésemos echado
hubieras echado	hubierais echado		hubieses echado	hubieseis echado
hubiera echado	hubieran echado		hubiese echado	hubiesen echado

Progressive Tenses

Present	estoy, estás, está, estamos, estáis, están	
Preterit	estuve, estuviste, estuvo, estuvimos, estuvisteis, estuvieron	
Imperfect	estaba, estabas, estaba, estábamos, estabais, estaban	echando
Future	estaré, estarás, estará, estaremos, estaréis, estarán	
Conditional	estaría, estarías, estaría, estaríamos, estaríais, estarían	
Subjunctive	que + *corresponding subjunctive tense of* estar (*see verb 252*)	

Commands

	(nosotros) echemos / no echemos
(tú) echa / no eches	(vosotros) echad / no echéis
(Ud.) eche / no eche	(Uds.) echen / no echen

No eches la basura allí.	*Don't throw the garbage there.*
Echa la moneda. ¿Cara o cruz?	*Toss the coin. Heads or tails?*
Echaron al director comercial por mala administración.	*They fired / threw out the business manager because of mismanagement.*
Las azucenas echan un hermoso olor.	*The lilies give off a beautiful smell.*

efectuar *to effect, carry out, do, execute, perform*

-ar verb; spelling change:
u > ú when stressed

efectúo · efectuaron · efectuado · efectuando

Present		Preterit	
efectúo	efectuamos	efectué	efectuamos
efectúas	efectuáis	efectuaste	efectuasteis
efectúa	efectúan	efectuó	efectuaron

Imperfect		Present Perfect	
efectuaba	efectuábamos	he efectuado	hemos efectuado
efectuabas	efectuabais	has efectuado	habéis efectuado
efectuaba	efectuaban	ha efectuado	han efectuado

Future		Conditional	
efectuaré	efectuaremos	efectuaría	efectuaríamos
efectuarás	efectuaréis	efectuarías	efectuaríais
efectuará	efectuarán	efectuaría	efectuarían

Pluperfect		Preterit Perfect	
había efectuado	habíamos efectuado	hube efectuado	hubimos efectuado
habías efectuado	habíais efectuado	hubiste efectuado	hubisteis efectuado
había efectuado	habían efectuado	hubo efectuado	hubieron efectuado

Future Perfect		Conditional Perfect	
habré efectuado	habremos efectuado	habría efectuado	habríamos efectuado
habrás efectuado	habréis efectuado	habrías efectuado	habríais efectuado
habrá efectuado	habrán efectuado	habría efectuado	habrían efectuado

Present Subjunctive		Present Perfect Subjunctive	
efectúe	efectuemos	haya efectuado	hayamos efectuado
efectúes	efectuéis	hayas efectuado	hayáis efectuado
efectúe	efectúen	haya efectuado	hayan efectuado

Imperfect Subjunctive (-ra)		or	Imperfect Subjunctive (-se)	
efectuara	efectuáramos		efectuase	efectuásemos
efectuaras	efectuarais		efectuases	efectuaseis
efectuara	efectuaran		efectuase	efectuasen

Past Perfect Subjunctive (-ra)		or	Past Perfect Subjunctive (-se)	
hubiera efectuado	hubiéramos efectuado		hubiese efectuado	hubiésemos efectuado
hubieras efectuado	hubierais efectuado		hubieses efectuado	hubieseis efectuado
hubiera efectuado	hubieran efectuado		hubiese efectuado	hubiesen efectuado

Progressive Tenses

Present	estoy, estás, está, estamos, estáis, están	
Preterit	estuve, estuviste, estuvo, estuvimos, estuvisteis, estuvieron	
Imperfect	estaba, estabas, estaba, estábamos, estabais, estaban	efectuando
Future	estaré, estarás, estará, estaremos, estaréis, estarán	
Conditional	estaría, estarías, estaría, estaríamos, estaríais, estarían	
Subjunctive	que + *corresponding subjunctive tense of* estar (*see verb 252*)	

Commands

	(nosotros) efectuemos / no efectuemos
(tú) efectúa / no efectúes	(vosotros) efectuad / no efectuéis
(Ud.) efectúe / no efectúe	(Uds.) efectúen / no efectúen

USAGE

Se efectúan las compras por teléfono
   o en línea.
La compañía está efectuando cambios.
Ya se efectuaron todas las operaciones
   necesarias.
¿Cuáles son los efectos?

You can make purchases by telephone
   or online.
The company is carrying out / executing changes.
All the necessary operations have been performed.

What are the effects?

-er verb; spelling change: c > z/o, a   ejerzo · ejercieron · ejercido · ejerciendo

	Present		Preterit
ejerzo	ejercemos	ejercí	ejercimos
ejerces	ejercéis	ejerciste	ejercisteis
ejerce	ejercen	ejerció	ejercieron

	Imperfect		Present Perfect
ejercía	ejercíamos	he ejercido	hemos ejercido
ejercías	ejercíais	has ejercido	habéis ejercido
ejercía	ejercían	ha ejercido	han ejercido

	Future		Conditional
ejerceré	ejerceremos	ejercería	ejerceríamos
ejercerás	ejerceréis	ejercerías	ejerceríais
ejercerá	ejercerán	ejercería	ejercerían

	Pluperfect		Preterit Perfect
había ejercido	habíamos ejercido	hube ejercido	hubimos ejercido
habías ejercido	habíais ejercido	hubiste ejercido	hubisteis ejercido
había ejercido	habían ejercido	hubo ejercido	hubieron ejercido

	Future Perfect		Conditional Perfect
habré ejercido	habremos ejercido	habría ejercido	habríamos ejercido
habrás ejercido	habréis ejercido	habrías ejercido	habríais ejercido
habrá ejercido	habrán ejercido	habría ejercido	habrían ejercido

	Present Subjunctive		Present Perfect Subjunctive
ejerza	ejerzamos	haya ejercido	hayamos ejercido
ejerzas	ejerzáis	hayas ejercido	hayáis ejercido
ejerza	ejerzan	haya ejercido	hayan ejercido

	Imperfect Subjunctive (-ra)	or	Imperfect Subjunctive (-se)
ejerciera	ejerciéramos	ejerciese	ejerciésemos
ejercieras	ejercierais	ejercieses	ejercieseis
ejerciera	ejercieran	ejerciese	ejerciesen

	Past Perfect Subjunctive (-ra)	or	Past Perfect Subjunctive (-se)
hubiera ejercido	hubiéramos ejercido	hubiese ejercido	hubiésemos ejercido
hubieras ejercido	hubierais ejercido	hubieses ejercido	hubieseis ejercido
hubiera ejercido	hubieran ejercido	hubiese ejercido	hubiesen ejercido

Progressive Tenses

Present	estoy, estás, está, estamos, estáis, están	
Preterit	estuve, estuviste, estuvo, estuvimos, estuvisteis, estuvieron	
Imperfect	estaba, estabas, estaba, estábamos, estabais, estaban	ejerciendo
Future	estaré, estarás, estará, estaremos, estaréis, estarán	
Conditional	estaría, estarías, estaría, estaríamos, estaríais, estarían	
Subjunctive	que + *corresponding subjunctive tense of* estar *(see verb 252)*	

Commands

	(nosotros) ejerzamos / no ejerzamos
(tú) ejerce / no ejerzas	(vosotros) ejerced / no ejerzáis
(Ud.) ejerza / no ejerza	(Uds.) ejerzan / no ejerzan

USAGE

Benjamín Sandoval ejerce de abogado.	*Benjamín Sandoval practices law.*
El pueblo ejerce el derecho al voto.	*The people exercise the right to vote.*
El presidente en ejercicio ejercía su influencia.	*The acting chairman exerted his influence.*
Hacemos ejercicios en el gimnasio.	*We do exercises at the gym.*
Julieta Valderrama ejercita la medicina.	*Julieta Valderrama practices medicine.*
Los soldados ejercitan mucho en el ejército.	*The soldiers drill/train a lot in the army.*

elegir *to choose, select, elect*

elijo · eligieron · elegido · eligiendo

stem-changing -ir verb: *e > i*;
spelling change: *g > j/o, a*

Present
elijo	elegimos		
eliges	elegís		
elige	eligen		

Preterit
elegí	elegimos
elegiste	elegisteis
eligió	eligieron

Imperfect
elegía	elegíamos
elegías	elegíais
elegía	elegían

Present Perfect
he elegido	hemos elegido
has elegido	habéis elegido
ha elegido	han elegido

Future
elegiré	elegiremos
elegirás	elegiréis
elegirá	elegirán

Conditional
elegiría	elegiríamos
elegirías	elegiríais
elegiría	elegirían

Pluperfect
había elegido	habíamos elegido
habías elegido	habíais elegido
había elegido	habían elegido

Preterit Perfect
hube elegido	hubimos elegido
hubiste elegido	hubisteis elegido
hubo elegido	hubieron elegido

Future Perfect
habré elegido	habremos elegido
habrás elegido	habréis elegido
habrá elegido	habrán elegido

Conditional Perfect
habría elegido	habríamos elegido
habrías elegido	habríais elegido
habría elegido	habrían elegido

Present Subjunctive
elija	elijamos
elijas	elijáis
elija	elijan

Present Perfect Subjunctive
haya elegido	hayamos elegido
hayas elegido	hayáis elegido
haya elegido	hayan elegido

Imperfect Subjunctive (-ra)
eligiera	eligiéramos
eligieras	eligierais
eligiera	eligieran

or

Imperfect Subjunctive (-se)
eligiese	eligiésemos
eligieses	eligieseis
eligiese	eligiesen

Past Perfect Subjunctive (-ra)
hubiera elegido	hubiéramos elegido
hubieras elegido	hubierais elegido
hubiera elegido	hubieran elegido

or

Past Perfect Subjunctive (-se)
hubiese elegido	hubiésemos elegido
hubieses elegido	hubieseis elegido
hubiese elegido	hubiesen elegido

Progressive Tenses
Present	estoy, estás, está, estamos, estáis, están
Preterit	estuve, estuviste, estuvo, estuvimos, estuvisteis, estuvieron
Imperfect	estaba, estabas, estaba, estábamos, estabais, estaban
Future	estaré, estarás, estará, estaremos, estaréis, estarán
Conditional	estaría, estarías, estaría, estaríamos, estaríais, estarían
Subjunctive	que + *corresponding subjunctive tense of* estar (*see verb 252*)

} eligiendo

Commands
	(nosotros) elijamos / no elijamos
(tú) elige / no elijas	(vosotros) elegid / no elijáis
(Ud.) elija / no elija	(Uds.) elijan / no elijan

USAGE

—Elige el color.
—Prefiero que lo elijas tú.
El gobernador fue elegido Presidente de los Estados Unidos.
Eligieron un plato de pollo.
Hay elecciones generales en los Estados Unidos cada cuatro años.

Choose the color.
I prefer that you select it.
The governor was elected President of the United States.
They chose a chicken dish.
There's a general election in the United States every four years.

Present		Preterit	
embarco	embarcamos	embarqué	embarcamos
embarcas	embarcáis	embarcaste	embarcasteis
embarca	embarcan	embarcó	embarcaron

Imperfect		Present Perfect	
embarcaba	embarcábamos	he embarcado	hemos embarcado
embarcabas	embarcabais	has embarcado	habéis embarcado
embarcaba	embarcaban	ha embarcado	han embarcado

Future		Conditional	
embarcaré	embarcaremos	embarcaría	embarcaríamos
embarcarás	embarcaréis	embarcarías	embarcaríais
embarcará	embarcarán	embarcaría	embarcarían

Pluperfect		Preterit Perfect	
había embarcado	habíamos embarcado	hube embarcado	hubimos embarcado
habías embarcado	habíais embarcado	hubiste embarcado	hubisteis embarcado
había embarcado	habían embarcado	hubo embarcado	hubieron embarcado

Future Perfect		Conditional Perfect	
habré embarcado	habremos embarcado	habría embarcado	habríamos embarcado
habrás embarcado	habréis embarcado	habrías embarcado	habríais embarcado
habrá embarcado	habrán embarcado	habría embarcado	habrían embarcado

Present Subjunctive		Present Perfect Subjunctive	
embarque	embarquemos	haya embarcado	hayamos embarcado
embarques	embarquéis	hayas embarcado	hayáis embarcado
embarque	embarquen	haya embarcado	hayan embarcado

Imperfect Subjunctive (-ra)		or	Imperfect Subjunctive (-se)	
embarcara	embarcáramos		embarcase	embarcásemos
embarcaras	embarcarais		embarcases	embarcaseis
embarcara	embarcaran		embarcase	embarcasen

Past Perfect Subjunctive (-ra)		or	Past Perfect Subjunctive (-se)	
hubiera embarcado	hubiéramos embarcado		hubiese embarcado	hubiésemos embarcado
hubieras embarcado	hubierais embarcado		hubieses embarcado	hubieseis embarcado
hubiera embarcado	hubieran embarcado		hubiese embarcado	hubiesen embarcado

Progressive Tenses

Present	estoy, estás, está, estamos, estáis, están	
Preterit	estuve, estuviste, estuvo, estuvimos, estuvisteis, estuvieron	
Imperfect	estaba, estabas, estaba, estábamos, estabais, estaban	embarcando
Future	estaré, estarás, estará, estaremos, estaréis, estarán	
Conditional	estaría, estarías, estaría, estaríamos, estaríais, estarían	
Subjunctive	que + *corresponding subjunctive tense of* estar (*see verb 252*)	

Commands

	(nosotros) embarquemos / no embarquemos
(tú) embarca / no embarques	(vosotros) embarcad / no embarquéis
(Ud.) embarque / no embarque	(Uds.) embarquen / no embarquen

USAGE

Embarcaron las mercancías.   *They put the merchandise aboard.*
El barco está aquí. Embarquemos.   *The boat is here. Let's go aboard.*
Se han embarcado en otra enorme empresa.   *They're launched into another huge undertaking.*
Nos encanta pasearnos por el embarcadero.   *We love to stroll along the dock/jetty.*

emocionarse *to be moved/touched, get excited/thrilled/upset*

emociono · emocionaron · emocionado · emocionándose   regular -ar reflexive verb

Present		Preterit	
me emociono	nos emocionamos	me emocioné	nos emocionamos
te emocionas	os emocionáis	te emocionaste	os emocionasteis
se emociona	se emocionan	se emocionó	se emocionaron

Imperfect		Present Perfect	
me emocionaba	nos emocionábamos	me he emocionado	nos hemos emocionado
te emocionabas	os emocionabais	te has emocionado	os habéis emocionado
se emocionaba	se emocionaban	se ha emocionado	se han emocionado

Future		Conditional	
me emocionaré	nos emocionaremos	me emocionaría	nos emocionaríamos
te emocionarás	os emocionaréis	te emocionarías	os emocionaríais
se emocionará	se emocionarán	se emocionaría	se emocionarían

Pluperfect		Preterit Perfect	
me había emocionado	nos habíamos emocionado	me hube emocionado	nos hubimos emocionado
te habías emocionado	os habíais emocionado	te hubiste emocionado	os hubisteis emocionado
se había emocionado	se habían emocionado	se hubo emocionado	se hubieron emocionado

Future Perfect		Conditional Perfect	
me habré emocionado	nos habremos emocionado	me habría emocionado	nos habríamos emocionado
te habrás emocionado	os habréis emocionado	te habrías emocionado	os habríais emocionado
se habrá emocionado	se habrán emocionado	se habría emocionado	se habrían emocionado

Present Subjunctive		Present Perfect Subjunctive	
me emocione	nos emocionemos	me haya emocionado	nos hayamos emocionado
te emociones	os emocionéis	te hayas emocionado	os hayáis emocionado
se emocione	se emocionen	se haya emocionado	se hayan emocionado

Imperfect Subjunctive (-ra)		or	Imperfect Subjunctive (-se)	
me emocionara	nos emocionáramos		me emocionase	nos emocionásemos
te emocionaras	os emocionarais		te emocionases	os emocionaseis
se emocionara	se emocionaran		se emocionase	se emocionasen

Past Perfect Subjunctive (-ra)		or	Past Perfect Subjunctive (-se)	
me hubiera emocionado	nos hubiéramos emocionado		me hubiese emocionado	nos hubiésemos emocionado
te hubieras emocionado	os hubierais emocionado		te hubieses emocionado	os hubieseis emocionado
se hubiera emocionado	se hubieran emocionado		se hubiese emocionado	se hubiesen emocionado

Progressive Tenses

Present	estoy, estás, está, estamos, estáis, están	
Preterit	estuve, estuviste, estuvo, estuvimos, estuvisteis, estuvieron	
Imperfect	estaba, estabas, estaba, estábamos, estabais, estaban	emocionando (see page 41)
Future	estaré, estarás, estará, estaremos, estaréis, estarán	
Conditional	estaría, estarías, estaría, estaríamos, estaríais, estarían	
Subjunctive	que + corresponding subjunctive tense of estar (see verb 252)	

Commands

	(nosotros) emocionémonos / no nos emocionemos
(tú) emociónate / no te emociones	(vosotros) emocionaos / no os emocionéis
(Ud.) emociónese / no se emocione	(Uds.) emociónense / no se emocionen

USAGE

Se emocionó mucho al vernos.	*She got very excited when she saw us.*
Su éxito en el teatro nos emociona.	*Their success in the theater is thrilling to us.*
Te emocionas cada vez que se van.	*You get upset each time they leave.*
Estaban muy emocionados.	*They were very moved/upset.*
Encontré el libro realmente emocionante.	*I found the book really exciting/moving.*

regular *-ar* reflexive verb

empeño · empeñaron · empeñado · empeñándose

Present
me empeño	nos empeñamos
te empeñas	os empeñáis
se empeña	se empeñan

Preterit
me empeñé	nos empeñamos
te empeñaste	os empeñasteis
se empeñó	se empeñaron

Imperfect
me empeñaba	nos empeñábamos
te empeñabas	os empeñabais
se empeñaba	se empeñaban

Present Perfect
me he empeñado	nos hemos empeñado
te has empeñado	os habéis empeñado
se ha empeñado	se han empeñado

Future
me empeñaré	nos empeñaremos
te empeñarás	os empeñaréis
se empeñará	se empeñarán

Conditional
me empeñaría	nos empeñaríamos
te empeñarías	os empeñaríais
se empeñaría	se empeñarían

Pluperfect
me había empeñado	nos habíamos empeñado
te habías empeñado	os habíais empeñado
se había empeñado	se habían empeñado

Preterit Perfect
me hube empeñado	nos hubimos empeñado
te hubiste empeñado	os hubisteis empeñado
se hubo empeñado	se hubieron empeñado

Future Perfect
me habré empeñado	nos habremos empeñado
te habrás empeñado	os habréis empeñado
se habrá empeñado	se habrán empeñado

Conditional Perfect
me habría empeñado	nos habríamos empeñado
te habrías empeñado	os habríais empeñado
se habría empeñado	se habrían empeñado

Present Subjunctive
me empeñe	nos empeñemos
te empeñes	os empeñéis
se empeñe	se empeñen

Present Perfect Subjunctive
me haya empeñado	nos hayamos empeñado
te hayas empeñado	os hayáis empeñado
se haya empeñado	se hayan empeñado

Imperfect Subjunctive (-ra)   or   Imperfect Subjunctive (-se)
me empeñara	nos empeñáramos	me empeñase	nos empeñásemos
te empeñaras	os empeñarais	te empeñases	os empeñaseis
se empeñara	se empeñaran	se empeñase	se empeñasen

Past Perfect Subjunctive (-ra)   or   Past Perfect Subjunctive (-se)
me hubiera empeñado	nos hubiéramos empeñado	me hubiese empeñado	nos hubiésemos empeñado
te hubieras empeñado	os hubierais empeñado	te hubieses empeñado	os hubieseis empeñado
se hubiera empeñado	se hubieran empeñado	se hubiese empeñado	se hubiesen empeñado

Progressive Tenses
Present	estoy, estás, está, estamos, estáis, están
Preterit	estuve, estuviste, estuvo, estuvimos, estuvisteis, estuvieron
Imperfect	estaba, estabas, estaba, estábamos, estabais, estaban
Future	estaré, estarás, estará, estaremos, estaréis, estarán
Conditional	estaría, estarías, estaría, estaríamos, estaríais, estarían
Subjunctive	que + *corresponding subjunctive tense of* estar (*see verb 252*)

empeñando (*see page 41*)

Commands
	(nosotros) empeñémonos / no nos empeñemos
(tú) empéñate / no te empeñes	(vosotros) empeñaos / no os empeñéis
(Ud.) empéñese / no se empeñe	(Uds.) empéñense / no se empeñen

USAGE

Empeñó su sortija en la casa de empeños.	*She pawned her ring at the pawn shop.*
Se empeñaban en sus peticiones.	*They persisted in their requests.*
Nos empeñamos en terminar el informe para el jueves.	*We're determined to finish the report by Thursday.*
Están empeñados en ganar el campeonato.	*They're striving to win the championship.*

empezar to begin, start

empiezo · empezaron · empezado · empezando

stem-changing *-ar* verb: *e > ie*;
spelling change: *z > c/e*

Present

empiezo	empezamos
empiezas	empezáis
empieza	empiezan

Preterit

empecé	empezamos
empezaste	empezasteis
empezó	empezaron

Imperfect

empezaba	empezábamos
empezabas	empezabais
empezaba	empezaban

Present Perfect

he empezado	hemos empezado
has empezado	habéis empezado
ha empezado	han empezado

Future

empezaré	empezaremos
empezarás	empezaréis
empezará	empezarán

Conditional

empezaría	empezaríamos
empezarías	empezaríais
empezaría	empezarían

Pluperfect

había empezado	habíamos empezado
habías empezado	habíais empezado
había empezado	habían empezado

Preterit Perfect

hube empezado	hubimos empezado
hubiste empezado	hubisteis empezado
hubo empezado	hubieron empezado

Future Perfect

habré empezado	habremos empezado
habrás empezado	habréis empezado
habrá empezado	habrán empezado

Conditional Perfect

habría empezado	habríamos empezado
habrías empezado	habríais empezado
habría empezado	habrían empezado

Present Subjunctive

empiece	empecemos
empieces	empecéis
empiece	empiecen

Present Perfect Subjunctive

haya empezado	hayamos empezado
hayas empezado	hayáis empezado
haya empezado	hayan empezado

Imperfect Subjunctive (-ra)

empezara	empezáramos
empezaras	empezarais
empezara	empezaran

or

Imperfect Subjunctive (-se)

empezase	empezásemos
empezases	empezaseis
empezase	empezasen

Past Perfect Subjunctive (-ra)

hubiera empezado	hubiéramos empezado
hubieras empezado	hubierais empezado
hubiera empezado	hubieran empezado

or

Past Perfect Subjunctive (-se)

hubiese empezado	hubiésemos empezado
hubieses empezado	hubieseis empezado
hubiese empezado	hubiesen empezado

Progressive Tenses

Present	estoy, estás, está, estamos, estáis, están	
Preterit	estuve, estuviste, estuvo, estuvimos, estuvisteis, estuvieron	
Imperfect	estaba, estabas, estaba, estábamos, estabais, estaban	empezando
Future	estaré, estarás, estará, estaremos, estaréis, estarán	
Conditional	estaría, estarías, estaría, estaríamos, estaríais, estarían	
Subjunctive	que + *corresponding subjunctive tense of* estar (*see verb 252*)	

Commands

	(nosotros) empecemos / no empecemos
(tú) empieza / no empieces	(vosotros) empezad / no empecéis
(Ud.) empiece / no empiece	(Uds.) empiecen / no empiecen

USAGE

Empecé el libro ayer.	*I started the book yesterday.*
Empiecen a comer.	*Start to eat.*
Empezó por darnos la bienvenida.	*He began by welcoming us.*
Empiezan a las ocho.	*They'll begin at eight o'clock.*
Al empezar no había mucha gente.	*At the beginning there weren't many people.*

regular -ar verb

empleo · emplearon · empleado · empleando

Present		Preterit	
empleo	empleamos	empleé	empleamos
empleas	empleáis	empleaste	empleasteis
emplea	emplean	empleó	emplearon

Imperfect		Present Perfect	
empleaba	empleábamos	he empleado	hemos empleado
empleabas	empleabais	has empleado	habéis empleado
empleaba	empleaban	ha empleado	han empleado

Future		Conditional	
emplearé	emplearemos	emplearía	emplearíamos
emplearás	emplearéis	emplearías	emplearíais
empleará	emplearán	emplearía	emplearían

Pluperfect		Preterit Perfect	
había empleado	habíamos empleado	hube empleado	hubimos empleado
habías empleado	habíais empleado	hubiste empleado	hubisteis empleado
había empleado	habían empleado	hubo empleado	hubieron empleado

Future Perfect		Conditional Perfect	
habré empleado	habremos empleado	habría empleado	habríamos empleado
habrás empleado	habréis empleado	habrías empleado	habríais empleado
habrá empleado	habrán empleado	habría empleado	habrían empleado

Present Subjunctive		Present Perfect Subjunctive	
emplee	empleemos	haya empleado	hayamos empleado
emplees	empleéis	hayas empleado	hayáis empleado
emplee	empleen	haya empleado	hayan empleado

Imperfect Subjunctive (-ra)		or	Imperfect Subjunctive (-se)	
empleara	empleáramos		emplease	empleásemos
emplearas	emplearais		empleases	empleaseis
empleara	emplearan		emplease	empleasen

Past Perfect Subjunctive (-ra)		or	Past Perfect Subjunctive (-se)	
hubiera empleado	hubiéramos empleado		hubiese empleado	hubiésemos empleado
hubieras empleado	hubierais empleado		hubieses empleado	hubieseis empleado
hubiera empleado	hubieran empleado		hubiese empleado	hubiesen empleado

Progressive Tenses

Present	estoy, estás, está, estamos, estáis, están	
Preterit	estuve, estuviste, estuvo, estuvimos, estuvisteis, estuvieron	
Imperfect	estaba, estabas, estaba, estábamos, estabais, estaban	
Future	estaré, estarás, estará, estaremos, estaréis, estarán	empleando
Conditional	estaría, estarías, estaría, estaríamos, estaríais, estarían	
Subjunctive	que + *corresponding subjunctive tense of* estar (*see verb 252*)	

Commands

	(nosotros) empleemos / no empleemos
(tú) emplea / no emplees	(vosotros) emplead / no empleéis
(Ud.) emplee / no emplee	(Uds.) empleen / no empleen

USAGE

Emplea otra computadora.	Use another computer.
Empleaban un nuevo modelo.	They used a new model.
Los fondos fueron mal empleados.	The funds were misused.
—¿A cuántas personas emplea la compañía?	How many people does the company employ?
—Tiene 700 empleados.	It has 700 employees.
Está sin empleo. Busca empleo.	She's unemployed. She's looking for a job.
Hay casi pleno empleo.	There's almost full employment.

emprender *to undertake, embark upon, start*

emprendo · emprendieron · emprendido · emprendiendo   regular -er verb

Present

emprendo	emprendemos
emprendes	emprendéis
emprende	emprenden

Preterit

emprendí	emprendimos
emprendiste	emprendisteis
emprendió	emprendieron

Imperfect

emprendía	emprendíamos
emprendías	emprendíais
emprendía	emprendían

Present Perfect

he emprendido	hemos emprendido
has emprendido	habéis emprendido
ha emprendido	han emprendido

Future

emprenderé	emprenderemos
emprenderás	emprenderéis
emprenderá	emprenderán

Conditional

emprendería	emprenderíamos
emprenderías	emprenderíais
emprendería	emprenderían

Pluperfect

había emprendido	habíamos emprendido
habías emprendido	habíais emprendido
había emprendido	habían emprendido

Preterit Perfect

hube emprendido	hubimos emprendido
hubiste emprendido	hubisteis emprendido
hubo emprendido	hubieron emprendido

Future Perfect

habré emprendido	habremos emprendido
habrás emprendido	habréis emprendido
habrá emprendido	habrán emprendido

Conditional Perfect

habría emprendido	habríamos emprendido
habrías emprendido	habríais emprendido
habría emprendido	habrían emprendido

Present Subjunctive

emprenda	emprendamos
emprendas	emprendáis
emprenda	emprendan

Present Perfect Subjunctive

haya emprendido	hayamos emprendido
hayas emprendido	hayáis emprendido
haya emprendido	hayan emprendido

Imperfect Subjunctive (-ra)   *or*   Imperfect Subjunctive (-se)

emprendiera	emprendiéramos	emprendiese	emprendiésemos
emprendieras	emprendierais	emprendieses	emprendieseis
emprendiera	emprendieran	emprendiese	emprendiesen

Past Perfect Subjunctive (-ra)   *or*   Past Perfect Subjunctive (-se)

hubiera emprendido	hubiéramos emprendido	hubiese emprendido	hubiésemos emprendido
hubieras emprendido	hubierais emprendido	hubieses emprendido	hubieseis emprendido
hubiera emprendido	hubieran emprendido	hubiese emprendido	hubiesen emprendido

Progressive Tenses

Present	estoy, estás, está, estamos, estáis, están
Preterit	estuve, estuviste, estuvo, estuvimos, estuvisteis, estuvieron
Imperfect	estaba, estabas, estaba, estábamos, estabais, estaban
Future	estaré, estarás, estará, estaremos, estaréis, estarán
Conditional	estaría, estarías, estaría, estaríamos, estaríais, estarían
Subjunctive	que + *corresponding subjunctive tense of* estar (*see verb 252*)

> emprendiendo

Commands

	(nosotros) emprendamos / no emprendamos
(tú) emprende / no emprendas	(vosotros) emprended / no emprendáis
(Ud.) emprenda / no emprenda	(Uds.) emprendan / no emprendan

USAGE

Emprendió un proyecto estimulante.	*He undertook a challenging project.*
Han emprendido su gran aventura.	*They've started their great adventure.*
Emprendamos el viaje.	*Let's set out on our trip.*
Es jefe de una empresa multinacional.	*He's head of a multinational company.*
Es una pequeña empresaria.	*She's a small-business woman.*

regular -*ar* verb

empujo · empujaron · empujado · empujando

Present		Preterit	
empujo	empujamos	empujé	empujamos
empujas	empujáis	empujaste	empujasteis
empuja	empujan	empujó	empujaron

Imperfect		Present Perfect	
empujaba	empujábamos	he empujado	hemos empujado
empujabas	empujabais	has empujado	habéis empujado
empujaba	empujaban	ha empujado	han empujado

Future		Conditional	
empujaré	empujaremos	empujaría	empujaríamos
empujarás	empujaréis	empujarías	empujaríais
empujará	empujarán	empujaría	empujarían

Pluperfect		Preterit Perfect	
había empujado	habíamos empujado	hube empujado	hubimos empujado
habías empujado	habíais empujado	hubiste empujado	hubisteis empujado
había empujado	habían empujado	hubo empujado	hubieron empujado

Future Perfect		Conditional Perfect	
habré empujado	habremos empujado	habría empujado	habríamos empujado
habrás empujado	habréis empujado	habrías empujado	habríais empujado
habrá empujado	habrán empujado	habría empujado	habrían empujado

Present Subjunctive		Present Perfect Subjunctive	
empuje	empujemos	haya empujado	hayamos empujado
empujes	empujéis	hayas empujado	hayáis empujado
empuje	empujen	haya empujado	hayan empujado

Imperfect Subjunctive (-ra)		*or*	Imperfect Subjunctive (-se)	
empujara	empujáramos		empujase	empujásemos
empujaras	empujarais		empujases	empujaseis
empujara	empujaran		empujase	empujasen

Past Perfect Subjunctive (-ra)		*or*	Past Perfect Subjunctive (-se)	
hubiera empujado	hubiéramos empujado		hubiese empujado	hubiésemos empujado
hubieras empujado	hubierais empujado		hubieses empujado	hubieseis empujado
hubiera empujado	hubieran empujado		hubiese empujado	hubiesen empujado

Progressive Tenses

Present	estoy, estás, está, estamos, estáis, están	
Preterit	estuve, estuviste, estuvo, estuvimos, estuvisteis, estuvieron	
Imperfect	estaba, estabas, estaba, estábamos, estabais, estaban	empujando
Future	estaré, estarás, estará, estaremos, estaréis, estarán	
Conditional	estaría, estarías, estaría, estaríamos, estaríais, estarían	
Subjunctive	que + *corresponding subjunctive tense of* estar (*see verb 252*)	

Commands

	(nosotros) empujemos / no empujemos
(tú) empuja / no empujes	(vosotros) empujad / no empujéis
(Ud.) empuje / no empuje	(Uds.) empujen / no empujen

(USAGE)

¡No los empujes!	*Don't push them!*
Le empujaba para que terminara el informe.	*I was urging him to finish the report.*
—¡Deja de empujarme!	*Stop shoving me!*
—No soy yo. Será otro que te está dando empujones.	*I'm not doing it. Someone else must be pushing you.*
Se entra en y se sale del metro a empujones.	*You push your way in and out of the subway.*
Es un hombre de empuje.	*He's a man of drive/action.*

enamorarse *to fall in love*

enamoro · enamoraron · enamorado · enamorándose   regular -ar reflexive verb

Present

me enamoro	nos enamoramos
te enamoras	os enamoráis
se enamora	se enamoran

Preterit

me enamoré	nos enamoramos
te enamoraste	os enamorasteis
se enamoró	se enamoraron

Imperfect

me enamoraba	nos enamorábamos
te enamorabas	os enamorabais
se enamoraba	se enamoraban

Present Perfect

me he enamorado	nos hemos enamorado
te has enamorado	os habéis enamorado
se ha enamorado	se han enamorado

Future

me enamoraré	nos enamoraremos
te enamorarás	os enamoraréis
se enamorará	se enamorarán

Conditional

me enamoraría	nos enamoraríamos
te enamorarías	os enamoraríais
se enamoraría	se enamorarían

Pluperfect

me había enamorado	nos habíamos enamorado
te habías enamorado	os habíais enamorado
se había enamorado	se habían enamorado

Preterit Perfect

me hube enamorado	nos hubimos enamorado
te hubiste enamorado	os hubisteis enamorado
se hubo enamorado	se hubieron enamorado

Future Perfect

me habré enamorado	nos habremos enamorado
te habrás enamorado	os habréis enamorado
se habrá enamorado	se habrán enamorado

Conditional Perfect

me habría enamorado	nos habríamos enamorado
te habrías enamorado	os habríais enamorado
se habría enamorado	se habrían enamorado

Present Subjunctive

me enamore	nos enamoremos
te enamores	os enamoréis
se enamore	se enamoren

Present Perfect Subjunctive

me haya enamorado	nos hayamos enamorado
te hayas enamorado	os hayáis enamorado
se haya enamorado	se hayan enamorado

Imperfect Subjunctive (-ra)   *or*   Imperfect Subjunctive (-se)

me enamorara	nos enamoráramos	me enamorase	nos enamorásemos
te enamoraras	os enamorarais	te enamorases	os enamoraseis
se enamorara	se enamoraran	se enamorase	se enamorasen

Past Perfect Subjunctive (-ra)   *or*   Past Perfect Subjunctive (-se)

me hubiera enamorado	nos hubiéramos enamorado	me hubiese enamorado	nos hubiésemos enamorado
te hubieras enamorado	os hubierais enamorado	te hubieses enamorado	os hubieseis enamorado
se hubiera enamorado	se hubieran enamorado	se hubiese enamorado	se hubiesen enamorado

Progressive Tenses

Present	estoy, estás, está, estamos, estáis, están
Preterit	estuve, estuviste, estuvo, estuvimos, estuvisteis, estuvieron
Imperfect	estaba, estabas, estaba, estábamos, estabais, estaban
Future	estaré, estarás, estará, estaremos, estaréis, estarán
Conditional	estaría, estarías, estaría, estaríamos, estaríais, estarían
Subjunctive	que + *corresponding subjunctive tense of* estar (*see verb 252*)

} enamorando (*see page 41*)

Commands

(tú) enamórate / no te enamores	(nosotros) enamorémonos / no nos enamoremos
(Ud.) enamórese / no se enamore	(vosotros) enamoraos / no os enamoréis
	(Uds.) enamórense / no se enamoren

USAGE

Enamoraba a la chica.	*He was winning the girl's heart.*
Ella se enamoró de él.	*She fell in love with him.*
Se enamoraron.	*They fell in love.*
Está perdidamente enamorada de su novio.	*She's madly in love with her fiancé.*
Tenemos amor a la música.	*We have a love of music.*
Es posible que Isabel sea demasiado enamoradiza.	*It's possible that Isabel falls in love too easily.*

regular -ar verb;
reverse construction verb

encanta · encantaron · encantado · encantando

Present

me encanta(n)	nos encanta(n)
te encanta(n)	os encanta(n)
le encanta(n)	les encanta(n)

Preterit

me encantó(-aron)	nos encantó(-aron)
te encantó(-aron)	os encantó(-aron)
le encantó(-aron)	les encantó(-aron)

Imperfect

me encantaba(n)	nos encantaba(n)
te encantaba(n)	os encantaba(n)
le encantaba(n)	les encantaba(n)

Present Perfect

me ha(n) encantado	nos ha(n) encantado
te ha(n) encantado	os ha(n) encantado
le ha(n) encantado	les ha(n) encantado

Future

me encantará(n)	nos encantará(n)
te encantará(n)	os encantará(n)
le encantará(n)	les encantará(n)

Conditional

me encantaría(n)	nos encantaría(n)
te encantaría(n)	os encantaría(n)
le encantaría(n)	les encantaría(n)

Pluperfect

me había(n) encantado	nos había(n) encantado
te había(n) encantado	os había(n) encantado
le había(n) encantado	les había(n) encantado

Preterit Perfect

me hubo(-ieron) encantado	nos hubo(-ieron) encantado
te hubo(-ieron) encantado	os hubo(-ieron) encantado
le hubo(-ieron) encantado	les hubo(-ieron) encantado

Future Perfect

me habrá(n) encantado	nos habrá(n) encantado
te habrá(n) encantado	os habrá(n) encantado
le habrá(n) encantado	les habrá(n) encantado

Conditional Perfect

me habría(n) encantado	nos habría(n) encantado
te habría(n) encantado	os habría(n) encantado
le habría(n) encantado	les habría(n) encantado

Present Subjunctive

me encante(n)	nos encante(n)
te encante(n)	os encante(n)
le encante(n)	les encante(n)

Present Perfect Subjunctive

me haya(n) encantado	nos haya(n) encantado
te haya(n) encantado	os haya(n) encantado
le haya(n) encantado	les haya(n) encantado

Imperfect Subjunctive (-ra)

me encantara(n)	nos encantara(n)
te encantara(n)	os encantara(n)
le encantara(n)	les encantara(n)

or

Imperfect Subjunctive (-se)

me encantase(n)	nos encantase(n)
te encantase(n)	os encantase(n)
le encantase(n)	les encantase(n)

Past Perfect Subjunctive (-ra)

me hubiera(n) encantado	nos hubiera(n) encantado
te hubiera(n) encantado	os hubiera(n) encantado
le hubiera(n) encantado	les hubiera(n) encantado

or

Past Perfect Subjunctive (-se)

me hubiese(n) encantado	nos hubiese(n) encantado
te hubiese(n) encantado	os hubiese(n) encantado
le hubiese(n) encantado	les hubiese(n) encantado

Progressive Tenses

Present	me	está, están	
Preterit	te	estuvo, estuvieron	
Imperfect	le	estaba, estaban	encantando
Future	nos	estará, estarán	
Conditional	os	estaría, estarían	
Subjunctive que	les	*corresponding subjunctive tense of* estar (*see verb 252*)	

NOTE: Verb not used in commands

Le encanta la comida mexicana.	*He loves Mexican food.*
Nos encanta este hotel.	*We love this hotel.*
Le encantan estos libros.	*She loves these books.*
Me encantó el concierto.	*I loved the concert.*
Nos encanta recorrer mundo.	*We love to travel the world over.*
Estamos encantados con tus sugerencias.	*We're delighted with your suggestions.*
Encantado de conocerlo.	*Pleased to meet you.*

encargar to put in / take charge of, undertake, entrust, order

encargo · encargaron · encargado · encargando   -ar verb; spelling change: g > gu/e

Present

encargo	encargamos
encargas	encargáis
encarga	encargan

Preterit

encargué	encargamos
encargaste	encargasteis
encargó	encargaron

Imperfect

encargaba	encargábamos
encargabas	encargabais
encargaba	encargaban

Present Perfect

he encargado	hemos encargado
has encargado	habéis encargado
ha encargado	han encargado

Future

encargaré	encargaremos
encargarás	encargaréis
encargará	encargarán

Conditional

encargaría	encargaríamos
encargarías	encargaríais
encargaría	encargarían

Pluperfect

había encargado	habíamos encargado
habías encargado	habíais encargado
había encargado	habían encargado

Preterit Perfect

hube encargado	hubimos encargado
hubiste encargado	hubisteis encargado
hubo encargado	hubieron encargado

Future Perfect

habré encargado	habremos encargado
habrás encargado	habréis encargado
habrá encargado	habrán encargado

Conditional Perfect

habría encargado	habríamos encargado
habrías encargado	habríais encargado
habría encargado	habrían encargado

Present Subjunctive

encargue	encarguemos
encargues	encarguéis
encargue	encarguen

Present Perfect Subjunctive

haya encargado	hayamos encargado
hayas encargado	hayáis encargado
haya encargado	hayan encargado

Imperfect Subjunctive (-ra)   or   Imperfect Subjunctive (-se)

encargara	encargáramos	encargase	encargásemos
encargaras	encargarais	encargases	encargaseis
encargara	encargaran	encargase	encargasen

Past Perfect Subjunctive (-ra)   or   Past Perfect Subjunctive (-se)

hubiera encargado	hubiéramos encargado	hubiese encargado	hubiésemos encargado
hubieras encargado	hubierais encargado	hubieses encargado	hubieseis encargado
hubiera encargado	hubieran encargado	hubiese encargado	hubiesen encargado

Progressive Tenses

Present	estoy, estás, está, estamos, estáis, están
Preterit	estuve, estuviste, estuvo, estuvimos, estuvisteis, estuvieron
Imperfect	estaba, estabas, estaba, estábamos, estabais, estaban
Future	estaré, estarás, estará, estaremos, estaréis, estarán
Conditional	estaría, estarías, estaría, estaríamos, estaríais, estarían
Subjunctive	que + *corresponding subjunctive tense of* estar (*see verb 252*)

} encargando

Commands

	(nosotros) encarguemos / no encarguemos
(tú) encarga / no encargues	(vosotros) encargad / no encarguéis
(Ud.) encargue / no encargue	(Uds.) encarguen / no encarguen

USAGE

Nos encargó de los archivos.	*He put us in charge of the files.*
Encargué los discos compactos.	*I ordered the compact discs.*
¿Quién se ha encargado de la oficina?	*Who has taken charge of the office?*
Tú eras el encargado del evento, ¿verdad?	*You were the one in charge of the event, weren't you?*
Hay que cumplir el encargo.	*You have to carry out / fulfill the assignment.*

stem-changing -er verb: e > ie   enciendo · encendieron · encendido · encendiendo

Present		Preterit	
enciendo	encendemos	encendí	encendimos
enciendes	encendéis	encendiste	encendisteis
enciende	encienden	encendió	encendieron

Imperfect		Present Perfect	
encendía	encendíamos	he encendido	hemos encendido
encendías	encendíais	has encendido	habéis encendido
encendía	encendían	ha encendido	han encendido

Future		Conditional	
encenderé	encenderemos	encendería	encenderíamos
encenderás	encenderéis	encenderías	encenderíais
encenderá	encenderán	encendería	encenderían

Pluperfect		Preterit Perfect	
había encendido	habíamos encendido	hube encendido	hubimos encendido
habías encendido	habíais encendido	hubiste encendido	hubisteis encendido
había encendido	habían encendido	hubo encendido	hubieron encendido

Future Perfect		Conditional Perfect	
habré encendido	habremos encendido	habría encendido	habríamos encendido
habrás encendido	habréis encendido	habrías encendido	habríais encendido
habrá encendido	habrán encendido	habría encendido	habrían encendido

Present Subjunctive		Present Perfect Subjunctive	
encienda	encendamos	haya encendido	hayamos encendido
enciendas	encendáis	hayas encendido	hayáis encendido
encienda	enciendan	haya encendido	hayan encendido

Imperfect Subjunctive (-ra)		*or*	Imperfect Subjunctive (-se)	
encendiera	encendiéramos		encendiese	encendiésemos
encendieras	encendierais		encendieses	encendieseis
encendiera	encendieran		encendiese	encendiesen

Past Perfect Subjunctive (-ra)		*or*	Past Perfect Subjunctive (-se)	
hubiera encendido	hubiéramos encendido		hubiese encendido	hubiésemos encendido
hubieras encendido	hubierais encendido		hubieses encendido	hubieseis encendido
hubiera encendido	hubieran encendido		hubiese encendido	hubiesen encendido

Progressive Tenses

Present	estoy, estás, está, estamos, estáis, están	
Preterit	estuve, estuviste, estuvo, estuvimos, estuvisteis, estuvieron	
Imperfect	estaba, estabas, estaba, estábamos, estabais, estaban	encendiendo
Future	estaré, estarás, estará, estaremos, estaréis, estarán	
Conditional	estaría, estarías, estaría, estaríamos, estaríais, estarían	
Subjunctive	que + *corresponding subjunctive tense of* estar (*see verb* 252)	

Commands

	(nosotros) encendamos / no encendamos
(tú) enciende / no enciendas	(vosotros) encended / no encendáis
(Ud.) encienda / no encienda	(Uds.) enciendan / no enciendan

USAGE

Se han encendido las velas.	*The candles have been lit.*
¡No enciendas la cocina con los fósforos!	*Don't set the kitchen on fire with the matches!*
Enciende la luz.	*Turn/Put the light on.*
Están encendiendo el conflicto.	*They're inflaming the conflict.*

encerrar *to enclose, shut in/up, contain, include*

encierro · encerraron · encerrado · encerrando   stem-changing *-ar* verb: *e > ie*

Present		Preterit	
encierro	encerramos	encerré	encerramos
encierras	encerráis	encerraste	encerrasteis
encierra	encierran	encerró	encerraron

Imperfect		Present Perfect	
encerraba	encerrábamos	he encerrado	hemos encerrado
encerrabas	encerrabais	has encerrado	habéis encerrado
encerraba	encerraban	ha encerrado	han encerrado

Future		Conditional	
encerraré	encerraremos	encerraría	encerraríamos
encerrarás	encerraréis	encerrarías	encerraríais
encerrará	encerrarán	encerraría	encerrarían

Pluperfect		Preterit Perfect	
había encerrado	habíamos encerrado	hube encerrado	hubimos encerrado
habías encerrado	habíais encerrado	hubiste encerrado	hubisteis encerrado
había encerrado	habían encerrado	hubo encerrado	hubieron encerrado

Future Perfect		Conditional Perfect	
habré encerrado	habremos encerrado	habría encerrado	habríamos encerrado
habrás encerrado	habréis encerrado	habrías encerrado	habríais encerrado
habrá encerrado	habrán encerrado	habría encerrado	habrían encerrado

Present Subjunctive		Present Perfect Subjunctive	
encierre	encerremos	haya encerrado	hayamos encerrado
encierres	encerréis	hayas encerrado	hayáis encerrado
encierre	encierren	haya encerrado	hayan encerrado

Imperfect Subjunctive (-ra)		*or*	Imperfect Subjunctive (-se)	
encerrara	encerráramos		encerrase	encerrásemos
encerraras	encerrarais		encerrases	encerraseis
encerrara	encerraran		encerrase	encerrasen

Past Perfect Subjunctive (-ra)		*or*	Past Perfect Subjunctive (-se)	
hubiera encerrado	hubiéramos encerrado		hubiese encerrado	hubiésemos encerrado
hubieras encerrado	hubierais encerrado		hubieses encerrado	hubieseis encerrado
hubiera encerrado	hubieran encerrado		hubiese encerrado	hubiesen encerrado

Progressive Tenses

Present	estoy, estás, está, estamos, estáis, están	
Preterit	estuve, estuviste, estuvo, estuvimos, estuvisteis, estuvieron	
Imperfect	estaba, estabas, estaba, estábamos, estabais, estaban	encerrando
Future	estaré, estarás, estará, estaremos, estaréis, estarán	
Conditional	estaría, estarías, estaría, estaríamos, estaríais, estarían	
Subjunctive	que + *corresponding subjunctive tense of* estar (*see verb 252*)	

Commands

	(nosotros) encerremos / no encerremos
(tú) encierra / no encierres	(vosotros) encerrad / no encerréis
(Ud.) encierre / no encierre	(Uds.) encierren / no encierren

USAGE

Encerraron el patio con una cerca. · *They enclosed / shut in the patio with a fence.*

El proyecto encierra unas ideas problemáticas. · *The project contains some problematic ideas.*
Se debe encerrar esta oración en un paréntesis. · *This sentence should be put in parentheses.*
Los animales se encuentran en el encerradero. · *The animals are in the pen.*

stem-changing -ar verb: o > ue   encuentro · encontraron · encontrado · encontrando

Present			Preterit	
encuentro	encontramos		encontré	encontramos
encuentras	encontráis		encontraste	encontrasteis
encuentra	encuentran		encontró	encontraron

Imperfect			Present Perfect	
encontraba	encontrábamos		he encontrado	hemos encontrado
encontrabas	encontrabais		has encontrado	habéis encontrado
encontraba	encontraban		ha encontrado	han encontrado

Future			Conditional	
encontraré	encontraremos		encontraría	encontraríamos
encontrarás	encontraréis		encontrarías	encontraríais
encontrará	encontrarán		encontraría	encontrarían

Pluperfect			Preterit Perfect	
había encontrado	habíamos encontrado		hube encontrado	hubimos encontrado
habías encontrado	habíais encontrado		hubiste encontrado	hubisteis encontrado
había encontrado	habían encontrado		hubo encontrado	hubieron encontrado

Future Perfect			Conditional Perfect	
habré encontrado	habremos encontrado		habría encontrado	habríamos encontrado
habrás encontrado	habréis encontrado		habrías encontrado	habríais encontrado
habrá encontrado	habrán encontrado		habría encontrado	habrían encontrado

Present Subjunctive			Present Perfect Subjunctive	
encuentre	encontremos		haya encontrado	hayamos encontrado
encuentres	encontréis		hayas encontrado	hayáis encontrado
encuentre	encuentren		haya encontrado	hayan encontrado

Imperfect Subjunctive (-ra)		or	Imperfect Subjunctive (-se)	
encontrara	encontráramos		encontrase	encontrásemos
encontraras	encontrarais		encontrases	encontraseis
encontrara	encontraran		encontrase	encontrasen

Past Perfect Subjunctive (-ra)		or	Past Perfect Subjunctive (-se)	
hubiera encontrado	hubiéramos encontrado		hubiese encontrado	hubiésemos encontrado
hubieras encontrado	hubierais encontrado		hubieses encontrado	hubieseis encontrado
hubiera encontrado	hubieran encontrado		hubiese encontrado	hubiesen encontrado

Progressive Tenses

Present	estoy, estás, está, estamos, estáis, están	
Preterit	estuve, estuviste, estuvo, estuvimos, estuvisteis, estuvieron	
Imperfect	estaba, estabas, estaba, estábamos, estabais, estaban	> encontrando
Future	estaré, estarás, estará, estaremos, estaréis, estarán	
Conditional	estaría, estarías, estaría, estaríamos, estaríais, estarían	
Subjunctive	que + *corresponding subjunctive tense of* estar (*see verb 252*)	

Commands

	(nosotros) encontremos / no encontremos
(tú) encuentra / no encuentres	(vosotros) encontrad / no encontréis
(Ud.) encuentre / no encuentre	(Uds.) encuentren / no encuentren

(**USAGE**)

No encuentro mis anteojos.	*I can't find my eyeglasses.*
La encontré en la tienda de videos.	*I ran into her at the video store.*
¿Cómo encontraste la obra de teatro?	*What did you think of the play?*
¿Cómo se encuentran?	*How are you? / How are you feeling?*
¿Dónde se encuentra el departamento jurídico?	*Where is the legal department?*
Nos encontramos en el café.	*We met / bumped into each other at the café.*
Siento que te hayas encontrado con dificultades.	*I'm sorry you've had problems.*

enfadarse to get/become angry

enfado · enfadaron · enfadado · enfadándose

regular *-ar* reflexive verb

Present

me enfado	nos enfadamos
te enfadas	os enfadáis
se enfada	se enfadan

Preterit

me enfadé	nos enfadamos
te enfadaste	os enfadasteis
se enfadó	se enfadaron

Imperfect

me enfadaba	nos enfadábamos
te enfadabas	os enfadabais
se enfadaba	se enfadaban

Present Perfect

me he enfadado	nos hemos enfadado
te has enfadado	os habéis enfadado
se ha enfadado	se han enfadado

Future

me enfadaré	nos enfadaremos
te enfadarás	os enfadaréis
se enfadará	se enfadarán

Conditional

me enfadaría	nos enfadaríamos
te enfadarías	os enfadaríais
se enfadaría	se enfadarían

Pluperfect

me había enfadado	nos habíamos enfadado
te habías enfadado	os habíais enfadado
se había enfadado	se habían enfadado

Preterit Perfect

me hube enfadado	nos hubimos enfadado
te hubiste enfadado	os hubisteis enfadado
se hubo enfadado	se hubieron enfadado

Future Perfect

me habré enfadado	nos habremos enfadado
te habrás enfadado	os habréis enfadado
se habrá enfadado	se habrán enfadado

Conditional Perfect

me habría enfadado	nos habríamos enfadado
te habrías enfadado	os habríais enfadado
se habría enfadado	se habrían enfadado

Present Subjunctive

me enfade	nos enfademos
te enfades	os enfadéis
se enfade	se enfaden

Present Perfect Subjunctive

me haya enfadado	nos hayamos enfadado
te hayas enfadado	os hayáis enfadado
se haya enfadado	se hayan enfadado

Imperfect Subjunctive (-ra)

me enfadara	nos enfadáramos
te enfadaras	os enfadarais
se enfadara	se enfadaran

or

Imperfect Subjunctive (-se)

me enfadase	nos enfadásemos
te enfadases	os enfadaseis
se enfadase	se enfadasen

Past Perfect Subjunctive (-ra)

me hubiera enfadado	nos hubiéramos enfadado
te hubieras enfadado	os hubierais enfadado
se hubiera enfadado	se hubieran enfadado

or

Past Perfect Subjunctive (-se)

me hubiese enfadado	nos hubiésemos enfadado
te hubieses enfadado	os hubieseis enfadado
se hubiese enfadado	se hubiesen enfadado

Progressive Tenses

Present	estoy, estás, está, estamos, estáis, están
Preterit	estuve, estuviste, estuvo, estuvimos, estuvisteis, estuvieron
Imperfect	estaba, estabas, estaba, estábamos, estabais, estaban
Future	estaré, estarás, estará, estaremos, estaréis, estarán
Conditional	estaría, estarías, estaría, estaríamos, estaríais, estarían
Subjunctive	que + *corresponding subjunctive tense of* estar (*see verb 252*)

enfadando (*see page 41*)

Commands

	(nosotros) enfadémonos / no nos enfademos
(tú) enfádate / no te enfades	(vosotros) enfadaos / no os enfadéis
(Ud.) enfádese / no se enfade	(Uds.) enfádense / no se enfaden

USAGE

—¿Por qué se enfadaron?	*Why did they get angry?*
—Se enfadan por cualquier cosa.	*They get angry over every little thing.*
Espero que no se enfade.	*I hope she doesn't get angry.*
Nos estás enfadando.	*You're making us angry.*
¿Por qué están enfadados?	*Why are they angry?*
Su comportamiento causó mucho enfado.	*Her behavior caused a lot of anger.*

regular -ar reflexive verb   enfermo · enfermaron · enfermado · enfermándose

	Present		**Preterit**
me enfermo	nos enfermamos	me enfermé	nos enfermamos
te enfermas	os enfermáis	te enfermaste	os enfermasteis
se enferma	se enferman	se enfermó	se enfermaron

	Imperfect		**Present Perfect**
me enfermaba	nos enfermábamos	me he enfermado	nos hemos enfermado
te enfermabas	os enfermabais	te has enfermado	os habéis enfermado
se enfermaba	se enfermaban	se ha enfermado	se han enfermado

	Future		**Conditional**
me enfermaré	nos enfermaremos	me enfermaría	nos enfermaríamos
te enfermarás	os enfermaréis	te enfermarías	os enfermaríais
se enfermará	se enfermarán	se enfermaría	se enfermarían

	Pluperfect		**Preterit Perfect**
me había enfermado	nos habíamos enfermado	me hube enfermado	nos hubimos enfermado
te habías enfermado	os habíais enfermado	te hubiste enfermado	os hubisteis enfermado
se había enfermado	se habían enfermado	se hubo enfermado	se hubieron enfermado

	Future Perfect		**Conditional Perfect**
me habré enfermado	nos habremos enfermado	me habría enfermado	nos habríamos enfermado
te habrás enfermado	os habréis enfermado	te habrías enfermado	os habríais enfermado
se habrá enfermado	se habrán enfermado	se habría enfermado	se habrían enfermado

	Present Subjunctive		**Present Perfect Subjunctive**
me enferme	nos enfermemos	me haya enfermado	nos hayamos enfermado
te enfermes	os enferméis	te hayas enfermado	os hayáis enfermado
se enferme	se enfermen	se haya enfermado	se hayan enfermado

	Imperfect Subjunctive (-ra)	or	**Imperfect Subjunctive (-se)**
me enfermara	nos enfermáramos	me enfermase	nos enfermásemos
te enfermaras	os enfermarais	te enfermases	os enfermaseis
se enfermara	se enfermaran	se enfermase	se enfermasen

	Past Perfect Subjunctive (-ra)	or	**Past Perfect Subjunctive (-se)**
me hubiera enfermado	nos hubiéramos enfermado	me hubiese enfermado	nos hubiésemos enfermado
te hubieras enfermado	os hubierais enfermado	te hubieses enfermado	os hubieseis enfermado
se hubiera enfermado	se hubieran enfermado	se hubiese enfermado	se hubiesen enfermado

Progressive Tenses

Present	estoy, estás, está, estamos, estáis, están	
Preterit	estuve, estuviste, estuvo, estuvimos, estuvisteis, estuvieron	
Imperfect	estaba, estabas, estaba, estábamos, estabais, estaban	enfermando (see page 41)
Future	estaré, estarás, estará, estaremos, estaréis, estarán	
Conditional	estaría, estarías, estaría, estaríamos, estaríais, estarían	
Subjunctive	que + corresponding subjunctive tense of estar (see verb 252)	

Commands

	(nosotros) enfermémonos / no nos enfermemos
(tú) enférmate / no te enfermes	(vosotros) enfermaos / no os enferméis
(Ud.) enférmese / no se enferme	(Uds.) enférmense / no se enfermen

USAGE

—Me enfermé durante el viaje. — *I got sick during the trip.*
—¿La comida te enfermó? — *Did the food make you sick?*
Cuando era niño se enfermaba mucho. — *When he was a child, he got sick a lot.*
Están enfermas. — *They're sick.*
Sufren de una enfermedad. — *They have an illness.*
Siempre era una niña enfermiza. — *She was always a sickly child.*
El enfermero atiende a sus pacientes. — *The nurse is taking care of / attending to his patients.*

enfocar *to focus, consider, look at*

enfoco · enfocaron · enfocado · enfocando   *-ar verb; spelling change: c > qu/e*

Present		Preterit	
enfoco	enfocamos	enfoqué	enfocamos
enfocas	enfocáis	enfocaste	enfocasteis
enfoca	enfocan	enfocó	enfocaron

Imperfect		Present Perfect	
enfocaba	enfocábamos	he enfocado	hemos enfocado
enfocabas	enfocabais	has enfocado	habéis enfocado
enfocaba	enfocaban	ha enfocado	han enfocado

Future		Conditional	
enfocaré	enfocaremos	enfocaría	enfocaríamos
enfocarás	enfocaréis	enfocarías	enfocaríais
enfocará	enfocarán	enfocaría	enfocarían

Pluperfect		Preterit Perfect	
había enfocado	habíamos enfocado	hube enfocado	hubimos enfocado
habías enfocado	habíais enfocado	hubiste enfocado	hubisteis enfocado
había enfocado	habían enfocado	hubo enfocado	hubieron enfocado

Future Perfect		Conditional Perfect	
habré enfocado	habremos enfocado	habría enfocado	habríamos enfocado
habrás enfocado	habréis enfocado	habrías enfocado	habríais enfocado
habrá enfocado	habrán enfocado	habría enfocado	habrían enfocado

Present Subjunctive		Present Perfect Subjunctive	
enfoque	enfoquemos	haya enfocado	hayamos enfocado
enfoques	enfoquéis	hayas enfocado	hayáis enfocado
enfoque	enfoquen	haya enfocado	hayan enfocado

Imperfect Subjunctive (-ra)		*or*	Imperfect Subjunctive (-se)	
enfocara	enfocáramos		enfocase	enfocásemos
enfocaras	enfocarais		enfocases	enfocaseis
enfocara	enfocaran		enfocase	enfocasen

Past Perfect Subjunctive (-ra)		*or*	Past Perfect Subjunctive (-se)	
hubiera enfocado	hubiéramos enfocado		hubiese enfocado	hubiésemos enfocado
hubieras enfocado	hubierais enfocado		hubieses enfocado	hubieseis enfocado
hubiera enfocado	hubieran enfocado		hubiese enfocado	hubiesen enfocado

Progressive Tenses

Present	estoy, estás, está, estamos, estáis, están	
Preterit	estuve, estuviste, estuvo, estuvimos, estuvisteis, estuvieron	
Imperfect	estaba, estabas, estaba, estábamos, estabais, estaban	enfocando
Future	estaré, estarás, estará, estaremos, estaréis, estarán	
Conditional	estaría, estarías, estaría, estaríamos, estaríais, estarían	
Subjunctive	que + *corresponding subjunctive tense of* estar (*see verb 252*)	

Commands

	(nosotros) enfoquemos / no enfoquemos
(tú) enfoca / no enfoques	(vosotros) enfocad / no enfoquéis
(Ud.) enfoque / no enfoque	(Uds.) enfoquen / no enfoquen

USAGE

Se enfoca la imagen con esta lente.
Enfoquen bien el asunto.
Enfoca los gemelos de teatro hacia allá.
El departamento de historia tiene un
   enfoque europeo.
La cámara digital tiene enfoque
   automático.

You can focus on the image with this lens.
Consider/Analyze the matter well.
Point/Train your opera glasses over there.
The history department has a European focus.

The digital camera has autofocus.

to deceive, trick, fool **engañar**

regular -ar verb   engaño · engañaron · engañado · engañando

Present		Preterit	
engaño	engañamos	engañé	engañamos
engañas	engañáis	engañaste	engañasteis
engaña	engañan	engañó	engañaron

Imperfect		Present Perfect	
engañaba	engañábamos	he engañado	hemos engañado
engañabas	engañabais	has engañado	habéis engañado
engañaba	engañaban	ha engañado	han engañado

Future		Conditional	
engañaré	engañaremos	engañaría	engañaríamos
engañarás	engañaréis	engañarías	engañaríais
engañará	engañarán	engañaría	engañarían

Pluperfect		Preterit Perfect	
había engañado	habíamos engañado	hube engañado	hubimos engañado
habías engañado	habíais engañado	hubiste engañado	hubisteis engañado
había engañado	habían engañado	hubo engañado	hubieron engañado

Future Perfect		Conditional Perfect	
habré engañado	habremos engañado	habría engañado	habríamos engañado
habrás engañado	habréis engañado	habrías engañado	habríais engañado
habrá engañado	habrán engañado	habría engañado	habrían engañado

Present Subjunctive		Present Perfect Subjunctive	
engañe	engañemos	haya engañado	hayamos engañado
engañes	engañéis	hayas engañado	hayáis engañado
engañe	engañen	haya engañado	hayan engañado

Imperfect Subjunctive (-ra)		or	Imperfect Subjunctive (-se)	
engañara	engañáramos		engañase	engañásemos
engañaras	engañarais		engañases	engañaseis
engañara	engañaran		engañase	engañasen

Past Perfect Subjunctive (-ra)		or	Past Perfect Subjunctive (-se)	
hubiera engañado	hubiéramos engañado		hubiese engañado	hubiésemos engañado
hubieras engañado	hubierais engañado		hubieses engañado	hubieseis engañado
hubiera engañado	hubieran engañado		hubiese engañado	hubiesen engañado

Progressive Tenses

Present	estoy, estás, está, estamos, estáis, están	
Preterit	estuve, estuviste, estuvo, estuvimos, estuvisteis, estuvieron	
Imperfect	estaba, estabas, estaba, estábamos, estabais, estaban	engañando
Future	estaré, estarás, estará, estaremos, estaréis, estarán	
Conditional	estaría, estarías, estaría, estaríamos, estaríais, estarían	
Subjunctive	que + corresponding subjunctive tense of estar (see verb 252)	

Commands

	(nosotros) engañemos / no engañemos
(tú) engaña / no engañes	(vosotros) engañad / no engañéis
(Ud.) engañe / no engañe	(Uds.) engañen / no engañen

USAGE

Nos engañó con sus palabras halagadoras.	She deceived us with her flattering words.
A veces la vista engaña.	Sometimes you can be fooled by what you see.
—Se engañaron.	They were deceived.
—Es que se dejaron engañar.	The fact is that they let themselves be fooled.
Engañó a su marido/mujer.	She betrayed her husband. / He betrayed his wife.
Los dos son engañosos.	The two of them are deceitful/adulterous.

engordar *to make/get fat, put on weight*

engordo · engordaron · engordado · engordando

regular -ar verb

Present		Preterit	
engordo	engordamos	engordé	engordamos
engordas	engordáis	engordaste	engordasteis
engorda	engordan	engordó	engordaron

Imperfect		Present Perfect	
engordaba	engordábamos	he engordado	hemos engordado
engordabas	engordabais	has engordado	habéis engordado
engordaba	engordaban	ha engordado	han engordado

Future		Conditional	
engordaré	engordaremos	engordaría	engordaríamos
engordarás	engordaréis	engordarías	engordaríais
engordará	engordarán	engordaría	engordarían

Pluperfect		Preterit Perfect	
había engordado	habíamos engordado	hube engordado	hubimos engordado
habías engordado	habíais engordado	hubiste engordado	hubisteis engordado
había engordado	habían engordado	hubo engordado	hubieron engordado

Future Perfect		Conditional Perfect	
habré engordado	habremos engordado	habría engordado	habríamos engordado
habrás engordado	habréis engordado	habrías engordado	habríais engordado
habrá engordado	habrán engordado	habría engordado	habrían engordado

Present Subjunctive		Present Perfect Subjunctive	
engorde	engordemos	haya engordado	hayamos engordado
engordes	engordéis	hayas engordado	hayáis engordado
engorde	engorden	haya engordado	hayan engordado

Imperfect Subjunctive (-ra)		or	Imperfect Subjunctive (-se)	
engordara	engordáramos		engordase	engordásemos
engordaras	engordarais		engordases	engordaseis
engordara	engordaran		engordase	engordasen

Past Perfect Subjunctive (-ra)		or	Past Perfect Subjunctive (-se)	
hubiera engordado	hubiéramos engordado		hubiese engordado	hubiésemos engordado
hubieras engordado	hubierais engordado		hubieses engordado	hubieseis engordado
hubiera engordado	hubieran engordado		hubiese engordado	hubiesen engordado

Progressive Tenses

Present	estoy, estás, está, estamos, estáis, están	
Preterit	estuve, estuviste, estuvo, estuvimos, estuvisteis, estuvieron	
Imperfect	estaba, estabas, estaba, estábamos, estabais, estaban	engordando
Future	estaré, estarás, estará, estaremos, estaréis, estarán	
Conditional	estaría, estarías, estaría, estaríamos, estaríais, estarían	
Subjunctive	que + *corresponding subjunctive tense of* estar (*see verb 252*)	

Commands

	(nosotros) engordemos / no engordemos
(tú) engorda / no engordes	(vosotros) engordad / no engordéis
(Ud.) engorde / no engorde	(Uds.) engorden / no engorden

USAGE

Han engordado.	*They've gotten fat / put on weight.*
El helado engorda.	*Ice cream is fattening.*
Siempre fueron gordos.	*They were always fat.*
Me cae gordo.	*I can't stand him.*
Son los peces gordos de la compañía.	*They're the company's VIPs.*
Ganó el premio gordo.	*She won first prize.*
Engordaron las vacas flacas.	*The skinny cows got fat.*

-*ar* verb; spelling change: *z > c/e*

enlazo · enlazaron · enlazado · enlazando

Present		Preterit	
enlazo	enlazamos	enlacé	enlazamos
enlazas	enlazáis	enlazaste	enlazasteis
enlaza	enlazan	enlazó	enlazaron

Imperfect		Present Perfect	
enlazaba	enlazábamos	he enlazado	hemos enlazado
enlazabas	enlazabais	has enlazado	habéis enlazado
enlazaba	enlazaban	ha enlazado	han enlazado

Future		Conditional	
enlazaré	enlazaremos	enlazaría	enlazaríamos
enlazarás	enlazaréis	enlazarías	enlazaríais
enlazará	enlazarán	enlazaría	enlazarían

Pluperfect		Preterit Perfect	
había enlazado	habíamos enlazado	hube enlazado	hubimos enlazado
habías enlazado	habíais enlazado	hubiste enlazado	hubisteis enlazado
había enlazado	habían enlazado	hubo enlazado	hubieron enlazado

Future Perfect		Conditional Perfect	
habré enlazado	habremos enlazado	habría enlazado	habríamos enlazado
habrás enlazado	habréis enlazado	habrías enlazado	habríais enlazado
habrá enlazado	habrán enlazado	habría enlazado	habrían enlazado

Present Subjunctive		Present Perfect Subjunctive	
enlace	enlacemos	haya enlazado	hayamos enlazado
enlaces	enlacéis	hayas enlazado	hayáis enlazado
enlace	enlacen	haya enlazado	hayan enlazado

Imperfect Subjunctive (-ra)		*or*	Imperfect Subjunctive (-se)	
enlazara	enlazáramos		enlazase	enlazásemos
enlazaras	enlazarais		enlazases	enlazaseis
enlazara	enlazaran		enlazase	enlazasen

Past Perfect Subjunctive (-ra)		*or*	Past Perfect Subjunctive (-se)	
hubiera enlazado	hubiéramos enlazado		hubiese enlazado	hubiésemos enlazado
hubieras enlazado	hubierais enlazado		hubieses enlazado	hubieseis enlazado
hubiera enlazado	hubieran enlazado		hubiese enlazado	hubiesen enlazado

Progressive Tenses

Present	estoy, estás, está, estamos, estáis, están	
Preterit	estuve, estuviste, estuvo, estuvimos, estuvisteis, estuvieron	
Imperfect	estaba, estabas, estaba, estábamos, estabais, estaban	
Future	estaré, estarás, estará, estaremos, estaréis, estarán	enlazando
Conditional	estaría, estarías, estaría, estaríamos, estaríais, estarían	
Subjunctive	que + *corresponding subjunctive tense of* estar (*see verb 252*)	

Commands

	(nosotros) enlacemos / no enlacemos
(tú) enlaza / no enlaces	(vosotros) enlazad / no enlacéis
(Ud.) enlace / no enlace	(Uds.) enlacen / no enlacen

Enlaza las dos ideas.	*Tie the two ideas together.*
El ferrocarril enlaza las dos ciudades.	*The railroad connects the two cities.*
Los vaqueros usan lazo.	*Cowboys use a lasso.*
—Ata el lazo (de zapato).	*Tie your shoelace.*
—Ya lo enlacé.	*I tied it.*
Trabaja en el lazo de iteración.	*He's working on the iteration loop.*
Cree enlaces en su sitio Web.	*Create links on your website.*

enloquecerse *to go crazy/mad*

enloquezco · enloquecieron · enloquecido · enloqueciéndose

-er reflexive verb;
spelling change: c > zc/o, a

Present

me enloquezco	nos enloquecemos
te enloqueces	os enloquecéis
se enloquece	se enloquecen

Preterit

me enloquecí	nos enloquecimos
te enloqueciste	os enloquecisteis
se enloqueció	se enloquecieron

Imperfect

me enloquecía	nos enloquecíamos
te enloquecías	os enloquecíais
se enloquecía	se enloquecían

Present Perfect

me he enloquecido	nos hemos enloquecido
te has enloquecido	os habéis enloquecido
se ha enloquecido	se han enloquecido

Future

me enloqueceré	nos enloqueceremos
te enloquecerás	os enloqueceréis
se enloquecerá	se enloquecerán

Conditional

me enloquecería	nos enloqueceríamos
te enloquecerías	os enloqueceríais
se enloquecería	se enloquecerían

Pluperfect

me había enloquecido	nos habíamos enloquecido
te habías enloquecido	os habíais enloquecido
se había enloquecido	se habían enloquecido

Preterit Perfect

me hube enloquecido	nos hubimos enloquecido
te hubiste enloquecido	os hubisteis enloquecido
se hubo enloquecido	se hubieron enloquecido

Future Perfect

me habré enloquecido	nos habremos enloquecido
te habrás enloquecido	os habréis enloquecido
se habrá enloquecido	se habrán enloquecido

Conditional Perfect

me habría enloquecido	nos habríamos enloquecido
te habrías enloquecido	os habríais enloquecido
se habría enloquecido	se habrían enloquecido

Present Subjunctive

me enloquezca	nos enloquezcamos
te enloquezcas	os enloquezcáis
se enloquezca	se enloquezcan

Present Perfect Subjunctive

me haya enloquecido	nos hayamos enloquecido
te hayas enloquecido	os hayáis enloquecido
se haya enloquecido	se hayan enloquecido

Imperfect Subjunctive (-ra)

me enloqueciera	nos enloqueciéramos
te enloquecieras	os enloquecierais
se enloqueciera	se enloquecieran

or

Imperfect Subjunctive (-se)

me enloqueciese	nos enloqueciésemos
te enloquecieses	os enloquecieseis
se enloqueciese	se enloqueciesen

Past Perfect Subjunctive (-ra)

me hubiera enloquecido	nos hubiéramos enloquecido
te hubieras enloquecido	os hubierais enloquecido
se hubiera enloquecido	se hubieran enloquecido

or

Past Perfect Subjunctive (-se)

me hubiese enloquecido	nos hubiésemos enloquecido
te hubieses enloquecido	os hubieseis enloquecido
se hubiese enloquecido	se hubiesen enloquecido

Progressive Tenses

Present	estoy, estás, está, estamos, estáis, están
Preterit	estuve, estuviste, estuvo, estuvimos, estuvisteis, estuvieron
Imperfect	estaba, estabas, estaba, estábamos, estabais, estaban
Future	estaré, estarás, estará, estaremos, estaréis, estarán
Conditional	estaría, estarías, estaría, estaríamos, estaríais, estarían
Subjunctive	que + *corresponding subjunctive tense of* estar (*see verb 252*)

\} enloqueciendo (*see page 41*)

Commands

	(nosotros) enloquezcámonos / no nos enloquezcamos
(tú) enloquécete / no te enloquezcas	(vosotros) enloqueceos / no os enloquezcáis
(Ud.) enloquézcase / no se enloquezca	(Uds.) enloquezcan / no se enloquezcan

USAGE

Nos enloquece con sus manías.	*She drives us crazy with her eccentricities.*
—Me enloquecen las novelas policíacas.	*I'm mad about detective novels.*
—Yo también estoy loco por ellas.	*I'm also crazy about them.*
Se enloquecieron.	*They went mad/crazy.*
Es para volverse loco.	*It's enough to drive you crazy.*
¡Qué locura!	*It's/What madness!*

regular -*ar* reflexive verb   enojo · enojaron · enojado · enojándose

	Present		Preterit
me enojo	nos enojamos	me enojé	nos enojamos
te enojas	os enojáis	te enojaste	os enojasteis
se enoja	se enojan	se enojó	se enojaron

	Imperfect		Present Perfect
me enojaba	nos enojábamos	me he enojado	nos hemos enojado
te enojabas	os enojabais	te has enojado	os habéis enojado
se enojaba	se enojaban	se ha enojado	se han enojado

	Future		Conditional
me enojaré	nos enojaremos	me enojaría	nos enojaríamos
te enojarás	os enojaréis	te enojarías	os enojaríais
se enojará	se enojarán	se enojaría	se enojarían

	Pluperfect		Preterit Perfect
me había enojado	nos habíamos enojado	me hube enojado	nos hubimos enojado
te habías enojado	os habíais enojado	te hubiste enojado	os hubisteis enojado
se había enojado	se habían enojado	se hubo enojado	se hubieron enojado

	Future Perfect		Conditional Perfect
me habré enojado	nos habremos enojado	me habría enojado	nos habríamos enojado
te habrás enojado	os habréis enojado	te habrías enojado	os habríais enojado
se habrá enojado	se habrán enojado	se habría enojado	se habrían enojado

	Present Subjunctive		Present Perfect Subjunctive
me enoje	nos enojemos	me haya enojado	nos hayamos enojado
te enojes	os enojéis	te hayas enojado	os hayáis enojado
se enoje	se enojen	se haya enojado	se hayan enojado

Imperfect Subjunctive (-ra)		*or*	Imperfect Subjunctive (-se)	
me enojara	nos enojáramos		me enojase	nos enojásemos
te enojaras	os enojarais		te enojases	os enojaseis
se enojara	se enojaran		se enojase	se enojasen

Past Perfect Subjunctive (-ra)		*or*	Past Perfect Subjunctive (-se)	
me hubiera enojado	nos hubiéramos enojado		me hubiese enojado	nos hubiésemos enojado
te hubieras enojado	os hubierais enojado		te hubieses enojado	os hubieseis enojado
se hubiera enojado	se hubieran enojado		se hubiese enojado	se hubiesen enojado

Progressive Tenses

Present	estoy, estás, está, estamos, estáis, están	
Preterit	estuve, estuviste, estuvo, estuvimos, estuvisteis, estuvieron	
Imperfect	estaba, estabas, estaba, estábamos, estabais, estaban	} enojando (*see page 41*)
Future	estaré, estarás, estará, estaremos, estaréis, estarán	
Conditional	estaría, estarías, estaría, estaríamos, estaríais, estarían	
Subjunctive	que + *corresponding subjunctive tense of* estar (*see verb 252*)	

Commands

	(nosotros) enojémonos / no nos enojemos
(tú) enójate / no te enojes	(vosotros) enojaos / no os enojéis
(Ud.) enójese / no se enoje	(Uds.) enójense / no se enojen

USAGE

—Se enojaban.	*They got angry.*
—Es que tú los enojaste.	*The fact is that you made them angry.*
Se enojó con sus amigos.	*He got angry with his friends.*
Nos enojamos al ver tal desorden.	*We get annoyed when we see such disorder.*
Están enojados.	*They're angry.*
Les causó mucho enojo.	*It made them very angry.*

enredar *to tangle, entangle, confuse, complicate*

enredo · enredaron · enredado · enredando regular -ar verb

Present		Preterit	
enredo	enredamos	enredé	enredamos
enredas	enredáis	enredaste	enredasteis
enreda	enredan	enredó	enredaron

Imperfect		Present Perfect	
enredaba	enredábamos	he enredado	hemos enredado
enredabas	enredabais	has enredado	habéis enredado
enredaba	enredaban	ha enredado	han enredado

Future		Conditional	
enredaré	enredaremos	enredaría	enredaríamos
enredarás	enredaréis	enredarías	enredaríais
enredará	enredarán	enredaría	enredarían

Pluperfect		Preterit Perfect	
había enredado	habíamos enredado	hube enredado	hubimos enredado
habías enredado	habíais enredado	hubiste enredado	hubisteis enredado
había enredado	habían enredado	hubo enredado	hubieron enredado

Future Perfect		Conditional Perfect	
habré enredado	habremos enredado	habría enredado	habríamos enredado
habrás enredado	habréis enredado	habrías enredado	habríais enredado
habrá enredado	habrán enredado	habría enredado	habrían enredado

Present Subjunctive		Present Perfect Subjunctive	
enrede	enredemos	haya enredado	hayamos enredado
enredes	enredéis	hayas enredado	hayáis enredado
enrede	enreden	haya enredado	hayan enredado

Imperfect Subjunctive (-ra)		or	Imperfect Subjunctive (-se)	
enredara	enredáramos		enredase	enredásemos
enredaras	enredarais		enredases	enredaseis
enredara	enredaran		enredase	enredasen

Past Perfect Subjunctive (-ra)		or	Past Perfect Subjunctive (-se)	
hubiera enredado	hubiéramos enredado		hubiese enredado	hubiésemos enredado
hubieras enredado	hubierais enredado		hubieses enredado	hubieseis enredado
hubiera enredado	hubieran enredado		hubiese enredado	hubiesen enredado

Progressive Tenses

Present	estoy, estás, está, estamos, estáis, están	
Preterit	estuve, estuviste, estuvo, estuvimos, estuvisteis, estuvieron	
Imperfect	estaba, estabas, estaba, estábamos, estabais, estaban	enredando
Future	estaré, estarás, estará, estaremos, estaréis, estarán	
Conditional	estaría, estarías, estaría, estaríamos, estaríais, estarían	
Subjunctive	que + *corresponding subjunctive tense of* estar (*see verb 252*)	

Commands

	(nosotros) enredemos / no enredemos
(tú) enreda / no enredes	(vosotros) enredad / no enredéis
(Ud.) enrede / no enrede	(Uds.) enreden / no enreden

USAGE

Enredó a su colega en el lío.	*He got his colleague tangled up in the mess.*
No te enredes en ese asunto.	*Don't get involved / mixed up in that business.*
Se estudia la red ferroviaria.	*They're studying the railroad network/system.*
Pasamos el día navegando en la red.	*We spent the day surfing the Web.*
Hay una gran capacidad de trabajar en red.	*There's a great networking capacity.*
Es una persona enredadora.	*She's a busybody.*

regular -ar verb

enseño · enseñaron · enseñado · enseñando

Present		Preterit	
enseño	enseñamos	enseñé	enseñamos
enseñas	enseñáis	enseñaste	enseñasteis
enseña	enseñan	enseñó	enseñaron

Imperfect		Present Perfect	
enseñaba	enseñábamos	he enseñado	hemos enseñado
enseñabas	enseñabais	has enseñado	habéis enseñado
enseñaba	enseñaban	ha enseñado	han enseñado

Future		Conditional	
enseñaré	enseñaremos	enseñaría	enseñaríamos
enseñarás	enseñaréis	enseñarías	enseñaríais
enseñará	enseñarán	enseñaría	enseñarían

Pluperfect		Preterit Perfect	
había enseñado	habíamos enseñado	hube enseñado	hubimos enseñado
habías enseñado	habíais enseñado	hubiste enseñado	hubisteis enseñado
había enseñado	habían enseñado	hubo enseñado	hubieron enseñado

Future Perfect		Conditional Perfect	
habré enseñado	habremos enseñado	habría enseñado	habríamos enseñado
habrás enseñado	habréis enseñado	habrías enseñado	habríais enseñado
habrá enseñado	habrán enseñado	habría enseñado	habrían enseñado

Present Subjunctive		Present Perfect Subjunctive	
enseñe	enseñemos	haya enseñado	hayamos enseñado
enseñes	enseñéis	hayas enseñado	hayáis enseñado
enseñe	enseñen	haya enseñado	hayan enseñado

Imperfect Subjunctive (-ra)		or	Imperfect Subjunctive (-se)	
enseñara	enseñáramos		enseñase	enseñásemos
enseñaras	enseñarais		enseñases	enseñaseis
enseñara	enseñaran		enseñase	enseñasen

Past Perfect Subjunctive (-ra)		or	Past Perfect Subjunctive (-se)	
hubiera enseñado	hubiéramos enseñado		hubiese enseñado	hubiésemos enseñado
hubieras enseñado	hubierais enseñado		hubieses enseñado	hubieseis enseñado
hubiera enseñado	hubieran enseñado		hubiese enseñado	hubiesen enseñado

Progressive Tenses

Present	estoy, estás, está, estamos, estáis, están	
Preterit	estuve, estuviste, estuvo, estuvimos, estuvisteis, estuvieron	
Imperfect	estaba, estabas, estaba, estábamos, estabais, estaban	enseñando
Future	estaré, estarás, estará, estaremos, estaréis, estarán	
Conditional	estaría, estarías, estaría, estaríamos, estaríais, estarían	
Subjunctive	que + *corresponding subjunctive tense of* estar (*see verb 252*)	

Commands

	(nosotros) enseñemos / no enseñemos
(tú) enseña / no enseñes	(vosotros) enseñad / no enseñéis
(Ud.) enseñe / no enseñe	(Uds.) enseñen / no enseñen

USAGE

Enseñaban español en la universidad.	*They taught Spanish at the university.*
Nos enseñó su nueva computadora.	*He showed us his new computer.*
Le enseñé a usar el programa.	*I taught him how to use the program.*
Nos importa mucho la enseñanza.	*Teaching/Education is very important to us.*
Son niños bien/mal enseñados.	*They're well/badly brought up children.*

235 **entender** to understand

entiendo · entendieron · entendido · entendiendo   stem-changing -er verb: e > ie

Present		Preterit	
entiendo	entendemos	entendí	entendimos
entiendes	entendéis	entendiste	entendisteis
entiende	entienden	entendió	entendieron

Imperfect		Present Perfect	
entendía	entendíamos	he entendido	hemos entendido
entendías	entendíais	has entendido	habéis entendido
entendía	entendían	ha entendido	han entendido

Future		Conditional	
entenderé	entenderemos	entendería	entenderíamos
entenderás	entenderéis	entenderías	entenderíais
entenderá	entenderán	entendería	entenderían

Pluperfect		Preterit Perfect	
había entendido	habíamos entendido	hube entendido	hubimos entendido
habías entendido	habíais entendido	hubiste entendido	hubisteis entendido
había entendido	habían entendido	hubo entendido	hubieron entendido

Future Perfect		Conditional Perfect	
habré entendido	habremos entendido	habría entendido	habríamos entendido
habrás entendido	habréis entendido	habrías entendido	habríais entendido
habrá entendido	habrán entendido	habría entendido	habrían entendido

Present Subjunctive		Present Perfect Subjunctive	
entienda	entendamos	haya entendido	hayamos entendido
entiendas	entendáis	hayas entendido	hayáis entendido
entienda	entiendan	haya entendido	hayan entendido

Imperfect Subjunctive (-ra)		or	Imperfect Subjunctive (-se)	
entendiera	entendiéramos		entendiese	entendiésemos
entendieras	entendierais		entendieses	entendieseis
entendiera	entendieran		entendiese	entendiesen

Past Perfect Subjunctive (-ra)		or	Past Perfect Subjunctive (-se)	
hubiera entendido	hubiéramos entendido		hubiese entendido	hubiésemos entendido
hubieras entendido	hubierais entendido		hubieses entendido	hubieseis entendido
hubiera entendido	hubieran entendido		hubiese entendido	hubiesen entendido

Progressive Tenses

Present	estoy, estás, está, estamos, estáis, están	
Preterit	estuve, estuviste, estuvo, estuvimos, estuvisteis, estuvieron	
Imperfect	estaba, estabas, estaba, estábamos, estabais, estaban	entendiendo
Future	estaré, estarás, estará, estaremos, estaréis, estarán	
Conditional	estaría, estarías, estaría, estaríamos, estaríais, estarían	
Subjunctive	que + corresponding subjunctive tense of estar (see verb 252)	

Commands

	(nosotros) entendamos / no entendamos
(tú) entiende / no entiendas	(vosotros) entended / no entendáis
(Ud.) entienda / no entienda	(Uds.) entiendan / no entiendan

USAGE

No entiendo el problema. — I don't understand the problem.
¿Entiendes francés? — Do you understand French?
Me hago entender en inglés. — I make myself understood in English.
Demostró su entendimiento del tema. — She showed her understanding of the topic.
Entendido. — All right. / Okay. / Understood.

regular -ar verb · entro · entraron · entrado · entrando

Present		Preterit	
entro	entramos	entré	entramos
entras	entráis	entraste	entrasteis
entra	entran	entró	entraron

Imperfect		Present Perfect	
entraba	entrábamos	he entrado	hemos entrado
entrabas	entrabais	has entrado	habéis entrado
entraba	entraban	ha entrado	han entrado

Future		Conditional	
entraré	entraremos	entraría	entraríamos
entrarás	entraréis	entrarías	entraríais
entrará	entrarán	entraría	entrarían

Pluperfect		Preterit Perfect	
había entrado	habíamos entrado	hube entrado	hubimos entrado
habías entrado	habíais entrado	hubiste entrado	hubisteis entrado
había entrado	habían entrado	hubo entrado	hubieron entrado

Future Perfect		Conditional Perfect	
habré entrado	habremos entrado	habría entrado	habríamos entrado
habrás entrado	habréis entrado	habrías entrado	habríais entrado
habrá entrado	habrán entrado	habría entrado	habrían entrado

Present Subjunctive		Present Perfect Subjunctive	
entre	entremos	haya entrado	hayamos entrado
entres	entréis	hayas entrado	hayáis entrado
entre	entren	haya entrado	hayan entrado

Imperfect Subjunctive (-ra)		or	Imperfect Subjunctive (-se)	
entrara	entráramos		entrase	entrásemos
entraras	entrarais		entrases	entraseis
entrara	entraran		entrase	entrasen

Past Perfect Subjunctive (-ra)		or	Past Perfect Subjunctive (-se)	
hubiera entrado	hubiéramos entrado		hubiese entrado	hubiésemos entrado
hubieras entrado	hubierais entrado		hubieses entrado	hubieseis entrado
hubiera entrado	hubieran entrado		hubiese entrado	hubiesen entrado

Progressive Tenses

Present	estoy, estás, está, estamos, estáis, están	
Preterit	estuve, estuviste, estuvo, estuvimos, estuvisteis, estuvieron	
Imperfect	estaba, estabas, estaba, estábamos, estabais, estaban	entrando
Future	estaré, estarás, estará, estaremos, estaréis, estarán	
Conditional	estaría, estarías, estaría, estaríamos, estaríais, estarían	
Subjunctive	que + *corresponding subjunctive tense of* estar (*see verb 252*)	

Commands

	(nosotros) entremos / no entremos
(tú) entra / no entres	(vosotros) entrad / no entréis
(Ud.) entre / no entre	(Uds.) entren / no entren

USAGE

Entraron en el museo / al museo.	They went into the museum.
Entramos en detalles más tarde.	We'll go into details later.
Los disquetes no entran en la caja.	The floppy disks don't fit in the box.
Se entra por la entrada principal.	You go in through the main entrance.
Entrad en la casa.	Go into the house.
Se terminó la entrada de datos.	The data entry/input was finished.

entregar *to hand in/over, deliver*

entrego · entregaron · entregado · entregando

-ar verb; spelling change: g > gu/e

Present		Preterit	
entrego	entregamos	entregué	entregamos
entregas	entregáis	entregaste	entregasteis
entrega	entregan	entregó	entregaron

Imperfect		Present Perfect	
entregaba	entregábamos	he entregado	hemos entregado
entregabas	entregabais	has entregado	habéis entregado
entregaba	entregaban	ha entregado	han entregado

Future		Conditional	
entregaré	entregaremos	entregaría	entregaríamos
entregarás	entregaréis	entregarías	entregaríais
entregará	entregarán	entregaría	entregarían

Pluperfect		Preterit Perfect	
había entregado	habíamos entregado	hube entregado	hubimos entregado
habías entregado	habíais entregado	hubiste entregado	hubisteis entregado
había entregado	habían entregado	hubo entregado	hubieron entregado

Future Perfect		Conditional Perfect	
habré entregado	habremos entregado	habría entregado	habríamos entregado
habrás entregado	habréis entregado	habrías entregado	habríais entregado
habrá entregado	habrán entregado	habría entregado	habrían entregado

Present Subjunctive		Present Perfect Subjunctive	
entregue	entreguemos	haya entregado	hayamos entregado
entregues	entreguéis	hayas entregado	hayáis entregado
entregue	entreguen	haya entregado	hayan entregado

Imperfect Subjunctive (-ra)		*or*	Imperfect Subjunctive (-se)	
entregara	entregáramos		entregase	entregásemos
entregaras	entregarais		entregases	entregaseis
entregara	entregaran		entregase	entregasen

Past Perfect Subjunctive (-ra)		*or*	Past Perfect Subjunctive (-se)	
hubiera entregado	hubiéramos entregado		hubiese entregado	hubiésemos entregado
hubieras entregado	hubierais entregado		hubieses entregado	hubieseis entregado
hubiera entregado	hubieran entregado		hubiese entregado	hubiesen entregado

Progressive Tenses

Present	estoy, estás, está, estamos, estáis, están
Preterit	estuve, estuviste, estuvo, estuvimos, estuvisteis, estuvieron
Imperfect	estaba, estabas, estaba, estábamos, estabais, estaban
Future	estaré, estarás, estará, estaremos, estaréis, estarán
Conditional	estaría, estarías, estaría, estaríamos, estaríais, estarían
Subjunctive	que + *corresponding subjunctive tense of* estar (*see verb 252*)

} entregando

Commands

	(nosotros) entreguemos / no entreguemos
(tú) entrega / no entregues	(vosotros) entregad / no entreguéis
(Ud.) entregue / no entregue	(Uds.) entreguen / no entreguen

USAGE

Hace una semana que entregué el informe.	*I handed in the report a week ago.*
Nos entregaron los paquetes.	*They delivered the packages to us.*
Dile que me entregue la tarea mañana.	*Tell her to turn in her homework (to me) tomorrow.*
Prefieren la entrega a domicilio.	*They prefer home delivery.*
La revista publica una novela por entregas.	*The magazine publishes a serialized novel.*

to be/get excited, be enthusiastic, be delighted, love **entusiasmarse**

regular *-ar*
reflexive verb

entusiasmo · entusiasmaron · entusiasmado · entusiasmándose

Present

me entusiasmo	nos entusiasmamos
te entusiasmas	os entusiasmáis
se entusiasma	se entusiasman

Preterit

me entusiasmé	nos entusiasmamos
te entusiasmaste	os entusiasmasteis
se entusiasmó	se entusiasmaron

Imperfect

me entusiasmaba	nos entusiasmábamos
te entusiasmabas	os entusiasmabais
se entusiasmaba	se entusiasmaban

Present Perfect

me he entusiasmado	nos hemos entusiasmado
te has entusiasmado	os habéis entusiasmado
se ha entusiasmado	se han entusiasmado

Future

me entusiasmaré	nos entusiasmaremos
te entusiasmarás	os entusiasmaréis
se entusiasmará	se entusiasmarán

Conditional

me entusiasmaría	nos entusiasmaríamos
te entusiasmarías	os entusiasmaríais
se entusiasmaría	se entusiasmarían

Pluperfect

me había entusiasmado	nos habíamos entusiasmado
te habías entusiasmado	os habíais entusiasmado
se había entusiasmado	se habían entusiasmado

Preterit Perfect

me hube entusiasmado	nos hubimos entusiasmado
te hubiste entusiasmado	os hubisteis entusiasmado
se hubo entusiasmado	se hubieron entusiasmado

Future Perfect

me habré entusiasmado	nos habremos entusiasmado
te habrás entusiasmado	os habréis entusiasmado
se habrá entusiasmado	se habrán entusiasmado

Conditional Perfect

me habría entusiasmado	nos habríamos entusiasmado
te habrías entusiasmado	os habríais entusiasmado
se habría entusiasmado	se habrían entusiasmado

Present Subjunctive

me entusiasme	nos entusiasmemos
te entusiasmes	os entusiasméis
se entusiasme	se entusiasmen

Present Perfect Subjunctive

me haya entusiasmado	nos hayamos entusiasmado
te hayas entusiasmado	os hayáis entusiasmado
se haya entusiasmado	se hayan entusiasmado

Imperfect Subjunctive (-ra)   *or*   Imperfect Subjunctive (-se)

me entusiasmara	nos entusiasmáramos	me entusiasmase	nos entusiasmásemos
te entusiasmaras	os entusiasmarais	te entusiasmases	os entusiasmaseis
se entusiasmara	se entusiasmaran	se entusiasmase	se entusiasmasen

Past Perfect Subjunctive (-ra)   *or*   Past Perfect Subjunctive (-se)

me hubiera entusiasmado	nos hubiéramos entusiasmado	me hubiese entusiasmado	nos hubiésemos entusiasmado
te hubieras entusiasmado	os hubierais entusiasmado	te hubieses entusiasmado	os hubieseis entusiasmado
se hubiera entusiasmado	se hubieran entusiasmado	se hubiese entusiasmado	se hubiesen entusiasmado

Progressive Tenses

Present	estoy, estás, está, estamos, estáis, están
Preterit	estuve, estuviste, estuvo, estuvimos, estuvisteis, estuvieron
Imperfect	estaba, estabas, estaba, estábamos, estabais, estaban
Future	estaré, estarás, estará, estaremos, estaréis, estarán
Conditional	estaría, estarías, estaría, estaríamos, estaríais, estarían
Subjunctive	que + *corresponding subjunctive tense of* estar (*see verb 252*)

} entusiasmando (*see page 41*)

Commands

	(nosotros) entusiasmémonos / no nos entusiasmemos
(tú) entusiásmate / no te entusiasmes	(vosotros) entusiasmaos / no os entusiasméis
(Ud.) entusiásmese / no se entusiasme	(Uds.) entusiásmense / no se entusiasmen

USAGE

Se entusiasman con la música.	*They love music.*
Se entusiasmó al oír la noticia.	*She got excited when she heard the news.*
Nos entusiasmó el proyecto.	*We were delighted with the project.*
Lo hace todo con entusiasmo.	*He does everything enthusiastically.*
Estamos muy entusiasmados.	*We're very excited/enthusiastic.*
A los artistas les encanta un público entusiasta.	*Performers love an enthusiastic audience.*

enviar *to send*

envío · enviaron · enviado · enviando

-ar verb; spelling change:
i > í when stressed

Present		Preterit	
envío	enviamos	envié	enviamos
envías	enviáis	enviaste	enviasteis
envía	envían	envió	enviaron

Imperfect		Present Perfect	
enviaba	enviábamos	he enviado	hemos enviado
enviabas	enviabais	has enviado	habéis enviado
enviaba	enviaban	ha enviado	han enviado

Future		Conditional	
enviaré	enviaremos	enviaría	enviaríamos
enviarás	enviaréis	enviarías	enviaríais
enviará	enviarán	enviaría	enviarían

Pluperfect		Preterit Perfect	
había enviado	habíamos enviado	hube enviado	hubimos enviado
habías enviado	habíais enviado	hubiste enviado	hubisteis enviado
había enviado	habían enviado	hubo enviado	hubieron enviado

Future Perfect		Conditional Perfect	
habré enviado	habremos enviado	habría enviado	habríamos enviado
habrás enviado	habréis enviado	habrías enviado	habríais enviado
habrá enviado	habrán enviado	habría enviado	habrían enviado

Present Subjunctive		Present Perfect Subjunctive	
envíe	enviemos	haya enviado	hayamos enviado
envíes	enviéis	hayas enviado	hayáis enviado
envíe	envíen	haya enviado	hayan enviado

Imperfect Subjunctive (-ra)		*or*	Imperfect Subjunctive (-se)	
enviara	enviáramos		enviase	enviásemos
enviaras	enviarais		enviases	enviaseis
enviara	enviaran		enviase	enviasen

Past Perfect Subjunctive (-ra)		*or*	Past Perfect Subjunctive (-se)	
hubiera enviado	hubiéramos enviado		hubiese enviado	hubiésemos enviado
hubieras enviado	hubierais enviado		hubieses enviado	hubieseis enviado
hubiera enviado	hubieran enviado		hubiese enviado	hubiesen enviado

Progressive Tenses

Present	estoy, estás, está, estamos, estáis, están	
Preterit	estuve, estuviste, estuvo, estuvimos, estuvisteis, estuvieron	
Imperfect	estaba, estabas, estaba, estábamos, estabais, estaban	enviando
Future	estaré, estarás, estará, estaremos, estaréis, estarán	
Conditional	estaría, estarías, estaría, estaríamos, estaríais, estarían	
Subjunctive	que + *corresponding subjunctive tense of* estar (*see verb 252*)	

Commands

	(nosotros) enviemos / no enviemos
(tú) envía / no envíes	(vosotros) enviad / no enviéis
(Ud.) envíe / no envíe	(Uds.) envíen / no envíen

USAGE

Envié varios correos electrónicos.	*I sent several e-mails.*
Les enviábamos unas tarjetas postales.	*We used to send them some postcards.*
Le enviaron al diablo / a paseo.	*They sent him to hell / packing.*
¿Qué te habrán enviado?	*What might they have sent you?*
Hay un envío para Ud.	*There's a shipment/letter/package for you.*
El gobierno envió a su enviado a Inglaterra.	*The government sent its envoy to England.*

stem-changing -er verb:
o > ue (like **volver**)

envuelvo · envolvieron · envuelto · envolviendo

Present		Preterit	
envuelvo	envolvemos	envolví	envolvimos
envuelves	envolvéis	envolviste	envolvisteis
envuelve	envuelven	envolvió	envolvieron

Imperfect		Present Perfect	
envolvía	envolvíamos	he envuelto	hemos envuelto
envolvías	envolvíais	has envuelto	habéis envuelto
envolvía	envolvían	ha envuelto	han envuelto

Future		Conditional	
envolveré	envolveremos	envolvería	envolveríamos
envolverás	envolveréis	envolverías	envolveríais
envolverá	envolverán	envolvería	envolverían

Pluperfect		Preterit Perfect	
había envuelto	habíamos envuelto	hube envuelto	hubimos envuelto
habías envuelto	habíais envuelto	hubiste envuelto	hubisteis envuelto
había envuelto	habían envuelto	hubo envuelto	hubieron envuelto

Future Perfect		Conditional Perfect	
habré envuelto	habremos envuelto	habría envuelto	habríamos envuelto
habrás envuelto	habréis envuelto	habrías envuelto	habríais envuelto
habrá envuelto	habrán envuelto	habría envuelto	habrían envuelto

Present Subjunctive		Present Perfect Subjunctive	
envuelva	envolvamos	haya envuelto	hayamos envuelto
envuelvas	envolváis	hayas envuelto	hayáis envuelto
envuelva	envuelvan	haya envuelto	hayan envuelto

Imperfect Subjunctive (-ra)		or	Imperfect Subjunctive (-se)	
envolviera	envolviéramos		envolviese	envolviésemos
envolvieras	envolvierais		envolvieses	envolvieseis
envolviera	envolvieran		envolviese	envolviesen

Past Perfect Subjunctive (-ra)		or	Past Perfect Subjunctive (-se)	
hubiera envuelto	hubiéramos envuelto		hubiese envuelto	hubiésemos envuelto
hubieras envuelto	hubierais envuelto		hubieses envuelto	hubieseis envuelto
hubiera envuelto	hubieran envuelto		hubiese envuelto	hubiesen envuelto

Progressive Tenses

Present	estoy, estás, está, estamos, estáis, están	
Preterit	estuve, estuviste, estuvo, estuvimos, estuvisteis, estuvieron	
Imperfect	estaba, estabas, estaba, estábamos, estabais, estaban	
Future	estaré, estarás, estará, estaremos, estaréis, estarán	envolviendo
Conditional	estaría, estarías, estaría, estaríamos, estaríais, estarían	
Subjunctive	que + *corresponding subjunctive tense of* estar (*see verb 252*)	

Commands

	(nosotros) envolvamos / no envolvamos
(tú) envuelve / no envuelvas	(vosotros) envolved / no envolváis
(Ud.) envuelva / no envuelva	(Uds.) envuelvan / no envuelvan

USAGE

Envuelve el paquete en este papel.	*Wrap the package up in this paper.*
No nos envuelva en las intrigas palaciegas.	*Don't involve us in court/palace intrigues.*
¿Has envuelto los regalos?	*Have you wrapped up the gifts?*
Sus palabras están envueltas en confusión.	*Their words are enveloped in confusion.*
La envoltura está rota.	*The wrapping/cover is ripped.*

equivocarse *to be mistaken, get wrong, make a mistake*

equivoco · equivocaron · equivocado · equivocándose

-ar reflexive verb;
spelling change: c > qu/e

Present

me equivoco	nos equivocamos
te equivocas	os equivocáis
se equivoca	se equivocan

Preterit

me equivoqué	nos equivocamos
te equivocaste	os equivocasteis
se equivocó	se equivocaron

Imperfect

me equivocaba	nos equivocábamos
te equivocabas	os equivocabais
se equivocaba	se equivocaban

Present Perfect

me he equivocado	nos hemos equivocado
te has equivocado	os habéis equivocado
se ha equivocado	se han equivocado

Future

me equivocaré	nos equivocaremos
te equivocarás	os equivocaréis
se equivocará	se equivocarán

Conditional

me equivocaría	nos equivocaríamos
te equivocarías	os equivocaríais
se equivocaría	se equivocarían

Pluperfect

me había equivocado	nos habíamos equivocado
te habías equivocado	os habíais equivocado
se había equivocado	se habían equivocado

Preterit Perfect

me hube equivocado	nos hubimos equivocado
te hubiste equivocado	os hubisteis equivocado
se hubo equivocado	se hubieron equivocado

Future Perfect

me habré equivocado	nos habremos equivocado
te habrás equivocado	os habréis equivocado
se habrá equivocado	se habrán equivocado

Conditional Perfect

me habría equivocado	nos habríamos equivocado
te habrías equivocado	os habríais equivocado
se habría equivocado	se habrían equivocado

Present Subjunctive

me equivoque	nos equivoquemos
te equivoques	os equivoquéis
se equivoque	se equivoquen

Present Perfect Subjunctive

me haya equivocado	nos hayamos equivocado
te hayas equivocado	os hayáis equivocado
se haya equivocado	se hayan equivocado

Imperfect Subjunctive (-ra)   *or*   Imperfect Subjunctive (-se)

me equivocara	nos equivocáramos	me equivocase	nos equivocásemos
te equivocaras	os equivocarais	te equivocases	os equivocaseis
se equivocara	se equivocaran	se equivocase	se equivocasen

Past Perfect Subjunctive (-ra)   *or*   Past Perfect Subjunctive (-se)

me hubiera equivocado	nos hubiéramos equivocado	me hubiese equivocado	nos hubiésemos equivocado
te hubieras equivocado	os hubierais equivocado	te hubieses equivocado	os hubieseis equivocado
se hubiera equivocado	se hubieran equivocado	se hubiese equivocado	se hubiesen equivocado

Progressive Tenses

Present	estoy, estás, está, estamos, estáis, están	
Preterit	estuve, estuviste, estuvo, estuvimos, estuvisteis, estuvieron	
Imperfect	estaba, estabas, estaba, estábamos, estabais, estaban	equivocando *(see page 41)*
Future	estaré, estarás, estará, estaremos, estaréis, estarán	
Conditional	estaría, estarías, estaría, estaríamos, estaríais, estarían	
Subjunctive	que + *corresponding subjunctive tense of* estar *(see verb 252)*	

Commands

	(nosotros) equivoquémonos / no nos equivoquemos
(tú) equivócate / no te equivoques	(vosotros) equivocaos / no os equivoquéis
(Ud.) equivóquese / no se equivoque	(Uds.) equivóquense / no se equivoquen

USAGE

Se han equivocado.	*They've made a mistake.*
No te equivoques de carretera.	*Don't get on the wrong highway.*
—Llegan el martes si no me equivoco.	*They'll arrive on Tuesday, if I'm not mistaken.*
—Estás equivocado. Será el jueves.	*You're wrong. It's Thursday.*
Son palabras equívocas.	*They're ambiguous/equivocal words.*
Pasó por equívoco.	*It happened because of a misunderstanding.*

-er verb; spelling change: g > j/o, a   escojo · escogieron · escogido · escogiendo

Present		Preterit	
escojo	escogemos	escogí	escogimos
escoges	escogéis	escogiste	escogisteis
escoge	escogen	escogió	escogieron

Imperfect		Present Perfect	
escogía	escogíamos	he escogido	hemos escogido
escogías	escogíais	has escogido	habéis escogido
escogía	escogían	ha escogido	han escogido

Future		Conditional	
escogeré	escogeremos	escogería	escogeríamos
escogerás	escogeréis	escogerías	escogeríais
escogerá	escogerán	escogería	escogerían

Pluperfect		Preterit Perfect	
había escogido	habíamos escogido	hube escogido	hubimos escogido
habías escogido	habíais escogido	hubiste escogido	hubisteis escogido
había escogido	habían escogido	hubo escogido	hubieron escogido

Future Perfect		Conditional Perfect	
habré escogido	habremos escogido	habría escogido	habríamos escogido
habrás escogido	habréis escogido	habrías escogido	habríais escogido
habrá escogido	habrán escogido	habría escogido	habrían escogido

Present Subjunctive		Present Perfect Subjunctive	
escoja	escojamos	haya escogido	hayamos escogido
escojas	escojáis	hayas escogido	hayáis escogido
escoja	escojan	haya escogido	hayan escogido

Imperfect Subjunctive (-ra)		*or*	Imperfect Subjunctive (-se)	
escogiera	escogiéramos		escogiese	escogiésemos
escogieras	escogierais		escogieses	escogieseis
escogiera	escogieran		escogiese	escogiesen

Past Perfect Subjunctive (-ra)		*or*	Past Perfect Subjunctive (-se)	
hubiera escogido	hubiéramos escogido		hubiese escogido	hubiésemos escogido
hubieras escogido	hubierais escogido		hubieses escogido	hubieseis escogido
hubiera escogido	hubieran escogido		hubiese escogido	hubiesen escogido

Progressive Tenses

Present	estoy, estás, está, estamos, estáis, están	
Preterit	estuve, estuviste, estuvo, estuvimos, estuvisteis, estuvieron	
Imperfect	estaba, estabas, estaba, estábamos, estabais, estaban	escogiendo
Future	estaré, estarás, estará, estaremos, estaréis, estarán	
Conditional	estaría, estarías, estaría, estaríamos, estaríais, estarían	
Subjunctive	que + *corresponding subjunctive tense of* estar (*see verb 252*)	

Commands

	(nosotros) escojamos / no escojamos
(tú) escoge / no escojas	(vosotros) escoged / no escojáis
(Ud.) escoja / no escoja	(Uds.) escojan / no escojan

USAGE

Escogió los muebles de pino.	*She chose the furniture made of pine.*
Lo escogieron como su representante.	*They chose him as their representative.*
Escoge uno de los platos acompañantes.	*Choose one of the side dishes.*
Hay muchas cosas que escoger.	*There are many things to choose from.*
Leímos las obras escogidas del autor.	*We read selected works by the author.*
Son productos escogidos.	*They're choice/select products.*

esconder *to hide, conceal*

escondo · escondieron · escondido · escondiendo

regular -er verb

Present		Preterit	
escondo	escondemos	escondí	escondimos
escondes	escondéis	escondiste	escondisteis
esconde	esconden	escondió	escondieron

Imperfect		Present Perfect	
escondía	escondíamos	he escondido	hemos escondido
escondías	escondíais	has escondido	habéis escondido
escondía	escondían	ha escondido	han escondido

Future		Conditional	
esconderé	esconderemos	escondería	esconderíamos
esconderás	esconderéis	esconderías	esconderíais
esconderá	esconderán	escondería	esconderían

Pluperfect		Preterit Perfect	
había escondido	habíamos escondido	hube escondido	hubimos escondido
habías escondido	habíais escondido	hubiste escondido	hubisteis escondido
había escondido	habían escondido	hubo escondido	hubieron escondido

Future Perfect		Conditional Perfect	
habré escondido	habremos escondido	habría escondido	habríamos escondido
habrás escondido	habréis escondido	habrías escondido	habríais escondido
habrá escondido	habrán escondido	habría escondido	habrían escondido

Present Subjunctive		Present Perfect Subjunctive	
esconda	escondamos	haya escondido	hayamos escondido
escondas	escondáis	hayas escondido	hayáis escondido
esconda	escondan	haya escondido	hayan escondido

Imperfect Subjunctive (-ra)		or	Imperfect Subjunctive (-se)	
escondiera	escondiéramos		escondiese	escondiésemos
escondieras	escondierais		escondieses	escondieseis
escondiera	escondieran		escondiese	escondiesen

Past Perfect Subjunctive (-ra)		or	Past Perfect Subjunctive (-se)	
hubiera escondido	hubiéramos escondido		hubiese escondido	hubiésemos escondido
hubieras escondido	hubierais escondido		hubieses escondido	hubieseis escondido
hubiera escondido	hubieran escondido		hubiese escondido	hubiesen escondido

Progressive Tenses

Present	estoy, estás, está, estamos, estáis, están	
Preterit	estuve, estuviste, estuvo, estuvimos, estuvisteis, estuvieron	
Imperfect	estaba, estabas, estaba, estábamos, estabais, estaban	} escondiendo
Future	estaré, estarás, estará, estaremos, estaréis, estarán	
Conditional	estaría, estarías, estaría, estaríamos, estaríais, estarían	
Subjunctive	que + *corresponding subjunctive tense of* estar (*see verb 252*)	

Commands

	(nosotros) escondamos / no escondamos
(tú) esconde / no escondas	(vosotros) esconded / no escondáis
(Ud.) esconda / no esconda	(Uds.) escondan / no escondan

USAGE

Escondieron el dinero en la caja fuerte.	*They hid the money in the strong box.*
Se escondió en la buhardilla.	*He hid in the attic.*
Su cara esconde su envidia.	*Her face conceals her jealousy.*
Guardó los documentos a escondidas.	*He put away the papers secretly.*
Los niños están jugando al escondite.	*The kids are playing hide-and-seek.*

-ir verb; irregular past participle

escribo · escribieron · escrito · escribiendo

Present		Preterit	
escribo	escribimos	escribí	escribimos
escribes	escribís	escribiste	escribisteis
escribe	escriben	escribió	escribieron

Imperfect		Present Perfect	
escribía	escribíamos	he escrito	hemos escrito
escribías	escribíais	has escrito	habéis escrito
escribía	escribían	ha escrito	han escrito

Future		Conditional	
escribiré	escribiremos	escribiría	escribiríamos
escribirás	escribiréis	escribirías	escribiríais
escribirá	escribirán	escribiría	escribirían

Pluperfect		Preterit Perfect	
había escrito	habíamos escrito	hube escrito	hubimos escrito
habías escrito	habíais escrito	hubiste escrito	hubisteis escrito
había escrito	habían escrito	hubo escrito	hubieron escrito

Future Perfect		Conditional Perfect	
habré escrito	habremos escrito	habría escrito	habríamos escrito
habrás escrito	habréis escrito	habrías escrito	habríais escrito
habrá escrito	habrán escrito	habría escrito	habrían escrito

Present Subjunctive		Present Perfect Subjunctive	
escriba	escribamos	haya escrito	hayamos escrito
escribas	escribáis	hayas escrito	hayáis escrito
escriba	escriban	haya escrito	hayan escrito

Imperfect Subjunctive (-ra)		or	Imperfect Subjunctive (-se)	
escribiera	escribiéramos		escribiese	escribiésemos
escribieras	escribierais		escribieses	escribieseis
escribiera	escribieran		escribiese	escribiesen

Past Perfect Subjunctive (-ra)		or	Past Perfect Subjunctive (-se)	
hubiera escrito	hubiéramos escrito		hubiese escrito	hubiésemos escrito
hubieras escrito	hubierais escrito		hubieses escrito	hubieseis escrito
hubiera escrito	hubieran escrito		hubiese escrito	hubiesen escrito

Progressive Tenses

Present	estoy, estás, está, estamos, estáis, están	
Preterit	estuve, estuviste, estuvo, estuvimos, estuvisteis, estuvieron	
Imperfect	estaba, estabas, estaba, estábamos, estabais, estaban	escribiendo
Future	estaré, estarás, estará, estaremos, estaréis, estarán	
Conditional	estaría, estarías, estaría, estaríamos, estaríais, estarían	
Subjunctive	que + *corresponding subjunctive tense of* estar (*see verb 252*)	

Commands

	(nosotros) escribamos / no escribamos
(tú) escribe / no escribas	(vosotros) escribid / no escribáis
(Ud.) escriba / no escriba	(Uds.) escriban / no escriban

USAGE

Ha escrito mensajes por correo electrónico.	*He has written e-mail messages.*
Escríbenos.	*Write to us.*
Escribía novelas policíacas.	*He wrote detective novels.*
¿Cómo se escribe la palabra?	*How do you spell the word?*
Lo escrito escrito está.	*We have it in writing / in black and white.*
Es escritor.	*He's a writer.*
¿Sabes leer la escritura hebrea?	*Do you know how to read Hebrew writing?*

escuchar *to listen, hear*

escucho · escucharon · escuchado · escuchando   regular -ar verb

Present		Preterit	
escucho	escuchamos	escuché	escuchamos
escuchas	escucháis	escuchaste	escuchasteis
escucha	escuchan	escuchó	escucharon

Imperfect		Present Perfect	
escuchaba	escuchábamos	he escuchado	hemos escuchado
escuchabas	escuchabais	has escuchado	habéis escuchado
escuchaba	escuchaban	ha escuchado	han escuchado

Future		Conditional	
escucharé	escucharemos	escucharía	escucharíamos
escucharás	escucharéis	escucharías	escucharíais
escuchará	escucharán	escucharía	escucharían

Pluperfect		Preterit Perfect	
había escuchado	habíamos escuchado	hube escuchado	hubimos escuchado
habías escuchado	habíais escuchado	hubiste escuchado	hubisteis escuchado
había escuchado	habían escuchado	hubo escuchado	hubieron escuchado

Future Perfect		Conditional Perfect	
habré escuchado	habremos escuchado	habría escuchado	habríamos escuchado
habrás escuchado	habréis escuchado	habrías escuchado	habríais escuchado
habrá escuchado	habrán escuchado	habría escuchado	habrían escuchado

Present Subjunctive		Present Perfect Subjunctive	
escuche	escuchemos	haya escuchado	hayamos escuchado
escuches	escuchéis	hayas escuchado	hayáis escuchado
escuche	escuchen	haya escuchado	hayan escuchado

Imperfect Subjunctive (-ra)		or	Imperfect Subjunctive (-se)	
escuchara	escucháramos		escuchase	escuchásemos
escucharas	escucharais		escuchases	escuchaseis
escuchara	escucharan		escuchase	escuchasen

Past Perfect Subjunctive (-ra)		or	Past Perfect Subjunctive (-se)	
hubiera escuchado	hubiéramos escuchado		hubiese escuchado	hubiésemos escuchado
hubieras escuchado	hubierais escuchado		hubieses escuchado	hubieseis escuchado
hubiera escuchado	hubieran escuchado		hubiese escuchado	hubiesen escuchado

Progressive Tenses

Present	estoy, estás, está, estamos, estáis, están	
Preterit	estuve, estuviste, estuvo, estuvimos, estuvisteis, estuvieron	
Imperfect	estaba, estabas, estaba, estábamos, estabais, estaban	escuchando
Future	estaré, estarás, estará, estaremos, estaréis, estarán	
Conditional	estaría, estarías, estaría, estaríamos, estaríais, estarían	
Subjunctive	que + *corresponding subjunctive tense of* estar (*see verb 252*)	

Commands

	(nosotros) escuchemos / no escuchemos
(tú) escucha / no escuches	(vosotros) escuchad / no escuchéis
(Ud.) escuche / no escuche	(Uds.) escuchen / no escuchen

USAGE

Escuchemos música.	*Let's listen to music.*
Escuché un ruido.	*I heard a noise.*
Escuchaban un disco compacto.	*They were listening to a compact disc.*
Te di un consejo. Espero que me hayas escuchado.	*I gave you a piece of advice. I hope you listened to me.*

esforzarse

to make an effort, try hard, do one's best

stem-changing -ar reflexive verb:
o > ue; spelling change: z > c/e

esfuerzo · esforzaron · esforzado · esforzándose

Present

me esfuerzo	nos esforzamos
te esfuerzas	os esforzáis
se esfuerza	se esfuerzan

Preterit

me esforcé	nos esforzamos
te esforzaste	os esforzasteis
se esforzó	se esforzaron

Imperfect

me esforzaba	nos esforzábamos
te esforzabas	os esforzabais
se esforzaba	se esforzaban

Present Perfect

me he esforzado	nos hemos esforzado
te has esforzado	os habéis esforzado
se ha esforzado	se han esforzado

Future

me esforzaré	nos esforzaremos
te esforzarás	os esforzaréis
se esforzará	se esforzarán

Conditional

me esforzaría	nos esforzaríamos
te esforzarías	os esforzaríais
se esforzaría	se esforzarían

Pluperfect

me había esforzado	nos habíamos esforzado
te habías esforzado	os habíais esforzado
se había esforzado	se habían esforzado

Preterit Perfect

me hube esforzado	nos hubimos esforzado
te hubiste esforzado	os hubisteis esforzado
se hubo esforzado	se hubieron esforzado

Future Perfect

me habré esforzado	nos habremos esforzado
te habrás esforzado	os habréis esforzado
se habrá esforzado	se habrán esforzado

Conditional Perfect

me habría esforzado	nos habríamos esforzado
te habrías esforzado	os habríais esforzado
se habría esforzado	se habrían esforzado

Present Subjunctive

me esfuerce	nos esforcemos
te esfuerces	os esforcéis
se esfuerce	se esfuercen

Present Perfect Subjunctive

me haya esforzado	nos hayamos esforzado
te hayas esforzado	os hayáis esforzado
se haya esforzado	se hayan esforzado

Imperfect Subjunctive (-ra)

me esforzara	nos esforzáramos
te esforzaras	os esforzarais
se esforzara	se esforzaran

or

Imperfect Subjunctive (-se)

me esforzase	nos esforzásemos
te esforzases	os esforzaseis
se esforzase	se esforzasen

Past Perfect Subjunctive (-ra)

me hubiera esforzado	nos hubiéramos esforzado
te hubieras esforzado	os hubierais esforzado
se hubiera esforzado	se hubieran esforzado

or

Past Perfect Subjunctive (-se)

me hubiese esforzado	nos hubiésemos esforzado
te hubieses esforzado	os hubieseis esforzado
se hubiese esforzado	se hubiesen esforzado

Progressive Tenses

Present	estoy, estás, está, estamos, estáis, están
Preterit	estuve, estuviste, estuvo, estuvimos, estuvisteis, estuvieron
Imperfect	estaba, estabas, estaba, estábamos, estabais, estaban
Future	estaré, estarás, estará, estaremos, estaréis, estarán
Conditional	estaría, estarías, estaría, estaríamos, estaríais, estarían
Subjunctive	que + *corresponding subjunctive tense of* estar (*see verb 252*)

esforzando (*see page 41*)

Commands

(tú) esfuérzate / no te esfuerces	(nosotros) esforcémonos / no nos esforcemos
(Ud.) esfuércese / no se esfuerce	(vosotros) esforzaos / no os esforcéis
	(Uds.) esfuércense / no se esfuercen

USAGE

Se esfuerza por triunfar en la vida.	*He's striving to succeed in life.*
Esfuérzate por terminar el trabajo hoy.	*Try hard to finish the work today.*
Se han esforzado lo más posible.	*They've tried as much as possible.*
Haz un esfuerzo por venir.	*Make an effort to / Try to / Do your best to come.*
Luchó con todas sus fuerzas.	*She fought with all her might.*
Corren sin esfuerzo.	*They run effortlessly.*

(**espantar**) *to frighten, scare, terrify*

espanto · espantaron · espantado · espantando regular -*ar* verb

Present		Preterit	
espanto	espantamos	espanté	espantamos
espantas	espantáis	espantaste	espantasteis
espanta	espantan	espantó	espantaron

Imperfect		Present Perfect	
espantaba	espantábamos	he espantado	hemos espantado
espantabas	espantabais	has espantado	habéis espantado
espantaba	espantaban	ha espantado	han espantado

Future		Conditional	
espantaré	espantaremos	espantaría	espantaríamos
espantarás	espantaréis	espantarías	espantaríais
espantará	espantarán	espantaría	espantarían

Pluperfect		Preterit Perfect	
había espantado	habíamos espantado	hube espantado	hubimos espantado
habías espantado	habíais espantado	hubiste espantado	hubisteis espantado
había espantado	habían espantado	hubo espantado	hubieron espantado

Future Perfect		Conditional Perfect	
habré espantado	habremos espantado	habría espantado	habríamos espantado
habrás espantado	habréis espantado	habrías espantado	habríais espantado
habrá espantado	habrán espantado	habría espantado	habrían espantado

Present Subjunctive		Present Perfect Subjunctive	
espante	espantemos	haya espantado	hayamos espantado
espantes	espantéis	hayas espantado	hayáis espantado
espante	espanten	haya espantado	hayan espantado

Imperfect Subjunctive (-ra)		*or*	Imperfect Subjunctive (-se)	
espantara	espantáramos		espantase	espantásemos
espantaras	espantarais		espantases	espantaseis
espantara	espantaran		espantase	espantasen

Past Perfect Subjunctive (-ra)		*or*	Past Perfect Subjunctive (-se)	
hubiera espantado	hubiéramos espantado		hubiese espantado	hubiésemos espantado
hubieras espantado	hubierais espantado		hubieses espantado	hubieseis espantado
hubiera espantado	hubieran espantado		hubiese espantado	hubiesen espantado

Progressive Tenses

Present	estoy, estás, está, estamos, estáis, están
Preterit	estuve, estuviste, estuvo, estuvimos, estuvisteis, estuvieron
Imperfect	estaba, estabas, estaba, estábamos, estabais, estaban
Future	estaré, estarás, estará, estaremos, estaréis, estarán
Conditional	estaría, estarías, estaría, estaríamos, estaríais, estarían
Subjunctive	que + *corresponding subjunctive tense of* estar (*see verb 252*)

espantando

Commands

	(nosotros) espantemos / no espantemos
(tú) espanta / no espantes	(vosotros) espantad / no espantéis
(Ud.) espante / no espante	(Uds.) espanten / no espanten

(USAGE)

Su pesadilla le espantó.	*Her nightmare frightened her.*
No te espantes.	*Don't get scared.*
Nos espantamos al oír los tiros.	*We got scared (away) when we heard the shots.*
Estaban espantados.	*They were terrified.*
El precio de la gasolina es un espanto.	*The price of gas is appalling.*
¡Qué espantapájaros más gracioso!	*What a comical scarecrow!*

regular -*ar* reflexive verb;
spelling change: z > c/e

especializo · especializaron · especializado · especializándose

Present

me especializo	nos especializamos
te especializas	os especializáis
se especializa	se especializan

Preterit

me especialicé	nos especializamos
te especializaste	os especializasteis
se especializó	se especializaron

Imperfect

me especializaba	nos especializábamos
te especializabas	os especializabais
se especializaba	se especializaban

Present Perfect

me he especializado	nos hemos especializado
te has especializado	os habéis especializado
se ha especializado	se han especializado

Future

me especializaré	nos especializaremos
te especializarás	os especializaréis
se especializará	se especializarán

Conditional

me especializaría	nos especializaríamos
te especializarías	os especializaríais
se especializaría	se especializarían

Pluperfect

me había especializado	nos habíamos especializado
te habías especializado	os habíais especializado
se había especializado	se habían especializado

Preterit Perfect

me hube especializado	nos hubimos especializado
te hubiste especializado	os hubisteis especializado
se hubo especializado	se hubieron especializado

Future Perfect

me habré especializado	nos habremos especializado
te habrás especializado	os habréis especializado
se habrá especializado	se habrán especializado

Conditional Perfect

me habría especializado	nos habríamos especializado
te habrías especializado	os habríais especializado
se habría especializado	se habrían especializado

Present Subjunctive

me especialice	nos especialicemos
te especialices	os especialicéis
se especialice	se especialicen

Present Perfect Subjunctive

me haya especializado	nos hayamos especializado
te hayas especializado	os hayáis especializado
se haya especializado	se hayan especializado

Imperfect Subjunctive (-ra)   *or*   Imperfect Subjunctive (-se)

me especializara	nos especializáramos	me especializase	nos especializásemos
te especializaras	os especializarais	te especializases	os especializaseis
se especializara	se especializaran	se especializase	se especializasen

Past Perfect Subjunctive (-ra)   *or*   Past Perfect Subjunctive (-se)

me hubiera especializado	nos hubiéramos especializado	me hubiese especializado	nos hubiésemos especializado
te hubieras especializado	os hubierais especializado	te hubieses especializado	os hubieseis especializado
se hubiera especializado	se hubieran especializado	se hubiese especializado	se hubiesen especializado

Progressive Tenses

Present	estoy, estás, está, estamos, estáis, están
Preterit	estuve, estuviste, estuvo, estuvimos, estuvisteis, estuvieron
Imperfect	estaba, estabas, estaba, estábamos, estabais, estaban
Future	estaré, estarás, estará, estaremos, estaréis, estarán
Conditional	estaría, estarías, estaría, estaríamos, estaríais, estarían
Subjunctive	que + *corresponding subjunctive tense of* estar (*see verb 252*)

especializando (*see page 41*)

Commands

	(nosotros) especialicémonos / no nos especialicemos
(tú) especialízate / no te especialices	(vosotros) especializaos / no os especialicéis
(Ud.) especialícese / no se especialice	(Uds.) especialícense / no se especialicen

USAGE

—¿En qué te especializas?

What are you specializing/
majoring in?

—Mi especialización es economía.

My major is economics.

Su padre quiere que se especialice en medicina.
Es médico especialista.
La paella es la especialidad de la casa.

Her father wants her to specialize in medicine.
He's a specialist.
Paella is the specialty of the house.

esperar *to wait, wait for, hope, expect*

espero · esperaron · esperado · esperando

regular -ar verb

Esperaré hasta que vuelvan.	*I'll wait until they come back.*
No las hagas esperar.	*Don't make them wait.*
¡Espérate!	*Wait up!*
—Espero una llamada.	*I'm waiting for a phone call.*
—¡Espérate sentado!	*Don't hold your breath! / You could wait forever!*
Espera sacar buenas notas.	*She hopes to get good grades.*
Esperan que lleguemos puntualmente.	*They hope we'll arrive punctually.*
Esperaba que no lloviera.	*I hoped it wouldn't rain.*
Espero que sí/no.	*I hope so/not.*
Esperamos en Dios.	*We put our faith in God.*
Esperan a mucha gente.	*They expect a lot of people.*
Regina está esperando familia / un bebé.	*Regina is expecting (a baby).*
¿Es buen momento para comprar vivienda o conviene esperar?	*Is it a good time to buy a house or is it advisable to wait?*

OTHER USES AND RELATED WORDS

Estamos en espera de su contestación.	*We're awaiting your reply.*
—Esperen Uds. en la sala de espera.	*Please wait in the waiting room.*
—¿Será larga la espera?	*Will there be a long wait?*
Tenemos esperanzas de éxito.	*We have hopes of success.*
La esperanza de vida ha aumentado mucho.	*Life expectancy has increased a lot.*
—La esperanza es lo último que se pierde.	*Hope is the last thing to go.*
—Tienes razón. Mientras hay vida, hay esperanza.	*You're right. Where there's life, there's hope.*
Tienen sus esperanzas en Ud.	*They place their hopes in you.*
Recibió una carta esperanzadora.	*He received an encouraging letter.*
Quien espera desespera.	*A watched pot never boils.*
—¿Tuvieron que esperar mucho tiempo en el aeropuerto?	*Did you have to wait a long time at the airport?*
—Sí, luego de tres horas de espera hicieron el llamado a abordar el avión a los pasajeros.	*Yes, after a three-hour wait they made an announcement to the passengers to board the plane.*
No me esperaba tantos regalos.	*I didn't expect so many gifts.*
Pasó lo que menos me esperaba.	*What I least expected to happen, happened.*
Mi amigo me ha decepcionado. Yo me esperaba más de él.	*My friend disappointed me. I expected more from him.*
Costó más de lo esperado.	*It cost more than (we) expected.*
El embajador dijo hoy que no se puede esperar milagros en referencia a las relaciones de su país con Venezuela.	*The ambassador said today that one can't expect miracles in reference to the relations of his country with Venezuela.*
El dramaturgo español Antonio Buero Vallejo acuñó la teoría de la "tragedia esperanzada". "La esperanza del desesperar, y la desesperanza del esperar es lo que define a toda tragedia digna de tal nombre".	*The Spanish playwright Antonio Buero Vallejo coined the theory of "hopeful tragedy." "Hope in despair and despair in hope is what defines every tragedy worthy of its name."*

regular -*ar* verb ⋅ espero · esperaron · esperado · esperando

Present		Preterit	
espero	esperamos	esperé	esperamos
esperas	esperáis	esperaste	esperasteis
espera	esperan	esperó	esperaron

Imperfect		Present Perfect	
esperaba	esperábamos	he esperado	hemos esperado
esperabas	esperabais	has esperado	habéis esperado
esperaba	esperaban	ha esperado	han esperado

Future		Conditional	
esperaré	esperaremos	esperaría	esperaríamos
esperarás	esperaréis	esperarías	esperaríais
esperará	esperarán	esperaría	esperarían

Pluperfect		Preterit Perfect	
había esperado	habíamos esperado	hube esperado	hubimos esperado
habías esperado	habíais esperado	hubiste esperado	hubisteis esperado
había esperado	habían esperado	hubo esperado	hubieron esperado

Future Perfect		Conditional Perfect	
habré esperado	habremos esperado	habría esperado	habríamos esperado
habrás esperado	habréis esperado	habrías esperado	habríais esperado
habrá esperado	habrán esperado	habría esperado	habrían esperado

Present Subjunctive		Present Perfect Subjunctive	
espere	esperemos	haya esperado	hayamos esperado
esperes	esperéis	hayas esperado	hayáis esperado
espere	esperen	haya esperado	hayan esperado

Imperfect Subjunctive (-ra)		or	Imperfect Subjunctive (-se)	
esperara	esperáramos		esperase	esperásemos
esperaras	esperarais		esperases	esperaseis
esperara	esperaran		esperase	esperasen

Past Perfect Subjunctive (-ra)		or	Past Perfect Subjunctive (-se)	
hubiera esperado	hubiéramos esperado		hubiese esperado	hubiésemos esperado
hubieras esperado	hubierais esperado		hubieses esperado	hubieseis esperado
hubiera esperado	hubieran esperado		hubiese esperado	hubiesen esperado

Progressive Tenses

Present	estoy, estás, está, estamos, estáis, están	
Preterit	estuve, estuviste, estuvo, estuvimos, estuvisteis, estuvieron	
Imperfect	estaba, estabas, estaba, estábamos, estabais, estaban	esperando
Future	estaré, estarás, estará, estaremos, estaréis, estarán	
Conditional	estaría, estarías, estaría, estaríamos, estaríais, estarían	
Subjunctive	que + *corresponding subjunctive tense of* estar (*see verb 252*)	

Commands

	(nosotros) esperemos / no esperemos
(tú) espera / no esperes	(vosotros) esperad / no esperéis
(Ud.) espere / no espere	(Uds.) esperen / no esperen

 USAGE

Te esperaremos delante de la tienda. — *We'll wait for you in front of the store.*
✦ —Esperémoslos un poco más. — *Let's wait for them a little longer.*
—Bueno, pero espero que aparezcan pronto. — *All right, but I hope they show up soon.*
No esperaba encontrarte allí. — *I didn't expect that you'd be there.*
¡Espérense! — *Wait up!*

esquiar to ski

esquío · esquiaron · esquiado · esquiando   -ar verb; spelling change: i > í when stressed

Present
esquío	esquiamos
esquías	esquiáis
esquía	esquían

Imperfect
esquiaba	esquiábamos
esquiabas	esquiabais
esquiaba	esquiaban

Future
esquiaré	esquiaremos
esquiarás	esquiaréis
esquiará	esquiarán

Pluperfect
había esquiado	habíamos esquiado
habías esquiado	habíais esquiado
había esquiado	habían esquiado

Future Perfect
habré esquiado	habremos esquiado
habrás esquiado	habréis esquiado
habrá esquiado	habrán esquiado

Preterit
esquié	esquiamos
esquiaste	esquiasteis
esquió	esquiaron

Present Perfect
he esquiado	hemos esquiado
has esquiado	habéis esquiado
ha esquiado	han esquiado

Conditional
esquiaría	esquiaríamos
esquiarías	esquiaríais
esquiaría	esquiarían

Preterit Perfect
hube esquiado	hubimos esquiado
hubiste esquiado	hubisteis esquiado
hubo esquiado	hubieron esquiado

Conditional Perfect
habría esquiado	habríamos esquiado
habrías esquiado	habríais esquiado
habría esquiado	habrían esquiado

Present Subjunctive
esquíe	esquiemos
esquíes	esquiéis
esquíe	esquíen

Imperfect Subjunctive (-ra)
esquiara	esquiáramos
esquiaras	esquiarais
esquiara	esquiaran

Past Perfect Subjunctive (-ra)
hubiera esquiado	hubiéramos esquiado
hubieras esquiado	hubierais esquiado
hubiera esquiado	hubieran esquiado

Present Perfect Subjunctive
haya esquiado	hayamos esquiado
hayas esquiado	hayáis esquiado
haya esquiado	hayan esquiado

or

Imperfect Subjunctive (-se)
esquiase	esquiásemos
esquiases	esquiaseis
esquiase	esquiasen

or

Past Perfect Subjunctive (-se)
hubiese esquiado	hubiésemos esquiado
hubieses esquiado	hubieseis esquiado
hubiese esquiado	hubiesen esquiado

Progressive Tenses
Present	estoy, estás, está, estamos, estáis, están
Preterit	estuve, estuviste, estuvo, estuvimos, estuvisteis, estuvieron
Imperfect	estaba, estabas, estaba, estábamos, estabais, estaban
Future	estaré, estarás, estará, estaremos, estaréis, estarán
Conditional	estaría, estarías, estaría, estaríamos, estaríais, estarían
Subjunctive	que + corresponding subjunctive tense of estar (see verb 252)

esquiando

Commands
	(nosotros) esquiemos / no esquiemos
(tú) esquía / no esquíes	(vosotros) esquiad / no esquiéis
(Ud.) esquíe / no esquíe	(Uds.) esquíen / no esquíen

USAGE

Esquiaban en los Alpes.	They used to ski in the Alps.
Ahora esquían en las Montañas Rocosas.	Now they ski in the Rockies.
Esquíen con nosotros.	Ski with us.
Nos gusta el esquí nórdico.	We like cross-country skiing.
Subieron en el telesquí.	They went up on the ski lift.
Bajaron en la pista de esquí.	They went down the ski slope.
Se compró esquíes y botas de esquiar.	He bought skis and ski boots.

to establish, set up, found **establecer**

-er verb; spelling change:
c > zc/o, a

establezco · establecieron · establecido · estableciendo

Present		Preterit	
establezco	establecemos	establecí	establecimos
estableces	establecéis	estableciste	establecisteis
establece	establecen	estableció	establecieron

Imperfect		Present Perfect	
establecía	establecíamos	he establecido	hemos establecido
establecías	establecíais	has establecido	habéis establecido
establecía	establecían	ha establecido	han establecido

Future		Conditional	
estableceré	estableceremos	establecería	estableceríamos
establecerás	estableceréis	establecerías	estableceríais
establecerá	establecerán	establecería	establecerían

Pluperfect		Preterit Perfect	
había establecido	habíamos establecido	hube establecido	hubimos establecido
habías establecido	habíais establecido	hubiste establecido	hubisteis establecido
había establecido	habían establecido	hubo establecido	hubieron establecido

Future Perfect		Conditional Perfect	
habré establecido	habremos establecido	habría establecido	habríamos establecido
habrás establecido	habréis establecido	habrías establecido	habríais establecido
habrá establecido	habrán establecido	habría establecido	habrían establecido

Present Subjunctive		Present Perfect Subjunctive	
establezca	establezcamos	haya establecido	hayamos establecido
establezcas	establezcáis	hayas establecido	hayáis establecido
establezca	establezcan	haya establecido	hayan establecido

Imperfect Subjunctive (-ra)		or	Imperfect Subjunctive (-se)	
estableciera	estableciéramos		estableciese	estableciésemos
establecieras	establecierais		establecieses	establecieseis
estableciera	establecieran		estableciese	estableciesen

Past Perfect Subjunctive (-ra)		or	Past Perfect Subjunctive (-se)	
hubiera establecido	hubiéramos establecido		hubiese establecido	hubiésemos establecido
hubieras establecido	hubierais establecido		hubieses establecido	hubieseis establecido
hubiera establecido	hubieran establecido		hubiese establecido	hubiesen establecido

Progressive Tenses

Present	estoy, estás, está, estamos, estáis, están
Preterit	estuve, estuviste, estuvo, estuvimos, estuvisteis, estuvieron
Imperfect	estaba, estabas, estaba, estábamos, estabais, estaban
Future	estaré, estarás, estará, estaremos, estaréis, estarán
Conditional	estaría, estarías, estaría, estaríamos, estaríais, estarían
Subjunctive	que + *corresponding subjunctive tense of* estar (*see verb 252*)

estableciendo

Commands

	(nosotros) establezcamos / no establezcamos
(tú) establece / no establezcas	(vosotros) estableced / no establezcáis
(Ud.) establezca / no establezca	(Uds.) establezcan / no establezcan

USAGE

Se estableció la empresa en 1900.	*The company was established/founded in 1900.*
¿Dónde fue establecida?	*Where was it set up?*
Es bueno que se establezca de ingeniero.	*It's good that he get established as an engineer.*
El establecimiento ha tenido mucho éxito.	*The business has been very successful.*

estar *to be*

estoy · estuvieron · estado · estando   *irregular verb*

¿Dónde están?

Están en Roma. | *They're in Rome.*
Estamos en línea. | *We're online.*

¿Cómo están?

 —¿Cómo están? | *How are they?*
—Están de buen humor. | *They're in a good mood.*
¿Quién está encargado / al cargo del proyecto? | *Who's responsible for / in charge of the project?*
Estás muy guapo hoy. | *You're looking very handsome today.*
¡Niños, esténse quietos! | *Children, stay still (don't move around)!*
Estuvieron arreglándose/vistiéndose. | *They were getting ready/dressed.*

estar a

Las manzanas están a un dólar la libra. | *Apples are/cost one dollar a pound.*
—¿A cuánto estamos? | *What's the date?*
—Estamos a 25 de noviembre. | *It's November 25.*

estar de

Está de instructor de béisbol. | *He's working as a baseball coach.*

estar en

La sociedad anónima está en sus comienzos. | *The corporation is just starting up.*
Está en pañales. | *It's in its infancy* (lit., *diapers*).
Estamos en verano/otoño. | *It's summer/fall.*

estar para

El avión está listo para despegar/aterrizar. | *The plane is about to take off / land.*
Nadie está para fiestas. | *Nobody feels like / is in the mood for a party.*

estar por

Está por verse cómo saldrá. | *It remains to be seen how it will turn out.*
¿Estáis por empezar? | *Are you about to begin?*

El tiempo

—¿Está nublado? | *Is it cloudy?*
—No, está despejado. | *No, it's clear.*

OTHER USES AND RELATED WORDS

La comida estuvo rica/sabrosa. | *The food was good/tasty.*
La línea estaba ocupada. | *The line was busy.* (telephone)
Los chicos están en la luna. | *The kids have their heads in the clouds.*
—¡Qué mojado estás! | *How wet you are!*
—Hubo un aguacero. Estoy hecho una sopa. | *There was a shower. I'm soaked.*
Parece que están a sus anchas. | *You seem comfortable / at ease.*

top
50
verb

irregular verb

estoy · estuvieron · estado · estando

Present		Preterit	
estoy	estamos	estuve	estuvimos
estás	estáis	estuviste	estuvisteis
está	están	estuvo	estuvieron

Imperfect		Present Perfect	
estaba	estábamos	he estado	hemos estado
estabas	estabais	has estado	habéis estado
estaba	estaban	ha estado	han estado

Future		Conditional	
estaré	estaremos	estaría	estaríamos
estarás	estaréis	estarías	estaríais
estará	estarán	estaría	estarían

Pluperfect		Preterit Perfect	
había estado	habíamos estado	hube estado	hubimos estado
habías estado	habíais estado	hubiste estado	hubisteis estado
había estado	habían estado	hubo estado	hubieron estado

Future Perfect		Conditional Perfect	
habré estado	habremos estado	habría estado	habríamos estado
habrás estado	habréis estado	habrías estado	habríais estado
habrá estado	habrán estado	habría estado	habrían estado

Present Subjunctive		Present Perfect Subjunctive	
esté	estemos	haya estado	hayamos estado
estés	estéis	hayas estado	hayáis estado
esté	estén	haya estado	hayan estado

Imperfect Subjunctive (-ra)		or	Imperfect Subjunctive (-se)	
estuviera	estuviéramos		estuviese	estuviésemos
estuvieras	estuvierais		estuvieses	estuvieseis
estuviera	estuvieran		estuviese	estuviesen

Past Perfect Subjunctive (-ra)		or	Past Perfect Subjunctive (-se)	
hubiera estado	hubiéramos estado		hubiese estado	hubiésemos estado
hubieras estado	hubierais estado		hubieses estado	hubieseis estado
hubiera estado	hubieran estado		hubiese estado	hubiesen estado

Progressive Tenses

Present	estoy, estás, está, estamos, estáis, están	
Preterit	estuve, estuviste, estuvo, estuvimos, estuvisteis, estuvieron	
Imperfect	estaba, estabas, estaba, estábamos, estabais, estaban	estando
Future	estaré, estarás, estará, estaremos, estaréis, estarán	
Conditional	estaría, estarías, estaría, estaríamos, estaríais, estarían	
Subjunctive	que + *corresponding subjunctive tense of* estar (*see verb 252*)	

Commands

	(nosotros) estemos / no estemos
(tú) está / no estés	(vosotros) estad / no estéis
(Ud.) esté / no esté	(Uds.) estén / no estén

—¿Cómo están Uds.?	*How are you?*
—Estamos contentos.	*We're happy.*
Estaban en el centro.	*They were downtown.*
El museo está abierto/cerrado los lunes.	*The museum is open/closed on Mondays.*
Estarán de vacaciones.	*They're probably on vacation.*
Están leyendo.	*They're reading.*
Están reunidos / en una reunión.	*They're in a meeting.*

estudiar to study, think about, consider

estudio · estudiaron · estudiado · estudiando   regular -ar verb

Present		Preterit	
estudio	estudiamos	estudié	estudiamos
estudias	estudiáis	estudiaste	estudiasteis
estudia	estudian	estudió	estudiaron

Imperfect		Present Perfect	
estudiaba	estudiábamos	he estudiado	hemos estudiado
estudiabas	estudiabais	has estudiado	habéis estudiado
estudiaba	estudiaban	ha estudiado	han estudiado

Future		Conditional	
estudiaré	estudiaremos	estudiaría	estudiaríamos
estudiarás	estudiaréis	estudiarías	estudiaríais
estudiará	estudiarán	estudiaría	estudiarían

Pluperfect		Preterit Perfect	
había estudiado	habíamos estudiado	hube estudiado	hubimos estudiado
habías estudiado	habíais estudiado	hubiste estudiado	hubisteis estudiado
había estudiado	habían estudiado	hubo estudiado	hubieron estudiado

Future Perfect		Conditional Perfect	
habré estudiado	habremos estudiado	habría estudiado	habríamos estudiado
habrás estudiado	habréis estudiado	habrías estudiado	habríais estudiado
habrá estudiado	habrán estudiado	habría estudiado	habrían estudiado

Present Subjunctive		Present Perfect Subjunctive	
estudie	estudiemos	haya estudiado	hayamos estudiado
estudies	estudiéis	hayas estudiado	hayáis estudiado
estudie	estudien	haya estudiado	hayan estudiado

Imperfect Subjunctive (-ra)		or	Imperfect Subjunctive (-se)	
estudiara	estudiáramos		estudiase	estudiásemos
estudiaras	estudiarais		estudiases	estudiaseis
estudiara	estudiaran		estudiase	estudiasen

Past Perfect Subjunctive (-ra)		or	Past Perfect Subjunctive (-se)	
hubiera estudiado	hubiéramos estudiado		hubiese estudiado	hubiésemos estudiado
hubieras estudiado	hubierais estudiado		hubieses estudiado	hubieseis estudiado
hubiera estudiado	hubieran estudiado		hubiese estudiado	hubiesen estudiado

Progressive Tenses

Present	estoy, estás, está, estamos, estáis, están	
Preterit	estuve, estuviste, estuvo, estuvimos, estuvisteis, estuvieron	
Imperfect	estaba, estabas, estaba, estábamos, estabais, estaban	estudiando
Future	estaré, estarás, estará, estaremos, estaréis, estarán	
Conditional	estaría, estarías, estaría, estaríamos, estaríais, estarían	
Subjunctive	que + *corresponding subjunctive tense of* estar (*see verb 252*)	

Commands

	(nosotros) estudiemos / no estudiemos
(tú) estudia / no estudies	(vosotros) estudiad / no estudiéis
(Ud.) estudie / no estudie	(Uds.) estudien / no estudien

USAGE

Estudió administración de empresas.	He studied business administration.
Estudia para programadora.	She's studying to be a computer programmer.
El comité está estudiando el plan.	The committee is considering the plan.
Hicieron un estudio del mercado.	They did a market survey.
—¿Es grande el estudiantado?	Is the student body large?
—Habrá 5.000 estudiantes.	There are probably 5,000 students.

regular -ar verb

exagero · exageraron · exagerado · exagerando

Present

exagero	exageramos
exageras	exageráis
exagera	exageran

Preterit

exageré	exageramos
exageraste	exagerasteis
exageró	exageraron

Imperfect

exageraba	exagerábamos
exagerabas	exagerabais
exageraba	exageraban

Present Perfect

he exagerado	hemos exagerado
has exagerado	habéis exagerado
ha exagerado	han exagerado

Future

exageraré	exageraremos
exagerarás	exageraréis
exagerará	exagerarán

Conditional

exageraría	exageraríamos
exagerarías	exageraríais
exageraría	exagerarían

Pluperfect

había exagerado	habíamos exagerado
habías exagerado	habíais exagerado
había exagerado	habían exagerado

Preterit Perfect

hube exagerado	hubimos exagerado
hubiste exagerado	hubisteis exagerado
hubo exagerado	hubieron exagerado

Future Perfect

habré exagerado	habremos exagerado
habrás exagerado	habréis exagerado
habrá exagerado	habrán exagerado

Conditional Perfect

habría exagerado	habríamos exagerado
habrías exagerado	habríais exagerado
habría exagerado	habrían exagerado

Present Subjunctive

exagere	exageremos
exageres	exageréis
exagere	exageren

Present Perfect Subjunctive

haya exagerado	hayamos exagerado
hayas exagerado	hayáis exagerado
haya exagerado	hayan exagerado

Imperfect Subjunctive (-ra)

exagerara	exageráramos
exageraras	exagerarais
exagerara	exageraran

or

Imperfect Subjunctive (-se)

exagerase	exagerásemos
exagerases	exageraseis
exagerase	exagerasen

Past Perfect Subjunctive (-ra)

hubiera exagerado	hubiéramos exagerado
hubieras exagerado	hubierais exagerado
hubiera exagerado	hubieran exagerado

or

Past Perfect Subjunctive (-se)

hubiese exagerado	hubiésemos exagerado
hubieses exagerado	hubieseis exagerado
hubiese exagerado	hubiesen exagerado

Progressive Tenses

Present	estoy, estás, está, estamos, estáis, están	
Preterit	estuve, estuviste, estuvo, estuvimos, estuvisteis, estuvieron	
Imperfect	estaba, estabas, estaba, estábamos, estabais, estaban	exagerando
Future	estaré, estarás, estará, estaremos, estaréis, estarán	
Conditional	estaría, estarías, estaría, estaríamos, estaríais, estarían	
Subjunctive	que + *corresponding subjunctive tense of* estar (*see verb 252*)	

Commands

	(nosotros) exageremos / no exageremos
(tú) exagera / no exageres	(vosotros) exagerad / no exageréis
(Ud.) exagere / no exagere	(Uds.) exageren / no exageren

USAGE

No exageres lo que dijo.	*Don't exaggerate what she said.*
Creo que estás exagerando.	*I think you're overdoing it.*
Sus ideas son exageradas.	*Their ideas are farfetched/outrageous.*
No seas exagerado.	*Don't exaggerate/overdo it.*
Eso es una exageración.	*That's overdoing it / going too far.*

to demand, insist upon, require

exijo · exigieron · exigido · exigiendo   -ir verb; spelling change: *g > j/o, a*

	Present		Preterit
exijo	exigimos	exigí	exigimos
exiges	exigís	exigiste	exigisteis
exige	exigen	exigió	exigieron

	Imperfect		Present Perfect
exigía	exigíamos	he exigido	hemos exigido
exigías	exigíais	has exigido	habéis exigido
exigía	exigían	ha exigido	han exigido

	Future		Conditional
exigiré	exigiremos	exigiría	exigiríamos
exigirás	exigiréis	exigirías	exigiríais
exigirá	exigirán	exigiría	exigirían

	Pluperfect		Preterit Perfect
había exigido	habíamos exigido	hube exigido	hubimos exigido
habías exigido	habíais exigido	hubiste exigido	hubisteis exigido
había exigido	habían exigido	hubo exigido	hubieron exigido

	Future Perfect		Conditional Perfect
habré exigido	habremos exigido	habría exigido	habríamos exigido
habrás exigido	habréis exigido	habrías exigido	habríais exigido
habrá exigido	habrán exigido	habría exigido	habrían exigido

	Present Subjunctive		Present Perfect Subjunctive
exija	exijamos	haya exigido	hayamos exigido
exijas	exijáis	hayas exigido	hayáis exigido
exija	exijan	haya exigido	hayan exigido

	Imperfect Subjunctive (-ra)	or	Imperfect Subjunctive (-se)
exigiera	exigiéramos	exigiese	exigiésemos
exigieras	exigierais	exigieses	exigieseis
exigiera	exigieran	exigiese	exigiesen

	Past Perfect Subjunctive (-ra)	or	Past Perfect Subjunctive (-se)
hubiera exigido	hubiéramos exigido	hubiese exigido	hubiésemos exigido
hubieras exigido	hubierais exigido	hubieses exigido	hubieseis exigido
hubiera exigido	hubieran exigido	hubiese exigido	hubiesen exigido

Progressive Tenses

Present	estoy, estás, está, estamos, estáis, están
Preterit	estuve, estuviste, estuvo, estuvimos, estuvisteis, estuvieron
Imperfect	estaba, estabas, estaba, estábamos, estabais, estaban
Future	estaré, estarás, estará, estaremos, estaréis, estarán
Conditional	estaría, estarías, estaría, estaríamos, estaríais, estarían
Subjunctive	que + *corresponding subjunctive tense of* estar (*see verb 252*)

} exigiendo

Commands

	(nosotros) exijamos / no exijamos
(tú) exige / no exijas	(vosotros) exigid / no exijáis
(Ud.) exija / no exija	(Uds.) exijan / no exijan

USAGE

No exijo demasiado.	*I'm not demanding too much.*
Le exigen que pague la deuda.	*They insist that he pay off his debt.*
Es muy exigente con todo el mundo.	*He's very demanding with everybody.*
¡Cuántas exigencias tienen!	*They have so many demands/requirements!*

experimentar

to experience, feel, test

regular -ar verb

experimento · experimentaron · experimentado · experimentando

Present		Preterit	
experimento	experimentamos	experimenté	experimentamos
experimentas	experimentáis	experimentaste	experimentasteis
experimenta	experimentan	experimentó	experimentaron

Imperfect		Present Perfect	
experimentaba	experimentábamos	he experimentado	hemos experimentado
experimentabas	experimentabais	has experimentado	habéis experimentado
experimentaba	experimentaban	ha experimentado	han experimentado

Future		Conditional	
experimentaré	experimentaremos	experimentaría	experimentaríamos
experimentarás	experimentaréis	experimentarías	experimentaríais
experimentará	experimentarán	experimentaría	experimentarían

Pluperfect		Preterit Perfect	
había experimentado	habíamos experimentado	hube experimentado	hubimos experimentado
habías experimentado	habíais experimentado	hubiste experimentado	hubisteis experimentado
había experimentado	habían experimentado	hubo experimentado	hubieron experimentado

Future Perfect		Conditional Perfect	
habré experimentado	habremos experimentado	habría experimentado	habríamos experimentado
habrás experimentado	habréis experimentado	habrías experimentado	habríais experimentado
habrá experimentado	habrán experimentado	habría experimentado	habrían experimentado

Present Subjunctive		Present Perfect Subjunctive	
experimente	experimentemos	haya experimentado	hayamos experimentado
experimentes	experimentéis	hayas experimentado	hayáis experimentado
experimente	experimenten	haya experimentado	hayan experimentado

Imperfect Subjunctive (-ra)		or	Imperfect Subjunctive (-se)	
experimentara	experimentáramos		experimentase	experimentásemos
experimentaras	experimentarais		experimentases	experimentaseis
experimentara	experimentaran		experimentase	experimentasen

Past Perfect Subjunctive (-ra)		or	Past Perfect Subjunctive (-se)	
hubiera experimentado	hubiéramos experimentado		hubiese experimentado	hubiésemos experimentado
hubieras experimentado	hubierais experimentado		hubieses experimentado	hubieseis experimentado
hubiera experimentado	hubieran experimentado		hubiese experimentado	hubiesen experimentado

Progressive Tenses

Present	estoy, estás, está, estamos, estáis, están	
Preterit	estuve, estuviste, estuvo, estuvimos, estuvisteis, estuvieron	
Imperfect	estaba, estabas, estaba, estábamos, estabais, estaban	experimentando
Future	estaré, estarás, estará, estaremos, estaréis, estarán	
Conditional	estaría, estarías, estaría, estaríamos, estaríais, estarían	
Subjunctive	que + *corresponding subjunctive tense of* estar (*see verb 252*)	

Commands

	(nosotros) experimentemos / no experimentemos
(tú) experimenta / no experimentes	(vosotros) experimentad / no experimentéis
(Ud.) experimente / no experimente	(Uds.) experimenten / no experimenten

USAGE

Está experimentando un malestar.	*She's experiencing a feeling of uneasiness.*
Experimentaron una nueva droga.	*They tested a new drug.*
Hizo el experimento en este laboratorio.	*He carried out the experiment in this laboratory.*
Es un investigador experimentado.	*He's an experienced researcher.*

explicar to explain, teach, comment upon

explico · explicaron · explicado · explicando | -ar verb; spelling change: c > qu/e

Present

explico	explicamos
explicas	explicáis
explica	explican

Imperfect

explicaba	explicábamos
explicabas	explicabais
explicaba	explicaban

Future

explicaré	explicaremos
explicarás	explicaréis
explicará	explicarán

Pluperfect

había explicado	habíamos explicado
habías explicado	habíais explicado
había explicado	habían explicado

Future Perfect

habré explicado	habremos explicado
habrás explicado	habréis explicado
habrá explicado	habrán explicado

Preterit

expliqué	explicamos
explicaste	explicasteis
explicó	explicaron

Present Perfect

he explicado	hemos explicado
has explicado	habéis explicado
ha explicado	han explicado

Conditional

explicaría	explicaríamos
explicarías	explicaríais
explicaría	explicarían

Preterit Perfect

hube explicado	hubimos explicado
hubiste explicado	hubisteis explicado
hubo explicado	hubieron explicado

Conditional Perfect

habría explicado	habríamos explicado
habrías explicado	habríais explicado
habría explicado	habrían explicado

Present Subjunctive

explique	expliquemos
expliques	expliquéis
explique	expliquen

Present Perfect Subjunctive

haya explicado	hayamos explicado
hayas explicado	hayáis explicado
haya explicado	hayan explicado

Imperfect Subjunctive (-ra)   or   Imperfect Subjunctive (-se)

explicara	explicáramos	explicase	explicásemos
explicaras	explicarais	explicases	explicaseis
explicara	explicaran	explicase	explicasen

Past Perfect Subjunctive (-ra)   or   Past Perfect Subjunctive (-se)

hubiera explicado	hubiéramos explicado	hubiese explicado	hubiésemos explicado
hubieras explicado	hubierais explicado	hubieses explicado	hubieseis explicado
hubiera explicado	hubieran explicado	hubiese explicado	hubiesen explicado

Progressive Tenses

Present	estoy, estás, está, estamos, estáis, están
Preterit	estuve, estuviste, estuvo, estuvimos, estuvisteis, estuvieron
Imperfect	estaba, estabas, estaba, estábamos, estabais, estaban
Future	estaré, estarás, estará, estaremos, estaréis, estarán
Conditional	estaría, estarías, estaría, estaríamos, estaríais, estarían
Subjunctive	que + corresponding subjunctive tense of estar (see verb 252)

> explicando

Commands

	(nosotros) expliquemos / no expliquemos
(tú) explica / no expliques	(vosotros) explicad / no expliquéis
(Ud.) explique / no explique	(Uds.) expliquen / no expliquen

USAGE

Les expliqué mi idea.	*I explained my idea to them.*
¿Quieres explicarme lo que viste?	*Do you want to comment on what you saw?*
Hace muchos años que explica álgebra.	*She's been teaching algebra for many years.*
No me explico cómo pasó.	*I can't understand how it happened.*
No podemos aceptar su explicación.	*We can't accept his explanation/reason.*

regular -ar verb

expreso · expresaron · expresado · expresando

Present		Preterit	
expreso	expresamos	expresé	expresamos
expresas	expresáis	expresaste	expresasteis
expresa	expresan	expresó	expresaron

Imperfect		Present Perfect	
expresaba	expresábamos	he expresado	hemos expresado
expresabas	expresabais	has expresado	habéis expresado
expresaba	expresaban	ha expresado	han expresado

Future		Conditional	
expresaré	expresaremos	expresaría	expresaríamos
expresarás	expresaréis	expresarías	expresaríais
expresará	expresarán	expresaría	expresarían

Pluperfect		Preterit Perfect	
había expresado	habíamos expresado	hube expresado	hubimos expresado
habías expresado	habíais expresado	hubiste expresado	hubisteis expresado
había expresado	habían expresado	hubo expresado	hubieron expresado

Future Perfect		Conditional Perfect	
habré expresado	habremos expresado	habría expresado	habríamos expresado
habrás expresado	habréis expresado	habrías expresado	habríais expresado
habrá expresado	habrán expresado	habría expresado	habrían expresado

Present Subjunctive		Present Perfect Subjunctive	
exprese	expresemos	haya expresado	hayamos expresado
expreses	expreséis	hayas expresado	hayáis expresado
exprese	expresen	haya expresado	hayan expresado

Imperfect Subjunctive (-ra)		or	Imperfect Subjunctive (-se)	
expresara	expresáramos		expresase	expresásemos
expresaras	expresarais		expresases	expresaseis
expresara	expresaran		expresase	expresasen

Past Perfect Subjunctive (-ra)		or	Past Perfect Subjunctive (-se)	
hubiera expresado	hubiéramos expresado		hubiese expresado	hubiésemos expresado
hubieras expresado	hubierais expresado		hubieses expresado	hubieseis expresado
hubiera expresado	hubieran expresado		hubiese expresado	hubiesen expresado

Progressive Tenses

Present	estoy, estás, está, estamos, estáis, están	
Preterit	estuve, estuviste, estuvo, estuvimos, estuvisteis, estuvieron	
Imperfect	estaba, estabas, estaba, estábamos, estabais, estaban	expresando
Future	estaré, estarás, estará, estaremos, estaréis, estarán	
Conditional	estaría, estarías, estaría, estaríamos, estaríais, estarían	
Subjunctive	que + corresponding subjunctive tense of estar (see verb 252)	

Commands

	(nosotros) expresemos / no expresemos
(tú) expresa / no expreses	(vosotros) expresad / no expreséis
(Ud.) exprese / no exprese	(Uds.) expresen / no expresen

USAGE

No expresó su idea muy claramente.	*He didn't express his idea very clearly.*
Expresa su inquietud últimamente.	*She's showing/conveying her worry lately.*
No se expresan bien en inglés.	*They don't express themselves well in English.*
Tiene un estilo muy expresivo.	*He has a very expressive style.*
¿Qué expresión se usa en español?	*What expression is used in Spanish?*

extinguir to extinguish, put out, wipe out

extingo · extinguieron · extinguido · extinguiendo   -ir verb; spelling change: gu > g/o, a

Present		Preterit	
extingo	extinguimos	extinguí	extinguimos
extingues	extinguís	extinguiste	extinguisteis
extingue	extinguen	extinguió	extinguieron

Imperfect		Present Perfect	
extinguía	extinguíamos	he extinguido	hemos extinguido
extinguías	extinguíais	has extinguido	habéis extinguido
extinguía	extinguían	ha extinguido	han extinguido

Future		Conditional	
extinguiré	extinguiremos	extinguiría	extinguiríamos
extinguirás	extinguiréis	extinguirías	extinguiríais
extinguirá	extinguirán	extinguiría	extinguirían

Pluperfect		Preterit Perfect	
había extinguido	habíamos extinguido	hube extinguido	hubimos extinguido
habías extinguido	habíais extinguido	hubiste extinguido	hubisteis extinguido
había extinguido	habían extinguido	hubo extinguido	hubieron extinguido

Future Perfect		Conditional Perfect	
habré extinguido	habremos extinguido	habría extinguido	habríamos extinguido
habrás extinguido	habréis extinguido	habrías extinguido	habríais extinguido
habrá extinguido	habrán extinguido	habría extinguido	habrían extinguido

Present Subjunctive		Present Perfect Subjunctive	
extinga	extingamos	haya extinguido	hayamos extinguido
extingas	extingáis	hayas extinguido	hayáis extinguido
extinga	extingan	haya extinguido	hayan extinguido

Imperfect Subjunctive (-ra)		or	Imperfect Subjunctive (-se)	
extinguiera	extinguiéramos		extinguiese	extinguiésemos
extinguieras	extinguierais		extinguieses	extinguieseis
extinguiera	extinguieran		extinguiese	extinguiesen

Past Perfect Subjunctive (-ra)		or	Past Perfect Subjunctive (-se)	
hubiera extinguido	hubiéramos extinguido		hubiese extinguido	hubiésemos extinguido
hubieras extinguido	hubierais extinguido		hubieses extinguido	hubieseis extinguido
hubiera extinguido	hubieran extinguido		hubiese extinguido	hubiesen extinguido

Progressive Tenses

Present	estoy, estás, está, estamos, estáis, están
Preterit	estuve, estuviste, estuvo, estuvimos, estuvisteis, estuvieron
Imperfect	estaba, estabas, estaba, estábamos, estabais, estaban
Future	estaré, estarás, estará, estaremos, estaréis, estarán
Conditional	estaría, estarías, estaría, estaríamos, estaríais, estarían
Subjunctive	que + corresponding subjunctive tense of estar (see verb 252)

> extinguiendo

Commands

	(nosotros) extingamos / no extingamos
(tú) extingue / no extingas	(vosotros) extinguid / no extingáis
(Ud.) extinga / no extinga	(Uds.) extingan / no extingan

USAGE

Extingue el fuego de campamento.	*Extinguish / Put out the campfire.*
Las vacunas han extinguido ciertas enfermedades.	*Vaccines have wiped out certain diseases.*
Es una especie extinta.	*It's an extinct species.*
Hay un extintor de incendios en la cocina.	*There's a fire extinguisher in the kitchen.*

regular -ar verb

extraño · extrañaron · extrañado · extrañando

Present		Preterit	
extraño	extrañamos	extrañé	extrañamos
extrañas	extrañáis	extrañaste	extrañasteis
extraña	extrañan	extrañó	extrañaron

Imperfect		Present Perfect	
extrañaba	extrañábamos	he extrañado	hemos extrañado
extrañabas	extrañabais	has extrañado	habéis extrañado
extrañaba	extrañaban	ha extrañado	han extrañado

Future		Conditional	
extrañaré	extrañaremos	extrañaría	extrañaríamos
extrañarás	extrañaréis	extrañarías	extrañaríais
extrañará	extrañarán	extrañaría	extrañarían

Pluperfect		Preterit Perfect	
había extrañado	habíamos extrañado	hube extrañado	hubimos extrañado
habías extrañado	habíais extrañado	hubiste extrañado	hubisteis extrañado
había extrañado	habían extrañado	hubo extrañado	hubieron extrañado

Future Perfect		Conditional Perfect	
habré extrañado	habremos extrañado	habría extrañado	habríamos extrañado
habrás extrañado	habréis extrañado	habrías extrañado	habríais extrañado
habrá extrañado	habrán extrañado	habría extrañado	habrían extrañado

Present Subjunctive		Present Perfect Subjunctive	
extrañe	extrañemos	haya extrañado	hayamos extrañado
extrañes	extrañéis	hayas extrañado	hayáis extrañado
extrañe	extrañen	haya extrañado	hayan extrañado

Imperfect Subjunctive (-ra)		*or*	Imperfect Subjunctive (-se)	
extrañara	extrañáramos		extrañase	extrañásemos
extrañaras	extrañarais		extrañases	extrañaseis
extrañara	extrañaran		extrañase	extrañasen

Past Perfect Subjunctive (-ra)		*or*	Past Perfect Subjunctive (-se)	
hubiera extrañado	hubiéramos extrañado		hubiese extrañado	hubiésemos extrañado
hubieras extrañado	hubierais extrañado		hubieses extrañado	hubieseis extrañado
hubiera extrañado	hubieran extrañado		hubiese extrañado	hubiesen extrañado

Progressive Tenses

Present	estoy, estás, está, estamos, estáis, están	
Preterit	estuve, estuviste, estuvo, estuvimos, estuvisteis, estuvieron	
Imperfect	estaba, estabas, estaba, estábamos, estabais, estaban	extrañando
Future	estaré, estarás, estará, estaremos, estaréis, estarán	
Conditional	estaría, estarías, estaría, estaríamos, estaríais, estarían	
Subjunctive	que + *corresponding subjunctive tense of* estar (*see verb 252*)	

Commands

	(nosotros) extrañemos / no extrañemos
(tú) extraña / no extrañes	(vosotros) extrañad / no extrañéis
(Ud.) extrañe / no extrañe	(Uds.) extrañen / no extrañen

(**USAGE**)

Me extraña encontrarte aquí.	*I'm surprised to find you here.*
Extraña no conocer a nadie aquí.	*It's surprising not to know anyone here.*
Nos extraña que hayan salido.	*We're surprised they've gone out.*
Extraña a sus amigos.	*She misses her friends.*
Pasaron unas cosas muy extrañas.	*Some very strange/odd/peculiar things happened.*

fabricar *to manufacture, make, fabricate*

fabrico · fabricaron · fabricado · fabricando

-ar verb; spelling change: c > qu/e

Present		Preterit	
fabrico	fabricamos	fabriqué	fabricamos
fabricas	fabricáis	fabricaste	fabricasteis
fabrica	fabrican	fabricó	fabricaron

Imperfect		Present Perfect	
fabricaba	fabricábamos	he fabricado	hemos fabricado
fabricabas	fabricabais	has fabricado	habéis fabricado
fabricaba	fabricaban	ha fabricado	han fabricado

Future		Conditional	
fabricaré	fabricaremos	fabricaría	fabricaríamos
fabricarás	fabricaréis	fabricarías	fabricaríais
fabricará	fabricarán	fabricaría	fabricarían

Pluperfect		Preterit Perfect	
había fabricado	habíamos fabricado	hube fabricado	hubimos fabricado
habías fabricado	habíais fabricado	hubiste fabricado	hubisteis fabricado
había fabricado	habían fabricado	hubo fabricado	hubieron fabricado

Future Perfect		Conditional Perfect	
habré fabricado	habremos fabricado	habría fabricado	habríamos fabricado
habrás fabricado	habréis fabricado	habrías fabricado	habríais fabricado
habrá fabricado	habrán fabricado	habría fabricado	habrían fabricado

Present Subjunctive		Present Perfect Subjunctive	
fabrique	fabriquemos	haya fabricado	hayamos fabricado
fabriques	fabriquéis	hayas fabricado	hayáis fabricado
fabrique	fabriquen	haya fabricado	hayan fabricado

Imperfect Subjunctive (-ra)		or	Imperfect Subjunctive (-se)	
fabricara	fabricáramos		fabricase	fabricásemos
fabricaras	fabricarais		fabricases	fabricaseis
fabricara	fabricaran		fabricase	fabricasen

Past Perfect Subjunctive (-ra)		or	Past Perfect Subjunctive (-se)	
hubiera fabricado	hubiéramos fabricado		hubiese fabricado	hubiésemos fabricado
hubieras fabricado	hubierais fabricado		hubieses fabricado	hubieseis fabricado
hubiera fabricado	hubieran fabricado		hubiese fabricado	hubiesen fabricado

Progressive Tenses

Present	estoy, estás, está, estamos, estáis, están	
Preterit	estuve, estuviste, estuvo, estuvimos, estuvisteis, estuvieron	
Imperfect	estaba, estabas, estaba, estábamos, estabais, estaban	fabricando
Future	estaré, estarás, estará, estaremos, estaréis, estarán	
Conditional	estaría, estarías, estaría, estaríamos, estaríais, estarían	
Subjunctive	que + *corresponding subjunctive tense of* estar *(see verb 252)*	

Commands

	(nosotros) fabriquemos / no fabriquemos
(tú) fabrica / no fabriques	(vosotros) fabricad / no fabriquéis
(Ud.) fabrique / no fabrique	(Uds.) fabriquen / no fabriquen

USAGE

El automóvil fue fabricado en Alemania.	*The car was manufactured in Germany.*
Se fabricó este producto en Tejas.	*This product was made in Texas.*
¡No fabriques mentiras!	*Don't fabricate / make up lies!*
Hay muchas fábricas en esta región.	*There are many factories/plants in this region.*
¿Cómo se llama el fabricante?	*What's the manufacturer's name?*
No encuentro la marca de fábrica.	*I can't find the trademark.*

regular -ar verb   facilito · facilitaron · facilitado · facilitando

Present		Preterit	
facilito	facilitamos	facilité	facilitamos
facilitas	facilitáis	facilitaste	facilitasteis
facilita	facilitan	facilitó	facilitaron

Imperfect		Present Perfect	
facilitaba	facilitábamos	he facilitado	hemos facilitado
facilitabas	facilitabais	has facilitado	habéis facilitado
facilitaba	facilitaban	ha facilitado	han facilitado

Future		Conditional	
facilitaré	facilitaremos	facilitaría	facilitaríamos
facilitarás	facilitaréis	facilitarías	facilitaríais
facilitará	facilitarán	facilitaría	facilitarían

Pluperfect		Preterit Perfect	
había facilitado	habíamos facilitado	hube facilitado	hubimos facilitado
habías facilitado	habíais facilitado	hubiste facilitado	hubisteis facilitado
había facilitado	habían facilitado	hubo facilitado	hubieron facilitado

Future Perfect		Conditional Perfect	
habré facilitado	habremos facilitado	habría facilitado	habríamos facilitado
habrás facilitado	habréis facilitado	habrías facilitado	habríais facilitado
habrá facilitado	habrán facilitado	habría facilitado	habrían facilitado

Present Subjunctive		Present Perfect Subjunctive	
facilite	facilitemos	haya facilitado	hayamos facilitado
facilites	facilitéis	hayas facilitado	hayáis facilitado
facilite	faciliten	haya facilitado	hayan facilitado

Imperfect Subjunctive (-ra)		or	Imperfect Subjunctive (-se)	
facilitara	facilitáramos		facilitase	facilitásemos
facilitaras	facilitarais		facilitases	facilitaseis
facilitara	facilitaran		facilitase	facilitasen

Past Perfect Subjunctive (-ra)		or	Past Perfect Subjunctive (-se)	
hubiera facilitado	hubiéramos facilitado		hubiese facilitado	hubiésemos facilitado
hubieras facilitado	hubierais facilitado		hubieses facilitado	hubieseis facilitado
hubiera facilitado	hubieran facilitado		hubiese facilitado	hubiesen facilitado

Progressive Tenses

Present	estoy, estás, está, estamos, estáis, están	
Preterit	estuve, estuviste, estuvo, estuvimos, estuvisteis, estuvieron	
Imperfect	estaba, estabas, estaba, estábamos, estabais, estaban	⎫ facilitando
Future	estaré, estarás, estará, estaremos, estaréis, estarán	
Conditional	estaría, estarías, estaría, estaríamos, estaríais, estarían	
Subjunctive	que + corresponding subjunctive tense of estar (see verb 252)	⎭

Commands

	(nosotros) facilitemos / no facilitemos
(tú) facilita / no facilites	(vosotros) facilitad / no facilitéis
(Ud.) facilite / no facilite	(Uds.) faciliten / no faciliten

⟮ **USAGE** ⟯

Facilitó los trámites.	He facilitated/helped with the procedure.
Nos facilitó todos los datos necesarios.	He provided us with all the necessary information.
Trato de facilitarle la entrevista.	I'm trying to arrange the interview for you.
Es fácil de hacer.	It's easy to do.
Ganó la carrera fácilmente.	He won the race easily.
Lo hace todo con gran facilidad.	She does everything with great ease / so easily.

faltar *to miss, be absent, fail, be missing/lacking, be needed, not be enough*

falto · faltaron · faltado · faltando · regular *-ar* verb; reverse construction verb

¿Por qué faltaste a la cita?	*Why did you miss our appointment?*
Faltó a la reunión.	*She missed / was absent from the meeting.*
Faltan cojines en el sofá.	*Pillows are missing from / needed for the couch.*
Falta luz en el cuarto.	*There's not enough light in the room.*
Faltó a su palabra.	*She broke her word.*

❸ —Él faltó a sus compromisos. — *He failed to meet his obligations.*
—No me sorprende. Siempre falta a su palabra. — *I'm not surprised. He always breaks his word.*

Falta por ver si el vicepresidente se dé por vencido.	*It remains to be seen whether the vice president will concede.*
Falta que Uds. tomen una decisión.	*You still have to make a decision.*
¡No faltaba más!	*That's all I needed!*
Poco falta para que se termine el programa.	*The program is almost over.*

❸ —¿Falta mucho para que se termine la novela? — *Is there much left to read to finish the novel?*
—No, sólo falta el último capítulo. — *No, just the last chapter is left.*

faltarle algo a alguien *to be missing, lacking*

Nos faltaba tiempo para ir de compras.	*We didn't have time to go shopping.*
¿Qué más les faltará?	*What more could they be missing?*
Nuestro equipo perdió porque le faltó garra.	*Our team lost because it played without energy/ drive.*
A usted nunca le falté el respeto.	*I was never disrespectful to you.*
¿Le falta algo, señora?	*Is there anything you need, ma'am?*

hacerle falta *to need*

Hace falta tener experiencia.	*You/One must have experience / be experienced.*
Hace falta que consideres el caso.	*You must consider the case.*
Me hace falta recogerlos.	*I need to pick them up.*
Le hacen mucha falta.	*He needs them very much.*

OTHER USES AND RELATED WORDS

Por falta de capital se quebró la firma.	*The firm went bankrupt for lack of capital.*

❸ —¿Cometió faltas de ortografía en su artículo? — *Did he make spelling errors in his article?*
—Él dice que son faltas de imprenta. — *He says they're printer's errors.*

¡Qué falta de educación!	*What bad manners!*
A falta de pan buenas son tortas.	*Half a loaf is better than none.*
Entregue los documentos mañana sin falta.	*Deliver the papers tomorrow without fail.*

regular *-ar* verb; reverse construction verb   falto · faltaron · faltado · faltando

Present		Preterit	
falto	faltamos	falté	faltamos
faltas	faltáis	faltaste	faltasteis
falta	faltan	faltó	faltaron

Imperfect		Present Perfect	
faltaba	faltábamos	he faltado	hemos faltado
faltabas	faltabais	has faltado	habéis faltado
faltaba	faltaban	ha faltado	han faltado

Future		Conditional	
faltaré	faltaremos	faltaría	faltaríamos
faltarás	faltaréis	faltarías	faltaríais
faltará	faltarán	faltaría	faltarían

Pluperfect		Preterit Perfect	
había faltado	habíamos faltado	hube faltado	hubimos faltado
habías faltado	habíais faltado	hubiste faltado	hubisteis faltado
había faltado	habían faltado	hubo faltado	hubieron faltado

Future Perfect		Conditional Perfect	
habré faltado	habremos faltado	habría faltado	habríamos faltado
habrás faltado	habréis faltado	habrías faltado	habríais faltado
habrá faltado	habrán faltado	habría faltado	habrían faltado

Present Subjunctive		Present Perfect Subjunctive	
falte	faltemos	haya faltado	hayamos faltado
faltes	faltéis	hayas faltado	hayáis faltado
falte	falten	haya faltado	hayan faltado

Imperfect Subjunctive (-ra)		or	Imperfect Subjunctive (-se)	
faltara	faltáramos		faltase	faltásemos
faltaras	faltarais		faltases	faltaseis
faltara	faltaran		faltase	faltasen

Past Perfect Subjunctive (-ra)		or	Past Perfect Subjunctive (-se)	
hubiera faltado	hubiéramos faltado		hubiese faltado	hubiésemos faltado
hubieras faltado	hubierais faltado		hubieses faltado	hubieseis faltado
hubiera faltado	hubieran faltado		hubiese faltado	hubiesen faltado

Progressive Tenses

Present	estoy, estás, está, estamos, estáis, están	
Preterit	estuve, estuviste, estuvo, estuvimos, estuvisteis, estuvieron	
Imperfect	estaba, estabas, estaba, estábamos, estabais, estaban	faltando
Future	estaré, estarás, estará, estaremos, estaréis, estarán	
Conditional	estaría, estarías, estaría, estaríamos, estaríais, estarían	
Subjunctive	que + *corresponding subjunctive tense of* estar (*see verb 252*)	

Commands

	(nosotros) faltemos / no faltemos
(tú) falta / no faltes	(vosotros) faltad / no faltéis
(Ud.) falte / no falte	(Uds.) falten / no falten

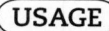 **USAGE**

Faltaron a clase.	*They missed school / were absent.*
Un jugador faltó al partido.	*One player missed the game.*
Este programa no puede faltar en tu computadora.	*This program can't fail on your computer.*
—¿Cuánto dinero te falta?	*How much money are you short?*
—Me faltan quinientos dólares.	*I'm short $500.*
Falta una semana para las vacaciones.	*Vacation is one week away.*

fascinar *to fascinate, delight, attract attention, interest*

fascina · fascinaron · fascinado · fascinando

regular *-ar* verb;
reverse construction verb

Present	
me fascina(n)	nos fascina(n)
te fascina(n)	os fascina(n)
le fascina(n)	les fascina(n)

Preterit	
me fascinó(-aron)	nos fascinó(-aron)
te fascinó(-aron)	os fascinó(-aron)
le fascinó(-aron)	les fascinó(-aron)

Imperfect	
me fascinaba(n)	nos fascinaba(n)
te fascinaba(n)	os fascinaba(n)
le fascinaba(n)	les fascinaba(n)

Present Perfect	
me ha(n) fascinado	nos ha(n) fascinado
te ha(n) fascinado	os ha(n) fascinado
le ha(n) fascinado	les ha(n) fascinado

Future	
me fascinará(n)	nos fascinará(n)
te fascinará(n)	os fascinará(n)
le fascinará(n)	les fascinará(n)

Conditional	
me fascinaría(n)	nos fascinaría(n)
te fascinaría(n)	os fascinaría(n)
le fascinaría(n)	les fascinaría(n)

Pluperfect	
me había(n) fascinado	nos había(n) fascinado
te había(n) fascinado	os había(n) fascinado
le había(n) fascinado	les había(n) fascinado

Preterit Perfect	
me hubo(-ieron) fascinado	nos hubo(-ieron) fascinado
te hubo(-ieron) fascinado	os hubo(-ieron) fascinado
le hubo(-ieron) fascinado	les hubo(-ieron) fascinado

Future Perfect	
me habrá(n) fascinado	nos habrá(n) fascinado
te habrá(n) fascinado	os habrá(n) fascinado
le habrá(n) fascinado	les habrá(n) fascinado

Conditional Perfect	
me habría(n) fascinado	nos habría(n) fascinado
te habría(n) fascinado	os habría(n) fascinado
le habría(n) fascinado	les habría(n) fascinado

Present Subjunctive	
me fascine(n)	nos fascine(n)
te fascine(n)	os fascine(n)
le fascine(n)	les fascine(n)

Present Perfect Subjunctive	
me haya(n) fascinado	nos haya(n) fascinado
te haya(n) fascinado	os haya(n) fascinado
le haya(n) fascinado	les haya(n) fascinado

Imperfect Subjunctive (-ra)		*or*	Imperfect Subjunctive (-se)	
me fascinara(n)	nos fascinara(n)		me fascinase(n)	nos fascinase(n)
te fascinara(n)	os fascinara(n)		te fascinase(n)	os fascinase(n)
le fascinara(n)	les fascinara(n)		le fascinase(n)	les fascinase(n)

Past Perfect Subjunctive (-ra)		*or*	Past Perfect Subjunctive (-se)	
me hubiera(n) fascinado	nos hubiera(n) fascinado		me hubiese(n) fascinado	nos hubiese(n) fascinado
te hubiera(n) fascinado	os hubiera(n) fascinado		te hubiese(n) fascinado	os hubiese(n) fascinado
le hubiera(n) fascinado	les hubiera(n) fascinado		le hubiese(n) fascinado	les hubiese(n) fascinado

Progressive Tenses

Present	me	está, están	
Preterit	te	estuvo, estuvieron	
Imperfect	le	estaba, estaban	fascinando
Future	nos	estará, estarán	
Conditional	os	estaría, estarían	
Subjunctive	que les	*corresponding subjunctive tense of* estar (*see verb 252*)	

NOTE: Verb not used in commands

(USAGE)

Los cuentos de hadas fascinan a los niños.	*Children love fairy tales.*
—¿Te gustó la obra de teatro?	*Did you like the play?*
—Me fascinó.	*I loved it.*
Me fascinan estas estatuillas.	*I find these figurines charming.*
No sé por qué te fascina esta novela.	*I don't know why you like this novel.*
Nos fascinan otras culturas.	*We're interested in other cultures.*
Esta música es fascinadora.	*This music is delightful.*

-er verb; spelling change: c > zc/o, a   favorezco · favorecieron · favorecido · favoreciendo

Present		Preterit	
favorezco	favorecemos	favorecí	favorecimos
favoreces	favorecéis	favoreciste	favorecisteis
favorece	favorecen	favoreció	favorecieron

Imperfect		Present Perfect	
favorecía	favorecíamos	he favorecido	hemos favorecido
favorecías	favorecíais	has favorecido	habéis favorecido
favorecía	favorecían	ha favorecido	han favorecido

Future		Conditional	
favoreceré	favoreceremos	favorecería	favoreceríamos
favorecerás	favoreceréis	favorecerías	favoreceríais
favorecerá	favorecerán	favorecería	favorecerían

Pluperfect		Preterit Perfect	
había favorecido	habíamos favorecido	hube favorecido	hubimos favorecido
habías favorecido	habíais favorecido	hubiste favorecido	hubisteis favorecido
había favorecido	habían favorecido	hubo favorecido	hubieron favorecido

Future Perfect		Conditional Perfect	
habré favorecido	habremos favorecido	habría favorecido	habríamos favorecido
habrás favorecido	habréis favorecido	habrías favorecido	habríais favorecido
habrá favorecido	habrán favorecido	habría favorecido	habrían favorecido

Present Subjunctive		Present Perfect Subjunctive	
favorezca	favorezcamos	haya favorecido	hayamos favorecido
favorezcas	favorezcáis	hayas favorecido	hayáis favorecido
favorezca	favorezcan	haya favorecido	hayan favorecido

Imperfect Subjunctive (-ra)		*or*	Imperfect Subjunctive (-se)	
favoreciera	favoreciéramos		favoreciese	favoreciésemos
favorecieras	favorecierais		favorecieses	favorecieseis
favoreciera	favorecieran		favoreciese	favoreciesen

Past Perfect Subjunctive (-ra)		*or*	Past Perfect Subjunctive (-se)	
hubiera favorecido	hubiéramos favorecido		hubiese favorecido	hubiésemos favorecido
hubieras favorecido	hubierais favorecido		hubieses favorecido	hubieseis favorecido
hubiera favorecido	hubieran favorecido		hubiese favorecido	hubiesen favorecido

Progressive Tenses

Present	estoy, estás, está, estamos, estáis, están	
Preterit	estuve, estuviste, estuvo, estuvimos, estuvisteis, estuvieron	
Imperfect	estaba, estabas, estaba, estábamos, estabais, estaban	
Future	estaré, estarás, estará, estaremos, estaréis, estarán	favoreciendo
Conditional	estaría, estarías, estaría, estaríamos, estaríais, estarían	
Subjunctive	que + *corresponding subjunctive tense of* estar (*see verb 252*)	

Commands

	(nosotros) favorezcamos / no favorezcamos
(tú) favorece / no favorezcas	(vosotros) favoreced / no favorezcáis
(Ud.) favorezca / no favorezca	(Uds.) favorezcan / no favorezcan

(**USAGE**)

Las condiciones actuales nos favorecen.	*Present conditions favor us.*
—El azul claro te favorece.	*Light blue looks good on you.*
—Pero el rosado es mi color favorito.	*But pink is my favorite color.*
¿Estás a favor de la pena de muerte?	*Are you in favor of capital punishment?*
Di "por favor" cuando le pidas el favor.	*Say "please" when you ask her for the favor.*

felicitar *to congratulate, compliment*

felicito · felicitaron · felicitado · felicitando

regular -ar verb

Present		Preterit	
felicito	felicitamos	felicité	felicitamos
felicitas	felicitáis	felicitaste	felicitasteis
felicita	felicitan	felicitó	felicitaron

Imperfect		Present Perfect	
felicitaba	felicitábamos	he felicitado	hemos felicitado
felicitabas	felicitabais	has felicitado	habéis felicitado
felicitaba	felicitaban	ha felicitado	han felicitado

Future		Conditional	
felicitaré	felicitaremos	felicitaría	felicitaríamos
felicitarás	felicitaréis	felicitarías	felicitaríais
felicitará	felicitarán	felicitaría	felicitarían

Pluperfect		Preterit Perfect	
había felicitado	habíamos felicitado	hube felicitado	hubimos felicitado
habías felicitado	habíais felicitado	hubiste felicitado	hubisteis felicitado
había felicitado	habían felicitado	hubo felicitado	hubieron felicitado

Future Perfect		Conditional Perfect	
habré felicitado	habremos felicitado	habría felicitado	habríamos felicitado
habrás felicitado	habréis felicitado	habrías felicitado	habríais felicitado
habrá felicitado	habrán felicitado	habría felicitado	habrían felicitado

Present Subjunctive		Present Perfect Subjunctive	
felicite	felicitemos	haya felicitado	hayamos felicitado
felicites	felicitéis	hayas felicitado	hayáis felicitado
felicite	feliciten	haya felicitado	hayan felicitado

Imperfect Subjunctive (-ra)		or	Imperfect Subjunctive (-se)	
felicitara	felicitáramos		felicitase	felicitásemos
felicitaras	felicitarais		felicitases	felicitaseis
felicitara	felicitaran		felicitase	felicitasen

Past Perfect Subjunctive (-ra)		or	Past Perfect Subjunctive (-se)	
hubiera felicitado	hubiéramos felicitado		hubiese felicitado	hubiésemos felicitado
hubieras felicitado	hubierais felicitado		hubieses felicitado	hubieseis felicitado
hubiera felicitado	hubieran felicitado		hubiese felicitado	hubiesen felicitado

Progressive Tenses

Present	estoy, estás, está, estamos, estáis, están	
Preterit	estuve, estuviste, estuvo, estuvimos, estuvisteis, estuvieron	
Imperfect	estaba, estabas, estaba, estábamos, estabais, estaban	felicitando
Future	estaré, estarás, estará, estaremos, estaréis, estarán	
Conditional	estaría, estarías, estaría, estaríamos, estaríais, estarían	
Subjunctive	que + *corresponding subjunctive tense of* estar (*see verb 252*)	

Commands

	(nosotros) felicitemos / no felicitemos
(tú) felicita / no felicites	(vosotros) felicitad / no felicitéis
(Ud.) felicite / no felicite	(Uds.) feliciten / no feliciten

USAGE

Lo felicitamos por su ascenso.	*We congratulated him on his promotion.*
La felicité por su moda tan original.	*I complimented her on her very original fashion/style.*
¡Feliz cumpleaños!	*Happy Birthday!*
¡Feliz año nuevo!	*Happy New Year!*
¡Felicitaciones! / ¡Felicidades!	*Congratulations!*
Felizmente despejó antes que nos fuéramos.	*Fortunately it cleared up before we left.*

regular -ar verb

festejo · festejaron · festejado · festejando

Present
festejo	festejamos
festejas	festejáis
festeja	festejan

Preterit
festejé	festejamos
festejaste	festejasteis
festejó	festejaron

Imperfect
festejaba	festejábamos
festejabas	festejabais
festejaba	festejaban

Present Perfect
he festejado	hemos festejado
has festejado	habéis festejado
ha festejado	han festejado

Future
festejaré	festejaremos
festejarás	festejaréis
festejará	festejarán

Conditional
festejaría	festejaríamos
festejarías	festejaríais
festejaría	festejarían

Pluperfect
había festejado	habíamos festejado
habías festejado	habíais festejado
había festejado	habían festejado

Preterit Perfect
hube festejado	hubimos festejado
hubiste festejado	hubisteis festejado
hubo festejado	hubieron festejado

Future Perfect
habré festejado	habremos festejado
habrás festejado	habréis festejado
habrá festejado	habrán festejado

Conditional Perfect
habría festejado	habríamos festejado
habrías festejado	habríais festejado
habría festejado	habrían festejado

Present Subjunctive
festeje	festejemos
festejes	festejéis
festeje	festejen

Present Perfect Subjunctive
haya festejado	hayamos festejado
hayas festejado	hayáis festejado
haya festejado	hayan festejado

Imperfect Subjunctive (-ra)   or   Imperfect Subjunctive (-se)
festejara	festejáramos	festejase	festejásemos
festejaras	festejarais	festejases	festejaseis
festejara	festejaran	festejase	festejasen

Past Perfect Subjunctive (-ra)   or   Past Perfect Subjunctive (-se)
hubiera festejado	hubiéramos festejado	hubiese festejado	hubiésemos festejado
hubieras festejado	hubierais festejado	hubieses festejado	hubieseis festejado
hubiera festejado	hubieran festejado	hubiese festejado	hubiesen festejado

Progressive Tenses
Present	estoy, estás, está, estamos, estáis, están
Preterit	estuve, estuviste, estuvo, estuvimos, estuvisteis, estuvieron
Imperfect	estaba, estabas, estaba, estábamos, estabais, estaban
Future	estaré, estarás, estará, estaremos, estaréis, estarán
Conditional	estaría, estarías, estaría, estaríamos, estaríais, estarían
Subjunctive	que + corresponding subjunctive tense of estar (see verb 252)

festejando

Commands
	(nosotros) festejemos / no festejemos
(tú) festeja / no festejes	(vosotros) festejad / no festejéis
(Ud.) festeje / no festeje	(Uds.) festejen / no festejen

USAGE

—¿Cómo festejaste tu cumpleaños? — How did you celebrate your birthday?
—Con una fiesta. Soy muy fiestera. — With a party. I love parties. / I'm fun-loving.
Se festejará Año Nuevo en un hotel. — We'll celebrate New Year's at a hotel.
Festejamos a cincuenta huéspedes anoche. — We entertained 50 guests last night.
¡Qué gran festejo! — What a great celebration/feast!
El sábado es un día festivo. — Saturday is a holiday.

fiarse *to trust (in), rely on*

fío · fiaron · fiado · fiándose — *-ar reflexive verb; spelling change: i > í when stressed*

Present		Preterit	
me fío	nos fiamos	me fié	nos fiamos
te fías	os fiáis	te fiaste	os fiasteis
se fía	se fían	se fió	se fiaron

Imperfect		Present Perfect	
me fiaba	nos fiábamos	me he fiado	nos hemos fiado
te fiabas	os fiabais	te has fiado	os habéis fiado
se fiaba	se fiaban	se ha fiado	se han fiado

Future		Conditional	
me fiaré	nos fiaremos	me fiaría	nos fiaríamos
te fiarás	os fiaréis	te fiarías	os fiaríais
se fiará	se fiarán	se fiaría	se fiarían

Pluperfect		Preterit Perfect	
me había fiado	nos habíamos fiado	me hube fiado	nos hubimos fiado
te habías fiado	os habíais fiado	te hubiste fiado	os hubisteis fiado
se había fiado	se habían fiado	se hubo fiado	se hubieron fiado

Future Perfect		Conditional Perfect	
me habré fiado	nos habremos fiado	me habría fiado	nos habríamos fiado
te habrás fiado	os habréis fiado	te habrías fiado	os habríais fiado
se habrá fiado	se habrán fiado	se habría fiado	se habrían fiado

Present Subjunctive		Present Perfect Subjunctive	
me fíe	nos fiemos	me haya fiado	nos hayamos fiado
te fíes	os fiéis	te hayas fiado	os hayáis fiado
se fíe	se fíen	se haya fiado	se hayan fiado

Imperfect Subjunctive (-ra)		or	Imperfect Subjunctive (-se)	
me fiara	nos fiáramos		me fiase	nos fiásemos
te fiaras	os fiarais		te fiases	os fiaseis
se fiara	se fiaran		se fiase	se fiasen

Past Perfect Subjunctive (-ra)		or	Past Perfect Subjunctive (-se)	
me hubiera fiado	nos hubiéramos fiado		me hubiese fiado	nos hubiésemos fiado
te hubieras fiado	os hubierais fiado		te hubieses fiado	os hubieseis fiado
se hubiera fiado	se hubieran fiado		se hubiese fiado	se hubiesen fiado

Progressive Tenses

Present	estoy, estás, está, estamos, estáis, están	
Preterit	estuve, estuviste, estuvo, estuvimos, estuvisteis, estuvieron	
Imperfect	estaba, estabas, estaba, estábamos, estabais, estaban	fiando (*see page 41*)
Future	estaré, estarás, estará, estaremos, estaréis, estarán	
Conditional	estaría, estarías, estaría, estaríamos, estaríais, estarían	
Subjunctive	que + *corresponding subjunctive tense of* estar (*see verb 252*)	

Commands

	(nosotros) fiémonos / no nos fiemos
(tú) fíate / no te fíes	(vosotros) fiaos / no os fiéis
(Ud.) fíese / no se fíe	(Uds.) fíense / no se fíen

USAGE

Me fío de él.	*I trust / trust in him.*
—Fíate de ellos.	*Trust in them.*
—¡Qué va! No son de fiar.	*Nonsense! They are not trustworthy.*
Siempre nos fiábamos en ellos.	*We always relied on them.*
Confían en Dios.	*They trust in God.*
Confió el problema a su amiga.	*She confided her problem to her friend.*
Es mejor no comprar al fiado.	*It's better not to buy on credit.*

regular -*ar* verb

figuro · figuraron · figurado · figurando

Present		Preterit	
figuro	figuramos	figuré	figuramos
figuras	figuráis	figuraste	figurasteis
figura	figuran	figuró	figuraron

Imperfect		Present Perfect	
figuraba	figurábamos	he figurado	hemos figurado
figurabas	figurabais	has figurado	habéis figurado
figuraba	figuraban	ha figurado	han figurado

Future		Conditional	
figuraré	figuraremos	figuraría	figuraríamos
figurarás	figuraréis	figurarías	figuraríais
figurará	figurarán	figuraría	figurarían

Pluperfect		Preterit Perfect	
había figurado	habíamos figurado	hube figurado	hubimos figurado
habías figurado	habíais figurado	hubiste figurado	hubisteis figurado
había figurado	habían figurado	hubo figurado	hubieron figurado

Future Perfect		Conditional Perfect	
habré figurado	habremos figurado	habría figurado	habríamos figurado
habrás figurado	habréis figurado	habrías figurado	habríais figurado
habrá figurado	habrán figurado	habría figurado	habrían figurado

Present Subjunctive		Present Perfect Subjunctive	
figure	figuremos	haya figurado	hayamos figurado
figures	figuréis	hayas figurado	hayáis figurado
figure	figuren	haya figurado	hayan figurado

Imperfect Subjunctive (-ra)		*or*	Imperfect Subjunctive (-se)	
figurara	figuráramos		figurase	figurásemos
figuraras	figurarais		figurases	figuraseis
figurara	figuraran		figurase	figurasen

Past Perfect Subjunctive (-ra)		*or*	Past Perfect Subjunctive (-se)	
hubiera figurado	hubiéramos figurado		hubiese figurado	hubiésemos figurado
hubieras figurado	hubierais figurado		hubieses figurado	hubieseis figurado
hubiera figurado	hubieran figurado		hubiese figurado	hubiesen figurado

Progressive Tenses

Present	estoy, estás, está, estamos, estáis, están	
Preterit	estuve, estuviste, estuvo, estuvimos, estuvisteis, estuvieron	
Imperfect	estaba, estabas, estaba, estábamos, estabais, estaban	figurando
Future	estaré, estarás, estará, estaremos, estaréis, estarán	
Conditional	estaría, estarías, estaría, estaríamos, estaríais, estarían	
Subjunctive	que + *corresponding subjunctive tense of* estar (*see verb 252*)	

Commands

	(nosotros) figuremos / no figuremos
(tú) figura / no figures	(vosotros) figurad / no figuréis
(Ud.) figure / no figure	(Uds.) figuren / no figuren

USAGE

Esos títulos no figuran en la lista.	*Those titles don't appear on the list.*
Carlos es el personaje que más figura en la novela.	*Carlos is the most important character in the novel.*
¿Por qué no figuraba tu nombre en el elenco?	*Why wasn't your name in the cast?*
Figúrate.	*Just think. / Just imagine.*
Es una figura importante.	*She's an important figure.*

fijarse *to take notice, pay attention*

fijo · fijaron · fijado · fijándose   *regular -ar reflexive verb*

Present		Preterit	
me fijo	nos fijamos	me fijé	nos fijamos
te fijas	os fijáis	te fijaste	os fijasteis
se fija	se fijan	se fijó	se fijaron

Imperfect		Present Perfect	
me fijaba	nos fiábamos	me he fijado	nos hemos fijado
te fijabas	os fijabais	te has fijado	os habéis fijado
se fijaba	se fijaban	se ha fijado	se han fijado

Future		Conditional	
me fijaré	nos fijaremos	me fijaría	nos fijaríamos
te fijarás	os fijaréis	te fijarías	os fijaríais
se fijará	se fijarán	se fijaría	se fijarían

Pluperfect		Preterit Perfect	
me había fijado	nos habíamos fijado	me hube fijado	nos hubimos fijado
te habías fijado	os habíais fijado	te hubiste fijado	os hubisteis fijado
se había fijado	se habían fijado	se hubo fijado	se hubieron fijado

Future Perfect		Conditional Perfect	
me habré fijado	nos habremos fijado	me habría fijado	nos habríamos fijado
te habrás fijado	os habréis fijado	te habrías fijado	os habríais fijado
se habrá fijado	se habrán fijado	se habría fijado	se habrían fijado

Present Subjunctive		Present Perfect Subjunctive	
me fije	nos fijemos	me haya fijado	nos hayamos fijado
te fijes	os fijéis	te hayas fijado	os hayáis fijado
se fije	se fijen	se haya fijado	se hayan fijado

Imperfect Subjunctive (-ra)		*or*	Imperfect Subjunctive (-se)	
me fijara	nos fijáramos		me fijase	nos fijásemos
te fijaras	os fijarais		te fijases	os fijaseis
se fijara	se fijaran		se fijase	se fijasen

Past Perfect Subjunctive (-ra)		*or*	Past Perfect Subjunctive (-se)	
me hubiera fijado	nos hubiéramos fijado		me hubiese fijado	nos hubiésemos fijado
te hubieras fijado	os hubierais fijado		te hubieses fijado	os hubieseis fijado
se hubiera fijado	se hubieran fijado		se hubiese fijado	se hubiesen fijado

Progressive Tenses

Present	estoy, estás, está, estamos, estáis, están	
Preterit	estuve, estuviste, estuvo, estuvimos, estuvisteis, estuvieron	
Imperfect	estaba, estabas, estaba, estábamos, estabais, estaban	fijando (*see page 41*)
Future	estaré, estarás, estará, estaremos, estaréis, estarán	
Conditional	estaría, estarías, estaría, estaríamos, estaríais, estarían	
Subjunctive	que + *corresponding subjunctive tense of* estar (*see verb 252*)	

Commands

	(nosotros) fijémonos / no nos fijemos
(tú) fíjate / no te fijes	(vosotros) fijaos / no os fijéis
(Ud.) fíjese / no se fije	(Uds.) fíjense / no se fijen

USAGE

No se han fijado en sus alrededores. — *They haven't noticed their surroundings.*
Fíjese en lo que le dicen. — *Pay attention to what they tell you.*
Fíjate. — *Look. / Imagine. / Just think.*
—Que fijen la fecha. — *Have them fix/set the date.*
—La fecha ya está fija. Y hay hora fija. — *The date is already set. And there's a set time.*
Fijó la mirada en los cantantes. — *She stared at the singers.*

-ir verb; spelling change: g > j/o, a

finjo · fingieron · fingido · fingiendo

Present		Preterit	
finjo	fingimos	fingí	fingimos
finges	fingís	fingiste	fingisteis
finge	fingen	fingió	fingieron

Imperfect		Present Perfect	
fingía	fingíamos	he fingido	hemos fingido
fingías	fingíais	has fingido	habéis fingido
fingía	fingían	ha fingido	han fingido

Future		Conditional	
fingiré	fingiremos	fingiría	fingiríamos
fingirás	fingiréis	fingirías	fingiríais
fingirá	fingirán	fingiría	fingirían

Pluperfect		Preterit Perfect	
había fingido	habíamos fingido	hube fingido	hubimos fingido
habías fingido	habíais fingido	hubiste fingido	hubisteis fingido
había fingido	habían fingido	hubo fingido	hubieron fingido

Future Perfect		Conditional Perfect	
habré fingido	habremos fingido	habría fingido	habríamos fingido
habrás fingido	habréis fingido	habrías fingido	habríais fingido
habrá fingido	habrán fingido	habría fingido	habrían fingido

Present Subjunctive		Present Perfect Subjunctive	
finja	finjamos	haya fingido	hayamos fingido
finjas	finjáis	hayas fingido	hayáis fingido
finja	finjan	haya fingido	hayan fingido

Imperfect Subjunctive (-ra)		or	Imperfect Subjunctive (-se)	
fingiera	fingiéramos		fingiese	fingiésemos
fingieras	fingierais		fingieses	fingieseis
fingiera	fingieran		fingiese	fingiesen

Past Perfect Subjunctive (-ra)		or	Past Perfect Subjunctive (-se)	
hubiera fingido	hubiéramos fingido		hubiese fingido	hubiésemos fingido
hubieras fingido	hubierais fingido		hubieses fingido	hubieseis fingido
hubiera fingido	hubieran fingido		hubiese fingido	hubiesen fingido

Progressive Tenses

Present	estoy, estás, está, estamos, estáis, están	
Preterit	estuve, estuviste, estuvo, estuvimos, estuvisteis, estuvieron	
Imperfect	estaba, estabas, estaba, estábamos, estabais, estaban	fingiendo
Future	estaré, estarás, estará, estaremos, estaréis, estarán	
Conditional	estaría, estarías, estaría, estaríamos, estaríais, estarían	
Subjunctive	que + *corresponding subjunctive tense of* estar (*see verb 252*)	

Commands

	(nosotros) finjamos / no finjamos
(tú) finge / no finjas	(vosotros) fingid / no finjáis
(Ud.) finja / no finja	(Uds.) finjan / no finjan

USAGE

Fingía tristeza.	*She was feigning sadness.*
Fingen que están tristes.	*They're pretending to be sad.*
Fingió no comprender.	*He pretended not to understand.*
Estamos hartos del fingimiento.	*We're fed up with the pretense.*

firmar *to sign*

firmo · firmaron · firmado · firmando   regular -ar verb

Present		Preterit	
firmo	firmamos	firmé	firmamos
firmas	firmáis	firmaste	firmasteis
firma	firman	firmó	firmaron

Imperfect		Present Perfect	
firmaba	firmábamos	he firmado	hemos firmado
firmabas	firmabais	has firmado	habéis firmado
firmaba	firmaban	ha firmado	han firmado

Future		Conditional	
firmaré	firmaremos	firmaría	firmaríamos
firmarás	firmaréis	firmarías	firmaríais
firmará	firmarán	firmaría	firmarían

Pluperfect		Preterit Perfect	
había firmado	habíamos firmado	hube firmado	hubimos firmado
habías firmado	habíais firmado	hubiste firmado	hubisteis firmado
había firmado	habían firmado	hubo firmado	hubieron firmado

Future Perfect		Conditional Perfect	
habré firmado	habremos firmado	habría firmado	habríamos firmado
habrás firmado	habréis firmado	habrías firmado	habríais firmado
habrá firmado	habrán firmado	habría firmado	habrían firmado

Present Subjunctive		Present Perfect Subjunctive	
firme	firmemos	haya firmado	hayamos firmado
firmes	firméis	hayas firmado	hayáis firmado
firme	firmen	haya firmado	hayan firmado

Imperfect Subjunctive (-ra)		or	Imperfect Subjunctive (-se)	
firmara	firmáramos		firmase	firmásemos
firmaras	firmarais		firmases	firmaseis
firmara	firmaran		firmase	firmasen

Past Perfect Subjunctive (-ra)		or	Past Perfect Subjunctive (-se)	
hubiera firmado	hubiéramos firmado		hubiese firmado	hubiésemos firmado
hubieras firmado	hubierais firmado		hubieses firmado	hubieseis firmado
hubiera firmado	hubieran firmado		hubiese firmado	hubiesen firmado

Progressive Tenses

Present	estoy, estás, está, estamos, estáis, están	
Preterit	estuve, estuviste, estuvo, estuvimos, estuvisteis, estuvieron	
Imperfect	estaba, estabas, estaba, estábamos, estabais, estaban	
Future	estaré, estarás, estará, estaremos, estaréis, estarán	firmando
Conditional	estaría, estarías, estaría, estaríamos, estaríais, estarían	
Subjunctive	que + *corresponding subjunctive tense of* estar (*see verb 252*)	

Commands

	(nosotros) firmemos / no firmemos
(tú) firma / no firmes	(vosotros) firmad / no firméis
(Ud.) firme / no firme	(Uds.) firmen / no firmen

USAGE

Firme el cheque.	*Sign the check.*
Firmaron el contrato.	*They signed the contract.*
Las dos compañías televisoras acaban de firmar una alianza estratégica.	*The two television companies have just signed a strategic alliance agreement.*
No se puede leer la firma en la carta.	*We can't read the signature on the letter.*
¿Quiénes son los firmantes del acuerdo?	*Who are the signatories to the agreement?*

regular -ar verb

formo · formaron · formado · formando

Present		Preterit	
formo	formamos	formé	formamos
formas	formáis	formaste	formasteis
forma	forman	formó	formaron

Imperfect		Present Perfect	
formaba	formábamos	he formado	hemos formado
formabas	formabais	has formado	habéis formado
formaba	formaban	ha formado	han formado

Future		Conditional	
formaré	formaremos	formaría	formaríamos
formarás	formaréis	formarías	formaríais
formará	formarán	formaría	formarían

Pluperfect		Preterit Perfect	
había formado	habíamos formado	hube formado	hubimos formado
habías formado	habíais formado	hubiste formado	hubisteis formado
había formado	habían formado	hubo formado	hubieron formado

Future Perfect		Conditional Perfect	
habré formado	habremos formado	habría formado	habríamos formado
habrás formado	habréis formado	habrías formado	habríais formado
habrá formado	habrán formado	habría formado	habrían formado

Present Subjunctive		Present Perfect Subjunctive	
forme	formemos	haya formado	hayamos formado
formes	forméis	hayas formado	hayáis formado
forme	formen	haya formado	hayan formado

Imperfect Subjunctive (-ra)		*or*	Imperfect Subjunctive (-se)	
formara	formáramos		formase	formásemos
formaras	formarais		formases	formaseis
formara	formaran		formase	formasen

Past Perfect Subjunctive (-ra)		*or*	Past Perfect Subjunctive (-se)	
hubiera formado	hubiéramos formado		hubiese formado	hubiésemos formado
hubieras formado	hubierais formado		hubieses formado	hubieseis formado
hubiera formado	hubieran formado		hubiese formado	hubiesen formado

Progressive Tenses

Present	estoy, estás, está, estamos, estáis, están	
Preterit	estuve, estuviste, estuvo, estuvimos, estuvisteis, estuvieron	
Imperfect	estaba, estabas, estaba, estábamos, estabais, estaban	formando
Future	estaré, estarás, estará, estaremos, estaréis, estarán	
Conditional	estaría, estarías, estaría, estaríamos, estaríais, estarían	
Subjunctive	que + *corresponding subjunctive tense of* estar (*see verb 252*)	

Commands

	(nosotros) formemos / no formemos
(tú) forma / no formes	(vosotros) formad / no forméis
(Ud.) forme / no forme	(Uds.) formen / no formen

USAGE

Formaron un club de inversionistas.	*They formed an investors club.*
El escultor daba forma a su escultura.	*The sculptor shaped his piece of sculpture.*
Cincuenta estados forman los Estados Unidos.	*Fifty states make up the United States.*
El museo tiene una forma circular.	*The museum has a round shape.*
Su formación es de primera.	*His training/education is first-rate.*
No me interesa de todas formas.	*I'm not interested anyway.*

fracasar *to fail*

fracaso · fracasaron · fracasado · fracasando   regular -*ar* verb

---

Present		
fracaso	fracasamos
fracasas	fracasáis
fracasa	fracasan

Preterit	
fracasé	fracasamos
fracasaste	fracasasteis
fracasó	fracasaron

Imperfect	
fracasaba	fracasábamos
fracasabas	fracasabais
fracasaba	fracasaban

Present Perfect	
he fracasado	hemos fracasado
has fracasado	habéis fracasado
ha fracasado	han fracasado

Future	
fracasaré	fracasaremos
fracasarás	fracasaréis
fracasará	fracasarán

Conditional	
fracasaría	fracasaríamos
fracasarías	fracasaríais
fracasaría	fracasarían

Pluperfect	
había fracasado	habíamos fracasado
habías fracasado	habíais fracasado
había fracasado	habían fracasado

Preterit Perfect	
hube fracasado	hubimos fracasado
hubiste fracasado	hubisteis fracasado
hubo fracasado	hubieron fracasado

Future Perfect	
habré fracasado	habremos fracasado
habrás fracasado	habréis fracasado
habrá fracasado	habrán fracasado

Conditional Perfect	
habría fracasado	habríamos fracasado
habrías fracasado	habríais fracasado
habría fracasado	habrían fracasado

Present Subjunctive	
fracase	fracasemos
fracases	fracaséis
fracase	fracasen

Present Perfect Subjunctive	
haya fracasado	hayamos fracasado
hayas fracasado	hayáis fracasado
haya fracasado	hayan fracasado

Imperfect Subjunctive (-ra)		or	Imperfect Subjunctive (-se)	
fracasara	fracasáramos		fracasase	fracasásemos
fracasaras	fracasarais		fracasases	fracasaseis
fracasara	fracasaran		fracasase	fracasasen

Past Perfect Subjunctive (-ra)		or	Past Perfect Subjunctive (-se)	
hubiera fracasado	hubiéramos fracasado		hubiese fracasado	hubiésemos fracasado
hubieras fracasado	hubierais fracasado		hubieses fracasado	hubieseis fracasado
hubiera fracasado	hubieran fracasado		hubiese fracasado	hubiesen fracasado

---

Progressive Tenses

Present	estoy, estás, está, estamos, estáis, están	
Preterit	estuve, estuviste, estuvo, estuvimos, estuvisteis, estuvieron	
Imperfect	estaba, estabas, estaba, estábamos, estabais, estaban	fracasando
Future	estaré, estarás, estará, estaremos, estaréis, estarán	
Conditional	estaría, estarías, estaría, estaríamos, estaríais, estarían	
Subjunctive	que + *corresponding subjunctive tense of* estar (*see verb 252*)	

Commands

	(nosotros) fracasemos / no fracasemos
(tú) fracasa / no fracases	(vosotros) fracasad / no fracaséis
(Ud.) fracase / no fracase	(Uds.) fracasen / no fracasen

USAGE

Sus tentativas han fracasado.	*Their attempts have failed.*
Su proyecto fracasó.	*Their project fell through.*
Fue un fracaso.	*It was a failure.*
Es un fracasado.	*He's a failure.*

stem-changing -ar verb: e > ie;
spelling change: g > gu/e

friego · fregaron · fregado · fregando

Present

friego	fregamos
friegas	fregáis
friega	friegan

Preterit

fregué	fregamos
fregaste	fregasteis
fregó	fregaron

Imperfect

fregaba	fregábamos
fregabas	fregabais
fregaba	fregaban

Present Perfect

he fregado	hemos fregado
has fregado	habéis fregado
ha fregado	han fregado

Future

fregaré	fregaremos
fregarás	fregaréis
fregará	fregarán

Conditional

fregaría	fregaríamos
fregarías	fregaríais
fregaría	fregarían

Pluperfect

había fregado	habíamos fregado
habías fregado	habíais fregado
había fregado	habían fregado

Preterit Perfect

hube fregado	hubimos fregado
hubiste fregado	hubisteis fregado
hubo fregado	hubieron fregado

Future Perfect

habré fregado	habremos fregado
habrás fregado	habréis fregado
habrá fregado	habrán fregado

Conditional Perfect

habría fregado	habríamos fregado
habrías fregado	habríais fregado
habría fregado	habrían fregado

Present Subjunctive

friegue	freguemos
friegues	freguéis
friegue	frieguen

Present Perfect Subjunctive

haya fregado	hayamos fregado
hayas fregado	hayáis fregado
haya fregado	hayan fregado

Imperfect Subjunctive (-ra)   or   Imperfect Subjunctive (-se)

fregara	fregáramos	fregase	fregásemos
fregaras	fregarais	fregases	fregaseis
fregara	fregaran	fregase	fregasen

Past Perfect Subjunctive (-ra)   or   Past Perfect Subjunctive (-se)

hubiera fregado	hubiéramos fregado	hubiese fregado	hubiésemos fregado
hubieras fregado	hubierais fregado	hubieses fregado	hubieseis fregado
hubiera fregado	hubieran fregado	hubiese fregado	hubiesen fregado

Progressive Tenses

Present	estoy, estás, está, estamos, estáis, están
Preterit	estuve, estuviste, estuvo, estuvimos, estuvisteis, estuvieron
Imperfect	estaba, estabas, estaba, estábamos, estabais, estaban
Future	estaré, estarás, estará, estaremos, estaréis, estarán
Conditional	estaría, estarías, estaría, estaríamos, estaríais, estarían
Subjunctive	que + corresponding subjunctive tense of estar (see verb 252)

> fregando

Commands

	(nosotros) freguemos / no freguemos
(tú) friega / no friegues	(vosotros) fregad / no freguéis
(Ud.) friegue / no friegue	(Uds.) frieguen / no frieguen

Friego la sartén.	*I'm scrubbing/scouring the frying pan.*
Frieguen los platos.	*Wash the dishes.*
¡Deja de fregarnos!	*Stop annoying/bothering us!* (Lat. Am. usage)
Hay utensilios en el fregadero.	*There are utensils in the sink.*
¡Qué fregado es encontrar trabajo!	*How hard it is to find work!* (slang)

freír *to fry*

frío · frieron · frito · friendo   irregular verb

	Present		Preterit
frío	freímos	freí	freímos
fríes	freís	freíste	freísteis
fríe	fríen	frió	frieron

	Imperfect		Present Perfect
freía	freíamos	he frito	hemos frito
freías	freíais	has frito	habéis frito
freía	freían	ha frito	han frito

	Future		Conditional
freiré	freiremos	freiría	freiríamos
freirás	freiréis	freirías	freiríais
freirá	freirán	freiría	freirían

	Pluperfect		Preterit Perfect
había frito	habíamos frito	hube frito	hubimos frito
habías frito	habíais frito	hubiste frito	hubisteis frito
había frito	habían frito	hubo frito	hubieron frito

	Future Perfect		Conditional Perfect
habré frito	habremos frito	habría frito	habríamos frito
habrás frito	habréis frito	habrías frito	habríais frito
habrá frito	habrán frito	habría frito	habrían frito

	Present Subjunctive		Present Perfect Subjunctive
fría	friamos	haya frito	hayamos frito
frías	friáis	hayas frito	hayáis frito
fría	frían	haya frito	hayan frito

Imperfect Subjunctive (-ra)		or	Imperfect Subjunctive (-se)	
friera	friéramos		friese	friésemos
frieras	frierais		frieses	frieseis
friera	frieran		friese	friesen

Past Perfect Subjunctive (-ra)		or	Past Perfect Subjunctive (-se)	
hubiera frito	hubiéramos frito		hubiese frito	hubiésemos frito
hubieras frito	hubierais frito		hubieses frito	hubieseis frito
hubiera frito	hubieran frito		hubiese frito	hubiesen frito

Progressive Tenses

Present	estoy, estás, está, estamos, estáis, están	
Preterit	estuve, estuviste, estuvo, estuvimos, estuvisteis, estuvieron	
Imperfect	estaba, estabas, estaba, estábamos, estabais, estaban	} friendo
Future	estaré, estarás, estará, estaremos, estaréis, estarán	
Conditional	estaría, estarías, estaría, estaríamos, estaríais, estarían	
Subjunctive	que + *corresponding subjunctive tense of* estar (*see verb 252*)	

Commands

	(nosotros) friamos / no friamos
(tú) fríe / no frías	(vosotros) freíd / no friáis
(Ud.) fría / no fría	(Uds.) frían / no frían

USAGE

Fríe el bacalao.	*Fry the codfish.*
La cocinera frió el pollo.	*The chef fried the chicken.*
¡Vete a freír espárragos!	*Go jump in the lake!*
Pedí huevos fritos y papas fritas.	*I ordered fried eggs and French fries.*
¡Estamos fritos!	*We're done for / all washed up!*

regular -ar verb

fumo · fumaron · fumado · fumando

Present		Preterit	
fumo	fumamos	fumé	fumamos
fumas	fumáis	fumaste	fumasteis
fuma	fuman	fumó	fumaron

Imperfect		Present Perfect	
fumaba	fumábamos	he fumado	hemos fumado
fumabas	fumabais	has fumado	habéis fumado
fumaba	fumaban	ha fumado	han fumado

Future		Conditional	
fumaré	fumaremos	fumaría	fumaríamos
fumarás	fumaréis	fumarías	fumaríais
fumará	fumarán	fumaría	fumarían

Pluperfect		Preterit Perfect	
había fumado	habíamos fumado	hube fumado	hubimos fumado
habías fumado	habíais fumado	hubiste fumado	hubisteis fumado
había fumado	habían fumado	hubo fumado	hubieron fumado

Future Perfect		Conditional Perfect	
habré fumado	habremos fumado	habría fumado	habríamos fumado
habrás fumado	habréis fumado	habrías fumado	habríais fumado
habrá fumado	habrán fumado	habría fumado	habrían fumado

Present Subjunctive		Present Perfect Subjunctive	
fume	fumemos	haya fumado	hayamos fumado
fumes	fuméis	hayas fumado	hayáis fumado
fume	fumen	haya fumado	hayan fumado

Imperfect Subjunctive (-ra)		or	Imperfect Subjunctive (-se)	
fumara	fumáramos		fumase	fumásemos
fumaras	fumarais		fumases	fumaseis
fumara	fumaran		fumase	fumasen

Past Perfect Subjunctive (-ra)		or	Past Perfect Subjunctive (-se)	
hubiera fumado	hubiéramos fumado		hubiese fumado	hubiésemos fumado
hubieras fumado	hubierais fumado		hubieses fumado	hubieseis fumado
hubiera fumado	hubieran fumado		hubiese fumado	hubiesen fumado

Progressive Tenses

Present	estoy, estás, está, estamos, estáis, están	
Preterit	estuve, estuviste, estuvo, estuvimos, estuvisteis, estuvieron	
Imperfect	estaba, estabas, estaba, estábamos, estabais, estaban	
Future	estaré, estarás, estará, estaremos, estaréis, estarán	fumando
Conditional	estaría, estarías, estaría, estaríamos, estaríais, estarían	
Subjunctive	que + corresponding subjunctive tense of estar (see verb 252)	

Commands

	(nosotros) fumemos / no fumemos
(tú) fuma / no fumes	(vosotros) fumad / no fuméis
(Ud.) fume / no fume	(Uds.) fumen / no fumen

Estos fumadores fuman pitillos y puros.	These smokers smoke cigarettes and cigars.
¿Tú y tus amigos fumaban?	Did you and your friends smoke?
Dejó de fumar.	She stopped smoking.
Se prohíbe fumar.	No smoking.
Se fumaron su herencia.	They squandered their inheritance.
Se fumó la clase.	She skipped the class.

funcionar *to function, work* (machine)

funciono · funcionaron · funcionado · funcionando   regular -*ar* verb

Present		Preterit	
funciono	funcionamos	funcioné	funcionamos
funcionas	funcionáis	funcionaste	funcionasteis
funciona	funcionan	funcionó	funcionaron

Imperfect		Present Perfect	
funcionaba	funcionábamos	he funcionado	hemos funcionado
funcionabas	funcionabais	has funcionado	habéis funcionado
funcionaba	funcionaban	ha funcionado	han funcionado

Future		Conditional	
funcionaré	funcionaremos	funcionaría	funcionaríamos
funcionarás	funcionaréis	funcionarías	funcionaríais
funcionará	funcionarán	funcionaría	funcionarían

Pluperfect		Preterit Perfect	
había funcionado	habíamos funcionado	hube funcionado	hubimos funcionado
habías funcionado	habíais funcionado	hubiste funcionado	hubisteis funcionado
había funcionado	habían funcionado	hubo funcionado	hubieron funcionado

Future Perfect		Conditional Perfect	
habré funcionado	habremos funcionado	habría funcionado	habríamos funcionado
habrás funcionado	habréis funcionado	habrías funcionado	habríais funcionado
habrá funcionado	habrán funcionado	habría funcionado	habrían funcionado

Present Subjunctive		Present Perfect Subjunctive	
funcione	funcionemos	haya funcionado	hayamos funcionado
funciones	funcionéis	hayas funcionado	hayáis funcionado
funcione	funcionen	haya funcionado	hayan funcionado

Imperfect Subjunctive (-ra)		or	Imperfect Subjunctive (-se)	
funcionara	funcionáramos		funcionase	funcionásemos
funcionaras	funcionarais		funcionases	funcionaseis
funcionara	funcionaran		funcionase	funcionasen

Past Perfect Subjunctive (-ra)		or	Past Perfect Subjunctive (-se)	
hubiera funcionado	hubiéramos funcionado		hubiese funcionado	hubiésemos funcionado
hubieras funcionado	hubierais funcionado		hubieses funcionado	hubieseis funcionado
hubiera funcionado	hubieran funcionado		hubiese funcionado	hubiesen funcionado

Progressive Tenses

Present	estoy, estás, está, estamos, estáis, están	
Preterit	estuve, estuviste, estuvo, estuvimos, estuvisteis, estuvieron	
Imperfect	estaba, estabas, estaba, estábamos, estabais, estaban	funcionando
Future	estaré, estarás, estará, estaremos, estaréis, estarán	
Conditional	estaría, estarías, estaría, estaríamos, estaríais, estarían	
Subjunctive	que + *corresponding subjunctive tense of* estar (*see verb 252*)	

Commands

	(nosotros) funcionemos / no funcionemos
(tú) funciona / no funciones	(vosotros) funcionad / no funcionéis
(Ud.) funcione / no funcione	(Uds.) funcionen / no funcionen

USAGE

La videocámara no funcionaba.	*The video camera wasn't working.*
¿Sabes hacer funcionar esta computadora?	*Do you know how to work this computer?*
La escalera mecánica / El ascensor no funciona.	*The escalator/elevator is out of order.*
Hay función a las ocho.	*There's a performance/show at 8:00.*
Hay un mal funcionamiento.	*There's a malfunction.*
Trabaja de funcionario.	*She's working as a civil servant.*

regular *-ar* verb

gano · ganaron · ganado · ganando

Present		Preterit	
gano	ganamos	gané	ganamos
ganas	ganáis	ganaste	ganasteis
gana	ganan	ganó	ganaron

Imperfect		Present Perfect	
ganaba	ganábamos	he ganado	hemos ganado
ganabas	ganabais	has ganado	habéis ganado
ganaba	ganaban	ha ganado	han ganado

Future		Conditional	
ganaré	ganaremos	ganaría	ganaríamos
ganarás	ganaréis	ganarías	ganaríais
ganará	ganarán	ganaría	ganarían

Pluperfect		Preterit Perfect	
había ganado	habíamos ganado	hube ganado	hubimos ganado
habías ganado	habíais ganado	hubiste ganado	hubisteis ganado
había ganado	habían ganado	hubo ganado	hubieron ganado

Future Perfect		Conditional Perfect	
habré ganado	habremos ganado	habría ganado	habríamos ganado
habrás ganado	habréis ganado	habrías ganado	habríais ganado
habrá ganado	habrán ganado	habría ganado	habrían ganado

Present Subjunctive		Present Perfect Subjunctive	
gane	ganemos	haya ganado	hayamos ganado
ganes	ganéis	hayas ganado	hayáis ganado
gane	ganen	haya ganado	hayan ganado

Imperfect Subjunctive (-ra)		*or*	Imperfect Subjunctive (-se)	
ganara	ganáramos		ganase	ganásemos
ganaras	ganarais		ganases	ganaseis
ganara	ganaran		ganase	ganasen

Past Perfect Subjunctive (-ra)		*or*	Past Perfect Subjunctive (-se)	
hubiera ganado	hubiéramos ganado		hubiese ganado	hubiésemos ganado
hubieras ganado	hubierais ganado		hubieses ganado	hubieseis ganado
hubiera ganado	hubieran ganado		hubiese ganado	hubiesen ganado

Progressive Tenses

Present	estoy, estás, está, estamos, estáis, están	
Preterit	estuve, estuviste, estuvo, estuvimos, estuvisteis, estuvieron	
Imperfect	estaba, estabas, estaba, estábamos, estabais, estaban	ganando
Future	estaré, estarás, estará, estaremos, estaréis, estarán	
Conditional	estaría, estarías, estaría, estaríamos, estaríais, estarían	
Subjunctive	que + *corresponding subjunctive tense of* estar (*see verb 252*)	

Commands

	(nosotros) ganemos / no ganemos
(tú) gana / no ganes	(vosotros) ganad / no ganéis
(Ud.) gane / no gane	(Uds.) ganen / no ganen

Ganan mucho dinero.	*They earn a lot of money.*
El general ganó la guerra.	*The general won the war.*
Ganó el respeto de todos.	*He gained everyone's respect.*
Se ganó la vida escribiendo.	*He earned his living by writing.*
La empresa tiene buenas ganancias.	*The company has good earnings.*

gastar *to spend, use up, waste, wear out*

gasto · gastaron · gastado · gastando

regular -ar verb

Present		Preterit	
gasto	gastamos	gasté	gastamos
gastas	gastáis	gastaste	gastasteis
gasta	gastan	gastó	gastaron

Imperfect		Present Perfect	
gastaba	gastábamos	he gastado	hemos gastado
gastabas	gastabais	has gastado	habéis gastado
gastaba	gastaban	ha gastado	han gastado

Future		Conditional	
gastaré	gastaremos	gastaría	gastaríamos
gastarás	gastaréis	gastarías	gastaríais
gastará	gastarán	gastaría	gastarían

Pluperfect		Preterit Perfect	
había gastado	habíamos gastado	hube gastado	hubimos gastado
habías gastado	habíais gastado	hubiste gastado	hubisteis gastado
había gastado	habían gastado	hubo gastado	hubieron gastado

Future Perfect		Conditional Perfect	
habré gastado	habremos gastado	habría gastado	habríamos gastado
habrás gastado	habréis gastado	habrías gastado	habríais gastado
habrá gastado	habrán gastado	habría gastado	habrían gastado

Present Subjunctive		Present Perfect Subjunctive	
gaste	gastemos	haya gastado	hayamos gastado
gastes	gastéis	hayas gastado	hayáis gastado
gaste	gasten	haya gastado	hayan gastado

Imperfect Subjunctive (-ra)		or	Imperfect Subjunctive (-se)	
gastara	gastáramos		gastase	gastásemos
gastaras	gastarais		gastases	gastaseis
gastara	gastaran		gastase	gastasen

Past Perfect Subjunctive (-ra)		or	Past Perfect Subjunctive (-se)	
hubiera gastado	hubiéramos gastado		hubiese gastado	hubiésemos gastado
hubieras gastado	hubierais gastado		hubieses gastado	hubieseis gastado
hubiera gastado	hubieran gastado		hubiese gastado	hubiesen gastado

Progressive Tenses

Present	estoy, estás, está, estamos, estáis, están
Preterit	estuve, estuviste, estuvo, estuvimos, estuvisteis, estuvieron
Imperfect	estaba, estabas, estaba, estábamos, estabais, estaban
Future	estaré, estarás, estará, estaremos, estaréis, estarán
Conditional	estaría, estarías, estaría, estaríamos, estaríais, estarían
Subjunctive	que + *corresponding subjunctive tense of* estar (*see verb 252*)

gastando

Commands

	(nosotros) gastemos / no gastemos
(tú) gasta / no gastes	(vosotros) gastad / no gastéis
(Ud.) gaste / no gaste	(Uds.) gasten / no gasten

USAGE

Gastaron mucho dinero.	*They spent a lot of money.*
¿Cuánto han gastado en lujos?	*How much have they spent on luxury items?*
No gastes tus palabras.	*Don't waste your words.*
Los zapatos están gastados.	*The shoes are worn out.*
Tenemos muchos gastos.	*We have many expenses.*
Les encanta gastar bromas.	*They love to play practical jokes.*

stem-changing -ir verb: e > i (like **pedir**)   gimo · gimieron · gemido · gimiendo

Present		Preterit	
gimo	gemimos	gemí	gemimos
gimes	gemís	gemiste	gemisteis
gime	gimen	gimió	gimieron

Imperfect		Present Perfect	
gemía	gemíamos	he gemido	hemos gemido
gemías	gemíais	has gemido	habéis gemido
gemía	gemían	ha gemido	han gemido

Future		Conditional	
gemiré	gemiremos	gemiría	gemiríamos
gemirás	gemiréis	gemirías	gemiríais
gemirá	gemirán	gemiría	gemirían

Pluperfect		Preterit Perfect	
había gemido	habíamos gemido	hube gemido	hubimos gemido
habías gemido	habíais gemido	hubiste gemido	hubisteis gemido
había gemido	habían gemido	hubo gemido	hubieron gemido

Future Perfect		Conditional Perfect	
habré gemido	habremos gemido	habría gemido	habríamos gemido
habrás gemido	habréis gemido	habrías gemido	habríais gemido
habrá gemido	habrán gemido	habría gemido	habrían gemido

Present Subjunctive		Present Perfect Subjunctive	
gima	gimamos	haya gemido	hayamos gemido
gimas	gimáis	hayas gemido	hayáis gemido
gima	giman	haya gemido	hayan gemido

Imperfect Subjunctive (-ra)		or	Imperfect Subjunctive (-se)	
gimiera	gimiéramos		gimiese	gimiésemos
gimieras	gimierais		gimieses	gimieseis
gimiera	gimieran		gimiese	gimiesen

Past Perfect Subjunctive (-ra)		or	Past Perfect Subjunctive (-se)	
hubiera gemido	hubiéramos gemido		hubiese gemido	hubiésemos gemido
hubieras gemido	hubierais gemido		hubieses gemido	hubieseis gemido
hubiera gemido	hubieran gemido		hubiese gemido	hubiesen gemido

Progressive Tenses

Present	estoy, estás, está, estamos, estáis, están	
Preterit	estuve, estuviste, estuvo, estuvimos, estuvisteis, estuvieron	
Imperfect	estaba, estabas, estaba, estábamos, estabais, estaban	gimiendo
Future	estaré, estarás, estará, estaremos, estaréis, estarán	
Conditional	estaría, estarías, estaría, estaríamos, estaríais, estarían	
Subjunctive	que + *corresponding subjunctive tense of* estar (*see verb 252*)	

Commands

	(nosotros) gimamos / no gimamos
(tú) gime / no gimas	(vosotros) gemid / no gimáis
(Ud.) gima / no gima	(Uds.) giman / no giman

USAGE

Gime por el dolor.	*He's groaning because of the pain.*
Oigo gemir el viento.	*I hear the wind howling.*
No gimas.	*Don't groan.*
Se puso a gemir al ver a su gato muerto.	*She began to moan when she saw her dead cat.*
¿De dónde vienen los gemidos?	*Where are the moans coming from?*

girar to revolve, rotate, turn, spin

giro · giraron · girado · girando   regular -ar verb

Present		Preterit	
giro	giramos	giré	giramos
giras	giráis	giraste	girasteis
gira	giran	giró	giraron

Imperfect		Present Perfect	
giraba	girábamos	he girado	hemos girado
girabas	girabais	has girado	habéis girado
giraba	giraban	ha girado	han girado

Future		Conditional	
giraré	giraremos	giraría	giraríamos
girarás	giraréis	girarías	giraríais
girará	girarán	giraría	girarían

Pluperfect		Preterit Perfect	
había girado	habíamos girado	hube girado	hubimos girado
habías girado	habíais girado	hubiste girado	hubisteis girado
había girado	habían girado	hubo girado	hubieron girado

Future Perfect		Conditional Perfect	
habré girado	habremos girado	habría girado	habríamos girado
habrás girado	habréis girado	habrías girado	habríais girado
habrá girado	habrán girado	habría girado	habrían girado

Present Subjunctive		Present Perfect Subjunctive	
gire	giremos	haya girado	hayamos girado
gires	giréis	hayas girado	hayáis girado
gire	giren	haya girado	hayan girado

Imperfect Subjunctive (-ra)		or	Imperfect Subjunctive (-se)	
girara	giráramos		girase	girásemos
giraras	girarais		girases	giraseis
girara	giraran		girase	girasen

Past Perfect Subjunctive (-ra)		or	Past Perfect Subjunctive (-se)	
hubiera girado	hubiéramos girado		hubiese girado	hubiésemos girado
hubieras girado	hubierais girado		hubieses girado	hubieseis girado
hubiera girado	hubieran girado		hubiese girado	hubiesen girado

---

Progressive Tenses

Present	estoy, estás, está, estamos, estáis, están	
Preterit	estuve, estuviste, estuvo, estuvimos, estuvisteis, estuvieron	
Imperfect	estaba, estabas, estaba, estábamos, estabais, estaban	girando
Future	estaré, estarás, estará, estaremos, estaréis, estarán	
Conditional	estaría, estarías, estaría, estaríamos, estaríais, estarían	
Subjunctive	que + corresponding subjunctive tense of estar (see verb 252)	

Commands

	(nosotros) giremos / no giremos
(tú) gira / no gires	(vosotros) girad / no giréis
(Ud.) gire / no gire	(Uds.) giren / no giren

USAGE

La Tierra gira alrededor del sol.	The Earth revolves around the sun.
La Tierra gira sobre su eje.	The Earth rotates on its axis.
Gira el volante.	Turn the steering wheel.
Haz girar el trompo.	Spin the top.
Se entra por la puerta giratoria.	You go in through the revolving door.
Siéntese en la silla giratoria.	Sit down in the swivel chair.

stem-changing -ar verb: *e > ie*

gobierno · gobernaron · gobernado · gobernando

Present		Preterit	
gobierno	gobernamos	goberné	gobernamos
gobiernas	gobernáis	gobernaste	gobernasteis
gobierna	gobiernan	gobernó	gobernaron

Imperfect		Present Perfect	
gobernaba	gobernábamos	he gobernado	hemos gobernado
gobernabas	gobernabais	has gobernado	habéis gobernado
gobernaba	gobernaban	ha gobernado	han gobernado

Future		Conditional	
gobernaré	gobernaremos	gobernaría	gobernaríamos
gobernarás	gobernaréis	gobernarías	gobernaríais
gobernará	gobernarán	gobernaría	gobernarían

Pluperfect		Preterit Perfect	
había gobernado	habíamos gobernado	hube gobernado	hubimos gobernado
habías gobernado	habíais gobernado	hubiste gobernado	hubisteis gobernado
había gobernado	habían gobernado	hubo gobernado	hubieron gobernado

Future Perfect		Conditional Perfect	
habré gobernado	habremos gobernado	habría gobernado	habríamos gobernado
habrás gobernado	habréis gobernado	habrías gobernado	habríais gobernado
habrá gobernado	habrán gobernado	habría gobernado	habrían gobernado

---

Present Subjunctive		Present Perfect Subjunctive	
gobierne	gobernemos	haya gobernado	hayamos gobernado
gobiernes	gobernéis	hayas gobernado	hayáis gobernado
gobierne	gobiernen	haya gobernado	hayan gobernado

Imperfect Subjunctive (-ra)		*or*	Imperfect Subjunctive (-se)	
gobernara	gobernáramos		gobernase	gobernásemos
gobernaras	gobernarais		gobernases	gobernaseis
gobernara	gobernaran		gobernase	gobernasen

Past Perfect Subjunctive (-ra)		*or*	Past Perfect Subjunctive (-se)	
hubiera gobernado	hubiéramos gobernado		hubiese gobernado	hubiésemos gobernado
hubieras gobernado	hubierais gobernado		hubieses gobernado	hubieseis gobernado
hubiera gobernado	hubieran gobernado		hubiese gobernado	hubiesen gobernado

---

Progressive Tenses

Present	estoy, estás, está, estamos, estáis, están	
Preterit	estuve, estuviste, estuvo, estuvimos, estuvisteis, estuvieron	
Imperfect	estaba, estabas, estaba, estábamos, estabais, estaban	gobernando
Future	estaré, estarás, estará, estaremos, estaréis, estarán	
Conditional	estaría, estarías, estaría, estaríamos, estaríais, estarían	
Subjunctive	que + *corresponding subjunctive tense of* estar (*see verb 252*)	

Commands

	(nosotros) gobernemos / no gobernemos
(tú) gobierna / no gobiernes	(vosotros) gobernad / no gobernéis
(Ud.) gobierne / no gobierne	(Uds.) gobiernen / no gobiernen

USAGE

El presidente gobierna el país.	*The president governs the country.*
La junta directiva gobierna la empresa.	*The board of directors manages the company.*
La mejor forma de gobierno es la democracia.	*The best form of government is democracy.*
El gobernador es el jefe del estado.	*The governor is the head of the state.*

gozar to enjoy

gozo · gozaron · gozado · gozando   -ar verb; spelling change: z > c/e

Present	
gozo	gozamos
gozas	gozáis
goza	gozan

Imperfect	
gozaba	gozábamos
gozabas	gozabais
gozaba	gozaban

Future	
gozaré	gozaremos
gozarás	gozaréis
gozará	gozarán

Pluperfect	
había gozado	habíamos gozado
habías gozado	habíais gozado
había gozado	habían gozado

Future Perfect	
habré gozado	habremos gozado
habrás gozado	habréis gozado
habrá gozado	habrán gozado

Preterit	
gocé	gozamos
gozaste	gozasteis
gozó	gozaron

Present Perfect	
he gozado	hemos gozado
has gozado	habéis gozado
ha gozado	han gozado

Conditional	
gozaría	gozaríamos
gozarías	gozaríais
gozaría	gozarían

Preterit Perfect	
hube gozado	hubimos gozado
hubiste gozado	hubisteis gozado
hubo gozado	hubieron gozado

Conditional Perfect	
habría gozado	habríamos gozado
habrías gozado	habríais gozado
habría gozado	habrían gozado

Present Subjunctive	
goce	gocemos
goces	gocéis
goce	gocen

Present Perfect Subjunctive	
haya gozado	hayamos gozado
hayas gozado	hayáis gozado
haya gozado	hayan gozado

Imperfect Subjunctive (-ra)		or	Imperfect Subjunctive (-se)	
gozara	gozáramos		gozase	gozásemos
gozaras	gozarais		gozases	gozaseis
gozara	gozaran		gozase	gozasen

Past Perfect Subjunctive (-ra)		or	Past Perfect Subjunctive (-se)	
hubiera gozado	hubiéramos gozado		hubiese gozado	hubiésemos gozado
hubieras gozado	hubierais gozado		hubieses gozado	hubieseis gozado
hubiera gozado	hubieran gozado		hubiese gozado	hubiesen gozado

Progressive Tenses

Present	estoy, estás, está, estamos, estáis, están
Preterit	estuve, estuviste, estuvo, estuvimos, estuvisteis, estuvieron
Imperfect	estaba, estabas, estaba, estábamos, estabais, estaban
Future	estaré, estarás, estará, estaremos, estaréis, estarán
Conditional	estaría, estarías, estaría, estaríamos, estaríais, estarían
Subjunctive	que + *corresponding subjunctive tense of* estar (*see verb 252*)

} gozando

Commands

	(nosotros) gocemos / no gocemos
(tú) goza / no goces	(vosotros) gozad / no gocéis
(Ud.) goce / no goce	(Uds.) gocen / no gocen

USAGE

¡Que gocen mucho en la fiesta!	*Enjoy yourselves at the party!*
Goza de buena fama.	*He enjoys/has a good reputation.*
¿Gozasteis con su visita?	*Were you thrilled with their visit?*
Los Estados Unidos goza de una gran estabilidad económica y política.	*The United States enjoys/has great economic and political stability.*
Daba gozo verlos.	*It was a delight to see them.*
Gozamos cantando estas canciones gozosas.	*We enjoy singing these joyful songs.*

regular -ar verb

grito · gritaron · gritado · gritando

Present		Preterit	
grito	gritamos	grité	gritamos
gritas	gritáis	gritaste	gritasteis
grita	gritan	gritó	gritaron

Imperfect		Present Perfect	
gritaba	gritábamos	he gritado	hemos gritado
gritabas	gritabais	has gritado	habéis gritado
gritaba	gritaban	ha gritado	han gritado

Future		Conditional	
gritaré	gritaremos	gritaría	gritaríamos
gritarás	gritaréis	gritarías	gritaríais
gritará	gritarán	gritaría	gritarían

Pluperfect		Preterit Perfect	
había gritado	habíamos gritado	hube gritado	hubimos gritado
habías gritado	habíais gritado	hubiste gritado	hubisteis gritado
había gritado	habían gritado	hubo gritado	hubieron gritado

Future Perfect		Conditional Perfect	
habré gritado	habremos gritado	habría gritado	habríamos gritado
habrás gritado	habréis gritado	habrías gritado	habríais gritado
habrá gritado	habrán gritado	habría gritado	habrían gritado

Present Subjunctive		Present Perfect Subjunctive	
grite	gritemos	haya gritado	hayamos gritado
grites	gritéis	hayas gritado	hayáis gritado
grite	griten	haya gritado	hayan gritado

Imperfect Subjunctive (-ra)		or	Imperfect Subjunctive (-se)	
gritara	gritáramos		gritase	gritásemos
gritaras	gritarais		gritases	gritaseis
gritara	gritaran		gritase	gritasen

Past Perfect Subjunctive (-ra)		or	Past Perfect Subjunctive (-se)	
hubiera gritado	hubiéramos gritado		hubiese gritado	hubiésemos gritado
hubieras gritado	hubierais gritado		hubieses gritado	hubieseis gritado
hubiera gritado	hubieran gritado		hubiese gritado	hubiesen gritado

Progressive Tenses

Present	estoy, estás, está, estamos, estáis, están	
Preterit	estuve, estuviste, estuvo, estuvimos, estuvisteis, estuvieron	
Imperfect	estaba, estabas, estaba, estábamos, estabais, estaban	gritando
Future	estaré, estarás, estará, estaremos, estaréis, estarán	
Conditional	estaría, estarías, estaría, estaríamos, estaríais, estarían	
Subjunctive	que + *corresponding subjunctive tense of* estar (*see verb 252*)	

Commands

	(nosotros) gritemos / no gritemos
(tú) grita / no grites	(vosotros) gritad / no gritéis
(Ud.) grite / no grite	(Uds.) griten / no griten

USAGE

¡No nos grites!	*Don't shout at us!*
Los hinchas están gritando al árbitro.	*The fans are booing the umpire.*
Gritaban desaforadamente.	*They yelled at the top of their lungs.*
Puso el grito en el cielo.	*He raised the roof. / He made a big fuss.*
El último grito (de la moda) cambia rápidamente.	*The latest thing/craze (Fr. le dernier cri) changes quickly.*
¡Qué gritona es esa niña!	*What a screamer that little girl is!*

gruñir to grunt, growl, grumble, creak

regular -ir verb; spelling change:
unstressed i deleted after ñ

gruño · gruñeron · gruñido · gruñendo

Present		Preterit	
gruño	gruñimos	gruñí	gruñimos
gruñes	gruñís	gruñiste	gruñisteis
gruñe	gruñen	gruñó	gruñeron

Imperfect		Present Perfect	
gruñía	gruñíamos	he gruñido	hemos gruñido
gruñías	gruñíais	has gruñido	habéis gruñido
gruñía	gruñían	ha gruñido	han gruñido

Future		Conditional	
gruñiré	gruñiremos	gruñiría	gruñiríamos
gruñirás	gruñiréis	gruñirías	gruñiríais
gruñirá	gruñirán	gruñiría	gruñirían

Pluperfect		Preterit Perfect	
había gruñido	habíamos gruñido	hube gruñido	hubimos gruñido
habías gruñido	habíais gruñido	hubiste gruñido	hubisteis gruñido
había gruñido	habían gruñido	hubo gruñido	hubieron gruñido

Future Perfect		Conditional Perfect	
habré gruñido	habremos gruñido	habría gruñido	habríamos gruñido
habrás gruñido	habréis gruñido	habrías gruñido	habríais gruñido
habrá gruñido	habrán gruñido	habría gruñido	habrían gruñido

Present Subjunctive		Present Perfect Subjunctive	
gruña	gruñamos	haya gruñido	hayamos gruñido
gruñas	gruñáis	hayas gruñido	hayáis gruñido
gruña	gruñan	haya gruñido	hayan gruñido

Imperfect Subjunctive (-ra)		or	Imperfect Subjunctive (-se)	
gruñera	gruñéramos		gruñese	gruñésemos
gruñeras	gruñerais		gruñeses	gruñeseis
gruñera	gruñeran		gruñese	gruñesen

Past Perfect Subjunctive (-ra)		or	Past Perfect Subjunctive (-se)	
hubiera gruñido	hubiéramos gruñido		hubiese gruñido	hubiésemos gruñido
hubieras gruñido	hubierais gruñido		hubieses gruñido	hubieseis gruñido
hubiera gruñido	hubieran gruñido		hubiese gruñido	hubiesen gruñido

Progressive Tenses

Present	estoy, estás, está, estamos, estáis, están	
Preterit	estuve, estuviste, estuvo, estuvimos, estuvisteis, estuvieron	
Imperfect	estaba, estabas, estaba, estábamos, estabais, estaban	gruñendo
Future	estaré, estarás, estará, estaremos, estaréis, estarán	
Conditional	estaría, estarías, estaría, estaríamos, estaríais, estarían	
Subjunctive	que + corresponding subjunctive tense of estar (see verb 252)	

Commands

	(nosotros) gruñamos / no gruñamos
(tú) gruñe / no gruñas	(vosotros) gruñid / no gruñáis
(Ud.) gruña / no gruña	(Uds.) gruñan / no gruñan

USAGE

Los cerdos gruñen.	*Pigs grunt.*
Oigo gruñir al perro.	*I hear the dog growling.*
¿Por qué gruñes?	*Why are you grumbling?*
Las tablas del suelo gruñen.	*The floorboards creak.*
El jefe está tan gruñón hoy.	*The boss is so grouchy today.*

regular -ar verb

guardo · guardaron · guardado · guardando

Present		Preterit	
guardo	guardamos	guardé	guardamos
guardas	guardáis	guardaste	guardasteis
guarda	guardan	guardó	guardaron

Imperfect		Present Perfect	
guardaba	guardábamos	he guardado	hemos guardado
guardabas	guardabais	has guardado	habéis guardado
guardaba	guardaban	ha guardado	han guardado

Future		Conditional	
guardaré	guardaremos	guardaría	guardaríamos
guardarás	guardaréis	guardarías	guardaríais
guardará	guardarán	guardaría	guardarían

Pluperfect		Preterit Perfect	
había guardado	habíamos guardado	hube guardado	hubimos guardado
habías guardado	habíais guardado	hubiste guardado	hubisteis guardado
había guardado	habían guardado	hubo guardado	hubieron guardado

Future Perfect		Conditional Perfect	
habré guardado	habremos guardado	habría guardado	habríamos guardado
habrás guardado	habréis guardado	habrías guardado	habríais guardado
habrá guardado	habrán guardado	habría guardado	habrían guardado

Present Subjunctive		Present Perfect Subjunctive	
guarde	guardemos	haya guardado	hayamos guardado
guardes	guardéis	hayas guardado	hayáis guardado
guarde	guarden	haya guardado	hayan guardado

Imperfect Subjunctive (-ra)		or	Imperfect Subjunctive (-se)	
guardara	guardáramos		guardase	guardásemos
guardaras	guardarais		guardases	guardaseis
guardara	guardaran		guardase	guardasen

Past Perfect Subjunctive (-ra)		or	Past Perfect Subjunctive (-se)	
hubiera guardado	hubiéramos guardado		hubiese guardado	hubiésemos guardado
hubieras guardado	hubierais guardado		hubieses guardado	hubieseis guardado
hubiera guardado	hubieran guardado		hubiese guardado	hubiesen guardado

Progressive Tenses

Present	estoy, estás, está, estamos, estáis, están	
Preterit	estuve, estuviste, estuvo, estuvimos, estuvisteis, estuvieron	
Imperfect	estaba, estabas, estaba, estábamos, estabais, estaban	guardando
Future	estaré, estarás, estará, estaremos, estaréis, estarán	
Conditional	estaría, estarías, estaría, estaríamos, estaríais, estarían	
Subjunctive	que + corresponding subjunctive tense of estar (see verb 252)	

Commands

	(nosotros) guardemos / no guardemos
(tú) guarda / no guardes	(vosotros) guardad / no guardéis
(Ud.) guarde / no guarde	(Uds.) guarden / no guarden

USAGE

Guardé los documentos en el archivo.	I put the papers away in the file.
Guardemos las joyas con llave.	Let's keep the jewelry under lock and key.
Guárdame una silla, por favor.	Save me a seat, please.
Guardará cama hasta recuperarse.	She'll stay in bed until she recuperates.
El médico está de guardia.	The doctor is on call / on duty.
el guardaespaldas / el guardabosque / el guardameta	bodyguard / forest ranger / goalkeeper

guiar to guide, lead/take, drive

guío · guiaron · guiado · guiando   -ar verb; spelling change: i > í when stressed

Present		Preterit	
guío	guiamos	guié	guiamos
guías	guiáis	guiaste	guiasteis
guía	guían	guió	guiaron

Imperfect		Present Perfect	
guiaba	guiábamos	he guiado	hemos guiado
guiabas	guiabais	has guiado	habéis guiado
guiaba	guiaban	ha guiado	han guiado

Future		Conditional	
guiaré	guiaremos	guiaría	guiaríamos
guiarás	guiaréis	guiarías	guiaríais
guiará	guiarán	guiaría	guiarían

Pluperfect		Preterit Perfect	
había guiado	habíamos guiado	hube guiado	hubimos guiado
habías guiado	habíais guiado	hubiste guiado	hubisteis guiado
había guiado	habían guiado	hubo guiado	hubieron guiado

Future Perfect		Conditional Perfect	
habré guiado	habremos guiado	habría guiado	habríamos guiado
habrás guiado	habréis guiado	habrías guiado	habríais guiado
habrá guiado	habrán guiado	habría guiado	habrían guiado

Present Subjunctive		Present Perfect Subjunctive	
guíe	guiemos	haya guiado	hayamos guiado
guíes	guiéis	hayas guiado	hayáis guiado
guíe	guíen	haya guiado	hayan guiado

Imperfect Subjunctive (-ra)		or	Imperfect Subjunctive (-se)	
guiara	guiáramos		guiase	guiásemos
guiaras	guiarais		guiases	guiaseis
guiara	guiaran		guiase	guiasen

Past Perfect Subjunctive (-ra)		or	Past Perfect Subjunctive (-se)	
hubiera guiado	hubiéramos guiado		hubiese guiado	hubiésemos guiado
hubieras guiado	hubierais guiado		hubieses guiado	hubieseis guiado
hubiera guiado	hubieran guiado		hubiese guiado	hubiesen guiado

Progressive Tenses

Present	estoy, estás, está, estamos, estáis, están	
Preterit	estuve, estuviste, estuvo, estuvimos, estuvisteis, estuvieron	
Imperfect	estaba, estabas, estaba, estábamos, estabais, estaban	guiando
Future	estaré, estarás, estará, estaremos, estaréis, estarán	
Conditional	estaría, estarías, estaría, estaríamos, estaríais, estarían	
Subjunctive	que + *corresponding subjunctive tense of* estar (*see verb 252*)	

Commands

	(nosotros) guiemos / no guiemos
(tú) guía / no guíes	(vosotros) guiad / no guiéis
(Ud.) guíe / no guíe	(Uds.) guíen / no guíen

USAGE

El agente de viajes guió a los turistas. — The travel agent guided the tourists.
El guía los llevará por el museo. — The guide will take them through the museum.
Guiábamos a los demás hasta salir de la cueva. — We guided the others until we got out of the cave.
¿No quieres guiar mi coche? — Don't you want to drive my car? (Puerto Rico)
Necesitamos una guía turística. — We need a guidebook.

regular -ar verb;
reverse construction verb

gusta · gustaron · gustado · gustando

Present	
me gusta(n)	nos gusta(n)
te gusta(n)	os gusta(n)
le gusta(n)	les gusta(n)

Preterit	
me gustó(-aron)	nos gustó(-aron)
te gustó(-aron)	os gustó(-aron)
le gustó(-aron)	les gustó(-aron)

Imperfect	
me gustaba(n)	nos gustaba(n)
te gustaba(n)	os gustaba(n)
le gustaba(n)	les gustaba(n)

Present Perfect	
me ha(n) gustado	nos ha(n) gustado
te ha(n) gustado	os ha(n) gustado
le ha(n) gustado	les ha(n) gustado

Future	
me gustará(n)	nos gustará(n)
te gustará(n)	os gustará(n)
le gustará(n)	les gustará(n)

Conditional	
me gustaría(n)	nos gustaría(n)
te gustaría(n)	os gustaría(n)
le gustaría(n)	les gustaría(n)

Pluperfect	
me había(n) gustado	nos había(n) gustado
te había(n) gustado	os había(n) gustado
le había(n) gustado	les había(n) gustado

Preterit Perfect	
me hubo(-ieron) gustado	nos hubo(-ieron) gustado
te hubo(-ieron) gustado	os hubo(-ieron) gustado
le hubo(-ieron) gustado	les hubo(-ieron) gustado

Future Perfect	
me habrá(n) gustado	nos habrá(n) gustado
te habrá(n) gustado	os habrá(n) gustado
le habrá(n) gustado	les habrá(n) gustado

Conditional Perfect	
me habría(n) gustado	nos habría(n) gustado
te habría(n) gustado	os habría(n) gustado
le habría(n) gustado	les habría(n) gustado

Present Subjunctive	
me guste(n)	nos guste(n)
te guste(n)	os guste(n)
le guste(n)	les guste(n)

Present Perfect Subjunctive	
me haya(n) gustado	nos haya(n) gustado
te haya(n) gustado	os haya(n) gustado
le haya(n) gustado	les haya(n) gustado

Imperfect Subjunctive (-ra)		*or*	Imperfect Subjunctive (-se)	
me gustara(n)	nos gustara(n)		me gustase(n)	nos gustase(n)
te gustara(n)	os gustara(n)		te gustase(n)	os gustase(n)
le gustara(n)	les gustara(n)		le gustase(n)	les gustase(n)

Past Perfect Subjunctive (-ra)		*or*	Past Perfect Subjunctive (-se)	
me hubiera(n) gustado	nos hubiera(n) gustado		me hubiese(n) gustado	nos hubiese(n) gustado
te hubiera(n) gustado	os hubiera(n) gustado		te hubiese(n) gustado	os hubiese(n) gustado
le hubiera(n) gustado	les hubiera(n) gustado		le hubiese(n) gustado	les hubiese(n) gustado

Progressive Tenses

Present	me	está, están	
Preterit	te	estuvo, estuvieron	
Imperfect	le	estaba, estaban	
Future	nos	estará, estarán	gustando
Conditional	os	estaría, estarían	
Subjunctive que	les	*corresponding subjunctive tense of* estar (*see verb 252*)	

NOTE: Verb not used in commands

—Me gusta leer sobre la historia.
I like to read about history.
—A mí también me gustan los libros de historia.
I also like history books.

—¿Les gustó la comedia?
Did you like the play?
—No. No nos gustan las comedias musicales.
No. We don't like musicals.

Les gustaría pasar más tiempo en París.
They'd like to spend more time in Paris.
Me hubiera gustado conocerlos.
I would have liked to have met them.
Como les guste.
As you like. / As you wish.
El pan tiene gusto a ajo.
The bread tastes of garlic.

haber *to have*

irregular verb; auxiliary verb
used to form the compound tenses

he · hubieron · habido · habiendo

Present		Preterit	
he	hemos	hube	hubimos
has	habéis	hubiste	hubisteis
ha	han	hubo	hubieron

Imperfect		Present Perfect	
había	habíamos	he habido	hemos habido
habías	habíais	has habido	habéis habido
había	habían	ha habido	han habido

Future		Conditional	
habré	habremos	habría	habríamos
habrás	habréis	habrías	habríais
habrá	habrán	habría	habrían

Pluperfect		Preterit Perfect	
había habido	habíamos habido	hube habido	hubimos habido
habías habido	habíais habido	hubiste habido	hubisteis habido
había habido	habían habido	hubo habido	hubieron habido

Future Perfect		Conditional Perfect	
habré habido	habremos habido	habría habido	habríamos habido
habrás habido	habréis habido	habrías habido	habríais habido
habrá habido	habrán habido	habría habido	habrían habido

Present Subjunctive		Present Perfect Subjunctive	
haya	hayamos	haya habido	hayamos habido
hayas	hayáis	hayas habido	hayáis habido
haya	hayan	haya habido	hayan habido

Imperfect Subjunctive (-ra)		*or*	Imperfect Subjunctive (-se)	
hubiera	hubiéramos		hubiese	hubiésemos
hubieras	hubierais		hubieses	hubieseis
hubiera	hubieran		hubiese	hubiesen

Past Perfect Subjunctive (-ra)		*or*	Past Perfect Subjunctive (-se)	
hubiera habido	hubiéramos habido		hubiese habido	hubiésemos habido
hubieras habido	hubierais habido		hubieses habido	hubieseis habido
hubiera habido	hubieran habido		hubiese habido	hubiesen habido

NOTE: Verb not used in commands; very rare in the progressive

USAGE

As auxiliary verb

—¿No has visto al diseñador? — *Haven't you seen the designer?*
—Es que no ha venido a la oficina hoy. — *It's that he hasn't come into the office today.*
—Si él hubiera venido, yo lo habría visto. — *If he had come, I would have seen him.*
No nos habían dicho nada. — *They hadn't told us anything.*

Expressions where *haber* has its original meaning of "to have"

Hemos de convocar al profesorado. — *We must convene a meeting of the faculty.*
La familia tiene mucho dinero en su haber. — *The family has a lot of money in its estate.*
Verifique el deber y haber. — *Check the liabilities and assets / debit and credit.*
¡Tenemos que habérselas con ese tipo! — *We have to have it out / deal with that guy!*

regular -ar verb

	Present		Preterit
hablo	hablamos	hablé	hablamos
hablas	habláis	hablaste	hablasteis
habla	hablan	habló	hablaron

	Imperfect		Present Perfect
hablaba	hablábamos	he hablado	hemos hablado
hablabas	hablabais	has hablado	habéis hablado
hablaba	hablaban	ha hablado	han hablado

	Future		Conditional
hablaré	hablaremos	hablaría	hablaríamos
hablarás	hablaréis	hablarías	hablaríais
hablará	hablarán	hablaría	hablarían

	Pluperfect		Preterit Perfect
había hablado	habíamos hablado	hube hablado	hubimos hablado
habías hablado	habíais hablado	hubiste hablado	hubisteis hablado
había hablado	habían hablado	hubo hablado	hubieron hablado

	Future Perfect		Conditional Perfect
habré hablado	habremos hablado	habría hablado	habríamos hablado
habrás hablado	habréis hablado	habrías hablado	habríais hablado
habrá hablado	habrán hablado	habría hablado	habrían hablado

	Present Subjunctive		Present Perfect Subjunctive
hable	hablemos	haya hablado	hayamos hablado
hables	habléis	hayas hablado	hayáis hablado
hable	hablen	haya hablado	hayan hablado

Imperfect Subjunctive (-ra)		or	Imperfect Subjunctive (-se)	
hablara	habláramos		hablase	hablásemos
hablaras	hablarais		hablases	hablaseis
hablara	hablaran		hablase	hablasen

Past Perfect Subjunctive (-ra)		or	Past Perfect Subjunctive (-se)	
hubiera hablado	hubiéramos hablado		hubiese hablado	hubiésemos hablado
hubieras hablado	hubierais hablado		hubieses hablado	hubieseis hablado
hubiera hablado	hubieran hablado		hubiese hablado	hubiesen hablado

Progressive Tenses

Present	estoy, estás, está, estamos, estáis, están	
Preterit	estuve, estuviste, estuvo, estuvimos, estuvisteis, estuvieron	
Imperfect	estaba, estabas, estaba, estábamos, estabais, estaban	hablando
Future	estaré, estarás, estará, estaremos, estaréis, estarán	
Conditional	estaría, estarías, estaría, estaríamos, estaríais, estarían	
Subjunctive	que + *corresponding subjunctive tense of* estar (*see verb 252*)	

Commands

	(nosotros) hablemos / no hablemos
(tú) habla / no hables	(vosotros) hablad / no habléis
(Ud.) hable / no hable	(Uds.) hablen / no hablen

USAGE

❇ —No hablo español muy bien.   *I don't speak Spanish very well.*
—¡Qué va! Hablas con soltura.   *Are you kidding! You speak fluently.*
Se habla inglés aquí.   *English is spoken here.*
Hablemos de las elecciones.   *Let's talk about the election.*
Hablan bien/mal de todos.   *They speak well/badly about everybody.*
❇ —¿Hablaste con tu profesor?   *Did you talk with your professor?*
—Sí, nos hablamos por teléfono.   *Yes, we talked (to each other) by phone.*

hablar *to speak, talk*

hablo · hablaron · hablado · hablando   regular *-ar* verb

No hables disparates.	*Don't talk nonsense.*
El tipo habla por hablar.	*The guy talks just to talk / for the sake of talking.*
Háblame de tú. / Hábleme de Ud.	*Address me familiarly/formally.*
Habla hasta por los codos.	*She talks your ear off.*
El cuento nos habló al alma.	*The story touched our hearts.*
Siempre habla en medias palabras.	*She always speaks cryptically.*
⊙ —Estarás hablando en broma.	*You must be joking.*
—No, hablo en serio.	*No, I'm speaking seriously.*
Me gustaría que hablaras sin rodeos.	*I'd like you to speak without beating around the bush / frankly.*
Su actitud rencorosa habla por sí sola.	*Her rancorous attitude speaks for itself.*
¡Ni hablar!	*No way! / Out of the question!*
No hay más que hablar.	*There's no more to be said.*
Su situación da mucho que hablar.	*Their situation causes a lot of talk.*
Se pelearon y ya no se hablan.	*They fought and don't talk to each other anymore.*
Hablando de inversiones...	*Speaking about investments . . .*

OTHER USES AND RELATED WORDS

Se oye un inglés bien/mal hablado.	*You hear well-spoken / badly spoken English.*
⊙ —Son unos mal hablados.	*They're rude/foulmouthed people.*
—Y hablan a espaldas de todo el mundo.	*And they talk behind everyone's back.*
Somos hispanohablantes.	*We're Spanish speakers.*
¡Cuánto nos interesa el habla española!	*We're so interested in the Spanish language!*
Muchos ciudadanos estadounidenses son de habla española.	*Many U.S. citizens are Spanish-speaking.*
¿Ves programas de habla francesa en la tele?	*Do you watch French-language TV shows?*
¡Basta de habladurías!	*Enough gossip/rumors!*
Son habladores.	*They're chatterboxes/gossips.*
⊙ —¿Quién habla?	*Who's speaking? (telephone)*
—Habla Anita.	*It's Anita.*
—¿Te has fijado en que Teresa habla sin ton ni son?	*Have you noticed that Teresa is talking without rhyme or reason?*
—Es cierto. Últimamente habla a tontas y a locas.	*It's true. Lately she makes absolutely no sense.*
—Hace unas semanas que no he hablado con Julio. ¿Sabes dónde está?	*I haven't spoken with Julio for a few weeks. Do you know where he is?*
—No tengo idea. Pues mira. Hablando del rey de Roma, por la puerta asoma.	*I have no idea. Hey, look. Speak of the devil . . .*
—Marta me habló muy sinceramente.	*Marta spoke to me very sincerely.*
—Ella es así. Habla con el corazón en la mano.	*She's like that. She speaks from the heart.*
—Alano habla entre dientes. Es difícil entenderlo.	*Alano mutters. It's difficult to understand him.*
—Aún peor, habla a solas.	*What's even worse, he talks to himself.*

irregular verb   hago · hicieron · hecho · haciendo

	Present		Preterit
hago	hacemos	hice	hicimos
haces	hacéis	hiciste	hicisteis
hace	hacen	hizo	hicieron

	Imperfect		Present Perfect
hacía	hacíamos	he hecho	hemos hecho
hacías	hacíais	has hecho	habéis hecho
hacía	hacían	ha hecho	han hecho

	Future		Conditional
haré	haremos	haría	haríamos
harás	haréis	harías	haríais
hará	harán	haría	harían

	Pluperfect		Preterit Perfect
había hecho	habíamos hecho	hube hecho	hubimos hecho
habías hecho	habíais hecho	hubiste hecho	hubisteis hecho
había hecho	habían hecho	hubo hecho	hubieron hecho

	Future Perfect		Conditional Perfect
habré hecho	habremos hecho	habría hecho	habríamos hecho
habrás hecho	habréis hecho	habrías hecho	habríais hecho
habrá hecho	habrán hecho	habría hecho	habrían hecho

	Present Subjunctive		Present Perfect Subjunctive
haga	hagamos	haya hecho	hayamos hecho
hagas	hagáis	hayas hecho	hayáis hecho
haga	hagan	haya hecho	hayan hecho

	Imperfect Subjunctive (-ra)	or	Imperfect Subjunctive (-se)
hiciera	hiciéramos	hiciese	hiciésemos
hicieras	hicierais	hicieses	hicieseis
hiciera	hicieran	hiciese	hiciesen

	Past Perfect Subjunctive (-ra)	or	Past Perfect Subjunctive (-se)
hubiera hecho	hubiéramos hecho	hubiese hecho	hubiésemos hecho
hubieras hecho	hubierais hecho	hubieses hecho	hubieseis hecho
hubiera hecho	hubieran hecho	hubiese hecho	hubiesen hecho

Progressive Tenses

Present	estoy, estás, está, estamos, estáis, están	
Preterit	estuve, estuviste, estuvo, estuvimos, estuvisteis, estuvieron	
Imperfect	estaba, estabas, estaba, estábamos, estabais, estaban	haciendo
Future	estaré, estarás, estará, estaremos, estaréis, estarán	
Conditional	estaría, estarías, estaría, estaríamos, estaríais, estarían	
Subjunctive	que + *corresponding subjunctive tense of* estar (*see verb 252*)	

Commands

	(nosotros) hagamos / no hagamos
(tú) haz / no hagas	(vosotros) haced / no hagáis
(Ud.) haga / no haga	(Uds.) hagan / no hagan

Hagamos planes para el fin de semana.	*Let's make plans for the weekend.*
Hizo que terminaran su trabajo.	*He made them finish their work.*
¿Qué estás haciendo?	*What are you doing?*
✪ —Haz lo que te dije.	*Do what I told you.*
—Lo haré muy pronto.	*I'll do it very soon.*
✪ —¿Qué tiempo hace?	*What's the weather like?*
—Hace sol y calor.	*It's sunny and hot.*

—¿Haces las quesadillas? · *Are you making the quesadillas?*
—Mira. Ya están hechas. · *Look. They're already made.*
Hagan todo lo posible para triunfar en la vida. · *Do everything possible to succeed in life.*
En todos los aspectos de la vida, la buena literatura nos ha hecho más libres; gracias a esa actitud, existe la democracia. (*Mario Vargas Llosa*) · *In all aspects of life, good literature has made us freer; thanks to that attitude, democracy exists.*
Sus payasadas nos hacían reír. · *Their antics made us laugh.*
Haz que las visitas pasen a la sala. · *Have the visitors go into the living room.*
Haga preguntas. · *Ask questions.*
Isabel hacía el papel de la reina. · *Isabel played the role of the queen.*
No tienen nada que hacer. · *They don't have anything to do.*
El florero está roto. ¿Quién lo hizo pedazos? · *The vase is broken. Who smashed it to pieces?*

to cause

Su arranque hizo que nos enfadáramos. · *His outburst made us get angry.*

IMPERSONAL EXPRESSIONS

Hace buen/mal tiempo. · *The weather is good/bad.*
Hace fresco y viento. · *It's cool and windy.*
Hace cincuenta grados. · *It's 50 degrees.*

hace + time + que

—¿Cuánto tiempo hace que los viste? · *How long ago did you see them?*
—Hace un mes que los vi. · *I saw them a month ago.*
—¿Cuánto tiempo hace que viven aquí? · *How long have you been living here?*
—Hace siete años que vivimos aquí. · *We've been living here for seven years.*

hacerse *to become, get*

Se hizo famoso/rico. · *He became famous/rich.*
Se hace tarde. · *It's getting late.*
El tesorero se hizo cargo/responsable. · *The treasurer took over / assumed responsibility.*
No te hagas daño. · *Don't hurt yourself.*

OTHER USES AND RELATED WORDS

A lo hecho pecho. · *No use crying over spilt milk.*
Lo hecho hecho está. · *What's done is done.*
Dicho y hecho. · *No sooner said than done.*
Del dicho al hecho hay mucho trecho. · *Saying and doing are two different things.*

irregular verb; impersonal usage from the infinitive *haber*; used in
third-person singular only, even when followed by a plural noun

hay · hubo · habido · habiendo

Present	*Preterit*
hay	hubo
Imperfect	*Present Perfect*
había	ha habido
Future	*Conditional*
habrá	habría
Pluperfect	*Preterit Perfect*
había habido	hubo habido
Future Perfect	*Conditional Perfect*
habrá habido	habría habido

Present Subjunctive		*Present Perfect Subjunctive*
haya		haya habido
Imperfect Subjunctive (-ra)	or	*Imperfect Subjunctive (-se)*
hubiera		hubiese
Past Perfect Subjunctive (-ra)	or	*Past Perfect Subjunctive (-se)*
hubiera habido		hubiese habido

NOTE: Verb not used in commands; very rare in the progressive

USAGE

¿Qué hay?	*What's up? / How are you?*
¿Qué hay de nuevo?	*What's new?*
¿Qué hubo? / ¿Qué húbole?	*What's up? / How are you?* (Mex.)
—Hay mucho dinero en la cuenta, ¿no?	*There's a lot of money in the account, isn't there?*
—Había mucho dinero hasta que lo retiré.	*There was a lot of money until I withdrew it.*
Hubo un congreso en Filadelfia.	*There was a conference in Philadelphia.*
Había mucha gente en el parque.	*There were many people in the park.*
Habrá entradas en la taquilla.	*There are probably tickets at the box office.*
Ha habido problemas con la contestadora.	*There have been / We've had problems with the answering machine.*
Esperamos que haya interés en el proyecto.	*We hope there will be interest in the project.*
Es posible que haya habido dificultades.	*It's possible there have been problems.*
No creían que hubiera suficiente tiempo.	*They didn't think there was enough time.*
Sentíamos que no hubiera habido sitio para todos.	*We were sorry there hadn't been room for everyone.*
Ojalá que no haya embotellamiento.	*I hope there won't be a traffic jam.*
Ojalá que hubiera piscina en el hotel.	*I wish there were a pool in the hotel.*
Hay que leer las obras clásicas.	*It's necessary to / One must read the classics.*
—¿Hay diccionarios bilingües?	*Are there / Do you have bilingual dictionaries?*
—Sí, los hay.	*Yes, there are / we have them.*
No hay de qué.	*You're welcome.*
No hay más que hacer.	*There's no more to be done.*
No hay para quejarse/enfadarse.	*There's no reason to complain / get angry.*
No hay atajo sin trabajo.	*No pain, no gain.*
Donde hay humo, hay calor.	*Where there's smoke, there's fire.*
Sobre gustos no hay nada escrito.	*There's no accounting for taste.*
No hay miel sin hiel.	*There's always a catch.*
No hay bien ni mal que dure cien años.	*Nothing lasts forever.*
—¿Hay alguien en la oficina que sepa crear un sitio web?	*Is there someone in the office who knows how to create a website?*
—No, no hay nadie que sepa hacerlo.	*No, there's no one who knows how to do it.*

heredo · heredaron · heredado · heredando

regular *-ar* verb

Present		Preterit	
heredo	heredamos	heredé	heredamos
heredas	heredáis	heredaste	heredasteis
hereda	heredan	heredó	heredaron

Imperfect		Present Perfect	
heredaba	heredábamos	he heredado	hemos heredado
heredabas	heredabais	has heredado	habéis heredado
heredaba	heredaban	ha heredado	han heredado

Future		Conditional	
heredaré	heredaremos	heredaría	heredaríamos
heredarás	heredaréis	heredarías	heredaríais
heredará	heredarán	heredaría	heredarían

Pluperfect		Preterit Perfect	
había heredado	habíamos heredado	hube heredado	hubimos heredado
habías heredado	habíais heredado	hubiste heredado	hubisteis heredado
había heredado	habían heredado	hubo heredado	hubieron heredado

Future Perfect		Conditional Perfect	
habré heredado	habremos heredado	habría heredado	habríamos heredado
habrás heredado	habréis heredado	habrías heredado	habríais heredado
habrá heredado	habrán heredado	habría heredado	habrían heredado

Present Subjunctive		Present Perfect Subjunctive	
herede	heredemos	haya heredado	hayamos heredado
heredes	heredéis	hayas heredado	hayáis heredado
herede	hereden	haya heredado	hayan heredado

Imperfect Subjunctive (-ra)		or	Imperfect Subjunctive (-se)	
heredara	heredáramos		heredase	heredásemos
heredaras	heredarais		heredases	heredaseis
heredara	heredaran		heredase	heredasen

Past Perfect Subjunctive (-ra)		or	Past Perfect Subjunctive (-se)	
hubiera heredado	hubiéramos heredado		hubiese heredado	hubiésemos heredado
hubieras heredado	hubierais heredado		hubieses heredado	hubieseis heredado
hubiera heredado	hubieran heredado		hubiese heredado	hubiesen heredado

Progressive Tenses

Present	estoy, estás, está, estamos, estáis, están	
Preterit	estuve, estuviste, estuvo, estuvimos, estuvisteis, estuvieron	
Imperfect	estaba, estabas, estaba, estábamos, estabais, estaban	heredando
Future	estaré, estarás, estará, estaremos, estaréis, estarán	
Conditional	estaría, estarías, estaría, estaríamos, estaríais, estarían	
Subjunctive	que + *corresponding subjunctive tense of* estar (*see verb 252*)	

Commands

	(nosotros) heredemos / no heredemos
(tú) hereda / no heredes	(vosotros) heredad / no heredéis
(Ud.) herede / no herede	(Uds.) hereden / no hereden

(USAGE)

Heredó una fortuna de sus abuelos.	*He inherited a fortune from his grandparents.*
Heredaron la inteligencia de sus padres.	*They inherited their parents' intelligence.*
Recibirá una herencia de su tío.	*She'll receive an inheritance from her uncle.*
¿Su sentido del humor? Lo tiene de herencia.	*His sense of humor? It runs in the family.*
La herencia fue repartida entre tres herederos.	*The inheritance was shared among three heirs.*
Tienen derechos hereditarios.	*They have hereditary rights.*

stem-changing -ir verb:
e > ie (present), e > i (preterit)

hiero · hirieron · herido · hiriendo

Present		Preterit	
hiero	herimos	herí	herimos
hieres	herís	heriste	heristeis
hiere	hieren	hirió	hirieron

Imperfect		Present Perfect	
hería	heríamos	he herido	hemos herido
herías	heríais	has herido	habéis herido
hería	herían	ha herido	han herido

Future		Conditional	
heriré	heriremos	heriría	heriríamos
herirás	heriréis	herirías	heriríais
herirá	herirán	heriría	herirían

Pluperfect		Preterit Perfect	
había herido	habíamos herido	hube herido	hubimos herido
habías herido	habíais herido	hubiste herido	hubisteis herido
había herido	habían herido	hubo herido	hubieron herido

Future Perfect		Conditional Perfect	
habré herido	habremos herido	habría herido	habríamos herido
habrás herido	habréis herido	habrías herido	habríais herido
habrá herido	habrán herido	habría herido	habrían herido

Present Subjunctive		Present Perfect Subjunctive	
hiera	hiramos	haya herido	hayamos herido
hieras	hiráis	hayas herido	hayáis herido
hiera	hieran	haya herido	hayan herido

Imperfect Subjunctive (-ra)		*or*	Imperfect Subjunctive (-se)	
hiriera	hiriéramos		hiriese	hiriésemos
hirieras	hirierais		hirieses	hirieseis
hiriera	hirieran		hiriese	hiriesen

Past Perfect Subjunctive (-ra)		*or*	Past Perfect Subjunctive (-se)	
hubiera herido	hubiéramos herido		hubiese herido	hubiésemos herido
hubieras herido	hubierais herido		hubieses herido	hubieseis herido
hubiera herido	hubieran herido		hubiese herido	hubiesen herido

Progressive Tenses

Present	estoy, estás, está, estamos, estáis, están	
Preterit	estuve, estuviste, estuvo, estuvimos, estuvisteis, estuvieron	
Imperfect	estaba, estabas, estaba, estábamos, estabais, estaban	hiriendo
Future	estaré, estarás, estará, estaremos, estaréis, estarán	
Conditional	estaría, estarías, estaría, estaríamos, estaríais, estarían	
Subjunctive	que + *corresponding subjunctive tense of* estar (*see verb 252*)	

Commands

	(nosotros) hiramos / no hiramos
(tú) hiere / no hieras	(vosotros) herid / no hiráis
(Ud.) hiera / no hiera	(Uds.) hieran / no hieran

USAGE

—¿Cómo se hirió? — *How did you injure yourself?*
—Me herí jugando al fútbol. — *I hurt myself playing soccer.*
Sus palabras nos han herido. — *Her words have offended us.*
Fue herido en la batalla. — *He was wounded in battle.*
Los accidentados tienen heridas. — *The accident victims have injuries.*

hervir *to boil*

hiervo · hirvieron · hervido · hirviendo

stem-changing -ir verb:
e > ie (present), *e > i* (preterit)

Present		Preterit	
hiervo	hervimos	herví	hervimos
hierves	hervís	herviste	hervisteis
hierve	hierven	hirvió	hirvieron

Imperfect		Present Perfect	
hervía	hervíamos	he hervido	hemos hervido
hervías	hervíais	has hervido	habéis hervido
hervía	hervían	ha hervido	han hervido

Future		Conditional	
herviré	herviremos	herviría	herviríamos
hervirás	herviréis	hervirías	herviríais
hervirá	hervirán	herviría	hervirían

Pluperfect		Preterit Perfect	
había hervido	habíamos hervido	hube hervido	hubimos hervido
habías hervido	habíais hervido	hubiste hervido	hubisteis hervido
había hervido	habían hervido	hubo hervido	hubieron hervido

Future Perfect		Conditional Perfect	
habré hervido	habremos hervido	habría hervido	habríamos hervido
habrás hervido	habréis hervido	habrías hervido	habríais hervido
habrá hervido	habrán hervido	habría hervido	habrían hervido

Present Subjunctive		Present Perfect Subjunctive	
hierva	hirvamos	haya hervido	hayamos hervido
hiervas	hirváis	hayas hervido	hayáis hervido
hierva	hiervan	haya hervido	hayan hervido

Imperfect Subjunctive (-ra)		*or*	Imperfect Subjunctive (-se)	
hirviera	hirviéramos		hirviese	hirviésemos
hirvieras	hirvierais		hirvieses	hirvieseis
hirviera	hirvieran		hirviese	hirviesen

Past Perfect Subjunctive (-ra)		*or*	Past Perfect Subjunctive (-se)	
hubiera hervido	hubiéramos hervido		hubiese hervido	hubiésemos hervido
hubieras hervido	hubierais hervido		hubieses hervido	hubieseis hervido
hubiera hervido	hubieran hervido		hubiese hervido	hubiesen hervido

Progressive Tenses

Present	estoy, estás, está, estamos, estáis, están	
Preterit	estuve, estuviste, estuvo, estuvimos, estuvisteis, estuvieron	
Imperfect	estaba, estabas, estaba, estábamos, estabais, estaban	hirviendo
Future	estaré, estarás, estará, estaremos, estaréis, estarán	
Conditional	estaría, estarías, estaría, estaríamos, estaríais, estarían	
Subjunctive	que + *corresponding subjunctive tense of* estar (*see verb 252*)	

Commands

	(nosotros) hirvamos / no hirvamos
(tú) hierve / no hiervas	(vosotros) hervid / no hirváis
(Ud.) hierva / no hierva	(Uds.) hiervan / no hiervan

USAGE

El agua está hirviendo.	*The water is boiling.*
La cazuela hierve a fuego lento.	*The stew is simmering.*
¡Se les hierve la sangre!	*Their blood is boiling!*
Es un hervidero de política extremista.	*It's a hotbed of extremist politics.*
Cuidado con el agua hirviente.	*Be careful with the boiling water.*

-ir verb; spelling change: adds y before o, a, e

huyo · huyeron · huido · huyendo

Present		Preterit	
huyo	huimos	huí	huimos
huyes	huís	huiste	huisteis
huye	huyen	huyó	huyeron

Imperfect		Present Perfect	
huía	huíamos	he huido	hemos huido
huías	huíais	has huido	habéis huido
huía	huían	ha huido	han huido

Future		Conditional	
huiré	huiremos	huiría	huiríamos
huirás	huiréis	huirías	huiríais
huirá	huirán	huiría	huirían

Pluperfect		Preterit Perfect	
había huido	habíamos huido	hube huido	hubimos huido
habías huido	habíais huido	hubiste huido	hubisteis huido
había huido	habían huido	hubo huido	hubieron huido

Future Perfect		Conditional Perfect	
habré huido	habremos huido	habría huido	habríamos huido
habrás huido	habréis huido	habrías huido	habríais huido
habrá huido	habrán huido	habría huido	habrían huido

Present Subjunctive		Present Perfect Subjunctive	
huya	huyamos	haya huido	hayamos huido
huyas	huyáis	hayas huido	hayáis huido
huya	huyan	haya huido	hayan huido

Imperfect Subjunctive (-ra)		or	Imperfect Subjunctive (-se)	
huyera	huyéramos		huyese	huyésemos
huyeras	huyerais		huyeses	huyeseis
huyera	huyeran		huyese	huyesen

Past Perfect Subjunctive (-ra)		or	Past Perfect Subjunctive (-se)	
hubiera huido	hubiéramos huido		hubiese huido	hubiésemos huido
hubieras huido	hubierais huido		hubieses huido	hubieseis huido
hubiera huido	hubieran huido		hubiese huido	hubiesen huido

Progressive Tenses

Present	estoy, estás, está, estamos, estáis, están	
Preterit	estuve, estuviste, estuvo, estuvimos, estuvisteis, estuvieron	
Imperfect	estaba, estabas, estaba, estábamos, estabais, estaban	huyendo
Future	estaré, estarás, estará, estaremos, estaréis, estarán	
Conditional	estaría, estarías, estaría, estaríamos, estaríais, estarían	
Subjunctive	que + *corresponding subjunctive tense of* estar (*see verb 252*)	

Commands

	(nosotros) huyamos / no huyamos
(tú) huye / no huyas	(vosotros) huid / no huyáis
(Ud.) huya / no huya	(Uds.) huyan / no huyan

USAGE

Huyeron del huracán.	*They fled from the hurricane.*
Huían de las amenazas del dictador.	*They were fleeing from the dictator's threats.*
El ladrón huyó de la policía.	*The thief escaped from the police.*
Huyeron de hacer la limpieza.	*They avoided cleaning up.*
Los minutos van huyendo.	*The minutes are flying by.*

identificar *to identify*

identifico · identificaron · identificado · identificando

-ar verb; spelling change: c > qu/e

Present		Preterit	
identifico	identificamos	identifiqué	identificamos
identificas	identificáis	identificaste	identificasteis
identifica	identifican	identificó	identificaron

Imperfect		Present Perfect	
identificaba	identificábamos	he identificado	hemos identificado
identificabas	identificabais	has identificado	habéis identificado
identificaba	identificaban	ha identificado	han identificado

Future		Conditional	
identificaré	identificaremos	identificaría	identificaríamos
identificarás	identificaréis	identificarías	identificaríais
identificará	identificarán	identificaría	identificarían

Pluperfect		Preterit Perfect	
había identificado	habíamos identificado	hube identificado	hubimos identificado
habías identificado	habíais identificado	hubiste identificado	hubisteis identificado
había identificado	habían identificado	hubo identificado	hubieron identificado

Future Perfect		Conditional Perfect	
habré identificado	habremos identificado	habría identificado	habríamos identificado
habrás identificado	habréis identificado	habrías identificado	habríais identificado
habrá identificado	habrán identificado	habría identificado	habrían identificado

Present Subjunctive		Present Perfect Subjunctive	
identifique	identifiquemos	haya identificado	hayamos identificado
identifiques	identifiquéis	hayas identificado	hayáis identificado
identifique	identifiquen	haya identificado	hayan identificado

Imperfect Subjunctive (-ra)		or	Imperfect Subjunctive (-se)	
identificara	identificáramos		identificase	identificásemos
identificaras	identificarais		identificases	identificaseis
identificara	identificaran		identificase	identificasen

Past Perfect Subjunctive (-ra)		or	Past Perfect Subjunctive (-se)	
hubiera identificado	hubiéramos identificado		hubiese identificado	hubiésemos identificado
hubieras identificado	hubierais identificado		hubieses identificado	hubieseis identificado
hubiera identificado	hubieran identificado		hubiese identificado	hubiesen identificado

Progressive Tenses

Present	estoy, estás, está, estamos, estáis, están	
Preterit	estuve, estuviste, estuvo, estuvimos, estuvisteis, estuvieron	
Imperfect	estaba, estabas, estaba, estábamos, estabais, estaban	identificando
Future	estaré, estarás, estará, estaremos, estaréis, estarán	
Conditional	estaría, estarías, estaría, estaríamos, estaríais, estarían	
Subjunctive	que + *corresponding subjunctive tense of* estar (*see verb 252*)	

Commands

	(nosotros) identifiquemos / no identifiquemos
(tú) identifica / no identifiques	(vosotros) identificad / no identifiquéis
(Ud.) identifique / no identifique	(Uds.) identifiquen / no identifiquen

USAGE

Hemos identificado unas fuentes bien informadas.
We've identified some well-informed sources.

No pueden identificar el origen del problema.
They can't identify the source of the problem.

Se identifica con el papel que hace.
She identifies with the role she plays.

Hay ejercicios de identificación.
There are identification exercises.

Los gemelos son idénticos.
The twins are identical.

Enséñame tu tarjeta de identidad.
Show me your identification card.

stem-changing -ir verb: e > i (like **pedir**) impido · impidieron · impedido · impidiendo

Present		Preterit	
impido	impedimos	impedí	impedimos
impides	impedís	impediste	impedisteis
impide	impiden	impidió	impidieron

Imperfect		Present Perfect	
impedía	impedíamos	he impedido	hemos impedido
impedías	impedíais	has impedido	habéis impedido
impedía	impedían	ha impedido	han impedido

Future		Conditional	
impediré	impediremos	impediría	impediríamos
impedirás	impediréis	impedirías	impediríais
impedirá	impedirán	impediría	impedirían

Pluperfect		Preterit Perfect	
había impedido	habíamos impedido	hube impedido	hubimos impedido
habías impedido	habíais impedido	hubiste impedido	hubisteis impedido
había impedido	habían impedido	hubo impedido	hubieron impedido

Future Perfect		Conditional Perfect	
habré impedido	habremos impedido	habría impedido	habríamos impedido
habrás impedido	habréis impedido	habrías impedido	habríais impedido
habrá impedido	habrán impedido	habría impedido	habrían impedido

Present Subjunctive		Present Perfect Subjunctive	
impida	impidamos	haya impedido	hayamos impedido
impidas	impidáis	hayas impedido	hayáis impedido
impida	impidan	haya impedido	hayan impedido

Imperfect Subjunctive (-ra)		or	Imperfect Subjunctive (-se)	
impidiera	impidiéramos		impidiese	impidiésemos
impidieras	impidierais		impidieses	impidieseis
impidiera	impidieran		impidiese	impidiesen

Past Perfect Subjunctive (-ra)		or	Past Perfect Subjunctive (-se)	
hubiera impedido	hubiéramos impedido		hubiese impedido	hubiésemos impedido
hubieras impedido	hubierais impedido		hubieses impedido	hubieseis impedido
hubiera impedido	hubieran impedido		hubiese impedido	hubiesen impedido

Progressive Tenses

Present	estoy, estás, está, estamos, estáis, están	
Preterit	estuve, estuviste, estuvo, estuvimos, estuvisteis, estuvieron	
Imperfect	estaba, estabas, estaba, estábamos, estabais, estaban	impidiendo
Future	estaré, estarás, estará, estaremos, estaréis, estarán	
Conditional	estaría, estarías, estaría, estaríamos, estaríais, estarían	
Subjunctive	que + corresponding subjunctive tense of estar (see verb 252)	

Commands

	(nosotros) impidamos / no impidamos
(tú) impide / no impidas	(vosotros) impedid / no impidáis
(Ud.) impida / no impida	(Uds.) impidan / no impidan

USAGE

La ventisca les impidió que condujeran.	*The blizzard prevented them from driving.*
¿Qué impide el progreso en el proyecto?	*What's impeding progress on the project?*
Le impedimos que huyera.	*We kept her from running away.*
El trabajo fue impedido por la oscuridad.	*The work was hindered by darkness.*
Hay impedimentos.	*There are obstacles.*

importar *to be concerned about, care about; import*

importa · importaron · importado · importando

regular -*ar* verb;
reverse construction verb

Present

me importa(n)	nos importa(n)
te importa(n)	os importa(n)
le importa(n)	les importa(n)

Preterit

me importó(-aron)	nos importó(-aron)
te importó(-aron)	os importó(-aron)
le importó(-aron)	les importó(-aron)

Imperfect

me importaba(n)	nos importaba(n)
te importaba(n)	os importaba(n)
le importaba(n)	les importaba(n)

Present Perfect

me ha(n) importado	nos ha(n) importado
te ha(n) importado	os ha(n) importado
le ha(n) importado	les ha(n) importado

Future

me importará(n)	nos importará(n)
te importará(n)	os importará(n)
le importará(n)	les importará(n)

Conditional

me importaría(n)	nos importaría(n)
te importaría(n)	os importaría(n)
le importaría(n)	les importaría(n)

Pluperfect

me había(n) importado	nos había(n) importado
te había(n) importado	os había(n) importado
le había(n) importado	les había(n) importado

Preterit Perfect

me hubo(-ieron) importado	nos hubo(-ieron) importado
te hubo(-ieron) importado	os hubo(-ieron) importado
le hubo(-ieron) importado	les hubo(-ieron) importado

Future Perfect

me habrá(n) importado	nos habrá(n) importado
te habrá(n) importado	os habrá(n) importado
le habrá(n) importado	les habrá(n) importado

Conditional Perfect

me habría(n) importado	nos habría(n) importado
te habría(n) importado	os habría(n) importado
le habría(n) importado	les habría(n) importado

Present Subjunctive

me importe(n)	nos importe(n)
te importe(n)	os importe(n)
le importe(n)	les importe(n)

Present Perfect Subjunctive

me haya(n) importado	nos haya(n) importado
te haya(n) importado	os haya(n) importado
le haya(n) importado	les haya(n) importado

Imperfect Subjunctive (-ra)   *or*   Imperfect Subjunctive (-se)

me importara(n)	nos importara(n)	me importase(n)	nos importase(n)
te importara(n)	os importara(n)	te importase(n)	os importase(n)
le importara(n)	les importara(n)	le importase(n)	les importase(n)

Past Perfect Subjunctive (-ra)   *or*   Past Perfect Subjunctive (-se)

me hubiera(n) importado	nos hubiera(n) importado	me hubiese(n) importado	nos hubiese(n) importado
te hubiera(n) importado	os hubiera(n) importado	te hubiese(n) importado	os hubiese(n) importado
le hubiera(n) importado	les hubiera(n) importado	le hubiese(n) importado	les hubiese(n) importado

---

Progressive Tenses

Present	estoy, estás, está, estamos, estáis, están
Preterit	estuve, estuviste, estuvo, estuvimos, estuvisteis, estuvieron
Imperfect	estaba, estabas, estaba, estábamos, estabais, estaban
Future	estaré, estarás, estará, estaremos, estaréis, estarán
Conditional	estaría, estarías, estaría, estaríamos, estaríais, estarían
Subjunctive	que + *corresponding subjunctive tense of* estar (*see verb 252*)

> importando

NOTE: Verb not used in commands

USAGE

—¿Les importan los resultados?	*Do you care about the results?*
—No, no nos importan.	*No, they don't matter to us.*
No le importaba nada.	*Nothing mattered to her.*
¡No te metas donde no te importa!	*Don't butt into things that are none of your business!*
Eso no os importaba.	*That didn't concern you.*
¡No me importa un comino / tres pepinos!	*I couldn't care less! / I don't give a damn!*
El país importa más de lo que exporta.	*The country imports more than it exports.*
Es un asunto importante / de importancia.	*It's an important matter.*

-ir verb; spelling change: adds y before o, a, e

incluyo · incluyeron · incluido · incluyendo

Present		Preterit	
incluyo	incluimos	incluí	incluimos
incluyes	incluís	incluiste	incluisteis
incluye	incluyen	incluyó	incluyeron

Imperfect		Present Perfect	
incluía	incluíamos	he incluido	hemos incluido
incluías	incluíais	has incluido	habéis incluido
incluía	incluían	ha incluido	han incluido

Future		Conditional	
incluiré	incluiremos	incluiría	incluiríamos
incluirás	incluiréis	incluirías	incluiríais
incluirá	incluirán	incluiría	incluirían

Pluperfect		Preterit Perfect	
había incluido	habíamos incluido	hube incluido	hubimos incluido
habías incluido	habíais incluido	hubiste incluido	hubisteis incluido
había incluido	habían incluido	hubo incluido	hubieron incluido

Future Perfect		Conditional Perfect	
habré incluido	habremos incluido	habría incluido	habríamos incluido
habrás incluido	habréis incluido	habrías incluido	habríais incluido
habrá incluido	habrán incluido	habría incluido	habrían incluido

Present Subjunctive		Present Perfect Subjunctive	
incluya	incluyamos	haya incluido	hayamos incluido
incluyas	incluyáis	hayas incluido	hayáis incluido
incluya	incluyan	haya incluido	hayan incluido

Imperfect Subjunctive (-ra)		or	Imperfect Subjunctive (-se)	
incluyera	incluyéramos		incluyese	incluyésemos
incluyeras	incluyerais		incluyeses	incluyeseis
incluyera	incluyeran		incluyese	incluyesen

Past Perfect Subjunctive (-ra)		or	Past Perfect Subjunctive (-se)	
hubiera incluido	hubiéramos incluido		hubiese incluido	hubiésemos incluido
hubieras incluido	hubierais incluido		hubieses incluido	hubieseis incluido
hubiera incluido	hubieran incluido		hubiese incluido	hubiesen incluido

Progressive Tenses

Present	estoy, estás, está, estamos, estáis, están	
Preterit	estuve, estuviste, estuvo, estuvimos, estuvisteis, estuvieron	
Imperfect	estaba, estabas, estaba, estábamos, estabais, estaban	incluyendo
Future	estaré, estarás, estará, estaremos, estaréis, estarán	
Conditional	estaría, estarías, estaría, estaríamos, estaríais, estarían	
Subjunctive	que + corresponding subjunctive tense of estar (see verb 252)	

Commands

	(nosotros) incluyamos / no incluyamos
(tú) incluye / no incluyas	(vosotros) incluid / no incluyáis
(Ud.) incluya / no incluya	(Uds.) incluyan / no incluyan

(USAGE)

El precio lo incluía todo.	*The price included everything.*
Incluyo las fotos con mi carta.	*I've enclosed the photos with my letter.*
¿Qué incluye el plan?	*What does the plan comprise?*
Aquí tiene el contrato todo incluido.	*Here's the contract, everything included.*
Asistieron todos incluso varios turistas.	*Everyone attended, including several tourists.*

indico · indicaron · indicado · indicando   -ar verb; spelling change: c > qu/e

Present
indico	indicamos
indicas	indicáis
indica	indican

Preterit
indiqué	indicamos
indicaste	indicasteis
indicó	indicaron

Imperfect
indicaba	indicábamos
indicabas	indicabais
indicaba	indicaban

Present Perfect
he indicado	hemos indicado
has indicado	habéis indicado
ha indicado	han indicado

Future
indicaré	indicaremos
indicarás	indicaréis
indicará	indicarán

Conditional
indicaría	indicaríamos
indicarías	indicaríais
indicaría	indicarían

Pluperfect
había indicado	habíamos indicado
habías indicado	habíais indicado
había indicado	habían indicado

Preterit Perfect
hube indicado	hubimos indicado
hubiste indicado	hubisteis indicado
hubo indicado	hubieron indicado

Future Perfect
habré indicado	habremos indicado
habrás indicado	habréis indicado
habrá indicado	habrán indicado

Conditional Perfect
habría indicado	habríamos indicado
habrías indicado	habríais indicado
habría indicado	habrían indicado

Present Subjunctive
indique	indiquemos
indiques	indiquéis
indique	indiquen

Present Perfect Subjunctive
haya indicado	hayamos indicado
hayas indicado	hayáis indicado
haya indicado	hayan indicado

Imperfect Subjunctive (-ra)
indicara	indicáramos
indicaras	indicarais
indicara	indicaran

or

Imperfect Subjunctive (-se)
indicase	indicásemos
indicases	indicaseis
indicase	indicasen

Past Perfect Subjunctive (-ra)
hubiera indicado	hubiéramos indicado
hubieras indicado	hubierais indicado
hubiera indicado	hubieran indicado

or

Past Perfect Subjunctive (-se)
hubiese indicado	hubiésemos indicado
hubieses indicado	hubieseis indicado
hubiese indicado	hubiesen indicado

Progressive Tenses
Present	estoy, estás, está, estamos, estáis, están
Preterit	estuve, estuviste, estuvo, estuvimos, estuvisteis, estuvieron
Imperfect	estaba, estabas, estaba, estábamos, estabais, estaban
Future	estaré, estarás, estará, estaremos, estaréis, estarán
Conditional	estaría, estarías, estaría, estaríamos, estaríais, estarían
Subjunctive	que + corresponding subjunctive tense of estar (see verb 252)

} indicando

Commands
	(nosotros) indiquemos / no indiquemos
(tú) indica / no indiques	(vosotros) indicad / no indiquéis
(Ud.) indique / no indique	(Uds.) indiquen / no indiquen

USAGE

Indique con el dedo el lugar en el mapa.	Point out the place on the map.
Han indicado su indiferencia.	They've shown their indifference.
Nos indicó que no estaba contenta.	She suggested to us she wasn't happy.
Se indica algo con el índice.	You point at something with your index finger.
Nos veremos a la hora indicada.	We'll see each other at the specified time.
el índice de incremento / de precios / del coste de vida	rate of increase / price index / cost of living index

-ir verb; spelling change: adds y before o, a, e   influyo · influyeron · influido · influyendo

Present		Preterit	
influyo	influimos	influí	influimos
influyes	influís	influiste	influisteis
influye	influyen	influyó	influyeron

Imperfect		Present Perfect	
influía	influíamos	he influido	hemos influido
influías	influíais	has influido	habéis influido
influía	influían	ha influido	han influido

Future		Conditional	
influiré	influiremos	influiría	influiríamos
influirás	influiréis	influirías	influiríais
influirá	influirán	influiría	influirían

Pluperfect		Preterit Perfect	
había influido	habíamos influido	hube influido	hubimos influido
habías influido	habíais influido	hubiste influido	hubisteis influido
había influido	habían influido	hubo influido	hubieron influido

Future Perfect		Conditional Perfect	
habré influido	habremos influido	habría influido	habríamos influido
habrás influido	habréis influido	habrías influido	habríais influido
habrá influido	habrán influido	habría influido	habrían influido

Present Subjunctive		Present Perfect Subjunctive	
influya	influyamos	haya influido	hayamos influido
influyas	influyáis	hayas influido	hayáis influido
influya	influyan	haya influido	hayan influido

Imperfect Subjunctive (-ra)		or	Imperfect Subjunctive (-se)	
influyera	influyéramos		influyese	influyésemos
influyeras	influyerais		influyeses	influyeseis
influyera	influyeran		influyese	influyesen

Past Perfect Subjunctive (-ra)		or	Past Perfect Subjunctive (-se)	
hubiera influido	hubiéramos influido		hubiese influido	hubiésemos influido
hubieras influido	hubierais influido		hubieses influido	hubieseis influido
hubiera influido	hubieran influido		hubiese influido	hubiesen influido

Progressive Tenses

Present	estoy, estás, está, estamos, estáis, están	
Preterit	estuve, estuviste, estuvo, estuvimos, estuvisteis, estuvieron	
Imperfect	estaba, estabas, estaba, estábamos, estabais, estaban	influyendo
Future	estaré, estarás, estará, estaremos, estaréis, estarán	
Conditional	estaría, estarías, estaría, estaríamos, estaríais, estarían	
Subjunctive	que + *corresponding subjunctive tense of* estar (*see verb 252*)	

Commands

	(nosotros) influyamos / no influyamos
(tú) influye / no influyas	(vosotros) influid / no influyáis
(Ud.) influya / no influya	(Uds.) influyan / no influyan

Sus ideas han influido en sus alumnos.	*Her ideas have influenced her pupils.*
Su medio ambiente influye en el escritor.	*A writer is influenced by his environment.*
¿Quiénes influirán en la decisión?	*Who will influence the decision?*
Es una persona de mucha influencia.	*He's a very influential person.*
Se valieron de sus influencias.	*They used their influence.*

iniciar to initiate, begin, start

inicio · iniciaron · iniciado · iniciando

regular -ar verb

Present		Preterit	
inicio	iniciamos	inicié	iniciamos
inicias	iniciáis	iniciaste	iniciasteis
inicia	inician	inició	iniciaron

Imperfect		Present Perfect	
iniciaba	iniciábamos	he iniciado	hemos iniciado
iniciabas	iniciabais	has iniciado	habéis iniciado
iniciaba	iniciaban	ha iniciado	han iniciado

Future		Conditional	
iniciaré	iniciaremos	iniciaría	iniciaríamos
iniciarás	iniciaréis	iniciarías	iniciaríais
iniciará	iniciarán	iniciaría	iniciarían

Pluperfect		Preterit Perfect	
había iniciado	habíamos iniciado	hube iniciado	hubimos iniciado
habías iniciado	habíais iniciado	hubiste iniciado	hubisteis iniciado
había iniciado	habían iniciado	hubo iniciado	hubieron iniciado

Future Perfect		Conditional Perfect	
habré iniciado	habremos iniciado	habría iniciado	habríamos iniciado
habrás iniciado	habréis iniciado	habrías iniciado	habríais iniciado
habrá iniciado	habrán iniciado	habría iniciado	habrían iniciado

Present Subjunctive		Present Perfect Subjunctive	
inicie	iniciemos	haya iniciado	hayamos iniciado
inicies	iniciéis	hayas iniciado	hayáis iniciado
inicie	inicien	haya iniciado	hayan iniciado

Imperfect Subjunctive (-ra)		or	Imperfect Subjunctive (-se)	
iniciara	iniciáramos		iniciase	iniciásemos
iniciaras	iniciarais		iniciases	iniciaseis
iniciara	iniciaran		iniciase	iniciasen

Past Perfect Subjunctive (-ra)		or	Past Perfect Subjunctive (-se)	
hubiera iniciado	hubiéramos iniciado		hubiese iniciado	hubiésemos iniciado
hubieras iniciado	hubierais iniciado		hubieses iniciado	hubieseis iniciado
hubiera iniciado	hubieran iniciado		hubiese iniciado	hubiesen iniciado

Progressive Tenses

Present	estoy, estás, está, estamos, estáis, están	
Preterit	estuve, estuviste, estuvo, estuvimos, estuvisteis, estuvieron	
Imperfect	estaba, estabas, estaba, estábamos, estabais, estaban	iniciando
Future	estaré, estarás, estará, estaremos, estaréis, estarán	
Conditional	estaría, estarías, estaría, estaríamos, estaríais, estarían	
Subjunctive	que + *corresponding subjunctive tense of* estar (*see verb 252*)	

Commands

	(nosotros) iniciemos / no iniciemos
(tú) inicia / no inicies	(vosotros) iniciad / no iniciéis
(Ud.) inicie / no inicie	(Uds.) inicien / no inicien

USAGE

Se inició la serie de conferencias.	*The lecture series started.*
Le iniciarán en el club mañana.	*They'll initiate him into the club tomorrow.*
Lo estimamos por su iniciativa propia.	*We value him for his individual initiative.*
En español EE.UU. son las iniciales de los Estados Unidos.	*In Spanish, EE.UU. are the initials of the United States.*

regular -ir verb

insisto · insistieron · insistido · insistiendo

Present	
insisto	insistimos
insistes	insistís
insiste	insisten

Preterit	
insistí	insistimos
insististe	insististeis
insistió	insistieron

Imperfect	
insistía	insistíamos
insistías	insistíais
insistía	insistían

Present Perfect	
he insistido	hemos insistido
has insistido	habéis insistido
ha insistido	han insistido

Future	
insistiré	insistiremos
insistirás	insistiréis
insistirá	insistirán

Conditional	
insistiría	insistiríamos
insistirías	insistiríais
insistiría	insistirían

Pluperfect	
había insistido	habíamos insistido
habías insistido	habíais insistido
había insistido	habían insistido

Preterit Perfect	
hube insistido	hubimos insistido
hubiste insistido	hubisteis insistido
hubo insistido	hubieron insistido

Future Perfect	
habré insistido	habremos insistido
habrás insistido	habréis insistido
habrá insistido	habrán insistido

Conditional Perfect	
habría insistido	habríamos insistido
habrías insistido	habríais insistido
habría insistido	habrían insistido

Present Subjunctive	
insista	insistamos
insistas	insistáis
insista	insistan

Present Perfect Subjunctive	
haya insistido	hayamos insistido
hayas insistido	hayáis insistido
haya insistido	hayan insistido

Imperfect Subjunctive (-ra)		or	Imperfect Subjunctive (-se)	
insistiera	insistiéramos		insistiese	insistiésemos
insistieras	insistierais		insistieses	insistieseis
insistiera	insistieran		insistiese	insistiesen

Past Perfect Subjunctive (-ra)		or	Past Perfect Subjunctive (-se)	
hubiera insistido	hubiéramos insistido		hubiese insistido	hubiésemos insistido
hubieras insistido	hubierais insistido		hubieses insistido	hubieseis insistido
hubiera insistido	hubieran insistido		hubiese insistido	hubiesen insistido

Progressive Tenses

Present	estoy, estás, está, estamos, estáis, están	
Preterit	estuve, estuviste, estuvo, estuvimos, estuvisteis, estuvieron	
Imperfect	estaba, estabas, estaba, estábamos, estabais, estaban	insistiendo
Future	estaré, estarás, estará, estaremos, estaréis, estarán	
Conditional	estaría, estarías, estaría, estaríamos, estaríais, estarían	
Subjunctive	que + *corresponding subjunctive tense of* estar (*see verb 252*)	

Commands

	(nosotros) insistamos / no insistamos
(tú) insiste / no insistas	(vosotros) insistid / no insistáis
(Ud.) insista / no insista	(Uds.) insistan / no insistan

USAGE

¡La muy pesada insiste en acompañarnos!	*The big bore insists on coming with us!*
Insisto en que me devuelvas el dinero.	*I insist that you return the money to me.*
Insistían en lo grave de la cuestión.	*They stressed the seriousness of the matter.*
Insistía en que almorzáramos con él.	*He insisted on our having lunch with him.*
—¿Por qué insiste tanto?	*Why does she insist so much?*
—Es que es muy insistente.	*The fact is that she's very insistent.*

(interesar) to interest

interesa · interesaron · interesado · interesando

regular -ar verb;
reverse construction verb

Present

me interesa(n)	nos interesa(n)
te interesa(n)	os interesa(n)
le interesa(n)	les interesa(n)

Preterit

me interesó(-aron)	nos interesó(-aron)
te interesó(-aron)	os interesó(-aron)
le interesó(-aron)	les interesó(-aron)

Imperfect

me interesaba(n)	nos interesaba(n)
te interesaba(n)	os interesaba(n)
le interesaba(n)	les interesaba(n)

Present Perfect

me ha(n) interesado	nos ha(n) interesado
te ha(n) interesado	os ha(n) interesado
le ha(n) interesado	les ha(n) interesado

Future

me interesará(n)	nos interesará(n)
te interesará(n)	os interesará(n)
le interesará(n)	les interesará(n)

Conditional

me interesaría(n)	nos interesaría(n)
te interesaría(n)	os interesaría(n)
le interesaría(n)	les interesaría(n)

Pluperfect

me había(n) interesado	nos había(n) interesado
te había(n) interesado	os había(n) interesado
le había(n) interesado	les había(n) interesado

Preterit Perfect

me hubo(-ieron) interesado	nos hubo(-ieron) interesado
te hubo(-ieron) interesado	os hubo(-ieron) interesado
le hubo(-ieron) interesado	les hubo(-ieron) interesado

Future Perfect

me habrá(n) interesado	nos habrá(n) interesado
te habrá(n) interesado	os habrá(n) interesado
le habrá(n) interesado	les habrá(n) interesado

Conditional Perfect

me habría(n) interesado	nos habría(n) interesado
te habría(n) interesado	os habría(n) interesado
le habría(n) interesado	les habría(n) interesado

Present Subjunctive

me interese(n)	nos interese(n)
te interese(n)	os interese(n)
le interese(n)	les interese(n)

Present Perfect Subjunctive

me haya(n) interesado	nos haya(n) interesado
te haya(n) interesado	os haya(n) interesado
le haya(n) interesado	les haya(n) interesado

Imperfect Subjunctive (-ra)   *or*   Imperfect Subjunctive (-se)

me interesara(n)	nos interesara(n)	me interesase(n)	nos interesase(n)
te interesara(n)	os interesara(n)	te interesase(n)	os interesase(n)
le interesara(n)	les interesara(n)	le interesase(n)	les interesase(n)

Past Perfect Subjunctive (-ra)   *or*   Past Perfect Subjunctive (-se)

me hubiera(n) interesado	nos hubiera(n) interesado	me hubiese(n) interesado	nos hubiese(n) interesado
te hubiera(n) interesado	os hubiera(n) interesado	te hubiese(n) interesado	os hubiese(n) interesado
le hubiera(n) interesado	les hubiera(n) interesado	le hubiese(n) interesado	les hubiese(n) interesado

Progressive Tenses

Present		me	está, están
Preterit		te	estuvo, estuvieron
Imperfect		le	estaba, estaban
Future		nos	estará, estarán
Conditional		os	estaría, estarían
Subjunctive	que	les	*corresponding subjunctive tense of* estar (*see verb 252*)

interesando

NOTE: Verb not used in commands (as reverse construction verb)

(USAGE)

—¿Te interesa trabajar en el negocio?	*Are you interested in working in the business?*
—Me interesaría si pagaran más.	*I'd be interested if it were better paying.*
Nos interesan los métodos que usan.	*We're interested in the methods they use.*
—¿En qué te interesas?	*What interests do you have?*
—Me intereso en la música y los deportes.	*I'm interested in music and sports.*
—Se interesan en la política, ¿verdad?	*You're interested in politics, aren't you?*
—Nos interesábamos por ella, pero ya no.	*We were interested in it, but not anymore.*
Es un libro muy interesante.	*It's a very interesting book.*

regular -ir verb | **interrumpo · interrumpieron · interrumpido · interrumpiendo**

Present
interrumpo	interrumpimos
interrumpes	interrumpís
interrumpe	interrumpen

Preterit
interrumpí	interrumpimos
interrumpiste	interrumpisteis
interrumpió	interrumpieron

Imperfect
interrumpía	interrumpíamos
interrumpías	interrumpíais
interrumpía	interrumpían

Present Perfect
he interrumpido	hemos interrumpido
has interrumpido	habéis interrumpido
ha interrumpido	han interrumpido

Future
interrumpiré	interrumpiremos
interrumpirás	interrumpiréis
interrumpirá	interrumpirán

Conditional
interrumpiría	interrumpiríamos
interrumpirías	interrumpiríais
interrumpiría	interrumpirían

Pluperfect
había interrumpido	habíamos interrumpido
habías interrumpido	habíais interrumpido
había interrumpido	habían interrumpido

Preterit Perfect
hube interrumpido	hubimos interrumpido
hubiste interrumpido	hubisteis interrumpido
hubo interrumpido	hubieron interrumpido

Future Perfect
habré interrumpido	habremos interrumpido
habrás interrumpido	habréis interrumpido
habrá interrumpido	habrán interrumpido

Conditional Perfect
habría interrumpido	habríamos interrumpido
habrías interrumpido	habríais interrumpido
habría interrumpido	habrían interrumpido

Present Subjunctive
interrumpa	interrumpamos
interrumpas	interrumpáis
interrumpa	interrumpan

Present Perfect Subjunctive
haya interrumpido	hayamos interrumpido
hayas interrumpido	hayáis interrumpido
haya interrumpido	hayan interrumpido

Imperfect Subjunctive (-ra)
interrumpiera	interrumpiéramos
interrumpieras	interrumpierais
interrumpiera	interrumpieran

or

Imperfect Subjunctive (-se)
interrumpiese	interrumpiésemos
interrumpieses	interrumpieseis
interrumpiese	interrumpiesen

Past Perfect Subjunctive (-ra)
hubiera interrumpido	hubiéramos interrumpido
hubieras interrumpido	hubierais interrumpido
hubiera interrumpido	hubieran interrumpido

or

Past Perfect Subjunctive (-se)
hubiese interrumpido	hubiésemos interrumpido
hubieses interrumpido	hubieseis interrumpido
hubiese interrumpido	hubiesen interrumpido

Progressive Tenses
Present	estoy, estás, está, estamos, estáis, están
Preterit	estuve, estuviste, estuvo, estuvimos, estuvisteis, estuvieron
Imperfect	estaba, estabas, estaba, estábamos, estabais, estaban
Future	estaré, estarás, estará, estaremos, estaréis, estarán
Conditional	estaría, estarías, estaría, estaríamos, estaríais, estarían
Subjunctive	que + *corresponding subjunctive tense of* estar (*see verb 252*)

} interrumpiendo

Commands

	(nosotros) interrumpamos / no interrumpamos
(tú) interrumpe / no interrumpas	(vosotros) interrumpid / no interrumpáis
(Ud.) interrumpa / no interrumpa	(Uds.) interrumpan / no interrumpan

USAGE

¡No nos interrumpas!	*Don't interrupt us!*
Se interrumpió la corriente eléctrica.	*The electricity was cut off.*
Su visita fue interrumpida por la tempestad.	*Her visit was cut short because of the storm.*
Sigamos sin interrupción.	*Let's continue without interruption.*
El electricista reparó los interruptores.	*The electrician repaired the switches.*

introducir to introduce, show in, cause

-ir verb; spelling change:
c > zc/o, a; irregular preterit

introduzco · introdujeron · introducido · introduciendo

Present

introduzco	introducimos
introduces	introducís
introduce	introducen

Preterit

introduje	introdujimos
introdujiste	introdujisteis
introdujo	introdujeron

Imperfect

introducía	introducíamos
introducías	introducíais
introducía	introducían

Present Perfect

he introducido	hemos introducido
has introducido	habéis introducido
ha introducido	han introducido

Future

introduciré	introduciremos
introducirás	introduciréis
introducirá	introducirán

Conditional

introduciría	introduciríamos
introducirías	introduciríais
introduciría	introducirían

Pluperfect

había introducido	habíamos introducido
habías introducido	habíais introducido
había introducido	habían introducido

Preterit Perfect

hube introducido	hubimos introducido
hubiste introducido	hubisteis introducido
hubo introducido	hubieron introducido

Future Perfect

habré introducido	habremos introducido
habrás introducido	habréis introducido
habrá introducido	habrán introducido

Conditional Perfect

habría introducido	habríamos introducido
habrías introducido	habríais introducido
habría introducido	habrían introducido

Present Subjunctive

introduzca	introduzcamos
introduzcas	introduzcáis
introduzca	introduzcan

Present Perfect Subjunctive

haya introducido	hayamos introducido
hayas introducido	hayáis introducido
haya introducido	hayan introducido

Imperfect Subjunctive (-ra)   or   Imperfect Subjunctive (-se)

introdujera	introdujéramos	introdujese	introdujésemos
introdujeras	introdujerais	introdujeses	introdujeseis
introdujera	introdujeran	introdujese	introdujesen

Past Perfect Subjunctive (-ra)   or   Past Perfect Subjunctive (-se)

hubiera introducido	hubiéramos introducido	hubiese introducido	hubiésemos introducido
hubieras introducido	hubierais introducido	hubieses introducido	hubieseis introducido
hubiera introducido	hubieran introducido	hubiese introducido	hubiesen introducido

---

Progressive Tenses

Present	estoy, estás, está, estamos, estáis, están
Preterit	estuve, estuviste, estuvo, estuvimos, estuvisteis, estuvieron
Imperfect	estaba, estabas, estaba, estábamos, estabais, estaban
Future	estaré, estarás, estará, estaremos, estaréis, estarán
Conditional	estaría, estarías, estaría, estaríamos, estaríais, estarían
Subjunctive	que + *corresponding subjunctive tense of* estar (*see verb 252*)

} introduciendo

Commands

	(nosotros) introduzcamos / no introduzcamos
(tú) introduce / no introduzcas	(vosotros) introducid / no introduzcáis
(Ud.) introduzca / no introduzca	(Uds.) introduzcan / no introduzcan

---

USAGE

Los introdujimos en el club.	*We introduced them into the club.*
Introdúzcala en la sala.	*Show her into the living room.*
Ese tipo introduce confusión en todo.	*That guy causes/creates confusion in everything.*
Es mejor que no se introduzcan en eso.	*It's better that you not interfere in that.*
La introducción lo explica todo.	*The introduction explains everything.*
Introduzca los datos en la base de datos.	*Enter the data in the database.*

stem-changing -ir verb:
e > ie (present), e > i (preterit)

invierto · invirtieron · invertido · invirtiendo

Present		Preterit	
invierto	invertimos	invertí	invertimos
inviertes	invertís	invertiste	invertisteis
invierte	invierten	invirtió	invirtieron

Imperfect		Present Perfect	
invertía	invertíamos	he invertido	hemos invertido
invertías	invertíais	has invertido	habéis invertido
invertía	invertían	ha invertido	han invertido

Future		Conditional	
invertiré	invertiremos	invertiría	invertiríamos
invertirás	invertiréis	invertirías	invertiríais
invertirá	invertirán	invertiría	invertirían

Pluperfect		Preterit Perfect	
había invertido	habíamos invertido	hube invertido	hubimos invertido
habías invertido	habíais invertido	hubiste invertido	hubisteis invertido
había invertido	habían invertido	hubo invertido	hubieron invertido

Future Perfect		Conditional Perfect	
habré invertido	habremos invertido	habría invertido	habríamos invertido
habrás invertido	habréis invertido	habrías invertido	habríais invertido
habrá invertido	habrán invertido	habría invertido	habrían invertido

Present Subjunctive		Present Perfect Subjunctive	
invierta	invirtamos	haya invertido	hayamos invertido
inviertas	invirtáis	hayas invertido	hayáis invertido
invierta	inviertan	haya invertido	hayan invertido

Imperfect Subjunctive (-ra)		*or*	Imperfect Subjunctive (-se)	
invirtiera	invirtiéramos		invirtiese	invirtiésemos
invirtieras	invirtierais		invirtieses	invirtieseis
invirtiera	invirtieran		invirtiese	invirtiesen

Past Perfect Subjunctive (-ra)		*or*	Past Perfect Subjunctive (-se)	
hubiera invertido	hubiéramos invertido		hubiese invertido	hubiésemos invertido
hubieras invertido	hubierais invertido		hubieses invertido	hubieseis invertido
hubiera invertido	hubieran invertido		hubiese invertido	hubiesen invertido

Progressive Tenses

Present	estoy, estás, está, estamos, estáis, están	
Preterit	estuve, estuviste, estuvo, estuvimos, estuvisteis, estuvieron	
Imperfect	estaba, estabas, estaba, estábamos, estabais, estaban	invirtiendo
Future	estaré, estarás, estará, estaremos, estaréis, estarán	
Conditional	estaría, estarías, estaría, estaríamos, estaríais, estarían	
Subjunctive	que + *corresponding subjunctive tense of* estar (*see verb 252*)	

Commands

	(nosotros) invirtamos / no invirtamos
(tú) invierte / no inviertas	(vosotros) invertid / no invirtáis
(Ud.) invierta / no invierta	(Uds.) inviertan / no inviertan

USAGE

Invirtieron capital de riesgo en la firma.	*They invested venture capital in the company.*
Los actores invertirán sus papeles a partir de hoy.	*The actors will switch their roles starting today.*
Ahora invierta el proceso químico.	*Now reverse the chemical process.*
Hay más inversionistas en la bolsa cada día.	*There are more investors in the stock market each day.*
Haga una lista en orden inverso.	*Make a list in reverse order.*
Y a la inversa.	*And vice versa.*

investigar to investigate, find out, do research

investigo · investigaron · investigado · investigando — *-ar verb; spelling change: g > gu/e*

Present		Preterit	
investigo	investigamos	investigué	investigamos
investigas	investigáis	investigaste	investigasteis
investiga	investigan	investigó	investigaron

Imperfect		Present Perfect	
investigaba	investigábamos	he investigado	hemos investigado
investigabas	investigabais	has investigado	habéis investigado
investigaba	investigaban	ha investigado	han investigado

Future		Conditional	
investigaré	investigaremos	investigaría	investigaríamos
investigarás	investigaréis	investigarías	investigaríais
investigará	investigarán	investigaría	investigarían

Pluperfect		Preterit Perfect	
había investigado	habíamos investigado	hube investigado	hubimos investigado
habías investigado	habíais investigado	hubiste investigado	hubisteis investigado
había investigado	habían investigado	hubo investigado	hubieron investigado

Future Perfect		Conditional Perfect	
habré investigado	habremos investigado	habría investigado	habríamos investigado
habrás investigado	habréis investigado	habrías investigado	habríais investigado
habrá investigado	habrán investigado	habría investigado	habrían investigado

Present Subjunctive		Present Perfect Subjunctive	
investigue	investiguemos	haya investigado	hayamos investigado
investigues	investiguéis	hayas investigado	hayáis investigado
investigue	investiguen	haya investigado	hayan investigado

Imperfect Subjunctive (-ra)		or	Imperfect Subjunctive (-se)	
investigara	investigáramos		investigase	investigásemos
investigaras	investigarais		investigases	investigaseis
investigara	investigaran		investigase	investigasen

Past Perfect Subjunctive (-ra)		or	Past Perfect Subjunctive (-se)	
hubiera investigado	hubiéramos investigado		hubiese investigado	hubiésemos investigado
hubieras investigado	hubierais investigado		hubieses investigado	hubieseis investigado
hubiera investigado	hubieran investigado		hubiese investigado	hubiesen investigado

Progressive Tenses

Present	estoy, estás, está, estamos, estáis, están
Preterit	estuve, estuviste, estuvo, estuvimos, estuvisteis, estuvieron
Imperfect	estaba, estabas, estaba, estábamos, estabais, estaban
Future	estaré, estarás, estará, estaremos, estaréis, estarán
Conditional	estaría, estarías, estaría, estaríamos, estaríais, estarían
Subjunctive	que + *corresponding subjunctive tense of* estar (*see verb 252*)

> investigando

Commands

	(nosotros) investiguemos / no investiguemos
(tú) investiga / no investigues	(vosotros) investigad / no investiguéis
(Ud.) investigue / no investigue	(Uds.) investiguen / no investiguen

USAGE

La policía va investigando el crimen.	*The police are investigating the crime.*
Investigan el móvil.	*They're finding out the motive.*
Investigo las causas de la guerra.	*I'm researching the causes of the war.*
La empresa gasta en investigación y desarrollo.	*The company spends on research and development.*
¿Cuándo se terminarán las investigaciones?	*When will the research be concluded?*

regular *-ar* verb

invito · invitaron · invitado · invitando

Present		Preterit	
invito	invitamos	invité	invitamos
invitas	invitáis	invitaste	invitasteis
invita	invitan	invitó	invitaron

Imperfect		Present Perfect	
invitaba	invitábamos	he invitado	hemos invitado
invitabas	invitabais	has invitado	habéis invitado
invitaba	invitaban	ha invitado	han invitado

Future		Conditional	
invitaré	invitaremos	invitaría	invitaríamos
invitarás	invitaréis	invitarías	invitaríais
invitará	invitarán	invitaría	invitarían

Pluperfect		Preterit Perfect	
había invitado	habíamos invitado	hube invitado	hubimos invitado
habías invitado	habíais invitado	hubiste invitado	hubisteis invitado
había invitado	habían invitado	hubo invitado	hubieron invitado

Future Perfect		Conditional Perfect	
habré invitado	habremos invitado	habría invitado	habríamos invitado
habrás invitado	habréis invitado	habrías invitado	habríais invitado
habrá invitado	habrán invitado	habría invitado	habrían invitado

Present Subjunctive		Present Perfect Subjunctive	
invite	invitemos	haya invitado	hayamos invitado
invites	invitéis	hayas invitado	hayáis invitado
invite	inviten	haya invitado	hayan invitado

Imperfect Subjunctive (-ra)		*or*	Imperfect Subjunctive (-se)	
invitara	invitáramos		invitase	invitásemos
invitaras	invitarais		invitases	invitaseis
invitara	invitaran		invitase	invitasen

Past Perfect Subjunctive (-ra)		*or*	Past Perfect Subjunctive (-se)	
hubiera invitado	hubiéramos invitado		hubiese invitado	hubiésemos invitado
hubieras invitado	hubierais invitado		hubieses invitado	hubieseis invitado
hubiera invitado	hubieran invitado		hubiese invitado	hubiesen invitado

Progressive Tenses

Present	estoy, estás, está, estamos, estáis, están	
Preterit	estuve, estuviste, estuvo, estuvimos, estuvisteis, estuvieron	
Imperfect	estaba, estabas, estaba, estábamos, estabais, estaban	invitando
Future	estaré, estarás, estará, estaremos, estaréis, estarán	
Conditional	estaría, estarías, estaría, estaríamos, estaríais, estarían	
Subjunctive	que + *corresponding subjunctive tense of* estar (*see verb 252*)	

Commands

	(nosotros) invitemos / no invitemos
(tú) invita / no invites	(vosotros) invitad / no invitéis
(Ud.) invite / no invite	(Uds.) inviten / no inviten

USAGE

Nos invitaron al baile de etiqueta.	We were invited to the dress ball.
Te invito a tomar un café.	I'll treat you to a cup of coffee.
Su lenguaje incendiario invitaba debate.	His inflammatory language invited debate.
Tenemos muchos invitados.	We have many guests.
Recibimos una invitación a la cena.	We received an invitation to the dinner.

voy · fueron · ido · yendo

irregular verb

Han ido al centro comercial.	They've gone to the mall.
¿Cómo te va en la Marina de guerra?	How's it going for you in the navy?
El AVE va de Madrid a Sevilla en tres horas.	The high-speed train goes from Madrid to Seville in three hours.
El traje te va muy bien.	The suit is very becoming to you / fits you very well.

⚫ —¿Esta corbata va con mi traje? — Does this tie go with my suit?
—Por supuesto. Y el traje te va perfecto. — Of course. And the suit fits you perfectly.
—No me gusta que se vayan por las ramas. — I don't like them to beat around the bush.
—A mí tampoco. Ojalá fueran al grano. — I don't like it either. I wish they would get right to the point.

—Nos vamos de juerga todos los fines de semana. — We go out to have a blast every weekend.
—¿Que todos los fines de semana? ¡Qué fiesteros son! — Every weekend? What party animals you are!

—¿Cómo van las cosas? — How are things going?
—Vamos tirando. — We're getting by.

ir + gerund

Van paseándose por el jardín botánico.	They're strolling through the botanical garden.

ir + prepositions

Van al médico/dentista.	They're going to the doctor/dentist.
Vamos a divertirnos mucho.	We're going to have a great time.
¿Fueron a pie / a caballo / en bicicleta?	Did they walk / go on horseback / go by bicycle?
La camisa va bien con este pantalón.	The shirt goes well with these pants.
Espero que vayan de viaje / de paseo.	I hope they'll go on a trip / for a walk.
Esto va en serio.	This is getting serious.
Va para 26 años.	He's almost 26 years old.

⚫ —Voy por el periódico. — I'm going out for the newspaper.
—Ya que vas, tráeme unas revistas, por favor. — As long as you're going, bring me some magazines, please.

⚫ —¿Las cosas van bien? — Are things going well?
—Por desgracia van de mal en peor. — Unfortunately they're going from bad to worse.

⚫ —¿Cómo va el proyecto? — How is the project going?
—Todo va sobre ruedas. — Everything's going smoothly.

OTHER USES AND RELATED WORDS

¡Qué va!	Nonsense! / Are you kidding?
Vamos a ver.	Let's see.
¡Ya voy!	I'm coming!
¡Vámonos!	Let's go! / Let's leave!
¡Vete! / ¡Váyase!	Scram! / Go away!
El edificio se fue abajo.	The building collapsed.
Por todas partes se va a Roma. / Todos los caminos van a Roma.	All roads lead to Rome.
Su poder se le iba de las manos.	His power was slipping through his fingers.
Su nombre se me fue de la memoria.	Their name slipped my mind.

irregular verb | voy · fueron · ido · yendo

Present		Preterit	
voy	vamos	fui	fuimos
vas	vais	fuiste	fuisteis
va	van	fue	fueron

Imperfect		Present Perfect	
iba	íbamos	he ido	hemos ido
ibas	ibais	has ido	habéis ido
iba	iban	ha ido	han ido

Future		Conditional	
iré	iremos	iría	iríamos
irás	iréis	irías	iríais
irá	irán	iría	irían

Pluperfect		Preterit Perfect	
había ido	habíamos ido	hube ido	hubimos ido
habías ido	habíais ido	hubiste ido	hubisteis ido
había ido	habían ido	hubo ido	hubieron ido

Future Perfect		Conditional Perfect	
habré ido	habremos ido	habría ido	habríamos ido
habrás ido	habréis ido	habrías ido	habríais ido
habrá ido	habrán ido	habría ido	habrían ido

Present Subjunctive		Present Perfect Subjunctive	
vaya	vayamos	haya ido	hayamos ido
vayas	vayáis	hayas ido	hayáis ido
vaya	vayan	haya ido	hayan ido

Imperfect Subjunctive (-ra)		or	Imperfect Subjunctive (-se)	
fuera	fuéramos		fuese	fuésemos
fueras	fuerais		fueses	fueseis
fuera	fueran		fuese	fuesen

Past Perfect Subjunctive (-ra)		or	Past Perfect Subjunctive (-se)	
hubiera ido	hubiéramos ido		hubiese ido	hubiésemos ido
hubieras ido	hubierais ido		hubieses ido	hubieseis ido
hubiera ido	hubieran ido		hubiese ido	hubiesen ido

Progressive Tenses

Present	estoy, estás, está, estamos, estáis, están	
Preterit	estuve, estuviste, estuvo, estuvimos, estuvisteis, estuvieron	
Imperfect	estaba, estabas, estaba, estábamos, estabais, estaban	yendo
Future	estaré, estarás, estará, estaremos, estaréis, estarán	
Conditional	estaría, estarías, estaría, estaríamos, estaríais, estarían	
Subjunctive	que + *corresponding subjunctive tense of* estar (*see verb 252*)	

Commands

	(nosotros) vamos / no vayamos
(tú) ve / no vayas	(vosotros) id / no vayáis
(Ud.) vaya / no vaya	(Uds.) vayan / no vayan

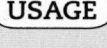
USAGE

—¿Uds. van al museo de arte ahora?	*Are you going to the art museum now?*
—No, vamos a ir por la tarde.	*No, we're going to go in the afternoon.*
¿Cómo te va?	*How are you? / How are things?*
Iban andando al centro.	*They were walking downtown.*
Fueron en coche/tren/avión.	*They went by car/train/plane.*
Ve de compras con Paula.	*Go shopping with Paula.*
¡Vaya una idea!	*What an idea!*

top 50 verb

jubilar *to retire*

jubilo · jubilaron · jubilado · jubilando   regular *-ar* verb

---

Present		Preterit	
jubilo	jubilamos	jubilé	jubilamos
jubilas	jubiláis	jubilaste	jubilasteis
jubila	jubilan	jubiló	jubilaron

Imperfect		Present Perfect	
jubilaba	jubilábamos	he jubilado	hemos jubilado
jubilabas	jubilabais	has jubilado	habéis jubilado
jubilaba	jubilaban	ha jubilado	han jubilado

Future		Conditional	
jubilaré	jubilaremos	jubilaría	jubilaríamos
jubilarás	jubilaréis	jubilarías	jubilaríais
jubilará	jubilarán	jubilaría	jubilarían

Pluperfect		Preterit Perfect	
había jubilado	habíamos jubilado	hube jubilado	hubimos jubilado
habías jubilado	habíais jubilado	hubiste jubilado	hubisteis jubilado
había jubilado	habían jubilado	hubo jubilado	hubieron jubilado

Future Perfect		Conditional Perfect	
habré jubilado	habremos jubilado	habría jubilado	habríamos jubilado
habrás jubilado	habréis jubilado	habrías jubilado	habríais jubilado
habrá jubilado	habrán jubilado	habría jubilado	habrían jubilado

---

Present Subjunctive		Present Perfect Subjunctive	
jubile	jubilemos	haya jubilado	hayamos jubilado
jubiles	jubiléis	hayas jubilado	hayáis jubilado
jubile	jubilen	haya jubilado	hayan jubilado

Imperfect Subjunctive (-ra)		or	Imperfect Subjunctive (-se)	
jubilara	jubiláramos		jubilase	jubilásemos
jubilaras	jubilarais		jubilases	jubilaseis
jubilara	jubilaran		jubilase	jubilasen

Past Perfect Subjunctive (-ra)		or	Past Perfect Subjunctive (-se)	
hubiera jubilado	hubiéramos jubilado		hubiese jubilado	hubiésemos jubilado
hubieras jubilado	hubierais jubilado		hubieses jubilado	hubieseis jubilado
hubiera jubilado	hubieran jubilado		hubiese jubilado	hubiesen jubilado

---

Progressive Tenses

Present	estoy, estás, está, estamos, estáis, están
Preterit	estuve, estuviste, estuvo, estuvimos, estuvisteis, estuvieron
Imperfect	estaba, estabas, estaba, estábamos, estabais, estaban
Future	estaré, estarás, estará, estaremos, estaréis, estarán
Conditional	estaría, estarías, estaría, estaríamos, estaríais, estarían
Subjunctive	que + *corresponding subjunctive tense of* estar (*see verb 252*)

} jubilando

Commands

	(nosotros) jubilemos / no jubilemos
(tú) jubila / no jubiles	(vosotros) jubilad / no jubiléis
(Ud.) jubile / no jubile	(Uds.) jubilen / no jubilen

USAGE

Jubilaron a varios empleados.	*They retired / pensioned off several employees.*
El jefe se jubiló a los sesenta años.	*The boss retired at 60.*
Los jubilados reciben una pensión de retiro.	*The retired people receive a retirement pension.*
Se realizó su jubilación anticipada.	*He took his early retirement.*

stem-changing -ar verb: u > ue;
spelling change: g > gu/e

juego · jugaron · jugado · jugando

Present		Preterit	
juego	jugamos	jugué	jugamos
juegas	jugáis	jugaste	jugasteis
juega	juegan	jugó	jugaron

Imperfect		Present Perfect	
jugaba	jugábamos	he jugado	hemos jugado
jugabas	jugabais	has jugado	habéis jugado
jugaba	jugaban	ha jugado	han jugado

Future		Conditional	
jugaré	jugaremos	jugaría	jugaríamos
jugarás	jugaréis	jugarías	jugaríais
jugará	jugarán	jugaría	jugarían

Pluperfect		Preterit Perfect	
había jugado	habíamos jugado	hube jugado	hubimos jugado
habías jugado	habíais jugado	hubiste jugado	hubisteis jugado
había jugado	habían jugado	hubo jugado	hubieron jugado

Future Perfect		Conditional Perfect	
habré jugado	habremos jugado	habría jugado	habríamos jugado
habrás jugado	habréis jugado	habrías jugado	habríais jugado
habrá jugado	habrán jugado	habría jugado	habrían jugado

Present Subjunctive		Present Perfect Subjunctive	
juegue	juguemos	haya jugado	hayamos jugado
juegues	juguéis	hayas jugado	hayáis jugado
juegue	jueguen	haya jugado	hayan jugado

Imperfect Subjunctive (-ra)		or	Imperfect Subjunctive (-se)	
jugara	jugáramos		jugase	jugásemos
jugaras	jugarais		jugases	jugaseis
jugara	jugaran		jugase	jugasen

Past Perfect Subjunctive (-ra)		or	Past Perfect Subjunctive (-se)	
hubiera jugado	hubiéramos jugado		hubiese jugado	hubiésemos jugado
hubieras jugado	hubierais jugado		hubieses jugado	hubieseis jugado
hubiera jugado	hubieran jugado		hubiese jugado	hubiesen jugado

Progressive Tenses

Present	estoy, estás, está, estamos, estáis, están	
Preterit	estuve, estuviste, estuvo, estuvimos, estuvisteis, estuvieron	
Imperfect	estaba, estabas, estaba, estábamos, estabais, estaban	jugando
Future	estaré, estarás, estará, estaremos, estaréis, estarán	
Conditional	estaría, estarías, estaría, estaríamos, estaríais, estarían	
Subjunctive	que + corresponding subjunctive tense of estar (see verb 252)	

Commands

	(nosotros) juguemos / no juguemos
(tú) juega / no juegues	(vosotros) jugad / no juguéis
(Ud.) juegue / no juegue	(Uds.) jueguen / no jueguen

Juego (al) tenis/béisbol los sábados. — *I play tennis/baseball on Saturdays.*

—Se jugará el partido la semana próxima. — *The match will be played next week.*
—Espero que el otro equipo juegue limpio. — *I hope the other team plays fair.*

Decidamos jugando a cara o cruz. — *Let's decide by tossing a coin for it.*
¿Dónde serán los Juegos Olímpicos? — *Where will the Olympic Games take place?*

Hay nueve jugadores en el equipo. — *There are nine players on the team.*

jugar _to play_

juego · jugaron · jugado · jugando

stem-changing -ar verb: u > ue;
spelling change: g > gu/e

¡Cuidado! Estás jugando con fuego.	Careful! You're playing with fire.
Hiciste muy mal en jugar con ellos.	You were very wrong to use them.
¿Jugáis a la Bolsa?	Are you playing the stock market?
Juegan al alza / a la baja.	They're playing the bull/bear market.
Nos jugó una mala partida.	She played a dirty trick on us.
✪ —¿Quién juega?	Whose turn is it?
—Te toca a ti jugar.	It's your turn to go.

jugarse

Se jugaba la vida.	He risked his life.
Se juega el éxito / la fama de la compañía.	The success/reputation of the company is at stake.
✪ —El director jugó a la bolsa con el dinero de la compañía.	The director played the market with the company's money.
—¡Qué irresponsable! Él se jugó el futuro de la empresa.	How irresponsible! The future of the firm was at stake.

hacer juego _to match_

La chaqueta no hace juego con la falda.	The jacket doesn't match the skirt.

OTHER USES AND RELATED WORDS

¿Os gustan los juegos de azar / de cartas?	Do you like games of chance / card games?
Me encantan los juegos de palabras.	I love plays on words / puns.
Afortunado en el juego, desgraciado en amores.	Lucky at cards, unlucky in love.
No es cosa de juego.	This is no laughing matter.
Es juego de niños.	It's child's play.
¿Cuántas tazas tiene el juego de té?	How many cups are there in the tea set?
El juego de dormitorio es de roble.	The bedroom set is made of oak.
Fue una buena jugada.	It was a good/nice play/move/stroke/shot.
✪ —¡Qué jugarreta me hizo ese tipo!	What a dirty trick that guy played on me!
—No me sorprende. Él les hace malas partidas a todos.	I'm not surprised. He plays dirty tricks on everybody.
Los jugadores abrieron el juego.	The players started the game.
✪ —¿Dónde compró esos maravillosos juguetes?	Where did you buy those wonderful toys?
—En la juguetería de la avenida Sur.	At the toy store on Sur Avenue.
Deja de juguetear con sus sentimientos.	Stop toying with her feelings.
Es una niña muy juguetona.	She's a very playful child.
Te juego doble contra sencillo que gana nuestro equipo.	I'll bet you two to one that our team wins.
Los equipos jugaron un partido a beneficio de las víctimas del terremoto.	The teams played a charity game to raise money for the victims of the earthquake.

regular -ar verb

junto · juntaron · juntado · juntando

	Present	
junto	juntamos
juntas	juntáis
junta	juntan

	Preterit
junté	juntamos
juntaste	juntasteis
juntó	juntaron

	Imperfect
juntaba	juntábamos
juntabas	juntabais
juntaba	juntaban

	Present Perfect
he juntado	hemos juntado
has juntado	habéis juntado
ha juntado	han juntado

	Future
juntaré	juntaremos
juntarás	juntaréis
juntará	juntarán

	Conditional
juntaría	juntaríamos
juntarías	juntaríais
juntaría	juntarían

	Pluperfect
había juntado	habíamos juntado
habías juntado	habíais juntado
había juntado	habían juntado

	Preterit Perfect
hube juntado	hubimos juntado
hubiste juntado	hubisteis juntado
hubo juntado	hubieron juntado

	Future Perfect
habré juntado	habremos juntado
habrás juntado	habréis juntado
habrá juntado	habrán juntado

	Conditional Perfect
habría juntado	habríamos juntado
habrías juntado	habríais juntado
habría juntado	habrían juntado

	Present Subjunctive
junte	juntemos
juntes	juntéis
junte	junten

	Present Perfect Subjunctive
haya juntado	hayamos juntado
hayas juntado	hayáis juntado
haya juntado	hayan juntado

	Imperfect Subjunctive (-ra)	or		Imperfect Subjunctive (-se)
juntara	juntáramos		juntase	juntásemos
juntaras	juntarais		juntases	juntaseis
juntara	juntaran		juntase	juntasen

	Past Perfect Subjunctive (-ra)	or		Past Perfect Subjunctive (-se)
hubiera juntado	hubiéramos juntado		hubiese juntado	hubiésemos juntado
hubieras juntado	hubierais juntado		hubieses juntado	hubieseis juntado
hubiera juntado	hubieran juntado		hubiese juntado	hubiesen juntado

Progressive Tenses

Present	estoy, estás, está, estamos, estáis, están
Preterit	estuve, estuviste, estuvo, estuvimos, estuvisteis, estuvieron
Imperfect	estaba, estabas, estaba, estábamos, estabais, estaban
Future	estaré, estarás, estará, estaremos, estaréis, estarán
Conditional	estaría, estarías, estaría, estaríamos, estaríais, estarían
Subjunctive	que + corresponding subjunctive tense of estar (see verb 252)

} juntando

Commands

	(nosotros) juntemos / no juntemos
(tú) junta / no juntes	(vosotros) juntad / no juntéis
(Ud.) junte / no junte	(Uds.) junten / no junten

(**USAGE**)

Junten estas dos piezas.	*Join these two pieces.*
Les junta su causa.	*They're united by their cause.*
Dios los cría y ellos se juntan.	*Birds of a feather flock together.*
Nos juntaremos en la rueda de prensa.	*We'll meet at the press conference.*
Trabajarían juntos.	*They would work together.*
Hay una farmacia junto al hotel.	*There's a drugstore next to / near the hotel.*
La junta general fue convocada.	*The general meeting was convened.*

jurar *to swear, take an oath*

juro · juraron · jurado · jurando   regular *-ar* verb

Present		Preterit	
juro	juramos	juré	juramos
juras	juráis	juraste	jurasteis
jura	juran	juró	juraron

Imperfect		Present Perfect	
juraba	jurábamos	he jurado	hemos jurado
jurabas	jurabais	has jurado	habéis jurado
juraba	juraban	ha jurado	han jurado

Future		Conditional	
juraré	juraremos	juraría	juraríamos
jurarás	juraréis	jurarías	juraríais
jurará	jurarán	juraría	jurarían

Pluperfect		Preterit Perfect	
había jurado	habíamos jurado	hube jurado	hubimos jurado
habías jurado	habíais jurado	hubiste jurado	hubisteis jurado
había jurado	habían jurado	hubo jurado	hubieron jurado

Future Perfect		Conditional Perfect	
habré jurado	habremos jurado	habría jurado	habríamos jurado
habrás jurado	habréis jurado	habrías jurado	habríais jurado
habrá jurado	habrán jurado	habría jurado	habrían jurado

Present Subjunctive		Present Perfect Subjunctive	
jure	juremos	haya jurado	hayamos jurado
jures	juréis	hayas jurado	hayáis jurado
jure	juren	haya jurado	hayan jurado

Imperfect Subjunctive (-ra)		or	Imperfect Subjunctive (-se)	
jurara	juráramos		jurase	jurásemos
juraras	jurarais		jurases	juraseis
jurara	juraran		jurase	jurasen

Past Perfect Subjunctive (-ra)		or	Past Perfect Subjunctive (-se)	
hubiera jurado	hubiéramos jurado		hubiese jurado	hubiésemos jurado
hubieras jurado	hubierais jurado		hubieses jurado	hubieseis jurado
hubiera jurado	hubieran jurado		hubiese jurado	hubiesen jurado

Progressive Tenses

Present	estoy, estás, está, estamos, estáis, están	
Preterit	estuve, estuviste, estuvo, estuvimos, estuvisteis, estuvieron	
Imperfect	estaba, estabas, estaba, estábamos, estabais, estaban	jurando
Future	estaré, estarás, estará, estaremos, estaréis, estarán	
Conditional	estaría, estarías, estaría, estaríamos, estaríais, estarían	
Subjunctive	que + *corresponding subjunctive tense of* estar (*see verb 252*)	

Commands

	(nosotros) juremos / no juremos
(tú) jura / no jures	(vosotros) jurad / no juréis
(Ud.) jure / no jure	(Uds.) juren / no juren

USAGE

Te juro que dije la verdad.	*I swear to you I told the truth.*
El presidente jura el cargo en enero.	*The president takes the oath of office in January.*
Todos debemos jurar la bandera.	*We all should pledge allegiance to the flag.*
Jurar en falso es un crimen grave.	*To commit perjury is a serious crime.*
Se recitaba el juramento a la bandera.	*They recited the pledge of allegiance to the flag.*
Los testigos declararon bajo juramento.	*The witnesses testified under oath.*
Doce personas forman el jurado.	*Twelve people make up the jury.*

-ar verb; spelling change: c > qu/e

justifico · justificaron · justificado · justificando

Present		Preterit	
justifico	justificamos	justifiqué	justificamos
justificas	justificáis	justificaste	justificasteis
justifica	justifican	justificó	justificaron

Imperfect		Present Perfect	
justificaba	justificábamos	he justificado	hemos justificado
justificabas	justificabais	has justificado	habéis justificado
justificaba	justificaban	ha justificado	han justificado

Future		Conditional	
justificaré	justificaremos	justificaría	justificaríamos
justificarás	justificaréis	justificarías	justificaríais
justificará	justificarán	justificaría	justificarían

Pluperfect		Preterit Perfect	
había justificado	habíamos justificado	hube justificado	hubimos justificado
habías justificado	habíais justificado	hubiste justificado	hubisteis justificado
había justificado	habían justificado	hubo justificado	hubieron justificado

Future Perfect		Conditional Perfect	
habré justificado	habremos justificado	habría justificado	habríamos justificado
habrás justificado	habréis justificado	habrías justificado	habríais justificado
habrá justificado	habrán justificado	habría justificado	habrían justificado

Present Subjunctive		Present Perfect Subjunctive	
justifique	justifiquemos	haya justificado	hayamos justificado
justifiques	justifiquéis	hayas justificado	hayáis justificado
justifique	justifiquen	haya justificado	hayan justificado

Imperfect Subjunctive (-ra)		or	Imperfect Subjunctive (-se)	
justificara	justificáramos		justificase	justificásemos
justificaras	justificarais		justificases	justificaseis
justificara	justificaran		justificase	justificasen

Past Perfect Subjunctive (-ra)		or	Past Perfect Subjunctive (-se)	
hubiera justificado	hubiéramos justificado		hubiese justificado	hubiésemos justificado
hubieras justificado	hubierais justificado		hubieses justificado	hubieseis justificado
hubiera justificado	hubieran justificado		hubiese justificado	hubiesen justificado

Progressive Tenses

Present	estoy, estás, está, estamos, estáis, están	
Preterit	estuve, estuviste, estuvo, estuvimos, estuvisteis, estuvieron	
Imperfect	estaba, estabas, estaba, estábamos, estabais, estaban	justificando
Future	estaré, estarás, estará, estaremos, estaréis, estarán	
Conditional	estaría, estarías, estaría, estaríamos, estaríais, estarían	
Subjunctive	que + *corresponding subjunctive tense of* estar (*see verb 252*)	

Commands

	(nosotros) justifiquemos / no justifiquemos
(tú) justifica / no justifiques	(vosotros) justificad / no justifiquéis
(Ud.) justifique / no justifique	(Uds.) justifiquen / no justifiquen

USAGE

No se puede justificar sus acciones.	*Their actions cannot be justified.*
Se porta así sin razón que lo justifique.	*He behaves like this without justifiable reason.*
Se justificó con la policía.	*He cleared himself with the police.*
Justifique los márgenes.	*Justify the margins.*
No puedes reclamar el dinero sin justificante de compra.	*You can't get your money back without proof of purchase.*

juzgar *to judge, consider, think*

juzgo · juzgaron · juzgado · juzgando   *-ar verb; spelling change: g > gu/e*

Present		Preterit	
juzgo	juzgamos	juzgué	juzgamos
juzgas	juzgáis	juzgaste	juzgasteis
juzga	juzgan	juzgó	juzgaron

Imperfect		Present Perfect	
juzgaba	juzgábamos	he juzgado	hemos juzgado
juzgabas	juzgabais	has juzgado	habéis juzgado
juzgaba	juzgaban	ha juzgado	han juzgado

Future		Conditional	
juzgaré	juzgaremos	juzgaría	juzgaríamos
juzgarás	juzgaréis	juzgarías	juzgaríais
juzgará	juzgarán	juzgaría	juzgarían

Pluperfect		Preterit Perfect	
había juzgado	habíamos juzgado	hube juzgado	hubimos juzgado
habías juzgado	habíais juzgado	hubiste juzgado	hubisteis juzgado
había juzgado	habían juzgado	hubo juzgado	hubieron juzgado

Future Perfect		Conditional Perfect	
habré juzgado	habremos juzgado	habría juzgado	habríamos juzgado
habrás juzgado	habréis juzgado	habrías juzgado	habríais juzgado
habrá juzgado	habrán juzgado	habría juzgado	habrían juzgado

Present Subjunctive		Present Perfect Subjunctive	
juzgue	juzguemos	haya juzgado	hayamos juzgado
juzgues	juzguéis	hayas juzgado	hayáis juzgado
juzgue	juzguen	haya juzgado	hayan juzgado

Imperfect Subjunctive (-ra)		*or*	Imperfect Subjunctive (-se)	
juzgara	juzgáramos		juzgase	juzgásemos
juzgaras	juzgarais		juzgases	juzgaseis
juzgara	juzgaran		juzgase	juzgasen

Past Perfect Subjunctive (-ra)		*or*	Past Perfect Subjunctive (-se)	
hubiera juzgado	hubiéramos juzgado		hubiese juzgado	hubiésemos juzgado
hubieras juzgado	hubierais juzgado		hubieses juzgado	hubieseis juzgado
hubiera juzgado	hubieran juzgado		hubiese juzgado	hubiesen juzgado

Progressive Tenses

Present	estoy, estás, está, estamos, estáis, están	
Preterit	estuve, estuviste, estuvo, estuvimos, estuvisteis, estuvieron	
Imperfect	estaba, estabas, estaba, estábamos, estabais, estaban	juzgando
Future	estaré, estarás, estará, estaremos, estaréis, estarán	
Conditional	estaría, estarías, estaría, estaríamos, estaríais, estarían	
Subjunctive	que + *corresponding subjunctive tense of* estar (*see verb 252*)	

Commands

	(nosotros) juzguemos / no juzguemos
(tú) juzga / no juzgues	(vosotros) juzgad / no juzguéis
(Ud.) juzgue / no juzgue	(Uds.) juzguen / no juzguen

USAGE

No se puede juzgar por las apariencias.	*You can't judge a book by its cover.*
No lo juzgué importante.	*I didn't think/consider it important.*
Juzgasteis mal a sus competidores.	*You misjudged their competitors.*
A juzgar por sus comentarios...	*Judging by her remarks . . .*
El juez sentenció al culpable.	*The judge sentenced the guilty man.*
Figuran nueve jueces en el juzgado.	*There are nine justices on the court.*

-ar verb; spelling change: z > c/e

lanzo · lanzaron · lanzado · lanzando

Present		Preterit	
lanzo	lanzamos	lancé	lanzamos
lanzas	lanzáis	lanzaste	lanzasteis
lanza	lanzan	lanzó	lanzaron

Imperfect		Present Perfect	
lanzaba	lanzábamos	he lanzado	hemos lanzado
lanzabas	lanzabais	has lanzado	habéis lanzado
lanzaba	lanzaban	ha lanzado	han lanzado

Future		Conditional	
lanzaré	lanzaremos	lanzaría	lanzaríamos
lanzarás	lanzaréis	lanzarías	lanzaríais
lanzará	lanzarán	lanzaría	lanzarían

Pluperfect		Preterit Perfect	
había lanzado	habíamos lanzado	hube lanzado	hubimos lanzado
habías lanzado	habíais lanzado	hubiste lanzado	hubisteis lanzado
había lanzado	habían lanzado	hubo lanzado	hubieron lanzado

Future Perfect		Conditional Perfect	
habré lanzado	habremos lanzado	habría lanzado	habríamos lanzado
habrás lanzado	habréis lanzado	habrías lanzado	habríais lanzado
habrá lanzado	habrán lanzado	habría lanzado	habrían lanzado

Present Subjunctive		Present Perfect Subjunctive	
lance	lancemos	haya lanzado	hayamos lanzado
lances	lancéis	hayas lanzado	hayáis lanzado
lance	lancen	haya lanzado	hayan lanzado

Imperfect Subjunctive (-ra)		*or*	Imperfect Subjunctive (-se)	
lanzara	lanzáramos		lanzase	lanzásemos
lanzaras	lanzarais		lanzases	lanzaseis
lanzara	lanzaran		lanzase	lanzasen

Past Perfect Subjunctive (-ra)		*or*	Past Perfect Subjunctive (-se)	
hubiera lanzado	hubiéramos lanzado		hubiese lanzado	hubiésemos lanzado
hubieras lanzado	hubierais lanzado		hubieses lanzado	hubieseis lanzado
hubiera lanzado	hubieran lanzado		hubiese lanzado	hubiesen lanzado

Progressive Tenses

Present	estoy, estás, está, estamos, estáis, están	
Preterit	estuve, estuviste, estuvo, estuvimos, estuvisteis, estuvieron	
Imperfect	estaba, estabas, estaba, estábamos, estabais, estaban	lanzando
Future	estaré, estarás, estará, estaremos, estaréis, estarán	
Conditional	estaría, estarías, estaría, estaríamos, estaríais, estarían	
Subjunctive	que + *corresponding subjunctive tense of* estar (*see verb 252*)	

Commands

	(nosotros) lancemos / no lancemos
(tú) lanza / no lances	(vosotros) lanzad / no lancéis
(Ud.) lance / no lance	(Uds.) lancen / no lancen

USAGE

El lanzador lanzó la pelota.	*The pitcher threw the ball.*
Se lanzó el producto al mercado.	*The product was launched / went on the market.*
Lánzate al agua.	*Jump/Dive into the water.*
Aplazó el lanzamiento de la campaña.	*He postponed the launching of the campaign.*
Se luchaba con lanzas.	*They used to fight with lances/spears.*
Se lanzaron al ataque con el lanzagranadas.	*They rushed into the attack with the grenade launcher.*

lastimarse to hurt/injure oneself

lastimo · lastimaron · lastimado · lastimándose

regular -ar reflexive verb

Present

me lastimo	nos lastimamos
te lastimas	os lastimáis
se lastima	se lastiman

Preterit

me lastimé	nos lastimamos
te lastimaste	os lastimasteis
se lastimó	se lastimaron

Imperfect

me lastimaba	nos lastimábamos
te lastimabas	os lastimabais
se lastimaba	se lastimaban

Present Perfect

me he lastimado	nos hemos lastimado
te has lastimado	os habéis lastimado
se ha lastimado	se han lastimado

Future

me lastimaré	nos lastimaremos
te lastimarás	os lastimaréis
se lastimará	se lastimarán

Conditional

me lastimaría	nos lastimaríamos
te lastimarías	os lastimaríais
se lastimaría	se lastimarían

Pluperfect

me había lastimado	nos habíamos lastimado
te habías lastimado	os habíais lastimado
se había lastimado	se habían lastimado

Preterit Perfect

me hube lastimado	nos hubimos lastimado
te hubiste lastimado	os hubisteis lastimado
se hubo lastimado	se hubieron lastimado

Future Perfect

me habré lastimado	nos habremos lastimado
te habrás lastimado	os habréis lastimado
se habrá lastimado	se habrán lastimado

Conditional Perfect

me habría lastimado	nos habríamos lastimado
te habrías lastimado	os habríais lastimado
se habría lastimado	se habrían lastimado

Present Subjunctive

me lastime	nos lastimemos
te lastimes	os lastiméis
se lastime	se lastimen

Present Perfect Subjunctive

me haya lastimado	nos hayamos lastimado
te hayas lastimado	os hayáis lastimado
se haya lastimado	se hayan lastimado

Imperfect Subjunctive (-ra)

me lastimara	nos lastimáramos
te lastimaras	os lastimarais
se lastimara	se lastimaran

or

Imperfect Subjunctive (-se)

me lastimase	nos lastimásemos
te lastimases	os lastimaseis
se lastimase	se lastimasen

Past Perfect Subjunctive (-ra)

me hubiera lastimado	nos hubiéramos lastimado
te hubieras lastimado	os hubierais lastimado
se hubiera lastimado	se hubieran lastimado

or

Past Perfect Subjunctive (-se)

me hubiese lastimado	nos hubiésemos lastimado
te hubieses lastimado	os hubieseis lastimado
se hubiese lastimado	se hubiesen lastimado

Progressive Tenses

Present	estoy, estás, está, estamos, estáis, están
Preterit	estuve, estuviste, estuvo, estuvimos, estuvisteis, estuvieron
Imperfect	estaba, estabas, estaba, estábamos, estabais, estaban
Future	estaré, estarás, estará, estaremos, estaréis, estarán
Conditional	estaría, estarías, estaría, estaríamos, estaríais, estarían
Subjunctive	que + corresponding subjunctive tense of estar (see verb 252)

lastimando (see page 41)

Commands

	(nosotros) lastimémonos / no nos lastimemos
(tú) lastímate / no te lastimes	(vosotros) lastimaos / no os lastiméis
(Ud.) lastímese / no se lastime	(Uds.) lastímense / no se lastimen

USAGE

Se lastimó durante el partido.	He got hurt/injured during the game.
No te lastimes con el cuchillo.	Don't hurt yourself with the knife.
Nos lastima su falta de consideración.	We're hurt by their lack of consideration.
Tu rechazo le lastimó en su amor propio.	Your rejection hurt her pride.
Me lastima el zapato.	My shoe is hurting me.
Le lastimaron en la pierna.	His leg was injured.
¡Qué lástima! Me dan lástima.	What a pity/shame! I feel sorry for them.

regular -ar verb

lavo · lavaron · lavado · lavando

	Present		Preterit
lavo	lavamos	lavé	lavamos
lavas	laváis	lavaste	lavasteis
lava	lavan	lavó	lavaron

	Imperfect		Present Perfect
lavaba	lavábamos	he lavado	hemos lavado
lavabas	lavabais	has lavado	habéis lavado
lavaba	lavaban	ha lavado	han lavado

	Future		Conditional
lavaré	lavaremos	lavaría	lavaríamos
lavarás	lavaréis	lavarías	lavaríais
lavará	lavarán	lavaría	lavarían

	Pluperfect		Preterit Perfect
había lavado	habíamos lavado	hube lavado	hubimos lavado
habías lavado	habíais lavado	hubiste lavado	hubisteis lavado
había lavado	habían lavado	hubo lavado	hubieron lavado

	Future Perfect		Conditional Perfect
habré lavado	habremos lavado	habría lavado	habríamos lavado
habrás lavado	habréis lavado	habrías lavado	habríais lavado
habrá lavado	habrán lavado	habría lavado	habrían lavado

	Present Subjunctive		Present Perfect Subjunctive
lave	lavemos	haya lavado	hayamos lavado
laves	lavéis	hayas lavado	hayáis lavado
lave	laven	haya lavado	hayan lavado

	Imperfect Subjunctive (-ra)	or		Imperfect Subjunctive (-se)
lavara	laváramos		lavase	lavásemos
lavaras	lavarais		lavases	lavaseis
lavara	lavaran		lavase	lavasen

	Past Perfect Subjunctive (-ra)	or		Past Perfect Subjunctive (-se)
hubiera lavado	hubiéramos lavado		hubiese lavado	hubiésemos lavado
hubieras lavado	hubierais lavado		hubieses lavado	hubieseis lavado
hubiera lavado	hubieran lavado		hubiese lavado	hubiesen lavado

Progressive Tenses

Present	estoy, estás, está, estamos, estáis, están	
Preterit	estuve, estuviste, estuvo, estuvimos, estuvisteis, estuvieron	
Imperfect	estaba, estabas, estaba, estábamos, estabais, estaban	lavando
Future	estaré, estarás, estará, estaremos, estaréis, estarán	
Conditional	estaría, estarías, estaría, estaríamos, estaríais, estarían	
Subjunctive	que + *corresponding subjunctive tense of* estar (*see verb 252*)	

Commands

	(nosotros) lavemos / no lavemos
(tú) lava / no laves	(vosotros) lavad / no lavéis
(Ud.) lave / no lave	(Uds.) laven / no laven

USAGE

Lavamos el carro.	We washed the car.
Hicimos lavar en seco el traje de seda.	We had the silk suit dry cleaned.
¿Has lavado las legumbres?	Have you cleaned the vegetables?
Niños, lavaos las manos.	Kids, wash your hands.
¿El pelo? Me lo lavo por la mañana.	My hair? I'll wash it in the morning.
El apartamento tiene máquina de lavar.	There's a washing machine in the apartment.
Se nos descompuso el lavaplatos.	Our dishwasher broke.

leer to read

leo · leyeron · leído · leyendo

-er verb with stem ending in a vowel: third-person singular
-ió > -yó and third-person plural -ieron > -yeron in the preterit

Present		Preterit	
leo	leemos	leí	leímos
lees	leéis	leíste	leísteis
lee	leen	leyó	leyeron

Imperfect		Present Perfect	
leía	leíamos	he leído	hemos leído
leías	leíais	has leído	habéis leído
leía	leían	ha leído	han leído

Future		Conditional	
leeré	leeremos	leería	leeríamos
leerás	leeréis	leerías	leeríais
leerá	leerán	leería	leerían

Pluperfect		Preterit Perfect	
había leído	habíamos leído	hube leído	hubimos leído
habías leído	habíais leído	hubiste leído	hubisteis leído
había leído	habían leído	hubo leído	hubieron leído

Future Perfect		Conditional Perfect	
habré leído	habremos leído	habría leído	habríamos leído
habrás leído	habréis leído	habrías leído	habríais leído
habrá leído	habrán leído	habría leído	habrían leído

Present Subjunctive		Present Perfect Subjunctive	
lea	leamos	haya leído	hayamos leído
leas	leáis	hayas leído	hayáis leído
lea	lean	haya leído	hayan leído

Imperfect Subjunctive (-ra)		*or*	Imperfect Subjunctive (-se)	
leyera	leyéramos		leyese	leyésemos
leyeras	leyerais		leyeses	leyeseis
leyera	leyeran		leyese	leyesen

Past Perfect Subjunctive (-ra)		*or*	Past Perfect Subjunctive (-se)	
hubiera leído	hubiéramos leído		hubiese leído	hubiésemos leído
hubieras leído	hubierais leído		hubieses leído	hubieseis leído
hubiera leído	hubieran leído		hubiese leído	hubiesen leído

Progressive Tenses

Present	estoy, estás, está, estamos, estáis, están	
Preterit	estuve, estuviste, estuvo, estuvimos, estuvisteis, estuvieron	
Imperfect	estaba, estabas, estaba, estábamos, estabais, estaban	leyendo
Future	estaré, estarás, estará, estaremos, estaréis, estarán	
Conditional	estaría, estarías, estaría, estaríamos, estaríais, estarían	
Subjunctive	que + *corresponding subjunctive tense of* estar (*see verb 252*)	

Commands

	(nosotros) leamos / no leamos
(tú) lee / no leas	(vosotros) leed / no leáis
(Ud.) lea / no lea	(Uds.) lean / no lean

USAGE

Lee el artículo.	*Read the article.*
¿Leen música?	*Do you read music?*
Se entiende leyendo entre líneas.	*You can understand by reading between the lines.*
Leímos el enojo en sus ojos.	*We read anger in her eyes.*
¡Qué lector más perspicaz!	*What a sharp/keen reader!*
Me encantan estas lecturas.	*I love these readings.*
La computadora tiene lectora de discos.	*The computer has a disk drive.*

regular -ar reflexive verb **levanto · levantaron · levantado · levantándose**

Present		Preterit	
me levanto	nos levantamos	me levanté	nos levantamos
te levantas	os levantáis	te levantaste	os levantasteis
se levanta	se levantan	se levantó	se levantaron

Imperfect		Present Perfect	
me levantaba	nos levantábamos	me he levantado	nos hemos levantado
te levantabas	os levantabais	te has levantado	os habéis levantado
se levantaba	se levantaban	se ha levantado	se han levantado

Future		Conditional	
me levantaré	nos levantaremos	me levantaría	nos levantaríamos
te levantarás	os levantaréis	te levantarías	os levantaríais
se levantará	se levantarán	se levantaría	se levantarían

Pluperfect		Preterit Perfect	
me había levantado	nos habíamos levantado	me hube levantado	nos hubimos levantado
te habías levantado	os habíais levantado	te hubiste levantado	os hubisteis levantado
se había levantado	se habían levantado	se hubo levantado	se hubieron levantado

Future Perfect		Conditional Perfect	
me habré levantado	nos habremos levantado	me habría levantado	nos habríamos levantado
te habrás levantado	os habréis levantado	te habrías levantado	os habríais levantado
se habrá levantado	se habrán levantado	se habría levantado	se habrían levantado

Present Subjunctive		Present Perfect Subjunctive	
me levante	nos levantemos	me haya levantado	nos hayamos levantado
te levantes	os levantéis	te hayas levantado	os hayáis levantado
se levante	se levanten	se haya levantado	se hayan levantado

Imperfect Subjunctive (-ra)		or	Imperfect Subjunctive (-se)	
me levantara	nos levantáramos		me levantase	nos levantásemos
te levantaras	os levantarais		te levantases	os levantaseis
se levantara	se levantaran		se levantase	se levantasen

Past Perfect Subjunctive (-ra)		or	Past Perfect Subjunctive (-se)	
me hubiera levantado	nos hubiéramos levantado		me hubiese levantado	nos hubiésemos levantado
te hubieras levantado	os hubierais levantado		te hubieses levantado	os hubieseis levantado
se hubiera levantado	se hubieran levantado		se hubiese levantado	se hubiesen levantado

Progressive Tenses

Present	estoy, estás, está, estamos, estáis, están	
Preterit	estuve, estuviste, estuvo, estuvimos, estuvisteis, estuvieron	
Imperfect	estaba, estabas, estaba, estábamos, estabais, estaban	levantando (see page 41)
Future	estaré, estarás, estará, estaremos, estaréis, estarán	
Conditional	estaría, estarías, estaría, estaríamos, estaríais, estarían	
Subjunctive	que + corresponding subjunctive tense of estar (see verb 252)	

Commands

	(nosotros) levantémonos / no nos levantemos
(tú) levántate / no te levantes	(vosotros) levantaos / no os levantéis
(Ud.) levántese / no se levante	(Uds.) levántense / no se levanten

USAGE

Se levantó de la cama / de la mesa.	She got out of bed / up from the table.
Te has levantado con el pie izquierdo.	You've gotten up on the wrong side of the bed.
El pueblo se levantó contra el dictador.	The people rose up against the dictator.
Levanten la mano si quieren hablar.	Raise your hands if you want to speak.
Tratemos de levantarle el ánimo.	Let's try to cheer her up.
El secretario levantó acta.	The secretary took the minutes.
Hacen levantamiento de pesos.	They do weight-lifting.

limpiar *to clean*

limpio · limpiaron · limpiado · limpiando   regular -ar verb

Present		Preterit	
limpio	limpiamos	limpié	limpiamos
limpias	limpiáis	limpiaste	limpiasteis
limpia	limpian	limpió	limpiaron

Imperfect		Present Perfect	
limpiaba	limpiábamos	he limpiado	hemos limpiado
limpiabas	limpiabais	has limpiado	habéis limpiado
limpiaba	limpiaban	ha limpiado	han limpiado

Future		Conditional	
limpiaré	limpiaremos	limpiaría	limpiaríamos
limpiarás	limpiaréis	limpiarías	limpiaríais
limpiará	limpiarán	limpiaría	limpiarían

Pluperfect		Preterit Perfect	
había limpiado	habíamos limpiado	hube limpiado	hubimos limpiado
habías limpiado	habíais limpiado	hubiste limpiado	hubisteis limpiado
había limpiado	habían limpiado	hubo limpiado	hubieron limpiado

Future Perfect		Conditional Perfect	
habré limpiado	habremos limpiado	habría limpiado	habríamos limpiado
habrás limpiado	habréis limpiado	habrías limpiado	habríais limpiado
habrá limpiado	habrán limpiado	habría limpiado	habrían limpiado

Present Subjunctive		Present Perfect Subjunctive	
limpie	limpiemos	haya limpiado	hayamos limpiado
limpies	limpiéis	hayas limpiado	hayáis limpiado
limpie	limpien	haya limpiado	hayan limpiado

Imperfect Subjunctive (-ra)		or	Imperfect Subjunctive (-se)	
limpiara	limpiáramos		limpiase	limpiásemos
limpiaras	limpiarais		limpiases	limpiaseis
limpiara	limpiaran		limpiase	limpiasen

Past Perfect Subjunctive (-ra)		or	Past Perfect Subjunctive (-se)	
hubiera limpiado	hubiéramos limpiado		hubiese limpiado	hubiésemos limpiado
hubieras limpiado	hubierais limpiado		hubieses limpiado	hubieseis limpiado
hubiera limpiado	hubieran limpiado		hubiese limpiado	hubiesen limpiado

Progressive Tenses

Present	estoy, estás, está, estamos, estáis, están	
Preterit	estuve, estuviste, estuvo, estuvimos, estuvisteis, estuvieron	
Imperfect	estaba, estabas, estaba, estábamos, estabais, estaban	limpiando
Future	estaré, estarás, estará, estaremos, estaréis, estarán	
Conditional	estaría, estarías, estaría, estaríamos, estaríais, estarían	
Subjunctive	que + *corresponding subjunctive tense of* estar (*see verb 252*)	

Commands

	(nosotros) limpiemos / no limpiemos
(tú) limpia / no limpies	(vosotros) limpiad / no limpiéis
(Ud.) limpie / no limpie	(Uds.) limpien / no limpien

USAGE

Limpiemos la casa ahora mismo. — *Let's clean the house right now.*
Limpiaron la avenida por el desfile. — *They cleared the avenue because of the parade.*
Los ladrones les limpiaron la casa. — *The burglars cleaned out their house.*
Hijito, límpiate las narices. — *Little one, wipe your nose.*
El agua está limpia. — *The water is clean/pure.*
Ya hemos hecho la limpieza. — *We've already done the cleaning.*
Se conoce por su limpieza de corazón. — *He's known for his integrity/honesty.*

regular -ar verb

llamo · llamaron · llamado · llamando

Present		Preterit	
llamo	llamamos	llamé	llamamos
llamas	llamáis	llamaste	llamasteis
llama	llaman	llamó	llamaron

Imperfect		Present Perfect	
llamaba	llamábamos	he llamado	hemos llamado
llamabas	llamabais	has llamado	habéis llamado
llamaba	llamaban	ha llamado	han llamado

Future		Conditional	
llamaré	llamaremos	llamaría	llamaríamos
llamarás	llamaréis	llamarías	llamaríais
llamará	llamarán	llamaría	llamarían

Pluperfect		Preterit Perfect	
había llamado	habíamos llamado	hube llamado	hubimos llamado
habías llamado	habíais llamado	hubiste llamado	hubisteis llamado
había llamado	habían llamado	hubo llamado	hubieron llamado

Future Perfect		Conditional Perfect	
habré llamado	habremos llamado	habría llamado	habríamos llamado
habrás llamado	habréis llamado	habrías llamado	habríais llamado
habrá llamado	habrán llamado	habría llamado	habrían llamado

Present Subjunctive		Present Perfect Subjunctive	
llame	llamemos	haya llamado	hayamos llamado
llames	llaméis	hayas llamado	hayáis llamado
llame	llamen	haya llamado	hayan llamado

Imperfect Subjunctive (-ra)		or	Imperfect Subjunctive (-se)	
llamara	llamáramos		llamase	llamásemos
llamaras	llamarais		llamases	llamaseis
llamara	llamaran		llamase	llamasen

Past Perfect Subjunctive (-ra)		or	Past Perfect Subjunctive (-se)	
hubiera llamado	hubiéramos llamado		hubiese llamado	hubiésemos llamado
hubieras llamado	hubierais llamado		hubieses llamado	hubieseis llamado
hubiera llamado	hubieran llamado		hubiese llamado	hubiesen llamado

Progressive Tenses

Present	estoy, estás, está, estamos, estáis, están	
Preterit	estuve, estuviste, estuvo, estuvimos, estuvisteis, estuvieron	
Imperfect	estaba, estabas, estaba, estábamos, estabais, estaban	llamando
Future	estaré, estarás, estará, estaremos, estaréis, estarán	
Conditional	estaría, estarías, estaría, estaríamos, estaríais, estarían	
Subjunctive	que + corresponding subjunctive tense of estar (see verb 252)	

Commands

	(nosotros) llamemos / no llamemos
(tú) llama / no llames	(vosotros) llamad / no llaméis
(Ud.) llame / no llame	(Uds.) llamen / no llamen

Me llamaron desde el aeropuerto.
They called me from the airport.

Sus amigos lo llaman Paquito.
His friends call him Paquito.

Los cuadros nos llamaban la atención.
We were attracted by the paintings.

—¿Cómo se llama Ud.?
What's your name?

—Me llamo Gabriel Almada Valderrama.
My name is Gabriel Almada Valderrama.

Fue a hacer una llamada telefónica.
She went to make a telephone call.

Usa colores llamativos.
She wears loud/showy colors.

(llegar) *to arrive*

llego · llegaron · llegado · llegando

-ar verb; spelling change: *g > gu/e*

---

❸ —¿Ellos llegaron tarde?   *Did they arrive late?*
  —Sí, por desgracia no llegaron hasta las cinco.   *Yes, unfortunately they didn't arrive until 5 o'clock.*

❸ —¿A qué hora llegarán?   *At what time will they arrive?*
  —Habrán llegado ya.   *They must have arrived already.*

to come

❸ —Llegará el día en que el pueblo se entere   *The day will come when the people will find out*
    de todo lo que pasó.   *everything that happened.*
  —Sí, y en aquel momento sus políticos tendrán   *Yes, and then their politicians will have to pay*
    que pagar los vidrios rotos.   *the piper.*

Llegó al poder.   *He came to power.*

to reach

No llega al interruptor.   *She can't reach the switch.*
Los documentos llegaron a mis manos.   *The papers reached me.*
Los expertos llegaron a una conclusión.   *The experts reached a conclusion.*
Llegó al extremo de mentir.   *She went so far as to lie.*

to find out

Espero que lleguéis a saber la verdad.   *I hope you'll find out the truth.*

to become

Llegó a ser jefe del ejecutivo.   *He became the chief executive.*

to attain, achieve

❸ —Ese pelotero llegó a la fama.   *That ballplayer became famous.*
  —Sí, llegó a ser uno de los grandes de las   *Yes, he got to be one of the greats in the Major*
    Ligas Mayores.   *Leagues.*

to amount to, come to

Sus ingresos llegaban a cien mil dólares.   *Her income amounted to $100,000.*

to be enough

¿Te llega el dinero?   *Do you have enough money?*

to succeed in, manage to

Llegamos a coger el tren de la una.   *We managed to catch the one o'clock train.*
Llegó a recibirse de médico.   *He succeeded in getting his medical degree.*

to get to, end up

Llegaron a platicar de sus problemas.   *They got to talking about their problems.*
Llegó a estudiar en el extranjero.   *She ended up studying abroad.*

llegado—adjective and noun

❸ —Dimos la bienvenida a los recién llegados.   *We welcomed the newcomers.*
  —¿Los visteis a su llegada?   *Did you see them when they arrived?*

Eso fue llegar y besar al santo.   *It was a piece of cake / easy as pie.*

-ar verb; spelling change: g > gu/e

llego · llegaron · llegado · llegando

Present		Preterit	
llego	llegamos	llegué	llegamos
llegas	llegáis	llegaste	llegasteis
llega	llegan	llegó	llegaron

Imperfect		Present Perfect	
llegaba	llegábamos	he llegado	hemos llegado
llegabas	llegabais	has llegado	habéis llegado
llegaba	llegaban	ha llegado	han llegado

Future		Conditional	
llegaré	llegaremos	llegaría	llegaríamos
llegarás	llegaréis	llegarías	llegaríais
llegará	llegarán	llegaría	llegarían

Pluperfect		Preterit Perfect	
había llegado	habíamos llegado	hube llegado	hubimos llegado
habías llegado	habíais llegado	hubiste llegado	hubisteis llegado
había llegado	habían llegado	hubo llegado	hubieron llegado

Future Perfect		Conditional Perfect	
habré llegado	habremos llegado	habría llegado	habríamos llegado
habrás llegado	habréis llegado	habrías llegado	habríais llegado
habrá llegado	habrán llegado	habría llegado	habrían llegado

Present Subjunctive		Present Perfect Subjunctive	
llegue	lleguemos	haya llegado	hayamos llegado
llegues	lleguéis	hayas llegado	hayáis llegado
llegue	lleguen	haya llegado	hayan llegado

Imperfect Subjunctive (-ra)		or	Imperfect Subjunctive (-se)	
llegara	llegáramos		llegase	llegásemos
llegaras	llegarais		llegases	llegaseis
llegara	llegaran		llegase	llegasen

Past Perfect Subjunctive (-ra)		or	Past Perfect Subjunctive (-se)	
hubiera llegado	hubiéramos llegado		hubiese llegado	hubiésemos llegado
hubieras llegado	hubierais llegado		hubieses llegado	hubieseis llegado
hubiera llegado	hubieran llegado		hubiese llegado	hubiesen llegado

Progressive Tenses

Present	estoy, estás, está, estamos, estáis, están	
Preterit	estuve, estuviste, estuvo, estuvimos, estuvisteis, estuvieron	
Imperfect	estaba, estabas, estaba, estábamos, estabais, estaban	
Future	estaré, estarás, estará, estaremos, estaréis, estarán	llegando
Conditional	estaría, estarías, estaría, estaríamos, estaríais, estarían	
Subjunctive	que + _corresponding subjunctive tense of_ estar (_see verb 252_)	

Commands

	(nosotros) lleguemos / no lleguemos
(tú) llega / no llegues	(vosotros) llegad / no lleguéis
(Ud.) llegue / no llegue	(Uds.) lleguen / no lleguen

Dudo que lleguen para las dos.	_I doubt that they'll come by two._
No llego al cuarto estante.	_I can't reach the fourth shelf._
El sueldo no les llega para el mes.	_They don't have enough money for the month._
¿Adónde quieres llegar con eso?	_What are you driving at with that?_
Llegó a ser Secretario de Relaciones Exteriores.	_He became Secretary of State._

llenar to fill, fill out/up/in

lleno · llenaron · llenado · llenando   regular -ar verb

	Present		Preterit
lleno	llenamos	llené	llenamos
llenas	llenáis	llenaste	llenasteis
llena	llenan	llenó	llenaron

	Imperfect		Present Perfect
llenaba	llenábamos	he llenado	hemos llenado
llenabas	llenabais	has llenado	habéis llenado
llenaba	llenaban	ha llenado	han llenado

	Future		Conditional
llenaré	llenaremos	llenaría	llenaríamos
llenarás	llenaréis	llenarías	llenaríais
llenará	llenarán	llenaría	llenarían

	Pluperfect		Preterit Perfect
había llenado	habíamos llenado	hube llenado	hubimos llenado
habías llenado	habíais llenado	hubiste llenado	hubisteis llenado
había llenado	habían llenado	hubo llenado	hubieron llenado

	Future Perfect		Conditional Perfect
habré llenado	habremos llenado	habría llenado	habríamos llenado
habrás llenado	habréis llenado	habrías llenado	habríais llenado
habrá llenado	habrán llenado	habría llenado	habrían llenado

	Present Subjunctive		Present Perfect Subjunctive
llene	llenemos	haya llenado	hayamos llenado
llenes	llenéis	hayas llenado	hayáis llenado
llene	llenen	haya llenado	hayan llenado

Imperfect Subjunctive (-ra)		or	Imperfect Subjunctive (-se)	
llenara	llenáramos		llenase	llenásemos
llenaras	llenarais		llenases	llenaseis
llenara	llenaran		llenase	llenasen

Past Perfect Subjunctive (-ra)		or	Past Perfect Subjunctive (-se)	
hubiera llenado	hubiéramos llenado		hubiese llenado	hubiésemos llenado
hubieras llenado	hubierais llenado		hubieses llenado	hubieseis llenado
hubiera llenado	hubieran llenado		hubiese llenado	hubiesen llenado

Progressive Tenses

Present	estoy, estás, está, estamos, estáis, están	
Preterit	estuve, estuviste, estuvo, estuvimos, estuvisteis, estuvieron	
Imperfect	estaba, estabas, estaba, estábamos, estabais, estaban	llenando
Future	estaré, estarás, estará, estaremos, estaréis, estarán	
Conditional	estaría, estarías, estaría, estaríamos, estaríais, estarían	
Subjunctive	que + *corresponding subjunctive tense of* estar (*see verb 252*)	

Commands

	(nosotros) llenemos / no llenemos
(tú) llena / no llenes	(vosotros) llenad / no llenéis
(Ud.) llene / no llene	(Uds.) llenen / no llenen

USAGE

Llene los dos formularios.	Fill out/in the two forms.
¿Llenasteis el depósito de gasolina?	Did you fill the gas tank?
Se llenó de orgullo al ver a su hijo.	He became filled with pride when he saw his son.
Los niños se llenaron de helado.	The kids filled up on ice cream.
Las copas no están llenas.	The wine glasses aren't full.
El teatro estaba lleno.	The house was sold out.
Se ve la luna llena esta noche.	You can see a full moon tonight.

regular -ar verb   llevo · llevaron · llevado · llevando

Present		Preterit	
llevo	llevamos	llevé	llevamos
llevas	lleváis	llevaste	llevasteis
lleva	llevan	llevó	llevaron

Imperfect		Present Perfect	
llevaba	llevábamos	he llevado	hemos llevado
llevabas	llevabais	has llevado	habéis llevado
llevaba	llevaban	ha llevado	han llevado

Future		Conditional	
llevaré	llevaremos	llevaría	llevaríamos
llevarás	llevaréis	llevarías	llevaríais
llevará	llevarán	llevaría	llevarían

Pluperfect		Preterit Perfect	
había llevado	habíamos llevado	hube llevado	hubimos llevado
habías llevado	habíais llevado	hubiste llevado	hubisteis llevado
había llevado	habían llevado	hubo llevado	hubieron llevado

Future Perfect		Conditional Perfect	
habré llevado	habremos llevado	habría llevado	habríamos llevado
habrás llevado	habréis llevado	habrías llevado	habríais llevado
habrá llevado	habrán llevado	habría llevado	habrían llevado

Present Subjunctive		Present Perfect Subjunctive	
lleve	llevemos	haya llevado	hayamos llevado
lleves	llevéis	hayas llevado	hayáis llevado
lleve	lleven	haya llevado	hayan llevado

Imperfect Subjunctive (-ra)		or	Imperfect Subjunctive (-se)	
llevara	lleváramos		llevase	llevásemos
llevaras	llevarais		llevases	llevaseis
llevara	llevaran		llevase	llevasen

Past Perfect Subjunctive (-ra)		or	Past Perfect Subjunctive (-se)	
hubiera llevado	hubiéramos llevado		hubiese llevado	hubiésemos llevado
hubieras llevado	hubierais llevado		hubieses llevado	hubieseis llevado
hubiera llevado	hubieran llevado		hubiese llevado	hubiesen llevado

Progressive Tenses

Present	estoy, estás, está, estamos, estáis, están	
Preterit	estuve, estuviste, estuvo, estuvimos, estuvisteis, estuvieron	
Imperfect	estaba, estabas, estaba, estábamos, estabais, estaban	
Future	estaré, estarás, estará, estaremos, estaréis, estarán	llevando
Conditional	estaría, estarías, estaría, estaríamos, estaríais, estarían	
Subjunctive	que + *corresponding subjunctive tense of* estar (*see verb 252*)	

Commands

	(nosotros) llevemos / no llevemos
(tú) lleva / no lleves	(vosotros) llevad / no llevéis
(Ud.) lleve / no lleve	(Uds.) lleven / no lleven

USAGE

❽ —¿Me llevas de compras? — *Will you take me shopping?*
—Si tú llevas todos los paquetes. — *If you carry all the packages.*
Llevaba botas todos los días. — *He wore boots every day.*
¿Lleva mucho tiempo estudiando? — *Has she been studying for a long time?*
Nos llevó a verlo de otra manera. — *He led us to see it in a different way.*
Esta torta lleva vainilla, ¿no? — *This cake has vanilla in it, doesn't it?*
La empresa lleva el nombre de la familia. — *The company bears the family's name.*

Los habían llevado al cine.	*They had taken them to the movies.*
Es importante que lo llevemos adelante.	*It's important that we go ahead with it.*

to bring

Llevabas la alegría a su casa.	*You brought happiness to their house.*

to take time

El proyecto llevará mucho tiempo.	*The project will take a lot of time.*

to have

◐ —Este candidato lleva ventaja a los demás.	*This candidate has an advantage over the others.*
—Sí, lleva mucho tiempo en el gobierno.	*Yes, he's been in government a long time.*

llevar + gerund *to have been doing something*

Llevan un mes haciendo la encuesta.	*They've been doing the survey for a month.*

to be

¿Cuánto tiempo llevan Uds. en la ciudad?	*How long have you been in the city?*

to be older, taller than, ahead of

Mi hermano me lleva seis años.	*My brother is six years older than I.*
Te llevo un año en la universidad.	*I'm a year ahead of you in college.*

to wear

Miguel llevaba una corbata roja.	*Miguel wore a red tie.*

to lead

Llevan una vida muy emocionante.	*They lead a very exciting life.*
Todos los caminos llevan a Roma.	*All roads lead to Rome.*

to run, manage; to carry out, accomplish

◐ —La junta lleva la empresa con gran éxito.	*The board runs the firm very successfully.*
—Sí, han llevado a cabo todos sus objetivos.	*Yes, they've accomplished all their goals.*

llevarse *to take/carry off; to get along with*

Lo que el viento se llevó es una gran película.	Gone with the Wind *is a great film.*
El ladrón se llevó nuestro equipaje.	*The thief made off with our luggage.*
¡Qué susto se llevó!	*What a fright she had!*
◐ —¿Se llevan bien o mal?	*Do they get along well or badly?*
—Se llevan como perro y gato.	*They fight like cats and dogs.*

regular -ar verb

lloro · lloraron · llorado · llorando

Present		**Preterit**	
lloro	lloramos	lloré	lloramos
lloras	lloráis	lloraste	llorasteis
llora	lloran	lloró	lloraron
Imperfect		**Present Perfect**	
lloraba	llorábamos	he llorado	hemos llorado
llorabas	llorabais	has llorado	habéis llorado
lloraba	lloraban	ha llorado	han llorado
Future		**Conditional**	
lloraré	lloraremos	lloraría	lloraríamos
llorarás	lloraréis	llorarías	lloraríais
llorará	llorarán	lloraría	llorarían
Pluperfect		**Preterit Perfect**	
había llorado	habíamos llorado	hube llorado	hubimos llorado
habías llorado	habíais llorado	hubiste llorado	hubisteis llorado
había llorado	habían llorado	hubo llorado	hubieron llorado
Future Perfect		**Conditional Perfect**	
habré llorado	habremos llorado	habría llorado	habríamos llorado
habrás llorado	habréis llorado	habrías llorado	habríais llorado
habrá llorado	habrán llorado	habría llorado	habrían llorado

Present Subjunctive		**Present Perfect Subjunctive**	
llore	lloremos	haya llorado	hayamos llorado
llores	lloréis	hayas llorado	hayáis llorado
llore	lloren	haya llorado	hayan llorado

Imperfect Subjunctive (-ra)		or	**Imperfect Subjunctive (-se)**	
llorara	lloráramos		llorase	llorásemos
lloraras	llorarais		llorases	lloraseis
llorara	lloraran		llorase	llorasen

Past Perfect Subjunctive (-ra)		or	**Past Perfect Subjunctive (-se)**	
hubiera llorado	hubiéramos llorado		hubiese llorado	hubiésemos llorado
hubieras llorado	hubierais llorado		hubieses llorado	hubieseis llorado
hubiera llorado	hubieran llorado		hubiese llorado	hubiesen llorado

Progressive Tenses

Present	estoy, estás, está, estamos, estáis, están
Preterit	estuve, estuviste, estuvo, estuvimos, estuvisteis, estuvieron
Imperfect	estaba, estabas, estaba, estábamos, estabais, estaban
Future	estaré, estarás, estará, estaremos, estaréis, estarán
Conditional	estaría, estarías, estaría, estaríamos, estaríais, estarían
Subjunctive	que + *corresponding subjunctive tense of* estar (*see verb 252*)

llorando

Commands

	(nosotros) lloremos / no lloremos
(tú) llora / no llores	(vosotros) llorad / no lloréis
(Ud.) llore / no llore	(Uds.) lloren / no lloren

USAGE

La niña llora por todo.	*The little girl cries over everything.*
Rompieron a llorar.	*They burst into tears.*
Algún día vas a llorar tu insolencia.	*Some day you'll be sorry for your insolence.*
Lloran la muerte de su abuelo.	*They're mourning for their grandfather.*
El que no llora no mama.	*You don't get anything if you don't ask.*
¡Qué llorón!	*What a crybaby!*
Sólo sabes llorar lágrimas de cocodrilo.	*You only know how to shed crocodile tears.*

llueve · llovió · llovido · lloviendo

stem-changing -er verb: *o > ue*;
impersonal verb used in third-person singular only

Present	**Preterit**
llueve	llovió
Imperfect	**Present Perfect**
llovía	ha llovido
Future	**Conditional**
lloverá	llovería
Pluperfect	**Preterit Perfect**
había llovido	hubo llovido
Future Perfect	**Conditional Perfect**
habrá llovido	habría llovido

Present Subjunctive		**Present Perfect Subjunctive**
llueva		haya llovido
Imperfect Subjunctive (-ra)	or	**Imperfect Subjunctive (-se)**
lloviera		lloviese
Past Perfect Subjunctive (-ra)	or	**Past Perfect Subjunctive (-se)**
hubiera llovido		hubiese llovido

Progressive Tenses

Present	está
Preterit	estuvo
Imperfect	estaba
Future	estará
Conditional	estaría
Subjunctive	que + *corresponding subjunctive tense of* estar (*see verb 252*)

⎱ lloviendo

NOTE: Verb not used in commands

USAGE

—¿Llueve?	*Is it raining?*
—Sí, está lloviendo a cántaros.	*Yes, it's raining cats and dogs / pouring.*
Nunca llueve a gusto de todos.	*You can't please everybody.*
Llueve sobre mojado.	*It never rains but it pours.*
El dinero llegó como llovido del cielo.	*The money came out of the blue.*
Hablar con ella es como quien oye llover.	*Talking to her is like talking to a brick wall.*
Me gusta caminar bajo la lluvia.	*I like to walk in the rain.*
La primavera es la estación de las lluvias.	*Spring is the rainy season.*
El mes más lluvioso por esta región es abril.	*The rainiest month in this region is April.*
El dióxido de azufre causa la lluvia ácida.	*Sulphur dioxide causes acid rain.*
Los novios salieron bajo una lluvia de arroz.	*The newlyweds left in a shower of rice.*
Los regalos les llovían.	*They were showered with gifts.*
Llovía a chorros / a mares.	*It was pouring.*
—Llovizna todos los días.	*It drizzles every day.*
—Nada de llovizna hoy sino una lluvia torrencial.	*No drizzle today, but rather torrential rain.*

regular -ar verb

logro · lograron · logrado · logrando

Present		Preterit	
logro	logramos	logré	logramos
logras	lográis	lograste	lograsteis
logra	logran	logró	lograron

Imperfect		Present Perfect	
lograba	lográbamos	he logrado	hemos logrado
lograbas	lograbais	has logrado	habéis logrado
lograba	lograban	ha logrado	han logrado

Future		Conditional	
lograré	lograremos	lograría	lograríamos
lograrás	lograréis	lograrías	lograríais
logrará	lograrán	lograría	lograrían

Pluperfect		Preterit Perfect	
había logrado	habíamos logrado	hube logrado	hubimos logrado
habías logrado	habíais logrado	hubiste logrado	hubisteis logrado
había logrado	habían logrado	hubo logrado	hubieron logrado

Future Perfect		Conditional Perfect	
habré logrado	habremos logrado	habría logrado	habríamos logrado
habrás logrado	habréis logrado	habrías logrado	habríais logrado
habrá logrado	habrán logrado	habría logrado	habrían logrado

Present Subjunctive		Present Perfect Subjunctive	
logre	logremos	haya logrado	hayamos logrado
logres	logréis	hayas logrado	hayáis logrado
logre	logren	haya logrado	hayan logrado

Imperfect Subjunctive (-ra)		or	Imperfect Subjunctive (-se)	
lograra	lográramos		lograse	lográsemos
lograras	lograrais		lograses	lograseis
lograra	lograran		lograse	lograsen

Past Perfect Subjunctive (-ra)		or	Past Perfect Subjunctive (-se)	
hubiera logrado	hubiéramos logrado		hubiese logrado	hubiésemos logrado
hubieras logrado	hubierais logrado		hubieses logrado	hubieseis logrado
hubiera logrado	hubieran logrado		hubiese logrado	hubiesen logrado

Progressive Tenses

Present	estoy, estás, está, estamos, estáis, están	
Preterit	estuve, estuviste, estuvo, estuvimos, estuvisteis, estuvieron	
Imperfect	estaba, estabas, estaba, estábamos, estabais, estaban	logrando
Future	estaré, estarás, estará, estaremos, estaréis, estarán	
Conditional	estaría, estarías, estaría, estaríamos, estaríais, estarían	
Subjunctive	que + *corresponding subjunctive tense of* estar (*see verb 252*)	

Commands

	(nosotros) logremos / no logremos
(tú) logra / no logres	(vosotros) lograd / no logréis
(Ud.) logre / no logre	(Uds.) logren / no logren

USAGE

Logró el puesto.	*He got the position.*
Lograste mucha fama en el teatro.	*You achieved great fame in the theater.*
Logramos llegar al campeonato.	*We succeeded in reaching the championship.*
Espero que logréis vuestros objetivos.	*I hope you realize your goals.*
Es célebre por sus logros científicos.	*He's famous for his scientific achievements.*
Es un método muy logrado.	*It's a very successful method.*

luchar *to fight, struggle, dispute*

lucho · lucharon · luchado · luchando   regular *-ar* verb

Present		Preterit	
lucho	luchamos	luché	luchamos
luchas	lucháis	luchaste	luchasteis
lucha	luchan	luchó	lucharon

Imperfect		Present Perfect	
luchaba	luchábamos	he luchado	hemos luchado
luchabas	luchabais	has luchado	habéis luchado
luchaba	luchaban	ha luchado	han luchado

Future		Conditional	
lucharé	lucharemos	lucharía	lucharíamos
lucharás	lucharéis	lucharías	lucharíais
luchará	lucharán	lucharía	lucharían

Pluperfect		Preterit Perfect	
había luchado	habíamos luchado	hube luchado	hubimos luchado
habías luchado	habíais luchado	hubiste luchado	hubisteis luchado
había luchado	habían luchado	hubo luchado	hubieron luchado

Future Perfect		Conditional Perfect	
habré luchado	habremos luchado	habría luchado	habríamos luchado
habrás luchado	habréis luchado	habrías luchado	habríais luchado
habrá luchado	habrán luchado	habría luchado	habrían luchado

Present Subjunctive		Present Perfect Subjunctive	
luche	luchemos	haya luchado	hayamos luchado
luches	luchéis	hayas luchado	hayáis luchado
luche	luchen	haya luchado	hayan luchado

Imperfect Subjunctive (-ra)		or	Imperfect Subjunctive (-se)	
luchara	lucháramos		luchase	luchásemos
lucharas	lucharais		luchases	luchaseis
luchara	lucharan		luchase	luchasen

Past Perfect Subjunctive (-ra)		or	Past Perfect Subjunctive (-se)	
hubiera luchado	hubiéramos luchado		hubiese luchado	hubiésemos luchado
hubieras luchado	hubierais luchado		hubieses luchado	hubieseis luchado
hubiera luchado	hubieran luchado		hubiese luchado	hubiesen luchado

Progressive Tenses

Present	estoy, estás, está, estamos, estáis, están	
Preterit	estuve, estuviste, estuvo, estuvimos, estuvisteis, estuvieron	
Imperfect	estaba, estabas, estaba, estábamos, estabais, estaban	luchando
Future	estaré, estarás, estará, estaremos, estaréis, estarán	
Conditional	estaría, estarías, estaría, estaríamos, estaríais, estarían	
Subjunctive	que + *corresponding subjunctive tense of* estar (*see verb 252*)	

Commands

	(nosotros) luchemos / no luchemos
(tú) lucha / no luches	(vosotros) luchad / no luchéis
(Ud.) luche / no luche	(Uds.) luchen / no luchen

USAGE

Se luchaba por la democracia.	*They were fighting for democracy.*
Luchan por la existencia.	*They're struggling to survive.*
Es bueno que ya no se luche cuerpo a cuerpo.	*It's good there's no more hand to hand combat.*
El tratado puso fin a la lucha.	*The treaty put an end to the war/conflict.*
Entablaron una lucha muy reñida.	*They engaged in a bitter conflict.*
Hay programas de lucha libre en la tele.	*There are wrestling shows on TV.*
¿Qué te parecen estos luchadores?	*What do you think of these wrestlers?*

-ir verb; spelling change: c > zc/o, a   luzco · lucieron · lucido · luciendo

Present		Preterit	
luzco	lucimos	lucí	lucimos
luces	lucís	luciste	lucisteis
luce	lucen	lució	lucieron

Imperfect		Present Perfect	
lucía	lucíamos	he lucido	hemos lucido
lucías	lucíais	has lucido	habéis lucido
lucía	lucían	ha lucido	han lucido

Future		Conditional	
luciré	luciremos	luciría	luciríamos
lucirás	luciréis	lucirías	luciríais
lucirá	lucirán	luciría	lucirían

Pluperfect		Preterit Perfect	
había lucido	habíamos lucido	hube lucido	hubimos lucido
habías lucido	habíais lucido	hubiste lucido	hubisteis lucido
había lucido	habían lucido	hubo lucido	hubieron lucido

Future Perfect		Conditional Perfect	
habré lucido	habremos lucido	habría lucido	habríamos lucido
habrás lucido	habréis lucido	habrías lucido	habríais lucido
habrá lucido	habrán lucido	habría lucido	habrían lucido

Present Subjunctive		Present Perfect Subjunctive	
luzca	luzcamos	haya lucido	hayamos lucido
luzcas	luzcáis	hayas lucido	hayáis lucido
luzca	luzcan	haya lucido	hayan lucido

Imperfect Subjunctive (-ra)		or	Imperfect Subjunctive (-se)	
luciera	luciéramos		luciese	luciésemos
lucieras	lucierais		lucieses	lucieseis
luciera	lucieran		luciese	luciesen

Past Perfect Subjunctive (-ra)		or	Past Perfect Subjunctive (-se)	
hubiera lucido	hubiéramos lucido		hubiese lucido	hubiésemos lucido
hubieras lucido	hubierais lucido		hubieses lucido	hubieseis lucido
hubiera lucido	hubieran lucido		hubiese lucido	hubiesen lucido

Progressive Tenses

Present	estoy, estás, está, estamos, estáis, están	
Preterit	estuve, estuviste, estuvo, estuvimos, estuvisteis, estuvieron	
Imperfect	estaba, estabas, estaba, estábamos, estabais, estaban	luciendo
Future	estaré, estarás, estará, estaremos, estaréis, estarán	
Conditional	estaría, estarías, estaría, estaríamos, estaríais, estarían	
Subjunctive	que + corresponding subjunctive tense of estar (see verb 252)	

Commands

	(nosotros) luzcamos / no luzcamos
(tú) luce / no luzcas	(vosotros) lucid / no luzcáis
(Ud.) luzca / no luzca	(Uds.) luzcan / no luzcan

El sol y las estrellas lucen.	The sun and the stars shine.
¡Cómo lucen estos diamantes!	How these diamonds sparkle / give off light!
Lucen muy guapos.	You look very handsome.
Lucía un traje muy de moda.	She sported a very fashionable suit.
Se lucieron en todos los exámenes.	They excelled / came out with flying colors in all the exams.
Entra mucha luz en la cocina.	There's a lot of light in the kitchen.
Miren el lucero del alba.	Look at the morning star.

madrugar *to get up early*

madrugo · madrugaron · madrugado · madrugando   *-ar verb; spelling change: g > gu/e*

Present		Preterit	
madrugo	madrugamos	madrugué	madrugamos
madrugas	madrugáis	madrugaste	madrugasteis
madruga	madrugan	madrugó	madrugaron

Imperfect		Present Perfect	
madrugaba	madrugábamos	he madrugado	hemos madrugado
madrugabas	madrugabais	has madrugado	habéis madrugado
madrugaba	madrugaban	ha madrugado	han madrugado

Future		Conditional	
madrugaré	madrugaremos	madrugaría	madrugaríamos
madrugarás	madrugaréis	madrugarías	madrugaríais
madrugará	madrugarán	madrugaría	madrugarían

Pluperfect		Preterit Perfect	
había madrugado	habíamos madrugado	hube madrugado	hubimos madrugado
habías madrugado	habíais madrugado	hubiste madrugado	hubisteis madrugado
había madrugado	habían madrugado	hubo madrugado	hubieron madrugado

Future Perfect		Conditional Perfect	
habré madrugado	habremos madrugado	habría madrugado	habríamos madrugado
habrás madrugado	habréis madrugado	habrías madrugado	habríais madrugado
habrá madrugado	habrán madrugado	habría madrugado	habrían madrugado

Present Subjunctive		Present Perfect Subjunctive	
madrugue	madruguemos	haya madrugado	hayamos madrugado
madrugues	madruguéis	hayas madrugado	hayáis madrugado
madrugue	madruguen	haya madrugado	hayan madrugado

Imperfect Subjunctive (-ra)		*or*	Imperfect Subjunctive (-se)	
madrugara	madrugáramos		madrugase	madrugásemos
madrugaras	madrugarais		madrugases	madrugaseis
madrugara	madrugaran		madrugase	madrugasen

Past Perfect Subjunctive (-ra)		*or*	Past Perfect Subjunctive (-se)	
hubiera madrugado	hubiéramos madrugado		hubiese madrugado	hubiésemos madrugado
hubieras madrugado	hubierais madrugado		hubieses madrugado	hubieseis madrugado
hubiera madrugado	hubieran madrugado		hubiese madrugado	hubiesen madrugado

Progressive Tenses

Present	estoy, estás, está, estamos, estáis, están	
Preterit	estuve, estuviste, estuvo, estuvimos, estuvisteis, estuvieron	
Imperfect	estaba, estabas, estaba, estábamos, estabais, estaban	madrugando
Future	estaré, estarás, estará, estaremos, estaréis, estarán	
Conditional	estaría, estarías, estaría, estaríamos, estaríais, estarían	
Subjunctive	que + *corresponding subjunctive tense of* estar (*see verb 252*)	

Commands

	(nosotros) madruguemos / no madruguemos
(tú) madruga / no madrugues	(vosotros) madrugad / no madruguéis
(Ud.) madrugue / no madrugue	(Uds.) madruguen / no madruguen

USAGE

Es necesario que madruguemos.	*It's necessary that we get up early.*
Se levantó de madrugada.	*She got up very early.*
¡Qué hermosa es la luz de madrugada!	*How beautiful is daybreak / dawn's early light!*
El niño es muy madrugador.	*The child is an early riser.*
Al que / A quien madruga Dios le ayuda.	*The early bird catches the worm.*

regular _-ar_ verb **mando · mandaron · mandado · mandando**

Present		Preterit	
mando	mandamos	mandé	mandamos
mandas	mandáis	mandaste	mandasteis
manda	mandan	mandó	mandaron

Imperfect		Present Perfect	
mandaba	mandábamos	he mandado	hemos mandado
mandabas	mandabais	has mandado	habéis mandado
mandaba	mandaban	ha mandado	han mandado

Future		Conditional	
mandaré	mandaremos	mandaría	mandaríamos
mandarás	mandaréis	mandarías	mandaríais
mandará	mandarán	mandaría	mandarían

Pluperfect		Preterit Perfect	
había mandado	habíamos mandado	hube mandado	hubimos mandado
habías mandado	habíais mandado	hubiste mandado	hubisteis mandado
había mandado	habían mandado	hubo mandado	hubieron mandado

Future Perfect		Conditional Perfect	
habré mandado	habremos mandado	habría mandado	habríamos mandado
habrás mandado	habréis mandado	habrías mandado	habríais mandado
habrá mandado	habrán mandado	habría mandado	habrían mandado

Present Subjunctive		Present Perfect Subjunctive	
mande	mandemos	haya mandado	hayamos mandado
mandes	mandéis	hayas mandado	hayáis mandado
mande	manden	haya mandado	hayan mandado

Imperfect Subjunctive (-ra)		_or_	Imperfect Subjunctive (-se)	
mandara	mandáramos		mandase	mandásemos
mandaras	mandarais		mandases	mandaseis
mandara	mandaran		mandase	mandasen

Past Perfect Subjunctive (-ra)		_or_	Past Perfect Subjunctive (-se)	
hubiera mandado	hubiéramos mandado		hubiese mandado	hubiésemos mandado
hubieras mandado	hubierais mandado		hubieses mandado	hubieseis mandado
hubiera mandado	hubieran mandado		hubiese mandado	hubiesen mandado

Progressive Tenses

Present	estoy, estás, está, estamos, estáis, están	
Preterit	estuve, estuviste, estuvo, estuvimos, estuvisteis, estuvieron	
Imperfect	estaba, estabas, estaba, estábamos, estabais, estaban	mandando
Future	estaré, estarás, estará, estaremos, estaréis, estarán	
Conditional	estaría, estarías, estaría, estaríamos, estaríais, estarían	
Subjunctive	que + _corresponding subjunctive tense of_ estar (_see verb 252_)	

Commands

	(nosotros) mandemos / no mandemos
(tú) manda / no mandes	(vosotros) mandad / no mandéis
(Ud.) mande / no mande	(Uds.) manden / no manden

USAGE

Le mandé que hiciera los mandados.	_I ordered him to run the errands._
Les mando encargarse de la campaña.	_I'm having them take charge of the campaign._
Hemos mandado los documentos / el fax.	_We've sent the papers / the fax._
El general Patton mandó el ejército norteamericano.	_General Patton commanded the United States Army._
¡Aquí mando yo!	_I give the orders here!_
¡Las mandó al infierno!	_She told them to go to hell!_
Haz el trabajo como Dios manda.	_Do the job properly._

manejar *to manage, handle, drive*

manejo · manejaron · manejado · manejando regular -*ar* verb

Present		Preterit	
manejo	manejamos	manejé	manejamos
manejas	manejáis	manejaste	manejasteis
maneja	manejan	manejó	manejaron

Imperfect		Present Perfect	
manejaba	manejábamos	he manejado	hemos manejado
manejabas	manejabais	has manejado	habéis manejado
manejaba	manejaban	ha manejado	han manejado

Future		Conditional	
manejaré	manejaremos	manejaría	manejaríamos
manejarás	manejaréis	manejarías	manejaríais
manejará	manejarán	manejaría	manejarían

Pluperfect		Preterit Perfect	
había manejado	habíamos manejado	hube manejado	hubimos manejado
habías manejado	habíais manejado	hubiste manejado	hubisteis manejado
había manejado	habían manejado	hubo manejado	hubieron manejado

Future Perfect		Conditional Perfect	
habré manejado	habremos manejado	habría manejado	habríamos manejado
habrás manejado	habréis manejado	habrías manejado	habríais manejado
habrá manejado	habrán manejado	habría manejado	habrían manejado

---

Present Subjunctive		Present Perfect Subjunctive	
maneje	manejemos	haya manejado	hayamos manejado
manejes	manejéis	hayas manejado	hayáis manejado
maneje	manejen	haya manejado	hayan manejado

Imperfect Subjunctive (-ra)		or	Imperfect Subjunctive (-se)	
manejara	manejáramos		manejase	manejásemos
manejaras	manejarais		manejases	manejaseis
manejara	manejaran		manejase	manejasen

Past Perfect Subjunctive (-ra)		or	Past Perfect Subjunctive (-se)	
hubiera manejado	hubiéramos manejado		hubiese manejado	hubiésemos manejado
hubieras manejado	hubierais manejado		hubieses manejado	hubieseis manejado
hubiera manejado	hubieran manejado		hubiese manejado	hubiesen manejado

---

Progressive Tenses

Present	estoy, estás, está, estamos, estáis, están	
Preterit	estuve, estuviste, estuvo, estuvimos, estuvisteis, estuvieron	
Imperfect	estaba, estabas, estaba, estábamos, estabais, estaban	} manejando
Future	estaré, estarás, estará, estaremos, estaréis, estarán	
Conditional	estaría, estarías, estaría, estaríamos, estaríais, estarían	
Subjunctive	que + *corresponding subjunctive tense of* estar (*see verb 252*)	

Commands

	(nosotros) manejemos / no manejemos
(tú) maneja / no manejes	(vosotros) manejad / no manejéis
(Ud.) maneje / no maneje	(Uds.) manejen / no manejen

USAGE

El jefe del ejecutivo maneja los negocios. *The chief executive runs the business.*
No se puede manejar tantas cosas a la vez. *You can't handle so many things at once.*
No hables por teléfono celular mientras *Don't talk on your cell phone while you drive.*
  manejas.
Aprendieron a manejar la máquina. *They learned to operate the machine.*
La computadora es de fácil manejo. *The computer is easy to use.*
Vuelve a leer las instrucciones de manejo. *Read the operating instructions/directions again.*

irregular verb (like **tener**)   mantengo · mantuvieron · mantenido · manteniendo

Present		Preterit	
mantengo	mantenemos	mantuve	mantuvimos
mantienes	mantenéis	mantuviste	mantuvisteis
mantiene	mantienen	mantuvo	mantuvieron

Imperfect		Present Perfect	
mantenía	manteníamos	he mantenido	hemos mantenido
mantenías	manteníais	has mantenido	habéis mantenido
mantenía	mantenían	ha mantenido	han mantenido

Future		Conditional	
mantendré	mantendremos	mantendría	mantendríamos
mantendrás	mantendréis	mantendrías	mantendríais
mantendrá	mantendrán	mantendría	mantendrían

Pluperfect		Preterit Perfect	
había mantenido	habíamos mantenido	hube mantenido	hubimos mantenido
habías mantenido	habíais mantenido	hubiste mantenido	hubisteis mantenido
había mantenido	habían mantenido	hubo mantenido	hubieron mantenido

Future Perfect		Conditional Perfect	
habré mantenido	habremos mantenido	habría mantenido	habríamos mantenido
habrás mantenido	habréis mantenido	habrías mantenido	habríais mantenido
habrá mantenido	habrán mantenido	habría mantenido	habrían mantenido

Present Subjunctive		Present Perfect Subjunctive	
mantenga	mantengamos	haya mantenido	hayamos mantenido
mantengas	mantengáis	hayas mantenido	hayáis mantenido
mantenga	mantengan	haya mantenido	hayan mantenido

Imperfect Subjunctive (-ra)		*or*	Imperfect Subjunctive (-se)	
mantuviera	mantuviéramos		mantuviese	mantuviésemos
mantuvieras	mantuvierais		mantuvieses	mantuvieseis
mantuviera	mantuvieran		mantuviese	mantuviesen

Past Perfect Subjunctive (-ra)		*or*	Past Perfect Subjunctive (-se)	
hubiera mantenido	hubiéramos mantenido		hubiese mantenido	hubiésemos mantenido
hubieras mantenido	hubierais mantenido		hubieses mantenido	hubieseis mantenido
hubiera mantenido	hubieran mantenido		hubiese mantenido	hubiesen mantenido

Progressive Tenses

Present	estoy, estás, está, estamos, estáis, están	
Preterit	estuve, estuviste, estuvo, estuvimos, estuvisteis, estuvieron	
Imperfect	estaba, estabas, estaba, estábamos, estabais, estaban	manteniendo
Future	estaré, estarás, estará, estaremos, estaréis, estarán	
Conditional	estaría, estarías, estaría, estaríamos, estaríais, estarían	
Subjunctive	que + *corresponding subjunctive tense of* estar (*see verb 252*)	

Commands

	(nosotros) mantengamos / mantengamos
(tú) mantén / no mantengas	(vosotros) mantened / no mantengáis
(Ud.) mantenga / no mantenga	(Uds.) mantengan / no mantengan

USAGE

Mantiene a su familia numerosa.   *He supports his large family.*
Mantengan la casa en buen estado.   *Keep the house in good condition.*

—Le pido que me mantenga al día.   *I'm asking you to keep me up to date.*
—Nos mantenemos en contacto entonces.   *Then we'll keep in touch.*

La sociedad se basa en el mantenimiento   *Society is based on the maintenance of order.*
   del orden.

maquillarse

to put on makeup, cover up, falsify

maquillo · maquillaron · maquillado · maquillándose

regular *-ar* reflexive verb

Present	
me maquillo	nos maquillamos
te maquillas	os maquilláis
se maquilla	se maquillan

Preterit	
me maquillé	nos maquillamos
te maquillaste	os maquillasteis
se maquilló	se maquillaron

Imperfect	
me maquillaba	nos maquillábamos
te maquillabas	os maquillabais
se maquillaba	se maquillaban

Present Perfect	
me he maquillado	nos hemos maquillado
te has maquillado	os habéis maquillado
se ha maquillado	se han maquillado

Future	
me maquillaré	nos maquillaremos
te maquillarás	os maquillaréis
se maquillará	se maquillarán

Conditional	
me maquillaría	nos maquillaríamos
te maquillarías	os maquillaríais
se maquillaría	se maquillarían

Pluperfect	
me había maquillado	nos habíamos maquillado
te habías maquillado	os habíais maquillado
se había maquillado	se habían maquillado

Preterit Perfect	
me hube maquillado	nos hubimos maquillado
te hubiste maquillado	os hubisteis maquillado
se hubo maquillado	se hubieron maquillado

Future Perfect	
me habré maquillado	nos habremos maquillado
te habrás maquillado	os habréis maquillado
se habrá maquillado	se habrán maquillado

Conditional Perfect	
me habría maquillado	nos habríamos maquillado
te habrías maquillado	os habríais maquillado
se habría maquillado	se habrían maquillado

Present Subjunctive	
me maquille	nos maquillemos
te maquilles	os maquilléis
se maquille	se maquillen

Present Perfect Subjunctive	
me haya maquillado	nos hayamos maquillado
te hayas maquillado	os hayáis maquillado
se haya maquillado	se hayan maquillado

Imperfect Subjunctive (-ra)		or	Imperfect Subjunctive (-se)	
me maquillara	nos maquilláramos		me maquillase	nos maquillásemos
te maquillaras	os maquillarais		te maquillases	os maquillaseis
se maquillara	se maquillaran		se maquillase	se maquillasen

Past Perfect Subjunctive (-ra)		or	Past Perfect Subjunctive (-se)	
me hubiera maquillado	nos hubiéramos maquillado		me hubiese maquillado	nos hubiésemos maquillado
te hubieras maquillado	os hubierais maquillado		te hubieses maquillado	os hubieseis maquillado
se hubiera maquillado	se hubieran maquillado		se hubiese maquillado	se hubiesen maquillado

Progressive Tenses

Present	estoy, estás, está, estamos, estáis, están
Preterit	estuve, estuviste, estuvo, estuvimos, estuvisteis, estuvieron
Imperfect	estaba, estabas, estaba, estábamos, estabais, estaban
Future	estaré, estarás, estará, estaremos, estaréis, estarán
Conditional	estaría, estarías, estaría, estaríamos, estaríais, estarían
Subjunctive	que + *corresponding subjunctive tense of* estar (*see verb 252*)

maquillando (*see page 41*)

Commands

	(nosotros) maquillémonos / no nos maquillemos
(tú) maquíllate / no te maquilles	(vosotros) maquillaos / no os maquilléis
(Ud.) maquíllese / no se maquille	(Uds.) maquíllense / no se maquillen

USAGE

Me maquillo antes de vestirme.
El maquillador está maquillando a los actores.
Maquilló las pruebas para no incriminarse.

Esta marca de maquillaje es hipoalergénica.

I put on makeup before I get dressed.
The makeup man is putting makeup on the actors.
She covered up / falsified the evidence so she wouldn't incriminate herself.
This brand of makeup is hypoallergenic.

-ar verb; spelling change: c > qu/e

marco · marcaron · marcado · marcando

Present

marco	marcamos
marcas	marcáis
marca	marcan

Preterit

marqué	marcamos
marcaste	marcasteis
marcó	marcaron

Imperfect

marcaba	marcábamos
marcabas	marcabais
marcaba	marcaban

Present Perfect

he marcado	hemos marcado
has marcado	habéis marcado
ha marcado	han marcado

Future

marcaré	marcaremos
marcarás	marcaréis
marcará	marcarán

Conditional

marcaría	marcaríamos
marcarías	marcaríais
marcaría	marcarían

Pluperfect

había marcado	habíamos marcado
habías marcado	habíais marcado
había marcado	habían marcado

Preterit Perfect

hube marcado	hubimos marcado
hubiste marcado	hubisteis marcado
hubo marcado	hubieron marcado

Future Perfect

habré marcado	habremos marcado
habrás marcado	habréis marcado
habrá marcado	habrán marcado

Conditional Perfect

habría marcado	habríamos marcado
habrías marcado	habríais marcado
habría marcado	habrían marcado

Present Subjunctive

marque	marquemos
marques	marquéis
marque	marquen

Present Perfect Subjunctive

haya marcado	hayamos marcado
hayas marcado	hayáis marcado
haya marcado	hayan marcado

Imperfect Subjunctive (-ra) or Imperfect Subjunctive (-se)

marcara	marcáramos	marcase	marcásemos
marcaras	marcarais	marcases	marcaseis
marcara	marcaran	marcase	marcasen

Past Perfect Subjunctive (-ra) or Past Perfect Subjunctive (-se)

hubiera marcado	hubiéramos marcado	hubiese marcado	hubiésemos marcado
hubieras marcado	hubierais marcado	hubieses marcado	hubieseis marcado
hubiera marcado	hubieran marcado	hubiese marcado	hubiesen marcado

Progressive Tenses

Present	estoy, estás, está, estamos, estáis, están
Preterit	estuve, estuviste, estuvo, estuvimos, estuvisteis, estuvieron
Imperfect	estaba, estabas, estaba, estábamos, estabais, estaban
Future	estaré, estarás, estará, estaremos, estaréis, estarán
Conditional	estaría, estarías, estaría, estaríamos, estaríais, estarían
Subjunctive	que + corresponding subjunctive tense of estar (see verb 252)

} marcando

Commands

	(nosotros) marquemos / no marquemos
(tú) marca / no marques	(vosotros) marcad / no marquéis
(Ud.) marque / no marque	(Uds.) marquen / no marquen

USAGE

El año 2001 marcó el comienzo de un nuevo milenio.
The year 2001 marked the beginning of a new millennium.
El jugador marcó un gol / una canasta.
The player scored a goal / a basket.
Marcaste el código equivocado.
You dialed the wrong area code.
El termómetro marca setenta grados.
The thermometer is registering 70 degrees.
El director marca el compás con la batuta.
The conductor beats time with his baton.
¿De qué marca es la copiadora?
What make of photocopier is it?

marcharse *to go away, leave*

marcho · marcharon · marchado · marchándose   regular -*ar* reflexive verb

Present	
me marcho	nos marchamos
te marchas	os marcháis
se marcha	se marchan

Preterit	
me marché	nos marchamos
te marchaste	os marchasteis
se marchó	se marcharon

Imperfect	
me marchaba	nos marchábamos
te marchabas	os marchabais
se marchaba	se marchaban

Present Perfect	
me he marchado	nos hemos marchado
te has marchado	os habéis marchado
se ha marchado	se han marchado

Future	
me marcharé	nos marcharemos
te marcharás	os marcharéis
se marchará	se marcharán

Conditional	
me marcharía	nos marcharíamos
te marcharías	os marcharíais
se marcharía	se marcharían

Pluperfect	
me había marchado	nos habíamos marchado
te habías marchado	os habíais marchado
se había marchado	se habían marchado

Preterit Perfect	
me hube marchado	nos hubimos marchado
te hubiste marchado	os hubisteis marchado
se hubo marchado	se hubieron marchado

Future Perfect	
me habré marchado	nos habremos marchado
te habrás marchado	os habréis marchado
se habrá marchado	se habrán marchado

Conditional Perfect	
me habría marchado	nos habríamos marchado
te habrías marchado	os habríais marchado
se habría marchado	se habrían marchado

Present Subjunctive	
me marche	nos marchemos
te marches	os marchéis
se marche	se marchen

Present Perfect Subjunctive	
me haya marchado	nos hayamos marchado
te hayas marchado	os hayáis marchado
se haya marchado	se hayan marchado

Imperfect Subjunctive (-ra)		*or*	Imperfect Subjunctive (-se)	
me marchara	nos marcháramos		me marchase	nos marchásemos
te marcharas	os marcharais		te marchases	os marchaseis
se marchara	se marcharan		se marchase	se marchasen

Past Perfect Subjunctive (-ra)		*or*	Past Perfect Subjunctive (-se)	
me hubiera marchado	nos hubiéramos marchado		me hubiese marchado	nos hubiésemos marchado
te hubieras marchado	os hubierais marchado		te hubieses marchado	os hubieseis marchado
se hubiera marchado	se hubieran marchado		se hubiese marchado	se hubiesen marchado

Progressive Tenses

Present	estoy, estás, está, estamos, estáis, están	
Preterit	estuve, estuviste, estuvo, estuvimos, estuvisteis, estuvieron	
Imperfect	estaba, estabas, estaba, estábamos, estabais, estaban	marchando (*see page 41*)
Future	estaré, estarás, estará, estaremos, estaréis, estarán	
Conditional	estaría, estarías, estaría, estaríamos, estaríais, estarían	
Subjunctive	que + *corresponding subjunctive tense of* estar (*see verb 252*)	

Commands

	(nosotros) marchémonos / no nos marchemos
(tú) márchate / no te marches	(vosotros) marchaos / no os marchéis
(Ud.) márchese / no se marche	(Uds.) márchense / no se marchen

USAGE

Se marcharon sin despedirse de nosotros.	*They left without saying good-bye to us.*
¿Os marcháis a mediados del mes?	*Are you going away in the middle of the month?*
Me alegro de que todo marche bien.	*I'm glad that everything is going well.*
Mi reloj no marcha.	*My watch isn't working.*
Los soldados están marchando / en marcha.	*The soldiers are marching / on the march.*
Se tocó la *Marcha Nupcial* de Mendelssohn.	*They played "The Wedding March" by Mendelssohn.*
Mete la marcha atrás.	*Shift into reverse.*

regular -ar reflexive verb   mareo · marearon · mareado · mareándose

Present		Preterit	
me mareo	nos mareamos	me mareé	nos mareamos
te mareas	os mareáis	te mareaste	os mareasteis
se marea	se marean	se mareó	se marearon

Imperfect		Present Perfect	
me mareaba	nos mareábamos	me he mareado	nos hemos mareado
te mareabas	os mareabais	te has mareado	os habéis mareado
se mareaba	se mareaban	se ha mareado	se han mareado

Future		Conditional	
me marearé	nos marearemos	me marearía	nos mareáríamos
te marearás	os marearéis	te marearías	os mareáríais
se mareará	se mararán	se marearía	se mararían

Pluperfect		Preterit Perfect	
me había mareado	nos habíamos mareado	me hube mareado	nos hubimos mareado
te habías mareado	os habíais mareado	te hubiste mareado	os hubisteis mareado
se había mareado	se habían mareado	se hubo mareado	se hubieron mareado

Future Perfect		Conditional Perfect	
me habré mareado	nos habremos mareado	me habría mareado	nos habríamos mareado
te habrás mareado	os habréis mareado	te habrías mareado	os habríais mareado
se habrá mareado	se habrán mareado	se habría mareado	se habrían mareado

Present Subjunctive		Present Perfect Subjunctive	
me maree	nos mareemos	me haya mareado	nos hayamos mareado
te marees	os mareéis	te hayas mareado	os hayáis mareado
se maree	se mareen	se haya mareado	se hayan mareado

Imperfect Subjunctive (-ra)		or	Imperfect Subjunctive (-se)	
me mareara	nos mareáramos		me marease	nos mareásemos
te marearas	os marearais		te mareases	os mareaseis
se mareara	se marearan		se marease	se mareasen

Past Perfect Subjunctive (-ra)		or	Past Perfect Subjunctive (-se)	
me hubiera mareado	nos hubiéramos mareado		me hubiese mareado	nos hubiésemos mareado
te hubieras mareado	os hubierais mareado		te hubieses mareado	os hubieseis mareado
se hubiera mareado	se hubieran mareado		se hubiese mareado	se hubiesen mareado

Progressive Tenses

Present	estoy, estás, está, estamos, estáis, están
Preterit	estuve, estuviste, estuvo, estuvimos, estuvisteis, estuvieron
Imperfect	estaba, estabas, estaba, estábamos, estabais, estaban
Future	estaré, estarás, estará, estaremos, estaréis, estarán
Conditional	estaría, estarías, estaría, estaríamos, estaríais, estarían
Subjunctive	que + corresponding subjunctive tense of estar (see verb 252)

mareando (see page 41)

Commands

	(nosotros) mareémonos / no nos mareemos
(tú) maréate / no te marees	(vosotros) mareaos / no os mareéis
(Ud.) maréese / no se maree	(Uds.) maréense / no se mareen

USAGE

Me mareaba por el mar picado.	I felt seasick because of the choppy sea.
Se mareaban en el avión.	They were nauseous on the airplane.
Nos marea con sus historias interminables.	She makes us dizzy / annoys us with her never-ending stories.
Triunfaré contra viento y marea.	I'll succeed come hell or high water.
Está alta/baja la marea.	It's high/low tide.
Están mareados de tanto tomar.	They're dizzy from drinking so much.

mascar to chew

masco · mascaron · mascado · mascando   -ar verb; spelling change: c > qu/e

Present		Preterit	
masco	mascamos	masqué	mascamos
mascas	mascáis	mascaste	mascasteis
masca	mascan	mascó	mascaron

Imperfect		Present Perfect	
mascaba	mascábamos	he mascado	hemos mascado
mascabas	mascabais	has mascado	habéis mascado
mascaba	mascaban	ha mascado	han mascado

Future		Conditional	
mascaré	mascaremos	mascaría	mascaríamos
mascarás	mascaréis	mascarías	mascaríais
mascará	mascarán	mascaría	mascarían

Pluperfect		Preterit Perfect	
había mascado	habíamos mascado	hube mascado	hubimos mascado
habías mascado	habíais mascado	hubiste mascado	hubisteis mascado
había mascado	habían mascado	hubo mascado	hubieron mascado

Future Perfect		Conditional Perfect	
habré mascado	habremos mascado	habría mascado	habríamos mascado
habrás mascado	habréis mascado	habrías mascado	habríais mascado
habrá mascado	habrán mascado	habría mascado	habrían mascado

Present Subjunctive		Present Perfect Subjunctive	
masque	masquemos	haya mascado	hayamos mascado
masques	masquéis	hayas mascado	hayáis mascado
masque	masquen	haya mascado	hayan mascado

Imperfect Subjunctive (-ra)		or	Imperfect Subjunctive (-se)	
mascara	mascáramos		mascase	mascásemos
mascaras	mascarais		mascases	mascaseis
mascara	mascaran		mascase	mascasen

Past Perfect Subjunctive (-ra)		or	Past Perfect Subjunctive (-se)	
hubiera mascado	hubiéramos mascado		hubiese mascado	hubiésemos mascado
hubieras mascado	hubierais mascado		hubieses mascado	hubieseis mascado
hubiera mascado	hubieran mascado		hubiese mascado	hubiesen mascado

Progressive Tenses

Present	estoy, estás, está, estamos, estáis, están
Preterit	estuve, estuviste, estuvo, estuvimos, estuvisteis, estuvieron
Imperfect	estaba, estabas, estaba, estábamos, estabais, estaban
Future	estaré, estarás, estará, estaremos, estaréis, estarán
Conditional	estaría, estarías, estaría, estaríamos, estaríais, estarían
Subjunctive	que + corresponding subjunctive tense of estar (see verb 252)

> mascando

Commands

	(nosotros) masquemos / no masquemos
(tú) masca / no masques	(vosotros) mascad / no masquéis
(Ud.) masque / no masque	(Uds.) masquen / no masquen

USAGE

Niños, masquen bien las nueces.
No la entendemos porque masca sus palabras.
Mascar y masticar son sinónimos.

—Se lo dieron todo mascado.
—Así es que no tiene por qué trabajar.

Children, chew the nuts well.
We don't understand her because she mumbles.
Mascar *and* masticar *are synonyms.*

They gave it to him all done (lit., *all chewed*).
So he has no reason to do any work.

regular -ar verb

Present		Preterit	
mato	matamos	maté	matamos
matas	matáis	mataste	matasteis
mata	matan	mató	mataron

Imperfect		Present Perfect	
mataba	matábamos	he matado	hemos matado
matabas	matabais	has matado	habéis matado
mataba	mataban	ha matado	han matado

Future		Conditional	
mataré	mataremos	mataría	mataríamos
matarás	mataréis	matarías	mataríais
matará	matarán	mataría	matarían

Pluperfect		Preterit Perfect	
había matado	habíamos matado	hube matado	hubimos matado
habías matado	habíais matado	hubiste matado	hubisteis matado
había matado	habían matado	hubo matado	hubieron matado

Future Perfect		Conditional Perfect	
habré matado	habremos matado	habría matado	habríamos matado
habrás matado	habréis matado	habrías matado	habríais matado
habrá matado	habrán matado	habría matado	habrían matado

Present Subjunctive		Present Perfect Subjunctive	
mate	matemos	haya matado	hayamos matado
mates	matéis	hayas matado	hayáis matado
mate	maten	haya matado	hayan matado

Imperfect Subjunctive (-ra)		or	Imperfect Subjunctive (-se)	
matara	matáramos		matase	matásemos
mataras	matarais		matases	mataseis
matara	mataran		matase	matasen

Past Perfect Subjunctive (-ra)		or	Past Perfect Subjunctive (-se)	
hubiera matado	hubiéramos matado		hubiese matado	hubiésemos matado
hubieras matado	hubierais matado		hubieses matado	hubieseis matado
hubiera matado	hubieran matado		hubiese matado	hubiesen matado

Progressive Tenses

Present	estoy, estás, está, estamos, estáis, están	
Preterit	estuve, estuviste, estuvo, estuvimos, estuvisteis, estuvieron	
Imperfect	estaba, estabas, estaba, estábamos, estabais, estaban	matando
Future	estaré, estarás, estará, estaremos, estaréis, estarán	
Conditional	estaría, estarías, estaría, estaríamos, estaríais, estarían	
Subjunctive	que + corresponding subjunctive tense of estar (see verb 252)	

Commands

	(nosotros) matemos / no matemos
(tú) mata / no mates	(vosotros) matad / no matéis
(Ud.) mate / no mate	(Uds.) maten / no maten

USAGE

—Lo mataron, ¿verdad? / *They killed him, didn't they?*
—No, se mató en un accidente de coche. / *No, he was killed in a car accident.*
Hitler y Stalin mataron a millones de personas. / *Hitler and Stalin murdered millions of people.*
Se matan reses en el matadero. / *Animals are killed at the slaughterhouse.*
¿Cómo matamos el tiempo hasta despegar? / *How shall we kill time until we take off?*
Se mataba cultivando la tierra. / *He killed/tired himself cultivating the land.*
El matador torea. / *The bullfighter fights bulls.*

mecer *to rock, swing, shake*

mezo · mecieron · mecido · meciendo | *-er verb; spelling change: c > z/o, a*

Present		Preterit	
mezo	mecemos	mecí	mecimos
meces	mecéis	meciste	mecisteis
mece	mecen	meció	mecieron

Imperfect		Present Perfect	
mecía	mecíamos	he mecido	hemos mecido
mecías	mecíais	has mecido	habéis mecido
mecía	mecían	ha mecido	han mecido

Future		Conditional	
meceré	meceremos	mecería	meceríamos
mecerás	meceréis	mecerías	meceríais
mecerá	mecerán	mecería	mecerían

Pluperfect		Preterit Perfect	
había mecido	habíamos mecido	hube mecido	hubimos mecido
habías mecido	habíais mecido	hubiste mecido	hubisteis mecido
había mecido	habían mecido	hubo mecido	hubieron mecido

Future Perfect		Conditional Perfect	
habré mecido	habremos mecido	habría mecido	habríamos mecido
habrás mecido	habréis mecido	habrías mecido	habríais mecido
habrá mecido	habrán mecido	habría mecido	habrían mecido

Present Subjunctive		Present Perfect Subjunctive	
meza	mezamos	haya mecido	hayamos mecido
mezas	mezáis	hayas mecido	hayáis mecido
meza	mezan	haya mecido	hayan mecido

Imperfect Subjunctive (-ra)		*or*	Imperfect Subjunctive (-se)	
meciera	meciéramos		meciese	meciésemos
mecieras	mecierais		mecieses	mecieseis
meciera	mecieran		meciese	meciesen

Past Perfect Subjunctive (-ra)		*or*	Past Perfect Subjunctive (-se)	
hubiera mecido	hubiéramos mecido		hubiese mecido	hubiésemos mecido
hubieras mecido	hubierais mecido		hubieses mecido	hubieseis mecido
hubiera mecido	hubieran mecido		hubiese mecido	hubiesen mecido

Progressive Tenses

Present	estoy, estás, está, estamos, estáis, están	
Preterit	estuve, estuviste, estuvo, estuvimos, estuvisteis, estuvieron	
Imperfect	estaba, estabas, estaba, estábamos, estabais, estaban	meciendo
Future	estaré, estarás, estará, estaremos, estaréis, estarán	
Conditional	estaría, estarías, estaría, estaríamos, estaríais, estarían	
Subjunctive	que + *corresponding subjunctive tense of* estar (*see verb 252*)	

Commands

	(nosotros) mezamos / no mezamos
(tú) mece / no mezas	(vosotros) meced / no mezáis
(Ud.) meza / no meza	(Uds.) mezan / no mezan

USAGE

Se mecía en la mecedora.	*She was rocking in the rocking chair.*
Mece al bebé.	*Rock the baby.*
Estoy meciendo la cuna.	*I'm rocking the cradle.*
Mezo a la niña en el columpio.	*I'm swinging the child on the swing.*
El movimiento mecedor del mar es agradable.	*The rocking motion of the sea is pleasant.*

stem-changing -ir verb (like **pedir**): *e > i*

mido · midieron · medido · midiendo

Present		Preterit	
mido	medimos	medí	medimos
mides	medís	mediste	medisteis
mide	miden	midió	midieron

Imperfect		Present Perfect	
medía	medíamos	he medido	hemos medido
medías	medíais	has medido	habéis medido
medía	medían	ha medido	han medido

Future		Conditional	
mediré	mediremos	mediría	mediríamos
medirás	mediréis	medirías	mediríais
medirá	medirán	mediría	medirían

Pluperfect		Preterit Perfect	
había medido	habíamos medido	hube medido	hubimos medido
habías medido	habíais medido	hubiste medido	hubisteis medido
había medido	habían medido	hubo medido	hubieron medido

Future Perfect		Conditional Perfect	
habré medido	habremos medido	habría medido	habríamos medido
habrás medido	habréis medido	habrías medido	habríais medido
habrá medido	habrán medido	habría medido	habrían medido

Present Subjunctive		Present Perfect Subjunctive	
mida	midamos	haya medido	hayamos medido
midas	midáis	hayas medido	hayáis medido
mida	midan	haya medido	hayan medido

Imperfect Subjunctive (-ra)		*or*	Imperfect Subjunctive (-se)	
midiera	midiéramos		midiese	midiésemos
midieras	midierais		midieses	midieseis
midiera	midieran		midiese	midiesen

Past Perfect Subjunctive (-ra)		*or*	Past Perfect Subjunctive (-se)	
hubiera medido	hubiéramos medido		hubiese medido	hubiésemos medido
hubieras medido	hubierais medido		hubieses medido	hubieseis medido
hubiera medido	hubieran medido		hubiese medido	hubiesen medido

Progressive Tenses

Present	estoy, estás, está, estamos, estáis, están
Preterit	estuve, estuviste, estuvo, estuvimos, estuvisteis, estuvieron
Imperfect	estaba, estabas, estaba, estábamos, estabais, estaban
Future	estaré, estarás, estará, estaremos, estaréis, estarán
Conditional	estaría, estarías, estaría, estaríamos, estaríais, estarían
Subjunctive	que + *corresponding subjunctive tense of* estar (*see verb* 252)

} midiendo

Commands

	(nosotros) midamos / no midamos
(tú) mide / no midas	(vosotros) medid / no midáis
(Ud.) mida / no mida	(Uds.) midan / no midan

USAGE

Midieron la alfombra con cinta métrica.	*They measured the rug with a tape measure.*
Hay que medir las consecuencias/palabras.	*You have to weigh the consequences / your words.*
¿Cuánto mides?	*How tall are you?*
Tomamos todas las medidas necesarias.	*We're taking all the necessary steps.*
Uso ropa hecha a medida.	*I wear custom-made clothing.*

mejorar

to improve, better, ameliorate

regular -*ar* verb

Present		Preterit	
mejoro	mejoramos	mejoré	mejoramos
mejoras	mejoráis	mejoraste	mejorasteis
mejora	mejoran	mejoró	mejoraron

Imperfect		Present Perfect	
mejoraba	mejorábamos	he mejorado	hemos mejorado
mejorabas	mejorabais	has mejorado	habéis mejorado
mejoraba	mejoraban	ha mejorado	han mejorado

Future		Conditional	
mejoraré	mejoraremos	mejoraría	mejoraríamos
mejorarás	mejoraréis	mejorarías	mejoraríais
mejorará	mejorarán	mejoraría	mejorarían

Pluperfect		Preterit Perfect	
había mejorado	habíamos mejorado	hube mejorado	hubimos mejorado
habías mejorado	habíais mejorado	hubiste mejorado	hubisteis mejorado
había mejorado	habían mejorado	hubo mejorado	hubieron mejorado

Future Perfect		Conditional Perfect	
habré mejorado	habremos mejorado	habría mejorado	habríamos mejorado
habrás mejorado	habréis mejorado	habrías mejorado	habríais mejorado
habrá mejorado	habrán mejorado	habría mejorado	habrían mejorado

Present Subjunctive		Present Perfect Subjunctive	
mejore	mejoremos	haya mejorado	hayamos mejorado
mejores	mejoréis	hayas mejorado	hayáis mejorado
mejore	mejoren	haya mejorado	hayan mejorado

Imperfect Subjunctive (-ra)		*or*	Imperfect Subjunctive (-se)	
mejorara	mejoráramos		mejorase	mejorásemos
mejoraras	mejorarais		mejorases	mejoraseis
mejorara	mejoraran		mejorase	mejorasen

Past Perfect Subjunctive (-ra)		*or*	Past Perfect Subjunctive (-se)	
hubiera mejorado	hubiéramos mejorado		hubiese mejorado	hubiésemos mejorado
hubieras mejorado	hubierais mejorado		hubieses mejorado	hubieseis mejorado
hubiera mejorado	hubieran mejorado		hubiese mejorado	hubiesen mejorado

Progressive Tenses

Present	estoy, estás, está, estamos, estáis, están	
Preterit	estuve, estuviste, estuvo, estuvimos, estuvisteis, estuvieron	
Imperfect	estaba, estabas, estaba, estábamos, estabais, estaban	mejorando
Future	estaré, estarás, estará, estaremos, estaréis, estarán	
Conditional	estaría, estarías, estaría, estaríamos, estaríais, estarían	
Subjunctive	que + *corresponding subjunctive tense of* estar (*see verb 252*)	

Commands

	(nosotros) mejoremos / no mejoremos
(tú) mejora / no mejores	(vosotros) mejorad / no mejoréis
(Ud.) mejore / no mejore	(Uds.) mejoren / no mejoren

USAGE

Su situación económica mejoró mucho.	*Their economic situation improved a lot.*
Sigue acatarrado pero va mejorando.	*He still has a cold but is getting better.*
Ha mejorado el tiempo.	*The weather has cleared up.*
¡Que te mejores!	*Get well soon.*
Este programa es mejor. / Es el mejor programa.	*This program is better. / It's the best program.*
Está mejor ensamblado.	*It's assembled better.*
Arréglalo lo mejor que puedas.	*Arrange it the best you can.*

stem-changing -ir verb:
e > ie (present), *e > i* (preterit)

miento · mintieron · mentido · mintiendo

Present		Preterit	
miento	mentimos	mentí	mentimos
mientes	mentís	mentiste	mentisteis
miente	mienten	mintió	mintieron

Imperfect		Present Perfect	
mentía	mentíamos	he mentido	hemos mentido
mentías	mentíais	has mentido	habéis mentido
mentía	mentían	ha mentido	han mentido

Future		Conditional	
mentiré	mentiremos	mentiría	mentiríamos
mentirás	mentiréis	mentirías	mentiríais
mentirá	mentirán	mentiría	mentirían

Pluperfect		Preterit Perfect	
había mentido	habíamos mentido	hube mentido	hubimos mentido
habías mentido	habíais mentido	hubiste mentido	hubisteis mentido
había mentido	habían mentido	hubo mentido	hubieron mentido

Future Perfect		Conditional Perfect	
habré mentido	habremos mentido	habría mentido	habríamos mentido
habrás mentido	habréis mentido	habrías mentido	habríais mentido
habrá mentido	habrán mentido	habría mentido	habrían mentido

Present Subjunctive		Present Perfect Subjunctive	
mienta	mintamos	haya mentido	hayamos mentido
mientas	mintáis	hayas mentido	hayáis mentido
mienta	mientan	haya mentido	hayan mentido

Imperfect Subjunctive (-ra)		or	Imperfect Subjunctive (-se)	
mintiera	mintiéramos		mintiese	mintiésemos
mintieras	mintierais		mintieses	mintieseis
mintiera	mintieran		mintiese	mintiesen

Past Perfect Subjunctive (-ra)		or	Past Perfect Subjunctive (-se)	
hubiera mentido	hubiéramos mentido		hubiese mentido	hubiésemos mentido
hubieras mentido	hubierais mentido		hubieses mentido	hubieseis mentido
hubiera mentido	hubieran mentido		hubiese mentido	hubiesen mentido

Progressive Tenses

Present	estoy, estás, está, estamos, estáis, están	
Preterit	estuve, estuviste, estuvo, estuvimos, estuvisteis, estuvieron	
Imperfect	estaba, estabas, estaba, estábamos, estabais, estaban	mintiendo
Future	estaré, estarás, estará, estaremos, estaréis, estarán	
Conditional	estaría, estarías, estaría, estaríamos, estaríais, estarían	
Subjunctive	que + *corresponding subjunctive tense of* estar (*see verb 252*)	

Commands

	(nosotros) mintamos / no mintamos
(tú) miente / no mientas	(vosotros) mentid / no mintáis
(Ud.) mienta / no mienta	(Uds.) mientan / no mientan

(USAGE)

Mintió para que no le echaran la culpa a él.	*He lied so that they wouldn't blame him.*
Las apariencias mienten.	*Appearances can be deceptive.*
¡No mientas más!	*No more lies!*
Decían una sarta de mentiras.	*They told a pack of lies.*
Lo cogimos en una mentira.	*We caught him in a lie.*
Lo que nos contó parece mentira.	*What she told us seems unbelievable/impossible.*
¡Qué mentiroso es!	*What a liar he is!*

merecer *to deserve, merit, be worthy*

merezco · merecieron · merecido · mereciendo   *-er verb; spelling change: c > zc/o, a*

Present		Preterit	
merezco	merecemos	merecí	merecimos
mereces	merecéis	mereciste	merecisteis
merece	merecen	mereció	merecieron

Imperfect		Present Perfect	
merecía	merecíamos	he merecido	hemos merecido
merecías	merecíais	has merecido	habéis merecido
merecía	merecían	ha merecido	han merecido

Future		Conditional	
mereceré	mereceremos	merecería	mereceríamos
merecerás	mereceréis	merecerías	mereceríais
merecerá	merecerán	merecería	merecerían

Pluperfect		Preterit Perfect	
había merecido	habíamos merecido	hube merecido	hubimos merecido
habías merecido	habíais merecido	hubiste merecido	hubisteis merecido
había merecido	habían merecido	hubo merecido	hubieron merecido

Future Perfect		Conditional Perfect	
habré merecido	habremos merecido	habría merecido	habríamos merecido
habrás merecido	habréis merecido	habrías merecido	habríais merecido
habrá merecido	habrán merecido	habría merecido	habrían merecido

Present Subjunctive		Present Perfect Subjunctive	
merezca	merezcamos	haya merecido	hayamos merecido
merezcas	merezcáis	hayas merecido	hayáis merecido
merezca	merezcan	haya merecido	hayan merecido

Imperfect Subjunctive (-ra)		*or*	Imperfect Subjunctive (-se)	
mereciera	mereciéramos		mereciese	mereciésemos
merecieras	merecierais		merecieses	merecieseis
mereciera	merecieran		mereciese	mereciesen

Past Perfect Subjunctive (-ra)		*or*	Past Perfect Subjunctive (-se)	
hubiera merecido	hubiéramos merecido		hubiese merecido	hubiésemos merecido
hubieras merecido	hubierais merecido		hubieses merecido	hubieseis merecido
hubiera merecido	hubieran merecido		hubiese merecido	hubiesen merecido

Progressive Tenses

Present	estoy, estás, está, estamos, estáis, están	
Preterit	estuve, estuviste, estuvo, estuvimos, estuvisteis, estuvieron	
Imperfect	estaba, estabas, estaba, estábamos, estabais, estaban	mereciendo
Future	estaré, estarás, estará, estaremos, estaréis, estarán	
Conditional	estaría, estarías, estaría, estaríamos, estaríais, estarían	
Subjunctive	que + *corresponding subjunctive tense of* estar (*see verb 252*)	

Commands

	(nosotros) merezcamos / no merezcamos
(tú) merece / no merezcas	(vosotros) mereced / no merezcáis
(Ud.) merezca / no merezca	(Uds.) merezcan / no merezcan

USAGE

Su invención merece atención.	*His invention deserves attention.*
Su obra merece ser galardonada.	*His work is prize-worthy.*
Tenían lo que se merecían.	*They got their due / what was coming to them.*
Lo tiene bien merecido.	*She deserves it (a prize). / It serves her right!*
La propuesta merece de consideración.	*The proposal merits consideration.*
Tiene mucho/poco mérito.	*It has much/little merit.*

to have a snack (afternoon) · **merendar**

stem-changing -ar verb: e > ie

meriendo · merendaron · merendado · merendando

Present

meriendo	merendamos
meriendas	merendáis
merienda	meriendan

Preterit

merendé	merendamos
merendaste	merendasteis
merendó	merendaron

Imperfect

merendaba	merendábamos
merendabas	merendabais
merendaba	merendaban

Present Perfect

he merendado	hemos merendado
has merendado	habéis merendado
ha merendado	han merendado

Future

merendaré	merendaremos
merendarás	merendaréis
merendará	merendarán

Conditional

merendaría	merendaríamos
merendarías	merendaríais
merendaría	merendarían

Pluperfect

había merendado	habíamos merendado
habías merendado	habíais merendado
había merendado	habían merendado

Preterit Perfect

hube merendado	hubimos merendado
hubiste merendado	hubisteis merendado
hubo merendado	hubieron merendado

Future Perfect

habré merendado	habremos merendado
habrás merendado	habréis merendado
habrá merendado	habrán merendado

Conditional Perfect

habría merendado	habríamos merendado
habrías merendado	habríais merendado
habría merendado	habrían merendado

Present Subjunctive

meriende	merendemos
meriendes	merendéis
meriende	merienden

Present Perfect Subjunctive

haya merendado	hayamos merendado
hayas merendado	hayáis merendado
haya merendado	hayan merendado

Imperfect Subjunctive (-ra) *or* Imperfect Subjunctive (-se)

merendara	merendáramos	merendase	merendásemos
merendaras	merendarais	merendases	merendaseis
merendara	merendaran	merendase	merendasen

Past Perfect Subjunctive (-ra) *or* Past Perfect Subjunctive (-se)

hubiera merendado	hubiéramos merendado	hubiese merendado	hubiésemos merendado
hubieras merendado	hubierais merendado	hubieses merendado	hubieseis merendado
hubiera merendado	hubieran merendado	hubiese merendado	hubiesen merendado

Progressive Tenses

Present	estoy, estás, está, estamos, estáis, están
Preterit	estuve, estuviste, estuvo, estuvimos, estuvisteis, estuvieron
Imperfect	estaba, estabas, estaba, estábamos, estabais, estaban
Future	estaré, estarás, estará, estaremos, estaréis, estarán
Conditional	estaría, estarías, estaría, estaríamos, estaríais, estarían
Subjunctive	que + *corresponding subjunctive tense of* estar (*see verb 252*)

} merendando

Commands

	(nosotros) merendemos / no merendemos
(tú) merienda / no meriendes	(vosotros) merendad / no merendéis
(Ud.) meriende / no meriende	(Uds.) merienden / no merienden

USAGE

¿Meriendas todos los días?	*Do you have an afternoon snack every day?*
—¿Ya merendasteis?	*Did you have your afternoon snack already?*
—Sí, merendamos tartas de manzana.	*Yes, we had apple tarts.*
Tomaron la merienda.	*They had a snack.*
Éste es un merendero bonito.	*This is a pretty picnic spot.*

meto · metieron · metido · metiendo regular -er verb

Metió a sus hijos en la cama.	*She put her children to bed.*
El jugador metió el balón en la cesta.	*The player made a basket.*
No puedes meter ni una sola cosa más en el maletín.	*You can't squeeze even one more thing in the little suitcase.*
Cada vez que abre la boca mete la pata.	*Every time she opens her mouth she puts her foot in it.*
Están muy metidos en política.	*They're very involved in politics.*
Te aconsejo que no te metas en un lío.	*I advise you not to get yourself into a jam.*
Siempre andas metido en líos.	*You're always getting into trouble.*

to start

Se metieron a correr.	*They started to run.*

to become

Se metió a diseñadora.	*She became a designer.*
Se metió a abogado.	*He became a lawyer.*

to annoy, tease, pick on

—Miguelito se metía con los otros niños.	*Miguelito was picking on the other children.*
—Ay, siempre se mete en líos.	*Oh, he's always getting into trouble.*

to meddle

Se mete en todo.	*He interferes in everything.*
Se mete donde no la llaman.	*She gets into things that are none of her business.*
Metes la nariz (las narices) en todo.	*You stick your nose into everything.*
—Métete en lo tuyo y no en lo mío, ¿me oyes?	*Mind your own business, not mine, understand?*
—¿Yo? Tú eres el que se mete en lo que no te importa.	*Me? You're the one who butts into what is none of your business.*

to get into, go into, enter

Se metieron en dificultades.	*They ran into difficulties.*
—¿Dónde se han metido?	*Where can they have gone (off to)?*
—Se habrán metido en una tienda.	*They probably went into a store.*
Se metió en sí misma.	*She withdrew into herself.*
Se le metió en la cabeza seguir la pista de los ladrones.	*He got it into his head to track down the thieves.*
—Dicen que esta empresa se va a meter en un ramo nuevo.	*They say that this firm is going to enter a new line of business.*
—Eso he oído también. Se va a meter en el negocio de la telefonía móvil.	*I've heard that, too. It's going to get involved in the cell phone business.*

regular -er verb

meto · metieron · metido · metiendo

Present		Preterit	
meto	metemos	metí	metimos
metes	metéis	metiste	metisteis
mete	meten	metió	metieron

Imperfect		Present Perfect	
metía	metíamos	he metido	hemos metido
metías	metíais	has metido	habéis metido
metía	metían	ha metido	han metido

Future		Conditional	
meteré	meteremos	metería	meteríamos
meterás	meteréis	meterías	meteríais
meterá	meterán	metería	meterían

Pluperfect		Preterit Perfect	
había metido	habíamos metido	hube metido	hubimos metido
habías metido	habíais metido	hubiste metido	hubisteis metido
había metido	habían metido	hubo metido	hubieron metido

Future Perfect		Conditional Perfect	
habré metido	habremos metido	habría metido	habríamos metido
habrás metido	habréis metido	habrías metido	habríais metido
habrá metido	habrán metido	habría metido	habrían metido

Present Subjunctive		Present Perfect Subjunctive	
meta	metamos	haya metido	hayamos metido
metas	metáis	hayas metido	hayáis metido
meta	metan	haya metido	hayan metido

Imperfect Subjunctive (-ra)		or	Imperfect Subjunctive (-se)	
metiera	metiéramos		metiese	metiésemos
metieras	metierais		metieses	metieseis
metiera	metieran		metiese	metiesen

Past Perfect Subjunctive (-ra)		or	Past Perfect Subjunctive (-se)	
hubiera metido	hubiéramos metido		hubiese metido	hubiésemos metido
hubieras metido	hubierais metido		hubieses metido	hubieseis metido
hubiera metido	hubieran metido		hubiese metido	hubiesen metido

Progressive Tenses

Present	estoy, estás, está, estamos, estáis, están	
Preterit	estuve, estuviste, estuvo, estuvimos, estuvisteis, estuvieron	
Imperfect	estaba, estabas, estaba, estábamos, estabais, estaban	metiendo
Future	estaré, estarás, estará, estaremos, estaréis, estarán	
Conditional	estaría, estarías, estaría, estaríamos, estaríais, estarían	
Subjunctive	que + corresponding subjunctive tense of estar (see verb 252)	

Commands

	(nosotros) metamos / no metamos
(tú) mete / no metas	(vosotros) meted / no metáis
(Ud.) meta / no meta	(Uds.) metan / no metan

USAGE

Mete la moneda en la ranura.	Put the coin into the slot.
Metieron a su hijo en una escuela preparatoria.	They put their son into a prep school.
¡No me metas en tu embrollo!	Don't get me mixed up in your mess!
Metí dinero en una sociedad anónima.	I invested money in a corporation.
Se metió en una confitería.	She went into a candy store.

mirar to look at

miro · miraron · mirado · mirando   regular -ar verb

● —Bien mirado, me parece que el problema no
   tiene salida.
—Mira a quién se lo dice.
Mirábamos los escaparates.

Mi cuarto mira al jardín.
Nuestra casa mira al oeste.
● —Lo nuestro fue un flechazo. Daniela y yo vamos
   a casarnos el mes entrante.
—Chico, un consejo. ¡Antes que te cases, mira
   lo que haces!

All things considered, I think the problem has
   no solution.
You're telling me.
We were looking in the store windows. /
   We were window-shopping.
My room overlooks the garden.
Our house faces the west.
For us it was love at first sight. Daniela and I
   are going to get married next month.
Hey, just one piece of advice. Look before you leap!

how to look at something or someone
No mires atrás.
Lo miró de arriba abajo.
Las mira de reojo/soslayo.
Miré por encima del contrato.
Es lo mismo por donde se mire.

Don't look back.
She eyed him from head to foot.
He's looking at them out of the corner of his eye.
I glanced at / skimmed the contract.
It's the same thing, whichever way you look at it.

to look after, take care of, tend to
Es preciso que mires por tu salud.
● —Él es un tipo que no mira mucho por los demás.
—Tienes razón. Él sólo mira a su provecho.

It's necessary that you look after your health.
He's a guy who doesn't look out for others.
You're right. He is only out for himself.

to look out of, look through
Pasó la tarde mirando por la ventana.
Mire por los gemelos de campaña/ópera.

She spent the afternoon looking out of the window.
Look through the field/opera glasses.

to think about, consider
● —Tú nunca miras las consecuencias antes
   de actuar.
—Mira quién habla.
Mire por su buena fama antes de meterse
   en ese negocio.

You never think about the consequences before
   you act.
Look who's talking.
Think of your reputation before you get involved
   in that business.

to like/dislike
Nos miraban bien/mal.

They liked/disliked us.

OTHER USES AND RELATED WORDS
Mírate en el espejo para maquillarte.
Se miraban a la cara.
Echa una mirada a los niños.
Tiene la mirada pensativa.
Ha puesto la mira en un escaño del Congreso.
El panorama es espléndido desde el mirador.

Look in the mirror when you put on makeup.
They looked each other in the face.
Keep an eye on the children.
He has a thoughtful look.
He's set his sights on a Congressional seat.
The view is gorgeous from the lookout.

regular *-ar* verb

miro · miraron · mirado · mirando

	Present			Preterit	
miro	miramos		miré	miramos
miras	miráis		miraste	mirasteis
mira	miran		miró	miraron

	Imperfect			Present Perfect	
miraba	mirábamos		he mirado	hemos mirado
mirabas	mirabais		has mirado	habéis mirado
miraba	miraban		ha mirado	han mirado

	Future			Conditional	
miraré	miraremos		miraría	miraríamos
mirarás	miraréis		mirarías	miraríais
mirará	mirarán		miraría	mirarían

	Pluperfect			Preterit Perfect	
había mirado	habíamos mirado		hube mirado	hubimos mirado
habías mirado	habíais mirado		hubiste mirado	hubisteis mirado
había mirado	habían mirado		hubo mirado	hubieron mirado

	Future Perfect			Conditional Perfect	
habré mirado	habremos mirado		habría mirado	habríamos mirado
habrás mirado	habréis mirado		habrías mirado	habríais mirado
habrá mirado	habrán mirado		habría mirado	habrían mirado

	Present Subjunctive			Present Perfect Subjunctive	
mire	miremos		haya mirado	hayamos mirado
mires	miréis		hayas mirado	hayáis mirado
mire	miren		haya mirado	hayan mirado

	Imperfect Subjunctive (-ra)		*or*	Imperfect Subjunctive (-se)	
mirara	miráramos		mirase	mirásemos
miraras	mirarais		mirases	miraseis
mirara	miraran		mirase	mirasen

	Past Perfect Subjunctive (-ra)		*or*	Past Perfect Subjunctive (-se)	
hubiera mirado	hubiéramos mirado		hubiese mirado	hubiésemos mirado
hubieras mirado	hubierais mirado		hubieses mirado	hubieseis mirado
hubiera mirado	hubieran mirado		hubiese mirado	hubiesen mirado

Progressive Tenses

Present	estoy, estás, está, estamos, estáis, están	
Preterit	estuve, estuviste, estuvo, estuvimos, estuvisteis, estuvieron	
Imperfect	estaba, estabas, estaba, estábamos, estabais, estaban	mirando
Future	estaré, estarás, estará, estaremos, estaréis, estarán	
Conditional	estaría, estarías, estaría, estaríamos, estaríais, estarían	
Subjunctive	que + *corresponding subjunctive tense of* estar (*see verb 252*)	

Commands

	(nosotros) miremos / no miremos
(tú) mira / no mires	(vosotros) mirad / no miréis
(Ud.) mire / no mire	(Uds.) miren / no miren

USAGE

Miremos la tele.	*Let's watch TV.*
Nos gusta mirar a los transeúntes.	*We like to watch the passersby.*
¡Mire lo que hace!	*Watch what you're doing!*
¡Mira!	*Look! / Look out! (be careful) /*
	Look here! (protesting) / Hey!
Mira si están los invitados.	*Go and see if the guests are here.*

modificar to modify, change, moderate

modifico · modificaron · modificado · modificando -ar verb; spelling change: c > qu/e

Present
modifico	modificamos
modificas	modificáis
modifica	modifican

Preterit
modifiqué	modificamos
modificaste	modificasteis
modificó	modificaron

Imperfect
modificaba	modificábamos
modificabas	modificabais
modificaba	modificaban

Present Perfect
he modificado	hemos modificado
has modificado	habéis modificado
ha modificado	han modificado

Future
modificaré	modificaremos
modificarás	modificaréis
modificará	modificarán

Conditional
modificaría	modificaríamos
modificarías	modificaríais
modificaría	modificarían

Pluperfect
había modificado	habíamos modificado
habías modificado	habíais modificado
había modificado	habían modificado

Preterit Perfect
hube modificado	hubimos modificado
hubiste modificado	hubisteis modificado
hubo modificado	hubieron modificado

Future Perfect
habré modificado	habremos modificado
habrás modificado	habréis modificado
habrá modificado	habrán modificado

Conditional Perfect
habría modificado	habríamos modificado
habrías modificado	habríais modificado
habría modificado	habrían modificado

Present Subjunctive
modifique	modifiquemos
modifiques	modifiquéis
modifique	modifiquen

Present Perfect Subjunctive
haya modificado	hayamos modificado
hayas modificado	hayáis modificado
haya modificado	hayan modificado

Imperfect Subjunctive (-ra) or Imperfect Subjunctive (-se)
modificara	modificáramos	modificase	modificásemos
modificaras	modificarais	modificases	modificaseis
modificara	modificaran	modificase	modificasen

Past Perfect Subjunctive (-ra) or Past Perfect Subjunctive (-se)
hubiera modificado	hubiéramos modificado	hubiese modificado	hubiésemos modificado
hubieras modificado	hubierais modificado	hubieses modificado	hubieseis modificado
hubiera modificado	hubieran modificado	hubiese modificado	hubiesen modificado

Progressive Tenses
Present	estoy, estás, está, estamos, estáis, están
Preterit	estuve, estuviste, estuvo, estuvimos, estuvisteis, estuvieron
Imperfect	estaba, estabas, estaba, estábamos, estabais, estaban
Future	estaré, estarás, estará, estaremos, estaréis, estarán
Conditional	estaría, estarías, estaría, estaríamos, estaríais, estarían
Subjunctive	que + *corresponding subjunctive tense of* estar (*see verb 252*)

} modificando

Commands
	(nosotros) modifiquemos / no modifiquemos
(tú) modifica / no modifiques	(vosotros) modificad / no modifiquéis
(Ud.) modifique / no modifique	(Uds.) modifiquen / no modifiquen

USAGE

Modifiqué el plan original.	*I modified the blueprint.*
Modificaba sus palabras duras.	*He tempered his harsh words.*
El psicólogo investiga la modificación de conducta.	*The psychologist is researching behavior modification.*
Habrá una modificación en el itinerario.	*There'll be a change in the itinerary.*

regular -ar reflexive verb

Present		Preterit	
me mojo	nos mojamos	me mojé	nos mojamos
te mojas	os mojáis	te mojaste	os mojasteis
se moja	se mojan	se mojó	se mojaron

Imperfect		Present Perfect	
me mojaba	nos mojábamos	me he mojado	nos hemos mojado
te mojabas	os mojabais	te has mojado	os habéis mojado
se mojaba	se mojaban	se ha mojado	se han mojado

Future		Conditional	
me mojaré	nos mojaremos	me mojaría	nos mojaríamos
te mojarás	os mojaréis	te mojarías	os mojaríais
se mojará	se mojarán	se mojaría	se mojarían

Pluperfect		Preterit Perfect	
me había mojado	nos habíamos mojado	me hube mojado	nos hubimos mojado
te habías mojado	os habíais mojado	te hubiste mojado	os hubisteis mojado
se había mojado	se habían mojado	se hubo mojado	se hubieron mojado

Future Perfect		Conditional Perfect	
me habré mojado	nos habremos mojado	me habría mojado	nos habríamos mojado
te habrás mojado	os habréis mojado	te habrías mojado	os habríais mojado
se habrá mojado	se habrán mojado	se habría mojado	se habrían mojado

Present Subjunctive		Present Perfect Subjunctive	
me moje	nos mojemos	me haya mojado	nos hayamos mojado
te mojes	os mojéis	te hayas mojado	os hayáis mojado
se moje	se mojen	se haya mojado	se hayan mojado

Imperfect Subjunctive (-ra)		or	Imperfect Subjunctive (-se)	
me mojara	nos mojáramos		me mojase	nos mojásemos
te mojaras	os mojarais		te mojases	os mojaseis
se mojara	se mojaran		se mojase	se mojasen

Past Perfect Subjunctive (-ra)		or	Past Perfect Subjunctive (-se)	
me hubiera mojado	nos hubiéramos mojado		me hubiese mojado	nos hubiésemos mojado
te hubieras mojado	os hubierais mojado		te hubieses mojado	os hubieseis mojado
se hubiera mojado	se hubieran mojado		se hubiese mojado	se hubiesen mojado

Progressive Tenses

Present	estoy, estás, está, estamos, estáis, están	
Preterit	estuve, estuviste, estuvo, estuvimos, estuvisteis, estuvieron	
Imperfect	estaba, estabas, estaba, estábamos, estabais, estaban	
Future	estaré, estarás, estará, estaremos, estaréis, estarán	mojando (see page 41)
Conditional	estaría, estarías, estaría, estaríamos, estaríais, estarían	
Subjunctive	que + corresponding subjunctive tense of estar (see verb 252)	

Commands

	(nosotros) mojémonos / no nos mojemos
(tú) mójate / no te mojes	(vosotros) mojaos / no os mojéis
(Ud.) mójese / no se moje	(Uds.) mójense / no se mojen

USAGE

Me mojé a pesar de usar paraguas.	I got wet in spite of using my umbrella.
Se mojaron caminando bajo la lluvia.	They got wet walking in the rain.
Moja el churro en el chocolate.	Dip the cruller in the hot chocolate.
Llueve sobre mojado.	It never rains but it pours.
¡Qué mojados estáis!	You're soaking wet!
Se remojan las sábanas.	The sheets are soaking.

moler to grind, pulverize, wear out, bore

muelo · molieron · molido · moliendo   stem-changing -er verb: o > ue (like **volver**)

	Present		Preterit
muelo	molemos	molí	molimos
mueles	moléis	moliste	molisteis
muele	muelen	molió	molieron

	Imperfect		Present Perfect
molía	molíamos	he molido	hemos molido
molías	molíais	has molido	habéis molido
molía	molían	ha molido	han molido

	Future		Conditional
moleré	moleremos	molería	moleríamos
molerás	moleréis	molerías	moleríais
molerá	molerán	molería	molerían

	Pluperfect		Preterit Perfect
había molido	habíamos molido	hube molido	hubimos molido
habías molido	habíais molido	hubiste molido	hubisteis molido
había molido	habían molido	hubo molido	hubieron molido

	Future Perfect		Conditional Perfect
habré molido	habremos molido	habría molido	habríamos molido
habrás molido	habréis molido	habrías molido	habríais molido
habrá molido	habrán molido	habría molido	habrían molido

	Present Subjunctive		Present Perfect Subjunctive
muela	molamos	haya molido	hayamos molido
muelas	moláis	hayas molido	hayáis molido
muela	muelan	haya molido	hayan molido

	Imperfect Subjunctive (-ra)	or	Imperfect Subjunctive (-se)
moliera	moliéramos	moliese	moliésemos
molieras	molierais	molieses	molieseis
moliera	molieran	moliese	moliesen

	Past Perfect Subjunctive (-ra)	or	Past Perfect Subjunctive (-se)
hubiera molido	hubiéramos molido	hubiese molido	hubiésemos molido
hubieras molido	hubierais molido	hubieses molido	hubieseis molido
hubiera molido	hubieran molido	hubiese molido	hubiesen molido

Progressive Tenses

Present	estoy, estás, está, estamos, estáis, están
Preterit	estuve, estuviste, estuvo, estuvimos, estuvisteis, estuvieron
Imperfect	estaba, estabas, estaba, estábamos, estabais, estaban
Future	estaré, estarás, estará, estaremos, estaréis, estarán
Conditional	estaría, estarías, estaría, estaríamos, estaríais, estarían
Subjunctive	que + corresponding subjunctive tense of estar (see verb 252)

moliendo

Commands

	(nosotros) molamos / no molamos
(tú) muele / no muelas	(vosotros) moled / no moláis
(Ud.) muela / no muela	(Uds.) muelan / no muelan

USAGE

Muelan el maíz.	Grind the corn.
Se muelen los granos de café con el molinillo.	Coffee beans are ground with the grinder.
Las muelas muelen la comida.	Teeth grind food.
¡Cuánto nos muele!	How she wears us out!
¡Nos deja totalmente molidos!	She leaves us all worn out!
Los molieron a golpes/palos.	They beat them up.
El moledor muele la caña de azúcar.	The crusher crushes/grinds sugar cane.

regular -ar verb   molesto · molestaron · molestado · molestando

Present			Preterit	
molesto	molestamos		molesté	molestamos
molestas	molestáis		molestaste	molestasteis
molesta	molestan		molestó	molestaron

Imperfect			Present Perfect	
molestaba	molestábamos		he molestado	hemos molestado
molestabas	molestabais		has molestado	habéis molestado
molestaba	molestaban		ha molestado	han molestado

Future			Conditional	
molestaré	molestaremos		molestaría	molestaríamos
molestarás	molestaréis		molestarías	molestaríais
molestará	molestarán		molestaría	molestarían

Pluperfect			Preterit Perfect	
había molestado	habíamos molestado		hube molestado	hubimos molestado
habías molestado	habíais molestado		hubiste molestado	hubisteis molestado
había molestado	habían molestado		hubo molestado	hubieron molestado

Future Perfect			Conditional Perfect	
habré molestado	habremos molestado		habría molestado	habríamos molestado
habrás molestado	habréis molestado		habrías molestado	habríais molestado
habrá molestado	habrán molestado		habría molestado	habrían molestado

Present Subjunctive			Present Perfect Subjunctive	
moleste	molestemos		haya molestado	hayamos molestado
molestes	molestéis		hayas molestado	hayáis molestado
moleste	molesten		haya molestado	hayan molestado

Imperfect Subjunctive (-ra)		or	Imperfect Subjunctive (-se)	
molestara	molestáramos		molestase	molestásemos
molestaras	molestarais		molestases	molestaseis
molestara	molestaran		molestase	molestasen

Past Perfect Subjunctive (-ra)		or	Past Perfect Subjunctive (-se)	
hubiera molestado	hubiéramos molestado		hubiese molestado	hubiésemos molestado
hubieras molestado	hubierais molestado		hubieses molestado	hubieseis molestado
hubiera molestado	hubieran molestado		hubiese molestado	hubiesen molestado

Progressive Tenses

Present	estoy, estás, está, estamos, estáis, están	
Preterit	estuve, estuviste, estuvo, estuvimos, estuvisteis, estuvieron	
Imperfect	estaba, estabas, estaba, estábamos, estabais, estaban	molestando
Future	estaré, estarás, estará, estaremos, estaréis, estarán	
Conditional	estaría, estarías, estaría, estaríamos, estaríais, estarían	
Subjunctive	que + *corresponding subjunctive tense of* estar (*see verb 252*)	

Commands

	(nosotros) molestemos / no molestemos
(tú) molesta / no molestes	(vosotros) molestad / no molestéis
(Ud.) moleste / no moleste	(Uds.) molesten / no molesten

USAGE

Su modo de pensar me molesta.	*Their way of thinking annoys me.*
¿Te molestan los ruidos?	*Do you mind the noises?*
No se moleste.	*Don't worry. / Don't bother.*
Son personas muy molestas.	*They're very trying people.*
Se encontraba molesto.	*He was uncomfortable.*
¡Qué molestia!	*What a nuisance!*
Se tomó la molestia de avisarnos.	*He took the trouble to warn us.*

356 (**montar**) *to ride, mount, get on, go up, set, set up*

monto · montaron · montado · montando

regular -ar verb

	Present		Preterit
monto	montamos	monté	montamos
montas	montáis	montaste	montasteis
monta	montan	montó	montaron

	Imperfect		Present Perfect
montaba	montábamos	he montado	hemos montado
montabas	montabais	has montado	habéis montado
montaba	montaban	ha montado	han montado

	Future		Conditional
montaré	montaremos	montaría	montaríamos
montarás	montaréis	montarías	montaríais
montará	montarán	montaría	montarían

	Pluperfect		Preterit Perfect
había montado	habíamos montado	hube montado	hubimos montado
habías montado	habíais montado	hubiste montado	hubisteis montado
había montado	habían montado	hubo montado	hubieron montado

	Future Perfect		Conditional Perfect
habré montado	habremos montado	habría montado	habríamos montado
habrás montado	habréis montado	habrías montado	habríais montado
habrá montado	habrán montado	habría montado	habrían montado

	Present Subjunctive		Present Perfect Subjunctive
monte	montemos	haya montado	hayamos montado
montes	montéis	hayas montado	hayáis montado
monte	monten	haya montado	hayan montado

	Imperfect Subjunctive (-ra)	or	Imperfect Subjunctive (-se)
montara	montáramos	montase	montásemos
montaras	montarais	montases	montaseis
montara	montaran	montase	montasen

	Past Perfect Subjunctive (-ra)	or	Past Perfect Subjunctive (-se)
hubiera montado	hubiéramos montado	hubiese montado	hubiésemos montado
hubieras montado	hubierais montado	hubieses montado	hubieseis montado
hubiera montado	hubieran montado	hubiese montado	hubiesen montado

Progressive Tenses

Present	estoy, estás, está, estamos, estáis, están	
Preterit	estuve, estuviste, estuvo, estuvimos, estuvisteis, estuvieron	
Imperfect	estaba, estabas, estaba, estábamos, estabais, estaban	montando
Future	estaré, estarás, estará, estaremos, estaréis, estarán	
Conditional	estaría, estarías, estaría, estaríamos, estaríais, estarían	
Subjunctive	que + *corresponding subjunctive tense of* estar (*see verb 252*)	

Commands

	(nosotros) montemos / no montemos
(tú) monta / no montes	(vosotros) montad / no montéis
(Ud.) monte / no monte	(Uds.) monten / no monten

USAGE

Montan en bicicleta. — *They ride a bicycle.*
Montabais a caballo, ¿no? — *You used to ride a horse, didn't you?*
Montó en el avión/tren. — *He got on the airplane/train.*
El joyero montó los diamantes. — *The jeweler set the diamonds.*
Montarán una nueva fábrica. — *They'll set up a new factory.*
Es una industria de mucha monta. — *It's an industry of great importance/value.*

stem-changing -er verb: o > ue (like **volver**)　　　muerdo · mordieron · mordido · mordiendo

Present		Preterit	
muerdo	mordemos	mordí	mordimos
muerdes	mordéis	mordiste	mordisteis
muerde	muerden	mordió	mordieron

Imperfect		Present Perfect	
mordía	mordíamos	he mordido	hemos mordido
mordías	mordíais	has mordido	habéis mordido
mordía	mordían	ha mordido	han mordido

Future		Conditional	
morderé	morderemos	mordería	morderíamos
morderás	morderéis	morderías	morderíais
morderá	morderán	mordería	morderían

Pluperfect		Preterit Perfect	
había mordido	habíamos mordido	hube mordido	hubimos mordido
habías mordido	habíais mordido	hubiste mordido	hubisteis mordido
había mordido	habían mordido	hubo mordido	hubieron mordido

Future Perfect		Conditional Perfect	
habré mordido	habremos mordido	habría mordido	habríamos mordido
habrás mordido	habréis mordido	habrías mordido	habríais mordido
habrá mordido	habrán mordido	habría mordido	habrían mordido

Present Subjunctive		Present Perfect Subjunctive	
muerda	mordamos	haya mordido	hayamos mordido
muerdas	mordáis	hayas mordido	hayáis mordido
muerda	muerdan	haya mordido	hayan mordido

Imperfect Subjunctive (-ra)		or	Imperfect Subjunctive (-se)	
mordiera	mordiéramos		mordiese	mordiésemos
mordieras	mordierais		mordieses	mordieseis
mordiera	mordieran		mordiese	mordiesen

Past Perfect Subjunctive (-ra)		or	Past Perfect Subjunctive (-se)	
hubiera mordido	hubiéramos mordido		hubiese mordido	hubiésemos mordido
hubieras mordido	hubierais mordido		hubieses mordido	hubieseis mordido
hubiera mordido	hubieran mordido		hubiese mordido	hubiesen mordido

Progressive Tenses

Present	estoy, estás, está, estamos, estáis, están	
Preterit	estuve, estuviste, estuvo, estuvimos, estuvisteis, estuvieron	
Imperfect	estaba, estabas, estaba, estábamos, estabais, estaban	mordiendo
Future	estaré, estarás, estará, estaremos, estaréis, estarán	
Conditional	estaría, estarías, estaría, estaríamos, estaríais, estarían	
Subjunctive	que + corresponding subjunctive tense of estar (see verb 252)	

Commands

	(nosotros) mordamos / no mordamos
(tú) muerde / no muerdas	(vosotros) morded / no mordáis
(Ud.) muerda / no muerda	(Uds.) muerdan / no muerdan

USAGE

El perro le mordió.	The dog bit him.
El niño muerde la galleta.	The child is nibbling on the cracker.
Mordió el polvo.	He bit the dust.
Muérdete la lengua.	Hold your tongue.
Se muerde las uñas.	She bites her nails.
Su sentido del humor es mordaz.	His sense of humor is biting.
Aceptó una mordida.	He accepted a bribe.

morir to die

muero · murieron · muerto · muriendo

stem-changing -ir verb: o > ue (present);
o > u (preterit) (like **dormir**)

Present		Preterit	
muero	morimos	morí	morimos
mueres	morís	moriste	moristeis
muere	mueren	murió	murieron

Imperfect		Present Perfect	
moría	moríamos	he muerto	hemos muerto
morías	moríais	has muerto	habéis muerto
moría	morían	ha muerto	han muerto

Future		Conditional	
moriré	moriremos	moriría	moriríamos
morirás	moriréis	morirías	moriríais
morirá	morirán	moriría	morirían

Pluperfect		Preterit Perfect	
había muerto	habíamos muerto	hube muerto	hubimos muerto
habías muerto	habíais muerto	hubiste muerto	hubisteis muerto
había muerto	habían muerto	hubo muerto	hubieron muerto

Future Perfect		Conditional Perfect	
habré muerto	habremos muerto	habría muerto	habríamos muerto
habrás muerto	habréis muerto	habrías muerto	habríais muerto
habrá muerto	habrán muerto	habría muerto	habrían muerto

Present Subjunctive		Present Perfect Subjunctive	
muera	muramos	haya muerto	hayamos muerto
mueras	muráis	hayas muerto	hayáis muerto
muera	mueran	haya muerto	hayan muerto

Imperfect Subjunctive (-ra)		or	Imperfect Subjunctive (-se)	
muriera	muriéramos		muriese	muriésemos
murieras	murierais		murieses	murieseis
muriera	murieran		muriese	muriesen

Past Perfect Subjunctive (-ra)		or	Past Perfect Subjunctive (-se)	
hubiera muerto	hubiéramos muerto		hubiese muerto	hubiésemos muerto
hubieras muerto	hubierais muerto		hubieses muerto	hubieseis muerto
hubiera muerto	hubieran muerto		hubiese muerto	hubiesen muerto

Progressive Tenses

Present	estoy, estás, está, estamos, estáis, están	
Preterit	estuve, estuviste, estuvo, estuvimos, estuvisteis, estuvieron	
Imperfect	estaba, estabas, estaba, estábamos, estabais, estaban	muriendo
Future	estaré, estarás, estará, estaremos, estaréis, estarán	
Conditional	estaría, estarías, estaría, estaríamos, estaríais, estarían	
Subjunctive	que + corresponding subjunctive tense of estar (see verb 252)	

Commands

	(nosotros) muramos / no muramos
(tú) muere / no mueras	(vosotros) morid / no muráis
(Ud.) muera / no muera	(Uds.) mueran / no mueran

USAGE

Todos murieron en edad avanzada.	They all died old.
El proscrito murió ahorcado/fusilado.	The outlaw was hanged/shot.
Me muero por asistir al concierto.	I'm dying to go to the concert.
Se mueren de frío / de hambre / de aburrimiento.	They're freezing / starving / bored to death.
Murió de muerte natural.	She died a natural death.

stem-changing -ar verb: o > ue

muestro · mostraron · mostrado · mostrando

Present		Preterit	
muestro	mostramos	mostré	mostramos
muestras	mostráis	mostraste	mostrasteis
muestra	muestran	mostró	mostraron

Imperfect		Present Perfect	
mostraba	mostrábamos	he mostrado	hemos mostrado
mostrabas	mostrabais	has mostrado	habéis mostrado
mostraba	mostraban	ha mostrado	han mostrado

Future		Conditional	
mostraré	mostraremos	mostraría	mostraríamos
mostrarás	mostraréis	mostrarías	mostraríais
mostrará	mostrarán	mostraría	mostrarían

Pluperfect		Preterit Perfect	
había mostrado	habíamos mostrado	hube mostrado	hubimos mostrado
habías mostrado	habíais mostrado	hubiste mostrado	hubisteis mostrado
había mostrado	habían mostrado	hubo mostrado	hubieron mostrado

Future Perfect		Conditional Perfect	
habré mostrado	habremos mostrado	habría mostrado	habríamos mostrado
habrás mostrado	habréis mostrado	habrías mostrado	habríais mostrado
habrá mostrado	habrán mostrado	habría mostrado	habrían mostrado

Present Subjunctive		Present Perfect Subjunctive	
muestre	mostremos	haya mostrado	hayamos mostrado
muestres	mostréis	hayas mostrado	hayáis mostrado
muestre	muestren	haya mostrado	hayan mostrado

Imperfect Subjunctive (-ra)		or	Imperfect Subjunctive (-se)	
mostrara	mostráramos		mostrase	mostrásemos
mostraras	mostrarais		mostrases	mostraseis
mostrara	mostraran		mostrase	mostrasen

Past Perfect Subjunctive (-ra)		or	Past Perfect Subjunctive (-se)	
hubiera mostrado	hubiéramos mostrado		hubiese mostrado	hubiésemos mostrado
hubieras mostrado	hubierais mostrado		hubieses mostrado	hubieseis mostrado
hubiera mostrado	hubieran mostrado		hubiese mostrado	hubiesen mostrado

Progressive Tenses

Present	estoy, estás, está, estamos, estáis, están	
Preterit	estuve, estuviste, estuvo, estuvimos, estuvisteis, estuvieron	
Imperfect	estaba, estabas, estaba, estábamos, estabais, estaban	
Future	estaré, estarás, estará, estaremos, estaréis, estarán	mostrando
Conditional	estaría, estarías, estaría, estaríamos, estaríais, estarían	
Subjunctive	que + corresponding subjunctive tense of estar (see verb 252)	

Commands

	(nosotros) mostremos / no mostremos
(tú) muestra / no muestres	(vosotros) mostrad / no mostréis
(Ud.) muestre / no muestre	(Uds.) muestren / no muestren

$\boxed{\textbf{USAGE}}$

Te muestro el programa de gráficos.	I'll show you the graphics program.
Muestra gran curiosidad por saber.	He shows a great curiosity to learn.
Se mostraban muy atentos con nosotros.	They were very considerate to us.
Se venden guantes en el otro mostrador.	Gloves are sold at the other sales counter.
Nos dieron una muestra gratuita del perfume.	They gave us a free sample of the perfume.

mover *to move, stir*

muevo · movieron · movido · moviendo   stem-changing *-er* verb: o > ue (like **volver**)

Present		*Preterit*	
muevo	movemos	moví	movimos
mueves	movéis	moviste	movisteis
mueve	mueven	movió	movieron

Imperfect		*Present Perfect*	
movía	movíamos	he movido	hemos movido
movías	movíais	has movido	habéis movido
movía	movían	ha movido	han movido

Future		*Conditional*	
moveré	moveremos	movería	moveríamos
moverás	moveréis	moverías	moveríais
moverá	moverán	movería	moverían

Pluperfect		*Preterit Perfect*	
había movido	habíamos movido	hube movido	hubimos movido
habías movido	habíais movido	hubiste movido	hubisteis movido
había movido	habían movido	hubo movido	hubieron movido

Future Perfect		*Conditional Perfect*	
habré movido	habremos movido	habría movido	habríamos movido
habrás movido	habréis movido	habrías movido	habríais movido
habrá movido	habrán movido	habría movido	habrían movido

Present Subjunctive		*Present Perfect Subjunctive*	
mueva	movamos	haya movido	hayamos movido
muevas	mováis	hayas movido	hayáis movido
mueva	muevan	haya movido	hayan movido

Imperfect Subjunctive (-ra)		*or*	*Imperfect Subjunctive (-se)*	
moviera	moviéramos		moviese	moviésemos
movieras	movierais		movieses	movieseis
moviera	movieran		moviese	moviesen

Past Perfect Subjunctive (-ra)		*or*	*Past Perfect Subjunctive (-se)*	
hubiera movido	hubiéramos movido		hubiese movido	hubiésemos movido
hubieras movido	hubierais movido		hubieses movido	hubieseis movido
hubiera movido	hubieran movido		hubiese movido	hubiesen movido

Progressive Tenses

Present	estoy, estás, está, estamos, estáis, están	
Preterit	estuve, estuviste, estuvo, estuvimos, estuvisteis, estuvieron	
Imperfect	estaba, estabas, estaba, estábamos, estabais, estaban	moviendo
Future	estaré, estarás, estará, estaremos, estaréis, estarán	
Conditional	estaría, estarías, estaría, estaríamos, estaríais, estarían	
Subjunctive	que + *corresponding subjunctive tense of* estar (*see verb 252*)	

Commands

	(nosotros) movamos / no movamos
(tú) mueve / no muevas	(vosotros) moved / no mováis
(Ud.) mueva / no mueva	(Uds.) muevan / no muevan

USAGE

Movió la cabeza de arriba abajo.	*She nodded.*
Mueve la sopa.	*Stir the soup.*
¡Muévete!	*Get a move on!*
Niños, ¡no se muevan!	*Children, don't fidget!*
Fueron movidos por el interés.	*They were moved/motivated by self-interest.*
Pusimos el plan en movimiento.	*We put/set the plan in motion.*
La sinfonía tiene cuatro movimientos.	*The symphony has four movements.*

regular -*ar* reflexive verb

mudo · mudaron · mudado · mudándose

Present		**Preterit**	
me mudo	nos mudamos	me mudé	nos mudamos
te mudas	os mudáis	te mudaste	os mudasteis
se muda	se mudan	se mudó	se mudaron
Imperfect		**Present Perfect**	
me mudaba	nos mudábamos	me he mudado	nos hemos mudado
te mudabas	os mudabais	te has mudado	os habéis mudado
se mudaba	se mudaban	se ha mudado	se han mudado
Future		**Conditional**	
me mudaré	nos mudaremos	me mudaría	nos mudaríamos
te mudarás	os mudaréis	te mudarías	os mudaríais
se mudará	se mudarán	se mudaría	se mudarían
Pluperfect		**Preterit Perfect**	
me había mudado	nos habíamos mudado	me hube mudado	nos hubimos mudado
te habías mudado	os habíais mudado	te hubiste mudado	os hubisteis mudado
se había mudado	se habían mudado	se hubo mudado	se hubieron mudado
Future Perfect		**Conditional Perfect**	
me habré mudado	nos habremos mudado	me habría mudado	nos habríamos mudado
te habrás mudado	os habréis mudado	te habrías mudado	os habríais mudado
se habrá mudado	se habrán mudado	se habría mudado	se habrían mudado
Present Subjunctive		**Present Perfect Subjunctive**	
me mude	nos mudemos	me haya mudado	nos hayamos mudado
te mudes	os mudéis	te hayas mudado	os hayáis mudado
se mude	se muden	se haya mudado	se hayan mudado
Imperfect Subjunctive (-ra)		*or* **Imperfect Subjunctive (-se)**	
me mudara	nos mudáramos	me mudase	nos mudásemos
te mudaras	os mudarais	te mudases	os mudaseis
se mudara	se mudaran	se mudase	se mudasen
Past Perfect Subjunctive (-ra)		*or* **Past Perfect Subjunctive (-se)**	
me hubiera mudado	nos hubiéramos mudado	me hubiese mudado	nos hubiésemos mudado
te hubieras mudado	os hubierais mudado	te hubieses mudado	os hubieseis mudado
se hubiera mudado	se hubieran mudado	se hubiese mudado	se hubiesen mudado

Progressive Tenses

Present	estoy, estás, está, estamos, estáis, están
Preterit	estuve, estuviste, estuvo, estuvimos, estuvisteis, estuvieron
Imperfect	estaba, estabas, estaba, estábamos, estabais, estaban
Future	estaré, estarás, estará, estaremos, estaréis, estarán
Conditional	estaría, estarías, estaría, estaríamos, estaríais, estarían
Subjunctive	que + *corresponding subjunctive tense of* estar (*see verb 252*)

mudando (*see page 41*)

Commands

	(nosotros) mudémonos / no nos mudemos
(tú) múdate / no te mudes	(vosotros) mudaos / no os mudéis
(Ud.) múdese / no se mude	(Uds.) múdense / no se muden

USAGE

Se mudaron a un condominio. — *They moved to a condominium.*
Me mudo de ropa antes de salir. — *I'll change my clothing before I go out.*
Los niños están mudando dientes. — *The children are losing their baby teeth.*
Al adolescente se le muda la voz. — *The teenager's voice is breaking.*
Las aves mudan de pluma. — *Birds molt.*
Haremos la mudanza en la primavera. — *We'll move in the spring.*

nacer to be born

nazco · nacieron · nacido · naciendo

-er verb; spelling change c > zc/o, a

Present		Preterit	
nazco	nacemos	nací	nacimos
naces	nacéis	naciste	nacisteis
nace	nacen	nació	nacieron

Imperfect		Present Perfect	
nacía	nacíamos	he nacido	hemos nacido
nacías	nacíais	has nacido	habéis nacido
nacía	nacían	ha nacido	han nacido

Future		Conditional	
naceré	naceremos	nacería	naceríamos
nacerás	naceréis	nacerías	naceríais
nacerá	nacerán	nacería	nacerían

Pluperfect		Preterit Perfect	
había nacido	habíamos nacido	hube nacido	hubimos nacido
habías nacido	habíais nacido	hubiste nacido	hubisteis nacido
había nacido	habían nacido	hubo nacido	hubieron nacido

Future Perfect		Conditional Perfect	
habré nacido	habremos nacido	habría nacido	habríamos nacido
habrás nacido	habréis nacido	habrías nacido	habríais nacido
habrá nacido	habrán nacido	habría nacido	habrían nacido

Present Subjunctive		Present Perfect Subjunctive	
nazca	nazcamos	haya nacido	hayamos nacido
nazcas	nazcáis	hayas nacido	hayáis nacido
nazca	nazcan	haya nacido	hayan nacido

Imperfect Subjunctive (-ra)		or	Imperfect Subjunctive (-se)	
naciera	naciéramos		naciese	naciésemos
nacieras	nacierais		nacieses	nacieseis
naciera	nacieran		naciese	naciesen

Past Perfect Subjunctive (-ra)		or	Past Perfect Subjunctive (-se)	
hubiera nacido	hubiéramos nacido		hubiese nacido	hubiésemos nacido
hubieras nacido	hubierais nacido		hubieses nacido	hubieseis nacido
hubiera nacido	hubieran nacido		hubiese nacido	hubiesen nacido

Progressive Tenses

Present	estoy, estás, está, estamos, estáis, están	
Preterit	estuve, estuviste, estuvo, estuvimos, estuvisteis, estuvieron	
Imperfect	estaba, estabas, estaba, estábamos, estabais, estaban	naciendo
Future	estaré, estarás, estará, estaremos, estaréis, estarán	
Conditional	estaría, estarías, estaría, estaríamos, estaríais, estarían	
Subjunctive	que + corresponding subjunctive tense of estar (see verb 252)	

Commands

	(nosotros) nazcamos / no nazcamos
(tú) nace / no nazcas	(vosotros) naced / no nazcáis
(Ud.) nazca / no nazca	(Uds.) nazcan / no nazcan

USAGE

Los gemelos nacieron en marzo.	The twins were born in March.
Nace el día y el sol.	The day is dawning and the sun is rising.
El bebé tenía dos dientes al nacer.	The baby had two teeth at birth.
Nació para diplomático.	He's a born diplomat.
Nacía el amor/rencor entre ellos.	Love/Resentment was growing between them.
Nació con buena estrella. / Nació de pie.	She was born under a lucky star.
La pareja tiene un recién nacido.	The couple has a newborn baby.

regular -ar verb

nado · nadaron · nadado · nadando

	Present			Preterit	
nado		nadamos	nadé		nadamos
nadas		nadáis	nadaste		nadasteis
nada		nadan	nadó		nadaron

	Imperfect			Present Perfect	
nadaba		nadábamos	he nadado		hemos nadado
nadabas		nadabais	has nadado		habéis nadado
nadaba		nadaban	ha nadado		han nadado

	Future			Conditional	
nadaré		nadaremos	nadaría		nadaríamos
nadarás		nadaréis	nadarías		nadaríais
nadará		nadarán	nadaría		nadarían

	Pluperfect			Preterit Perfect	
había nadado		habíamos nadado	hube nadado		hubimos nadado
habías nadado		habíais nadado	hubiste nadado		hubisteis nadado
había nadado		habían nadado	hubo nadado		hubieron nadado

	Future Perfect			Conditional Perfect	
habré nadado		habremos nadado	habría nadado		habríamos nadado
habrás nadado		habréis nadado	habrías nadado		habríais nadado
habrá nadado		habrán nadado	habría nadado		habrían nadado

	Present Subjunctive			Present Perfect Subjunctive	
nade		nademos	haya nadado		hayamos nadado
nades		nadéis	hayas nadado		hayáis nadado
nade		naden	haya nadado		hayan nadado

	Imperfect Subjunctive (-ra)		or	Imperfect Subjunctive (-se)	
nadara		nadáramos	nadase		nadásemos
nadaras		nadarais	nadases		nadaseis
nadara		nadaran	nadase		nadasen

	Past Perfect Subjunctive (-ra)		or	Past Perfect Subjunctive (-se)	
hubiera nadado		hubiéramos nadado	hubiese nadado		hubiésemos nadado
hubieras nadado		hubierais nadado	hubieses nadado		hubieseis nadado
hubiera nadado		hubieran nadado	hubiese nadado		hubiesen nadado

Progressive Tenses

Present	estoy, estás, está, estamos, estáis, están	
Preterit	estuve, estuviste, estuvo, estuvimos, estuvisteis, estuvieron	
Imperfect	estaba, estabas, estaba, estábamos, estabais, estaban	nadando
Future	estaré, estarás, estará, estaremos, estaréis, estarán	
Conditional	estaría, estarías, estaría, estaríamos, estaríais, estarían	
Subjunctive	que + corresponding subjunctive tense of estar (see verb 252)	

Commands

	(nosotros) nademos / no nademos
(tú) nada / no nades	(vosotros) nadad / no nadéis
(Ud.) nade / no nade	(Uds.) naden / no naden

USAGE

Nadas como un pez.
You swim like a fish.

Nadaba contra la corriente.
He was swimming against the tide.

—Nademos de espalda.
Let's swim the backstroke.

—Yo prefiero nadar el crawl.
I prefer to swim the crawl stroke.

Nadan en dinero.
They're rolling in money.

—Me encanta la natación.
I love swimming.

—Eres una nadadora maravillosa.
You're a wonderful swimmer.

navegar *to navigate, surf*

navego · navegaron · navegado · navegando

-ar verb; spelling change: g > gu/e

Present		Preterit	
navego	navegamos	navegué	navegamos
navegas	navegáis	navegaste	navegasteis
navega	navegan	navegó	navegaron

Imperfect		Present Perfect	
navegaba	navegábamos	he navegado	hemos navegado
navegabas	navegabais	has navegado	habéis navegado
navegaba	navegaban	ha navegado	han navegado

Future		Conditional	
navegaré	navegaremos	navegaría	navegaríamos
navegarás	navegaréis	navegarías	navegaríais
navegará	navegarán	navegaría	navegarían

Pluperfect		Preterit Perfect	
había navegado	habíamos navegado	hube navegado	hubimos navegado
habías navegado	habíais navegado	hubiste navegado	hubisteis navegado
había navegado	habían navegado	hubo navegado	hubieron navegado

Future Perfect		Conditional Perfect	
habré navegado	habremos navegado	habría navegado	habríamos navegado
habrás navegado	habréis navegado	habrías navegado	habríais navegado
habrá navegado	habrán navegado	habría navegado	habrían navegado

Present Subjunctive		Present Perfect Subjunctive	
navegue	naveguemos	haya navegado	hayamos navegado
navegues	naveguéis	hayas navegado	hayáis navegado
navegue	naveguen	haya navegado	hayan navegado

Imperfect Subjunctive (-ra)		or	Imperfect Subjunctive (-se)	
navegara	navegáramos		navegase	navegásemos
navegaras	navegarais		navegases	navegaseis
navegara	navegaran		navegase	navegasen

Past Perfect Subjunctive (-ra)		or	Past Perfect Subjunctive (-se)	
hubiera navegado	hubiéramos navegado		hubiese navegado	hubiésemos navegado
hubieras navegado	hubierais navegado		hubieses navegado	hubieseis navegado
hubiera navegado	hubieran navegado		hubiese navegado	hubiesen navegado

Progressive Tenses

Present	estoy, estás, está, estamos, estáis, están	
Preterit	estuve, estuviste, estuvo, estuvimos, estuvisteis, estuvieron	
Imperfect	estaba, estabas, estaba, estábamos, estabais, estaban	navegando
Future	estaré, estarás, estará, estaremos, estaréis, estarán	
Conditional	estaría, estarías, estaría, estaríamos, estaríais, estarían	
Subjunctive	que + *corresponding subjunctive tense of* estar (*see verb 252*)	

Commands

	(nosotros) naveguemos / no naveguemos
(tú) navega / no navegues	(vosotros) navegad / no naveguéis
(Ud.) navegue / no navegue	(Uds.) naveguen / no naveguen

USAGE

Las naves estadounidenses navegan en el golfo Pérsico.	*United States ships sail in the Persian Gulf.*
Navegó en el Web por dos horas.	*He surfed the Web for two hours.*
Inglaterra era importante por su navegación de alta mar.	*England was important because of its seafaring on the high seas.*
Se estudia la navegación costera y fluvial.	*They study coastal and river navigation.*
El río Misisipí es un río navegable.	*The Mississippi River is navigable.*

regular -*ar* verb

necesito · necesitaron · necesitado · necesitando

Present		Preterit	
necesito	necesitamos	necesité	necesitamos
necesitas	necesitáis	necesitaste	necesitasteis
necesita	necesitan	necesitó	necesitaron

Imperfect		Present Perfect	
necesitaba	necesitábamos	he necesitado	hemos necesitado
necesitabas	necesitabais	has necesitado	habéis necesitado
necesitaba	necesitaban	ha necesitado	han necesitado

Future		Conditional	
necesitaré	necesitaremos	necesitaría	necesitaríamos
necesitarás	necesitaréis	necesitarías	necesitaríais
necesitará	necesitarán	necesitaría	necesitarían

Pluperfect		Preterit Perfect	
había necesitado	habíamos necesitado	hube necesitado	hubimos necesitado
habías necesitado	habíais necesitado	hubiste necesitado	hubisteis necesitado
había necesitado	habían necesitado	hubo necesitado	hubieron necesitado

Future Perfect		Conditional Perfect	
habré necesitado	habremos necesitado	habría necesitado	habríamos necesitado
habrás necesitado	habréis necesitado	habrías necesitado	habríais necesitado
habrá necesitado	habrán necesitado	habría necesitado	habrían necesitado

Present Subjunctive		Present Perfect Subjunctive	
necesite	necesitemos	haya necesitado	hayamos necesitado
necesites	necesitéis	hayas necesitado	hayáis necesitado
necesite	necesiten	haya necesitado	hayan necesitado

Imperfect Subjunctive (-ra)		*or*	Imperfect Subjunctive (-se)	
necesitara	necesitáramos		necesitase	necesitásemos
necesitaras	necesitarais		necesitases	necesitaseis
necesitara	necesitaran		necesitase	necesitasen

Past Perfect Subjunctive (-ra)		*or*	Past Perfect Subjunctive (-se)	
hubiera necesitado	hubiéramos necesitado		hubiese necesitado	hubiésemos necesitado
hubieras necesitado	hubierais necesitado		hubieses necesitado	hubieseis necesitado
hubiera necesitado	hubieran necesitado		hubiese necesitado	hubiesen necesitado

Progressive Tenses

Present	estoy, estás, está, estamos, estáis, están	
Preterit	estuve, estuviste, estuvo, estuvimos, estuvisteis, estuvieron	
Imperfect	estaba, estabas, estaba, estábamos, estabais, estaban	necesitando
Future	estaré, estarás, estará, estaremos, estaréis, estarán	
Conditional	estaría, estarías, estaría, estaríamos, estaríais, estarían	
Subjunctive	que + *corresponding subjunctive tense of* estar (*see verb 252*)	

Commands

	(nosotros) necesitemos / no necesitemos
(tú) necesita / no necesites	(vosotros) necesitad / no necesitéis
(Ud.) necesite / no necesite	(Uds.) necesiten / no necesiten

Se necesita una tecnología de punta.	*They need cutting-edge technology.*
—¿Necesito tomar el tren de alta velocidad?	*Do I have to take the high speed train?*
—No, no es necesario que lo tomes.	*No, there's no need for you to take it.*
Se necesita analistas financieros.	*Financial analysts needed/wanted.*
La computadora es una necesidad.	*The computer is a necessity.*

negar *to deny, refuse*

niego · negaron · negado · negando

stem-changing -ar verb: *e > ie*;
spelling change: *g > gu/e*

Present		Preterit	
niego	negamos	negué	negamos
niegas	negáis	negaste	negasteis
niega	niegan	negó	negaron

Imperfect		Present Perfect	
negaba	negábamos	he negado	hemos negado
negabas	negabais	has negado	habéis negado
negaba	negaban	ha negado	han negado

Future		Conditional	
negaré	negaremos	negaría	negaríamos
negarás	negaréis	negarías	negaríais
negará	negarán	negaría	negarían

Pluperfect		Preterit Perfect	
había negado	habíamos negado	hube negado	hubimos negado
habías negado	habíais negado	hubiste negado	hubisteis negado
había negado	habían negado	hubo negado	hubieron negado

Future Perfect		Conditional Perfect	
habré negado	habremos negado	habría negado	habríamos negado
habrás negado	habréis negado	habrías negado	habríais negado
habrá negado	habrán negado	habría negado	habrían negado

Present Subjunctive		Present Perfect Subjunctive	
niegue	neguemos	haya negado	hayamos negado
niegues	neguéis	hayas negado	hayáis negado
niegue	nieguen	haya negado	hayan negado

Imperfect Subjunctive (-ra)		*or*	Imperfect Subjunctive (-se)	
negara	negáramos		negase	negásemos
negaras	negarais		negases	negaseis
negara	negaran		negase	negasen

Past Perfect Subjunctive (-ra)		*or*	Past Perfect Subjunctive (-se)	
hubiera negado	hubiéramos negado		hubiese negado	hubiésemos negado
hubieras negado	hubierais negado		hubieses negado	hubieseis negado
hubiera negado	hubieran negado		hubiese negado	hubiesen negado

Progressive Tenses

Present	estoy, estás, está, estamos, estáis, están	
Preterit	estuve, estuviste, estuvo, estuvimos, estuvisteis, estuvieron	
Imperfect	estaba, estabas, estaba, estábamos, estabais, estaban	negando
Future	estaré, estarás, estará, estaremos, estaréis, estarán	
Conditional	estaría, estarías, estaría, estaríamos, estaríais, estarían	
Subjunctive	que + *corresponding subjunctive tense of* estar (*see verb 252*)	

Commands

	(nosotros) neguemos / no neguemos
(tú) niega / no niegues	(vosotros) negad / no neguéis
(Ud.) niegue / no niegue	(Uds.) nieguen / no nieguen

USAGE

Es difícil que nieguen los hechos.	*It's difficult for them to deny the facts.*
Les negó la entrada.	*She refused to let them go in.*
Niega haberos estafado.	*He denies having swindled/cheated you.*
¿Por qué te negaste a verlos?	*Why did you refuse to see them?*
Su negativa rotunda puso fin a las negociaciones.	*Their flat refusal put an end to the negotiations.*

stem-changing -ar verb: e > ie; impersonal verb
used in third-person singular only

nieva · nevó · nevado · nevando

Present		Preterit
nieva		nevó

Imperfect		Present Perfect
nevaba		ha nevado

Future		Conditional
nevará		nevaría

Pluperfect		Preterit Perfect
había nevado		hubo nevado

Future Perfect		Conditional Perfect
habrá nevado		habría nevado

Present Subjunctive		Present Perfect Subjunctive
nieve		haya nevado

Imperfect Subjunctive (-ra)	or	Imperfect Subjunctive (-se)
nevara		nevase

Past Perfect Subjunctive (-ra)	or	Past Perfect Subjunctive (-se)
hubiera nevado		hubiese nevado

Progressive Tenses

Present	estoy, estás, está, estamos, estáis, están	
Preterit	estuve, estuviste, estuvo, estuvimos, estuvisteis, estuvieron	
Imperfect	estaba, estabas, estaba, estábamos, estabais, estaban	nevando
Future	estaré, estarás, estará, estaremos, estaréis, estarán	
Conditional	estaría, estarías, estaría, estaríamos, estaríais, estarían	
Subjunctive	que + corresponding subjunctive tense of estar (see verb 252)	

NOTE: Verb not used in commands

USAGE

Nieva. / Está nevando.	It's snowing.
Nevó mucho.	It snowed heavily.
Hubo una fuerte nevada.	There was a heavy snowfall.
El nombre de Nevada es de origen español.	The name Nevada is of Spanish origin.
Había grandes acumulaciones de nieve.	There were snowdrifts.
Habrá tormenta de nieve mañana.	There will be a snowstorm tomorrow.
Hubo aludes de nieve en las montañas.	There were snowslides/avalanches in the mountains.
Los niños se tiraban bolas de nieve.	The children threw snowballs at each other.
Hacían un muñeco de nieve.	They made a snowman.
El yeti, llamado el abominable hombre de las nieves, es del Himalaya.	The yeti, known as the abominable snowman, is from the Himalayas.
—¿Te gusta Blancanieves y los siete enanitos?	Do you like Snow White and the Seven Dwarfs?
—Ah, sí. Blancanieves tiene la piel tan blanca como la nieve.	Oh, yes. Snow White's skin is as white as snow.
¡Qué hermosos son los copos de nieve!	How beautiful the snowflakes are!
Las montañas Rocosas están siempre nevadas.	The Rockies are snow-capped mountains.
—Las carreteras están nevadas.	The highways are covered with snow.
—El quitanieves está limpiándolas.	The snowplow is clearing them.
Saca los quesos de la nevera.	Take the cheeses out of the refrigerator.
Nevisca.	It's snowing lightly.

obedecer to obey

obedezco · obedecieron · obedecido · obedeciendo   *-er verb; spelling change: c > zc/o, a*

Present		Preterit	
obedezco	obedecemos	obedecí	obedecimos
obedeces	obedecéis	obedeciste	obedecisteis
obedece	obedecen	obedeció	obedecieron

Imperfect		Present Perfect	
obedecía	obedecíamos	he obedecido	hemos obedecido
obedecías	obedecíais	has obedecido	habéis obedecido
obedecía	obedecían	ha obedecido	han obedecido

Future		Conditional	
obedeceré	obedeceremos	obedecería	obedeceríamos
obedecerás	obedeceréis	obedecerías	obedeceríais
obedecerá	obedecerán	obedecería	obedecerían

Pluperfect		Preterit Perfect	
había obedecido	habíamos obedecido	hube obedecido	hubimos obedecido
habías obedecido	habíais obedecido	hubiste obedecido	hubisteis obedecido
había obedecido	habían obedecido	hubo obedecido	hubieron obedecido

Future Perfect		Conditional Perfect	
habré obedecido	habremos obedecido	habría obedecido	habríamos obedecido
habrás obedecido	habréis obedecido	habrías obedecido	habríais obedecido
habrá obedecido	habrán obedecido	habría obedecido	habrían obedecido

Present Subjunctive		Present Perfect Subjunctive	
obedezca	obedezcamos	haya obedecido	hayamos obedecido
obedezcas	obedezcáis	hayas obedecido	hayáis obedecido
obedezca	obedezcan	haya obedecido	hayan obedecido

Imperfect Subjunctive (-ra)		or	Imperfect Subjunctive (-se)	
obedeciera	obedeciéramos		obedeciese	obedeciésemos
obedecieras	obedecierais		obedecieses	obedecieseis
obedeciera	obedecieran		obedeciese	obedeciesen

Past Perfect Subjunctive (-ra)		or	Past Perfect Subjunctive (-se)	
hubiera obedecido	hubiéramos obedecido		hubiese obedecido	hubiésemos obedecido
hubieras obedecido	hubierais obedecido		hubieses obedecido	hubieseis obedecido
hubiera obedecido	hubieran obedecido		hubiese obedecido	hubiesen obedecido

Progressive Tenses

Present	estoy, estás, está, estamos, estáis, están	
Preterit	estuve, estuviste, estuvo, estuvimos, estuvisteis, estuvieron	
Imperfect	estaba, estabas, estaba, estábamos, estabais, estaban	obedeciendo
Future	estaré, estarás, estará, estaremos, estaréis, estarán	
Conditional	estaría, estarías, estaría, estaríamos, estaríais, estarían	
Subjunctive	que + *corresponding subjunctive tense of* estar (*see verb 252*)	

Commands

	(nosotros) obedezcamos / no obedezcamos
(tú) obedece / no obedezcas	(vosotros) obedeced / no obedezcáis
(Ud.) obedezca / no obedezca	(Uds.) obedezcan / no obedezcan

USAGE

Obedezcan Uds. la ley.
—Este chiquillo no obedece a sus papás.
—Su hermano mayor es obediente.
—La jefa se hace obedecer.
—Los empleados no se atreven a desobedecer sus órdenes.

Obey the law.
This kid doesn't obey his parents.
His older brother is obedient.
The boss demands obedience.
The workers don't dare disobey her orders.

-ar verb; spelling change: g > gu/e

obligo · obligaron · obligado · obligando

	Present		Preterit
obligo	obligamos	obligué	obligamos
obligas	obligáis	obligaste	obligasteis
obliga	obligan	obligó	obligaron

	Imperfect		Present Perfect
obligaba	obligábamos	he obligado	hemos obligado
obligabas	obligabais	has obligado	habéis obligado
obligaba	obligaban	ha obligado	han obligado

	Future		Conditional
obligaré	obligaremos	obligaría	obligaríamos
obligarás	obligaréis	obligarías	obligaríais
obligará	obligarán	obligaría	obligarían

	Pluperfect		Preterit Perfect
había obligado	habíamos obligado	hube obligado	hubimos obligado
habías obligado	habíais obligado	hubiste obligado	hubisteis obligado
había obligado	habían obligado	hubo obligado	hubieron obligado

	Future Perfect		Conditional Perfect
habré obligado	habremos obligado	habría obligado	habríamos obligado
habrás obligado	habréis obligado	habrías obligado	habríais obligado
habrá obligado	habrán obligado	habría obligado	habrían obligado

	Present Subjunctive		Present Perfect Subjunctive
obligue	obliguemos	haya obligado	hayamos obligado
obligues	obliguéis	hayas obligado	hayáis obligado
obligue	obliguen	haya obligado	hayan obligado

	Imperfect Subjunctive (-ra)	or	Imperfect Subjunctive (-se)
obligara	obligáramos	obligase	obligásemos
obligaras	obligarais	obligases	obligaseis
obligara	obligaran	obligase	obligasen

	Past Perfect Subjunctive (-ra)	or	Past Perfect Subjunctive (-se)
hubiera obligado	hubiéramos obligado	hubiese obligado	hubiésemos obligado
hubieras obligado	hubierais obligado	hubieses obligado	hubieseis obligado
hubiera obligado	hubieran obligado	hubiese obligado	hubiesen obligado

Progressive Tenses

Present	estoy, estás, está, estamos, estáis, están	
Preterit	estuve, estuviste, estuvo, estuvimos, estuvisteis, estuvieron	
Imperfect	estaba, estabas, estaba, estábamos, estabais, estaban	obligando
Future	estaré, estarás, estará, estaremos, estaréis, estarán	
Conditional	estaría, estarías, estaría, estaríamos, estaríais, estarían	
Subjunctive	que + corresponding subjunctive tense of estar (see verb 252)	

Commands

	(nosotros) obliguemos / no obliguemos
(tú) obliga / no obligues	(vosotros) obligad / no obliguéis
(Ud.) obligue / no obligue	(Uds.) obliguen / no obliguen

USAGE

Te obligaron a cumplir tus compromisos.	*They forced you to honor your obligations.*
Es preciso que les obligue a cumplir su promesa.	*It's necessary that you force them to keep their promise.*
Nos obligamos a ceder el asiento a los ancianos.	*We're obliged to give up our seats to old people.*
Están obligados a costear los daños.	*They're obliged to pay for the damage.*
La asistencia es obligatoria.	*Attendance is obligatory.*

observar *to observe, notice*

observo · observaron · observado · observando   regular -ar verb

Present		Preterit	
observo	observamos	observé	observamos
observas	observáis	observaste	observasteis
observa	observan	observó	observaron

Imperfect		Present Perfect	
observaba	observábamos	he observado	hemos observado
observabas	observabais	has observado	habéis observado
observaba	observaban	ha observado	han observado

Future		Conditional	
observaré	observaremos	observaría	observaríamos
observarás	observaréis	observarías	observaríais
observará	observarán	observaría	observarían

Pluperfect		Preterit Perfect	
había observado	habíamos observado	hube observado	hubimos observado
habías observado	habíais observado	hubiste observado	hubisteis observado
había observado	habían observado	hubo observado	hubieron observado

Future Perfect		Conditional Perfect	
habré observado	habremos observado	habría observado	habríamos observado
habrás observado	habréis observado	habrías observado	habríais observado
habrá observado	habrán observado	habría observado	habrían observado

Present Subjunctive		Present Perfect Subjunctive	
observe	observemos	haya observado	hayamos observado
observes	observéis	hayas observado	hayáis observado
observe	observen	haya observado	hayan observado

Imperfect Subjunctive (-ra)		*or*	Imperfect Subjunctive (-se)	
observara	observáramos		observase	observásemos
observaras	observarais		observases	observaseis
observara	observaran		observase	observasen

Past Perfect Subjunctive (-ra)		*or*	Past Perfect Subjunctive (-se)	
hubiera observado	hubiéramos observado		hubiese observado	hubiésemos observado
hubieras observado	hubierais observado		hubieses observado	hubieseis observado
hubiera observado	hubieran observado		hubiese observado	hubiesen observado

Progressive Tenses

Present	estoy, estás, está, estamos, estáis, están	
Preterit	estuve, estuviste, estuvo, estuvimos, estuvisteis, estuvieron	
Imperfect	estaba, estabas, estaba, estábamos, estabais, estaban	observando
Future	estaré, estarás, estará, estaremos, estaréis, estarán	
Conditional	estaría, estarías, estaría, estaríamos, estaríais, estarían	
Subjunctive	que + *corresponding subjunctive tense of* estar (*see verb 252*)	

Commands

	(nosotros) observemos / no observemos
(tú) observa / no observes	(vosotros) observad / no observéis
(Ud.) observe / no observe	(Uds.) observen / no observen

USAGE

Observa que está despejando.	*Notice that the weather is clearing up.*
Es importante que observemos la fecha tope.	*It's important we meet the deadline.*
Se ha observado una diferencia sutil.	*They've noted / commented on a subtle difference.*
Es una observante católica/judía/protestante.	*She's an observant Catholic/Jew/Protestant.*
Hizo unas observaciones al respecto.	*He made some remarks about the matter.*

irregular verb (like **tener**)

obtengo · obtuvieron · obtenido · obteniendo

Present		Preterit	
obtengo	obtenemos	obtuve	obtuvimos
obtienes	obtenéis	obtuviste	obtuvisteis
obtiene	obtienen	obtuvo	obtuvieron

Imperfect		Present Perfect	
obtenía	obteníamos	he obtenido	hemos obtenido
obtenías	obteníais	has obtenido	habéis obtenido
obtenía	obtenían	ha obtenido	han obtenido

Future		Conditional	
obtendré	obtendremos	obtendría	obtendríamos
obtendrás	obtendréis	obtendrías	obtendríais
obtendrá	obtendrán	obtendría	obtendrían

Pluperfect		Preterit Perfect	
había obtenido	habíamos obtenido	hube obtenido	hubimos obtenido
habías obtenido	habíais obtenido	hubiste obtenido	hubisteis obtenido
había obtenido	habían obtenido	hubo obtenido	hubieron obtenido

Future Perfect		Conditional Perfect	
habré obtenido	habremos obtenido	habría obtenido	habríamos obtenido
habrás obtenido	habréis obtenido	habrías obtenido	habríais obtenido
habrá obtenido	habrán obtenido	habría obtenido	habrían obtenido

Present Subjunctive		Present Perfect Subjunctive	
obtenga	obtengamos	haya obtenido	hayamos obtenido
obtengas	obtengáis	hayas obtenido	hayáis obtenido
obtenga	obtengan	haya obtenido	hayan obtenido

Imperfect Subjunctive (-ra)		or	Imperfect Subjunctive (-se)	
obtuviera	obtuviéramos		obtuviese	obtuviésemos
obtuvieras	obtuvierais		obtuvieses	obtuvieseis
obtuviera	obtuvieran		obtuviese	obtuviesen

Past Perfect Subjunctive (-ra)		or	Past Perfect Subjunctive (-se)	
hubiera obtenido	hubiéramos obtenido		hubiese obtenido	hubiésemos obtenido
hubieras obtenido	hubierais obtenido		hubieses obtenido	hubieseis obtenido
hubiera obtenido	hubieran obtenido		hubiese obtenido	hubiesen obtenido

Progressive Tenses

Present	estoy, estás, está, estamos, estáis, están	
Preterit	estuve, estuviste, estuvo, estuvimos, estuvisteis, estuvieron	
Imperfect	estaba, estabas, estaba, estábamos, estabais, estaban	obteniendo
Future	estaré, estarás, estará, estaremos, estaréis, estarán	
Conditional	estaría, estarías, estaría, estaríamos, estaríais, estarían	
Subjunctive	que + *corresponding subjunctive tense of* estar (*see verb 252*)	

Commands

	(nosotros) obtengamos / no obtengamos
(tú) obtén / no obtengas	(vosotros) obtened / no obtengáis
(Ud.) obtenga / no obtenga	(Uds.) obtengan / no obtengan

(USAGE)

Obtuvieron buenos resultados con la medicina.
They obtained good results with the medicine.

¿Dónde obtengo una tarjeta inteligente?
Where can I get a smart card?

Les urge la obtención de capital.
The obtaining of capital is pressing for them.

¿La placa de matrícula? Ya está obtenida.
The license plate? We got it already.

ocuparse *to look after, keep busy, see to, be in charge*

ocupo · ocuparon · ocupado · ocupándose

regular -ar reflexive verb

	Present		Preterit
me ocupo	nos ocupamos	me ocupé	nos ocupamos
te ocupas	os ocupáis	te ocupaste	os ocupasteis
se ocupa	se ocupan	se ocupó	se ocuparon

	Imperfect		Present Perfect
me ocupaba	nos ocupábamos	me he ocupado	nos hemos ocupado
te ocupabas	os ocupabais	te has ocupado	os habéis ocupado
se ocupaba	se ocupaban	se ha ocupado	se han ocupado

	Future		Conditional
me ocuparé	nos ocuparemos	me ocuparía	nos ocuparíamos
te ocuparás	os ocuparéis	te ocuparías	os ocuparíais
se ocupará	se ocuparán	se ocuparía	se ocuparían

	Pluperfect		Preterit Perfect
me había ocupado	nos habíamos ocupado	me hube ocupado	nos hubimos ocupado
te habías ocupado	os habíais ocupado	te hubiste ocupado	os hubisteis ocupado
se había ocupado	se habían ocupado	se hubo ocupado	se hubieron ocupado

	Future Perfect		Conditional Perfect
me habré ocupado	nos habremos ocupado	me habría ocupado	nos habríamos ocupado
te habrás ocupado	os habréis ocupado	te habrías ocupado	os habríais ocupado
se habrá ocupado	se habrán ocupado	se habría ocupado	se habrían ocupado

	Present Subjunctive		Present Perfect Subjunctive
me ocupe	nos ocupemos	me haya ocupado	nos hayamos ocupado
te ocupes	os ocupéis	te hayas ocupado	os hayáis ocupado
se ocupe	se ocupen	se haya ocupado	se hayan ocupado

	Imperfect Subjunctive (-ra)	or	Imperfect Subjunctive (-se)
me ocupara	nos ocupáramos	me ocupase	nos ocupásemos
te ocuparas	os ocuparais	te ocupases	os ocupaseis
se ocupara	se ocuparan	se ocupase	se ocupasen

	Past Perfect Subjunctive (-ra)	or	Past Perfect Subjunctive (-se)
me hubiera ocupado	nos hubiéramos ocupado	me hubiese ocupado	nos hubiésemos ocupado
te hubieras ocupado	os hubierais ocupado	te hubieses ocupado	os hubieseis ocupado
se hubiera ocupado	se hubieran ocupado	se hubiese ocupado	se hubiesen ocupado

Progressive Tenses

Present	estoy, estás, está, estamos, estáis, están	
Preterit	estuve, estuviste, estuvo, estuvimos, estuvisteis, estuvieron	
Imperfect	estaba, estabas, estaba, estábamos, estabais, estaban	ocupando (see page 41)
Future	estaré, estarás, estará, estaremos, estaréis, estarán	
Conditional	estaría, estarías, estaría, estaríamos, estaríais, estarían	
Subjunctive	que + corresponding subjunctive tense of estar (see verb 252)	

Commands

	(nosotros) ocupémonos / no nos ocupemos
(tú) ocúpate / no te ocupes	(vosotros) ocupaos / no os ocupéis
(Ud.) ocúpese / no se ocupe	(Uds.) ocúpense / no se ocupen

USAGE

Yo me ocupo de la niña.	*I'll look after the child.*
El director financiero se ocupa de las finanzas.	*The financial director is in charge of finances.*
¡Ocúpate de tus cosas!	*Mind your own business!*
Nos ocupaban las investigaciones.	*The research kept us busy.*
Estábamos ocupadísimos.	*We were very busy.*
Esta butaca está ocupada.	*This (theater) seat is taken.*
¿Cuál es su ocupación?	*What's your occupation/profession?*

to occur, happen (to have an idea)

ocurrir (ocurrírsele)

regular -ir verb; unplanned or unexpected occurrences: se + indirect object
pronoun + verb in third-person singular or plural | **ocurre · ocurrieron · ocurrido · ocurriendo**

Present

se me ocurre(n)	se nos ocurre(n)
se te ocurre(n)	se os ocurre(n)
se le ocurre(n)	se les ocurre(n)

Preterit

se me ocurrió(-ieron)	se nos ocurrió(-ieron)
se te ocurrió(-ieron)	se os ocurrió(-ieron)
se le ocurrió(-ieron)	se les ocurrió(-ieron)

Imperfect

se me ocurría(n)	se nos ocurría(n)
se te ocurría(n)	se os ocurría(n)
se le ocurría(n)	se les ocurría(n)

Present Perfect

se me ha(n) ocurrido	se nos ha(n) ocurrido
se te ha(n) ocurrido	se os ha(n) ocurrido
se le ha(n) ocurrido	se les ha(n) ocurrido

Future

se me ocurrirá(n)	se nos ocurrirá(n)
se te ocurrirá(n)	se os ocurrirá(n)
se le ocurrirá(n)	se les ocurrirá(n)

Conditional

se me ocurriría(n)	se nos ocurriría(n)
se te ocurriría(n)	se os ocurriría(n)
se le ocurriría(n)	se les ocurriría(n)

Pluperfect

se me había(n) ocurrido	se nos había(n) ocurrido
se te había(n) ocurrido	se os había(n) ocurrido
se le había(n) ocurrido	se les había(n) ocurrido

Preterit Perfect

se me hubo(-ieron) ocurrido	se nos hubo(-ieron) ocurrido
se te hubo(-ieron) ocurrido	se os hubo(-ieron) ocurrido
se le hubo(-ieron) ocurrido	se les hubo(-ieron) ocurrido

Future Perfect

se me habrá(n) ocurrido	se nos habrá(n) ocurrido
se te habrá(n) ocurrido	se os habrá(n) ocurrido
se le habrá(n) ocurrido	se les habrá(n) ocurrido

Conditional Perfect

se me habría(n) ocurrido	se nos habría(n) ocurrido
se te habría(n) ocurrido	se os habría(n) ocurrido
se le habría(n) ocurrido	se les habría(n) ocurrido

Present Subjunctive

se me ocurra(n)	se nos ocurra(n)
se te ocurra(n)	se os ocurra(n)
se le ocurra(n)	se les ocurra(n)

Present Perfect Subjunctive

se me haya(n) ocurrido	se nos haya(n) ocurrido
se te haya(n) ocurrido	se os haya(n) ocurrido
se le haya(n) ocurrido	se les haya(n) ocurrido

Imperfect Subjunctive (-ra)   or   Imperfect Subjunctive (-se)

se me ocurriera(n)	se nos ocurriera(n)	se me ocurriese(n)	se nos ocurriese(n)
se te ocurriera(n)	se os ocurriera(n)	se te ocurriese(n)	se os ocurriese(n)
se le ocurriera(n)	se les ocurriera(n)	se le ocurriese(n)	se les ocurriese(n)

Past Perfect Subjunctive (-ra)   or   Past Perfect Subjunctive (-se)

se me hubiera(n) ocurrido	se nos hubiera(n) ocurrido	se me hubiese(n) ocurrido	se nos hubiese(n) ocurrido
se te hubiera(n) ocurrido	se os hubiera(n) ocurrido	se te hubiese(n) ocurrido	se os hubiese(n) ocurrido
se le hubiera(n) ocurrido	se les hubiera(n) ocurrido	se le hubiese(n) ocurrido	se les hubiese(n) ocurrido

Progressive Tenses

Present	estoy, estás, está, estamos, estáis, están	
Preterit	estuve, estuviste, estuvo, estuvimos, estuvisteis, estuvieron	
Imperfect	estaba, estabas, estaba, estábamos, estabais, estaban	ocurriendo
Future	estaré, estarás, estará, estaremos, estaréis, estarán	
Conditional	estaría, estarías, estaría, estaríamos, estaríais, estarían	
Subjunctive	que + corresponding subjunctive tense of estar (see verb 252)	

Commands

¡Que se te/le/os/les ocurra(n)!   ¡Que no se te/le/os/les ocurra(n)!

USAGE

¿Qué ocurrió?	What happened?
¿Qué ocurre?	What's going on? / What's the matter?
Se me ocurrió la idea anoche.	The idea popped into my head last night.
Tus sospechas no se le ocurrieron a nadie más.	Your suspicions didn't occur to anyone else.
Se nos ocurrió que él había mentido.	It dawned on us that he had lied.
¿Cómo se te ocurre tal cosa?	How could you think of such a thing?
¡Que ni se te ocurra hacerlo!	Don't even think about doing it!
Procederemos con el plan ocurra lo que ocurra.	We'll go ahead with the plan whatever may happen.

odiar to hate, detest

odio · odiaron · odiado · odiando

regular -ar verb

Present			Preterit	
odio	odiamos		odié	odiamos
odias	odiáis		odiaste	odiasteis
odia	odian		odió	odiaron

Imperfect			Present Perfect	
odiaba	odiábamos		he odiado	hemos odiado
odiabas	odiabais		has odiado	habéis odiado
odiaba	odiaban		ha odiado	han odiado

Future			Conditional	
odiaré	odiaremos		odiaría	odiaríamos
odiarás	odiaréis		odiarías	odiaríais
odiará	odiarán		odiaría	odiarían

Pluperfect			Preterit Perfect	
había odiado	habíamos odiado		hube odiado	hubimos odiado
habías odiado	habíais odiado		hubiste odiado	hubisteis odiado
había odiado	habían odiado		hubo odiado	hubieron odiado

Future Perfect			Conditional Perfect	
habré odiado	habremos odiado		habría odiado	habríamos odiado
habrás odiado	habréis odiado		habrías odiado	habríais odiado
habrá odiado	habrán odiado		habría odiado	habrían odiado

Present Subjunctive			Present Perfect Subjunctive	
odie	odiemos		haya odiado	hayamos odiado
odies	odiéis		hayas odiado	hayáis odiado
odie	odien		haya odiado	hayan odiado

Imperfect Subjunctive (-ra)		or	Imperfect Subjunctive (-se)	
odiara	odiáramos		odiase	odiásemos
odiaras	odiarais		odiases	odiaseis
odiara	odiaran		odiase	odiasen

Past Perfect Subjunctive (-ra)		or	Past Perfect Subjunctive (-se)	
hubiera odiado	hubiéramos odiado		hubiese odiado	hubiésemos odiado
hubieras odiado	hubierais odiado		hubieses odiado	hubieseis odiado
hubiera odiado	hubieran odiado		hubiese odiado	hubiesen odiado

Progressive Tenses

Present	estoy, estás, está, estamos, estáis, están	
Preterit	estuve, estuviste, estuvo, estuvimos, estuvisteis, estuvieron	
Imperfect	estaba, estabas, estaba, estábamos, estabais, estaban	odiando
Future	estaré, estarás, estará, estaremos, estaréis, estarán	
Conditional	estaría, estarías, estaría, estaríamos, estaríais, estarían	
Subjunctive	que + corresponding subjunctive tense of estar (see verb 252)	

Commands

	(nosotros) odiemos / no odiemos
(tú) odia / no odies	(vosotros) odiad / no odiéis
(Ud.) odie / no odie	(Uds.) odien / no odien

USAGE

—No sé por qué la odiáis.
—Le tenemos odio porque es perversa.

Siempre odiábamos despertarnos temprano.
Nos echó una mirada de odio.
Tomaban odio a la rutina.
Es una labor odiosa.

I don't know why you hate her.
We hate her because she's a bad person.

We always hated to wake up early.
He gave us a hateful look.
They were taking an extreme dislike to the routine.
It's a detestable job.

regular -er verb

ofendo · ofendieron · ofendido · ofendiendo

Present		Preterit	
ofendo	ofendemos	ofendí	ofendimos
ofendes	ofendéis	ofendiste	ofendisteis
ofende	ofenden	ofendió	ofendieron

Imperfect		Present Perfect	
ofendía	ofendíamos	he ofendido	hemos ofendido
ofendías	ofendíais	has ofendido	habéis ofendido
ofendía	ofendían	ha ofendido	han ofendido

Future		Conditional	
ofenderé	ofenderemos	ofendería	ofenderíamos
ofenderás	ofenderéis	ofenderías	ofenderíais
ofenderá	ofenderán	ofendería	ofenderían

Pluperfect		Preterit Perfect	
había ofendido	habíamos ofendido	hube ofendido	hubimos ofendido
habías ofendido	habíais ofendido	hubiste ofendido	hubisteis ofendido
había ofendido	habían ofendido	hubo ofendido	hubieron ofendido

Future Perfect		Conditional Perfect	
habré ofendido	habremos ofendido	habría ofendido	habríamos ofendido
habrás ofendido	habréis ofendido	habrías ofendido	habríais ofendido
habrá ofendido	habrán ofendido	habría ofendido	habrían ofendido

Present Subjunctive		Present Perfect Subjunctive	
ofenda	ofendamos	haya ofendido	hayamos ofendido
ofendas	ofendáis	hayas ofendido	hayáis ofendido
ofenda	ofendan	haya ofendido	hayan ofendido

Imperfect Subjunctive (-ra)		or	Imperfect Subjunctive (-se)	
ofendiera	ofendiéramos		ofendiese	ofendiésemos
ofendieras	ofendierais		ofendieses	ofendieseis
ofendiera	ofendieran		ofendiese	ofendiesen

Past Perfect Subjunctive (-ra)		or	Past Perfect Subjunctive (-se)	
hubiera ofendido	hubiéramos ofendido		hubiese ofendido	hubiésemos ofendido
hubieras ofendido	hubierais ofendido		hubieses ofendido	hubieseis ofendido
hubiera ofendido	hubieran ofendido		hubiese ofendido	hubiesen ofendido

Progressive Tenses

Present	estoy, estás, está, estamos, estáis, están	
Preterit	estuve, estuviste, estuvo, estuvimos, estuvisteis, estuvieron	
Imperfect	estaba, estabas, estaba, estábamos, estabais, estaban	ofendiendo
Future	estaré, estarás, estará, estaremos, estaréis, estarán	
Conditional	estaría, estarías, estaría, estaríamos, estaríais, estarían	
Subjunctive	que + *corresponding subjunctive tense of* estar (*see verb 252*)	

Commands

	(nosotros) ofendamos / no ofendamos
(tú) ofende / no ofendas	(vosotros) ofended / no ofendáis
(Ud.) ofenda / no ofenda	(Uds.) ofendan / no ofendan

USAGE

—Tus palabras los ofendieron.   *Your words offended them.*
—Es que se ofenden por todo.   *The fact is that they take offense at everything.*

Se ofendió con sus colegas.   *He had a falling out with his colleagues.*
Lamento que se haya dado por ofendida.   *I'm sorry she took offense.*
Su comportamiento era ofensivo.   *Their conduct was offensive/rude.*
Se gana pasando a la ofensiva.   *You'll win if you take the offensive.*

ofrecer *to offer, present*

ofrezco · ofrecieron · ofrecido · ofreciendo   *-er verb; spelling change: c > zc/o, a*

Present		Preterit	
ofrezco	ofrecemos	ofrecí	ofrecimos
ofreces	ofrecéis	ofreciste	ofrecisteis
ofrece	ofrecen	ofreció	ofrecieron

Imperfect		Present Perfect	
ofrecía	ofrecíamos	he ofrecido	hemos ofrecido
ofrecías	ofrecíais	has ofrecido	habéis ofrecido
ofrecía	ofrecían	ha ofrecido	han ofrecido

Future		Conditional	
ofreceré	ofreceremos	ofrecería	ofreceríamos
ofrecerás	ofreceréis	ofrecerías	ofreceríais
ofrecerá	ofrecerán	ofrecería	ofrecerían

Pluperfect		Preterit Perfect	
había ofrecido	habíamos ofrecido	hube ofrecido	hubimos ofrecido
habías ofrecido	habíais ofrecido	hubiste ofrecido	hubisteis ofrecido
había ofrecido	habían ofrecido	hubo ofrecido	hubieron ofrecido

Future Perfect		Conditional Perfect	
habré ofrecido	habremos ofrecido	habría ofrecido	habríamos ofrecido
habrás ofrecido	habréis ofrecido	habrías ofrecido	habríais ofrecido
habrá ofrecido	habrán ofrecido	habría ofrecido	habrían ofrecido

Present Subjunctive		Present Perfect Subjunctive	
ofrezca	ofrezcamos	haya ofrecido	hayamos ofrecido
ofrezcas	ofrezcáis	hayas ofrecido	hayáis ofrecido
ofrezca	ofrezcan	haya ofrecido	hayan ofrecido

Imperfect Subjunctive (-ra)		or	Imperfect Subjunctive (-se)	
ofreciera	ofreciéramos		ofreciese	ofreciésemos
ofrecieras	ofrecierais		ofrecieses	ofrecieseis
ofreciera	ofrecieran		ofreciese	ofreciesen

Past Perfect Subjunctive (-ra)		or	Past Perfect Subjunctive (-se)	
hubiera ofrecido	hubiéramos ofrecido		hubiese ofrecido	hubiésemos ofrecido
hubieras ofrecido	hubierais ofrecido		hubieses ofrecido	hubieseis ofrecido
hubiera ofrecido	hubieran ofrecido		hubiese ofrecido	hubiesen ofrecido

Progressive Tenses

Present	estoy, estás, está, estamos, estáis, están	
Preterit	estuve, estuviste, estuvo, estuvimos, estuvisteis, estuvieron	
Imperfect	estaba, estabas, estaba, estábamos, estabais, estaban	ofreciendo
Future	estaré, estarás, estará, estaremos, estaréis, estarán	
Conditional	estaría, estarías, estaría, estaríamos, estaríais, estarían	
Subjunctive	que + *corresponding subjunctive tense of* estar (*see verb 252*)	

Commands

	(nosotros) ofrezcamos / no ofrezcamos
(tú) ofrece / no ofrezcas	(vosotros) ofreced / no ofrezcáis
(Ud.) ofrezca / no ofrezca	(Uds.) ofrezcan / no ofrezcan

USAGE

Ofréceles estos entremeses.	*Offer them these hors d'oeuvres.*
Te ofrezco mi ayuda.	*I'm offering you my help.*
Se ofreció para ir al correo.	*He offered to go to the post office.*
¿Qué se le ofrece?	*May I help you? (salesperson to customer)*
Aceptamos la oferta que nos habían hecho.	*We accepted the offer they had made to us.*

irregular verb

Present		Preterit	
oigo	oímos	oí	oímos
oyes	oís	oíste	oísteis
oye	oyen	oyó	oyeron

Imperfect		Present Perfect	
oía	oíamos	he oído	hemos oído
oías	oíais	has oído	habéis oído
oía	oían	ha oído	han oído

Future		Conditional	
oiré	oiremos	oiría	oiríamos
oirás	oiréis	oirías	oiríais
oirá	oirán	oiría	oirían

Pluperfect		Preterit Perfect	
había oído	habíamos oído	hube oído	hubimos oído
habías oído	habíais oído	hubiste oído	hubisteis oído
había oído	habían oído	hubo oído	hubieron oído

Future Perfect		Conditional Perfect	
habré oído	habremos oído	habría oído	habríamos oído
habrás oído	habréis oído	habrías oído	habríais oído
habrá oído	habrán oído	habría oído	habrían oído

Present Subjunctive		Present Perfect Subjunctive	
oiga	oigamos	haya oído	hayamos oído
oigas	oigáis	hayas oído	hayáis oído
oiga	oigan	haya oído	hayan oído

Imperfect Subjunctive (-ra)		or	Imperfect Subjunctive (-se)	
oyera	oyéramos		oyese	oyésemos
oyeras	oyerais		oyeses	oyeseis
oyera	oyeran		oyese	oyesen

Past Perfect Subjunctive (-ra)		or	Past Perfect Subjunctive (-se)	
hubiera oído	hubiéramos oído		hubiese oído	hubiésemos oído
hubieras oído	hubierais oído		hubieses oído	hubieseis oído
hubiera oído	hubieran oído		hubiese oído	hubiesen oído

Progressive Tenses

Present	estoy, estás, está, estamos, estáis, están	
Preterit	estuve, estuviste, estuvo, estuvimos, estuvisteis, estuvieron	
Imperfect	estaba, estabas, estaba, estábamos, estabais, estaban	oyendo
Future	estaré, estarás, estará, estaremos, estaréis, estarán	
Conditional	estaría, estarías, estaría, estaríamos, estaríais, estarían	
Subjunctive	que + *corresponding subjunctive tense of* estar (*see verb 252*)	

Commands

	(nosotros) oigamos / no oigamos
(tú) oye / no oigas	(vosotros) oíd / no oigáis
(Ud.) oiga / no oiga	(Uds.) oigan / no oigan

¿No oyes el ruido?	*Don't you hear the noise?*
La oímos cantar el papel de Carmen.	*We heard her sing the role of Carmen.*
Están oyendo música.	*They're listening to music.*
No he oído hablar de esa marca.	*I haven't heard of that brand.*
¿Oíste decir que quebró la compañía?	*Did you hear that the company went bankrupt?*
Oye, échame una mano.	*Hey, give me a hand.*

oigo · oyeron · oído · oyendo   irregular verb

¡Cállate! Las paredes oyen.	Be quiet! The walls have ears.
Los fieles oían misa todos los domingos.	The congregants heard mass every Sunday.
He oído decir que solicitan un préstamo.	I've heard that you're applying for a loan.
Los oímos reír/gritar/caer/llorar.	We heard them laugh/shout/fall/cry.
¿No oyes al perro ladrando / gato maullando?	Don't you hear the dog barking / cat meowing?
❷ —Ramón se niega a enfrentarse a verdades desagradables.	Ramón refuses to face some unpleasant truths.
—No hay peor sordo que el que no quiere oír.	There are none so deaf as those who will not hear.
Me parece que lo has oído mal / al revés.	I think you've misunderstood / heard wrong.
—Óyeme bien.	Hear me out. / Listen carefully.
—Soy todo oídos.	I'm all ears.

OTHER USES AND RELATED WORDS

❷ —Tienes buen oído.	You have a good ear.
—Y toco el piano de oído.	And I play the piano by ear.
❷ —No quiero que nadie oiga la noticia.	I don't want anyone to hear the news.
—Pues háblame al oído.	Then whisper it in my ear.
❷ —La música es muy agradable al oído, ¿no?	The music is very pleasing to the ear, isn't it?
—¡A mí me lastima el oído!	It hurts my ears!
—Entonces, tápate los oídos.	Then cover your ears.
Todo le entra por un oído y le sale por el otro.	Everything goes in one ear and out the other.
❷ —Al niño le duelen los oídos.	The child has an earache.
—Tiene infección del oído interno.	He has an inner ear infection.
Todas sus solicitudes caían en oídos sordos.	All their demands fell on deaf ears.
Tiene el oído muy bueno.	She has very good hearing.
Me enteré de oídas.	I found out by hearsay.
Me hice oír a favor de la decisión del presidente.	I spoke out in favor of the president's decision.
Me oyes como quien oye llover.	You're not paying any attention at all to what I'm telling you.
No se oía ni (el vuelo de) una mosca.	You could have heard a pin drop.
Oigo propuestas. (*in ads*)	I'm accepting offers/bids.
Este caso tan claro de desinformación demuestra que hay periodistas que oyen campanas y no saben dónde.	This very clear case of disinformation proves that there are journalists who don't have a clue.
Los altavoces de mi portátil se oyen tan bajo.	The speakers on my laptop are very soft (are hard to hear).
A palabras necias, oídos sordos.	Pay no attention to the stupid things people say.
La explosión del coche bomba se oyó a varias millas de distancia del lugar del atentado.	The car bomb explosion was heard several miles away from the site of the attack.
Los médicos deben oír sus propios consejos y dejar de fumar.	Doctors ought to listen to their own advice and stop smoking.

irregular verb

huelo · olieron · olido · oliendo

Present		Preterit	
huelo	olimos	olí	olimos
hueles	oléis	oliste	olisteis
huele	huelen	olió	olieron

Imperfect		Present Perfect	
olía	olíamos	he olido	hemos olido
olías	olíais	has olido	habéis olido
olía	olían	ha olido	han olido

Future		Conditional	
oleré	oleremos	olería	oleríamos
olerás	oleréis	olerías	oleríais
olerá	olerán	olería	olerían

Pluperfect		Preterit Perfect	
había olido	habíamos olido	hube olido	hubimos olido
habías olido	habíais olido	hubiste olido	hubisteis olido
había olido	habían olido	hubo olido	hubieron olido

Future Perfect		Conditional Perfect	
habré olido	habremos olido	habría olido	habríamos olido
habrás olido	habréis olido	habrías olido	habríais olido
habrá olido	habrán olido	habría olido	habrían olido

Present Subjunctive		Present Perfect Subjunctive	
huela	olamos	haya olido	hayamos olido
huelas	oláis	hayas olido	hayáis olido
huela	huelan	haya olido	hayan olido

Imperfect Subjunctive (-ra)		or	Imperfect Subjunctive (-se)	
oliera	oliéramos		oliese	oliésemos
olieras	olierais		olieses	olieseis
oliera	olieran		oliese	oliesen

Past Perfect Subjunctive (-ra)		or	Past Perfect Subjunctive (-se)	
hubiera olido	hubiéramos olido		hubiese olido	hubiésemos olido
hubieras olido	hubierais olido		hubieses olido	hubieseis olido
hubiera olido	hubieran olido		hubiese olido	hubiesen olido

Progressive Tenses

Present	estoy, estás, está, estamos, estáis, están	
Preterit	estuve, estuviste, estuvo, estuvimos, estuvisteis, estuvieron	
Imperfect	estaba, estabas, estaba, estábamos, estabais, estaban	oliendo
Future	estaré, estarás, estará, estaremos, estaréis, estarán	
Conditional	estaría, estarías, estaría, estaríamos, estaríais, estarían	
Subjunctive	que + *corresponding subjunctive tense of* estar (*see verb 252*)	

Commands

	(nosotros) olamos / no olamos
(tú) huele / no huelas	(vosotros) oled / no oláis
(Ud.) huela / no huela	(Uds.) huelan / no huelan

USAGE

—El perfume huele muy bien.   *The perfume smells very nice.*
—Huele a muguete.   *It smells like lily of the valley.*
—El negocio huele a fraude.   *The business deal smacks of fraud.*
—En efecto huele mal.   *Indeed it smells fishy / seems suspicious.*
Su pretexto olía a mentira.   *His alibi sounded like a lie.*
Tienes el olfato muy fino.   *Your sense of smell is very sharp.*
¡Deja de olfatear donde no te importa!   *Stop nosing about in things that are none of your business!*

olvidar *to forget*

olvido · olvidaron · olvidado · olvidando   regular -*ar* verb

---

Present		Preterit	
olvido	olvidamos	olvidé	olvidamos
olvidas	olvidáis	olvidaste	olvidasteis
olvida	olvidan	olvidó	olvidaron

Imperfect		Present Perfect	
olvidaba	olvidábamos	he olvidado	hemos olvidado
olvidabas	olvidabais	has olvidado	habéis olvidado
olvidaba	olvidaban	ha olvidado	han olvidado

Future		Conditional	
olvidaré	olvidaremos	olvidaría	olvidaríamos
olvidarás	olvidaréis	olvidarías	olvidaríais
olvidará	olvidarán	olvidaría	olvidarían

Pluperfect		Preterit Perfect	
había olvidado	habíamos olvidado	hube olvidado	hubimos olvidado
habías olvidado	habíais olvidado	hubiste olvidado	hubisteis olvidado
había olvidado	habían olvidado	hubo olvidado	hubieron olvidado

Future Perfect		Conditional Perfect	
habré olvidado	habremos olvidado	habría olvidado	habríamos olvidado
habrás olvidado	habréis olvidado	habrías olvidado	habríais olvidado
habrá olvidado	habrán olvidado	habría olvidado	habrían olvidado

Present Subjunctive		Present Perfect Subjunctive	
olvide	olvidemos	haya olvidado	hayamos olvidado
olvides	olvidéis	hayas olvidado	hayáis olvidado
olvide	olviden	haya olvidado	hayan olvidado

Imperfect Subjunctive (-ra)		or	Imperfect Subjunctive (-se)	
olvidara	olvidáramos		olvidase	olvidásemos
olvidaras	olvidarais		olvidases	olvidaseis
olvidara	olvidaran		olvidase	olvidasen

Past Perfect Subjunctive (-ra)		or	Past Perfect Subjunctive (-se)	
hubiera olvidado	hubiéramos olvidado		hubiese olvidado	hubiésemos olvidado
hubieras olvidado	hubierais olvidado		hubieses olvidado	hubieseis olvidado
hubiera olvidado	hubieran olvidado		hubiese olvidado	hubiesen olvidado

---

Progressive Tenses

Present	estoy, estás, está, estamos, estáis, están	
Preterit	estuve, estuviste, estuvo, estuvimos, estuvisteis, estuvieron	
Imperfect	estaba, estabas, estaba, estábamos, estabais, estaban	olvidando
Future	estaré, estarás, estará, estaremos, estaréis, estarán	
Conditional	estaría, estarías, estaría, estaríamos, estaríais, estarían	
Subjunctive	que + *corresponding subjunctive tense of* estar (*see verb 252*)	

Commands

	(nosotros) olvidemos / no olvidemos
(tú) olvida / no olvides	(vosotros) olvidad / no olvidéis
(Ud.) olvide / no olvide	(Uds.) olviden / no olviden

USAGE

—Uds. olvidaron la fecha.	*You forgot the date.*
—Desgraciadamente nos olvidamos de todo.	*Regrettably, we forget everything.*
Se me olvidaron las tarjetas de memoria en casa.	*I forgot the memory cards at home.*
Se les ha olvidado la clave de acceso.	*The password slipped their minds.*
Son olvidadizos.	*They're forgetful.*
No me entregó la carta por olvido.	*She didn't give me the letter due to an oversight.*
Su legado cayó en el olvido.	*Their legacy fell into oblivion.*

irregular reflexive verb (like **poner**)   opongo · opusieron · opuesto · oponiéndose

Present		Preterit	
me opongo	nos oponemos	me opuse	nos opusimos
te opones	os oponéis	te opusiste	os opusisteis
se opone	se oponen	se opuso	se opusieron

Imperfect		Present Perfect	
me oponía	nos oponíamos	me he opuesto	nos hemos opuesto
te oponías	os oponíais	te has opuesto	os habéis opuesto
se oponía	se oponían	se ha opuesto	se han opuesto

Future		Conditional	
me opondré	nos opondremos	me opondría	nos opondríamos
te opondrás	os opondréis	te opondrías	os opondríais
se opondrá	se opondrán	se opondría	se opondrían

Pluperfect		Preterit Perfect	
me había opuesto	nos habíamos opuesto	me hube opuesto	nos hubimos opuesto
te habías opuesto	os habíais opuesto	te hubiste opuesto	os hubisteis opuesto
se había opuesto	se habían opuesto	se hubo opuesto	se hubieron opuesto

Future Perfect		Conditional Perfect	
me habré opuesto	nos habremos opuesto	me habría opuesto	nos habríamos opuesto
te habrás opuesto	os habréis opuesto	te habrías opuesto	os habríais opuesto
se habrá opuesto	se habrán opuesto	se habría opuesto	se habrían opuesto

Present Subjunctive		Present Perfect Subjunctive	
me oponga	nos opongamos	me haya opuesto	nos hayamos opuesto
te opongas	os opongáis	te hayas opuesto	os hayáis opuesto
se oponga	se opongan	se haya opuesto	se hayan opuesto

Imperfect Subjunctive (-ra)		or	Imperfect Subjunctive (-se)	
me opusiera	nos opusiéramos		me opusiese	nos opusiésemos
te opusieras	os opusierais		te opusieses	os opusieseis
se opusiera	se opusieran		se opusiese	se opusiesen

Past Perfect Subjunctive (-ra)		or	Past Perfect Subjunctive (-se)	
me hubiera opuesto	nos hubiéramos opuesto		me hubiese opuesto	nos hubiésemos opuesto
te hubieras opuesto	os hubierais opuesto		te hubieses opuesto	os hubieseis opuesto
se hubiera opuesto	se hubieran opuesto		se hubiese opuesto	se hubiesen opuesto

Progressive Tenses

Present	estoy, estás, está, estamos, estáis, están	
Preterit	estuve, estuviste, estuvo, estuvimos, estuvisteis, estuvieron	
Imperfect	estaba, estabas, estaba, estábamos, estabais, estaban	oponiendo (*see page 41*)
Future	estaré, estarás, estará, estaremos, estaréis, estarán	
Conditional	estaría, estarías, estaría, estaríamos, estaríais, estarían	
Subjunctive	que + *corresponding subjunctive tense of* estar (*see verb 252*)	

Commands

	(nosotros) opongámonos / no nos opongamos
(tú) oponte / no te opongas	(vosotros) oponeos / no os opongáis
(Ud.) opóngase / no se oponga	(Uds.) opónganse / no se opongan

USAGE

Me opongo a la propuesta.	*I oppose the proposal.*
Dudo que se opongan a nuestras recomendaciones.	*I doubt they'll object to our recommendations.*
Los candidatos se opusieron en el debate.	*The candidates opposed each other in the debate.*
¿Por qué os oponíais?	*Why did you oppose each other?*
Se oponen a un aparcamiento subterráneo.	*They're opposed to an underground parking lot.*
Se mantienen firmes en su oposición.	*They're unyielding in their opposition.*

ordenar *to put in order, arrange, straighten up, order; ordain*

ordeno · ordenaron · ordenado · ordenando

regular -ar verb

Present		Preterit	
ordeno	ordenamos	ordené	ordenamos
ordenas	ordenáis	ordenaste	ordenasteis
ordena	ordenan	ordenó	ordenaron

Imperfect		Present Perfect	
ordenaba	ordenábamos	he ordenado	hemos ordenado
ordenabas	ordenabais	has ordenado	habéis ordenado
ordenaba	ordenaban	ha ordenado	han ordenado

Future		Conditional	
ordenaré	ordenaremos	ordenaría	ordenaríamos
ordenarás	ordenaréis	ordenarías	ordenaríais
ordenará	ordenarán	ordenaría	ordenarían

Pluperfect		Preterit Perfect	
había ordenado	habíamos ordenado	hube ordenado	hubimos ordenado
habías ordenado	habíais ordenado	hubiste ordenado	hubisteis ordenado
había ordenado	habían ordenado	hubo ordenado	hubieron ordenado

Future Perfect		Conditional Perfect	
habré ordenado	habremos ordenado	habría ordenado	habríamos ordenado
habrás ordenado	habréis ordenado	habrías ordenado	habríais ordenado
habrá ordenado	habrán ordenado	habría ordenado	habrían ordenado

Present Subjunctive		Present Perfect Subjunctive	
ordene	ordenemos	haya ordenado	hayamos ordenado
ordenes	ordenéis	hayas ordenado	hayáis ordenado
ordene	ordenen	haya ordenado	hayan ordenado

Imperfect Subjunctive (-ra)		*or*	Imperfect Subjunctive (-se)	
ordenara	ordenáramos		ordenase	ordenásemos
ordenaras	ordenarais		ordenases	ordenaseis
ordenara	ordenaran		ordenase	ordenasen

Past Perfect Subjunctive (-ra)		*or*	Past Perfect Subjunctive (-se)	
hubiera ordenado	hubiéramos ordenado		hubiese ordenado	hubiésemos ordenado
hubieras ordenado	hubierais ordenado		hubieses ordenado	hubieseis ordenado
hubiera ordenado	hubieran ordenado		hubiese ordenado	hubiesen ordenado

Progressive Tenses

Present	estoy, estás, está, estamos, estáis, están	
Preterit	estuve, estuviste, estuvo, estuvimos, estuvisteis, estuvieron	
Imperfect	estaba, estabas, estaba, estábamos, estabais, estaban	ordenando
Future	estaré, estarás, estará, estaremos, estaréis, estarán	
Conditional	estaría, estarías, estaría, estaríamos, estaríais, estarían	
Subjunctive	que + *corresponding subjunctive tense of* estar (*see verb 252*)	

Commands

	(nosotros) ordenemos / no ordenemos
(tú) ordena / no ordenes	(vosotros) ordenad / no ordenéis
(Ud.) ordene / no ordene	(Uds.) ordenen / no ordenen

USAGE

Pasé el día ordenando los ficheros.	*I spent the day putting the files in order.*
Hijo, ordena tu cuarto.	*Straighten up your room.*
No me gusta que me ordenen.	*I don't like to be ordered around.*
El sargento dio la orden.	*The sergeant gave the order/command.*
¿Qué hay en el orden del día?	*What's on the agenda?*
Fue ordenado de sacerdote.	*He was ordained as a priest.*
Viajo con mi ordenador (*Spain*) portátil.	*I travel with my laptop computer.*

-ar verb; spelling change: *z > c/e*   **organizo · organizaron · organizado · organizando**

Present		Preterit	
organizo	organizamos	organicé	organizamos
organizas	organizáis	organizaste	organizasteis
organiza	organizan	organizó	organizaron

Imperfect		Present Perfect	
organizaba	organizábamos	he organizado	hemos organizado
organizabas	organizabais	has organizado	habéis organizado
organizaba	organizaban	ha organizado	han organizado

Future		Conditional	
organizaré	organizaremos	organizaría	organizaríamos
organizarás	organizaréis	organizarías	organizaríais
organizará	organizarán	organizaría	organizarían

Pluperfect		Preterit Perfect	
había organizado	habíamos organizado	hube organizado	hubimos organizado
habías organizado	habíais organizado	hubiste organizado	hubisteis organizado
había organizado	habían organizado	hubo organizado	hubieron organizado

Future Perfect		Conditional Perfect	
habré organizado	habremos organizado	habría organizado	habríamos organizado
habrás organizado	habréis organizado	habrías organizado	habríais organizado
habrá organizado	habrán organizado	habría organizado	habrían organizado

Present Subjunctive		Present Perfect Subjunctive	
organice	organicemos	haya organizado	hayamos organizado
organices	organicéis	hayas organizado	hayáis organizado
organice	organicen	haya organizado	hayan organizado

Imperfect Subjunctive (-ra)		*or*	Imperfect Subjunctive (-se)	
organizara	organizáramos		organizase	organizásemos
organizaras	organizarais		organizases	organizaseis
organizara	organizaran		organizase	organizasen

Past Perfect Subjunctive (-ra)		*or*	Past Perfect Subjunctive (-se)	
hubiera organizado	hubiéramos organizado		hubiese organizado	hubiésemos organizado
hubieras organizado	hubierais organizado		hubieses organizado	hubieseis organizado
hubiera organizado	hubieran organizado		hubiese organizado	hubiesen organizado

Progressive Tenses

Present	estoy, estás, está, estamos, estáis, están	
Preterit	estuve, estuviste, estuvo, estuvimos, estuvisteis, estuvieron	
Imperfect	estaba, estabas, estaba, estábamos, estabais, estaban	organizando
Future	estaré, estarás, estará, estaremos, estaréis, estarán	
Conditional	estaría, estarías, estaría, estaríamos, estaríais, estarían	
Subjunctive	que + *corresponding subjunctive tense of* estar (*see verb 252*)	

Commands

	(nosotros) organicemos / no organicemos
(tú) organiza / no organices	(vosotros) organizad / no organicéis
(Ud.) organice / no organice	(Uds.) organicen / no organicen

Nos vamos organizando.	*We're getting ourselves set up.*
Organicen la junta general para el martes.	*Set up the general meeting for Tuesday.*
Se organizó una comida para doscientas personas.	*They organized a dinner for 200 people.*
Todo está organizado.	*Everything is arranged.*
OTAN es la sigla de la Organización del Tratado Atlántico Norte.	*NATO is the abbreviation of the North Atlantic Treaty Organization.*
Son buenos organizadores.	*They're good organizers.*

otorgar *to grant, give, award, confer*

otorgo · otorgaron · otorgado · otorgando   *-ar verb; spelling change: g > gu/e*

	Present		Preterit
otorgo	otorgamos	otorgué	otorgamos
otorgas	otorgáis	otorgaste	otorgasteis
otorga	otorgan	otorgó	otorgaron

	Imperfect		Present Perfect
otorgaba	otorgábamos	he otorgado	hemos otorgado
otorgabas	otorgabais	has otorgado	habéis otorgado
otorgaba	otorgaban	ha otorgado	han otorgado

	Future		Conditional
otorgaré	otorgaremos	otorgaría	otorgaríamos
otorgarás	otorgaréis	otorgarías	otorgaríais
otorgará	otorgarán	otorgaría	otorgarían

	Pluperfect		Preterit Perfect
había otorgado	habíamos otorgado	hube otorgado	hubimos otorgado
habías otorgado	habíais otorgado	hubiste otorgado	hubisteis otorgado
había otorgado	habían otorgado	hubo otorgado	hubieron otorgado

	Future Perfect		Conditional Perfect
habré otorgado	habremos otorgado	habría otorgado	habríamos otorgado
habrás otorgado	habréis otorgado	habrías otorgado	habríais otorgado
habrá otorgado	habrán otorgado	habría otorgado	habrían otorgado

	Present Subjunctive		Present Perfect Subjunctive
otorgue	otorguemos	haya otorgado	hayamos otorgado
otorgues	otorguéis	hayas otorgado	hayáis otorgado
otorgue	otorguen	haya otorgado	hayan otorgado

Imperfect Subjunctive (-ra)		*or*	Imperfect Subjunctive (-se)	
otorgara	otorgáramos		otorgase	otorgásemos
otorgaras	otorgarais		otorgases	otorgaseis
otorgara	otorgaran		otorgase	otorgasen

Past Perfect Subjunctive (-ra)		*or*	Past Perfect Subjunctive (-se)	
hubiera otorgado	hubiéramos otorgado		hubiese otorgado	hubiésemos otorgado
hubieras otorgado	hubierais otorgado		hubieses otorgado	hubieseis otorgado
hubiera otorgado	hubieran otorgado		hubiese otorgado	hubiesen otorgado

Progressive Tenses

Present	estoy, estás, está, estamos, estáis, están	
Preterit	estuve, estuviste, estuvo, estuvimos, estuvisteis, estuvieron	
Imperfect	estaba, estabas, estaba, estábamos, estabais, estaban	otorgando
Future	estaré, estarás, estará, estaremos, estaréis, estarán	
Conditional	estaría, estarías, estaría, estaríamos, estaríais, estarían	
Subjunctive	que + *corresponding subjunctive tense of* estar (*see verb 252*)	

Commands

	(nosotros) otorguemos / no otorguemos
(tú) otorga / no otorgues	(vosotros) otorgad / no otorguéis
(Ud.) otorgue / no otorgue	(Uds.) otorguen / no otorguen

USAGE

Nos otorgó licencia.	*He granted us permission.*
Le otorgaron un premio muy importante.	*They awarded him a very important prize.*
Su jefe le otorgó permiso.	*His boss gave him permission.*
Los honores fueron otorgados durante la ceremonia.	*The honors were conferred during the ceremony.*

-ar verb; spelling change: g > gu/e

pago · pagaron · pagado · pagando

Present		Preterit	
pago	pagamos	pagué	pagamos
pagas	pagáis	pagaste	pagasteis
paga	pagan	pagó	pagaron

Imperfect		Present Perfect	
pagaba	pagábamos	he pagado	hemos pagado
pagabas	pagabais	has pagado	habéis pagado
pagaba	pagaban	ha pagado	han pagado

Future		Conditional	
pagaré	pagaremos	pagaría	pagaríamos
pagarás	pagaréis	pagarías	pagaríais
pagará	pagarán	pagaría	pagarían

Pluperfect		Preterit Perfect	
había pagado	habíamos pagado	hube pagado	hubimos pagado
habías pagado	habíais pagado	hubiste pagado	hubisteis pagado
había pagado	habían pagado	hubo pagado	hubieron pagado

Future Perfect		Conditional Perfect	
habré pagado	habremos pagado	habría pagado	habríamos pagado
habrás pagado	habréis pagado	habrías pagado	habríais pagado
habrá pagado	habrán pagado	habría pagado	habrían pagado

Present Subjunctive		Present Perfect Subjunctive	
pague	paguemos	haya pagado	hayamos pagado
pagues	paguéis	hayas pagado	hayáis pagado
pague	paguen	haya pagado	hayan pagado

Imperfect Subjunctive (-ra)		or	Imperfect Subjunctive (-se)	
pagara	pagáramos		pagase	pagásemos
pagaras	pagarais		pagases	pagaseis
pagara	pagaran		pagase	pagasen

Past Perfect Subjunctive (-ra)		or	Past Perfect Subjunctive (-se)	
hubiera pagado	hubiéramos pagado		hubiese pagado	hubiésemos pagado
hubieras pagado	hubierais pagado		hubieses pagado	hubieseis pagado
hubiera pagado	hubieran pagado		hubiese pagado	hubiesen pagado

Progressive Tenses

Present	estoy, estás, está, estamos, estáis, están	
Preterit	estuve, estuviste, estuvo, estuvimos, estuvisteis, estuvieron	
Imperfect	estaba, estabas, estaba, estábamos, estabais, estaban	pagando
Future	estaré, estarás, estará, estaremos, estaréis, estarán	
Conditional	estaría, estarías, estaría, estaríamos, estaríais, estarían	
Subjunctive	que + corresponding subjunctive tense of estar (see verb 252)	

Commands

	(nosotros) paguemos / no paguemos
(tú) paga / no pagues	(vosotros) pagad / no paguéis
(Ud.) pague / no pague	(Uds.) paguen / no paguen

USAGE

Pagué la matrícula.	*I paid the registration fee.*
Todo el mundo paga impuestos.	*Everyone pays taxes.*
Pagarás las consecuencias de tus acciones.	*You'll pay for the consequences of your actions.*
Se paga al contado / a plazos.	*You can pay cash / in installments.*
Opté por el pago en cuotas.	*I chose payment in installments.*
¿Cobraste paga extraordinaria este mes?	*Did you receive extra pay this month?*
Está tremendamente pagada de sí misma.	*She's terribly conceited.*

palidecer *to turn pale, grow dim, be on the wane*

palidezco · palidecieron · palidecido · palideciendo   *-er verb; spelling change: c > zc/o, a*

Present		Preterit	
palidezco	palidecemos	palidecí	palidecimos
palideces	palidecéis	palideciste	palidecisteis
palidece	palidecen	palideció	palidecieron

Imperfect		Present Perfect	
palidecía	palidecíamos	he palidecido	hemos palidecido
palidecías	palidecíais	has palidecido	habéis palidecido
palidecía	palidecían	ha palidecido	han palidecido

Future		Conditional	
palideceré	palideceremos	palidecería	palideceríamos
palidecerás	palideceréis	palidecerías	palideceríais
palidecerá	palidecerán	palidecería	palidecerían

Pluperfect		Preterit Perfect	
había palidecido	habíamos palidecido	hube palidecido	hubimos palidecido
habías palidecido	habíais palidecido	hubiste palidecido	hubisteis palidecido
había palidecido	habían palidecido	hubo palidecido	hubieron palidecido

Future Perfect		Conditional Perfect	
habré palidecido	habremos palidecido	habría palidecido	habríamos palidecido
habrás palidecido	habréis palidecido	habrías palidecido	habríais palidecido
habrá palidecido	habrán palidecido	habría palidecido	habrían palidecido

Present Subjunctive		Present Perfect Subjunctive	
palidezca	palidezcamos	haya palidecido	hayamos palidecido
palidezcas	palidezcáis	hayas palidecido	hayáis palidecido
palidezca	palidezcan	haya palidecido	hayan palidecido

Imperfect Subjunctive (-ra)		*or*	Imperfect Subjunctive (-se)	
palideciera	palideciéramos		palideciese	palideciésemos
palidecieras	palidecierais		palidecieses	paldecieseis
palideciera	palidecieran		palideciese	palideciesen

Past Perfect Subjunctive (-ra)		*or*	Past Perfect Subjunctive (-se)	
hubiera palidecido	hubiéramos palidecido		hubiese palidecido	hubiésemos palidecido
hubieras palidecido	hubierais palidecido		hubieses palidecido	hubieseis palidecido
hubiera palidecido	hubieran palidecido		hubiese palidecido	hubiesen palidecido

Progressive Tenses

Present	estoy, estás, está, estamos, estáis, están	
Preterit	estuve, estuviste, estuvo, estuvimos, estuvisteis, estuvieron	
Imperfect	estaba, estabas, estaba, estábamos, estabais, estaban	palideciendo
Future	estaré, estarás, estará, estaremos, estaréis, estarán	
Conditional	estaría, estarías, estaría, estaríamos, estaríais, estarían	
Subjunctive	que + *corresponding subjunctive tense of* estar (*see verb 252*)	

Commands

	(nosotros) palidezcamos / no palidezcamos
(tú) palidece / no palidezcas	(vosotros) palideced / no palidezcáis
(Ud.) palidezca / no palidezca	(Uds.) palidezcan / no palidezcan

USAGE

La luz palidecía.	*The light was growing dim.*
Palideció al ver el escorpión.	*She turned pale when she saw the scorpion.*
Su éxito empieza a palidecer.	*His success is beginning to wane.*
Los hermosos colores de la tela palidecían.	*The beautiful colors of the fabric were fading.*
Se puso pálido por el catarro.	*He turned pale because of his cold.*
Su piel tiene una palidez insólita.	*Their skin has an unusual pallor.*

regular -ar verb   paro · pararon · parado · parando

	Present		Preterit
paro	paramos	paré	paramos
paras	paráis	paraste	parasteis
para	paran	paró	pararon

	Imperfect		Present Perfect
paraba	parábamos	he parado	hemos parado
parabas	parabais	has parado	habéis parado
paraba	paraban	ha parado	han parado

	Future		Conditional
pararé	pararemos	pararía	pararíamos
pararás	pararéis	pararías	pararíais
parará	pararán	pararía	pararían

	Pluperfect		Preterit Perfect
había parado	habíamos parado	hube parado	hubimos parado
habías parado	habíais parado	hubiste parado	hubisteis parado
había parado	habían parado	hubo parado	hubieron parado

	Future Perfect		Conditional Perfect
habré parado	habremos parado	habría parado	habríamos parado
habrás parado	habréis parado	habrías parado	habríais parado
habrá parado	habrán parado	habría parado	habrían parado

	Present Subjunctive		Present Perfect Subjunctive
pare	paremos	haya parado	hayamos parado
pares	paréis	hayas parado	hayáis parado
pare	paren	haya parado	hayan parado

Imperfect Subjunctive (-ra)		or	Imperfect Subjunctive (-se)	
parara	paráramos		parase	parásemos
pararas	pararais		parases	paraseis
parara	pararan		parase	parasen

Past Perfect Subjunctive (-ra)		or	Past Perfect Subjunctive (-se)	
hubiera parado	hubiéramos parado		hubiese parado	hubiésemos parado
hubieras parado	hubierais parado		hubieses parado	hubieseis parado
hubiera parado	hubieran parado		hubiese parado	hubiesen parado

Progressive Tenses

Present	estoy, estás, está, estamos, estáis, están	
Preterit	estuve, estuviste, estuvo, estuvimos, estuvisteis, estuvieron	
Imperfect	estaba, estabas, estaba, estábamos, estabais, estaban	parando
Future	estaré, estarás, estará, estaremos, estaréis, estarán	
Conditional	estaría, estarías, estaría, estaríamos, estaríais, estarían	
Subjunctive	que + *corresponding subjunctive tense of* estar (*see verb 252*)	

Commands

	(nosotros) paremos / no paremos
(tú) para / no pares	(vosotros) parad / no paréis
(Ud.) pare / no pare	(Uds.) paren / no paren

USAGE

Espero que la tempestad pare pronto.	*I hope the storm will stop soon.*
Pare el coche en el andén de la carretera.	*Stop the car at the shoulder of the road.*
Ensayamos sin parar.	*We rehearsed nonstop.*
Pararon en el parador en Toledo.	*They stayed at the* parador (Spanish national hotel) *in Toledo.*
Párate.	*Stand up. (Amer.)*
Nos paramos a pensar.	*We stopped to think.*
Hay poco paro en estos días.	*There's little unemployment these days.*

parecer *to seem, look, appear*

parezco · parecieron · parecido · pareciendo   -er verb; spelling change: c > zc/o, a

Present		Preterit	
parezco	parecemos	parecí	parecimos
pareces	parecéis	pareciste	parecisteis
parece	parecen	pareció	parecieron

Imperfect		Present Perfect	
parecía	parecíamos	he parecido	hemos parecido
parecías	parecíais	has parecido	habéis parecido
parecía	parecían	ha parecido	han parecido

Future		Conditional	
pareceré	pareceremos	parecería	pareceríamos
parecerás	pareceréis	parecerías	pareceríais
parecerá	parecerán	parecería	parecerían

Pluperfect		Preterit Perfect	
había parecido	habíamos parecido	hube parecido	hubimos parecido
habías parecido	habíais parecido	hubiste parecido	hubisteis parecido
había parecido	habían parecido	hubo parecido	hubieron parecido

Future Perfect		Conditional Perfect	
habré parecido	habremos parecido	habría parecido	habríamos parecido
habrás parecido	habréis parecido	habrías parecido	habríais parecido
habrá parecido	habrán parecido	habría parecido	habrían parecido

Present Subjunctive		Present Perfect Subjunctive	
parezca	parezcamos	haya parecido	hayamos parecido
parezcas	parezcáis	hayas parecido	hayáis parecido
parezca	parezcan	haya parecido	hayan parecido

Imperfect Subjunctive (-ra)		or	Imperfect Subjunctive (-se)	
pareciera	pareciéramos		pareciese	pareciésemos
parecieras	parecierais		parecieses	parecieseis
pareciera	parecieran		pareciese	pareciesen

Past Perfect Subjunctive (-ra)		or	Past Perfect Subjunctive (-se)	
hubiera parecido	hubiéramos parecido		hubiese parecido	hubiésemos parecido
hubieras parecido	hubierais parecido		hubieses parecido	hubieseis parecido
hubiera parecido	hubieran parecido		hubiese parecido	hubiesen parecido

Progressive Tenses

Present	estoy, estás, está, estamos, estáis, están	
Preterit	estuve, estuviste, estuvo, estuvimos, estuvisteis, estuvieron	
Imperfect	estaba, estabas, estaba, estábamos, estabais, estaban	pareciendo
Future	estaré, estarás, estará, estaremos, estaréis, estarán	
Conditional	estaría, estarías, estaría, estaríamos, estaríais, estarían	
Subjunctive	que + *corresponding subjunctive tense of* estar (*see verb 252*)	

Commands

	(nosotros) parezcamos / no parezcamos
(tú) parece / no parezcas	(vosotros) pareced / no parezcáis
(Ud.) parezca / no parezca	(Uds.) parezcan / no parezcan

USAGE

Parecen desanimados.	*They look dejected.*
Parece que va a llover.	*It looks as if it's going to rain.*
—¿Qué te parece su idea?	*What do you think of their idea?*
—Me parece genial pero difícil de realizar.	*I think it's brilliant but difficult to implement.*
Se parecen a sus padres.	*They look like / resemble their parents.*
La hermana es muy parecida a su hermano.	*The sister is a lot like her brother.*
A mi parecer, él es bien parecido.	*In my opinion, he's nice-looking.*

regular -ir verb parto · partieron · partido · partiendo

Present		Preterit	
parto	partimos	partí	partimos
partes	partís	partiste	partisteis
parte	parten	partió	partieron

Imperfect		Present Perfect	
partía	partíamos	he partido	hemos partido
partías	partíais	has partido	habéis partido
partía	partían	ha partido	han partido

Future		Conditional	
partiré	partiremos	partiría	partiríamos
partirás	partiréis	partirías	partiríais
partirá	partirán	partiría	partirían

Pluperfect		Preterit Perfect	
había partido	habíamos partido	hube partido	hubimos partido
habías partido	habíais partido	hubiste partido	hubisteis partido
había partido	habían partido	hubo partido	hubieron partido

Future Perfect		Conditional Perfect	
habré partido	habremos partido	habría partido	habríamos partido
habrás partido	habréis partido	habrías partido	habríais partido
habrá partido	habrán partido	habría partido	habrían partido

Present Subjunctive		Present Perfect Subjunctive	
parta	partamos	haya partido	hayamos partido
partas	partáis	hayas partido	hayáis partido
parta	partan	haya partido	hayan partido

Imperfect Subjunctive (-ra)		or	Imperfect Subjunctive (-se)	
partiera	partiéramos		partiese	partiésemos
partieras	partierais		partieses	partieseis
partiera	partieran		partiese	partiesen

Past Perfect Subjunctive (-ra)		or	Past Perfect Subjunctive (-se)	
hubiera partido	hubiéramos partido		hubiese partido	hubiésemos partido
hubieras partido	hubierais partido		hubieses partido	hubieseis partido
hubiera partido	hubieran partido		hubiese partido	hubiesen partido

Progressive Tenses

Present	estoy, estás, está, estamos, estáis, están	
Preterit	estuve, estuviste, estuvo, estuvimos, estuvisteis, estuvieron	
Imperfect	estaba, estabas, estaba, estábamos, estabais, estaban	partiendo
Future	estaré, estarás, estará, estaremos, estaréis, estarán	
Conditional	estaría, estarías, estaría, estaríamos, estaríais, estarían	
Subjunctive	que + *corresponding subjunctive tense of* estar (*see verb 252*)	

Commands

	(nosotros) partamos / no partamos
(tú) parte / no partas	(vosotros) partid / no partáis
(Ud.) parta / no parta	(Uds.) partan / no partan

Parte la pera en dos.	*Split/Cut the pear into two.*
Partamos la pizza en cuatro.	*Let's share the pizza among the four of us.*
Me parte el alma verlo tan desconsolado.	*It breaks my heart to see him so distressed.*
Parten para la sierra mañana.	*They're leaving for the mountains tomorrow.*
Se partían de risa.	*They were dying laughing.*
A partir de ahora nada de pretextos.	*From now on, no excuses.*
Quedó con parte de la consultoría.	*He ended up with a share of the consulting firm.*

pasar *to pass, happen, spend time*

paso · pasaron · pasado · pasando   regular -ar verb

to have a good/bad time

🌐 —Pasamos ocho días en San Francisco. | We spent a week in San Francisco.
—¿Lo pasaron bien? | Did you have a good time?
—Ah, sí, la pasamos de mil maravillas. | Oh, yes, we had a marvelous time.
¡Que lo pasen bien! | Have a good time!
¿Qué tal lo pasaron anoche? | How did you enjoy yourselves last night?

to go by, pass

¡Cómo pasa el tiempo! | How time passes!

to go on, proceed

Pasemos a otro tema. | Let's proceed / move on to another topic.
Pase adelante. | Go on.

to be more than / be over (number)

Pasan de cien. | There are more than 100.
🌐 —Ese tipo ha pasado de los cuarenta años. | That guy is over 40.
—¿Qué dices? Seguro que no pasa de los treinta. | What are you talking about? He's surely not over 30.

to go too far

🌐 —Fernando le mintió a su jefe respecto a las inversiones que había hecho. | Fernando lied to his boss about the investments that he had made.
—Esta vez se pasó de la raya. | This time he went too far.

to happen

¿Qué pasa? | What's happening?

to be the matter

¿Qué te pasa? | What's the matter with you?

to be out of fashion

Este vestido ha pasado de moda. | This dress has gone out of fashion/style.

to pass for, be taken for

Él pasaba por el invitado de honor. | He was taken for the guest of honor.

to occur to someone, cross someone's mind

No le pasó por la cabeza regalarles algo a los anfitriones. | It didn't occur to her to bring a gift to the hosts.

OTHER USES AND RELATED WORDS

Hay que recordar el pasado. | We must remember the past.
🌐 —No les perdona el haber pasado por alto su cumpleaños. | She can't forgive their having ignored her birthday.
—Debe olvidarlo ya. Lo pasado, pasado está. | She ought to forget it and let bygones be bygones.
Su pasatiempo favorito es el béisbol. | His favorite hobby is baseball.
Compré los pasajes en la agencia de viajes. | I bought the tickets at the travel agency.
Los pasajeros mostraron su pasaporte. | The passengers showed their passports.

regular *-ar* verb

paso · pasaron · pasado · pasando

	Present		Preterit
paso	pasamos	pasé	pasamos
pasas	pasáis	pasaste	pasasteis
pasa	pasan	pasó	pasaron

	Imperfect		Present Perfect
pasaba	pasábamos	he pasado	hemos pasado
pasabas	pasabais	has pasado	habéis pasado
pasaba	pasaban	ha pasado	han pasado

	Future		Conditional
pasaré	pasaremos	pasaría	pasaríamos
pasarás	pasaréis	pasarías	pasaríais
pasará	pasarán	pasaría	pasarían

	Pluperfect		Preterit Perfect
había pasado	habíamos pasado	hube pasado	hubimos pasado
habías pasado	habíais pasado	hubiste pasado	hubisteis pasado
había pasado	habían pasado	hubo pasado	hubieron pasado

	Future Perfect		Conditional Perfect
habré pasado	habremos pasado	habría pasado	habríamos pasado
habrás pasado	habréis pasado	habrías pasado	habríais pasado
habrá pasado	habrán pasado	habría pasado	habrían pasado

	Present Subjunctive		Present Perfect Subjunctive
pase	pasemos	haya pasado	hayamos pasado
pases	paséis	hayas pasado	hayáis pasado
pase	pasen	haya pasado	hayan pasado

	Imperfect Subjunctive (-ra)	*or*	Imperfect Subjunctive (-se)
pasara	pasáramos	pasase	pasásemos
pasaras	pasarais	pasases	pasaseis
pasara	pasaran	pasase	pasasen

	Past Perfect Subjunctive (-ra)	*or*	Past Perfect Subjunctive (-se)
hubiera pasado	hubiéramos pasado	hubiese pasado	hubiésemos pasado
hubieras pasado	hubierais pasado	hubieses pasado	hubieseis pasado
hubiera pasado	hubieran pasado	hubiese pasado	hubiesen pasado

Progressive Tenses

Present	estoy, estás, está, estamos, estáis, están	
Preterit	estuve, estuviste, estuvo, estuvimos, estuvisteis, estuvieron	
Imperfect	estaba, estabas, estaba, estábamos, estabais, estaban	
Future	estaré, estarás, estará, estaremos, estaréis, estarán	pasando
Conditional	estaría, estarías, estaría, estaríamos, estaríais, estarían	
Subjunctive	que + *corresponding subjunctive tense of* estar (*see verb 252*)	

Commands

	(nosotros) pasemos / no pasemos
(tú) pasa / no pases	(vosotros) pasad / no paséis
(Ud.) pase / no pase	(Uds.) pasen / no pasen

Pásame el pan.	*Pass me the bread.*
¿Qué pasó?	*What happened?*
Pasaron un año en el extranjero.	*They spent a year abroad.*
Pasaremos por tu casa.	*We'll drop by to see you.*
El tren pasa por Valencia.	*The train goes through Valencia.*
¡Pase!	*Come in!*
Pasamos el día haciendo turismo.	*We spent the day sightseeing.*

(pasearse) *to go for a walk, take a ride*

paseo · pasearon · paseado · paseándose

regular *-ar* reflexive verb

Present

me paseo	nos paseamos
te paseas	os paseáis
se pasea	se pasean

Preterit

me paseé	nos paseamos
te paseaste	os paseasteis
se paseó	se pasearon

Imperfect

me paseaba	nos paseábamos
te paseabas	os paseabais
se paseaba	se paseaban

Present Perfect

me he paseado	nos hemos paseado
te has paseado	os habéis paseado
se ha paseado	se han paseado

Future

me pasearé	nos pasearemos
te pasearás	os pasearéis
se paseará	se pasearán

Conditional

me pasearía	nos pasearíamos
te pasearías	os pasearíais
se pasearía	se pasearían

Pluperfect

me había paseado	nos habíamos paseado
te habías paseado	os habíais paseado
se había paseado	se habían paseado

Preterit Perfect

me hube paseado	nos hubimos paseado
te hubiste paseado	os hubisteis paseado
se hubo paseado	se hubieron paseado

Future Perfect

me habré paseado	nos habremos paseado
te habrás paseado	os habréis paseado
se habrá paseado	se habrán paseado

Conditional Perfect

me habría paseado	nos habríamos paseado
te habrías paseado	os habríais paseado
se habría paseado	se habrían paseado

Present Subjunctive

me pasee	nos paseemos
te pasees	os paseéis
se pasee	se paseen

Present Perfect Subjunctive

me haya paseado	nos hayamos paseado
te hayas paseado	os hayáis paseado
se haya paseado	se hayan paseado

Imperfect Subjunctive (-ra)

me paseara	nos paseáramos
te pasearas	os pasearais
se paseara	se pasearan

or

Imperfect Subjunctive (-se)

me pasease	nos paseásemos
te paseases	os paseaseis
se pasease	se paseasen

Past Perfect Subjunctive (-ra)

me hubiera paseado	nos hubiéramos paseado
te hubieras paseado	os hubierais paseado
se hubiera paseado	se hubieran paseado

or

Past Perfect Subjunctive (-se)

me hubiese paseado	nos hubiésemos paseado
te hubieses paseado	os hubieseis paseado
se hubiese paseado	se hubiesen paseado

Progressive Tenses

Present	estoy, estás, está, estamos, estáis, están
Preterit	estuve, estuviste, estuvo, estuvimos, estuvisteis, estuvieron
Imperfect	estaba, estabas, estaba, estábamos, estabais, estaban
Future	estaré, estarás, estará, estaremos, estaréis, estarán
Conditional	estaría, estarías, estaría, estaríamos, estaríais, estarían
Subjunctive	que + *corresponding subjunctive tense of* estar (*see verb 252*)

paseando (*see page 41*)

Commands

	(nosotros) paseémonos / no nos paseemos
(tú) paséate / no te pasees	(vosotros) paseaos / no os paseéis
(Ud.) paséese / no se pasee	(Uds.) paséense / no se paseen

USAGE

Nos paseábamos por el Retiro.	*We were taking a walk through the Retiro (Madrid park).*
¿Os paseasteis por el barrio histórico?	*Did you stroll through the historic quarter?*
Pasearán al perro pronto.	*They'll take the dog for a walk soon.*
Están dando un paseo en bicicleta.	*They're taking a bicycle ride.*
¡Cuántos hermosos paseos tiene la ciudad!	*How many beautiful boulevards the city has!*

regular -ar verb

patino · patinaron · patinado · patinando

Present		Preterit	
patino	patinamos	patiné	patinamos
patinas	patináis	patinaste	patinasteis
patina	patinan	patinó	patinaron

Imperfect		Present Perfect	
patinaba	patinábamos	he patinado	hemos patinado
patinabas	patinabais	has patinado	habéis patinado
patinaba	patinaban	ha patinado	han patinado

Future		Conditional	
patinaré	patinaremos	patinaría	patinaríamos
patinarás	patinaréis	patinarías	patinaríais
patinará	patinarán	patinaría	patinarían

Pluperfect		Preterit Perfect	
había patinado	habíamos patinado	hube patinado	hubimos patinado
habías patinado	habíais patinado	hubiste patinado	hubisteis patinado
había patinado	habían patinado	hubo patinado	hubieron patinado

Future Perfect		Conditional Perfect	
habré patinado	habremos patinado	habría patinado	habríamos patinado
habrás patinado	habréis patinado	habrías patinado	habríais patinado
habrá patinado	habrán patinado	habría patinado	habrían patinado

Present Subjunctive		Present Perfect Subjunctive	
patine	patinemos	haya patinado	hayamos patinado
patines	patinéis	hayas patinado	hayáis patinado
patine	patinen	haya patinado	hayan patinado

Imperfect Subjunctive (-ra)		or	Imperfect Subjunctive (-se)	
patinara	patináramos		patinase	patinásemos
patinaras	patinarais		patinases	patinaseis
patinara	patinaran		patinase	patinasen

Past Perfect Subjunctive (-ra)		or	Past Perfect Subjunctive (-se)	
hubiera patinado	hubiéramos patinado		hubiese patinado	hubiésemos patinado
hubieras patinado	hubierais patinado		hubieses patinado	hubieseis patinado
hubiera patinado	hubieran patinado		hubiese patinado	hubiesen patinado

Progressive Tenses

Present	estoy, estás, está, estamos, estáis, están	
Preterit	estuve, estuviste, estuvo, estuvimos, estuvisteis, estuvieron	
Imperfect	estaba, estabas, estaba, estábamos, estabais, estaban	patinando
Future	estaré, estarás, estará, estaremos, estaréis, estarán	
Conditional	estaría, estarías, estaría, estaríamos, estaríais, estarían	
Subjunctive	que + corresponding subjunctive tense of estar (see verb 252)	

Commands

	(nosotros) patinemos / no patinemos
(tú) patina / no patines	(vosotros) patinad / no patinéis
(Ud.) patine / no patine	(Uds.) patinen / no patinen

USAGE

Patinábamos sobre hielo/ruedas.	We used to ice/roller skate.
Niños, patinen con cuidado.	Children, be careful as you skate.
Los coches patinaban por el hielo.	The cars were skidding because of the ice.
Ponte los patines de cuchilla/ruedas.	Put on your ice/roller skates.
El coche dio un patinazo.	The car went into a skid.
Sus patinazos nos hacen reír.	Their slips/blunders make us laugh.

pedir *to ask for, request, order*

pido · pidieron · pedido · pidiendo   stem-changing -ir verb: *e > i*

Present		Preterit	
pido	pedimos	pedí	pedimos
pides	pedís	pediste	pedisteis
pide	piden	pidió	pidieron

Imperfect		Present Perfect	
pedía	pedíamos	he pedido	hemos pedido
pedías	pedíais	has pedido	habéis pedido
pedía	pedían	ha pedido	han pedido

Future		Conditional	
pediré	pediremos	pediría	pediríamos
pedirás	pediréis	pedirías	pediríais
pedirá	pedirán	pediría	pedirían

Pluperfect		Preterit Perfect	
había pedido	habíamos pedido	hube pedido	hubimos pedido
habías pedido	habíais pedido	hubiste pedido	hubisteis pedido
había pedido	habían pedido	hubo pedido	hubieron pedido

Future Perfect		Conditional Perfect	
habré pedido	habremos pedido	habría pedido	habríamos pedido
habrás pedido	habréis pedido	habrías pedido	habríais pedido
habrá pedido	habrán pedido	habría pedido	habrían pedido

Present Subjunctive		Present Perfect Subjunctive	
pida	pidamos	haya pedido	hayamos pedido
pidas	pidáis	hayas pedido	hayáis pedido
pida	pidan	haya pedido	hayan pedido

Imperfect Subjunctive (-ra)		or	Imperfect Subjunctive (-se)	
pidiera	pidiéramos		pidiese	pidiésemos
pidieras	pidierais		pidieses	pidieseis
pidiera	pidieran		pidiese	pidiesen

Past Perfect Subjunctive (-ra)		or	Past Perfect Subjunctive (-se)	
hubiera pedido	hubiéramos pedido		hubiese pedido	hubiésemos pedido
hubieras pedido	hubierais pedido		hubieses pedido	hubieseis pedido
hubiera pedido	hubieran pedido		hubiese pedido	hubiesen pedido

Progressive Tenses

Present	estoy, estás, está, estamos, estáis, están	
Preterit	estuve, estuviste, estuvo, estuvimos, estuvisteis, estuvieron	
Imperfect	estaba, estabas, estaba, estábamos, estabais, estaban	pidiendo
Future	estaré, estarás, estará, estaremos, estaréis, estarán	
Conditional	estaría, estarías, estaría, estaríamos, estaríais, estarían	
Subjunctive	que + *corresponding subjunctive tense of* estar (*see verb 252*)	

Commands

	(nosotros) pidamos / no pidamos
(tú) pide / no pidas	(vosotros) pedid / no pidáis
(Ud.) pida / no pida	(Uds.) pidan / no pidan

USAGE

Pedían demasiado por el coche.	*They were asking too much for the car.*
Me pidió la hoja de pedido.	*He asked me for the order form.*
Le pidieron que les enviara el documento.	*They asked her to send them the document.*
Yo pedí la chuleta de ternera.	*I ordered the veal chop.*
Le pidió prestado el teléfono celular.	*She asked him to lend her his cell phone.*
Pides peras al olmo. / Pides la luna.	*You're asking for the impossible.*

-ar verb; spelling change: g > gu/e

pego · pegaron · pegado · pegando

Present		Preterit	
pego	pegamos	pegué	pegamos
pegas	pegáis	pegaste	pegasteis
pega	pegan	pegó	pegaron

Imperfect		Present Perfect	
pegaba	pegábamos	he pegado	hemos pegado
pegabas	pegabais	has pegado	habéis pegado
pegaba	pegaban	ha pegado	han pegado

Future		Conditional	
pegaré	pegaremos	pegaría	pegaríamos
pegarás	pegaréis	pegarías	pegaríais
pegará	pegarán	pegaría	pegarían

Pluperfect		Preterit Perfect	
había pegado	habíamos pegado	hube pegado	hubimos pegado
habías pegado	habíais pegado	hubiste pegado	hubisteis pegado
había pegado	habían pegado	hubo pegado	hubieron pegado

Future Perfect		Conditional Perfect	
habré pegado	habremos pegado	habría pegado	habríamos pegado
habrás pegado	habréis pegado	habrías pegado	habríais pegado
habrá pegado	habrán pegado	habría pegado	habrían pegado

Present Subjunctive		Present Perfect Subjunctive	
pegue	peguemos	haya pegado	hayamos pegado
pegues	peguéis	hayas pegado	hayáis pegado
pegue	peguen	haya pegado	hayan pegado

Imperfect Subjunctive (-ra)		or Imperfect Subjunctive (-se)	
pegara	pegáramos	pegase	pegásemos
pegaras	pegarais	pegases	pegaseis
pegara	pegaran	pegase	pegasen

Past Perfect Subjunctive (-ra)		or Past Perfect Subjunctive (-se)	
hubiera pegado	hubiéramos pegado	hubiese pegado	hubiésemos pegado
hubieras pegado	hubierais pegado	hubieses pegado	hubieseis pegado
hubiera pegado	hubieran pegado	hubiese pegado	hubiesen pegado

Progressive Tenses

Present	estoy, estás, está, estamos, estáis, están	
Preterit	estuve, estuviste, estuvo, estuvimos, estuvisteis, estuvieron	
Imperfect	estaba, estabas, estaba, estábamos, estabais, estaban	pegando
Future	estaré, estarás, estará, estaremos, estaréis, estarán	
Conditional	estaría, estarías, estaría, estaríamos, estaríais, estarían	
Subjunctive	que + corresponding subjunctive tense of estar (see verb 252)	

Commands

	(nosotros) peguemos / no peguemos
(tú) pega / no pegues	(vosotros) pegad / no peguéis
(Ud.) pegue / no pegue	(Uds.) peguen / no peguen

USAGE

Pega la etiqueta aquí. — Stick/Paste the label here.
¡No le pegues a tu hermanito! — Don't hit your little brother!
No pegué ojo en toda la noche. — I didn't sleep a wink all night.
¡Es para pegarse un tiro! — It's enough to make you scream!
Se le han pegado las sábanas. — He has overslept.
Corre la mesa para que esté pegada a la pared. — Move the table so it's right against the wall.
Se pegaba fácilmente la melodía / el acento. — The melody/accent was very catchy.

peinarse *to comb one's hair*

peino · peinaron · peinado · peinándose

regular -ar reflexive verb

Present		Preterit	
me peino	nos peinamos	me peiné	nos peinamos
te peinas	os peináis	te peinaste	os peinasteis
se peina	se peinan	se peinó	se peinaron

Imperfect		Present Perfect	
me peinaba	nos peinábamos	me he peinado	nos hemos peinado
te peinabas	os peinabais	te has peinado	os habéis peinado
se peinaba	se peinaban	se ha peinado	se han peinado

Future		Conditional	
me peinaré	nos peinaremos	me peinaría	nos peinaríamos
te peinarás	os peinaréis	te peinarías	os peinaríais
se peinará	se peinarán	se peinaría	se peinarían

Pluperfect		Preterit Perfect	
me había peinado	nos habíamos peinado	me hube peinado	nos hubimos peinado
te habías peinado	os habíais peinado	te hubiste peinado	os hubisteis peinado
se había peinado	se habían peinado	se hubo peinado	se hubieron peinado

Future Perfect		Conditional Perfect	
me habré peinado	nos habremos peinado	me habría peinado	nos habríamos peinado
te habrás peinado	os habréis peinado	te habrías peinado	os habríais peinado
se habrá peinado	se habrán peinado	se habría peinado	se habrían peinado

Present Subjunctive		Present Perfect Subjunctive	
me peine	nos peinemos	me haya peinado	nos hayamos peinado
te peines	os peinéis	te hayas peinado	os hayáis peinado
se peine	se peinen	se haya peinado	se hayan peinado

Imperfect Subjunctive (-ra)		or	Imperfect Subjunctive (-se)	
me peinara	nos peináramos		me peinase	nos peinásemos
te peinaras	os peinarais		te peinases	os peinaseis
se peinara	se peinaran		se peinase	se peinasen

Past Perfect Subjunctive (-ra)		or	Past Perfect Subjunctive (-se)	
me hubiera peinado	nos hubiéramos peinado		me hubiese peinado	nos hubiésemos peinado
te hubieras peinado	os hubierais peinado		te hubieses peinado	os hubieseis peinado
se hubiera peinado	se hubieran peinado		se hubiese peinado	se hubiesen peinado

Progressive Tenses

Present	estoy, estás, está, estamos, estáis, están	
Preterit	estuve, estuviste, estuvo, estuvimos, estuvisteis, estuvieron	
Imperfect	estaba, estabas, estaba, estábamos, estabais, estaban	peinando (*see page 41*)
Future	estaré, estarás, estará, estaremos, estaréis, estarán	
Conditional	estaría, estarías, estaría, estaríamos, estaríais, estarían	
Subjunctive	que + *corresponding subjunctive tense of* estar (*see verb 252*)	

Commands

	(nosotros) peinémonos / no nos peinemos
(tú) péinate / no te peines	(vosotros) peinaos / no os peinéis
(Ud.) péinese / no se peine	(Uds.) péinense / no se peinen

USAGE

Peino a las niñas.	*I'm combing the girls' hair.*
La peluquera me peinó.	*The hairdresser combed my hair.*
Se peinaban en el dormitorio.	*They combed their hair in the bedroom.*
Debes peinarte.	*You should comb your hair.*
Me encantan los peinados de los años 40.	*I love the forties hairstyles.*
Los peines de carey son más caros.	*Tortoiseshell combs are more expensive.*
Está bien peinada / despeinada.	*Her hair is nicely combed / disheveled.*

stem-changing -ar verb: *e > ie*

pienso · pensaron · pensado · pensando

Present		Preterit	
pienso	pensamos	pensé	pensamos
piensas	pensáis	pensaste	pensasteis
piensa	piensan	pensó	pensaron

Imperfect		Present Perfect	
pensaba	pensábamos	he pensado	hemos pensado
pensabas	pensabais	has pensado	habéis pensado
pensaba	pensaban	ha pensado	han pensado

Future		Conditional	
pensaré	pensaremos	pensaría	pensaríamos
pensarás	pensaréis	pensarías	pensaríais
pensará	pensarán	pensaría	pensarían

Pluperfect		Preterit Perfect	
había pensado	habíamos pensado	hube pensado	hubimos pensado
habías pensado	habíais pensado	hubiste pensado	hubisteis pensado
había pensado	habían pensado	hubo pensado	hubieron pensado

Future Perfect		Conditional Perfect	
habré pensado	habremos pensado	habría pensado	habríamos pensado
habrás pensado	habréis pensado	habrías pensado	habríais pensado
habrá pensado	habrán pensado	habría pensado	habrían pensado

Present Subjunctive		Present Perfect Subjunctive	
piense	pensemos	haya pensado	hayamos pensado
pienses	penséis	hayas pensado	hayáis pensado
piense	piensen	haya pensado	hayan pensado

Imperfect Subjunctive (-ra)		or	Imperfect Subjunctive (-se)	
pensara	pensáramos		pensase	pensásemos
pensaras	pensarais		pensases	pensaseis
pensara	pensaran		pensase	pensasen

Past Perfect Subjunctive (-ra)		or	Past Perfect Subjunctive (-se)	
hubiera pensado	hubiéramos pensado		hubiese pensado	hubiésemos pensado
hubieras pensado	hubierais pensado		hubieses pensado	hubieseis pensado
hubiera pensado	hubieran pensado		hubiese pensado	hubiesen pensado

Progressive Tenses

Present	estoy, estás, está, estamos, estáis, están	
Preterit	estuve, estuviste, estuvo, estuvimos, estuvisteis, estuvieron	
Imperfect	estaba, estabas, estaba, estábamos, estabais, estaban	pensando
Future	estaré, estarás, estará, estaremos, estaréis, estarán	
Conditional	estaría, estarías, estaría, estaríamos, estaríais, estarían	
Subjunctive	que + *corresponding subjunctive tense of* estar (*see verb 252*)	

Commands

	(nosotros) pensemos / no pensemos
(tú) piensa / no pienses	(vosotros) pensad / no penséis
(Ud.) piense / no piense	(Uds.) piensen / no piensen

USAGE

Él piensa mucho.	*He thinks a lot.*
Pensaba que habían llegado.	*I thought they had arrived.*
Piensa en los arreglos para su boda.	*She's thinking about the arrangements for her wedding.*
¿Qué piensan del gabinete del presidente?	*What do you think of the president's cabinet?*
Piensan verse en Buenos Aires.	*They intend to meet in Buenos Aires.*
¡Ojalá que pensara más en sus estudios!	*I wish he would think more about his studies!*

pensar to think

pienso · pensaron · pensado · pensando   stem-changing -ar verb: e > ie

---

pensar en to think of/about

❸ —¿En qué piensas?
—Pienso en lo mucho que tengo que hacer hoy.
Uds. pensaban en todo.
Siempre has pensado en los demás.

What are you thinking about?
I'm thinking about how much I have to do today.
You thought of everything.
You've always thought about other people.

how to think about something

❸ —Piensen mucho antes de hacerlo.
—Ya lo hemos pensado bien.

Pensándolo bien, no vamos a ir.
Se lanza sin pensar.

❸ —No me gusta que pienses así.
—No todos pensamos igual. Hay que pensar
  por sí mismo.

Está pensando en voz alta.

Think hard before you do it.
We've thought it over carefully.

After thinking it over, we're not going to go.
He rushes into things without thinking.

I don't like that you think like that.
*We don't all think alike. You have to think for
  yourself.*

She's thinking aloud.

pensar de to think about (have an opinion about)

❸ —¿Qué piensas del nuevo centro comercial?
—Pienso que está bien pensado y situado.

What do you think about the new mall?
I think it's well thought out and well located.

pensar + infinitive to intend to

❸ —Piensas estudiar marketing, ¿verdad?
—Pensaba estudiarlo, pero ahora pienso
  en la contabilidad.

You intend to study marketing, don't you?
*I intended to study it, but now I'm thinking about
  accounting.*

OTHER USES AND RELATED WORDS

Sólo el pensarlo me da grima.
¡Ni pensarlo!
Aristóteles era un gran pensador.
Se goza de la libertad de pensamiento en los
  Estados Unidos.
El hombre es un animal pensante / que piensa.
Se quedó pensativo oyendo las noticias.
¡No seas mal pensado!
Pasará el día menos pensado.
Quien vive sin pensar, no puede decir que vive.
  (*Pedro Calderón de la Barca*)
La facultad de administración de empresas piensa
  armar un foro en línea sobre la hostelería.
El trastorno de ira es más común de lo que se
  pensaba.
Donde menos piensa el galgo, salta la liebre.

Lo que él contestó me pone a pensar que no es
  una persona sincera.
Una cosa piensa el borracho y otra el tabernero.

The mere thought of it disgusts me.
It's out of the question!
Aristotle was a great thinker (philosopher).
We enjoy freedom of thought in the United States.

Man is a thinking animal.
He was pensive/thoughtful listening to the news.
Don't be evil-minded!
It will happen when least expected.
*He who lives without thinking cannot say that he
  is alive.*
*The business school intends to set up an online
  discussion group on hotel management.*
Rage disorder is more common than was thought.

*Things often happen when you least expect them.
  (When the greyhound least expects it, the hare
  jumps out.)*
*What he answered makes me think that he is
  not an honest person.*
*The drunk thinks one thing and the bartender
  quite another.*

stem-changing *-er* verb: *e > ie* (present)

pierdo · perdieron · perdido · perdiendo

Present		Preterit	
pierdo	perdemos	perdí	perdimos
pierdes	perdéis	perdiste	perdisteis
pierde	pierden	perdió	perdieron

Imperfect		Present Perfect	
perdía	perdíamos	he perdido	hemos perdido
perdías	perdíais	has perdido	habéis perdido
perdía	perdían	ha perdido	han perdido

Future		Conditional	
perderé	perderemos	perdería	perderíamos
perderás	perderéis	perderías	perderíais
perderá	perderán	perdería	perderían

Pluperfect		Preterit Perfect	
había perdido	habíamos perdido	hube perdido	hubimos perdido
habías perdido	habíais perdido	hubiste perdido	hubisteis perdido
había perdido	habían perdido	hubo perdido	hubieron perdido

Future Perfect		Conditional Perfect	
habré perdido	habremos perdido	habría perdido	habríamos perdido
habrás perdido	habréis perdido	habrías perdido	habríais perdido
habrá perdido	habrán perdido	habría perdido	habrían perdido

Present Subjunctive		Present Perfect Subjunctive	
pierda	perdamos	haya perdido	hayamos perdido
pierdas	perdáis	hayas perdido	hayáis perdido
pierda	pierdan	haya perdido	hayan perdido

Imperfect Subjunctive (-ra)		*or*	Imperfect Subjunctive (-se)	
perdiera	perdiéramos		perdiese	perdiésemos
perdieras	perdierais		perdieses	perdieseis
perdiera	perdieran		perdiese	perdiesen

Past Perfect Subjunctive (-ra)		*or*	Past Perfect Subjunctive (-se)	
hubiera perdido	hubiéramos perdido		hubiese perdido	hubiésemos perdido
hubieras perdido	hubierais perdido		hubieses perdido	hubieseis perdido
hubiera perdido	hubieran perdido		hubiese perdido	hubiesen perdido

Progressive Tenses

Present	estoy, estás, está, estamos, estáis, están	
Preterit	estuve, estuviste, estuvo, estuvimos, estuvisteis, estuvieron	
Imperfect	estaba, estabas, estaba, estábamos, estabais, estaban	perdiendo
Future	estaré, estarás, estará, estaremos, estaréis, estarán	
Conditional	estaría, estarías, estaría, estaríamos, estaríais, estarían	
Subjunctive	que + *corresponding subjunctive tense of* estar (*see verb 252*)	

Commands

	(nosotros) perdamos / no perdamos
(tú) pierde / no pierdas	(vosotros) perded / no perdáis
(Ud.) pierda / no pierda	(Uds.) pierdan / no pierdan

USAGE

Perdió dinero en inversiones equivocadas.	*He lost money in bad investments.*
No pierdas tiempo discutiendo.	*Don't waste time arguing.*
Perdisteis el tren.	*You missed the train.*
Nos perdimos en el bosque.	*We got lost / lost our way in the forest.*
No se pierdan el espectáculo.	*Don't miss the show.*
Se nos perdió un sobre importante.	*We lost/mislaid an important envelope.*
No pierdas de vista a la niña.	*Don't lose sight of the child.*

perder   to lose, waste, miss

pierdo · perdieron · perdido · perdiendo   stem-changing -er verb: e > ie (present)

El almirante Nelson perdió su vida en la batalla de Trafalgar.	Admiral Nelson lost his life at the Battle of Trafalgar.
No pierdan la oportunidad de conocerlo.	Don't miss the chance to meet him.
Les perdimos el respeto al verlos borrachos.	We lost respect for them seeing them drunk.
No hay tiempo que perder.	There's no time to lose.
No tenían nada que perder.	They had nothing to lose.
Has perdido peso.	You've lost weight.
Salió perdiendo en el concurso de ortografía.	She lost out in the spelling bee.
Se van perdiendo ciertas costumbres.	Certain customs are being lost.
Las manzanas se echaron a perder por el calor.	The apples spoiled because of the heat.
El que todo lo quiere, todo lo pierde.	The more you want, the less you get.

perdérsele a alguien (unplanned or unexpected occurrences) to lose

❸ —Se me han perdido las carpetas.	I've lost/misplaced the folders.
—¡Se le pierde todo!	You lose everything!
❸ —Se me perdió el paraguas.	I lost my umbrella.
—Búscalo en la oficina de objetos perdidos.	Look for it in the lost and found office.

OTHER USES AND RELATED WORDS

He dado el paquete por perdido.	I've given up the package as lost.
❸ —Anda perdido por su novia.	He's head over heels in love with his fiancée.
—Y ella está perdidamente enamorada de él.	And she's madly in love with him.
Son esfuerzos perdidos.	They're wasted efforts.
Aprovecha los ratos perdidos.	Make the most of your spare moments.
Se examinan las pérdidas y ganancias.	They're reviewing profits and losses.
El embarazo acabó en pérdida.	The pregnancy ended in a miscarriage.
Su compromiso en ese grupo será su perdición.	Their involvement in that group will be their undoing.
Es un buen/mal perdedor.	He's a good/bad loser.
❸ —¡Qué tarde llegan! ¿Se perdieron?	You're late! Did you get lost?
—No, es que perdimos el tren de las seis.	No, it's just that we missed the six o'clock train.
❸ —Tenemos que darnos prisa si no queremos perdernos el espectáculo.	We have to hurry if we don't want to miss the show.
—No hay tiempo que perder, entonces. Vámonos ahora mismo.	Then there's no time to lose. Let's leave right now.
❸ —Estaba seguro que llevábamos las de perder.	I was sure we were fighting a losing battle.
—Sí, pero con todas las de perder, vencimos.	Yes, but with all odds against us, we won.
La Bolsa registra la segunda mayor caída del año al perder un 2,5%.	The stock exchange recorded its second biggest drop of the year by losing 2.5%.
Más vale perder un minuto en la vida que la vida en un minuto.	It's better to waste a minute of your life than to lose your life in a minute.

regular -ar verb

perdono · perdonaron · perdonado · perdonando

Present		Preterit	
perdono	perdonamos	perdoné	perdonamos
perdonas	perdonáis	perdonaste	perdonasteis
perdona	perdonan	perdonó	perdonaron

Imperfect		Present Perfect	
perdonaba	perdonábamos	he perdonado	hemos perdonado
perdonabas	perdonabais	has perdonado	habéis perdonado
perdonaba	perdonaban	ha perdonado	han perdonado

Future		Conditional	
perdonaré	perdonaremos	perdonaría	perdonaríamos
perdonarás	perdonaréis	perdonarías	perdonaríais
perdonará	perdonarán	perdonaría	perdonarían

Pluperfect		Preterit Perfect	
había perdonado	habíamos perdonado	hube perdonado	hubimos perdonado
habías perdonado	habíais perdonado	hubiste perdonado	hubisteis perdonado
había perdonado	habían perdonado	hubo perdonado	hubieron perdonado

Future Perfect		Conditional Perfect	
habré perdonado	habremos perdonado	habría perdonado	habríamos perdonado
habrás perdonado	habréis perdonado	habrías perdonado	habríais perdonado
habrá perdonado	habrán perdonado	habría perdonado	habrían perdonado

Present Subjunctive		Present Perfect Subjunctive	
perdone	perdonemos	haya perdonado	hayamos perdonado
perdones	perdonéis	hayas perdonado	hayáis perdonado
perdone	perdonen	haya perdonado	hayan perdonado

Imperfect Subjunctive (-ra)		or	Imperfect Subjunctive (-se)	
perdonara	perdonáramos		perdonase	perdonásemos
perdonaras	perdonarais		perdonases	perdonaseis
perdonara	perdonaran		perdonase	perdonasen

Past Perfect Subjunctive (-ra)		or	Past Perfect Subjunctive (-se)	
hubiera perdonado	hubiéramos perdonado		hubiese perdonado	hubiésemos perdonado
hubieras perdonado	hubierais perdonado		hubieses perdonado	hubieseis perdonado
hubiera perdonado	hubieran perdonado		hubiese perdonado	hubiesen perdonado

Progressive Tenses

Present	estoy, estás, está, estamos, estáis, están	
Preterit	estuve, estuviste, estuvo, estuvimos, estuvisteis, estuvieron	
Imperfect	estaba, estabas, estaba, estábamos, estabais, estaban	perdonando
Future	estaré, estarás, estará, estaremos, estaréis, estarán	
Conditional	estaría, estarías, estaría, estaríamos, estaríais, estarían	
Subjunctive	que + *corresponding subjunctive tense of* estar (*see verb 252*)	

Commands

	(nosotros) perdonemos / no perdonemos
(tú) perdona / no perdones	(vosotros) perdonad / no perdonéis
(Ud.) perdone / no perdone	(Uds.) perdonen / no perdonen

USAGE

Perdone Ud.	*Pardon me. / Sorry.*
Perdone la molestia.	*Excuse me for bothering you.*
Perdónenme Uds.	*Please forgive me.*
Pídele perdón.	*Ask him to forgive you.*
La gente no quiere que le perdonen la vida al asesino.	*People don't want the murderer's life to be spared.*

permitir *to permit, allow, let*

permito · permitieron · permitido · permitiendo | regular -ir verb

Present		Preterit	
permito	permitimos	permití	permitimos
permites	permitís	permitiste	permitisteis
permite	permiten	permitió	permitieron

Imperfect		Present Perfect	
permitía	permitíamos	he permitido	hemos permitido
permitías	permitíais	has permitido	habéis permitido
permitía	permitían	ha permitido	han permitido

Future		Conditional	
permitiré	permitiremos	permitiría	permitiríamos
permitirás	permitiréis	permitirías	permitiríais
permitirá	permitirán	permitiría	permitirían

Pluperfect		Preterit Perfect	
había permitido	habíamos permitido	hube permitido	hubimos permitido
habías permitido	habíais permitido	hubiste permitido	hubisteis permitido
había permitido	habían permitido	hubo permitido	hubieron permitido

Future Perfect		Conditional Perfect	
habré permitido	habremos permitido	habría permitido	habríamos permitido
habrás permitido	habréis permitido	habrías permitido	habríais permitido
habrá permitido	habrán permitido	habría permitido	habrían permitido

Present Subjunctive		Present Perfect Subjunctive	
permita	permitamos	haya permitido	hayamos permitido
permitas	permitáis	hayas permitido	hayáis permitido
permita	permitan	haya permitido	hayan permitido

Imperfect Subjunctive (-ra)		or	Imperfect Subjunctive (-se)	
permitiera	permitiéramos		permitiese	permitiésemos
permitieras	permitierais		permitieses	permitieseis
permitiera	permitieran		permitiese	permitiesen

Past Perfect Subjunctive (-ra)		or	Past Perfect Subjunctive (-se)	
hubiera permitido	hubiéramos permitido		hubiese permitido	hubiésemos permitido
hubieras permitido	hubierais permitido		hubieses permitido	hubieseis permitido
hubiera permitido	hubieran permitido		hubiese permitido	hubiesen permitido

Progressive Tenses

Present	estoy, estás, está, estamos, estáis, están	
Preterit	estuve, estuviste, estuvo, estuvimos, estuvisteis, estuvieron	
Imperfect	estaba, estabas, estaba, estábamos, estabais, estaban	permitiendo
Future	estaré, estarás, estará, estaremos, estaréis, estarán	
Conditional	estaría, estarías, estaría, estaríamos, estaríais, estarían	
Subjunctive	que + *corresponding subjunctive tense of* estar (*see verb 252*)	

Commands

	(nosotros) permitamos / no permitamos
(tú) permite / no permitas	(vosotros) permitid / no permitáis
(Ud.) permita / no permita	(Uds.) permitan / no permitan

USAGE

Les permití entrar.	*I let them come in.*
No permitían que los acompañáramos.	*They didn't permit/allow us to go with them.*
Me permito escribirle.	*I take the liberty of writing to you.*
Permítanos pasar.	*Let us go by.*
Pídeles permiso a tus papás.	*Ask your parents for permission.*
No se permite comer aquí.	*Eating is not permitted here.*
Con permiso.	*Excuse me.*

stem-changing -ir verb: *e > i*;
spelling change: *gu > g/o, a* (like **seguir**)

persigo · persiguieron · perseguido · persiguiendo

Present		Preterit	
persigo	perseguimos	perseguí	perseguimos
persigues	perseguís	perseguiste	perseguisteis
persigue	persiguen	persiguió	persiguieron

Imperfect		Present Perfect	
perseguía	perseguíamos	he perseguido	hemos perseguido
perseguías	perseguíais	has perseguido	habéis perseguido
perseguía	perseguían	ha perseguido	han perseguido

Future		Conditional	
perseguiré	perseguiremos	perseguiría	perseguiríamos
perseguirás	perseguiréis	perseguirías	perseguiríais
perseguirá	perseguirán	perseguiría	perseguirían

Pluperfect		Preterit Perfect	
había perseguido	habíamos perseguido	hube perseguido	hubimos perseguido
habías perseguido	habíais perseguido	hubiste perseguido	hubisteis perseguido
había perseguido	habían perseguido	hubo perseguido	hubieron perseguido

Future Perfect		Conditional Perfect	
habré perseguido	habremos perseguido	habría perseguido	habríamos perseguido
habrás perseguido	habréis perseguido	habrías perseguido	habríais perseguido
habrá perseguido	habrán perseguido	habría perseguido	habrían perseguido

Present Subjunctive		Present Perfect Subjunctive	
persiga	persigamos	haya perseguido	hayamos perseguido
persigas	persigáis	hayas perseguido	hayáis perseguido
persiga	persigan	haya perseguido	hayan perseguido

Imperfect Subjunctive (-ra)		*or*	Imperfect Subjunctive (-se)	
persiguiera	persiguiéramos		persiguiese	persiguiésemos
persiguieras	persiguierais		persiguieses	persiguieseis
persiguiera	persiguieran		persiguiese	persiguiesen

Past Perfect Subjunctive (-ra)		*or*	Past Perfect Subjunctive (-se)	
hubiera perseguido	hubiéramos perseguido		hubiese perseguido	hubiésemos perseguido
hubieras perseguido	hubierais perseguido		hubieses perseguido	hubieseis perseguido
hubiera perseguido	hubieran perseguido		hubiese perseguido	hubiesen perseguido

Progressive Tenses

Present	estoy, estás, está, estamos, estáis, están	
Preterit	estuve, estuviste, estuvo, estuvimos, estuvisteis, estuvieron	
Imperfect	estaba, estabas, estaba, estábamos, estabais, estaban	
Future	estaré, estarás, estará, estaremos, estaréis, estarán	persiguiendo
Conditional	estaría, estarías, estaría, estaríamos, estaríais, estarían	
Subjunctive	que + *corresponding subjunctive tense of* estar (*see verb 252*)	

Commands

	(nosotros) persigamos / no persigamos
(tú) persigue / no persigas	(vosotros) perseguid / no persigáis
(Ud.) persiga / no persiga	(Uds.) persigan / no persigan

USAGE

Perseguirán otros caminos.	*They'll pursue other avenues.*
La policía perseguía a los malhechores.	*The police chased after the bad guys.*
Persiga sus objetivos.	*Pursue your goals.*
Persigue el puesto de administrador.	*He's going after the position of chief executive.*
Todos fueron perseguidos.	*All of them were persecuted/prosecuted.*
Sufre de la manía persecutoria.	*She has a persecution complex.*

pertenecer *to belong*

-er verb; spelling change:
c > zc/o, a

pertenezco · pertenecieron · pertenecido · perteneciendo

Present		Preterit	
pertenezco	pertenecemos	pertenecí	pertenecimos
perteneces	pertenecéis	perteneciste	pertenecisteis
pertenece	pertenecen	perteneció	pertenecieron

Imperfect		Present Perfect	
pertenecía	pertenecíamos	he pertenecido	hemos pertenecido
pertenecías	pertenecíais	has pertenecido	habéis pertenecido
pertenecía	pertenecían	ha pertenecido	han pertenecido

Future		Conditional	
perteneceré	perteneceremos	pertenecería	perteneceríamos
pertenecerás	perteneceréis	pertenecerías	perteneceríais
pertenecerá	pertenecerán	pertenecería	pertenecerían

Pluperfect		Preterit Perfect	
había pertenecido	habíamos pertenecido	hube pertenecido	hubimos pertenecido
habías pertenecido	habíais pertenecido	hubiste pertenecido	hubisteis pertenecido
había pertenecido	habían pertenecido	hubo pertenecido	hubieron pertenecido

Future Perfect		Conditional Perfect	
habré pertenecido	habremos pertenecido	habría pertenecido	habríamos pertenecido
habrás pertenecido	habréis pertenecido	habrías pertenecido	habríais pertenecido
habrá pertenecido	habrán pertenecido	habría pertenecido	habrían pertenecido

Present Subjunctive		Present Perfect Subjunctive	
pertenezca	pertenezcamos	haya pertenecido	hayamos pertenecido
pertenezcas	pertenezcáis	hayas pertenecido	hayáis pertenecido
pertenezca	pertenezcan	haya pertenecido	hayan pertenecido

Imperfect Subjunctive (-ra)		or	Imperfect Subjunctive (-se)	
perteneciera	perteneciéramos		perteneciese	perteneciésemos
pertenecieras	pertenecierais		pertenecieses	pertenecieseis
perteneciera	pertenecieran		perteneciese	perteneciesen

Past Perfect Subjunctive (-ra)		or	Past Perfect Subjunctive (-se)	
hubiera pertenecido	hubiéramos pertenecido		hubiese pertenecido	hubiésemos pertenecido
hubieras pertenecido	hubierais pertenecido		hubieses pertenecido	hubieseis pertenecido
hubiera pertenecido	hubieran pertenecido		hubiese pertenecido	hubiesen pertenecido

Progressive Tenses

Present	estoy, estás, está, estamos, estáis, están	
Preterit	estuve, estuviste, estuvo, estuvimos, estuvisteis, estuvieron	
Imperfect	estaba, estabas, estaba, estábamos, estabais, estaban	perteneciendo
Future	estaré, estarás, estará, estaremos, estaréis, estarán	
Conditional	estaría, estarías, estaría, estaríamos, estaríais, estarían	
Subjunctive	que + *corresponding subjunctive tense of* estar (*see verb 252*)	

Commands

	(nosotros) pertenezcamos / no pertenezcamos
(tú) pertenece / no pertenezcas	(vosotros) perteneced / no pertenezcáis
(Ud.) pertenezca / no pertenezca	(Uds.) pertenezcan / no pertenezcan

USAGE

Estos terrenos pertenecen a una sociedad inmobiliaria.	These plots of land belong to a real estate company.
¿A quién le pertenece esa mochila?	To whom does that backpack belong?
Me pertenece el derecho de autor.	The copyright belongs to me.
Es propiedad perteneciente al estado de Virginia.	It's property belonging to the state of Virginia.

-ar verb; spelling change: c > qu/e

pesco · pescaron · pescado · pescando

Present		Preterit	
pesco	pescamos	pesqué	pescamos
pescas	pescáis	pescaste	pescasteis
pesca	pescan	pescó	pescaron

Imperfect		Present Perfect	
pescaba	pescábamos	he pescado	hemos pescado
pescabas	pescabais	has pescado	habéis pescado
pescaba	pescaban	ha pescado	han pescado

Future		Conditional	
pescaré	pescaremos	pescaría	pescaríamos
pescarás	pescaréis	pescarías	pescaríais
pescará	pescarán	pescaría	pescarían

Pluperfect		Preterit Perfect	
había pescado	habíamos pescado	hube pescado	hubimos pescado
habías pescado	habíais pescado	hubiste pescado	hubisteis pescado
había pescado	habían pescado	hubo pescado	hubieron pescado

Future Perfect		Conditional Perfect	
habré pescado	habremos pescado	habría pescado	habríamos pescado
habrás pescado	habréis pescado	habrías pescado	habríais pescado
habrá pescado	habrán pescado	habría pescado	habrían pescado

Present Subjunctive		Present Perfect Subjunctive	
pesque	pesquemos	haya pescado	hayamos pescado
pesques	pesquéis	hayas pescado	hayáis pescado
pesque	pesquen	haya pescado	hayan pescado

Imperfect Subjunctive (-ra)		or	Imperfect Subjunctive (-se)	
pescara	pescáramos		pescase	pescásemos
pescaras	pescarais		pescases	pescaseis
pescara	pescaran		pescase	pescasen

Past Perfect Subjunctive (-ra)		or	Past Perfect Subjunctive (-se)	
hubiera pescado	hubiéramos pescado		hubiese pescado	hubiésemos pescado
hubieras pescado	hubierais pescado		hubieses pescado	hubieseis pescado
hubiera pescado	hubieran pescado		hubiese pescado	hubiesen pescado

Progressive Tenses

Present	estoy, estás, está, estamos, estáis, están	
Preterit	estuve, estuviste, estuvo, estuvimos, estuvisteis, estuvieron	
Imperfect	estaba, estabas, estaba, estábamos, estabais, estaban	pescando
Future	estaré, estarás, estará, estaremos, estaréis, estarán	
Conditional	estaría, estarías, estaría, estaríamos, estaríais, estarían	
Subjunctive	que + corresponding subjunctive tense of estar (see verb 252)	

Commands

	(nosotros) pesquemos / no pesquemos
(tú) pesca / no pesques	(vosotros) pescad / no pesquéis
(Ud.) pesque / no pesque	(Uds.) pesquen / no pesquen

USAGE

No pescar en el lago. — *No fishing in the lake.*
Fueron a pescar. — *They went fishing.*
Pescó un resfriado. — *She caught a cold.*
Ha pescado un excelente puesto. — *He has landed a terrific job.*
Les gusta la pesca de trucha. — *They like trout-fishing.*
Pesqué un pez espada. — *I caught a swordfish.*
Está como el pez en el agua. — *She really feels at home.*

pintar *to paint, draw, describe*

pinto · pintaron · pintado · pintando   regular -ar verb

Present		Preterit	
pinto	pintamos	pinté	pintamos
pintas	pintáis	pintaste	pintasteis
pinta	pintan	pintó	pintaron

Imperfect		Present Perfect	
pintaba	pintábamos	he pintado	hemos pintado
pintabas	pintabais	has pintado	habéis pintado
pintaba	pintaban	ha pintado	han pintado

Future		Conditional	
pintaré	pintaremos	pintaría	pintaríamos
pintarás	pintaréis	pintarías	pintaríais
pintará	pintarán	pintaría	pintarían

Pluperfect		Preterit Perfect	
había pintado	habíamos pintado	hube pintado	hubimos pintado
habías pintado	habíais pintado	hubiste pintado	hubisteis pintado
había pintado	habían pintado	hubo pintado	hubieron pintado

Future Perfect		Conditional Perfect	
habré pintado	habremos pintado	habría pintado	habríamos pintado
habrás pintado	habréis pintado	habrías pintado	habríais pintado
habrá pintado	habrán pintado	habría pintado	habrían pintado

Present Subjunctive		Present Perfect Subjunctive	
pinte	pintemos	haya pintado	hayamos pintado
pintes	pintéis	hayas pintado	hayáis pintado
pinte	pinten	haya pintado	hayan pintado

Imperfect Subjunctive (-ra)		or	Imperfect Subjunctive (-se)	
pintara	pintáramos		pintase	pintásemos
pintaras	pintarais		pintases	pintaseis
pintara	pintaran		pintase	pintasen

Past Perfect Subjunctive (-ra)		or	Past Perfect Subjunctive (-se)	
hubiera pintado	hubiéramos pintado		hubiese pintado	hubiésemos pintado
hubieras pintado	hubierais pintado		hubieses pintado	hubieseis pintado
hubiera pintado	hubieran pintado		hubiese pintado	hubiesen pintado

Progressive Tenses

Present	estoy, estás, está, estamos, estáis, están	
Preterit	estuve, estuviste, estuvo, estuvimos, estuvisteis, estuvieron	
Imperfect	estaba, estabas, estaba, estábamos, estabais, estaban	pintando
Future	estaré, estarás, estará, estaremos, estaréis, estarán	
Conditional	estaría, estarías, estaría, estaríamos, estaríais, estarían	
Subjunctive	que + *corresponding subjunctive tense of* estar (*see verb 252*)	

Commands

	(nosotros) pintemos / no pintemos
(tú) pinta / no pintes	(vosotros) pintad / no pintéis
(Ud.) pinte / no pinte	(Uds.) pinten / no pinten

USAGE

El pintor pintó una naturaleza muerta al óleo.	*The artist painted a still life in oils.*
Píntales a los niños unos animales.	*Draw some animals for the children.*
Constable era un gran pintor paisajista.	*Constable was a great landscape painter.*
La pintura acuarela de la pintora se destaca.	*The artist's watercolor painting stands out.*
¿Pintaréis el dormitorio de azul?	*Will you paint the bedroom blue?*
—¿No vas a pintarte?	*Aren't you going to put your makeup on?*
—Ya me he pintado los labios.	*I've already put my lipstick on.*

regular -ar verb

piso · pisaron · pisado · pisando

Present			**Preterit**	
piso	pisamos		pisé	pisamos
pisas	pisáis		pisaste	pisasteis
pisa	pisan		pisó	pisaron
Imperfect			**Present Perfect**	
pisaba	pisábamos		he pisado	hemos pisado
pisabas	pisabais		has pisado	habéis pisado
pisaba	pisaban		ha pisado	han pisado
Future			**Conditional**	
pisaré	pisaremos		pisaría	pisaríamos
pisarás	pisaréis		pisarías	pisaríais
pisará	pisarán		pisaría	pisarían
Pluperfect			**Preterit Perfect**	
había pisado	habíamos pisado		hube pisado	hubimos pisado
habías pisado	habíais pisado		hubiste pisado	hubisteis pisado
había pisado	habían pisado		hubo pisado	hubieron pisado
Future Perfect			**Conditional Perfect**	
habré pisado	habremos pisado		habría pisado	habríamos pisado
habrás pisado	habréis pisado		habrías pisado	habríais pisado
habrá pisado	habrán pisado		habría pisado	habrían pisado
Present Subjunctive			**Present Perfect Subjunctive**	
pise	pisemos		haya pisado	hayamos pisado
pises	piséis		hayas pisado	hayáis pisado
pise	pisen		haya pisado	hayan pisado

Imperfect Subjunctive (-ra)		*or*	**Imperfect Subjunctive (-se)**		
pisara	pisáramos		pisase	pisásemos	
pisaras	pisarais		pisases	pisaseis	
pisara	pisaran		pisase	pisasen	
Past Perfect Subjunctive (-ra)		*or*	**Past Perfect Subjunctive (-se)**		
hubiera pisado	hubiéramos pisado		hubiese pisado	hubiésemos pisado	
hubieras pisado	hubierais pisado		hubieses pisado	hubieseis pisado	
hubiera pisado	hubieran pisado		hubiese pisado	hubiesen pisado	

Progressive Tenses

Present	estoy, estás, está, estamos, estáis, están
Preterit	estuve, estuviste, estuvo, estuvimos, estuvisteis, estuvieron
Imperfect	estaba, estabas, estaba, estábamos, estabais, estaban
Future	estaré, estarás, estará, estaremos, estaréis, estarán
Conditional	estaría, estarías, estaría, estaríamos, estaríais, estarían
Subjunctive	que + *corresponding subjunctive tense of* estar (*see verb 252*)

pisando

Commands

	(nosotros) pisemos / no pisemos
(tú) pisa / no pises	(vosotros) pisad / no piséis
(Ud.) pise / no pise	(Uds.) pisen / no pisen

(**USAGE**)

¡Ay! Me has pisado el pie.	*Ouch! You've stepped on my foot.*
No te dejes pisar.	*Don't let yourself be stepped on.*
Vamos pisando huevos para no ofenderle.	*We tread gently so that we don't offend him.*
Prohibido pisar el césped.	*Keep off the grass.*
El pisapapeles estará en el escritorio.	*The paperweight is probably on the desk.*
El hijo le sigue las pisadas a su padre.	*The son is following in his father's footsteps.*

planificar *to plan*

planifico · planificaron · planificado · planificando — *-ar verb; spelling change: c > qu/e*

Present		Preterit	
planifico	planificamos	planifiqué	planificamos
planificas	planificáis	planificaste	planificasteis
planifica	planifican	planificó	planificaron

Imperfect		Present Perfect	
planificaba	planificábamos	he planificado	hemos planificado
planificabas	planificabais	has planificado	habéis planificado
planificaba	planificaban	ha planificado	han planificado

Future		Conditional	
planificaré	planificaremos	planificaría	planificaríamos
planificarás	planificaréis	planificarías	planificaríais
planificará	planificarán	planificaría	planificarían

Pluperfect		Preterit Perfect	
había planificado	habíamos planificado	hube planificado	hubimos planificado
habías planificado	habíais planificado	hubiste planificado	hubisteis planificado
había planificado	habían planificado	hubo planificado	hubieron planificado

Future Perfect		Conditional Perfect	
habré planificado	habremos planificado	habría planificado	habríamos planificado
habrás planificado	habréis planificado	habrías planificado	habríais planificado
habrá planificado	habrán planificado	habría planificado	habrían planificado

---

Present Subjunctive		Present Perfect Subjunctive	
planifique	planifiquemos	haya planificado	hayamos planificado
planifiques	planifiquéis	hayas planificado	hayáis planificado
planifique	planifiquen	haya planificado	hayan planificado

Imperfect Subjunctive (-ra)		*or*	Imperfect Subjunctive (-se)	
planificara	planificáramos		planificase	planificásemos
planificaras	planificarais		planificases	planificaseis
planificara	planificaran		planificase	planificasen

Past Perfect Subjunctive (-ra)		*or*	Past Perfect Subjunctive (-se)	
hubiera planificado	hubiéramos planificado		hubiese planificado	hubiésemos planificado
hubieras planificado	hubierais planificado		hubieses planificado	hubieseis planificado
hubiera planificado	hubieran planificado		hubiese planificado	hubiesen planificado

---

Progressive Tenses

Present	estoy, estás, está, estamos, estáis, están	
Preterit	estuve, estuviste, estuvo, estuvimos, estuvisteis, estuvieron	
Imperfect	estaba, estabas, estaba, estábamos, estabais, estaban	planificando
Future	estaré, estarás, estará, estaremos, estaréis, estarán	
Conditional	estaría, estarías, estaría, estaríamos, estaríais, estarían	
Subjunctive	que + *corresponding subjunctive tense of* estar (*see verb 252*)	

Commands

	(nosotros) planifiquemos / no planifiquemos
(tú) planifica / no planifiques	(vosotros) planificad / no planifiquéis
(Ud.) planifique / no planifique	(Uds.) planifiquen / no planifiquen

USAGE

Los directores planificaban la estrategia.	*The directors planned the strategy.*
Se planifica el desarrollo económico.	*They're planning economic development.*
Se realizó la planificación a corto plazo.	*They carried out the short-term planning.*
El comité de planificadores se reúne los lunes.	*The planners' committee meets on Mondays.*

regular -*ar* verb

planto · plantaron · plantado · plantando

Present		Preterit	
planto	plantamos	planté	plantamos
plantas	plantáis	plantaste	plantasteis
planta	plantan	plantó	plantaron

Imperfect		Present Perfect	
plantaba	plantábamos	he plantado	hemos plantado
plantabas	plantabais	has plantado	habéis plantado
plantaba	plantaban	ha plantado	han plantado

Future		Conditional	
plantaré	plantaremos	plantaría	plantaríamos
plantarás	plantaréis	plantarías	plantaríais
plantará	plantarán	plantaría	plantarían

Pluperfect		Preterit Perfect	
había plantado	habíamos plantado	hube plantado	hubimos plantado
habías plantado	habíais plantado	hubiste plantado	hubisteis plantado
había plantado	habían plantado	hubo plantado	hubieron plantado

Future Perfect		Conditional Perfect	
habré plantado	habremos plantado	habría plantado	habríamos plantado
habrás plantado	habréis plantado	habrías plantado	habríais plantado
habrá plantado	habrán plantado	habría plantado	habrían plantado

Present Subjunctive		Present Perfect Subjunctive	
plante	plantemos	haya plantado	hayamos plantado
plantes	plantéis	hayas plantado	hayáis plantado
plante	planten	haya plantado	hayan plantado

Imperfect Subjunctive (-ra)		or	Imperfect Subjunctive (-se)	
plantara	plantáramos		plantase	plantásemos
plantaras	plantarais		plantases	plantaseis
plantara	plantaran		plantase	plantasen

Past Perfect Subjunctive (-ra)		or	Past Perfect Subjunctive (-se)	
hubiera plantado	hubiéramos plantado		hubiese plantado	hubiésemos plantado
hubieras plantado	hubierais plantado		hubieses plantado	hubieseis plantado
hubiera plantado	hubieran plantado		hubiese plantado	hubiesen plantado

Progressive Tenses

Present	estoy, estás, está, estamos, estáis, están	
Preterit	estuve, estuviste, estuvo, estuvimos, estuvisteis, estuvieron	
Imperfect	estaba, estabas, estaba, estábamos, estabais, estaban	plantando
Future	estaré, estarás, estará, estaremos, estaréis, estarán	
Conditional	estaría, estarías, estaría, estaríamos, estaríais, estarían	
Subjunctive	que + *corresponding subjunctive tense of* estar (*see verb 252*)	

Commands

	(nosotros) plantemos / no plantemos
(tú) planta / no plantes	(vosotros) plantad / no plantéis
(Ud.) plante / no plante	(Uds.) planten / no planten

USAGE

Plantemos tulipanes y jacintos.	*Let's plant tulips and hyacinths.*
Le plantó un golpe en la cabeza de su enemigo.	*He landed a blow to his enemy's head.*
Los plantaron en la calle.	*They threw them out (into the street).*
Se plantó ante la puertaventana.	*She planted herself in front of the French doors.*
La dejó plantada.	*He stood her up.*

platicar *to chat, talk, tell*

platico · platicaron · platicado · platicando

-ar verb; spelling change: c > qu/e

Present		Preterit	
platico	platicamos	platiqué	platicamos
platicas	platicáis	platicaste	platicasteis
platica	platican	platicó	platicaron

Imperfect		Present Perfect	
platicaba	platicábamos	he platicado	hemos platicado
platicabas	platicabais	has platicado	habéis platicado
platicaba	platicaban	ha platicado	han platicado

Future		Conditional	
platicaré	platicaremos	platicaría	platicaríamos
platicarás	platicaréis	platicarías	platicaríais
platicará	platicarán	platicaría	platicarían

Pluperfect		Preterit Perfect	
había platicado	habíamos platicado	hube platicado	hubimos platicado
habías platicado	habíais platicado	hubiste platicado	hubisteis platicado
había platicado	habían platicado	hubo platicado	hubieron platicado

Future Perfect		Conditional Perfect	
habré platicado	habremos platicado	habría platicado	habríamos platicado
habrás platicado	habréis platicado	habrías platicado	habríais platicado
habrá platicado	habrán platicado	habría platicado	habrían platicado

Present Subjunctive		Present Perfect Subjunctive	
platique	platiquemos	haya platicado	hayamos platicado
platiques	platiquéis	hayas platicado	hayáis platicado
platique	platiquen	haya platicado	hayan platicado

Imperfect Subjunctive (-ra)		or	Imperfect Subjunctive (-se)	
platicara	platicáramos		platicase	platicásemos
platicaras	platicarais		platicases	platicaseis
platicara	platicaran		platicase	platicasen

Past Perfect Subjunctive (-ra)		or	Past Perfect Subjunctive (-se)	
hubiera platicado	hubiéramos platicado		hubiese platicado	hubiésemos platicado
hubieras platicado	hubierais platicado		hubieses platicado	hubieseis platicado
hubiera platicado	hubieran platicado		hubiese platicado	hubiesen platicado

Progressive Tenses

Present	estoy, estás, está, estamos, estáis, están	
Preterit	estuve, estuviste, estuvo, estuvimos, estuvisteis, estuvieron	
Imperfect	estaba, estabas, estaba, estábamos, estabais, estaban	platicando
Future	estaré, estarás, estará, estaremos, estaréis, estarán	
Conditional	estaría, estarías, estaría, estaríamos, estaríais, estarían	
Subjunctive	que + *corresponding subjunctive tense of* estar (*see verb 252*)	

Commands

	(nosotros) platiquemos / no platiquemos
(tú) platica / no platiques	(vosotros) platicad / no platiquéis
(Ud.) platique / no platique	(Uds.) platiquen / no platiquen

USAGE

Platicaba con mis amigos.	*I was chatting with my friends.*
¿Con quién platicabas cuando te vi?	*Whom were you talking to when I saw you?*
¿Te da tiempo de platicar?	*Do you have time to talk?*
Platícame lo que pasó.	*Tell me what happened.*
Tuvieron una agradable plática.	*They had a nice chat.*

irregular verb

Present		Preterit	
puedo	podemos	pude	pudimos
puedes	podéis	pudiste	pudisteis
puede	pueden	pudo	pudieron

Imperfect		Present Perfect	
podía	podíamos	he podido	hemos podido
podías	podíais	has podido	habéis podido
podía	podían	ha podido	han podido

Future		Conditional	
podré	podremos	podría	podríamos
podrás	podréis	podrías	podríais
podrá	podrán	podría	podrían

Pluperfect		Preterit Perfect	
había podido	habíamos podido	hube podido	hubimos podido
habías podido	habíais podido	hubiste podido	hubisteis podido
había podido	habían podido	hubo podido	hubieron podido

Future Perfect		Conditional Perfect	
habré podido	habremos podido	habría podido	habríamos podido
habrás podido	habréis podido	habrías podido	habríais podido
habrá podido	habrán podido	habría podido	habrían podido

Present Subjunctive		Present Perfect Subjunctive	
pueda	podamos	haya podido	hayamos podido
puedas	podáis	hayas podido	hayáis podido
pueda	puedan	haya podido	hayan podido

Imperfect Subjunctive (-ra)		*or*	Imperfect Subjunctive (-se)	
pudiera	pudiéramos		pudiese	pudiésemos
pudieras	pudierais		pudieses	pudieseis
pudiera	pudieran		pudiese	pudiesen

Past Perfect Subjunctive (-ra)		*or*	Past Perfect Subjunctive (-se)	
hubiera podido	hubiéramos podido		hubiese podido	hubiésemos podido
hubieras podido	hubierais podido		hubieses podido	hubieseis podido
hubiera podido	hubieran podido		hubiese podido	hubiesen podido

Progressive Tenses

Present	estoy, estás, está, estamos, estáis, están	
Preterit	estuve, estuviste, estuvo, estuvimos, estuvisteis, estuvieron	
Imperfect	estaba, estabas, estaba, estábamos, estabais, estaban	pudiendo
Future	estaré, estarás, estará, estaremos, estaréis, estarán	
Conditional	estaría, estarías, estaría, estaríamos, estaríais, estarían	
Subjunctive	que + *corresponding subjunctive tense of* estar (*see verb 252*)	

NOTE: Verb not used in commands

No puedo encontrar mi reloj.	*I can't find my wristwatch.*
No pudo aprovechar las rebajas de enero.	*She couldn't take advantage of the winter clearance sales.*
Los chicos no podían tomar el metro.	*The children were not allowed to take the subway.*
No dejes para mañana lo que puedas hacer hoy.	*Don't put off for tomorrow what you can do today.*

puedo · pudieron · podido · pudiendo irregular verb

may (to ask for or give permission)

¿Puedo ir contigo?	*May I go with you?*
❸ —¿Se puede?	*May I come in?*
—¡Claro que puede! ¡Adelante!	*Of course you may. Come in.*
Las niñas no pueden salir solas.	*The girls are not permitted to go out alone.*

may, might (possibility)

Pueden llamar de un momento a otro.	*They may call at any moment.*
Pudo haber llamado.	*He might have called.*
Si tú puedes ir, yo iré también.	*If you can go, I'll go too.*
❸ —Lamento no poder ir.	*I'm sorry I can't go.*
—Si tú pudieras ir, yo iría también.	*If you could go, I'd go too.*
❸ —Lamento no haber podido ir.	*I'm sorry I couldn't go.*
—Si tú hubieras podido ir, yo habría ido también.	*If you had been able to go, I would have gone too.*
¡No puedo más!	*I can't stand/take it anymore!*
No puedo con ellas.	*I can't do anything with them.*
❸ —No puedo más con las mentiras de mi novio.	*I can't take my boyfriend's lies anymore.*
—No puedo menos que pensar que te conviene dejarlo.	*I can't help but think that it would be good for you to leave him.*
Puede que eso pase.	*That might happen.*
Puede que sí. / Puede que no.	*Maybe so. / Maybe not.*
No puede ser.	*That's impossible.*
No podíamos ayudarlo.	*We were powerless to help him.*
Para poder ser tu propio jefe, tienes que poder soportar estar aislado.	*In order to be your own boss, you have to be able to tolerate being isolated.*

OTHER USES AND RELATED WORDS

Hicieron ejercicio a más no poder.	*They exercised as much as they could / until they reached their limits.*
El Congreso tiene el poder legislativo.	*Congress has legislative power.*
¿Cuál partido político está en el poder?	*Which political party is in power?*
Hay que identificar su base de poder.	*We have to identify your power base.*
Hay separación/división de poderes bajo la Constitución.	*There's a separation of powers under the Constitution.*
El contrato fue firmado por poderes.	*The contract was signed by proxy.*
Me parece poderosa su razón.	*I think his argument is powerful.*
Es una familia muy poderosa.	*It's a very wealthy family.*
❸ —Inés dijo rotundamente que no podía ayudarnos.	*Inés said categorically that she wasn't able to help us.*
—¿Sabes? Querer es poder. Es que ella simplemente no quiere incomodarse.	*You know what? Where there's a will there's a way. She simply doesn't want to inconvenience herself.*
De lo perdido saca lo que puedas.	*Make the best of a bad situation.*
El amor todo lo puede.	*Love will find a way.*
El remedio puede ser peor que la enfermedad.	*Sometimes the remedy is worse than the illness.*
¿Podrán satisfacer la creciente demanda?	*Will they be able to satisfy the growing demand?*
Puedes darle un consejo a alguien, pero no puedes obligarlo a que lo siga.	*You can lead a horse to water, but you can't make him drink.*

irregular verb

pongo · pusieron · puesto · poniendo

Present		Preterit	
pongo	ponemos	puse	pusimos
pones	ponéis	pusiste	pusisteis
pone	ponen	puso	pusieron

Imperfect		Present Perfect	
ponía	poníamos	he puesto	hemos puesto
ponías	poníais	has puesto	habéis puesto
ponía	ponían	ha puesto	han puesto

Future		Conditional	
pondré	pondremos	pondría	pondríamos
pondrás	pondréis	pondrías	pondríais
pondrá	pondrán	pondría	pondrían

Pluperfect		Preterit Perfect	
había puesto	habíamos puesto	hube puesto	hubimos puesto
habías puesto	habíais puesto	hubiste puesto	hubisteis puesto
había puesto	habían puesto	hubo puesto	hubieron puesto

Future Perfect		Conditional Perfect	
habré puesto	habremos puesto	habría puesto	habríamos puesto
habrás puesto	habréis puesto	habrías puesto	habríais puesto
habrá puesto	habrán puesto	habría puesto	habrían puesto

Present Subjunctive		Present Perfect Subjunctive	
ponga	pongamos	haya puesto	hayamos puesto
pongas	pongáis	hayas puesto	hayáis puesto
ponga	pongan	haya puesto	hayan puesto

Imperfect Subjunctive (-ra)		*or*	Imperfect Subjunctive (-se)	
pusiera	pusiéramos		pusiese	pusiésemos
pusieras	pusierais		pusieses	pusieseis
pusiera	pusieran		pusiese	pusiesen

Past Perfect Subjunctive (-ra)		*or*	Past Perfect Subjunctive (-se)	
hubiera puesto	hubiéramos puesto		hubiese puesto	hubiésemos puesto
hubieras puesto	hubierais puesto		hubieses puesto	hubieseis puesto
hubiera puesto	hubieran puesto		hubiese puesto	hubiesen puesto

Progressive Tenses

Present	estoy, estás, está, estamos, estáis, están	
Preterit	estuve, estuviste, estuvo, estuvimos, estuvisteis, estuvieron	
Imperfect	estaba, estabas, estaba, estábamos, estabais, estaban	} poniendo
Future	estaré, estarás, estará, estaremos, estaréis, estarán	
Conditional	estaría, estarías, estaría, estaríamos, estaríais, estarían	
Subjunctive	que + *corresponding subjunctive tense of* estar (*see verb 252*)	

Commands

	(nosotros) pongamos / no pongamos
(tú) pon / no pongas	(vosotros) poned / no pongáis
(Ud.) ponga / no ponga	(Uds.) pongan / no pongan

USAGE

¿Pongo las transparencias en la caja?	*Shall I put the slides in the box?*
Pon la mesa.	*Set the table.*
¿Qué película ponen?	*What film are they showing?*
¿Dónde pusiste los cartuchos de tinta?	*Where did you put the ink cartridges?*
El médico lo puso a régimen/dieta.	*The doctor put him on a diet.*
Pónganse un suéter.	*Put on a sweater.*
Pon la televisión.	*Put/Turn the television on.*

poner *to put, place, set*

pongo · pusieron · puesto · poniendo   irregular verb

Quiero que nos pongan al día.	I want them to bring us up to date.
Favor de ponerme con el gerente de ventas.	Please connect me with the sales manager.
El plan puso en peligro la vida de todos.	The plan endangered/jeopardized everyone's life.
Pongamos un anuncio en el periódico.	Let's run / take out an ad in the newspaper.
Pone a su hermano por las nubes.	She praises her brother to the skies.
¡Hay que poner fin al chismorreo!	We must put an end to the gossip!

ponerse a + infinitive *to begin to*

¿Por qué te pusiste a reír?	Why did you begin to laugh?
Se ponen a trabajar en el comercio electrónico.	They're beginning to work in e-business.
La compañía se pondrá a lanzar su nueva línea de productos elaborados a base de soja.	The company will start to launch its new line of soy-based products.
Pónganse de acuerdo de una vez por todas.	Come to an agreement once and for all.
Nos pusimos en contacto con él.	We got in touch with / contacted him.
¿Cuándo se ponen Uds. en marcha?	When are you setting out?
La ropa de ese joven diseñador se está poniendo de moda. ¡Es el último grito!	That young designer's clothing is coming into fashion. It's the latest thing!

to become, get, turn

Están poniéndose tristes.	They're becoming sad.
❀ —¿Por qué se ha puesto tan furioso el jefe?	Why has the boss gotten so mad?
—Él cree que nadie pone de su parte.	He thinks that no one is doing his part.
No te pongas así.	Don't get like that.
❀ —¿Por qué te pusiste así con él?	Why did you get like that with him?
—Porque nunca se pone de mi parte. No es un leal amigo.	Because he never sides with me. He's not a loyal friend.
Se puso pálida al ver el choque.	She turned pale when she saw the crash.
Se pusieron enfermos.	They got sick.
❀ —¡Qué gordo se ha puesto!	How fat he's gotten!
—El médico lo va a poner a régimen, seguro.	I'm sure the doctor is going to put him on a diet.

to put on (an article of clothing)

Me puso el abrigo.	He helped me on with my coat.
Hijo, ponte las botas.	Son, put on your boots.
Siempre se ponía prendas verdes.	She always wore green clothing.
❀ —Está haciendo mucho frío. Ponte el anorak.	It's very cold. Put on your ski jacket.
—No me hace falta. Me pongo el abrigo de lana.	I don't need it. I'll put on my wool overcoat.

OTHER USES AND RELATED WORDS

Se ve bien/mal puesto.	He looks well/badly dressed.
Llevaba puestos los nuevos zapatos.	He was wearing his new shoes.
Tiene un excelente puesto.	He has an excellent position.
Es una puesta del sol impresionante.	It's a breathtaking sunset.
❀ —¿Ustedes van a poner un negocio?	Are you going to go into business?
—Sí, tan pronto como nos pongamos de acuerdo.	Yes, as soon as we come to an agreement.
❀ —El abogado ha puesto en tela de juicio la legalidad del contrato.	The lawyer has cast doubt on the legality of the contract.
—Me pongo a pensar que el abogado tiene razón.	I'm beginning to think the lawyer is right.

-er verb with stem ending in a vowel;
third-person preterit forms in -yó and -yeron

poseo · poseyeron · poseído · poseyendo

Present			Preterit	
poseo	poseemos		poseí	poseímos
posees	poseéis		poseíste	poseísteis
posee	poseen		poseyó	poseyeron

Imperfect			Present Perfect	
poseía	poseíamos		he poseído	hemos poseído
poseías	poseíais		has poseído	habéis poseído
poseía	poseían		ha poseído	han poseído

Future			Conditional	
poseeré	poseeremos		poseería	poseeríamos
poseerás	poseeréis		poseerías	poseeríais
poseerá	poseerán		poseería	poseerían

Pluperfect			Preterit Perfect	
había poseído	habíamos poseído		hube poseído	hubimos poseído
habías poseído	habíais poseído		hubiste poseído	hubisteis poseído
había poseído	habían poseído		hubo poseído	hubieron poseído

Future Perfect			Conditional Perfect	
habré poseído	habremos poseído		habría poseído	habríamos poseído
habrás poseído	habréis poseído		habrías poseído	habríais poseído
habrá poseído	habrán poseído		habría poseído	habrían poseído

Present Subjunctive			Present Perfect Subjunctive	
posea	poseamos		haya poseído	hayamos poseído
poseas	poseáis		hayas poseído	hayáis poseído
posea	posean		haya poseído	hayan poseído

Imperfect Subjunctive (-ra)		or	Imperfect Subjunctive (-se)	
poseyera	poseyéramos		poseyese	poseyésemos
poseyeras	poseyerais		poseyeses	poseyeseis
poseyera	poseyeran		poseyese	poseyesen

Past Perfect Subjunctive (-ra)		or	Past Perfect Subjunctive (-se)	
hubiera poseído	hubiéramos poseído		hubiese poseído	hubiésemos poseído
hubieras poseído	hubierais poseído		hubieses poseído	hubieseis poseído
hubiera poseído	hubieran poseído		hubiese poseído	hubiesen poseído

Progressive Tenses

Present	estoy, estás, está, estamos, estáis, están	
Preterit	estuve, estuviste, estuvo, estuvimos, estuvisteis, estuvieron	
Imperfect	estaba, estabas, estaba, estábamos, estabais, estaban	
Future	estaré, estarás, estará, estaremos, estaréis, estarán	poseyendo
Conditional	estaría, estarías, estaría, estaríamos, estaríais, estarían	
Subjunctive	que + corresponding subjunctive tense of estar (see verb 252)	

Commands

	(nosotros) poseamos / no poseamos
(tú) posee / no poseas	(vosotros) poseed / no poseáis
(Ud.) posea / no posea	(Uds.) posean / no posean

USAGE

¿Quiénes poseen la escritura de propiedad? | Who possesses/has the title deed?
La familia Ortega ya no posee la hacienda. | The Ortega family no longer owns the ranch.
Poseía el español. | He mastered/knew Spanish perfectly.
Fue poseída por el fantasma. | She was possessed by the ghost.
Esa atleta es la poseedora del récord. | That athlete is the record holder.

practicar *to practice, perform, do*

practico · practicaron · practicado · practicando *-ar verb; spelling change: c > qu/e*

Present	
practico	practicamos
practicas	practicáis
practica	practican

Preterit	
practiqué	practicamos
practicaste	practicasteis
practicó	practicaron

Imperfect	
practicaba	practicábamos
practicabas	practicabais
practicaba	practicaban

Present Perfect	
he practicado	hemos practicado
has practicado	habéis practicado
ha practicado	han practicado

Future	
practicaré	practicaremos
practicarás	practicaréis
practicará	practicarán

Conditional	
practicaría	practicaríamos
practicarías	practicaríais
practicaría	practicarían

Pluperfect	
había practicado	habíamos practicado
habías practicado	habíais practicado
había practicado	habían practicado

Preterit Perfect	
hube practicado	hubimos practicado
hubiste practicado	hubisteis practicado
hubo practicado	hubieron practicado

Future Perfect	
habré practicado	habremos practicado
habrás practicado	habréis practicado
habrá practicado	habrán practicado

Conditional Perfect	
habría practicado	habríamos practicado
habrías practicado	habríais practicado
habría practicado	habrían practicado

Present Subjunctive	
practique	practiquemos
practiques	practiquéis
practique	practiquen

Present Perfect Subjunctive	
haya practicado	hayamos practicado
hayas practicado	hayáis practicado
haya practicado	hayan practicado

Imperfect Subjunctive (-ra)			*or*	Imperfect Subjunctive (-se)	
practicara	practicáramos			practicase	practicásemos
practicaras	practicarais			practicases	practicaseis
practicara	practicaran			practicase	practicasen

Past Perfect Subjunctive (-ra)			*or*	Past Perfect Subjunctive (-se)	
hubiera practicado	hubiéramos practicado			hubiese practicado	hubiésemos practicado
hubieras practicado	hubierais practicado			hubieses practicado	hubieseis practicado
hubiera practicado	hubieran practicado			hubiese practicado	hubiesen practicado

Progressive Tenses

Present	estoy, estás, está, estamos, estáis, están	
Preterit	estuve, estuviste, estuvo, estuvimos, estuvisteis, estuvieron	
Imperfect	estaba, estabas, estaba, estábamos, estabais, estaban	practicando
Future	estaré, estarás, estará, estaremos, estaréis, estarán	
Conditional	estaría, estarías, estaría, estaríamos, estaríais, estarían	
Subjunctive	que + *corresponding subjunctive tense of* estar (*see verb 252*)	

Commands

	(nosotros) practiquemos / no practiquemos
(tú) practica / no practiques	(vosotros) practicad / no practiquéis
(Ud.) practique / no practique	(Uds.) practiquen / no practiquen

USAGE

Practicaba el piano todos los días.	*She practiced the piano every day.*
Practican los deportes.	*They go in for sports.*
Practicábamos la natación.	*We used to swim.*
Se aprende un idioma con la práctica.	*You learn a language with practice.*
Fue una solución muy práctica.	*It was a very practical solution.*

stem-changing -ir verb:
_e > ie_ (present), _e > i_ (preterit)

prefiero · prefirieron · preferido · prefiriendo

Present

prefiero	preferimos
prefieres	preferís
prefiere	prefieren

Preterit

preferí	preferimos
preferiste	preferisteis
prefirió	prefirieron

Imperfect

prefería	preferíamos
preferías	preferíais
prefería	preferían

Present Perfect

he preferido	hemos preferido
has preferido	habéis preferido
ha preferido	han preferido

Future

preferiré	preferiremos
preferirás	preferiréis
preferirá	preferirán

Conditional

preferiría	preferiríamos
preferirías	preferiríais
preferiría	preferirían

Pluperfect

había preferido	habíamos preferido
habías preferido	habíais preferido
había preferido	habían preferido

Preterit Perfect

hube preferido	hubimos preferido
hubiste preferido	hubisteis preferido
hubo preferido	hubieron preferido

Future Perfect

habré preferido	habremos preferido
habrás preferido	habréis preferido
habrá preferido	habrán preferido

Conditional Perfect

habría preferido	habríamos preferido
habrías preferido	habríais preferido
habría preferido	habrían preferido

Present Subjunctive

prefiera	prefiramos
prefieras	prefiráis
prefiera	prefieran

Present Perfect Subjunctive

haya preferido	hayamos preferido
hayas preferido	hayáis preferido
haya preferido	hayan preferido

Imperfect Subjunctive (-ra)   _or_   Imperfect Subjunctive (-se)

prefiriera	prefiriéramos	prefiriese	prefiriésemos
prefirieras	prefirierais	prefirieses	prefirieseis
prefiriera	prefirieran	prefiriese	prefiriesen

Past Perfect Subjunctive (-ra)   _or_   Past Perfect Subjunctive (-se)

hubiera preferido	hubiéramos preferido	hubiese preferido	hubiésemos preferido
hubieras preferido	hubierais preferido	hubieses preferido	hubieseis preferido
hubiera preferido	hubieran preferido	hubiese preferido	hubiesen preferido

Progressive Tenses

Present	estoy, estás, está, estamos, estáis, están	
Preterit	estuve, estuviste, estuvo, estuvimos, estuvisteis, estuvieron	
Imperfect	estaba, estabas, estaba, estábamos, estabais, estaban	prefiriendo
Future	estaré, estarás, estará, estaremos, estaréis, estarán	
Conditional	estaría, estarías, estaría, estaríamos, estaríais, estarían	
Subjunctive	que + _corresponding subjunctive tense of_ estar (_see verb 252_)	

Commands

	(nosotros) prefiramos / no prefiramos
(tú) prefiere / no prefieras	(vosotros) preferid / no prefiráis
(Ud.) prefiera / no prefiera	(Uds.) prefieran / no prefieran

USAGE

Prefiero mucho más la furgoneta negra.	_I much prefer the black station wagon._
Prefirieron alquilar la casa en julio.	_They preferred to rent the house in July._
¿No prefieres que vayamos a un restaurante italiano?	_Don't you prefer we go to an Italian restaurant?_
El rótulo dice preferencia de paso.	_The sign says right of way._
¿Cuáles son tus libros preferidos?	_Which are your favorite books?_
Me alegro de que recibamos un trato preferente.	_I'm glad we get preferential treatment._
Ninguna de las dos posibilidades es preferible.	_Neither of the two possibilities is preferable._

preguntar   *to ask, question, ask for*

pregunto · preguntaron · preguntado · preguntando   regular -*ar* verb

Present		Preterit	
pregunto	preguntamos	pregunté	preguntamos
preguntas	preguntáis	preguntaste	preguntasteis
pregunta	preguntan	preguntó	preguntaron

Imperfect		Present Perfect	
preguntaba	preguntábamos	he preguntado	hemos preguntado
preguntabas	preguntabais	has preguntado	habéis preguntado
preguntaba	preguntaban	ha preguntado	han preguntado

Future		Conditional	
preguntaré	preguntaremos	preguntaría	preguntaríamos
preguntarás	preguntaréis	preguntarías	preguntaríais
preguntará	preguntarán	preguntaría	preguntarían

Pluperfect		Preterit Perfect	
había preguntado	habíamos preguntado	hube preguntado	hubimos preguntado
habías preguntado	habíais preguntado	hubiste preguntado	hubisteis preguntado
había preguntado	habían preguntado	hubo preguntado	hubieron preguntado

Future Perfect		Conditional Perfect	
habré preguntado	habremos preguntado	habría preguntado	habríamos preguntado
habrás preguntado	habréis preguntado	habrías preguntado	habríais preguntado
habrá preguntado	habrán preguntado	habría preguntado	habrían preguntado

Present Subjunctive		Present Perfect Subjunctive	
pregunte	preguntemos	haya preguntado	hayamos preguntado
preguntes	preguntéis	hayas preguntado	hayáis preguntado
pregunte	pregunten	haya preguntado	hayan preguntado

Imperfect Subjunctive (-ra)		*or*	Imperfect Subjunctive (-se)	
preguntara	preguntáramos		preguntase	preguntásemos
preguntaras	preguntarais		preguntases	preguntaseis
preguntara	preguntaran		preguntase	preguntasen

Past Perfect Subjunctive (-ra)		*or*	Past Perfect Subjunctive (-se)	
hubiera preguntado	hubiéramos preguntado		hubiese preguntado	hubiésemos preguntado
hubieras preguntado	hubierais preguntado		hubieses preguntado	hubieseis preguntado
hubiera preguntado	hubieran preguntado		hubiese preguntado	hubiesen preguntado

Progressive Tenses

Present	estoy, estás, está, estamos, estáis, están	
Preterit	estuve, estuviste, estuvo, estuvimos, estuvisteis, estuvieron	
Imperfect	estaba, estabas, estaba, estábamos, estabais, estaban	preguntando
Future	estaré, estarás, estará, estaremos, estaréis, estarán	
Conditional	estaría, estarías, estaría, estaríamos, estaríais, estarían	
Subjunctive	que + *corresponding subjunctive tense of* estar (*see verb 252*)	

Commands

	(nosotros) preguntemos / no preguntemos
(tú) pregunta / no preguntes	(vosotros) preguntad / no preguntéis
(Ud.) pregunte / no pregunte	(Uds.) pregunten / no pregunten

USAGE

Pregúntale a él si no lo sabes.	*Ask him if you don't know.*
¿Preguntaste por su familia?	*Did you ask for their family?*
Preguntan por ti en el teléfono.	*Someone is asking for you on the telephone.*
Me pregunto cuándo llegarán.	*I wonder when they'll arrive.*
Les hice preguntas a los estudiantes.	*I asked the students questions.*
Es una persona preguntona.	*She's an inquisitive / a nosy person.*

regular -*ar* reflexive verb   preocupo · preocuparon · preocupado · preocupándose

Present		Preterit	
me preocupo	nos preocupamos	me preocupé	nos preocupamos
te preocupas	os preocupáis	te preocupaste	os preocupasteis
se preocupa	se preocupan	se preocupó	se preocuparon

Imperfect		Present Perfect	
me preocupaba	nos preocupábamos	me he preocupado	nos hemos preocupado
te preocupabas	os preocupabais	te has preocupado	os habéis preocupado
se preocupaba	se preocupaban	se ha preocupado	se han preocupado

Future		Conditional	
me preocuparé	nos preocuparemos	me preocuparía	nos preocuparíamos
te preocuparás	os preocuparéis	te preocuparías	os preocuparíais
se preocupará	se preocuparán	se preocuparía	se preocuparían

Pluperfect		Preterit Perfect	
me había preocupado	nos habíamos preocupado	me hube preocupado	nos hubimos preocupado
te habías preocupado	os habíais preocupado	te hubiste preocupado	os hubisteis preocupado
se había preocupado	se habían preocupado	se hubo preocupado	se hubieron preocupado

Future Perfect		Conditional Perfect	
me habré preocupado	nos habremos preocupado	me habría preocupado	nos habríamos preocupado
te habrás preocupado	os habréis preocupado	te habrías preocupado	os habríais preocupado
se habrá preocupado	se habrán preocupado	se habría preocupado	se habrían preocupado

Present Subjunctive		Present Perfect Subjunctive	
me preocupe	nos preocupemos	me haya preocupado	nos hayamos preocupado
te preocupes	os preocupéis	te hayas preocupado	os hayáis preocupado
se preocupe	se preocupen	se haya preocupado	se hayan preocupado

Imperfect Subjunctive (-ra)		*or*	Imperfect Subjunctive (-se)	
me preocupara	nos preocupáramos		me preocupase	nos preocupásemos
te preocuparas	os preocuparais		te preocupases	os preocupaseis
se preocupara	se preocuparan		se preocupase	se preocupasen

Past Perfect Subjunctive (-ra)		*or*	Past Perfect Subjunctive (-se)	
me hubiera preocupado	nos hubiéramos preocupado		me hubiese preocupado	nos hubiésemos preocupado
te hubieras preocupado	os hubierais preocupado		te hubieses preocupado	os hubieseis preocupado
se hubiera preocupado	se hubieran preocupado		se hubiese preocupado	se hubiesen preocupado

Progressive Tenses

Present	estoy, estás, está, estamos, estáis, están	
Preterit	estuve, estuviste, estuvo, estuvimos, estuvisteis, estuvieron	
Imperfect	estaba, estabas, estaba, estábamos, estabais, estaban	preocupando (*see page 41*)
Future	estaré, estarás, estará, estaremos, estaréis, estarán	
Conditional	estaría, estarías, estaría, estaríamos, estaríais, estarían	
Subjunctive	que + *corresponding subjunctive tense of* estar (*see verb 252*)	

Commands

	(nosotros) preocupémonos / no nos preocupemos
(tú) preocúpate / no te preocupes	(vosotros) preocupaos / no os preocupéis
(Ud.) preocúpese / no se preocupe	(Uds.) preocúpense / no se preocupen

USAGE

No te preocupes.	*Don't worry.*
Yo no me preocupo por nada.	*I'm not worried about anything.*
Es lo que menos nos preocupa.	*It's the least of our worries.*
¿Te preocupan tus padres?	*Are you worried about your parents?*
Estaba preocupado/despreocupado por el proyecto.	*He was concerned / not concerned about the project.*
Tiene muchas preocupaciones últimamente.	*She has many worries lately.*

preparar *to prepare, get ready*

preparo · prepararon · preparado · preparando   regular -ar verb

	Present		Preterit
preparo	preparamos	preparé	preparamos
preparas	preparáis	preparaste	preparasteis
prepara	preparan	preparó	prepararon

	Imperfect		Present Perfect
preparaba	preparábamos	he preparado	hemos preparado
preparabas	preparabais	has preparado	habéis preparado
preparaba	preparaban	ha preparado	han preparado

	Future		Conditional
prepararé	prepararemos	prepararía	prepararíamos
prepararás	prepararéis	prepararías	prepararíais
preparará	prepararán	prepararía	prepararían

	Pluperfect		Preterit Perfect
había preparado	habíamos preparado	hube preparado	hubimos preparado
habías preparado	habíais preparado	hubiste preparado	hubisteis preparado
había preparado	habían preparado	hubo preparado	hubieron preparado

	Future Perfect		Conditional Perfect
habré preparado	habremos preparado	habría preparado	habríamos preparado
habrás preparado	habréis preparado	habrías preparado	habríais preparado
habrá preparado	habrán preparado	habría preparado	habrían preparado

	Present Subjunctive		Present Perfect Subjunctive
prepare	preparemos	haya preparado	hayamos preparado
prepares	preparéis	hayas preparado	hayáis preparado
prepare	preparen	haya preparado	hayan preparado

	Imperfect Subjunctive (-ra)	or	Imperfect Subjunctive (-se)
preparara	preparáramos	preparase	preparásemos
prepararas	prepararais	preparases	preparaseis
preparara	prepararan	preparase	preparasen

	Past Perfect Subjunctive (-ra)	or	Past Perfect Subjunctive (-se)
hubiera preparado	hubiéramos preparado	hubiese preparado	hubiésemos preparado
hubieras preparado	hubierais preparado	hubieses preparado	hubieseis preparado
hubiera preparado	hubieran preparado	hubiese preparado	hubiesen preparado

Progressive Tenses

Present	estoy, estás, está, estamos, estáis, están
Preterit	estuve, estuviste, estuvo, estuvimos, estuvisteis, estuvieron
Imperfect	estaba, estabas, estaba, estábamos, estabais, estaban
Future	estaré, estarás, estará, estaremos, estaréis, estarán
Conditional	estaría, estarías, estaría, estaríamos, estaríais, estarían
Subjunctive	que + *corresponding subjunctive tense of* estar (*see verb 252*)

preparando

Commands

	(nosotros) preparemos / no preparemos
(tú) prepara / no prepares	(vosotros) preparad / no preparéis
(Ud.) prepare / no prepare	(Uds.) preparen / no preparen

USAGE

Prepararé el almuerzo cuando tengas hambre.	*I'll prepare lunch when you're hungry.*
Preparémonos para salir.	*Let's get ready to go out.*
Tuvo una magnífica preparación.	*He had magnificent training.*
Lleva tiempo la preparación de la salsa.	*The preparation/cooking of the sauce takes time.*
¿Están preparados para el examen?	*Are you prepared/ready for the exam?*
Asistió a la escuela preparatoria.	*She attended preparatory school.*

regular *-ar* verb | **presento · presentaron · presentado · presentando**

Present		Preterit	
presento	presentamos	presenté	presentamos
presentas	presentáis	presentaste	presentasteis
presenta	presentan	presentó	presentaron

Imperfect		Present Perfect	
presentaba	presentábamos	he presentado	hemos presentado
presentabas	presentabais	has presentado	habéis presentado
presentaba	presentaban	ha presentado	han presentado

Future		Conditional	
presentaré	presentaremos	presentaría	presentaríamos
presentarás	presentaréis	presentarías	presentaríais
presentará	presentarán	presentaría	presentarían

Pluperfect		Preterit Perfect	
había presentado	habíamos presentado	hube presentado	hubimos presentado
habías presentado	habíais presentado	hubiste presentado	hubisteis presentado
había presentado	habían presentado	hubo presentado	hubieron presentado

Future Perfect		Conditional Perfect	
habré presentado	habremos presentado	habría presentado	habríamos presentado
habrás presentado	habréis presentado	habrías presentado	habríais presentado
habrá presentado	habrán presentado	habría presentado	habrían presentado

Present Subjunctive		Present Perfect Subjunctive	
presente	presentemos	haya presentado	hayamos presentado
presentes	presentéis	hayas presentado	hayáis presentado
presente	presenten	haya presentado	hayan presentado

Imperfect Subjunctive (-ra)		*or*	Imperfect Subjunctive (-se)	
presentara	presentáramos		presentase	presentásemos
presentaras	presentarais		presentases	presentaseis
presentara	presentaran		presentase	presentasen

Past Perfect Subjunctive (-ra)		*or*	Past Perfect Subjunctive (-se)	
hubiera presentado	hubiéramos presentado		hubiese presentado	hubiésemos presentado
hubieras presentado	hubierais presentado		hubieses presentado	hubieseis presentado
hubiera presentado	hubieran presentado		hubiese presentado	hubiesen presentado

Progressive Tenses

Present	estoy, estás, está, estamos, estáis, están	
Preterit	estuve, estuviste, estuvo, estuvimos, estuvisteis, estuvieron	
Imperfect	estaba, estabas, estaba, estábamos, estabais, estaban	presentando
Future	estaré, estarás, estará, estaremos, estaréis, estarán	
Conditional	estaría, estarías, estaría, estaríamos, estaríais, estarían	
Subjunctive	que + *corresponding subjunctive tense of* estar (*see verb 252*)	

Commands

(tú) presenta / no presentes	(nosotros) presentemos / no presentemos
(Ud.) presente / no presente	(vosotros) presentad / no presentéis
	(Uds.) presenten / no presenten

(**USAGE**)

Presentaron el informe ayer.	*They presented/gave the report yesterday.*
Te presento a mi marido.	*I'll introduce you to my husband.*
Permitan que me presente.	*Allow me to introduce myself.*
Se presentaba la obra en el teatro Bis.	*The play was put on at the Bis Theater.*
Se presentó una oportunidad/dificultad.	*An opportunity / A difficulty arose.*
La presentación en pantalla es clarísima.	*The on-screen display is very clear/bright.*
Tenga presente lo que le dije.	*Bear in mind what I told you.*

prestar *to lend, give*

presto · prestaron · prestado · prestando

regular *-ar* verb

Present		Preterit	
presto	prestamos	presté	prestamos
prestas	prestáis	prestaste	prestasteis
presta	prestan	prestó	prestaron

Imperfect		Present Perfect	
prestaba	prestábamos	he prestado	hemos prestado
prestabas	prestabais	has prestado	habéis prestado
prestaba	prestaban	ha prestado	han prestado

Future		Conditional	
prestaré	prestaremos	prestaría	prestaríamos
prestarás	prestaréis	prestarías	prestaríais
prestará	prestarán	prestaría	prestarían

Pluperfect		Preterit Perfect	
había prestado	habíamos prestado	hube prestado	hubimos prestado
habías prestado	habíais prestado	hubiste prestado	hubisteis prestado
había prestado	habían prestado	hubo prestado	hubieron prestado

Future Perfect		Conditional Perfect	
habré prestado	habremos prestado	habría prestado	habríamos prestado
habrás prestado	habréis prestado	habrías prestado	habríais prestado
habrá prestado	habrán prestado	habría prestado	habrían prestado

Present Subjunctive		Present Perfect Subjunctive	
preste	prestemos	haya prestado	hayamos prestado
prestes	prestéis	hayas prestado	hayáis prestado
preste	presten	haya prestado	hayan prestado

Imperfect Subjunctive (-ra)		*or*	Imperfect Subjunctive (-se)	
prestara	prestáramos		prestase	prestásemos
prestaras	prestarais		prestases	prestaseis
prestara	prestaran		prestase	prestasen

Past Perfect Subjunctive (-ra)		*or*	Past Perfect Subjunctive (-se)	
hubiera prestado	hubiéramos prestado		hubiese prestado	hubiésemos prestado
hubieras prestado	hubierais prestado		hubieses prestado	hubieseis prestado
hubiera prestado	hubieran prestado		hubiese prestado	hubiesen prestado

Progressive Tenses

Present	estoy, estás, está, estamos, estáis, están	
Preterit	estuve, estuviste, estuvo, estuvimos, estuvisteis, estuvieron	
Imperfect	estaba, estabas, estaba, estábamos, estabais, estaban	prestando
Future	estaré, estarás, estará, estaremos, estaréis, estarán	
Conditional	estaría, estarías, estaría, estaríamos, estaríais, estarían	
Subjunctive	que + *corresponding subjunctive tense of* estar (*see verb 252*)	

Commands

	(nosotros) prestemos / no prestemos
(tú) presta / no prestes	(vosotros) prestad / no prestéis
(Ud.) preste / no preste	(Uds.) presten / no presten

USAGE

Préstame el paquete integrado.	*Lend me the integrated software package.*
¡Presten atención!	*Pay attention!*
¿Nos prestas un poco de ayuda?	*Will you give us a little help?*
¿El coche? Se lo pidió prestado a su amigo.	*The car? He borrowed it from his friend.*
Les pidió un préstamo.	*He asked them for a loan.*
El prestamista presta con interés.	*The moneylender lends with interest.*

irregular verb (like **venir**)   prevengo · previnieron · prevenido · previniendo

Present		Preterit	
prevengo	prevenimos	previne	previnimos
previenes	prevenís	previniste	previnisteis
previene	previenen	previno	previnieron

Imperfect		Present Perfect	
prevenía	preveníamos	he prevenido	hemos prevenido
prevenías	preveníais	has prevenido	habéis prevenido
prevenía	prevenían	ha prevenido	han prevenido

Future		Conditional	
prevendré	prevendremos	prevendría	prevendríamos
prevendrás	prevendréis	prevendrías	prevendríais
prevendrá	prevendrán	prevendría	prevendrían

Pluperfect		Preterit Perfect	
había prevenido	habíamos prevenido	hube prevenido	hubimos prevenido
habías prevenido	habíais prevenido	hubiste prevenido	hubisteis prevenido
había prevenido	habían prevenido	hubo prevenido	hubieron prevenido

Future Perfect		Conditional Perfect	
habré prevenido	habremos prevenido	habría prevenido	habríamos prevenido
habrás prevenido	habréis prevenido	habrías prevenido	habríais prevenido
habrá prevenido	habrán prevenido	habría prevenido	habrían prevenido

Present Subjunctive		Present Perfect Subjunctive	
prevenga	prevengamos	haya prevenido	hayamos prevenido
prevengas	prevengáis	hayas prevenido	hayáis prevenido
prevenga	prevengan	haya prevenido	hayan prevenido

Imperfect Subjunctive (-ra)		or	Imperfect Subjunctive (-se)	
previniera	previniéramos		previniese	previniésemos
previnieras	previnierais		previnieses	previnieseis
previniera	previnieran		previniese	previniesen

Past Perfect Subjunctive (-ra)		or	Past Perfect Subjunctive (-se)	
hubiera prevenido	hubiéramos prevenido		hubiese prevenido	hubiésemos prevenido
hubieras prevenido	hubierais prevenido		hubieses prevenido	hubieseis prevenido
hubiera prevenido	hubieran prevenido		hubiese prevenido	hubiesen prevenido

Progressive Tenses

Present	estoy, estás, está, estamos, estáis, están	
Preterit	estuve, estuviste, estuvo, estuvimos, estuvisteis, estuvieron	
Imperfect	estaba, estabas, estaba, estábamos, estabais, estaban	previniendo
Future	estaré, estarás, estará, estaremos, estaréis, estarán	
Conditional	estaría, estarías, estaría, estaríamos, estaríais, estarían	
Subjunctive	que + corresponding subjunctive tense of estar (see verb 252)	

Commands

	(nosotros) prevengamos / no prevengamos
(tú) prevén / no prevengas	(vosotros) prevenid / no prevengáis
(Ud.) prevenga / no prevenga	(Uds.) prevengan / no prevengan

USAGE

Previene que causen problemas.	He's preventing them from causing problems.
Te prevengo que tengas cuidado.	I'm warning you to be careful.
Más vale prevenir que curar.	An ounce of prevention is worth a pound of cure.
Se vacunan para prevenirse contra la enfermedad.	They take precautions against the disease with the vaccination.
Hombre prevenido vale por dos.	Forewarned is forearmed.

probar to test, prove, try, try on

pruebo · probaron · probado · probando   stem-changing -ar verb: o > ue

Present		Preterit	
pruebo	probamos	probé	probamos
pruebas	probáis	probaste	probasteis
prueba	prueban	probó	probaron

Imperfect		Present Perfect	
probaba	probábamos	he probado	hemos probado
probabas	probabais	has probado	habéis probado
probaba	probaban	ha probado	han probado

Future		Conditional	
probaré	probaremos	probaría	probaríamos
probarás	probaréis	probarías	probaríais
probará	probarán	probaría	probarían

Pluperfect		Preterit Perfect	
había probado	habíamos probado	hube probado	hubimos probado
habías probado	habíais probado	hubiste probado	hubisteis probado
había probado	habían probado	hubo probado	hubieron probado

Future Perfect		Conditional Perfect	
habré probado	habremos probado	habría probado	habríamos probado
habrás probado	habréis probado	habrías probado	habríais probado
habrá probado	habrán probado	habría probado	habrían probado

Present Subjunctive		Present Perfect Subjunctive	
pruebe	probemos	haya probado	hayamos probado
pruebes	probéis	hayas probado	hayáis probado
pruebe	prueben	haya probado	hayan probado

Imperfect Subjunctive (-ra)		or	Imperfect Subjunctive (-se)	
probara	probáramos		probase	probásemos
probaras	probarais		probases	probaseis
probara	probaran		probase	probasen

Past Perfect Subjunctive (-ra)		or	Past Perfect Subjunctive (-se)	
hubiera probado	hubiéramos probado		hubiese probado	hubiésemos probado
hubieras probado	hubierais probado		hubieses probado	hubieseis probado
hubiera probado	hubieran probado		hubiese probado	hubiesen probado

Progressive Tenses

Present	estoy, estás, está, estamos, estáis, están	
Preterit	estuve, estuviste, estuvo, estuvimos, estuvisteis, estuvieron	
Imperfect	estaba, estabas, estaba, estábamos, estabais, estaban	probando
Future	estaré, estarás, estará, estaremos, estaréis, estarán	
Conditional	estaría, estarías, estaría, estaríamos, estaríais, estarían	
Subjunctive	que + corresponding subjunctive tense of estar (see verb 252)	

Commands

	(nosotros) probemos / no probemos
(tú) prueba / no pruebes	(vosotros) probad / no probéis
(Ud.) pruebe / no pruebe	(Uds.) prueben / no prueben

USAGE

Probaba su fuerza levantando pesas.	He tested his strength by weight lifting.
Sus éxitos prueban sus talentos.	Her successes prove her ability.
Probemos un poco de todo.	Let's try/taste a little of everything.
Pruébate este impermeable.	Try on this raincoat.
Son métodos probados.	They're proven methods.
Tuvimos una prueba de química ayer.	We had a chemistry test yesterday.
¿Cuánto dura el período de prueba?	How long is the trial period?

regular -*ar* verb

Present

procuro	procuramos
procuras	procuráis
procura	procuran

Preterit

procuré	procuramos
procuraste	procurasteis
procuró	procuraron

Imperfect

procuraba	procurábamos
procurabas	procurabais
procuraba	procuraban

Present Perfect

he procurado	hemos procurado
has procurado	habéis procurado
ha procurado	han procurado

Future

procuraré	procuraremos
procurarás	procuraréis
procurará	procurarán

Conditional

procuraría	procuraríamos
procurarías	procuraríais
procuraría	procurarían

Pluperfect

había procurado	habíamos procurado
habías procurado	habíais procurado
había procurado	habían procurado

Preterit Perfect

hube procurado	hubimos procurado
hubiste procurado	hubisteis procurado
hubo procurado	hubieron procurado

Future Perfect

habré procurado	habremos procurado
habrás procurado	habréis procurado
habrá procurado	habrán procurado

Conditional Perfect

habría procurado	habríamos procurado
habrías procurado	habríais procurado
habría procurado	habrían procurado

Present Subjunctive

procure	procuremos
procures	procuréis
procure	procuren

Present Perfect Subjunctive

haya procurado	hayamos procurado
hayas procurado	hayáis procurado
haya procurado	hayan procurado

Imperfect Subjunctive (-ra)   *or*   Imperfect Subjunctive (-se)

procurara	procuráramos	procurase	procurásemos
procuraras	procurarais	procurases	procuraseis
procurara	procuraran	procurase	procurasen

Past Perfect Subjunctive (-ra)   *or*   Past Perfect Subjunctive (-se)

hubiera procurado	hubiéramos procurado	hubiese procurado	hubiésemos procurado
hubieras procurado	hubierais procurado	hubieses procurado	hubieseis procurado
hubiera procurado	hubieran procurado	hubiese procurado	hubiesen procurado

Progressive Tenses

Present	estoy, estás, está, estamos, estáis, están
Preterit	estuve, estuviste, estuvo, estuvimos, estuvisteis, estuvieron
Imperfect	estaba, estabas, estaba, estábamos, estabais, estaban
Future	estaré, estarás, estará, estaremos, estaréis, estarán
Conditional	estaría, estarías, estaría, estaríamos, estaríais, estarían
Subjunctive	que + *corresponding subjunctive tense of* estar (*see verb 252*)

⎫ procurando

Commands

	(nosotros) procuremos / no procuremos
(tú) procura / no procures	(vosotros) procurad / no procuréis
(Ud.) procure / no procure	(Uds.) procuren / no procuren

USAGE

Procuren no impacientarse.	*Try not to get impatient.*
¿Pudo procurar la tarjeta verde?	*Was he able to get a green card?*
Les procuraron un apartamento.	*They got them an apartment.*
Su procurador tiene poder.	*Their lawyer has power of attorney.*

producir *to produce*

produzco · produjeron · producido · produciendo — -ir verb; c > zc/o, a; irregular preterit

Present		Preterit	
produzco	producimos	produje	produjimos
produces	producís	produjiste	produjisteis
produce	producen	produjo	produjeron

Imperfect		Present Perfect	
producía	producíamos	he producido	hemos producido
producías	producíais	has producido	habéis producido
producía	producían	ha producido	han producido

Future		Conditional	
produciré	produciremos	produciría	produciríamos
producirás	produciréis	producirías	produciríais
producirá	producirán	produciría	producirían

Pluperfect		Preterit Perfect	
había producido	habíamos producido	hube producido	hubimos producido
habías producido	habíais producido	hubiste producido	hubisteis producido
había producido	habían producido	hubo producido	hubieron producido

Future Perfect		Conditional Perfect	
habré producido	habremos producido	habría producido	habríamos producido
habrás producido	habréis producido	habrías producido	habríais producido
habrá producido	habrán producido	habría producido	habrían producido

Present Subjunctive		Present Perfect Subjunctive	
produzca	produzcamos	haya producido	hayamos producido
produzcas	produzcáis	hayas producido	hayáis producido
produzca	produzcan	haya producido	hayan producido

Imperfect Subjunctive (-ra)		or	Imperfect Subjunctive (-se)	
produjera	produjéramos		produjese	produjésemos
produjeras	produjerais		produjeses	produjeseis
produjera	produjeran		produjese	produjesen

Past Perfect Subjunctive (-ra)		or	Past Perfect Subjunctive (-se)	
hubiera producido	hubiéramos producido		hubiese producido	hubiésemos producido
hubieras producido	hubierais producido		hubieses producido	hubieseis producido
hubiera producido	hubieran producido		hubiese producido	hubiesen producido

Progressive Tenses

Present	estoy, estás, está, estamos, estáis, están	
Preterit	estuve, estuviste, estuvo, estuvimos, estuvisteis, estuvieron	
Imperfect	estaba, estabas, estaba, estábamos, estabais, estaban	produciendo
Future	estaré, estarás, estará, estaremos, estaréis, estarán	
Conditional	estaría, estarías, estaría, estaríamos, estaríais, estarían	
Subjunctive	que + *corresponding subjunctive tense of* estar (*see verb 252*)	

Commands

	(nosotros) produzcamos / no produzcamos
(tú) produce / no produzcas	(vosotros) producid / no produzcáis
(Ud.) produzca / no produzca	(Uds.) produzcan / no produzcan

USAGE

Se producen coches.	*They manufacture cars.*
La compañía producía productos alimenticios.	*The company produced foodstuffs.*
El manzano no produjo manzanas este año.	*The apple tree didn't bear apples this year.*
Ojalá que la sociedad produzca beneficios.	*I hope the corporation will yield profits.*
El Producto Interior Bruto representa el valor de los bienes y servicios.	*The Gross Domestic Product represents the value of goods and services.*
¿Quién es el productor de esa película?	*Who is the producer of that film?*

-ir verb; spelling change:
i > í when stressed

prohíbo · prohibieron · prohibido · prohibiendo

Present

prohíbo	prohibimos
prohíbes	prohibís
prohíbe	prohíben

Preterit

prohibí	prohibimos
prohibiste	prohibisteis
prohibió	prohibieron

Imperfect

prohibía	prohibíamos
prohibías	prohibíais
prohibía	prohibían

Present Perfect

he prohibido	hemos prohibido
has prohibido	habéis prohibido
ha prohibido	han prohibido

Future

prohibiré	prohibiremos
prohibirás	prohibiréis
prohibirá	prohibirán

Conditional

prohibiría	prohibiríamos
prohibirías	prohibiríais
prohibiría	prohibirían

Pluperfect

había prohibido	habíamos prohibido
habías prohibido	habíais prohibido
había prohibido	habían prohibido

Preterit Perfect

hube prohibido	hubimos prohibido
hubiste prohibido	hubisteis prohibido
hubo prohibido	hubieron prohibido

Future Perfect

habré prohibido	habremos prohibido
habrás prohibido	habréis prohibido
habrá prohibido	habrán prohibido

Conditional Perfect

habría prohibido	habríamos prohibido
habrías prohibido	habríais prohibido
habría prohibido	habrían prohibido

Present Subjunctive

prohíba	prohibamos
prohíbas	prohibáis
prohíba	prohíban

Present Perfect Subjunctive

haya prohibido	hayamos prohibido
hayas prohibido	hayáis prohibido
haya prohibido	hayan prohibido

Imperfect Subjunctive (-ra)   *or*   Imperfect Subjunctive (-se)

prohibiera	prohibiéramos	prohibiese	prohibiésemos
prohibieras	prohibierais	prohibieses	prohibieseis
prohibiera	prohibieran	prohibiese	prohibiesen

Past Perfect Subjunctive (-ra)   *or*   Past Perfect Subjunctive (-se)

hubiera prohibido	hubiéramos prohibido	hubiese prohibido	hubiésemos prohibido
hubieras prohibido	hubierais prohibido	hubieses prohibido	hubieseis prohibido
hubiera prohibido	hubieran prohibido	hubiese prohibido	hubiesen prohibido

Progressive Tenses

Present	estoy, estás, está, estamos, estáis, están
Preterit	estuve, estuviste, estuvo, estuvimos, estuvisteis, estuvieron
Imperfect	estaba, estabas, estaba, estábamos, estabais, estaban
Future	estaré, estarás, estará, estaremos, estaréis, estarán
Conditional	estaría, estarías, estaría, estaríamos, estaríais, estarían
Subjunctive	que + *corresponding subjunctive tense of* estar (*see verb 252*)

} prohibiendo

Commands

	(nosotros) prohibamos / no prohibamos
(tú) prohíbe / no prohíbas	(vosotros) prohibid / no prohibáis
(Ud.) prohíba / no prohíba	(Uds.) prohíban / no prohíban

USAGE

Hija, te prohibimos que vuelvas tan tarde.	*We forbid you to come back so late.*
Hija, te prohibimos volver tan tarde.	*We forbid you to come back so late.*
Se prohíbe entrar aquí por la seguridad nacional.	*We're forbidden from entering here because of national security.*
Prohibido adelantar.	*No passing.*
Prohibida la vuelta en U.	*No U-turn.*
Los precios son prohibitivos.	*Prices are prohibitive.*

promover to promote, provoke, cause

promuevo · promovieron · promovido · promoviendo

stem-changing -er verb: o > ue
(like **mover**)

Present		Preterit	
promuevo	promovemos	promoví	promovimos
promueves	promovéis	promoviste	promovisteis
promueve	promueven	promovió	promovieron

Imperfect		Present Perfect	
promovía	promovíamos	he promovido	hemos promovido
promovías	promovíais	has promovido	habéis promovido
promovía	promovían	ha promovido	han promovido

Future		Conditional	
promoveré	promoveremos	promovería	promoveríamos
promoverás	promoveréis	promoverías	promoveríais
promoverá	promoverán	promovería	promoverían

Pluperfect		Preterit Perfect	
había promovido	habíamos promovido	hube promovido	hubimos promovido
habías promovido	habíais promovido	hubiste promovido	hubisteis promovido
había promovido	habían promovido	hubo promovido	hubieron promovido

Future Perfect		Conditional Perfect	
habré promovido	habremos promovido	habría promovido	habríamos promovido
habrás promovido	habréis promovido	habrías promovido	habríais promovido
habrá promovido	habrán promovido	habría promovido	habrían promovido

Present Subjunctive		Present Perfect Subjunctive	
promueva	promovamos	haya promovido	hayamos promovido
promuevas	promováis	hayas promovido	hayáis promovido
promueva	promuevan	haya promovido	hayan promovido

Imperfect Subjunctive (-ra)		or	Imperfect Subjunctive (-se)	
promoviera	promoviéramos		promoviese	promoviésemos
promovieras	promovierais		promovieses	promovieseis
promoviera	promovieran		promoviese	promoviesen

Past Perfect Subjunctive (-ra)		or	Past Perfect Subjunctive (-se)	
hubiera promovido	hubiéramos promovido		hubiese promovido	hubiésemos promovido
hubieras promovido	hubierais promovido		hubieses promovido	hubieseis promovido
hubiera promovido	hubieran promovido		hubiese promovido	hubiesen promovido

Progressive Tenses

Present	estoy, estás, está, estamos, estáis, están	
Preterit	estuve, estuviste, estuvo, estuvimos, estuvisteis, estuvieron	
Imperfect	estaba, estabas, estaba, estábamos, estabais, estaban	promoviendo
Future	estaré, estarás, estará, estaremos, estaréis, estarán	
Conditional	estaría, estarías, estaría, estaríamos, estaríais, estarían	
Subjunctive	que + corresponding subjunctive tense of estar (see verb 252)	

Commands

	(nosotros) promovamos / no promovamos
(tú) promueve / no promuevas	(vosotros) promoved / no promováis
(Ud.) promueva / no promueva	(Uds.) promuevan / no promuevan

USAGE

Se promueve el producto con la campaña publicitaria.	*The advertising campaign promotes the product.*
Promovieron la rebelión.	*They caused / stirred up the rebellion.*
Espero que lo hayan promovido a gerente.	*I hope he was promoted to manager.*
Las universidades promueven las actividades voluntarias.	*The universities are promoting volunteer activities.*
Estudié la promoción de ventas en mi curso de marketing.	*I studied sales promotion in my marketing course.*

regular -*ar* verb   pronuncio · pronunciaron · pronunciado · pronunciando

Present

pronuncio	pronunciamos		
pronuncias	pronunciáis		
pronuncia	pronuncian		

Preterit

pronuncié	pronunciamos
pronunciaste	pronunciasteis
pronunció	pronunciaron

Imperfect

pronunciaba	pronunciábamos
pronunciabas	pronunciabais
pronunciaba	pronunciaban

Present Perfect

he pronunciado	hemos pronunciado
has pronunciado	habéis pronunciado
ha pronunciado	han pronunciado

Future

pronunciaré	pronunciaremos
pronunciarás	pronunciaréis
pronunciará	pronunciarán

Conditional

pronunciaría	pronunciaríamos
pronunciarías	pronunciaríais
pronunciaría	pronunciarían

Pluperfect

había pronunciado	habíamos pronunciado
habías pronunciado	habíais pronunciado
había pronunciado	habían pronunciado

Preterit Perfect

hube pronunciado	hubimos pronunciado
hubiste pronunciado	hubisteis pronunciado
hubo pronunciado	hubieron pronunciado

Future Perfect

habré pronunciado	habremos pronunciado
habrás pronunciado	habréis pronunciado
habrá pronunciado	habrán pronunciado

Conditional Perfect

habría pronunciado	habríamos pronunciado
habrías pronunciado	habríais pronunciado
habría pronunciado	habrían pronunciado

Present Subjunctive

pronuncie	pronunciemos
pronuncies	pronunciéis
pronuncie	pronuncien

Present Perfect Subjunctive

haya pronunciado	hayamos pronunciado
hayas pronunciado	hayáis pronunciado
haya pronunciado	hayan pronunciado

Imperfect Subjunctive (-ra)   *or*   Imperfect Subjunctive (-se)

pronunciara	pronunciáramos	pronunciase	pronunciásemos
pronunciaras	pronunciarais	pronunciases	pronunciaseis
pronunciara	pronunciaran	pronunciase	pronunciasen

Past Perfect Subjunctive (-ra)   *or*   Past Perfect Subjunctive (-se)

hubiera pronunciado	hubiéramos pronunciado	hubiese pronunciado	hubiésemos pronunciado
hubieras pronunciado	hubierais pronunciado	hubieses pronunciado	hubieseis pronunciado
hubiera pronunciado	hubieran pronunciado	hubiese pronunciado	hubiesen pronunciado

Progressive Tenses

Present	estoy, estás, está, estamos, estáis, están
Preterit	estuve, estuviste, estuvo, estuvimos, estuvisteis, estuvieron
Imperfect	estaba, estabas, estaba, estábamos, estabais, estaban
Future	estaré, estarás, estará, estaremos, estaréis, estarán
Conditional	estaría, estarías, estaría, estaríamos, estaríais, estarían
Subjunctive	que + *corresponding subjunctive tense of* estar (*see verb 252*)

} pronunciando

Commands

(tú) pronuncia / no pronuncies	(nosotros) pronunciemos / no pronunciemos
(Ud.) pronuncie / no pronuncie	(vosotros) pronunciad / no pronunciéis
	(Uds.) pronuncien / no pronuncien

USAGE

Pronuncias el español muy bien.	*You pronounce Spanish very well.*
El Secretario de Estado pronunció un discurso.	*The Secretary of State delivered a speech.*
Son palabras difíciles de pronunciar.	*They're difficult words to pronounce.*
El juez pronunció el fallo.	*The judge pronounced sentence.*
La escritura fonética es útil para pronunciar el francés.	*Phonetic transcription is useful for pronouncing French.*
Tenían un acento muy pronunciado.	*They had a noticeable accent.*

proteger to protect

protejo · protegieron · protegido · protegiendo   -er verb; spelling change: g > j/o, a

Present		Preterit	
protejo	protegemos	protegí	protegimos
proteges	protegéis	protegiste	protegisteis
protege	protegen	protegió	protegieron

Imperfect		Present Perfect	
protegía	protegíamos	he protegido	hemos protegido
protegías	protegíais	has protegido	habéis protegido
protegía	protegían	ha protegido	han protegido

Future		Conditional	
protegeré	protegeremos	protegería	protegeríamos
protegerás	protegeréis	protegerías	protegeríais
protegerá	protegerán	protegería	protegerían

Pluperfect		Preterit Perfect	
había protegido	habíamos protegido	hube protegido	hubimos protegido
habías protegido	habíais protegido	hubiste protegido	hubisteis protegido
había protegido	habían protegido	hubo protegido	hubieron protegido

Future Perfect		Conditional Perfect	
habré protegido	habremos protegido	habría protegido	habríamos protegido
habrás protegido	habréis protegido	habrías protegido	habríais protegido
habrá protegido	habrán protegido	habría protegido	habrían protegido

Present Subjunctive		Present Perfect Subjunctive	
proteja	protejamos	haya protegido	hayamos protegido
protejas	protejáis	hayas protegido	hayáis protegido
proteja	protejan	haya protegido	hayan protegido

Imperfect Subjunctive (-ra)		or	Imperfect Subjunctive (-se)	
protegiera	protegiéramos		protegiese	protegiésemos
protegieras	protegierais		protegieses	protegieseis
protegiera	protegieran		protegiese	protegiesen

Past Perfect Subjunctive (-ra)		or	Past Perfect Subjunctive (-se)	
hubiera protegido	hubiéramos protegido		hubiese protegido	hubiésemos protegido
hubieras protegido	hubierais protegido		hubieses protegido	hubieseis protegido
hubiera protegido	hubieran protegido		hubiese protegido	hubiesen protegido

Progressive Tenses

Present	estoy, estás, está, estamos, estáis, están	
Preterit	estuve, estuviste, estuvo, estuvimos, estuvisteis, estuvieron	
Imperfect	estaba, estabas, estaba, estábamos, estabais, estaban	protegiendo
Future	estaré, estarás, estará, estaremos, estaréis, estarán	
Conditional	estaría, estarías, estaría, estaríamos, estaríais, estarían	
Subjunctive	que + *corresponding subjunctive tense of* estar (*see verb 252*)	

Commands

	(nosotros) protejamos / no protejamos
(tú) protege / no protejas	(vosotros) proteged / no protejáis
(Ud.) proteja / no proteja	(Uds.) protejan / no protejan

USAGE

El camuflaje protege a los soldados.	*Camouflage protects soldiers.*
Protéjanse del sol.	*Protect yourselves from the sun.*
¡Que Dios les proteja!	*May God protect you!*
Hay varias leyes de protección del medio ambiente.	*There are several environmental protection laws.*
Son los protegidos del Primer Ministro.	*They're the Prime Minister's protégés.*
Es una célebre protectora de la ópera.	*She's a noted patron of the opera.*

-ar verb; spelling change: c > qu/e **provoco · provocaron · provocado · provocando**

Present		Preterit	
provoco	provocamos	provoqué	provocamos
provocas	provocáis	provocaste	provocasteis
provoca	provocan	provocó	provocaron

Imperfect		Present Perfect	
provocaba	provocábamos	he provocado	hemos provocado
provocabas	provocabais	has provocado	habéis provocado
provocaba	provocaban	ha provocado	han provocado

Future		Conditional	
provocaré	provocaremos	provocaría	provocaríamos
provocarás	provocaréis	provocarías	provocaríais
provocará	provocarán	provocaría	provocarían

Pluperfect		Preterit Perfect	
había provocado	habíamos provocado	hube provocado	hubimos provocado
habías provocado	habíais provocado	hubiste provocado	hubisteis provocado
había provocado	habían provocado	hubo provocado	hubieron provocado

Future Perfect		Conditional Perfect	
habré provocado	habremos provocado	habría provocado	habríamos provocado
habrás provocado	habréis provocado	habrías provocado	habríais provocado
habrá provocado	habrán provocado	habría provocado	habrían provocado

Present Subjunctive		Present Perfect Subjunctive	
provoque	provoquemos	haya provocado	hayamos provocado
provoques	provoquéis	hayas provocado	hayáis provocado
provoque	provoquen	haya provocado	hayan provocado

Imperfect Subjunctive (-ra)		or	Imperfect Subjunctive (-se)	
provocara	provocáramos		provocase	provocásemos
provocaras	provocarais		provocases	provocaseis
provocara	provocaran		provocase	provocasen

Past Perfect Subjunctive (-ra)		or	Past Perfect Subjunctive (-se)	
hubiera provocado	hubiéramos provocado		hubiese provocado	hubiésemos provocado
hubieras provocado	hubierais provocado		hubieses provocado	hubieseis provocado
hubiera provocado	hubieran provocado		hubiese provocado	hubiesen provocado

Progressive Tenses

Present	estoy, estás, está, estamos, estáis, están	
Preterit	estuve, estuviste, estuvo, estuvimos, estuvisteis, estuvieron	
Imperfect	estaba, estabas, estaba, estábamos, estabais, estaban	provocando
Future	estaré, estarás, estará, estaremos, estaréis, estarán	
Conditional	estaría, estarías, estaría, estaríamos, estaríais, estarían	
Subjunctive	que + *corresponding subjunctive tense of* estar (*see verb 252*)	

Commands

	(nosotros) provoquemos / no provoquemos
(tú) provoca / no provoques	(vosotros) provocad / no provoquéis
(Ud.) provoque / no provoque	(Uds.) provoquen / no provoquen

USAGE

Provoca a todos con su descaro.	She provokes everyone with her impudence.
¿Qué provocó el ruido tan fuerte?	What caused the very loud noise?
El pacto violado provocó la guerra.	The broken pact started the war.
No me provoca comer ahora.	I don't feel like eating now.
El discurso que pronunció era provocador.	The speech he delivered was provocative.

publicar *to publish, publicize*

publico · publicaron · publicado · publicando   *-ar verb; spelling change: c > qu/e*

Present		Preterit	
publico	publicamos	publiqué	publicamos
publicas	publicáis	publicaste	publicasteis
publica	publican	publicó	publicaron

Imperfect		Present Perfect	
publicaba	publicábamos	he publicado	hemos publicado
publicabas	publicabais	has publicado	habéis publicado
publicaba	publicaban	ha publicado	han publicado

Future		Conditional	
publicaré	publicaremos	publicaría	publicaríamos
publicarás	publicaréis	publicarías	publicaríais
publicará	publicarán	publicaría	publicarían

Pluperfect		Preterit Perfect	
había publicado	habíamos publicado	hube publicado	hubimos publicado
habías publicado	habíais publicado	hubiste publicado	hubisteis publicado
había publicado	habían publicado	hubo publicado	hubieron publicado

Future Perfect		Conditional Perfect	
habré publicado	habremos publicado	habría publicado	habríamos publicado
habrás publicado	habréis publicado	habrías publicado	habríais publicado
habrá publicado	habrán publicado	habría publicado	habrían publicado

Present Subjunctive		Present Perfect Subjunctive	
publique	publiquemos	haya publicado	hayamos publicado
publiques	publiquéis	hayas publicado	hayáis publicado
publique	publiquen	haya publicado	hayan publicado

Imperfect Subjunctive (-ra)		*or*	Imperfect Subjunctive (-se)	
publicara	publicáramos		publicase	publicásemos
publicaras	publicarais		publicases	publicaseis
publicara	publicaran		publicase	publicasen

Past Perfect Subjunctive (-ra)		*or*	Past Perfect Subjunctive (-se)	
hubiera publicado	hubiéramos publicado		hubiese publicado	hubiésemos publicado
hubieras publicado	hubierais publicado		hubieses publicado	hubieseis publicado
hubiera publicado	hubieran publicado		hubiese publicado	hubiesen publicado

Progressive Tenses

Present	estoy, estás, está, estamos, estáis, están
Preterit	estuve, estuviste, estuvo, estuvimos, estuvisteis, estuvieron
Imperfect	estaba, estabas, estaba, estábamos, estabais, estaban
Future	estaré, estarás, estará, estaremos, estaréis, estarán
Conditional	estaría, estarías, estaría, estaríamos, estaríais, estarían
Subjunctive	que + *corresponding subjunctive tense of* estar (*see verb 252*)

} publicando

Commands

	(nosotros) publiquemos / no publiquemos
(tú) publica / no publiques	(vosotros) publicad / no publiquéis
(Ud.) publique / no publique	(Uds.) publiquen / no publiquen

USAGE

La editorial publica libros de historia.	*The publishing house publishes history books.*
Se publicó la antología en 2001.	*The anthology was published in 2001.*
Se ve mucha publicidad disimulada y subliminal.	*We see a lot of sneaky and subliminal advertising.*
Había mucho público en la sala.	*There was a big audience in the hall.*
El sondeo de la opinión pública no es muy fidedigno.	*Public opinion polls are not very reliable.*

stem-changing -ar verb: e > ie

quiebro · quebraron · quebrado · quebrando

Present		Preterit	
quiebro	quebramos	quebré	quebramos
quiebras	quebráis	quebraste	quebrasteis
quiebra	quiebran	quebró	quebraron

Imperfect		Present Perfect	
quebraba	quebrábamos	he quebrado	hemos quebrado
quebrabas	quebrabais	has quebrado	habéis quebrado
quebraba	quebraban	ha quebrado	han quebrado

Future		Conditional	
quebraré	quebraremos	quebraría	quebraríamos
quebrarás	quebraréis	quebrarías	quebraríais
quebrará	quebrarán	quebraría	quebrarían

Pluperfect		Preterit Perfect	
había quebrado	habíamos quebrado	hube quebrado	hubimos quebrado
habías quebrado	habíais quebrado	hubiste quebrado	hubisteis quebrado
había quebrado	habían quebrado	hubo quebrado	hubieron quebrado

Future Perfect		Conditional Perfect	
habré quebrado	habremos quebrado	habría quebrado	habríamos quebrado
habrás quebrado	habréis quebrado	habrías quebrado	habríais quebrado
habrá quebrado	habrán quebrado	habría quebrado	habrían quebrado

Present Subjunctive		Present Perfect Subjunctive	
quiebre	quebremos	haya quebrado	hayamos quebrado
quiebres	quebréis	hayas quebrado	hayáis quebrado
quiebre	quiebren	haya quebrado	hayan quebrado

Imperfect Subjunctive (-ra)		or	Imperfect Subjunctive (-se)	
quebrara	quebráramos		quebrase	quebrásemos
quebraras	quebrarais		quebrases	quebraseis
quebrara	quebraran		quebrase	quebrasen

Past Perfect Subjunctive (-ra)		or	Past Perfect Subjunctive (-se)	
hubiera quebrado	hubiéramos quebrado		hubiese quebrado	hubiésemos quebrado
hubieras quebrado	hubierais quebrado		hubieses quebrado	hubieseis quebrado
hubiera quebrado	hubieran quebrado		hubiese quebrado	hubiesen quebrado

Progressive Tenses

Present	estoy, estás, está, estamos, estáis, están	
Preterit	estuve, estuviste, estuvo, estuvimos, estuvisteis, estuvieron	
Imperfect	estaba, estabas, estaba, estábamos, estabais, estaban	quebrando
Future	estaré, estarás, estará, estaremos, estaréis, estarán	
Conditional	estaría, estarías, estaría, estaríamos, estaríais, estarían	
Subjunctive	que + corresponding subjunctive tense of estar (see verb 252)	

Commands

	(nosotros) quebremos / no quebremos
(tú) quiebra / no quiebres	(vosotros) quebrad / no quebréis
(Ud.) quiebre / no quiebre	(Uds.) quiebren / no quiebren

USAGE

De repente alguien quebró el silencio. — Suddenly someone broke the silence.
Se quebró el dedo jugando baloncesto. — He broke his finger playing basketball.
Es improbable que la empresa quiebre. — It's improbable the company will go bankrupt.
Se nos quebraron las tazas y los platillos. — We broke the cups and saucers.
Tenía la voz quebrada. — Her voice was hoarse/faltering.
El vaquero pasó por la quebrada. — The cowboy went through the mountain pass.
Tiene quebradura en el brazo. — She has a fracture/break in her arm.

quedarse · to stay, remain

quedo · quedaron · quedado · quedándose

regular -ar reflexive verb

Se quedó boquiabierto al verlos.	*He stood agape/open-mouthed when he saw them.*
Se quedaron sin trabajo.	*They were left without work.*
Te quedaste plantada.	*You were stood up.*
Me quedé con la sortija.	*I kept the ring.*

quedar to be (only permanent location); *arrange to meet*

Quedaron escandalizados.	*They were shocked.*
✪ —¿Dónde queda el monumento?	*Where is the monument?*
—Todos los monumentos quedan en la zona histórica.	*All the monuments are located in the historic area.*
Quedamos con ellos a las tres.	*We arranged to meet them / have a date with them at 3:00.*
Quedó bien/mal con su jefe.	*He made a good/bad impression on his boss.*

quedar en to agree to, decide to

✪ —¿En qué quedamos?	*What did we decide?*
—Quedamos en vernos el sábado, ¿no?	*We agreed to see each other on Saturday, didn't we?*
Nuestros planes quedaron en nada.	*Nothing came of our plans.*

quedar (reverse construction) to have left, remain; be, look

✪ —¿Cuánto dinero te queda?	*How much money do you have left?*
—Me quedan quinientos dólares.	*I have $500 left.*
La falda te queda corta/grande.	*The skirt is/looks short/big on you.*
✪ —Queda mucho por hacer para terminar el trabajo.	*There's a lot left to do to finish the job.*
—En efecto. No nos queda más remedio que seguir trabajando.	*It's true. We have no choice but to keep on working.*

quedársele a alguien (unplanned or unexpected occurrences) to leave something behind

✪ —¿Se te quedaron las carpetas en la oficina?	*Did you leave the folders at the office?*
—¡Ojalá! Creo que se me quedaron en el taxi.	*I wish! I think I left them in the taxi.*

OTHER USES AND RELATED WORDS

Habló en voz queda / quedo.	*She spoke in a soft voice / quietly.*
Queda mucho por hacer.	*There's still a lot to be done.*
Queda por ver.	*It remains to be seen.*

regular -ar reflexive verb

quedo · quedaron · quedado · quedándose

Present	
me quedo	nos quedamos
te quedas	os quedáis
se queda	se quedan

Preterit	
me quedé	nos quedamos
te quedaste	os quedasteis
se quedó	se quedaron

Imperfect	
me quedaba	nos quedábamos
te quedabas	os quedabais
se quedaba	se quedaban

Present Perfect	
me he quedado	nos hemos quedado
te has quedado	os habéis quedado
se ha quedado	se han quedado

Future	
me quedaré	nos quedaremos
te quedarás	os quedaréis
se quedará	se quedarán

Conditional	
me quedaría	nos quedaríamos
te quedarías	os quedaríais
se quedaría	se quedarían

Pluperfect	
me había quedado	nos habíamos quedado
te habías quedado	os habíais quedado
se había quedado	se habían quedado

Preterit Perfect	
me hube quedado	nos hubimos quedado
te hubiste quedado	os hubisteis quedado
se hubo quedado	se hubieron quedado

Future Perfect	
me habré quedado	nos habremos quedado
te habrás quedado	os habréis quedado
se habrá quedado	se habrán quedado

Conditional Perfect	
me habría quedado	nos habríamos quedado
te habrías quedado	os habríais quedado
se habría quedado	se habrían quedado

Present Subjunctive	
me quede	nos quedemos
te quedes	os quedéis
se quede	se queden

Present Perfect Subjunctive	
me haya quedado	nos hayamos quedado
te hayas quedado	os hayáis quedado
se haya quedado	se hayan quedado

Imperfect Subjunctive (-ra)		or	Imperfect Subjunctive (-se)	
me quedara	nos quedáramos		me quedase	nos quedásemos
te quedaras	os quedarais		te quedases	os quedaseis
se quedara	se quedaran		se quedase	se quedasen

Past Perfect Subjunctive (-ra)		or	Past Perfect Subjunctive (-se)	
me hubiera quedado	nos hubiéramos quedado		me hubiese quedado	nos hubiésemos quedado
te hubieras quedado	os hubierais quedado		te hubieses quedado	os hubieseis quedado
se hubiera quedado	se hubieran quedado		se hubiese quedado	se hubiesen quedado

Progressive Tenses

Present	estoy, estás, está, estamos, estáis, están
Preterit	estuve, estuviste, estuvo, estuvimos, estuvisteis, estuvieron
Imperfect	estaba, estabas, estaba, estábamos, estabais, estaban
Future	estaré, estarás, estará, estaremos, estaréis, estarán
Conditional	estaría, estarías, estaría, estaríamos, estaríais, estarían
Subjunctive	que + corresponding subjunctive tense of estar (see verb 252)

quedando (see page 41)

Commands

	(nosotros) quedémonos / no nos quedemos
(tú) quédate / no te quedes	(vosotros) quedaos / no os quedéis
(Ud.) quédese / no se quede	(Uds.) quédense / no se queden

USAGE

Nos quedamos en el café un par de horas. — We stayed at the café a couple of hours.
Se quedaron pensativos. — They remained pensive.
Beethoven se quedó sordo. — Beethoven became/went deaf.
Me quedo con la bufanda azul, señorita. — I'll take the blue scarf, Miss. (in a store)
¡Niños, quédense quietos! — Kids, keep quiet/still!
¿Qué remedio me queda? — What else can I do?
Su casa queda en los suburbios. — Their house is in the suburbs.

quejarse *to complain, moan, groan*

quejo · quejaron · quejado · quejándose   regular -ar reflexive verb

Present		Preterit	
me quejo	nos quejamos	me quejé	nos quejamos
te quejas	os quejáis	te quejaste	os quejasteis
se queja	se quejan	se quejó	se quejaron

Imperfect		Present Perfect	
me quejaba	nos quejábamos	me he quejado	nos hemos quejado
te quejabas	os quejabais	te has quejado	os habéis quejado
se quejaba	se quejaban	se ha quejado	se han quejado

Future		Conditional	
me quejaré	nos quejaremos	me quejaría	nos quejaríamos
te quejarás	os quejaréis	te quejarías	os quejaríais
se quejará	se quejarán	se quejaría	se quejarían

Pluperfect		Preterit Perfect	
me había quejado	nos habíamos quejado	me hube quejado	nos hubimos quejado
te habías quejado	os habíais quejado	te hubiste quejado	os hubisteis quejado
se había quejado	se habían quejado	se hubo quejado	se hubieron quejado

Future Perfect		Conditional Perfect	
me habré quejado	nos habremos quejado	me habría quejado	nos habríamos quejado
te habrás quejado	os habréis quejado	te habrías quejado	os habríais quejado
se habrá quejado	se habrán quejado	se habría quejado	se habrían quejado

Present Subjunctive		Present Perfect Subjunctive	
me queje	nos quejemos	me haya quejado	nos hayamos quejado
te quejes	os quejéis	te hayas quejado	os hayáis quejado
se queje	se quejen	se haya quejado	se hayan quejado

Imperfect Subjunctive (-ra)		or	Imperfect Subjunctive (-se)	
me quejara	nos quejáramos		me quejase	nos quejásemos
te quejaras	os quejarais		te quejases	os quejaseis
se quejara	se quejaran		se quejase	se quejasen

Past Perfect Subjunctive (-ra)		or	Past Perfect Subjunctive (-se)	
me hubiera quejado	nos hubiéramos quejado		me hubiese quejado	nos hubiésemos quejado
te hubieras quejado	os hubierais quejado		te hubieses quejado	os hubieseis quejado
se hubiera quejado	se hubieran quejado		se hubiese quejado	se hubiesen quejado

Progressive Tenses

Present	estoy, estás, está, estamos, estáis, están	
Preterit	estuve, estuviste, estuvo, estuvimos, estuvisteis, estuvieron	
Imperfect	estaba, estabas, estaba, estábamos, estabais, estaban	quejando (*see page 41*)
Future	estaré, estarás, estará, estaremos, estaréis, estarán	
Conditional	estaría, estarías, estaría, estaríamos, estaríais, estarían	
Subjunctive	que + *corresponding subjunctive tense of* estar (*see verb 252*)	

Commands

	(nosotros) quejémonos / no nos quejemos
(tú) quéjate / no te quejes	(vosotros) quejaos / no os quejéis
(Ud.) quéjese / no se queje	(Uds.) quéjense / no se quejen

USAGE

No se quejaban de nada.	*They didn't complain about anything.*
Se queja de todo y de todos.	*She complains about everything and everyone.*
Los consumidores se han quejado.	*The consumers have complained.*
Tienen quejas del artículo defectuoso.	*They have complaints about the defective article.*
Oímos a los heridos quejándose.	*We heard the injured people moaning/groaning.*

regular -ar verb   quemo · quemaron · quemado · quemando

Present		Preterit	
quemo	quemamos	quemé	quemamos
quemas	quemáis	quemaste	quemasteis
quema	queman	quemó	quemaron

Imperfect		Present Perfect	
quemaba	quemábamos	he quemado	hemos quemado
quemabas	quemabais	has quemado	habéis quemado
quemaba	quemaban	ha quemado	han quemado

Future		Conditional	
quemaré	quemaremos	quemaría	quemaríamos
quemarás	quemaréis	quemarías	quemaríais
quemará	quemarán	quemaría	quemarían

Pluperfect		Preterit Perfect	
había quemado	habíamos quemado	hube quemado	hubimos quemado
habías quemado	habíais quemado	hubiste quemado	hubisteis quemado
había quemado	habían quemado	hubo quemado	hubieron quemado

Future Perfect		Conditional Perfect	
habré quemado	habremos quemado	habría quemado	habríamos quemado
habrás quemado	habréis quemado	habrías quemado	habríais quemado
habrá quemado	habrán quemado	habría quemado	habrían quemado

Present Subjunctive		Present Perfect Subjunctive	
queme	quememos	haya quemado	hayamos quemado
quemes	queméis	hayas quemado	hayáis quemado
queme	quemen	haya quemado	hayan quemado

Imperfect Subjunctive (-ra)		or	Imperfect Subjunctive (-se)	
quemara	quemáramos		quemase	quemásemos
quemaras	quemarais		quemases	quemaseis
quemara	quemaran		quemase	quemasen

Past Perfect Subjunctive (-ra)		or	Past Perfect Subjunctive (-se)	
hubiera quemado	hubiéramos quemado		hubiese quemado	hubiésemos quemado
hubieras quemado	hubierais quemado		hubieses quemado	hubieseis quemado
hubiera quemado	hubieran quemado		hubiese quemado	hubiesen quemado

Progressive Tenses

Present	estoy, estás, está, estamos, estáis, están	
Preterit	estuve, estuviste, estuvo, estuvimos, estuvisteis, estuvieron	
Imperfect	estaba, estabas, estaba, estábamos, estabais, estaban	quemando
Future	estaré, estarás, estará, estaremos, estaréis, estarán	
Conditional	estaría, estarías, estaría, estaríamos, estaríais, estarían	
Subjunctive	que + *corresponding subjunctive tense of* estar (*see verb 252*)	

Commands

	(nosotros) quememos / no quememos
(tú) quema / no quemes	(vosotros) quemad / no queméis
(Ud.) queme / no queme	(Uds.) quemen / no quemen

(USAGE)

Quemaron las hojas.	*They burned the leaves.*
El sol del trópico quema.	*The tropical sun burns / is very hot.*
Se quemó encendiendo un cigarrillo.	*He burned himself lighting a cigarette.*
Se quemó la casa.	*The house burned down.*
Me da pena verte quemada por el trabajo.	*I'm sorry to see you burned out from work.*
Huele a quemado.	*It smells as though something is burning.*
¿Te duele la quemadura de sol?	*Does your sunburn hurt?*

querer *to want, wish, love*

quiero · quisieron · querido · queriendo   *irregular verb*

Queremos mucho a nuestros hijos.	*We love our children dearly.*
¿Qué quieres que yo haga?	*What do you want me to do?*
Queríamos que fueran con nosotros.	*We wanted them to go with us.*
Haz lo que quieras.	*Do as you wish/like.*
Quisiéramos que regresaran de México.	*We wish they'd return from Mexico.*
¿Qué quieres de mí?	*What do you want from me?*
No quieren que se sepa todavía.	*They don't want it made known yet.*

 —¿Qué quieres que yo traiga a la fiesta? — *What do you want me to bring to the party?*
—No hace falta nada en particular. Trae lo que quieras. — *We don't need anything in particular. Bring whatever you like.*

Quisiera tener veinte años otra vez.	*I wish I were twenty years old again.*
¿Cuánto quieren Uds. por su condominio?	*How much do you want for your condominium?*
Como y cuando quieras.	*As you like and whenever you like.*
¡Por lo que más quieras!	*For heaven's sake!*

 —¿Cuándo quieres que yo pase por tu casa? — *When do you want me to stop by your house?*
—Cuando quieras. — *Whenever you want.*

querer decir *to mean*

¿Qué quieres decir con esto?	*What do you mean by this?*
No sé qué quiere decir.	*I don't know what it means.*

querer bien/mal *to like, be fond of / dislike, have it in for*

La queremos bien.	*We like her. / We're fond of her.*
No sé por qué lo quieren mal.	*I don't know why they dislike him / have it in for him.*

OTHER USES AND RELATED WORDS

 —Imagínate, Jorge no quiso llevarnos al aeropuerto. Y me dijo que no tenía nada que hacer. — *Imagine, Jorge refused to take us to the airport. And he told me he had nothing to do.*
—Querer es poder. Él es egoísta y lo hace todo por interés propio. Para él, todo es molestia. — *Where there's a will, there's a way. He's selfish and does everything out of self-interest. For him, everything is a bother.*

Quien bien te quiere te hará llorar.	*Spare the rod and spoil the child.*
La novia / El novio contesta *sí quiero.*	*The bride/groom answers, "I do."*
Se quieren / Nos queremos mucho.	*They love / We love each other dearly.*

 —Yo les tengo mucho cariño. — *I have a lot of affection for them.*
—Y ellos te quieren mucho a ti. — *And they love you very much.*

Se dice *me quiere, no me quiere* arrancando los pétalos de una margarita.	*You say "He/She loves me, he/she loves me not" as you pull the petals off a daisy.*
Querido Felipe / Querida Laura	*Dear Felipe / Dear Laura (salutation in letter)*
Quiere llover/nevar.	*It looks like (it's trying to) rain/snow.*
Lo hizo sin querer.	*He did it unintentionally.*

 —¿Cómo reaccionó Juan Carlos cuando le diste la noticia? — *How did Juan Carlos react when you gave him the news?*
—Como de costumbre. Como quien no quiere la cosa. — *As usual. Quite nonchalantly.*

¡No lo quiera Dios!	*Heaven/God forbid!*
La verdad, quiérase o no, es que todos nosotros tenemos la responsabilidad de lo ocurrido.	*The truth, like it or not, is that we are all responsible for what happened.*

irregular verb

quiero · quisieron · querido · queriendo

Present		Preterit	
quiero	queremos	quise	quisimos
quieres	queréis	quisiste	quisisteis
quiere	quieren	quiso	quisieron

Imperfect		Present Perfect	
quería	queríamos	he querido	hemos querido
querías	queríais	has querido	habéis querido
quería	querían	ha querido	han querido

Future		Conditional	
querré	querremos	querría	querríamos
querrás	querréis	querrías	querríais
querrá	querrán	querría	querrían

Pluperfect		Preterit Perfect	
había querido	habíamos querido	hube querido	hubimos querido
habías querido	habíais querido	hubiste querido	hubisteis querido
había querido	habían querido	hubo querido	hubieron querido

Future Perfect		Conditional Perfect	
habré querido	habremos querido	habría querido	habríamos querido
habrás querido	habréis querido	habrías querido	habríais querido
habrá querido	habrán querido	habría querido	habrían querido

Present Subjunctive		Present Perfect Subjunctive	
quiera	queramos	haya querido	hayamos querido
quieras	queráis	hayas querido	hayáis querido
quiera	quieran	haya querido	hayan querido

Imperfect Subjunctive (-ra)		or	Imperfect Subjunctive (-se)	
quisiera	quisiéramos		quisiese	quisiésemos
quisieras	quisierais		quisieses	quisieseis
quisiera	quisieran		quisiese	quisiesen

Past Perfect Subjunctive (-ra)		or	Past Perfect Subjunctive (-se)	
hubiera querido	hubiéramos querido		hubiese querido	hubiésemos querido
hubieras querido	hubierais querido		hubieses querido	hubieseis querido
hubiera querido	hubieran querido		hubiese querido	hubiesen querido

Progressive Tenses

Present	estoy, estás, está, estamos, estáis, están	
Preterit	estuve, estuviste, estuvo, estuvimos, estuvisteis, estuvieron	
Imperfect	estaba, estabas, estaba, estábamos, estabais, estaban	queriendo
Future	estaré, estarás, estará, estaremos, estaréis, estarán	
Conditional	estaría, estarías, estaría, estaríamos, estaríais, estarían	
Subjunctive	que + *corresponding subjunctive tense of* estar (*see verb 252*)	

Commands

	(nosotros) queramos / no queramos
(tú) quiere / no quieras	(vosotros) quered / no queráis
(Ud.) quiera / no quiera	(Uds.) quieran / no quieran

Quiero una tarjeta telefónica.
¿Quiere Ud. dejar un recado?
No quisieron aceptar la oferta.

❸ —Yo quisiera hablar con el director,
   por favor.

—No se encuentra, señor. ¿Querría Ud.
   dejarle un recado en su voz auditiva?

I want a telephone card.
Do you want to leave a message?
They refused to accept the offer.

I'd like to speak with the director, please.

He's not in, sir. Would you like to leave
him a message on his voice mail?

top 50 verb

quitar *to take off/away, remove*

quito · quitaron · quitado · quitando

regular -ar verb

Present

quito	quitamos
quitas	quitáis
quita	quitan

Preterit

quité	quitamos
quitaste	quitasteis
quitó	quitaron

Imperfect

quitaba	quitábamos
quitabas	quitabais
quitaba	quitaban

Present Perfect

he quitado	hemos quitado
has quitado	habéis quitado
ha quitado	han quitado

Future

quitaré	quitaremos
quitarás	quitaréis
quitará	quitarán

Conditional

quitaría	quitaríamos
quitarías	quitaríais
quitaría	quitarían

Pluperfect

había quitado	habíamos quitado
habías quitado	habíais quitado
había quitado	habían quitado

Preterit Perfect

hube quitado	hubimos quitado
hubiste quitado	hubisteis quitado
hubo quitado	hubieron quitado

Future Perfect

habré quitado	habremos quitado
habrás quitado	habréis quitado
habrá quitado	habrán quitado

Conditional Perfect

habría quitado	habríamos quitado
habrías quitado	habríais quitado
habría quitado	habrían quitado

Present Subjunctive

quite	quitemos
quites	quitéis
quite	quiten

Present Perfect Subjunctive

haya quitado	hayamos quitado
hayas quitado	hayáis quitado
haya quitado	hayan quitado

Imperfect Subjunctive (-ra)   *or*   Imperfect Subjunctive (-se)

quitara	quitáramos	quitase	quitásemos
quitaras	quitarais	quitases	quitaseis
quitara	quitaran	quitase	quitasen

Past Perfect Subjunctive (-ra)   *or*   Past Perfect Subjunctive (-se)

hubiera quitado	hubiéramos quitado	hubiese quitado	hubiésemos quitado
hubieras quitado	hubierais quitado	hubieses quitado	hubieseis quitado
hubiera quitado	hubieran quitado	hubiese quitado	hubiesen quitado

Progressive Tenses

Present	estoy, estás, está, estamos, estáis, están
Preterit	estuve, estuviste, estuvo, estuvimos, estuvisteis, estuvieron
Imperfect	estaba, estabas, estaba, estábamos, estabais, estaban
Future	estaré, estarás, estará, estaremos, estaréis, estarán
Conditional	estaría, estarías, estaría, estaríamos, estaríais, estarían
Subjunctive	que + *corresponding subjunctive tense of* estar (*see verb 252*)

quitando

Commands

	(nosotros) quitemos / no quitemos
(tú) quita / no quites	(vosotros) quitad / no quitéis
(Ud.) quite / no quite	(Uds.) quiten / no quiten

USAGE

Quita la tapa de la cafetera.	*Take the top off the coffeepot.*
Les quitó el abrigo.	*She took off / helped them off with their coats.*
Le quitaron su tarjeta de crédito.	*They took away his credit card.*
No quiero quitarle más tiempo.	*I don't want to take up more of your time.*
Quítense los zapatos mojados.	*Take off your wet shoes.*
No podemos quitárnosla de encima.	*We can't get rid of her.*
el quitanieves / el quitamanchas / el quitaesmalte	*snowplow / stain remover / nail polish remover*

regular -*ar* verb   **reacciono · reaccionaron · reaccionado · reaccionando**

Present		Preterit	
reacciono	reaccionamos	reaccioné	reaccionamos
reaccionas	reaccionáis	reaccionaste	reaccionasteis
reacciona	reaccionan	reaccionó	reaccionaron

Imperfect		Present Perfect	
reaccionaba	reaccionábamos	he reaccionado	hemos reaccionado
reaccionabas	reaccionabais	has reaccionado	habéis reaccionado
reaccionaba	reaccionaban	ha reaccionado	han reaccionado

Future		Conditional	
reaccionaré	reaccionaremos	reaccionaría	reaccionaríamos
reaccionarás	reaccionaréis	reaccionarías	reaccionaríais
reaccionará	reaccionarán	reaccionaría	reaccionarían

Pluperfect		Preterit Perfect	
había reaccionado	habíamos reaccionado	hube reaccionado	hubimos reaccionado
habías reaccionado	habíais reaccionado	hubiste reaccionado	hubisteis reaccionado
había reaccionado	habían reaccionado	hubo reaccionado	hubieron reaccionado

Future Perfect		Conditional Perfect	
habré reaccionado	habremos reaccionado	habría reaccionado	habríamos reaccionado
habrás reaccionado	habréis reaccionado	habrías reaccionado	habríais reaccionado
habrá reaccionado	habrán reaccionado	habría reaccionado	habrían reaccionado

Present Subjunctive		Present Perfect Subjunctive	
reaccione	reaccionemos	haya reaccionado	hayamos reaccionado
reacciones	reaccionéis	hayas reaccionado	hayáis reaccionado
reaccione	reaccionen	haya reaccionado	hayan reaccionado

Imperfect Subjunctive (-ra)		or	Imperfect Subjunctive (-se)	
reaccionara	reaccionáramos		reaccionase	reaccionásemos
reaccionaras	reaccionarais		reaccionases	reaccionaseis
reaccionara	reaccionaran		reaccionase	reaccionasen

Past Perfect Subjunctive (-ra)		or	Past Perfect Subjunctive (-se)	
hubiera reaccionado	hubiéramos reaccionado		hubiese reaccionado	hubiésemos reaccionado
hubieras reaccionado	hubierais reaccionado		hubieses reaccionado	hubieseis reaccionado
hubiera reaccionado	hubieran reaccionado		hubiese reaccionado	hubiesen reaccionado

Progressive Tenses

Present	estoy, estás, está, estamos, estáis, están	
Preterit	estuve, estuviste, estuvo, estuvimos, estuvisteis, estuvieron	
Imperfect	estaba, estabas, estaba, estábamos, estabais, estaban	reaccionando
Future	estaré, estarás, estará, estaremos, estaréis, estarán	
Conditional	estaría, estarías, estaría, estaríamos, estaríais, estarían	
Subjunctive	que + *corresponding subjunctive tense of* estar (*see verb 252*)	

Commands

	(nosotros) reaccionemos / no reaccionemos
(tú) reacciona / no reacciones	(vosotros) reaccionad / no reaccionéis
(Ud.) reaccione / no reaccione	(Uds.) reaccionen / no reaccionen

USAGE

Creo que reaccionaste exageradamente.	*I think you overreacted.*
El ácido sulfúrico está reaccionando con el cobre.	*The sulphuric acid is reacting with the copper.*
Me sorprende que no haya reaccionado a mi sugerencia.	*I'm surprised he didn't respond to my suggestion.*
Su reacción fue exagerada.	*Her reaction was excessive. / She overreacted.*
Hubo una reacción en cadena.	*There was a chain reaction.*
Viajamos en un avión de reacción de gran capacidad.	*We flew in a jumbo jet.*

realizar *to realize, carry out, accomplish*

realizo · realizaron · realizado · realizando

-ar verb; spelling change: z > c/e

	Present		Preterit
realizo	realizamos	realicé	realizamos
realizas	realizáis	realizaste	realizasteis
realiza	realizan	realizó	realizaron

	Imperfect		Present Perfect
realizaba	realizábamos	he realizado	hemos realizado
realizabas	realizabais	has realizado	habéis realizado
realizaba	realizaban	ha realizado	han realizado

	Future		Conditional
realizaré	realizaremos	realizaría	realizaríamos
realizarás	realizaréis	realizarías	realizaríais
realizará	realizarán	realizaría	realizarían

	Pluperfect		Preterit Perfect
había realizado	habíamos realizado	hube realizado	hubimos realizado
habías realizado	habíais realizado	hubiste realizado	hubisteis realizado
había realizado	habían realizado	hubo realizado	hubieron realizado

	Future Perfect		Conditional Perfect
habré realizado	habremos realizado	habría realizado	habríamos realizado
habrás realizado	habréis realizado	habrías realizado	habríais realizado
habrá realizado	habrán realizado	habría realizado	habrían realizado

	Present Subjunctive		Present Perfect Subjunctive
realice	realicemos	haya realizado	hayamos realizado
realices	realicéis	hayas realizado	hayáis realizado
realice	realicen	haya realizado	hayan realizado

Imperfect Subjunctive (-ra)		*or*	Imperfect Subjunctive (-se)	
realizara	realizáramos		realizase	realizásemos
realizaras	realizarais		realizases	realizaseis
realizara	realizaran		realizase	realizasen

Past Perfect Subjunctive (-ra)		*or*	Past Perfect Subjunctive (-se)	
hubiera realizado	hubiéramos realizado		hubiese realizado	hubiésemos realizado
hubieras realizado	hubierais realizado		hubieses realizado	hubieseis realizado
hubiera realizado	hubieran realizado		hubiese realizado	hubiesen realizado

Progressive Tenses

Present	estoy, estás, está, estamos, estáis, están
Preterit	estuve, estuviste, estuvo, estuvimos, estuvisteis, estuvieron
Imperfect	estaba, estabas, estaba, estábamos, estabais, estaban
Future	estaré, estarás, estará, estaremos, estaréis, estarán
Conditional	estaría, estarías, estaría, estaríamos, estaríais, estarían
Subjunctive	que + *corresponding subjunctive tense of* estar (*see verb 252*)

} realizando

Commands

	(nosotros) realicemos / no realicemos
(tú) realiza / no realices	(vosotros) realizad / no realicéis
(Ud.) realice / no realice	(Uds.) realicen / no realicen

USAGE

Espero que realices todas tus ambiciones.	*I hope you realize all your ambitions.*
Se realizó la encuesta.	*The survey was carried out / completed.*
Uds. ya han realizado mucho.	*You've already accomplished a lot.*
Realice las gestiones necesarias.	*Take the necessary steps.*
Representó la realización de sus sueños.	*It was the fulfillment of her dreams.*
Vimos la realización televisiva.	*We saw the television production.*

regular *-ar* verb

rebajo · rebajaron · rebajado · rebajando

	Present		Preterit
rebajo	rebajamos	rebajé	rebajamos
rebajas	rebajáis	rebajaste	rebajasteis
rebaja	rebajan	rebajó	rebajaron

	Imperfect		Present Perfect
rebajaba	rebajábamos	he rebajado	hemos rebajado
rebajabas	rebajabais	has rebajado	habéis rebajado
rebajaba	rebajaban	ha rebajado	han rebajado

	Future		Conditional
rebajaré	rebajaremos	rebajaría	rebajaríamos
rebajarás	rebajaréis	rebajarías	rebajaríais
rebajará	rebajarán	rebajaría	rebajarían

	Pluperfect		Preterit Perfect
había rebajado	habíamos rebajado	hube rebajado	hubimos rebajado
habías rebajado	habíais rebajado	hubiste rebajado	hubisteis rebajado
había rebajado	habían rebajado	hubo rebajado	hubieron rebajado

	Future Perfect		Conditional Perfect
habré rebajado	habremos rebajado	habría rebajado	habríamos rebajado
habrás rebajado	habréis rebajado	habrías rebajado	habríais rebajado
habrá rebajado	habrán rebajado	habría rebajado	habrían rebajado

	Present Subjunctive		Present Perfect Subjunctive
rebaje	rebajemos	haya rebajado	hayamos rebajado
rebajes	rebajéis	hayas rebajado	hayáis rebajado
rebaje	rebajen	haya rebajado	hayan rebajado

Imperfect Subjunctive (-ra)		*or*	Imperfect Subjunctive (-se)	
rebajara	rebajáramos		rebajase	rebajásemos
rebajaras	rebajarais		rebajases	rebajaseis
rebajara	rebajaran		rebajase	rebajasen

Past Perfect Subjunctive (-ra)		*or*	Past Perfect Subjunctive (-se)	
hubiera rebajado	hubiéramos rebajado		hubiese rebajado	hubiésemos rebajado
hubieras rebajado	hubierais rebajado		hubieses rebajado	hubieseis rebajado
hubiera rebajado	hubieran rebajado		hubiese rebajado	hubiesen rebajado

Progressive Tenses

Present	estoy, estás, está, estamos, estáis, están	
Preterit	estuve, estuviste, estuvo, estuvimos, estuvisteis, estuvieron	
Imperfect	estaba, estabas, estaba, estábamos, estabais, estaban	rebajando
Future	estaré, estarás, estará, estaremos, estaréis, estarán	
Conditional	estaría, estarías, estaría, estaríamos, estaríais, estarían	
Subjunctive	que + *corresponding subjunctive tense of* estar (*see verb 252*)	

Commands

	(nosotros) rebajemos / no rebajemos
(tú) rebaja / no rebajes	(vosotros) rebajad / no rebajéis
(Ud.) rebaje / no rebaje	(Uds.) rebajen / no rebajen

USAGE

Se rebajaban los precios en los almacenes.	*Prices were reduced in the department stores.*
Le rebajaron el sueldo.	*They cut his salary.*
¿Aprovechas las grandes rebajas?	*Are you taking advantage of the big reductions?*
Hay gangas durante las rebajas de enero/agosto.	*There are bargains during the January/August clearance sales.*

rechazar *to reject, turn down, refuse, repel*

rechazo · rechazaron · rechazado · rechazando   *-ar verb; spelling change: z > c/e*

Present		Preterit	
rechazo	rechazamos	rechacé	rechazamos
rechazas	rechazáis	rechazaste	rechazasteis
rechaza	rechazan	rechazó	rechazaron

Imperfect		Present Perfect	
rechazaba	rechazábamos	he rechazado	hemos rechazado
rechazabas	rechazabais	has rechazado	habéis rechazado
rechazaba	rechazaban	ha rechazado	han rechazado

Future		Conditional	
rechazaré	rechazaremos	rechazaría	rechazaríamos
rechazarás	rechazaréis	rechazarías	rechazaríais
rechazará	rechazarán	rechazaría	rechazarían

Pluperfect		Preterit Perfect	
había rechazado	habíamos rechazado	hube rechazado	hubimos rechazado
habías rechazado	habíais rechazado	hubiste rechazado	hubisteis rechazado
había rechazado	habían rechazado	hubo rechazado	hubieron rechazado

Future Perfect		Conditional Perfect	
habré rechazado	habremos rechazado	habría rechazado	habríamos rechazado
habrás rechazado	habréis rechazado	habrías rechazado	habríais rechazado
habrá rechazado	habrán rechazado	habría rechazado	habrían rechazado

Present Subjunctive		Present Perfect Subjunctive	
rechace	rechacemos	haya rechazado	hayamos rechazado
rechaces	rechacéis	hayas rechazado	hayáis rechazado
rechace	rechacen	haya rechazado	hayan rechazado

Imperfect Subjunctive (-ra)		or	Imperfect Subjunctive (-se)	
rechazara	rechazáramos		rechazase	rechazásemos
rechazaras	rechazarais		rechazases	rechazaseis
rechazara	rechazaran		rechazase	rechazasen

Past Perfect Subjunctive (-ra)		or	Past Perfect Subjunctive (-se)	
hubiera rechazado	hubiéramos rechazado		hubiese rechazado	hubiésemos rechazado
hubieras rechazado	hubierais rechazado		hubieses rechazado	hubieseis rechazado
hubiera rechazado	hubieran rechazado		hubiese rechazado	hubiesen rechazado

Progressive Tenses

Present	estoy, estás, está, estamos, estáis, están
Preterit	estuve, estuviste, estuvo, estuvimos, estuvisteis, estuvieron
Imperfect	estaba, estabas, estaba, estábamos, estabais, estaban
Future	estaré, estarás, estará, estaremos, estaréis, estarán
Conditional	estaría, estarías, estaría, estaríamos, estaríais, estarían
Subjunctive	que + *corresponding subjunctive tense of* estar (*see verb 252*)

} rechazando

Commands

	(nosotros) rechacemos / no rechacemos
(tú) rechaza / no rechaces	(vosotros) rechazad / no rechacéis
(Ud.) rechace / no rechace	(Uds.) rechacen / no rechacen

USAGE

¿Por qué rechazó Ud. la oferta? — *Why did you reject the offer?*
Rechacé su invitación. — *I refused their invitation.*
Los soldados rechazaron el ataque. — *The soldiers repelled the attack.*
Rechazó a sus dos pretendientes. — *She rejected her two suitors.*
¿Cómo se explica el rechazo del regalo? — *How can you explain the refusal of the gift?*

regular -ir verb

recibo · recibieron · recibido · recibiendo

Present		Preterit	
recibo	recibimos	recibí	recibimos
recibes	recibís	recibiste	recibisteis
recibe	reciben	recibió	recibieron

Imperfect		Present Perfect	
recibía	recibíamos	he recibido	hemos recibido
recibías	recibíais	has recibido	habéis recibido
recibía	recibían	ha recibido	han recibido

Future		Conditional	
recibiré	recibiremos	recibiría	recibiríamos
recibirás	recibiréis	recibirías	recibiríais
recibirá	recibirán	recibiría	recibirían

Pluperfect		Preterit Perfect	
había recibido	habíamos recibido	hube recibido	hubimos recibido
habías recibido	habíais recibido	hubiste recibido	hubisteis recibido
había recibido	habían recibido	hubo recibido	hubieron recibido

Future Perfect		Conditional Perfect	
habré recibido	habremos recibido	habría recibido	habríamos recibido
habrás recibido	habréis recibido	habrías recibido	habríais recibido
habrá recibido	habrán recibido	habría recibido	habrían recibido

Present Subjunctive		Present Perfect Subjunctive	
reciba	recibamos	haya recibido	hayamos recibido
recibas	recibáis	hayas recibido	hayáis recibido
reciba	reciban	haya recibido	hayan recibido

Imperfect Subjunctive (-ra)		or	Imperfect Subjunctive (-se)	
recibiera	recibiéramos		recibiese	recibiésemos
recibieras	recibierais		recibieses	recibieseis
recibiera	recibieran		recibiese	recibiesen

Past Perfect Subjunctive (-ra)		or	Past Perfect Subjunctive (-se)	
hubiera recibido	hubiéramos recibido		hubiese recibido	hubiésemos recibido
hubieras recibido	hubierais recibido		hubieses recibido	hubieseis recibido
hubiera recibido	hubieran recibido		hubiese recibido	hubiesen recibido

Progressive Tenses

Present	estoy, estás, está, estamos, estáis, están	
Preterit	estuve, estuviste, estuvo, estuvimos, estuvisteis, estuvieron	
Imperfect	estaba, estabas, estaba, estábamos, estabais, estaban	recibiendo
Future	estaré, estarás, estará, estaremos, estaréis, estarán	
Conditional	estaría, estarías, estaría, estaríamos, estaríais, estarían	
Subjunctive	que + corresponding subjunctive tense of estar (see verb 252)	

Commands

	(nosotros) recibamos / no recibamos
(tú) recibe / no recibas	(vosotros) recibid / no recibáis
(Ud.) reciba / no reciba	(Uds.) reciban / no reciban

（ **USAGE** ）

¿Recibiste cartas?	Did you get/receive letters?
Siempre nos reciben muy calurosamente.	They always receive us very warmly.
Los recibiremos con los brazos abiertos.	We'll welcome them with open arms.
Se recibió de ingeniero.	He graduated as an engineer.
Guarda el recibo por si acaso.	Keep the receipt just in case.
Pide la llave en la recepción.	Ask for the key at the reception desk.
Nos divertimos mucho en la recepción.	We had a great time at the reception.

reclamar *to claim, demand, clamor*

reclamo · reclamaron · reclamado · reclamando   regular -*ar* verb

Present		Preterit	
reclamo	reclamamos	reclamé	reclamamos
reclamas	reclamáis	reclamaste	reclamasteis
reclama	reclaman	reclamó	reclamaron

Imperfect		Present Perfect	
reclamaba	reclamábamos	he reclamado	hemos reclamado
reclamabas	reclamabais	has reclamado	habéis reclamado
reclamaba	reclamaban	ha reclamado	han reclamado

Future		Conditional	
reclamaré	reclamaremos	reclamaría	reclamaríamos
reclamarás	reclamaréis	reclamarías	reclamaríais
reclamará	reclamarán	reclamaría	reclamarían

Pluperfect		Preterit Perfect	
había reclamado	habíamos reclamado	hube reclamado	hubimos reclamado
habías reclamado	habíais reclamado	hubiste reclamado	hubisteis reclamado
había reclamado	habían reclamado	hubo reclamado	hubieron reclamado

Future Perfect		Conditional Perfect	
habré reclamado	habremos reclamado	habría reclamado	habríamos reclamado
habrás reclamado	habréis reclamado	habrías reclamado	habríais reclamado
habrá reclamado	habrán reclamado	habría reclamado	habrían reclamado

Present Subjunctive		Present Perfect Subjunctive	
reclame	reclamemos	haya reclamado	hayamos reclamado
reclames	reclaméis	hayas reclamado	hayáis reclamado
reclame	reclamen	haya reclamado	hayan reclamado

Imperfect Subjunctive (-ra)		or	Imperfect Subjunctive (-se)	
reclamara	reclamáramos		reclamase	reclamásemos
reclamaras	reclamarais		reclamases	reclamaseis
reclamara	reclamaran		reclamase	reclamasen

Past Perfect Subjunctive (-ra)		or	Past Perfect Subjunctive (-se)	
hubiera reclamado	hubiéramos reclamado		hubiese reclamado	hubiésemos reclamado
hubieras reclamado	hubierais reclamado		hubieses reclamado	hubieseis reclamado
hubiera reclamado	hubieran reclamado		hubiese reclamado	hubiesen reclamado

Progressive Tenses

Present	estoy, estás, está, estamos, estáis, están	
Preterit	estuve, estuviste, estuvo, estuvimos, estuvisteis, estuvieron	
Imperfect	estaba, estabas, estaba, estábamos, estabais, estaban	reclamando
Future	estaré, estarás, estará, estaremos, estaréis, estarán	
Conditional	estaría, estarías, estaría, estaríamos, estaríais, estarían	
Subjunctive	que + *corresponding subjunctive tense of* estar (*see verb 252*)	

Commands

	(nosotros) reclamemos / no reclamemos
(tú) reclama / no reclames	(vosotros) reclamad / no reclaméis
(Ud.) reclame / no reclame	(Uds.) reclamen / no reclamen

USAGE

Reclama el dinero que le corresponde.   *She's claiming the money that belongs to her.*
Reclamaban sus derechos bajo la ley.   *They demanded their rights under the law.*
El público reclamaba que volvieran   *The audience clamored for the actors to come back*
   los actores al escenario.   *on stage.*
Se hizo una reclamación.   *A complaint was lodged.*

-er verb; spelling change: g > j/o, a   recojo · recogieron · recogido · recogiendo

Present			Preterit	
recojo	recogemos	recogí		recogimos
recoges	recogéis	recogiste		recogisteis
recoge	recogen	recogió		recogieron

Imperfect			Present Perfect	
recogía	recogíamos	he recogido		hemos recogido
recogías	recogíais	has recogido		habéis recogido
recogía	recogían	ha recogido		han recogido

Future			Conditional	
recogeré	recogeremos	recogería		recogeríamos
recogerás	recogeréis	recogerías		recogeríais
recogerá	recogerán	recogería		recogerían

Pluperfect			Preterit Perfect	
había recogido	habíamos recogido	hube recogido		hubimos recogido
habías recogido	habíais recogido	hubiste recogido		hubisteis recogido
había recogido	habían recogido	hubo recogido		hubieron recogido

Future Perfect			Conditional Perfect	
habré recogido	habremos recogido	habría recogido		habríamos recogido
habrás recogido	habréis recogido	habrías recogido		habríais recogido
habrá recogido	habrán recogido	habría recogido		habrían recogido

Present Subjunctive			Present Perfect Subjunctive	
recoja	recojamos	haya recogido		hayamos recogido
recojas	recojáis	hayas recogido		hayáis recogido
recoja	recojan	haya recogido		hayan recogido

Imperfect Subjunctive (-ra)		*or*	Imperfect Subjunctive (-se)	
recogiera	recogiéramos		recogiese	recogiésemos
recogieras	recogierais		recogieses	recogieseis
recogiera	recogieran		recogiese	recogiesen

Past Perfect Subjunctive (-ra)		*or*	Past Perfect Subjunctive (-se)	
hubiera recogido	hubiéramos recogido		hubiese recogido	hubiésemos recogido
hubieras recogido	hubierais recogido		hubieses recogido	hubieseis recogido
hubiera recogido	hubieran recogido		hubiese recogido	hubiesen recogido

Progressive Tenses

Present	estoy, estás, está, estamos, estáis, están	
Preterit	estuve, estuviste, estuvo, estuvimos, estuvisteis, estuvieron	
Imperfect	estaba, estabas, estaba, estábamos, estabais, estaban	recogiendo
Future	estaré, estarás, estará, estaremos, estaréis, estarán	
Conditional	estaría, estarías, estaría, estaríamos, estaríais, estarían	
Subjunctive	que + *corresponding subjunctive tense of* estar (*see verb 252*)	

Commands

	(nosotros) recojamos / no recojamos
(tú) recoge / no recojas	(vosotros) recoged / no recojáis
(Ud.) recoja / no recoja	(Uds.) recojan / no recojan

USAGE

Todavía recojo datos.	I'm still collecting data.
En otoño se recogen las hojas caídas.	In the autumn we gather up the fallen leaves.
Recojamos fresas.	Let's pick strawberries.
¿Quieres que te recoja a las dos?	Do you want me to pick you up at two o'clock?
Se recogía en sí misma.	She withdrew within herself.
Tiene el pelo recogido.	Her hair is pulled back.
Llevan una vida recogida.	They lead a secluded/quiet life.

recomendar to recommend

recomiendo · recomendaron · recomendado · recomendando   stem-changing -ar verb: e > ie

Present		Preterit	
recomiendo	recomendamos	recomendé	recomendamos
recomiendas	recomendáis	recomendaste	recomendasteis
recomienda	recomiendan	recomendó	recomendaron

Imperfect		Present Perfect	
recomendaba	recomendábamos	he recomendado	hemos recomendado
recomendabas	recomendabais	has recomendado	habéis recomendado
recomendaba	recomendaban	ha recomendado	han recomendado

Future		Conditional	
recomendaré	recomendaremos	recomendaría	recomendaríamos
recomendarás	recomendaréis	recomendarías	recomendaríais
recomendará	recomendarán	recomendaría	recomendarían

Pluperfect		Preterit Perfect	
había recomendado	habíamos recomendado	hube recomendado	hubimos recomendado
habías recomendado	habíais recomendado	hubiste recomendado	hubisteis recomendado
había recomendado	habían recomendado	hubo recomendado	hubieron recomendado

Future Perfect		Conditional Perfect	
habré recomendado	habremos recomendado	habría recomendado	habríamos recomendado
habrás recomendado	habréis recomendado	habrías recomendado	habríais recomendado
habrá recomendado	habrán recomendado	habría recomendado	habrían recomendado

Present Subjunctive		Present Perfect Subjunctive	
recomiende	recomendemos	haya recomendado	hayamos recomendado
recomiendes	recomendéis	hayas recomendado	hayáis recomendado
recomiende	recomienden	haya recomendado	hayan recomendado

Imperfect Subjunctive (-ra)		or	Imperfect Subjunctive (-se)	
recomendara	recomendáramos		recomendase	recomendásemos
recomendaras	recomendarais		recomendases	recomendaseis
recomendara	recomendaran		recomendase	recomendasen

Past Perfect Subjunctive (-ra)		or	Past Perfect Subjunctive (-se)	
hubiera recomendado	hubiéramos recomendado		hubiese recomendado	hubiésemos recomendado
hubieras recomendado	hubierais recomendado		hubieses recomendado	hubieseis recomendado
hubiera recomendado	hubieran recomendado		hubiese recomendado	hubiesen recomendado

Progressive Tenses

Present	estoy, estás, está, estamos, estáis, están	
Preterit	estuve, estuviste, estuvo, estuvimos, estuvisteis, estuvieron	
Imperfect	estaba, estabas, estaba, estábamos, estabais, estaban	recomendando
Future	estaré, estarás, estará, estaremos, estaréis, estarán	
Conditional	estaría, estarías, estaría, estaríamos, estaríais, estarían	
Subjunctive	que + corresponding subjunctive tense of estar (see verb 252)	

Commands

	(nosotros) recomendemos / no recomendemos
(tú) recomienda / no recomiendes	(vosotros) recomendad / no recomendéis
(Ud.) recomiende / no recomiende	(Uds.) recomienden / no recomienden

USAGE

Recomiendo estos libros de consulta.	I recommend these reference books.
Les recomendé que visitaran la feria del libro.	I advised them to visit the book fair.
Me lo recomendaron.	They recommended it to me.
¿Tienes cartas de recomendación?	Do you have references / letters of recommendation?
¿Puedo valerme de su recomendación?	May I give you as a reference?
¡Ojalá yo fuera el recomendado del jefe!	I wish I were the boss's protégé!
No es recomendable meterse en eso.	It's inadvisable to get involved in that.

-er verb; spelling change: c > zc/o, a   **reconozco · reconocieron · reconocido · reconociendo**

Present		Preterit	
reconozco	reconocemos	reconocí	reconocimos
reconoces	reconocéis	reconociste	reconocisteis
reconoce	reconocen	reconoció	reconocieron

Imperfect		Present Perfect	
reconocía	reconocíamos	he reconocido	hemos reconocido
reconocías	reconocíais	has reconocido	habéis reconocido
reconocía	reconocían	ha reconocido	han reconocido

Future		Conditional	
reconoceré	reconoceremos	reconocería	reconoceríamos
reconocerás	reconoceréis	reconocerías	reconoceríais
reconocerá	reconocerán	reconocería	reconocerían

Pluperfect		Preterit Perfect	
había reconocido	habíamos reconocido	hube reconocido	hubimos reconocido
habías reconocido	habíais reconocido	hubiste reconocido	hubisteis reconocido
había reconocido	habían reconocido	hubo reconocido	hubieron reconocido

Future Perfect		Conditional Perfect	
habré reconocido	habremos reconocido	habría reconocido	habríamos reconocido
habrás reconocido	habréis reconocido	habrías reconocido	habríais reconocido
habrá reconocido	habrán reconocido	habría reconocido	habrían reconocido

Present Subjunctive		Present Perfect Subjunctive	
reconozca	reconozcamos	haya reconocido	hayamos reconocido
reconozcas	reconozcáis	hayas reconocido	hayáis reconocido
reconozca	reconozcan	haya reconocido	hayan reconocido

Imperfect Subjunctive (-ra)		or	Imperfect Subjunctive (-se)	
reconociera	reconociéramos		reconociese	reconociésemos
reconocieras	reconocierais		reconocieses	reconocieseis
reconociera	reconocieran		reconociese	reconociesen

Past Perfect Subjunctive (-ra)		or	Past Perfect Subjunctive (-se)	
hubiera reconocido	hubiéramos reconocido		hubiese reconocido	hubiésemos reconocido
hubieras reconocido	hubierais reconocido		hubieses reconocido	hubieseis reconocido
hubiera reconocido	hubieran reconocido		hubiese reconocido	hubiesen reconocido

Progressive Tenses

Present	estoy, estás, está, estamos, estáis, están	
Preterit	estuve, estuviste, estuvo, estuvimos, estuvisteis, estuvieron	
Imperfect	estaba, estabas, estaba, estábamos, estabais, estaban	reconociendo
Future	estaré, estarás, estará, estaremos, estaréis, estarán	
Conditional	estaría, estarías, estaría, estaríamos, estaríais, estarían	
Subjunctive	que + *corresponding subjunctive tense of* estar (*see verb 252*)	

Commands

	(nosotros) reconozcamos / no reconozcamos
(tú) reconoce / no reconozcas	(vosotros) reconoced / no reconozcáis
(Ud.) reconozca / no reconozca	(Uds.) reconozcan / no reconozcan

USAGE

No los reconocí.	*I didn't recognize them.*
Han reconocido al nuevo gobierno.	*They have recognized the new government.*
¡Reconozca sus equivocaciones!	*Acknowledge/Admit your mistakes!*
Los soldados reconocieron el área.	*The soldiers reconnoitered / made a reconnaissance of the area.*
Se usa el reconocimiento de la voz.	*They use voice/speech recognition.*
Tiene cita para un reconocimiento médico.	*He has an appointment for a checkup.*

recordar to remember, recall, remind

recuerdo · recordaron · recordado · recordando

stem-changing -ar verb: o > ue

Present		Preterit	
recuerdo	recordamos	recordé	recordamos
recuerdas	recordáis	recordaste	recordasteis
recuerda	recuerdan	recordó	recordaron

Imperfect		Present Perfect	
recordaba	recordábamos	he recordado	hemos recordado
recordabas	recordabais	has recordado	habéis recordado
recordaba	recordaban	ha recordado	han recordado

Future		Conditional	
recordaré	recordaremos	recordaría	recordaríamos
recordarás	recordaréis	recordarías	recordaríais
recordará	recordarán	recordaría	recordarían

Pluperfect		Preterit Perfect	
había recordado	habíamos recordado	hube recordado	hubimos recordado
habías recordado	habíais recordado	hubiste recordado	hubisteis recordado
había recordado	habían recordado	hubo recordado	hubieron recordado

Future Perfect		Conditional Perfect	
habré recordado	habremos recordado	habría recordado	habríamos recordado
habrás recordado	habréis recordado	habrías recordado	habríais recordado
habrá recordado	habrán recordado	habría recordado	habrían recordado

Present Subjunctive		Present Perfect Subjunctive	
recuerde	recordemos	haya recordado	hayamos recordado
recuerdes	recordéis	hayas recordado	hayáis recordado
recuerde	recuerden	haya recordado	hayan recordado

Imperfect Subjunctive (-ra)		or	Imperfect Subjunctive (-se)	
recordara	recordáramos		recordase	recordásemos
recordaras	recordarais		recordases	recordaseis
recordara	recordaran		recordase	recordasen

Past Perfect Subjunctive (-ra)		or	Past Perfect Subjunctive (-se)	
hubiera recordado	hubiéramos recordado		hubiese recordado	hubiésemos recordado
hubieras recordado	hubierais recordado		hubieses recordado	hubieseis recordado
hubiera recordado	hubieran recordado		hubiese recordado	hubiesen recordado

Progressive Tenses

Present	estoy, estás, está, estamos, estáis, están	
Preterit	estuve, estuviste, estuvo, estuvimos, estuvisteis, estuvieron	
Imperfect	estaba, estabas, estaba, estábamos, estabais, estaban	recordando
Future	estaré, estarás, estará, estaremos, estaréis, estarán	
Conditional	estaría, estarías, estaría, estaríamos, estaríais, estarían	
Subjunctive	que + corresponding subjunctive tense of estar (see verb 252)	

Commands

	(nosotros) recordemos / no recordemos
(tú) recuerda / no recuerdes	(vosotros) recordad / no recordéis
(Ud.) recuerde / no recuerde	(Uds.) recuerden / no recuerden

USAGE

¿No recuerdas lo que pasó ese día?	Don't you remember/recall what happened that day?
Si no recuerdo mal...	If I remember correctly . . .
Me recuerdas a mi prima.	You remind me of my cousin.
Déjame recordarte.	Let me remind you.
Tenemos tan buenos recuerdos del día.	We have such good memories of the day.
Muchos recuerdos a todos Uds.	Best regards to all of you.

regular -er verb **recorro · recorrieron · recorrido · recorriendo**

Present

recorro	recorremos
recorres	recorréis
recorre	recorren

Preterit

recorrí	recorrimos
recorriste	recorristeis
recorrió	recorrieron

Imperfect

recorría	recorríamos
recorrías	recorríais
recorría	recorrían

Present Perfect

he recorrido	hemos recorrido
has recorrido	habéis recorrido
ha recorrido	han recorrido

Future

recorreré	recorreremos
recorrerás	recorreréis
recorrerá	recorrerán

Conditional

recorrería	recorreríamos
recorrerías	recorreríais
recorrería	recorrerían

Pluperfect

había recorrido	habíamos recorrido
habías recorrido	habíais recorrido
había recorrido	habían recorrido

Preterit Perfect

hube recorrido	hubimos recorrido
hubiste recorrido	hubisteis recorrido
hubo recorrido	hubieron recorrido

Future Perfect

habré recorrido	habremos recorrido
habrás recorrido	habréis recorrido
habrá recorrido	habrán recorrido

Conditional Perfect

habría recorrido	habríamos recorrido
habrías recorrido	habríais recorrido
habría recorrido	habrían recorrido

Present Subjunctive

recorra	recorramos
recorras	recorráis
recorra	recorran

Present Perfect Subjunctive

haya recorrido	hayamos recorrido
hayas recorrido	hayáis recorrido
haya recorrido	hayan recorrido

Imperfect Subjunctive (-ra)   *or*   Imperfect Subjunctive (-se)

recorriera	recorriéramos	recorriese	recorriésemos
recorrieras	recorrierais	recorrieses	recorrieseis
recorriera	recorrieran	recorriese	recorriesen

Past Perfect Subjunctive (-ra)   *or*   Past Perfect Subjunctive (-se)

hubiera recorrido	hubiéramos recorrido	hubiese recorrido	hubiésemos recorrido
hubieras recorrido	hubierais recorrido	hubieses recorrido	hubieseis recorrido
hubiera recorrido	hubieran recorrido	hubiese recorrido	hubiesen recorrido

Progressive Tenses

Present	estoy, estás, está, estamos, estáis, están	
Preterit	estuve, estuviste, estuvo, estuvimos, estuvisteis, estuvieron	
Imperfect	estaba, estabas, estaba, estábamos, estabais, estaban	recorriendo
Future	estaré, estarás, estará, estaremos, estaréis, estarán	
Conditional	estaría, estarías, estaría, estaríamos, estaríais, estarían	
Subjunctive	que + *corresponding subjunctive tense of* estar (*see verb 252*)	

Commands

	(nosotros) recorramos / no recorramos
(tú) recorre / no recorras	(vosotros) recorred / no recorráis
(Ud.) recorra / no recorra	(Uds.) recorran / no recorran

USAGE

Recorrieron el país.	*They traveled around / toured the country.*
Recorrimos 500 millas ayer.	*We covered 500 miles yesterday.*
¿Recorréis la ciudad hoy?	*Are you going around the city today?*
Me encanta recorrer el mundo.	*I love to travel the world.*
Haremos un recorrido por Italia.	*We'll take a trip through Italy.*
Sigan el recorrido del autobús.	*Follow the bus route.*

reducir *to reduce*

reduzco · redujeron · reducido · reduciendo

-ir verb; c > zc/o, a; irregular preterit

Present		Preterit	
reduzco	reducimos	reduje	redujimos
reduces	reducís	redujiste	redujisteis
reduce	reducen	redujo	redujeron

Imperfect		Present Perfect	
reducía	reducíamos	he reducido	hemos reducido
reducías	reducíais	has reducido	habéis reducido
reducía	reducían	ha reducido	han reducido

Future		Conditional	
reduciré	reduciremos	reduciría	reduciríamos
reducirás	reduciréis	reducirías	reduciríais
reducirá	reducirán	reduciría	reducirían

Pluperfect		Preterit Perfect	
había reducido	habíamos reducido	hube reducido	hubimos reducido
habías reducido	habíais reducido	hubiste reducido	hubisteis reducido
había reducido	habían reducido	hubo reducido	hubieron reducido

Future Perfect		Conditional Perfect	
habré reducido	habremos reducido	habría reducido	habríamos reducido
habrás reducido	habréis reducido	habrías reducido	habríais reducido
habrá reducido	habrán reducido	habría reducido	habrían reducido

Present Subjunctive		Present Perfect Subjunctive	
reduzca	reduzcamos	haya reducido	hayamos reducido
reduzcas	reduzcáis	hayas reducido	hayáis reducido
reduzca	reduzcan	haya reducido	hayan reducido

Imperfect Subjunctive (-ra)		*or*	Imperfect Subjunctive (-se)	
redujera	redujéramos		redujese	redujésemos
redujeras	redujerais		redujeses	redujeseis
redujera	redujeran		redujese	redujesen

Past Perfect Subjunctive (-ra)		*or*	Past Perfect Subjunctive (-se)	
hubiera reducido	hubiéramos reducido		hubiese reducido	hubiésemos reducido
hubieras reducido	hubierais reducido		hubieses reducido	hubieseis reducido
hubiera reducido	hubieran reducido		hubiese reducido	hubiesen reducido

Progressive Tenses

Present	estoy, estás, está, estamos, estáis, están	
Preterit	estuve, estuviste, estuvo, estuvimos, estuvisteis, estuvieron	
Imperfect	estaba, estabas, estaba, estábamos, estabais, estaban	reduciendo
Future	estaré, estarás, estará, estaremos, estaréis, estarán	
Conditional	estaría, estarías, estaría, estaríamos, estaríais, estarían	
Subjunctive	que + *corresponding subjunctive tense of* estar (*see verb 252*)	

Commands

	(nosotros) reduzcamos / no reduzcamos
(tú) reduce / no reduzcas	(vosotros) reducid / no reduzcáis
(Ud.) reduzca / no reduzca	(Uds.) reduzcan / no reduzcan

USAGE

Es bueno que se reduzca la tasa de interés.	*It's good that the interest rate is being lowered.*
Reducían los gastos.	*They were reducing their expenses.*
Se reduce la cifra en una tercera parte.	*The number is reduced by a third.*
Todo lo que prometía se reduce a nada.	*Everything she was promising amounts to nothing.*
Cabe un número reducido de personas.	*A limited/small number of people can fit/go in.*
Se compra a precios reducidos ahora.	*You can buy at reduced prices now.*

-ar verb;
spelling change: z > c/e

reemplazo · reemplazaron · reemplazado · reemplazando

Present		Preterit	
reemplazo	reemplazamos	reemplacé	reemplazamos
reemplazas	reemplazáis	reemplazaste	reemplazasteis
reemplaza	reemplazan	reemplazó	reemplazaron

Imperfect		Present Perfect	
reemplazaba	reemplazábamos	he reemplazado	hemos reemplazado
reemplazabas	reemplazabais	has reemplazado	habéis reemplazado
reemplazaba	reemplazaban	ha reemplazado	han reemplazado

Future		Conditional	
reemplazaré	reemplazaremos	reemplazaría	reemplazaríamos
reemplazarás	reemplazaréis	reemplazarías	reemplazaríais
reemplazará	reemplazarán	reemplazaría	reemplazarían

Pluperfect		Preterit Perfect	
había reemplazado	habíamos reemplazado	hube reemplazado	hubimos reemplazado
habías reemplazado	habíais reemplazado	hubiste reemplazado	hubisteis reemplazado
había reemplazado	habían reemplazado	hubo reemplazado	hubieron reemplazado

Future Perfect		Conditional Perfect	
habré reemplazado	habremos reemplazado	habría reemplazado	habríamos reemplazado
habrás reemplazado	habréis reemplazado	habrías reemplazado	habríais reemplazado
habrá reemplazado	habrán reemplazado	habría reemplazado	habrían reemplazado

Present Subjunctive		Present Perfect Subjunctive	
reemplace	reemplacemos	haya reemplazado	hayamos reemplazado
reemplaces	reemplacéis	hayas reemplazado	hayáis reemplazado
reemplace	reemplacen	haya reemplazado	hayan reemplazado

Imperfect Subjunctive (-ra)		or	Imperfect Subjunctive (-se)	
reemplazara	reemplazáramos		reemplazase	reemplazásemos
reemplazaras	reemplazarais		reemplazases	reemplazaseis
reemplazara	reemplazaran		reemplazase	reemplazasen

Past Perfect Subjunctive (-ra)		or	Past Perfect Subjunctive (-se)	
hubiera reemplazado	hubiéramos reemplazado		hubiese reemplazado	hubiésemos reemplazado
hubieras reemplazado	hubierais reemplazado		hubieses reemplazado	hubieseis reemplazado
hubiera reemplazado	hubieran reemplazado		hubiese reemplazado	hubiesen reemplazado

Progressive Tenses

Present	estoy, estás, está, estamos, estáis, están	
Preterit	estuve, estuviste, estuvo, estuvimos, estuvisteis, estuvieron	
Imperfect	estaba, estabas, estaba, estábamos, estabais, estaban	reemplazando
Future	estaré, estarás, estará, estaremos, estaréis, estarán	
Conditional	estaría, estarías, estaría, estaríamos, estaríais, estarían	
Subjunctive	que + *corresponding subjunctive tense of* estar (*see verb 252*)	

Commands

	(nosotros) reemplacemos / no reemplacemos
(tú) reemplaza / no reemplaces	(vosotros) reemplazad / no reemplacéis
(Ud.) reemplace / no reemplace	(Uds.) reemplacen / no reemplacen

USAGE

Reemplaza la bombilla quemada.	*Replace the burned-out bulb.*
Se reemplazan algunos empleados.	*Some employees are being replaced.*
Reemplacé los vasos que faltaban.	*I replaced the missing glasses.*
Los maestros incompetentes serán reemplazados.	*Incompetent teachers will be replaced.*
Llegan los soldados de reemplazo mañana.	*The reserve soldiers arrive tomorrow.*

referirse *to refer, mean*

refiero · refirieron · referido · refiriéndose

stem-changing -ir reflexive verb:
e > ie (present), e > i (preterit)

Present		Preterit	
me refiero	nos referimos	me referí	nos referimos
te refieres	os referís	te referiste	os referisteis
se refiere	se refieren	se refirió	se refirieron

Imperfect		Present Perfect	
me refería	nos referíamos	me he referido	nos hemos referido
te referías	os referíais	te has referido	os habéis referido
se refería	se referían	se ha referido	se han referido

Future		Conditional	
me referiré	nos referiremos	me referiría	nos referiríamos
te referirás	os referiréis	te referirías	os referiríais
se referirá	se referirán	se referiría	se referirían

Pluperfect		Preterit Perfect	
me había referido	nos habíamos referido	me hube referido	nos hubimos referido
te habías referido	os habíais referido	te hubiste referido	os hubisteis referido
se había referido	se habían referido	se hubo referido	se hubieron referido

Future Perfect		Conditional Perfect	
me habré referido	nos habremos referido	me habría referido	nos habríamos referido
te habrás referido	os habréis referido	te habrías referido	os habríais referido
se habrá referido	se habrán referido	se habría referido	se habrían referido

Present Subjunctive		Present Perfect Subjunctive	
me refiera	nos refiramos	me haya referido	nos hayamos referido
te refieras	os refiráis	te hayas referido	os hayáis referido
se refiera	se refieran	se haya referido	se hayan referido

Imperfect Subjunctive (-ra)		*or*	Imperfect Subjunctive (-se)	
me refiriera	nos refiriéramos		me refiriese	nos refiriésemos
te refirieras	os refirierais		te refirieses	os refirieseis
se refiriera	se refirieran		se refiriese	se refiriesen

Past Perfect Subjunctive (-ra)		*or*	Past Perfect Subjunctive (-se)	
me hubiera referido	nos hubiéramos referido		me hubiese referido	nos hubiésemos referido
te hubieras referido	os hubierais referido		te hubieses referido	os hubieseis referido
se hubiera referido	se hubieran referido		se hubiese referido	se hubiesen referido

Progressive Tenses

Present	estoy, estás, está, estamos, estáis, están	
Preterit	estuve, estuviste, estuvo, estuvimos, estuvisteis, estuvieron	
Imperfect	estaba, estabas, estaba, estábamos, estabais, estaban	refiriendo *(see page 41)*
Future	estaré, estarás, estará, estaremos, estaréis, estarán	
Conditional	estaría, estarías, estaría, estaríamos, estaríais, estarían	
Subjunctive	que + *corresponding subjunctive tense of* estar *(see verb 252)*	

Commands

	(nosotros) refirámonos / no nos refiramos
(tú) refiérete / no te refieras	(vosotros) referios / no os refiráis
(Ud.) refiérase / no se refiera	(Uds.) refiéranse / no se refieran

USAGE

—¿A qué te refieres? — *What are you referring to?*
—Me refiero a lo que te expliqué ayer. — *I'm referring to what I explained to you yesterday.*

Se refería a sus notas. — *She referred to her notes.*
¿Estás refiriéndote al capítulo 18? — *You're referring to chapter 18?*
Por lo que se refiere al caso. — *As for / With regard to the case.*
Hizo referencia al acontecimiento. — *She made reference to the event.*
Con referencia a ese asunto... — *With reference to / Concerning that matter . . .*

regular -ar verb   reformo · reformaron · reformado · reformando

	Present		Preterit
reformo	reformamos	reformé	reformamos
reformas	reformáis	reformaste	reformasteis
reforma	reforman	reformó	reformaron

	Imperfect		Present Perfect
reformaba	reformábamos	he reformado	hemos reformado
reformabas	reformabais	has reformado	habéis reformado
reformaba	reformaban	ha reformado	han reformado

	Future		Conditional
reformaré	reformaremos	reformaría	reformaríamos
reformarás	reformaréis	reformarías	reformaríais
reformará	reformarán	reformaría	reformarían

	Pluperfect		Preterit Perfect
había reformado	habíamos reformado	hube reformado	hubimos reformado
habías reformado	habíais reformado	hubiste reformado	hubisteis reformado
había reformado	habían reformado	hubo reformado	hubieron reformado

	Future Perfect		Conditional Perfect
habré reformado	habremos reformado	habría reformado	habríamos reformado
habrás reformado	habréis reformado	habrías reformado	habríais reformado
habrá reformado	habrán reformado	habría reformado	habrían reformado

	Present Subjunctive		Present Perfect Subjunctive
reforme	reformemos	haya reformado	hayamos reformado
reformes	reforméis	hayas reformado	hayáis reformado
reforme	reformen	haya reformado	hayan reformado

Imperfect Subjunctive (-ra)		or	Imperfect Subjunctive (-se)	
reformara	reformáramos		reformase	reformásemos
reformaras	reformarais		reformases	reformaseis
reformara	reformaran		reformase	reformasen

Past Perfect Subjunctive (-ra)		or	Past Perfect Subjunctive (-se)	
hubiera reformado	hubiéramos reformado		hubiese reformado	hubiésemos reformado
hubieras reformado	hubierais reformado		hubieses reformado	hubieseis reformado
hubiera reformado	hubieran reformado		hubiese reformado	hubiesen reformado

Progressive Tenses

Present	estoy, estás, está, estamos, estáis, están	
Preterit	estuve, estuviste, estuvo, estuvimos, estuvisteis, estuvieron	
Imperfect	estaba, estabas, estaba, estábamos, estabais, estaban	reformando
Future	estaré, estarás, estará, estaremos, estaréis, estarán	
Conditional	estaría, estarías, estaría, estaríamos, estaríais, estarían	
Subjunctive	que + *corresponding subjunctive tense of* estar (*see verb 252*)	

Commands

	(nosotros) reformemos / no reformemos
(tú) reforma / no reformes	(vosotros) reformad / no reforméis
(Ud.) reforme / no reforme	(Uds.) reformen / no reformen

USAGE

Reformarán unas leyes.	*They'll reform some laws.*
Nos hace falta reformar la casa.	*We need to renovate the house.*
Se reformó la compañía.	*The company was reorganized.*
Hubo una reforma monetaria en Europa.	*There was monetary reform in Europe.*
La Reforma dio origen a las iglesias Protestantes.	*The Reformation gave rise to the Protestant churches.*

regalar to give (as a gift), *give away*

regalo · regalaron · regalado · regalando

regular -ar verb

Present

regalo	regalamos
regalas	regaláis
regala	regalan

Preterit

regalé	regalamos
regalaste	regalasteis
regaló	regalaron

Imperfect

regalaba	regalábamos
regalabas	regalabais
regalaba	regalaban

Present Perfect

he regalado	hemos regalado
has regalado	habéis regalado
ha regalado	han regalado

Future

regalaré	regalaremos
regalarás	regalaréis
regalará	regalarán

Conditional

regalaría	regalaríamos
regalarías	regalaríais
regalaría	regalarían

Pluperfect

había regalado	habíamos regalado
habías regalado	habíais regalado
había regalado	habían regalado

Preterit Perfect

hube regalado	hubimos regalado
hubiste regalado	hubisteis regalado
hubo regalado	hubieron regalado

Future Perfect

habré regalado	habremos regalado
habrás regalado	habréis regalado
habrá regalado	habrán regalado

Conditional Perfect

habría regalado	habríamos regalado
habrías regalado	habríais regalado
habría regalado	habrían regalado

Present Subjunctive

regale	regalemos
regales	regaléis
regale	regalen

Present Perfect Subjunctive

haya regalado	hayamos regalado
hayas regalado	hayáis regalado
haya regalado	hayan regalado

Imperfect Subjunctive (-ra)   or   Imperfect Subjunctive (-se)

regalara	regaláramos	regalase	regalásemos
regalaras	regalarais	regalases	regalaseis
regalara	regalaran	regalase	regalasen

Past Perfect Subjunctive (-ra)   or   Past Perfect Subjunctive (-se)

hubiera regalado	hubiéramos regalado	hubiese regalado	hubiésemos regalado
hubieras regalado	hubierais regalado	hubieses regalado	hubieseis regalado
hubiera regalado	hubieran regalado	hubiese regalado	hubiesen regalado

Progressive Tenses

Present	estoy, estás, está, estamos, estáis, están
Preterit	estuve, estuviste, estuvo, estuvimos, estuvisteis, estuvieron
Imperfect	estaba, estabas, estaba, estábamos, estabais, estaban
Future	estaré, estarás, estará, estaremos, estaréis, estarán
Conditional	estaría, estarías, estaría, estaríamos, estaríais, estarían
Subjunctive	que + *corresponding subjunctive tense of* estar (*see verb 252*)

} regalando

Commands

	(nosotros) regalemos / no regalemos
(tú) regala / no regales	(vosotros) regalad / no regaléis
(Ud.) regale / no regale	(Uds.) regalen / no regalen

USAGE

¿Qué te regalaron para tu cumpleaños?
Regaló su ropa usada al Ejército de Salvación.
Esta música regala el oído.
Este cuadro regala la vista.
Nos regalamos con unas tortas.
Le di unos discos compactos de regalo.
¡Tienes una vida regalada!

What (gifts) did you get for your birthday?
She gave away her old clothing to the Salvation Army.
This music delights the ear.
This painting is a pleasure to behold.
We feasted on cakes.
I gave him compact discs as a gift.
You lead a charmed/comfortable life!

stem-changing -ar verb: e > ie;
spelling change: g > gu/e

riego · regaron · regado · regando

	Present		Preterit
riego	regamos	regué	regamos
riegas	regáis	regaste	regasteis
riega	riegan	regó	regaron

	Imperfect		Present Perfect
regaba	regábamos	he regado	hemos regado
regabas	regabais	has regado	habéis regado
regaba	regaban	ha regado	han regado

	Future		Conditional
regaré	regaremos	regaría	regaríamos
regarás	regaréis	regarías	regaríais
regará	regarán	regaría	regarían

	Pluperfect		Preterit Perfect
había regado	habíamos regado	hube regado	hubimos regado
habías regado	habíais regado	hubiste regado	hubisteis regado
había regado	habían regado	hubo regado	hubieron regado

	Future Perfect		Conditional Perfect
habré regado	habremos regado	habría regado	habríamos regado
habrás regado	habréis regado	habrías regado	habríais regado
habrá regado	habrán regado	habría regado	habrían regado

	Present Subjunctive		Present Perfect Subjunctive
riegue	reguemos	haya regado	hayamos regado
riegues	reguéis	hayas regado	hayáis regado
riegue	rieguen	haya regado	hayan regado

	Imperfect Subjunctive (-ra)	or	Imperfect Subjunctive (-se)
regara	regáramos	regase	regásemos
regaras	regarais	regases	regaseis
regara	regaran	regase	regasen

	Past Perfect Subjunctive (-ra)	or	Past Perfect Subjunctive (-se)
hubiera regado	hubiéramos regado	hubiese regado	hubiésemos regado
hubieras regado	hubierais regado	hubieses regado	hubieseis regado
hubiera regado	hubieran regado	hubiese regado	hubiesen regado

Progressive Tenses

Present	estoy, estás, está, estamos, estáis, están	
Preterit	estuve, estuviste, estuvo, estuvimos, estuvisteis, estuvieron	
Imperfect	estaba, estabas, estaba, estábamos, estabais, estaban	regando
Future	estaré, estarás, estará, estaremos, estaréis, estarán	
Conditional	estaría, estarías, estaría, estaríamos, estaríais, estarían	
Subjunctive	que + corresponding subjunctive tense of estar (see verb 252)	

Commands

	(nosotros) reguemos / no reguemos
(tú) riega / no riegues	(vosotros) regad / no reguéis
(Ud.) riegue / no riegue	(Uds.) rieguen / no rieguen

USAGE

Riegue las flores cuando se ponga el sol.	Water the flowers at sunset.
Regaron los campos durante la sequía.	They irrigated the fields during the drought.
Es preciso que reguemos el césped mañana.	It's necessary that we water the lawn tomorrow.
Se emplea el riego en esta región desértica.	They use irrigation in this desert region.
El riego agrícola es muy importante.	Agricultural irrigation is very important.
El huerto necesita un riego.	The vegetable garden needs watering.
Valencia tiene mucho cultivo de regadío.	Valencia has a lot of irrigation farming.

regresar *to return, come/go back*

regreso · regresaron · regresado · regresando

regular -ar verb

Present		Preterit	
regreso	regresamos	regresé	regresamos
regresas	regresáis	regresaste	regresasteis
regresa	regresan	regresó	regresaron

Imperfect		Present Perfect	
regresaba	regresábamos	he regresado	hemos regresado
regresabas	regresabais	has regresado	habéis regresado
regresaba	regresaban	ha regresado	han regresado

Future		Conditional	
regresaré	regresaremos	regresaría	regresaríamos
regresarás	regresaréis	regresarías	regresaríais
regresará	regresarán	regresaría	regresarían

Pluperfect		Preterit Perfect	
había regresado	habíamos regresado	hube regresado	hubimos regresado
habías regresado	habíais regresado	hubiste regresado	hubisteis regresado
había regresado	habían regresado	hubo regresado	hubieron regresado

Future Perfect		Conditional Perfect	
habré regresado	habremos regresado	habría regresado	habríamos regresado
habrás regresado	habréis regresado	habrías regresado	habríais regresado
habrá regresado	habrán regresado	habría regresado	habrían regresado

Present Subjunctive		Present Perfect Subjunctive	
regrese	regresemos	haya regresado	hayamos regresado
regreses	regreséis	hayas regresado	hayáis regresado
regrese	regresen	haya regresado	hayan regresado

Imperfect Subjunctive (-ra)		or	Imperfect Subjunctive (-se)	
regresara	regresáramos		regresase	regresásemos
regresaras	regresarais		regresases	regresaseis
regresara	regresaran		regresase	regresasen

Past Perfect Subjunctive (-ra)		or	Past Perfect Subjunctive (-se)	
hubiera regresado	hubiéramos regresado		hubiese regresado	hubiésemos regresado
hubieras regresado	hubierais regresado		hubieses regresado	hubieseis regresado
hubiera regresado	hubieran regresado		hubiese regresado	hubiesen regresado

Progressive Tenses

Present	estoy, estás, está, estamos, estáis, están	
Preterit	estuve, estuviste, estuvo, estuvimos, estuvisteis, estuvieron	
Imperfect	estaba, estabas, estaba, estábamos, estabais, estaban	regresando
Future	estaré, estarás, estará, estaremos, estaréis, estarán	
Conditional	estaría, estarías, estaría, estaríamos, estaríais, estarían	
Subjunctive	que + *corresponding subjunctive tense of* estar (*see verb 252*)	

Commands

	(nosotros) regresemos / no regresemos
(tú) regresa / no regreses	(vosotros) regresad / no regreséis
(Ud.) regrese / no regrese	(Uds.) regresen / no regresen

USAGE

Regresaron de Chile la semana pasada.	*They returned from Chile last week.*
¿Cuándo regresarás de tu viaje de negocios?	*When will you come back from your business trip?*
Me alego de que Uds. hayan regresado.	*I'm glad you've come back.*
Regrésame el libro lo antes posible.	*Give the book back to me as soon as possible. (Amer.)*
Diles que estamos de regreso.	*Tell them we're back home.*
Hubo una regresión de costos.	*There was a drop in prices.*

stem-changing -ir verb: *e > i*

río · rieron · reído · riendo

Present		Preterit	
río	reímos	reí	reímos
ríes	reís	reíste	reísteis
ríe	ríen	rió	rieron

Imperfect		Present Perfect	
reía	reíamos	he reído	hemos reído
reías	reíais	has reído	habéis reído
reía	reían	ha reído	han reído

Future		Conditional	
reiré	reiremos	reiría	reiríamos
reirás	reiréis	reirías	reiríais
reirá	reirán	reiría	reirían

Pluperfect		Preterit Perfect	
había reído	habíamos reído	hube reído	hubimos reído
habías reído	habíais reído	hubiste reído	hubisteis reído
había reído	habían reído	hubo reído	hubieron reído

Future Perfect		Conditional Perfect	
habré reído	habremos reído	habría reído	habríamos reído
habrás reído	habréis reído	habrías reído	habríais reído
habrá reído	habrán reído	habría reído	habrían reído

Present Subjunctive		Present Perfect Subjunctive	
ría	riamos	haya reído	hayamos reído
rías	riáis	hayas reído	hayáis reído
ría	rían	haya reído	hayan reído

Imperfect Subjunctive (-ra)		*or*	Imperfect Subjunctive (-se)	
riera	riéramos		riese	riésemos
rieras	rierais		rieses	rieseis
riera	rieran		riese	riesen

Past Perfect Subjunctive (-ra)		*or*	Past Perfect Subjunctive (-se)	
hubiera reído	hubiéramos reído		hubiese reído	hubiésemos reído
hubieras reído	hubierais reído		hubieses reído	hubieseis reído
hubiera reído	hubieran reído		hubiese reído	hubiesen reído

Progressive Tenses

Present	estoy, estás, está, estamos, estáis, están	
Preterit	estuve, estuviste, estuvo, estuvimos, estuvisteis, estuvieron	
Imperfect	estaba, estabas, estaba, estábamos, estabais, estaban	
Future	estaré, estarás, estará, estaremos, estaréis, estarán	riendo
Conditional	estaría, estarías, estaría, estaríamos, estaríais, estarían	
Subjunctive	que + *corresponding subjunctive tense of* estar (*see verb 252*)	

Commands

	(nosotros) riamos / no riamos
(tú) ríe / no rías	(vosotros) reíd / no riáis
(Ud.) ría / no ría	(Uds.) rían / no rían

USAGE

Se echó a reír.	*She started to laugh.*
Esa situación era irrisoria.	*That situation was laughable.*
Rieron a carcajadas.	*They split their sides laughing.*
Me reí mucho.	*I had a good laugh.*
Me dio risa.	*It made me laugh.*
Se murieron de risa.	*They fell down laughing.*
Quien ríe el último, ríe mejor.	*He who laughs last laughs best.*

relacionar *to relate, connect*

relaciono · relacionaron · relacionado · relacionando   regular *-ar* verb

Present

relaciono	relacionamos
relacionas	relacionáis
relaciona	relacionan

Imperfect

relacionaba	relacionábamos
relacionabas	relacionabais
relacionaba	relacionaban

Future

relacionaré	relacionaremos
relacionarás	relacionaréis
relacionará	relacionarán

Pluperfect

había relacionado	habíamos relacionado
habías relacionado	habíais relacionado
había relacionado	habían relacionado

Future Perfect

habré relacionado	habremos relacionado
habrás relacionado	habréis relacionado
habrá relacionado	habrán relacionado

Preterit

relacioné	relacionamos
relacionaste	relacionasteis
relacionó	relacionaron

Present Perfect

he relacionado	hemos relacionado
has relacionado	habéis relacionado
ha relacionado	han relacionado

Conditional

relacionaría	relacionaríamos
relacionarías	relacionaríais
relacionaría	relacionarían

Preterit Perfect

hube relacionado	hubimos relacionado
hubiste relacionado	hubisteis relacionado
hubo relacionado	hubieron relacionado

Conditional Perfect

habría relacionado	habríamos relacionado
habrías relacionado	habríais relacionado
habría relacionado	habrían relacionado

Present Subjunctive

relacione	relacionemos
relaciones	relacionéis
relacione	relacionen

Present Perfect Subjunctive

haya relacionado	hayamos relacionado
hayas relacionado	hayáis relacionado
haya relacionado	hayan relacionado

Imperfect Subjunctive (-ra)

relacionara	relacionáramos
relacionaras	relacionarais
relacionara	relacionaran

or

Imperfect Subjunctive (-se)

relacionase	relacionásemos
relacionases	relacionaseis
relacionase	relacionasen

Past Perfect Subjunctive (-ra)

hubiera relacionado	hubiéramos relacionado
hubieras relacionado	hubierais relacionado
hubiera relacionado	hubieran relacionado

or

Past Perfect Subjunctive (-se)

hubiese relacionado	hubiésemos relacionado
hubieses relacionado	hubieseis relacionado
hubiese relacionado	hubiesen relacionado

Progressive Tenses

Present	estoy, estás, está, estamos, estáis, están
Preterit	estuve, estuviste, estuvo, estuvimos, estuvisteis, estuvieron
Imperfect	estaba, estabas, estaba, estábamos, estabais, estaban
Future	estaré, estarás, estará, estaremos, estaréis, estarán
Conditional	estaría, estarías, estaría, estaríamos, estaríais, estarían
Subjunctive	que + *corresponding subjunctive tense of* estar (*see verb 252*)

> relacionando

Commands

	(nosotros) relacionemos / no relacionemos
(tú) relaciona / no relaciones	(vosotros) relacionad / no relacionéis
(Ud.) relacione / no relacione	(Uds.) relacionen / no relacionen

USAGE

Relacione los dos sucesos.	*Relate the two incidents.*
No relacionó la causa con el efecto.	*He didn't connect the cause and effect.*
Me relacioné con ellas.	*I got in touch with them.*
Trabajo en el departamento de relaciones públicas.	*I work in the public relations department.*
Están en buenas relaciones.	*They're on good terms.*
Hizo relación a la competencia.	*She referred to the competition.*

stem-changing -ir verb: e > i;
spelling change: unstressed i deleted after ñ

riño · riñeron · reñido · riñendo

Present		Preterit	
riño	reñimos	reñí	reñimos
riñes	reñís	reñiste	reñisteis
riñe	riñen	riñó	riñeron

Imperfect		Present Perfect	
reñía	reñíamos	he reñido	hemos reñido
reñías	reñíais	has reñido	habéis reñido
reñía	reñían	ha reñido	han reñido

Future		Conditional	
reñiré	reñiremos	reñiría	reñiríamos
reñirás	reñiréis	reñirías	reñiríais
reñirá	reñirán	reñiría	reñirían

Pluperfect		Preterit Perfect	
había reñido	habíamos reñido	hube reñido	hubimos reñido
habías reñido	habíais reñido	hubiste reñido	hubisteis reñido
había reñido	habían reñido	hubo reñido	hubieron reñido

Future Perfect		Conditional Perfect	
habré reñido	habremos reñido	habría reñido	habríamos reñido
habrás reñido	habréis reñido	habrías reñido	habríais reñido
habrá reñido	habrán reñido	habría reñido	habrían reñido

Present Subjunctive		Present Perfect Subjunctive	
riña	riñamos	haya reñido	hayamos reñido
riñas	riñáis	hayas reñido	hayáis reñido
riña	riñan	haya reñido	hayan reñido

Imperfect Subjunctive (-ra)		or	Imperfect Subjunctive (-se)	
riñera	riñéramos		riñese	riñésemos
riñeras	riñerais		riñeses	riñeseis
riñera	riñeran		riñese	riñesen

Past Perfect Subjunctive (-ra)		or	Past Perfect Subjunctive (-se)	
hubiera reñido	hubiéramos reñido		hubiese reñido	hubiésemos reñido
hubieras reñido	hubierais reñido		hubieses reñido	hubieseis reñido
hubiera reñido	hubieran reñido		hubiese reñido	hubiesen reñido

Progressive Tenses

Present	estoy, estás, está, estamos, estáis, están	
Preterit	estuve, estuviste, estuvo, estuvimos, estuvisteis, estuvieron	
Imperfect	estaba, estabas, estaba, estábamos, estabais, estaban	riñendo
Future	estaré, estarás, estará, estaremos, estaréis, estarán	
Conditional	estaría, estarías, estaría, estaríamos, estaríais, estarían	
Subjunctive	que + corresponding subjunctive tense of estar (see verb 252)	

Commands

	(nosotros) riñamos / no riñamos
(tú) riñe / no riñas	(vosotros) reñid / no riñáis
(Ud.) riña / no riña	(Uds.) riñan / no riñan

USAGE

—¿Por qué reñiste con tu amiga? — Why did you quarrel with your friend?
—Reñimos por una tontería. — We argued over a foolish thing.
Seguían riñendo. — They kept on fighting.
Lo riñes como si fuera un niño. — You're scolding him as if he were a child.
¡Qué reñida fue la batalla de Gettysburg! — How hard fought was the Battle of Gettysburg!
Hubo riña en el campo de deportes. — There was a brawl on the playing field.

reparar *to repair, fix, notice*

reparo · repararon · reparado · reparando

regular *-ar* verb

Present		Preterit	
reparo	reparamos	reparé	reparamos
reparas	reparáis	reparaste	reparasteis
repara	reparan	reparó	repararon

Imperfect		Present Perfect	
reparaba	reparábamos	he reparado	hemos reparado
reparabas	reparabais	has reparado	habéis reparado
reparaba	reparaban	ha reparado	han reparado

Future		Conditional	
repararé	repararemos	repararía	repararíamos
repararás	repararéis	repararías	repararíais
reparará	repararán	repararía	repararían

Pluperfect		Preterit Perfect	
había reparado	habíamos reparado	hube reparado	hubimos reparado
habías reparado	habíais reparado	hubiste reparado	hubisteis reparado
había reparado	habían reparado	hubo reparado	hubieron reparado

Future Perfect		Conditional Perfect	
habré reparado	habremos reparado	habría reparado	habríamos reparado
habrás reparado	habréis reparado	habrías reparado	habríais reparado
habrá reparado	habrán reparado	habría reparado	habrían reparado

Present Subjunctive		Present Perfect Subjunctive	
repare	reparemos	haya reparado	hayamos reparado
repares	reparéis	hayas reparado	hayáis reparado
repare	reparen	haya reparado	hayan reparado

Imperfect Subjunctive (-ra)		or	Imperfect Subjunctive (-se)	
reparara	reparáramos		reparase	reparásemos
repararas	repararais		reparases	reparaseis
reparara	repararan		reparase	reparasen

Past Perfect Subjunctive (-ra)		or	Past Perfect Subjunctive (-se)	
hubiera reparado	hubiéramos reparado		hubiese reparado	hubiésemos reparado
hubieras reparado	hubierais reparado		hubieses reparado	hubieseis reparado
hubiera reparado	hubieran reparado		hubiese reparado	hubiesen reparado

Progressive Tenses

Present	estoy, estás, está, estamos, estáis, están	
Preterit	estuve, estuviste, estuvo, estuvimos, estuvisteis, estuvieron	
Imperfect	estaba, estabas, estaba, estábamos, estabais, estaban	reparando
Future	estaré, estarás, estará, estaremos, estaréis, estarán	
Conditional	estaría, estarías, estaría, estaríamos, estaríais, estarían	
Subjunctive	que + *corresponding subjunctive tense of* estar (*see verb 252*)	

Commands

	(nosotros) reparemos / no reparemos
(tú) repara / no repares	(vosotros) reparad / no reparéis
(Ud.) repare / no repare	(Uds.) reparen / no reparen

USAGE

Repararon mi computadora.	*My computer was repaired.*
¿No hay tienda que repare cámaras por aquí?	*Isn't there a store that fixes cameras around here?*
Reparamos en el embotellamiento de coches.	*We noticed the traffic jam.*
El carro está en el taller de reparaciones.	*The car is in the repair shop.*
¿Por qué pones reparos?	*Why are you raising objections / finding fault?*
Aceptamos con cierto reparo.	*We accept with some reservation.*

regular -ir verb

reparto · repartieron · repartido · repartiendo

Present		Preterit	
reparto	repartimos	repartí	repartimos
repartes	repartís	repartiste	repartisteis
reparte	reparten	repartió	repartieron

Imperfect		Present Perfect	
repartía	repartíamos	he repartido	hemos repartido
repartías	repartíais	has repartido	habéis repartido
repartía	repartían	ha repartido	han repartido

Future		Conditional	
repartiré	repartiremos	repartiría	repartiríamos
repartirás	repartiréis	repartirías	repartiríais
repartirá	repartirán	repartiría	repartirían

Pluperfect		Preterit Perfect	
había repartido	habíamos repartido	hube repartido	hubimos repartido
habías repartido	habíais repartido	hubiste repartido	hubisteis repartido
había repartido	habían repartido	hubo repartido	hubieron repartido

Future Perfect		Conditional Perfect	
habré repartido	habremos repartido	habría repartido	habríamos repartido
habrás repartido	habréis repartido	habrías repartido	habríais repartido
habrá repartido	habrán repartido	habría repartido	habrían repartido

Present Subjunctive		Present Perfect Subjunctive	
reparta	repartamos	haya repartido	hayamos repartido
repartas	repartáis	hayas repartido	hayáis repartido
reparta	repartan	haya repartido	hayan repartido

Imperfect Subjunctive (-ra)		or	Imperfect Subjunctive (-se)	
repartiera	repartiéramos		repartiese	repartiésemos
repartieras	repartierais		repartieses	repartieseis
repartiera	repartieran		repartiese	repartiesen

Past Perfect Subjunctive (-ra)		or	Past Perfect Subjunctive (-se)	
hubiera repartido	hubiéramos repartido		hubiese repartido	hubiésemos repartido
hubieras repartido	hubierais repartido		hubieses repartido	hubieseis repartido
hubiera repartido	hubieran repartido		hubiese repartido	hubiesen repartido

Progressive Tenses

Present	estoy, estás, está, estamos, estáis, están	
Preterit	estuve, estuviste, estuvo, estuvimos, estuvisteis, estuvieron	
Imperfect	estaba, estabas, estaba, estábamos, estabais, estaban	repartiendo
Future	estaré, estarás, estará, estaremos, estaréis, estarán	
Conditional	estaría, estarías, estaría, estaríamos, estaríais, estarían	
Subjunctive	que + *corresponding subjunctive tense of* estar (*see verb 252*)	

Commands

	(nosotros) repartamos / no repartamos
(tú) reparte / no repartas	(vosotros) repartid / no repartáis
(Ud.) reparta / no reparta	(Uds.) repartan / no repartan

Se reparten dividendos en marzo.	*Dividends are distributed in March.*
Repartieron el dinero entre cuatro personas.	*The money was shared among four people.*
El cartero reparte el correo por la mañana.	*The mailman delivers mail in the morning.*
Reparte los panecillos, por favor.	*Serve / Give out the rolls, please.*
Figuran muchos actores buenos en el reparto.	*There are many good actors in the cast.*
El repartidor conduce el coche de reparto.	*The delivery man drives the delivery truck.*

repetir *to repeat, do again, recite*

repito · repitieron · repetido · repitiendo   *stem-changing -ir verb: e > i*

Present		Preterit	
repito	repetimos	repetí	repetimos
repites	repetís	repetiste	repetisteis
repite	repiten	repitió	repitieron

Imperfect		Present Perfect	
repetía	repetíamos	he repetido	hemos repetido
repetías	repetíais	has repetido	habéis repetido
repetía	repetían	ha repetido	han repetido

Future		Conditional	
repetiré	repetiremos	repetiría	repetiríamos
repetirás	repetiréis	repetirías	repetiríais
repetirá	repetirán	repetiría	repetirían

Pluperfect		Preterit Perfect	
había repetido	habíamos repetido	hube repetido	hubimos repetido
habías repetido	habíais repetido	hubiste repetido	hubisteis repetido
había repetido	habían repetido	hubo repetido	hubieron repetido

Future Perfect		Conditional Perfect	
habré repetido	habremos repetido	habría repetido	habríamos repetido
habrás repetido	habréis repetido	habrías repetido	habríais repetido
habrá repetido	habrán repetido	habría repetido	habrían repetido

Present Subjunctive		Present Perfect Subjunctive	
repita	repitamos	haya repetido	hayamos repetido
repitas	repitáis	hayas repetido	hayáis repetido
repita	repitan	haya repetido	hayan repetido

Imperfect Subjunctive (-ra)		*or*	Imperfect Subjunctive (-se)	
repitiera	repitiéramos		repitiese	repitiésemos
repitieras	repitierais		repitieses	repitieseis
repitiera	repitieran		repitiese	repitiesen

Past Perfect Subjunctive (-ra)		*or*	Past Perfect Subjunctive (-se)	
hubiera repetido	hubiéramos repetido		hubiese repetido	hubiésemos repetido
hubieras repetido	hubierais repetido		hubieses repetido	hubieseis repetido
hubiera repetido	hubieran repetido		hubiese repetido	hubiesen repetido

Progressive Tenses

Present	estoy, estás, está, estamos, estáis, están	
Preterit	estuve, estuviste, estuvo, estuvimos, estuvisteis, estuvieron	
Imperfect	estaba, estabas, estaba, estábamos, estabais, estaban	repitiendo
Future	estaré, estarás, estará, estaremos, estaréis, estarán	
Conditional	estaría, estarías, estaría, estaríamos, estaríais, estarían	
Subjunctive	que + *corresponding subjunctive tense of* estar (*see verb 252*)	

Commands

	(nosotros) repitamos / no repitamos
(tú) repite / no repitas	(vosotros) repetid / no repitáis
(Ud.) repita / no repita	(Uds.) repitan / no repitan

USAGE

Repitan Uds. la oración.	*Repeat the sentence.*
Repitió el poema.	*She recited the poem.*
¡Qué rico está el flan! Voy a repetir.	*The custard is so delicious! I'll have another helping.*
¡Que se repita!	*Encore!*
¡Que no se repita!	*Don't let it happen again!*
Un entusiasmado público pedía la repetición.	*An enthusiastic audience asked for an encore.*
Nos lo mencionaba repetidas veces.	*He mentioned it to us repeatedly / again and again.*

resfriarse

-ar reflexive verb; spelling change:
i > í when stressed

resfrío · resfriaron · resfriado · resfriándose

Present

me resfrío	nos resfriamos
te resfrías	os resfriáis
se resfría	se resfrían

Preterit

me resfrié	nos resfriamos
te resfriaste	os resfriasteis
se resfrió	se resfriaron

Imperfect

me resfriaba	nos resfriábamos
te resfriabas	os resfriabais
se resfriaba	se resfriaban

Present Perfect

me he resfriado	nos hemos resfriado
te has resfriado	os habéis resfriado
se ha resfriado	se han resfriado

Future

me resfriaré	nos resfriaremos
te resfriarás	os resfriaréis
se resfriará	se resfriarán

Conditional

me resfriaría	nos resfriaríamos
te resfriarías	os resfriaríais
se resfriaría	se resfriarían

Pluperfect

me había resfriado	nos habíamos resfriado
te habías resfriado	os habíais resfriado
se había resfriado	se habían resfriado

Preterit Perfect

me hube resfriado	nos hubimos resfriado
te hubiste resfriado	os hubisteis resfriado
se hubo resfriado	se hubieron resfriado

Future Perfect

me habré resfriado	nos habremos resfriado
te habrás resfriado	os habréis resfriado
se habrá resfriado	se habrán resfriado

Conditional Perfect

me habría resfriado	nos habríamos resfriado
te habrías resfriado	os habríais resfriado
se habría resfriado	se habrían resfriado

Present Subjunctive

me resfríe	nos resfriemos
te resfríes	os resfriéis
se resfríe	se resfríen

Present Perfect Subjunctive

me haya resfriado	nos hayamos resfriado
te hayas resfriado	os hayáis resfriado
se haya resfriado	se hayan resfriado

Imperfect Subjunctive (-ra)

me resfriara	nos resfriáramos
te resfriaras	os resfriarais
se resfriara	se resfriaran

or

Imperfect Subjunctive (-se)

me resfriase	nos resfriásemos
te resfriases	os resfriaseis
se resfriase	se resfriasen

Past Perfect Subjunctive (-ra)

me hubiera resfriado	nos hubiéramos resfriado
te hubieras resfriado	os hubierais resfriado
se hubiera resfriado	se hubieran resfriado

or

Past Perfect Subjunctive (-se)

me hubiese resfriado	nos hubiésemos resfriado
te hubieses resfriado	os hubieseis resfriado
se hubiese resfriado	se hubiesen resfriado

Progressive Tenses

Present	estoy, estás, está, estamos, estáis, están
Preterit	estuve, estuviste, estuvo, estuvimos, estuvisteis, estuvieron
Imperfect	estaba, estabas, estaba, estábamos, estabais, estaban
Future	estaré, estarás, estará, estaremos, estaréis, estarán
Conditional	estaría, estarías, estaría, estaríamos, estaríais, estarían
Subjunctive	que + *corresponding subjunctive tense of* estar (*see verb 252*)

> resfriando (*see page 41*)

Commands

	(nosotros) resfriémonos / no nos resfriemos
(tú) resfríate / no te resfríes	(vosotros) resfriaos / no os resfriéis
(Ud.) resfríese / no se resfríe	(Uds.) resfríense / no se resfríen

USAGE

Se resfrió.	*She caught a cold.*
Siento que se haya resfriado.	*I'm sorry you've caught a cold.*
Cree que está resfriándose.	*She thinks she's catching a cold.*
Todos están resfriados por ella.	*Everyone has a cold because of her.*
—Parece que cogiste un resfrío.	*It appears you caught a cold.*
—Sí, tengo resfriado.	*Yes, I have a cold.*

resolver) *to solve, resolve, dissolve*

resuelvo · resolvieron · resuelto · resolviendo   stem-changing -er verb: o > ue

Present		Preterit	
resuelvo	resolvemos	resolví	resolvimos
resuelves	resolvéis	resolviste	resolvisteis
resuelve	resuelven	resolvió	resolvieron

Imperfect		Present Perfect	
resolvía	resolvíamos	he resuelto	hemos resuelto
resolvías	resolvíais	has resuelto	habéis resuelto
resolvía	resolvían	ha resuelto	han resuelto

Future		Conditional	
resolveré	resolveremos	resolvería	resolveríamos
resolverás	resolveréis	resolverías	resolveríais
resolverá	resolverán	resolvería	resolverían

Pluperfect		Preterit Perfect	
había resuelto	habíamos resuelto	hube resuelto	hubimos resuelto
habías resuelto	habíais resuelto	hubiste resuelto	hubisteis resuelto
había resuelto	habían resuelto	hubo resuelto	hubieron resuelto

Future Perfect		Conditional Perfect	
habré resuelto	habremos resuelto	habría resuelto	habríamos resuelto
habrás resuelto	habréis resuelto	habrías resuelto	habríais resuelto
habrá resuelto	habrán resuelto	habría resuelto	habrían resuelto

Present Subjunctive		Present Perfect Subjunctive	
resuelva	resolvamos	haya resuelto	hayamos resuelto
resuelvas	resolváis	hayas resuelto	hayáis resuelto
resuelva	resuelvan	haya resuelto	hayan resuelto

Imperfect Subjunctive (-ra)		or	Imperfect Subjunctive (-se)	
resolviera	resolviéramos		resolviese	resolviésemos
resolvieras	resolvierais		resolvieses	resolvieseis
resolviera	resolvieran		resolviese	resolviesen

Past Perfect Subjunctive (-ra)		or	Past Perfect Subjunctive (-se)	
hubiera resuelto	hubiéramos resuelto		hubiese resuelto	hubiésemos resuelto
hubieras resuelto	hubierais resuelto		hubieses resuelto	hubieseis resuelto
hubiera resuelto	hubieran resuelto		hubiese resuelto	hubiesen resuelto

Progressive Tenses

Present	estoy, estás, está, estamos, estáis, están	
Preterit	estuve, estuviste, estuvo, estuvimos, estuvisteis, estuvieron	
Imperfect	estaba, estabas, estaba, estábamos, estabais, estaban	resolviendo
Future	estaré, estarás, estará, estaremos, estaréis, estarán	
Conditional	estaría, estarías, estaría, estaríamos, estaríais, estarían	
Subjunctive	que + *corresponding subjunctive tense of* estar (*see verb 252*)	

Commands

	(nosotros) resolvamos / no resolvamos
(tú) resuelve / no resuelvas	(vosotros) resolved / no resolváis
(Ud.) resuelva / no resuelva	(Uds.) resuelvan / no resuelvan

(USAGE)

Resolvimos la cuestión. — *We resolved the question.*
¿Resolviste el problema? — *Did you solve the problem?*
No te preocupes. Todo se resolverá. — *Don't worry. Everything will work out.*
Se resolvió a aceptar las consecuencias. — *She made up her mind to accept the consequences.*
Tenían una actitud resuelta. — *They had a resolute/determined attitude.*
El problema queda sin resolver. — *The problem is still unsolved.*

regular *-er* verb   **respondo · respondieron · respondido · respondiendo**

	Present		Preterit
respondo	respondemos	respondí	respondimos
respondes	respondéis	respondiste	respondisteis
responde	responden	respondió	respondieron

	Imperfect		Present Perfect
respondía	respondíamos	he respondido	hemos respondido
respondías	respondíais	has respondido	habéis respondido
respondía	respondían	ha respondido	han respondido

	Future		Conditional
responderé	responderemos	respondería	responderíamos
responderás	responderéis	responderías	responderíais
responderá	responderán	respondería	responderían

	Pluperfect		Preterit Perfect
había respondido	habíamos respondido	hube respondido	hubimos respondido
habías respondido	habíais respondido	hubiste respondido	hubisteis respondido
había respondido	habían respondido	hubo respondido	hubieron respondido

	Future Perfect		Conditional Perfect
habré respondido	habremos respondido	habría respondido	habríamos respondido
habrás respondido	habréis respondido	habrías respondido	habríais respondido
habrá respondido	habrán respondido	habría respondido	habrían respondido

	Present Subjunctive		Present Perfect Subjunctive
responda	respondamos	haya respondido	hayamos respondido
respondas	respondáis	hayas respondido	hayáis respondido
responda	respondan	haya respondido	hayan respondido

	Imperfect Subjunctive (-ra)	*or*	Imperfect Subjunctive (-se)	
respondiera	respondiéramos		respondiese	respondiésemos
respondieras	respondierais		respondieses	respondieseis
respondiera	respondieran		respondiese	respondiesen

	Past Perfect Subjunctive (-ra)	*or*	Past Perfect Subjunctive (-se)	
hubiera respondido	hubiéramos respondido		hubiese respondido	hubiésemos respondido
hubieras respondido	hubierais respondido		hubieses respondido	hubieseis respondido
hubiera respondido	hubieran respondido		hubiese respondido	hubiesen respondido

Progressive Tenses

Present	estoy, estás, está, estamos, estáis, están	
Preterit	estuve, estuviste, estuvo, estuvimos, estuvisteis, estuvieron	
Imperfect	estaba, estabas, estaba, estábamos, estabais, estaban	} respondiendo
Future	estaré, estarás, estará, estaremos, estaréis, estarán	
Conditional	estaría, estarías, estaría, estaríamos, estaríais, estarían	
Subjunctive	que + *corresponding subjunctive tense of* estar (*see verb 252*)	

Commands

	(nosotros) respondamos / no respondamos
(tú) responde / no respondas	(vosotros) responded / no respondáis
(Ud.) responda / no responda	(Uds.) respondan / no respondan

(**USAGE**)

Respondí a su pregunta por correo electrónico.	*I answered his question by e-mail.*
No respondieron a mi carta.	*They didn't reply to my letter.*
Los papás responden de la educación de sus hijos.	*Parents are responsible for their children's upbringing.*
Asumieron la responsabilidad de la derrota.	*They took responsibility for the defeat.*
Se ha hecho responsable del proyecto.	*He has assumed responsibility for the project.*
Dio la callada por respuesta.	*She said nothing in reply.*

resultar *to result, turn out, work out, be*

resulto · resultaron · resultado · resultando

regular -ar verb

Present		Preterit	
resulto	resultamos	resulté	resultamos
resultas	resultáis	resultaste	resultasteis
resulta	resultan	resultó	resultaron

Imperfect		Present Perfect	
resultaba	resultábamos	he resultado	hemos resultado
resultabas	resultabais	has resultado	habéis resultado
resultaba	resultaban	ha resultado	han resultado

Future		Conditional	
resultaré	resultaremos	resultaría	resultaríamos
resultarás	resultaréis	resultarías	resultaríais
resultará	resultarán	resultaría	resultarían

Pluperfect		Preterit Perfect	
había resultado	habíamos resultado	hube resultado	hubimos resultado
habías resultado	habíais resultado	hubiste resultado	hubisteis resultado
había resultado	habían resultado	hubo resultado	hubieron resultado

Future Perfect		Conditional Perfect	
habré resultado	habremos resultado	habría resultado	habríamos resultado
habrás resultado	habréis resultado	habrías resultado	habríais resultado
habrá resultado	habrán resultado	habría resultado	habrían resultado

Present Subjunctive		Present Perfect Subjunctive	
resulte	resultemos	haya resultado	hayamos resultado
resultes	resultéis	hayas resultado	hayáis resultado
resulte	resulten	haya resultado	hayan resultado

Imperfect Subjunctive (-ra)		or	Imperfect Subjunctive (-se)	
resultara	resultáramos		resultase	resultásemos
resultaras	resultarais		resultases	resultaseis
resultara	resultaran		resultase	resultasen

Past Perfect Subjunctive (-ra)		or	Past Perfect Subjunctive (-se)	
hubiera resultado	hubiéramos resultado		hubiese resultado	hubiésemos resultado
hubieras resultado	hubierais resultado		hubieses resultado	hubieseis resultado
hubiera resultado	hubieran resultado		hubiese resultado	hubiesen resultado

Progressive Tenses

Present	estoy, estás, está, estamos, estáis, están	
Preterit	estuve, estuviste, estuvo, estuvimos, estuvisteis, estuvieron	
Imperfect	estaba, estabas, estaba, estábamos, estabais, estaban	resultando
Future	estaré, estarás, estará, estaremos, estaréis, estarán	
Conditional	estaría, estarías, estaría, estaríamos, estaríais, estarían	
Subjunctive	que + *corresponding subjunctive tense of* estar (*see verb 252*)	

Commands

	(nosotros) resultemos / no resultemos
(tú) resulta / no resultes	(vosotros) resultad / no resultéis
(Ud.) resulte / no resulte	(Uds.) resulten / no resulten

USAGE

Resultó mucho desacuerdo.	*Much disagreement resulted.*
Las discusiones no resultaron en nada.	*The discussions didn't work out at all.*
Su política monetaria resultó ser un desastre.	*Their monetary policy turned out to be a disaster.*
Tus ideas me resultan estrafalarias.	*I find your ideas outlandish/strange.*
Resulta difícil creerlo.	*It's difficult to believe it.*
¿Qué tal los resultados de los exámenes?	*How are the results of the exams?*
Su estrategia dio buen resultado.	*His strategy worked.*

regular -ar verb

retiro · retiraron · retirado · retirando

	Present		Preterit
retiro	retiramos	retiré	retiramos
retiras	retiráis	retiraste	retirasteis
retira	retiran	retiró	retiraron

	Imperfect		Present Perfect
retiraba	retirábamos	he retirado	hemos retirado
retirabas	retirabais	has retirado	habéis retirado
retiraba	retiraban	ha retirado	han retirado

	Future		Conditional
retiraré	retiraremos	retiraría	retiraríamos
retirarás	retiraréis	retirarías	retiraríais
retirará	retirarán	retiraría	retirarían

	Pluperfect		Preterit Perfect
había retirado	habíamos retirado	hube retirado	hubimos retirado
habías retirado	habíais retirado	hubiste retirado	hubisteis retirado
había retirado	habían retirado	hubo retirado	hubieron retirado

	Future Perfect		Conditional Perfect
habré retirado	habremos retirado	habría retirado	habríamos retirado
habrás retirado	habréis retirado	habrías retirado	habríais retirado
habrá retirado	habrán retirado	habría retirado	habrían retirado

	Present Subjunctive		Present Perfect Subjunctive
retire	retiremos	haya retirado	hayamos retirado
retires	retiréis	hayas retirado	hayáis retirado
retire	retiren	haya retirado	hayan retirado

Imperfect Subjunctive (-ra)		or	Imperfect Subjunctive (-se)	
retirara	retiráramos		retirase	retirásemos
retiraras	retirarais		retirases	retiraseis
retirara	retiraran		retirase	retirasen

Past Perfect Subjunctive (-ra)		or	Past Perfect Subjunctive (-se)	
hubiera retirado	hubiéramos retirado		hubiese retirado	hubiésemos retirado
hubieras retirado	hubierais retirado		hubieses retirado	hubieseis retirado
hubiera retirado	hubieran retirado		hubiese retirado	hubiesen retirado

Progressive Tenses

Present	estoy, estás, está, estamos, estáis, están	
Preterit	estuve, estuviste, estuvo, estuvimos, estuvisteis, estuvieron	
Imperfect	estaba, estabas, estaba, estábamos, estabais, estaban	retirando
Future	estaré, estarás, estará, estaremos, estaréis, estarán	
Conditional	estaría, estarías, estaría, estaríamos, estaríais, estarían	
Subjunctive	que + corresponding subjunctive tense of estar (see verb 252)	

Commands

	(nosotros) retiremos / no retiremos
(tú) retira / no retires	(vosotros) retirad / no retiréis
(Ud.) retire / no retire	(Uds.) retiren / no retiren

USAGE

Retira tus cosas del sofá.	Remove your things from the couch.
Retiré dinero de la cuenta de ahorros.	I withdrew money from my savings account.
El periódico retiró lo escrito.	The newspaper retracted what it had written.
Las tropas se retiraron del frente de batalla.	The troops retreated from the battle front.
Se retiró de la gestión de la sociedad.	He retired from the management of the corporation.
No se retire.	Don't leave.
La empresa exige que todos vayan de retiro.	The company requires that everyone go on retreat.

462　reunirse　to get together, meet

reúno · reunieron · reunido · reuniéndose

-ir reflexive verb;
spelling change: u > ú when stressed

Present
me reúno	nos reunimos
te reúnes	os reunís
se reúne	se reúnen

Preterit
me reuní	nos reunimos
te reuniste	os reunisteis
se reunió	se reunieron

Imperfect
me reunía	nos reuníamos
te reunías	os reuníais
se reunía	se reunían

Present Perfect
me he reunido	nos hemos reunido
te has reunido	os habéis reunido
se ha reunido	se han reunido

Future
me reuniré	nos reuniremos
te reunirás	os reuniréis
se reunirá	se reunirán

Conditional
me reuniría	nos reuniríamos
te reunirías	os reuniríais
se reuniría	se reunirían

Pluperfect
me había reunido	nos habíamos reunido
te habías reunido	os habíais reunido
se había reunido	se habían reunido

Preterit Perfect
me hube reunido	nos hubimos reunido
te hubiste reunido	os hubisteis reunido
se hubo reunido	se hubieron reunido

Future Perfect
me habré reunido	nos habremos reunido
te habrás reunido	os habréis reunido
se habrá reunido	se habrán reunido

Conditional Perfect
me habría reunido	nos habríamos reunido
te habrías reunido	os habríais reunido
se habría reunido	se habrían reunido

Present Subjunctive
me reúna	nos reunamos
te reúnas	os reunáis
se reúna	se reúnan

Present Perfect Subjunctive
me haya reunido	nos hayamos reunido
te hayas reunido	os hayáis reunido
se haya reunido	se hayan reunido

Imperfect Subjunctive (-ra)　or
me reuniera	nos reuniéramos
te reunieras	os reunierais
se reuniera	se reunieran

Imperfect Subjunctive (-se)
me reuniese	nos reuniésemos
te reunieses	os reunieseis
se reuniese	se reuniesen

Past Perfect Subjunctive (-ra)　or
me hubiera reunido	nos hubiéramos reunido
te hubieras reunido	os hubierais reunido
se hubiera reunido	se hubieran reunido

Past Perfect Subjunctive (-se)
me hubiese reunido	nos hubiésemos reunido
te hubieses reunido	os hubieseis reunido
se hubiese reunido	se hubiesen reunido

Progressive Tenses
Present	estoy, estás, está, estamos, estáis, están
Preterit	estuve, estuviste, estuvo, estuvimos, estuvisteis, estuvieron
Imperfect	estaba, estabas, estaba, estábamos, estabais, estaban
Future	estaré, estarás, estará, estaremos, estaréis, estarán
Conditional	estaría, estarías, estaría, estaríamos, estaríais, estarían
Subjunctive	que + corresponding subjunctive tense of estar (see verb 252)

reuniendo (see page 41)

Commands
(tú) reúnete / no te reúnas	(nosotros) reunámonos / no nos reunamos
(Ud.) reúnase / no se reúna	(vosotros) reunios / no os reunáis
	(Uds.) reúnanse / no se reúnan

USAGE

Nos reuniremos para cenar.	We'll get together to have dinner.
Me reúno contigo a las cuatro.	I'll meet you at 4:00.
Las dos cámaras se reunieron ayer.	The two houses met / were in session yesterday.
Reunamos fondos para esta caridad.	Let's collect money for this charity.
Reúna a todos los funcionarios.	Assemble all the civil servants.
Se celebra una reunión cada quince días.	A meeting/session is held every two weeks.
Conocí a mucha gente en la reunión.	I met many people at the gathering.

-ar verb; spelling change: z > c/e

rezo · rezaron · rezado · rezando

	Present		Preterit
rezo	rezamos	recé	rezamos
rezas	rezáis	rezaste	rezasteis
reza	rezan	rezó	rezaron

	Imperfect		Present Perfect
rezaba	rezábamos	he rezado	hemos rezado
rezabas	rezabais	has rezado	habéis rezado
rezaba	rezaban	ha rezado	han rezado

	Future		Conditional
rezaré	rezaremos	rezaría	rezaríamos
rezarás	rezaréis	rezarías	rezaríais
rezará	rezarán	rezaría	rezarían

	Pluperfect		Preterit Perfect
había rezado	habíamos rezado	hube rezado	hubimos rezado
habías rezado	habíais rezado	hubiste rezado	hubisteis rezado
había rezado	habían rezado	hubo rezado	hubieron rezado

	Future Perfect		Conditional Perfect
habré rezado	habremos rezado	habría rezado	habríamos rezado
habrás rezado	habréis rezado	habrías rezado	habríais rezado
habrá rezado	habrán rezado	habría rezado	habrían rezado

	Present Subjunctive		Present Perfect Subjunctive
rece	recemos	haya rezado	hayamos rezado
reces	recéis	hayas rezado	hayáis rezado
rece	recen	haya rezado	hayan rezado

	Imperfect Subjunctive (-ra)	*or*	Imperfect Subjunctive (-se)
rezara	rezáramos	rezase	rezásemos
rezaras	rezarais	rezases	rezaseis
rezara	rezaran	rezase	rezasen

	Past Perfect Subjunctive (-ra)	*or*	Past Perfect Subjunctive (-se)
hubiera rezado	hubiéramos rezado	hubiese rezado	hubiésemos rezado
hubieras rezado	hubierais rezado	hubieses rezado	hubieseis rezado
hubiera rezado	hubieran rezado	hubiese rezado	hubiesen rezado

Progressive Tenses

Present	estoy, estás, está, estamos, estáis, están	
Preterit	estuve, estuviste, estuvo, estuvimos, estuvisteis, estuvieron	
Imperfect	estaba, estabas, estaba, estábamos, estabais, estaban	rezando
Future	estaré, estarás, estará, estaremos, estaréis, estarán	
Conditional	estaría, estarías, estaría, estaríamos, estaríais, estarían	
Subjunctive	que + *corresponding subjunctive tense of* estar (*see verb 252*)	

Commands

	(nosotros) recemos / no recemos
(tú) reza / no reces	(vosotros) rezad / no recéis
(Ud.) rece / no rece	(Uds.) recen / no recen

(**USAGE**)

Rezaban todas las mañanas.	*They said prayers every morning.*
Rezan a Dios.	*They pray to God.*
El cartel reza así.	*The poster says / goes / reads like this.*
La ley reza solamente con los ciudadanos.	*The law applies only to citizens.*
Se oyen los rezos de los feligreses.	*You can hear the prayers of the congregation.*

robar *to steal, rob*

robo · robaron · robado · robando

regular -*ar* verb

Present		Preterit	
robo	robamos	robé	robamos
robas	robáis	robaste	robasteis
roba	roban	robó	robaron

Imperfect		Present Perfect	
robaba	robábamos	he robado	hemos robado
robabas	robabais	has robado	habéis robado
robaba	robaban	ha robado	han robado

Future		Conditional	
robaré	robaremos	robaría	robaríamos
robarás	robaréis	robarías	robaríais
robará	robarán	robaría	robarían

Pluperfect		Preterit Perfect	
había robado	habíamos robado	hube robado	hubimos robado
habías robado	habíais robado	hubiste robado	hubisteis robado
había robado	habían robado	hubo robado	hubieron robado

Future Perfect		Conditional Perfect	
habré robado	habremos robado	habría robado	habríamos robado
habrás robado	habréis robado	habrías robado	habríais robado
habrá robado	habrán robado	habría robado	habrían robado

Present Subjunctive		Present Perfect Subjunctive	
robe	robemos	haya robado	hayamos robado
robes	robéis	hayas robado	hayáis robado
robe	roben	haya robado	hayan robado

Imperfect Subjunctive (-ra)		or	Imperfect Subjunctive (-se)	
robara	robáramos		robase	robásemos
robaras	robarais		robases	robaseis
robara	robaran		robase	robasen

Past Perfect Subjunctive (-ra)		or	Past Perfect Subjunctive (-se)	
hubiera robado	hubiéramos robado		hubiese robado	hubiésemos robado
hubieras robado	hubierais robado		hubieses robado	hubieseis robado
hubiera robado	hubieran robado		hubiese robado	hubiesen robado

Progressive Tenses

Present	estoy, estás, está, estamos, estáis, están	
Preterit	estuve, estuviste, estuvo, estuvimos, estuvisteis, estuvieron	
Imperfect	estaba, estabas, estaba, estábamos, estabais, estaban	robando
Future	estaré, estarás, estará, estaremos, estaréis, estarán	
Conditional	estaría, estarías, estaría, estaríamos, estaríais, estarían	
Subjunctive	que + *corresponding subjunctive tense of* estar (*see verb 252*)	

Commands

	(nosotros) robemos / no robemos
(tú) roba / no robes	(vosotros) robad / no robéis
(Ud.) robe / no robe	(Uds.) roben / no roben

USAGE

Los ladrones robaron unas antigüedades.	*The thieves stole some antiques.*
Robaron un banco.	*They broke into / robbed a bank.*
Les robaron el coche.	*Their car was stolen.*
Le robó el corazón.	*He stole her heart.*
Cometieron un robo a mano armada.	*They committed an armed robbery.*
El robo es un delito contra la propiedad.	*Theft is a crime against property.*
Instalaron un antirrobo en su casa.	*They installed a burglar alarm in their house.*

stem-changing -ar verb: o > ue

ruedo · rodaron · rodado · rodando

Present		Preterit	
ruedo	rodamos	rodé	rodamos
ruedas	rodáis	rodaste	rodasteis
rueda	ruedan	rodó	rodaron

Imperfect		Present Perfect	
rodaba	rodábamos	he rodado	hemos rodado
rodabas	rodabais	has rodado	habéis rodado
rodaba	rodaban	ha rodado	han rodado

Future		Conditional	
rodaré	rodaremos	rodaría	rodaríamos
rodarás	rodaréis	rodarías	rodaríais
rodará	rodarán	rodaría	rodarían

Pluperfect		Preterit Perfect	
había rodado	habíamos rodado	hube rodado	hubimos rodado
habías rodado	habíais rodado	hubiste rodado	hubisteis rodado
había rodado	habían rodado	hubo rodado	hubieron rodado

Future Perfect		Conditional Perfect	
habré rodado	habremos rodado	habría rodado	habríamos rodado
habrás rodado	habréis rodado	habrías rodado	habríais rodado
habrá rodado	habrán rodado	habría rodado	habrían rodado

Present Subjunctive		Present Perfect Subjunctive	
ruede	rodemos	haya rodado	hayamos rodado
ruedes	rodéis	hayas rodado	hayáis rodado
ruede	rueden	haya rodado	hayan rodado

Imperfect Subjunctive (-ra)		*or*	Imperfect Subjunctive (-se)	
rodara	rodáramos		rodase	rodásemos
rodaras	rodarais		rodases	rodaseis
rodara	rodaran		rodase	rodasen

Past Perfect Subjunctive (-ra)		*or*	Past Perfect Subjunctive (-se)	
hubiera rodado	hubiéramos rodado		hubiese rodado	hubiésemos rodado
hubieras rodado	hubierais rodado		hubieses rodado	hubieseis rodado
hubiera rodado	hubieran rodado		hubiese rodado	hubiesen rodado

Progressive Tenses

Present	estoy, estás, está, estamos, estáis, están	
Preterit	estuve, estuviste, estuvo, estuvimos, estuvisteis, estuvieron	
Imperfect	estaba, estabas, estaba, estábamos, estabais, estaban	rodando
Future	estaré, estarás, estará, estaremos, estaréis, estarán	
Conditional	estaría, estarías, estaría, estaríamos, estaríais, estarían	
Subjunctive	que + *corresponding subjunctive tense of* estar (*see verb 252*)	

Commands

	(nosotros) rodemos / no rodemos
(tú) rueda / no ruedes	(vosotros) rodad / no rodéis
(Ud.) ruede / no ruede	(Uds.) rueden / no rueden

USAGE

La pelota rodaba por la calle.	*The ball was rolling in the street.*
Ruedan la película en Granada.	*They're shooting the film in Granada.*
Rodaron por el mundo.	*They roamed/traveled the world over.*
Pasa algo con la rueda delantera/trasera.	*Something's wrong with the front/back wheel.*
¿A qué hora será la rueda de prensa?	*At what time will the press conference take place?*
¿Terminaron el rodaje?	*Did they finish filming?*

rogar *to request, ask, beg, pray*

ruego · rogaron · rogado · rogando

stem-changing -ar verb: o > ue;
spelling change: g > gu/e

Present		Preterit	
ruego	rogamos	rogué	rogamos
ruegas	rogáis	rogaste	rogasteis
ruega	ruegan	rogó	rogaron

Imperfect		Present Perfect	
rogaba	rogábamos	he rogado	hemos rogado
rogabas	rogabais	has rogado	habéis rogado
rogaba	rogaban	ha rogado	han rogado

Future		Conditional	
rogaré	rogaremos	rogaría	rogaríamos
rogarás	rogaréis	rogarías	rogaríais
rogará	rogarán	rogaría	rogarían

Pluperfect		Preterit Perfect	
había rogado	habíamos rogado	hube rogado	hubimos rogado
habías rogado	habíais rogado	hubiste rogado	hubisteis rogado
había rogado	habían rogado	hubo rogado	hubieron rogado

Future Perfect		Conditional Perfect	
habré rogado	habremos rogado	habría rogado	habríamos rogado
habrás rogado	habréis rogado	habrías rogado	habríais rogado
habrá rogado	habrán rogado	habría rogado	habrían rogado

Present Subjunctive		Present Perfect Subjunctive	
ruegue	roguemos	haya rogado	hayamos rogado
ruegues	roguéis	hayas rogado	hayáis rogado
ruegue	rueguen	haya rogado	hayan rogado

Imperfect Subjunctive (-ra)		or	Imperfect Subjunctive (-se)	
rogara	rogáramos		rogase	rogásemos
rogaras	rogarais		rogases	rogaseis
rogara	rogaran		rogase	rogasen

Past Perfect Subjunctive (-ra)		or	Past Perfect Subjunctive (-se)	
hubiera rogado	hubiéramos rogado		hubiese rogado	hubiésemos rogado
hubieras rogado	hubierais rogado		hubieses rogado	hubieseis rogado
hubiera rogado	hubieran rogado		hubiese rogado	hubiesen rogado

Progressive Tenses

Present	estoy, estás, está, estamos, estáis, están	
Preterit	estuve, estuviste, estuvo, estuvimos, estuvisteis, estuvieron	
Imperfect	estaba, estabas, estaba, estábamos, estabais, estaban	rogando
Future	estaré, estarás, estará, estaremos, estaréis, estarán	
Conditional	estaría, estarías, estaría, estaríamos, estaríais, estarían	
Subjunctive	que + *corresponding subjunctive tense of* estar (*see verb 252*)	

Commands

	(nosotros) roguemos / no roguemos
(tú) ruega / no ruegues	(vosotros) rogad / no roguéis
(Ud.) ruegue / no ruegue	(Uds.) rueguen / no rueguen

USAGE

Les rogué que me mantuvieran al día.	*I requested that they keep me up to date.*
Te ruego más comprensión.	*I beg you to show more understanding.*
Ruegan a Dios.	*They pray to God.*
Se ruega no pisar el césped.	*Please don't walk on the grass.*
Siempre se hacía de rogar.	*She always played hard to get.*
Le entrego mi informe con el ruego de que lo lea.	*I'm giving you my report with the hope that you'll read it.*

-er verb; irregular past participle

rompo · rompieron · roto · rompiendo

	Present		Preterit
rompo	rompemos	rompí	rompimos
rompes	rompéis	rompiste	rompisteis
rompe	rompen	rompió	rompieron

	Imperfect		Present Perfect
rompía	rompíamos	he roto	hemos roto
rompías	rompíais	has roto	habéis roto
rompía	rompían	ha roto	han roto

	Future		Conditional
romperé	romperemos	rompería	romperíamos
romperás	romperéis	romperías	romperíais
romperá	romperán	rompería	romperían

	Pluperfect		Preterit Perfect
había roto	habíamos roto	hube roto	hubimos roto
habías roto	habíais roto	hubiste roto	hubisteis roto
había roto	habían roto	hubo roto	hubieron roto

	Future Perfect		Conditional Perfect
habré roto	habremos roto	habría roto	habríamos roto
habrás roto	habréis roto	habrías roto	habríais roto
habrá roto	habrán roto	habría roto	habrían roto

	Present Subjunctive		Present Perfect Subjunctive
rompa	rompamos	haya roto	hayamos roto
rompas	rompáis	hayas roto	hayáis roto
rompa	rompan	haya roto	hayan roto

	Imperfect Subjunctive (-ra)	or	Imperfect Subjunctive (-se)
rompiera	rompiéramos	rompiese	rompiésemos
rompieras	rompierais	rompieses	rompieseis
rompiera	rompieran	rompiese	rompiesen

	Past Perfect Subjunctive (-ra)	or	Past Perfect Subjunctive (-se)
hubiera roto	hubiéramos roto	hubiese roto	hubiésemos roto
hubieras roto	hubierais roto	hubieses roto	hubieseis roto
hubiera roto	hubieran roto	hubiese roto	hubiesen roto

Progressive Tenses

Present	estoy, estás, está, estamos, estáis, están	
Preterit	estuve, estuviste, estuvo, estuvimos, estuvisteis, estuvieron	
Imperfect	estaba, estabas, estaba, estábamos, estabais, estaban	rompiendo
Future	estaré, estarás, estará, estaremos, estaréis, estarán	
Conditional	estaría, estarías, estaría, estaríamos, estaríais, estarían	
Subjunctive	que + *corresponding subjunctive tense of* estar (*see verb 252*)	

Commands

	(nosotros) rompamos / no rompamos
(tú) rompe / no rompas	(vosotros) romped / no rompáis
(Ud.) rompa / no rompa	(Uds.) rompan / no rompan

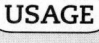

USAGE

No rompas el papel.	*Don't rip the paper.*
La cortina se rompió.	*The curtain tore.*
Se rompió el silencio.	*The silence was broken.*
Rompió con su amiga.	*She broke with / had a falling out with her friend.*
✷ —Martin se rompió el codo.	*Martin broke his elbow.*
—¿Cómo se lo rompió?	*How did he break it?*
Hay que pagar los vidrios rotos.	*You have to pay the piper.*

top 50 verb

romper *to break, tear*

rompo · rompieron · roto · rompiendo   -er verb; irregular past participle

---

Los rompehuelgas han roto el piquete.	The scabs have broken the picket line.
¿Por qué rompió la cita / el compromiso?	Why did she break the appointment/engagement?
Rompimos el ayuno de 24 horas.	We broke the 24-hour fast.
¡Qué fiesta! Nadie rompe el hielo.	What a party! Nobody is breaking the ice.
Rompieron a reír.	They burst out laughing.
Es hora de que rompas con el pasado.	It's time for you to break with the past.
Rompió en carcajadas.	She broke into fits of laughter.
Las olas rompían en la playa.	The waves were breaking on the shore.
❷ —Entiendo que ella rompió con su novio.	I understand she broke off with her boyfriend.
—Sí. Dice que él le rompió el corazón.	Yes. She says that he broke her heart.

romperse

Se cayeron los vasos y se rompieron.	The glasses fell and broke.
Se rompió la relación.	The relationship fell apart.
Nos rompíamos la cabeza en vano.	We racked our brains to no avail.

rompérsele a alguien (unplanned or unexpected occurrences) to break

Al receptor se le rompió el dedo.	The catcher broke his finger.
Se me cayeron los anteojos y se me rompieron.	My eyeglasses fell and broke.
❷ —¿Por qué rompió a llorar la niña?	Why did the girl burst out crying?
—Porque se le rompió la falda.	Because her skirt got torn.

rompe + noun

Dejamos el aparejo de pescar en el rompeolas.	We left our fishing gear on the breakwater/jetty.
Me encantan los rompecabezas.	I love puzzles.
❷ —Se le cayó la fuente y se le rompió.	He dropped the platter and broke it.
—¡Qué rompelotodo es!	What a destructive person he is!

OTHER USES AND RELATED WORDS

Fuimos de pesca al romper el día / el alba.	We went out fishing at daybreak.
Tememos que haya ruptura de relaciones comerciales.	We fear there will be a break in their business/trade relationship.
No hubo rompimiento del contrato.	There was no breaking of the contract.
Sentía que tenía la vida rota.	She felt her life was shattered.
La mudanza nos dejó con muchos objetos rotos.	The move left us with many broken objects.
Quien rompe paga.	You have to pay the piper.
Tras ganar su servicio, Federer rompió a continuación el de Nadal.	After winning his serve, Federer then broke Nadal's.
IBM busca romper las barreras entre mundos virtuales.	IBM is seeking to break down the barriers among virtual worlds.
Silvana es una mujer de rompe y rasga.	She's a determined woman.
El equipo rompió una racha de ocho derrotas seguidas.	The team broke a run of eight straight losses.

irregular verb   sé · supieron · sabido · sabiendo

Present		Preterit	
sé	sabemos	supe	supimos
sabes	sabéis	supiste	supisteis
sabe	saben	supo	supieron

Imperfect		Present Perfect	
sabía	sabíamos	he sabido	hemos sabido
sabías	sabíais	has sabido	habéis sabido
sabía	sabían	ha sabido	han sabido

Future		Conditional	
sabré	sabremos	sabría	sabríamos
sabrás	sabréis	sabrías	sabríais
sabrá	sabrán	sabría	sabrían

Pluperfect		Preterit Perfect	
había sabido	habíamos sabido	hube sabido	hubimos sabido
habías sabido	habíais sabido	hubiste sabido	hubisteis sabido
había sabido	habían sabido	hubo sabido	hubieron sabido

Future Perfect		Conditional Perfect	
habré sabido	habremos sabido	habría sabido	habríamos sabido
habrás sabido	habréis sabido	habrías sabido	habríais sabido
habrá sabido	habrán sabido	habría sabido	habrían sabido

Present Subjunctive		Present Perfect Subjunctive	
sepa	sepamos	haya sabido	hayamos sabido
sepas	sepáis	hayas sabido	hayáis sabido
sepa	sepan	haya sabido	hayan sabido

Imperfect Subjunctive (-ra)		or	Imperfect Subjunctive (-se)	
supiera	supiéramos		supiese	supiésemos
supieras	supierais		supieses	supieseis
supiera	supieran		supiese	supiesen

Past Perfect Subjunctive (-ra)		or	Past Perfect Subjunctive (-se)	
hubiera sabido	hubiéramos sabido		hubiese sabido	hubiésemos sabido
hubieras sabido	hubierais sabido		hubieses sabido	hubieseis sabido
hubiera sabido	hubieran sabido		hubiese sabido	hubiesen sabido

Progressive Tenses

Present	estoy, estás, está, estamos, estáis, están	
Preterit	estuve, estuviste, estuvo, estuvimos, estuvisteis, estuvieron	
Imperfect	estaba, estabas, estaba, estábamos, estabais, estaban	sabiendo
Future	estaré, estarás, estará, estaremos, estaréis, estarán	
Conditional	estaría, estarías, estaría, estaríamos, estaríais, estarían	
Subjunctive	que + *corresponding subjunctive tense of* estar (*see verb 252*)	

Commands

	(nosotros) sepamos / no sepamos
(tú) sabe / no sepas	(vosotros) sabed / no sepáis
(Ud.) sepa / no sepa	(Uds.) sepan / no sepan

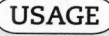

USAGE

Sé español e inglés. — *I know Spanish and English.*
Sabía muy bien la literatura inglesa. — *She knew English literature very well.*
No sé dónde ni con quién está. — *I don't know where nor with whom she is.*
Supe que habías trabajado con ellos. — *I found out / learned you had worked with them.*

La salsa sabe a frambuesas. — *The sauce tastes of/like raspberries.*
Háganos saber qué pasa. — *Let us know / Inform us what happens.*

sé · supieron · sabido · sabiendo   irregular verb

¡Qué sé yo! / ¡Yo qué sé!	*How do/should I know!*
¡Ya lo sé!	*I know!*
No ocurrió nada que yo sepa.	*Nothing happened as far as I know / to my knowledge.*
—No sabes en qué te metes.	*You don't know what you're getting involved in.*
—Que yo sepa no hay problema.	*As far as I know, there's no problem.*
¡Tú no sabes ni jota/papa de eso!	*You don't have a clue about that!*
¿Sabes el poema de memoria?	*Do you know the poem by heart?*
¿Sabe lo del aplazamiento?	*Do you know about the postponement?*
—Ella dice que no sabe si tú la quieres o no.	*She says she doesn't know whether you love her or not.*
—Claro que la quiero. Y ella lo sabe de sobra.	*Of course I love her. And she knows that perfectly well.*
Uds. saben cuántas son cinco.	*You know what's up.*
Se quedaron en nuestro hotel sin saberlo nosotros.	*They stayed at our hotel without our knowing it.*
—Buscamos una persona que sepa mucho español.	*We're looking for a person who knows a lot of Spanish.*
—Sé de alguien que sabe hablar, leer y escribirlo.	*I know of someone who knows how to speak, read, and write it.*
No se sabe.	*Nobody knows.*

saber + infinitive *to know how to do something*

¿Se puede saber por qué lo hiciste?	*Might I ask why you did it?*
—¿Sabes hacer autoedición?	*Do you know how to do desktop publishing?*
—Todavía no sé combinar gráficos con el texto.	*I still don't know how to combine graphics with text.*
—¿Sabes crear sitios web?	*Do you know how to create websites?*
—Ojalá supiera crearlos.	*I wish I knew how to create them.*
—¿Sabe cocinar?	*Do you know how to cook?*
—Yo ni sé freír un huevo.	*I don't even know how to fry an egg.*
—¿Uds. saben hacer una presentación con PowerPoint?	*Do you know how to do a PowerPoint presentation?*
—Sí, sabemos hacer presentaciones multimedia.	*Yes, we know how to do multimedia presentations.*
—¿Saben esquiar?	*Do they know how to ski?*
—No, pero saben patinar sobre hielo.	*No, but they know how to ice skate.*

OTHER USES AND RELATED WORDS

Son unos sabios.	*They're learned people/scholars.*
Poseen mucha sabiduría.	*They have a lot of knowledge/wisdom.*
¡Qué sabelotodo es!	*What a know-it-all he is!*
—Tu amigo Guillermo es sabihondo.	*Your friend Guillermo is a know-it-all.*
—En realidad, él no sabe nada de nada.	*Actually, he doesn't know anything at all.*
El arroz con pollo sabe bien.	*The chicken with rice tastes good.*
Hay que saborear el plato.	*You have to taste/savor the dish.*
Tiene sabor a canela.	*It has a cinnamon flavor. / It tastes of cinnamon.*
Es una cocina sin sabor.	*It's tasteless/insipid cuisine.*
Cada uno sabe dónde le aprieta el zapato.	*Everyone knows his own weakness.*
—¿No te parece que el arroz verde sabe a cilantro?	*Don't you think that the green rice tastes of coriander?*
—Para mí, tiene sabor a perejil.	*In my opinion, it tastes of parsley.*

-ar verb; spelling change: c > qu/e

saco · sacaron · sacado · sacando

Present		Preterit	
saco	sacamos	saqué	sacamos
sacas	sacáis	sacaste	sacasteis
saca	sacan	sacó	sacaron

Imperfect		Present Perfect	
sacaba	sacábamos	he sacado	hemos sacado
sacabas	sacabais	has sacado	habéis sacado
sacaba	sacaban	ha sacado	han sacado

Future		Conditional	
sacaré	sacaremos	sacaría	sacaríamos
sacarás	sacaréis	sacarías	sacaríais
sacará	sacarán	sacaría	sacarían

Pluperfect		Preterit Perfect	
había sacado	habíamos sacado	hube sacado	hubimos sacado
habías sacado	habíais sacado	hubiste sacado	hubisteis sacado
había sacado	habían sacado	hubo sacado	hubieron sacado

Future Perfect		Conditional Perfect	
habré sacado	habremos sacado	habría sacado	habríamos sacado
habrás sacado	habréis sacado	habrías sacado	habríais sacado
habrá sacado	habrán sacado	habría sacado	habrían sacado

Present Subjunctive		Present Perfect Subjunctive	
saque	saquemos	haya sacado	hayamos sacado
saques	saquéis	hayas sacado	hayáis sacado
saque	saquen	haya sacado	hayan sacado

Imperfect Subjunctive (-ra)		or	Imperfect Subjunctive (-se)	
sacara	sacáramos		sacase	sacásemos
sacaras	sacarais		sacases	sacaseis
sacara	sacaran		sacase	sacasen

Past Perfect Subjunctive (-ra)		or	Past Perfect Subjunctive (-se)	
hubiera sacado	hubiéramos sacado		hubiese sacado	hubiésemos sacado
hubieras sacado	hubierais sacado		hubieses sacado	hubieseis sacado
hubiera sacado	hubieran sacado		hubiese sacado	hubiesen sacado

Progressive Tenses

Present	estoy, estás, está, estamos, estáis, están	
Preterit	estuve, estuviste, estuvo, estuvimos, estuvisteis, estuvieron	
Imperfect	estaba, estabas, estaba, estábamos, estabais, estaban	
Future	estaré, estarás, estará, estaremos, estaréis, estarán	sacando
Conditional	estaría, estarías, estaría, estaríamos, estaríais, estarían	
Subjunctive	que + *corresponding subjunctive tense of* estar (*see verb* 252)	

Commands

	(nosotros) saquemos / no saquemos
(tú) saca / no saques	(vosotros) sacad / no saquéis
(Ud.) saque / no saque	(Uds.) saquen / no saquen

USAGE

Lo saqué todo de mi mochila.	*I took everything out of my backpack.*
Saca unos títulos de la lista.	*Remove some titles from the list.*
Sacaremos las entradas.	*We'll get the tickets.*
Sacaste muy buenas notas.	*You got very good grades.*
Sacó dinero de su cuenta.	*He took money out of his account.*
Nos sacaron a cenar.	*They took us out to dinner.*
¿Te saco una foto?	*Shall I take a photo of you?*

sacar *to take out, remove, get*

saco · sacaron · sacado · sacando

-ar verb; spelling change: c > qu/e

Saca mi agenda de entrevistas de la gaveta.	*Take my appointment book out of the drawer.*
Sacó su permiso de conducir este año.	*She got her driver's license this year.*
El vino se saca de las uvas.	*Wine is made / comes from grapes.*
La novela se sacará a luz muy pronto.	*The novel will be published very soon.*
Saqué una copia del contrato de alquiler.	*I made a copy of the lease agreement.*
Los alumnos sacaban apuntes.	*The students were taking notes.*
Tratan de sacar de raíz la corrupción.	*They're trying to root out corruption.*
El nuevo producto se sacó a la venta.	*The new product was put on the market.*
Me alegro de que hayan sacado adelante la empresa.	*I'm glad you've kept the firm going.*
Los padres sacan adelante a sus hijos.	*The parents give their children a good start.*
Sáquense las botas.	*Take off your boots.*
Microsoft acaba de sacar su nuevo sistema operativo de próxima generación.	*Microsoft has just brought out its new next generation operating system.*
Que tomen decisiones por mí, eso sí me saca de quicio.	*It really drives me crazy that they make decisions for me.*
¿Saben Uds. sacar el máximo provecho de esta nueva tecnología?	*Do you know how to get the most out of this new technology?*
PEMEX, la paraestatal mexicana, no cuenta con la tecnología necesaria para sacar petróleo de aguas profundas.	*PEMEX, the Mexican state-owned oil monopoly, doesn't have the technology necessary to drill for oil in deep waters.*
Petrobras utiliza energía eólica y solar para sacar petróleo en Brasil.	*Petrobras uses wind and solar energy to extract oil in Brazil.*
La Oficina Nacional de Emergencia tiene que sacar conclusiones tras los fuertes sismos en el norte de Chile.	*The Oficina Nacional de Emergencia has to draw conclusions after the strong earthquakes in northern Chile.*
Incluso fijándonos en los últimos modelos del iPod poco podríamos sacar en claro del iPhone.	*Even looking at the latest models of the iPod, we would be able to make little sense of the iPhone.*

❂ —¿Qué haces para ayudar en tu casa? ¿Sacas la basura?
—Sí, saco la basura y saco a pasear el perro.

What do you do to help out at home? Do you take out the garbage?
Yes, I take out the garbage and walk the dog.

saca + noun

❂ —Necesito sacar punta a mi lápiz.
—Hay sacapuntas en el escritorio.

I have to sharpen my pencil.
There's a pencil sharpener on the desk.

❂ —¿Cómo saco la mancha de mi blusa?
—¿Tienes sacamanchas?

How can I get the stain out of my blouse?
Do you have a stain remover?

❂ —Vamos a abrir el vino.
—Aquí tienes el sacacorchos.

Let's open the wine.
Here's the corkscrew.

OTHER USES AND RELATED WORDS

Los bárbaros entraron a saco en el pueblo.	*The barbarians stormed in to sack the town.*
El saqueo de Roma fue en 1527.	*The sack of Rome took place in 1527.*
Se sacó la chaqueta.	*He took off his jacket.*
Saca la ropa del armario.	*Take the clothing out of the closet.*

❂ —No logré sacarle esa idea de la cabeza.
—Pero él sí logró sacarte de tus casillas.

I couldn't get that idea out of his head.
But he really managed to upset you.

regular *-ir* verb

sacudo · sacudieron · sacudido · sacudiendo

Present		Preterit	
sacudo	sacudimos	sacudí	sacudimos
sacudes	sacudís	sacudiste	sacudisteis
sacude	sacuden	sacudió	sacudieron

Imperfect		Present Perfect	
sacudía	sacudíamos	he sacudido	hemos sacudido
sacudías	sacudíais	has sacudido	habéis sacudido
sacudía	sacudían	ha sacudido	han sacudido

Future		Conditional	
sacudiré	sacudiremos	sacudiría	sacudiríamos
sacudirás	sacudiréis	sacudirías	sacudiríais
sacudirá	sacudirán	sacudiría	sacudirían

Pluperfect		Preterit Perfect	
había sacudido	habíamos sacudido	hube sacudido	hubimos sacudido
habías sacudido	habíais sacudido	hubiste sacudido	hubisteis sacudido
había sacudido	habían sacudido	hubo sacudido	hubieron sacudido

Future Perfect		Conditional Perfect	
habré sacudido	habremos sacudido	habría sacudido	habríamos sacudido
habrás sacudido	habréis sacudido	habrías sacudido	habríais sacudido
habrá sacudido	habrán sacudido	habría sacudido	habrían sacudido

Present Subjunctive		Present Perfect Subjunctive	
sacuda	sacudamos	haya sacudido	hayamos sacudido
sacudas	sacudáis	hayas sacudido	hayáis sacudido
sacuda	sacudan	haya sacudido	hayan sacudido

Imperfect Subjunctive (-ra)		*or*	Imperfect Subjunctive (-se)	
sacudiera	sacudiéramos		sacudiese	sacudiésemos
sacudieras	sacudierais		sacudieses	sacudieseis
sacudiera	sacudieran		sacudiese	sacudiesen

Past Perfect Subjunctive (-ra)		*or*	Past Perfect Subjunctive (-se)	
hubiera sacudido	hubiéramos sacudido		hubiese sacudido	hubiésemos sacudido
hubieras sacudido	hubierais sacudido		hubieses sacudido	hubieseis sacudido
hubiera sacudido	hubieran sacudido		hubiese sacudido	hubiesen sacudido

Progressive Tenses

Present	estoy, estás, está, estamos, estáis, están	
Preterit	estuve, estuviste, estuvo, estuvimos, estuvisteis, estuvieron	
Imperfect	estaba, estabas, estaba, estábamos, estabais, estaban	sacudiendo
Future	estaré, estarás, estará, estaremos, estaréis, estarán	
Conditional	estaría, estarías, estaría, estaríamos, estaríais, estarían	
Subjunctive	que + *corresponding subjunctive tense of* estar (*see verb 252*)	

Commands

	(nosotros) sacudamos / no sacudamos
(tú) sacude / no sacudas	(vosotros) sacudid / no sacudáis
(Ud.) sacuda / no sacuda	(Uds.) sacudan / no sacudan

USAGE

El tren nos sacudía mucho.	*The train jolted/shook us.*
Se sacude la cuerda en el juego de la cuerda.	*The rope is tugged in the tug-of-war.*
Sacudió al matón.	*He beat up the bully.*
¿Has sacudido el polvo?	*Have you dusted?*
Se sacudieron del asaltante.	*They shook off / got rid of the assailant.*
Hubo fuertes sacudidas por el terremoto.	*There were strong shocks from the earthquake.*
Es una persona sacudida.	*She's a confident/surly person.*

salir to go out, leave

salgo · salieron · salido · saliendo

irregular verb

Saldremos de viaje en mayo.	We'll go on a trip in May.
¿De dónde sales?	Where are you coming from?
Los gemelos salieron a su mamá.	The twins take after their mother.
Toma una decisión, salga lo que salga.	Make a decision, come what may.
Salió del compromiso.	She broke the engagement.
Siento que hayan salido perdiendo.	I'm sorry you lost out.
Al bebé le ha salido un diente.	The baby has cut a tooth.

❸ —¿El abuelo sale de paseo? — Is grandfather going out for a walk?
—De paseo no. Sale de compras. — Not for a walk. He's going (out) shopping.

El ministerio comete un error en no salir en defensa de los productos nacionales. — The ministry is making a mistake by not coming out to defend the country's products.

¡No salgo de mi asombro! — I'm shocked! / I can't get over it!
Este fin de semana Jorge sale con Luisa. — This weekend Jorge is going out with Luisa.
Cuando oyeron la alarma, salieron corriendo del edificio. — When they heard the alarm they ran out of the building.
Tengo que salir de mis deudas. — I have to get out from under my debts.
Lucas salió aprobado/desaprobado en su examen parcial de computación. — Lucas passed/failed his computer science midterm.

❸ —¿Quieres salir ahora? — Do you want to go out now?
—Sí, no he salido de la casa en toda la tarde. — Yes, I haven't left the house all afternoon.

to turn out, go

Me alegro de que la reunión haya salido bien. — I'm glad the meeting went well.

❸ —¿Les salió cara la comida? — Was the meal expensive?
—No mucho. Nos salió a cien dólares. — Not very. It cost us 100 dollars.

❸ —¿Te salió bien la investigación? — Did the research work out well for you?
—No exactamente. No me ha salido como yo quería. — Not exactly. It didn't turn out the way I wanted.

salirse

Este producto se sale de lo corriente. — This product is out of the ordinary.
El agua/gas se está saliendo. — The water/gas is leaking.
Traten de no salirse del tema. — Try not to digress / get off the topic.

❸ —Me dijeron que tu carro se salió de la carretera. — I heard that your car went off the highway.
—Sí. Fue terrible. No sé cómo salí vivo del accidente. — Yes. It was terrible. I don't know how I survived the accident.

OTHER USES AND RELATED WORDS

Bolivia y Paraguay no tienen salida al mar. — Bolivia and Paraguay are landlocked / have no outlet to the sea.
¡Se salió de sus casillas! — He lost his temper!
Los programadores tienen muchas salidas hoy en día. — Programmers have many opportunities/openings today.
Es una calle sin salida. — It's a dead-end street.
No tenemos otra salida que aguantarlos. — We have no choice/alternative but to put up with them.

Es un administrador sobresaliente. — He's an outstanding manager.
Tiene la mandíbula salida / los ojos salidos. — He has a prominent jaw / bulging eyes.

irregular verb

salgo · salieron · salido · saliendo

Present		Preterit	
salgo	salimos	salí	salimos
sales	salís	saliste	salisteis
sale	salen	salió	salieron

Imperfect		Present Perfect	
salía	salíamos	he salido	hemos salido
salías	salíais	has salido	habéis salido
salía	salían	ha salido	han salido

Future		Conditional	
saldré	saldremos	saldría	saldríamos
saldrás	saldréis	saldrías	saldríais
saldrá	saldrán	saldría	saldrían

Pluperfect		Preterit Perfect	
había salido	habíamos salido	hube salido	hubimos salido
habías salido	habíais salido	hubiste salido	hubisteis salido
había salido	habían salido	hubo salido	hubieron salido

Future Perfect		Conditional Perfect	
habré salido	habremos salido	habría salido	habríamos salido
habrás salido	habréis salido	habrías salido	habríais salido
habrá salido	habrán salido	habría salido	habrían salido

Present Subjunctive		Present Perfect Subjunctive	
salga	salgamos	haya salido	hayamos salido
salgas	salgáis	hayas salido	hayáis salido
salga	salgan	haya salido	hayan salido

Imperfect Subjunctive (-ra)		or	Imperfect Subjunctive (-se)	
saliera	saliéramos		saliese	saliésemos
salieras	salierais		salieses	salieseis
saliera	salieran		saliese	saliesen

Past Perfect Subjunctive (-ra)		or	Past Perfect Subjunctive (-se)	
hubiera salido	hubiéramos salido		hubiese salido	hubiésemos salido
hubieras salido	hubierais salido		hubieses salido	hubieseis salido
hubiera salido	hubieran salido		hubiese salido	hubiesen salido

Progressive Tenses

Present	estoy, estás, está, estamos, estáis, están
Preterit	estuve, estuviste, estuvo, estuvimos, estuvisteis, estuvieron
Imperfect	estaba, estabas, estaba, estábamos, estabais, estaban
Future	estaré, estarás, estará, estaremos, estaréis, estarán
Conditional	estaría, estarías, estaría, estaríamos, estaríais, estarían
Subjunctive	que + corresponding subjunctive tense of estar (see verb 252)

} saliendo

Commands

	(nosotros) salgamos / no salgamos
(tú) sal / no salgas	(vosotros) salid / no salgáis
(Ud.) salga / no salga	(Uds.) salgan / no salgan

USAGE

Salgamos más tarde.	*Let's go out later.*
El tren sale a las 7:00.	*The train leaves at 7 o'clock.*
El autor salió en la tele.	*The author appeared on TV.*
Salgo para la oficina.	*I'm leaving for the office.*
El proyecto salió bien/mal.	*The project worked / turned out well/badly.*
Siempre se sale con la suya.	*She always gets her own way.*
¡Te has salido de los límites!	*You've gone beyond the limits!*

saltar *to jump, leap*

salto · saltaron · saltado · saltando

regular -ar verb

	Present		Preterit
salto	saltamos	salté	saltamos
saltas	saltáis	saltaste	saltasteis
salta	saltan	saltó	saltaron

	Imperfect		Present Perfect
saltaba	saltábamos	he saltado	hemos saltado
saltabas	saltabais	has saltado	habéis saltado
saltaba	saltaban	ha saltado	han saltado

	Future		Conditional
saltaré	saltaremos	saltaría	saltaríamos
saltarás	saltaréis	saltarías	saltaríais
saltará	saltarán	saltaría	saltarían

	Pluperfect		Preterit Perfect
había saltado	habíamos saltado	hube saltado	hubimos saltado
habías saltado	habíais saltado	hubiste saltado	hubisteis saltado
había saltado	habían saltado	hubo saltado	hubieron saltado

	Future Perfect		Conditional Perfect
habré saltado	habremos saltado	habría saltado	habríamos saltado
habrás saltado	habréis saltado	habrías saltado	habríais saltado
habrá saltado	habrán saltado	habría saltado	habrían saltado

	Present Subjunctive		Present Perfect Subjunctive
salte	saltemos	haya saltado	hayamos saltado
saltes	saltéis	hayas saltado	hayáis saltado
salte	salten	haya saltado	hayan saltado

	Imperfect Subjunctive (-ra)	or	Imperfect Subjunctive (-se)	
saltara	saltáramos		saltase	saltásemos
saltaras	saltarais		saltases	saltaseis
saltara	saltaran		saltase	saltasen

	Past Perfect Subjunctive (-ra)	or	Past Perfect Subjunctive (-se)	
hubiera saltado	hubiéramos saltado		hubiese saltado	hubiésemos saltado
hubieras saltado	hubierais saltado		hubieses saltado	hubieseis saltado
hubiera saltado	hubieran saltado		hubiese saltado	hubiesen saltado

Progressive Tenses

Present	estoy, estás, está, estamos, estáis, están	
Preterit	estuve, estuviste, estuvo, estuvimos, estuvisteis, estuvieron	
Imperfect	estaba, estabas, estaba, estábamos, estabais, estaban	saltando
Future	estaré, estarás, estará, estaremos, estaréis, estarán	
Conditional	estaría, estarías, estaría, estaríamos, estaríais, estarían	
Subjunctive	que + *corresponding subjunctive tense of* estar (*see verb 252*)	

Commands

	(nosotros) saltemos / no saltemos
(tú) salta / no saltes	(vosotros) saltad / no saltéis
(Ud.) salte / no salte	(Uds.) salten / no salten

USAGE

Se salta jugando a la rayuela.	*You jump playing hopscotch.*
Saltamos el riachuelo.	*We leapt over the stream.*
¿No te saltaste una página?	*Didn't you skip a page?*
Salta a la vista.	*It's obvious.*
Daban saltos de alegría.	*They jumped for joy.*
¡Qué salto más impresionante!	*What an impressive waterfall!*
Hacían saltos mortales.	*They were doing somersaults.*

regular -ar verb

saludo · saludaron · saludado · saludando

	Present		Preterit
saludo	saludamos	saludé	saludamos
saludas	saludáis	saludaste	saludasteis
saluda	saludan	saludó	saludaron

	Imperfect		Present Perfect
saludaba	saludábamos	he saludado	hemos saludado
saludabas	saludabais	has saludado	habéis saludado
saludaba	saludaban	ha saludado	han saludado

	Future		Conditional
saludaré	saludaremos	saludaría	saludaríamos
saludarás	saludaréis	saludarías	saludaríais
saludará	saludarán	saludaría	saludarían

	Pluperfect		Preterit Perfect
había saludado	habíamos saludado	hube saludado	hubimos saludado
habías saludado	habíais saludado	hubiste saludado	hubisteis saludado
había saludado	habían saludado	hubo saludado	hubieron saludado

	Future Perfect		Conditional Perfect
habré saludado	habremos saludado	habría saludado	habríamos saludado
habrás saludado	habréis saludado	habrías saludado	habríais saludado
habrá saludado	habrán saludado	habría saludado	habrían saludado

	Present Subjunctive		Present Perfect Subjunctive
salude	saludemos	haya saludado	hayamos saludado
saludes	saludéis	hayas saludado	hayáis saludado
salude	saluden	haya saludado	hayan saludado

Imperfect Subjunctive (-ra)		or	Imperfect Subjunctive (-se)	
saludara	saludáramos		saludase	saludásemos
saludaras	saludarais		saludases	saludaseis
saludara	saludaran		saludase	saludasen

Past Perfect Subjunctive (-ra)		or	Past Perfect Subjunctive (-se)	
hubiera saludado	hubiéramos saludado		hubiese saludado	hubiésemos saludado
hubieras saludado	hubierais saludado		hubieses saludado	hubieseis saludado
hubiera saludado	hubieran saludado		hubiese saludado	hubiesen saludado

Progressive Tenses

Present	estoy, estás, está, estamos, estáis, están	
Preterit	estuve, estuviste, estuvo, estuvimos, estuvisteis, estuvieron	
Imperfect	estaba, estabas, estaba, estábamos, estabais, estaban	saludando
Future	estaré, estarás, estará, estaremos, estaréis, estarán	
Conditional	estaría, estarías, estaría, estaríamos, estaríais, estarían	
Subjunctive	que + corresponding subjunctive tense of estar (see verb 252)	

Commands

	(nosotros) saludemos / no saludemos
(tú) saluda / no saludes	(vosotros) saludad / no saludéis
(Ud.) salude / no salude	(Uds.) saluden / no saluden

USAGE

Saludamos a todos al entrar. — *We greeted everyone when we entered.*
Salúdalos de mi parte. — *Give them my best.*
Se saludaron. — *They greeted / said hello to each other.*
Los soldados saludaban al sargento. — *The soldiers saluted the sergeant.*
Muchos saludos de todos. — *Best regards from all of us.*
Está bien/mal de salud. — *He's in good/bad health.*
¡A su salud! — *Cheers! / Good health!*

satisfacer *to satisfy*

satisfago · satisficieron · satisfecho · satisfaciendo — *irregular verb*

Present		Preterit	
satisfago	satisfacemos	satisfice	satisficimos
satisfaces	satisfacéis	satisficiste	satisficisteis
satisface	satisfacen	satisfizo	satisficieron

Imperfect		Present Perfect	
satisfacía	satisfacíamos	he satisfecho	hemos satisfecho
satisfacías	satisfacíais	has satisfecho	habéis satisfecho
satisfacía	satisfacían	ha satisfecho	han satisfecho

Future		Conditional	
satisfaré	satisfaremos	satisfaría	satisfaríamos
satisfarás	satisfaréis	satisfarías	satisfaríais
satisfará	satisfarán	satisfaría	satisfarían

Pluperfect		Preterit Perfect	
había satisfecho	habíamos satisfecho	hube satisfecho	hubimos satisfecho
habías satisfecho	habíais satisfecho	hubiste satisfecho	hubisteis satisfecho
había satisfecho	habían satisfecho	hubo satisfecho	hubieron satisfecho

Future Perfect		Conditional Perfect	
habré satisfecho	habremos satisfecho	habría satisfecho	habríamos satisfecho
habrás satisfecho	habréis satisfecho	habrías satisfecho	habríais satisfecho
habrá satisfecho	habrán satisfecho	habría satisfecho	habrían satisfecho

Present Subjunctive		Present Perfect Subjunctive	
satisfaga	satisfagamos	haya satisfecho	hayamos satisfecho
satisfagas	satisfagáis	hayas satisfecho	hayáis satisfecho
satisfaga	satisfagan	haya satisfecho	hayan satisfecho

Imperfect Subjunctive (-ra)		or	Imperfect Subjunctive (-se)	
satisficiera	satisficiéramos		satisficiese	satisficiésemos
satisficieras	satisficierais		satisficieses	satisficieseis
satisficiera	satisficieran		satisficiese	satisficiesen

Past Perfect Subjunctive (-ra)		or	Past Perfect Subjunctive (-se)	
hubiera satisfecho	hubiéramos satisfecho		hubiese satisfecho	hubiésemos satisfecho
hubieras satisfecho	hubierais satisfecho		hubieses satisfecho	hubieseis satisfecho
hubiera satisfecho	hubieran satisfecho		hubiese satisfecho	hubiesen satisfecho

Progressive Tenses

Present	estoy, estás, está, estamos, estáis, están	
Preterit	estuve, estuviste, estuvo, estuvimos, estuvisteis, estuvieron	
Imperfect	estaba, estabas, estaba, estábamos, estabais, estaban	satisfaciendo
Future	estaré, estarás, estará, estaremos, estaréis, estarán	
Conditional	estaría, estarías, estaría, estaríamos, estaríais, estarían	
Subjunctive	que + *corresponding subjunctive tense of* estar (*see verb 252*)	

Commands

	(nosotros) satisfagamos / no satisfagamos
(tú) satisfaz (satisface) / no satisfagas	(vosotros) satisfaced / no satisfagáis
(Ud.) satisfaga / no satisfaga	(Uds.) satisfagan / no satisfagan

USAGE

El candidato satisface todos los requisitos. — *The candidate satisfies all the requirements.*

Satisficieron los gastos. — *They met/covered expenses.*
Es importante que satisfaga la deuda pronto. — *It's important that you pay the debt soon.*
Comí mucho. Estoy satisfecho. — *I ate a lot. I'm full.*
¡Qué persona más satisfecha de sí misma! — *What a self-satisfied/smug person!*
Les importa la satisfacción del consumidor. — *They care about consumer satisfaction.*

-ar verb; spelling change: c > qu/e

seco · secaron · secado · secando

Present		Preterit	
seco	secamos	sequé	secamos
secas	secáis	secaste	secasteis
seca	secan	secó	secaron

Imperfect		Present Perfect	
secaba	secábamos	he secado	hemos secado
secabas	secabais	has secado	habéis secado
secaba	secaban	ha secado	han secado

Future		Conditional	
secaré	secaremos	secaría	secaríamos
secarás	secaréis	secarías	secaríais
secará	secarán	secaría	secarían

Pluperfect		Preterit Perfect	
había secado	habíamos secado	hube secado	hubimos secado
habías secado	habíais secado	hubiste secado	hubisteis secado
había secado	habían secado	hubo secado	hubieron secado

Future Perfect		Conditional Perfect	
habré secado	habremos secado	habría secado	habríamos secado
habrás secado	habréis secado	habrías secado	habríais secado
habrá secado	habrán secado	habría secado	habrían secado

Present Subjunctive		Present Perfect Subjunctive	
seque	sequemos	haya secado	hayamos secado
seques	sequéis	hayas secado	hayáis secado
seque	sequen	haya secado	hayan secado

Imperfect Subjunctive (-ra)		or	Imperfect Subjunctive (-se)	
secara	secáramos		secase	secásemos
secaras	secarais		secases	secaseis
secara	secaran		secase	secasen

Past Perfect Subjunctive (-ra)		or	Past Perfect Subjunctive (-se)	
hubiera secado	hubiéramos secado		hubiese secado	hubiésemos secado
hubieras secado	hubierais secado		hubieses secado	hubieseis secado
hubiera secado	hubieran secado		hubiese secado	hubiesen secado

Progressive Tenses

Present	estoy, estás, está, estamos, estáis, están	
Preterit	estuve, estuviste, estuvo, estuvimos, estuvisteis, estuvieron	
Imperfect	estaba, estabas, estaba, estábamos, estabais, estaban	secando
Future	estaré, estarás, estará, estaremos, estaréis, estarán	
Conditional	estaría, estarías, estaría, estaríamos, estaríais, estarían	
Subjunctive	que + corresponding subjunctive tense of estar (see verb 252)	

Commands

	(nosotros) sequemos / no sequemos
(tú) seca / no seques	(vosotros) secad / no sequéis
(Ud.) seque / no seque	(Uds.) sequen / no sequen

(**USAGE**)

Seque los platos.	Dry the plates.
Secó el agua.	He wiped up the water.
Nos secábamos al sol después de nadar.	We dried ourselves in the sun after swimming.
Se secó la tierra por falta de lluvia.	The earth dried up for lack of rain.
Sécate las lágrimas.	Dry / Wipe away your tears.
Madrid tiene un clima seco.	Madrid has a dry climate.
Hay una cosecha escasa por la sequía.	There's a poor harvest because of the drought.

seguir *to follow, continue, pursue*

sigo · siguieron · seguido · siguiendo

stem-changing -ir verb: *e > i*;
spelling change: *gu > g/o, a*

El sábado sigue al viernes.	*Saturday follows Friday.*
Siguió el buen ejemplo de su hermano.	*She followed the good example of her brother.*
Para una vista espléndida sigue la costa.	*Follow the coastline for a wonderful view.*
Dudo que la gente siga lo que dice.	*I doubt people are following what he's saying.*
A veces es mejor no seguir la corriente.	*Sometimes it's better not to follow the crowd.*
Sigue tu camino sin compararte con los demás.	*Follow your own path without comparing yourself to other people.*
Las notas siguen en la página 77.	*The notes are continued on page 77.*
Sigan Uds. por la autopista de peaje.	*Continue along the turnpike.*
Seguir siendo competitivo constituye un gran reto para la Unión Europea.	*To still be competitive is a big challenge for the European Union.*
Starbucks sigue abriendo cientos de tiendas en muchos países.	*Starbucks continues to open hundreds of stores in many countries.*
La compañía quiere llegar a un acuerdo pero el sindicato sigue en sus trece.	*The company wants to reach an agreement but the union is sticking to its guns.*
Ya que se presenta una situación fluida, es preciso que sigamos los acontecimientos de cerca.	*Due to the fact that things are in flux, it's necessary that we monitor the events closely.*

take

Sigue la carrera de ingeniero.	*He's studying engineering.*
—Sigues la carrera de arquitecto, ¿verdad?	*You're studying to be an architect, aren't you?*
—Sí, sigo dos cursos este semestre.	*Yes, I'm taking two courses this semester.*
Su catarro sigue su curso.	*His cold is taking/following its course.*

seguir + present participle

—¿Sigo con mi informe?	*Shall I continue with my report?*
—Sí, sigue escribiéndolo.	*Yes, keep on writing it.*
—Siguen en La Florida, ¿verdad?	*They're still in Florida, aren't they?*
—Sí, siguen viviendo en Miami.	*Yes, they're still living in Miami.*
—Ella siguió trabajando después de la muerte de su padre.	*She kept on working after the death of her father.*
—Bueno, la vida sigue.	*Well, life goes on.*

OTHER USES AND RELATED WORDS

Sigue.	*Continued. / Turn over. (letter, official paper)*
—¿Cómo sigue la economía del país?	*How is the country's economy doing?*
—Sigue a la zaga de los países vecinos.	*It's behind neighboring countries.*
Se trasladarán a Las Vegas el año siguiente.	*They'll move to Las Vegas next year.*
Para enterarse, lea lo siguiente.	*To find out, read the following.*
Nos pusimos en marcha al día siguiente.	*We set out the following day.*
Los vimos en seguida.	*We saw them right away / immediately.*
Son tres días seguidos de nieve.	*We've had three days in a row of snow.*
Sigan aquí derecho.	*Go straight ahead.*
Dio siete conciertos muy seguidos.	*She gave seven concerts, one right after the other.*
Iban en seguimiento de los culpables.	*They went in pursuit of the culprits.*
¡No faltan seguidores en el estadio!	*There's no shortage of supporters/fans in the stadium!*

stem-changing -ir verb: *e > i*;
spelling change: *gu > g/o, a*

sigo · siguieron · seguido · siguiendo

Present	
sigo	seguimos
sigues	seguís
sigue	siguen

Preterit	
seguí	seguimos
seguiste	seguisteis
siguió	siguieron

Imperfect	
seguía	seguíamos
seguías	seguíais
seguía	seguían

Present Perfect	
he seguido	hemos seguido
has seguido	habéis seguido
ha seguido	han seguido

Future	
seguiré	seguiremos
seguirás	seguiréis
seguirá	seguirán

Conditional	
seguiría	seguiríamos
seguirías	seguiríais
seguiría	seguirían

Pluperfect	
había seguido	habíamos seguido
habías seguido	habíais seguido
había seguido	habían seguido

Preterit Perfect	
hube seguido	hubimos seguido
hubiste seguido	hubisteis seguido
hubo seguido	hubieron seguido

Future Perfect	
habré seguido	habremos seguido
habrás seguido	habréis seguido
habrá seguido	habrán seguido

Conditional Perfect	
habría seguido	habríamos seguido
habrías seguido	habríais seguido
habría seguido	habrían seguido

Present Subjunctive	
siga	sigamos
sigas	sigáis
siga	sigan

Present Perfect Subjunctive	
haya seguido	hayamos seguido
hayas seguido	hayáis seguido
haya seguido	hayan seguido

Imperfect Subjunctive (-ra)		or	Imperfect Subjunctive (-se)	
siguiera	siguiéramos		siguiese	siguiésemos
siguieras	siguierais		siguieses	siguieseis
siguiera	siguieran		siguiese	siguiesen

Past Perfect Subjunctive (-ra)		or	Past Perfect Subjunctive (-se)	
hubiera seguido	hubiéramos seguido		hubiese seguido	hubiésemos seguido
hubieras seguido	hubierais seguido		hubieses seguido	hubieseis seguido
hubiera seguido	hubieran seguido		hubiese seguido	hubiesen seguido

Progressive Tenses

Present	estoy, estás, está, estamos, estáis, están	
Preterit	estuve, estuviste, estuvo, estuvimos, estuvisteis, estuvieron	
Imperfect	estaba, estabas, estaba, estábamos, estabais, estaban	siguiendo
Future	estaré, estarás, estará, estaremos, estaréis, estarán	
Conditional	estaría, estarías, estaría, estaríamos, estaríais, estarían	
Subjunctive	que + *corresponding subjunctive tense of* estar (*see verb 252*)	

Commands

	(nosotros) sigamos / no sigamos
(tú) sigue / no sigas	(vosotros) seguid / no sigáis
(Ud.) siga / no siga	(Uds.) sigan / no sigan

USAGE

Seguimos la pista.	*We followed the trail.*
Siguen con sus estudios.	*They're continuing their studies.*
¡Sigan Uds.!	*Continue! / Go on!*
¿Por qué no seguiste mis consejos?	*Why didn't you follow my advice?*
Sigo sin saber lo que pasó.	*I still don't know what happened.*
¿Seguís estudiando inglés?	*Are you still studying English?*
¡Siguen siendo muy monos!	*They continue to be / They're still very cute!*

sentarse *to sit down, seat, establish, set, suit, become*

siento · sentaron · sentado · sentándose   *stem-changing -ar reflexive verb: e > ie*

Present		Preterit	
me siento	nos sentamos	me senté	nos sentamos
te sientas	os sentáis	te sentaste	os sentasteis
se sienta	se sientan	se sentó	se sentaron

Imperfect		Present Perfect	
me sentaba	nos sentábamos	me he sentado	nos hemos sentado
te sentabas	os sentabais	te has sentado	os habéis sentado
se sentaba	se sentaban	se ha sentado	se han sentado

Future		Conditional	
me sentaré	nos sentaremos	me sentaría	nos sentaríamos
te sentarás	os sentaréis	te sentarías	os sentaríais
se sentará	se sentarán	se sentaría	se sentarían

Pluperfect		Preterit Perfect	
me había sentado	nos habíamos sentado	me hube sentado	nos hubimos sentado
te habías sentado	os habíais sentado	te hubiste sentado	os hubisteis sentado
se había sentado	se habían sentado	se hubo sentado	se hubieron sentado

Future Perfect		Conditional Perfect	
me habré sentado	nos habremos sentado	me habría sentado	nos habríamos sentado
te habrás sentado	os habréis sentado	te habrías sentado	os habríais sentado
se habrá sentado	se habrán sentado	se habría sentado	se habrían sentado

Present Subjunctive		Present Perfect Subjunctive	
me siente	nos sentemos	me haya sentado	nos hayamos sentado
te sientes	os sentéis	te hayas sentado	os hayáis sentado
se siente	se sienten	se haya sentado	se hayan sentado

Imperfect Subjunctive (-ra)		or	Imperfect Subjunctive (-se)	
me sentara	nos sentáramos		me sentase	nos sentásemos
te sentaras	os sentarais		te sentases	os sentaseis
se sentara	se sentaran		se sentase	se sentasen

Past Perfect Subjunctive (-ra)		or	Past Perfect Subjunctive (-se)	
me hubiera sentado	nos hubiéramos sentado		me hubiese sentado	nos hubiésemos sentado
te hubieras sentado	os hubierais sentado		te hubieses sentado	os hubieseis sentado
se hubiera sentado	se hubieran sentado		se hubiese sentado	se hubiesen sentado

Progressive Tenses

Present	estoy, estás, está, estamos, estáis, están	
Preterit	estuve, estuviste, estuvo, estuvimos, estuvisteis, estuvieron	
Imperfect	estaba, estabas, estaba, estábamos, estabais, estaban	sentando (*see page 41*)
Future	estaré, estarás, estará, estaremos, estaréis, estarán	
Conditional	estaría, estarías, estaría, estaríamos, estaríais, estarían	
Subjunctive	que + *corresponding subjunctive tense of* estar (*see verb 252*)	

Commands

	(nosotros) sentémonos / no nos sentemos
(tú) siéntate / no te sientes	(vosotros) sentaos / no os sentéis
(Ud.) siéntese / no se siente	(Uds.) siéntense / no se sienten

USAGE

Siéntate en la sala de actos.	*Sit down in the meeting room.*
La azafata nos sentó.	*The flight attendant seated us.*
Siéntense, por favor.	*Please take your seats.*
—¿Quieres que nos sentemos en el patio de butacas?	*Do you want us to sit in the orchestra?*
—Prefiero sentarme en el anfiteatro.	*I prefer to sit in the balcony.*
Hay que sentar las reglas de una vez.	*We must establish the rules once and for all.*
Esta moda no te sienta nada bien.	*This style doesn't suit/become you at all.*

stem-changing -ir reflexive verb:
e > ie (present), e > i (preterit)

siento · sintieron · sentido · sintiéndose

Present		Preterit	
me siento	nos sentimos	me sentí	nos sentimos
te sientes	os sentís	te sentiste	os sentisteis
se siente	se sienten	se sintió	se sintieron

Imperfect		Present Perfect	
me sentía	nos sentíamos	me he sentido	nos hemos sentido
te sentías	os sentíais	te has sentido	os habéis sentido
se sentía	se sentían	se ha sentido	se han sentido

Future		Conditional	
me sentiré	nos sentiremos	me sentiría	nos sentiríamos
te sentirás	os sentiréis	te sentirías	os sentiríais
se sentirá	se sentirán	se sentiría	se sentirían

Pluperfect		Preterit Perfect	
me había sentido	nos habíamos sentido	me hube sentido	nos hubimos sentido
te habías sentido	os habíais sentido	te hubiste sentido	os hubisteis sentido
se había sentido	se habían sentido	se hubo sentido	se hubieron sentido

Future Perfect		Conditional Perfect	
me habré sentido	nos habremos sentido	me habría sentido	nos habríamos sentido
te habrás sentido	os habréis sentido	te habrías sentido	os habríais sentido
se habrá sentido	se habrán sentido	se habría sentido	se habrían sentido

Present Subjunctive		Present Perfect Subjunctive	
me sienta	nos sintamos	me haya sentido	nos hayamos sentido
te sientas	os sintáis	te hayas sentido	os hayáis sentido
se sienta	se sientan	se haya sentido	se hayan sentido

Imperfect Subjunctive (-ra)		_or_	Imperfect Subjunctive (-se)	
me sintiera	nos sintiéramos		me sintiese	nos sintiésemos
te sintieras	os sintierais		te sintieses	os sintieseis
se sintiera	se sintieran		se sintiese	se sintiesen

Past Perfect Subjunctive (-ra)		_or_	Past Perfect Subjunctive (-se)	
me hubiera sentido	nos hubiéramos sentido		me hubiese sentido	nos hubiésemos sentido
te hubieras sentido	os hubierais sentido		te hubieses sentido	os hubieseis sentido
se hubiera sentido	se hubieran sentido		se hubiese sentido	se hubiesen sentido

Progressive Tenses

Present	estoy, estás, está, estamos, estáis, están	
Preterit	estuve, estuviste, estuvo, estuvimos, estuvisteis, estuvieron	
Imperfect	estaba, estabas, estaba, estábamos, estabais, estaban	sintiendo (_see page 41_)
Future	estaré, estarás, estará, estaremos, estaréis, estarán	
Conditional	estaría, estarías, estaría, estaríamos, estaríais, estarían	
Subjunctive	que + _corresponding subjunctive tense of_ estar (_see verb 252_)	

Commands

	(nosotros) sintámonos / no nos sintamos
(tú) siéntete / no te sientas	(vosotros) sentíos / no os sintáis
(Ud.) siéntase / no se sienta	(Uds.) siéntanse / no se sientan

USAGE

—¿Cómo te sientes? _How do you feel?_
—Me siento bien. _I feel well._

Se sienten dispuestos a todo. _They feel prepared/ready for everything._
Se siente como un pez en el agua. _She feels completely at home._
Sienten que tengáis problemas. _They're sorry you're having problems._
No se siente una mosca. _It's so quiet you could hear a pin drop._
No sentíamos el calor. _We didn't feel the heat._

Se sienten enfermos/melancólicos.	*They feel sick/despondent.*
Nos sentimos con ganas de ir a una discoteca.	*We feel like going to a discotheque.*
¿Te sientes cansada todavía?	*Do you still feel tired?*
—¿Cómo te sentiste cuando él te dejó?	*How did you feel when he left you?*
—Me sentí vulnerable y engañada.	*I felt vulnerable and deceived.*
En los Estados Unidos, nos sentimos seguros porque vivimos bajo el imperio de la ley.	*In the United States, we feel secure because we live under the rule of law.*
Ese profesor nos hace sentir muy confiados.	*That professor makes us feel very confident.*
Ahora podrá sentirse cómodo al depurar aplicaciones y probar nuevas mejoras.	*Now you'll be able to feel comfortable when you debug applications and try new improvements.*
¿Cómo se sentirán ahora?	*I wonder how they feel now.*
Los campesinos se sienten marginados y víctimas del gobierno.	*The peasants feel marginalized and victimized by the government.*

to hear

¿No sentiste un fuerte ruido?	*Didn't you hear a loud noise?*

to sense

Siento que algo inesperado va a ocurrir.	*I sense something unexpected is going to happen.*

to feel sorry, regret

Lo siento (mucho).	*I'm (very) sorry.*
Siento no poder ir al concierto.	*I regret I can't go to the concert.*
Sentimos que no se hayan quedado.	*We're sorry they didn't stay.*
Sentían mucha pena.	*They felt very distressed.*

OTHER USES AND RELATED WORDS

—Son personas sensibles.	*They are sensitive people.*
—Sí, de corazón sensible.	*Yes, with tender hearts.*
Tienen mucha sensibilidad.	*They are very sensitive/compassionate.*
Tiene los ojos sensibles a la luz.	*Her eyes are sensitive to light.*
La novela es acerca de la vida sentimental de los personajes.	*The novel deals with the love life of the characters.*
¡Qué sentimiento de alegría!	*What a feeling of happiness!*
Es una persona de sentimientos nobles.	*He's a person of noble sentiments.*
Tiene un gran sentido de responsabilidad.	*He has a great sense of responsibility.*
Falta el sentido común.	*Common sense is lacking/needed.*
Tiene buen sentido del olfato.	*She has a keen sense of smell.*
Es una frase sin sentido.	*It's a meaningless phrase.*
La palabra es de doble sentido.	*The word has double meaning.*
Mi más sentido pésame.	*My deepest sympathy/condolences.*
—Por ti siento amor. ¿Qué sientes por mí?	*I feel love for you. What are your feelings for me?*
—Siento lo mismo por ti.	*I feel the same for you.*
—Siento que con este gobierno la situación ha empeorado.	*I feel that with this government the situation has gotten worse.*
—Sentimos que no haya hecho nada para mejorar las cosas.	*We're sorry that it hasn't done anything to improve things.*
Ojos que no ven, corazón que no siente.	*Out of sight, out of mind.*
Desgracia compartida, menos sentida.	*Misery loves company.*

regular -ar verb

señalo · señalaron · señalado · señalando

Present		Preterit	
señalo	señalamos	señalé	señalamos
señalas	señaláis	señalaste	señalasteis
señala	señalan	señaló	señalaron

Imperfect		Present Perfect	
señalaba	señalábamos	he señalado	hemos señalado
señalabas	señalabais	has señalado	habéis señalado
señalaba	señalaban	ha señalado	han señalado

Future		Conditional	
señalaré	señalaremos	señalaría	señalaríamos
señalarás	señalaréis	señalarías	señalaríais
señalará	señalarán	señalaría	señalarían

Pluperfect		Preterit Perfect	
había señalado	habíamos señalado	hube señalado	hubimos señalado
habías señalado	habíais señalado	hubiste señalado	hubisteis señalado
había señalado	habían señalado	hubo señalado	hubieron señalado

Future Perfect		Conditional Perfect	
habré señalado	habremos señalado	habría señalado	habríamos señalado
habrás señalado	habréis señalado	habrías señalado	habríais señalado
habrá señalado	habrán señalado	habría señalado	habrían señalado

Present Subjunctive		Present Perfect Subjunctive	
señale	señalemos	haya señalado	hayamos señalado
señales	señaléis	hayas señalado	hayáis señalado
señale	señalen	haya señalado	hayan señalado

Imperfect Subjunctive (-ra)		or	Imperfect Subjunctive (-se)	
señalara	señaláramos		señalase	señalásemos
señalaras	señalarais		señalases	señalaseis
señalara	señalaran		señalase	señalasen

Past Perfect Subjunctive (-ra)		or	Past Perfect Subjunctive (-se)	
hubiera señalado	hubiéramos señalado		hubiese señalado	hubiésemos señalado
hubieras señalado	hubierais señalado		hubieses señalado	hubieseis señalado
hubiera señalado	hubieran señalado		hubiese señalado	hubiesen señalado

Progressive Tenses

Present	estoy, estás, está, estamos, estáis, están	
Preterit	estuve, estuviste, estuvo, estuvimos, estuvisteis, estuvieron	
Imperfect	estaba, estabas, estaba, estábamos, estabais, estaban	señalando
Future	estaré, estarás, estará, estaremos, estaréis, estarán	
Conditional	estaría, estarías, estaría, estaríamos, estaríais, estarían	
Subjunctive	que + corresponding subjunctive tense of estar (see verb 252)	

Commands

	(nosotros) señalemos / no señalemos
(tú) señala / no señales	(vosotros) señalad / no señaléis
(Ud.) señale / no señale	(Uds.) señalen / no señalen

USAGE

Señala el lugar con el dedo. · *Point to the place.*
Nos señaló su edificio. · *He showed us / pointed out to us his building.*
2001 señala el comienzo de su mandato. · *2001 marks the beginning of his term.*
Les señalé las faltas de ortografía. · *I indicated the spelling errors to them.*
Pon atención a las señales de tráfico. · *Pay attention to the traffic/road signs.*
Se oye la señal de ocupado. · *We hear a busy signal.*
El herido daba señales de vida. · *The injured man was showing signs of life.*

separar to separate, move away, set aside

separo · separaron · separado · separando regular -ar verb

Present		Preterit	
separo	separamos	separé	separamos
separas	separáis	separaste	separasteis
separa	separan	separó	separaron

Imperfect		Present Perfect	
separaba	separábamos	he separado	hemos separado
separabas	separabais	has separado	habéis separado
separaba	separaban	ha separado	han separado

Future		Conditional	
separaré	separaremos	separaría	separaríamos
separarás	separaréis	separarías	separaríais
separará	separarán	separaría	separarían

Pluperfect		Preterit Perfect	
había separado	habíamos separado	hube separado	hubimos separado
habías separado	habíais separado	hubiste separado	hubisteis separado
había separado	habían separado	hubo separado	hubieron separado

Future Perfect		Conditional Perfect	
habré separado	habremos separado	habría separado	habríamos separado
habrás separado	habréis separado	habrías separado	habríais separado
habrá separado	habrán separado	habría separado	habrían separado

Present Subjunctive		Present Perfect Subjunctive	
separe	separemos	haya separado	hayamos separado
separes	separéis	hayas separado	hayáis separado
separe	separen	haya separado	hayan separado

Imperfect Subjunctive (-ra)		or	Imperfect Subjunctive (-se)	
separara	separáramos		separase	separásemos
separaras	separarais		separases	separaseis
separara	separaran		separase	separasen

Past Perfect Subjunctive (-ra)		or	Past Perfect Subjunctive (-se)	
hubiera separado	hubiéramos separado		hubiese separado	hubiésemos separado
hubieras separado	hubierais separado		hubieses separado	hubieseis separado
hubiera separado	hubieran separado		hubiese separado	hubiesen separado

Progressive Tenses

Present	estoy, estás, está, estamos, estáis, están	
Preterit	estuve, estuviste, estuvo, estuvimos, estuvisteis, estuvieron	
Imperfect	estaba, estabas, estaba, estábamos, estabais, estaban	separando
Future	estaré, estarás, estará, estaremos, estaréis, estarán	
Conditional	estaría, estarías, estaría, estaríamos, estaríais, estarían	
Subjunctive	que + *corresponding subjunctive tense of* estar (*see verb 252*)	

Commands

	(nosotros) separemos / no separemos
(tú) separa / no separes	(vosotros) separad / no separéis
(Ud.) separe / no separe	(Uds.) separen / no separen

USAGE

Separa al perro del gato.	*Separate the dog from the cat.*
Separa la cómoda de la cama.	*Move the chest of drawers away from the bed.*
Sepárame una rebanada de pizza.	*Set aside a piece of pizza for me.*
Se separó de su empresa.	*He left / retired from his company.*
Los esposos se separaron.	*The husband and wife separated.*
Le envío las fotos por separado.	*I'm sending you the photos under separate cover.*

irregular verb

soy · fueron · sido · siendo

Present

soy	somos
eres	sois
es	son

Preterit

fui	fuimos
fuiste	fuisteis
fue	fueron

Imperfect

era	éramos
eras	erais
era	eran

Present Perfect

he sido	hemos sido
has sido	habéis sido
ha sido	han sido

Future

seré	seremos
serás	seréis
será	serán

Conditional

sería	seríamos
serías	seríais
sería	serían

Pluperfect

había sido	habíamos sido
habías sido	habíais sido
había sido	habían sido

Preterit Perfect

hube sido	hubimos sido
hubiste sido	hubisteis sido
hubo sido	hubieron sido

Future Perfect

habré sido	habremos sido
habrás sido	habréis sido
habrá sido	habrán sido

Conditional Perfect

habría sido	habríamos sido
habrías sido	habríais sido
habría sido	habrían sido

Present Subjunctive

sea	seamos
seas	seáis
sea	sean

Present Perfect Subjunctive

haya sido	hayamos sido
hayas sido	hayáis sido
haya sido	hayan sido

Imperfect Subjunctive (-ra)

fuera	fuéramos
fueras	fuerais
fuera	fueran

or

Imperfect Subjunctive (-se)

fuese	fuésemos
fueses	fueseis
fuese	fuesen

Past Perfect Subjunctive (-ra)

hubiera sido	hubiéramos sido
hubieras sido	hubierais sido
hubiera sido	hubieran sido

or

Past Perfect Subjunctive (-se)

hubiese sido	hubiésemos sido
hubieses sido	hubieseis sido
hubiese sido	hubiesen sido

Progressive Tenses

Present	estoy, estás, está, estamos, estáis, están
Preterit	estuve, estuviste, estuvo, estuvimos, estuvisteis, estuvieron
Imperfect	estaba, estabas, estaba, estábamos, estabais, estaban
Future	estaré, estarás, estará, estaremos, estaréis, estarán
Conditional	estaría, estarías, estaría, estaríamos, estaríais, estarían
Subjunctive	que + *corresponding subjunctive tense of* estar (*see verb 252*)

} siendo

Commands

	(nosotros) seamos / no seamos
(tú) sé / no seas	(vosotros) sed / no seáis
(Ud.) sea / no sea	(Uds.) sean / no sean

El consultor es inteligente y simpático. — *The consultant is intelligent and nice.*
¿Uds. son ingleses? — *Are you English?*
Somos de los Estados Unidos. — *We're from the United States.*
La calculadora es de la ingeniera. — *The calculator is the engineer's.*
Esta ropa es de poliéster. — *This clothing is (made of) polyester.*
Son las dos y media. — *It's 2:30.*
Es lunes. Es el veintinueve de enero. — *It's Monday. It's January 29th.*

top 50 verb

ser + adjective

La directora adjunta era sagaz.
The deputy director was shrewd.

Sus amigos son protestantes/judíos/católicos.
His friends are Protestant/Jewish/Catholic.

❸ —¿De qué colores son las flores que plantaste?
What colors are the flowers you planted?

—Los tulipanes son rojos y los narcisos amarillos.
The tulips are red and the daffodils yellow.

❸ —¿Cómo son?
What are they like?

—Son encantadores.
They're delightful.

ser de to be from, belong to, be made of

❸ —¿De dónde son tus colegas?
Where are your co-workers from?

—Son de Chile y la Argentina. Son de origen francés e inglés.
They're from Chile and Argentina. They're of French and English descent.

❸ —¿De quién son estas carpetas?
Whose folders are these?

—Son del programador.
They're the programmer's.

❸ —¿De qué es la bolsa?
What's the handbag made of?

—Es de cuero.
It's made of leather.

ser para

❸ —¿Para quién es esta caja de bombones?
Whom is this box of chocolates for?

—Es para los secretarios.
It's for the secretaries.

ser to express time, dates, days of the week

❸ —¿Qué hora es?
What time is it?

—Es la una y cuarto.
It's 1:15.

❸ —¿Cuál es la fecha de hoy?
What's today's date?

—Es el 22 de febrero.
It's February 22.

❸ —¿Qué día es hoy?
What day is today?

—Es viernes.
It's Friday.

ser to express an event taking place

—¿La reunión será en la sala de conferencias?
Will the meeting be in the conference room?

—Sí, será a las diez de la mañana.
Yes, it will take place at 10:00 A.M.

ser to express future of probability

Los exámenes serán fáciles.
The exams are probably easy.

ser + past participle to express passive voice

El informe fue escrito por un estadístico.
The report was written by a statistician.

OTHER USES AND RELATED WORDS

Si no fuera por Uds., no podríamos proceder.
If it weren't for you, we couldn't carry on.

Érase una vez... (*cuentos de hadas*)
Once upon a time . . . (fairy tales)

stem-changing -ir verb: _e > i_

sirvo · sirvieron · servido · sirviendo

Present		Preterit	
sirvo	servimos	serví	servimos
sirves	servís	serviste	servisteis
sirve	sirven	sirvió	sirvieron

Imperfect		Present Perfect	
servía	servíamos	he servido	hemos servido
servías	servíais	has servido	habéis servido
servía	servían	ha servido	han servido

Future		Conditional	
serviré	serviremos	serviría	serviríamos
servirás	serviréis	servirías	serviríais
servirá	servirán	serviría	servirían

Pluperfect		Preterit Perfect	
había servido	habíamos servido	hube servido	hubimos servido
habías servido	habíais servido	hubiste servido	hubisteis servido
había servido	habían servido	hubo servido	hubieron servido

Future Perfect		Conditional Perfect	
habré servido	habremos servido	habría servido	habríamos servido
habrás servido	habréis servido	habrías servido	habríais servido
habrá servido	habrán servido	habría servido	habrían servido

Present Subjunctive		Present Perfect Subjunctive	
sirva	sirvamos	haya servido	hayamos servido
sirvas	sirváis	hayas servido	hayáis servido
sirva	sirvan	haya servido	hayan servido

Imperfect Subjunctive (-ra)		_or_	Imperfect Subjunctive (-se)	
sirviera	sirviéramos		sirviese	sirviésemos
sirvieras	sirvierais		sirvieses	sirvieseis
sirviera	sirvieran		sirviese	sirviesen

Past Perfect Subjunctive (-ra)		_or_	Past Perfect Subjunctive (-se)	
hubiera servido	hubiéramos servido		hubiese servido	hubiésemos servido
hubieras servido	hubierais servido		hubieses servido	hubieseis servido
hubiera servido	hubieran servido		hubiese servido	hubiesen servido

Progressive Tenses

Present	estoy, estás, está, estamos, estáis, están	
Preterit	estuve, estuviste, estuvo, estuvimos, estuvisteis, estuvieron	
Imperfect	estaba, estabas, estaba, estábamos, estabais, estaban	
Future	estaré, estarás, estará, estaremos, estaréis, estarán	sirviendo
Conditional	estaría, estarías, estaría, estaríamos, estaríais, estarían	
Subjunctive	que + _corresponding subjunctive tense of_ estar (_see verb 252_)	

Commands

	(nosotros) sirvamos / no sirvamos
(tú) sirve / no sirvas	(vosotros) servid / no sirváis
(Ud.) sirva / no sirva	(Uds.) sirvan / no sirvan

USAGE

Se sirve vino con la comida.	_Wine is served with the meal._
Es importante servir a la patria.	_It's important to serve one's country._
No sirve quejarse.	_There's no use in complaining._
Eso no sirve para nada.	_That's no good at all. / It's useless._
¿En qué puedo servirle?	_What can I do for you? / May I help you?_ (in a store)
Te toca a ti servir la pelota.	_It's your turn to serve the ball._
El mozo nos sirvió con esmero.	_He was an attentive waiter. (The waiter served us attentively.)_

sirvo · sirvieron · servido · sirviendo   *stem-changing -ir verb: e > i*

---

❷ —Fíjate. Todavía no nos han servido nuestra comida.

—Es una vergüenza que contraten meseros que no saben servir mesas.

Sirvamos la cena a las ocho.

Han servido muchas causas.

Eso no le sirve de mucho.

No me sirvió el enlace que me diste.

No se puede servir a Dios y al diablo.

Miles de soldados sirvieron en la guerra.

Look. They still haven't served us our meal.

It's disgraceful that they hire waiters who don't know how to wait tables.

Let's serve dinner at 8:00.

They've served many causes.

That doesn't do him much good.

The link you gave me wasn't of any use to me.

You can't serve God and the devil at the same time.

Thousands of soldiers served in the war.

servir de

Churchill sirvió de Primer Ministro durante la guerra.

Este mueble sólo sirve de estorbo.

Mi primo nos sirvió de guía cuando lo visitamos en Buenos Aires.

Estos documentos sirvieron de base para su artículo.

❷ —¿Sirve de algo el código de conducta?

—Claro que sí. Sirve de marco de referencia para nuestro desarrollo profesional.

Churchill served as Prime Minister during the war.

This piece of furniture just gets in the way.

My cousin was our guide when we visited him in Buenos Aires.

These documents were the foundation of his article.

Does the code of conduct have a purpose?

Of course it does. It serves as a frame of reference for our professional development.

servir para

❷ —Voy a pintar la casa. ¿Me ayudas?

—La verdad es que nunca he servido para tales cosas.

Coger un berrinche no te sirve para nada.

❷ —¿Para qué sirve este aparato?

—No sé. Para algo servirá.

I'm going to paint the house. Will you help me?

The truth is that I was never much good at things like that.

It's no use for you to have a tantrum.

What is this device used for?

I don't know. It must have some purpose.

servirse

Sírvanse Uds.

Me sirvo más pan.

Help yourselves.

I'll help myself to more bread.

servirse de

Nos servimos del correo electrónico.

Se servía de varios libros de consulta.

We use e-mail.

He used several reference books.

OTHER USES AND RELATED WORDS

Se ofrece servicio a domicilio.

Hizo el servicio militar.

❷ —¿Cuál es la relación entre un navegador y un servidor?

—El navegador transmite una petición al servidor.

La venganza es un plato que debe servirse frío.

Agassi logró tres aces para ganar su último servicio después de dos horas y media en la cancha.

They offer home delivery service.

He completed his military service.

What is the relationship between a browser and a server?

The browser transmits a request to the server.

Revenge should be carefully planned.

Agassi got three aces to win his last serve after two and a half hours on the court.

top 50 verb

-ar verb; spelling change: c > qu/e

significo · significaron · significado · significando

Present		Preterit	
significo	significamos	signifiqué	significamos
significas	significáis	significaste	significasteis
significa	significan	significó	significaron

Imperfect		Present Perfect	
significaba	significábamos	he significado	hemos significado
significabas	significabais	has significado	habéis significado
significaba	significaban	ha significado	han significado

Future		Conditional	
significaré	significaremos	significaría	significaríamos
significarás	significaréis	significarías	significaríais
significará	significarán	significaría	significarían

Pluperfect		Preterit Perfect	
había significado	habíamos significado	hube significado	hubimos significado
habías significado	habíais significado	hubiste significado	hubisteis significado
había significado	habían significado	hubo significado	hubieron significado

Future Perfect		Conditional Perfect	
habré significado	habremos significado	habría significado	habríamos significado
habrás significado	habréis significado	habrías significado	habríais significado
habrá significado	habrán significado	habría significado	habrían significado

Present Subjunctive		Present Perfect Subjunctive	
signifique	signifiquemos	haya significado	hayamos significado
signifiques	signifiquéis	hayas significado	hayáis significado
signifique	signifiquen	haya significado	hayan significado

Imperfect Subjunctive (-ra)		or	Imperfect Subjunctive (-se)	
significara	significáramos		significase	significásemos
significaras	significarais		significases	significaseis
significara	significaran		significase	significasen

Past Perfect Subjunctive (-ra)		or	Past Perfect Subjunctive (-se)	
hubiera significado	hubiéramos significado		hubiese significado	hubiésemos significado
hubieras significado	hubierais significado		hubieses significado	hubieseis significado
hubiera significado	hubieran significado		hubiese significado	hubiesen significado

Progressive Tenses

Present	estoy, estás, está, estamos, estáis, están	
Preterit	estuve, estuviste, estuvo, estuvimos, estuvisteis, estuvieron	
Imperfect	estaba, estabas, estaba, estábamos, estabais, estaban	significando
Future	estaré, estarás, estará, estaremos, estaréis, estarán	
Conditional	estaría, estarías, estaría, estaríamos, estaríais, estarían	
Subjunctive	que + corresponding subjunctive tense of estar (see verb 252)	

NOTE: Verb not used in commands

(**USAGE**)

La palabra española *superávit* significa *surplus* en inglés.	The Spanish word superávit *means surplus in English.*
Su cooperación significa mucho para nosotros.	*Their cooperation means a lot to us.*
¿Cuál es el significado de eso?	*What's the meaning/significance of that?*
Faltan unos signos de puntuación.	*Some punctuation marks are missing.*
Me parece que los signos son alentadores.	*I think the signs/tendencies are encouraging.*
Recibieron una cantidad significante de dinero.	*They received a significant amount of money.*

sobrar — to have left over, be left over, have more than enough

regular -ar verb;
reverse construction verb

sobra · sobraron · sobrado · sobrando

Present

me sobra(n)	nos sobra(n)
te sobra(n)	os sobra(n)
le sobra(n)	les sobra(n)

Preterit

me sobró(-aron)	nos sobró(-aron)
te sobró(-aron)	os sobró(-aron)
le sobró(-aron)	les sobró(-aron)

Imperfect

me sobraba(n)	nos sobraba(n)
te sobraba(n)	os sobraba(n)
le sobraba(n)	les sobraba(n)

Present Perfect

me ha(n) sobrado	nos ha(n) sobrado
te ha(n) sobrado	os ha(n) sobrado
le ha(n) sobrado	les ha(n) sobrado

Future

me sobrará(n)	nos sobrará(n)
te sobrará(n)	os sobrará(n)
le sobrará(n)	les sobrará(n)

Conditional

me sobraría(n)	nos sobraría(n)
te sobraría(n)	os sobraría(n)
le sobraría(n)	les sobraría(n)

Pluperfect

me había(n) sobrado	nos había(n) sobrado
te había(n) sobrado	os había(n) sobrado
le había(n) sobrado	les había(n) sobrado

Preterit Perfect

me hubo(-ieron) sobrado	nos hubo(-ieron) sobrado
te hubo(-ieron) sobrado	os hubo(-ieron) sobrado
le hubo(-ieron) sobrado	les hubo(-ieron) sobrado

Future Perfect

me habrá(n) sobrado	nos habrá(n) sobrado
te habrá(n) sobrado	os habrá(n) sobrado
le habrá(n) sobrado	les habrá(n) sobrado

Conditional Perfect

me habría(n) sobrado	nos habría(n) sobrado
te habría(n) sobrado	os habría(n) sobrado
le habría(n) sobrado	les habría(n) sobrado

Present Subjunctive

me sobre(n)	nos sobre(n)
te sobre(n)	os sobre(n)
le sobre(n)	les sobre(n)

Present Perfect Subjunctive

me haya(n) sobrado	nos haya(n) sobrado
te haya(n) sobrado	os haya(n) sobrado
le haya(n) sobrado	les haya(n) sobrado

Imperfect Subjunctive (-ra)   or   Imperfect Subjunctive (-se)

me sobrara(n)	nos sobrara(n)	me sobrase(n)	nos sobrase(n)
te sobrara(n)	os sobrara(n)	te sobrase(n)	os sobrase(n)
le sobrara(n)	les sobrara(n)	le sobrase(n)	les sobrase(n)

Past Perfect Subjunctive (-ra)   or   Past Perfect Subjunctive (-se)

me hubiera(n) sobrado	nos hubiera(n) sobrado	me hubiese(n) sobrado	nos hubiese(n) sobrado
te hubiera(n) sobrado	os hubiera(n) sobrado	te hubiese(n) sobrado	os hubiese(n) sobrado
le hubiera(n) sobrado	les hubiera(n) sobrado	le hubiese(n) sobrado	les hubiese(n) sobrado

Progressive Tenses

Present	me	está, están	
Preterit	te	estuvo, estuvieron	
Imperfect	le	estaba, estaban	sobrando
Future	nos	estará, estarán	
Conditional	os	estaría, estarían	
Subjunctive	que	les	corresponding subjunctive tense of estar (see verb 252)

NOTE: Verb not used in commands

USAGE

—¿Te sobra dinero?   Do you have any money left over?
—Sí, me sobran setenta y ocho dólares.   Yes, I have 78 dollars left over.
Le sobra el tiempo desde que se jubiló.   He has plenty of time since he retired.
Le sobra carisma/paciencia.   She's very charismatic/patient.
Les sobra entusiasmo.   They have plenty of enthusiasm.

stem-changing -er verb: o > ue

suelo · [solieron] · solido · soliendo

Present		Preterit not used
suelo	solemos	
sueles	soléis	
suele	suelen	

Imperfect		Present Perfect not used
solía	solíamos	
solías	solíais	
solía	solían	

Future not used **Conditional not used**

Pluperfect not used **Preterit Perfect not used**

Future Perfect not used **Conditional Perfect not used**

Present Subjunctive		Present Perfect Subjunctive	
suela	solamos	haya solido	hayamos solido
suelas	soláis	hayas solido	hayáis solido
suela	suelan	haya solido	hayan solido

Imperfect Subjunctive (-ra)		or	Imperfect Subjunctive (-se)	
soliera	soliéramos		soliese	soliésemos
solieras	solierais		solieses	solieseis
soliera	solieran		soliese	soliesen

Past Perfect Subjunctive (-ra)		or	Past Perfect Subjunctive (-se)	
hubiera solido	hubiéramos solido		hubiese solido	hubiésemos solido
hubieras solido	hubierais solido		hubieses solido	hubieseis solido
hubiera solido	hubieran solido		hubiese solido	hubiesen solido

NOTE: Verb not used in commands or progressive

Suelo viajar en verano.	I usually travel in summer.
Solía tomar el tren de las ocho.	She was accustomed to taking the eight o'clock train.
Suelen trasnochar.	They frequently stay up very late / all night.
No suele haber problemas con esta marca.	There are generally no problems with this brand.
Solían ver tele por la noche.	They used to watch TV at night.
Suele nevar mucho en la sierra.	It often snows / It tends to snow a lot in the mountains.
Solíamos hablar español en casa.	We usually spoke Spanish at home.
Me parece que sueles exagerar.	I think you tend to exaggerate.
Con el tiempo el sistema suele fallar.	With time, the system tends to fail.
¿Qué suele pasar en ese caso?	What usually happens in that case?
Como solía decir mi abuelita...	As my grandmother used to say . . .
¿Dónde suelen encontrarse a estas horas?	Where are they usually at this time?
Son conceptos que suelen confundirse.	They are concepts that tend to be confused.
Suelen actualizar el software con frecuencia.	They tend to update the software frequently.

sollozar *to sob*

sollozo · sollozaron · sollozado · sollozando

-ar verb; spelling change: z > c/e

Present		Preterit	
sollozo	sollozamos	sollocé	sollozamos
sollozas	sollozáis	sollozaste	sollozasteis
solloza	sollozan	sollozó	sollozaron

Imperfect		Present Perfect	
sollozaba	sollozábamos	he sollozado	hemos sollozado
sollozabas	sollozabais	has sollozado	habéis sollozado
sollozaba	sollozaban	ha sollozado	han sollozado

Future		Conditional	
sollozaré	sollozaremos	sollozaría	sollozaríamos
sollozarás	sollozaréis	sollozarías	sollozaríais
sollozará	sollozarán	sollozaría	sollozarían

Pluperfect		Preterit Perfect	
había sollozado	habíamos sollozado	hube sollozado	hubimos sollozado
habías sollozado	habíais sollozado	hubiste sollozado	hubisteis sollozado
había sollozado	habían sollozado	hubo sollozado	hubieron sollozado

Future Perfect		Conditional Perfect	
habré sollozado	habremos sollozado	habría sollozado	habríamos sollozado
habrás sollozado	habréis sollozado	habrías sollozado	habríais sollozado
habrá sollozado	habrán sollozado	habría sollozado	habrían sollozado

Present Subjunctive		Present Perfect Subjunctive	
solloce	sollocemos	haya sollozado	hayamos sollozado
solloces	sollocéis	hayas sollozado	hayáis sollozado
solloce	sollocen	haya sollozado	hayan sollozado

Imperfect Subjunctive (-ra)		or	Imperfect Subjunctive (-se)	
sollozara	sollozáramos		sollozase	sollozásemos
sollozaras	sollozarais		sollozases	sollozaseis
sollozara	sollozaran		sollozase	sollozasen

Past Perfect Subjunctive (-ra)		or	Past Perfect Subjunctive (-se)	
hubiera sollozado	hubiéramos sollozado		hubiese sollozado	hubiésemos sollozado
hubieras sollozado	hubierais sollozado		hubieses sollozado	hubieseis sollozado
hubiera sollozado	hubieran sollozado		hubiese sollozado	hubiesen sollozado

Progressive Tenses

Present	estoy, estás, está, estamos, estáis, están	
Preterit	estuve, estuviste, estuvo, estuvimos, estuvisteis, estuvieron	
Imperfect	estaba, estabas, estaba, estábamos, estabais, estaban	sollozando
Future	estaré, estarás, estará, estaremos, estaréis, estarán	
Conditional	estaría, estarías, estaría, estaríamos, estaríais, estarían	
Subjunctive	que + *corresponding subjunctive tense of* estar (*see verb 252*)	

Commands

	(nosotros) sollocemos / no sollocemos
(tú) solloza / no solloces	(vosotros) sollozad / no sollocéis
(Ud.) solloce / no solloce	(Uds.) sollocen / no sollocen

USAGE

El pobre niño se durmió sollozando.	*The poor child sobbed himself to sleep.*
Deja de sollozar.	*Stop sobbing.*
No sé por qué estalló en sollozos.	*I don't know why he burst into sobs.*
Nos hablaba entre sollozos.	*He talked to us while sobbing.*

stem-changing -ar verb: o > ue ⋅ **suelto · soltaron · soltado · soltando**

Present		Preterit	
suelto	soltamos	solté	soltamos
sueltas	soltáis	soltaste	soltasteis
suelta	sueltan	soltó	soltaron

Imperfect		Present Perfect	
soltaba	soltábamos	he soltado	hemos soltado
soltabas	soltabais	has soltado	habéis soltado
soltaba	soltaban	ha soltado	han soltado

Future		Conditional	
soltaré	soltaremos	soltaría	soltaríamos
soltarás	soltaréis	soltarías	soltaríais
soltará	soltarán	soltaría	soltarían

Pluperfect		Preterit Perfect	
había soltado	habíamos soltado	hube soltado	hubimos soltado
habías soltado	habíais soltado	hubiste soltado	hubisteis soltado
había soltado	habían soltado	hubo soltado	hubieron soltado

Future Perfect		Conditional Perfect	
habré soltado	habremos soltado	habría soltado	habríamos soltado
habrás soltado	habréis soltado	habrías soltado	habríais soltado
habrá soltado	habrán soltado	habría soltado	habrían soltado

Present Subjunctive		Present Perfect Subjunctive	
suelte	soltemos	haya soltado	hayamos soltado
sueltes	soltéis	hayas soltado	hayáis soltado
suelte	suelten	haya soltado	hayan soltado

Imperfect Subjunctive (-ra)		or	Imperfect Subjunctive (-se)	
soltara	soltáramos		soltase	soltásemos
soltaras	soltarais		soltases	soltaseis
soltara	soltaran		soltase	soltasen

Past Perfect Subjunctive (-ra)		or	Past Perfect Subjunctive (-se)	
hubiera soltado	hubiéramos soltado		hubiese soltado	hubiésemos soltado
hubieras soltado	hubierais soltado		hubieses soltado	hubieseis soltado
hubiera soltado	hubieran soltado		hubiese soltado	hubiesen soltado

Progressive Tenses

Present	estoy, estás, está, estamos, estáis, están
Preterit	estuve, estuviste, estuvo, estuvimos, estuvisteis, estuvieron
Imperfect	estaba, estabas, estaba, estábamos, estabais, estaban
Future	estaré, estarás, estará, estaremos, estaréis, estarán
Conditional	estaría, estarías, estaría, estaríamos, estaríais, estarían
Subjunctive	que + corresponding subjunctive tense of estar (see verb 252)

} soltando

Commands

	(nosotros) soltemos / no soltemos
(tú) suelta / no sueltes	(vosotros) soltad / no soltéis
(Ud.) suelte / no suelte	(Uds.) suelten / no suelten

(USAGE)

Suéltame el nudo.	*Undo/Loosen the knot for me.*
Por fin soltaron a los rehenes.	*They finally released the hostages.*
Se te ha soltado la lengua.	*You've become very talkative.*
Habla español con soltura.	*He speaks Spanish fluently.*
Hay que atar los cabos sueltos.	*We must tie up the loose ends.*

NOTE: *Suelto* is an alternate form of the past participle.

someter to subdue, put down, submit

someto · sometieron · sometido · sometiendo

regular -er verb

Present		Preterit	
someto	sometemos	sometí	sometimos
sometes	sometéis	sometiste	sometisteis
somete	someten	sometió	sometieron

Imperfect		Present Perfect	
sometía	sometíamos	he sometido	hemos sometido
sometías	sometíais	has sometido	habéis sometido
sometía	sometían	ha sometido	han sometido

Future		Conditional	
someteré	someteremos	sometería	someteríamos
someterás	someteréis	someterías	someteríais
someterá	someterán	sometería	someterían

Pluperfect		Preterit Perfect	
había sometido	habíamos sometido	hube sometido	hubimos sometido
habías sometido	habíais sometido	hubiste sometido	hubisteis sometido
había sometido	habían sometido	hubo sometido	hubieron sometido

Future Perfect		Conditional Perfect	
habré sometido	habremos sometido	habría sometido	habríamos sometido
habrás sometido	habréis sometido	habrías sometido	habríais sometido
habrá sometido	habrán sometido	habría sometido	habrían sometido

Present Subjunctive		Present Perfect Subjunctive	
someta	sometamos	haya sometido	hayamos sometido
sometas	sometáis	hayas sometido	hayáis sometido
someta	sometan	haya sometido	hayan sometido

Imperfect Subjunctive (-ra)		or	Imperfect Subjunctive (-se)	
sometiera	sometiéramos		sometiese	sometiésemos
sometieras	sometierais		sometieses	sometieseis
sometiera	sometieran		sometiese	sometiesen

Past Perfect Subjunctive (-ra)		or	Past Perfect Subjunctive (-se)	
hubiera sometido	hubiéramos sometido		hubiese sometido	hubiésemos sometido
hubieras sometido	hubierais sometido		hubieses sometido	hubieseis sometido
hubiera sometido	hubieran sometido		hubiese sometido	hubiesen sometido

Progressive Tenses

Present	estoy, estás, está, estamos, estáis, están	
Preterit	estuve, estuviste, estuvo, estuvimos, estuvisteis, estuvieron	
Imperfect	estaba, estabas, estaba, estábamos, estabais, estaban	sometiendo
Future	estaré, estarás, estará, estaremos, estaréis, estarán	
Conditional	estaría, estarías, estaría, estaríamos, estaríais, estarían	
Subjunctive	que + *corresponding subjunctive tense of* estar (*see verb 252*)	

Commands

	(nosotros) sometamos / no sometamos
(tú) somete / no sometas	(vosotros) someted / no sometáis
(Ud.) someta / no someta	(Uds.) sometan / no sometan

USAGE

Sometieron a los guerrilleros.	*They subdued / put down the guerrilla fighters.*
El medicamento se somete a prueba.	*They're testing the drug.*
Sometan su propuesta a la junta.	*Submit your proposal to the board.*
Las tropas se sometieron al enemigo.	*The troops surrendered to the enemy.*
¿Se someterá a un tratamiento dental?	*You'll undergo a dental treatment?*
Su sometimiento es excesivo.	*Their submissiveness is excessive.*

stem-changing -ar verb: o > ue

sueno · sonaron · sonado · sonando

Present		Preterit	
sueno	sonamos	soné	sonamos
suenas	sonáis	sonaste	sonasteis
suena	suenan	sonó	sonaron

Imperfect		Present Perfect	
sonaba	sonábamos	he sonado	hemos sonado
sonabas	sonabais	has sonado	habéis sonado
sonaba	sonaban	ha sonado	han sonado

Future		Conditional	
sonaré	sonaremos	sonaría	sonaríamos
sonarás	sonaréis	sonarías	sonaríais
sonará	sonarán	sonaría	sonarían

Pluperfect		Preterit Perfect	
había sonado	habíamos sonado	hube sonado	hubimos sonado
habías sonado	habíais sonado	hubiste sonado	hubisteis sonado
había sonado	habían sonado	hubo sonado	hubieron sonado

Future Perfect		Conditional Perfect	
habré sonado	habremos sonado	habría sonado	habríamos sonado
habrás sonado	habréis sonado	habrías sonado	habríais sonado
habrá sonado	habrán sonado	habría sonado	habrían sonado

Present Subjunctive		Present Perfect Subjunctive	
suene	sonemos	haya sonado	hayamos sonado
suenes	sonéis	hayas sonado	hayáis sonado
suene	suenen	haya sonado	hayan sonado

Imperfect Subjunctive (-ra)		or	Imperfect Subjunctive (-se)	
sonara	sonáramos		sonase	sonásemos
sonaras	sonarais		sonases	sonaseis
sonara	sonaran		sonase	sonasen

Past Perfect Subjunctive (-ra)		or	Past Perfect Subjunctive (-se)	
hubiera sonado	hubiéramos sonado		hubiese sonado	hubiésemos sonado
hubieras sonado	hubierais sonado		hubieses sonado	hubieseis sonado
hubiera sonado	hubieran sonado		hubiese sonado	hubiesen sonado

Progressive Tenses

Present	estoy, estás, está, estamos, estáis, están	
Preterit	estuve, estuviste, estuvo, estuvimos, estuvisteis, estuvieron	
Imperfect	estaba, estabas, estaba, estábamos, estabais, estaban	
Future	estaré, estarás, estará, estaremos, estaréis, estarán	} sonando
Conditional	estaría, estarías, estaría, estaríamos, estaríais, estarían	
Subjunctive	que + corresponding subjunctive tense of estar (see verb 252)	

Commands

	(nosotros) sonemos / no sonemos
(tú) suena / no suenes	(vosotros) sonad / no sonéis
(Ud.) suene / no suene	(Uds.) suenen / no suenen

USAGE

La flauta suena brillante.	The flute sounds brilliant.
La letra hache no suena en español.	The letter "h" isn't sounded/pronounced in Spanish.
¿No oyes sonar el celular?	Don't you hear the cell phone ringing?
Las campanas suenan al mediodía.	The bells ring at noon.
No me suena ese título.	That title doesn't sound familiar to me / ring a bell.
Sigue sonándose las narices.	She keeps on blowing her nose.
Nos encanta el sonido de la orquesta.	We love the sound of the orchestra.

sonreír *to smile*

sonrío · sonrieron · sonreído · sonriendo

stem-changing -ir verb: *e > i*

Present		Preterit	
sonrío	sonreímos	sonreí	sonreímos
sonríes	sonreís	sonreíste	sonreísteis
sonríe	sonríen	sonrió	sonrieron

Imperfect		Present Perfect	
sonreía	sonreíamos	he sonreído	hemos sonreído
sonreías	sonreíais	has sonreído	habéis sonreído
sonreía	sonreían	ha sonreído	han sonreído

Future		Conditional	
sonreiré	sonreiremos	sonreiría	sonreiríamos
sonreirás	sonreiréis	sonreirías	sonreiríais
sonreirá	sonreirán	sonreiría	sonreirían

Pluperfect		Preterit Perfect	
había sonreído	habíamos sonreído	hube sonreído	hubimos sonreído
habías sonreído	habíais sonreído	hubiste sonreído	hubisteis sonreído
había sonreído	habían sonreído	hubo sonreído	hubieron sonreído

Future Perfect		Conditional Perfect	
habré sonreído	habremos sonreído	habría sonreído	habríamos sonreído
habrás sonreído	habréis sonreído	habrías sonreído	habríais sonreído
habrá sonreído	habrán sonreído	habría sonreído	habrían sonreído

Present Subjunctive		Present Perfect Subjunctive	
sonría	sonriamos	haya sonreído	hayamos sonreído
sonrías	sonriáis	hayas sonreído	hayáis sonreído
sonría	sonrían	haya sonreído	hayan sonreído

Imperfect Subjunctive (-ra)		or	Imperfect Subjunctive (-se)	
sonriera	sonriéramos		sonriese	sonriésemos
sonrieras	sonrierais		sonrieses	sonrieseis
sonriera	sonrieran		sonriese	sonriesen

Past Perfect Subjunctive (-ra)		or	Past Perfect Subjunctive (-se)	
hubiera sonreído	hubiéramos sonreído		hubiese sonreído	hubiésemos sonreído
hubieras sonreído	hubierais sonreído		hubieses sonreído	hubieseis sonreído
hubiera sonreído	hubieran sonreído		hubiese sonreído	hubiesen sonreído

Progressive Tenses

Present	estoy, estás, está, estamos, estáis, están	
Preterit	estuve, estuviste, estuvo, estuvimos, estuvisteis, estuvieron	
Imperfect	estaba, estabas, estaba, estábamos, estabais, estaban	sonriendo
Future	estaré, estarás, estará, estaremos, estaréis, estarán	
Conditional	estaría, estarías, estaría, estaríamos, estaríais, estarían	
Subjunctive	que + *corresponding subjunctive tense of* estar (*see verb 252*)	

Commands

	(nosotros) sonriamos / no sonriamos
(tú) sonríe / no sonrías	(vosotros) sonreíd / no sonriáis
(Ud.) sonría / no sonría	(Uds.) sonrían / no sonrían

USAGE

Sus payasadas nos hacían sonreír.	*Their antics made us smile.*
Ojalá que la vida/fortuna nos sonría.	*I hope life/fortune will smile on us.*
Nos sonrieron.	*They smiled at us.*
¡Te sonríes de contento!	*You're beaming with joy!*
Tiene una sonrisa abierta y hermosa.	*She has a broad and beautiful smile.*
¿Por qué la sonrisa forzada/amarga?	*Why the forced/bitter smile?*
Nos da gusto ver su cara sonriente.	*It pleases us to see his smiling face.*

stem-changing -*ar* verb: *o > ue*

soñé · soñaron · soñado · soñando

Present		*Preterit*	
sueño	soñamos	soñé	soñamos
sueñas	soñáis	soñaste	soñasteis
sueña	sueñan	soñó	soñaron

Imperfect		*Present Perfect*	
soñaba	soñábamos	he soñado	hemos soñado
soñabas	soñabais	has soñado	habéis soñado
soñaba	soñaban	ha soñado	han soñado

Future		*Conditional*	
soñaré	soñaremos	soñaría	soñaríamos
soñarás	soñaréis	soñarías	soñaríais
soñará	soñarán	soñaría	soñarían

Pluperfect		*Preterit Perfect*	
había soñado	habíamos soñado	hube soñado	hubimos soñado
habías soñado	habíais soñado	hubiste soñado	hubisteis soñado
había soñado	habían soñado	hubo soñado	hubieron soñado

Future Perfect		*Conditional Perfect*	
habré soñado	habremos soñado	habría soñado	habríamos soñado
habrás soñado	habréis soñado	habrías soñado	habríais soñado
habrá soñado	habrán soñado	habría soñado	habrían soñado

Present Subjunctive		*Present Perfect Subjunctive*	
sueñe	soñemos	haya soñado	hayamos soñado
sueñes	soñéis	hayas soñado	hayáis soñado
sueñe	sueñen	haya soñado	hayan soñado

Imperfect Subjunctive (-ra)		*or*	*Imperfect Subjunctive (-se)*	
soñara	soñáramos		soñase	soñásemos
soñaras	soñarais		soñases	soñaseis
soñara	soñaran		soñase	soñasen

Past Perfect Subjunctive (-ra)		*or*	*Past Perfect Subjunctive (-se)*	
hubiera soñado	hubiéramos soñado		hubiese soñado	hubiésemos soñado
hubieras soñado	hubierais soñado		hubieses soñado	hubieseis soñado
hubiera soñado	hubieran soñado		hubiese soñado	hubiesen soñado

Progressive Tenses

Present	estoy, estás, está, estamos, estáis, están	
Preterit	estuve, estuviste, estuvo, estuvimos, estuvisteis, estuvieron	
Imperfect	estaba, estabas, estaba, estábamos, estabais, estaban	soñando
Future	estaré, estarás, estará, estaremos, estaréis, estarán	
Conditional	estaría, estarías, estaría, estaríamos, estaríais, estarían	
Subjunctive	que + *corresponding subjunctive tense of* estar (*see verb 252*)	

Commands

	(nosotros) soñemos / no soñemos
(tú) sueña / no sueñes	(vosotros) soñad / no soñéis
(Ud.) sueñe / no sueñe	(Uds.) sueñen / no sueñen

(USAGE)

Sueñan todas las noches.	*They have dreams every night.*
Soñó que estaba en Sevilla.	*She dreamed she was in Seville.*
¿Sueñas conmigo?	*Do you dream about me?*
¡Ni lo sueñes! / ¡Ni en sueños!	*Not on your life!*
Esta niña sueña despierta.	*This girl daydreams.*
El café le quitaba el sueño.	*Coffee used to keep him awake.*
Tienen sueño.	*They're sleepy.*

soplar *to blow, blow out*

soplo · soplaron · soplado · soplando   regular -*ar* verb

Present		Preterit	
soplo	soplamos	soplé	soplamos
soplas	sopláis	soplaste	soplasteis
sopla	soplan	sopló	soplaron

Imperfect		Present Perfect	
soplaba	soplábamos	he soplado	hemos soplado
soplabas	soplabais	has soplado	habéis soplado
soplaba	soplaban	ha soplado	han soplado

Future		Conditional	
soplaré	soplaremos	soplaría	soplaríamos
soplarás	soplaréis	soplarías	soplaríais
soplará	soplarán	soplaría	soplarían

Pluperfect		Preterit Perfect	
había soplado	habíamos soplado	hube soplado	hubimos soplado
habías soplado	habíais soplado	hubiste soplado	hubisteis soplado
había soplado	habían soplado	hubo soplado	hubieron soplado

Future Perfect		Conditional Perfect	
habré soplado	habremos soplado	habría soplado	habríamos soplado
habrás soplado	habréis soplado	habrías soplado	habríais soplado
habrá soplado	habrán soplado	habría soplado	habrían soplado

Present Subjunctive		Present Perfect Subjunctive	
sople	soplemos	haya soplado	hayamos soplado
soples	sopléis	hayas soplado	hayáis soplado
sople	soplen	haya soplado	hayan soplado

Imperfect Subjunctive (-ra)		or	Imperfect Subjunctive (-se)	
soplara	sopláramos		soplase	soplásemos
soplaras	soplarais		soplases	soplaseis
soplara	soplaran		soplase	soplasen

Past Perfect Subjunctive (-ra)		or	Past Perfect Subjunctive (-se)	
hubiera soplado	hubiéramos soplado		hubiese soplado	hubiésemos soplado
hubieras soplado	hubierais soplado		hubieses soplado	hubieseis soplado
hubiera soplado	hubieran soplado		hubiese soplado	hubiesen soplado

Progressive Tenses

Present	estoy, estás, está, estamos, estáis, están	
Preterit	estuve, estuviste, estuvo, estuvimos, estuvisteis, estuvieron	
Imperfect	estaba, estabas, estaba, estábamos, estabais, estaban	soplando
Future	estaré, estarás, estará, estaremos, estaréis, estarán	
Conditional	estaría, estarías, estaría, estaríamos, estaríais, estarían	
Subjunctive	que + *corresponding subjunctive tense of* estar (*see verb 252*)	

Commands

	(nosotros) soplemos / no soplemos
(tú) sopla / no soples	(vosotros) soplad / no sopléis
(Ud.) sople / no sople	(Uds.) soplen / no soplen

USAGE

El viento sopla.	*The wind is blowing.*
Sopla en la boquilla del clarinete.	*Blow into the mouthpiece of the clarinet.*
Ha soplado todas las velas en la torta.	*She has blown out all the candles on the cake.*
Hay que saber de qué lado sopla el viento.	*You have to know which way the wind blows.*
Le sopló la respuesta a su amiga.	*She whispered the answer to her friend.*
Dio el soplo.	*He informed/squealed.*

regular -ar verb

soporto · soportaron · soportado · soportando

Present		Preterit	
soporto	soportamos	soporté	soportamos
soportas	soportáis	soportaste	soportasteis
soporta	soportan	soportó	soportaron

Imperfect		Present Perfect	
soportaba	soportábamos	he soportado	hemos soportado
soportabas	soportabais	has soportado	habéis soportado
soportaba	soportaban	ha soportado	han soportado

Future		Conditional	
soportaré	soportaremos	soportaría	soportaríamos
soportarás	soportaréis	soportarías	soportaríais
soportará	soportarán	soportaría	soportarían

Pluperfect		Preterit Perfect	
había soportado	habíamos soportado	hube soportado	hubimos soportado
habías soportado	habíais soportado	hubiste soportado	hubisteis soportado
había soportado	habían soportado	hubo soportado	hubieron soportado

Future Perfect		Conditional Perfect	
habré soportado	habremos soportado	habría soportado	habríamos soportado
habrás soportado	habréis soportado	habrías soportado	habríais soportado
habrá soportado	habrán soportado	habría soportado	habrían soportado

Present Subjunctive		Present Perfect Subjunctive	
soporte	soportemos	haya soportado	hayamos soportado
soportes	soportéis	hayas soportado	hayáis soportado
soporte	soporten	haya soportado	hayan soportado

Imperfect Subjunctive (-ra)		or	Imperfect Subjunctive (-se)	
soportara	soportáramos		soportase	soportásemos
soportaras	soportarais		soportases	soportaseis
soportara	soportaran		soportase	soportasen

Past Perfect Subjunctive (-ra)		or	Past Perfect Subjunctive (-se)	
hubiera soportado	hubiéramos soportado		hubiese soportado	hubiésemos soportado
hubieras soportado	hubierais soportado		hubieses soportado	hubieseis soportado
hubiera soportado	hubieran soportado		hubiese soportado	hubiesen soportado

Progressive Tenses

Present	estoy, estás, está, estamos, estáis, están
Preterit	estuve, estuviste, estuvo, estuvimos, estuvisteis, estuvieron
Imperfect	estaba, estabas, estaba, estábamos, estabais, estaban
Future	estaré, estarás, estará, estaremos, estaréis, estarán
Conditional	estaría, estarías, estaría, estaríamos, estaríais, estarían
Subjunctive	que + *corresponding subjunctive tense of* estar (*see verb 252*)

} soportando

Commands

	(nosotros) soportemos / no soportemos
(tú) soporta / no soportes	(vosotros) soportad / no soportéis
(Ud.) soporte / no soporte	(Uds.) soporten / no soporten

USAGE

Las vigas soportaban el techo.	*The beams supported the roof.*
No soporto a esas personas.	*I can't stand those people.*
No soportamos más.	*We can't tolerate any more.*
El pueblo soportó bien la tempestad.	*The town weathered the storm well.*
Se necesita el soporte.	*They need support/backup.*
Esta situación es insoportable.	*This situation is unbearable/intolerable.*

sorprender *to surprise, amaze, astonish*

sorprendo · sorprendieron · sorprendido · sorprendiendo   regular -er verb

Present		Preterit	
sorprendo	sorprendemos	sorprendí	sorprendimos
sorprendes	sorprendéis	sorprendiste	sorprendisteis
sorprende	sorprenden	sorprendió	sorprendieron

Imperfect		Present Perfect	
sorprendía	sorprendíamos	he sorprendido	hemos sorprendido
sorprendías	sorprendíais	has sorprendido	habéis sorprendido
sorprendía	sorprendían	ha sorprendido	han sorprendido

Future		Conditional	
sorprenderé	sorprenderemos	sorprendería	sorprenderíamos
sorprenderás	sorprenderéis	sorprenderías	sorprenderíais
sorprenderá	sorprenderán	sorprendería	sorprenderían

Pluperfect		Preterit Perfect	
había sorprendido	habíamos sorprendido	hube sorprendido	hubimos sorprendido
habías sorprendido	habíais sorprendido	hubiste sorprendido	hubisteis sorprendido
había sorprendido	habían sorprendido	hubo sorprendido	hubieron sorprendido

Future Perfect		Conditional Perfect	
habré sorprendido	habremos sorprendido	habría sorprendido	habríamos sorprendido
habrás sorprendido	habréis sorprendido	habrías sorprendido	habríais sorprendido
habrá sorprendido	habrán sorprendido	habría sorprendido	habrían sorprendido

Present Subjunctive		Present Perfect Subjunctive	
sorprenda	sorprendamos	haya sorprendido	hayamos sorprendido
sorprendas	sorprendáis	hayas sorprendido	hayáis sorprendido
sorprenda	sorprendan	haya sorprendido	hayan sorprendido

Imperfect Subjunctive (-ra)		or	Imperfect Subjunctive (-se)	
sorprendiera	sorprendiéramos		sorprendiese	sorprendiésemos
sorprendieras	sorprendierais		sorprendieses	sorprendieseis
sorprendiera	sorprendieran		sorprendiese	sorprendiesen

Past Perfect Subjunctive (-ra)		or	Past Perfect Subjunctive (-se)	
hubiera sorprendido	hubiéramos sorprendido		hubiese sorprendido	hubiésemos sorprendido
hubieras sorprendido	hubierais sorprendido		hubieses sorprendido	hubieseis sorprendido
hubiera sorprendido	hubieran sorprendido		hubiese sorprendido	hubiesen sorprendido

Progressive Tenses

Present	estoy, estás, está, estamos, estáis, están	
Preterit	estuve, estuviste, estuvo, estuvimos, estuvisteis, estuvieron	
Imperfect	estaba, estabas, estaba, estábamos, estabais, estaban	sorprendiendo
Future	estaré, estarás, estará, estaremos, estaréis, estarán	
Conditional	estaría, estarías, estaría, estaríamos, estaríais, estarían	
Subjunctive	que + *corresponding subjunctive tense of* estar (*see verb 252*)	

Commands

	(nosotros) sorprendamos / no sorprendamos
(tú) sorprende / no sorprendas	(vosotros) sorprended / no sorprendáis
(Ud.) sorprenda / no sorprenda	(Uds.) sorprendan / no sorprendan

USAGE

Les sorprendió el secreto.	*The secret surprised/amazed them.*
Nos sorprendimos al oír la noticia.	*We were surprised to hear the news.*
Sorprendió a sus amigos.	*He caught his friends by surprise.*
Me quedé sorprendido ante su actitud.	*I was surprised by his attitude.*
Nos cogieron de sorpresa.	*They took us by surprise.*
Me parece sorprendente su conducta.	*I think her conduct is surprising.*
Fue un acontecimiento sorpresivo.	*It was a surprising / an unexpected event.*

to suspect, think, imagine **sospechar**

regular -ar verb

sospecho · sospecharon · sospechado · sospechando

Present		Preterit	
sospecho	sospechamos	sospeché	sospechamos
sospechas	sospecháis	sospechaste	sospechasteis
sospecha	sospechan	sospechó	sospecharon

Imperfect		Present Perfect	
sospechaba	sospechábamos	he sospechado	hemos sospechado
sospechabas	sospechabais	has sospechado	habéis sospechado
sospechaba	sospechaban	ha sospechado	han sospechado

Future		Conditional	
sospecharé	sospecharemos	sospecharía	sospecharíamos
sospecharás	sospecharéis	sospecharías	sospecharíais
sospechará	sospecharán	sospecharía	sospecharían

Pluperfect		Preterit Perfect	
había sospechado	habíamos sospechado	hube sospechado	hubimos sospechado
habías sospechado	habíais sospechado	hubiste sospechado	hubisteis sospechado
había sospechado	habían sospechado	hubo sospechado	hubieron sospechado

Future Perfect		Conditional Perfect	
habré sospechado	habremos sospechado	habría sospechado	habríamos sospechado
habrás sospechado	habréis sospechado	habrías sospechado	habríais sospechado
habrá sospechado	habrán sospechado	habría sospechado	habrían sospechado

Present Subjunctive		Present Perfect Subjunctive	
sospeche	sospechemos	haya sospechado	hayamos sospechado
sospeches	sospechéis	hayas sospechado	hayáis sospechado
sospeche	sospechen	haya sospechado	hayan sospechado

Imperfect Subjunctive (-ra)		or	Imperfect Subjunctive (-se)	
sospechara	sospecháramos		sospechase	sospechásemos
sospecharas	sospecharais		sospechases	sospechaseis
sospechara	sospecharan		sospechase	sospechasen

Past Perfect Subjunctive (-ra)		or	Past Perfect Subjunctive (-se)	
hubiera sospechado	hubiéramos sospechado		hubiese sospechado	hubiésemos sospechado
hubieras sospechado	hubierais sospechado		hubieses sospechado	hubieseis sospechado
hubiera sospechado	hubieran sospechado		hubiese sospechado	hubiesen sospechado

Progressive Tenses

Present	estoy, estás, está, estamos, estáis, están	
Preterit	estuve, estuviste, estuvo, estuvimos, estuvisteis, estuvieron	
Imperfect	estaba, estabas, estaba, estábamos, estabais, estaban	sospechando
Future	estaré, estarás, estará, estaremos, estaréis, estarán	
Conditional	estaría, estarías, estaría, estaríamos, estaríais, estarían	
Subjunctive	que + corresponding subjunctive tense of estar (see verb 252)	

Commands

	(nosotros) sospechemos / no sospechemos
(tú) sospecha / no sospeches	(vosotros) sospechad / no sospechéis
(Ud.) sospeche / no sospeche	(Uds.) sospechen / no sospechen

USAGE

—Sospechan del nuevo empleado. | *They're suspicious of the new employee.*
—Yo también tengo sospechas de él. | *I also have suspicions about him.*

—¿No sospechabas que pasaba algo? | *Didn't you suspect that something was going on?*
—Yo lo sospechaba. | *I imagined/thought as much.*

Está fuera de / por encima de toda sospecha. | *She's above suspicion.*
Es un tipo sospechoso. | *He's a suspicious character.*
No hay ningún sospechoso todavía. | *There's not a single suspect yet.*

sostener *to support, stand, maintain*

sostengo · sostuvieron · sostenido · sosteniendo   irregular verb (like **tener**)

Present		Preterit	
sostengo	sostenemos	sostuve	sostuvimos
sostienes	sostenéis	sostuviste	sostuvisteis
sostiene	sostienen	sostuvo	sostuvieron

Imperfect		Present Perfect	
sostenía	sosteníamos	he sostenido	hemos sostenido
sostenías	sosteníais	has sostenido	habéis sostenido
sostenía	sostenían	ha sostenido	han sostenido

Future		Conditional	
sostendré	sostendremos	sostendría	sostendríamos
sostendrás	sostendréis	sostendrías	sostendríais
sostendrá	sostendrán	sostendría	sostendrían

Pluperfect		Preterit Perfect	
había sostenido	habíamos sostenido	hube sostenido	hubimos sostenido
habías sostenido	habíais sostenido	hubiste sostenido	hubisteis sostenido
había sostenido	habían sostenido	hubo sostenido	hubieron sostenido

Future Perfect		Conditional Perfect	
habré sostenido	habremos sostenido	habría sostenido	habríamos sostenido
habrás sostenido	habréis sostenido	habrías sostenido	habríais sostenido
habrá sostenido	habrán sostenido	habría sostenido	habrían sostenido

Present Subjunctive		Present Perfect Subjunctive	
sostenga	sostengamos	haya sostenido	hayamos sostenido
sostengas	sostengáis	hayas sostenido	hayáis sostenido
sostenga	sostengan	haya sostenido	hayan sostenido

Imperfect Subjunctive (-ra)		*or*	Imperfect Subjunctive (-se)	
sostuviera	sostuviéramos		sostuviese	sostuviésemos
sostuvieras	sostuvierais		sostuvieses	sostuvieseis
sostuviera	sostuvieran		sostuviese	sostuviesen

Past Perfect Subjunctive (-ra)		*or*	Past Perfect Subjunctive (-se)	
hubiera sostenido	hubiéramos sostenido		hubiese sostenido	hubiésemos sostenido
hubieras sostenido	hubierais sostenido		hubieses sostenido	hubieseis sostenido
hubiera sostenido	hubieran sostenido		hubiese sostenido	hubiesen sostenido

Progressive Tenses

Present	estoy, estás, está, estamos, estáis, están	
Preterit	estuve, estuviste, estuvo, estuvimos, estuvisteis, estuvieron	
Imperfect	estaba, estabas, estaba, estábamos, estabais, estaban	sosteniendo
Future	estaré, estarás, estará, estaremos, estaréis, estarán	
Conditional	estaría, estarías, estaría, estaríamos, estaríais, estarían	
Subjunctive	que + *corresponding subjunctive tense of* estar (*see verb 252*)	

Commands

(tú) sostén / no sostengas	(nosotros) sostengamos / no sostengamos
(Ud.) sostenga / no sostenga	(vosotros) sostened / no sostengáis
	(Uds.) sostengan / no sostengan

USAGE

¿Me sostienes el cuadro?	*Can you hold up / support the picture for me?*
No puede sostener los líos.	*She can't bear the problems.*
Sostenían buenas relaciones.	*They maintained good relations.*
Sostengo que el apaciguamiento es una mala política.	*I maintain that appeasement is a bad policy.*
Se sostiene trabajando en un banco.	*She supports herself working in a bank.*

regular -ir verb   subo · subieron · subido · subiendo

Present		Preterit	
subo	subimos	subí	subimos
subes	subís	subiste	subisteis
sube	suben	subió	subieron

Imperfect		Present Perfect	
subía	subíamos	he subido	hemos subido
subías	subíais	has subido	habéis subido
subía	subían	ha subido	han subido

Future		Conditional	
subiré	subiremos	subiría	subiríamos
subirás	subiréis	subirías	subiríais
subirá	subirán	subiría	subirían

Pluperfect		Preterit Perfect	
había subido	habíamos subido	hube subido	hubimos subido
habías subido	habíais subido	hubiste subido	hubisteis subido
había subido	habían subido	hubo subido	hubieron subido

Future Perfect		Conditional Perfect	
habré subido	habremos subido	habría subido	habríamos subido
habrás subido	habréis subido	habrías subido	habríais subido
habrá subido	habrán subido	habría subido	habrían subido

Present Subjunctive		Present Perfect Subjunctive	
suba	subamos	haya subido	hayamos subido
subas	subáis	hayas subido	hayáis subido
suba	suban	haya subido	hayan subido

Imperfect Subjunctive (-ra)		*or*	Imperfect Subjunctive (-se)	
subiera	subiéramos		subiese	subiésemos
subieras	subierais		subieses	subieseis
subiera	subieran		subiese	subiesen

Past Perfect Subjunctive (-ra)		*or*	Past Perfect Subjunctive (-se)	
hubiera subido	hubiéramos subido		hubiese subido	hubiésemos subido
hubieras subido	hubierais subido		hubieses subido	hubieseis subido
hubiera subido	hubieran subido		hubiese subido	hubiesen subido

Progressive Tenses

Present	estoy, estás, está, estamos, estáis, están	
Preterit	estuve, estuviste, estuvo, estuvimos, estuvisteis, estuvieron	
Imperfect	estaba, estabas, estaba, estábamos, estabais, estaban	subiendo
Future	estaré, estarás, estará, estaremos, estaréis, estarán	
Conditional	estaría, estarías, estaría, estaríamos, estaríais, estarían	
Subjunctive	que + *corresponding subjunctive tense of* estar (*see verb 252*)	

Commands

	(nosotros) subamos / no subamos
(tú) sube / no subas	(vosotros) subid / no subáis
(Ud.) suba / no suba	(Uds.) suban / no suban

USAGE

—Suban al séptimo piso.	*Go up to the seventh floor.*
—¿Subimos en ascensor o escalera mecánica?	*Shall we go up by elevator or escalator?*
Súbeme los paquetes, por favor.	*Please carry the packages up for me.*
Esperamos que no suban los precios.	*We hope that prices don't rise.*
Hace un año que el rey subió al trono.	*The king ascended the throne a year ago.*
No subas la voz.	*Don't raise your voice.*
Hijo, súbete al árbol con cuidado.	*Climb the tree carefully.*

subrayar *to underline, underscore, emphasize*

subrayo · subrayaron · subrayado · subrayando   regular *-ar* verb

Present		Preterit	
subrayo	subrayamos	subrayé	subrayamos
subrayas	subrayáis	subrayaste	subrayasteis
subraya	subrayan	subrayó	subrayaron

Imperfect		Present Perfect	
subrayaba	subrayábamos	he subrayado	hemos subrayado
subrayabas	subrayabais	has subrayado	habéis subrayado
subrayaba	subrayaban	ha subrayado	han subrayado

Future		Conditional	
subrayaré	subrayaremos	subrayaría	subrayaríamos
subrayarás	subrayaréis	subrayarías	subrayaríais
subrayará	subrayarán	subrayaría	subrayarían

Pluperfect		Preterit Perfect	
había subrayado	habíamos subrayado	hube subrayado	hubimos subrayado
habías subrayado	habíais subrayado	hubiste subrayado	hubisteis subrayado
había subrayado	habían subrayado	hubo subrayado	hubieron subrayado

Future Perfect		Conditional Perfect	
habré subrayado	habremos subrayado	habría subrayado	habríamos subrayado
habrás subrayado	habréis subrayado	habrías subrayado	habríais subrayado
habrá subrayado	habrán subrayado	habría subrayado	habrían subrayado

Present Subjunctive		Present Perfect Subjunctive	
subraye	subrayemos	haya subrayado	hayamos subrayado
subrayes	subrayéis	hayas subrayado	hayáis subrayado
subraye	subrayen	haya subrayado	hayan subrayado

Imperfect Subjunctive (-ra)		*or*	Imperfect Subjunctive (-se)	
subrayara	subrayáramos		subrayase	subrayásemos
subrayaras	subrayarais		subrayases	subrayaseis
subrayara	subrayaran		subrayase	subrayasen

Past Perfect Subjunctive (-ra)		*or*	Past Perfect Subjunctive (-se)	
hubiera subrayado	hubiéramos subrayado		hubiese subrayado	hubiésemos subrayado
hubieras subrayado	hubierais subrayado		hubieses subrayado	hubieseis subrayado
hubiera subrayado	hubieran subrayado		hubiese subrayado	hubiesen subrayado

Progressive Tenses

Present	estoy, estás, está, estamos, estáis, están	
Preterit	estuve, estuviste, estuvo, estuvimos, estuvisteis, estuvieron	
Imperfect	estaba, estabas, estaba, estábamos, estabais, estaban	subrayando
Future	estaré, estarás, estará, estaremos, estaréis, estarán	
Conditional	estaría, estarías, estaría, estaríamos, estaríais, estarían	
Subjunctive	que + *corresponding subjunctive tense of* estar (*see verb 252*)	

Commands

	(nosotros) subrayemos / no subrayemos
(tú) subraya / no subrayes	(vosotros) subrayad / no subrayéis
(Ud.) subraye / no subraye	(Uds.) subrayen / no subrayen

USAGE

Subraya los títulos en el artículo.	Underline/Underscore the titles in the article.
Se pierde el efecto con tanto subrayar.	You lose the effect with so much emphasizing.
¿Cuáles palabras están subrayadas?	Which words are underlined?
Escribe una raya aquí.	Write a dash here.
No se debe exagerar el uso del subrayado.	You shouldn't overdo underlining.

regular *-er* verb

sucedo · sucedieron · sucedido · sucediendo

Present		Preterit	
sucedo	sucedemos	sucedí	sucedimos
sucedes	sucedéis	sucediste	sucedisteis
sucede	suceden	sucedió	sucedieron

Imperfect		Present Perfect	
sucedía	sucedíamos	he sucedido	hemos sucedido
sucedías	sucedíais	has sucedido	habéis sucedido
sucedía	sucedían	ha sucedido	han sucedido

Future		Conditional	
sucederé	sucederemos	sucedería	sucederíamos
sucederás	sucederéis	sucederías	sucederíais
sucederá	sucederán	sucedería	sucederían

Pluperfect		Preterit Perfect	
había sucedido	habíamos sucedido	hube sucedido	hubimos sucedido
habías sucedido	habíais sucedido	hubiste sucedido	hubisteis sucedido
había sucedido	habían sucedido	hubo sucedido	hubieron sucedido

Future Perfect		Conditional Perfect	
habré sucedido	habremos sucedido	habría sucedido	habríamos sucedido
habrás sucedido	habréis sucedido	habrías sucedido	habríais sucedido
habrá sucedido	habrán sucedido	habría sucedido	habrían sucedido

Present Subjunctive		Present Perfect Subjunctive	
suceda	sucedamos	haya sucedido	hayamos sucedido
sucedas	sucedáis	hayas sucedido	hayáis sucedido
suceda	sucedan	haya sucedido	hayan sucedido

Imperfect Subjunctive (-ra)		*or*	Imperfect Subjunctive (-se)	
sucediera	sucediéramos		sucediese	sucediésemos
sucedieras	sucedierais		sucedieses	sucedieseis
sucediera	sucedieran		sucediese	sucediesen

Past Perfect Subjunctive (-ra)		*or*	Past Perfect Subjunctive (-se)	
hubiera sucedido	hubiéramos sucedido		hubiese sucedido	hubiésemos sucedido
hubieras sucedido	hubierais sucedido		hubieses sucedido	hubieseis sucedido
hubiera sucedido	hubieran sucedido		hubiese sucedido	hubiesen sucedido

Progressive Tenses

Present	estoy, estás, está, estamos, estáis, están	
Preterit	estuve, estuviste, estuvo, estuvimos, estuvisteis, estuvieron	
Imperfect	estaba, estabas, estaba, estábamos, estabais, estaban	sucediendo
Future	estaré, estarás, estará, estaremos, estaréis, estarán	
Conditional	estaría, estarías, estaría, estaríamos, estaríais, estarían	
Subjunctive	que + *corresponding subjunctive tense of* estar (*see verb 252*)	

Commands

	(nosotros) sucedamos / no sucedamos
(tú) sucede / no sucedas	(vosotros) suceded / no sucedáis
(Ud.) suceda / no suceda	(Uds.) sucedan / no sucedan

USAGE

Sucedió algo increíble.	*Something incredible happened.*
El príncipe sucedió a su padre el rey.	*The prince succeeded his father the king.*
¿Qué sucede?	*What's going on? / What's the matter?*
No sucedió lo esperado.	*What was expected didn't occur.*
Suceda lo que suceda.	*Come what may. / Whatever may happen.*
¡Qué sucesión de sucesos afortunados!	*What a succession of lucky incidents/events!*
Nos veremos mucho en días sucesivos.	*We'll see each other a lot in the coming days.*

sufro · sufrieron · sufrido · sufriendo   regular -ir verb

Present		Preterit	
sufro	sufrimos	sufrí	sufrimos
sufres	sufrís	sufriste	sufristeis
sufre	sufren	sufrió	sufrieron

Imperfect		Present Perfect	
sufría	sufríamos	he sufrido	hemos sufrido
sufrías	sufríais	has sufrido	habéis sufrido
sufría	sufrían	ha sufrido	han sufrido

Future		Conditional	
sufriré	sufriremos	sufriría	sufriríamos
sufrirás	sufriréis	sufrirías	sufriríais
sufrirá	sufrirán	sufriría	sufrirían

Pluperfect		Preterit Perfect	
había sufrido	habíamos sufrido	hube sufrido	hubimos sufrido
habías sufrido	habíais sufrido	hubiste sufrido	hubisteis sufrido
había sufrido	habían sufrido	hubo sufrido	hubieron sufrido

Future Perfect		Conditional Perfect	
habré sufrido	habremos sufrido	habría sufrido	habríamos sufrido
habrás sufrido	habréis sufrido	habrías sufrido	habríais sufrido
habrá sufrido	habrán sufrido	habría sufrido	habrían sufrido

Present Subjunctive		Present Perfect Subjunctive	
sufra	suframos	haya sufrido	hayamos sufrido
sufras	sufráis	hayas sufrido	hayáis sufrido
sufra	sufran	haya sufrido	hayan sufrido

Imperfect Subjunctive (-ra)		or	Imperfect Subjunctive (-se)	
sufriera	sufriéramos		sufriese	sufriésemos
sufrieras	sufrierais		sufrieses	sufrieseis
sufriera	sufrieran		sufriese	sufriesen

Past Perfect Subjunctive (-ra)		or	Past Perfect Subjunctive (-se)	
hubiera sufrido	hubiéramos sufrido		hubiese sufrido	hubiésemos sufrido
hubieras sufrido	hubierais sufrido		hubieses sufrido	hubieseis sufrido
hubiera sufrido	hubieran sufrido		hubiese sufrido	hubiesen sufrido

Progressive Tenses

Present	estoy, estás, está, estamos, estáis, están	
Preterit	estuve, estuviste, estuvo, estuvimos, estuvisteis, estuvieron	
Imperfect	estaba, estabas, estaba, estábamos, estabais, estaban	
Future	estaré, estarás, estará, estaremos, estaréis, estarán	sufriendo
Conditional	estaría, estarías, estaría, estaríamos, estaríais, estarían	
Subjunctive	que + *corresponding subjunctive tense of* estar (*see verb 252*)	

Commands

	(nosotros) suframos / no suframos
(tú) sufre / no sufras	(vosotros) sufrid / no sufráis
(Ud.) sufra / no sufra	(Uds.) sufran / no sufran

USAGE

Sufre de dolores de cabeza.	*He suffers from headaches.*
No nos gusta que sufras su insolencia.	*We don't like you to put up with her insolence.*
¡Sufre las consecuencias de tus acciones!	*Suffer the consequences of your actions!*
Sufrieron un grave contratiempo económico.	*They suffered a serious economic setback.*
¿Cuándo sufriste el accidente de coche?	*When did you have the car accident?*
Vivían con mucho sufrimiento.	*They lived with a lot of suffering.*

stem-changing -ir verb:
e > ie (present), *e > i* (preterit)

sugiero · sugirieron · sugerido · sugiriendo

Present		Preterit	
sugiero	sugerimos	sugerí	sugerimos
sugieres	sugerís	sugeriste	sugeristeis
sugiere	sugieren	sugirió	sugirieron

Imperfect		Present Perfect	
sugería	sugeríamos	he sugerido	hemos sugerido
sugerías	sugeríais	has sugerido	habéis sugerido
sugería	sugerían	ha sugerido	han sugerido

Future		Conditional	
sugeriré	sugeriremos	sugeriría	sugeriríamos
sugerirás	sugeriréis	sugerirías	sugeriríais
sugerirá	sugerirán	sugeriría	sugerirían

Pluperfect		Preterit Perfect	
había sugerido	habíamos sugerido	hube sugerido	hubimos sugerido
habías sugerido	habíais sugerido	hubiste sugerido	hubisteis sugerido
había sugerido	habían sugerido	hubo sugerido	hubieron sugerido

Future Perfect		Conditional Perfect	
habré sugerido	habremos sugerido	habría sugerido	habríamos sugerido
habrás sugerido	habréis sugerido	habrías sugerido	habríais sugerido
habrá sugerido	habrán sugerido	habría sugerido	habrían sugerido

Present Subjunctive		Present Perfect Subjunctive	
sugiera	sugiramos	haya sugerido	hayamos sugerido
sugieras	sugiráis	hayas sugerido	hayáis sugerido
sugiera	sugieran	haya sugerido	hayan sugerido

Imperfect Subjunctive (-ra)		*or*	Imperfect Subjunctive (-se)	
sugiriera	sugiriéramos		sugiriese	sugiriésemos
sugirieras	sugirierais		sugirieses	sugirieseis
sugiriera	sugirieran		sugiriese	sugiriesen

Past Perfect Subjunctive (-ra)		*or*	Past Perfect Subjunctive (-se)	
hubiera sugerido	hubiéramos sugerido		hubiese sugerido	hubiésemos sugerido
hubieras sugerido	hubierais sugerido		hubieses sugerido	hubieseis sugerido
hubiera sugerido	hubieran sugerido		hubiese sugerido	hubiesen sugerido

Progressive Tenses

Present	estoy, estás, está, estamos, estáis, están	
Preterit	estuve, estuviste, estuvo, estuvimos, estuvisteis, estuvieron	
Imperfect	estaba, estabas, estaba, estábamos, estabais, estaban	sugiriendo
Future	estaré, estarás, estará, estaremos, estaréis, estarán	
Conditional	estaría, estarías, estaría, estaríamos, estaríais, estarían	
Subjunctive	que + *corresponding subjunctive tense of* estar (*see verb 252*)	

Commands

	(nosotros) sugiramos / no sugiramos
(tú) sugiere / no sugieras	(vosotros) sugerid / no sugiráis
(Ud.) sugiera / no sugiera	(Uds.) sugieran / no sugieran

(**USAGE**)

—¿Qué nos sugieres?	*What do you suggest to us?*
—Sugiero que aplacen la reunión.	*I suggest that you postpone the meeting.*
Sugirió que le habían hecho una mala jugada.	*She insinuated that they had played a dirty trick on her.*
Uds. han sugerido todo lo posible.	*You've suggested everything possible.*
Os hemos dado unas sugerencias.	*We've given you some suggestions.*
Su prosa es sugerente.	*His prose is suggestive.*

sumar · to add, add up, amount to, summarize, sum up

sumo · sumaron · sumado · sumando

regular -ar verb

Present

sumo	sumamos
sumas	sumáis
suma	suman

Preterit

sumé	sumamos
sumaste	sumasteis
sumó	sumaron

Imperfect

sumaba	sumábamos
sumabas	sumabais
sumaba	sumaban

Present Perfect

he sumado	hemos sumado
has sumado	habéis sumado
ha sumado	han sumado

Future

sumaré	sumaremos
sumarás	sumaréis
sumará	sumarán

Conditional

sumaría	sumaríamos
sumarías	sumaríais
sumaría	sumarían

Pluperfect

había sumado	habíamos sumado
habías sumado	habíais sumado
había sumado	habían sumado

Preterit Perfect

hube sumado	hubimos sumado
hubiste sumado	hubisteis sumado
hubo sumado	hubieron sumado

Future Perfect

habré sumado	habremos sumado
habrás sumado	habréis sumado
habrá sumado	habrán sumado

Conditional Perfect

habría sumado	habríamos sumado
habrías sumado	habríais sumado
habría sumado	habrían sumado

Present Subjunctive

sume	sumemos
sumes	suméis
sume	sumen

Present Perfect Subjunctive

haya sumado	hayamos sumado
hayas sumado	hayáis sumado
haya sumado	hayan sumado

Imperfect Subjunctive (-ra)

sumara	sumáramos
sumaras	sumarais
sumara	sumaran

or

Imperfect Subjunctive (-se)

sumase	sumásemos
sumases	sumaseis
sumase	sumasen

Past Perfect Subjunctive (-ra)

hubiera sumado	hubiéramos sumado
hubieras sumado	hubierais sumado
hubiera sumado	hubieran sumado

or

Past Perfect Subjunctive (-se)

hubiese sumado	hubiésemos sumado
hubieses sumado	hubieseis sumado
hubiese sumado	hubiesen sumado

Progressive Tenses

Present	estoy, estás, está, estamos, estáis, están	
Preterit	estuve, estuviste, estuvo, estuvimos, estuvisteis, estuvieron	
Imperfect	estaba, estabas, estaba, estábamos, estabais, estaban	sumando
Future	estaré, estarás, estará, estaremos, estaréis, estarán	
Conditional	estaría, estarías, estaría, estaríamos, estaríais, estarían	
Subjunctive	que + *corresponding subjunctive tense of* estar (*see verb 252*)	

Commands

	(nosotros) sumemos / no sumemos
(tú) suma / no sumes	(vosotros) sumad / no suméis
(Ud.) sume / no sume	(Uds.) sumen / no sumen

USAGE

El niño ya sabe sumar y restar.
The child already knows how to add and subtract.

Sus ganancias suman cien mil dólares.
His earnings amount to $100,000.

Le pedimos que sume brevemente lo ocurrido.
We ask you to summarize briefly what happened.

Prepare un sumario.
Prepare a summary.

Le gusta hacer sumas.
She likes to add.

En suma, todo resultó bien.
In short, everything worked out well.

irregular verb (like **poner**)   supongo · supusieron · supuesto · suponiendo

Present		Preterit	
supongo	suponemos	supuse	supusimos
supones	suponéis	supusiste	supusisteis
supone	suponen	supuso	supusieron

Imperfect		Present Perfect	
suponía	suponíamos	he supuesto	hemos supuesto
suponías	suponíais	has supuesto	habéis supuesto
suponía	suponían	ha supuesto	han supuesto

Future		Conditional	
supondré	supondremos	supondría	supondríamos
supondrás	supondréis	supondrías	supondríais
supondrá	supondrán	supondría	supondrían

Pluperfect		Preterit Perfect	
había supuesto	habíamos supuesto	hube supuesto	hubimos supuesto
habías supuesto	habíais supuesto	hubiste supuesto	hubisteis supuesto
había supuesto	habían supuesto	hubo supuesto	hubieron supuesto

Future Perfect		Conditional Perfect	
habré supuesto	habremos supuesto	habría supuesto	habríamos supuesto
habrás supuesto	habréis supuesto	habrías supuesto	habríais supuesto
habrá supuesto	habrán supuesto	habría supuesto	habrían supuesto

Present Subjunctive		Present Perfect Subjunctive	
suponga	supongamos	haya supuesto	hayamos supuesto
supongas	supongáis	hayas supuesto	hayáis supuesto
suponga	supongan	haya supuesto	hayan supuesto

Imperfect Subjunctive (-ra)		*or*	Imperfect Subjunctive (-se)	
supusiera	supusiéramos		supusiese	supusiésemos
supusieras	supusierais		supusieses	supusieseis
supusiera	supusieran		supusiese	supusiesen

Past Perfect Subjunctive (-ra)		*or*	Past Perfect Subjunctive (-se)	
hubiera supuesto	hubiéramos supuesto		hubiese supuesto	hubiésemos supuesto
hubieras supuesto	hubierais supuesto		hubieses supuesto	hubieseis supuesto
hubiera supuesto	hubieran supuesto		hubiese supuesto	hubiesen supuesto

Progressive Tenses

Present	estoy, estás, está, estamos, estáis, están	
Preterit	estuve, estuviste, estuvo, estuvimos, estuvisteis, estuvieron	
Imperfect	estaba, estabas, estaba, estábamos, estabais, estaban	suponiendo
Future	estaré, estarás, estará, estaremos, estaréis, estarán	
Conditional	estaría, estarías, estaría, estaríamos, estaríais, estarían	
Subjunctive	que + *corresponding subjunctive tense of* estar (*see verb 252*)	

Commands

	(nosotros) supongamos / no supongamos
(tú) supón / no supongas	(vosotros) suponed / no supongáis
(Ud.) suponga / no suponga	(Uds.) supongan / no supongan

USAGE

Suponemos que no has oído nada.	*We suppose/assume you haven't heard anything.*
Esta empresa supone la cooperación de todos.	*This undertaking means/entails everyone's cooperation.*
Supongo que sí. Supongo que no.	*I suppose so. I suppose not.*
¿Quién es este supuesto cantante?	*Who is this so-called singer?*
¡Por supuesto!	*Of course!*

suprimir *to suppress, omit, eliminate*

suprimo · suprimieron · suprimido · suprimiendo

Present

suprimo	suprimimos
suprimes	suprimís
suprime	suprimen

Preterit

suprimí	suprimimos
suprimiste	suprimisteis
suprimió	suprimieron

Imperfect

suprimía	suprimíamos
suprimías	suprimíais
suprimía	suprimían

Present Perfect

he suprimido	hemos suprimido
has suprimido	habéis suprimido
ha suprimido	han suprimido

Future

suprimiré	suprimiremos
suprimirás	suprimiréis
suprimirá	suprimirán

Conditional

suprimiría	suprimiríamos
suprimirías	suprimiríais
suprimiría	suprimirían

Pluperfect

había suprimido	habíamos suprimido
habías suprimido	habíais suprimido
había suprimido	habían suprimido

Preterit Perfect

hube suprimido	hubimos suprimido
hubiste suprimido	hubisteis suprimido
hubo suprimido	hubieron suprimido

Future Perfect

habré suprimido	habremos suprimido
habrás suprimido	habréis suprimido
habrá suprimido	habrán suprimido

Conditional Perfect

habría suprimido	habríamos suprimido
habrías suprimido	habríais suprimido
habría suprimido	habrían suprimido

Present Subjunctive

suprima	suprimamos
suprimas	suprimáis
suprima	supriman

Present Perfect Subjunctive

haya suprimido	hayamos suprimido
hayas suprimido	hayáis suprimido
haya suprimido	hayan suprimido

Imperfect Subjunctive (-ra)

suprimiera	suprimiéramos
suprimieras	suprimierais
suprimiera	suprimieran

or

Imperfect Subjunctive (-se)

suprimiese	suprimiésemos
suprimieses	suprimieseis
suprimiese	suprimiesen

Past Perfect Subjunctive (-ra)

hubiera suprimido	hubiéramos suprimido
hubieras suprimido	hubierais suprimido
hubiera suprimido	hubieran suprimido

or

Past Perfect Subjunctive (-se)

hubiese suprimido	hubiésemos suprimido
hubieses suprimido	hubieseis suprimido
hubiese suprimido	hubiesen suprimido

Progressive Tenses

Present	estoy, estás, está, estamos, estáis, están
Preterit	estuve, estuviste, estuvo, estuvimos, estuvisteis, estuvieron
Imperfect	estaba, estabas, estaba, estábamos, estabais, estaban
Future	estaré, estarás, estará, estaremos, estaréis, estarán
Conditional	estaría, estarías, estaría, estaríamos, estaríais, estarían
Subjunctive	que + *corresponding subjunctive tense of* estar (*see verb 252*)

} suprimiendo

Commands

	(nosotros) suprimamos / no suprimamos
(tú) suprime / no suprimas	(vosotros) suprimid / no suprimáis
(Ud.) suprima / no suprima	(Uds.) supriman / no supriman

USAGE

Se suprimía la libertad bajo el comunismo.	*Freedom was suppressed under communism.*
Suprima los pormenores aburridos.	*Leave out the boring details.*
He suprimido dos párrafos.	*I've eliminated two paragraphs.*
¿No temes que se suprima tu trabajo?	*Aren't you afraid your work will be deleted?*
La novela fue suprimida por un siglo.	*The novel was suppressed for a century.*

-ir verb; spelling change: g > j/o, a

surjo · surgieron · surgido · surgiendo

Present		Preterit	
surjo	surgimos	surgí	surgimos
surges	surgís	surgiste	surgisteis
surge	surgen	surgió	surgieron

Imperfect		Present Perfect	
surgía	surgíamos	he surgido	hemos surgido
surgías	surgíais	has surgido	habéis surgido
surgía	surgían	ha surgido	han surgido

Future		Conditional	
surgiré	surgiremos	surgiría	surgiríamos
surgirás	surgiréis	surgirías	surgiríais
surgirá	surgirán	surgiría	surgirían

Pluperfect		Preterit Perfect	
había surgido	habíamos surgido	hube surgido	hubimos surgido
habías surgido	habíais surgido	hubiste surgido	hubisteis surgido
había surgido	habían surgido	hubo surgido	hubieron surgido

Future Perfect		Conditional Perfect	
habré surgido	habremos surgido	habría surgido	habríamos surgido
habrás surgido	habréis surgido	habrías surgido	habríais surgido
habrá surgido	habrán surgido	habría surgido	habrían surgido

Present Subjunctive		Present Perfect Subjunctive	
surja	surjamos	haya surgido	hayamos surgido
surjas	surjáis	hayas surgido	hayáis surgido
surja	surjan	haya surgido	hayan surgido

Imperfect Subjunctive (-ra)		or	Imperfect Subjunctive (-se)	
surgiera	surgiéramos		surgiese	surgiésemos
surgieras	surgierais		surgieses	surgieseis
surgiera	surgieran		surgiese	surgiesen

Past Perfect Subjunctive (-ra)		or	Past Perfect Subjunctive (-se)	
hubiera surgido	hubiéramos surgido		hubiese surgido	hubiésemos surgido
hubieras surgido	hubierais surgido		hubieses surgido	hubieseis surgido
hubiera surgido	hubieran surgido		hubiese surgido	hubiesen surgido

Progressive Tenses

Present	estoy, estás, está, estamos, estáis, están	
Preterit	estuve, estuviste, estuvo, estuvimos, estuvisteis, estuvieron	
Imperfect	estaba, estabas, estaba, estábamos, estabais, estaban	surgiendo
Future	estaré, estarás, estará, estaremos, estaréis, estarán	
Conditional	estaría, estarías, estaría, estaríamos, estaríais, estarían	
Subjunctive	que + *corresponding subjunctive tense of* estar (*see verb 252*)	

Commands

	(nosotros) surjamos / no surjamos
(tú) surge / no surjas	(vosotros) surgid / no surjáis
(Ud.) surja / no surja	(Uds.) surjan / no surjan

USAGE

Un oasis surgió en el desierto.	*An oasis sprang up in the desert.*
Ha surgido una nueva flautista joven.	*A new young flutist has appeared on the scene.*
Surgían conflictos entre los socios del club.	*Conflicts arose among the club members.*
¿De dónde surgieron esas personas?	*Where did those people come from?*
El rascacielos surge entre los edificios.	*The skyscraper towers over the buildings.*

suspirar *to sigh*

regular -*ar* verb

Present		Preterit	
suspiro	suspiramos	suspiré	suspiramos
suspiras	suspiráis	suspiraste	suspirasteis
suspira	suspiran	suspiró	suspiraron

Imperfect		Present Perfect	
suspiraba	suspirábamos	he suspirado	hemos suspirado
suspirabas	suspirabais	has suspirado	habéis suspirado
suspiraba	suspiraban	ha suspirado	han suspirado

Future		Conditional	
suspiraré	suspiraremos	suspiraría	suspiraríamos
suspirarás	suspiraréis	suspirarías	suspiraríais
suspirará	suspirarán	suspiraría	suspirarían

Pluperfect		Preterit Perfect	
había suspirado	habíamos suspirado	hube suspirado	hubimos suspirado
habías suspirado	habíais suspirado	hubiste suspirado	hubisteis suspirado
había suspirado	habían suspirado	hubo suspirado	hubieron suspirado

Future Perfect		Conditional Perfect	
habré suspirado	habremos suspirado	habría suspirado	habríamos suspirado
habrás suspirado	habréis suspirado	habrías suspirado	habríais suspirado
habrá suspirado	habrán suspirado	habría suspirado	habrían suspirado

Present Subjunctive		Present Perfect Subjunctive	
suspire	suspiremos	haya suspirado	hayamos suspirado
suspires	suspiréis	hayas suspirado	hayáis suspirado
suspire	suspiren	haya suspirado	hayan suspirado

Imperfect Subjunctive (-ra)		or	Imperfect Subjunctive (-se)	
suspirara	suspiráramos		suspirase	suspirásemos
suspiraras	suspirarais		suspirases	suspiraseis
suspirara	suspiraran		suspirase	suspirasen

Past Perfect Subjunctive (-ra)		or	Past Perfect Subjunctive (-se)	
hubiera suspirado	hubiéramos suspirado		hubiese suspirado	hubiésemos suspirado
hubieras suspirado	hubierais suspirado		hubieses suspirado	hubieseis suspirado
hubiera suspirado	hubieran suspirado		hubiese suspirado	hubiesen suspirado

Progressive Tenses

Present	estoy, estás, está, estamos, estáis, están	
Preterit	estuve, estuviste, estuvo, estuvimos, estuvisteis, estuvieron	
Imperfect	estaba, estabas, estaba, estábamos, estabais, estaban	suspirando
Future	estaré, estarás, estará, estaremos, estaréis, estarán	
Conditional	estaría, estarías, estaría, estaríamos, estaríais, estarían	
Subjunctive	que + *corresponding subjunctive tense of* estar (*see verb 252*)	

Commands

	(nosotros) suspiremos / no suspiremos
(tú) suspira / no suspires	(vosotros) suspirad / no suspiréis
(Ud.) suspire / no suspire	(Uds.) suspiren / no suspiren

USAGE

¿Por qué suspiras así?	*Why are you sighing like that?*
Suspira por un coche campero.	*She's longing for a jeep.*
El viento suspira quejumbrosamente.	*The wind is sighing plaintively.*
Daba suspiros.	*He was sighing.*
El suspiro indica que hay silencio.	*The quarter rest indicates there's silence.* (music)

-ir verb; spelling change:
adds y before *o, a, e*

sustituyo · sustituyeron · sustituido · sustituyendo

Present		Preterit	
sustituyo	sustituimos	sustituí	sustituimos
sustituyes	sustituís	sustituiste	sustituisteis
sustituye	sustituyen	sustituyó	sustituyeron

Imperfect		Present Perfect	
sustituía	sustituíamos	he sustituido	hemos sustituido
sustituías	sustituíais	has sustituido	habéis sustituido
sustituía	sustituían	ha sustituido	han sustituido

Future		Conditional	
sustituiré	sustituiremos	sustituiría	sustituiríamos
sustituirás	sustituiréis	sustituirías	sustituiríais
sustituirá	sustituirán	sustituiría	sustituirían

Pluperfect		Preterit Perfect	
había sustituido	habíamos sustituido	hube sustituido	hubimos sustituido
habías sustituido	habíais sustituido	hubiste sustituido	hubisteis sustituido
había sustituido	habían sustituido	hubo sustituido	hubieron sustituido

Future Perfect		Conditional Perfect	
habré sustituido	habremos sustituido	habría sustituido	habríamos sustituido
habrás sustituido	habréis sustituido	habrías sustituido	habríais sustituido
habrá sustituido	habrán sustituido	habría sustituido	habrían sustituido

Present Subjunctive		Present Perfect Subjunctive	
sustituya	sustituyamos	haya sustituido	hayamos sustituido
sustituyas	sustituyáis	hayas sustituido	hayáis sustituido
sustituya	sustituyan	haya sustituido	hayan sustituido

Imperfect Subjunctive (-ra)		*or*	Imperfect Subjunctive (-se)	
sustituyera	sustituyéramos		sustituyese	sustituyésemos
sustituyeras	sustituyerais		sustituyeses	sustituyeseis
sustituyera	sustituyeran		sustituyese	sustituyesen

Past Perfect Subjunctive (-ra)		*or*	Past Perfect Subjunctive (-se)	
hubiera sustituido	hubiéramos sustituido		hubiese sustituido	hubiésemos sustituido
hubieras sustituido	hubierais sustituido		hubieses sustituido	hubieseis sustituido
hubiera sustituido	hubieran sustituido		hubiese sustituido	hubiesen sustituido

Progressive Tenses

Present	estoy, estás, está, estamos, estáis, están	
Preterit	estuve, estuviste, estuvo, estuvimos, estuvisteis, estuvieron	
Imperfect	estaba, estabas, estaba, estábamos, estabais, estaban	sustituyendo
Future	estaré, estarás, estará, estaremos, estaréis, estarán	
Conditional	estaría, estarías, estaría, estaríamos, estaríais, estarían	
Subjunctive	que + *corresponding subjunctive tense of* estar *(see verb 252)*	

Commands

	(nosotros) sustituyamos / no sustituyamos
(tú) sustituye / no sustituyas	(vosotros) sustituid / no sustituyáis
(Ud.) sustituya / no sustituya	(Uds.) sustituyan / no sustituyan

USAGE

Sustituya esta impresora por otra.
El director adjunto sustituyó al director.
El sustituto sustituye al primer actor hoy.
No se permite ninguna sustitución.

Replace this printer with another.
The assistant director substituted for the director.
The understudy is replacing the lead actor today.
No substitutions allowed.

tardar *to take (time), be a long time, delay*

tardo · tardaron · tardado · tardando   regular -*ar* verb

Present		Preterit	
tardo	tardamos	tardé	tardamos
tardas	tardáis	tardaste	tardasteis
tarda	tardan	tardó	tardaron

Imperfect		Present Perfect	
tardaba	tardábamos	he tardado	hemos tardado
tardabas	tardabais	has tardado	habéis tardado
tardaba	tardaban	ha tardado	han tardado

Future		Conditional	
tardaré	tardaremos	tardaría	tardaríamos
tardarás	tardaréis	tardarías	tardaríais
tardará	tardarán	tardaría	tardarían

Pluperfect		Preterit Perfect	
había tardado	habíamos tardado	hube tardado	hubimos tardado
habías tardado	habíais tardado	hubiste tardado	hubisteis tardado
había tardado	habían tardado	hubo tardado	hubieron tardado

Future Perfect		Conditional Perfect	
habré tardado	habremos tardado	habría tardado	habríamos tardado
habrás tardado	habréis tardado	habrías tardado	habríais tardado
habrá tardado	habrán tardado	habría tardado	habrían tardado

Present Subjunctive		Present Perfect Subjunctive	
tarde	tardemos	haya tardado	hayamos tardado
tardes	tardéis	hayas tardado	hayáis tardado
tarde	tarden	haya tardado	hayan tardado

Imperfect Subjunctive (-ra)		or	Imperfect Subjunctive (-se)	
tardara	tardáramos		tardase	tardásemos
tardaras	tardarais		tardases	tardaseis
tardara	tardaran		tardase	tardasen

Past Perfect Subjunctive (-ra)		or	Past Perfect Subjunctive (-se)	
hubiera tardado	hubiéramos tardado		hubiese tardado	hubiésemos tardado
hubieras tardado	hubierais tardado		hubieses tardado	hubieseis tardado
hubiera tardado	hubieran tardado		hubiese tardado	hubiesen tardado

Progressive Tenses

Present	estoy, estás, está, estamos, estáis, están	
Preterit	estuve, estuviste, estuvo, estuvimos, estuvisteis, estuvieron	
Imperfect	estaba, estabas, estaba, estábamos, estabais, estaban	tardando
Future	estaré, estarás, estará, estaremos, estaréis, estarán	
Conditional	estaría, estarías, estaría, estaríamos, estaríais, estarían	
Subjunctive	que + *corresponding subjunctive tense of* estar (*see verb 252*)	

Commands

	(nosotros) tardemos / no tardemos
(tú) tarda / no tardes	(vosotros) tardad / no tardéis
(Ud.) tarde / no tarde	(Uds.) tarden / no tarden

USAGE

Tardaron en llegar.	*They took a long time to arrive.*
El proyecto tardará dos meses.	*The project will take two months.*
¡No tardes más!	*Don't delay any longer!*
No tardamos nada en hacer las maletas.	*We packed our suitcases in no time.*
Es la una de la tarde.	*It's 1:00 P.M.*
Estarán de vuelta por la tarde.	*They'll be back in the afternoon.*
Se me hizo tarde.	*It got late for me.*

regular -ar verb

telefoneo · telefonearon · telefoneado · telefoneando

Present		Preterit	
telefoneo	telefoneamos	telefoneé	telefoneamos
telefoneas	telefoneáis	telefoneaste	telefoneasteis
telefonea	telefonean	telefoneó	telefonearon

Imperfect		Present Perfect	
telefoneaba	telefoneábamos	he telefoneado	hemos telefoneado
telefoneabas	telefoneabais	has telefoneado	habéis telefoneado
telefoneaba	telefoneaban	ha telefoneado	han telefoneado

Future		Conditional	
telefonearé	telefonearemos	telefonearía	telefonearíamos
telefonearás	telefonearéis	telefonearías	telefonearíais
telefoneará	telefonearán	telefonearía	telefonearían

Pluperfect		Preterit Perfect	
había telefoneado	habíamos telefoneado	hube telefoneado	hubimos telefoneado
habías telefoneado	habíais telefoneado	hubiste telefoneado	hubisteis telefoneado
había telefoneado	habían telefoneado	hubo telefoneado	hubieron telefoneado

Future Perfect		Conditional Perfect	
habré telefoneado	habremos telefoneado	habría telefoneado	habríamos telefoneado
habrás telefoneado	habréis telefoneado	habrías telefoneado	habríais telefoneado
habrá telefoneado	habrán telefoneado	habría telefoneado	habrían telefoneado

Present Subjunctive		Present Perfect Subjunctive	
telefonee	telefoneemos	haya telefoneado	hayamos telefoneado
telefonees	telefoneéis	hayas telefoneado	hayáis telefoneado
telefonee	telefoneen	haya telefoneado	hayan telefoneado

Imperfect Subjunctive (-ra)		or	Imperfect Subjunctive (-se)	
telefoneara	telefoneáramos		telefonease	telefoneásemos
telefonearas	telefonearais		telefoneases	telefoneaseis
telefoneara	telefonearan		telefonease	telefoneasen

Past Perfect Subjunctive (-ra)		or	Past Perfect Subjunctive (-se)	
hubiera telefoneado	hubiéramos telefoneado		hubiese telefoneado	hubiésemos telefoneado
hubieras telefoneado	hubierais telefoneado		hubieses telefoneado	hubieseis telefoneado
hubiera telefoneado	hubieran telefoneado		hubiese telefoneado	hubiesen telefoneado

Progressive Tenses

Present	estoy, estás, está, estamos, estáis, están	
Preterit	estuve, estuviste, estuvo, estuvimos, estuvisteis, estuvieron	
Imperfect	estaba, estabas, estaba, estábamos, estabais, estaban	telefoneando
Future	estaré, estarás, estará, estaremos, estaréis, estarán	
Conditional	estaría, estarías, estaría, estaríamos, estaríais, estarían	
Subjunctive	que + corresponding subjunctive tense of estar (see verb 252)	

Commands

	(nosotros) telefoneemos / no telefoneemos
(tú) telefonea / no telefonees	(vosotros) telefonead / no telefoneéis
(Ud.) telefonee / no telefonee	(Uds.) telefoneen / no telefoneen

USAGE

Telefoneaba a mis papás todos los días.	*I phoned my parents every day.*
Telefonéanos tan pronto como llegues.	*Call us as soon as you arrive.*
Uso el correo electrónico más que el teléfono.	*I use e-mail more than the telephone.*
Tengo un teléfono inalámbrico y un teléfono móvil.	*I have a cordless phone and a mobile phone.*
Marque el número de teléfono.	*Dial the phone number.*
La telefonía sin hilos cobra importancia.	*Wireless telephony is gaining importance.*
Hay teléfono público en la esquina.	*There's a public telephone on the corner.*

510 **temblar** to shake, tremble, shiver

tiemblo · temblaron · temblado · temblando

stem-changing -ar verb: e > ie

Present		Preterit	
tiemblo	temblamos	temblé	temblamos
tiemblas	tembláis	temblaste	temblasteis
tiembla	tiemblan	tembló	temblaron

Imperfect		Present Perfect	
temblaba	temblábamos	he temblado	hemos temblado
temblabas	temblabais	has temblado	habéis temblado
temblaba	temblaban	ha temblado	han temblado

Future		Conditional	
temblaré	temblaremos	temblaría	temblaríamos
temblarás	temblaréis	temblarías	temblaríais
temblará	temblarán	temblaría	temblarían

Pluperfect		Preterit Perfect	
había temblado	habíamos temblado	hube temblado	hubimos temblado
habías temblado	habíais temblado	hubiste temblado	hubisteis temblado
había temblado	habían temblado	hubo temblado	hubieron temblado

Future Perfect		Conditional Perfect	
habré temblado	habremos temblado	habría temblado	habríamos temblado
habrás temblado	habréis temblado	habrías temblado	habríais temblado
habrá temblado	habrán temblado	habría temblado	habrían temblado

Present Subjunctive		Present Perfect Subjunctive	
tiemble	temblemos	haya temblado	hayamos temblado
tiembles	tembléis	hayas temblado	hayáis temblado
tiemble	tiemblen	haya temblado	hayan temblado

Imperfect Subjunctive (-ra)		or	Imperfect Subjunctive (-se)	
temblara	tembláramos		temblase	temblásemos
temblaras	temblarais		temblases	temblaseis
temblara	temblaran		temblase	temblasen

Past Perfect Subjunctive (-ra)		or	Past Perfect Subjunctive (-se)	
hubiera temblado	hubiéramos temblado		hubiese temblado	hubiésemos temblado
hubieras temblado	hubierais temblado		hubieses temblado	hubieseis temblado
hubiera temblado	hubieran temblado		hubiese temblado	hubiesen temblado

Progressive Tenses

Present	estoy, estás, está, estamos, estáis, están	
Preterit	estuve, estuviste, estuvo, estuvimos, estuvisteis, estuvieron	
Imperfect	estaba, estabas, estaba, estábamos, estabais, estaban	
Future	estaré, estarás, estará, estaremos, estaréis, estarán	temblando
Conditional	estaría, estarías, estaría, estaríamos, estaríais, estarían	
Subjunctive	que + corresponding subjunctive tense of estar (see verb 252)	

Commands

	(nosotros) temblemos / no temblemos
(tú) tiembla / no tiembles	(vosotros) temblad / no tembléis
(Ud.) tiemble / no tiemble	(Uds.) tiemblen / no tiemblen

USAGE

Los edificios temblaban durante el temblor de tierra.
Tiemblas. Será el frío.
La película de horror les hacía temblar de miedo.
Tiene la voz temblorosa por los nervios.
La pesadilla le daba temblores.

The buildings were shaking during the earthquake.
You're shivering. It must be the cold.
The horror film made them tremble with fear.
Her voice is tremulous because she's nervous.
The nightmare gave her shivers.

regular -er verb

temo · temieron · temido · temiendo

Present		Preterit	
temo	tememos	temí	temimos
temes	teméis	temiste	temisteis
teme	temen	temió	temieron

Imperfect		Present Perfect	
temía	temíamos	he temido	hemos temido
temías	temíais	has temido	habéis temido
temía	temían	ha temido	han temido

Future		Conditional	
temeré	temeremos	temería	temeríamos
temerás	temeréis	temerías	temeríais
temerá	temerán	temería	temerían

Pluperfect		Preterit Perfect	
había temido	habíamos temido	hube temido	hubimos temido
habías temido	habíais temido	hubiste temido	hubisteis temido
había temido	habían temido	hubo temido	hubieron temido

Future Perfect		Conditional Perfect	
habré temido	habremos temido	habría temido	habríamos temido
habrás temido	habréis temido	habrías temido	habríais temido
habrá temido	habrán temido	habría temido	habrían temido

Present Subjunctive		Present Perfect Subjunctive	
tema	temamos	haya temido	hayamos temido
temas	temáis	hayas temido	hayáis temido
tema	teman	haya temido	hayan temido

Imperfect Subjunctive (-ra)		or	Imperfect Subjunctive (-se)	
temiera	temiéramos		temiese	temiésemos
temieras	temierais		temieses	temieseis
temiera	temieran		temiese	temiesen

Past Perfect Subjunctive (-ra)		or	Past Perfect Subjunctive (-se)	
hubiera temido	hubiéramos temido		hubiese temido	hubiésemos temido
hubieras temido	hubierais temido		hubieses temido	hubieseis temido
hubiera temido	hubieran temido		hubiese temido	hubiesen temido

Progressive Tenses

Present	estoy, estás, está, estamos, estáis, están	
Preterit	estuve, estuviste, estuvo, estuvimos, estuvisteis, estuvieron	
Imperfect	estaba, estabas, estaba, estábamos, estabais, estaban	temiendo
Future	estaré, estarás, estará, estaremos, estaréis, estarán	
Conditional	estaría, estarías, estaría, estaríamos, estaríais, estarían	
Subjunctive	que + *corresponding subjunctive tense of* estar (*see verb 252*)	

Commands

	(nosotros) temamos / no temamos
(tú) teme / no temas	(vosotros) temed / no temáis
(Ud.) tema / no tema	(Uds.) teman / no teman

(**USAGE**)

No temen el calentamiento de la Tierra.	*They're not afraid of global warming.*
Temía que nos fuéramos sin él.	*He feared we'd leave without him.*
¿Te temes que no te inviten a la fiesta?	*Are you afraid you won't be invited to the party?*
La gente temía por su vida.	*People feared for their lives.*
No tiene temor a nada.	*She's not afraid of anything.*
¡Qué temible es el monstruo!	*What a frightful monster!*
Los dictadores son de temer.	*Dictators are dangerous.*

tender to spread, tend, have a tendency

tiendo · tendieron · tendido · tendiendo

stem-changing -er verb: e > ie

Present		Preterit	
tiendo	tendemos	tendí	tendimos
tiendes	tendéis	tendiste	tendisteis
tiende	tienden	tendió	tendieron

Imperfect		Present Perfect	
tendía	tendíamos	he tendido	hemos tendido
tendías	tendíais	has tendido	habéis tendido
tendía	tendían	ha tendido	han tendido

Future		Conditional	
tenderé	tenderemos	tendería	tenderíamos
tenderás	tenderéis	tenderías	tenderíais
tenderá	tenderán	tendería	tenderían

Pluperfect		Preterit Perfect	
había tendido	habíamos tendido	hube tendido	hubimos tendido
habías tendido	habíais tendido	hubiste tendido	hubisteis tendido
había tendido	habían tendido	hubo tendido	hubieron tendido

Future Perfect		Conditional Perfect	
habré tendido	habremos tendido	habría tendido	habríamos tendido
habrás tendido	habréis tendido	habrías tendido	habríais tendido
habrá tendido	habrán tendido	habría tendido	habrían tendido

Present Subjunctive		Present Perfect Subjunctive	
tienda	tendamos	haya tendido	hayamos tendido
tiendas	tendáis	hayas tendido	hayáis tendido
tienda	tiendan	haya tendido	hayan tendido

Imperfect Subjunctive (-ra)		or	Imperfect Subjunctive (-se)	
tendiera	tendiéramos		tendiese	tendiésemos
tendieras	tendierais		tendieses	tendieseis
tendiera	tendieran		tendiese	tendiesen

Past Perfect Subjunctive (-ra)		or	Past Perfect Subjunctive (-se)	
hubiera tendido	hubiéramos tendido		hubiese tendido	hubiésemos tendido
hubieras tendido	hubierais tendido		hubieses tendido	hubieseis tendido
hubiera tendido	hubieran tendido		hubiese tendido	hubiesen tendido

Progressive Tenses

Present	estoy, estás, está, estamos, estáis, están	
Preterit	estuve, estuviste, estuvo, estuvimos, estuvisteis, estuvieron	
Imperfect	estaba, estabas, estaba, estábamos, estabais, estaban	tendiendo
Future	estaré, estarás, estará, estaremos, estaréis, estarán	
Conditional	estaría, estarías, estaría, estaríamos, estaríais, estarían	
Subjunctive	que + *corresponding subjunctive tense of* estar (*see verb 252*)	

Commands

	(nosotros) tendamos / no tendamos
(tú) tiende / no tiendas	(vosotros) tended / no tendáis
(Ud.) tienda / no tienda	(Uds.) tiendan / no tiendan

USAGE

Tendamos la manta.	*Let's spread out the blanket.*
Tendió la mano al conocerlo.	*She put out her hand when she met him.*
Tendéis a exagerar.	*You tend to overdo it / go too far.*
Me tendí en el sofá.	*I stretched out on the couch.*
Están tendidos en el suelo.	*They're lying / stretched out on the floor.*
¿Sigues las tendencias en la moda?	*Do you follow trends in fashion?*
La Bolsa tiene una tendencia alcista/bajista.	*The stock market has an upward/downward trend.*

irregular verb

tengo · tuvieron · tenido · teniendo

Present		Preterit	
tengo	tenemos	tuve	tuvimos
tienes	tenéis	tuviste	tuvisteis
tiene	tienen	tuvo	tuvieron

Imperfect		Present Perfect	
tenía	teníamos	he tenido	hemos tenido
tenías	teníais	has tenido	habéis tenido
tenía	tenían	ha tenido	han tenido

Future		Conditional	
tendré	tendremos	tendría	tendríamos
tendrás	tendréis	tendrías	tendríais
tendrá	tendrán	tendría	tendrían

Pluperfect		Preterit Perfect	
había tenido	habíamos tenido	hube tenido	hubimos tenido
habías tenido	habíais tenido	hubiste tenido	hubisteis tenido
había tenido	habían tenido	hubo tenido	hubieron tenido

Future Perfect		Conditional Perfect	
habré tenido	habremos tenido	habría tenido	habríamos tenido
habrás tenido	habréis tenido	habrías tenido	habríais tenido
habrá tenido	habrán tenido	habría tenido	habrían tenido

Present Subjunctive		Present Perfect Subjunctive	
tenga	tengamos	haya tenido	hayamos tenido
tengas	tengáis	hayas tenido	hayáis tenido
tenga	tengan	haya tenido	hayan tenido

Imperfect Subjunctive (-ra)		or	Imperfect Subjunctive (-se)	
tuviera	tuviéramos		tuviese	tuviésemos
tuvieras	tuvierais		tuvieses	tuvieseis
tuviera	tuvieran		tuviese	tuviesen

Past Perfect Subjunctive (-ra)		or	Past Perfect Subjunctive (-se)	
hubiera tenido	hubiéramos tenido		hubiese tenido	hubiésemos tenido
hubieras tenido	hubierais tenido		hubieses tenido	hubieseis tenido
hubiera tenido	hubieran tenido		hubiese tenido	hubiesen tenido

Progressive Tenses

Present	estoy, estás, está, estamos, estáis, están	
Preterit	estuve, estuviste, estuvo, estuvimos, estuvisteis, estuvieron	
Imperfect	estaba, estabas, estaba, estábamos, estabais, estaban	teniendo
Future	estaré, estarás, estará, estaremos, estaréis, estarán	
Conditional	estaría, estarías, estaría, estaríamos, estaríais, estarían	
Subjunctive	que + *corresponding subjunctive tense of* estar (*see verb 252*)	

Commands

	(nosotros) tengamos / no tengamos
(tú) ten / no tengas	(vosotros) tened / no tengáis
(Ud.) tenga / no tenga	(Uds.) tengan / no tengan

¿Tienes otra computadora?	*Do you have another computer?*
❷ —¿Qué tienes?	*What's the matter with you?*
—Tengo dolor de cabeza.	*I have a headache.*
Ten paciencia.	*Be patient.*
Tienen éxito/fama/razón/suerte.	*They're successful/famous/right/lucky.*
Tiene veintiséis años.	*He's 26 years old.*
Tenemos que firmar estos papeles.	*We have to sign these papers.*

tener *to have, hold, take*

tengo · tuvieron · tenido · teniendo

irregular verb

🌑 —¿Tienen la junta anual esta semana?
—No, tendrá lugar el mes que viene.

Les pido que me tengan al día.
Tenga en cuenta lo que dijeron.
Eso no tiene nada que ver contigo.
¿Qué tenéis como objetivo?

🌑 —¿Tienes sellos?
—Sí, los tengo a mano.

Si tuviera tiempo, asistiría al concierto.
Todos los usuarios deben tener acceso a las
   herramientas necesarias.
Un portavoz de la industria cafetera afirmó que
   la compañía tiene veinte años de estar
   exportando café orgánico.
Los nuevos productos tecnológicos de marcas
   muy reputadas también pueden tener defectos.

Are they having the annual meeting this week?
No, it will take place next month.

I ask that you keep me up to date.
Bear/Keep in mind what they said.
That has nothing to do with you.
What is your objective/goal?

Do you have any stamps?
Yes, I have them right here.

If I had time, I would attend the concert.
All the users should have access to the necessary
   tools.
A spokesman for the coffee industry stated that
   the company has been exporting organic coffee
   for 20 years.
New technological products of highly reputed brands
   can also have bugs.

tener + noun *to be* + adjective

🌑 —¿Tienes hambre? ¿Tienes sed?
—Sí, tengo mucha hambre y mucha sed también.

Tienen frío/calor/celos/miedo.
Tengo prisa por llegar.

Are you hungry? Are you thirsty?
Yes, I'm very hungry and very thirsty, too.

They're cold/warm/jealous/afraid.
I'm in a hurry to get there.

tener que + infinitive *to have to, must*

🌑 —¿No tienes que salir para el aeropuerto ahora?
—Todavía no. No tengo que estar hasta las seis.

Don't you have to leave for the airport now?
Not yet. I don't have to be there until 6:00.

to hold

¿Tiene algo en la mano?
La abuela tiene al bebé en brazos.

Are you holding something in your hand?
The grandmother is holding the baby in her arms.

to own

Tenían una casa en la playa.

They owned a beach house.

OTHER USES AND RELATED WORDS

Tiene los ojos azules/verdes.
Tiene el pelo castaño/rubio.
Le teníamos por trabajador.
Tiene puesto el smoking.
No tiene nada de particular.
Lo tienen todo.
Quien más tiene más quiere.

She has blue/green eyes.
She has brown/blond hair.
We considered him (to be) a hard worker.
He is wearing / has on his tuxedo.
It's nothing special.
They have everything.
The more you have, the more you want.

top 50 verb

to finish, complete, end **terminar** 514

regular *-ar* verb | termino · terminaron · terminado · terminando

Present
termino	terminamos
terminas	termináis
termina	terminan

Preterit
terminé	terminamos
terminaste	terminasteis
terminó	terminaron

Imperfect
terminaba	terminábamos
terminabas	terminabais
terminaba	terminaban

Present Perfect
he terminado	hemos terminado
has terminado	habéis terminado
ha terminado	han terminado

Future
terminaré	terminaremos
terminarás	terminaréis
terminará	terminarán

Conditional
terminaría	terminaríamos
terminarías	terminaríais
terminaría	terminarían

Pluperfect
había terminado	habíamos terminado
habías terminado	habíais terminado
había terminado	habían terminado

Preterit Perfect
hube terminado	hubimos terminado
hubiste terminado	hubisteis terminado
hubo terminado	hubieron terminado

Future Perfect
habré terminado	habremos terminado
habrás terminado	habréis terminado
habrá terminado	habrán terminado

Conditional Perfect
habría terminado	habríamos terminado
habrías terminado	habríais terminado
habría terminado	habrían terminado

Present Subjunctive
termine	terminemos
termines	terminéis
termine	terminen

Present Perfect Subjunctive
haya terminado	hayamos terminado
hayas terminado	hayáis terminado
haya terminado	hayan terminado

Imperfect Subjunctive (-ra)
terminara	termináramos
terminaras	terminarais
terminara	terminaran

or

Imperfect Subjunctive (-se)
terminase	terminásemos
terminases	terminaseis
terminase	terminasen

Past Perfect Subjunctive (-ra)
hubiera terminado	hubiéramos terminado
hubieras terminado	hubierais terminado
hubiera terminado	hubieran terminado

or

Past Perfect Subjunctive (-se)
hubiese terminado	hubiésemos terminado
hubieses terminado	hubieseis terminado
hubiese terminado	hubiesen terminado

Progressive Tenses
Present	estoy, estás, está, estamos, estáis, están
Preterit	estuve, estuviste, estuvo, estuvimos, estuvisteis, estuvieron
Imperfect	estaba, estabas, estaba, estábamos, estabais, estaban
Future	estaré, estarás, estará, estaremos, estaréis, estarán
Conditional	estaría, estarías, estaría, estaríamos, estaríais, estarían
Subjunctive	que + *corresponding subjunctive tense of* estar (*see verb 252*)

terminando

Commands
	(nosotros) terminemos / no terminemos
(tú) termina / no termines	(vosotros) terminad / no terminéis
(Ud.) termine / no termine	(Uds.) terminen / no terminen

USAGE

Terminamos los quehaceres.	*We're finishing our chores.*
El semestre terminará a mediados de mayo.	*The semester will end in the middle of May.*
No termina de captar el sentido.	*She still can't grasp the meaning.*
Han terminado de arreglarse.	*They've finished getting ready.*
¿Terminasteis por comprar la casa?	*Did you end up buying the house?*
Se terminó el congreso.	*The conference is over.*
¿Qué significa este término técnico?	*What does this technical term mean?*

tirar *to throw, discard, pull, knock over, spill*

tiro · tiraron · tirado · tirando

regular *-ar* verb

Present		Preterit	
tiro	tiramos	tiré	tiramos
tiras	tiráis	tiraste	tirasteis
tira	tiran	tiró	tiraron

Imperfect		Present Perfect	
tiraba	tirábamos	he tirado	hemos tirado
tirabas	tirabais	has tirado	habéis tirado
tiraba	tiraban	ha tirado	han tirado

Future		Conditional	
tiraré	tiraremos	tiraría	tiraríamos
tirarás	tiraréis	tirarías	tiraríais
tirará	tirarán	tiraría	tirarían

Pluperfect		Preterit Perfect	
había tirado	habíamos tirado	hube tirado	hubimos tirado
habías tirado	habíais tirado	hubiste tirado	hubisteis tirado
había tirado	habían tirado	hubo tirado	hubieron tirado

Future Perfect		Conditional Perfect	
habré tirado	habremos tirado	habría tirado	habríamos tirado
habrás tirado	habréis tirado	habrías tirado	habríais tirado
habrá tirado	habrán tirado	habría tirado	habrían tirado

Present Subjunctive		Present Perfect Subjunctive	
tire	tiremos	haya tirado	hayamos tirado
tires	tiréis	hayas tirado	hayáis tirado
tire	tiren	haya tirado	hayan tirado

Imperfect Subjunctive (-ra)		*or*	Imperfect Subjunctive (-se)	
tirara	tiráramos		tirase	tirásemos
tiraras	tirarais		tirases	tiraseis
tirara	tiraran		tirase	tirasen

Past Perfect Subjunctive (-ra)		*or*	Past Perfect Subjunctive (-se)	
hubiera tirado	hubiéramos tirado		hubiese tirado	hubiésemos tirado
hubieras tirado	hubierais tirado		hubieses tirado	hubieseis tirado
hubiera tirado	hubieran tirado		hubiese tirado	hubiesen tirado

Progressive Tenses

Present	estoy, estás, está, estamos, estáis, están	
Preterit	estuve, estuviste, estuvo, estuvimos, estuvisteis, estuvieron	
Imperfect	estaba, estabas, estaba, estábamos, estabais, estaban	tirando
Future	estaré, estarás, estará, estaremos, estaréis, estarán	
Conditional	estaría, estarías, estaría, estaríamos, estaríais, estarían	
Subjunctive	que + *corresponding subjunctive tense of* estar (*see verb 252*)	

Commands

	(nosotros) tiremos / no tiremos
(tú) tira / no tires	(vosotros) tirad / no tiréis
(Ud.) tire / no tire	(Uds.) tiren / no tiren

USAGE

¡No tires tus cosas al suelo!	*Don't throw your things on the floor!*
¿Estas cosas son para tirar o reciclar?	*Are these things to throw away or recycle?*
Ha tirado el vaso de jugo.	*He has knocked over / spilled the glass of juice.*
Tírate en la cama.	*Lie down on the bed.*
Se tiró a la piscina.	*He jumped into the pool.*
El libro está en su tercera tirada.	*The book is in its third edition.*
¡Coge el tirador y tira la puerta!	*Grab the doorknob and pull the door!*

-ar verb; spelling change: c > qu/e toco · tocaron · tocado · tocando

Present		Preterit	
toco	tocamos	toqué	tocamos
tocas	tocáis	tocaste	tocasteis
toca	tocan	tocó	tocaron

Imperfect		Present Perfect	
tocaba	tocábamos	he tocado	hemos tocado
tocabas	tocabais	has tocado	habéis tocado
tocaba	tocaban	ha tocado	han tocado

Future		Conditional	
tocaré	tocaremos	tocaría	tocaríamos
tocarás	tocaréis	tocarías	tocaríais
tocará	tocarán	tocaría	tocarían

Pluperfect		Preterit Perfect	
había tocado	habíamos tocado	hube tocado	hubimos tocado
habías tocado	habíais tocado	hubiste tocado	hubisteis tocado
había tocado	habían tocado	hubo tocado	hubieron tocado

Future Perfect		Conditional Perfect	
habré tocado	habremos tocado	habría tocado	habríamos tocado
habrás tocado	habréis tocado	habrías tocado	habríais tocado
habrá tocado	habrán tocado	habría tocado	habrían tocado

Present Subjunctive		Present Perfect Subjunctive	
toque	toquemos	haya tocado	hayamos tocado
toques	toquéis	hayas tocado	hayáis tocado
toque	toquen	haya tocado	hayan tocado

Imperfect Subjunctive (-ra)		or	Imperfect Subjunctive (-se)	
tocara	tocáramos		tocase	tocásemos
tocaras	tocarais		tocases	tocaseis
tocara	tocaran		tocase	tocasen

Past Perfect Subjunctive (-ra)		or	Past Perfect Subjunctive (-se)	
hubiera tocado	hubiéramos tocado		hubiese tocado	hubiésemos tocado
hubieras tocado	hubierais tocado		hubieses tocado	hubieseis tocado
hubiera tocado	hubieran tocado		hubiese tocado	hubiesen tocado

Progressive Tenses

Present	estoy, estás, está, estamos, estáis, están	
Preterit	estuve, estuviste, estuvo, estuvimos, estuvisteis, estuvieron	
Imperfect	estaba, estabas, estaba, estábamos, estabais, estaban	tocando
Future	estaré, estarás, estará, estaremos, estaréis, estarán	
Conditional	estaría, estarías, estaría, estaríamos, estaríais, estarían	
Subjunctive	que + *corresponding subjunctive tense of* estar (*see verb 252*)	

Commands

	(nosotros) toquemos / no toquemos
(tú) toca / no toques	(vosotros) tocad / no toquéis
(Ud.) toque / no toque	(Uds.) toquen / no toquen

No toques el horno.
Me han tocado el corazón.
Les pido que no toquen las figurillas de cristal.

Toca la flauta / el clarinete / el violín.
Toque el timbre y toque a la puerta.
Me tocó a mí presidir la reunión.

Don't touch the oven.
They've touched my heart.
I ask you not to touch the little glass figures.

She plays the flute/clarinet/violin.
Ring the bell and knock at the door.
It was up to me to chair the meeting.

Te toca a ti batear.	*It's your turn to bat / at bat.*
Cada vez que toca algo, se le rompe.	*Every time he touches something, it breaks.*
Se toca madera como superstición.	*People knock on wood as a superstition.*
La blusa de cachemira es tan suave. Tócala.	*The cashmere blouse is so soft. Touch it.*

to blow, sound

¡Aunque tocas la bocina, el embotellamiento sigue!	*Although you're blowing your horn, the traffic jam continues!*
Se tocan las campanas del carillón.	*The bells of the carillon are ringing.*

to touch on

—No toquemos ese asunto.	*Let's not bring up that matter.*
—Pero a mí me toca de cerca.	*But it concerns me deeply.*

tocarle a alguien *to be up to, be one's turn, win, be time for*

Nos toca a nosotros calmarlos.	*It's up to us to calm them down.*
—¿A quién le toca invitar a la cena?	*Whose turn is it to buy dinner?*
—Creo que te toca a ti.	*I think it's your turn.*
A mi amiga le tocó la lotería.	*My friend won the lottery.*
A los alumnos les toca la lección de matemáticas.	*It's time for the students' math lesson.*
Por lo que a mí me toca, ¡que se vaya a freír espárragos!	*As far as I'm concerned, let her go jump in the lake!*

tocar con *to be next to*

El teatro toca con el Hotel Ritz.	*The theater is next to the Ritz Hotel.*

OTHER USES AND RELATED WORDS

No te toques la cara con las manos sucias.	*Don't touch your face with your dirty hands.*
Debes tocarte la cabeza por el frío.	*You should cover your head because of the cold.*
Nos toca tocar todos los registros.	*It's time for us to pull out all the stops / try everything.*
Hoy en día tocan discos compactos en el reproducto de discos compactos.	*Today you play compact discs on the CD player.*
Prefiero no hablar más tocante al tema.	*I prefer not to say more about/concerning the subject.*
Los tocadores de la orquesta son talentosos.	*The orchestra players are talented.*
El tocador es un mueble pasado de moda.	*The woman's dressing table is an old-fashioned piece of furniture.*
Hay que pagar a toca teja.	*You have to pay cash / cash down.*
—Ya he llamado tres veces a la puerta.	*I've knocked on the door three times already.*
—¿Y todavía no abren? Toque el timbre.	*And they're still not opening? Ring the bell.*
—Veo que te tocan todos los trabajos interesantes porque sabes español.	*I see that you get all the interesting jobs because you speak Spanish.*
—Sí, cuánto me alegro de que me haya tocado vivir dos años en Chile.	*Yes, I am so glad that I had the opportunity to live in Chile for two years.*

regular -ar verb

tomo · tomaron · tomado · tomando

Present		Preterit	
tomo	tomamos	tomé	tomamos
tomas	tomáis	tomaste	tomasteis
toma	toman	tomó	tomaron

Imperfect		Present Perfect	
tomaba	tomábamos	he tomado	hemos tomado
tomabas	tomabais	has tomado	habéis tomado
tomaba	tomaban	ha tomado	han tomado

Future		Conditional	
tomaré	tomaremos	tomaría	tomaríamos
tomarás	tomaréis	tomarías	tomaríais
tomará	tomarán	tomaría	tomarían

Pluperfect		Preterit Perfect	
había tomado	habíamos tomado	hube tomado	hubimos tomado
habías tomado	habíais tomado	hubiste tomado	hubisteis tomado
había tomado	habían tomado	hubo tomado	hubieron tomado

Future Perfect		Conditional Perfect	
habré tomado	habremos tomado	habría tomado	habríamos tomado
habrás tomado	habréis tomado	habrías tomado	habríais tomado
habrá tomado	habrán tomado	habría tomado	habrían tomado

Present Subjunctive		Present Perfect Subjunctive	
tome	tomemos	haya tomado	hayamos tomado
tomes	toméis	hayas tomado	hayáis tomado
tome	tomen	haya tomado	hayan tomado

Imperfect Subjunctive (-ra)		or	Imperfect Subjunctive (-se)	
tomara	tomáramos		tomase	tomásemos
tomaras	tomarais		tomases	tomaseis
tomara	tomaran		tomase	tomasen

Past Perfect Subjunctive (-ra)		or	Past Perfect Subjunctive (-se)	
hubiera tomado	hubiéramos tomado		hubiese tomado	hubiésemos tomado
hubieras tomado	hubierais tomado		hubieses tomado	hubieseis tomado
hubiera tomado	hubieran tomado		hubiese tomado	hubiesen tomado

Progressive Tenses

Present	estoy, estás, está, estamos, estáis, están	
Preterit	estuve, estuviste, estuvo, estuvimos, estuvisteis, estuvieron	
Imperfect	estaba, estabas, estaba, estábamos, estabais, estaban	tomando
Future	estaré, estarás, estará, estaremos, estaréis, estarán	
Conditional	estaría, estarías, estaría, estaríamos, estaríais, estarían	
Subjunctive	que + corresponding subjunctive tense of estar (see verb 252)	

Commands

	(nosotros) tomemos / no tomemos
(tú) toma / no tomes	(vosotros) tomad / no toméis
(Ud.) tome / no tome	(Uds.) tomen / no tomen

Tomemos un taxi.	Let's take a taxi.
Han tomado muchas fotos.	They've taken a lot of photos.
¿Tomó el desayuno / el almuerzo / la cena?	Did you have/eat breakfast/lunch/ dinner?
¿Qué tomas con el sándwich?	What are you drinking with your sandwich?
Los soldados tomaron el fuerte del enemigo.	The soldiers took the enemy's stronghold.

tomo · tomaron · tomado · tomando

No es capaz de tomar decisiones.	She's incapable of making decisions.
Me tomé la libertad de enviarles mi historial.	I took the liberty of sending them my CV.
Toma, aquí tienes la videocinta.	Here, here's the videotape.
El sondeo toma el pulso a la opinión pública.	Polls take the pulse of / measure public opinion.
¿Tienes ganas de tomar el sol?	Do you feel like sunbathing?
Les tomamos afecto a los chiquillos.	We're becoming fond of the kids.
¿Por qué están tomándole odio?	Why are you starting to hate him?
Tomó la noticia a bien/mal.	She took the news well/badly.

—¿Qué clases tomas este semestre?
—Tomo macroeconomía y mercadeo.

What classes are you taking this semester?
I'm taking macroeconomics and marketing.

¿Qué tomaste para el almuerzo?	What did you have for lunch?
¿A qué hora tomasteis la cena?	At what time did you have dinner?
¿Por quiénes nos toman?	Whom do they take us for?
Hemos tomado las medidas necesarias.	We've taken the necessary measures/steps.
Tomad el discurso por escrito.	Write down the speech.
¿Tomáis apuntes?	Are you taking notes?

—¿Ha tomado Ud. en cuenta lo que dije?
—Sí, lo tomo en consideración.

Have you taken into account what I said?
Yes, I'm keeping it in mind.

Me tomaban por extranjera.	They took me for a foreigner.
El enfermero le tomó la temperatura / el pulso.	The nurse took his temperature/pulse.
Muchachita, ¡tómate tus vitaminas!	Take your vitamins!
Se tomaron unas vacaciones en el Caribe.	They took a vacation in the Caribbean.
Se tomó la molestia de recogernos.	He took the trouble to pick us up.
Necesitamos tomar conciencia del problema y encontrar una solución.	We have to be aware of the problem and find a solution.
El gobierno necesita tomar en serio la amenaza del terrorismo.	The government has to take seriously the threat of terrorism.
Se teme que estos países tomen las armas si fracasan las negociaciones.	It is feared that these countries will take up arms if negotiations fail.
Mateo siempre toma partido por su hermano.	Mateo always sides with his brother.
En este referéndum el pueblo va a tomar partido a favor o en contra de la reforma de la constitución.	In this referendum, the people will decide either for or against constitutional reform.

OTHER USES AND RELATED WORDS

Chico, ¡te están tomando el pelo!	Hey, they're pulling your leg / teasing you!
La toma del alcázar fue una batalla sangrienta.	The capture of the palace/fortress was a bloody battle.
Les gusta la toma de decisiones en equipo.	They like decision making as a team.
Esos tipos están tomados.	Those guys are drunk.

—Veo que no tomaste mi consejo.
—No pude seguirlo. No lo tomes a mal.

I see that you didn't take my advice.
I couldn't follow it. Don't be offended.

—¿No quiso Ud. tomar parte en esas negociaciones?
—A mí no me gustan esos juegos sin fin de toma y daca.

You refused to take part in those negotiations?

I don't like those endless games of give and take.

—Ay, yo no quería que ganara ese candidato.
—¿No querías caldo? Pues toma dos tazas.

Oh, I didn't want that candidate to win.
Things never turn out the way you want them to.

stem-changing -er verb: o > ue;
spelling change: c > z/o, a

tuerzo · torcieron · torcido · torciendo

Present		Preterit	
tuerzo	torcemos	torcí	torcimos
tuerces	torcéis	torciste	torcisteis
tuerce	tuercen	torció	torcieron

Imperfect		Present Perfect	
torcía	torcíamos	he torcido	hemos torcido
torcías	torcíais	has torcido	habéis torcido
torcía	torcían	ha torcido	han torcido

Future		Conditional	
torceré	torceremos	torcería	torceríamos
torcerás	torceréis	torcerías	torceríais
torcerá	torcerán	torcería	torcerían

Pluperfect		Preterit Perfect	
había torcido	habíamos torcido	hube torcido	hubimos torcido
habías torcido	habíais torcido	hubiste torcido	hubisteis torcido
había torcido	habían torcido	hubo torcido	hubieron torcido

Future Perfect		Conditional Perfect	
habré torcido	habremos torcido	habría torcido	habríamos torcido
habrás torcido	habréis torcido	habrías torcido	habríais torcido
habrá torcido	habrán torcido	habría torcido	habrían torcido

Present Subjunctive		Present Perfect Subjunctive	
tuerza	torzamos	haya torcido	hayamos torcido
tuerzas	torzáis	hayas torcido	hayáis torcido
tuerza	tuerzan	haya torcido	hayan torcido

Imperfect Subjunctive (-ra)		or	Imperfect Subjunctive (-se)	
torciera	torciéramos		torciese	torciésemos
torcieras	torcierais		torcieses	torcieseis
torciera	torcieran		torciese	torciesen

Past Perfect Subjunctive (-ra)		or	Past Perfect Subjunctive (-se)	
hubiera torcido	hubiéramos torcido		hubiese torcido	hubiésemos torcido
hubieras torcido	hubierais torcido		hubieses torcido	hubieseis torcido
hubiera torcido	hubieran torcido		hubiese torcido	hubiesen torcido

Progressive Tenses

Present	estoy, estás, está, estamos, estáis, están	
Preterit	estuve, estuviste, estuvo, estuvimos, estuvisteis, estuvieron	
Imperfect	estaba, estabas, estaba, estábamos, estabais, estaban	torciendo
Future	estaré, estarás, estará, estaremos, estaréis, estarán	
Conditional	estaría, estarías, estaría, estaríamos, estaríais, estarían	
Subjunctive	que + corresponding subjunctive tense of estar (see verb 252)	

Commands

	(nosotros) torzamos / no torzamos
(tú) tuerce / no tuerzas	(vosotros) torced / no torzáis
(Ud.) tuerza / no tuerza	(Uds.) tuerzan / no tuerzan

USAGE

—Se torció el tobillo. — *She twisted her ankle.*
—¿Cómo se le torció? — *How did she twist it?*
¡Ella te torció el brazo! — *She twisted your arm / made you give in!*
Este juez tuerce la ley. — *This judge bends the law.*
No tuerzas la verdad / el sentido de las palabras. — *Don't distort the truth / meaning of the words.*
Torcieron el rumbo. — *They changed course.*
El abogado se torció. — *The lawyer went crooked / got corrupted.*

toser) *to cough*

toso · tosieron · tosido · tosiendo

regular -er verb

Present		Preterit	
toso	tosemos	tosí	tosimos
toses	toséis	tosiste	tosisteis
tose	tosen	tosió	tosieron

Imperfect		Present Perfect	
tosía	tosíamos	he tosido	hemos tosido
tosías	tosíais	has tosido	habéis tosido
tosía	tosían	ha tosido	han tosido

Future		Conditional	
toseré	toseremos	tosería	toseríamos
toserás	toseréis	toserías	toseríais
toserá	toserán	tosería	toserían

Pluperfect		Preterit Perfect	
había tosido	habíamos tosido	hube tosido	hubimos tosido
habías tosido	habíais tosido	hubiste tosido	hubisteis tosido
había tosido	habían tosido	hubo tosido	hubieron tosido

Future Perfect		Conditional Perfect	
habré tosido	habremos tosido	habría tosido	habríamos tosido
habrás tosido	habréis tosido	habrías tosido	habríais tosido
habrá tosido	habrán tosido	habría tosido	habrían tosido

Present Subjunctive		Present Perfect Subjunctive	
tosa	tosamos	haya tosido	hayamos tosido
tosas	tosáis	hayas tosido	hayáis tosido
tosa	tosan	haya tosido	hayan tosido

Imperfect Subjunctive (-ra)		*or*	Imperfect Subjunctive (-se)	
tosiera	tosiéramos		tosiese	tosiésemos
tosieras	tosierais		tosieses	tosieseis
tosiera	tosieran		tosiese	tosiesen

Past Perfect Subjunctive (-ra)		*or*	Past Perfect Subjunctive (-se)	
hubiera tosido	hubiéramos tosido		hubiese tosido	hubiésemos tosido
hubieras tosido	hubierais tosido		hubieses tosido	hubieseis tosido
hubiera tosido	hubieran tosido		hubiese tosido	hubiesen tosido

Progressive Tenses

Present	estoy, estás, está, estamos, estáis, están	
Preterit	estuve, estuviste, estuvo, estuvimos, estuvisteis, estuvieron	
Imperfect	estaba, estabas, estaba, estábamos, estabais, estaban	tosiendo
Future	estaré, estarás, estará, estaremos, estaréis, estarán	
Conditional	estaría, estarías, estaría, estaríamos, estaríais, estarían	
Subjunctive	que + *corresponding subjunctive tense of* estar (*see verb 252*)	

Commands

	(nosotros) tosamos / no tosamos
(tú) tose / no tosas	(vosotros) tosed / no tosáis
(Ud.) tosa / no tosa	(Uds.) tosan / no tosan

(USAGE)

Pobrecita, toses mucho.	*Poor thing, you're coughing a lot.*
¡Qué catarro tiene! Tose y estornuda.	*What a cold he has! He coughs and sneezes.*
Procuro no toser durante el concierto.	*I'm trying not to cough during the concert.*
Le dio un ataque de tos.	*He had a coughing fit.*
—Tenían una tos seca.	*They had a hacking cough.*
—Quería que tomaran un jarabe / pastillas para la tos.	*I wanted them to take cough syrup/drops.*
La tos ferina puede ser peligrosa.	*Whooping cough can be dangerous.*

regular -*ar* verb | trabajo · trabajaron · trabajado · trabajando

Present		Preterit	
trabajo	trabajamos	trabajé	trabajamos
trabajas	trabajáis	trabajaste	trabajasteis
trabaja	trabajan	trabajó	trabajaron

Imperfect		Present Perfect	
trabajaba	trabajábamos	he trabajado	hemos trabajado
trabajabas	trabajabais	has trabajado	habéis trabajado
trabajaba	trabajaban	ha trabajado	han trabajado

Future		Conditional	
trabajaré	trabajaremos	trabajaría	trabajaríamos
trabajarás	trabajaréis	trabajarías	trabajaríais
trabajará	trabajarán	trabajaría	trabajarían

Pluperfect		Preterit Perfect	
había trabajado	habíamos trabajado	hube trabajado	hubimos trabajado
habías trabajado	habíais trabajado	hubiste trabajado	hubisteis trabajado
había trabajado	habían trabajado	hubo trabajado	hubieron trabajado

Future Perfect		Conditional Perfect	
habré trabajado	habremos trabajado	habría trabajado	habríamos trabajado
habrás trabajado	habréis trabajado	habrías trabajado	habríais trabajado
habrá trabajado	habrán trabajado	habría trabajado	habrían trabajado

Present Subjunctive		Present Perfect Subjunctive	
trabaje	trabajemos	haya trabajado	hayamos trabajado
trabajes	trabajéis	hayas trabajado	hayáis trabajado
trabaje	trabajen	haya trabajado	hayan trabajado

Imperfect Subjunctive (-ra)		or	Imperfect Subjunctive (-se)	
trabajara	trabajáramos		trabajase	trabajásemos
trabajaras	trabajarais		trabajases	trabajaseis
trabajara	trabajaran		trabajase	trabajasen

Past Perfect Subjunctive (-ra)		or	Past Perfect Subjunctive (-se)	
hubiera trabajado	hubiéramos trabajado		hubiese trabajado	hubiésemos trabajado
hubieras trabajado	hubierais trabajado		hubieses trabajado	hubieseis trabajado
hubiera trabajado	hubieran trabajado		hubiese trabajado	hubiesen trabajado

Progressive Tenses

Present	estoy, estás, está, estamos, estáis, están	
Preterit	estuve, estuviste, estuvo, estuvimos, estuvisteis, estuvieron	
Imperfect	estaba, estabas, estaba, estábamos, estabais, estaban	
Future	estaré, estarás, estará, estaremos, estaréis, estarán	} trabajando
Conditional	estaría, estarías, estaría, estaríamos, estaríais, estarían	
Subjunctive	que + *corresponding subjunctive tense of* estar (*see verb 252*)	

Commands

	(nosotros) trabajemos / no trabajemos
(tú) trabaja / no trabajes	(vosotros) trabajad / no trabajéis
(Ud.) trabaje / no trabaje	(Uds.) trabajen / no trabajen

(USAGE)

Trabaja en la tecnología de punta.	*He works in cutting-edge technology.*
Trabajaba en una consultoría.	*I worked at a consulting firm.*
Trabaja de programadora.	*She works as a programmer.*
Trabajarán para sus padres.	*They'll work for their parents.*
Buscan trabajo.	*They're job-hunting.*
Nos costó mucho trabajo entenderlo.	*It was very hard for us to understand it.*

trabajar · to work

¿Cómo se trabaja?

Trabajaba por hora.	She was paid by the hour.
Se mata trabajando.	She's working herself to death.
El gerente trabaja como una bestia / un mulo.	The manager works like a dog.
Siento que hayáis trabajado en balde.	I'm sorry you worked in vain.
Trabaja en conseguir un ascenso.	She's working hard / striving to get a promotion.
La empresa se vale del trabajo en equipo.	The company uses teamwork.

🌑 —¿Por qué trabajas el sábado también?
Why are you working on Saturday, too?
—Mi colega está de viaje de negocios. Me pidieron que trabajara por él.
My colleague is on a business trip. I was asked to fill in for him.

🌑 —Hace tres meses que trabajo de gerente de proyectos en este equipo.
I've been working as project manager on this team for three months.
—No cabe duda de que Ud. y sus colegas trabajan muy fuerte.
There's no doubt that you and your colleagues are working very hard.

¿Cuánto se trabaja?

Se trabaja jornada entera / tiempo completo.	They work full-time.
Trabajas media jornada / tiempo parcial.	You work part-time.
Ya han hecho el trabajo de una semana / un mes.	They've already done a week's/month's work.
Trabajar sin descanso agota a cualquiera.	All work and no play makes Jack a dull boy.
¿Estáis sin trabajo?	Are you out of work?

🌑 —Trabajo tiempo parcial entre Navidad y Año Nuevo. ¿Tú también?
I'm working part-time between Christmas and New Year's. You too?
—¡Qué va! Tengo que trabajar tiempo completo con horas extra para terminar mi informe.
Are you kidding! I have to work full-time and overtime to finish my report.

¿Dónde se trabaja?

Trabaja en una estación de trabajo.	He works at a work station.
¿Trabajaréis en la hostelería?	Will you be working in the hotel business?
Pasamos el día trabajando en la computadora.	We spent the day working at the computer.

🌑 —Yo trabajaba de mesera mientras estudiaba diseño gráfico.
I worked as a waitress while I was studying graphic design.
—Yo tenía varios trabajos cuando hacía la maestría en informática.
I had several jobs when I was getting my master's degree in computer science.

Si buscas empleo hay muchas bolsas de trabajo en línea.	If you are looking for work, there are many online employment agencies.
Con el teletrabajo, mucha gente trabaja en una oficina virtual desde casa.	With distance working, many people are working in a virtual office from home.

¿Qué clase de trabajo?

Trabajan en metales.	They work in metals.
El artesano trabaja la plata/madera.	The artisan is working the silver/wood.
Hacían trabajo manual.	They did manual labor.
Habían trabajado la tierra.	They had worked/tilled the land.
El pastelero está trabajando la masa.	The pastry chef is kneading the dough.
El actor trabaja en el teatro y la tele.	The actor acts in the theater and on TV.

OTHER USES AND RELATED WORDS

Me cuesta mucho trabajo creerlo.	It's very hard for me to believe it.
Es muy trabajador.	He's very hard-working.
El creciente apremio de tiempo afecta mucho las condiciones de trabajo.	The growing pressure to do more work in less time has a great effect on working conditions.

irregular verb traduzco · tradujeron · traducido · traduciendo

Present		Preterit	
traduzco	traducimos	traduje	tradujimos
traduces	traducís	tradujiste	tradujisteis
traduce	traducen	tradujo	tradujeron

Imperfect		Present Perfect	
traducía	traducíamos	he traducido	hemos traducido
traducías	traducíais	has traducido	habéis traducido
traducía	traducían	ha traducido	han traducido

Future		Conditional	
traduciré	traduciremos	traduciría	traduciríamos
traducirás	traduciréis	traducirías	traduciríais
traducirá	traducirán	traduciría	traducirían

Pluperfect		Preterit Perfect	
había traducido	habíamos traducido	hube traducido	hubimos traducido
habías traducido	habíais traducido	hubiste traducido	hubisteis traducido
había traducido	habían traducido	hubo traducido	hubieron traducido

Future Perfect		Conditional Perfect	
habré traducido	habremos traducido	habría traducido	habríamos traducido
habrás traducido	habréis traducido	habrías traducido	habríais traducido
habrá traducido	habrán traducido	habría traducido	habrían traducido

Present Subjunctive		Present Perfect Subjunctive	
traduzca	traduzcamos	haya traducido	hayamos traducido
traduzcas	traduzcáis	hayas traducido	hayáis traducido
traduzca	traduzcan	haya traducido	hayan traducido

Imperfect Subjunctive (-ra)		or	Imperfect Subjunctive (-se)	
tradujera	tradujéramos		tradujese	tradujésemos
tradujeras	tradujerais		tradujeses	tradujeseis
tradujera	tradujeran		tradujese	tradujesen

Past Perfect Subjunctive (-ra)		or	Past Perfect Subjunctive (-se)	
hubiera traducido	hubiéramos traducido		hubiese traducido	hubiésemos traducido
hubieras traducido	hubierais traducido		hubieses traducido	hubieseis traducido
hubiera traducido	hubieran traducido		hubiese traducido	hubiesen traducido

Progressive Tenses

Present	estoy, estás, está, estamos, estáis, están	
Preterit	estuve, estuviste, estuvo, estuvimos, estuvisteis, estuvieron	
Imperfect	estaba, estabas, estaba, estábamos, estabais, estaban	traduciendo
Future	estaré, estarás, estará, estaremos, estaréis, estarán	
Conditional	estaría, estarías, estaría, estaríamos, estaríais, estarían	
Subjunctive	que + *corresponding subjunctive tense of* estar (*see verb 252*)	

Commands

	(nosotros) traduzcamos / no traduzcamos
(tú) traduce / no traduzcas	(vosotros) traducid / no traduzcáis
(Ud.) traduzca / no traduzca	(Uds.) traduzcan / no traduzcan

USAGE

Tradujo la pieza literalmente.	*He translated the piece literally.*
Traduzca la carta del inglés al español.	*Translate the letter from English into Spanish.*
Esta obra no se traduce fácilmente.	*This work is not easily interpreted.*
Le dijeron que tradujera los poemas.	*He was told to translate the poems.*
¿Tu ordenador hace traducción automática?	*Does your computer do translation?*
Trabajaba de traductor.	*He worked as a translator.*

traer *to bring*

traigo · trajeron · traído · trayendo   irregular verb

Se cree que eso trae buena/mala suerte.	*People think that brings good/bad luck.*
¿Podemos traer a nuestro compañero?	*May we bring our friend along?*
Traigamos pizza esta noche.	*Let's bring in pizza tonight.*
¿Has traído un cheque contigo?	*Have you brought a check with you?*
¿Qué te trajeron los Reyes?	*What did you get for Three Kings Day?* (Three Kings Day is January 6, the traditional day for gift-giving in the Hispanic world.)
Los valores universales de la libertad, la vida y la propiedad traen prosperidad y esperanza a los pueblos.	*Universal values of freedom, life, and property bring prosperity and hope to people.*

to have

Sus gastos les traen preocupados.	*Her expenses have them concerned.*
¿Traes aspirinas?	*Do you have aspirin on you?*
La propuesta trae sus problemas.	*The proposal has its problems.*
Hoy traigo un dolor de cabeza espantoso.	*Today I have a terrible headache.*
Te traigo buenas noticias.	*I have good news for you.*

to carry, have

El periódico de hoy trae un editorial sobre la política exterior.	*Today's newspaper has an editorial about foreign policy.*

to not care

❸ —¡Miguelito me trae loco!	*Miguelito drives me crazy!*
—A mí, no. Sus berrinches me traen sin cuidado.	*Not me. I don't give a darn about his tantrums.*

OTHER USES AND RELATED WORDS

Esta anécdota me trae a la mente el día de su boda.	*This anecdote brings to mind / reminds me of their wedding day.*
❸ —Esta música me trae hermosos recuerdos de hace muchos años.	*This music brings back beautiful memories of many years ago.*
—A mí me trae a la mente unas imágenes visuales muy fuertes.	*For me, it brings to mind some very vivid visual images.*
Trae a sus empleados de aquí para allá.	*He orders his employees about. / He keeps his employees busy.*
❸ —Es preciso que te traigas tu pasaporte. Lo tienes, ¿no?	*It's necessary that you bring your passport with you. You have it, don't you?*
—No, se me olvidó traérmelo. Sólo me traigo mi licencia de manejar.	*No, I forgot to bring it along. I only have my driver's license.*
❸ —Y ahora, ¿qué se traen entre manos?	*And now what are they up to?*
—¿Quién sabe? Pero temo que nos traigan problemas como de costumbre.	*Who knows? But I'm afraid they'll cause us problems as usual.*
No me interesan estas ideas traídas y llevadas.	*I'm not interested in these hackneyed ideas.*
Dijo algo traído por los pelos.	*He said something far-fetched.*
¡Contraes amistad con todos!	*You make friends with everyone!*
Nuestro equipo se trajo una importante victoria.	*Our team racked up an important win.*
Mira la cerámica que me traje de mi viaje a México.	*Look at the pottery I brought back from my trip to Mexico.*
Aquellos polvos traen estos lodos.	*The chickens have come home to roost.*

irregular verb   **traigo · trajeron · traído · trayendo**

Present		Preterit	
traigo	traemos	traje	trajimos
traes	traéis	trajiste	trajisteis
trae	traen	trajo	trajeron

Imperfect		Present Perfect	
traía	traíamos	he traído	hemos traído
traías	traíais	has traído	habéis traído
traía	traían	ha traído	han traído

Future		Conditional	
traeré	traeremos	traería	traeríamos
traerás	traeréis	traerías	traeríais
traerá	traerán	traería	traerían

Pluperfect		Preterit Perfect	
había traído	habíamos traído	hube traído	hubimos traído
habías traído	habíais traído	hubiste traído	hubisteis traído
había traído	habían traído	hubo traído	hubieron traído

Future Perfect		Conditional Perfect	
habré traído	habremos traído	habría traído	habríamos traído
habrás traído	habréis traído	habrías traído	habríais traído
habrá traído	habrán traído	habría traído	habrían traído

Present Subjunctive		Present Perfect Subjunctive	
traiga	traigamos	haya traído	hayamos traído
traigas	traigáis	hayas traído	hayáis traído
traiga	traigan	haya traído	hayan traído

Imperfect Subjunctive (-ra)		or	Imperfect Subjunctive (-se)	
trajera	trajéramos		trajese	trajésemos
trajeras	trajerais		trajeses	trajeseis
trajera	trajeran		trajese	trajesen

Past Perfect Subjunctive (-ra)		or	Past Perfect Subjunctive (-se)	
hubiera traído	hubiéramos traído		hubiese traído	hubiésemos traído
hubieras traído	hubierais traído		hubieses traído	hubieseis traído
hubiera traído	hubieran traído		hubiese traído	hubiesen traído

Progressive Tenses

Present	estoy, estás, está, estamos, estáis, están	
Preterit	estuve, estuviste, estuvo, estuvimos, estuvisteis, estuvieron	
Imperfect	estaba, estabas, estaba, estábamos, estabais, estaban	> trayendo
Future	estaré, estarás, estará, estaremos, estaréis, estarán	
Conditional	estaría, estarías, estaría, estaríamos, estaríais, estarían	
Subjunctive	que + *corresponding subjunctive tense of* estar (*see verb 252*)	

Commands

	(nosotros) traigamos / no traigamos
(tú) trae / no traigas	(vosotros) traed / no traigáis
(Ud.) traiga / no traiga	(Uds.) traigan / no traigan

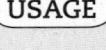
USAGE

El cartero trajo el correo.	*The mailman brought the mail.*
¿Qué te trae a este barrio?	*What brings you to this neighborhood?*
Tráigame las carpetas.	*Bring me the folders.*
¡Trae!	*Give it to me!*
Su modo de ser le traía problemas.	*His manner caused him problems.*
Trae puesto un traje muy elegante.	*She's wearing an elegant suit.*
¡Traen y llevan a todo el mundo!	*They gossip about everyone!*

top 50 verb

tragar *to swallow, stand*

trago · tragaron · tragado · tragando — *-ar verb; spelling change: g > gu/e*

	Present		Preterit
trago	tragamos	tragué	tragamos
tragas	tragáis	tragaste	tragasteis
traga	tragan	tragó	tragaron

	Imperfect		Present Perfect
tragaba	tragábamos	he tragado	hemos tragado
tragabas	tragabais	has tragado	habéis tragado
tragaba	tragaban	ha tragado	han tragado

	Future		Conditional
tragaré	tragaremos	tragaría	tragaríamos
tragarás	tragaréis	tragarías	tragaríais
tragará	tragarán	tragaría	tragarían

	Pluperfect		Preterit Perfect
había tragado	habíamos tragado	hube tragado	hubimos tragado
habías tragado	habíais tragado	hubiste tragado	hubisteis tragado
había tragado	habían tragado	hubo tragado	hubieron tragado

	Future Perfect		Conditional Perfect
habré tragado	habremos tragado	habría tragado	habríamos tragado
habrás tragado	habréis tragado	habrías tragado	habríais tragado
habrá tragado	habrán tragado	habría tragado	habrían tragado

	Present Subjunctive		Present Perfect Subjunctive
trague	traguemos	haya tragado	hayamos tragado
tragues	traguéis	hayas tragado	hayáis tragado
trague	traguen	haya tragado	hayan tragado

	Imperfect Subjunctive (-ra)	*or*	Imperfect Subjunctive (-se)
tragara	tragáramos	tragase	tragásemos
tragaras	tragarais	tragases	tragaseis
tragara	tragaran	tragase	tragasen

	Past Perfect Subjunctive (-ra)	*or*	Past Perfect Subjunctive (-se)
hubiera tragado	hubiéramos tragado	hubiese tragado	hubiésemos tragado
hubieras tragado	hubierais tragado	hubieses tragado	hubieseis tragado
hubiera tragado	hubieran tragado	hubiese tragado	hubiesen tragado

Progressive Tenses

Present	estoy, estás, está, estamos, estáis, están
Preterit	estuve, estuviste, estuvo, estuvimos, estuvisteis, estuvieron
Imperfect	estaba, estabas, estaba, estábamos, estabais, estaban
Future	estaré, estarás, estará, estaremos, estaréis, estarán
Conditional	estaría, estarías, estaría, estaríamos, estaríais, estarían
Subjunctive	que + *corresponding subjunctive tense of* estar (*see verb 252*)

⎫ tragando

Commands

	(nosotros) traguemos / no traguemos
(tú) traga / no tragues	(vosotros) tragad / no traguéis
(Ud.) trague / no trague	(Uds.) traguen / no traguen

USAGE

¡La niña ha tragado su comida por fin!	*The child has finally swallowed her food!*
¡Te tragas cuánto te dicen!	*You swallow everything they tell you!*
Su explicación es difícil de tragar.	*Their explanation is hard to swallow/believe.*
¡No la podemos tragar!	*We can't stand/stomach her!*
¡No hay quién se lo trague!	*Nobody will swallow/believe that!*
Lo comieron/bebieron de un trago.	*They ate/drank it up in one swallow.*
El taller tiene un tragaluz enorme.	*The studio has a huge skylight.*

-ar reflexive verb;
spelling change: z > c/e

tranquilizo · tranquilizaron · tranquilizado · tranquilizándose

Present

me tranquilizo	nos tranquilizamos
te tranquilizas	os tranquilizáis
se tranquiliza	se tranquilizan

Preterit

me tranquilicé	nos tranquilizamos
te tranquilizaste	os tranquilizasteis
se tranquilizó	se tranquilizaron

Imperfect

me tranquilizaba	nos tranquilizábamos
te tranquilizabas	os tranquilizabais
se tranquilizaba	se tranquilizaban

Present Perfect

me he tranquilizado	nos hemos tranquilizado
te has tranquilizado	os habéis tranquilizado
se ha tranquilizado	se han tranquilizado

Future

me tranquilizaré	nos tranquilizaremos
te tranquilizarás	os tranquilizaréis
se tranquilizará	se tranquilizarán

Conditional

me tranquilizaría	nos tranquilizaríamos
te tranquilizarías	os tranquilizaríais
se tranquilizaría	se tranquilizarían

Pluperfect

me había tranquilizado	nos habíamos tranquilizado
te habías tranquilizado	os habíais tranquilizado
se había tranquilizado	se habían tranquilizado

Preterit Perfect

me hube tranquilizado	nos hubimos tranquilizado
te hubiste tranquilizado	os hubisteis tranquilizado
se hubo tranquilizado	se hubieron tranquilizado

Future Perfect

me habré tranquilizado	nos habremos tranquilizado
te habrás tranquilizado	os habréis tranquilizado
se habrá tranquilizado	se habrán tranquilizado

Conditional Perfect

me habría tranquilizado	nos habríamos tranquilizado
te habrías tranquilizado	os habríais tranquilizado
se habría tranquilizado	se habrían tranquilizado

Present Subjunctive

me tranquilice	nos tranquilicemos
te tranquilices	os tranquilicéis
se tranquilice	se tranquilicen

Present Perfect Subjunctive

me haya tranquilizado	nos hayamos tranquilizado
te hayas tranquilizado	os hayáis tranquilizado
se haya tranquilizado	se hayan tranquilizado

Imperfect Subjunctive (-ra)

me tranquilizara	nos tranquilizáramos
te tranquilizaras	os tranquilizarais
se tranquilizara	se tranquilizaran

or

Imperfect Subjunctive (-se)

me tranquilizase	nos tranquilizásemos
te tranquilizases	os tranquilizaseis
se tranquilizase	se tranquilizasen

Past Perfect Subjunctive (-ra)

me hubiera tranquilizado	nos hubiéramos tranquilizado
te hubieras tranquilizado	os hubierais tranquilizado
se hubiera tranquilizado	se hubieran tranquilizado

or

Past Perfect Subjunctive (-se)

me hubiese tranquilizado	nos hubiésemos tranquilizado
te hubieses tranquilizado	os hubieseis tranquilizado
se hubiese tranquilizado	se hubiesen tranquilizado

Progressive Tenses

Present	estoy, estás, está, estamos, estáis, están	
Preterit	estuve, estuviste, estuvo, estuvimos, estuvisteis, estuvieron	
Imperfect	estaba, estabas, estaba, estábamos, estabais, estaban	tranquilizando (*see page 41*)
Future	estaré, estarás, estará, estaremos, estaréis, estarán	
Conditional	estaría, estarías, estaría, estaríamos, estaríais, estarían	
Subjunctive	que + *corresponding subjunctive tense of* estar (*see verb 252*)	

Commands

	(nosotros) tranquilicémonos / no nos tranquilicemos
(tú) tranquilízate / no te tranquilices	(vosotros) tranquilizaos / no os tranquilicéis
(Ud.) tranquilícese / no se tranquilice	(Uds.) tranquilícense / no se tranquilicen

¡Tranquilícense!	*Calm down! / Don't worry.*
¿Pudiste tranquilizarlos?	*Were you able to reassure them?*
El mar está tranquilizándose.	*The sea is calming down.*
Espero que os tranquilicéis.	*I hope you'll calm down.*
Tú, tranquila, que no tienes por qué preocuparte.	*Don't worry. / Take it easy. You have no reason to be concerned.*
Nos fuimos con toda tranquilidad.	*We left with our minds at ease.*

transformar *to transform, change, become*

transformo · transformaron · transformado · transformando | regular *-ar* verb

Present		Preterit	
transformo	transformamos	transformé	transformamos
transformas	transformáis	transformaste	transformasteis
transforma	transforman	transformó	transformaron

Imperfect		Present Perfect	
transformaba	transformábamos	he transformado	hemos transformado
transformabas	transformabais	has transformado	habéis transformado
transformaba	transformaban	ha transformado	han transformado

Future		Conditional	
transformaré	transformaremos	transformaría	transformaríamos
transformarás	transformaréis	transformarías	transformaríais
transformará	transformarán	transformaría	transformarían

Pluperfect		Preterit Perfect	
había transformado	habíamos transformado	hube transformado	hubimos transformado
habías transformado	habíais transformado	hubiste transformado	hubisteis transformado
había transformado	habían transformado	hubo transformado	hubieron transformado

Future Perfect		Conditional Perfect	
habré transformado	habremos transformado	habría transformado	habríamos transformado
habrás transformado	habréis transformado	habrías transformado	habríais transformado
habrá transformado	habrán transformado	habría transformado	habrían transformado

Present Subjunctive		Present Perfect Subjunctive	
transforme	transformemos	haya transformado	hayamos transformado
transformes	transforméis	hayas transformado	hayáis transformado
transforme	transformen	haya transformado	hayan transformado

Imperfect Subjunctive (-ra)		*or*	Imperfect Subjunctive (-se)	
transformara	transformáramos		transformase	transformásemos
transformaras	transformarais		transformases	transformaseis
transformara	transformaran		transformase	transformasen

Past Perfect Subjunctive (-ra)		*or*	Past Perfect Subjunctive (-se)	
hubiera transformado	hubiéramos transformado		hubiese transformado	hubiésemos transformado
hubieras transformado	hubierais transformado		hubieses transformado	hubieseis transformado
hubiera transformado	hubieran transformado		hubiese transformado	hubiesen transformado

Progressive Tenses

Present	estoy, estás, está, estamos, estáis, están
Preterit	estuve, estuviste, estuvo, estuvimos, estuvisteis, estuvieron
Imperfect	estaba, estabas, estaba, estábamos, estabais, estaban
Future	estaré, estarás, estará, estaremos, estaréis, estarán
Conditional	estaría, estarías, estaría, estaríamos, estaríais, estarían
Subjunctive	que + *corresponding subjunctive tense of* estar (*see verb 252*)

transformando

Commands

	(nosotros) transformemos / no transformemos
(tú) transforma / no transformes	(vosotros) transformad / no transforméis
(Ud.) transforme / no transforme	(Uds.) transformen / no transformen

USAGE

No es probable que su temperamento
  se transforme.
*It's improbable her temperament
  will change.*
La oruga se transformó en mariposa.
The caterpillar changed into / became a butterfly.
No es posible que transformen su imagen de
  la noche a la mañana.
*It's not possible for them to change their image
  overnight.*
—¿Has notado una transformación en su conducta?
Have you noticed a change in her conduct?
—Sí, la encuentro transformada.
Yes, I find her changed.

regular -ar verb

trato · trataron · tratado · tratando

Present		Preterit	
trato	tratamos	traté	tratamos
tratas	tratáis	trataste	tratasteis
trata	tratan	trató	trataron

Imperfect		Present Perfect	
trataba	tratábamos	he tratado	hemos tratado
tratabas	tratabais	has tratado	habéis tratado
trataba	trataban	ha tratado	han tratado

Future		Conditional	
trataré	trataremos	trataría	trataríamos
tratarás	trataréis	tratarías	trataríais
tratará	tratarán	trataría	tratarían

Pluperfect		Preterit Perfect	
había tratado	habíamos tratado	hube tratado	hubimos tratado
habías tratado	habíais tratado	hubiste tratado	hubisteis tratado
había tratado	habían tratado	hubo tratado	hubieron tratado

Future Perfect		Conditional Perfect	
habré tratado	habremos tratado	habría tratado	habríamos tratado
habrás tratado	habréis tratado	habrías tratado	habríais tratado
habrá tratado	habrán tratado	habría tratado	habrían tratado

Present Subjunctive		Present Perfect Subjunctive	
trate	tratemos	haya tratado	hayamos tratado
trates	tratéis	hayas tratado	hayáis tratado
trate	traten	haya tratado	hayan tratado

Imperfect Subjunctive (-ra)		*or*	Imperfect Subjunctive (-se)	
tratara	tratáramos		tratase	tratásemos
trataras	tratarais		tratases	trataseis
tratara	trataran		tratase	tratasen

Past Perfect Subjunctive (-ra)		*or*	Past Perfect Subjunctive (-se)	
hubiera tratado	hubiéramos tratado		hubiese tratado	hubiésemos tratado
hubieras tratado	hubierais tratado		hubieses tratado	hubieseis tratado
hubiera tratado	hubieran tratado		hubiese tratado	hubiesen tratado

Progressive Tenses

Present	estoy, estás, está, estamos, estáis, están	
Preterit	estuve, estuviste, estuvo, estuvimos, estuvisteis, estuvieron	
Imperfect	estaba, estabas, estaba, estábamos, estabais, estaban	tratando
Future	estaré, estarás, estará, estaremos, estaréis, estarán	
Conditional	estaría, estarías, estaría, estaríamos, estaríais, estarían	
Subjunctive	que + *corresponding subjunctive tense of* estar (*see verb 252*)	

Commands

	(nosotros) tratemos / no tratemos
(tú) trata / no trates	(vosotros) tratad / no tratéis
(Ud.) trate / no trate	(Uds.) traten / no traten

Trata la teoría en su tesis.	*He deals with / treats the theory in his thesis.*
Les pedimos que trataran el asunto con discreción.	*We asked them to handle the matter discreetly.*
Lo tratábamos poco.	*We had some association/dealings with him.*
Nos trataron magníficamente.	*They treated/entertained us royally.*
Trata bien/mal a sus compañeros.	*He treats his friends well/badly.*
¿Ha tratado con el asesor?	*Have you worked/dealt with the consultant?*

tratar · to deal with, treat, try, be about

trato · trataron · tratado · tratando

regular -ar verb

Cómo tratar a la gente

Trata a todos con amabilidad.

—Estos niños tratan mal a sus amigos.

—Es importante que sus padres les enseñen
a tratar a todo el mundo con respeto.

¡Lo trataron como a un perro!

Trataban a su tía con guante blanco.

Hay que saber tratar con un taller de
reparaciones de autos.

She treats everybody with kindness.

These children treat their friends badly.

It's important that their parents teach them to treat
everyone with respect.

They treated him like a dog / like dirt!

They handled their aunt with kid gloves.

You have to know how to deal with a car repair shop.

tratar de to try to, be about

Tratamos de facilitar la transacción/resolución.

—Sé que el libro que está leyendo es un éxito
de librería. ¿De qué trata?

—Trata de la historia del Medio Oriente.

—Tratemos de convencerles de que trabajen
en nuestro equipo.

—Creo que aceptarán nuestra oferta porque
tenemos trato agradable.

We're trying to facilitate the transaction/settlement.

I know the book you're reading is a best seller.
What's it about?

It's about the history of the Middle East.

Let's try to convince them to work on our team.

I think they'll accept our offer, because we're easy
to get along with.

tratarse

—Se tratan de Ud., ¿verdad?

—Ya no. Ahora nos tratamos de tú porque nos
conocemos bien.

¿Uds. siguen tratándose?

You address each other formally, don't you?

Not anymore. Now we address each other informally,
because we know each other well.

Do you still talk to each other?

OTHER USES AND RELATED WORDS

La cuestión de que se trata es la siguiente.

Se trata precisamente de nuestra preparación.

No tenemos trato con ellos.

—En cuanto a los preparativos para la fiesta,
tú te encargas de la comida y yo me ocupo
del vino.

—¡Trato hecho!

La Primera Guerra Mundial acabó con el
Tratado de Versalles.

Se hace el tratamiento de textos.

Se trabaja en el tratamiento de desechos
radiactivos.

No creo que ésa sea la mejor manera de tratar
un resfriado.

Espero que mi médico sepa tratar el síndrome
del túnel metacarpiano.

¿Me puede hacer un resumen de lo que se trató
en la reunión?

Al estudiar el caso, la policía llegó a la conclusión
de que se trató de un ajuste de cuentas.

The matter in question is the following.

It's just a question of our preparedness.

We don't know them / have dealings with them.

As for the preparations for the party, you be in charge
of the food and I'll take care of the wine.

It's a deal!

World War I ended with the Treaty of Versalles.

They do word processing.

They work in the treatment/processing of radioactive
waste.

I don't think that that's the best way to treat a cold.

I hope that my doctor knows how to treat metacarpal
tunnel syndrome.

Can you make me a summary of what was dealt
with at the meeting?

Upon studying the case, the police came to the
conclusion that it was about settling scores.

to stumble, trip, run into, come across ⟨ **tropezar** ⟩

stem-changing -ar verb: e > ie;
spelling change: z > c/e

tropiezo · tropezaron · tropezado · tropezando

Present		Preterit	
tropiezo	tropezamos	tropecé	tropezamos
tropiezas	tropezáis	tropezaste	tropezasteis
tropieza	tropiezan	tropezó	tropezaron

Imperfect		Present Perfect	
tropezaba	tropezábamos	he tropezado	hemos tropezado
tropezabas	tropezabais	has tropezado	habéis tropezado
tropezaba	tropezaban	ha tropezado	han tropezado

Future		Conditional	
tropezaré	tropezaremos	tropezaría	tropezaríamos
tropezarás	tropezaréis	tropezarías	tropezaríais
tropezará	tropezarán	tropezaría	tropezarían

Pluperfect		Preterit Perfect	
había tropezado	habíamos tropezado	hube tropezado	hubimos tropezado
habías tropezado	habíais tropezado	hubiste tropezado	hubisteis tropezado
había tropezado	habían tropezado	hubo tropezado	hubieron tropezado

Future Perfect		Conditional Perfect	
habré tropezado	habremos tropezado	habría tropezado	habríamos tropezado
habrás tropezado	habréis tropezado	habrías tropezado	habríais tropezado
habrá tropezado	habrán tropezado	habría tropezado	habrían tropezado

Present Subjunctive		Present Perfect Subjunctive	
tropiece	tropecemos	haya tropezado	hayamos tropezado
tropieces	tropecéis	hayas tropezado	hayáis tropezado
tropiece	tropiecen	haya tropezado	hayan tropezado

Imperfect Subjunctive (-ra)		or	Imperfect Subjunctive (-se)	
tropezara	tropezáramos		tropezase	tropezásemos
tropezaras	tropezarais		tropezases	tropezaseis
tropezara	tropezaran		tropezase	tropezasen

Past Perfect Subjunctive (-ra)		or	Past Perfect Subjunctive (-se)	
hubiera tropezado	hubiéramos tropezado		hubiese tropezado	hubiésemos tropezado
hubieras tropezado	hubierais tropezado		hubieses tropezado	hubieseis tropezado
hubiera tropezado	hubieran tropezado		hubiese tropezado	hubiesen tropezado

Progressive Tenses

Present	estoy, estás, está, estamos, estáis, están	
Preterit	estuve, estuviste, estuvo, estuvimos, estuvisteis, estuvieron	
Imperfect	estaba, estabas, estaba, estábamos, estabais, estaban	} tropezando
Future	estaré, estarás, estará, estaremos, estaréis, estarán	
Conditional	estaría, estarías, estaría, estaríamos, estaríais, estarían	
Subjunctive	que + *corresponding subjunctive tense of* estar (*see verb 252*)	

Commands

	(nosotros) tropecemos / no tropecemos
(tú) tropieza / no tropieces	(vosotros) tropezad / no tropecéis
(Ud.) tropiece / no tropiece	(Uds.) tropiecen / no tropiecen

⟨ **USAGE** ⟩

Tropezó con algo y se cayó. — *He tripped on something and fell.*
Tropecé con unos amigos. — *I ran into some friends.*
Es dudoso que hayan tropezado en sus cálculos. — *It's doubtful they've made a mistake in their calculations.*

Nos tropezamos con ella en el centro comercial. — *We bumped into her at the mall.*
Tropezaba con muchos obstáculos. — *He came up against many obstacles.*

528 (**ubicar**) to be, be situated/located/placed

ubico · ubicaron · ubicado · ubicando

-ar verb; spelling change: c > qu/e

Present		Preterit	
ubico	ubicamos	ubiqué	ubicamos
ubicas	ubicáis	ubicaste	ubicasteis
ubica	ubican	ubicó	ubicaron

Imperfect		Present Perfect	
ubicaba	ubicábamos	he ubicado	hemos ubicado
ubicabas	ubicabais	has ubicado	habéis ubicado
ubicaba	ubicaban	ha ubicado	han ubicado

Future		Conditional	
ubicaré	ubicaremos	ubicaría	ubicaríamos
ubicarás	ubicaréis	ubicarías	ubicaríais
ubicará	ubicarán	ubicaría	ubicarían

Pluperfect		Preterit Perfect	
había ubicado	habíamos ubicado	hube ubicado	hubimos ubicado
habías ubicado	habíais ubicado	hubiste ubicado	hubisteis ubicado
había ubicado	habían ubicado	hubo ubicado	hubieron ubicado

Future Perfect		Conditional Perfect	
habré ubicado	habremos ubicado	habría ubicado	habríamos ubicado
habrás ubicado	habréis ubicado	habrías ubicado	habríais ubicado
habrá ubicado	habrán ubicado	habría ubicado	habrían ubicado

Present Subjunctive		Present Perfect Subjunctive	
ubique	ubiquemos	haya ubicado	hayamos ubicado
ubiques	ubiquéis	hayas ubicado	hayáis ubicado
ubique	ubiquen	haya ubicado	hayan ubicado

Imperfect Subjunctive (-ra)		or	Imperfect Subjunctive (-se)	
ubicara	ubicáramos		ubicase	ubicásemos
ubicaras	ubicarais		ubicases	ubicaseis
ubicara	ubicaran		ubicase	ubicasen

Past Perfect Subjunctive (-ra)		or	Past Perfect Subjunctive (-se)	
hubiera ubicado	hubiéramos ubicado		hubiese ubicado	hubiésemos ubicado
hubieras ubicado	hubierais ubicado		hubieses ubicado	hubieseis ubicado
hubiera ubicado	hubieran ubicado		hubiese ubicado	hubiesen ubicado

Progressive Tenses

Present	estoy, estás, está, estamos, estáis, están	
Preterit	estuve, estuviste, estuvo, estuvimos, estuvisteis, estuvieron	
Imperfect	estaba, estabas, estaba, estábamos, estabais, estaban	ubicando
Future	estaré, estarás, estará, estaremos, estaréis, estarán	
Conditional	estaría, estarías, estaría, estaríamos, estaríais, estarían	
Subjunctive	que + *corresponding subjunctive tense of* estar (*see verb 252*)	

Commands

	(nosotros) ubiquemos / no ubiquemos
(tú) ubica / no ubiques	(vosotros) ubicad / no ubiquéis
(Ud.) ubique / no ubique	(Uds.) ubiquen / no ubiquen

(**USAGE**)

Se ubicará el edificio en el muelle.	*They'll build the building at the pier.*
Dudo que se ubique la farmacia cerca de otra.	*I doubt they'll put the drugstore near another one.*
La tienda está bien ubicada.	*The store is well located.*
¿Qué piensas de la ubicación de la fábrica?	*What do you think about the location of the factory?*
¡Este tipo debe ser ubicuo!	*This guy must be ubiquitous!*

-ar verb; spelling change: *c > qu/e*

unifico · unificaron · unificado · unificando

Present		Preterit	
unifico	unificamos	unifiqué	unificamos
unificas	unificáis	unificaste	unificasteis
unifica	unifican	unificó	unificaron

Imperfect		Present Perfect	
unificaba	unificábamos	he unificado	hemos unificado
unificabas	unificabais	has unificado	habéis unificado
unificaba	unificaban	ha unificado	han unificado

Future		Conditional	
unificaré	unificaremos	unificaría	unificaríamos
unificarás	unificaréis	unificarías	unificaríais
unificará	unificarán	unificaría	unificarían

Pluperfect		Preterit Perfect	
había unificado	habíamos unificado	hube unificado	hubimos unificado
habías unificado	habíais unificado	hubiste unificado	hubisteis unificado
había unificado	habían unificado	hubo unificado	hubieron unificado

Future Perfect		Conditional Perfect	
habré unificado	habremos unificado	habría unificado	habríamos unificado
habrás unificado	habréis unificado	habrías unificado	habríais unificado
habrá unificado	habrán unificado	habría unificado	habrían unificado

Present Subjunctive		Present Perfect Subjunctive	
unifique	unifiquemos	haya unificado	hayamos unificado
unifiques	unifiquéis	hayas unificado	hayáis unificado
unifique	unifiquen	haya unificado	hayan unificado

Imperfect Subjunctive (-ra)		*or*	Imperfect Subjunctive (-se)	
unificara	unificáramos		unificase	unificásemos
unificaras	unificarais		unificases	unificaseis
unificara	unificaran		unificase	unificasen

Past Perfect Subjunctive (-ra)		*or*	Past Perfect Subjunctive (-se)	
hubiera unificado	hubiéramos unificado		hubiese unificado	hubiésemos unificado
hubieras unificado	hubierais unificado		hubieses unificado	hubieseis unificado
hubiera unificado	hubieran unificado		hubiese unificado	hubiesen unificado

Progressive Tenses

Present	estoy, estás, está, estamos, estáis, están
Preterit	estuve, estuviste, estuvo, estuvimos, estuvisteis, estuvieron
Imperfect	estaba, estabas, estaba, estábamos, estabais, estaban
Future	estaré, estarás, estará, estaremos, estaréis, estarán
Conditional	estaría, estarías, estaría, estaríamos, estaríais, estarían
Subjunctive	que + *corresponding subjunctive tense of* estar (*see verb 252*)

unificando

Commands

	(nosotros) unifiquemos / no unifiquemos
(tú) unifica / no unifiques	(vosotros) unificad / no unifiquéis
(Ud.) unifique / no unifique	(Uds.) unifiquen / no unifiquen

USAGE

Los grupos distintos se unificaron.
The different groups became unified.
Tendremos éxito si unificamos en nuestros esfuerzos.
We'll be successful if we work together in our efforts.
Trabajamos en unificar las reglas.
We're working on standardizing the rules.
La unificación de Alemania fue realizada durante los años 90.
The unification of Germany was achieved during the 1990s.
Tenemos un líder unificador que pondrá fin a la discordia.
We have a unifying leader who will put an end to the dissension.

unir to unite, join, combine

uno · unieron · unido · uniendo   regular -ir verb

Present		Preterit	
uno	unimos	uní	unimos
unes	unís	uniste	unisteis
une	unen	unió	unieron

Imperfect		Present Perfect	
unía	uníamos	he unido	hemos unido
unías	uníais	has unido	habéis unido
unía	unían	ha unido	han unido

Future		Conditional	
uniré	uniremos	uniría	uniríamos
unirás	uniréis	unirías	uniríais
unirá	unirán	uniría	unirían

Pluperfect		Preterit Perfect	
había unido	habíamos unido	hube unido	hubimos unido
habías unido	habíais unido	hubiste unido	hubisteis unido
había unido	habían unido	hubo unido	hubieron unido

Future Perfect		Conditional Perfect	
habré unido	habremos unido	habría unido	habríamos unido
habrás unido	habréis unido	habrías unido	habríais unido
habrá unido	habrán unido	habría unido	habrían unido

Present Subjunctive		Present Perfect Subjunctive	
una	unamos	haya unido	hayamos unido
unas	unáis	hayas unido	hayáis unido
una	unan	haya unido	hayan unido

Imperfect Subjunctive (-ra)		or	Imperfect Subjunctive (-se)	
uniera	uniéramos		uniese	uniésemos
unieras	unierais		unieses	unieseis
uniera	unieran		uniese	uniesen

Past Perfect Subjunctive (-ra)		or	Past Perfect Subjunctive (-se)	
hubiera unido	hubiéramos unido		hubiese unido	hubiésemos unido
hubieras unido	hubierais unido		hubieses unido	hubieseis unido
hubiera unido	hubieran unido		hubiese unido	hubiesen unido

Progressive Tenses

Present	estoy, estás, está, estamos, estáis, están	
Preterit	estuve, estuviste, estuvo, estuvimos, estuvisteis, estuvieron	
Imperfect	estaba, estabas, estaba, estábamos, estabais, estaban	uniendo
Future	estaré, estarás, estará, estaremos, estaréis, estarán	
Conditional	estaría, estarías, estaría, estaríamos, estaríais, estarían	
Subjunctive	que + *corresponding subjunctive tense of* estar (*see verb 252*)	

Commands

	(nosotros) unamos / no unamos
(tú) une / no unas	(vosotros) unid / no unáis
(Ud.) una / no una	(Uds.) unan / no unan

USAGE

El rey unió los dos reinos.	The king united the two kingdoms.
La carretera une la costa con el interior.	The road links the coast with the interior/inland.
Las empresas se unirán este año.	The companies will merge this year.
Somos una familia muy unida.	We're a very close family.
El Presidente Reagan acabó con la Unión Soviética.	President Reagan finished off the Soviet Union.
Cincuenta estados forman los Estados Unidos.	Fifty states make up the United States.

regular -*ar* verb   uso · usaron · usado · usando

	Present		Preterit
uso	usamos	usé	usamos
usas	usáis	usaste	usasteis
usa	usan	usó	usaron

	Imperfect		Present Perfect
usaba	usábamos	he usado	hemos usado
usabas	usabais	has usado	habéis usado
usaba	usaban	ha usado	han usado

	Future		Conditional
usaré	usaremos	usaría	usaríamos
usarás	usaréis	usarías	usaríais
usará	usarán	usaría	usarían

	Pluperfect		Preterit Perfect
había usado	habíamos usado	hube usado	hubimos usado
habías usado	habíais usado	hubiste usado	hubisteis usado
había usado	habían usado	hubo usado	hubieron usado

	Future Perfect		Conditional Perfect
habré usado	habremos usado	habría usado	habríamos usado
habrás usado	habréis usado	habrías usado	habríais usado
habrá usado	habrán usado	habría usado	habrían usado

	Present Subjunctive		Present Perfect Subjunctive
use	usemos	haya usado	hayamos usado
uses	uséis	hayas usado	hayáis usado
use	usen	haya usado	hayan usado

	Imperfect Subjunctive (-ra)	*or*		Imperfect Subjunctive (-se)
usara	usáramos		usase	usásemos
usaras	usarais		usases	usaseis
usara	usaran		usase	usasen

	Past Perfect Subjunctive (-ra)	*or*		Past Perfect Subjunctive (-se)
hubiera usado	hubiéramos usado		hubiese usado	hubiésemos usado
hubieras usado	hubierais usado		hubieses usado	hubieseis usado
hubiera usado	hubieran usado		hubiese usado	hubiesen usado

Progressive Tenses

Present	estoy, estás, está, estamos, estáis, están	
Preterit	estuve, estuviste, estuvo, estuvimos, estuvisteis, estuvieron	
Imperfect	estaba, estabas, estaba, estábamos, estabais, estaban	usando
Future	estaré, estarás, estará, estaremos, estaréis, estarán	
Conditional	estaría, estarías, estaría, estaríamos, estaríais, estarían	
Subjunctive	que + *corresponding subjunctive tense of* estar (*see verb 252*)	

Commands

	(nosotros) usemos / no usemos
(tú) usa / no uses	(vosotros) usad / no uséis
(Ud.) use / no use	(Uds.) usen / no usen

(**USAGE**)

¿No usáis un teléfono celular?	*Don't you use a cell phone?*
Usa anteojos.	*He wears eyeglasses.*
Ya no se usa la máquina de escribir.	*Typewriters are no longer used.*
Usaban despertarse a las seis.	*They were in the habit of waking up at 6:00.*
Usas expresiones poco usadas.	*You use rarely used expressions.*
Leí las instrucciones para su uso.	*I read the instructions for use.*
Aprende los usos y costumbres del país.	*Learn the ways and customs of the country.*

utilizar *to use, make use of, utilize*

utilizo · utilizaron · utilizado · utilizando   *-ar verb; spelling change: z > c/e*

Present		Preterit	
utilizo	utilizamos	utilicé	utilizamos
utilizas	utilizáis	utilizaste	utilizasteis
utiliza	utilizan	utilizó	utilizaron

Imperfect		Present Perfect	
utilizaba	utilizábamos	he utilizado	hemos utilizado
utilizabas	utilizabais	has utilizado	habéis utilizado
utilizaba	utilizaban	ha utilizado	han utilizado

Future		Conditional	
utilizaré	utilizaremos	utilizaría	utilizaríamos
utilizarás	utilizaréis	utilizarías	utilizaríais
utilizará	utilizarán	utilizaría	utilizarían

Pluperfect		Preterit Perfect	
había utilizado	habíamos utilizado	hube utilizado	hubimos utilizado
habías utilizado	habíais utilizado	hubiste utilizado	hubisteis utilizado
había utilizado	habían utilizado	hubo utilizado	hubieron utilizado

Future Perfect		Conditional Perfect	
habré utilizado	habremos utilizado	habría utilizado	habríamos utilizado
habrás utilizado	habréis utilizado	habrías utilizado	habríais utilizado
habrá utilizado	habrán utilizado	habría utilizado	habrían utilizado

Present Subjunctive		Present Perfect Subjunctive	
utilice	utilicemos	haya utilizado	hayamos utilizado
utilices	utilicéis	hayas utilizado	hayáis utilizado
utilice	utilicen	haya utilizado	hayan utilizado

Imperfect Subjunctive (-ra)		*or*	Imperfect Subjunctive (-se)	
utilizara	utilizáramos		utilizase	utilizásemos
utilizaras	utilizarais		utilizases	utilizaseis
utilizara	utilizaran		utilizase	utilizasen

Past Perfect Subjunctive (-ra)		*or*	Past Perfect Subjunctive (-se)	
hubiera utilizado	hubiéramos utilizado		hubiese utilizado	hubiésemos utilizado
hubieras utilizado	hubierais utilizado		hubieses utilizado	hubieseis utilizado
hubiera utilizado	hubieran utilizado		hubiese utilizado	hubiesen utilizado

Progressive Tenses

Present	estoy, estás, está, estamos, estáis, están	
Preterit	estuve, estuviste, estuvo, estuvimos, estuvisteis, estuvieron	
Imperfect	estaba, estabas, estaba, estábamos, estabais, estaban	utilizando
Future	estaré, estarás, estará, estaremos, estaréis, estarán	
Conditional	estaría, estarías, estaría, estaríamos, estaríais, estarían	
Subjunctive	que + *corresponding subjunctive tense of* estar (*see verb 252*)	

Commands

	(nosotros) utilicemos / no utilicemos
(tú) utiliza / no utilices	(vosotros) utilizad / no utilicéis
(Ud.) utilice / no utilice	(Uds.) utilicen / no utilicen

USAGE

Aprende a utilizar la computadora.	*She's learning how to use the computer.*
Utilicen los recursos económicos que tienen.	*Use/Exploit the economic resources you have.*
Se utiliza la energía nuclear.	*They're making use of / harnessing nuclear power.*
No cuestionamos la utilidad del aparato.	*We're not debating the usefulness of the device.*
¿Es utilizable/útil el programa integrado?	*Is the integrated software package useable/useful?*
Se une lo útil con lo agradable.	*We mix business with pleasure.*
Compró útiles escolares.	*She bought school supplies.*

regular -ar verb;
spelling change: i > í when stressed

vacío · vaciaron · vaciado · vaciando

Present		Preterit	
vacío	vaciamos	vacié	vaciamos
vacías	vaciáis	vaciaste	vaciasteis
vacía	vacían	vació	vaciaron

Imperfect		Present Perfect	
vaciaba	vaciábamos	he vaciado	hemos vaciado
vaciabas	vaciabais	has vaciado	habéis vaciado
vaciaba	vaciaban	ha vaciado	han vaciado

Future		Conditional	
vaciaré	vaciaremos	vaciaría	vaciaríamos
vaciarás	vaciaréis	vaciarías	vaciaríais
vaciará	vaciarán	vaciaría	vaciarían

Pluperfect		Preterit Perfect	
había vaciado	habíamos vaciado	hube vaciado	hubimos vaciado
habías vaciado	habíais vaciado	hubiste vaciado	hubisteis vaciado
había vaciado	habían vaciado	hubo vaciado	hubieron vaciado

Future Perfect		Conditional Perfect	
habré vaciado	habremos vaciado	habría vaciado	habríamos vaciado
habrás vaciado	habréis vaciado	habrías vaciado	habríais vaciado
habrá vaciado	habrán vaciado	habría vaciado	habrían vaciado

Present Subjunctive		Present Perfect Subjunctive	
vacíe	vaciemos	haya vaciado	hayamos vaciado
vacíes	vaciéis	hayas vaciado	hayáis vaciado
vacíe	vacíen	haya vaciado	hayan vaciado

Imperfect Subjunctive (-ra)		or	Imperfect Subjunctive (-se)	
vaciara	vaciáramos		vaciase	vaciásemos
vaciaras	vaciarais		vaciases	vaciaseis
vaciara	vaciaran		vaciase	vaciasen

Past Perfect Subjunctive (-ra)		or	Past Perfect Subjunctive (-se)	
hubiera vaciado	hubiéramos vaciado		hubiese vaciado	hubiésemos vaciado
hubieras vaciado	hubierais vaciado		hubieses vaciado	hubieseis vaciado
hubiera vaciado	hubieran vaciado		hubiese vaciado	hubiesen vaciado

Progressive Tenses

Present	estoy, estás, está, estamos, estáis, están	
Preterit	estuve, estuviste, estuvo, estuvimos, estuvisteis, estuvieron	
Imperfect	estaba, estabas, estaba, estábamos, estabais, estaban	vaciando
Future	estaré, estarás, estará, estaremos, estaréis, estarán	
Conditional	estaría, estarías, estaría, estaríamos, estaríais, estarían	
Subjunctive	que + *corresponding subjunctive tense of* estar (*see verb 252*)	

Commands

	(nosotros) vaciemos / no vaciemos
(tú) vacía / no vacíes	(vosotros) vaciad / no vaciéis
(Ud.) vacíe / no vacíe	(Uds.) vacíen / no vacíen

USAGE

Vacía los vasos.	*Empty the glasses.*
Han vaciado las cubetas.	*They've cleaned out the buckets.*
Siente un vacío en la vida.	*He feels an emptiness / a void in his life.*
¿Está vacío el apartamento?	*Is the apartment vacant/unoccupied?*
No digas vaciedades.	*Don't talk nonsense.*
Siempre dice cosas vacuas.	*She always says vacuous things.*

valer *to be worth, cost*

valgo · valieron · valido · valiendo

irregular verb

---

to cost

—¿Cuánto valdrá este videodisco? | *I wonder how much this videodisc costs.*
—Valdrá 20 dólares. | *It probably costs $20.*

to be worth

La bicicleta vale menos de lo que pagó. | *The bicycle is worth less than she paid.*
No vale la pena. | *It's not worth the trouble.*
Más vale pájaro en mano que ciento volando. | *A bird in the hand is worth two in the bush.*
Vale un mundo / un ojo de la cara / un Potosí. | *It's worth a fortune.*

to count

Esas notas no valen. | *Those grades don't count.*
No vale arrepentirse después. | *It doesn't count to be sorry / regret something later.*

to be of use, be useful, help

Su franqueza no le valía. | *Her candor was of no use.*
Vale mucho tener buenas relaciones. | *It's useful to have connections.*

to be good, suitable for something

—Esteban, el nuevo asesor financiero, vale mucho para este proyecto. | *Esteban, the new financial consultant, is very good for this project.*
—En cambio, Andrés, el nuevo analista, no vale para este trabajo. | *On the other hand, Andrés, the new analyst, is unsuitable for this work.*
¡Yo no valgo para tales cosas! | *I'm no good at these things!*
Este ingeniero vale mucho. | *He's a very good engineer.*

más vale / más vale que... it's better . . .

Más vale reservar una habitación lo antes posible. | *It's better to reserve a room as soon as possible.*
Más vale que no contraigáis deudas. | *You had better not get into debt.*
—Vale pensar antes de actuar. | *It's good to think before acting.*
—Sí, pero en este caso más vale reaccionar sin pensar demasiado. | *Yes, but in this case it's better to react without thinking too much.*

OTHER USES AND RELATED WORDS

—Entiendo lo que me dices, pero... | *I understand what you're saying, but . . .*
—Oye, no hay pero que valga. | *Hey, no buts about it.*
—Aquí tengo los dos celulares. ¿Cuál prefieres? | *Here are the two cell phones. Which one do you prefer?*
—Tanto vale el uno como el otro. | *One is as good as the other.*
—No sé si debo comprar esta blusa. Es elegante pero cuesta una fortuna. | *I don't know if I should buy this blouse. It's elegant, but it costs a fortune.*
—Piénsalo, lo que mucho vale, mucho cuesta. | *Think about it, you have to pay for quality.*
Más vale tarde que nunca. | *Better late than never.*
¡Sean valientes! | *Be brave/courageous!*
Hay que almacenar los datos valiosos. | *We must store valuable data.*
Esta oferta es válida hasta el 30 de junio. | *This offer is valid until June 30.*
Los vales se usan para pagar la matrícula. | *Vouchers are used to pay for tuition.*
¿Cómo podéis dar validez a su opinión? | *How can you validate / give validity to their opinion?*

irregular verb

valgo · valieron · valido · valiendo

Present		Preterit	
valgo	valemos	valí	valimos
vales	valéis	valiste	valisteis
vale	valen	valió	valieron

Imperfect		Present Perfect	
valía	valíamos	he valido	hemos valido
valías	valíais	has valido	habéis valido
valía	valían	ha valido	han valido

Future		Conditional	
valdré	valdremos	valdría	valdríamos
valdrás	valdréis	valdrías	valdríais
valdrá	valdrán	valdría	valdrían

Pluperfect		Preterit Perfect	
había valido	habíamos valido	hube valido	hubimos valido
habías valido	habíais valido	hubiste valido	hubisteis valido
había valido	habían valido	hubo valido	hubieron valido

Future Perfect		Conditional Perfect	
habré valido	habremos valido	habría valido	habríamos valido
habrás valido	habréis valido	habrías valido	habríais valido
habrá valido	habrán valido	habría valido	habrían valido

Present Subjunctive		Present Perfect Subjunctive	
valga	valgamos	haya valido	hayamos valido
valgas	valgáis	hayas valido	hayáis valido
valga	valgan	haya valido	hayan valido

Imperfect Subjunctive (-ra)		or	Imperfect Subjunctive (-se)	
valiera	valiéramos		valiese	valiésemos
valieras	valierais		valieses	valieseis
valiera	valieran		valiese	valiesen

Past Perfect Subjunctive (-ra)		or	Past Perfect Subjunctive (-se)	
hubiera valido	hubiéramos valido		hubiese valido	hubiésemos valido
hubieras valido	hubierais valido		hubieses valido	hubieseis valido
hubiera valido	hubieran valido		hubiese valido	hubiesen valido

Progressive Tenses

Present	estoy, estás, está, estamos, estáis, están	
Preterit	estuve, estuviste, estuvo, estuvimos, estuvisteis, estuvieron	
Imperfect	estaba, estabas, estaba, estábamos, estabais, estaban	valiendo
Future	estaré, estarás, estará, estaremos, estaréis, estarán	
Conditional	estaría, estarías, estaría, estaríamos, estaríais, estarían	
Subjunctive	que + *corresponding subjunctive tense of* estar (*see verb 252*)	

Commands

	(nosotros) valgamos / no valgamos
(tú) vale / no valgas	(vosotros) valed / no valgáis
(Ud.) valga / no valga	(Uds.) valgan / no valgan

USAGE

¿Cuánto vale el collar?	*How much is the necklace worth?*
Las uvas valen dos dólares la libra.	*Grapes cost $2 per pound.*
Su apoyo vale mucho para nosotros.	*Their support means a lot to us.*
Sus investigaciones le valieron el premio Nóbel.	*His research won him the Nobel Prize.*
No vale la pena enfadarse.	*It's not worth getting angry.*
Sus disculpas no valen nada.	*Her apologies are worth nothing.*

valorar *to value, appreciate*

valoro · valoraron · valorado · valorando   regular -ar verb

Present		Preterit	
valoro	valoramos	valoré	valoramos
valoras	valoráis	valoraste	valorasteis
valora	valoran	valoró	valoraron

Imperfect		Present Perfect	
valoraba	valorábamos	he valorado	hemos valorado
valorabas	valorabais	has valorado	habéis valorado
valoraba	valoraban	ha valorado	han valorado

Future		Conditional	
valoraré	valoraremos	valoraría	valoraríamos
valorarás	valoraréis	valorarías	valoraríais
valorará	valorarán	valoraría	valorarían

Pluperfect		Preterit Perfect	
había valorado	habíamos valorado	hube valorado	hubimos valorado
habías valorado	habíais valorado	hubiste valorado	hubisteis valorado
había valorado	habían valorado	hubo valorado	hubieron valorado

Future Perfect		Conditional Perfect	
habré valorado	habremos valorado	habría valorado	habríamos valorado
habrás valorado	habréis valorado	habrías valorado	habríais valorado
habrá valorado	habrán valorado	habría valorado	habrían valorado

Present Subjunctive		Present Perfect Subjunctive	
valore	valoremos	haya valorado	hayamos valorado
valores	valoréis	hayas valorado	hayáis valorado
valore	valoren	haya valorado	hayan valorado

Imperfect Subjunctive (-ra)		or	Imperfect Subjunctive (-se)	
valorara	valoráramos		valorase	valorásemos
valoraras	valorarais		valorases	valoraseis
valorara	valoraran		valorase	valorasen

Past Perfect Subjunctive (-ra)		or	Past Perfect Subjunctive (-se)	
hubiera valorado	hubiéramos valorado		hubiese valorado	hubiésemos valorado
hubieras valorado	hubierais valorado		hubieses valorado	hubieseis valorado
hubiera valorado	hubieran valorado		hubiese valorado	hubiesen valorado

Progressive Tenses

Present	estoy, estás, está, estamos, estáis, están	
Preterit	estuve, estuviste, estuvo, estuvimos, estuvisteis, estuvieron	
Imperfect	estaba, estabas, estaba, estábamos, estabais, estaban	valorando
Future	estaré, estarás, estará, estaremos, estaréis, estarán	
Conditional	estaría, estarías, estaría, estaríamos, estaríais, estarían	
Subjunctive	que + *corresponding subjunctive tense of* estar (*see verb 252*)	

Commands

	(nosotros) valoremos / no valoremos
(tú) valora / no valores	(vosotros) valorad / no valoréis
(Ud.) valore / no valore	(Uds.) valoren / no valoren

USAGE

—El tasador valoró la colección de arte. *The appraiser appraised the art collection.*
—¿Se valora en alto precio? *Is it valued at a lot of money?*

Los valoramos en mucho. *We hold them in high esteem.*
Los soldados demostraron gran valor. *The soldiers showed great courage.*
No viajes con objetos de valor. *Don't travel with valuables.*
Doy mucho valor a lo que me dicen. *I attach a lot of importance to what they tell me.*
Me sorprende la valoración de la sortija. *I'm surprised by the appraisal/appreciation of the ring.*

regular *-ar* verb; i > í when stressed

varío · variaron · variado · variando

Present		Preterit	
varío	variamos	varié	variamos
varías	variáis	variaste	variasteis
varía	varían	varió	variaron

Imperfect		Present Perfect	
variaba	variábamos	he variado	hemos variado
variabas	variabais	has variado	habéis variado
variaba	variaban	ha variado	han variado

Future		Conditional	
variaré	variaremos	variaría	variaríamos
variarás	variaréis	variarías	variaríais
variará	variarán	variaría	variarían

Pluperfect		Preterit Perfect	
había variado	habíamos variado	hube variado	hubimos variado
habías variado	habíais variado	hubiste variado	hubisteis variado
había variado	habían variado	hubo variado	hubieron variado

Future Perfect		Conditional Perfect	
habré variado	habremos variado	habría variado	habríamos variado
habrás variado	habréis variado	habrías variado	habríais variado
habrá variado	habrán variado	habría variado	habrían variado

Present Subjunctive		Present Perfect Subjunctive	
varíe	variemos	haya variado	hayamos variado
varíes	variéis	hayas variado	hayáis variado
varíe	varíen	haya variado	hayan variado

Imperfect Subjunctive (-ra)		*or*	Imperfect Subjunctive (-se)	
variara	variáramos		variase	variásemos
variaras	variarais		variases	variaseis
variara	variaran		variase	variasen

Past Perfect Subjunctive (-ra)		*or*	Past Perfect Subjunctive (-se)	
hubiera variado	hubiéramos variado		hubiese variado	hubiésemos variado
hubieras variado	hubierais variado		hubieses variado	hubieseis variado
hubiera variado	hubieran variado		hubiese variado	hubiesen variado

Progressive Tenses

Present	estoy, estás, está, estamos, estáis, están	
Preterit	estuve, estuviste, estuvo, estuvimos, estuvisteis, estuvieron	
Imperfect	estaba, estabas, estaba, estábamos, estabais, estaban	variando
Future	estaré, estarás, estará, estaremos, estaréis, estarán	
Conditional	estaría, estarías, estaría, estaríamos, estaríais, estarían	
Subjunctive	que + *corresponding subjunctive tense of* estar (*see verb 252*)	

Commands

	(nosotros) variemos / no variemos
(tú) varía / no varíes	(vosotros) variad / no variéis
(Ud.) varíe / no varíe	(Uds.) varíen / no varíen

USAGE

¿Variamos nuestra rutina diaria?	*Shall we vary our daily routine?*
Lo que dice varía de un día para otro.	*What he says changes from one day to the next.*
Esta edición varía de la anterior.	*This edition is different from the previous one.*
Llegó tarde por no variar.	*He arrived late as usual.*
En la variedad está el gusto.	*Variety is the spice of life.*
Nos interesan varias cosas.	*We're interested in several things.*

(**vencer**) *to conquer, defeat, overcome, expire*

venzo · vencieron · vencido · venciendo   *-er verb; spelling change: c > z/o, a*

Present		Preterit	
venzo	vencemos	vencí	vencimos
vences	vencéis	venciste	vencisteis
vence	vencen	venció	vencieron

Imperfect		Present Perfect	
vencía	vencíamos	he vencido	hemos vencido
vencías	vencíais	has vencido	habéis vencido
vencía	vencían	ha vencido	han vencido

Future		Conditional	
venceré	venceremos	vencería	venceríamos
vencerás	venceréis	vencerías	venceríais
vencerá	vencerán	vencería	vencerían

Pluperfect		Preterit Perfect	
había vencido	habíamos vencido	hube vencido	hubimos vencido
habías vencido	habíais vencido	hubiste vencido	hubisteis vencido
había vencido	habían vencido	hubo vencido	hubieron vencido

Future Perfect		Conditional Perfect	
habré vencido	habremos vencido	habría vencido	habríamos vencido
habrás vencido	habréis vencido	habrías vencido	habríais vencido
habrá vencido	habrán vencido	habría vencido	habrían vencido

Present Subjunctive		Present Perfect Subjunctive	
venza	venzamos	haya vencido	hayamos vencido
venzas	venzáis	hayas vencido	hayáis vencido
venza	venzan	haya vencido	hayan vencido

Imperfect Subjunctive (-ra)		*or*	Imperfect Subjunctive (-se)	
venciera	venciéramos		venciese	venciésemos
vencieras	vencierais		vencieses	vencieseis
venciera	vencieran		venciese	venciesen

Past Perfect Subjunctive (-ra)		*or*	Past Perfect Subjunctive (-se)	
hubiera vencido	hubiéramos vencido		hubiese vencido	hubiésemos vencido
hubieras vencido	hubierais vencido		hubieses vencido	hubieseis vencido
hubiera vencido	hubieran vencido		hubiese vencido	hubiesen vencido

Progressive Tenses

Present	estoy, estás, está, estamos, estáis, están	
Preterit	estuve, estuviste, estuvo, estuvimos, estuvisteis, estuvieron	
Imperfect	estaba, estabas, estaba, estábamos, estabais, estaban	venciendo
Future	estaré, estarás, estará, estaremos, estaréis, estarán	
Conditional	estaría, estarías, estaría, estaríamos, estaríais, estarían	
Subjunctive	que + *corresponding subjunctive tense of* estar (*see verb 252*)	

Commands

	(nosotros) venzamos / no venzamos
(tú) vence / no venzas	(vosotros) venced / no venzáis
(Ud.) venza / no venza	(Uds.) venzan / no venzan

(**USAGE**)

Vencieron al enemigo / al otro equipo.	*They defeated the enemy / the other team.*
Venció las desventajas.	*She overcame the obstacles/handicaps.*
Se vence tu carnet de conducir este año.	*Your driver's license expires this year.*
¡No se den por vencidos!	*Don't give up / admit defeat!*
La Armada Invencible fue vencida por los ingleses en 1588.	*The Spanish Armada was defeated by the English in 1588.*

regular *-er* verb   vendo · vendieron · vendido · vendiendo

Present		Preterit	
vendo	vendemos	vendí	vendimos
vendes	vendéis	vendiste	vendisteis
vende	venden	vendió	vendieron

Imperfect		Present Perfect	
vendía	vendíamos	he vendido	hemos vendido
vendías	vendíais	has vendido	habéis vendido
vendía	vendían	ha vendido	han vendido

Future		Conditional	
venderé	venderemos	vendería	venderíamos
venderás	venderéis	venderías	venderíais
venderá	venderán	vendería	venderían

Pluperfect		Preterit Perfect	
había vendido	habíamos vendido	hube vendido	hubimos vendido
habías vendido	habíais vendido	hubiste vendido	hubisteis vendido
había vendido	habían vendido	hubo vendido	hubieron vendido

Future Perfect		Conditional Perfect	
habré vendido	habremos vendido	habría vendido	habríamos vendido
habrás vendido	habréis vendido	habrías vendido	habríais vendido
habrá vendido	habrán vendido	habría vendido	habrían vendido

Present Subjunctive		Present Perfect Subjunctive	
venda	vendamos	haya vendido	hayamos vendido
vendas	vendáis	hayas vendido	hayáis vendido
venda	vendan	haya vendido	hayan vendido

Imperfect Subjunctive (-ra)		or	Imperfect Subjunctive (-se)	
vendiera	vendiéramos		vendiese	vendiésemos
vendieras	vendierais		vendieses	vendieseis
vendiera	vendieran		vendiese	vendiesen

Past Perfect Subjunctive (-ra)		or	Past Perfect Subjunctive (-se)	
hubiera vendido	hubiéramos vendido		hubiese vendido	hubiésemos vendido
hubieras vendido	hubierais vendido		hubieses vendido	hubieseis vendido
hubiera vendido	hubieran vendido		hubiese vendido	hubiesen vendido

Progressive Tenses

Present	estoy, estás, está, estamos, estáis, están	
Preterit	estuve, estuviste, estuvo, estuvimos, estuvisteis, estuvieron	
Imperfect	estaba, estabas, estaba, estábamos, estabais, estaban	vendiendo
Future	estaré, estarás, estará, estaremos, estaréis, estarán	
Conditional	estaría, estarías, estaría, estaríamos, estaríais, estarían	
Subjunctive	que + *corresponding subjunctive tense of* estar (*see verb 252*)	

Commands

	(nosotros) vendamos / no vendamos
(tú) vende / no vendas	(vosotros) vended / no vendáis
(Ud.) venda / no venda	(Uds.) vendan / no vendan

USAGE

Vendieron su casa por mucho dinero.	*They sold their house for a lot of money.*
Se venden videodiscos aquí.	*Videodiscs are sold here.*
El político se vendió por el dinero/poder.	*The politician sold himself for money/power.*
Las fresas se venden a $4 la libra.	*Strawberries are selling at $4 a pound.*
Se vende coche con poco kilometraje.	*Car with little mileage for sale.*
La venta por Internet es enorme.	*Internet selling is huge.*
El libro está en venta en todas las librerías.	*The book is on sale in all the bookstores.*

vengar *to avenge, take revenge*

vengo · vengaron · vengado · vengando · · · · · · · · · · · · · *-ar verb; spelling change: g > gu/e*

Present		Preterit	
vengo	vengamos	vengué	vengamos
vengas	vengáis	vengaste	vengasteis
venga	vengan	vengó	vengaron

Imperfect		Present Perfect	
vengaba	vengábamos	he vengado	hemos vengado
vengabas	vengabais	has vengado	habéis vengado
vengaba	vengaban	ha vengado	han vengado

Future		Conditional	
vengaré	vengaremos	vengaría	vengaríamos
vengarás	vengaréis	vengarías	vengaríais
vengará	vengarán	vengaría	vengarían

Pluperfect		Preterit Perfect	
había vengado	habíamos vengado	hube vengado	hubimos vengado
habías vengado	habíais vengado	hubiste vengado	hubisteis vengado
había vengado	habían vengado	hubo vengado	hubieron vengado

Future Perfect		Conditional Perfect	
habré vengado	habremos vengado	habría vengado	habríamos vengado
habrás vengado	habréis vengado	habrías vengado	habríais vengado
habrá vengado	habrán vengado	habría vengado	habrían vengado

Present Subjunctive		Present Perfect Subjunctive	
vengue	venguemos	haya vengado	hayamos vengado
vengues	venguéis	hayas vengado	hayáis vengado
vengue	venguen	haya vengado	hayan vengado

Imperfect Subjunctive (-ra)		or	Imperfect Subjunctive (-se)	
vengara	vengáramos		vengase	vengásemos
vengaras	vengarais		vengases	vengaseis
vengara	vengaran		vengase	vengasen

Past Perfect Subjunctive (-ra)		or	Past Perfect Subjunctive (-se)	
hubiera vengado	hubiéramos vengado		hubiese vengado	hubiésemos vengado
hubieras vengado	hubierais vengado		hubieses vengado	hubieseis vengado
hubiera vengado	hubieran vengado		hubiese vengado	hubiesen vengado

Progressive Tenses

Present	estoy, estás, está, estamos, estáis, están	
Preterit	estuve, estuviste, estuvo, estuvimos, estuvisteis, estuvieron	
Imperfect	estaba, estabas, estaba, estábamos, estabais, estaban	vengando
Future	estaré, estarás, estará, estaremos, estaréis, estarán	
Conditional	estaría, estarías, estaría, estaríamos, estaríais, estarían	
Subjunctive	que + *corresponding subjunctive tense of* estar (*see verb 252*)	

Commands

	(nosotros) venguemos / no venguemos
(tú) venga / no vengues	(vosotros) vengad / no venguéis
(Ud.) vengue / no vengue	(Uds.) venguen / no venguen

USAGE

Alguien vengó el asesinato.	*Someone avenged the murder.*
Se vengaron del malhechor.	*They took revenge on the wrongdoer.*
¿Cómo te vengaste por el delito?	*How did you avenge yourself for the crime?*
Se clama venganza.	*They demand vengeance.*
Tomó venganza de su enemigo.	*He took revenge on his enemy.*
Es una persona vengativa.	*She's a vindictive/vengeful person.*

irregular verb

vengo · vinieron · venido · viniendo

	Present			Preterit
vengo	venimos		vine	vinimos
vienes	venís		viniste	vinisteis
viene	vienen		vino	vinieron

	Imperfect			Present Perfect
venía	veníamos		he venido	hemos venido
venías	veníais		has venido	habéis venido
venía	venían		ha venido	han venido

	Future			Conditional
vendré	vendremos		vendría	vendríamos
vendrás	vendréis		vendrías	vendríais
vendrá	vendrán		vendría	vendrían

	Pluperfect			Preterit Perfect
había venido	habíamos venido		hube venido	hubimos venido
habías venido	habíais venido		hubiste venido	hubisteis venido
había venido	habían venido		hubo venido	hubieron venido

	Future Perfect			Conditional Perfect
habré venido	habremos venido		habría venido	habríamos venido
habrás venido	habréis venido		habrías venido	habríais venido
habrá venido	habrán venido		habría venido	habrían venido

	Present Subjunctive			Present Perfect Subjunctive
venga	vengamos		haya venido	hayamos venido
vengas	vengáis		hayas venido	hayáis venido
venga	vengan		haya venido	hayan venido

	Imperfect Subjunctive (-ra)	or		Imperfect Subjunctive (-se)
viniera	viniéramos		viniese	viniésemos
vinieras	vinierais		vinieses	vinieseis
viniera	vinieran		viniese	viniesen

	Past Perfect Subjunctive (-ra)	or		Past Perfect Subjunctive (-se)
hubiera venido	hubiéramos venido		hubiese venido	hubiésemos venido
hubieras venido	hubierais venido		hubieses venido	hubieseis venido
hubiera venido	hubieran venido		hubiese venido	hubiesen venido

Progressive Tenses

Present	estoy, estás, está, estamos, estáis, están	
Preterit	estuve, estuviste, estuvo, estuvimos, estuvisteis, estuvieron	
Imperfect	estaba, estabas, estaba, estábamos, estabais, estaban	
Future	estaré, estarás, estará, estaremos, estaréis, estarán	> viniendo
Conditional	estaría, estarías, estaría, estaríamos, estaríais, estarían	
Subjunctive	que + *corresponding subjunctive tense of* estar (*see verb 252*)	

Commands

	(nosotros) vengamos / no vengamos
(tú) ven / no vengas	(vosotros) venid / no vengáis
(Ud.) venga / no venga	(Uds.) vengan / no vengan

USAGE

Viene a las diez.	*He's coming at 10:00.*
¿De dónde venís?	*Where are you coming from?*
Vinieron muy tarde.	*They arrived very late.*
Los nopales vienen de México.	*Prickly pears come from Mexico.*
¡No vengas con cuentos!	*Don't make up stories!*
La idea no me vino a la mente.	*The idea didn't cross my mind.*
¡Ven acá!	*Come here!*

venir *to come, arrive*

vengo · vinieron · venido · viniendo

irregular verb

¿De qué aldea viene la cerámica?	*What village does the pottery come from?*
❧ —¿Por qué vienen tan entusiasmados? ¿De dónde vienen?	*Why are you so excited? Where are you coming from?*
—Venimos del partido. Nuestro equipo derrotó a su equipo rival por siete a dos.	*We're coming from the game. Our team beat its rivals seven to two.*

to be

La dedicatoria viene en la página siguiente.	*The dedication is on the next page.*
Vienen enojados.	*They're angry.*

venirle bien/mal *to suit, be convenient, be good for, come in handy, fit (clothing) / to not suit, be inconvenient*

Nos viene bien verlos el miércoles.	*It's convenient for us to see them on Wednesday.*
Les venían bien los ejercicios.	*The exercises were good for them.*
Te viene mal el blue-jean.	*The blue jeans don't fit you.*

venir a parar *to come to, end up, turn out*

¿En qué vino a parar su discusión?	*How did their argument end up?*

venir a *to reach, arrive at, end up*

Hemos venido a un acuerdo.	*We've reached an understanding.*
Vinieron a desconfiar de sus socios.	*They ended up distrusting their associates.*
Ven a recogernos a las siete.	*Come get us / Come for us at 7:00.*

OTHER USES AND RELATED WORDS

Venga lo que venga.	*Come what may.*
Voy y vengo.	*I'll be right back.*
¡Viene de perlas!	*It's just right / the thing!*
❧ —No me explico por qué el proyecto se ha venido abajo.	*I don't understand why the project has fallen through.*
—Yo tampoco. Pero me ayuda a pensar que no hay mal que por bien no venga.	*I don't either. But it helps me to think that everything happens for a reason.*
❧ —Me parece que sus planes están viniéndose al suelo.	*I think their plans are falling through.*
—Es una lástima que últimamente todo se les venga encima.	*It's a pity that lately everything is going wrong for them.*
¿Os vais la semana / el mes que viene?	*Are you leaving next week/month?*
Ojalá haya progreso en los años venideros.	*We hope there will be progress in the coming years.*
Tendrá un porvenir espléndido.	*He'll have a wonderful future.*
❧ —Hace poco que vinieron los invitados.	*The guests came a little while ago.*
—Ya les diste la bienvenida, ¿verdad?	*You welcomed them, didn't you?*
¡Qué vaivén hoy! ¡Tantas idas y venidas!	*What bustle today! So many comings and goings!*
Es una persona venida a menos.	*She has come down in the world / in status.*
❧ —Me dieron un buen aguinaldo a fin de año pero ya se me fue.	*I was given a big year-end bonus, but it's already gone.*
—Así es, chico. Los dineros del sacristán, cantando se vienen y cantando se van.	*That's how it is, my friend. Easy come, easy go.*

irregular verb

Present		Preterit	
veo	vemos	vi	vimos
ves	veis	viste	visteis
ve	ven	vio	vieron

Imperfect		Present Perfect	
veía	veíamos	he visto	hemos visto
veías	veíais	has visto	habéis visto
veía	veían	ha visto	han visto

Future		Conditional	
veré	veremos	vería	veríamos
verás	veréis	verías	veríais
verá	verán	vería	verían

Pluperfect		Preterit Perfect	
había visto	habíamos visto	hube visto	hubimos visto
habías visto	habíais visto	hubiste visto	hubisteis visto
había visto	habían visto	hubo visto	hubieron visto

Future Perfect		Conditional Perfect	
habré visto	habremos visto	habría visto	habríamos visto
habrás visto	habréis visto	habrías visto	habríais visto
habrá visto	habrán visto	habría visto	habrían visto

Present Subjunctive		Present Perfect Subjunctive	
vea	veamos	haya visto	hayamos visto
veas	veáis	hayas visto	hayáis visto
vea	vean	haya visto	hayan visto

Imperfect Subjunctive (-ra)		*or*	Imperfect Subjunctive (-se)	
viera	viéramos		viese	viésemos
vieras	vierais		vieses	vieseis
viera	vieran		viese	viesen

Past Perfect Subjunctive (-ra)		*or*	Past Perfect Subjunctive (-se)	
hubiera visto	hubiéramos visto		hubiese visto	hubiésemos visto
hubieras visto	hubierais visto		hubieses visto	hubieseis visto
hubiera visto	hubieran visto		hubiese visto	hubiesen visto

Progressive Tenses

Present	estoy, estás, está, estamos, estáis, están	
Preterit	estuve, estuviste, estuvo, estuvimos, estuvisteis, estuvieron	
Imperfect	estaba, estabas, estaba, estábamos, estabais, estaban	
Future	estaré, estarás, estará, estaremos, estaréis, estarán	viendo
Conditional	estaría, estarías, estaría, estaríamos, estaríais, estarían	
Subjunctive	que + *corresponding subjunctive tense of* estar (*see verb 252*)	

Commands

	(nosotros) veamos / no veamos
(tú) ve / no veas	(vosotros) ved / no veáis
(Ud.) vea / no vea	(Uds.) vean / no vean

Las vi en la oficina.	*I saw them at the office.*
Veían la tele.	*They were watching TV.*
Vean estos papeles.	*Look at these papers.*
No veo el rumbo que debemos tomar.	*I don't know the direction we should take.*
Hace una semana que no nos vemos.	*We haven't seen each other for a week.*
Véase el índice.	*See the table of contents.*
Ver es creer.	*Seeing is believing.*

veo · vieron · visto · viendo   irregular verb

¡A ver! / ¡Vamos a ver!	*Let's see!*
Voy a ver qué pasa.	*I'm going to see what's going on.*
Ya veremos.	*We'll see.*
¡Ya ves!	*You see!*
Verás al llegar.	*You'll see when you arrive.*
Eso está por ver.	*That remains to be seen.*
Esto no tiene nada que ver contigo.	*This doesn't concern / have anything to do with you.*
Si no lo veo, no lo creo.	*I would never have believed it. / Seeing is believing.*
Los vimos paseándose en el centro.	*We saw them taking a walk downtown.*
¿Han visto aterrizar el avión?	*Have you seen the plane land?*

Cómo se ven las cosas

 —¡Qué optimistas son! Lo ven todo color de rosa.

What optimists they are! They see everything through rose-colored glasses.

—Y antes lo veían todo negro.

And they used to be pessimists.

Todo el mundo lo veía con buenos ojos.

Everyone had a favorable opinion of him.

Está mal visto que alguien le responda así al jefe.

It's considered unacceptable for someone to answer the boss that way.

Cuando su hijo hacía esas cosas, no lo veían mal.

When their son did things like that, they didn't think ill of it.

Llevaron al niño a urgencias porque lo veían mal.

They took the child to the emergency room, because they thought he looked ill.

OTHER USES AND RELATED WORDS

¡No puedo verlos ni en pintura!

I can't stand them / stand the sight of them!

—Lorenzo tiene muy mala vista.

Lorenzo has very bad eyesight.

—Pobre de él. No ve ni jota.

Poor guy. He's as blind as a bat.

—El nuevo director ejecutivo no tiene una visión clara para la empresa.

The new CEO doesn't have a clear vision for the company.

—En realidad él nunca podía ver más allá de sus narices.

The truth is he was never able to see beyond the end of his nose.

La vi abatida.	*I found her downcast.*
¡Ya te ves millonario!	*You already see/imagine yourself a millionaire!*
Su corbata llamativa se ve de lejos.	*You can see his loud/gaudy tie a mile away.*
Os visteis en el café.	*You met/saw each other at the café.*
Tiene buena vista.	*She has good eyesight.*
Es un hermoso hotel con vistas a la sierra.	*It's a beautiful hotel with a view of the mountains.*
El jefe dio el visto bueno al proyecto.	*The boss approved the project.*
Por lo visto no ha cambiado de idea.	*Apparently/Obviously he hasn't changed his mind.*

—Uds. se vieron en el centro comercial, ¿no?

You met at the mall, didn't you?

—No, nos vimos en Starbucks.

No, we met at Starbucks.

—Marta ya no piensa en su novio desde que él se mudó.

Marta doesn't think about her boyfriend anymore since he moved away.

—Sabes lo que dicen, ojos que no ven, corazón que no siente.

You know what they say . . . out of sight, out of mind.

—Luisa me cae mal. Creo que es mala gente.

I don't like Luisa. I think she's a bad person.

—Oye, apenas la conoces. Caras vemos, corazones no sabemos.

Hey, you hardly know her. You can't judge a book by its cover.

top 50 verb

-ar verb; spelling change: c > qu/e   verifico · verificaron · verificado · verificando

Present		Preterit	
verifico	verificamos	verifiqué	verificamos
verificas	verificáis	verificaste	verificasteis
verifica	verifican	verificó	verificaron

Imperfect		Present Perfect	
verificaba	verificábamos	he verificado	hemos verificado
verificabas	verificabais	has verificado	habéis verificado
verificaba	verificaban	ha verificado	han verificado

Future		Conditional	
verificaré	verificaremos	verificaría	verificaríamos
verificarás	verificaréis	verificarías	verificaríais
verificará	verificarán	verificaría	verificarían

Pluperfect		Preterit Perfect	
había verificado	habíamos verificado	hube verificado	hubimos verificado
habías verificado	habíais verificado	hubiste verificado	hubisteis verificado
había verificado	habían verificado	hubo verificado	hubieron verificado

Future Perfect		Conditional Perfect	
habré verificado	habremos verificado	habría verificado	habríamos verificado
habrás verificado	habréis verificado	habrías verificado	habríais verificado
habrá verificado	habrán verificado	habría verificado	habrían verificado

Present Subjunctive		Present Perfect Subjunctive	
verifique	verifiquemos	haya verificado	hayamos verificado
verifiques	verifiquéis	hayas verificado	hayáis verificado
verifique	verifiquen	haya verificado	hayan verificado

Imperfect Subjunctive (-ra)		or	Imperfect Subjunctive (-se)	
verificara	verificáramos		verificase	verificásemos
verificaras	verificarais		verificases	verificaseis
verificara	verificaran		verificase	verificasen

Past Perfect Subjunctive (-ra)		or	Past Perfect Subjunctive (-se)	
hubiera verificado	hubiéramos verificado		hubiese verificado	hubiésemos verificado
hubieras verificado	hubierais verificado		hubieses verificado	hubieseis verificado
hubiera verificado	hubieran verificado		hubiese verificado	hubiesen verificado

Progressive Tenses

Present	estoy, estás, está, estamos, estáis, están	
Preterit	estuve, estuviste, estuvo, estuvimos, estuvisteis, estuvieron	
Imperfect	estaba, estabas, estaba, estábamos, estabais, estaban	verificando
Future	estaré, estarás, estará, estaremos, estaréis, estarán	
Conditional	estaría, estarías, estaría, estaríamos, estaríais, estarían	
Subjunctive	que + *corresponding subjunctive tense of* estar (*see verb 252*)	

Commands

	(nosotros) verifiquemos / no verifiquemos
(tú) verifica / no verifiques	(vosotros) verificad / no verifiquéis
(Ud.) verifique / no verifique	(Uds.) verifiquen / no verifiquen

(USAGE)

Le pedí que verificara los datos.	*I asked him to check the information.*
El comité verifica los resultados del examen.	*The committee is verifying the results of the examination.*
La tertulia se verificó el domingo.	*The get-together took place on Sunday.*
Hubo una verificación de los sucesos.	*There was a verification of the events.*

visto · vistieron · vestido · vistiéndose   stem-changing -ir reflexive verb: *e > i*

Present		Preterit	
me visto	nos vestimos	me vestí	nos vestimos
te vistes	os vestís	te vestiste	os vestisteis
se viste	se visten	se vistió	se vistieron

Imperfect		Present Perfect	
me vestía	nos vestíamos	me he vestido	nos hemos vestido
te vestías	os vestíais	te has vestido	os habéis vestido
se vestía	se vestían	se ha vestido	se han vestido

Future		Conditional	
me vestiré	nos vestiremos	me vestiría	nos vestiríamos
te vestirás	os vestiréis	te vestirías	os vestiríais
se vestirá	se vestirán	se vestiría	se vestirían

Pluperfect		Preterit Perfect	
me había vestido	nos habíamos vestido	me hube vestido	nos hubimos vestido
te habías vestido	os habíais vestido	te hubiste vestido	os hubisteis vestido
se había vestido	se habían vestido	se hubo vestido	se hubieron vestido

Future Perfect		Conditional Perfect	
me habré vestido	nos habremos vestido	me habría vestido	nos habríamos vestido
te habrás vestido	os habréis vestido	te habrías vestido	os habríais vestido
se habrá vestido	se habrán vestido	se habría vestido	se habrían vestido

Present Subjunctive		Present Perfect Subjunctive	
me vista	nos vistamos	me haya vestido	nos hayamos vestido
te vistas	os vistáis	te hayas vestido	os hayáis vestido
se vista	se vistan	se haya vestido	se hayan vestido

Imperfect Subjunctive (-ra)		or	Imperfect Subjunctive (-se)	
me vistiera	nos vistiéramos		me vistiese	nos vistiésemos
te vistieras	os vistierais		te vistieses	os vistieseis
se vistiera	se vistieran		se vistiese	se vistiesen

Past Perfect Subjunctive (-ra)		or	Past Perfect Subjunctive (-se)	
me hubiera vestido	nos hubiéramos vestido		me hubiese vestido	nos hubiésemos vestido
te hubieras vestido	os hubierais vestido		te hubieses vestido	os hubieseis vestido
se hubiera vestido	se hubieran vestido		se hubiese vestido	se hubiesen vestido

Progressive Tenses

Present	estoy, estás, está, estamos, estáis, están	
Preterit	estuve, estuviste, estuvo, estuvimos, estuvisteis, estuvieron	
Imperfect	estaba, estabas, estaba, estábamos, estabais, estaban	vistiendo (*see page 41*)
Future	estaré, estarás, estará, estaremos, estaréis, estarán	
Conditional	estaría, estarías, estaría, estaríamos, estaríais, estarían	
Subjunctive	que + *corresponding subjunctive tense of* estar (*see verb 252*)	

Commands

	(nosotros) vistámonos / no nos vistamos
(tú) vístete / no te vistas	(vosotros) vestíos / no os vistáis
(Ud.) vístase / no se vista	(Uds.) vístanse / no se vistan

USAGE

Vistió a los niños.	*She dressed the children.*
Vístete ahora mismo.	*Get dressed right now.*
Siempre se vestía de azul.	*She always dressed in blue.*
Aunque la mona se vista de seda, mona se queda.	*You can't make a silk purse out of a sow's ear. (Although the monkey dresses in silk, it's still a monkey.)*
Están muy bien vestidos.	*They're very well dressed.*

regular -ar verb

viajo · viajaron · viajado · viajando

Present		Preterit	
viajo	viajamos	viajé	viajamos
viajas	viajáis	viajaste	viajasteis
viaja	viajan	viajó	viajaron

Imperfect		Present Perfect	
viajaba	viajábamos	he viajado	hemos viajado
viajabas	viajabais	has viajado	habéis viajado
viajaba	viajaban	ha viajado	han viajado

Future		Conditional	
viajaré	viajaremos	viajaría	viajaríamos
viajarás	viajaréis	viajarías	viajaríais
viajará	viajarán	viajaría	viajarían

Pluperfect		Preterit Perfect	
había viajado	habíamos viajado	hube viajado	hubimos viajado
habías viajado	habíais viajado	hubiste viajado	hubisteis viajado
había viajado	habían viajado	hubo viajado	hubieron viajado

Future Perfect		Conditional Perfect	
habré viajado	habremos viajado	habría viajado	habríamos viajado
habrás viajado	habréis viajado	habrías viajado	habríais viajado
habrá viajado	habrán viajado	habría viajado	habrían viajado

Present Subjunctive		Present Perfect Subjunctive	
viaje	viajemos	haya viajado	hayamos viajado
viajes	viajéis	hayas viajado	hayáis viajado
viaje	viajen	haya viajado	hayan viajado

Imperfect Subjunctive (-ra)		or	Imperfect Subjunctive (-se)	
viajara	viajáramos		viajase	viajásemos
viajaras	viajarais		viajases	viajaseis
viajara	viajaran		viajase	viajasen

Past Perfect Subjunctive (-ra)		or	Past Perfect Subjunctive (-se)	
hubiera viajado	hubiéramos viajado		hubiese viajado	hubiésemos viajado
hubieras viajado	hubierais viajado		hubieses viajado	hubieseis viajado
hubiera viajado	hubieran viajado		hubiese viajado	hubiesen viajado

Progressive Tenses

Present	estoy, estás, está, estamos, estáis, están	
Preterit	estuve, estuviste, estuvo, estuvimos, estuvisteis, estuvieron	
Imperfect	estaba, estabas, estaba, estábamos, estabais, estaban	viajando
Future	estaré, estarás, estará, estaremos, estaréis, estarán	
Conditional	estaría, estarías, estaría, estaríamos, estaríais, estarían	
Subjunctive	que + *corresponding subjunctive tense of* estar (*see verb 252*)	

Commands

	(nosotros) viajemos / no viajemos
(tú) viaja / no viajes	(vosotros) viajad / no viajéis
(Ud.) viaje / no viaje	(Uds.) viajen / no viajen

USAGE

Viajamos por los Estados Unidos.	*We traveled through the United States.*
Viajaron por la autopista todo el tiempo.	*They traveled/rode on the highway the whole time.*
¿Viajaste en tren de ida y vuelta?	*You traveled by train round trip?*
Haremos un viaje a Inglaterra en abril.	*We'll take a trip to England in April.*
Le encantó el viaje que hizo por toda España.	*He loved his tour all around Spain.*
¡Buen viaje!	*Bon voyage! / Have a good trip!*
Los viajeros perdieron el tren.	*The travelers missed the train.*

vigilar *to watch over, look after, keep an eye on*

vigilo · vigilaron · vigilado · vigilando regular -*ar* verb

Present		Preterit	
vigilo	vigilamos	vigilé	vigilamos
vigilas	vigiláis	vigilaste	vigilasteis
vigila	vigilan	vigiló	vigilaron

Imperfect		Present Perfect	
vigilaba	vigilábamos	he vigilado	hemos vigilado
vigilabas	vigilabais	has vigilado	habéis vigilado
vigilaba	vigilaban	ha vigilado	han vigilado

Future		Conditional	
vigilaré	vigilaremos	vigilaría	vigilaríamos
vigilarás	vigilaréis	vigilarías	vigilaríais
vigilará	vigilarán	vigilaría	vigilarían

Pluperfect		Preterit Perfect	
había vigilado	habíamos vigilado	hube vigilado	hubimos vigilado
habías vigilado	habíais vigilado	hubiste vigilado	hubisteis vigilado
había vigilado	habían vigilado	hubo vigilado	hubieron vigilado

Future Perfect		Conditional Perfect	
habré vigilado	habremos vigilado	habría vigilado	habríamos vigilado
habrás vigilado	habréis vigilado	habrías vigilado	habríais vigilado
habrá vigilado	habrán vigilado	habría vigilado	habrían vigilado

Present Subjunctive		Present Perfect Subjunctive	
vigile	vigilemos	haya vigilado	hayamos vigilado
vigiles	vigiléis	hayas vigilado	hayáis vigilado
vigile	vigilen	haya vigilado	hayan vigilado

Imperfect Subjunctive (-ra)		or	Imperfect Subjunctive (-se)	
vigilara	vigiláramos		vigilase	vigilásemos
vigilaras	vigilarais		vigilases	vigilaseis
vigilara	vigilaran		vigilase	vigilasen

Past Perfect Subjunctive (-ra)		or	Past Perfect Subjunctive (-se)	
hubiera vigilado	hubiéramos vigilado		hubiese vigilado	hubiésemos vigilado
hubieras vigilado	hubierais vigilado		hubieses vigilado	hubieseis vigilado
hubiera vigilado	hubieran vigilado		hubiese vigilado	hubiesen vigilado

Progressive Tenses

Present	estoy, estás, está, estamos, estáis, están	
Preterit	estuve, estuviste, estuvo, estuvimos, estuvisteis, estuvieron	
Imperfect	estaba, estabas, estaba, estábamos, estabais, estaban	vigilando
Future	estaré, estarás, estará, estaremos, estaréis, estarán	
Conditional	estaría, estarías, estaría, estaríamos, estaríais, estarían	
Subjunctive	que + *corresponding subjunctive tense of* estar (*see verb 252*)	

Commands

	(nosotros) vigilemos / no vigilemos
(tú) vigila / no vigiles	(vosotros) vigilad / no vigiléis
(Ud.) vigile / no vigile	(Uds.) vigilen / no vigilen

USAGE

Vigila a los niños.	*Look after / Take care of the kids.*
¿Quién vigila a los nuevos empleados?	*Who's supervising the new employees?*
Te aconsejo que vigiles por tu equipaje en el aeropuerto.	*I advise you to watch your luggage in the airport.*
Mucha gente acudió a la vigilia el domingo.	*Many people went to the vigil on Sunday.*
Hay un vigilante de seguridad en este piso.	*There's a security guard on this floor.*
Se usan cámaras de vigilancia en el banco.	*They use surveillance cameras in the bank.*

regular -ar verb

visito · visitaron · visitado · visitando

Present		Preterit	
visito	visitamos	visité	visitamos
visitas	visitáis	visitaste	visitasteis
visita	visitan	visitó	visitaron

Imperfect		Present Perfect	
visitaba	visitábamos	he visitado	hemos visitado
visitabas	visitabais	has visitado	habéis visitado
visitaba	visitaban	ha visitado	han visitado

Future		Conditional	
visitaré	visitaremos	visitaría	visitaríamos
visitarás	visitaréis	visitarías	visitaríais
visitará	visitarán	visitaría	visitarían

Pluperfect		Preterit Perfect	
había visitado	habíamos visitado	hube visitado	hubimos visitado
habías visitado	habíais visitado	hubiste visitado	hubisteis visitado
había visitado	habían visitado	hubo visitado	hubieron visitado

Future Perfect		Conditional Perfect	
habré visitado	habremos visitado	habría visitado	habríamos visitado
habrás visitado	habréis visitado	habrías visitado	habríais visitado
habrá visitado	habrán visitado	habría visitado	habrían visitado

Present Subjunctive		Present Perfect Subjunctive	
visite	visitemos	haya visitado	hayamos visitado
visites	visitéis	hayas visitado	hayáis visitado
visite	visiten	haya visitado	hayan visitado

Imperfect Subjunctive (-ra)		or	Imperfect Subjunctive (-se)	
visitara	visitáramos		visitase	visitásemos
visitaras	visitarais		visitases	visitaseis
visitara	visitaran		visitase	visitasen

Past Perfect Subjunctive (-ra)		or	Past Perfect Subjunctive (-se)	
hubiera visitado	hubiéramos visitado		hubiese visitado	hubiésemos visitado
hubieras visitado	hubierais visitado		hubieses visitado	hubieseis visitado
hubiera visitado	hubieran visitado		hubiese visitado	hubiesen visitado

Progressive Tenses

Present	estoy, estás, está, estamos, estáis, están	
Preterit	estuve, estuviste, estuvo, estuvimos, estuvisteis, estuvieron	
Imperfect	estaba, estabas, estaba, estábamos, estabais, estaban	visitando
Future	estaré, estarás, estará, estaremos, estaréis, estarán	
Conditional	estaría, estarías, estaría, estaríamos, estaríais, estarían	
Subjunctive	que + *corresponding subjunctive tense of* estar (*see verb 252*)	

Commands

	(nosotros) visitemos / no visitemos
(tú) visita / no visites	(vosotros) visitad / no visitéis
(Ud.) visite / no visite	(Uds.) visiten / no visiten

USAGE

—¿Visitamos el Museo Arqueológico? — Shall we visit the Archaeological Museum?
—Primero visitemos a nuestros amigos. — First let's visit our friends.

¿Estabas de visita en casa de tus abuelos? — Were you visiting your grandparents?
Tenemos visita el fin de semana. — We're having a visitor on the weekend.
Fue una visita relámpago con mis hermanos. — It was a very quick visit with my brothers.
No me gusta la visita acompañada. — I don't like guided tours.
Devuelvo la visita. — I'm returning the visit.

vivir *to live*

vivo · vivieron · vivido · viviendo

regular -ir verb

	Present		Preterit
vivo	vivimos	viví	vivimos
vives	vivís	viviste	vivisteis
vive	viven	vivió	vivieron

	Imperfect		Present Perfect
vivía	vivíamos	he vivido	hemos vivido
vivías	vivíais	has vivido	habéis vivido
vivía	vivían	ha vivido	han vivido

	Future		Conditional
viviré	viviremos	viviría	viviríamos
vivirás	viviréis	vivirías	viviríais
vivirá	vivirán	viviría	vivirían

	Pluperfect		Preterit Perfect
había vivido	habíamos vivido	hube vivido	hubimos vivido
habías vivido	habíais vivido	hubiste vivido	hubisteis vivido
había vivido	habían vivido	hubo vivido	hubieron vivido

	Future Perfect		Conditional Perfect
habré vivido	habremos vivido	habría vivido	habríamos vivido
habrás vivido	habréis vivido	habrías vivido	habríais vivido
habrá vivido	habrán vivido	habría vivido	habrían vivido

	Present Subjunctive		Present Perfect Subjunctive
viva	vivamos	haya vivido	hayamos vivido
vivas	viváis	hayas vivido	hayáis vivido
viva	vivan	haya vivido	hayan vivido

Imperfect Subjunctive (-ra)		*or*	Imperfect Subjunctive (-se)	
viviera	viviéramos		viviese	viviésemos
vivieras	vivierais		vivieses	vivieseis
viviera	vivieran		viviese	viviesen

Past Perfect Subjunctive (-ra)		*or*	Past Perfect Subjunctive (-se)	
hubiera vivido	hubiéramos vivido		hubiese vivido	hubiésemos vivido
hubieras vivido	hubierais vivido		hubieses vivido	hubieseis vivido
hubiera vivido	hubieran vivido		hubiese vivido	hubiesen vivido

Progressive Tenses

Present	estoy, estás, está, estamos, estáis, están	
Preterit	estuve, estuviste, estuvo, estuvimos, estuvisteis, estuvieron	
Imperfect	estaba, estabas, estaba, estábamos, estabais, estaban	viviendo
Future	estaré, estarás, estará, estaremos, estaréis, estarán	
Conditional	estaría, estarías, estaría, estaríamos, estaríais, estarían	
Subjunctive	que + *corresponding subjunctive tense of* estar (*see verb 252*)	

Commands

	(nosotros) vivamos / no vivamos
(tú) vive / no vivas	(vosotros) vivid / no viváis
(Ud.) viva / no viva	(Uds.) vivan / no vivan

USAGE

—¿Dónde vives?	*Where do you live?*
—Hace dos años que vivo en la ciudad.	*I've been living in the city for two years.*
Se vive bien.	*They live well. / Life is good.*
¡Ojalá viviéramos para siempre!	*If only we could live forever!*
Llevan una vida alegre.	*They lead/live a happy life.*
¿Cómo se gana la vida?	*How does he earn a living?*
Hay escasez de vivienda en el pueblo.	*There's a housing shortage in the town.*

stem-changing -ar verb: o > ue

vuelo · volaron · volado · volando

Present		Preterit	
vuelo	volamos	volé	volamos
vuelas	voláis	volaste	volasteis
vuela	vuelan	voló	volaron

Imperfect		Present Perfect	
volaba	volábamos	he volado	hemos volado
volabas	volabais	has volado	habéis volado
volaba	volaban	ha volado	han volado

Future		Conditional	
volaré	volaremos	volaría	volaríamos
volarás	volaréis	volarías	volaríais
volará	volarán	volaría	volarían

Pluperfect		Preterit Perfect	
había volado	habíamos volado	hube volado	hubimos volado
habías volado	habíais volado	hubiste volado	hubisteis volado
había volado	habían volado	hubo volado	hubieron volado

Future Perfect		Conditional Perfect	
habré volado	habremos volado	habría volado	habríamos volado
habrás volado	habréis volado	habrías volado	habríais volado
habrá volado	habrán volado	habría volado	habrían volado

Present Subjunctive		Present Perfect Subjunctive	
vuele	volemos	haya volado	hayamos volado
vueles	voléis	hayas volado	hayáis volado
vuele	vuelen	haya volado	hayan volado

Imperfect Subjunctive (-ra)		or	Imperfect Subjunctive (-se)	
volara	voláramos		volase	volásemos
volaras	volarais		volases	volaseis
volara	volaran		volase	volasen

Past Perfect Subjunctive (-ra)		or	Past Perfect Subjunctive (-se)	
hubiera volado	hubiéramos volado		hubiese volado	hubiésemos volado
hubieras volado	hubierais volado		hubieses volado	hubieseis volado
hubiera volado	hubieran volado		hubiese volado	hubiesen volado

Progressive Tenses

Present	estoy, estás, está, estamos, estáis, están	
Preterit	estuve, estuviste, estuvo, estuvimos, estuvisteis, estuvieron	
Imperfect	estaba, estabas, estaba, estábamos, estabais, estaban	volando
Future	estaré, estarás, estará, estaremos, estaréis, estarán	
Conditional	estaría, estarías, estaría, estaríamos, estaríais, estarían	
Subjunctive	que + *corresponding subjunctive tense of* estar (*see verb 252*)	

Commands

	(nosotros) volemos / no volemos
(tú) vuela / no vueles	(vosotros) volad / no voléis
(Ud.) vuele / no vuele	(Uds.) vuelen / no vuelen

USAGE

Volamos por encima de los Pirineos.	*We flew over the Pyrenees.*
El joven se echó a volar.	*The young man went off on his own.*
¡Cómo vuela el tiempo!	*How time flies!*
Vimos volar el edificio.	*We watched the building be demolished.*
Fue un vuelo nocturno / sin escala.	*It was a night/nonstop flight.*
Está volado.	*He's uneasy / pressed for time.*
Agarra el volante.	*Grip the steering wheel.*

volver *to go/come back, return, turn*

vuelvo · volvieron · vuelto · volviendo   stem-changing -er verb: o > ue

---

Volverán a su pueblo natal.	They'll go back to their hometown.
❸ —Volvíamos a la ciudad cuando comenzó la ventisca.	We were returning to the city when the blizzard started.
—¿Qué hicieron? ¿Volvieron atrás?	What did you do? Did you turn back?

volver a + infinitive *to do something again*

No vuelva a decírselo.	Don't tell them (it) again.
Vuelvo a marcar el número.	I'm dialing the number again.
Volved a consultar con vuestros asesores.	Consult with your advisors again.
Han vuelto a tocar la pieza.	They've played the piece again.
❸ —Lidia no contesta. No creo que haya vuelto a casa.	Lidia doesn't answer. I don't think she's gotten back home.
—Habrá vuelto ya. Vuelve a marcar su número.	She must have returned already. Dial her number again.
❸ —¿Cuándo volverá Ud. de su viaje de negocios?	When will you return from your business trip?
—Volveré el miércoles. Por desgracia, vuelvo a viajar al día siguiente.	I'll be back on Wednesday. Unfortunately, I'll travel again the next day.

¿Qué se puede volver?

Vuelve los panqueques antes que se quemen.	Turn the pancakes before they burn.
Es feo que le haya vuelto la espalda a su amigo.	It's awful she turned her back on her friend.
Vuelve la página.	Turn the page.
Parece que ha vuelto la hoja.	It seems he's turned over a new leaf.
¿Por qué volviste el suéter al revés?	Why did you turn the sweater inside out?
Vuelvan al tema en discusión.	Return to the subject under discussion.

volverse *to become/go + adjective*

❸ —Tomás se volvió muy arrogante.	Tomás became very arrogant.
—Hasta se volvió contra sus amigos.	He even turned against his friends.
Se había vuelto imposible.	She had become impossible.
❸ —Te aconsejo que no vuelvas a tocar ese tema con Paco.	I advise you not to touch on that topic again with Paco.
—Claro que no. Se volvería loco.	Of course not. He would go crazy.
Con el teletrabajo, la oficina se va volviendo virtual.	With the rise of distance working by computer, the office is becoming virtual.
Con las redes Wi-Fi caseras, la impresión de documentos se ha vuelto inalámbrica.	With home Wi-Fi networks, printing documents has become wireless.
A veces la mensajería instantánea se vuelve un problema.	Sometimes instant messaging becomes a problem.
Dale el vuelto.	Give him the change.
Ya están de vuelta del viaje.	They're already back from their trip.
Demos una vuelta.	Let's go for a walk.
La Tierra da vueltas alrededor del sol.	The Earth revolves around the sun.
No le des más vueltas a la cuestión.	Don't think about the matter anymore. / Let the matter be.
El quiosco queda a la vuelta de la esquina.	The kiosk is just around the corner.

devolverle algo a alguien *to return something to someone*

¿Para cuándo te habrá devuelto el dinero?	By when will she have returned the money to you?
Le devolvieron la palabra a la presidenta.	The floor was given back to the chairwoman.

stem-changing -er verb: o > ue

vuelvo · volvieron · vuelto · volviendo

Present		Preterit	
vuelvo	volvemos	volví	volvimos
vuelves	volvéis	volviste	volvisteis
vuelve	vuelven	volvió	volvieron

Imperfect		Present Perfect	
volvía	volvíamos	he vuelto	hemos vuelto
volvías	volvíais	has vuelto	habéis vuelto
volvía	volvían	ha vuelto	han vuelto

Future		Conditional	
volveré	volveremos	volvería	volveríamos
volverás	volveréis	volverías	volveríais
volverá	volverán	volvería	volverían

Pluperfect		Preterit Perfect	
había vuelto	habíamos vuelto	hube vuelto	hubimos vuelto
habías vuelto	habíais vuelto	hubiste vuelto	hubisteis vuelto
había vuelto	habían vuelto	hubo vuelto	hubieron vuelto

Future Perfect		Conditional Perfect	
habré vuelto	habremos vuelto	habría vuelto	habríamos vuelto
habrás vuelto	habréis vuelto	habrías vuelto	habríais vuelto
habrá vuelto	habrán vuelto	habría vuelto	habrían vuelto

Present Subjunctive		Present Perfect Subjunctive	
vuelva	volvamos	haya vuelto	hayamos vuelto
vuelvas	volváis	hayas vuelto	hayáis vuelto
vuelva	vuelvan	haya vuelto	hayan vuelto

Imperfect Subjunctive (-ra)		or	Imperfect Subjunctive (-se)	
volviera	volviéramos		volviese	volviésemos
volvieras	volvierais		volvieses	volvieseis
volviera	volvieran		volviese	volviesen

Past Perfect Subjunctive (-ra)		or	Past Perfect Subjunctive (-se)	
hubiera vuelto	hubiéramos vuelto		hubiese vuelto	hubiésemos vuelto
hubieras vuelto	hubierais vuelto		hubieses vuelto	hubieseis vuelto
hubiera vuelto	hubieran vuelto		hubiese vuelto	hubiesen vuelto

Progressive Tenses

Present	estoy, estás, está, estamos, estáis, están	
Preterit	estuve, estuviste, estuvo, estuvimos, estuvisteis, estuvieron	
Imperfect	estaba, estabas, estaba, estábamos, estabais, estaban	volviendo
Future	estaré, estarás, estará, estaremos, estaréis, estarán	
Conditional	estaría, estarías, estaría, estaríamos, estaríais, estarían	
Subjunctive	que + *corresponding subjunctive tense of* estar (*see verb 252*)	

Commands

	(nosotros) volvamos / no volvamos
(tú) vuelve / no vuelvas	(vosotros) volved / no volváis
(Ud.) vuelva / no vuelva	(Uds.) vuelvan / no vuelvan

USAGE

Volvimos al atardecer.	We returned at dusk.
No volverán tarde.	They won't come back late.
¿Volvéis a salir?	Are you going out again?
Sus logros le han vuelto más seguro de sí mismo.	His achievements have made him more confident.
No vuelvas atrás.	Don't turn back.
Se ha vuelto más agradable.	She has become more pleasant.

votar | to vote

voto · votaron · votado · votando

regular -ar verb

Present		Preterit	
voto	votamos	voté	votamos
votas	votáis	votaste	votasteis
vota	votan	votó	votaron

Imperfect		Present Perfect	
votaba	votábamos	he votado	hemos votado
votabas	votabais	has votado	habéis votado
votaba	votaban	ha votado	han votado

Future		Conditional	
votaré	votaremos	votaría	votaríamos
votarás	votaréis	votarías	votaríais
votará	votarán	votaría	votarían

Pluperfect		Preterit Perfect	
había votado	habíamos votado	hube votado	hubimos votado
habías votado	habíais votado	hubiste votado	hubisteis votado
había votado	habían votado	hubo votado	hubieron votado

Future Perfect		Conditional Perfect	
habré votado	habremos votado	habría votado	habríamos votado
habrás votado	habréis votado	habrías votado	habríais votado
habrá votado	habrán votado	habría votado	habrían votado

Present Subjunctive		Present Perfect Subjunctive	
vote	votemos	haya votado	hayamos votado
votes	votéis	hayas votado	hayáis votado
vote	voten	haya votado	hayan votado

Imperfect Subjunctive (-ra)		or	Imperfect Subjunctive (-se)	
votara	votáramos		votase	votásemos
votaras	votarais		votases	votaseis
votara	votaran		votase	votasen

Past Perfect Subjunctive (-ra)		or	Past Perfect Subjunctive (-se)	
hubiera votado	hubiéramos votado		hubiese votado	hubiésemos votado
hubieras votado	hubierais votado		hubieses votado	hubieseis votado
hubiera votado	hubieran votado		hubiese votado	hubiesen votado

Progressive Tenses

Present	estoy, estás, está, estamos, estáis, están	
Preterit	estuve, estuviste, estuvo, estuvimos, estuvisteis, estuvieron	
Imperfect	estaba, estabas, estaba, estábamos, estabais, estaban	votando
Future	estaré, estarás, estará, estaremos, estaréis, estarán	
Conditional	estaría, estarías, estaría, estaríamos, estaríais, estarían	
Subjunctive	que + corresponding subjunctive tense of estar (see verb 252)	

Commands

	(nosotros) votemos / no votemos
(tú) vota / no votes	(vosotros) votad / no votéis
(Ud.) vote / no vote	(Uds.) voten / no voten

USAGE

—¿Votaste en las elecciones?　　　　*Did you vote in the election?*
—Sí, voté por esta lista de candidatos.　*Yes, I voted for this slate of candidates.*

Se vota por votación secreta.　　　　*We vote by secret ballot.*
Los legisladores votaron un recorte de los　*The legislators passed a tax cut.*
　impuestos.

Los ciudadanos tienen derecho al voto.　*Citizens have the right to vote.*
Se pondrá la cuestión a votación.　　*The question will be put to the vote.*

irregular verb;
spelling change: c > zc/o, a

yazco (yazgo/yago) · yacieron · yacido · yaciendo

Present		Preterit	
yazco	yacemos	yací	yacimos
yaces	yacéis	yaciste	yacisteis
yace	yacen	yació	yacieron

Imperfect		Present Perfect	
yacía	yacíamos	he yacido	hemos yacido
yacías	yacíais	has yacido	habéis yacido
yacía	yacían	ha yacido	han yacido

Future		Conditional	
yaceré	yaceremos	yacería	yaceríamos
yacerás	yaceréis	yacerías	yaceríais
yacerá	yacerán	yacería	yacerían

Pluperfect		Preterit Perfect	
había yacido	habíamos yacido	hube yacido	hubimos yacido
habías yacido	habíais yacido	hubiste yacido	hubisteis yacido
había yacido	habían yacido	hubo yacido	hubieron yacido

Future Perfect		Conditional Perfect	
habré yacido	habremos yacido	habría yacido	habríamos yacido
habrás yacido	habréis yacido	habrías yacido	habríais yacido
habrá yacido	habrán yacido	habría yacido	habrían yacido

Present Subjunctive		Present Perfect Subjunctive	
yazca	yazcamos	haya yacido	hayamos yacido
yazcas	yazcáis	hayas yacido	hayáis yacido
yazca	yazcan	haya yacido	hayan yacido

Imperfect Subjunctive (-ra)		or	Imperfect Subjunctive (-se)	
yaciera	yaciéramos		yaciese	yaciésemos
yacieras	yacierais		yacieses	yacieseis
yaciera	yacieran		yaciese	yaciesen

Past Perfect Subjunctive (-ra)		or	Past Perfect Subjunctive (-se)	
hubiera yacido	hubiéramos yacido		hubiese yacido	hubiésemos yacido
hubieras yacido	hubierais yacido		hubieses yacido	hubieseis yacido
hubiera yacido	hubieran yacido		hubiese yacido	hubiesen yacido

Progressive Tenses

Present	estoy, estás, está, estamos, estáis, están	
Preterit	estuve, estuviste, estuvo, estuvimos, estuvisteis, estuvieron	
Imperfect	estaba, estabas, estaba, estábamos, estabais, estaban	yaciendo
Future	estaré, estarás, estará, estaremos, estaréis, estarán	
Conditional	estaría, estarías, estaría, estaríamos, estaríais, estarían	
Subjunctive	que + *corresponding subjunctive tense of* estar (*see verb 252*)	

Commands

	(nosotros) yazcamos / no yazcamos
(tú) yace / no yazcas	(vosotros) yaced / no yazcáis
(Ud.) yazca / no yazca	(Uds.) yazcan / no yazcan

USAGE

NOTE: *Yacer* is rarely used nowadays, except on tombstones.

Aquí yace Napoleón. (*muerto*)	*Here lies Napoleon. (dead)*
Yacen los reyes españoles difuntos en la cripta del Escorial.	*The dead Spanish kings lie in the crypt in El Escorial.*
Hay ricos yacimientos de carbón en la región.	*There are rich coal deposits in the region.*
Queda la herencia yacente.	*The unclaimed estate remains.*

zafarse *to get away, escape, undo, untie*

zafo · zafaron · zafado · zafándose

regular -*ar* reflexive verb

Present		Preterit	
me zafo	nos zafamos	me zafé	nos zafamos
te zafas	os zafáis	te zafaste	os zafasteis
se zafa	se zafan	se zafó	se zafaron

Imperfect		Present Perfect	
me zafaba	nos zafábamos	me he zafado	nos hemos zafado
te zafabas	os zafabais	te has zafado	os habéis zafado
se zafaba	se zafaban	se ha zafado	se han zafado

Future		Conditional	
me zafaré	nos zafaremos	me zafaría	nos zafaríamos
te zafarás	os zafaréis	te zafarías	os zafaríais
se zafará	se zafarán	se zafaría	se zafarían

Pluperfect		Preterit Perfect	
me había zafado	nos habíamos zafado	me hube zafado	nos hubimos zafado
te habías zafado	os habíais zafado	te hubiste zafado	os hubisteis zafado
se había zafado	se habían zafado	se hubo zafado	se hubieron zafado

Future Perfect		Conditional Perfect	
me habré zafado	nos habremos zafado	me habría zafado	nos habríamos zafado
te habrás zafado	os habréis zafado	te habrías zafado	os habríais zafado
se habrá zafado	se habrán zafado	se habría zafado	se habrían zafado

Present Subjunctive		Present Perfect Subjunctive	
me zafe	nos zafemos	me haya zafado	nos hayamos zafado
te zafes	os zaféis	te hayas zafado	os hayáis zafado
se zafe	se zafen	se haya zafado	se hayan zafado

Imperfect Subjunctive (-ra)		*or*	Imperfect Subjunctive (-se)	
me zafara	nos zafáramos		me zafase	nos zafásemos
te zafaras	os zafarais		te zafases	os zafaseis
se zafara	se zafaran		se zafase	se zafasen

Past Perfect Subjunctive (-ra)		*or*	Past Perfect Subjunctive (-se)	
me hubiera zafado	nos hubiéramos zafado		me hubiese zafado	nos hubiésemos zafado
te hubieras zafado	os hubierais zafado		te hubieses zafado	os hubieseis zafado
se hubiera zafado	se hubieran zafado		se hubiese zafado	se hubiesen zafado

Progressive Tenses

Present	estoy, estás, está, estamos, estáis, están
Preterit	estuve, estuviste, estuvo, estuvimos, estuvisteis, estuvieron
Imperfect	estaba, estabas, estaba, estábamos, estabais, estaban
Future	estaré, estarás, estará, estaremos, estaréis, estarán
Conditional	estaría, estarías, estaría, estaríamos, estaríais, estarían
Subjunctive	que + *corresponding subjunctive tense of* estar (*see verb 252*)

zafando (*see page 41*)

Commands

	(nosotros) zafémonos / no nos zafemos
(tú) záfate / no te zafes	(vosotros) zafaos / no os zaféis
(Ud.) záfese / no se zafe	(Uds.) záfense / no se zafen

USAGE

Se zafaron de la cita.	*They got out of the appointment.*
¡Pude zafarme de ese pesado!	*I managed to get away from that bore!*
El ladrón se zafó del policía.	*The thief got away from the policeman.*
Espero que te zafes del lío.	*I hope you'll get out of that jam/trouble.*
¿Puedes zafar el nudo?	*Can you undo the knot?*
Se me zafó una mala palabra.	*I let a bad word slip out.*

regular -ir reflexive verb; spelling
change: unstressed i deleted after ll   **zambullo · zambulleron · zambullido · zambulléndose**

Present		Preterit	
me zambullo	nos zambullimos	me zambullí	nos zambullimos
te zambulles	os zambullís	te zambulliste	os zambullisteis
se zambulle	se zambullen	se zambulló	se zambulleron

Imperfect		Present Perfect	
me zambullía	nos zambullíamos	me he zambullido	nos hemos zambullido
te zambullías	os zambullíais	te has zambullido	os habéis zambullido
se zambullía	se zambullían	se ha zambullido	se han zambullido

Future		Conditional	
me zambulliré	nos zambulliremos	me zambulliría	nos zambulliríamos
te zambullirás	os zambulliréis	te zambullirías	os zambulliríais
se zambullirá	se zambullirán	se zambulliría	se zambullirían

Pluperfect		Preterit Perfect	
me había zambullido	nos habíamos zambullido	me hube zambullido	nos hubimos zambullido
te habías zambullido	os habíais zambullido	te hubiste zambullido	os hubisteis zambullido
se había zambullido	se habían zambullido	se hubo zambullido	se hubieron zambullido

Future Perfect		Conditional Perfect	
me habré zambullido	nos habremos zambullido	me habría zambullido	nos habríamos zambullido
te habrás zambullido	os habréis zambullido	te habrías zambullido	os habríais zambullido
se habrá zambullido	se habrán zambullido	se habría zambullido	se habrían zambullido

Present Subjunctive		Present Perfect Subjunctive	
me zambulla	nos zambullamos	me haya zambullido	nos hayamos zambullido
te zambullas	os zambulláis	te hayas zambullido	os hayáis zambullido
se zambulla	se zambullan	se haya zambullido	se hayan zambullido

Imperfect Subjunctive (-ra)		or	Imperfect Subjunctive (-se)	
me zambullera	nos zambulléramos		me zambullese	nos zambullésemos
te zambulleras	os zambullerais		te zambulleses	os zambulleseis
se zambullera	se zambulleran		se zambullese	se zambullesen

Past Perfect Subjunctive (-ra)		or	Past Perfect Subjunctive (-se)	
me hubiera zambullido	nos hubiéramos zambullido		me hubiese zambullido	nos hubiésemos zambullido
te hubieras zambullido	os hubierais zambullido		te hubieses zambullido	os hubieseis zambullido
se hubiera zambullido	se hubieran zambullido		se hubiese zambullido	se hubiesen zambullido

Progressive Tenses

Present	estoy, estás, está, estamos, estáis, están	
Preterit	estuve, estuviste, estuvo, estuvimos, estuvisteis, estuvieron	
Imperfect	estaba, estabas, estaba, estábamos, estabais, estaban	zambullendo (*see page 41*)
Future	estaré, estarás, estará, estaremos, estaréis, estarán	
Conditional	estaría, estarías, estaría, estaríamos, estaríais, estarían	
Subjunctive	que + *corresponding subjunctive tense of* estar (*see verb 252*)	

Commands

	(nosotros) zambullémonos / no nos zambullamos
(tú) zambúllete / no te zambullas	(vosotros) zambullíos / no os zambulláis
(Ud.) zambúllase / no se zambulla	(Uds.) zambúllanse / no se zambullan

(**USAGE**)

Se zambullían en el lago.	*They went swimming in the lake.*
Mamá no quería que nos zambulléramos.	*Mom didn't want us to dive.*
Se zambulló en los estudios con entusiasmo.	*He plunged into his studies enthusiastically.*
Sus amigos le dieron una zambullida.	*His friends gave him a ducking in the water.*

zumbar *to buzz, hum, ring, purr (engine), zoom off*

zumbo · zumbaron · zumbado · zumbando   regular -*ar* verb

	Present		*Preterit*
zumbo	zumbamos	zumbé	zumbamos
zumbas	zumbáis	zumbaste	zumbasteis
zumba	zumban	zumbó	zumbaron

	Imperfect		*Present Perfect*
zumbaba	zumbábamos	he zumbado	hemos zumbado
zumbabas	zumbabais	has zumbado	habéis zumbado
zumbaba	zumbaban	ha zumbado	han zumbado

	Future		*Conditional*
zumbaré	zumbaremos	zumbaría	zumbaríamos
zumbarás	zumbaréis	zumbarías	zumbaríais
zumbará	zumbarán	zumbaría	zumbarían

	Pluperfect		*Preterit Perfect*
había zumbado	habíamos zumbado	hube zumbado	hubimos zumbado
habías zumbado	habíais zumbado	hubiste zumbado	hubisteis zumbado
había zumbado	habían zumbado	hubo zumbado	hubieron zumbado

	Future Perfect		*Conditional Perfect*
habré zumbado	habremos zumbado	habría zumbado	habríamos zumbado
habrás zumbado	habréis zumbado	habrías zumbado	habríais zumbado
habrá zumbado	habrán zumbado	habría zumbado	habrían zumbado

	Present Subjunctive		*Present Perfect Subjunctive*
zumbe	zumbemos	haya zumbado	hayamos zumbado
zumbes	zumbéis	hayas zumbado	hayáis zumbado
zumbe	zumben	haya zumbado	hayan zumbado

	Imperfect Subjunctive (-ra)	*or*	*Imperfect Subjunctive (-se)*
zumbara	zumbáramos	zumbase	zumbásemos
zumbaras	zumbarais	zumbases	zumbaseis
zumbara	zumbaran	zumbase	zumbasen

	Past Perfect Subjunctive (-ra)	*or*	*Past Perfect Subjunctive (-se)*
hubiera zumbado	hubiéramos zumbado	hubiese zumbado	hubiésemos zumbado
hubieras zumbado	hubierais zumbado	hubieses zumbado	hubieseis zumbado
hubiera zumbado	hubieran zumbado	hubiese zumbado	hubiesen zumbado

Progressive Tenses

Present	estoy, estás, está, estamos, estáis, están	
Preterit	estuve, estuviste, estuvo, estuvimos, estuvisteis, estuvieron	
Imperfect	estaba, estabas, estaba, estábamos, estabais, estaban	zumbando
Future	estaré, estarás, estará, estaremos, estaréis, estarán	
Conditional	estaría, estarías, estaría, estaríamos, estaríais, estarían	
Subjunctive	que + *corresponding subjunctive tense of* estar (*see verb 252*)	

Commands

	(nosotros) zumbemos / no zumbemos
(tú) zumba / no zumbes	(vosotros) zumbad / no zumbéis
(Ud.) zumbe / no zumbe	(Uds.) zumben / no zumben

USAGE

¡Escucha! Las abejas zumban en la colmena.	*Listen! The bees are buzzing in the hive.*
Al apicultor le zumba la cabeza.	*The beekeeper's head is buzzing.*
El motor zumbaba.	*The engine was purring.*
Se oye el zumbido del trompo mientras gira.	*You can hear the whirring of the top as it spins.*
Sufre de un zumbido de oídos.	*She suffers from a buzzing/ringing in her ears.*
¡Salimos zumbando!	*We zoomed off!*
Iban zumbando en su coche deportivo.	*They whizzed along in their sports car.*

-ir verb; spelling change: c > z/o, a

zurzo · zurcieron · zurcido · zurciendo

Present		Preterit	
zurzo	zurcimos	zurcí	zurcimos
zurces	zurcís	zurciste	zurcisteis
zurce	zurcen	zurció	zurcieron

Imperfect		Present Perfect	
zurcía	zurcíamos	he zurcido	hemos zurcido
zurcías	zurcíais	has zurcido	habéis zurcido
zurcía	zurcían	ha zurcido	han zurcido

Future		Conditional	
zurciré	zurciremos	zurciría	zurciríamos
zurcirás	zurciréis	zurcirías	zurciríais
zurcirá	zurcirán	zurciría	zurcirían

Pluperfect		Preterit Perfect	
había zurcido	habíamos zurcido	hube zurcido	hubimos zurcido
habías zurcido	habíais zurcido	hubiste zurcido	hubisteis zurcido
había zurcido	habían zurcido	hubo zurcido	hubieron zurcido

Future Perfect		Conditional Perfect	
habré zurcido	habremos zurcido	habría zurcido	habríamos zurcido
habrás zurcido	habréis zurcido	habrías zurcido	habríais zurcido
habrá zurcido	habrán zurcido	habría zurcido	habrían zurcido

Present Subjunctive		Present Perfect Subjunctive	
zurza	zurzamos	haya zurcido	hayamos zurcido
zurzas	zurzáis	hayas zurcido	hayáis zurcido
zurza	zurzan	haya zurcido	hayan zurcido

Imperfect Subjunctive (-ra)		or	Imperfect Subjunctive (-se)	
zurciera	zurciéramos		zurciese	zurciésemos
zurcieras	zurcierais		zurcieses	zurcieseis
zurciera	zurcieran		zurciese	zurciesen

Past Perfect Subjunctive (-ra)		or	Past Perfect Subjunctive (-se)	
hubiera zurcido	hubiéramos zurcido		hubiese zurcido	hubiésemos zurcido
hubieras zurcido	hubierais zurcido		hubieses zurcido	hubieseis zurcido
hubiera zurcido	hubieran zurcido		hubiese zurcido	hubiesen zurcido

Progressive Tenses

Present	estoy, estás, está, estamos, estáis, están	
Preterit	estuve, estuviste, estuvo, estuvimos, estuvisteis, estuvieron	
Imperfect	estaba, estabas, estaba, estábamos, estabais, estaban	
Future	estaré, estarás, estará, estaremos, estaréis, estarán	zurciendo
Conditional	estaría, estarías, estaría, estaríamos, estaríais, estarían	
Subjunctive	que + *corresponding subjunctive tense of* estar (*see verb 252*)	

Commands

	(nosotros) zurzamos / no zurzamos
(tú) zurce / no zurzas	(vosotros) zurcid / no zurzáis
(Ud.) zurza / no zurza	(Uds.) zurzan / no zurzan

USAGE

Zurce el vestido.	*She's mending the dress.*
Espero que zurzas las costuras deshechas.	*I hope you'll sew up the ripped seams.*
Sigue zurciendo mentiras.	*He keeps on making up lies.*
Te has enmarañado en un zurcido de mentiras.	*You've gotten tangled up in a web of lies.*
Es malo que se vean los zurcidos en los pantalones.	*It's bad that you can see where the pants were mended.*

English-Spanish Verb Index

Use this index to look up the 555 model verbs by their English meanings. If more than one Spanish verb is given as an equivalent, consult the usage notes in each of them to find which one best expresses what you want to say.

confide **confiar** 139
confuse **enredar** 233
congratulate **felicitar** 266
connect **enlazar** 230
conquer **vencer** 537
contain **contener** 146
continue **continuar** 148
contribute **contribuir** 149
control **controlar** 150
convenient: be convenient
  convenir 152
convert **convertir** 153
convince **convencer** 151
convoke **convocar** 154
cook **cocinar** 123
correct **corregir** 155
cost **costar** 158, **valer** 534
cough **toser** 519
count **contar** 145
cover **cubrir** 164
cover (*distance*) **recorrer** 443
create **crear** 159
cross **atravesar** 73
cross **cruzar** 163
cry **llorar** 329
cut **cortar** 157

D

dance **bailar** 82
dare **atreverse** 74
darn **zurcir** 555
deal with **ocuparse** 372
deceive **engañar** 228
decide **decidir** 170
dedicate **dedicar** 172
defeat **vencer** 537
defend **defender** 173
delay **tardar** 508
delight **encantar** 220
deliver **entregar** 237
demand **exigir** 255,
  reclamar 438
deny **negar** 366
depend **depender** 176
descend **descender** 182
describe **describir** 183
deserve **merecer** 348
design **dibujar** 193
desire **desear** 185
destroy **destruir** 190
detain **detener** 191
develop **desarrollar** 179
die **morir** 358
differentiate **distinguir** 198
direct **dirigir** 194
disappear **desaparecer** 178
discontinue **cortar** 157
discover **descubrir** 184
discuss **discutir** 196
dismiss **despedir** 187
distinguish **distinguir** 198
dive **zambullirse** 553
divide **dividir** 200, **partir** 388
do **hacer** 292, **efectuar** 209

doubt **dudar** 206
draw **dibujar** 193
draw back **retirar** 461
draw near **acercarse** 6
dream **soñar** 491
drink **beber** 88
drive **conducir** 137, **guiar** 288,
  manejar 336
drown **ahogarse** 35
dry **secar** 475
dub **doblar** 202

E

earn **ganar** 279
eat **comer** 129
effect **efectuar** 209
embark **embarcar** 212
embrace **abrazar** 1
emit **despedir** 187
emphasize **subrayar** 498
empty **vaciar** 533
enclose **encerrar** 223
end **acabar** 4, **terminar** 514
enjoy **disfrutar** 197, **gozar** 284
enlarge **agrandar** 32
entangle **enredar** 233
enter **entrar** 236
entertain **festejar** 267
enthusiastic: be enthusiastic
  entusiasmarse 238
entrust **confiar** 139, **encargar** 221
erase **borrar** 91
escape **zafarse** 552
establish **establecer** 251,
  basar 86
exaggerate **exagerar** 254
excuse **perdonar** 397
exercise **ejercer** 210
exhaust **agotar** 29
experience **experimentar** 256
explain **aclarar** 8, **explicar** 257
express **expresar** 258
extinguish **apagar** 49,
  extinguir 259

F

facilitate **facilitar** 262
fail **fracasar** 274
fall **caer** 98
fall in love **enamorarse** 219
familiar: be familiar with
  conocer 141
favor **favorecer** 265
fear **temer** 511
feel **sentirse** 478
feel sick **marearse** 341
feign **fingir** 271
fight **luchar** 332
figure **figurar** 269
fill **llenar** 327
film **rodar** 465
find **encontrar** 224
find out **averiguar** 79
finish **acabar** 4, **terminar** 514

fish **pescar** 401
fit **caber** 97
flee **huir** 297
fly **volar** 548
focus **enfocar** 227
follow **seguir** 476
forbid **prohibir** 421
force **obligar** 369
forget **olvidar** 379
form **formar** 273
found **basar** 86
frighten **asustar** 69,
  espantar 247
fry **freír** 276
fulfill **cumplir** 167
function **funcionar** 278

G

gather **recoger** 439
get **conseguir** 142, **lograr** 331,
  obtener 371
get ahead **adelantarse** 16
get angry **enfadarse** 225,
  enojarse 232
get away **zafarse** 552
get bored **aburrirse** 3
get divorced **divorciarse** 201
get dressed **vestirse** 543
get enthusiastic
  entusiasmarse 238
get excited **emocionarse** 213
get fat **engordar** 229
get happy **alegrarse** 38
get married **casarse** 111
get right **acertar** 7
get sick **enfermarse** 226
get tired **cansarse** 106
get together **reunirse** 462
get up **levantarse** 323
get up early **madrugar** 334
get wet **mojarse** 353
give **dar** 168, **otorgar** 383
give as a gift **regalar** 448
give in **ceder** 114
give off **despedir** 187
give out **repartir** 455
go **ir** 312, **andar** 47, **acudir** 15,
  recorrer 443
go crazy/mad **enloquecerse** 231
go down **bajar** 83, **descender** 182
go in **entrar** 236
go out **salir** 471
go to bed **acostarse** 12
go up **ascender** 66, **subir** 497
go with **acompañar** 9
govern **gobernar** 283
grab **agarrar** 27
grant **otorgar** 383
grasp **agarrar** 27, **coger** 124
greet **saludar** 473
grind **moler** 354
groan **gemir** 281
grow **crecer** 160, **cultivar** 166
grow pale **palidecer** 385

pull up/out **arrancar** 63
punish **castigar** 112
pursue **perseguir** 399
push **empujar** 218
put **colocar** 127, **poner** 408
put (in) **meter** 350
put down **someter** 488
put forward **avanzar** 77
put in charge **encargar** 221
put in order **ordenar** 381
put on makeup **maquillarse** 338
put out **extinguir** 259
put together **zurcir** 555
put up **pegar** 393
put up with **aguantar** 34

Q

quarrel **reñir** 453
quiet: be quiet **callarse** 101

R

rain **llover** 330
raise **alzar** 43, **criar** 162
reach **alcanzar** 37
reach the age of **cumplir** 167
react **reaccionar** 433
read **leer** 322
rear **criar** 162
receive **recibir** 437
recognize **reconocer** 441
recommend **recomendar** 440
reduce **rebajar** 435, **reducir** 444
refer **referirse** 446
reform **reformar** 447
reject **rechazar** 436
relate **relacionar** 452
release **soltar** 487
remain **quedar** 428
remember **acordarse** 11, **recordar** 442
remind **recordar** 442
remove **apartar** 51, **retirar** 461
rent **alquilar** 41
repair **reparar** 454
repeat **repetir** 456
replace **reemplazar** 445
respond **responder** 459
rest **descansar** 181
retire **jubilar** 313
return **regresar** 450, **volver** 549
return (*an object*) **devolver** 192
ride **montar** 356
ring **sonar** 489
rob **robar** 464
rock **mecer** 344
roll **rodar** 465
rouse **provocar** 425
rub **fregar** 275
run **correr** 156
run out **agotar** 29

S

satisfy **satisfacer** 474
save **ahorrar** 36

say hello **saludar** 473
say **decir** 171
scrub **fregar** 275
seasick: be seasick **marearse** 341
see **comprobar** 134, **ver** 541
seem **parecer** 387
select **elegir** 211, **escoger** 242
sell **vender** 538
send **enviar** 239, **mandar** 335
separate **apartar** 51, **separar** 480
serve **servir** 482
set up **montar** 356
shake **agitar** 28, **sacudir** 470, **temblar** 510
share **compartir** 130, **partir** 388, **repartir** 455
shave **afeitarse** 25
shine **lucir** 333
shiver **temblar** 510
short: be short (missing) **faltar** 263
shout **gritar** 285
show **mostrar** 359, **demostrar** 175, **enseñar** 234, **marcar** 339
shut off **apagar** 49
sigh **suspirar** 506
sign **firmar** 272
sing **cantar** 107
sit down **sentarse** 477
situate **ubicar** 528
skate **patinar** 391
sketch **dibujar** 193
ski **esquiar** 250
sleep **dormir** 204
smell **oler** 378
smile **sonreír** 490
smoke **fumar** 277
snow **nevar** 367
sob **sollozar** 486
solve **resolver** 458
sound **sonar** 489
speak **hablar** 291
specialize **especializarse** 248
spend **gastar** 280
spin **girar** 282
split **partir** 388
spoil **consentir** 143
spread out **tender** 512
stand **aguantar** 34, **soportar** 493
stand on **pisar** 403
start **iniciar** 304, **provocar** 425
stay **quedar** 428
steal **robar** 464
step on **pisar** 403
stick **pegar** 393
stir up **agitar** 28
stop **detener** 191, **parar** 386
store **almacenar** 39
strike **pegar** 393
study **estudiar** 253
stumble on **tropezar** 527
subdue **someter** 488

substitute **sustituir** 507
succeed **lograr** 331
suffer **sufrir** 500
suffocate **ahogarse** 35
suggest **sugerir** 501
suit **convenir** 152
summon **convocar** 154
support **apoyar** 56, **mantener** 337
suppose **suponer** 503
suppress **suprimir** 504
surf **navegar** 364
surprise **sorprender** 494
suspect **sospechar** 495
sustain **sostener** 496
swallow **tragar** 523
swear **jurar** 316
sweep **barrer** 85
swim **nadar** 363

T

take **tomar** 517, **coger** 124
take a bath **bañarse** 84
take a shower **ducharse** 205
take a walk **pasearse** 390
take advantage of **aprovechar** 61
take away **quitar** 432, **retirar** 461
take down **bajar** 83
take off (*airplane*) **despegar** 188
take out **sacar** 469
take time **tardar** 508
taste **probar** 418
teach **enseñar** 234
telephone **telefonear** 509
tell **contar** 145, **decir** 171
tend to **tender** 512
thank **agradecer** 31
there is, there are **hay** 293
think **pensar** 395, **creer** 161, **figurar** 269
threaten **amenazar** 45
throw **arrojar** 65, **echar** 208, **lanzar** 319
throw out **botar** 93
touch **conmover** 140, **tocar** 516
transform **transformar** 525
translate **traducir** 521
travel **recorrer** 443, **viajar** 544
treat **tratar** 526
tremble **temblar** 510
trim **cortar** 157
trust **fiarse** 268
try **tratar** 526, **experimentar** 256, **probar** 418, **procurar** 419
try hard **esforzarse** 246
turn **doblar** 202
turn out **resultar** 460
twist **torcer** 518

U

underline **subrayar** 498
understand **comprender** 133, **entender** 235

Irregular Verb Form Index

It can sometimes be difficult to derive the infinitive of a verb from a particularly irregular verb form. The following will guide you to the infinitive and model verb number so that you can see these irregular forms as part of a complete conjugation.

Spanish Verb
Index

This index contains more than 2,300 verbs that are cross-referenced to a fully conjugated verb that follows the same pattern. Verbs that are models appear in bold type. (Note that in the Spanish alphabet, **ñ** is a separate letter.)

A

abalanzarse *to fling, hurl oneself* 37
abandonar *to abandon* 291
abanicar *to fan* 96
abaratar *to make cheaper* 291
abastecer *to supply, provide* 141
abatir *to knock down, discourage* 547
abdicar *to abdicate* 96
abjurar *to abjure, renounce* 291
ablandar *to soften* 291
ablandecer *to soften* 141
abnegarse *to abnegate, sacrifice, deny oneself* 366
abofetear *to slap* 291
abonarse *to subscribe* 291
abordar *to board, approach* 291
aborrecer *to hate* 141
abrazar *to hug, embrace, cover* 1
abrigar *to shelter, keep warm* 291
abrir *to open* 2
abrochar *to button, tie* 291
abrogar *to abrogate, repeal* 326
abrumar *to overwhelm* 291
absorber *to absorb* 129
abstraer *to abstract* 522
aburrirse *to be/get bored* 3
abusar *to abuse* 291
acabar *to finish, end* 4
acaecer *to happen, occur* 141
acalorar *to warm up, excite* 291
acampar *to camp* 291
acaparar *to monopolize, hoard* 291
acarrear *to transport, cause* 291
acatar *to respect, heed* 291
acatarrarse *to catch a cold* 291
acaudalar *to accumulate* 291
acceder *to accede, agree* 129
acechar *to watch, spy on* 291
acelerar *to speed up, expedite* 291
acentuar *to accent, accentuate* 148
aceptar *to accept* 5
acercarse *to approach* 6
acertar *to get right* 7

aclamar *to acclaim, hail* 291
aclarar *to clarify, explain* 8
acoger *to welcome, shelter, accept* 124
acometer *to attack, undertake, overcome* 129
acomodar *to arrange, adapt, accommodate* 291
acompañar *to accompany, go with* 9
acompasar *to mark / keep in time, adjust* 291
acomplejarse *to get a complex* 291
acongojarse *to be upset* 291
aconsejar *to advise* 10
acontecer *to happen, occur* 141
acordarse *to remember, agree* 11
acortar *to shorten, reduce* 291
acosar *to pursue, hound* 291
acostarse *to go to bed* 12
acostumbrarse *to become accustomed, get used to* 13
acrecentar *to increase, promote* 395
activar *to activate, expedite* 291
actualizar *to bring up to date, modernize* 37
actuar *to act* 14
acudir *to come, go* 15
acumular *to accumulate, gather* 291
acuñar *to coin, mint* 291
adaptar *to adapt, adjust* 291
adelantarse *to go forward, advance* 16
adelgazar *to get thin, lose weight* 17
adiestrar *to train, instruct* 291
adivinar *to guess, figure out* 18
administrar *to manage* 291
admirar *to admire* 19
admitir *to admit, allow* 20
adoptar *to adopt* 21
adorar *to adore, worship, idolize* 22

adornar *to adorn, embellish* 291
adquirir *to acquire, buy* 23
adscribir *to attribute, ascribe, assign* 244
adular *to adulate, flatter* 291
advenir *to come, arrive* 540
advertir *to warn, advise, tell* 24
afanarse *to work hard, strive* 291
afear *to make ugly, deform* 291
afectar *to affect, influence* 291
afeitarse *to shave* 25
aferrar *to grasp, cling* 291
afirmar *to affirm* 291
afligir *to afflict, distress* 26
agarrar *to grasp, grab* 27
agitar *to shake, stir* 28
aglomerarse *to crowd, form a crowd* 291
agotar *to exhaust, use up* 29
agradar *to please, like* 30
agradecer *to thank, be grateful* 31
agrandar *to enlarge, exaggerate* 32
agraviar *to wrong, injure* 291
agregar *to add, amass, appoint* 33
aguantar *to put up with, stand, tolerate* 34
aguar *to water down, spoil* 79
ahogarse *to drown, suffocate, put out* 35
ahorrar *to save, save up* 36
ajustar *to adjust, adapt* 291
alargar *to lengthen, extend* 326
alcanzar *to reach, catch up, succeed* 37
alegar *to allege, claim* 326
alegrarse *to be happy* 38
alejar *to move farther away* 291
alentar *to breathe, encourage, inspire* 395
alimentar *to feed, nourish, nurture* 291
aliñar *to straighten, tidy, season* 291
alisar *to smooth* 291